Anforderungsbereich III (Reflexion und Problemlösung)

Er umfasst den selbstständigen und kritischen Umgang mit neuen und umfassenden Sachverhalten – Ziele sind eigenständige Wertungen, Deutungen und Begründungen.

begründen	einen Sachverhalt bzw. eine Aussage durch Argumente stützen
beurteilen	zu einem Sachverhalt oder einer Aussage unter Verwendung von Fachwissen und Fachmethoden eine begründete Einschätzung geben
bewerten / Stellung nehmen	wie Operator „beurteilen", aber zusätzlich die eigenen Maßstäbe begründet darlegen
diskutieren / sich auseinandersetzen mit	zu einer Aussage, Problemstellung oder These eine Argumentation entwickeln, die zu einer begründeten Bewertung führt
entwickeln	einen eigenen Gedankengang bzw. ein Konzept zu einem Thema entfalten und Schlussfolgerungen ziehen
erörtern	eine These oder Problemstellung unter Abwägen von Pro- und Kontra-Argumenten hinterfragen und zu einem eigenen Urteil gelangen
gestalten / entwerfen / verfassen	Aufgabenstellungen kreativ und produktorientiert bearbeiten, z. B. auf der Grundlage eines Materials und seiner inhaltlichen oder stilistischen Gegebenheiten eine kreative Idee in ein selbstständiges Produkt umsetzen
interpretieren	auf der Grundlage einer Analyse Sinnzusammenhänge aus Materialien methodisch reflektiert erschließen, um zu einer schlüssigen Gesamtauslegung zu gelangen
überprüfen	Aussagen auf der Grundlage von Fachkenntnissen kritisch hinterfragen und auf ihre Angemessenheit hin begründet einschätzen

Anmerkung:
Die Tabelle gibt an, in welchem Anforderungsbereich die verschiedenen Operatoren jeweils ihren Schwerpunkt haben. Die konkrete Zuordnung eines Operators kann auch vom Kontext der Aufgabenstellung abhängen.
Die Anforderungsbereiche (AFB) bauen in der Regel aufeinander auf. AFB II setzt AFB I und AFB III die AFB I und II voraus.

Tipp:
Die Arbeitsvorschläge dieses Buches orientieren sich an der hier benutzten Farbgebung:
AFB I AFB II AFB III

Diese Kennzeichnung verweist auf zusätzliche handlungsorientierte Aufgaben wie recherchieren, sich informieren oder Texte verfassen etc.

Auf einen Blick: Geschichtsbewusstsein und historische Kompetenzen

Ein reflektiertes Geschichtsbewusstsein entwickeln ■ Ziel des Geschichtsunterrichts ist die Herausbildung eines *reflektierten Geschichtsbewusstseins*. Es besteht zum einen darin, geschichtliche Voraussetzungen der gegenwärtigen Gesellschaft zu erkennen und auf dieser Grundlage Entscheidungen zu treffen. Zum anderen kann die Beschäftigung mit der Vergangenheit Auskunft darüber geben, wie Menschen früherer Zeiten mit ähnlich gelagerten Problemen, für die wir auch heute nach Lösungen suchen, umgegangen sind. Anders ausgedrückt: Wir lernen aus der Geschichte nicht, was wir tun sollen. Aber wir können aus ihr lernen, was wir bedenken müssen, wenn wir aktuelle Probleme lösen wollen.
Um ein reflektiertes Geschichtsbewusstsein zu entwickeln, sind Kompetenzen zu erwerben. Grundlage dafür sind die Darstellungen (Autorentexte), die Text- und Bildquellen sowie die sonstigen historische Materialien des Lehrbuches. Den Schlüssel für den Kompetenzerwerb bilden die *Arbeitsvorschläge*. Sie folgen den oben genannten *Anforderungsbereichen* und *Operatoren*.
Folgende vier Kompetenzbereiche sind für die Entwicklung eines reflektierten Geschichtsbewusstseins relevant:

Wahrnehmungskompetenz für Kontinuität und Veränderung in der Zeit ■ Sie besteht aus der Fähigkeit, Kontinuität und Veränderung in der Zeit (und im Raum) wahrzunehmen. Oder anders ausgedrückt: Es gilt, die Gegenwart als historisch geworden zu verstehen und Spuren der Geschichte in der Lebenswelt aufzufinden. Zentral ist dabei die Fähigkeit, selbstständig *Fragen an die Geschichte* zu stellen und Hypothesen zu deren Beantwortung aufstellen zu können.

Analysekompetenz für Darstellung und Quellen ■ Aussagen über die Vergangenheit zu machen, erfordert die Fähigkeit, Darstellungen sowie Text- und Bildquellen *kritisch* zu untersuchen, und die Fertigkeit, das Ergebnis sprachlich angemessen und strukturiert wiederzugeben. Dabei geht es immer auch darum zu hinterfragen, welche Perspektive einem Autorentext oder einer Quelle zugrunde liegt.

Urteilskompetenz für Kontinuität und Veränderung in der Zeit ■ Sie beschreibt die Fähigkeit, durch schlüssige und begründete Argumentation zu einem *Sachurteil* über Entwicklungen in der Vergangenheit zu gelangen. Dabei wird zwischen Ursachen, Anlässen und Folgen historischer Entwicklungen unterschieden. Darüber hinaus werden fachspezifische Konzepte der Geschichtsdeutung wie Revolution und Evolution, Ereignis und Struktur oder Fortschritt und Rückschritt erörtert. Immer gilt es, Motive und Interessen historischer Akteure zu ergründen und vergangenes Geschehen mithilfe geeigneter Kriterien zu vergleichen.

Orientierungskompetenz für Zeiterfahrung ■ Alle drei vorgenannten Fähigkeiten sind Voraussetzungen für den Erwerb der Orientierungskompetenz. Sie befähigt dazu, eigene *Werturteile* über das Handeln und Denken der Menschen zu treffen. Dabei geht es sowohl um den Vergleich gegenwärtiger und früherer Wertvorstellungen als auch um die kritische Reflexion der eigenen Werturteilsmaßstäbe. Grundlage der Werturteile sind universell gültige Bewertungsmaßstäbe wie die Menschenrechte und die demokratische Grundordnung oder Werte wie Freiheit, Gerechtigkeit, Solidarität und Friedfertigkeit. Die Orientierungskompetenz hilft, fundiert und reflektiert an gegenwärtigen Debatten teilzunehmen und eine Haltung dazu einzunehmen.

Nach: Hessisches Kultusministerium (Hrsg.), Kerncurriculum gymnasiale Oberstufe. Geschichte, Wiesbaden o. J. (2016), S. 11-13 (stark gestrafft und vereinfacht); siehe auch https://kultusministerium.hessen.de/sites/default/files/media/kcgo-ge.pdf [Zugriff: 08.09.2016]

BUCHNERS KOLLEG GESCHICHTE

NEUE AUSGABE HESSEN
Qualifikationsphase

Herausgegeben von
Hartmann Wunderer

C.C.Buchner

Buchners Kolleg Geschichte

NEUE AUSGABE HESSEN

Qualifikationsphase

Unterrichtswerk für die gymnasiale Oberstufe

Herausgegeben von Hartmann Wunderer

Bearbeitet von Thomas Ahbe, Boris Barth, Almut Becker, Jan-Philipp Gürtler, Christoph Hamann, Klaus Dieter Hein-Mooren, Alexandra Hoffmann-Kuhnt, Herbert Kohl, Thomas Lange, Martin Liepach, Michael Mayer, Andreas Oertel, Thomas Ott, Markus Sanke, Reiner Schell, Rolf Schulte, Philipp Völger, Jan Weidauer und Hartmann Wunderer

Dieser Titel ist auch als digitale Ausgabe unter der Bestellnummer 467301 erhältlich.

1. Auflage, 3. Druck 2019
Alle Drucke dieser Auflage sind, weil untereinander unverändert, nebeneinander benutzbar.

Dieses Werk folgt der reformierten Rechtschreibung und Zeichensetzung. Ausnahmen bilden Texte, bei denen künstlerische, philologische oder lizenzrechtliche Gründe einer Änderung entgegenstehen.

Redaktion: Klaus Dieter Hein-Mooren
Assistenz: Kerstin Schulbert
Layout, Satz und Umschlag: ARTBOX Grafik und Satz GmbH, Bremen
Einband: ARTBOX Grafik und Satz GmbH, Bremen
Unter Verwendung der Farblithografie „Die universelle demokratische und soziale Republik – der Vertrag“ von Frédéric Sorrieu“ (s. hier S. 10) und eines Fotos des Denkmals für die ermordeten Juden Europas in Berlin (s. hier S. 464).
Druck- und Bindearbeiten: Firmengruppe Appl, aprinta Druck, Wemding

www.ccbuchner.de

ISBN 978-3-7661-**4673**-1

Inhalt

Mit diesem Buch arbeiten und lernen 8

Europa und die Welt im 19. Jahrhundert – Ambivalenzen des politischen und wirtschaftlichen Fortschritts

Die deutsche Revolution von 1848/49 – Markstein auf dem Weg zu Demokratie und Nationalstaat? 12

Die Idee der Nation und die Gründung des Deutschen Bundes 14
Unterdrückung der liberal-nationalen Bewegungen 20
Die Revolution von 1848/49 26
Methoden-Baustein: Historiengemälde interpretieren 33
Geschichte kontrovers: 1848/49 – eine gescheiterte Revolution? 36
Polen – Nation ohne Staat .... OnLine
Blick zurück nach vorn: „Aktion 18. März“ 38

Emanzipationsbestrebungen im 19. Jahrhundert – auf dem Weg zur Freiheit und Gleichheit aller Menschen? 40

Der lange Weg zur Emanzipation der Juden 42
Antisemitismus als antiaufklärerische Bewegung 48
Der Kampf um die Emanzipation der Frauen im Deutschen Reich 52
Taten statt Worte: die Suffragetten-Bewegung in Großbritannien .... OnLine
Sklavenfrage und -emanzipation in den USA .... OnLine
Blick zurück nach vorn: Globaler Kampf um Emanzipation und Gleichberechtigung . 58

Herrschaft und Gesellschaft im europäischen Vergleich – ein liberaler Nationalstaat für alle Bürger? 60

Auf dem Weg zum deutschen Nationalstaat: die Reichsgründung von 1871 62
Politik, Gesellschaft und Kultur im Kaiserreich 68
Methoden-Baustein: Denkmäler untersuchen 77
Frankreich – Staat und Gesellschaft im Umbruch .... OnLine
Blick zurück nach vorn: Gibt es einen „deutschen Sonderweg“? 80

Industrialisierung – Wohlstand für wenige? 82

England – das Mutterland der Industrialisierung 84
Vom Aufbruch zum Durchbruch der deutschen Industrie 90
Methoden-Baustein: Statistiken und Diagramme auswerten 97
Neue Lebens-, Arbeits- und Umweltbedingungen 100
Ansätze zur Lösung der Sozialen Frage 108
Geschichte kontrovers: Die Industrialisierung – Fortschritt für alle? 114

OnLine Alle Kapitel mit diesem Hinweis finden Sie auf unserer Homepage (www.ccbuchner.de) unter **4673-00**.

Globale wirtschaftliche Verflechtungen und Rivalitäten 116
Wirtschaftstheoretische Überlegungen von Adam Smith und Karl Marx .... OnLine
Blick zurück nach vorn: Baumwolle – Sklaverei und Armut gestern und heute 118

Imperialismus und Erster Weltkrieg 120
Motive und Grundzüge des europäischen Imperialismus 122
Imperialistische Herrschaft und Widerstand der Beherrschten in Afrika und Asien . 127
Geschichte kontrovers: Unterentwicklung – Folge imperialistischer Herrschaft oder selbstverschuldet? 136
Außenpolitische Wende 138
Der Ausbruch des Ersten Weltkrieges 144
Kriegsverlauf – Kriegsalltag – Kriegsende 150
Kriegspropaganda 159
Geschichte kontrovers: Der Erste Weltkrieg – die Schuldfrage 160
Blick zurück nach vorn: Versprechungen, Missbrauch und Demütigung – der Einsatz von Kolonialsoldaten im und nach dem Ersten Weltkrieg 162

Die Welt zwischen Demokratie und Diktatur

Internationaler und nationaler Wandel 166
Vom Zarenreich zur Sowjetrepublik: die Oktoberrevolution 168
Russland und die Sowjetunion unter Lenin und Stalin 175
Die USA zwischen weltpolitischem Engagement und Isolationismus 184
Vom Kaiserreich zur Weimarer Republik: die Revolution von 1918/19 190
Geschichte kontrovers: 1918/19 – eine „steckengebliebene“ Revolution? 196
Die Weimarer Verfassung 198
Belastungen und Herausforderungen für die Republik 203
Methoden-Baustein: Kontroverse Karikaturen interpretieren 211
Geschichte kontrovers: Der Versailler Vertrag – Katastrophe oder Chance? 214
Die Außenpolitik der Weimarer Republik 216
Die deutsche Gesellschaft zwischen Tradition und Moderne 220
Der Aufstieg der NSDAP – Ideologie und Propaganda 226
Die Zerstörung der Weimarer Republik 234
Methoden-Baustein: Politische Plakate analysieren 245
Geschichte kontrovers: Warum scheiterte Weimar? 248
Die Krise der Demokratie in Frankreich und Großbritannien .... OnLine
Faschismus und autoritäre Regime in Europa: die Beispiele Italien, Spanien, Polen und Ungarn .... OnLine
Geschichte kontrovers: Italienischer Faschismus und deutscher Nationalsozialismus im Vergleich .... OnLine
Der vergebliche Versuch, eine Weltfriedensordnung zu errichten 250
Blick zurück nach vorn: Lehren aus dem Scheitern der Weimarer Demokratie 254

OnLine Alle Kapitel mit diesem Hinweis finden Sie auf unserer Homepage (www.ccbuchner.de) unter **4673-00**.

■ **Die nationalsozialistische Herrschaft in Deutschland und Europa** ... 256
Errichtung eines totalitären Staates in Deutschland ... 258
„Machtergreifung" vor Ort: das Beispiel Wiesbaden ... 266
Ausgrenzung und Verfolgung im NS-Staat ... 268
Nationalsozialistische Arbeitswelt und Wirtschaftspolitik ... 276
Geschichte kontrovers: Staatsterror oder „Volksgemeinschaft"? ... 282
NS-Außenpolitik in den 1930er-Jahren ... 284
Der Zweite Weltkrieg und die Entstehung der Anti-Hitler-Koalition ... 287
Methoden-Baustein: Umgang mit Sekundärliteratur üben ... 293
NS-Vernichtungspolitik und Völkermord ... 296
Widerstand gegen das NS-Regime ... 306
Kollaboration und Widerstand in Frankreich ... OnLine
Stalinismus und Nationalsozialismus: Chancen, Probleme und Grenzen eines Vergleiches ... OnLine
Blick zurück nach vorn: Waren Holocaust und Krieg unvermeidbar? ... 314

Die Welt nach 1945: Ost-West-Konflikt – postkoloniale Welt – Globalisierung

■ **Der Kalte Krieg – stabile oder labile Weltordnung?** ... 318
Das Ende des Zweiten Weltkrieges und die Konferenz von Potsdam ... 320
Der Zerfall der Anti-Hitler-Koalition und die Spaltung der Welt ... 324
Kriege und Krisen im Zeichen des Kalten Krieges ... 331
Methoden-Baustein: Politische Reden interpretieren ... 336
Das Ende der Bipolarität ... 339
Der Kalte Krieg: Wer trägt die Verantwortung? ... 346
Geschichte kontrovers: Das Ende des Kalten Krieges – Ergebnis des militärischen Niederrüstens? ... 350
Blick zurück nach vorn: Der Kalte Krieg: ein folgenreiches Missverständnis? ... 352

■ **Deutschland – von der Teilung zur Einheit** ... 354
Nachkriegszeit und Entstehung zweier deutscher Staaten ... 356
Westorientierung und wirtschaftlicher Aufstieg – Selbstverständnis und Entwicklung der Bundesrepublik ... 366
Sozialistischer Gegenentwurf zur Bundesrepublik – die DDR ... 378
Methoden-Baustein: Ikonen der Fotografie prüfen ... 387
Zwei Staaten – eine Nation? Deutsch-deutsche Beziehungen ... 390
Wirtschaftlicher Niedergang und Aufstieg der Opposition in der DDR ... 398
Methoden-Baustein: Historische Spielfilme beurteilen ... 406
„Wandel durch Annäherung" oder: Wurde die DDR durch die Entspannungspolitik stabilisiert? ... 410
Von der „friedlichen Revolution" bis zur Wiedervereinigung ... 412

OnLine Alle Kapitel mit diesem Hinweis finden Sie auf unserer Homepage (www.ccbuchner.de) unter **4673-00**.

BRD – DDR: eine asymmetrisch verflochtene Parallelgeschichte? 422
Geschichte kontrovers: Die DDR – ein Unrechtsstaat? 426
Zweistaatlichkeit und Wiedervereinigung: Folgen für die Gegenwart............... 428
Blick zurück nach vorn: 1989 – Revolution, Zusammenbruch oder Wende?.......... 434

■ Umgang mit der NS-Vergangenheit 436
Besatzungszeit 1945 - 1949: „Umerziehung" und „Entnazifizierung" 438
Antifaschismus und Antitotalitarismus als Integrationsideologien 443
Umgang mit der NS-Zeit von den 1950er- bis 1970er-Jahren 450
Methoden-Baustein: Einen Essay verfassen 455
Geschichte kontrovers: Der 8. Mai 1945: „Befreiung" oder „Niederlage"? 458
Der Holocaust im Fokus der Aufmerksamkeit 461
Nach 1989: Ein neuer Typ von Geschichtskultur entsteht 464
Der 27. Januar als Gedenktag.. 468
Der Holocaust-Gedenktag in Israel.. **OnLine**
Blick zurück nach vorn: Formen der „Vergangenheitsbewältigung"................. 470

■ Weltpolitische Entwicklungen zwischen Bipolarität und Multipolarität 472
Der Weg zur europäischen Integration.. 474
Die Europäische Union: Erweiterungen und Herausforderungen 480
Geschichte kontrovers: Die Europäische Union – eine Erfolgsgeschichte?........... 486
Die Vereinten Nationen – ein kollektives Sicherheitssystem für die ganze Welt 488
Kommunistische Experimente in China .... **OnLine**
China nach Mao Zedong – der Weg zur Supermacht .... **OnLine**
Unabhängigkeitsbewegung und Dekolonisation Indiens........................ **OnLine**
Die historische Dimension des Nahost-Konfliktes 492
Die Gründung des Staates Israel 498
Der jüdische Staat behauptet sich im Kalten Krieg 504
Palästinenser, Intifada und der Friedensprozess 510
Methoden-Baustein: Mit Karten arbeiten 517
Deutschland, Israel und der Nahost-Konflikt: Trägt Deutschland eine besondere Verantwortung?.. 520
Blick zurück nach vorn: Kein Einfühlungsvermögen für die andere Seite: der Nahost-Konflikt.. 524

OnLine Alle Kapitel mit diesem Hinweis finden Sie auf unserer Homepage (www.ccbuchner.de) unter **4673-00**.

Geschichtskultur, Erinnerungskultur und Geschichtspolitik

Öffentlicher Umgang mit Geschichte in der Gegenwart

Nationale Geschichts- und Erinnerungskultur

Einführung 528

Öffentliche Debatten über die Vergangenheit als Selbstverständnis der Gesellschaft

Einführung 531

Die Debatte über Flucht und Vertreibung in Geschichte und Gegenwart 533

Erinnerungs- und Geschichtspolitik – Akteure und Interessen

Einführung 538

Der 20. Juli in der Geschichtspolitik in Ost und West 541

Welche Funktion haben Mythen und Legenden?

Einführung 546

„Trümmerfrauen" – ein gesamtdeutscher Gründungsmythos 548

Wie wird an Verbrechen erinnert?

Einführung 552

Erinnern an den Stalinismus – zwischen Tabuisierung und Auseinandersetzung ... 553

Wie wird Vergangenheit medial (re)konstruiert?

Einführung 558

Geschichte im Fernsehen: „Unsere Mütter, unsere Väter" 560

Anhang

Abi-Training: Übungsklausur mit Lösungsvorschlägen 562

Hinweise zur Bearbeitung von Klausuren 567

Formulierungshilfen 568

Methoden wissenschaftlichen Arbeitens 569

Glossar 571

Personenregister 583

Sachregister 585

Bildnachweis 592

Auf einen Blick: Methoden-Bausteine

Historiengemälde interpretieren 33

Denkmäler untersuchen 77

Statistiken und Diagramme auswerten 97

Kontroverse Karikaturen interpretieren 211

Politische Plakate analysieren 245

Umgang mit Sekundärliteratur üben 293

Politische Reden interpretieren 336

Ikonen der Fotografie prüfen 387

Historische Spielfilme beurteilen 406

Einen Essay verfassen 455

Mit Karten arbeiten 517

Mit diesem Buch arbeiten und lernen

Dieses Geschichtsbuch verfolgt eine doppelte Zielsetzung: Es ist Lern- und Arbeitsbuch zugleich! Der Band liefert eine solide Grundlage für die Vorbereitung auf das hessische Abitur.

Auftaktseiten

stellen die Schwerpunkte der Themenfelder kurz vor. Sie bestehen aus geschichtskulturell relevanten Abbildungen, knappen Einführungen und Hinweisen auf die zu erwerbenden Kompetenzen. (Siehe dazu auch vorne im Buch die Übersicht **Auf einen Blick: Geschichtsbewusstsein und historische Kompetenzen.**)

Orientierungsseiten

leiten die Teilthemen mit einer charakteristischen Abbildung, einem orientierenden Text, einer hilfreichen Zeitleiste und – wo sinnvoll – einer historischen Karte ein. Problemorientierte Leitfragen verweisen auf die zentralen Inhalte.

Darstellungen/Verfassertexte

enthalten historische Basisinformationen und vermitteln ein Verständnis für die Zusammenhänge und Strukturen. Sie sind mit den Materialien vernetzt (▸ M1, ▸ M2 usw.) und zum Teil mit übergreifenden Arbeitsvorschlägen versehen.
Die Randspalten enthalten Begriffserläuterungen, biografische Informationen, ausgewählte Lese- und Filmtipps sowie Internettipps für Referate und Präsentationen. Außerdem liefern sie Hinweise auf **Geschichte In Clips**. Einige fakultative Themen haben wir online veröffentlicht. Sie sind im Inhaltsverzeichnis und in den Anmerkungen der Kapitel mit dem Logo **OnLine** gekennzeichnet.*

* Auf unserer Homepage (www.ccbuchner.de) finden Sie die **OnLine**-Kapitel, aufbereitete Filmausschnitte (**Geschichte In Clips**) und ausgewählte Tipps. Geben Sie dazu in das Suchfeld unserer Internetseite den angegebenen Code ein.

Quellen/Materialien

berücksichtigen alle relevanten Gattungen. Sie werden präzise eingeleitet und vertiefen die zu erarbeitenden Themen.

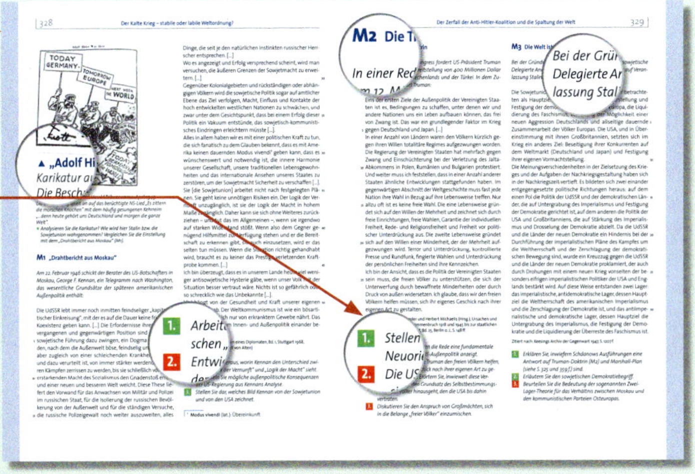

Arbeitsvorschläge

zu allen Materialien/Quellen gibt es Arbeitsvorschläge. Sie sind der Schlüssel für den Kompetenzerwerb. Die differenzierten Anforderungsbereiche der Operatoren sind farblich unterschiedlich gekennzeichnet. (Siehe dazu vorne im Buch **Auf einen Blick: Anforderungsbereiche und Operatoren.**) Im Anhang des Buches befinden sich außerdem **Formulierungshilfen** (siehe S. 568).

Methoden-Bausteine

erläutern zentrale historische Arbeitsweisen an einem konkreten Beispiel. Im Anhang des Buches befindet sich dazu eine Übersicht mit **Methoden wissenschaftlichen Arbeitens** (siehe S. 569 f.).

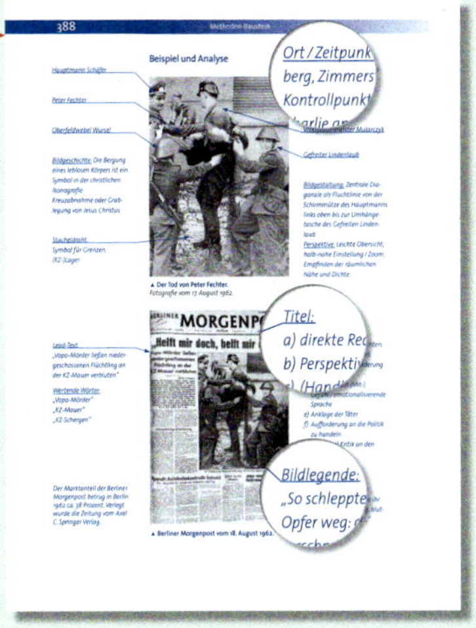

Geschichte kontrovers

präsentiert umstrittene Aussagen über zentrale Themen. Die Auseinandersetzung mit den Materialien fördert vor allem die Wahrnehmungs-, Analyse- und Urteilskompetenz.

Blick zurück nach vorn

dient der Wiederholung, Vertiefung und Vernetzung zentraler Inhalte der vorangegangenen Themen mithilfe einer Strukturskizze und ausgewählten Texten der Fachliteratur. Die Arbeit mit diesen Materialien stärkt vor allem den Erwerb der narrativen Kompetenz sowie der Orientierungskompetenz.

Abi-Training

bereitet mithilfe einer Probeklausur (mit Lösungshinweisen) auf das Abitur vor. Im Anhang des Buches befinden sich dazu noch Hinweise zur Bearbeitung von Klausuren (siehe S. 567).

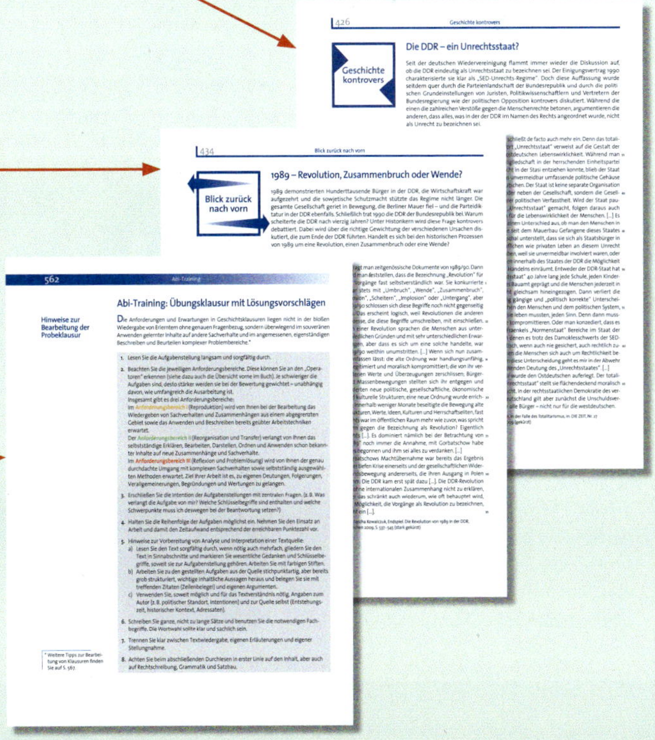

Europa und die Welt im 19. Jahrhundert – Ambivalenzen des politischen und wirtschaftlichen Fortschritts

▸ **175 Jahre Hambacher Fest.**
Sonderbriefmarke der Deutschen Post von 2007.

▴ **Die Siegessäule in Berlin.**
Foto, um 2000.
Die Siegessäule wurde von 1864 bis 1873 als Nationaldenkmal errichtet. Sie erinnert an die Siege Preußens in den Jahren 1864, 1866 und 1870/71 gegen Dänemark, Österreich und Frankreich.

▸ **„Die universelle demokratische und soziale Republik – der Vertrag."**
Farblithografie (43,5 x 53 cm) von Frédéric Sorrieu, nach einer Vorlage von Marie Cécile Goldsmid mit dem Aufruf „Völker bildet den geheiligten Bund / Und reicht euch die Hand", um 1849.

Seit der Französischen Revolution wurde die Nationalidee zum zentralen politischen Begriff in Europa. Nach dem Ende des Heiligen Römischen Reiches Deutscher Nation 1806 beriefen sich auch in den deutschen Staaten immer mehr Bürger auf diese Idee. Sie stellten drei zentrale Forderungen: die Einheit der deutschen Nation, die Freiheit der Bürger im Innern und die Freiheit der Nation nach außen. Ihren Höhepunkt erreichte die Nationalbewegung in der Revolution von 1848/49 – ihre Forderungen konnten die Revolutionäre nicht durchsetzen.

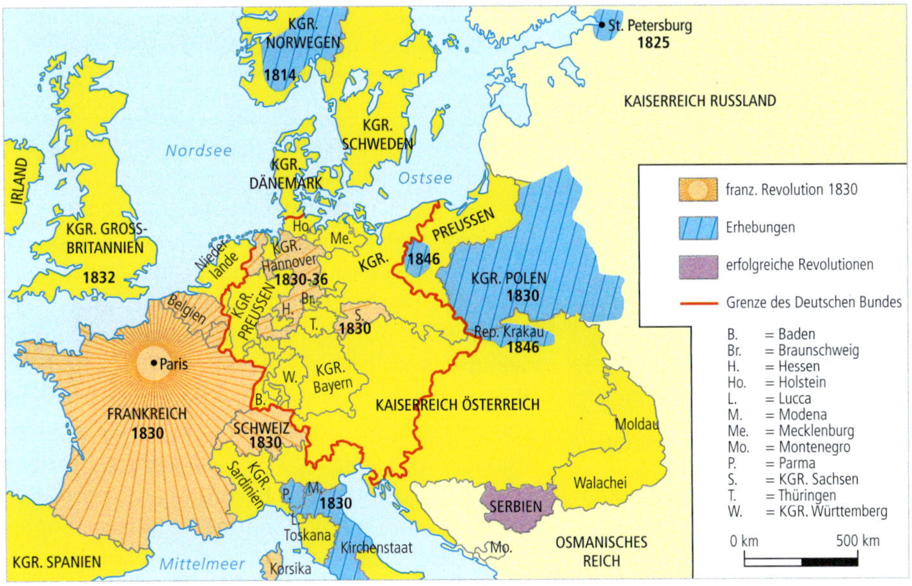

◀ **Konstitutionelle Revolution und nationale Erhebungen in Europa 1815-1847.**
Nach: Louis Bergeron, François Furet und Reinhart Koselleck (Hrsg.), Das Zeitalter der europäischen Revolution 1780-1848, Frankfurt am Main [26]2005, S. 264

In diesem Kapitel erwerben Sie u.a. folgende Kompetenzen:

▶ **Wahrnehmungskompetenz**
- Sie können kontroverse Positionen hinsichtlich der Interpretation der Revolution von 1848/49, der Folgen der Industrialisierung sowie der Schuldfrage im Ersten Weltkrieg nachvollziehen sowie daraus eigene Fragen entwickeln. (W5, W6, W7)

▶ **Urteilskompetenz**
- Sie können historische Problemzusammenhänge und Perspektiven der Akteure hinsichtlich der Entwicklung zum deutschen Nationalstaat erkennen und beurteilen. (U3, U5, U6)
- Sie können Wirkungszusammenhänge der Industrialisierung hinsichtlich der Lebensbedingungen der Menschen multiperspektivisch darstellen. (U2, U3)

▶ **Orientierungskompetenz**
- Sie können gegenwärtige interkulturelle Konflikte vor dem Hintergrund der außereuropäischen Expansion im 19. Jahrhundert beurteilen und ihre eigenen Urteilsmaßstäbe reflektieren. (O1, O2, O3)

Außerdem steht in diesem Großkapitel die Interpretation von Historiengemälden im Fokus.

Die deutsche Revolution von 1848/49 – Markstein auf dem Weg zu Demokratie und Nationalstaat?

▲ **„Verfassunggebende deutsche Nationalversammlung in der Paulskirche zu Frankfurt a. M."**
Farblithografie (29 x 40,5 cm) von C. A. Lill, 1848.
Die Paulskirche ist mit den Nationalfarben Schwarz-Rot-Gold und dem Reichsadler geschmückt. In der Mitte der Empore befindet sich ein Transparent mit der „Germania" von Philipp Veit. Das Bild verdeckt die Orgel der Kirche, die zum Tagungsort gewählt wurde, weil kein Saal der Stadt groß genug war.

Orientierung Im April 1849 bieten Mitglieder der Frankfurter Nationalversammlung König Friedrich Wilhelm IV. von Preußen die Kaiserkrone des Deutschen Reiches an. Doch der Monarch lehnt brüskiert ab – die Krone könne er nur von anderen Fürsten, jedoch nie von gewählten Vertretern des Volkes annehmen. Der Plan scheitert. Doch wie kam es dazu, dass Abgeordnete aus den Staaten des Deutschen Bundes dem preußischen König die Kaiserwürde anboten?

Ausgangspunkt der Nationalstaatsbewegungen in Europa war die Französische Revolution und der Kampf gegen die Vorherrschaft Napoleons. Vom Volk gewählte Bürger sollten die Nation vertreten – und nicht nur die vom Monarchen ausgewählten Mitglieder des Adels, des Klerus und der Bürger. Darüber hinaus sollte Herrschaft nicht mehr wie im Absolutismus über dem Gesetz stehen, sondern an eine Verfassung (Konstitution) gebunden sein. Diese Vorstellungen prägten die nationalen Bewegungen in ganz Europa. Für die Fürsten stellten sie eine Gefahr dar. Sie mussten um ihre Macht bangen und – insofern sie wie Russland oder Österreich über Vielvölkerreiche regierten – den Zerfall ihrer Herrschaftsgebiete befürchten.

Der nach dem Sieg über Napoleon von den Fürsten auf dem Wiener Kongress gegründete Deutsche Bund galt nationalen und liberalen Kräften als unbefriedigend. Sie wollten einen freien deutschen Nationalstaat gründen. Dabei beriefen sie sich auf die gemeinsame Sprache, Kultur und Religion – und den gemeinsamen Kampf gegen Frankreich. Für die Regierungen des Deutschen Bundes war das revolutionär. Gemeinsam gingen sie mit Zensur, Versammlungsverboten und Verhaftungen dagegen vor.

Höhe- und vorläufiger Schlusspunkt der nationalen Bewegungen waren die revolutionären Erhebungen von 1848/49 in fast ganz Europa. Im Deutschen Bund gaben die Fürsten anfangs nach und akzeptierten die Wahl einer Nationalversammlung. Während das Parlament eine gemeinsame Verfassung erarbeitete, griff es auf die Macht der Fürsten zurück, um Ruhe und Ordnung zu sichern. Innen- und außenpolitisch

1789
In der Französischen Revolution wird der moderne Nationalstaat in Form einer konstitutionellen Monarchie ausgerufen

1799
Nachdem Frankreich sich in eine Republik und schließlich in eine Diktatur wandelte, übernimmt Napoleon die Regierungsgewalt und beendet die Revolution

1806
Mehrere deutsche Staaten stellen sich unter Napoleons Schutzherrschaft; der Rheinbund wird gegründet und das Heilige Römische Reich aufgelöst

1814/1
Nach dem Sieg gege Napoleon wird Europ auf dem Wiener Ko gress neu geordne die deutschen Staate gründen den Deu schen Bur

1780 — 1790 — 1800 — 1810

◂ **Aufstände in Europa im Jahre 1848.**

verunsichert, bestimmten Vertreter des deutschen Volkes den preußischen Regenten als Oberhaupt eines kleindeutschen Nationalstaates. Der preußische König lehnte ab – und aus dem deutschen Nationalstaat wurde nichts. Doch die von der Nationalversammlung 1848 beschlossenen Grundrechte wurden zum Vorbild für die Grundrechtskataloge der demokratischen Verfassungen von 1919 und 1949.

Im Zentrum des Kapitels stehen folgende Fragen:

- *Welche verschiedenen Vorstellungen von Nation waren in Europa vorherrschend?*
- *Warum entstand eine Nationalbewegung in den deutschen Staaten?*
- *In welchem Zusammenhang stehen Nationalismus und Liberalismus in der Zeit des Vormärz und der Revolution von 1848/49?*
- *Wie sind die Forderungen nach nationaler Einheit in der ersten Hälfte des 19. Jahrhunderts zu bewerten?*

1817
Auf dem Wartburgfest erinnern deutsche Burschenschaften an die Reformation und den Sieg über die napoleonische Herrschaft

1819
Durch die Karlsbader Beschlüsse werden die Burschenschaften verboten und eine Vorzensur eingeführt; die nationale Bewegung wird stark geschwächt

1830
Eine Revolution in Frankreich stärkt die nationale und liberale Bewegung in den deutschen Staaten

1832
Das Hambacher Fest mit etwa 30 000 national gesinnten Teilnehmern findet statt

1845/46
Agrar- und Gewerbekrisen führen zu steigender Armut und der Zunahme von sozialen Unruhen

1848
Aufstände in ganz Europa; nach revolutionären Unruhen erlauben deutsche Monarchen eine Verfassunggebende Nationalversammlung

1849
Der preußische König Friedrich Wilhelm IV. lehnt die von der Nationalversammlung angebotene Kaiserwürde ab; die Verfassung setzt sich nicht durch

1820 1830 1840 1850

Die Idee der Nation und die Gründung des Deutschen Bundes

Die Nation – ein Begriff, viele Vorstellungen Den Begriff „Nationen" gab es schon lange vor der Entstehung moderner Nationalstaaten. In den mittelalterlichen Quellen bezeichnet er eine Gemeinschaft, zu der jemand durch Geburt gehört (lat. *natus*: gebürtig) und deren Sprache er spricht. Auch in politischer Bedeutung wurde der Begriff in der Vormoderne gebraucht. Dann bezeichnete er jedoch nicht das „Volk", sondern die gegenüber dem Monarchen politisch handelnden Gruppen, also die Stände. Damit waren die früheren Staatsgebilde wie das seit dem späten 15. Jahrhundert so bezeichnete Heilige Römische Reich Deutscher Nation politische Organisationsformen der Ständegesellschaft. Solche Organisationsformen unterscheiden sich wesentlich von modernen Nationalstaaten, da diese überhaupt erst aus dem Gegensatz zur ständischen Gesellschaftsordnung entstanden. Die Verwendung des Begriffes „Nationalstaat" für vormoderne Epochen ist daher in der Geschichtswissenschaft umstritten.

▲ **„Italia und Germania."** *Gemälde (94,5 x 104,7 cm) von Friedrich Overbeck, 1828. Symbolhafte Darstellung von Italien und Deutschland. Beide Gebiete waren 1828 in mehrere Fürstentümer zersplittert.*

Typen der europäischen Nationsbildung Moderne Nationen existieren, wenn ihre Angehörigen sich als Gemeinschaft verstehen können, obwohl sie sich untereinander nicht kennen. Der Politikwissenschaftler *Benedict Anderson* bezeichnet Nationen deshalb als „vorgestellte politische Gemeinschaften".

Doch wie entstanden moderne Nationalstaaten? Ein Modell des Historikers *Theodor Schieder* versucht, diese Frage zu beantworten. Er benennt drei Grundtypen der Bildung europäischer Nationalstaaten:

- Vor dem 19. Jahrhundert entstand in England und Frankreich die moderne Nation aufgrund einer innerstaatlichen Revolution. Das Staatsgebiet sowie das Staatsvolk blieben gleich, doch die Staatsform wurde verändert.
- Der zweite Typ betrifft insbesondere Deutschland und Italien. Diese Nationen wurden durch Vereinigung getrennter Staaten im letzten Drittel des 19. Jahrhunderts gegründet. Die Nationalbewegungen beriefen sich dabei auf eine gemeinsame Kultur und Sprache.
- Drittens entstanden Nationen durch Absatzbewegungen (Sezession) innerhalb von Vielvölkerstaaten. Diese Sezessionen fanden vor allem in Mittel- und Osteuropa statt. Ethnische Minderheiten in Vielvölkerstaaten wie die Slawen im Habsburgerreich, die Polen im Russischen Reich oder die Griechen im Osmanischen Reich erkannten sich zunehmend als unterdrückt. Sie verstanden sich als Nation und forderten deshalb die Gründung unabhängiger Nationalstaaten.

Diese Grundtypen der Entstehung von Nationalstaaten überlagerten sich in der Realität jedoch vielfach. Ein Beispiel ist Polen. Es wurde Ende des 18. Jahrhunderts zwischen Österreich, Preußen und Russland fast vollständig aufgeteilt. Die polnische Nationalbewegung im 19. Jahrhundert wollte die polnischen Gebiete wieder zusammenführen und musste dazu die Aufteilung rückgängig machen. Dies gelang nach dem Ersten Weltkrieg. Im November 1918 wurde ein unabhängiger polnischer Nationalstaat gegründet.

Lesetipp:
Hans-Ulrich Wehler, Nationalismus: Geschichte, Formen, Folgen, München [4]2011

Der Gedanke der Staatsnation Die Französische Revolution zeigt, dass zunächst die Ständegesellschaft überwunden werden musste, um der modernen Nation Platz zu machen. Die Ideen der Aufklärung wirkten dabei als geistige Wegbereiter einer vernunftgeleiteten und humanitären Ordnung von Staat und Gesellschaft, die die überkommenen Verhältnisse infrage stellten.

Die Idee der Nation wirkt weiter Die Französische Revolution und das neue Staatsmodell der Nation setzten ungeheure Kräfte frei. Dabei kam es zu Radikalisierungsschüben und dem raschen Wechsel von Verfassungen. Die Revolutionskriege Frankreichs gegen die europäischen Mächte, für die breite Volksmassen mobilisiert werden mussten, förderten die allgemeinen Bürgerrechte, aber auch Terror gegen die vermeintlichen Feinde der Revolution. Sie zeigten, dass Nationen ein Sendungsbewusstsein entwickeln können, mit dem sie andere Völker an ihren „Errungenschaften" – notfalls gewaltsam – teilhaben lassen wollen.

Die revolutionäre Idee der Nation und die Vorstellungen von Gleichheit, Freiheit und Brüderlichkeit wirkten im 19. Jahrhundert weit über Frankreich hinaus. In ihrem Namen wurden absolute Monarchie und Ständegesellschaft infrage gestellt und insbesondere die Verwirklichung von Volkssouveränität, Menschenrechten und Gewaltenteilung sowie die Gleichheit vor dem Gesetz gefordert.

Napoleon Bonaparte (1769 - 1821): der aus Korsika stammende Offizier hatte nach einem Staatsstreich 1799 die Macht in Frankreich übernommen und sich 1804 als Napoleon I. selbst zum „König der Franzosen" gekrönt. Mithilfe einer geschickten Bündnispolitik und zahlreichen Kriegen unterwarf er fast ganz Europa. Erst die Niederlage im Russlandfeldzug führte 1812/13 zu einer Wende seiner Vorherrschaft. 1814 wurde er auf die Insel Elba verbannt. Nach einem gescheiterten Versuch, die Herrschaft erneut zu übernehmen, schickten die Siegermächte Napoleon 1815 auf die Atlantikinsel St. Helena, wo er 1821 verstarb.

Der Gedanke der Kultur- und Sprachnation Die „Ideen von 1789" erfassten auch die deutschen Staaten. **Napoleon I.** eroberte die linksrheinischen Gebiete des Heiligen Römischen Reiches. Darauf folgte eine gewaltige „Flurbereinigung". Die Zahl der selbstständigen politischen Einheiten war von rund 1790 auf etwa vierzig reduziert worden. Kleine Ritterstände und geistlicher Grundbesitz gingen 1803 in größere Fürstentümer auf.

Viele deutsche Staaten und insbesondere Preußen modernisierten ihre staatliche und gesellschaftliche Ordnung nach französischem Vorbild und beendeten die Ständegesellschaft durch eine Revolution „von oben". Eine Bildungs-, Verwaltungs- und Heeresreform diente Preußen dazu, bald wieder zum Kreis der Großmächte zu gehören. Diese Reformen schwächten die Stellung des Adels und stärkten das Bürgertum.

1806 ging aber auch das Heilige Römische Reich unter, nachdem sich einige süddeutsche Fürsten Napoleon anschlossen. Für die Schaffung eines deutschen Nationalstaates stand unter diesen Voraussetzungen nicht das Modell der Staatsnation Pate – anders als 1789 in Frankreich, wo sich die Nation innerhalb des Herrschaftsgebietes eines Monarchen bildete. Stattdessen griff man auf die Idee der Kulturnation zurück und knüpfte damit an Überzeugungen aus dem 18. Jahrhundert an. Damals hatte sich unter bürgerlichen Beamten, Kaufleuten und Literaten das Bewusstsein herausgebildet, über alle Grenzen der Reichsterritorien hinweg als Nation zusammenzugehören. In Literatur, Kunst und Musik wurde nach 1806 die deutsche Vergangenheit romantisch verklärt und gemeinsame Sprache und Kultur zur Grundlage der Nation und eines erhofften Nationalstaates erhoben.

Während der Kriege gegen die napoleonische Herrschaft und nach dem Sieg in der *Völkerschlacht bei Leipzig* wurde der Vaterlandsgedanke unter Studenten und Professoren populär.

Kein deutscher Nationalstaat Nach dem Sieg gegen Napoleon unterdrückten die Regierungen der deutschen Einzelstaaten alle nationalen Bestrebungen. Angeführt wurden sie dabei vom österreichischen Fürsten *Klemens von Metternich*. Die Monarchen wollten ihre Macht weder mit einer Volksvertretung teilen, noch wollten sie Teile ihrer Souveränität an einen deutschen Gesamtstaat abgeben. Doch auch sie konnten nicht zurück zum Alten Reich (▸ M1). Stattdessen wurde auf dem *Wiener Kongress* 1815 der Deutsche Bund gegründet (▸ M2). In diesem Staatenbund behielten die Mitgliedstaaten ihre Souveränität. Der Deutsche Bund besaß weder ein Staatsoberhaupt noch eine Regierung oder eine Volksvertretung. Die einzige gemeinsame Institution bildete der Bundestag – ein ständiger Gesandtenkongress der Einzelstaaten mit Sitz in Frankfurt am Main. Den Vorsitz hatte Österreich inne.

▸ **Deutscher Bund.**
Der Deutsche Bund war kein Nationalstaat, sondern ein Zusammenschluss souveräner Fürsten und freier Städte. Mitglieder waren auch der englische König als König von Hannover, der niederländische König als Herzog von Luxemburg und der dänische König als Fürst von Holstein.

▴ **Wappen des Deutschen Bundes.**
Der 1815 gegründete Deutsche Bund bestand mit einer kurzen Unterbrechung während der Revolution 1848/49 bis 1866.

Verfassungsfrage Freiheitlich gesinnte Bürger forderten eine Verfassung, die den Bürgern politische Teilhabe zusicherte. Der preußische Monarch versprach vor dem Krieg gegen Frankreich auch, eine Verfassung zu erlassen. Die Gründungsakte des Deutschen Bundes sah deshalb „landständische Verfassungen" für die einzelnen Mitgliedstaaten vor.

Unklar war jedoch, wie diese Verfassungen beschaffen sein sollten. Einige Fürsten der Mittelstaaten, wie die von Sachsen-Weimar-Eisenach, Baden, Bayern, Hessen-Darmstadt und Württemberg, erließen daraufhin zwischen 1816 und 1820 Länderverfassungen. Sie waren aber weder demokratisch, noch schrieben sie eine Gewaltenteilung vor. Gesetzgeber und Oberbefehlshaber blieb allein der Monarch. Dafür enthielten sie Hinweise zur Steuergleichheit, den Dienstverpflichtungen aller und dem Schutz der Privatsphäre. Der Monarch war bei seiner Gesetzgebung an die Verfassung gebunden. In Österreich und Preußen, den beiden mächtigsten Mitgliedstaaten, blieb der Verfassungsauftrag unbeachtet. Die Forderung der nationalen und liberalen Kräfte nach einer freiheitlichen Verfassung für ganz Deutschland wurde von allen Regierenden unterdrückt. Für die Nationalbewegung war der Deutsche Bund unzureichend (▸ M3), obwohl er – wie Historiker heute einräumen – durchaus seine politischen Vorteile hatte (▸ M4).

▲ **Sprachen und Staaten in Europa im 19. und beginnenden 20. Jahrhundert.**

Kultur- und Staatsnation im europäischen Vergleich Nationalbewegungen in Mittel- und Osteuropa forderten einen eigenen souveränen Nationalstaat. Dabei stützten sich die nationalen Minderheiten auf die Verbindung der Nationalidee mit Forderungen nach Unabhängigkeit. Der Nationalgedanke führte vor allem in den Vielvölkerstaaten Mittel- und Osteuropas zu erheblichen Spannungen, die häufig in Aufständen und kriegerischen Auseinandersetzungen mündeten. Nationale Minderheiten sahen sich unterdrückt; dagegen wollten die Regierungen der Vielvölkerstaaten keinen Bevölkerungsteil aufgeben. Ein deutliches Beispiel ist die *Ungarische Revolution* von 1848/49. Sie eskalierte zu einem vom liberalen Adel getragenen Unabhängigkeitskrieg gegen die Herrschaft der Habsburgermonarchie, der jedoch von Österreich gewonnen wurde.

Mittel- und osteuropäische Nationalbewegungen griffen meist auf Idee der Kulturnation zurück. Dazu beriefen sie sich auf die religiös begründete Kultur. In westeuropäischen Ländern bestand dagegen häufig bereits ein eigener Staat, der durch Reformen oder Revolutionen in einen modernen Nationalstaat überführt werden konnte.

Deutsch	51,88 Mio.
Polnisch	3,09 Mio.
Französisch	0,21 Mio.
Masurisch	0,14 Mio.
Dänisch	0,14 Mio.
Litauisch	0,11 Mio.
Kassubisch	0,10 Mio.
Wendisch	0,93 Mio.
Holländisch	0,80 Mio.

▲ **„Muttersprachen“ im Deutschen Reich nach der Volkszählung vom 1.12.1900 (Auswahl).**
Nach: www.verwaltungsgeschichte.de/fremdsprachen.html [Zugriff: 10.07.2016]

1. *Stellen Sie die Begriffe „Kulturnation“ und „politische Nation“ einander gegenüber und erläutern Sie ihre jeweiligen Inhalte.*

2. *Sprach- und Kulturnationen: Erklären Sie anhand der Karte und der statistischen Daten die Schwierigkeiten, die dabei bestanden, Nationalstaaten auf Grundlage einer gemeinsamen Sprache zu gründen.*

M1 Legitimität, Legalität und Restauration

Horst Möller, von 1982 bis 1989 Professor für Neuere Geschichte in Erlangen, erläutert 1989 die zentralen Begriffe der Wiener Ordnung so:

Sosehr sich die Staatsmänner über die fundamentalen Prinzipien einig waren, der Teufel steckte auch hier im Detail. Doch diese Fragen bewiesen zugleich, dass der Begriff „Restauration“ und mit ihm der der „Legitimität“ für Metternich und die in dieser Hinsicht gleichgesinnten Staatsmänner keineswegs einen reaktionären Sinn besaß. Metternich war ein Pragmatiker, kein Dogmatiker. So trug er selbst wieder und wieder zur Akzeptierung der durch die Revolution und Napoleon geschaffenen Veränderungen bei, als er die territorialen Folgen von Säkularisation und Mediatisierung anerkannte und die Auflösung des alten Reiches als unveränderbaren Tatbestand betrachtete: „Metternich entschied sich für die *Legalität* der territorialen Veränderungen und gegen die *Legitimität* unantastbarer Herrschaftsrechte“ [Ernst Rudolf Huber].
Es ging ihm also keineswegs um die Wiederherstellung der vorrevolutionären politischen Verhältnisse oder der deutschen Staatenwelt der Zeit vor 1803/1806, sondern um eine Restauration der europäischen Ordnung. Sie bedurfte des Gleichgewichts der Großmächte, sie bedurfte der Legitimität, wo sie nicht erschüttert worden war, und der Legalität, wo Ordnung entstanden war. [...] Im Zweifel für die Ordnung – so lautete die Devise Metternichs, und zu ihr gehörte auch die bestehende Ordnung. Diesem Stabilitätsdenken entsprach es, die nationale Dynamik einzudämmen; Metternich setzte der nationalistischen Bewegung und ihren unkalkulierbaren Risiken ein Staatensystem entgegen. Die deutsche Frage wollte er in diesem Sinne staatenbundlich, nicht nationalstaatlich lösen. Das mochte eineinhalb Jahrhunderte lang konservativ wirken, aber im Lichte der politischen Erfahrungen erscheint seine Konzeption unglaublich modern. Konservativ war daran allein die fürstenstaatliche Komponente, doch gab es zu ihr im Zeitalter Metternichs und in seinem Staatensystem keine realisierbare Alternative.

Horst Möller, Fürstenstaat oder Bürgernation. Deutschland 1763-1815, Berlin 1994, S. 652

1. *Erläutern Sie auf der Grundlage der Ausführungen die Begriffe Legalität, Legitimität und Restauration.*

2. *Metternichs Konzeption sei „unglaublich modern“ und gleichzeitig „konservativ“. Erörtern Sie Möllers These. Bereiten Sie die Erörterung im Placemat-Verfahren vor.*

M2 Der Deutsche Bund – ein Friedensstaat

Der Göttinger Historiker Arnold Hermann Ludwig Heeren urteilt 1816 aus europäischer Sicht:

[Der Deutsche Bund] berührt, ganz oder beinahe, die Hauptstaaten des Westens und Ostens; und nicht leicht kann auf der einen oder der anderen Seite unseres Weltteils sich etwas ereignen, was ihm gleichgültig bleiben könnte. Aber in Wahrheit, auch den fremden Mächten kann es nicht gleichgültig sein, wie der Zentralstaat von Europa geformt ist! Wäre dieser Staat eine große Monarchie mit strenger politischer Einheit; ausgerüstet mit allen den materiellen Staatskräften, die Deutschland besitzt – welcher sichere Ruhestand wäre für sie möglich? Wäre er auch nicht für sich allein mächtig genug zum Erobern, was bedürfte es mehr als seiner Allianz mit einer Hauptmacht im Westen – um dem Osten, mit einer Hauptmacht im Osten, um dem Westen gefährlich zu werden? Um bei jedem ausbrechenden Kriege den Weg nach Moskau oder nach Paris sich zu eröffnen? Ja! Würde ein solcher Staat lange der Versuchung widerstehen können, die Vorherrschaft in Europa sich zuzueignen, wozu seine Lage und seine Macht ihn zu berechtigen scheinen? [...]
Ein deutscher Staatenbund bildet also wieder den Mittelpunkt des Europäischen Staatensystems; und damit ist seine Freiheit, in dem oben erklärten Sinne, nicht bloß ausgesprochen, sondern auch begründet.
Ein solcher Bund kann seiner Natur nach schon nicht leicht Eroberer sein wollen, weil er kein Interesse dabei hat. Welchen Vorteil zöge er aus den Eroberungen; und wem sollten sie zugute kommen? Für die Vorteile eines einzelnen seiner Glieder werden die anderen nicht kämpfen; und Eroberungen für das Ganze wären nur insofern denkbar, als man etwa einen fremden Staat zwingen wollte, dem Bunde beizutreten; ein Fall, der hier so außerhalb der Grenzen der Wahrscheinlichkeit liegt, dass es unnütz sein würde, sich dabei zu verweilen. Aber gesetzt auch, er wollte erobern, so fehlen ihm die Mittel dazu. Es liegt, aus leicht einzusehenden Gründen, in dem Charakter eines Bundesstaates, dass, wie stark er auch zur Verteidigung sein mag, er doch schwach zum Angriff ist; vor allem wo er, wie hier, auf beiden Seiten von mächtigen Monarchien eingeschlossen wird.
Mit Recht werden wir also den Deutschen Bund den Friedensstaat von Europa nennen können [...].

Zitiert nach: Hagen Schulze und Ina Ulrike Paul (Hrsg.), Europäische Geschichte. Quellen und Materialien, München 1994, S. 188 f.

Erläutern Sie Heerens Aussage, dass es nicht gleichgültig sein kann, „wie der Zentralstaat von Europa geformt ist“ (Zeile 6).

M3 Keine befriedigende Lösung

Heinrich von Treitschkes „Deutsche Geschichte im Neunzehnten Jahrhundert“ (siehe S. 50, M1) beeinflusst mehrere Generationen des Bildungsbürgertums. In einer um 1931 für Schüler kommentierten Ausgabe heißt es über den Wiener Kongress:

Die Herstellung einer wohlgesicherten norddeutschen Macht, wie sie der Nation not tat, war in Wien von Haus aus unmöglich, da Preußens Schicksal zum guten Teile von dem Willen seiner Feinde und Nebenbuhler abhing. [...] Bei dieser vorläufig noch unheilbaren Schwäche der Mitte des Weltteiles konnte das neue System des europäischen Gleichgewichtes, das in Wien begründet wurde, nur ein Notbehelf sein, ein schwächlicher Bau, der seine Dauer nicht der eigenen Festigkeit, sondern allein der allgemeinen Erschöpfung und Friedensseligkeit verdankte. [...] So entstand die Bundesakte, die unwürdigste Verfassung, welche je einem großen Kulturvolke von eingeborenen Herrschern auferlegt ward, ein Werk, in mancher Hinsicht noch kläglicher als das Gebäude des alten Reichs in den Jahrhunderten des Niedergangs. [...] Dieselbe Fremdherrschaft, die das alte Reich zugrunde gerichtet, belastete auch den neuen Bund.

Zitiert nach: Walther Gehl und Georg Wolff (Hrsg.), Heinrich von Treitschke, Der Wiener Kongress (Hirts Deutsche Sammlung, Bd. 1), Breslau 1931, S. 7, 9 f. und 29

1. *Skizzieren Sie die nationalistische Grundüberzeugung Treitschkes.*
2. *Vergleichen Sie Treitschkes Position mit Heerens Überlegungen (M2).*

M4 Zur aktuellen Beurteilung des Deutschen Bundes

Anselm Doering-Manteuffel lehrt Geschichte an der Universität Tübingen; er schreibt 1993:

Der Wiener Kongress und die übrigen Konferenzen des Jahres 1814/15 schufen das neue europäische Völkerrecht des beginnenden Jahrhunderts und mit ihm die Grundlage für ein neues System der Staatenbeziehungen. Die einzelnen Verträge ließen deutlich das Interesse der Staatsmänner erkennen, die Voraussetzungen für „Ruhe und Ordnung“ in Europa zu schaffen, ein konservatives Interesse, welches nach dem Erlebten darauf gerichtet war, jedes neue Auflodern „der Revolution“ zu verhindern. Als notwendige Aufgabe der Politik aller Großmächte galt ihnen die Bewahrung des Friedens, und daraus entstand ihre Bereitschaft zu solidarischem Handeln. Großmächtesolidarität, Friedenssicherung und Revolutionsprophylaxe hingen aufs Engste zusammen und kennzeichneten die europäische Entwicklung bis 1848. [...] Die einzelnen Regierungen hatten allerdings unterschiedliche Auffassungen darüber, wie in der Zukunft „Ruhe und Ordnung“ in Europa zu gewährleisten und die Revolution zu verhindern sei. Einig waren sie im Willen zur Abwehr der „Kräfte der Bewegung“, der nationalen und liberalen Tendenzen in den Gesellschaften der europäischen Staaten.

Der Klagenfurter Historiker Reinhard Stauber beurteilt den Deutschen Bund 2014 so:

Zum ersten ist hervorzuheben, dass der Deutsche Bund durch ein sorgfältig überlegtes Vertragssystem mit der neuen europäischen Friedensordnung verwoben und von den europäischen Mächten sanktioniert war. Die Konstruktion des Bundes und die Art seiner Etablierung im Netzwerk der internationalen Politik wirkten defensiv, den Status quo wahrend und konfliktdämpfend.
Zum zweiten ging die Konstruktion des Bundes konform mit jenem politischen Prinzip, das sich als das „föderative Grundmuster der deutschen Geschichte“ kennzeichnen lässt. Seine Merkmale sind die Vielfalt kleiner und mittlerer Staaten, die Pluralität kultureller Zentren und die Fortführung der Tradition der aus mehreren, eigenständigen Subeinheiten zusammengesetzten Staatswesen Alteuropas. Dieses Muster prägte die europäische Neuordnung von 1814/15 [...]. Der die Tradition des Alten Reiches und die Grundstruktur des Rheinbundes fortsetzende, im Friedensschluss von 1814 ausdrücklich verlangte und in der Ausgestaltung des Deutschen Bundes stark akzentuierte Föderalismus setzte einen wichtigen Akzent für die Geschichte des 19. Jahrhunderts: Er schuf einen Schutzraum für eine Reihe von Kleinstaaten, die, aus welchen Gründen auch immer, die territoriale Flurbereinigung der napoleonischen Zeit überlebt hatten, er räumte der Entwicklung der politischen Kultur der Mittelstaaten weite Freiräume ein und wirkte Zentralisierungstendenzen und der Hegemonie einer Einzelmacht entgegen.

Erster Text: Anselm Doering-Manteuffel, Die deutsche Frage und das europäische Staatensystem 1815-1871, München 1993, S. 8 f.
Zweiter Text: Reinhard Stauber, Der Wiener Kongress, Wien 2014, S. 202 f.

1. *Fassen Sie die Einschätzungen der beiden Historiker zusammen.*
2. *Bewerten Sie die „notwendigen“ Aufgaben der Großmächte. Was legitimierte ihr Vorgehen?*
3. *Stauber spricht von einem „föderative[n] Grundmuster der deutschen Geschichte“ (Zeile 29 f.). Erläutern Sie diese Auffassung mit Beispielen.*

Unterdrückung der liberal-nationalen Bewegung

▲ **„Der Denker-Club. Auch eine neue deutsche Gesellschaft."**
Anonyme Radierung (24,5 x 38,0 cm), um 1820.
An der Wand die Gesetze des Klubs; sie bestimmen u. a.: „Schweigen ist das erste Gesetz dieser gelehrten Gesellschaft." „Auf dass kein Mitglied in Versuchung geraten möge, seiner Zunge freien Lauf zu lassen, so werden beim Eintritt Maulkörbe ausgeteilt."

- *Analysieren Sie die Radierung mit Blick auf die politische Einstellung des Künstlers.*

Die Ziele der liberalen und nationalen Bewegung ■ Obwohl die deutsche Nationalbewegung zu Beginn des 19. Jahrhunderts zunächst nur wenige Anhänger zählte, stellte sie wirkungsmächtige Forderungen auf:

- An die Stelle der deutschen Einzelstaaten sollte nach dem Vorbild des französischen Zentralismus oder des amerikanischen Föderalismus die staatliche Einheit der Nation treten.
- Die Reste der ständischen Gesellschaftsordnung sollten durch eine Gesellschaft freier und gleicher Bürger ersetzt werden.
- Verfassungen sollten die Menschenrechte, die Gewaltenteilung und die politische Mitbestimmung der Bürger durch gewählte Vertreter gewähren.
- Die Wirtschaft sollte sich ohne Zunftschranken und innerhalb des Deutschen Bundes frei entfalten können.

Insofern war die deutsche Nationalbewegung anfangs eine „liberale Emanzipations- und Oppositionsideologie, die sich gegen die spätabsolutistischen Territorialstaaten, gegen die Vorrechte des Adels, gegen das Gottesgnadentum richtete, aber für die souveräne Nation, für die allgemeine Staatsbürgergesellschaft, auch für die harmonische Kooperation aller Nationalstaaten" (*Hans-Ulrich Wehler*) stritt. Dies hinderte sie nicht, von Anfang an die eigene Herkunft (lat.: *natio*) überzubewerten, den Nationalgedanken zu einer Art religiösen Idee zu machen und feindselig gegen andere Nationen zu sein.

Erste Konflikte zwischen Staat und Opposition Erstes Aufsehen erregte die nationale und liberale Bewegung in den deutschen Staaten durch das *Wartburgfest* vom Oktober 1817. Organisiert hatten es national gesinnte Burschenschaften, die sich in Anlehnung an die 1815 in Jena gegründete Urburschenschaft entwickelten. Etwa 500 Teilnehmer gedachten der militärischen Befreiung von französischer Herrschaft und der religiösen Befreiung durch die Reformation. Aus diesem Blick zurück leiteten sie Forderungen nach nationaler Einheit und Freiheit für die Zukunft ab. Kurz nach dem Wartburgfest schrieben die Burschenschaften ein Grundsatzprogramm, das bis 1848 von national gesinnten Bürgern immer wieder aufgegriffen wurde.

Das Wartburgfest deutete die preußische Regierung als offene Aufforderung zum Aufstand. Teilnehmer wurden verhört und Burschenschaften zeitweise verboten. Vom Herbst 1818 an planten die Regierungen der deutschen Staaten bundesweite Maßnahmen gegen die Opposition. Als weiterer Anlass diente ein Attentat auf den populären Dichter und Berater des russischen Zaren, *Karl August von Kotzebue,* durch den Burschenschafter *Karl Ludwig Sand* im März 1819.

Unter der Leitung Metternichs verfassten die Minister mehrerer Bundesstaaten im Sommer 1819 die *Karlsbader Beschlüsse*, die für den gesamten Deutschen Bund galten. Ziel war die Unterdrückung nationaler und liberaler Ideen. Universitäten wurden unter Staatsaufsicht gestellt und die Burschenschaften verboten. Veröffentlichungen wurden einer Zensur unterzogen und eine bundesweit arbeitende Ermittlungsbehörde sollte alle politischen Bewegungen kontrollieren. Dadurch kam die nationale und liberale Bewegung zunächst zum Erliegen.

▲ **Verbrennungszene auf dem Wartburgfest.**
Kolorierter Stahlstich von 1817 (Ausschnitt).
Am Ende des Wartburgfestes verbrannten die Burschenschafter mehrere „undeutsche" Bücher und Symbole der alten Ordnung. Darunter befanden sich der napoleonische Code civil, sowie österreichische und preußische Militärgegenstände.

Vormärz Erneuten Aufwind erhielt die Oppositionsbewegung jedoch durch die Julirevolution von 1830 in Frankreich. König *Karl IX.* hatte die Pressefreiheit faktisch aufgehoben und das Wahlrecht zugunsten der Großgrundbesitzer eingeschränkt. Daraufhin wurde er vertrieben und der „Bürgerkönig" **Louis Philippe** auf den Thron gehoben. In einer neuen Verfassung wurde die Wahl des Monarchen durch das Parlament festgeschrieben.* Die Julirevolution wirkte sich auf die politische Entwicklung vieler europäischer Staaten aus. In einigen deutschen Ländern konnte die Opposition neue und verbesserte Verfassungen durchsetzen. In Baden erreichte sie ein liberaleres Presserecht. Nur in den verfassungslosen Großmächten Preußen und Österreich änderte sich nichts – dort wurden lokale Unruhen militärisch unterdrückt.

Diese Phase vom erneuten Erstarken der liberalen Nationalbewegung bis zur Revolution von 1848/49 wird in der Rückschau als „Vormärz" bezeichnet. Die Opposition traute sich nun auch, politische Veranstaltungen zu organisieren. Von den etwa 30 liberalen Volksfesten im Jahr 1832 war das *Hambacher Fest* in der Pfalz das bedeutendste. Rund 30 000 Männer und Frauen folgten der Einladung zum „Nationalfest der Deutschen". Redner nutzten die Gelegenheit zum Protest gegen die Willkürherrschaft der Fürsten und forderten Pressefreiheit und einen konstitutionellen deutschen Einheitsstaat. Uneins waren sich die Teilnehmer jedoch darüber, wie der Nationalstaat konkret beschaffen sein sollte. Metternich sah in den Forderungen den Untergang jeder Staatsform aufziehen (▸ M1, M2).

Louis Philippe (1773-1850): Er war ein Nachfahre Ludwigs XIV. und zählte zur bürgerfreundlichen Opposition. Der „Bürgerkönig" regierte seit 1830 und förderte die Wirtschaft, vernachlässigte jedoch die sozialen Probleme.

Internettipp:
Weitere Informationen zum Hambacher Fest finden Sie unter Code ***4673-01***.

* Lesen Sie dazu auch das OnLine-Kapitel „Frankreich: Staat und Gesellschaft im Umbruch"; siehe Code **4673-00**.

▲ **„175 Jahre Göttinger Sieben."**
Sonderbriefmarke der Deutschen Post von 2012.
- *Verfassen Sie Kurzbiografien über Friedrich Dahlmann, Jacob Grimm und Georg Gottfried Gervinus, die das Königreich Hannover 1837 verlassen mussten.*

Restauration: Wiederherstellung eines früheren politischen oder wirtschaftlichen Zustandes

Den Zulauf zur nationalen und liberalen Bewegung wollten die **restaurativen** Staaten weiterhin unterdrücken. Im Juli 1832 wurde die Presse- und Versammlungsfreiheit im Deutschen Bund weiter eingeschränkt. Als besonders gefährlich sah die Regierung junge Dichter und Autoren an, die sie als „Junges Deutschland" bezeichneten und deren Schriften sie verboten. Doch den Behörden gelang keine vollständige Unterdrückung der Opposition mehr. Dies zeigen die Reaktionen auf die Entlassung von sieben Göttinger Professoren (unter ihnen auch die Brüder *Jacob* und *Wilhelm Grimm*), die 1837 gegen die Aufhebung der Verfassung durch den neuen König *Ernst August von Hannover* ein Protestschreiben aufsetzten. Drei Professoren gaben das Schreiben weiter, das rege Verbreitung im Bürgertum und bei Studenten fand. Sie mussten daraufhin das Land verlassen, was in allen deutschen Staaten Empörung auslöste. Die sogenannten *Göttinger Sieben* wurden dagegen als mutige Helden gefeiert. Auch die Gründung des Deutschen Zollvereins* 1834 ließ eine nationale Einigung realistischer erscheinen und förderte die deutsche Nationalbewegung.

Soziale Unruhen und politische Orientierungen Politische Brisanz erhielt die liberale und nationale Bewegung durch die zunehmenden sozialen Probleme der 1840er-Jahre. Bevölkerungswachstum, Bauernbefreiung und die beginnende Industrialisierung hatten zu Beschäftigungs- und Ernährungskrisen sowie Massenelend geführt. Die Berichterstattung über den Aufstand der schlesischen Weber von 1844 machte die Not der armen Bevölkerung erstmals überregional deutlich und klagte Unternehmer und Staat direkt oder indirekt an. Die Agrar- und Gewerbekrise von 1846/47 ließ die Zahl der sozial und politisch motivierten Unruhen steigen und verunsicherte die Regierungen (▸ M3).

Ende der 1840er-Jahre schlossen sich immer mehr Menschen trotz Zensur und Versammlungsverboten politisch zusammen, zum Teil über die Landesgrenzen hinweg. Dabei entwickelten sich vier politische Ausrichtungen mit fließenden Übergängen: *Konservatismus, Liberalismus, demokratischer Radikalismus* und *Sozialismus*. Abgesehen von den konservativen Kräften war allen ein Anliegen gemeinsam: die nationale Einheit. In anderen Fragen gingen die Meinungen schon vor 1848 weit auseinander. Während die Liberalen beispielsweise zwischen konstitutioneller Monarchie und Republik schwankten und das Wahlrecht von Eigentum und Besitz abhängig machen wollten, plädierten die radikalen Demokraten und Sozialisten für eine Republik mit einem allgemeinen und gleichen Wahlrecht.

* Zum Deutschen Zollverein siehe S. 90 und 95.

▸ **Volksunruhen in Deutschland 1816-1847.**
Nach: Richard Tilly, Kapital, Staat und sozialer Protest in der deutschen Industrialisierung, Göttingen 1980, S. 154 (vereinfacht)
- *Skizzieren Sie die Entwicklung des Protestverhaltens.*

Konfliktfeld	1816-1829	1830-1839	1840-1847	Summe
universitär[1]	13	13	5	31
religiös[2]	9	20	17	46
politisch[3]	4	72	33	109
sozioökonomisch[4]	3	28	103	134
Summe	**29**	**133**	**158**	**320**

[1] Studenten waren Hauptakteure.
[2] Religion war, zumindest vorgeblich, Hauptobjekt des Konfliktes.
[3] Der Protest war gegen den Staat mit seinen Organen gerichtet, um politische Änderungen durchzusetzen (Auswechseln eines bestimmten Staatsbeamten, Forderung nach einem neuen Gesetz).
[4] gewalttätige Streiks, Brotkrawalle, Maschinenstürmerei, massenhaftes gesetzwidriges Betreten von Wäldern und Feldern, Steueraufruhr und Tumulte

Internettipp:
Einen virtuellen Rundgang durch die Erinnerungsstätte deutscher Freiheitsbewegungen finden Sie unter Code 4673-02.

M1 „Vaterland – Freiheit – ja! ein freies deutsches Vaterland ...“

Der Journalist Philipp Jacob Siebenpfeiffer, ein zwangspensionierter bayerischer Beamter, verkündet am 27. Mai 1832 auf dem Hambacher Fest:

Vaterland – Freiheit – ja! ein freies deutsches Vaterland – dies der Sinn des heutigen Festes, dies die Worte, deren Donnerschall durch alle deutschen Gemarken drang, den Verräthern der deutschen Nationalsache die Knochen erschütternd, die Patrioten aber anfeuernd und stählend zur Ausdauer im heiligen Kampfe, „im Kampf zur Abschüttelung innerer und äußerer Gewalt“. [...]
Und es wird kommen der Tag, der Tag des edelsten Siegstolzes, wo der Deutsche vom Alpengebirg und der Nordsee, vom Rhein, der Donau und Elbe den Bruder im Bruder umarmt, wo die Zollstöcke und die Schlagbäume, wo alle Hoheitszeichen der Trennung und Hemmung und Bedrückung verschwinden, sammt den Constitutiönchen, die man etlichen mürrischen Kindern der großen Familie als Spielzeug verlieh; wo freie Straßen und freie Ströme den freien Umschwung aller Nationalkräfte und Säfte bezeugen; wo die Fürsten die bunten Hermeline feudalistischer Gottstatthalterschaft mit der männlichen Toga deutscher Nationalwürde vertauschen, und der Beamte, der Krieger, statt mit der Bedientenjacke des Herrn und Meisters, mit der Volksbinde sich schmückt; wo nicht 34 Städte und Städtlein, von 34 Höfen das Almosen empfangend, um den Preis hündischer Unterwerfung, sondern wo alle Städte, frei emporblühend aus eigenem Saft, um den Preis patriotischer Gesinnung, patriotischer That ringen; wo jeder Stamm, im Innern frei und selbstständig, zu bürgerlicher Freiheit sich entwickelt, und ein starkes, selbstgewobenes Bruderband alle umschließt zu politischer Einheit und Kraft; wo die deutsche Flagge, statt Tribut an Barbaren zu bringen, die Erzeugnisse unseres Gewerbfleißes in fremde Welttheile geleitet, und nicht mehr unschuldige Patrioten für das Henkerbeil auffängt, sondern allen freien Völkern den Bruderkuss bringt. Es wird kommen der Tag, wo deutsche Knaben, statt durch todte Spielereien mit todten Sprachen sich abzustumpfen, und die Jünglinge, statt auf mittelalterlichen Hochschulen durch Gelage, schnöde Tändelei und Klopffechterei zu verkrüppeln, durch lebendigen Nationalunterricht und würdige Leibesübung sich zu deutschen Männern heranbilden und zu jenem Vaterlandssinn sich stählen, von dem alle politische Tugend, alle Großthat ausströmt; wo das deutsche Weib, nicht mehr die dienstpflichtige Magd des herrschenden Mannes, sondern die freie Genossin des freien Bürgers, unsern Söhnen und Töchtern schon als stammelnden Säuglingen die Freiheit einflößt, und im Samen des erziehenden Wortes den Sinn ächten Bürgerthums nährt; und wo die deutsche Jungfrau den Jüngling als den würdigsten erkennt, der am reinsten für das Vaterland erglüht; wo, abschüttelnd das Joch des Gewissens, der Priester Trug und den eigenen Irrwahn, der Deutsche zu seinem Schöpfer die unverfälschte Sprache des Kindes zum Vater redet; wo der Bürger nicht in höriger Unterthänigkeit den Launen des Herrschers und seiner knechtischen Diener, sondern dem Gesetze gehorcht, und auf den Tafeln des Gesetzes den eigenen Willen liest, und im Richter den freierwählten Mann seines Vertrauens erblickt; wo die Wissenschaft das Nationalleben befruchtet und die würdige Kunst als dessen Blüte glänzt. [...]
Wir selbst wollen, wir selbst müssen vollenden das Werk, und, ich ahne, bald, bald muß es geschehen, soll die deutsche, soll die europäische Freiheit nicht erdrosselt werden von den Mörderhänden der Aristokraten. [...]
Es lebe das freie, das einige Deutschland!
Hoch leben die Polen, der Deutschen Verbündete!
Hoch leben die Franken[1], der Deutschen Brüder, die unsere Nationalität und Selbstständigkeit achten!
Hoch lebe jedes Volk, das seine Ketten bricht und mit uns den Bund der Freiheit schwört!
Vaterland – Volkshoheit – Völkerbund hoch!

Das Nationalfest der Deutschen zu Hambach, unter Mitwirkung eines Redaktions-Ausschusses beschrieben von J. G. A. Wirth, Erstes Heft, Neustadt a. d. W. 1981 (Nachdruck der Originalausgabe von 1832), S. 33, 37-39, 40 und 41

▲ **Schwarz-rot-goldene Kokarde.**
Um 1832. Durchmesser 4 cm.

1. *Arbeiten Sie aus Siebenpfeiffers Rede ein politisches Programm heraus.*

2. *Nehmen Sie zu den nationalen Vorstellungen Siebenpfeiffers Stellung.*

[1] **Franken**: Franzosen

M2 „So weit sind die Dinge in Deutschland gekommen!“

Der österreichische Staatskanzler Metternich schreibt über das Hambacher Fest in einem Brief vom 10. Juni 1832 an den konservativen Berater des preußischen Königs, Fürst Wilhelm Ludwig Georg von Wittgenstein:

Wir leben in einer Zeit, in der alles zur Umtriebs-Sache wird. [...] Parteien, welche bestimmte Zwecke verfolgen, erblinden über Pflicht und Klugheit. *Der Zweck heiligt die Mittel*, ist die deutsche Universitätslehre, und sie trägt heute ihre Früchte in den herangereiften Burschen der früheren Zeit. [...]
Sie haben sicher Bericht über die Hambacher Geschichte en détail erhalten. So weit sind die Dinge in Deutschland gekommen!
Ich gestehe aufrichtig, dass ich mir aus dem Ergebnisse nichts mache, oder vielmehr, dass mir dasselbe manche gute Seite darbietet. Mir sind die Dinge, welche offen vorliegen, stets lieber als die verkappten. Was der Liberalismus will, was er ist, wohin er zielt und wohin er die Staaten, die sich ihm hingeben, unaufhaltbar stößt, hieran kann wohl heute keiner, der Auge, Ohren und einen Sinn hat, mehr zweifeln. Vor solchen Beweisen muss die *Doktrine*[1] *verstummen*.
Mit Volksrepräsentationen im modernen Sinne, mit der Pressefreiheit und politischen Vereinen muss jeder Staat zugrunde gehen, der monarchische wie die Republik. Nur Anarchie ist möglich; dagegen mögen die *Gelehrten* am Schreibtische protestieren, so viel sie auch immer wollen. Am Ende der Gelehrsamkeit steht das Zuschlagen, und kommt es einmal hierzu, so ist der, der in geschlossenen Reihen zuschlägt, der Gelehrteste.
Wir werden in Deutschland zum Zuschlagen kommen, das Böseste im lieben Vaterlande sind die Regierungen: vortrefflich zum Betrogenwerden, aber sehr schlecht, um sich und anderen zu helfen! Wenn man heute in Bayern noch glaubt, das Regieren zu verstehen, so sind die Leute incurabel[2].

Zitiert nach: Veit Valentin, Das Hambacher Nationalfest, Berlin 1932, S. 144 f.

1. *Charakterisieren Sie die Haltung des österreichischen Kanzlers. Arbeiten Sie heraus, wie Metternich Parteien im Allgemeinen und Liberalismus sowie liberale Forderungen im Besonderen beurteilt.*
2. *Messen Sie Metternichs Brief auch an der jüngsten Entwicklung der deutschen Geschichte. Erörtern Sie, worin Ihrer Ansicht nach auf Dauer die Vorteile einer freiheitlichen Ordnung liegen.*

[1] **Doktrine**: Theorie, Lehre
[2] **incurabel**: unheilbar

M3 Über den Aufstand der schlesischen Weber

Der aus Schlesien stammende Journalist Wilhelm Wolff berichtet im „Deutschen Bürgerbuch für 1845“ über die Weber-Revolte vom Juni 1844:

Eine Schar Weber erschien in Nieder-Peterswaldau und zog auf ihrem Marsche alle Weber aus den Wohnungen rechts und links an sich. Alsdann begaben sie sich nach dem wenig entfernten Kapellenberge und ordneten sich paarweise und rückten so auf das neue Zwanziger'sche Wohngebäude[1] los. Sie forderten höheren Lohn und – ein Geschenk! Mit Spott und Drohen schlug man's ihnen ab. Nun dauerte es nicht lange, so stürmte die Masse ins Haus, erbrach alle Kammern, Gewölbe, Böden und Keller und zertrümmerte alles von den prächtigen Spiegelfenstern, Trumeaus[2], Lüstern, Öfen, Porzellan, Möbeln bis auf die Treppengeländer herab, zerriss die Bücher, Wechsel und Papiere, drang in das zweite Wohngebäude, in die Remisen, ins Trockenhaus, zur Mange, ins Packhaus und stürzte die Waren und Vorräte zu den Fenstern hinaus, wo sie zerrissen, zerstückt und mit Füßen getreten oder, in Nachahmung des Leipziger Messgeschäfts, an die Umstehenden verteilt wurden. Zwanziger flüchtete sich mit seiner Familie in Todesangst nach Reichenbach. [...]
[Am folgenden Tag griffen preußische Truppen ein.]
Infolge dreier Gewehrsalven blieben sofort 11 Menschen tot. Blut und Gehirn spritzte weit hin. Einem Manne trat das Gehirn über dem Auge heraus. Eine Frau, die 200 Schritte entfernt an der Türe ihres Hauses stand, sank regungslos nieder. Einem Manne war die eine Seite des Kopfes hinweggerissen. Die blutige Hirnschale lag entfernt von ihm. Eine Mutter von 6 Kindern starb denselben Abend an mehreren Schusswunden. Ein Mädchen, das in die Strickstunde ging, sank von Kugeln getroffen zu Boden. Eine Frau, die ihren Mann stürzen sah, ging auf den Boden und erhängte sich. Ein Knabe von 8 Jahren wurde durchs Knie geschossen. Bis jetzt sind überhaupt 24 schwer und tödlich Verwundete, außer den obigen 11 Toten, bekanntgeworden. Wie viele ihre Wunden verheimlichen, lässt sich vielleicht später erfahren. Nach den ersten Salven herrschte einige Sekunden eine Totenstille. Aber der Anblick des Blutes um und neben ihnen, das Stöhnen und Röcheln der im Verscheiden Begriffenen, der Jammer der Blessierten trieb die mutigsten unter den Webern zum Widerstande. [...]
Die Kunde von dem Aufstande der Weber verbreitete sich mit Blitzesschnelle in der Provinz. Zwar den hiesigen Zeitungen wurde sogar eine ganz kurze Notiz vom Zensor gestrichen,

[1] **Zwanziger und Söhne**: Fabrikantenfamilie in Peterswaldau
[2] **Trumeau**: Wandspiegel an einem Pfeiler

▲ **Hungerunruhen im Frühjahr 1847 (Auswahl).**
1847 fanden ca. 200 Hungerunruhen in den Staaten des Deutschen Bundes statt, etwa zwei Drittel davon entfielen auf Preußen.

und später nach langen Konferenzen einiger Mitglieder der Regierung ein kleiner offizieller Artikel eingerückt. Desto geschäftiger war die Fama. Die übertriebensten Gerüchte fanden gläubige Aufnahme. Was über Organisation, Zahl und Bewaffnung gefabelt ward, ist erstaunlich. Um so begieriger griff jeder nach den Zeitungen. Sie aber sprachen über alles, nur über das nicht, was alle Gemüter in Bewegung setzte. Und doch war die Teilnahme für die Weber in den arbeitenden Volksklassen allgemein, unter den höhern Klassen nicht unbedeutend, hier jedoch vonseiten der Reichen und Kapitalisten weit überwogen durch Opposition, Hass und – Furcht. Nach Versicherungen glaubhafter Leute war das ganze Gebirge bereit, „wenn nur erst die Weber kämen“, sich ihnen anzuschließen. Ich selbst hörte gerade an den Tagen vom 7. Juni ab auf einer kleinen Reise überall die entschiedenste Sprache auf Dörfern und in der Stadt, dass die Weber Recht hätten und dass es nur alle so machen sollten, dann würde es schon ganz anders werden. Gegen die reichen Fabrikanten, gegen den Adel und die Gutsbesitzer, gegen die Reichen und Vornehmen überhaupt, hörte ich die drohendsten Äußerungen.

Zitiert nach: Lutz Kroneberg und Rolf Schloesser (Hrsg.), Weber-Revolte 1844. Der schlesische Weberaufstand im Spiegel der zeitgenössischen Publizistik und Literatur. Eine Anthologie, Köln 1979, S. 255, 257f. und 260

1. *Erörtern Sie die Bedeutung von Gerüchten über Ereignisse. Beachten Sie dabei die Sicht der Weber, der Unternehmer und der Regierung.*

2. *Informieren Sie sich über den politischen Standort des Verfassers. Welche Bedeutung mag seiner politischen Einstellung bei der Darstellung der Ereignisse zukommen? Belegen Sie Ihre Aussagen an Textstellen.*

3. *Die Weber-Revolte von 1844 hat in der zeitgenössischen Dichtung sowie in der späteren Literatur und bildenden Kunst einen starken Widerhall gefunden. Suchen Sie Beispiele und präsentieren Sie diese in Ihrem Kurs.*

Die Revolution von 1848/49

▲ **Berliner Barrikadenkämpfe vom 18. März 1848.**
Kolorierte Lithografie, 1848 (Ausschnitt).
Der Druck gibt die Sicht eines aufständischen Augenzeugen wieder. Ein Arbeiter, der am Hut als radikaler Demokrat zu erkennen ist, verankert die schwarz-rot-goldene Fahne. Im Vordergrund werden Bleikugeln für den Nachschub an Munition gegossen.

Auftakt in Frankreich Auch in Frankreich nahmen die Unruhen zu. Nachdem der König Forderungen zu einer Reform des Wahlrechts unterbunden hatte, kam es zu heftigen Straßen- und Barrikadenkämpfen. Daraufhin dankte er ab und eine provisorische Regierung aus Sozialisten, radikalen Demokraten und Liberalen wurde am 4. März eingesetzt. Der Umsturz war ein Fanal für die oppositionellen Bewegungen in fast ganz Europa. Revolutionäre Bestrebungen im Königreich Dänemark ermöglichten 1849 eine neue Verfassung, in der die konstitutionelle Monarchie mit einem allgemeinen Wahlrecht und einem Zwei-Kammer-Parlament festgeschrieben wurde. In Italien und Ungarn eskalierten die Revolutionen in Unabhängigkeitskriege gegen Österreich, die jedoch scheiterten.

Die Märzrevolution in den deutschen Staaten In vielen deutschen Staaten feierten nationale und liberale Gruppen die revolutionären Ereignisse in Frankreich. Überall im Deutschen Bund stellten Tausende Bürger Forderungskataloge auf, laut denen die fürstliche Macht beschränkt werden, die Bürger mehr Mitbestimmung erhalten sowie ein Nationalstaat geschaffen werden sollte. Die meisten Petitionen griffen dabei den Forderungskatalog der Mannheimer Volksversammlung vom 27. Februar 1848 auf (▸ M1, M2). Vielerorts wurde der Katalog jedoch erweitert und auch soziale Forderungen aufgenommen, wodurch die Unterstützung der sozialen Unterschichten und des aufkommenden **Proletariats** zunächst gesichert wurde. Diese litten am stärksten unter den Agrar- und Gewerbekrisen und dem Verlust zahlreicher Arbeitsplätze während des Vormärz.

Aktive Träger der Revolution wurden auch Handwerksgesellen, die durch die Industrialisierung einen Abstieg zu Lohnarbeitern befürchteten. In den südwestlichen Staaten, wo Bauern nach wie vor adligen Grundherren Dienste und Abgaben leisten mussten, erhoben sich auch Bauern.

Proletariat: Darunter wird nach Friedrich Engels die Klasse der modernen Lohnarbeiter verstanden. Die Proletarier besitzen keine Produktionsmittel und sind darauf angewiesen, ihre Arbeitskraft zu verkaufen, um leben zu können.

Radikale oder gemäßigte Revolution? Angesichts der Bauernunruhen und der gewaltbereiten städtischen Massen gaben die meisten Fürsten überraschend schnell nach und setzten reformbereite Regierungen ein. In Wien und Berlin kam es zu Barrikadenkämpfen. Die Volksbewegungen konnten sich durchsetzen. Das Zurückweichen der alten Gewalten wurde begeistert gefeiert. Zugleich sorgten die aufgestellten Bürgerwehren dafür, dass die Unterschichten von einer sozialen Revolution abgehalten wurden. Die Sorge vor einer Gefährdung der bürgerlichen Gesellschaftsordnung durch die gewaltbereiten Massen war weit verbreitet. Genährt wurden solche Ängste durch das erste Auftreten einer Arbeiterbewegung, die soziale Veränderungen forderte.

Die meisten Wortführer der Revolution begnügten sich mit Zugeständnissen im Sinne der Märzforderungen und wollten die revolutionäre Bewegung früh in legale, parlamentarische Bahnen lenken. Vor den Thronen selbst sollte die Revolution haltmachen. Die radikalen badischen Demokraten *Friedrich Karl Hecker* und *Gustav Struve* versuchten im April 1848 jedoch, die Entwicklung im Sinne einer grundsätzlichen Systemveränderung weiter voranzutreiben. Sie initiierten einen bewaffneten Volksaufstand für die republikanische Staatsform in Deutschland, der aber schon nach acht Tagen zerschlagen wurde.

Dagegen billigten die Regierungen der Einzelstaaten den Zusammentritt einer deutschen „Nationalversammlung“. Bei den Wahlen vom 1. Mai 1848 gab es noch keine Parteien, gewählt wurden vor allem Angehörige des Bildungsbürgertums. Die Abgeordneten formierten sich in Fraktionen, eine Wurzel des modernen Parteiwesens (▸ M3). Die Volksvertreter tagten im Gebäude der Frankfurter Paulskirche. Von ihnen fühlten sich die meisten der liberalen Mitte zugehörig, die linken Demokraten waren im Parlament zahlenmäßig geringer vertreten, ebenso die konservative Rechte.

▲ Kleindeutsche Lösung.

▲ Großdeutsche Lösung.

▲ Großösterreichische Lösung.

Ringen um den Nationalstaat Es dauerte bis zum März 1849, bis in der Paulskirche nach langen kontroversen Debatten zum ersten Mal in der deutschen Geschichte ein vom Volk ausgehendes Verfassungswerk beschlossen wurde. Es regelte drei wesentliche Bereiche:

- Die Garantie der bereits am 27. Dezember 1848 beschlossenen *Grundrechte* sollte Einschränkungen der Freiheiten vorbeugen. Festgelegt wurden u. a. die Presse- und Meinungsfreiheit, die Freiheit von Forschung und Lehre, das Recht auf Versammlung und auf die Gründung politischer Vereinigungen sowie die volle Glaubens- und Gewissensfreiheit.* Gleichheitsrechte sollten garantieren, dass öffentliche Ämter grundsätzlich nur nach Befähigung vergeben wurden. Die Schulaufsicht der Kirche war auf den Religionsunterricht beschränkt. Die Aufhebung der Stände und das Bekenntnis zur Freiheit der Person bedeuteten die Beseitigung aller Privilegien; damit waren auch die Gutsuntertänigkeit und die Hörigkeit der Bauern aufgehoben. Ein von Demokraten gefordertes Recht auf Arbeit wurde mehrheitlich abgelehnt.
- Die Entscheidung über die Grenzen des neuen *Nationalstaates* war zugleich eine Entscheidung über die Zukunft Österreichs. Die „großdeutsche Lösung“ hätte nur das deutschsprachige Österreich in das Deutsche Reich aufgenommen. Damit allerdings wären die übrigen Gebiete des Vielvölkerstaates nur noch in der Person des Herrschers (Personalunion) verbunden geblieben, was von Wien abgelehnt wurde. Umgekehrt erschien den Anhängern der Nationalstaatsidee die „großösterreichische Lösung“ als Widerspruch zum Konzept der Kulturnation. Daraufhin stimmte eine Mehrheit der Abgeordneten der „kleindeutschen Lösung“ zu und nahm damit die Trennung von den Deutsch-Österreichern hin (▸ M4).**
- Die Mehrheit der Nationalversammlung wünschte sich eine *konstitutionelle Monarchie* als Staatsform für das künftige Reich. Die Kaiserwürde sollte erblich sein, um einen möglichen Wechsel im Herrscherhaus zu vermeiden. Der Vorrangstellung Preußens entsprechend wählten die Abgeordneten den Preußenkönig **Friedrich Wilhelm IV.** zum ersten „Kaiser der Deutschen“. Damit sollte das vorgesehene Erbkaisertum der preußischen Hohenzollern seine Legimitation einer Entscheidung der souveränen Nation verdanken.

Endlich eine Verfassung? Das Werk der Paulskirche war ein Kompromiss unterschiedlicher politischer Interessen. Es berücksichtigte unitarische und föderalistische, monarchische und demokratische Bestrebungen.

Wieso wurden die Verfassungsbestimmungen von 1849 nicht verwirklicht? Ein Jahr nach dem Schock der Märzereignisse hatten sich die alten Kräfte, vor allem die Groß-

Friedrich Wilhelm IV. (1795-1861): preußischer König von 1840 bis 1858

* Zu den Grundrechten siehe auch S. 43 und S. 46, M4.

** Lesen Sie in dem Zusammenhang auch das OnLine-Kapitel „Polen – Nation ohne Staat im 19. Jahrhundert“; siehe Code 4673-00.

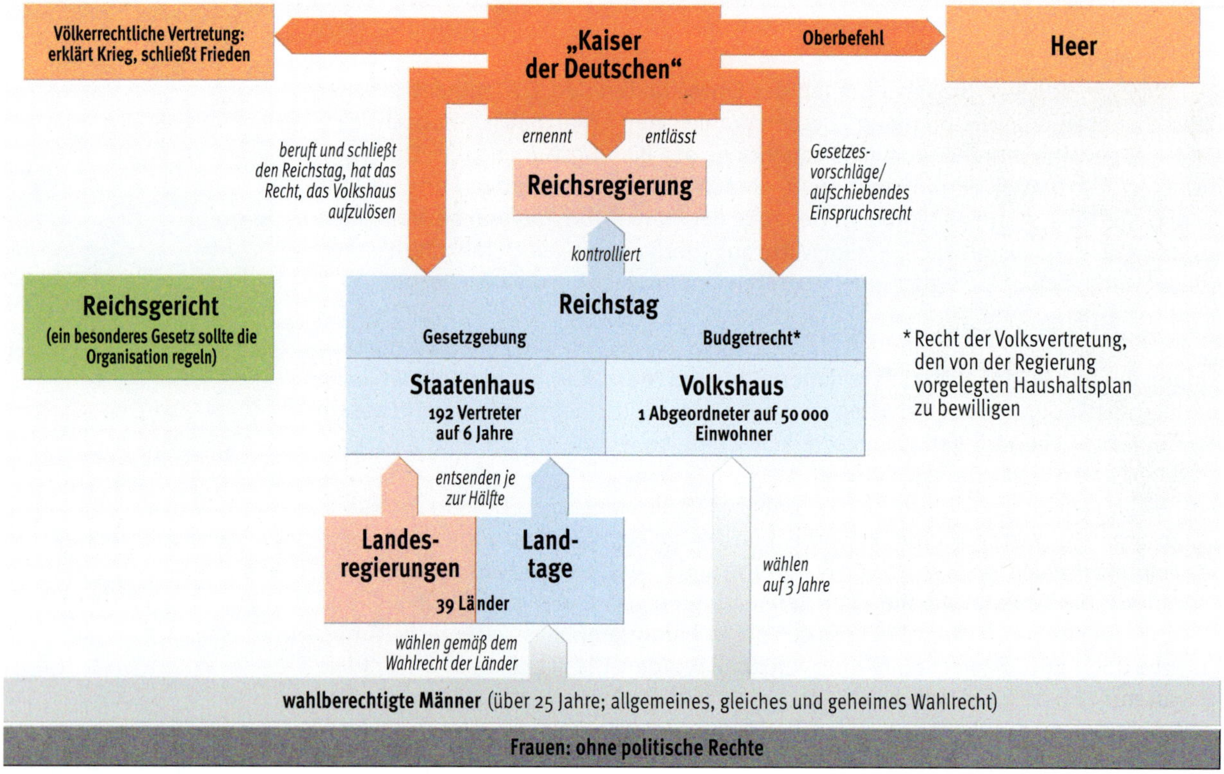

▲ Die geplante Reichsverfassung der Paulskirche.

■ *Arbeiten Sie Rechte und Einflussmöglichkeiten von Kaiser, Landesregierungen und Volk heraus.*

mächte Preußen und Österreich, wieder konsolidiert. Weil das Gros der Beamten in Verwaltung und Justiz sich loyal verhielt und die Armeen fast überall ein zuverlässiges Instrument in den Händen ihrer Landesherren blieben, aber auch weil die fürstlichen Regierungen zu Reformen bereit waren, kam es zu keiner entscheidenden Schwächung der Dynastien in den Ländern. Zudem spalteten die unterschiedlichen Ziele der gemäßigten Liberalen und der Demokraten bald nach den ersten Erfolgen das Lager der Revolutionäre.

Internettipp:
*Zur Reichsverfassung vom 28. März 1849 einschließlich der Grundrechte des deutschen Volkes siehe Code **4673-03**.*

Zwar erkannten 28 deutsche Staaten im April 1849 die Reichsverfassung an, aber Wien und Berlin sowie die Königreiche Bayern, Hannover und Sachsen beharrten darauf, dass nur eine mit den fürstlichen Regierungen vereinbarte Verfassung Gültigkeit beanspruchen könne. So überraschte es nicht, dass der preußische König Friedrich Wilhelm IV. – überzeugt vom monarchischen Gottesgnadentum – am 3. April 1849 die Kaiserkrone aus den Händen des Volkes zurückwies (▸ M5). Der durch die gewählten Vertreter des deutschen Volkes vereinbarte und rechtlich konstruierte deutsche Nationalstaat wurde nicht verwirklicht.

Als sich die Niederlage der Revolutionsbewegung abzeichnete, kam noch einmal Empörung auf. In mehreren revolutionären Zentren (Sachsen, Pfalz, Baden) flammten letzte Volkserhebungen auf, in denen sich politische mit sozialen Zielen mischten. In Baden stellte sich in der sogenannten „Verfassungskampagne“ sogar fast die gesamte Armee und Verwaltung auf die Seite der Revolutionsregierung. Preußische Truppen schlugen den Aufstand jedoch nieder. Die Aufständischen fielen Massenerschießungen oder Standgerichten zum Opfer, mussten sich vor Gericht verantworten oder ins Exil gehen. Inzwischen hatte auch die Nationalversammlung zu bestehen aufgehört. Viele Regierungen hatten die Abgeordneten zurückbeordert, nur noch ein „Rumpfparlament“ linker Abgeordneter tagte zunächst in Stuttgart weiter, wurde aber am 18. Juni 1849 durch Militär auseinandergejagt.

Lesetipp:
Dieter Hein, Die Revolution von 1848/49, München [5]2014

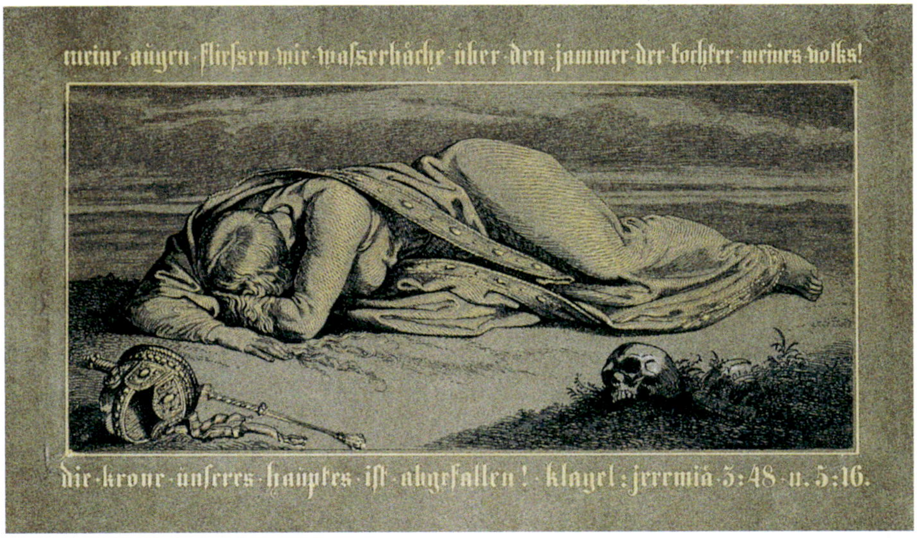

◂ **„Germania 1850."**
Radierung (35 x 49 cm) von Julius Hübner, 1850 (Ausschnitt).
Das Zitat (ober- und unterhalb des Bildes) stammt aus den Klageliedern des Jeremia, die im Alten Testament stehen.
- *Charakterisieren Sie die Darstellung der Germania.*

Das Erbe der 1848er-Bewegung Als der Gesandtenkongress des Deutschen Bundes im September 1850 wieder zusammentrat, konnte es scheinen, als sei nichts geschehen. Es begann eine Zeit der *Reaktion*. In den Bundesstaaten wurden viele Zugeständnisse rückgängig gemacht, fast alle politischen Vereine wurden verboten. 1851 hob der Bundestag die von der Paulskirche verabschiedeten Grundrechte wieder auf.

Der überall durchgesetzte Verfassungsstaat wurde – abgesehen von Österreich – in keinem Staat des Deutschen Bundes wieder beseitigt. Die Vorzensur von Zeitungen und Büchern, die jede Veröffentlichung einer amtlichen Prüfung unterzog, blieb aufgehoben. In der Rechtspflege gab es wichtige Fortschritte und auch gesellschaftspolitisch wurden neue Weichen gestellt. Dazu gehörten die Befreiung der Bauern aus den grundherrlichen Abhängigkeiten, das Ende der adligen Patrimonialgerichtsbarkeit, überhaupt das Ende der rechtlichen Sonderstellung des Adels.

Die Ereignisse von 1848/49 weckten das politische Bewusstsein breiter Bevölkerungsschichten. Die Deutschen hatten sich als politisch Aktive erlebt. Vertreter des fortschrittlichen Bürgertums wandten sich allerdings nach dem Scheitern des Versuchs, Einheit und Freiheit aus eigener Kraft zu erreichen, resigniert von ihren politischen Idealen ab. Sie konzentrierten sich auf ihr wirtschaftliches Fortkommen und zogen sich ins Privatleben zurück. Viele Revolutionäre flüchteten in die USA. Der gelungene Verfassungsentwurf eines föderalistisch angelegten, nationalen Rechtsstaates mit einer starken Volksvertretung, wie ihn die Paulskirche 1849 vorgesehen hatte, blieb aber trotz seines Scheiterns im politischen Gedächtnis. Er beeinflusste die deutschen Verfassungen von 1919 und 1949.

1. *Stellen Sie die unterschiedlichen Forderungen zusammen, die 1848 gegenüber den deutschen Regierungen erhoben wurden.*

2. *Ordnen Sie die Forderungen nach ihrer Radikalität. Erörtern Sie, welchen dieser Forderungen die Fürsten ggf. hätten zustimmen können und welche Forderungen systemsprengend waren.*

3. *Bewerten Sie die Revolution von 1849 anhand ihrer kurz- und langfristigen Folgen.*

M1 Die Mannheimer „Märzforderungen"

Am 27. Februar 1848, wenige Tage nach dem Sturz des französischen Königs, kommen ca. 2500 Menschen in Mannheim zu einer Volksversammlung zusammen. Folgende Petition wird verabschiedet, zur Unterschrift ausgelegt und am 1. März 1848 dem Präsidenten der badischen Abgeordnetenkammer überbracht.

Hohe Zweite Kammer!
Eine ungeheure Revolution hat Frankreich umgestaltet. Vielleicht in wenigen Tagen stehen französische Heere an unseren Grenzmarken, während Russland die seinigen im Norden zusammenzieht. Ein Gedanke durchzuckt Europa. Das alte System wankt und zerfällt in Trümmer. Allerorten haben die Völker mit kräftiger Hand die Rechte sich selbst genommen, welche ihre Machthaber ihnen vorenthielten. Deutschland darf nicht länger zusehen, wie es mit Füßen getreten wird. Das deutsche Volk hat das Recht zu verlangen:
Wohlstand, Bildung und Freiheit für alle Klassen der Gesellschaft, ohne Unterschied der Geburt und des Standes.
Die Zeit ist vorüber, die Mittel zu diesen Zwecken lange zu beraten. Was das Volk will, hat es durch seine gesetzlichen Vertreter, durch die Presse und durch Petitionen deutlich genug ausgesprochen. Aus der großen Zahl von Maßregeln, durch deren Ergreifung allein das deutsche Volk gerettet werden kann, heben wir hervor:

1) Volksbewaffnung mit freien Wahlen der Offiziere
2) Unbedingte Pressefreiheit
3) Schwurgerichte nach dem Vorbilde Englands
4) Sofortige Herstellung eines deutschen Parlaments

Diese vier Forderungen sind so dringend, dass mit deren Erfüllung nicht länger gezögert werden kann und darf.
Vertreter des Volks! Wir verlangen von Euch, dass Ihr diese Forderungen zu ungesäumter Erfüllung bringet. Wir stehen für dieselben mit Gut und Blut ein und mit uns, davon sind wir durchdrungen, das ganze deutsche Volk.

Zitiert nach: Karl Obermann, Flugblätter der Revolution. Eine Flugblattsammlung zur Geschichte der Revolution von 1848/49 in Deutschland, Berlin 1970, S. 54 f.

1. *Arbeiten Sie aus den Forderungen die politischen und sozialen Verhältnisse in Deutschland vor Ausbruch der Revolution von 1848 heraus.*

2. *Erklären Sie, warum die Petition die Volksbewaffnung fordert. Informieren Sie sich über den Zusammenhang von Volksbewaffnung und Befreiungskriegen (1813 - 1815).*

M2 „Die Forderungen der Nassauer!"

In Wiesbaden versammeln sich am 2. März 1848 rund 4000 Bürger auf dem Theaterplatz. Ihre Forderungen an den Herzog halten sie auf einem Flugblatt fest:

Die neueste französische Revolution, hervorgerufen durch die Treulosigkeit und Korruption[1] der Regierung, hat Europa erschüttert. Sie klopft an die Pforten von Deutschland.
Es ist Zeit, dass alles, was von nationaler Kraft, was von Freiheitsgefühl in der deutschen Nation ruht, zur schleunigsten Entfaltung gerufen werde.
Es ist vieles, was die Deutschen, was namentlich der Stamm der Nassauer, zu fordern berechtigt ist.
Aber die Zeit drängt, sie gestattet nicht alles, was seit 33 Jahren versäumt worden ist, auf einmal zu ordnen.
Folgende Forderungen aber sind es, welche sofort erfüllt werden müssen:

1. Allgemeine Volksbewaffnung mit freier Wahl seiner Anführer, namentlich sofortige Abgabe von 2000 Flinten und Munition an die Stadtbehörde von Wiesbaden.
2. Unbedingte Pressefreiheit.
3. Sofortige Einberufung eines deutschen Parlaments.
4. Sofortige Vereidigung des Militärs auf die Verfassung.
5. Recht der freien Vereinigung.
6. Öffentlichkeit, öffentliches mündliches Verfahren mit Schwurgerichten.
7. Erklärung der Domänen[2] zum Staatseigentum, unter Kontrolle der Verwaltung durch die Stände.
8. Sofortige Einberufung der zweiten Kammer lediglich zur Entwerfung eines neuen Wahlgesetzes, welches auf dem Hauptgrundsatz beruht, dass die Wählbarkeit nicht an einen gewissen Vermögensbesitz gebunden ist.
9. Beseitigung aller Beengungen der uns verfassungsmäßig zustehenden Religionsfreiheit.

Wiesbaden, den 2. März 1848.

Zitiert nach: Hartmann Wunderer, Die Revolution von 1848/49, Stuttgart 2013, S. 111 f.

1. *Untersuchen Sie den Aufruf. Was sagt er über die Verfasser aus?*

2. *Vergleichen Sie die Forderungen der Nassauer (M2) mit den Mannheimer „Märzforderungen" (M1). Nennen Sie die Unterschiede.*

[1] **Korruption**: Bestechung
[2] **Domänen**: landwirtschaftliche Güter von Adel und Landesherren

M3 Zusammensetzung der Paulskirche

Bei einer Gesamtzahl von 812 Abgeordneten (einschließlich der zeitweilig einberufenen Stellvertreter) beteiligen sich in der Regel zwischen 400 und 540 Volksvertreter an den Abstimmungen. Sie lassen sich den folgenden Berufsgruppen zuordnen:

Höhere Beamte, Landräte	115
Mittlere Beamte	37
Bürgermeister, Kommunalbeamte	21
Richter, Staatsanwälte	110
Offiziere	18
Diplomaten	11
Hochschullehrer (49), Gymnasiallehrer	94
Sonstige Lehrer	30
Staatsdiener insgesamt	**436**
Geistliche	**39**
Rechtsanwälte, Advokaten	106
Ärzte	23
Schriftsteller, Journalisten	20
Freiberufliche Intelligenz insgesamt	**149**
Großkaufleute, Kaufleute	35
Fabrikanten	14
Verleger, Buchhändler	7
Wirtschaftsbürgertum insgesamt	**56**
Landwirte (Großgrundbesitzer und 3 Bauern)	**46**
Handwerker insgesamt	**4**
Promovierte ohne Berufsangabe	**35**
Sonstige Berufe	**3**
Nicht ermittelt	**44**
	812

Die Anteile der Fraktionen in der Frankfurter Paulskirche im Oktober 1848:

Donnersberg	Deutscher Hof	Westendhall	Württemberger Hof	Augsburger Hof	Landsberg	Casino	Café Milani	bei keiner Fraktion
7%	8%	7%	6%	7%	6%	21%	6%	32%
„Linke“ demokratisch		„linkes Zentrum“ parlamentarisch-liberal		„rechtes Zentrum“ konstitutionell-liberal			„Rechte“ konservativ	

Die Fraktionen wiesen in ihrer sozialen Zusammensetzung gewisse Regelmäßigkeiten auf, die – von rechts bis links besehen – eine wachsende Distanz zu den bestehenden Verfassungen in Deutschland und zum Staatsdienst anzeigten. Auf der Rechten und im rechten Zentrum [...] häuften sich höhere Staatsbeamte, Richter und Hochschullehrer; hinzu kamen adlige Grundbesitzer und Großkaufleute; freie Berufe fanden sich hier seltener, im „Casino“ etwa nur zu 10%. Im linken Zentrum („Württemberger Hof“ bis „Westendhall“) hielten sich freie Berufe und Angehörige der Mittelschichten einerseits, Grundbesitzer, Großkaufleute und höhere Beamte andererseits die Waage. Auf der Linken dominierte mit 40% im „Deutschen Hof“ und 50% im „Donnersberg“ die freiberufliche Intelligenz; zudem fand sich hier mit 30% ein beträchtlicher Anteil von Abgeordneten der unteren Mittelklasse.

Wolfram Siemann, Die deutsche Revolution von 1848/49, Frankfurt am Main [5]1993, S. 126 und 130

Die Paulskirche wird gerne als „Professorenparlament“ charakterisiert. Überprüfen Sie, ob diese Bezeichnung angemessen ist.

M4 Ohne Österreich

Friedrich Christoph Dahlmann, einer der „Göttinger Sieben“, gehört in der Nationalversammlung von 1848/49 dem rechten Zentrum an („Casino“-Fraktion) und ist Mitglied des Ausschusses für die Ausarbeitung der Reichsverfassung. Am 22. Januar 1849 nimmt er Stellung zur Frage, welche Grenzen das Reich haben soll:

Uns tut ein Herrscherhaus not, welches sich gänzlich unserm Deutschland widmet, gänzlich in Deutschland lebt und in nichts anderem. Ein solches Herrscherhaus kann Österreich uns nicht sein; es kann es nicht, denn es hängen diesem Österreich, bei all seinem verdienten Ruhme, zu viel außerdeutsche Sorgen an. Österreich krankt an seiner Stärke ebensosehr wie andere Staaten an ihrer Schwäche. Die schwersten Sorgen Österreichs werden erst dann beginnen, wenn es den langen Lauf seiner Siege vollendet hat. Österreich kann uns, wie die Dinge gegenwärtig stehen, nicht vollständig angehören.

An den Hohenzollern Preußens können wir ein solches Herrscherhaus nicht nur haben, sondern mit dem schlechtesten und dem besten Willen kann es kein Sterblicher dahin bringen, dass wir es nicht an ihm hätten. Es ist gar keine Zukunft für Deutschland möglich ohne Preußen [...]. Ich will meine Meinung unbekümmert sagen, wie übel sie auch von verschiedenen Seiten aufgenommen werde. Ihr dämpft das Feuer der Anarchie nicht, ihr dämpft dies zerstörende Feuer weder in den kleinen Staaten noch in den mittleren, noch in den großen endlich und in den größten der rein deutschen Staaten, als nur auf einem Wege, nur auf dem Wege, dass ihr eine kraftvolle Einheit einsetzet und durch diese Einheit die Bahn für die deutsche Volkskraft eröffnet, die zur Macht führt. Die Bahn der Macht ist die einzige, die den gärenden Freiheitstrieb befriedigen und sättigen wird, der sich bisher selbst nicht erkannt hat; denn es ist nicht bloß die Freiheit, die er meint, es ist zur größeren Hälfte die Macht, die ihm bisher versagte, nach der es ihn gelüstet. Deutschland muss als solches endlich in die Reihe der politischen Großmächte des Weltteils eintreten. Das kann nur durch Preußen geschehen, und weder Preußen kann ohne Deutschland, noch Deutschland ohne Preußen genesen.

Zitiert nach: Walter Wulf (Bearb.), Das Zeitalter der Restauration und des Liberalismus, Frankfurt am Main 1959, S. 35

1. *Fassen Sie zusammen, wie Dahlmann seine Entscheidung für die kleindeutsche Lösung begründet.*

2. *Bewerten Sie das Verhältnis von Freiheit und Macht, das in der Rede deutlich wird.*

3. *Entwickeln Sie eine Gegenargumentation zu Dahlmann. Sprechen Sie sich entweder für die großdeutsche Lösung oder für eine Republik aus.*

M5 Die Ablehnung der Kaiserkrone

Am 3. April 1849 bietet eine Paulskirchenabordnung dem preußischen König Friedrich Wilhelm IV. die Kaiserwürde an. Der König hat sich mit dieser Frage bereits im Dezember 1848 in einem Brief an den preußischen Gesandten in London, Freiherrn von Bunsen, beschäftigt:

Ich will weder der Fürsten Zustimmung zu der Wahl noch die Krone. Verstehen Sie die markierten Worte? [...] Die Krone ist erstlich keine Krone. Die Krone, die ein Hohenzoller nehmen dürfte, wenn die Umstände es möglich machen könnten, ist keine, die eine, wenn auch mit fürstlicher Zustimmung eingesetzte, aber in die revolutionäre Saat geschossene Versammlung macht, [...] sondern eine, die den Stempel Gottes trägt, die den, dem sie aufgesetzt wird, nach der heiligen Ölung „von Gottes Gnaden" macht, weil und wie sie mehr denn 34 Fürsten zu Königen der Deutschen von Gottes Gnaden gemacht und den letzten immer der alten Reihe gesellt. Die Krone, die die Ottonen, die Hohenstaufen, die Habsburger getragen, kann natürlich ein Hohenzoller tragen; sie ehrt ihn überschwänglich mit tausendjährigem Glanze. Die aber, die Sie – leider – meinen, verunehrt überschwänglich mit ihrem Ludergeruch der Revolution von 1848, der albernsten, dümmsten, schlechtesten, wenn auch gottlob nicht der bösesten dieses Jahrhunderts. Einen solchen imaginären Reif, aus Dreck und Letten[1] gebacken, soll ein legitimer König von Gottes Gnaden, und nun gar der König von Preußen sich geben lassen, der den Segen hat, wenn auch nicht die älteste, doch die edelste Krone, die niemand gestohlen ist, zu tragen.

Aus der Erwiderung Friedrich Wilhelms IV. an die Abordnung der Nationalversammlung vom 3. April 1849:

Ich bin bereit, durch die Tat zu beweisen, dass die Männer sich nicht geirrt haben, welche ihre Zuversicht auf Meine Hingebung, auf Meine Treue, auf Meine Liebe zum gemeinsamen deutschen Vaterlande stützen.
Aber, Meine Herren, Ich würde Ihr Vertrauen nicht rechtfertigen [...], wollte Ich, mit Verletzung heiliger Rechte und Meiner früheren ausdrücklichen und feierlichen Versicherungen, ohne das freie Einverständnis der gekrönten Häupter, der Fürsten und freien Städte Deutschlands, eine Entschließung fassen, welche für sie und für die von ihnen regierten deutschen Stämme die entschiedensten Folgen haben muss.
An den Regierungen der einzelnen deutschen Staaten wird es daher jetzt sein, in gemeinsamer Beratung zu prüfen, ob die Verfassung dem Einzelnen wie dem Ganzen frommt, ob die Mir zugedachten Rechte Mich in den Stand setzen würden, mit starker Hand, wie ein solcher Beruf es von Mir fordert, die Geschicke des großen deutschen Vaterlandes zu leiten und die Hoffnungen seiner Völker zu erfüllen.
Dessen möge Deutschland aber gewiss sein [...]: Bedarf es des preußischen Schildes und Schwertes gegen äußere oder innere Feinde, so werde Ich auch ohne Ruf nicht fehlen. Ich werde dann getrost den Weg Meines Hauses und Meines Volkes gehen, den Weg der deutschen Ehre und Treue!

Zitiert nach: Ernst Rudolf Huber (Hrsg.), Dokumente zur deutschen Verfassungsgeschichte, Bd. 1: Deutsche Verfassungsdokumente 1803-1850, Stuttgart ^{3}1978, S. 402 f. und 405 f.

1. *Vergleichen Sie beide Äußerungen und erläutern Sie vor dem Hintergrund des Briefes an Bunsen doppeldeutige Formulierungen in der offiziellen Ablehnung.*

2. *Verfassen Sie für eine demokratisch ausgerichtete Zeitung einen Kommentar zu Friedrich Wilhelms Ablehnung.*

[1] **Letten**: anderes Wort für „Lehm"

Historiengemälde „erzählen" Geschichte. Es gibt sie seit der Antike. Die Gattung beschränkt sich nicht auf Malerei, sondern umfasst auch Mosaike, Kupferstiche oder Reliefs. Besonders beliebt waren Historienbilder im 19. Jahrhundert, als sie auf bedeutende Ereignisse, Personen, Leistungen und Traditionen der nationalen Geschichte aufmerksam machten. Sie trugen so zur Identifikation der Öffentlichkeit mit dem eigenen Volk bei.

Historiengemälde interpretieren

Historiengemälde interpretieren

Historienbilder sind Kunstwerke. Die Künstler bemühen sich, historische Sachverhalte darzustellen und zu deuten – die „historische Realität" bilden sie nicht ab. Das gilt unabhängig vom zeitlichen Abstand zum dargestellten Geschehen. Sie verherrlichen, rechtfertigen oder kritisieren vergangene Ereignisse. Oft sind Historienbilder öffentliche oder private Auftragsarbeiten. Sie sagen dann immer auch etwas über die Vorstellungen der Auftraggeber aus.
Die Analyse und Interpretation erfordert daher nicht nur Kenntnisse über die dargestellte Zeit, sondern auch über die Entstehungszeit des Bildes, den Künstler und seinen Auftraggeber.

Formale Kennzeichen

- Wer ist der Künstler / die Künstlerin?
- Wann und wo ist das Kunstwerk entstanden?
- Stammt der „Bildtitel" vom Künstler oder wurde er von anderer Seite zugefügt?
- Um welche Kunstgattung (Gemälde, Holzstich, Kupferstich, Fresko, Relief etc.) und welches Format (z. B. Monumentalgemälde) handelt es sich?

Bildinhalt

- Wen oder was zeigt das Kunstwerk?
- Welche Komposition (Bildaufbau, Figuren etc.) liegt dem Bild zugrunde?
- Welche Perspektive (Vogel-, Zentralperspektive etc.) hat der Künstler gewählt?
- Wie ist die Farbgebung (hell, dunkel, kontrastreich etc.) und die Lichtführung (konzentriert oder gleichmäßig)?
- Welche Symbole und Sinnbilder (Allegorien) werden verwendet?

Historischer Kontext

- Aus welchem Anlass ist das Bild entstanden?
- An welches Ereignis, an welchen Sachverhalt oder an welche Person wird erinnert?
- Handelt es sich um eine realistische und/oder allegorische (sinnbildliche) Darstellung?
- Inwiefern haben die politischen, religiösen oder sozialen Verhältnisse der Entstehungszeit das Kunstwerk beeinflusst?

Intention und Wirkung

- Was ist über die Haltung des Künstlers und der Auftraggeber bekannt?
- An wen richtet sich das Kunstwerk?
- Welche Absichten verfolgten Künstler bzw. Auftraggeber?
- Welche Wirkungen erzielte das Bild bei zeitgenössischen, welche bei heutigen Betrachtern?

Bewertung und Fazit

- Wie lassen sich Aussage und Wirkung des Gemäldes bewerten?
- Gibt es weitere Quellen zum Bildthema, mit denen sich das Kunstwerk vergleichen lässt?

Beispiel und Analyse

Nicht identifizierbare Porträts

Deutschlandfahne: Zeichen für die Einheit Deutschlands

Aufgebrachte Menschenmenge auf einem Marktplatz: Teilnehmer der Reichsverfassungskampagne (Mai 1849)

Brunnenfigur St. Georg mit Lanze und Deutschlandfahne: der Drachentöter St. Georg als Sinnbild für den Kampf gegen das Böse

Männer, einer davon mit Deutschlandfahne: Fürsprecher und Anführer der Reichsverfassungskampagne

„Arbeiter vor dem Magistrat."
Ölgemälde (154,5 x 224,5 cm) von Johann Peter Hasenclever, 1848/50.

Gruppe von sechs Arbeitern: überbringen dem Magistrat eine Petition mit Forderung nach Arbeit, selbstbewusstes Auftreten, einer der Arbeiter versucht, den Forderungen mit einem Fingerzeig auf den Aufstand draußen Nachdruck zu verleihen

Stufe: Hindernis, trennt beide Gruppen (Arbeiter und Bürgertum) voneinander

Magistrat: größere und mächtigere Gruppe, die Ratsherren wirken angestrengt, verlegen, verängstigt und ratlos

Magistratsmitglied: versucht, das Fenster zu schließen, um das „Draußen" auszuschließen und die angespannte Atmosphäre im Raum zu beruhigen

Lichteinfall: verteilt sich auf Arbeiter und Magistrat, ist besonders stark auf die Petition, auf den Tisch und die Arbeit des Magistrats gerichtet – der erhellende Blick auf die realen Nöte der Arbeiter soll die Stadträte zu Erkenntnissen führen

Büste und Porträt: zeigen den noch immer absolutistisch regierenden Friedrich Wilhelm IV. (oben) und den liberalen Reichsverweser Erzherzog Johann von Österreich (unten)

Zylinder und Hellebarde: Schatten eines Nachtwächters

Formale Kennzeichen Das großformatige Gemälde entstand in den Jahren 1848 bis 1850 und ist heute in Besitz der Stiftung *museum kunst palast* in Düsseldorf. Geschaffen hat es Johann Peter Hasenclever (1810-1853), einer der herausragenden Künstler der Düsseldorfer Malschule. Geboren in Remscheid, ging Hasenclever 1828 an die Düsseldorfer Kunstakademie. Als im März 1848 die Revolution ausbrach, wurde Hasenclever Zugführer in der 8. Kompanie der Düsseldorfer Bürgerwehr. Im August 1848 begründete er mit anderen Künstlern den Verein „Malkasten". In diesen Tagen entstanden erste Skizzen seines Hauptwerkes „Arbeiter vor dem Magistrat".

Bildinhalt Die Szene spielt in einem Ratssaal im Rokoko-Stil. Eine Gruppe von sechs Arbeitern wendet sich dort mit einer Petition an den Magistrat, der sich gerade in einer Sitzung befindet. Der Anführer der Arbeiter hält den Ratsherren die Petition herausfordernd entgegen. Eine Stufe trennt die beiden Gruppen voneinander. Vor dem Fenster tobt die Revolution. Einer der Arbeiter zeigt nach draußen, ein Magistratsmitglied versucht, das Fenster zu schließen. Das Licht fällt zum Teil auf die Arbeiter in der zweiten Reihe, aber auch auf den Tisch und vor allem auf die Petition und auf die Ratsherren im Vordergrund. An bzw. vor der Wand befinden sich einige Porträts, die Deutschlandfahne, der Schatten einer Nachtwächterfigur sowie ein Bild und eine Büste.

Historischer Kontext Das Gemälde ist die letzte Version eines Bildes, das in unterschiedlichen Fassungen (und unter unterschiedlichen Titeln) existiert. Vermutlich greift der Künstler in „Arbeiter vor dem Magistrat" zwei konkrete historische Ereignisse auf: einerseits die mit der „Reichsverfassungskampagne" verbundenen Aufstände im Frühjahr 1849 und andererseits den Protest von 600 Düsseldorfer Arbeitern, die im Oktober 1849 aus Sparzwang aus einem öffentlich finanzierten Arbeitsprogramm entlassen worden waren. Nach einer Kundgebung mit etwa 5 000 Teilnehmern zogen am 9. Oktober rund 200 Arbeiter vor das Rathaus. Sie schickten eine Abordnung an den Gemeindevorstand. In Vertretung für alle Betroffenen überbrachten diese dem Magistrat eine Petition mit ihrer „Bitte um Arbeit", die die Entlassung der 600 Arbeiter rückgängig machen sollte. Sie wurde aus Geldmangel abgelehnt.

Intention und Wirkung Da er ein politisch interessierter Künstler war, hinterließen die Ereignisse des Revolutionsjahres 1848 auch bei Hasenclever einen bleibenden Eindruck. Es ist umstritten, ob es ihm bei diesem Bild allein um die Darstellung eines historischen Ereignisses ging oder ob er auch die Klassengegensätze der Zeit zeigen und sich damit auf die Seite der Arbeiter stellen wollte. Zweifellos erhält „Arbeiter vor dem Magistrat" eine politische Botschaft. Allein die Gegenüberstellung der Gruppen „Arbeiter", die als selbstbewusst und aktiv handelnde Personen präsentiert werden, und einer eher zögerlichen und ratlosen „bürgerlichen Obrigkeit" in revolutionärer Zeit war hochbrisant. Hasenclever stellte eine politische Pattsituation dar, dafür wurde er von seinen Zeitgenossen bewundert. Mit seinem Gemälde hatte er nicht zuletzt das Proletariat als entscheidende politische Kraft in die deutsche Kunst eingeführt.

Bewertung und Fazit Hasenclever beendete das Gemälde „Arbeiter vor dem Magistrat" erst 1850, also nach der Revolution und in der Zeit der Reaktion. Es gehörte viel Mut dazu, das Bild 1850 in einer Ausstellung in Berlin zu zeigen, waren doch dort kurz zuvor einige Männer für ihre Beteiligung an der Revolution von Gerichten hart bestraft worden. Das Gemälde scheint die Geschichte der Revolution selbst zu erzählen: So wie Arbeiterschaft und liberales Bürgertum diesem Ereignis eher unvorbereitet gegenüberstanden und keinen gemeinsamen Weg fanden, sich gegen die Träger der absoluten Monarchie durchzusetzen, so zeigt der Künstler das Versagen beider Gruppen, die Ratlosigkeit, mit der Situation umzugehen, und letztendlich auch ihr Scheitern.

Bitte um Arbeit.

Auf Plakaten können die Düsseldorfer im Oktober 1848 lesen:

Es ist jedem Düsseldorfer schon bekannt geworden, dass die [...] zuletzt im Hofgarten beschäftigt gewesenen Arbeiter vergangenen Samstag plötzlich entlassen worden sind. Unter diesen Arbeitern sind viele Familienväter, deren hungernde Weiber und Kinder um Brot schreien. Die menschliche Gesellschaft hat offenbar die Verpflichtung, dem, der arbeiten will, Arbeit zu geben, sowie dem, der nicht mehr arbeiten kann, Unterstützung angedeihen zu lassen. [...]
Die verzweiflungsvollen Arbeiter sehen sich deshalb veranlasst, die Güte ihrer wohlhabenden Mitbürger in Anspruch zu nehmen. Sie haben eine Deputation aus ihrer Mitte erwählt [...], welche sich in die Häuser der wohlhabenden Bürger zu begeben und dieselben zu bitten haben, irgendeine Summe zu zeichnen und zur Disposition des Gemeinderats zu stellen, welcher Letztere die so gezeichneten Summen einziehen und verwenden wird, um den brotlosen Arbeitern wiederum Arbeit zu geben.

Zitiert nach: Ottfried Dascher und Everhard Kleinertz (Hrsg.), Petitionen und Barrikaden. Rheinische Revolutionen 1848/49, Münster 1998, S. 348

Geschichte kontrovers

1848/49 – eine gescheiterte Revolution?

Den Trägern der Revolution von 1848/49 gelang es nicht, die Macht der Fürsten in den deutschen Staaten zu brechen. Die Durchsetzung der Demokratie schlug fehl. Doch ist diese Revolution deshalb auch gescheitert? Hatte dieser Misserfolg weitreichende Folgen auf die politische Entwicklung in Deutschland bis zu den Katastrophen des 20. Jahrhunderts, weil sich demokratische Traditionen nur eingeschränkt entwickeln konnten? Oder leitete die Revolution von 1848/49 trotz Misserfolgs einen demokratischen Wandel ein und ist daher eine erfolgreiche Episode in der deutschen Geschichte? In der deutschen Öffentlichkeit wie in der Geschichtswissenschaft wird diese Frage kontrovers diskutiert.

M1 Weg in die Isolierung

Der von 1947 bis 1967 in Hamburg lehrende Historiker Egmont Zechlin schreibt zur Revolution von 1848 in seinem Buch über „Die deutsche Einheitsbewegung" von 1967:

Die Revolution von 1848 war das bedeutendste Ereignis in der Geschichte der deutschen Einheitsbewegung; jedoch zugleich wurde sie zur Epochenscheide der deutschen Geschichte im 19. Jahrhundert. Damals – so resümiert etwa der englische Historiker Trevelyan[1] die Bedeutung des Jahres 1848 – habe sich das Rad der deutschen Geschichte nicht gedreht. Und diese versäumte Drehung erscheint als die entscheidende Weichenstellung für Deutschlands Weg in die Isolierung gegenüber dem Westen. So sehr man sich auch hier davor hüten sollte, einsträngige Entwicklungslinien aus der Kenntnis des Späteren zu konstruieren und etwa alle Fehlentwicklungen der deutschen Geschichte auf 1848 zurückzuführen, so scheint doch das Urteil begründet, dass mit dem Scheitern der Paulskirche zugleich die Chance vertan wurde, den Abstand der deutschen Verfassungswirklichkeit und des deutschen Staatsdenkens gegenüber den westlichen Nachbarstaaten zu verringern.

Egmont Zechlin, Deutsche Geschichte, Teil 3: Die deutsche Einheitsbewegung, Frankfurt am Main/Berlin/Wien 1967, S. 177 f.

M2 Tragische Entwicklungen

Der Historiker Heinrich August Winkler hat von 1991 bis 2007 an der Berliner Humboldt-Universität gelehrt. Im seinem umfangreichen Werk „Der lange Weg nach Westen" von 2000 geht er auch auf die Revolution von 1848 ein und schreibt:

Gescheitert war die Revolution vor allem an einer politischen Überforderung des deutschen Liberalismus: Es erwies sich als unmöglich, Einheit und Freiheit zur gleichen Zeit zu verwirklichen. In den alten Nationalstaaten des europäischen Westens, in Frankreich und England zumal, war die nationale Vereinheitlichung über Jahrhunderte hinweg das Werk von Königen und Ständeversammlungen gewesen; wer mehr Freiheit wollte, fand den staatlichen Rahmen schon vor, in dem die Veränderungen erfolgen sollten. In Deutschland musste der staatliche Rahmen für das Vorhaben der Liberalen und Demokraten erst noch hergestellt werden. Die Liberalen im engeren Sinn waren sich durchaus bewusst, dass sie, während sie am staatlichen Rahmen des neuen Deutschland arbeiteten, die Machtmittel der größeren deutschen Staaten mit Preußen an der Spitze benötigten, um das Werk der nationalen Einigung nach außen, gegen andere Mächte, abzusichern. Schon deswegen (und nicht nur, weil sie die soziale Revolution fürchteten) verbot sich aus ihrer Sicht eine Politik der Konfrontation mit den alten Gewalten – eine Politik, wie die Linke sie befürwortete und betrieb. Die Linke hatte recht mit ihrer Behauptung, dass die Kräfte des alten Regimes dank der Verständigungsbereitschaft der gemäßigten Liberalen von den Erschütterungen des März 1848 sich rasch wieder hatten erholen können. Aber eine Lösung des Problems, wie Deutschland zur selben Zeit frei und ein Staat werden sollte, hatten die Demokraten und Sozialisten nicht anzubieten. Der linke Ruf nach dem ganz Europa erfassenden Befreiungskrieg der Völker war ein Ausdruck deutschen intellektuellen Wunschdenkens, bar jeder Rücksicht auf die tatsächlichen Kräfteverhältnisse in den einzelnen Gesellschaften wie zwischen den Staaten und folglich blind für die menschlichen Kosten der eigenen Desperadopolitik. Wäre der Krieg ausgebrochen, den die äußerste Linke forderte, hätte die Gegenrevolution wohl in viel größerem Umfang und auf sehr viel blutigere Weise gesiegt, als es zwischen dem Herbst 1848 und dem Spätjahr 1850 geschah.

Heinrich August Winkler, Der lange Weg nach Westen, Bd. 1: Deutsche Geschichte vom Ende des Alten Reiches bis zum Untergang der Weimarer Republik, München 2000, S. 108 f.

[1] **George M. Trevelyan** (1876 - 1962) lehrte Geschichte in Cambridge (Großbritannien).

M3 Auf den zweiten Blick erfolgreich

Die an der Universität Innsbruck tätige Historikerin Eva Maria Werner widerspricht 2009 einer lange vertretenen Ansicht zu den Ergebnissen der Revolution von 1848/49:

Mit dem Sieg der reaktionären Kräfte schien die deutsche Revolution von 1848/49 gescheitert. [...] Eine traurige Bilanz also? Nicht mehr als eine Episode in der deutschen Geschichte? War nach der Revolution alles wie vor der Revolution: So scheint es allenfalls auf den ersten Blick. Der zweite Blick hingegen offenbart die Errungenschaften der Revolution, die von Dauer waren, auch in der Epoche der Reaktion und darüber hinaus. Hierunter fällt zunächst einmal die sogenannte „Bauernbefreiung". Durch die Beseitigung von Feudallasten und ständischen Vorrechten wurde ein entscheidender Schritt in Richtung einer Gesellschaft gleicher Staatsbürger gemacht. Für einige Staaten, darunter vor allem Preußen, endete mit der Revolution zudem für immer das absolutistische Zeitalter. Insgesamt lässt sich festhalten, dass der Reformstau, der bis 1848 die wirtschaftliche und politische Entwicklung in den Staaten des Deutschen Bundes massiv behindert hatte, beseitigt worden war. [...]

Schließlich blieb auch die Arbeit der Paulskirche nicht folgenlos: Sie diente der Konturierung des künftigen deutschen Nationalstaates. Auch wenn jener aus der Perspektive von 1848/49 keineswegs eine eindeutige Form hatte, wurde 1870/71 das kleindeutsche Modell als konstitutionelle Monarchie unter preußischer Führung tatsächlich verwirklicht. Vor allem jedoch hatte die Nationalversammlung ein Verfassungswerk geschaffen, das durch seinen Grundrechtskatalog für spätere Generationen – sei es am Anfang der Weimarer Republik oder auch noch der Bundesrepublik Deutschland – Vorbildcharakter hatte.

Langfristig gesehen vielleicht am bedeutendsten waren die Folgen der Kommunikationsrevolution: Nicht nur ein neues Informationsniveau war erreicht worden, das nie wieder auf den vormärzlichen Stand zurückfiel, sondern es war auch eine breite politische Öffentlichkeit entstanden. Die öffentliche Meinung hatte damit an Gewicht gewonnen, und Politik war nicht mehr nur eine Sache bessergestellter gesellschaftlicher Schichten. [...]

Dies alles macht deutlich, dass es problematisch ist, die Revolution von 1848/49 aus der Perspektive des Scheiterns zu betrachten, wie es die Forschung lange getan hat. Der Kampf der Revolutionäre hatte tief greifende politische und gesellschaftliche Umwälzungen zur Folge, welche über dem kläglichen Ende der Nationalversammlung oder der Niederschlagung der Aufstände in den Einzelstaaten nicht übersehen werden sollten. Die Revolution von 1848/49 wirkte in den Staaten des Deutschen Bundes auf vielfältige Weise fort.

Eva Maria Werner, Kleine Geschichte der deutschen Revolution von 1848/49, Wien/Köln/Weimar 2009, S. 150-153

▲ **„1848. Die halbe Revolution. Beginn des deutschen Desasters?"**
Titelblatt der Wochenzeitschrift „Der Spiegel", Nr. 7 vom 9. Februar 1998.

1. *Arbeiten Sie anhand von M1 bis M3 die Kontroverse mit ihren jeweiligen Begründungen heraus, aber auch Gemeinsamkeiten in der Einschätzung.*

2. *1848/49 – ein Scheitern der Revolution? Nehmen Sie Stellung.*

Blick zurück nach vorn

„Aktion 18. März“

Nach dem Zweiten Weltkrieg wurde in der Bundesrepublik der 18. Mai genutzt, um der Revolution von 1848/49 zu gedenken. An diesem Tag im Jahr 1848 wurde die Nationalversammlung in der Paulskirche eröffnet – so stellt sich die Bundesrepublik bewusst in eine parlamentarische Tradition. In der DDR und West-Berlin wurde dagegen der 18. März – der Tag der Barrikadenkämpfe 1848 – zum Gedenktag und so der revolutionäre Aspekt der Ereignisse von 1848/49 hervorgehoben. Zwar konzentrieren sich Gedenktage im vereinigten Deutschland auf die mahnende Erinnerung an das NS-Unrechtsregime und die deutsch-deutsche Geschichte, doch 1998, zum 150. Jubiläum, rückte auch die Revolution von 1848/49 wieder in das Blickfeld des öffentlichen Interesses .

▲ **„Aktion 18. März – Nationalfeiertag in beiden deutschen Staaten.“**
Plakat von 1978.
Die „Aktion 18. März“ war eine Bürgerinitiative. Sie stand unter der Schirmherrschaft des ehemaligen Regierenden Bürgermeisters von West-Berlin, Heinrich Albertz (SPD), und der Schriftstellerin Ingeborg Drewitz.

M1 „Aber bitte nicht Preußen ...“

Der Historiker Dieter Langewiesche lehnt 2008 in einem Interview den Vorschlag eines nationalen Gedenktages am 18. März ab:

„Ich halte nichts von dem Vorschlag. Man kann nicht ein vor allem preußisches Datum zu einem Gedenktag für ganz Deutschland machen.“ Zwar sei der Gedanke, den Geburtstag der deutschen Demokratie auf das Jahr 1848 zu legen, nicht falsch. „Damals wurde erstmals versucht, einen gesamtdeutschen Nationalstaat mit einer liberaldemokratischen Verfassung zu schaffen.“ Aber die Berliner Ereignisse vom 18. März seien für einen gesamtdeutschen Gedenktag – wenn man einen solchen denn wolle – nicht geeignet. [...] Für Langewiesche wären dagegen zwei andere 48er-Tage als Gedenkdatum vorstellbar: zum einen der 18. Mai, als die Frankfurter Nationalversammlung in der Frankfurter Paulskirche zusammentrat, zum anderen der 27. Dezember, als dieses Parlament die Grundrechte verabschiedete. Für den 18. Mai spricht nach Ansicht des Geschichtsprofessors, dass er „das Hoffnungsdatum der Liberalen und Demokraten“ gewesen sei. Für den Dezembertag spreche, dass mit dem in der Paulskirche verabschiedeten Grundrechtskatalog „etwas Markantes geschaffen wurde, auf das man bei späteren Staatsgründungen zurückgriff. Sowohl die Weimarer Verfassung als auch das Grundgesetz der Bundesrepublik sind diesen Grundrechten von 1848 verpflichtet.“

Albert Funk, Aber bitte nicht Preußen ... Berlin will den 18. März zum Demokratie-Tag erklären. Die Länder blockieren, in: Der Tagesspiegel, 15. Juli 2008

Geben Sie die Position und die Argumente des Historikers Dieter Langewiesche wieder und nehmen Sie dazu Stellung. **(Wahrnehmungs- und Orientierungskompetenz)**

M2 „Am Grundstein der Demokratie“

In seinen einleitenden Worten zur 15. Bundesversammlung am 18. März 2012 macht Bundestagspräsident Norbert Lammert folgenden Vorschlag:

Wenn wir uns in Deutschland auf die revolutionären Ursprünge unserer Demokratie berufen, reicht der historische

Blick meist kaum weiter zurück als bis zur verfassunggebenden Nationalversammlung, die erstmals am 18. Mai 1848 in Frankfurt zusammentrat. Dabei gibt es natürlich eine Vorgeschichte: Der Barrikadenkampf, der am 18. März 1848 in Berlin begann, war ein gewaltiger, auch gewalttätiger Schritt auf dem Weg zur Demokratie in Deutschland.
Die deutsche Geschichte weckt bis heute noch häufig mehr ein Bedürfnis nach Distanz denn den Wunsch nach Identifikation. Die deutsche Geschichte hat aber weder 1933 begonnen, noch war sie 1945 zu Ende. Ein angemessenes und würdiges Gedenken an die deutschen Freiheitstraditionen ist nicht nur für einen ehrlichen Umgang mit der eigenen Geschichte unverzichtbar, sondern auch konstitutiv für das Selbstverständnis der Nation und ihre demokratische Traditionsbildung. Das nationale Gedächtnis lässt sich in einer demokratisch und damit pluralistisch verfassten Gesellschaft natürlich weder amtlich formulieren noch durch eine Behörde regeln; die Erinnerungskultur eines Landes muss wachsen.
Der Staat kann aber Zeichen setzen. Deshalb spricht manches dafür, den 18. März zu einem nationalen Gedenktag in unserem Land zu machen. Der 18. März zählt zu den deutschen Schicksalstagen, an denen sich die deutsche Geschichte verdichtet hat. Mit diesem Datum verbinden sich außerdem die ersten freien Wahlen zur DDR-Volkskammer. Diese friedliche Revolution führte unter gänzlich veränderten Bedingungen zu Ende, was auf den Berliner Barrikaden am 18. März 1848 begonnen hatte: das über ein Jahrhundert andauernde Ringen um Einigkeit und Recht und Freiheit.

Norbert Lammert, Am Grundstein der Demokratie, in: Frankfurter Allgemeine Sonntagszeitung vom 4. März 2012, Nr. 9, S. 11

1. *Analysieren Sie die Interpretation der deutschen Geschichte durch den Bundestagspräsidenten.* **(Urteilskompetenz)**
2. *Nehmen Sie Stellung zu der Frage, ob der Staat Interpretationen der Geschichte vorgeben soll oder ob die Interpretation der Vergangenheit Sache eines jeden Einzelnen sein sollte.* **(Orientierungskompetenz)**

M3 Tradition

Im März 2013 wird ein Antrag im Bundestag, den 18. März zum nationalen Gedenktag zu ernennen, abgelehnt. Der Antrag löst jedoch eine Debatte um einen geeigneten Gedenktag für Deutschland aus:

Wer [...] die Einigkeit feiern möchte, der stoße auf den 9. November 1989 an, den Tag, an dem in Berlin die Mauer fiel. Wer die Freiheit hochleben lassen will, der gedenke des 17. Juni 1953, als Zigtausende in der DDR auf die Straße gingen, bis die sowjetischen Panzer rollten. Wer das Recht würdigen möchte, der erhebe sein Glas auf den 23. Mai 1949, als in Bonn die Verfassung unterzeichnet und verkündet wurde, das Grundgesetz des freien Deutschland. Das sind Ereignisse, Bilder, die sich ins kollektive Gedächtnis eingebrannt haben, das sind Meilensteine, Jahrestage.
Und dann gibt es da noch den 18. März. Den 18. März 1990, an dem die Bürger der DDR zum ersten Mal frei wählen konnten und eine große Mehrheit mit ihrer Wahl indirekt für alle drei Forderungen des Deutschlandlieds stimmte: für Einigkeit und Recht und Freiheit. Zugleich aber reicht der 18. März weit in die deutsche Geschichte zurück. Da ist der 18. März 1793, als in Mainz der Präsident des ersten frei gewählten Parlaments auf deutschem Boden die erste Republik auf deutschem Boden ausrief, als unter dem Schutz der französischen Revolutionstruppen mutige Bürger am Rhein darangingen, es den Franzosen nachzutun und die Demokratie zu wagen. Und da ist der 18. März 1848, als in Berlin das Volk aufstand, Bürger *und* Arbeiter, um das verhasste Hohenzollernregime in die Schranken zu weisen. Es gibt keinen historischen Erinnerungstag, der einen solch weiten Bogen in die Vergangenheit schlägt wie der 18. März – allenfalls noch der von Schmerz und Hoffnung gleichermaßen gezeichnete 9. November.
[...] Doch unser Bundestag kann sich nicht auf einen interfraktionellen Antrag einigen, den 18. März zum Gedenktag zu erheben. [...] Ein Tag, der an die Freiheitsbewegungen in der deutschen Geschichte erinnere, der erinnere ja fast nur an Niederlagen. Als ob es darauf ankommt! [...] Allein dem Kampf für die Freiheit in Deutschland gilt das Gedenken am 18. März: Dass Menschen aufbrachen, um für die Demokratie in diesem Land zu streiten, vor zwei Jahrzehnten oder zwei Jahrhunderten, das ist das Ereignis, um das es geht. Geschichte kann man nicht verändern, Tradition aber lässt sich wählen. Unsere Tradition ist die Freiheit. Die Republik sollte den Mut dazu haben – zum 18. März als nationalem Gedenktag, als Nationalfeiertag.

Benedikt Franz, Der wahre Tag der Deutschen. Warum der 18. März ein nationaler Gedenktag, ja Nationalfeiertag werden muss, in: Die Zeit 21. März 2013

1. *Arbeiten Sie die Bedeutung von Gedenktagen für das nationale Selbstverständnis heraus.* **(Orientierungskompetenz)**
2. *Informieren Sie sich im Internet über das Programm der 1978 gegründeten Bürgerinitiative „18. März“ und überprüfen Sie, ob alle damaligen Argumente noch heute Bedeutung haben. Zur „Erinnerungs- und Geschichtspolitik“ siehe hier S. 538f.* **(Orientierungskompetenz)**

Emanzipationsbestrebungen im 19. Jahrhundert – auf dem Weg zur Freiheit und Gleichheit aller Menschen?

▲ Jüdischer Gottesdienst am Versöhnungstag im deutschen Heer vor Metz im Oktober 1870.
Erinnerungstuch (67,7 x 69,2 cm), um 1871.
Das Motiv erinnert an die auf preußischer Seite kämpfenden Juden im Krieg von 1870/71 gegen die Franzosen. Der jüdische Patriotismus hatte seine Wurzeln im national geprägten Liberalismus.

Orientierung ■ Der Emanzipationsgedanke resultierte aus der Idee der Gleichheit und dem Toleranzgebot der Aufklärung. Im Absolutismus hatte die Vergabe von Privilegien zur Bildung einer ständischen Gesellschaft geführt. Dies wurde durch die Kritik der Aufklärer zunehmend infrage gestellt. Wenn alle Menschen gleich geschaffen sind – wie es in der amerikanischen Unabhängigkeitserklärung 1776 formuliert wurde – wie kann es sein, dass es gesellschaftliche Gruppen wie Juden, Frauen oder Sklaven gibt, denen keine oder nur eingeschränkte Rechte zugebilligt wurden?*

Ein großer Teil der Juden erhielt bis um 1800 Schutzbriefe durch ihre Landesherren – eine Art Vertrag, der die Dauer ihrer Niederlassung sowie Rechtsschutz, Schutz der Religion, Handelserlaubnis und anderes mehr festlegte. Dafür mussten sie jährlich ein Schutzgeld und andere Abgaben an den Schutzherrn zahlen. Aber es gab auch zahlreiche Kleinsthändler, die nicht einmal einen eigenen Schutzbrief besaßen. Diese Rechtslage wurde Ende des 18. Jahrhunderts Gegenstand intensiver Diskussionen.

Zehn Jahre vor der Französischen Revolution wandten sich Vertreter der Juden Frankreichs an den jüdischen Aufklärer Moses Mendelssohn und baten ihn um die Abfassung einer Denkschrift für den König zur Verbesserung der Rechtslage seiner Glaubensgenossen. Dieses Ansinnen gab Mendelssohn auch an den preußischen Beamten Christian Wilhelm von Dohm weiter. Seine grundlegende Schrift „Über die

* Lesen Sie zur Emanzipation der Sklaven das OnLine-Kapitel „Sklavenfrage und -emanzipation in den USA"; siehe Code **4673-00**.

1790/91
- Judenemanzipation in Frankreich
- Erklärung der Rechte der Frau und Bürgerin von Olympe de Gouges

1812
Judenedikt in Preußen

1848/49
- Frauen beteiligen sich an der Revolution; es erscheinen erste deutsche Zeitungen von und für Frauen
- Die Grundrechte der Reichsverfassung erklären, dass das religiöse Bekenntnis die staatsbürgerlichen Rechte nicht beschränken darf; mit dem Scheitern der Revolution verlieren sie ihre Gültigkeit

1850
In Preußen, Bayern und einigen anderer deutschen Staaten wird Frauen verboten, sich politisch zu organisieren und zu engagieren

Der „Allgemeine Deutsche Frauenverein" (ADF gegründet; es ist der erste deutsche Frauenv

1790 | 1800 | 1810 | 1820 | 1830 | 1840 | 1850 | 186

bürgerliche Verbesserung der Juden“ wurde sofort übersetzt, erregte in Frankreich großes Aufsehen und trug 1790/91 zur Judenemanzipation in Frankreich bei. Anders verlief die Entwicklung in den meisten deutschen Staaten, in denen noch lange diskutiert wurde, ob den Juden eine sofortige oder allmählich oder gar keine Gleichberechtigung erteilt werden sollte.

Die Anfänge der Frauenbewegung fielen mit der Französischen Revolution sowie mit dem tief greifenden Wandel der Gesellschaft während der Industrialisierung zusammen. Frauen hatten keine politischen Rechte, sie durften weder über ihr Eigentum verfügen noch über ihren Verdienst noch über ihre Kinder. Sie waren absolut abhängig von ihren Ehemännern, Vätern oder Brüdern. Es war ihnen kaum möglich, in der Öffentlichkeit aufzutreten, geschweige denn, ein öffentliches Amt zu übernehmen. Höhere Schulen für Mädchen gab es nicht und an den Universitäten durften sie nicht studieren. Das änderte sich erst am Ende des 19. Jahrhundert allmählich. Frauen aus allen Ständen hatten sich aus unterschiedlichen Motiven in ganz verschiedenen Verbänden national und zum Teil schon international zur Durchsetzung ihrer Rechte organisiert. Den Schlüssel für Veränderungen sahen sie vor allem in der Einführung des Frauenwahlrechts. Sie erhielten es in den meisten europäischen Staaten erst im Laufe der ersten Hälfte des 20. Jahrhunderts.*

Die zentralen Fragen des Kapitels sind:

- *Wer waren die Befürworter und Gegner der Emanzipation der Juden und der Frauen?*
- *Welche Rolle spielten die Juden und die Frauen in dieser Debatte?*
- *Wie wirkte die Emanzipation der Juden auf Politik und Gesellschaft?*
- *Mit welchen Argumenten und Mitteln wurde das Frauenwahlrecht durchgesetzt?*

▲ **„Heraus mit dem Frauenwahlrecht.“**
Plakat (83 x 60 cm) der sozialistischen Frauenbewegung von Erich Maria Stadler, 1914.

- *Recherchieren Sie, wann und wo das aktive und passive Wahlrecht für Frauen eingeführt wurde.*

* Lesen Sie zur Frauenemanzipation auch das OnLine-Kapitel „Taten statt Worte: die Suffragetten-Bewegung in Großbritannien“; siehe Code **4673-00**.

1869
Im neu gegründeten Norddeutschen Bund wird die Gleichberechtigung der Konfessionen verkündet

1871
Das neu gegründete Deutsche Reich übernimmt die Regelung der Konfessionsfrage von 1869

1879-81
Im „Berliner Antisemitismusstreit“ wird die Zugehörigkeit der jüdischen Bevölkerung zur deutschen Nation infrage gestellt

1891
Die SPD nimmt in ihr „Erfurter Programm“ das Frauenwahlrecht auf

1893
Gründung des „Central-Vereins deutscher Staatsbürger jüdischen Glaubens“

1905-1912
Gewalttätige Aktionen der radikalen Suffragetten-Bewegung in Großbritannien

1908
Das Verbot von politischen Aktivitäten für Frauen wird in den meisten deutschen Ländern aufgehoben

1911
Der erste Internationale Frauentag wird in vielen Staaten zum Kampftag für das Frauenwahlrecht

1918
Das Frauenwahlrecht wird nach der Revolution in Deutschland eingeführt

1928
In England erhalten die Frauen das gleiche Wahlrecht wie die Männer

1870 1880 1890 1900 1910 1920 1930 1940

Der lange Weg zur Emanzipation der Juden

◄ **Lessing und Lavater zu Gast bei Moses Mendelssohn.**
Ölgemälde (70 x 58 cm) von Moritz Daniel Oppenheim, 1856. Der in der Hanauer Judengasse geborene Moritz Daniel Oppenheim (1800-1882) ist der erste jüdische Maler der Neuzeit, der bewusst gelebte jüdische Identität mit seiner Arbeit als Künstler vereint. Dargestellt ist ein imaginäres Treffen des jüdischen Philosophen und Publizisten Moses Mendelssohn (1729-1786), des bekannten Dramatikers Gotthold Ephraim Lessing (1729-1781) und des Schweizer Pfarrers Johann Caspar Lavater (1741-1801). Mendelssohn (links sitzend), der in Dessau geboren wurde und nach einer rabbinischen Ausbildung 1742 nach Berlin ging, war seit 1753 eng mit Lessing (stehend) befreundet. Er verbreitete unter den deutschen Juden die Gedanken der Aufklärung und Emanzipation. Lavater hatte Mendelssohn 1769 aufgefordert, ihm die Gründe für sein Festhalten am jüdischen Glauben zu erläutern.

- *Beschreiben Sie das Gemälde.*
- *Informieren Sie sich darüber, in welcher Beziehung Lavater, Mendelssohn und Lessing zueinander standen.*

Haskala: die Aufklärung; aus dem Hebräischen *sechel*: Verstand abgeleitet

Die Bedeutung von Bildung für die Emanzipation *Moses Mendelssohn* war die führende Gestalt der jüdischen Aufklärungsbewegung, der **Haskala**. Er setzte sich für die Öffnung der jüdischen Kultur ein, forderte eine nicht allein von der Religion bestimmte Bildung der Jugend, sondern deren Ausbildung auch in „weltlichen" Fächern, und verlangte eine besondere Pflege der deutschen Sprache. Zwischen 1778 und 1816 wurden nicht weniger als zehn moderne jüdische Schulen im deutschen Kulturbereich errichtet. 1804 gründete *Siegmund Geisenheimer* für bedürftige jüdische Kinder das Philanthropin in Frankfurt. Der Name bedeutete „Stätte der Menschlichkeit" und war zugleich Programm. Die Schülerzahl wuchs stetig, ab 1811 wurden auch christliche Kinder aufgenommen.

Lesetipps:
- *Ingke Brodersen und Rüdiger Dammann, Zerrissene Herzen. Die Geschichte der Juden in Deutschland, Frankfurt am Main 2008*
- *Arno Herzig, Jüdische Geschichte in Deutschland – Von den Anfängen bis zur Gegenwart, München 2002*
- *Jacob Katz, Aus dem Ghetto in die bürgerliche Gesellschaft. Jüdische Emanzipation 1770-1870, Frankfurt am Main 1986*

Internettipp:
Zur deutsch-jüdischen Geschichte siehe Code ***4673-04***.

Emanzipation in Europa Die Emanzipation war kein gleichzeitiger und gleichmäßiger Vorgang. Im revolutionären Frankreich wurden Juden 1790/91 praktisch über Nacht zu gleichberechtigten Staatsbürgern erklärt (▸ M1). Die Niederlande schlossen sich 1796 dem Vorbild Frankreichs an, und Griechenland und Belgien folgten 1830 bzw. 1833. In den deutschen Staaten dagegen zog sich der Emanzipationsprozess mehr als 80 Jahre bis 1869/71 hin, da hier Emanzipation als Belohnung für Anpassung (Assimilation) verstanden wurde.

Die Bemühungen um die gesellschaftliche Integration und um die Emanzipation der Juden unterlagen in den deutschen Staaten einem langwierigen Prozess und glichen einem „Zickzackkurs". In Russland räumte erst die Februarrevolution von 1917 die Beschränkungen für Juden beiseite.

Aufbruch in Preußen Das 1812 erlassene preußische Judenedikt war Teil der Preußischen Reformen und erklärte Juden zwar zu Staatsbürgern, schloss sie aber immer noch vom Staatsdienst aus (▸ M2, M3). Die Neuregelung galt dann auch nur für das nach dem *Frieden von Tilsit* (1807) bei Preußen verbliebene Kerngebiet. Sie wurde nicht auf die 1815 wiedergewonnenen oder neu erworbenen Landesteile ausgedehnt. Allein in der Provinz Posen wohnte um 1815 mehr als ein Drittel der preußischen Juden. Sie erhielten weder das Staatsbürgerrecht noch die Freizügigkeit, sondern blieben Schutzjuden, die sich nur in einer festgelegten Anzahl und an bestimmten Orten niederlassen durften.

In den Gegenden, in denen unter napoleonischer Herrschaft nach dem Vorbild der Französischen Revolution eine konsequente Gleichstellung der Juden erfolgt war, wurde diese häufig rückgängig gemacht. In Frankfurt am Main war dies beispielsweise 1814 der Fall. Als Begründung wurde die Ideologie vom „christlichen Staat" angeführt, in dem Nicht-Christen keine wichtigen Positionen übernehmen sollten. Den Juden stellte man damit die Alternative, sich entweder taufen zu lassen oder auf eine Laufbahn im Staatsdienst zu verzichten.

Die Revolution von 1848/49 – eine Wende? 1848 kam es zu antijüdischen Ausschreitungen – und zur bürgerlichen Gleichstellung der Juden. In Hessen-Homburg wurden die Juden im März zu vollberechtigten Staatsbürgern erklärt. Weitere kleinere Staaten wie Hessen-Nassau folgten dem Vorbild. Erstmals traten auch jüdische Politiker auf nationaler Ebene in Erscheinung, einige davon in prominenter Position.

Bei der kontroversen Debatte um die Grundrechte des Volkes engagierte sich vor allem der Hamburger Anwalt *Gabriel Riesser* in der Frankfurter Nationalversammlung (▸ M4). Das Parlament beschloss die vollständige rechtliche Gleichstellung und die uneingeschränkte Glaubens- und Gewissensfreiheit. Doch die Reichsverfassung blieb nur kurze Zeit in Kraft. Nach der gescheiterten Revolution ignorierten die Staaten des erneuerten Deutschen Bundes die Grundrechte – und damit die Judenemanzipation. Erst mit der Gründung des *Norddeutschen Bundes* 1869 wurde die formale rechtliche Gleichstellung der Juden wieder verkündet. Diese Regelung übernahm das 1871 gegründete Deutsche Reich.

Internettipp:
Zu Gabriel Riesser siehe Code ***4673-05.***

Judentum und Liberalismus Die Emanzipation der Juden war nicht nur ein staatsrechtlicher Akt, sondern auch ein innerjüdischer Vorgang. Auf die immer wieder verzögerte rechtliche Gleichstellung sowie auf die kulturellen Herausforderungen seit der Aufklärung reagierte eine neue Generation von Rabbinern mit einer Reform des Judentums. Neuerungen wie Chöre, deutschsprachige Predigten oder Orgelmusik wurden eingeführt.

Ab 1830 konfrontierte ein akademisch gebildetes Rabbinat das jüdische Publikum mit neuen theoretischen Begründungen für den Fortbestand des Judentums. Der starke Reformflügel erhielt später die institutionelle Bezeichnung „liberal". Mit *Abraham Geiger* wurde 1838 erstmals ein erklärter Reformer Rabbiner in einer der größten jüdischen Gemeinden: in Breslau. Die unterschiedlichen Modernisierungen führten auch zu Gegenreaktionen und zur Herausbildung weiterer Richtungen, wie beispielsweise der *Neo-Orthodoxie*.

	Preußen	in anderen deutschen Staaten	zusammen
1852	276 300 (1,3 %)	185 600 (1,3 %)	461 900 (1,3 %)
1871	326 400 (1,3 %)	185 800 (1,2 %)	512 200 (1,2 %)
1890	372 800 (1,2 %)	195 100 (1,1 %)	567 000 (1,1 %)
1910	416 500 (1,0 %)	198 500 (0,9 %)	615 000 (0,9 %)

▲ **Jüdisches Bevölkerungswachstum.**
Anzahl der Juden und ihr Prozentanteil an der Gesamtbevölkerung. Alle Daten nach den Grenzen von 1871 (jüdische Bevölkerungsangaben nur in Staaten mit mehr als 3 000 Einwohnern).
Nach: Evyatar Friesel, Atlas of Modern Jewish History, Oxford 1990, S. 102
■ *Beschreiben Sie die Entwicklung.*

Gebiet und Jahr	Landwirtschaft	Industrie und Handwerk	Handel und Verkehr	davon: Handelsgewerbe	öffentliche Dienste, freie Berufe	häusliche Dienste
hessischer Bereich (in Klammern Prozent der Gesamtbevölkerung)						
1895	1,9 (36,1)	18,5 (36,2)	68,3 (11,6)	66,8 (6,3)	5,9 (7,0)	5,4 (9,1)
1907	2,6 (32,8)	24,5 (40,1)	62,7 (13,7)	60,7 (6,8)	6,5 (6,8)	3,7 (6,6)
Frankfurt						
1882	0,1 (5,1)	13,6 (37,1)	70,3 (26,5)	68,9 (18,4)	5,5 (8,2)	10,5 (23,1)
1907	0,2 (2,4)	26,6 (44,2)	60,1 (30,2)	57,6 (17,2)	8,8 (8,0)	4,9 (15,2)

▲ Jüdische und sämtliche Erwerbspersonen im hessischen Bereich nach hauptsächlichen Wirtschaftsgebieten 1882-1907 (Angaben in Prozent)

Zusammengestellt nach: Uziel Oscar Schmelz, Die jüdische Bevölkerung Hessens. Von der Mitte des 19. Jahrhunderts bis 1933, Tübingen 1996, S. 239 f.

- *Beschreiben Sie die wirtschaftlichen Tätigkeiten der Juden und nennen Sie Gründe für die Verteilung der Zahlen.*

Wirtschaftlicher Wandel Um 1750 gehörten fast drei Fünftel aller Juden der „unbemittelten Klasse" an, d.h. sie lebten am Rande des Existenzminimums. Aufs Ganze gesehen gelang den Juden auf dem Gebiet des späteren Deutschen Reiches vor allem in den Städten, aber auch auf dem Land zwischen dem späten 18. Jahrhundert und der Reichsgründung ein sozialer Aufstieg, der sich im Kaiserreich noch verstärkte. Je mehr Standes- und Zunftschranken fielen, der Handel und die Industrie durch eine liberale Wirtschaftsordnung wuchsen, desto mehr Chancen boten sich den Juden. Während innerhalb der Gesamtbevölkerung der Anteil der Unterschichten zumindest bis zur Jahrhundertmitte zunahm, schafften viele Juden im Verlauf der Industrialisierung den Sprung in das Klein- oder sogar das Großbürgertum.

Integration oder jüdisches Milieu? Die rechtliche Emanzipation bedeutete noch keine soziale und kulturelle Integration. Diese erfolgte in der deutschen Gesellschaft, in der antijüdische Einstellungen verbreitet waren, nur teilweise. Von Führungspositionen in Universität, Justizdienst und Armee wurden jüdische Bürger weiterhin zumeist ferngehalten. Aber es gab auch Bereiche, in denen deutsch-jüdische Freundschaften gediehen (▸ M5). Dazu trugen auch Simultanschulen bei, in den Juden und Christen unterrichtet wurden. Mit Einführung der Zivilehe 1875 war die Ehe zwischen Juden und Nichtjuden möglich. Der Anteil der Mischehen stieg in den Vorkriegs- und Kriegsjahren vor allem in einigen Großstädten an. Mischehen lassen auf eine weit stärkere soziale Interaktion zwischen Juden und Nichtjuden schließen, als man vielleicht geglaubt hat.

Zeitabschnitt	hessischer Bereich	Hessen (Darmstadt)	Hessen-Nassau		
			insgesamt	ohne Frankfurt	Frankfurt
absolute Zahlen					
1875-1933	3965	932	3033	807	2226
1875-1899	760	190	570	200	370
1900-1919	1379	323	1056	272	784

▲ Konfessionell gemischte Eheschließungen von Juden im hessischen Bereich, 1875-1919.

Nach: Uziel Oscar Schmelz, Die jüdische Bevölkerung Hessens, a.a.O., S. 84

- *Diskutieren Sie, welchen Aufschluss die Zahlen über das Verhältnis zwischen Christen und Juden geben.*

Erörtern Sie die Bedeutung des 19. Jahrhunderts für die Geschichte der Juden in Deutschland.

M1 Die Gleichberechtigung der Juden in Frankreich

Am 26. August 1789 nimmt die französische Nationalversammlung die „Erklärung der Menschen- und Bürgerrechte" an. Daraufhin erhalten die Juden spanisch-portugiesischer (sefardischer) Herkunft in Bordeaux am 28. Januar 1790 die staatsbürgerlichen Rechte zuerkannt. Die elsässischen (aschkenasischen) Juden erhalten sie drei Wochen nach der Verkündung der Verfassung am 28. September 1791.

In Anbetracht dessen, dass die den Titel eines französischen Bürgers und den Genuss der Rechte aktiver Bürger begründenden Voraussetzungen in der Verfassung festgelegt sind, dass ferner jeder die erwähnten Voraussetzungen in sich vereinigende Mensch, soweit er den Bürgereid geleistet und das Gelöbnis abgelegt hat, alle von der Verfassung auferlegten Pflichten zu erfüllen, ein Anrecht auch auf alle von dieser gewährleisteten Freiheit hat, setzt die Nationalversammlung sämtlich in die früher ergangenen Dekrete in Bezug auf die Juden aufgenommenen Vertragsbestimmungen, Klauseln und Ausnahmeverfügungen außer Kraft, indem sie zugleich bestimmt, dass der von den Juden zu leistende Bürgereid als Verzicht auf alle ehedem zu ihren Gunsten geltenden Privilegien und Sondergesetze zu betrachten sei.

Zitiert nach: Julius Höxter, Quellenbuch zur jüdischen Geschichte und Literatur, V. Teil: Neueste Zeit: 1789 bis zur Gegenwart, Frankfurt am Main 1930, S. 9

Erklären Sie die Begründung für die Gleichstellung der Juden.

M2 Entwurf einer neuen Konstitution für die Juden

Nach der Niederlage Preußens gegen Frankreich legt Wilhelm von Humboldt als Leiter des preußischen Kultusministeriums am 17. Juli 1809 den Entwurf einer Judenordnung vor; er leitet ihn mit folgenden Überlegungen ein:

Es bleibt [...] immer klar und unleugbar, dass jede Gesetzgebung über die Juden in dem Grade besser ist als eine andre, in dem sie die Absonderung unmerkbarer und die Verschmelzung inniger macht.
Allein hier gehen wieder zwei Systeme auseinander, das eine, das die Absonderung auf einmal, das andre, das sie allmählich aufheben will.
Betrachtet man diese an sich, und ich möchte sagen rein logisch, so ist wohl nicht zu bestreiten, dass nur eine plötzliche Gleichstellung aller Rechte gerecht, politisch und konsequent ist.
Gerecht: denn es lässt sich kein möglicher Rechtsgrund denken, warum der Jude, der alle Pflichten des Christen erfüllen will, nicht auch der Rechte teilhaftig sein soll? [...]
Politisch: [...] Mag das Volk auch noch so viele gutgeartete Juden sehen; es wird nie leicht dadurch zu andern Meinungen über die Juden, als solche, selbst kommen, sondern die Einzelnen immer nur als Ausnahmen betrachten. Auch soll der Staat nicht gerade die Juden zu achten lehren, aber die inhumane und vorurteilsvolle Denkungsart soll er aufheben, die einen Menschen nicht nach seinen eigentümlichen Eigenschaften, sondern nach seiner Abstammung und Religion beurteilt und ihn, gegen allen wahren Begriff von Menschenwürde, nicht wie ein Individuum, sondern wie zu einer Rasse gehörig und gewisse Eigenschaften gleichsam notwendig mit ihr teilend ansieht. Dies aber kann der Staat nur, indem er laut und deutlich erklärt, dass er keinen Unterschied zwischen Juden und Christen mehr anerkennt.
Endlich konsequent: denn eine allmähliche Aufhebung bestätigt die Absonderung, die sie vernichten will [...].
Allein der ganze Grund, auf welchem das System der allmählichen Aufhebung beruht, ist, meines Erachtens, aus einer zwar ehemals angenommenen, aber auch schon längst mit Recht verworfenen Theorie der Gesetzgebung geschöpft.
Es ist nämlich dies diejenige, welche die Gesetzgebung zu einer Art Erziehung des Staatsbürgers macht; wo sie nur immer die Mittel in Händen hat, positiv wirken will und, von einem bestimmten Begriff des Charakters und der Kultur der Nation ausgehend, im Stande zu sein wähnt, den Fortschritt und sogar die Richtung zu einer andern Stufe leiten zu können: [...] kurz, da der Staat kein Erziehungs-, sondern ein Rechtsinstitut ist.

Zitiert nach: www.lwl.org/LWL/Kultur/Aufbruch/popups/politik/verfassung/judenemanzipation/humboldt/index_popup1_html [Zugriff: 08.05.2016]

1. *Arbeiten Sie Wilhelm von Humboldts Haltung zur Judenemanzipation heraus.*
2. *Vergleichen sie Humboldts Position mit M1.*

M3 Das Preußische Emanzipationsgesetz von 1812

Gegen Widerstände innerhalb der Verwaltung lässt der preußische Staatskanzler Karl August von Hardenberg folgendes Emanzipationsgesetz ausarbeiten, das am 11. März 1812 von König Friedrich Wilhelm III. verkündet wird:

Wir *Friedrich Wilhelm*, von Gottes Gnaden, König in Preußen usw. [...] verordnen wie folgt:
§ 1. Die in Unsern Staaten jetzt wohnhaften [...] Juden und

deren Familien sind für Inländer und preußische Staatsbürger zu achten.

§ 2. Die Fortdauer dieser ihnen beigelegten Eigenschaft als Inländer und Staatsbürger wird aber nur unter der Verpflichtung gestattet, dass sie fest bestimmte Familiennamen führen und dass sie [...] bei Abfassung ihrer Verträge und rechtlichen Willenserklärung der deutschen oder einer anderen lebenden Sprache und bei ihren Namensunterschriften keiner anderen als deutscher oder lateinischer Schriftzüge sich bedienen sollen.

§ 3. Binnen sechs Monaten [...] muss ein jeder geschützte oder konzessionierte Jude vor der Obrigkeit seines Wohnorts sich erklären, welchen Familiennamen er beständig führen will. Mit diesem Namen ist er sowohl in öffentlichen Verhandlungen und Ausfertigungen als im gemeinen Leben gleich einem jeden andern Staatsbürger zu benennen [...].

§ 6 Diejenigen Juden, welche den Vorschriften § 2 und § 3 zuwiderhandeln, sollen als fremde Juden angesehen und behandelt werden.

§ 7. Die für Inländer zu achtenden Juden hingegen sollen, insofern diese Verordnung nichts Abweichendes enthält, gleiche bürgerliche Rechte und Freiheiten mit den Christen genießen.

§ 8. Sie können daher akademische Lehr- und Schul-, auch Gemeindeämter, zu welchen sie sich geschickt gemacht haben, verwalten.

§ 9. Inwiefern die Juden zu andern öffentlichen Bedienungen und Staatsämtern zugelassen werden können, behalten Wir Uns vor, in der Folge der Zeit gesetzlich zu bestimmen.

Zitiert nach: Julius Höxter, Quellenbuch zur jüdischen Geschichte und Literatur, V. Teil: Neueste Zeit: 1789 bis zur Gegenwart, Frankfurt am Main 1930, S. 21-22

1. *Fassen Sie die zentralen Inhalte des Judenedikts zusammen.*
2. *Vergleichen Sie die Regelung des Edikts mit der Emanzipation der Juden in Frankreich 1790/91 (M1).*
3. *Überprüfen Sie, ob die Forderungen Humboldts (M2) in dem Gesetz umgesetzt wurden.*

M4 Aus der Beratung der Grundrechte

Der Nationalökonom Moritz Mohl gehört in der Nationalversammlung einer der liberalen Fraktionen an. In der Debatte über die Grundrechte sagt er am 28. August 1848:

Meine Herren! Ich habe zu diesem Paragrafen folgendes Amendement[1] gestellt: „Die eigentümlichen Verhältnisse des israelitischen Volksstammes sind Gegenstand besonderer Gesetzgebung, und können vom Reich geordnet werden. Den israelitischen Angehörigen Deutschlands werden die aktiven und passiven Wahlrechte gewährleistet."

Meine Herren! Es ist mir gemütlich[2] schwer geworden, diesen Antrag zu stellen; ich aber halte ihn für eine heilige Pflicht gegen das deutsche Volk. Es gibt gewiss kein größeres Unglück – wir Alle werden es mit größter Teilnahme fühlen – es gibt gewiss kein schmerzlicheres Unglück, als sein Vaterland verloren zu haben. Dieses Unglück ist das der über die ganze Welt zerstreuten Israeliten (*Eine Stimme aus dem rechten Zentrum: Nein!*) Erlauben Sie mir, die Israeliten gehören vermöge ihrer Abstammung, das wird Niemand ableugnen, dem deutschen Volk nicht an. Und sie können demnach ganz und vollkommen niemals angehören. (*Oh!*) Nicht ihre Religion ist es, die sie daran verhindert, sondern die Unmöglichkeit der Familienvermischung ist es, und diese Unmöglichkeit hat allerdings einen religiösen und einen kirchlichen Grund. [...]

Ich will damit keineswegs sagen, dass die Gemeinsamkeit der Sprache, dass die Gemeinschaft des Landes nicht die Israeliten bis zu einem gewissen Grade zu Deutschen macht; aber vollständig können und werden die Israeliten zu einem deutschen Stamme wegen dieser historisch gegebenen Verhältnisse und allerdings auch der religiös-gegebenen niemals werden.

Wenn es sich nur von den politischen Rechten handelte. So wäre die Frage viel einfacher. Gewiss niemandem wird es einfallen, das aktive und passive Wahlrecht der Israeliten beanstanden zu wollen. Wir werden uns im Gegenteil nur freuen, wenn Israeliten – wie dies ja häufig der Fall ist – so sehr das Vertrauen des deutschen Volkes genießen, dass sie das deutsche Volk zu seinen Vertretern wählt. [...]

Aber der Hauptgrund der von mir erörterten Übelstände liegt gleichwohl in ganz anderen Verhältnissen: Er liegt darin, dass der israelitische Volksstamm sich mit dem deutschen Volke nicht verschmilzt, sich mit demselben nicht identifiziert und nicht identifizieren kann, vermöge seiner religiösen Verhältnisse. [...]

Das ganze Leben, die ganze Richtung und Beschäftigung der Israeliten in den unteren Volksschichten ist eine volksverderbliche [...]. Den alten Juden in den unteren Volksschichten machen sie nicht anders, und je mehr man ihn von allen Fesseln befreit, umso leichter wird er es haben, das Volk auszubeuten.

Gabriel Riesser reagiert auf Mohls Rede wie folgt:

Meine Herren! Es hat in einer früheren Diskussion, wo es sich um bevorzugte Stände handelte, ein geehrter Redner mit

[1] **Amendement**: Verbesserung, Abänderung
[2] **gemütlich**: hier „vom Gemüt her"

voller Befugnis das Recht in Anspruch genommen, vor Ihnen im Namen des bevorzugten Standes, dem er angehört, zu reden und denselben zu verteidigen. Ich nehme das Recht in Anspruch, vor Ihnen aufzutreten im Namen einer seit Jahrtausenden unterdrückten Klasse, der ich angehöre durch die Geburt, und der ich – denn die persönliche religiöse Überzeugung gehört nicht hierher – ferner angehöre durch das Prinzip der Ehre, das es mich hat verschmähen lassen, durch einen Religionswechsel schnöde versagte Rechte zu erwerben. Im Namen dieser unterdrückten Volksklasse gegen gehässige Schmähungen vor Ihnen das Wort zu ergreifen, dieses Recht nehme ich in Anspruch. [...]
Ich selbst habe unter den Verhältnissen der tiefsten Bedrückung gelebt, und ich hätte bis vor Kurzem in meiner Vaterstadt nicht das Amt eines Nachtwächters erhalten können. Ich darf es als ein Werk, ich möchte sagen, als ein Wunder des Rechts und der Freiheit betrachten, dass ich befugt bin, hier die hohe Sache der Gerechtigkeit und der Gleichheit zu verteidigen, ohne zum Christentum übergegangen zu sein. Und so lebe ich denn der festen Zuversicht, dass die gute Sache bereits gesiegt hat, ungeachtet der letzten Aufwallungen des bösen Willens von wenigen Seiten. Ich glaube nicht, dass es möglich ist, gleiche Rechte zu geben für aktive und passive Wählbarkeit, für das hohe Werk der Gesetzgebung, solange noch die verletzendsten Ausnahmegesetze in der niederen Sphären bestehen. Durch diese Ausnahmegesetze würde das höchste politische Recht geschändet, das Sie zum Gemeingut aller Deutschen machen wollen, ohne allen Unterschied der Konfession [...].
Die Juden werden immer begeistertere und patriotischere Anhänger Deutschlands unter einem gerechten Gesetze werden. Sie werden mit und unter den Deutschen Deutsche werden. Vertrauen Sie der Macht des Rechts, der Macht des einheitlichen Gesetzes und dem großen Schicksale Deutschlands. Glauben Sie nicht, dass sich Ausnahmegesetze machen lassen, ohne dass das ganze System der Freiheit einen verderblichen Riss erhalte, ohne dass der Keim des Verderbens in dasselbe gelegt würde. Es ist Ihnen vorgeschlagen, einen Teil des deutschen Volkes der Intoleranz, dem Hasse als Opfer hinzuwerfen; das werden Sie aber nimmermehr tun, meine Herren!

Stenographischer Bericht über die Verhandlungen der deutschen constituierenden Nationalversammlung, hrsg. von Franz Wigard, Bd. 3, Frankfurt 1848, S. 1754-1757

1. *Fassen Sie die verschiedenen Einwände Mohls in Stichworten zusammen. Welche Rechte wollte er den Juden zugestehen?*

2. *Charakterisieren Sie Riessers Antwort. Was ist für ihn „deutsch"? Welche Argumente bringt er vor?*

M5 Über das Verhältnis von Juden und Christen

Der Frankfurter Arzt Viktor Löwenthal (1864-1942) berichtet in seinen Lebenserinnerungen:

Die große Gemeinde hatte eine schöne Synagoge zur Verfügung, in der – wie den Kirchen – eine Orgel eingebaut war, und wo ein dem orthodoxen Judentum wesensfremder Gottesdienst abgehalten wurde. Ferner besaß sie eine Realschule, in der zwar Hebräisch gelehrt wurde, allerdings mit entblößtem Haupt von den Lehrern, welche zumeist die orthodoxen Essgebräuche nicht beachten.
Um sich von dieser Fessel zu befreien, fand Rabbiner Hirsch Hilfe in dem damaligen Führer der nationalliberalen Partei, Eduard Lasker, der zwar auf einem anderen religiösen Standpunkt stand, dem aber die Möglichkeit des Austritts aus der großen Gemeinde aus entgegengesetzten Gründen willkommen war. Diesem gelang es, das Austrittsgesetz in die Wege zu leiten und die gesetzliche Sanktion zu ermöglichen. Darauf traten damals in Frankfurt etwa hundert Leute aus der großen Frankfurter Gemeinde aus.[1] [...]
Das Verhältnis zwischen Juden und Christen blieb zumeist von Gehässigkeit frei. Ich erinnere mich zwar, da, wenn wir als Jugendliche in großer Gesellschaft zum Schwimmen gingen oder Spaziergänge machten, in den alten Frankfurter Gässchen Jungen ihre Abneigung durch „Jud"-Rufe kundgaben. Es kam auch manchmal zu Raufereien. Psychologisch ist es auch ganz erklärlich. Es war für die Frankfurter Jungen etwas Ungewohntes, dass jüdische Kinder in großer Zahl durch die Straßen zogen. Die Zeitspanne war wohl noch zu gering, seit welcher die früher Macht- und Schutzlosen als gleichberechtigt angesehen werden mussten. In meiner frühesten Jugend stand noch der größte Teil der Judengasse, das historische Schandmal der früheren Einkerkerung der Juden. Nach und nach musste sie mit ihren engen, licht- und luftlosen Häusern dem hygienischen Gesundheitsplan weichen. Ich kannte noch das Haus, in dem Börne geboren wurde. Einzig allein steht jetzt noch, wohl zum Andenken, das Stammhaus der Familie Rothschild. Heute heißt die Judengasse „Börnestraße".

Frankfurter Jüdische Erinnerungen. Ein Lesebuch zur Sozialgeschichte 1864-1951, herausgegeben von der Kommission zur Erforschung der Geschichte der Frankfurter Juden, Sigmaringen 1997, S. 40 f. und 45

Beschreiben Sie ausgehend von den Lebenserinnerungen a) das Verhältnis der Juden untereinander, b) das Verhältnis zwischen Christen und Juden.

[1] Aus dieser Abspaltung entwickelte sich die neuorthodoxe Vereinigung „Israelitische Religionsgesellschaft" (IRG).

Antisemitismus als antiaufklärerische Bewegung

▸ **„Was aus einem Enterich alles werden kann (nach Darwin)."**
Postkarte, um 1900.
Die Karte wurde im Frankfurter Hotel „Kölner Hof", das in unmittelbarer Nähe zum Hauptbahnhof lag, vertrieben. Das Hotel galt als erste Adresse für antisemitische Besucher der Stadt. Der Inhaber, Hermann Laas, war führendes Mitglied des rechtsradikalen Deutschen Vereins in Frankfurt und mehrfach gewählter Stadtverordneter.

- *Charakterisieren Sie die „Botschaft" der Karte und bewerten Sie deren aggressiven Gehalt.*
- *Überprüfen Sie die Aussage „nach Darwin".*
- *Erörteren Sie, wo und wie in der Gegenwart Zuschreibungen zwischen Menschen bzw. Menschengruppen und Tieren hergestellt werden.*

Antisemitismus: Oberbegriff für alle Formen von Feindschaft gegen Juden. Im 19. Jahrhundert erhielt die Judenfeindschaft eine neue Dimension in Gestalt des rassistisch argumentierenden „modernen Antisemitismus" (Rassenantisemitismus), der sich als Resultat angeblicher wissenschaftlicher Erkenntnisse ausgab.

Vom wissenschaftlichen zum politischen Ausdruck Der Begriff **Antisemitismus** wurde 1860 von dem Berliner Sprachwissenschaftler *Heymann Steinthal* geprägt, der damit die „Charakteristik der semitischen Völker" des französischen Philosophen und Sprachwissenschaftlers *Ernest Renan* kritisierte. Dieser Kritik an den „antisemitischen Vorurteilen" Renans schloss sich im selben Jahr der Orientalist und Hebraist *Moritz Steinschneider* an, womit der Begriff in wissenschaftlichen Kreisen weiter verbreitet wurde. Eine politische Bedeutung bekam er in Deutschland erst 1879 durch den Journalisten *Wilhelm Marr*. In seiner Propagandaschrift malte er ein Untergangsszenario durch jüdische Weltherrschaftspläne aus, bezeichnete diese mit dem Begriff „Semitismus" und gründete im selben Jahr die „Antisemitenliga".

Der „Berliner Antisemitismusstreit" Der später unter diesem Namen bekannt gewordene „Berliner Antisemitismusstreit" ist in die innenpolitische Krise der Jahre 1878/79 einzuordnen. Die Wirtschaftskrise von 1873 hatte wachsende soziale Spannungen ausgelöst. Agitatoren verbanden den Protest gegen den wirtschaftlichen und politischen Liberalismus mit judenfeindlichen Parolen.

Seit dem Sommer 1879 sammelten Antisemiten Unterschriften für eine Petition. Sie forderten den Staat auf, die rechtliche Emanzipation rückgängig zu machen. In diesem Klima griff der einflussreiche Historiker *Heinrich von Treitschke* Ende 1879 das Thema auf und machte – wenn auch mit Einschränkungen – den Antisemitismus in akademischen Kreisen salonfähig (▸ M1). Obwohl es Widerstand gegen die antisemitische Stimmung gab (▸ M2), schlossen sich rund 265 000 Menschen der Antisemitenpetition an. 1881 wurde sie Reichskanzler *Otto von Bismarck** übergeben und im Reichstag besprochen, trotzdem blieb sie ohne rechtliche Folgen.

Lesetipps:
Siehe die Titel auf S. 42.

* **Otto von Bismarck**: Siehe S. 62.

Neue und alte Vorurteile Im Antisemitismus des Kaiserreiches kamen traditionelle und moderne Aspekte zusammen: Noch aus früherer Zeit stammten soziale und wirtschaftliche Vorurteile (Wuchervorwurf). Neu hingegen waren völkische und rassenideologische Vorstellungen, die das Zeitalter des Nationalismus und Imperialismus prägten (▸ M3). Mit dem Schlagwort „Bauern macht euch frei vom jüdischen Zwischenhandel" zog ab 1885 *Otto Böckel* durch Ober- und Mittelhessen. Bei der Reichstagswahl 1887 wurde er für den Wahlkreis Marburg-Kirchhain als erster unabhängiger Antisemit in den Reichstag gewählt.

Jahr	Prozentpunkte	Sitze (Gesamtzahl der Abgeordneten)
1887	0,2 %	1 (397)
1890	0,7 %	5 (397)
1893	3,4 %	16 (397)
1898	3,7 %	13 (397)
1903	2,6 %	11 (397)
1907	2,2 %	11 (397)

▲ **Wahlerfolge antisemitischer Parteien in den Reichstagswahlen 1887-1903.**
Nach: Wilfried Loth, Das Kaiserreich. Obrigkeitsstaat und politische Mobilisierung, München 1996, S. 236 (ergänzt)

Antisemitismus in Europa Durch die **Pogrome** und die wirtschaftliche Not im Zarenreich veranlasst, emigrierten ab 1889 zwei Millionen meist arme Juden aus Osteuropa in die USA. Bis 1910 blieben etwa 80 000 Auswanderer in Deutschland und bildeten hier mehrheitlich ein jüdisches Proletariat*.

In Frankreich kam es im Zusammenhang mit der „Dreyfus-Affäre" zu einer leidenschaftlichen Auseinandersetzung, die mit der Rehabilitierung Alfred Dreyfus' 1906 endete.** 1903 entstanden in einer Kooperation französisch-russischer Autoren die „Protokolle der Weisen von Zion", eine frei erfundene Schrift, die als angebliche Aufdeckung eines Geheimpapiers jüdischer Weltverschwörer nachhaltige Wirkung zeigte.

Pogrom (russ.: Zerstörung, Verwüstung): staatlich geduldete und geförderte Ausschreitungen gegen Minderheiten

Jüdische Reaktionen Eine unterschiedliche Bewertung des Antisemitismus äußert sich in der Schaffung von zwei jüdischen Organisationen, die im Kaiserreich entstanden. Der 1893 in Berlin gegründete *Centralverein deutscher Staatsbürger jüdischen Glaubens* (C. V.) war eine Reaktion auf das Erstarken des Antisemitismus in Deutschland seit den 1870er-Jahren. Ein selbstbewusstes jüdisches Bürgertum wollte die Errungenschaften der Emanzipation offen verteidigen. Man verstand das Judentum als Religion und damit den christlichen Bekenntnissen gleichgestellt. Darüber hinaus betrachteten sich die Mitglieder des C. V. als integralen Bestandteil der Gesellschaft:
Erstens historisch – Juden lebten seit Jahrhunderten auf deutschem Boden,
zweitens kulturell – durch die zahlreichen Beiträge von Juden zur deutschen Kultur und
drittens durch das willentliche Bekenntnis, loyale deutsche Staatsbürger zu sein.

Einen anderen Weg und eine andere Schlussfolgerung aus dem Antisemitismus zogen die Zionisten. Für sie war die Emanzipation gescheitert. Die Idee des **Zionismus** speiste sich aus dem traditionellen jüdischen Glauben und den nationalen Bewegungen des 19. Jahrhunderts. In Deutschland hatte sich 1891 der Kölner Rechtsanwalt *Max Bodenheimer* in einer anonymen Druckschrift für jüdische Ackerbaukolonien in Syrien und Palästina ausgesprochen. Zum Fahnenträger des Zionismus wurde der Budapester Journalist *Theodor Herzl*. Er publizierte 1896 die programmatische Schrift „Der Judenstaat", in der er sich für die Gründung eines jüdischen Nationalstaates aussprach.*** Dabei war Herzl in seinen Überlegungen hinsichtlich eines jüdischen Staates zunächst nicht nur auf Palästina fixiert, Argentinien erschien durchaus als eine Alternative. 1897 wurde in Basel der erste Zionistenkongress eröffnet, noch im gleichen Jahr gründete sich in Deutschland die *Zionistische Vereinigung für Deutschland*.

Zionismus (nach dem Tempelberg Zion in Jerusalem): politische und soziale Bewegung zur Errichtung eines jüdischen Staates

* **Proletariat**: Siehe S. 26.
** Lesen Sie dazu auch das **OnLine**-Kapitel „Die Krise der Demokratie in Frankreich und Großbritannien"; siehe Code **4673-00**.
*** Siehe dazu das Kapitel über die Gründung des Staates Israel, S. 498 ff.

M1 „Unsere Aussichten"

Der preußische Historiker Heinrich von Treitschke lehrt an der Universität Breslau. Im November 1879 veröffentlicht er in den von ihm herausgegebenen „Preußischen Jahrbüchern" einen Aufsatz, der den Antisemitismus in akademischen Kreisen salonfähig macht; darin heißt es u. a.:

Wenn Engländer und Franzosen mit einiger Geringschätzung von dem Vorurteil der Deutschen gegen die Juden reden, so müssen wir antworten: Ihr kennt uns nicht; Ihr lebt in glücklicheren Verhältnissen, welche das Aufkommen solcher „Vorurteile" unmöglich machen. Die Zahl der Juden in Westeuropa ist so gering, dass sie einen fühlbaren Einfluss auf die nationale Gesinnung nicht ausüben können; über unsere Ostgrenze aber dringt Jahr für Jahr aus der unerschöpflichen polnischen Wiege eine Schar strebsamer hosenverkaufender Jünglinge herein, deren Kinder und Kindeskinder dereinst Deutschlands Börsen und Zeitungen beherrschen sollen; die Einwanderung wächst zusehends, und immer ernster wird die Frage, wie wir dies fremde Volkstum mit dem unseren verschmelzen können. [...]

Was wir von unseren israelitischen Mitbürgern zu fordern haben, ist einfach: Sie sollen Deutsche werden, sich schlicht und recht als Deutsche fühlen – unbeschadet ihres Glaubens und ihrer alten heiligen Erinnerungen, die uns Allen ehrwürdig sind; denn wir wollen nicht, dass auf die Jahrtausende germanischer Gesittung ein Zeitalter deutsch-jüdischer Mischkultur folge. Es wäre sündig zu vergessen, dass sehr viele Juden, getaufte und ungetaufte, Felix Mendelssohn, Veit, Riesser u. A. – um der Lebenden zu geschweigen – deutsche Männer waren im besten Sinne, Männer, in denen wir die edlen und guten Züge deutschen Geistes verehren. Es bleibt aber ebenso unleugbar, dass zahlreiche und mächtige Kreise unseres Judentums den guten Willen, schlechtweg Deutsche zu werden, durchaus nicht hegen. Peinlich genug, über diese Dinge zu reden; selbst das versöhnliche Wort wird hier leicht missverstanden. [...]

Bis in die Kreise der höchsten Bildung hinauf, unter Männern, die jeden Gedanken kirchlicher Unduldsamkeit oder nationalen Hochmuts mit Abscheu von sich weisen würden, ertönt es heute wie aus einem Munde: Die Juden sind unser Unglück!

Von einer Zurücknahme oder auch nur einer Schmälerung der vollzogenen Emanzipation kann unter Verständigen gar nicht die Rede sein; sie wäre ein offenbares Unrecht, ein Abfall von guten Traditionen unseres Staates und würde den nationalen Gegensatz, der uns peinigt, eher verschärfen als mildern. Was die Juden in Frankreich und England zu einem unschädlichen und vielfach wohltätigen Element der bürgerlichen Gesellschaft gemacht hat, das ist im Grunde doch die Energie des Nationalstolzes und die festgewurzelte nationale Sitte dieser beiden alten Kulturvölker. Unsere Gesittung ist jung; uns fehlt noch in unserem ganzen Sein der nationale Stil, der instinktive Stolz, die durchgebildete Eigenart, darum waren wir so lange wehrlos gegen fremdes Wesen. Jedoch wir sind im Begriff, uns jene Güter zu erwerben, und wir können nur wünschen, dass unsere Juden die Wandlung, die sich im deutschen Leben als eine notwendige Folge der Entstehung des deutschen Staates vollzieht, rechtzeitig erkennen. Da und dort bestehen jüdische Vereine gegen den Wucher, die im Stillen viel Gutes wirken; sie sind das Werk einsichtiger Israeliten, welche einsahen, dass ihre Stammgenossen sich den Sitten und Gedanken ihrer christlichen Mitbürger annähern müssen. Nach dieser Richtung ist noch viel zu tun.

Heinrich von Treitschke, Unsere Aussichten; zitiert nach: Karsten Krieger (Bearb.), Der „Berliner Antisemitismusstreit" 1879-1881. Eine Kontroverse um die Zugehörigkeit der deutschen Juden zur Nation. Kommentierte Quellenedition, Teil 1, München 2004, S. 11-12 und 14-15

1. *Fassen Sie Treitschkes Aussagen zusammen.*
2. *Analysieren Sie sein Vorgehen hinsichtlich der Argumentation.*
3. *Beurteilen Sie, ob Treitschke Antisemit war.*

M2 Manifest gegen den Antisemitismus

Am 14. November 1880 wird in der Sonntagsausgabe mehrerer liberaler Berliner Tageszeitungen die folgende Erklärung veröffentlicht. Sie ist von über 70 Personen aus Politik, Wirtschaft und Wissenschaft unterzeichnet, darunter die Historiker Theodor Mommsen und Johann Gustav Droysen sowie der Ingenieur, Erfinder und Unternehmer Werner von Siemens.

Heiße Kämpfe haben unser Vaterland geeint zu einem mächtig aufstrebenden Reiche. Diese Einheit ist errungen worden dadurch, dass im Volksbewusstsein der Deutschen das Gefühl der notwendigen Zusammengehörigkeit den Sieg über die Stammes- und Glaubensgegensätze davontrug, die unsere Nation wie keine andere zerklüftet hatten. [...]

In unerwarteter und tief beschämender Weise wird jetzt an verschiedenen Orten, zumal den größten Städten des Reichs, der Rassenhass und der Fanatismus des Mittelalters wieder ins Leben gerufen und gegen unsere jüdischen Mitbürger gerichtet. Vergessen wird, wie viele derselben durch Fleiß und Begabung in Gewerbe und Handel, in Kunst und Wissenschaften dem Vaterlande Nutzen und Ehre gebracht haben. Gebrochen wird die Vorschrift des Gesetzes wie die Vorschrift der Ehre, dass alle Deutschen in Rechten und Pflichten gleich sind. Die Durchführung dieser Gleichheit steht nicht allein bei den Tribunalen, sondern bei dem Gewissen jedes einzelnen Bürgers.

Wie eine ansteckende Seuche droht die Wiederbelebung eines alten Wahnes die Verhältnisse zu vergiften, die in Staat und Gemeinde, in Gesellschaft und Familie Christen und Juden auf dem Boden der Toleranz verbunden haben. Wenn jetzt von den Führern dieser Bewegung der Neid und die Missgunst nur abstrakt gepredigt werden, so wird die Masse nicht säumen, aus jenem Gerede die praktischen Konsequenzen zu ziehen. An dem Vermächtnis Lessings rütteln Männer, die auf der Kanzel und dem Katheder verkünden sollten, dass unsere Kultur die Isolierung desjenigen Stammes überwunden hat, welcher einst der Welt die Verehrung des einigen Gottes gab. Schon hört man den Ruf nach Ausnahmegesetzen und Ausschließung der Juden von diesem oder jenem Beruf und Erwerb, von Auszeichnungen und Vertrauensstellungen. Wie lange wird es währen, bis der Haufen auch in diesen einstimmt?

Noch ist es Zeit, der Verwirrung entgegenzutreten und nationale Schmach abzuwenden; noch kann die künstlich angefachte Leidenschaft der Menge gebrochen werden durch den Widerstand besonnener Männer. Unser Ruf geht an die Christen aller Parteien, denen die Religion die frohe Botschaft vom Frieden ist; unser Ruf ergeht an alle Deutschen, welchen das ideale Erbe ihrer großen Fürsten, Denker und Dichter am Herzen liegt. Verteidiget in öffentlicher Erklärung und ruhiger Belehrung den Boden unseres gemeinsamen Lebens: Achtung jedes Bekenntnisses, gleiches Recht, gleiche Sonne im Wettkampf, gleiche Anerkennung tüchtigen Strebens für Christen und Juden.

Berlin, den 12. November 1880

Zitiert nach: Karsten Krieger (Bearb.), Der „Berliner Antisemitismusstreit" 1879-1881. Eine Kontroverse um die Zugehörigkeit der deutschen Juden zur Nation. Kommentierte Quellenedition, Teil 2, München 2004, S. 551f.

1. *Fassen die Position des Aufrufes zusammen (M1). Vergleichen die Aussagen mit M1.*
2. *Erläutern Sie den Unterschied zwischen „Rassenhass" und „Fanatismus des Mittelalters".*
3. *Diskutieren Sie, ob die Abwehr des Antisemitismus in erster Linie eine Angelegenheit der Juden ist.*

M3 Wie lässt sich der Judenhass des 19. Jahrhunderts erklären?

Der Historiker Michael Brenner lehrt in München Jüdische Geschichte und Kultur. Er gibt folgende Erklärung für die judenfeindlichen Aktionen in Frankreich und Deutschland:

Die europäische Gesellschaft durchlief in der zweiten Hälfte des 19. Jahrhunderts eine rapide Transformation, die für viele Menschen Unsicherheiten und Ängste mit sich brachte. Ihr angestammter Platz in der Gesellschaft wurde durch Verlust des Arbeitsplatzes oder Umzug in die Städte infrage gestellt. Große Teile der Bevölkerung wurden proletarisiert. In diesem fundamentalen Wandel der europäischen Gesellschaft gehörten die Juden zu den Aufsteigern. Ihnen war traditionell der unterste Platz der christlich definierten Gesellschaft zugeordnet gewesen; nun wurden sie zu gleichberechtigten Bürgern. Die Berufe, in die sie seit dem Mittelalter zwangsweise gedrängt wurden, wie Handel und Geldverleih, erwiesen sich als Vehikel des wirtschaftlichen Aufstiegs. Innerhalb kurzer Zeit war der jüdische Nachbar nicht mehr jemand, zu dem selbst ein Mensch aus der untersten Schicht der christlichen Gesellschaft herabblicken konnte. Dass die weniger als ein Prozent der Gesamtbevölkerung zählende jüdische Gemeinschaft weder in Deutschland noch in Frankreich eine kollektive Bedrohung darstellte, ja, dass sie sich in keiner Weise als geschlossene Gesellschaft definierte, zählte nicht. Sie brauchten keinen neuen Sündenbock für wirtschaftliche Probleme und soziale Ungerechtigkeiten zu finden, sondern konnten die alten religiösen Vorurteile auf eine neue pseudowissenschaftliche Grundlage stellen, für die der im 19. Jahrhundert entstandene Rassismus die Schlagworte lieferte. Nicht der Glaube, sondern das Blut zählte nun. Wie sehr man sich auch an die deutsche oder französische Umgebung assimilierte oder sogar die Religion wechselte – wenn die Juden einmal zur Rasse erklärt wurden, machte all dies keinen Unterschied mehr.

Michael Brenner, Kleine jüdische Geschichte, München 2008, S. 245f.

1. *Erläutern Sie, welche Erklärungen der Autor für den Judenhass gibt.*
2. *Erörtern Sie, ob die Veränderungen des Judenhasses im 19. Jahrhundert eine Radikalisierung darstellte.*

Der Kampf um die Emanzipation der Frauen im Deutschen Reich

▲ **„Erste Sitzung des Dienstmädchenvereins zu Leipzig im April 1848."**
Lithografie (27,2 x 34,6 cm) von 1848.
An dem Pult steht Louise Auguste Schrödter, die Präsidentin des Vereins. Zu den auf der Versammlung gestellten Forderungen zählten: Erhöhung des Lohnes, keine Schlafstätte „fünf Treppen hoch unterm Dach", mindestens freitags und sonnabends „eine kräftige Suppe", sich um 22:00 Uhr „zu Bette legen zu dürfen" und alle vier Wochen einmal Ausgeherlaubnis.

Internettipp:
Zu den Forderungen der Frauen 1848/49 siehe Code ***4673-06***.

Louise Otto-Peters (1819-1895): Schriftstellerin und Journalistin; sie gründete 1849 die erste deutschen „Frauen-Zeitung" und leitete ab 1865 für drei Jahrzehnte den „Allgemeinen Deutschen Frauenverein".

Natürliche Differenz der Geschlechter ■ Die gesellschaftliche Ungleichheit zwischen Männern und Frauen reicht bis in die Antike zurück. Begründet wurde sie bis ins 20. Jahrhundert hinein mit der vermeintlich naturgegebenen Differenz der Geschlechter: Frauen seien von Natur aus passiv, emotional und nicht zu vernünftigen Überlegungen fähig, während Männer als das „starke Geschlecht" aktiv und rational geprägt seien. Diese Unterschiede wären auch der Grund für die geschlechterspezifische Arbeits- und Aufgabenteilung. Den Frauen wurden die häuslichen Aufgaben und die Erziehung der Kinder und den Männern die produktiven und gestaltenden Arbeiten außer Haus zugewiesen. Mit der Lebenswirklichkeit hatte diese Vorstellung wenig zu tun. Erst mit der Industrialisierung und Urbanisierung, die die Trennung des Erwerbs- und Familienlebens vergrößerte, der schrittweisen Einführung des Wahlrechts für Männer sowie der Frauenbewegung veränderte sich – gegen den massiven Widerstand der Männer und vieler Frauen – die überlieferten Einstellungen im Laufe des 19. Jahrhunderts allmählich.

Frauen fordern Veränderungen ■ Im Verlauf der Französischen Revolution wurde die Emanzipation der Frauen erstmals öffentlich thematisiert – ohne konkrete Erfolge. In den deutschen Staaten entstanden während der „Befreiungskriege" (1813/15) sowie vor und während der Revolution von 1848/49 zahlreiche Frauenvereine. Sie unterstützten vor allem die patriotischen Forderungen der Männer. Frauen beteiligten sich aktiv an der Revolution. Sie gründeten politische und berufliche Zusammenschlüsse sowie Zeitungen (▸ M1) und nahmen in der Pfalz und in Baden an Aufständen teil.

Nach der Revolution wurde den Frauen in Preußen und anderen deutschen Staaten gesetzlich verboten, sich politisch zu organisieren und zu engagieren. Trotzdem entwickelte sich in den folgenden Jahrzehnten eine Frauenbewegung. Sie bestand aus Frauenbildungsvereinen und karitativen, beruflichen, sozialen und politischen Organisationen mit unterschiedlichen Zielen. Grundsätzlich war sie in einen bürgerlich-liberalen und in einen sozialistisch-proletarischen Bereich gespalten. Einig war man sich lediglich darin, dass die gesellschaftliche Lage der Frauen verändert werden müsse.

1865 wurde auf Initiative von **Louise Otto-Peters** (Leipzig) der *Allgemeine Deutsche Frauenverein* (ADF) gegründet. Sein Ziel war es, „alle der weiblichen Arbeit im Wege stehenden Hindernisse" zu beseitigen. Bessere Bildung und der Zugang zu qualifizierten Berufen sollten den Weg zur politischen Mitsprache ermöglichen. Im Jahr 1904 entstand nach amerikanischem Vorbild der *Bund Deutscher Frauenvereine* (BDF) als Dachverband für rund 140 Vereine mit verschiedensten Anliegen: Berufsvertretungen, Beratungsvereine, Damenturnklubs, weibliche Wandergruppen, Vereine für Sozialfürsorge usw. Führende Persönlichkeiten der bürgerlichen Frauenbewegung waren – neben Louise Otto-Peters – **Hedwig Dohm** und **Helene Lange**, die als langjährige Vorsitzende des ADF und BDF zur prägenden Figur für den Kampf der Frauen für die Emanzipation wurde.

Bildung auch für Frauen Die meisten Frauenvereine setzten sich zunächst vorrangig für eine bessere Bildung ein. Sie hatte lange Zeit nur einen geringen gesellschaftlichen Stellenwert. Zwar lernten nahezu alle Mädchen in der Volksschule Rechnen, Lesen und Schreiben, jedoch war eine weitergehende Ausbildung nicht vorgesehen. So hatten laut einer Statistik des Jahres 1907 nur etwa sechs Prozent aller Arbeiterinnen einen Beruf erlernt, während es bei den Männern immerhin 38 Prozent waren. Mädchen aus bürgerlichen und adligen Familien erhielten oft eine Ausbildung in den musischen Fächern und konnten weiterführende Schulen besuchen, die sie in erster Linie auf die spätere Ehe vorbereiten sollten. Das Abitur und damit der Zugang zu einem Hochschulstudium blieben ihnen vorenthalten. Erst um 1900 öffneten sich im Deutschen Reich die Pforten der Universitäten für Frauen, zunächst im Großherzogtum Baden und ab 1908 auch in Preußen.

Hedwig Dohm (1831-1919): ausgebildete Lehrerin. Sie begann mit 45 Jahren ihre schriftstellerische Karriere und setzte sich mit ihren Schriften für bessere Bildungs- und Berufschancen sowie das Stimmrecht für Frauen ein.

Helene Lange (1848-1930): Lehrerin und Schriftstellerin. Sie setzte sich vor allem für bessere Bildungs- und Berufschancen für Frauen ein. 1890 gründete sie gemeinsam mit zwei weiteren Frauen den Allgemeinen Deutschen Lehrerinnenverein. Darüber hinaus engagierte sie sich im Allgemeinen Deutschen Frauenverein.

Frauen zwischen Familie und Beruf Mit der Industrialisierung und Urbanisierung kamen vor allem auf die Frauen der Unterschicht neue Herausforderungen zu. Sie mussten wegen der geringen Löhne ihrer Männer neben dem Haushalt und der Kindererziehung arbeiten gehen, um den Lebensunterhalt ihrer Familien zu sichern. Zwischen 1882 und 1907 stieg die Zahl der registrierten erwerbstätigen Frauen von 5,5 auf 9,5 Millionen. Davon arbeitete noch die Hälfte in der Landwirtschaft. In den Städten arbeiteten kinderlose Frauen und unverheiratete Mädchen meist in Fabriken oder als Dienstmädchen und Haushaltshilfen bei wohlhabenden Familien. Arbeiterfrauen mit Kindern übernahmen oft zusätzliche haushaltsnahe Tätigkeiten wie putzen oder waschen. Wegen der Doppelbelastung durch Erwerbsarbeit und Haushaltsführung erkrankten die Frauen in der Unterschicht häufig, alterten rasch und starben früh.

Die Ehefrauen im Groß- und Bildungsbürgertum waren in der Regel nicht berufstätig; im Kleinbürgertum war die Erwerbstätigkeit der Frau dagegen stärker verbreitet. Besonders gegen Ende des 19. Jahrhunderts nahm sie zu. Tätigkeiten im Gesundheits- und Bildungswesen, in der Buchhaltung, als Sekretärin oder Telefonistin waren typische Berufe für Frauen aus den bürgerlichen Schichten. Auch hier wurde die Arbeit der Frauen schlechter bezahlt als die der Männer (▸ M2).

Lesetipps:

- *Ute Gerhard, Frauenbewegung und Feminismus. Eine Geschichte seit 1789, München [2]2012*
- *Michaela Karl, Die Geschichte der Frauenbewegung, Stuttgart 2011*

„Heraus mit dem Frauenwahlrecht!“ Auch wenn die bürgerliche Frauenbewegung sich nicht vorrangig mit der politischen Gleichberechtigung von Frauen und Männern befasste, so war ihr das Stimmrecht seit den 1870er-Jahren ein zentrales Anliegen. Zu den ersten deutschen Frauenrechtlerinnen, die das Wahlrecht für das weibliche Geschlecht forderten und sich dabei an der englischen und amerikanischen Frauenbewegung orientierten, zählten Louise Otto und Hedwig Dohm (▸ M3).

Insgesamt waren sich die bürgerlichen Befürworterinnen des Frauenwahlrechts aber nicht einig. Während einige das allgemeine und gleiche Wahlrecht forderten, wollten andere das nach Steueraufkommen abgestufte Dreiklassenwahlrecht, wie es in Preußen galt.

Eindeutiger als die bürgerliche Frauenbewegung verhielt sich die sozialistische, die seit 1889 von **Clara Zetkin** angeführt wurde: Sie forderte die rechtliche Gleichstellung der Frau ohne Wenn und Aber. 1891 forderte die SPD in ihrem *Erfurter Programm* ein „allgemeines, gleiches, direktes Wahl- und Stimmrecht mit geheimer Stimmabgabe aller über 20 Jahre alten Reichsangehörigen ohne Unterschied des Geschlechts“. Der Beschluss war an der Basis auf Vorbehalte gestoßen. Trotzdem brachte die SPD-Fraktion

Clara Zetkin (1857-1933): Lehrerin und Journalistin. 1878 schloss sie sich den Sozialdemokraten an und wurde daraufhin aus dem Schuldienst entlassen. Ab 1890 organisierte sie die sozialdemokratische Frauenbewegung. 1919 war sie Gründungsmitglied der Kommunistischen Partei Deutschlands. Sie vertrat die Partei von 1920 bis 1933 im Reichstag.

▲ **Demonstration am ersten Internationalen Frauentag.**
Foto aus Berlin vom 19. März 1911.
Am 19. März 1911 fand der erste Internationale Frauentag in Dänemark, Deutschland, Österreich, der Schweiz und den USA statt. Anlass für das Datum war das traditionelle Gedenken der Arbeiterbewegung an die Opfer der Märzrevolution von 1848. Das politische Ziel des ersten Internationalen Frauentages 1911 war die Einführung des allgemeinen Wahlrechts auch für Frauen. Allein in der deutschen Hauptstadt fanden mehr als 40 Veranstaltungen mit mehr als 45 000 Beteiligten statt.

- *Der Internationale Frauentag wird inzwischen alljährlich am 8. März begangen. Informieren Sie sich über die Hintergründe der Terminverschiebung sowie über die aktuellen Forderungen der Frauen.*

unter August Bebel* vier Jahre später einen entsprechenden Gesetzentwurf in den Reichstag ein. Die Abgeordneten aller Parteien, außer der SPD, lehnten den Antrag ab.

1902 wurde in Hamburg der *Deutsche Verein für Frauenstimmrecht* (seit 1903: *Deutscher Verband für Frauenstimmrecht*) gegründet. Der bürgerlich-radikale Verband setzte sich für das aktive und passive Frauenwahlrecht ein. Da dieses Recht den Frauen noch in fast allen Staaten verwehrt war, begann die Frauenbewegung sich international zu organisieren. In Berlin entstand 1904 die *International Woman Suffrage Alliance* (*Weltbund für Frauenwahlrecht*), dessen Nachfolgeorganisation (*International Alliance of Women*) noch heute besteht.

Nachdem 1908 in Preußen und acht weiteren Bundesländern das Verbot politischer Frauenvereine und -versammlungen aufgehoben worden war, entstanden weitere Frauenstimmrechtsvereine im Deutschen Reich. Nicht alle forderten ein uneingeschränktes demokratisches Frauenwahlrecht und die meisten lehnten die Militanz der englischen Suffragetten-Bewegung** ab.

Mit der Gründung der *Sozialistischen Frauen-Internationale* 1907 in Stuttgart schufen sich die Sozialdemokratinnen eine neue Plattform für ihren Emanzipationskampf. 1910 wurde auf einer Konferenz in Kopenhagen die Einführung des *Internationalen Frauentages* als Kampftag für das Frauenwahlrecht eingeführt. Unter dem Kampfruf „Heraus mit dem Frauenwahlrecht" gingen 1911 mehr als eine Million Frauen im Deutschen Reich und in anderen Ländern auf die Straße. Die Einführung des Frauenwahlrechts erreichten die deutschen Frauen erst mit der Revolution von 1918.***

Niederlagen und Erfolge Die führenden Organisationen der Frauenbewegung beteiligten sich seit 1874 auch an der Diskussion um das neue *Bürgerliche Gesetzbuch* (BGB), um die Rechte der Ehefrauen, ledigen Mütter und unehelichen Kindern sowie das Scheidungsrecht. Trotz zahlreicher Petitionen und der Teilnahme an Beratungen blieb die „dauernde Bevormundung der Ehefrau und Mutter" durch den Ehemann bestehen (▸ M4). Trotzdem war die Frauenbewegung nicht erfolglos. Sie trug dazu bei, dass 1891 die Sonntags- und Nachtarbeit für Frauen verboten und eine sechswöchige Arbeitsunterbrechung nach der Geburt durchgesetzt wurden. Dazu erreichte sie 1908 die gesetzliche Einführung des zehnstündigen Maximalarbeitstages für Frauen und Jugendliche. Als Reaktion auf dieser Erfolge entstand 1912 der *Deutsche Bund zur Bekämpfung der Frauenemanzipation*. Seine adlig-bürgerlichen Mitglieder, davon ein Viertel Frauen, lehnten weiterhin gleiche Bildungschancen für Frauen, weibliche Erwerbstätigkeit und das Frauenwahlrecht ab.

■ *Erörtern Sie die Frage, ob das 19. Jahrhundert für die Frauen als Zeitalter des Fortschritts bezeichnet werden kann.*

* **August Bebel**: Siehe S. 109.
** Zur Suffragetten-Bewegung in England lesen Sie das OnLine-Kapitel „Taten statt Worte: die Suffragetten-Bewegung in Großbritannien"; siehe Code **4673-00**.
*** Zur Situation der Frauen in der Weimarer Republik siehe S. 199 und S. 202, M2.

M1 „Wohl auf denn, Schwestern, vereinigt Euch mit mir!“

Louise Otto fordert schon 1843 die „Teilnahme der weiblichen Welt am Staatsleben“. Im März 1849 gründet sie in Meißen die erste deutsche „Frauen-Zeitung“. Die Zeitung muss drei Jahre später ihr Erscheinen aufgrund eines Gesetzes einstellen, welches Frauen verbietet, als Redakteur tätig zu sein. In der ersten Ausgabe von 1849 heißt es:

Die Geschichte aller Zeiten, und die heutige ganz besonders, lehrt: *dass diejenigen auch vergessen wurden, welche an sich selbst zu denken vergaßen!* – Das schrieb ich im Mai des Jahres 1848 hinaus in die Welt, als ich zunächst meine Worte an die Männer richtete, die sich in Sachsen mit der Frage der Arbeit beschäftigten – ich mahnte sie damit an die armen Arbeiterinnen, indem ich für meine Schwestern das Wort ergriff, auf dass sie nicht vergessen wurden!

Dieser selbe Erfahrungssatz ist es, welcher mich zur Herausgabe einer *Frauen-Zeitung* veranlasst. Mitten in den großen Umwälzungen, in denen wir uns alle befinden, werden sich die Frauen vergessen sehen, wenn sie selbst an sich zu denken vergessen!

Wohlauf denn, meine Schwestern, vereinigt Euch mit mir, damit wir nicht zurückbleiben, wo alle und alles um uns und neben uns vorwärtsdrängt und kämpft. Wir wollen auch unser Teil fordern und verdienen an der großen Welterlösung, welche der ganzen Menschheit, deren eine Hälfte wir sind, endlich werden muss.

Wir wollen unser Teil fordern: das Recht, das Rein-Menschliche in uns in freier Entwicklung aller unserer Kräfte auszubilden, und das Recht der Mündigkeit und Selbstständigkeit im Staat.

Wir wollen unser Teil verdienen: Wir wollen unsere Kräfte aufbieten, das Werk der Welterlösung zu fördern, zunächst dadurch, dass wir den großen Gedanken der Zukunft: Freiheit und Humanität (was im Grunde zwei gleichbedeutende Worte sind), auszubreiten suchen in allen Kreisen, welche uns zugänglich sind, in den weiteren des größeren Lebens durch die Presse, in den engeren der Familie durch Beispiel, Belehrung und Erziehung. Wir wollen unser Teil aber auch dadurch verdienen, dass wir nicht vereinzelt streben nur jede für sich, sondern vielmehr jede für alle, und dass wir vor allem derer zumeist uns annehmen, welche in Armut, Elend und Unwissenheit vergessen und vernachlässigt schmachten.

Wohlauf, meine Schwestern, helft mir zu diesem Werke! Helft mir für die hier angedeuteten Ideen zunächst durch diese Zeitung wirken! [...]

Alle Gesinnungsgleichen lade ich zum recht zahlreichen Abonnement ein, damit das Unternehmen gedeihen könne!

Louise Otto

Zitiert nach: Renate Möhrmann (Hrsg.), Frauenemanzipation im deutschen Vormärz, Stuttgart 1978, S. 203 f.

▲ **Louise Otto-Peters.**
Holzstich, um 1871.

1. *Analysieren Sie die im Text beschriebene Rolle der Frau in Staat und Gesellschaft.*

2. *Entwickeln Sie aus dem Beitrag politische Forderungen der Frauen.*

M2 Frauen werden ausgebeutet

1879 erscheint in Zürich das Werk „Die Frau und der Sozialismus“ von August Bebel (1840-1913), der zu den Mitgründern der deutschen Sozialdemokratie zählt. Das Buch erlebt zu Bebels Lebzeiten über 50 Auflagen und prägt die sozialistische Frauenbewegung nachhaltig. Zur Entwicklung und Verbreitung der Frauenarbeit schreibt er:

Das Streben der Frau nach selbstständigem Erwerb und persönlicher Unabhängigkeit wird bis zu einem gewissen Grade von der bürgerlichen Gesellschaft als berechtigt anerkannt, ähnlich wie das Bestreben der Arbeiter nach freier Bewegung. Der Hauptgrund für dieses Entgegenkommen liegt in dem Klasseninteresse der Bourgeoisie[1]. [...]

Weiter hat die Arbeit, namentlich der verheirateten Frauen [...], noch ihren besonderen Anreiz für den Unternehmer. Als Arbeiterin ist die verheiratete Frau „viel aufmerksamer und gelehriger“ als die unverheiratete; die Rücksicht auf ihre Kinder nötigt sie zur äußersten Anstrengung ihrer Kräfte, um den notwendigen Lebensunterhalt zu erwerben, und so lässt sie sich manches bieten, was sich die unverheiratete Frau nicht bieten lässt und erst recht nicht der Arbeiter. Im Allgemeinen wagt die Arbeiterin noch selten, sich mit ihren Arbeitsgenossen zur Erlangung besserer Arbeitsbedingungen zu verbinden. Auch das erhöht in den Augen des Unternehmers ihren Wert; oft bildet sie sogar in seinen Händen einen guten Trumpf gegen widerspenstige männliche Arbeiter; sie

[1] **Bourgeoisie**: Siehe Glossar.

besitzt ferner größere Geduld, gewandtere Fingerfertigkeit, einen entwickelteren Geschmackssinn, Eigenschaften, die sie für eine Menge Arbeiten geschickter machen als den Mann. Diese weiblichen Tugenden weiß der tugendhafte Kapitalist voll zu würdigen, und so findet die Frau mit der Entwicklung unserer Industrie von Jahr zu Jahr ein immer größeres Anwendungsgebiet, aber – und das ist das Entscheidende – *ohne ihre soziale Lage merkbar zu verbessern.* Wird weibliche Arbeitskraft angewandt, so setzt sie häufig männliche Arbeitskraft frei. Aber die verdrängte männliche Arbeitskraft will leben, sie bietet sich zu einem geringeren Lohn an, und dieses Angebot drückt wieder auf die Löhne der Arbeiterin.

August Bebel, Die Frau und der Sozialismus. Mit einem einleitenden Vorwort von Eduard Bernstein, Bonn [3]1994, S. 211 f.

1. *Arbeiten Sie heraus, wie Bebel die Berufstätigkeit von Frauen im Zeitalter der Industrialisierung charakterisiert und wie er seine Sicht begründet. Erörtern Sie anschließend, ob seine Auffassung auf die Gegenwart übertragbar ist.*

2. *Vergleichen Sie M1 bis M3 im Hinblick auf das jeweils zum Vorschein kommende Rollenbild der Frau. Diskutieren Sie anschließend die Frage, welche Vorstellungen noch heute bestehen.*

◂ **Hedwig Dohm.**
Radierung von Karl Stauffer-Bern, 1886.

M3 „Erwachet, wenn Ihr ein Herz habt …"

Hedwig Dohm schreibt in ihrem 1876 veröffentlichten Buch „Der Frauen Natur und Recht":

Die Frauen fordern das Stimmrecht als ihr Recht. Warum soll ich erst beweisen, dass ich ein Recht dazu habe? Ich bin ein Mensch, ich denke, ich fühle, ich bin Bürgerin des Staates, ich gehöre nicht zur Kaste der Verbrecher, ich lebe nicht von Almosen, das sind die Beweise, die ich für meinen Anspruch beizubringen habe. Der Mann bedarf, um das Stimmrecht zu üben, eines bestimmten Wohnsitzes, eines bestimmten Alters, eines Besitzes, warum braucht die Frau noch mehr? Warum ist die Frau gleichgestellt Idioten und Verbrechern? [...]
Aus ihrer Macht über die Frauen leiten die Männer ihre Rechte den Frauen gegenüber her. Die Tatsache der Herrschaft ist aber kein Recht. Gesetzlich bestimmen sie alle die Maßregeln, Gebräuche und Ordnungen, die zur Unterdrückung des weiblichen Geschlechts dienen, und nenne diese Arrangements dann einen Rechtszustand. Das Unrecht wird nicht geringer, wenn ein Gesetz es sanktioniert[1] hat, die Unterdrückung nicht weniger nichtswürdig, sondern nur umso furchtbarer, wenn sie einen universellen, einen weltgeschichtlichen Charakter trägt. Es gibt kein Recht des Unrechts oder sollte doch kein's geben. Solange es heißt: der Mann will und die Frau soll, leben wir nicht in einem Rechts-, sondern in einem Gewaltstaat. [...]
Die Frauen wollen keine Gnadenbeweise und Privilegien, sie betteln nicht um Wohltaten und Almosen. Sie fordern Gerechtigkeit. [...]
Die Frauen verlangen das Stimmrecht, weil jede Klasse, die am politischen Leben unbeteiligt ist, unterdrückt wird; die Beteiligung am politischen Leben dagegen notwendig im Laufe der Zeit die Gleichheit vor dem Gesetze zur Folge haben muss. Die Klassen, die das Stimmrecht nicht üben dürfen, sind in der Gewalt der anderen Klassen, die es üben. Dieses Prinzip ist stets so einstimmig von allen liberalen Parteien anerkannt worden, dass die Verleugnung desselben den Frauen gegenüber, schier unbegreiflich ist. [...]
Der Mangel des Stimmrechts bedeutet für die Frau: Du sollst kein Eigentum haben, keine Erziehung, kein Recht an den Kindern, dich darf der Mann, der Starke züchtigen [...]. [...]
Nach den Grundsätzen der Demokratie ist, was für eine Königin recht ist, auch recht für die einfachste Bürgerfrau. Entweder ist eine regierende Königin eine Fastnachtsidee, ein burlesker Einfall, und jeder Engländer, der seiner Königin huldigt und ihr den Eid der Treue geschworen, ist ein Narr und ein Übeltäter an den Naturgesetzen, oder natürliches, politisches Recht besitzt eine jede Frau. Wenn ein Weib befähigt ist die höchste aller politischen Stellungen einzunehmen, mit welcher Autorität verweigert man ihr die geringeren. [...]
Die Gewohnheit, die lange Dauer der Unterwerfung hat die Meinung von ihrem Recht bei den Männern so festgewurzelt, dass sie sich der Tatsache der Unterdrückung [...] gar nicht bewusst werden, ebenso wenig wie die Mehrzahl der Frauen über ihre legale Sklaverei zur Klarheit gelangt. [...]

[1] **sanktionieren**: gutheißen, billigen

Denn die Frau ist nicht nur äußerlich unterdrückt, es tritt noch eine innere geistige Knechtung hinzu. Ihre ganze Denk- und Gefühlsweise wird durch die Erziehung abgegrenzt und fixiert. [...]
In jeder größeren Stadt Englands und der Vereinigten Staaten bestehen Stimmrechtsvereine der Frauen. Nicht so in Deutschland. [...]
Erwachet, Deutschlands Frauen, wenn Ihr ein Herz habt zu fühlen die Leiden Eurer Mitschwestern und Tränen sie zu beweinen, mögt Ihr selbst auch im Schoß des Glückes ruhen. Erwachet, wenn Ihr Grimm genug habt, Eure Erniedrigung zu fühlen, und Verstand genug, um die Quellen Eures Elends zu erkennen. Fordert das Stimmrecht, denn nur über das Stimmrecht geht der Weg zur Selbstständigkeit und Ebenbürdigkeit, zur Freiheit und zum Glück der Frau. Ohne politische Rechte seid Ihr [...] machtlos.
Rafft Euch empor! Organisiert Euch!

Zitiert nach: Anne Conrad und Kerstin Michalik (Hrsg.), Quellen zur Geschichte der Frauen, Bd. 3: Neuzeit, Stuttgart 1999, S. 318-322 und 325

▲ **„Zur Frauenbewegung. Träume der Frau'n von der Zukunftsehe."**
Postkarte, um 1910.
■ *Arbeiten Sie die dargestellten Vorurteile heraus.*

1. *Arbeiten Sie Dohms Forderungen heraus und erläutern Sie, wie die Autorin sie begründet.*
2. *Gestalten Sie aus Dohms Argumentation eine Grafik.*

M4 Wandel der rechtlichen Stellung der Frauen

Im Bürgerlichen Gesetzbuch (BGB) heißt es im Jahr 1900 über die Rechte und Pflichten der Frau:

§ 1354. Dem Manne steht die Entscheidung in allen das gemeinschaftliche eheliche Leben betreffenden Angelegenheiten zu; er bestimmt insbesondere Wohnort und Wohnung. [...]
§ 1356. Die Frau ist, unbeschadet der Vorschriften des § 1354, berechtigt und verpflichtet, das gemeinschaftliche Hauswesen zu leiten. Zu Arbeiten im Hauswesen und im Geschäfte des Mannes ist die Frau verpflichtet, soweit eine solche Tätigkeit, nach den Verhältnissen, in denen die Ehegatten leben, üblich ist. [...]

§ 1363. Das Vermögen der Frau wird durch die Eheschließung der Verwaltung und Nutznießung des Mannes unterworfen (eingebrachtes Gut). Zum eingebrachten Gute gehört auch das Vermögen, das die Frau während der Ehe erwirbt. [...]

Änderungen des § 1356 in späteren Jahren:

BGB 1958: Die Frau führt den Haushalt in eigener Verantwortung. Sie ist berechtigt, erwerbstätig zu sein, soweit dies mit ihren Pflichten in Ehe und Familie vereinbar ist.
BGB 1977: Die Ehegatten regeln die Haushaltsführung im gegenseitigen Einvernehmen. Ist die Haushaltsführung einem der Ehegatten überlassen, so leitet dieser den Haushalt in eigener Verantwortung. Beide Ehegatten sind berechtigt, erwerbstätig zu sein. Bei der Wahl und Ausübung einer Erwerbstätigkeit haben sie auf die Belange des anderen Ehegatten und der Familie die gebotene Rücksicht zu nehmen.

Erster Text zitiert nach: Anne Conrad und Kerstin Michalik (Hrsg.), Quellen zur Geschichte der Frauen, Bd. 3, a. a. O., S. 136 f.
Zweiter Text zitiert nach: http://lexetius.com/BGB/1356 und www.buergerliches-gesetzbuch.info/bgb/1356.html [Zugriff: 09.12.2014]

1. *Charakterisieren Sie die rechtliche Stellung der Frauen um 1900 und die Veränderungen bis 1977.*
2. *Recherchieren Sie, wie die restlichen Paragrafen bis heute verändert wurden.*

Blick zurück nach vorn

Globaler Kampf um Emanzipation und Gleichberechtigung

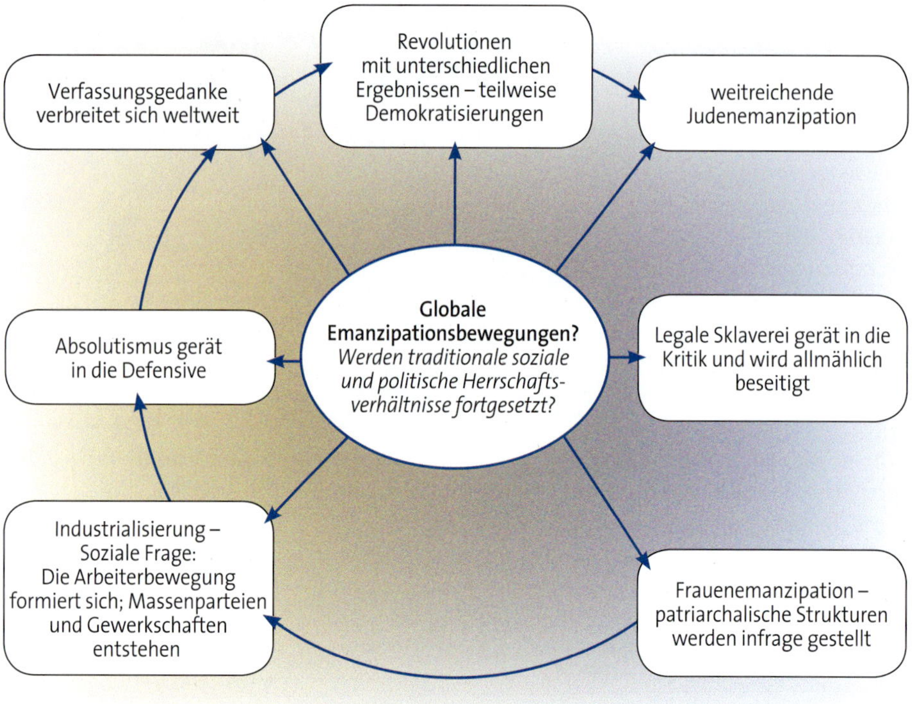

▲ **Emanzipationsbewegungen global betrachtet.**

M Das 19. Jahrhundert – eine Epoche der Emanzipation

Der Historiker Jürgen Osterhammel charakterisiert in einer 2009 veröffentlichten Weltgeschichte des 19. Jahrhunderts die Bewegungen der Selbstbefreiung wie folgt:

Schließlich ist das 19. Jahrhundert ein Jahrhundert der Emanzipation gewesen. Dies wird kaum überraschen. Man liest immer wieder von einem „Zeitalter der Revolutionen", entweder die Zeit zwischen 1789 und 1849 umfassend oder das gesamte Jahrhundert bis hin zu den russischen Revolutionen von 1905 und 1917, auch von „Emanzipation und Partizipation" als Grundtendenzen der Epoche. Damit ist stets Europa gemeint. Ungewöhnlicher dürfte sein, den aus dem Römischen Recht stammenden, betont europäischen Begriff der „Emanzipation" auf die ganze Welt angewendet zu sehen. Emanzipation bedeutet „die Selbstbefreiung oder Entlassung gesellschaftlicher Gruppen aus geistiger, rechtlicher, sozialer oder politischer Bevormundung, Benachteiligung oder als Unrecht empfundener Herrschaft". Der Begriff wird außerdem oft auf nationale Befreiung von der Fremdherrschaft eines Nachbarstaates oder Imperiums bezogen. Soll also die idealistische Sicht eines *Benedetto Croce*[1], der 1932 im Freiheitsdrang eine entscheidende Antriebskraft des europäischen 19. Jahrhunderts sah, global verallgemeinert werden? Teilweise ja.

Einige Emanzipationsprozesse waren erfolgreich. Sie führten zu mehr Freiheit und zu Gleichberechtigung, seltener zu tatsächlicher Gleichheit. Die Sklaverei als legale Institution verschwand aus den Ländern und Kolonien des Westens. Die europäischen Juden westlich des Zarenreiches erlangten die beste rechtliche und soziale Stellung, die sie je gehabt hatten. In Europa wurden die Bauern von feudalen Lasten befreit. Die Arbeiterschaft erkämpfte sich Vereinigungsfreiheit und in vielen Ländern Europas auch das Wahlrecht. Schwieriger ist die Bilanz bei der Frauenemanzipation zu ziehen, die überhaupt erst im 19. Jahrhundert zu einem öffentlich diskutierten Thema wurde. Was die politischen Rechte und Chancen

[1] **Benedetto Croce** (1866 - 1952): einflussreicher italienischer Historiker, Philosoph und Politiker

von Frauen anging, so waren die britischen Dominions[2] und die USA weltweit Pioniere. Ob sich die Lage von Frauen in Partnerschaft und Familie verbesserte, wird sich indes selbst für Europa nicht pauschal beurteilen lassen. Die bürgerliche Familie brachte Zwänge eigener Art mit sich.
Unterstellt man, dass es auch den Revolutionen der Zeit um Emanzipation ging, dann fallen die Erfolge stärker ins Auge als das Scheitern – vielleicht eine optische Täuschung, denn die Geschichte erinnert sich lieber an die Sieger. Es gab ambivalente Fälle, etwa die Französische Revolution seit 1789, deren frühe repräsentativ-demokratische Ziele nach vielen Systemwechseln erst in der *Dritten Republik*[3] dauerhaft verwirklicht wurden, während das direkt-demokratische Modell der Jakobinerdiktatur unterging und nur in der *Pariser Commune* von 1871 kurz wieder aufschien. Auch die Revolutionen von 1848/49 waren in ihrer Wirkung uneindeutig. Rundum gescheitert sind sie zweifellos nicht, wenn man sie neben Fälle eines totalen und folgenlosen Misslingens stellt, etwa den *Túpac-Amaru-Aufstand* in Peru[4] oder die *Taiping-Revolution* in China[5]. Im Zusammenspiel von Revolution auf der einen, reformerischer Revolutionsprävention und dem postrevolutionären Abfangen revolutionärer Impulse auf der anderen Seite wurde immerhin in Europa, jedenfalls westlich des Zarenreiches, eine allmähliche Ausweitung konstitutionell abgesicherter Partizipation erreicht. Dass die Repräsentativverfassung hier tiefere historische Wurzeln besaß als irgendwo sonst auf der Welt, hat dies erleichtert. Besonders viel Demokratie im Sinne des späteren 20. Jahrhunderts gab es dennoch am Vorabend des Ersten Weltkrieges nicht. Nicht jeder Staat, der sich, wie die meisten Länder Lateinamerikas und seit 1912 auch China, eine republikanische Form gegeben hatte, gewährleistete damit auch schon die Substanz demokratischer Politik. Die geografisch riesige koloniale Sphäre zerfiel in die sehr demokratischen britischen Dominions, die im Grunde unabhängige Nationalstaaten waren, und die ausnahmslos autokratisch regierten Kolonien in der, wie es damals hieß, „farbigen" Welt.
Insgesamt ergibt sich sogar für Europa ein mehrdeutiges und widersprüchliches Bild. Um 1913 konnte im Rückblick auf die Trends der letzten Jahrzehnte von einer Ausbreitung der Demokratie, nicht aber von ihrem unaufhaltsamen Siegeszug die Rede sein, und der politische Liberalismus hatte seine besten Zeiten hinter sich. Trotzdem, es war ein Jahrhundert der Emanzipation, schmuckloser gesagt: der Auflehnung gegen Zwangsverhältnisse und Entmündigungen. Traditionale Herrschaftsverhältnisse wurden weniger automatisch perpetuiert als in früheren Epochen. Die Entwicklung der nordamerikanischen Föderation bewies, dass entgegen allen theoretischen Prognosen ein partizipativ verfasster Großstaat lebensfähig war. Weit über Europa hinaus geriet der monarchische Absolutismus in eine Krise, scheinbar am wenigsten im Zarenreich, dort aber mit umso dramatischerem Ausgang 1917/18. Wo das Legitimationsmuster des Gottesgnadentums weiterbestand (wie in Russland), wurden besondere propagandistische Anstrengungen erforderlich, um es der Bevölkerung schmackhaft zu machen. Starke Monarchien wie das japanische Kaisertum waren keine ungebrochene Fortsetzung des Alten, sondern selbstbewusst neo-traditionalistisch. Der europäische Verfassungsgedanke fand ernsthafte und enthusiastische Befürworter in großen Teilen des nichtkolonialen Asiens und Afrikas. Das größte Weltreich selbst, das britische, kannte in den Dominions rechts- und verfassungsstaatliche Herrschaft und fand sich kurz vor dem Ersten Weltkrieg auch in Indien zu allerersten konstitutionellen Zugeständnissen bereit. Immer wieder ging der Emanzipationsdruck von „unten" aus, vom „Volk", das durch die großen Revolutionen am Beginn der Epoche zu tatsächlichem Akteur wie vielfach beschworenem Mythos geworden war. Sklaven leisteten Widerstand und damit alltägliche, aber sich summierende Beiträge zu ihrer eigenen Befreiung. Die jüdische Bevölkerung Westeuropas wartete nicht auf Gnadenerweise aufgeklärter Obrigkeiten, sondern setzte ein großes Projekt der Selbstreform in Gang. Gesellschaftliche Interessen organisierten sich auf permanenter Basis; nie zuvor hatte es etwas Ähnliches wie Gewerkschaften und sozialistische Massenparteien gegeben.

Jürgen Osterhammel, Die Verwandlung der Welt. Eine Geschichte des 19. Jahrhunderts, München 2009, S. 1297-1299

[2] **Dominions**: Herrschaftsgebiete; die sich selbst verwaltenden Kolonien des Britischen Reiches wurden erst ab Anfang des 20. Jahrhunderts so bezeichnet

[3] Informationen über die „Dritte Republik" und die „Pariser Commune" finden Sie in dem **OnLine**-Kapitel „Frankreich: Staat und Gesellschaft im Umbruch"; siehe Code **4673-00**.

[4] **Túpac-Amaru-Aufstand** (1738-1781): gescheiterter Aufstand im heutigen Peru gegen die Spanier im Jahre 1780 unter Führung des Inka-Herrschers Túpac Amaru (1545-1572)

[5] **Taiping-Revolution** (1850-1854): gescheiterter Bauernaufstand mit kommunistischen Zielen in China; in dem Bürgerkrieg starben wahrscheinlich 20 bis 30 Millionen Menschen

1. *Stellen Sie die Errungenschaften den Grenzen dieser Emanzipationsbewegungen gegenüber.* **(Analysekompetenz)**

2. *Diskutieren Sie, welche neuen sozialökonomischen und politischen Rahmenbedingungen im 19. Jahrhundert die Entfaltung von Emanzipationsbewegungen begünstigten.* **(Urteilskompetenz)**

Herrschaft und Gesellschaft im europäischen Vergleich – ein liberaler Nationalstaat für alle Bürger?

▲ **Kaiserproklamation im Spiegelsaal des Versailler Schlosses.**
Ölgemälde (167 x 202 cm) von Anton von Werner, 1885 (Ausschnitt).
Dieses Bild entstand im Auftrag des Kaisers zum 70. Geburtstag Bismarcks. Im linken Teil des Gemäldes stehen Kaiser Wilhelm I. und der Großherzog von Baden (den Arm zur Ausrufung des Kaisers erhoben), der Kronprinz, die deutschen Fürsten und die Vertreter der Hansestädte. Vor den Stufen sind Bismarck in weißer Uniform, der die Proklamation des Kaisers verliest, und Generalstabschef Helmuth von Moltke zu sehen. Bismarck trug tatsächlich eine blaue Uniform.

Orientierung 1871 erfüllte sich eine zentrale Forderung der Nationalversammlung von 1848/49: Der kleindeutsche Nationalstaat wurde mit dem preußischen König als Kaiser des Deutschen Reiches gegründet. Doch das Kaiserreich war nicht das Resultat einer bürgerlichen Revolution, sondern Folge einer Proklamation der deutschen Fürsten, der drei Kriege vorausgegangen waren. Das Selbstverständnis des ersten deutschen Nationalstaates richtete sich folglich am Gedanken des Obrigkeitsstaates aus. Zwar erhielt das Deutsche Kaiserreich im europäischen Vergleich eine liberale und fortschrittliche Verfassung, doch die Bürgerrechte galten nicht als „von unten" erstritten. Stattdessen wurden sie von

1866
Im Deutsch-Deutschen Krieg besiegt Preußen Österreich; der Deutsche Bund wird aufgelöst

1867
Der Norddeutsche Bund wird gegründet

1870/71
Im Deutsch-Französischen Krieg besiegen die deutschen Staaten Frankreich

18.1.1871
In Versailles wird der preußische König Wilhelm I. zum Kaiser des neu gegründeten Deutschen Reiches proklamiert

1871
Mit dem „Kanzelparagrafen" beginnt der „Kulturkampf"; bis etwa 1880 wird erfolglos versucht, den Einfluss des politischen Katholizismus zu beschränken

1878
Das „Sozialistengesetz", das sich gegen sozialdemokratische Verei und Verbände richtet, tritt in Kra es wird bis 1890 mehrmals verlän

1879/80
Im Kaiserreich entbrenn der sog. „Antisemitismusstreit" um die Zugehörigkeit der jüdischen Bevölkerung zur Nation

1855 1860 1865 1870 1875 1880 1885

der Monarchie geschenkt und konnten deshalb vom Kaiser auch wieder entzogen werden. Das Militär wurde ausgebaut und militärischer Drill und Strenge fanden zunehmend Begeisterung in der Bevölkerung.

Außerdem übernahmen die konservativen, staatlichen Eliten durch den Gründungsakt die ursprünglich liberale Idee der Kulturnation. Das Kaiserreich sollte aus ihrer Sicht ein rein deutscher Staat sein. Wer sich der deutschen Kultur nicht angleiche, müsse ausgewiesen werden. Auf Minderheiten, die sich nicht in die nationalen Vorstellungen einfügen ließen – wie die Dänen in Schleswig oder die Polen in Ostpreußen – übte der Staat unter dem Begriff der „Germanisierungspolitik" einen zunehmenden Assimilationsdruck aus. Auch Juden, die seit der Reichsgründung rechtlich gleichgestellt waren, wurden diskriminiert. Bald wurden antisemitische Einstellungen salonfähig und antisemitische Parteien zogen in den Reichstag ein.

Dagegen gab es im Kaiserreich auch viele Bürger, die dem Obrigkeitsstaat liberale oder sozialdemokratische Prinzipien entgegenstellten. Doch mit dem Ausbruch des Ersten Weltkrieges gingen auch diese Stimmen im nationalen Freudentaumel unter.

▲ **Der Weg zur Reichseinigung 1866-1871.**

Im Zentrum des Kapitels stehen folgende Fragen:

- *Wie wurde das Deutsche Kaiserreich gegründet?*
- *Auf welchen politischen Grundlagen fußt der erste deutsche Nationalstaat?*
- *Wie veränderte sich der Nationalgedanke im Kaiserreich?*
- *Welche Folgen hatte der gesteigerte Nationalismus für ethnische und nationale Minderheiten?*

…8
…er Wilhelm II. wird Kaiser
Deutschen Reiches

1890
Bismarck tritt als Reichskanzler zurück

1893
Erstmals ziehen Abgeordnete antisemitischer Parteien in den Reichstag ein

Januar 1912
Die SPD wird in der letzten Reichstagswahl im Kaiserreich mit 110 Abgeordneten die stärkste Fraktion

1918
9.11.: die Revolution erreicht Berlin; Ausrufung der Republik und Abdankung Kaiser Wilhelms II.
11.11.: Unterzeichnung des Waffenstillstandsvertrages zwischen den Alliierten und dem Deutschen Reich; Ende des 1. Weltkrieges

1890 1895 1900 1905 1910 1915 1920

Auf dem Weg zum deutschen Nationalstaat: die Reichsgründung von 1871

Lesetipp:
Herbert Kohl, Deutsches Kaiserreich, Stuttgart 2013

Wilhelm I. (1797-1888): preußischer König (1861-1888) und Deutscher Kaiser ab 1871

Albrecht Graf von Roon (1803-1879): preußischer Generalfeldmarschall, Kriegsminister (1859-1871)

Landwehr: Bestandteil des preußischen Heeres. Sie umfasste alle Männer bis zum 40. Lebensjahr, die nicht dem stehenden Heer angehörten.

Otto von Bismarck (1815-1898): von 1862 bis 1890 preußischer Ministerpräsident und Minister des Auswärtigen, von 1871 bis 1890 auch Reichskanzler. Er gilt als eigentlicher Gründer des Deutschen Kaiserreiches.

Restauration Im wiederhergestellten Deutschen Bund übernahm Österreich wieder die Führungsrolle. Den Wunsch Preußens nach einem regelmäßigen Wechsel im Vorsitz der Bundesversammlung lehnte es ab. Einigkeit herrschte zwischen den beiden Großmächten vor allem beim Kampf gegen das Erbe der Revolution. Auf gemeinsamen Antrag hin wurden die von der Paulskirche erarbeiteten und beschlossenen Grundrechte noch 1851 aufgehoben. Ein „Reaktionsausschuss" des Deutschen Bundes überwachte die Rücknahme fortschrittlicher Verfassungsbestimmungen in den Einzelstaaten. Eine repressive Gesetzgebung behinderte die Bildung und Betätigung politischer Parteien sowie die Pressefreiheit. Österreich setzte seine Verfassung außer Kraft und wurde wieder absolutistisch regiert. Auch die preußische Verfassung wurde zugunsten der monarchischen Gewalt geändert: Die Regierung war allein vom Vertrauen des Monarchen abhängig, das Militär war jeglicher Kontrolle durch Parlament und Regierung entzogen. Das öffentliche politische Leben im Deutschen Bund erstarrte.

Heeres- und Verfassungskonflikt Dennoch herrschte nicht völlige politische Stille, auch nicht in Preußen. Nach der gescheiterten Revolution von 1848/49 versammelten sich die Anhänger der nationalliberalen Bewegung im Kampf für die verfassungsmäßigen Rechte der Volksvertretung ab 1861 in der *Deutschen Fortschrittspartei*. Bereits im Gründungsjahr gewann sie die Wahlen im Abgeordnetenhaus und stellte die größte Fraktion. Eine Zusammenarbeit mit der Regierung scheiterte. Grund dafür war eine Auseinandersetzung zwischen Liberalen und Obrigkeitsstaat über die Heeresreform.

Der preußische König **Wilhelm I.** und sein Kriegsminister **Albrecht von Roon** hatten 1860 einen Plan zur Reorganisation des Heeres vorgelegt. Um das Kräftegleichgewicht zwischen Preußen und den anderen Großmächten wiederherzustellen, sollte die Friedensstärke der Armee von 150 000 auf 210 000 Mann erhöht, die Dienstzeit von zwei auf drei Jahre verlängert und die Rüstung Preußens nicht mehr auf die von bürgerlichen Reserveoffizieren geführte **Landwehr**, sondern auf ein stehendes Heer gestützt werden. Die liberalen Abgeordneten erkannten die antibürgerliche Stoßrichtung und befürchteten eine Militarisierung der Gesellschaft.

Der Streit weitete sich zum Verfassungskonflikt aus, als das – wiederholt aufgelöste – Abgeordnetenhaus auf sein Budgetrecht pochte und erstmals eine genaue Auflistung der einzelnen Etatposten verlangte. Damit hätte sich die Möglichkeit ergeben, einzelne Positionen abzulehnen. Bisher waren die Militärhaushalte immer pauschal vorgelegt worden.

Die sich über Jahre hinziehende Auseinandersetzung wurde zum Machtkampf. Darin ging es letztlich um die Forderung der Volksvertretung nach einem Mitspracherecht auch in Militärangelegenheiten, während sich der König auf seine Kommandogewalt berief und daraus das Recht ableitete, allein zu entscheiden.

Entscheidung zugunsten der Krone Wilhelm I. dachte an Rücktritt. In dieser Konfliktsituation ernannte der König den als ultra-konservativ geltenden **Otto von Bismarck** 1862 zum preußischen Ministerpräsidenten. Denn dieser war bereit, die Heeresreform auch gegen und ohne die Zustimmung des Parlaments durchzusetzen (▸ M1). Nach

Bismarcks Auffassung gehörte die Zukunft nicht dem liberalen, sondern dem starken Staat. Dabei wurde er von den konservativen Parteien unterstützt.

Nach der preußischen Verfassung konnte ein Gesetz nur bei Übereinstimmung zwischen dem König und den beiden Kammern zustande kommen. Für den Fall einer Unvereinbarkeit der Standpunkte sah die Verfassung keine ausdrückliche Regelung vor. Bismarck entwickelte für diesen Fall die sogenannte Lückentheorie, nach der in dieser Situation dem König als Souverän die letzte Entscheidung zufalle.

Im Verfassungskonflikt suchte Bismarck eine Verständigung mit den Liberalen. Sie spalteten sich an der von Bismarck vorgelegten **Indemnitäts**frage, die eigentlich den Verfassungskonflikt beenden sollte. Es bildete sich die *Nationalliberale Partei*, die – im Gegensatz zur nunmehr kleineren, weiterhin grundsätzlich bismarckfeindlichen Fortschrittspartei – die von Bismarck durchgesetzte Heeresreform billigte. Die Anhänger der Nationalliberalen setzten darauf, dass die baldige Schaffung eines Nationalstaates eine liberalere Gesellschaftsordnung und eine Stärkung des Parlaments nach sich ziehen würde (▸ M2).

Indemnität: nachträgliche Billigung einer Regierungsmaßnahme

Nationalbewegungen Auch nach der gescheiterten Reichseinigung 1849 lebte die Nationalbewegung fort. König Wilhelm I. tolerierte das Wirken des neu gegründeten, „kleindeutsch" gesinnten *Nationalvereins* und weigerte sich, auf ihn die beschränkende Bundesvereinsgesetzgebung anzuwenden. Auch das konservative Lager nahm immer stärker eine positive Haltung gegenüber der kleindeutschen Einigung ein. Österreich behielt gegenüber der Nationalbewegung einen ablehnenden Kurs. Dennoch nahmen an den zahlreichen Nationalfesten, die vor allem Sänger-, Turner- und Schützenvereine ausrichteten, immer mehr Deutschösterreicher teil. Anlässe boten *Friedrich Schillers* hundertster Geburtstag am 10. November 1859 oder das Gedenken an die erfolgreichen Befreiungskriege gegen Napoleon.

Der Deutsch-Dänische Krieg Im Londoner Protokoll von 1852 war mit Zustimmung der europäischen Großmächte festgelegt worden, dass die Herzogtümer Schleswig und das zum Deutschen Bund gehörige Holstein unter sich verbunden und von Dänemark getrennt bleiben sollten, also vom dänischen König nur in Personalunion regiert werden durften. Dänemark brach diese Übereinkunft 1863 und gliederte Schleswig seinem Königreich ein. Starke patriotische Proteste im Deutschen Bund waren die Folge.

Während nationale Kräfte im Deutschen Bund einen Krieg gegen Dänemark und die Übertragung Schleswigs und Holsteins an einen deutschen Fürsten forderten, verlangte Bismarck lediglich die Wiederherstellung der im Londoner Protokoll festgelegten Verhältnisse. Dafür zog der preußische Ministerpräsident große Kritik auf sich.

Allerdings war Bismarcks Taktieren erfolgreich: Es gelang ihm, Österreich auf die preußische Seite zu ziehen. Nachdem Dänemark ein Ultimatum, die alten Verhältnisse wiederherzustellen, abgelehnt hatte, begannen Preußen und Österreich mit Zustimmung der Großmächte den Krieg. Dänemark wurde besiegt und musste im *Frieden von Wien* (Oktober 1864) die beiden Elbherzogtümer Schleswig und Holstein an den Kaiser von Österreich und den König von Preußen abtreten. In der Folgezeit wurden Schleswig von Preußen und Holstein von Österreich verwaltet. Mit diesem ersten der insgesamt drei von Preußen geführten „Einigungskriege" vergrößerte Bismarck Preußens Macht und stellte zugleich die nationalen Kräfte zufrieden.

Der „Deutsche Bruderkrieg" Im Deutsch-Dänischen Krieg waren die beiden deutschen Großmächte zwar noch Verbündete und teilten sich danach die Verwaltung der beiden Herzogtümer. Doch schon bald wurde deutlich, dass Bismarck die Schleswig-Holstein-Frage dazu nutzte, um die preußische Vormacht in Norddeutschland abzurunden. Bismarck wollte die Führungsstellung Österreichs im Bund nicht hinnehmen und Österreich wollte seinerseits Preußen nicht gleichberechtigt neben sich haben.

Als Österreich sich im Juni 1866 zur Klärung der Schleswig-Holstein-Frage an den Bundestag wandte, sah Bismarck dies als einen Bruch der bestehenden zweiseitigen Vereinbarungen an und marschierte in Holstein ein. Österreich und die größeren deutschen Staaten mobilisierten ein Bundesheer, woraufhin Preußen aus dem Deutschen Bund austrat. Daraus entwickelte sich der „Deutsche Bruderkrieg" von 1866, dem zweiten der sogenannten „Einigungskriege". In ihm siegte Preußen mit seinen norddeutschen Verbündeten gegen Österreich und dessen Verbündete Hannover, Sachsen, Bayern, Württemberg, Baden und Hessen. Österreich blieb zwar territorial unangetastet, musste jedoch die Auflösung des Deutschen Bundes (*Frieden von Prag*, 1866) und damit seine Herausdrängung aus Deutschland hinnehmen. Zugleich stimmte Wien auch der Annexion Schleswigs, Holsteins, Hannovers, Kurhessens, Nassaus und Frankfurts durch Preußen zu. Das Königreich Preußen reichte nun von Aachen bis Königsberg und umfasste mehr als die Hälfte Deutschlands. Den überwältigenden außenpolitischen Erfolg konnte Bismarck innenpolitisch zur Beilegung des Verfassungskonfliktes nutzen. In ihm sahen nun auch viele Gegner den Mann, der die deutsche Einheit vollenden könnte.

Im Sommer 1867 schlossen sich alle 22 nördlich der „Mainlinie" selbstständig verbliebenen Staaten zum Norddeutschen Bund zusammen. Der neue Staat stärkte die Macht der Hohenzollern (▸ M3). Er erhielt 1867 eine Bundesverfassung. An der Spitze stand der König von Preußen. Bismarck wurde zum Kanzler ernannt. Die süddeutschen Staaten blieben zunächst politisch völlig selbstständig. Sie waren jedoch wirtschaftlich durch ihre Mitgliedschaft im Zollverein* mit dem Norden verbunden.

Deutsch-Französischer Krieg und Reichsgründung Frankreich registrierte die zunehmende Stärke Preußen-Deutschlands mit Unbehagen. Vergeblich suchte der französische Kaiser zur Stärkung seiner nachlassenden Autorität im Innern nach außenpolitischen Erfolgen. Sein Expansionsdrang scheiterte zweimal an der Haltung Bismarcks. Als Gegenleistung für seine Neutralität im preußisch-österreichischen Krieg erhob er Anspruch auf die bayerische Pfalz und Rheinhessen. Mit Rücksicht auf die öffentliche Meinung lehnte dies Bismarck ebenso ab wie den Plan Frankreichs, Luxemburg zu erwerben, das vom niederländischen König in Personalunion regiert wurde und Mitglied des Deutschen Bundes war. Von den europäischen Großmächten konnte Frankreich nur Österreich als Bündnispartner gewinnen. Großbritannien verzichtete auf eine Einmischung in die Verhältnisse auf dem Kontinent. Russland kam in Konflikt mit Frankreich wegen dessen Unterstützung für den polnischen Aufstand 1863 und verbündete sich mit Preußen gegen die französisch-österreichische Allianz.

Den Anlass zu einer militärischen Auseinandersetzung bildete schließlich der Streit um die spanische Thronfolge. Für sie hatte die spanische Regierung *Leopold von Hohenzollern-Sigmaringen*, einen katholischen Vetter von Wilhelm I., vorgesehen. Mit dem Verzicht Leopolds jedoch gab sich Frankreich nicht zufrieden. Es fürchtete wie schon zu Zeiten Karls V. im 16. Jahrhundert eine Umklammerung und forderte die Zusage Preußens, in Zukunft keiner neuen Kandidatur eines Hohenzollern zuzustimmen. Über die Forderung wurde Bismarck in einem Telegramm (= Depesche) aus Bad Ems

* Zum Zollverein siehe S. 90 und 95.

unterrichtet. Mit der Veröffentlichung dieser sogenannten *Emser Depesche* verschärfte er bewusst den Konflikt. Frankreich erklärte am 19. Juli 1870 den Krieg. Die Bedrohung Preußens half, die deutsche Einigung weiter voranzutreiben. Die süddeutschen Staaten stellten sich auf die Seite Preußens und des Norddeutschen Bundes.

Internettipp:
Den Text der Emser Depesche finden Sie unter Code **4673-07**.

Mit der Kapitulation der französischen Truppen nach der *Schlacht von Sedan* am 2. September 1870 war der Krieg, der sich letztendlich bis Ende Januar 1871 hinzog, entschieden. In dem am 10. Mai 1871 in Frankfurt am Main unterzeichneten Friedensvertrag musste Frankreich Elsass und Lothringen abtreten und zudem fünf Milliarden Goldfrancs Entschädigung zahlen.

Die Reichsgründung „von oben“ Noch während des Feldzugs bemühte sich Bismarck intensiv um die Zustimmung der süddeutschen Staaten zur Vollendung des kleindeutschen Nationalstaates, die auch in der Öffentlichkeit unter dem Eindruck des gemeinsamen Kriegserlebnisses gefordert wurde. Gegen die Gewährung von Sonderrechten waren Hessen-Darmstadt, Baden, Württemberg und Bayern bereit, dem Norddeutschen Bund beizutreten. König *Ludwig II.* von Bayern war es, der dem preußischen König im Namen der Fürsten und Freien Städte die Kaiserwürde anbot und damit – im Sinne des monarchischen Prinzips – einer entsprechenden Bitte des Norddeutschen Bundes zuvorkam.

Filmtipp:
Deutschland auf dem Weg zum Nationalstaat 1815-1871. Ein Film von Carola Haffmann und Anne Roerkohl, 2010

Nach der *Kaiserproklamation* in Versailles am 18. Januar 1871 war der preußische König zugleich „Deutscher Kaiser“. Die nationale Idee, deren Träger anfangs das liberale Bürgertum war, hatte sich zu einem verbindenden Element der konservativen Kräfte entwickelt. Eine Folge davon war, dass die Gewährung demokratischer Mitspracherechte und Freiheitsrechte nachgeordnet oder sogar für schädlich angesehen wurde.

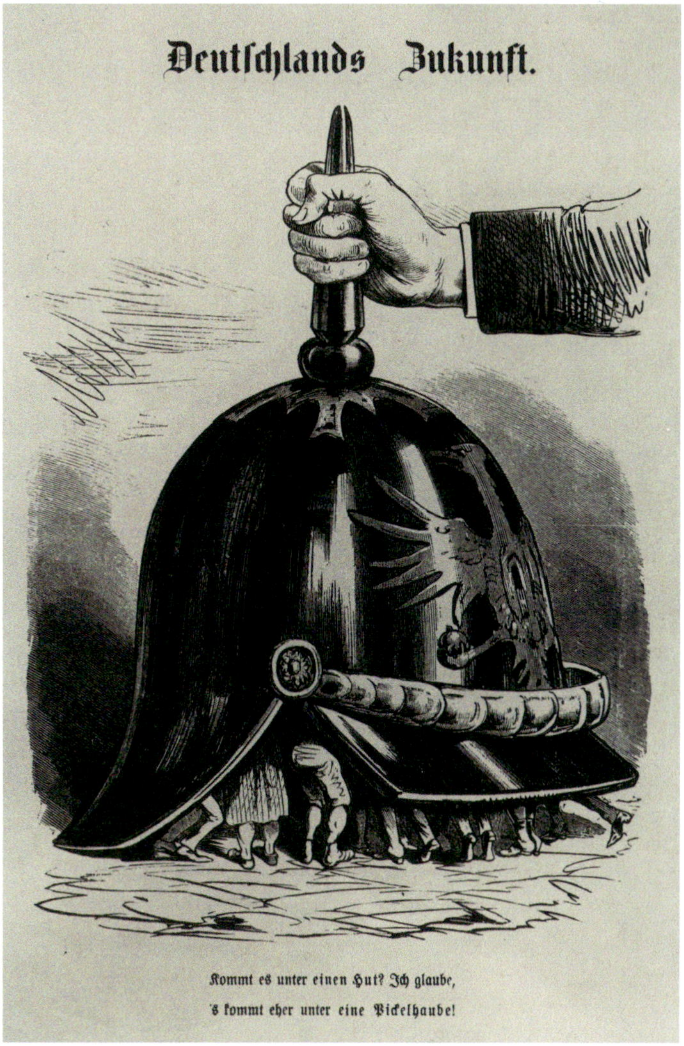

▸ **„Deutschlands Zukunft.“**
Karikatur aus der in Wien erscheinenden Satirezeitschrift „Kikeriki“, 1870.
Der Untertitel lautet: „Kommt es unter einen Hut?“ „Ich glaube, 's kommt eher unter eine Pickelhaube!“
- *Erläutern Sie die Haltung der Menschen unter der Pickelhaube. Was drückt der Zeichner damit aus?*

▲ **„Les génies de la mort": Bismarck.**
Lithografie (61 x 47 cm) von Edmond Guillaume, Brüssel 1870. Das Bild gehört zu einer Serie von vier Blättern, die neben Bismarck noch den preußischen König Wilhelm I., Napoleon III. und Papst Pius IX. als Elend und Not bringende Genien (= Geistwesen) des Todes brandmarkt.

- *Erläutern Sie die Bildbestandteile und ordnen Sie das Bild in den historischen Kontext ein.*

M1 Das „Eisen und Blut"-Konzept

In seinen „Gedanken und Erinnerungen" schildert Otto von Bismarck die Grundgedanken seiner Rede als neu ernannter preußischer Ministerpräsident vor der Budgetkommission des preußischen Abgeordnetenhauses vom 30. September 1862:

Der Konflikt drehe sich bei uns um die Grenze zwischen Krongewalt und Parlamentsgewalt. Die Krone habe noch andere Rechte, als die in der Verfassung ständen. [...]
Nicht auf Preußens Liberalismus sieht Deutschland, sondern auf seine Macht; Bayern, Württemberg, Baden mögen dem Liberalismus indulgieren[1], darum wird ihnen doch keiner Preußens Rolle anweisen; Preußen muss seine Kraft zusammenfassen und zusammenhalten auf den günstigen Augenblick, der schon einige Male verpasst ist; Preußens Grenzen nach den Wiener Verträgen sind zu einem gesunden Staatsleben nicht günstig; nicht durch Reden und Majoritätsbeschlüsse werden die großen Fragen der Zeit entschieden – das ist der große Fehler von 1848 und 1849 gewesen – sondern durch Eisen und Blut.

Otto von Bismarck, Die gesammelten Werke, Bd. 10, Berlin 1928, S. 138 f.

- *Erklären Sie das Politik- und Verfassungsverständnis Bismarcks anhand dieser Rede.*

[1] **indulgieren**: Nachsicht üben

M2 „Selbstkritik"

Während des Deutsch-Deutschen Krieges lebt der liberale Historiker und Publizist Hermann Baumgarten in Karlsruhe. Dort veröffentlicht er noch im Herbst 1866 seine Selbstkritik am deutschen Liberalismus:

Der Frühling dieses Jahres [1866] brachte endlich die lange drohende Katastrophe zum Ausbruch. [...]
Preußen hatte nur zwei Wege vor sich: entweder zusammen mit Österreich die deutschen Dinge zu leiten oder sich trotz Österreich der deutschen Macht allein zu bemächtigen. [...] Graf Bismarck hatte den Mut, das große Spiel zu wagen, und er bewies die Kraft und die Klugheit, welche dem Staatsmann erlaubt zu wagen. Fast alles war gegen ihn. Die Konservativen hielten ihre Opposition stiller, um desto mehr unter der Hand zu tun, die Liberalen erhoben ein Friedensgeschrei, das über die Gesinnung des Volkes keinen Zweifel ließ. [...] Ich bin weit davon entfernt, meine liberalen Parteigenossen deshalb tadeln zu wollen, dass sie nicht gleich von vornherein entschieden Partei nahmen für die Bismarck'sche Politik. Es gehörte dazu vielleicht eine Unbefangenheit des Urteils und eine Kenntnis der Sachlage, die man nicht von der Masse einer Partei verlangen darf.
Dass sie aber noch im Mai, ja noch im Juni mit wenigen Ausnahmen daran festhielten, gegen Bismarck Chorus zu machen mit allem, was in Deutschland reaktionär und antinational war, [...] als es längst auf der Hand lag, dass der Sieg Preußens der Sieg einer liberalen und einer nationalen Politik werden müsse, der Sieg Österreichs die Vernichtung aller liberalen und nationalen Hoffnungen, das, ich gestehe es, war das Traurigste, was ein aufrichtig liberaler Mann erleben konnte. Es sprach über die bisher in Deutschland übliche Art von Liberalismus ein Todesurteil, von dem es keine Appellation[1] mehr gab. Es bewies, dass die Partei, an welche sich bisher die Hoffnungen der Nation geknüpft hatten, weder die politische Einsicht noch die Kraft besaß, durch die allein ein großes Volk zu seinem Heil geführt werden kann. [...]

[1] **Appelation**: im jur. Sinne: Anfechten eines Urteils, Berufung

Wer sehen wollte, musste jetzt sehen, [...] dass Preußen, indem es diese Entscheidung herbeiführe, durch die unwiderstehliche Macht der Verhältnisse gezwungen werde, die Kraft der Nation für sich aufzurufen gegen die engverbundene Phalanx[2] aller auf der Zerrissenheit und Unfreiheit der Nation ruhenden Interessen. Wenn aber die preußische Politik diese Wendung nahm trotz der heftigen Opposition des Liberalismus und der darin gelegenen Nötigung, sich so viel als möglich in Preußen auf die konservative Richtung zu stützen, so war es doch eine Sache der einfachsten politischen Berechnung zu erkennen, dass diese Politik frank und frei auf den Boden eines liberalen Programms sich stellen werde, sobald nur die Liberalen aufhörten, ihr das unmöglich zu machen.
Ich bin der festen Überzeugung, dass eine befriedigende Lösung unserer politischen Aufgaben nur dann gelingen wird, wenn der Liberalismus aufhört, vorwiegend Opposition zu sein, wenn er dazu gelangt, gewisse unendlich wichtige Anliegen der Nation, für die nur er ein volles und aufrichtiges Verständnis hat, in eigener gouvernementaler Tätigkeit[3] zu befriedigen, wenn wir einen wohltätigen erfrischenden Wechsel liberaler und konservativer Regierungen bekommen. *Der Liberalismus muss regierungsfähig werden.* Wer darin eine Verkümmerung der liberalen Größe findet, dass er, statt als Opposition ein Unbegrenztes zu fordern, als Regierung ein Geringes tun soll, dem kann ich freilich nicht helfen. Aber einen Abfall vom Liberalismus wird doch wohl niemand die Forderung zu nennen wagen, dass der Liberalismus endlich eine seine Gedanken selbst realisierende Macht werde.

Hermann Baumgarten, Der deutsche Liberalismus. Eine Selbstkritik, herausgegeben v. Adolf Birke, Frankfurt am Main 1974, S. 132-149 (stark gekürzt)

1. *Fassen Sie Baumgartens Vorwurf an die „liberalen Parteigenossen" zusammen. Verfassen Sie die Vorwürfe als Slogans.*
2. *Skizzieren Sie, welche Hoffnungen Baumgarten mit dem Sieg Preußens über Österreich verbindet und wie er die Zukunft seiner liberalen Partei sieht.*
3. *Überprüfen Sie, inwiefern Baumgartens Hoffnungen zur Zeit der Entstehung des Textes gerechtfertigt waren. Durchsuchen Sie die preußisch-deutsche Geschichte bis 1866 auf entsprechende Hinweise.*
4. *Verfassen Sie die Entgegnung eines liberalen Bismarck-Gegners.*

[2] **Phalanx**: bildungssprachlich für eine geschlossene, widerständige Front (ursprünglich eine besondere Schlachtaufstellung im antiken Griechenland)
[3] **gouvernementale Tätigkeit**: Regierungsarbeit

M3 „Groß-Preußen mit Vasallenstaaten"

August Bebel hält am 10. April 1867 seine erste Rede vor dem sich konstituierenden Norddeutschen Reichstag. Er ist zu diesem Zeitpunkt Vertreter der „Sächsischen Volkspartei". Bebel wird später einer der profiliertesten Politiker der Sozialdemokratie. Seine Ausführungen beziehen sich auf die Verabschiedung der Verfassung des Norddeutschen Bundes:

[M]eine Herren, ich behaupte, dass mit der Gründung dieses Norddeutschen Bundes ein spezifisch preußisches Interesse (*Widerspruch rechts*), dass die Stärkung der Hohenzollernschen Hausmacht damit bezweckt worden ist. (*Lebhafter Widerspruch rechts.*) [...]
In dem gegenwärtigen Norddeutschen Bundesrat wird Preußen mit 17 Stimmen [...] nach Belieben Verfassungsänderungen durchführen, eine jede Verfassungsänderung gegen seinen Willen aber verhüten können. Dies würde indessen bei dem Zutritt Süddeutschlands zum Norddeutschen Bunde nicht der Fall sein, dann wären die 17 Stimmen Preußens ungenügend an sich, eine derartige Zweidrittelmehrheit zu erzielen. [...] Das sind meines Erachtens die Gründe, welche die preußische Regierung von ihrem spezifisch preußischen Standpunkte aus nicht nur heute, sondern auch späterhin stets veranlassen werden, gegen den Eintritt Süddeutschlands aufzutreten, gegen denselben zu stimmen. Man wird sich eben einfach damit begnügen, [...] dass man lediglich die Militärgewalt in die Hände bekommt, im Falle eines Krieges, und im Übrigen wird man sich damit begnügen, durch Zollverträge usw. wenigstens einigermaßen die Kluft, die hervorgebracht ist, zu überbrücken, wohlverstanden, zu überbrücken, aber auszufüllen, dazu wird man sich nicht herbeilassen. Meine Herren, eine solche Politik zu unterstützen, dazu habe ich keine Lust, ich muss entschieden dagegen protestieren, dass man eine solche Politik eine deutsche nennt, ich muss entschieden protestieren gegen einen Bund, der nicht die Einheit, sondern die Zerreißung Deutschlands proklamiert, einen Bund, der dazu bestimmt ist, Deutschland zu einer großen Kaserne zu machen (*lebhafter Widerspruch*), um den letzten Rest von Freiheit und Volksrecht zu vernichten.

August Bebel, Sein Leben in Dokumenten, Reden und Schriften, herausgegeben von Helmut Hirsch, Köln 1968, S. 153 ff.

1. *Erläutern Sie Bebels Bewertung des Norddeutschen Bundes.*
2. *Entwerfen Sie die Entgegnung eines nationalliberalen Politikers.*

Politik, Gesellschaft und Kultur im Kaiserreich

Reichsverfassung Das Deutsche Kaiserreich war ein Bundesstaat, gebildet aus 25 Einzelstaaten, denen noch das annektierte „Reichsland" Elsass-Lothringen angegliedert war. Die Einzelstaaten behielten ihre eigenen Verfassungen, besaßen ihr eigenes (Landtags-)Wahlrecht und regelten Angelegenheiten der Justiz, Verwaltung, Finanzen und Bildung in eigener Verantwortung. Da in Württemberg und Bayern die antipreußische Grundstimmung sehr ausgeprägt war, wurden diesen Staaten besondere Reservatrechte zugestanden (u.a. Post, Eisenbahn, Oberbefehl über eigenes Heer in Friedenszeiten). In die Zuständigkeiten des Reiches fielen dagegen zentrale politische Aufgaben wie die Außenpolitik, das Militär sowie die Wirtschafts- und Sozialpolitik. Die Reichsverfassung entsprach im Wesentlichen der des Norddeutschen Bundes. Sie enthielt keinen Grundrechtskatalog, der das Verhältnis der Bürger zum Staat beschrieb. Schon dadurch wurde deutlich gemacht, dass nicht eine mündige Nation das neue Reich ins Leben gerufen hatte, sondern die Verfassung vor allem das Ergebnis von Verhandlungen zwischen souveränen Fürsten war. In ihr wurde das Zusammenwirken der vier Verfassungsorgane genau geregelt:

▸ **Die Verfassung des Deutschen Reiches vom April 1871.**

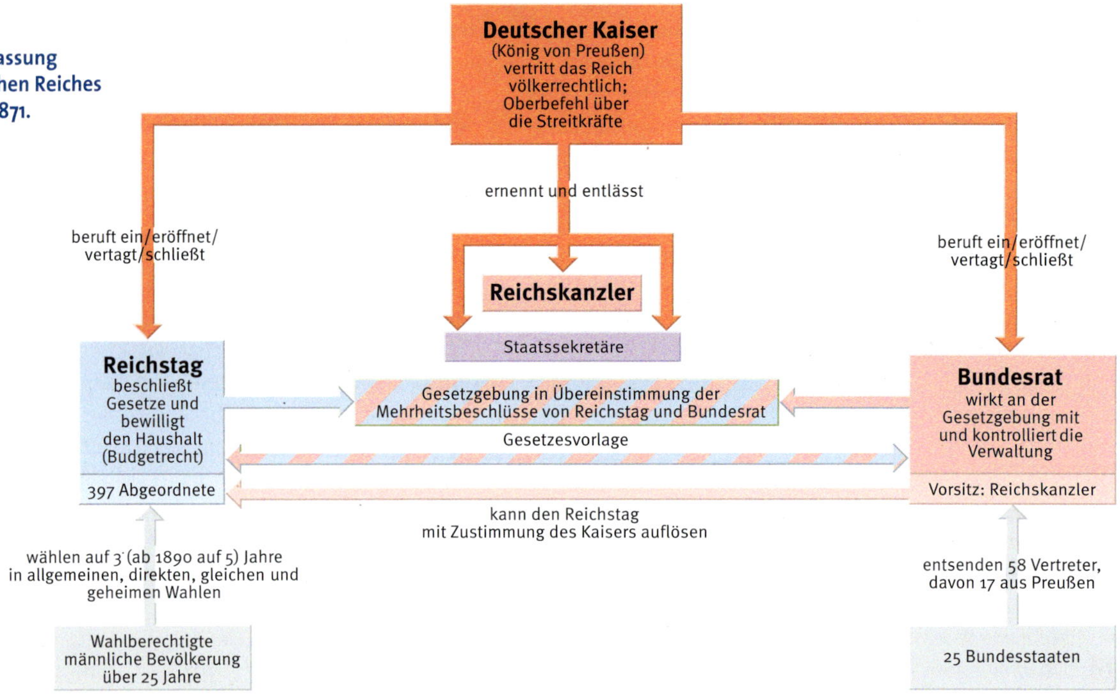

Der *Bundesrat* repräsentierte die „verbündeten Regierungen" der Einzelstaaten und war somit der Souverän des Reiches. Jeder der 25 Bundesstaaten entsandte mindestens einen weisungsgebundenen Vertreter. Hessen und Baden besaßen drei, Sachsen und Württemberg vier und Bayern besaß sechs Stimmen. Gegen die 17 Stimmen Preußens, die über der Sperrminorität von 14 lagen, konnten keine Gesetze und Verfassungsänderungen durchgesetzt werden. Jeder Bundesstaat konnte seine Stimmen nur einheitlich abgeben, wie dies auch heute noch im Bundesrat der Bundesrepublik Deutschland der Fall ist.

Der König von Preußen hatte als *Deutscher Kaiser* das Präsidium des Reiches inne. Er berief Bundesrat und Reichstag ein. Reichskanzler und Staatssekretäre waren nur

Lesetipps:
- *Christoph Nonn, Das deutsche Kaiserreich. Von der Gründung bis zum Untergang, München 2017*
- *Das Deutsche Kaiserreich. 1871-1914: Der Weg in die Moderne, Spiegel Geschichte, Heft 3/2013*

ihm verantwortlich. Er übte die Kommandogewalt über Armee und Marine aus und entschied über Krieg und Frieden.

Der *Reichskanzler* war meist zugleich Ministerpräsident in Preußen. Auch diese – verfassungsmäßig nicht fixierte – Personalunion begünstigte das Bemühen, die Politik des Reiches und seines mächtigsten Bundesstaates miteinander in Einklang zu bringen. Im Einverständnis mit dem Kaiser bestimmte der Reichskanzler die Richtlinien der Politik. Als Vorsitzender des Bundesrates konnte er mit Zustimmung des Kaisers den Reichstag auflösen und besaß so ein Kampfinstrument gegen Reichstagsmehrheiten, die ihn in wichtigen Anliegen nicht unterstützten.

Der *Reichstag* als frei gewählte Volksvertretung bildete das demokratische Element in der Reichsverfassung. Im Vergleich zu den Verfassungen einzelner Länder war die Reichsverfassung fortschrittlich. Die einzelnen Abgeordneten haben je einen Wahlkreis vertreten. Sie wurden in allgemeiner, direkter, gleicher und geheimer Wahl nach dem Mehrheitswahlrecht gewählt. Wahlberechtigt waren alle männlichen Deutschen über 25 Jahre. Durch Petitionen und parlamentarische Anfragen konnte der Reichstag Einfluss auf die mächtige Exekutive nehmen. In Preußen hingegen bestand für die Zweite Kammer das **Dreiklassenwahlrecht**. Dort entschied die Höhe der aufgebrachten direkten Steuern über das Gewicht der einzelnen Stimme.

Dreiklassenwahlrecht: Wahlsystem, bei dem die wenigen Großsteuerzahler der ersten Klasse (etwa fünf Prozent der Wahlberechtigten) ebenso viele Abgeordnete wählen konnten wie die Masse der Bevölkerung (rund 80 Prozent). Dieses Wahlsystem galt in Preußen von 1850 bis 1918.

Die Aufteilung der Gesetzgebungskompetenz auf Kaiser, Bundesrat und Reichstag machte das Aushandeln von Kompromissen notwendig. Ohne Zustimmung des Reichstages konnte kein Gesetz verabschiedet werden. Darüber hinaus musste das Parlament jährlich den Staatshaushalt genehmigen. Wesentliche Bereiche in der Militärgesetzgebung und der Außenpolitik waren ihm jedoch entzogen. Im Bereich von Verwaltung, Justiz und Wirtschaft nutzte das Parlament seine zentrale Stellung und gestaltete die Schaffung einer Reichsgesetzgebung (*Bürgerliches Gesetzbuch* 1900) und der Reichsinstitutionen mit.

Parteien Im Kaiserreich bildete sich ein System von sechs Parteien bzw. politischen Richtungen heraus: Im Reichstag dominierte zunächst die *Nationalliberale Partei*, die sich zur nationalen Einigung bekannte. Sie war eine typische **Honoratiorenpartei** und repräsentierte das zahlenmäßig kleine Besitz- und Bildungsbürgertum. Nach der Reichsgründung half sie Bismarck, das Zusammenwachsen des jungen Nationalstaates voranzutreiben.

Honoratiorenparteien stützten sich auf lokale Wahlvereine, hatten aber keine straffe landesweite Organisation.

Die *Konservativen* (Deutschkonservative, Freikonservative) waren monarchistisch ausgerichtet und vertraten die Interessen der Großagrarier sowie der Industriellen.

Meist regierungskritisch waren die *Linksliberalen*, deren Wahlergebnisse allerdings vergleichsweise bescheiden blieben. Sie pochten auf eine Stärkung des Parlaments und lehnten im Gegensatz zu den Nationalliberalen eine Schutzzollpolitik ab.

Die *Deutsche Volkspartei*, die nahezu vollständig auf Baden, Württemberg und Bayern beschränkt blieb, trat für die Rechte der Einzelstaaten ein und war ein entschiedener Gegner von Bismarcks Politik.

Das *Zentrum* – so benannt nach den mittleren, zentralen Sitzplätzen seiner Abgeordneten im Parlament – war die Partei der überzeugt katholischen Wählerschaft. Diese reichte vom Adel bis zur Arbeiterschaft, sodass das Zentrum den Charakter einer katholischen Milieupartei ausbildete.

Als Gegner der bestehenden Staats- und Gesellschaftsordnung war die **Sozialdemokratie** die Interessenvertretung der Arbeiterschaft. Bis zum Ersten Weltkrieg stieg sie zur stärksten Reichstagsfraktion auf.

Sozialdemokratie: Teil der politisch organisierten Arbeiterbewegung. Seit Ferdinand Lassalle (1825-1864), dem Gründer des Allgemeinen Deutschen Arbeitervereins (1863), setzte sich die Sozialdemokratie für das allgemeine Wahlrecht ein, strebte eine gerechte Verteilung der Güter an und organisierte sich seit 1890 in der „Sozialdemokratischen Partei Deutschlands" (SPD).

1. Reichstag 1871	23,0	39,4	18,6	3,2	15,8
5. Reichstag 1881	23,7	37,8	23,2	6,1	9,1
8. Reichstag 1890	19,1	34,3	18,6	19,8	9,3
11. Reichstag 1903	13,5	23,2	19,8	31,7	12,1

▲ **Stimmenanteile bei den Reichstagswahlen 1871-1903.**
Nach: www.bundestag.de/blob/190454/782a532c7e19aa9cd5119e62ca77a260/wahlen_kaiserreich-data.pdf [Zugriff: 03.08.2016]

Konservative
Liberale
Zentrum
Sozialdemokraten
Sonstige

Die Regierung war nur dem Kaiser verantwortlich, nicht dem Reichstag, also der Volksvertretung. Deshalb musste Bismarck nicht feste Regierungskoalitionen bilden, sondern konnte Gesetze auch mit wechselnden Mehrheiten durchsetzen. Politische Parteien waren allenfalls „Verbündete auf Zeit“. Der Anspruch der Regierenden, das Allgemeinwohl bestimmen zu können, prägte noch in der Weimarer Republik das politische Denken vieler und verhinderte eine Akzeptanz der Parteiendemokratie. Die Parteien ihrerseits waren wegen der fehlenden Möglichkeiten zur direkten Regierungsbeteiligung kaum zu Kompromissen gezwungen und neigten dazu, doktrinär an ihren Programmen festzuhalten.

„Kulturkampf“ ■ Die Siege über die katholischen Mächte Österreich und Frankreich deuteten zahlreiche evangelische Theologen und Politiker als gottgewollte Überlegenheit des Protestantismus. Die deutsche Nation wurde als protestantisch wahrgenommen. Noch nach seinem Rücktritt als Reichskanzler erklärte Bismarck 1892: „Ich bin eingeschworen auf die weltliche Leitung eines evangelischen Kaisertums, und diesem hänge ich treu an.“

Da die staatliche Kirchen- und Schulpolitik Ländersache war, spielten sich die konfessionellen Auseinandersetzungen weitgehend auf Länderebene ab. In Baden, wo zwei Drittel der Bevölkerung katholisch waren, kam es zu Auseinandersetzungen mit der liberalen Regierung und zur Gründung der *Katholischen Volkspartei*. Konfliktpunkte waren unter anderem Eingriffe in die Schulaufsicht, die obligatorische Zivilehe und die Frage von gemischt-konfessionellen Ehen, bei denen die katholische Kirche darauf bestand, dass die Kinder katholisch erzogen wurden.

Bismarck betrachtete das Zentrum als verlängerten Arm der römischen Kurie und als wichtigstes Sprachrohr der oppositionellen Kräfte des Reiches. Eine ähnliche Auffassung vertraten die Liberalen. Sie forderten einen konfessionell neutralen Staat und kämpften gegen ein in ihren Augen überholtes Welt- und Menschenbild sowie ein Bildungs- und Schulsystem unter kirchlicher Aufsicht. Besondere Herausforderungen waren für sie der **Syllabus errorum** (1864) und das sogenannte **Unfehlbarkeitsdogma** (1870).

In einer Reihe von Maßnahmen versuchte Bismarck, die katholische Kirche und deren Amtsträger im Deutschen Reich der staatlichen Kontrolle zu unterwerfen und ihren Einfluss zurückzudrängen. Der „Kanzelparagraf“ unterband seit 1871 die politische Öffentlichkeitsarbeit der katholischen Kirche, ein Schulaufsichtsgesetz von 1872 unterwarf Geistliche der staatlichen Kontrolle, der Jesuitenorden wurde verboten und politisch unzuverlässige Geistliche mit der Ausweisung bedroht. Bismarcks Unterdrückungspolitik blieb aber erfolglos. Die Gläubigen stellten sich nicht nur auf die Seite ihrer Kirche, sondern festigten ihren Zusammenhalt. Das Zentrum konnte seine Wählerzahlen deutlich steigern. Da Bismarck zur Unterstützung seiner geänderten Wirtschafts- und Finanzpolitik das Zentrum benötigte, nahm er die meisten Kampfgesetze wieder zurück. Die staatliche Schulaufsicht und die Einrichtung der Zivilehe (seit 1874/75) blieben aber weiterhin bestehen.

Konfessionen	Anzahl
Protestanten	35 231 104
Katholiken	20 327 913
Juden	586 833
Andere	221 328

▲ **Konfessionen im Deutschen Reich.**
Stand: 1. Dezember 1900.
Nach: Kaiserliches Statistisches Amt (Hrsg.), Statistisches Jahrbuch für das Deutsche Reich, Berlin 1906, S. 4

Syllabus errorum: 1864 listete Papst Pius IX. 80 „Irrtümer“ auf. Sie betrafen vor allem die anderen christlichen Konfessionen sowie liberale Grundsätze wie die Trennung von Kirche und Staat.

Unfehlbarkeitsdogma: Das erste Vatikanische Konzil legte 1870 fest, dass der Papst in Fragen der Glaubens- und Sittenlehre unfehlbar sei.

Angst vor der „roten Gefahr" Zur Gruppe der „Reichsfeinde", die eine Änderung der politischen und gesellschaftlichen Verhältnisse anstrebten, zählte der konservative Bismarck auch die Parteien der Arbeiterbewegung.

Das umstrittene „Gesetz gegen die gemeingefährlichen Bestrebungen der Sozialdemokratie" (*Sozialistengesetz*) von 1878, das bis 1890 mehrfach verlängert wurde, richtete sich gegen Vereine, Versammlungen, Druckschriften und Beitragssammlungen, „welche durch sozialdemokratische, sozialistische und kommunistische Bestrebungen den Umsturz der bestehenden Staats- und Gesellschaftsordnung bezwecken". Betroffen waren auch die der Partei nahe stehenden Gewerkschaften. Führende „Agitatoren" konnten aus ihren Wohnorten ausgewiesen werden. Viele in die Illegalität gedrängte Sozialdemokraten wurden verhaftet und verurteilt. Allerdings behielt die Reichstagsfraktion ihre parlamentarischen Rechte; sozialdemokratisch gesinnte Kandidaten konnten weiterhin gewählt werden.

▲ **„Der Kampf des Riesen gegen den Zwerg."**
Karikatur aus „Der wahre Jacob" von 1890 (Ausschnitt).

Wie schon beim „Kulturkampf" blieb Bismarck mit dem „Sozialistengesetz" der angestrebte Erfolg versagt. Die Partei organisierte sich im Ausland und ließ Druckschriften ins Deutsche Reich schleusen. Ihr Anteil der Wählerstimmen stieg bis 1912 sogar auf 34,8 Prozent an (▸ M1 bis M3).*

Nationalismus – eine „politische Religion" Der nach dem Deutsch-Französischen Krieg 1870/71 errungene Sieg über das als „Erzfeind" empfundene Frankreich wurde auch als Sieg über dessen liberale politische Ordnung gedeutet. Daraus entwickelten Publizisten, Politiker und Historiker die Vorstellung eines überlegenen „deutschen Sonderwegs" zum Nationalstaat. Damit wurde die Ablehnung der „westlichen", als „undeutsch" empfundenen politischen Prinzipien verbunden, zu denen revolutionäre Bewegungen, der Gedanke der Volkssouveränität, Parteien und ihr Einfluss auf die Regierung zählten. In der deutschen Nation sollten der starke Monarch und seine Regierung, nicht das vom Volk gewählte Parlament und die Parteien, das Allgemein- oder Nationalinteresse im Auge behalten.

Gerade konservative Kreise bemächtigten sich der obrigkeitsstaatlichen Nationalidee. Trotz der zunehmenden Akzeptanz des Reiches blieben die Sozialdemokraten auf Distanz zum monarchisch-autoritären **Nationalismus**. Vor Hochrufen auf den Kaiser verließen Abgeordnete der SPD stets das Parlament, an Sedanfeiern (zum Jahrestag der Schlacht von Sedan 1870) nahmen überzeugte Sozialdemokraten demonstrativ nicht teil. Dies änderte sich erst während des Ersten Weltkrieges. Auch die katholische Bevölkerung wurde erst zu Beginn des 20. Jahrhunderts für den Nationalstaat gewonnen.

Der Erfolg des Nationalismus gründet wesentlich darin, dass er den Charakter einer „politischen Religion" annahm. Die Nation wurde zum höchsten Wert der Gemeinschaft erhoben, man sprach von „heiligsten" Gütern, von „unbedingter Hingabe" an die „Nation" und „nationalen Pflichten". Die eigene Nation galt als „auserwähltes Volk", das von einer „höheren Macht" oder von der Geschichte dazu ausersehen sei, Heil bringende Ideen zu verbreiten und Freiheit zu bringen, und berechtigt sei, Gewalt anzuwenden gegenüber jenen, die sich widersetzen oder diese Auffassungen nicht teilen.

Nationalismus: weltanschauliches Bekenntnis (Ideologie) zur eigenen Nation und dem Staat, dem man angehört. Auf der einen Seite stand die Überzeugung, dass alle Völker einen Anspruch auf nationale Selbstbestimmung haben, auf der anderen die Hochschätzung des eigenen Volkes. Die Abwertung anderer Nationen trug seit der Mitte des 19. Jh. zu einem übersteigerten Nationalbewusstsein (Chauvinismus) bei, einem Kennzeichen des Imperialismus und des Nationalsozialismus.

* Zur Sozialdemokratie und zu den Gewerkschaften siehe S. 109 f.

Ausgrenzung von Minderheiten Die Reichsverfassung von 1871 hatte den Juden die völlige persönliche und rechtliche Gleichstellung zugestanden. Trotz dieses obrigkeitsstaatlichen Aktes wurden die Juden im öffentlichen Leben zunehmend diskriminiert.* Die Behandlung der ethnischen Minderheiten folgte einer konsequenten Assimilierungspolitik. Von einer strikten „Germanisierungspolitik" waren die Minderheiten an den Reichsgrenzen betroffen: Polen, Dänen und Litauer. Vertreter dieser Bevölkerungsgruppen im Reichstag wurden als „Reichsfeinde" bezeichnet. In Schulen und in der Verwaltung musste ausschließlich deutsch gesprochen werden. Ausweisungen und Benachteiligungen beim Landerwerb waren weitere Maßnahmen. Die Politik der Zurückdrängung löste einen Dauerkonflikt zwischen der Regierung und der deutschen Mehrheitsgesellschaft sowie den ethnischen Minderheiten aus (▸ M4). Am besten organisierte sich die große und vergleichsweise geschlossene Gruppe der polnischen Bevölkerung gegenüber dieser Politik. Eigene Vereine und eine eigene Bank sollten den Landerwerb unterstützen. Im Reichsprotektorat Elsass-Lothringen wurde immerhin Französisch als Sprache in der Verwaltung und bei Gericht geduldet. Eine eigene Verfassung und ein Parlament gab es aber erst 1911. Zuvor konnte ein Landesausschuss mit Honoratioren lediglich den Statthalter der Reichsregierung beraten und Gesetze vorschlagen.

▲ **„Parade im Lustgarten vom 9. Februar 1894."**
Tafelbild nach einem Original von Carl Röchling, um 1900. Dargestellt sind Kaiser Wilhelm II. und das „1. Garde-Regiment zu Fuß" im Potsdamer Lustgarten. Das „1. Garde-Regiment zu Fuß" war nach der Niederlage Preußens gegen Napoleon 1806 gegründet worden und von Anfang an das Leibregiment der preußischen Könige.

Der preußisch-deutsche Militarismus Als ein wichtiger gesellschaftlicher Integrationsfaktor kristallisierte sich das Militär heraus. Seine Hochschätzung offenbarte die militante Seite des zeitgenössischen Nationalismus. Publikumswirksam stellten die Streitkräfte in Manövern, bei Paraden, Wachwechseln, Fahnenweihen und Darbietungen von Militärmusik ihre Stärke und ihr Können öffentlich vor. Das Ansehen des Militärs war seit den Freiheitskriegen gegen Napoleon bis zum Sieg 1870/71 ständig gewachsen. Seine Anerkennung als vorbildhafter „Erster Stand" über den gesellschaftlichen Gruppen war ein prägendes Charakteristikum des Kaiserreiches. Der alleinigen Befehlsgewalt des Kaisers unterstellt, fühlte sich das Militär als „Staat im Staate". Vor allem die Offiziere pflegten einen aristokratischen, demokratiefeindlichen, mitunter antisemitischen Kastengeist. Für bürgerliche Reserveoffiziere konnte sich der Dienst im Militär förderlich auf die Karriere auswirken.

Die Uniform verlieh im Kaiserreich Autorität und verschaffte Privilegien wie z. B. ermäßigte Eintrittsgelder oder die Zuweisung der besten Plätze im Restaurant. Bismarck und andere Politiker traten mit Vorliebe in Uniform auf die Rednerbühne. Militärische Werte und Verhaltensweisen spiegelten sich ebenso in den Erziehungsidealen und Riten studentischer Verbindungen. Und in so manche Amtsstuben führten die nach zwölf Dienstjahren entlassenen ehemaligen Unteroffiziere den barschen Ton

* Siehe dazu S. 48 ff.

◂ **Berliner Straßenszene.**
Foto von 1914.

auch als zivile Beamte ein. Respekt vor Autoritäten und Unterordnung wurden den Kindern bereits im Elternhaus und in der Schule beigebracht.

Der militaristische Geist, der die Gesellschaft erfasst hatte, wurde besonders durch mitgliederstarke Organisationen ehemaliger Kriegsteilnehmer, „vaterländische" Agitationsvereine (*Deutsche Kolonialgesellschaft, Deutscher Flottenverein*) oder den 1912 gegründeten „Wehrverein" gefördert. Vor allem der radikalnationalistische *Alldeutsche Verband** pflegte seit den 1890er-Jahren eine aggressive Agitation gegen das „revanchelüsterne" Frankreich, gegen die slawischen Völker, gegen das „perfide Albion" (England) und nicht zuletzt auch gegen Juden. Ob die Wilhelminische Gesellschaft allerdings nur als „Untertanengesellschaft" charakterisiert werden kann, bleibt mit guten Gründen zu bezweifeln (▸ M5). In starker Konkurrenz zu einer national-konservativen Ausrichtung waren die Anliegen des Liberalismus in der Öffentlichkeit weithin präsent (▸ M6). Als aber 1914 der Erste Weltkrieg begann, waren viele Deutsche davon überzeugt, von einer „Welt von Feinden" umgeben zu sein.

Nennen Sie alle Bevölkerungsgruppen, die – ganz oder teilweise – der politischen Kultur des Kaiserreiches skeptisch oder ablehnend gegenüberstanden.

* **Alldeutscher Verband**: Siehe S. 227.

Reichs=Gesetzblatt.

№ 34.

Inhalt: Gesetz gegen die gemeingefährlichen Bestrebungen der Sozialdemokratie. S. 351.

▲ „Reichs=Gesetzblatt. No. 34."

M1 Aus dem Sozialistengesetz

Am 21. Oktober 1878 beschließt der Reichstag das „Gesetz gegen die gemeingefährlichen Bestrebungen der Sozialdemokratie", es bestimmt u. a.:

§ 1. Vereine, welche durch sozialdemokratische, sozialistische und kommunistische Bestrebungen den Umsturz der bestehenden Staats- oder Gesellschaftsordnung bezwecken, sind zu verbieten.
Dasselbe gilt von Vereinen, in welchen sozialdemokratische, sozialistische oder kommunistische auf den Umsturz der bestehenden Staats- oder Gesellschaftsordnung gerichtete Bestrebungen in einer den öffentlichen Frieden, insbesondere die Eintracht der Bevölkerungsklassen gefährdenden Weise zu Tage treten. [...]
§ 16. Das Einsammeln von Beiträgen zur Förderung von sozialdemokratischen, sozialistischen oder kommunistischen auf den Umsturz der bestehenden Staats- oder Gesellschaftsordnung gerichteten Bestrebungen sowie die öffentliche Aufforderung zur Leistung solcher Beiträge sind polizeilich zu verbieten. Das Verbot ist öffentlich bekannt zu machen. [...]
§. 17. Wer an einem verbotenen Vereine als Mitglied sich beteiligt oder eine Tätigkeit im Interesse eines solchen Vereins ausübt, wird mit Geldstrafe bis zu fünfhundert Mark oder mit Gefängnis bis zu drei Monaten bestraft. Eine gleiche Strafe trifft denjenigen, welcher an einer verbotenen Versammlung sich beteiligt oder welcher nach polizeilicher Auflösung einer Versammlung sich nicht sofort entfernt.
Gegen diejenigen, welche sich an dem Vereine oder an der Versammlung als Vorsteher, Leiter, Ordner, Agenten, Redner oder Kassierer beteiligen oder welche zu der Versammlung auffordern, ist auf Gefängnis von einem Monat bis zu einem Jahre zu erkennen.
§. 18. Wer für einen verbotenen Verein oder für eine verbotene Versammlung Räumlichkeiten hergibt, wird mit Gefängnis von einem Monat bis zu einem Jahre bestraft.

Zitiert nach: Gerhard A. Ritter (Hrsg.), Das Deutsche Kaiserreich 1871-1914. Ein historisches Lesebuch, Göttingen [5]1992, S. 232-234

M2 „An unsere Freunde und Parteigenossen in Berlin"

Wenige Wochen nach der Veröffentlichung des Sozialistengesetzes wird über Berlin und Umgebung ein Belagerungszustand verhängt. Zahlreiche Sozialdemokraten verlassen die Reichshauptstadt. In einem Aufruf warnen sie:

Genossen und Freunde! Ihr wisst, solange wir unter Euch waren und durch Wort und Schrift zu Euch sprechen konnten, war es unser erstes und letztes Wort: Keine Gewalttätigkeiten, achtet die Gesetze, verteidigt aber innerhalb des Rahmens derselben Eure Rechte. Diese Worte möchten wir Euch heute zum Abschied noch einmal zurufen und Euch auffordern, sie jetzt mehr als je zu befolgen, mag auch die nächste Zukunft bringen was will. Lasst Euch nicht provozieren!

Zitiert nach: Georg Eckert (Hrsg.), Hundert Jahre deutsche Sozialdemokratie. Bilder und Dokumente, Hannover 1963, Nr. 128

■ *Diskutieren Sie den Aufruf. Welche Gründe sprechen für das geforderte Verhalten?*

M3 Die Wirkung des Sozialistengesetzes

Das Sozialistengesetz wird dreimal – 1881, 1884 und 1887 – verlängert. Über seine Wirkung schreibt Hans Hermann Freiherr von Berlepsch, der von 1884 bis 1889 Regierungspräsident in Düsseldorf war, in seinen 1925 veröffentlichten Erinnerungen:

12 Jahre lang hat die Regierung an diesem Glauben festgehalten, wer aber Gelegenheit hatte, die Wirkung des Sozialistengesetzes an Ort und Stelle, in den industriellen Zentren [...] zu beobachten, kam bald zu anderer Überzeugung. Er fand, wie schwer die Unterdrückungen, insbesondere die Ausweisung auf die Stimmung der Arbeiter, auf ihre Anschauungen von der Gerechtigkeit, von der Fürsorge des Staates für die Schwachen wirkten, wie die verpönten Lehren, statt in der Öffentlichkeit, heimlich verbreitet wurden von Mund zu Mund, von Werkstatt zu Werkstatt, im Wirtshaus und am heimischen Herd. Er fand, dass die Mittel der Gewalt vollständig fehlschlugen, dass sie zwar äußerliche Symptome treffen, aber nicht Gesinnung ausrotten konnten. Erreicht war schließlich nur eine hundertfach gesteigerte Erbitterung der Arbeiterkreise [...].

Zitiert nach: Gerhard A. Ritter (Hrsg.), Das Deutsche Kaiserreich 1871-1914, a. a. O., S. 242 f.

■ *Erörtern Sie Berlepsch' Aussagen zu den Wirkungen des Sozialistengesetzes. Berücksichtigen Sie dabei die konservative und die sozialdemokratische Perspektive.*

M4 „Germanisierungspolitik“

Ludwik Jazdzewski, Abgeordneter der polnischen Partei, kritisiert 1901 die Politik der preußischen Regierung gegen die polnische Bevölkerung:

Meine Herren, wenn man einer Bevölkerung, welche dem preußischen Staate aufgrund von internationalen Staatsverträgen[1] einverleibt worden ist mit der Zusage, mit dem feierlich abgegebenen königlichen Versprechen, dass ihre Nationalität geschützt und gepflegt werden soll im preußischen Staat, dass ihre Sprache im amtlichen und im Privatleben eine Schonung und einen sicheren Schutz erhalten soll, – wenn man dieser Bevölkerung, die schon unglücklich genug gewesen ist, dass sie ihre staatliche Unabhängigkeit verloren hat, alle diese Versprechen und Zusagen vorenthält und ins Gegenteil verkehrt, so kann man sich nicht wundern, dass diese unsere Bevölkerung, die eine tausendjährige Geschichte und Kultur hinter sich hat, über die geradezu feindlichen Maßnahmen der Regierung unzufrieden, ja geradezu empört ist, und bei ihrem lebhaften Naturell dieser Unzufriedenheit und tiefem Missbehagen einen entsprechend lebhaften Ausdruck gibt.
Ich will ihnen nur kursorisch eine kurze, lange nicht erschöpfende Zusammenstellung dessen vorlegen, was alles dieser unserer Bevölkerung in den letzten Zeiten widerfahren ist, um sie aufzureizen und zu schädigen. [...] Familiennamen werden vielfach durch Behörden verfälscht; jede fachmännische Versammlung wird polizeilich überwacht; jede Versammlung unter freiem Himmel wird untersagt; Aufzüge mit Musik werden verboten; polnische Theateraufführungen werden meistens verboten oder verhindert. Was tut nicht alles die Ansiedlungskommission[2], um die Bevölkerung zu kränken? [...] Und worauf zielt sie hin? Auf das Verdrängen der polnischen Besitzer und Arbeiter von der väterlichen Scholle mit dem Vorbehalt, dass eine Parzelle aus Staatsfonds von den angekauften Gütern an einen Polen, der doch auch ein gleichberechtigter Staatsbürger sein soll wie jeder andere, nie und nimmer verkauft werden darf. Die verschiedenen Ankäufe und Verkäufe dieser Kommission regen tagtäglich die Bevölkerung auf, und nachdem das geschieht, klagt man darüber, dass die Bevölkerung sich beunruhigt fühlt, und dass eine gewisse Agitation im Lande sich zeigt, die solchen Maßnahmen entgegenarbeitet. [...]

Meine Herren, vor Gericht darf kein Pole seine Sache in eigener Sprache vertreten: Vor den Verwaltungsbehörden findet er kein Gehör in seiner Muttersprache. Kurz und gut, auf jedem Gebiet wird der Pole zurückgedrängt, auf jedem Schritt und Tritt wird er gekränkt; und nachdem das tagtäglich geschieht, klagt man über Agitation, über Unruhe und über eine polnische Gefahr und spricht von der Bedrängung des Deutschtums! Meine Herren, nun die Schule! Ist denn bei uns die Volksschule ein Bildungsinstitut, eine Bildungsanstalt im erhabenen Sinne des Wortes? Nein, sie ist geradezu eine Verbildungsanstalt, sie ist nichts weiter wie ein Abrichtungsinstitut. Den Vorwurf muss ich der Schulverwaltung in der schärfsten Weise entgegenhalten, dass sie nicht dafür Sorge trägt, was ihre Pflicht und Schuldigkeit ist, dass der Bevölkerung ihre Muttersprache, die Sprache der Familie und der Kirche, in der Schule nicht gehörig beigebracht wird, dass das polnische Kind in der Volksschule meistens nicht einmal leidlich polnisch lesen und schreiben lernen kann.
Meine Herren, das sind alles Zustände, die die polnische Bevölkerung tagtäglich vor Augen hat, und mit welchen sie tagtäglich in Berührung kommt; und da spricht nun das angezogene Ministerialorgan von einer durch Agitation gezeitigten polnischen Gefahr! Diese polnische Gefahr haben Sie sich, meine Herren am Ministertische, selbst heraufbeschworen und großgezogen. Sie ist ihr eigenstes Werk.

Zitiert nach: Willibald Gutsche (Hrsg.), Herrschaftsmethoden des deutschen Imperialismus 1897/98 bis 1917. Dokumente zur Innen- und Außenpolitik, Berlin (Ost) 1977, S. 74-76

[1] Jazdzewski spielt auf die polnischen Teilungen und den Wiener Kongress von 1815 an.
[2] Die **Ansiedlungskommission** wurde von Bismarck 1886 mit Stimmen der Konservativen und der Nationalliberalen gegründet. Sie sollte Land von verschuldeten polnischen Bewohnern aufkaufen und günstig an deutsche Zuwanderer abgeben.

1. *Fassen Sie die Maßnahmen der preußischen Regierung gegen die polnische Bevölkerung zusammen und erläutern Sie die Folgen dieser Politik für die polnische Bevölkerung damals und für die späteren deutsch-polnischen Beziehungen.*
2. *Erklären Sie, weshalb die Maßnahmen der preußischen Regierung von Zeitgenossen unter dem Schlagwort „Germanisierungspolitik“ zusammengefasst wurden.*

M5 Eine Untertanengesellschaft?

In dem Essay „War die Wilhelminische Gesellschaft eine Untertanengesellschaft?" fragt der Historiker Thomas Nipperdey 1986 nach der Berechtigung dieses Begriffes:

Die deutsche Gesellschaft ist auch Untertanengesellschaft gewesen, an Autorität und Gehorsam orientiert; der Komplex des Militarismus ist keinesfalls zu verharmlosen. Weniger Repression und Korruption, wohl aber Imperialismus und Antisozialismus der Bürger selbst haben die Herrschaftsposition der alten Eliten und das alte System noch aufrechterhalten oder wenigstens bestehen lassen. Der Mangel an politisch-bürgerlicher Kultur ist eine der großen Belastungen der Weimarer Zeit gewesen. Aber: Die deutsche Gesellschaft vor 1914 war auch eine Gesellschaft des Rechts, der relativen Liberalität und der Arbeit; sie war altmodisch segmentiert und zugleich auf dem Wege zum modernen Pluralismus; sie war eine Gesellschaft der Reformen, des Abschieds vom 19. Jahrhundert und der Sozialreformen vor allem, sie war eine Gesellschaft der Kritik; sie hat sich verbürgerlicht und liberalisiert, und sie entwickelte aus sich auch das wachsende Potenzial einer kommenden Demokratie. Wenn das alles so ist, dann scheint es mir heute viel wichtiger, als gebannt [...] auf das Phänomen der Untertanen zu starren, die Krise des Obrigkeits-Untertanensystems und auch das Erneuerungspotenzial zu analysieren. Dann erst werden wir das eigentliche historische Charakteristikum der Wilhelminischen Gesellschaft und Epoche erfassen.

Thomas Nipperdey, Nachdenken über die deutsche Geschichte, München [2]1986, S. 184f.

1. *Stellen Sie die Grundzüge der „Untertanengesellschaft" (Zeile 1) und die Grundzüge der „Gesellschaft des Rechts" (Zeile 10) einander gegenüber und überprüfen Sie beide Urteile anhand Ihrer Kenntnisse.*
2. *Erläutern Sie die Folgen dieser beiden Charakteristika der Wilhelminischen Gesellschaft für die deutsche Geschichte.*

M6 National und international

Der evangelische Pfarrer und spätere Abgeordnete der linksliberalen „Fortschrittlichen Volkspartei" Friedrich Naumann erläutert 1899, warum aus seiner Sicht nicht alle Völker Anspruch auf Selbstbestimmung haben:

Wir müssen das „Nationalitätsprinzip" in seinem geschichtlichen Werdegang erfassen, wenn wir es nicht töricht anwenden wollen. Es existiert keineswegs ein Recht auf Souveränität aller vorhandenen Nationen. Seit dem Römerstaat ist ein freies, unabhängiges Nebeneinander aller etwa möglichen Völker ein Unding, denn immer arbeitet seitdem der Begriff des Großstaates mit am Werden der Geschichte. Europa ist voll von Nationalitäten, die niemals wieder souverän werden: Serben, Bulgaren, Tschechen, Polen, Finnen, Slovanier[1], Griechen u. s. w. Wenn sie einmal den Schein der Unabhängigkeit gewinnen, so ist das nur auf Zeit oder eben nur Schein. Man darf deshalb auch den Zerfall Österreichs in Nationalitäten sich keineswegs als Zerfall in wirklich selbstständige Souveränitäten denken. Es hat nämlich nicht das Nationalitätsprinzip als Prinzip gesiegt, sondern einige Nationen als Mächte haben sich ein gewaltiges Übergewicht verschafft. Wenn man kleinen Nationen „Freiheit" verspricht, so ist es, damit sie ihren Herrn wechseln. Um der Freiheit der kleinen Nationen an sich rührt keine Macht einen Finger. Die Kleinen haben das Recht, sich beschützen und verteilen zu lassen; das ist alles. [...]
Es gibt heute nur wenige Stellen auf der Erde, wo weltgeschichtliche Politik gemacht werden kann: London, Petersburg, Berlin, Paris, New York, Rom. Die Zahl dieser Zentralpunkte der Weltgeschichte wird sich schwerlich vermehren, es sei denn, dass einmal das großbritannische Reich große Verluste erleidet. Eher ist es denkbar, dass die Zahl sich noch vermindert. Schon daraus folgt, dass die Weltgeschichte nicht eine Wiederherstellung aller Nationen sein kann. Sie muss fortfahren, Nationen zu zerstören. Es fragt sich nur, welche Nationen sich erhalten können. Der politische Großbetrieb siegt. Der politische Großbetrieb ist im Allgemeinen nach der Art des alten Römerreiches konstruiert: nationaler Kern und überwundene fremde Masse. Das ist die Grundform von Großbritannien, Russland, Frankreich und Deutschland. Unsere nationale Politik bedeutet also: politischer Großbetrieb aufgrund und zu Nutzen des deutschen Volkes.

Zitiert nach: Hans Fenske (Hrsg.), Quellen zum politischen Denken der Deutschen im 19. und 20. Jh., Bd. VII: Unter Wilhelm II. 1890-1918, Darmstadt 1982, S. 178f.

1. *Nennen Sie die Kriterien, die es laut Naumann für eigenständige Nationen gibt.*
2. *Überprüfen Sie, welche Gebiete und Völker Naumann im Jahr 1899 als von Deutschland „überwundene fremde Masse" (Zeile 34) bezeichnen konnte.*
3. *Diskutieren Sie Naumanns Theorie, indem Sie die Konsequenzen seiner Theorie – falls sie stimmig wäre – entwickeln.*

[1] **Slovanier**: Gemeint sind Slowenen.

Denkmäler sind eine besondere Form von Bauwerken. Sie haben das Ziel, an ein Ereignis, Zeiträume oder Personen zu erinnern, die dem Auftraggeber oder Künstler wichtig sind. Sie sind ein sichtbarer Bestandteil des kulturellen und kollektiven Gedächtnisses eines Landes. Sie führen vor Augen, dass historische Erinnerung der ständigen Veränderung unterworfen ist, und sie drücken das Geschichtsbewusstsein ihrer Entstehungszeit aus. Jeden Betrachter zwingt ein Denkmal zu einer ganz persönlichen Einschätzung. Je besser er die Entstehungsgeschichte kennt und die einzelnen Teile deuten kann, desto mehr geht die Bewertung eines Denkmals über rein subjektive Eindrücke hinaus.

Denkmäler untersuchen

Denkmäler untersuchen

Die Anlässe für die Errichtung eines Denkmals haben sich im Laufe der Jahrhunderte ebenso verändert wie die Art der Gestaltung. Je nachdem, welches Kriterium zugrunde gelegt wird, lassen sich Kategorien von Denkmälern unterscheiden. Eine rein äußerliche Einteilung ist die in Denkmäler mit naturalistisch gestalteten Figuren, Baudenkmäler, Industriedenkmäler, Naturdenkmäler und abstrakt gestaltete Denkmäler. Eine andere Unterscheidungsmöglichkeit bietet die Intention eines Denkmals. Nationaldenkmäler wollen auf historische, politische und kulturelle Besonderheiten des Volkes verweisen. Mahnmale und Erinnerungsstätten richten an die Nachwelt den Auftrag, aus der Vergangenheit für die Zukunft zu lernen.

Formale Kennzeichen
- Wann wurde das Denkmal errichtet?
- An welchem Ort wurde das Denkmal errichtet?
- Welche Bedeutung haben die Umgebung und die Perspektive des Betrachters für die Wirkung des Denkmals?

Entstehungsgeschichte
- Welche Initiativgruppen haben die Errichtung des Denkmals angeregt?
- Welche Beweggründe und Ziele hatten die Initiatoren?
- Vor welchem historischen Hintergrund wurde das Denkmal errichtet?
- Welche alternativen Entwürfe wurden konzipiert?

Inhalt und Gestaltung
- An welche Persönlichkeit, an welches Ereignis, an welchen Sachverhalt soll das Denkmal erinnern?
- Wie sind die dargestellten Symbole, Formeln und Allegorien zu deuten?

Intention und Wirkung
- An welche Adressaten richtete sich das Denkmal?
- Welche Selbstaussagen von Betrachtern liegen vor?
- Welche emotionale, kognitive (den Verstand ansprechende) und politische Absicht verfolgt das Denkmal?
- In welchem Zusammenhang stehen Ort, Umgebung und Thematik des Denkmals?
- Wurde das Denkmal später verändert oder an einen anderen Platz versetzt? Wenn ja, was waren die Gründe, wer war dafür verantwortlich?

Bewertung und Fazit
- Wie lassen sich Form und Gestaltung des Denkmals einordnen und bewerten?
- Ist die beabsichtigte Wirkung des Denkmals durch die Gestaltung umgesetzt?
- Welche Funktion hatte das Denkmal in seiner Entstehungszeit? Welche Wirkung hat das Denkmal auf heutige Betrachter?

Beispiel und Analyse

Standbild der Germania
Personifikation Deutschlands mit neuer Reichskrone und Reichsschwert

Denkmalsockel mit Widmungsinschrift
„Zum Andenken an die einmuethige siegreiche Erhebung des deutschen Volkes und an die Wiederaufrichtung des Deutschen Reiches 1870 - 1871“

Allegorie des Friedens
Figur mit einem Lorbeerzweig in der rechten und einem Füllhorn mit Früchten in der linken Hand

Reichsadler
Symbol des Deutschen Reiches

Wappen der 25 Bundesstaaten
Das Deutsche Reich bestand seit 1870/71 aus 25 Bundesstaaten

Allegorie des Krieges
Sie trägt ein flammendes Schwert und eine Kriegsfanfare

Hauptrelief
Es zeigt über 100 fast lebensgroße Soldaten mit Kaiser Wilhelm I. in der Mitte

Liedtext „Die Wacht am Rhein“
Das 1840 verfasste Lied galt lange Zeit als nationaler Kampfgesang; die sechste Strophe fehlt

Rhein-Mosel-Gruppe
Mit der Übergabe des Signalhorns von Vater Rhein an seine Tochter Mosel wird die Wächterrolle vom Rhein auf die Mosel und damit die Vogesen übertragen

▲ **Das Niederwald-Denkmal bei Rüdesheim am Rhein.**
Schulwandbild von 1890.

Formale Kennzeichen Das Niederwald-Denkmal bei Rüdesheim wurde nach insgesamt sechsjähriger Bauzeit 1883 in Anwesenheit von Kaiser Wilhelm I. eingeweiht. Auf einem Bergvorsprung 230 Meter über dem Rhein gelegen, ist das Denkmal weithin sichtbar. Mit einer Gesamthöhe von 38 Metern wirkt es aus der Nähe monumental.

Entstehungsgeschichte Schon im November 1871 hatte sich ein Komitee zur Errichtung eines Nationaldenkmals gebildet. Nach einem Wettbewerb für das Denkmal 1872, an dem insgesamt 40 Künstler teilnahmen, erhielt der Dresdener Bildhauer Johannes Schilling den Auftrag. Mit dem Denkmal sollte an die erfolgreiche Gründung des Deutschen Reiches im Jahr 1871 erinnert werden. Zugleich sollte es die innere Reichseinigung und die Identifikation der Bevölkerung mit dem Reich fördern.

Inhalt und Gestaltung Die Widmungsinschrift verdeutlicht den Versuch, das neue Deutsche Reich an das 1806 untergegangene Heilige Römische Reich Deutscher Nation anzubinden („Wiederaufrichtung"). Dadurch soll es in einen Traditionszusammenhang gestellt und historisch legitimiert werden. Die Reichsgründung wird als Ergebnis einer Volkserhebung „von unten" dargestellt. Tatsächlich hat es keine Erhebung gegeben, sondern Preußen einte die deutschen Länder „von oben".
Auf einer horizontalen Verbindungslinie wird der Deutsch-Französische Krieg von 1870/71 beschrieben: Abschied der Krieger auf dem kleinen Seitenrelief, Allegorie des Krieges, Vereinigung des Heeres um seinen Oberbefehlshaber Wilhelm auf dem großen Hauptrelief, Allegorie des Friedens (Beendigung des Krieges), Heimkehr der Krieger auf dem zweiten Seitenrelief. Der schmerzliche Beginn der Abfolge liegt im Westen (Frankreich), das glückliche und ruhmreiche Ende dagegen im Osten (Deutschland).
Die Ergebnisse des Krieges sind auf einer vertikalen Verbindungslinie angeordnet. Von unten nach oben: die Wachablösung von Rhein und Mosel, die die Einverleibung Elsass-Lothringens, den wichtigsten Gebietsgewinn des Krieges von 1870/71, andeutet, der neue Deutsche Kaiser zu Pferd, der auffliegende Reichsadler mit preußischem Wappenschild, die Widmungsinschrift; die sich selbst krönende Germania personifiziert den Nationalstaat. Den Schnittpunkt der beiden Linien bildet Wilhelm I.

Intention und Wirkung Das Niederwald-Denkmal sollte für die Verbindung des neuen Nationalstaates mit der Dynastie der Hohenzollern werben und die innere Reichseinigung fördern. Denn in den 1880er-Jahren identifizierte man sich noch in erster Linie mit den Einzelstaaten.
Eine nachträgliche Demütigung des geschlagenen Kriegsgegners Frankreich war 1883 aber nicht mehr gewollt. So verzichteten die Schöpfer des Denkmals ganz bewusst auf eingeschmolzene französische Kanonenrohre für die Herstellung der Germania. Der Blick der Germania ist aber nach Westen, vermutlich Frankreich, gerichtet. In politischen Schriften und der Kunst des 19. Jahrhunderts wurde die Bedeutung des Rheins immer stärker mythisch aufgeladen.

Bewertung und Fazit Die Gestaltung des Denkmals schwankt zwischen einem Sieges- und einem Friedensdenkmal. Seine Absicht, im Reich einheitsstiftend zu wirken, hat das Denkmal damals nur zum Teil erreicht. Nicht zuletzt wegen der furchtbaren Folgen des Nationalismus, wie sie sich besonders in den Jahren 1933-1945 zeigten, und dem Streben, sich mit anderen Ländern in Europa und der Welt zu verständigen, wirkt die monumentale Darstellung der Germania heute befremdlich.

Blick zurück nach vorn

Gibt es einen „deutschen Sonderweg"?

Das national eingestellte Bürgertum des Deutschen Kaiserreiches war von der Überlegenheit seiner Kultur gegenüber den liberaleren Staaten des „Westens" fest überzeugt. Es verurteilte die „Ideen von 1789" und lehnte Verfassungen des „Erbfeindes" Frankreich ebenso ab wie die der Vereinigten Staaten von Amerika.

Noch während des „Dritten Reiches" und vor allem nach dem Zweiten Weltkrieg stellten erstmals emigrierte deutsche Historiker und Sozialwissenschaftler die Frage, wie der Nationalsozialismus möglich war. In dem Zusammenhang machten sie auf die besondere Entwicklung der deutschen Nation im Vergleich zu anderen Staaten aufmerksam. Daraus entwickelte sich eine Kontroverse, die ihren Höhepunkt in den 1980er-Jahren erreichte.

M1 „Sonderwege" oder „Normalwege"?

Horst Möller vom Institut für Zeitgeschichte gibt im November 1981 auf einer Tagung Folgendes zu bedenken:

Grundsätzlich ist festzustellen: Die Diskussion über den „deutschen Sonderweg" ist immer geprägt worden durch fundamentale Erschütterungen, seien es nun Revolutionen oder Kriege. Und diese Erschütterungen haben jeweils zu spezifischen Wertungen mit politischer Pointe geführt. Solche auslösenden Erschütterungen waren die Revolutionen von 1848/49, der Erste Weltkrieg, die Revolution von 1918/19, die NS-Machtergreifung 1933 und auch das Kriegsende 1945. Ein Blick auf die Sonderwegsvorstellungen nach diesen Daten lässt jedes Mal eine Veränderung in der Bewertung erkennen. [...] Die Rede vom deutschen Sonderweg impliziert zweierlei: Einmal impliziert sie die Annahme, dass es in der Geschichte Normalwege gibt, und zweitens impliziert sie – zumindest der Intention nach – einen Vergleich, denn sonst könnte man nicht sinnvoll vom Sonderweg sprechen.
Hört der Historiker den Begriff Sonderweg einer Nation, dann antwortet er normalerweise: In der Geschichte gibt es, streng genommen, nur Sonderwege. Insofern ist es nichts Besonderes, vom „deutschen Sonderweg" zu sprechen: Jeder europäische Staat – und natürlich auch die außereuropäischen Staaten – hat gewissermaßen einen Sonderweg in die Moderne beschritten. Gerade eine tiefere historische Betrachtung demonstriert schnell: Die Prämisse eines Normalwegs ist nicht verifizierbar und außerordentlich fragwürdig. Dies umso mehr, als sie meist eine Idealisierung des vermeintlichen Normalwegs impliziert.
So etwa die Annahme, England – der Staat, in dem die moderne parlamentarische Demokratie am frühesten verwirklicht worden ist – habe den historischen Normalweg beschritten. Nun stellen die Historiker immer wieder fest: Gerade die historische Entwicklung Englands kann – verglichen mit der anderer europäischer Staaten – als Sonderweg par excellence gelten. Auch erweist sich jede Idealisierung schnell als unbegründet, wenn man sich die englische „Demokratie" des 19. Jahrhunderts vorurteilsfreier ansieht: Bis zu den letzten Wahlrechtsreformen der Achtzigerjahre war England keineswegs eine moderne Demokratie.[1] Man kann sogar sagen, das Wahlrecht des Deutschen Kaiserreichs von 1871 war während des ersten Jahrzehnts moderner als das englische. [...]
Schließlich: Es muss bei einem komparatistischen[2] Vorgehen dieser Art begründet werden, warum England und Frankreich, und nicht auch andere Staaten – beispielsweise: Spanien, Italien oder auch osteuropäische Länder – die Vergleichskriterien liefern. Ausschließliche politische Orientierung des Vergleichs an der heutigen Demokratie mittel- und westeuropäischen Zuschnitts ist zwar politisch begründbar, aber geschichtswissenschaftlich fragwürdig. Mit diesem Plädoyer für den Vergleich und der Forderung nach kritischer Reflexion über die historische Kategorie eines deutschen Sonderwegs soll nicht die Berechtigung dieser Fragestellung bestritten werden, soll keineswegs einer unangemessenen Beruhigung gegenüber der Problematik der deutschen Geschichte des 20. Jahrhunderts das Wort geredet werden. Die Frage ist unabweisbar: Warum kam es unter den west- und mitteleuropäischen Staaten einzig in Deutschland zu einer Diktatur von solch singulärer Radikalität?

Horst Möller, in: Deutscher Sonderweg – Mythos oder Realität? Ein Colloquium im Institut für Zeitgeschichte, München 1982, S. 10-12 (gekürzt)

[1] Das Wahlrecht war in England bis 1884 an Haus- und Grundbesitz gebunden, erst danach durften auch Mieter und Untermieter wählen. Bis zur Einführung des allgemeinen Männerwahlrechts 1918 blieb über ein Drittel der erwachsenen Männer von Wahlen ausgeschlossen.

[2] **komparatistisch**: vergleichend

M2 „Sonderbedingungen“

In einem Essay aus dem Jahr 1998 schreibt der 2014 verstorbene Historiker Hans-Ulrich Wehler:

1933 – das bleibt eine national- und universalhistorisch legitimierbare und weiterhin erklärungsbedürftige Zäsur. [...] So sehr manche Vorstellung von deutschen „Eigentümlichkeiten“ inzwischen infrage gestellt worden ist, bleibt doch ein Geflecht von soziostrukturellen und vor allem politischen Sonderbedingungen bestehen, die freilich ihre dramatische Wirkung erst seit der zweiten Hälfte des 19. Jahrhunderts entfaltet haben.
Der deutsche Nationalstaat wurde vergleichsweise sehr spät durch drei riskante Einigungskriege geschaffen. Die Nationsbildung konnte, genau genommen, erst seit 1871 vorankommen und erzeugte einen aggressiven, expansionistischen Nationalismus. Mit der Niederlage der 48er-Revolution und dem Erfolg in den Integrationskriegen 1864 und 1871 verband sich eine immense Aufwertung des Militärs [...]. Das Bürgertum dagegen konnte seine Zielutopie von einer „Bürgerlichen Gesellschaft“ unter bürgerlicher Herrschaft nicht verwirklichen; es blieb vielmehr im Reich und in den Bundesstaaten von der Regierungsgewalt ausgeschlossen [...]. [...]
Letztlich entscheidend für den deutschen „Sonderweg“ wurde aber das politische Herrschaftssystem. Denn nur in Deutschland, als einzigem westlichen Land, setzte sich mit der Reichsgründung zwanzig Jahre lang eine charismatische[1] Herrschaft in der Gestalt des Bismarck-Regimes durch. Die Sonderstellung der Kanzlerpersönlichkeit hat nicht nur in der formativen Phase eines soeben erst geschaffenen Staates die Grundelemente der politischen Kultur geprägt und das kulturelle Gedächtnis besetzt. Vielmehr hat sie auch auf lange Sicht eine verhängnisvolle Anfälligkeit für überdimensionierte Führungsfiguren geschaffen [...].
All diese Phänomene waren mit wirtschaftlichen und wissenschaftlichen Spitzenleistungen durchaus vereinbar. Sie haben aber die politische Kollektivmentalität verformt und die Chancen liberaler und demokratischer Politik [...] rigoros reduziert, dagegen die plebiszitäre Akklamation[2] und Loyalität gegenüber dem „Führer“ strukturell ermöglicht. Die wenigen glücklichen Jahre der Weimarer Republik können das „Sonderweg-Argument“ nicht entkräften.

Hans-Ulrich Wehler, Umbruch und Kontinuität: Essays zum 20. Jahrhundert, München 2000, S. 84-89, hier S. 87-89

[1] **Charisma**: besondere Ausstrahlungskraft einer Person
[2] **plebiszitäre Akklamation**: Zustimmung durch Volksentscheid

M3 Deutschlands sonderbarer Weg

Heinrich August Winkler, bis 2007 Professor für Neuere Geschichte in Berlin, geht in einem Interview von 2010 auf das Thema ein und sagt:

Bemerkenswert an der deutschen Geschichte ist, dass Deutschland die Entwicklung des Westens über viele Jahrhunderte nicht nur mitgemacht, sondern entscheidend geprägt hat, von den vormodernen Formen der Gewaltenteilung im Mittelalter – der Trennung von geistlicher und weltlicher sowie von fürstlicher und ständischer Gewalt – über die Reformation bis hin zur Aufklärung. Dann aber verweigerte sich Deutschland den politischen Konsequenzen der Aufklärung, und das ist das Spezifische des deutschen Weges. Natürlich hat es auch in anderen Ländern Abweichungen von den verschiedenen Formen der westlichen Demokratie gegeben, wie sie sich in Großbritannien, in Frankreich und den USA herausgebildet haben. In Spanien, Portugal und Italien etwa gab es starke Kräfte, die sich gegen eine Annäherung an die politischen Ideen des Westens, die Ideen der Amerikanischen Revolution von 1776 und der Französischen Revolution, aussprachen. Diese Länder aber waren nur schwach industrialisiert und ganz überwiegend agrarisch und klerikal geprägt. Deutschland dagegen zählte von der Mitte des 19. Jahrhunderts an zu den führenden Industrienationen. Dennoch hat es sich der Forderung nach einer parlamentarischen Verfassung lange entgegengestellt und seinen Bürgern den entscheidenden Anteil an der Staatsmacht verweigert.

ZEITGeschichte: 1789-1871. Die Deutschen und die Nation, Nr. 3/2010, S. 22-28, hier S. 25 f.

1. *Geben Sie in eigenen Worten wieder, was unter dem „deutschen Sonderweg“ verstanden wird (M1 bis M3).* **(Wahrnehmungs- und Analysekompetenz)**
2. *Erläutern Sie Wehlers Position (M2). Welche „überdimensionierte[n] Führungsfiguren“ (Zeile 31) meint er?* **(Urteilskompetenz)**
3. *Vergleichen Sie die Aussagen der Historiker (M1 bis M3). Welche überzeugt Sie? Begründen Sie Ihr Urteil.* **(Orientierungskompetenz)**

Lesetipps:
- *David Blackbourn und Geoff Eley, Mythen deutscher Geschichtsschreibung. Die gescheiterte bürgerliche Revolution von 1848, Frankfurt am Main u. a. 1980*
- *Helga Grebing, Der „deutsche Sonderweg“ in Europa 1806-1945. Eine Kritik, Stuttgart u. a. 1986*

Industrialisierung – Wohlstand für wenige?

▲ **Das Werk Leverkusen (Bayer AG).**
Ölgemälde von Otto Bollhagen (183 x 580 cm), 1912-1921 (Ausschnitt).
Es wurde für das Konferenzzimmer des Direktors in Auftrag gegeben.
Das Gemälde entspricht der für diese Zeit typischen Panoramadarstellungen von Werkanlagen. Beschreiben Sie die charakteristischen Merkmale des Bildes und beurteilen Sie seine Wirkungsabsicht.

Orientierung Mitte des 18. Jahrhunderts begann in England eine radikale Veränderung der Gesellschaft und der wirtschaftlichen Strukturen, die wenig später auch in Deutschland einen tief greifenden Wandlungsprozess auslöste und die von Historikern als „Industrielle Revolution" bezeichnet wird. Technische Neuerungen revolutionierten die Produktion von Gütern oder Nahrungsmitteln, den Informationsaustausch, das Transportwesen, das tägliche Leben. Sie sorgten auch dafür, dass die Menschen in immer höherem Tempo und nach immer präziserem Takt arbeiteten, sich fortbewegten und miteinander kommunizierten.

Im Lauf der Industrialisierung wurden unterschiedliche Industriezweige zum Motor der Gesamtwirtschaft. Anfangs war dies die Textilindustrie, später folgten Schwerindustrie und Maschinenbau. In der Phase der „Zweiten Industriellen Revolution" seit 1880 wurden die Elektro- und die chemische Industrie zu den „Schrittmachern" für das wirtschaftliche Wachstum.

Mit der Industrialisierung veränderte sich die Gesellschaft grundlegend. Der überwiegende Teil der Bevölkerung war nun in der gewerblichen Produktion tätig. Die neu entstandene Arbeiterschicht und ihre elenden Lebensbedingungen stellten die Gesellschaft vor enorme Herausforderungen.

Die Dynamik der Wirtschaft, ihr Auf- oder Abschwung hängt seit der Industrialisierung nicht mehr vorrangig von den Erträgen der Landwirtschaft ab, sondern von der Produktion und dem Konsum von Industriegütern. Viele Zeitgenossen begriffen die technischen Errungenschaften und die Mehrung des Wohlstandes als „Fortschritt". Die durch die Industrialisierung verursachte Zerstörung der Umwelt wurde nur von wenigen kritisiert.

1834 Gründung des Deutschen Zollvereins

1835 Erste deutsche Eisenbahnlinie zwischen Nürnberg und Fürth

1847 Erste Telegrafenleitung zwischen Berlin und Potsdam

1848/49 Revolution in Deutschland

ab ca. 1850 „Durchbruchphase" der Industrialisierung in Deutschland; Gründung einer Vielzahl von Banken

1869 Wilhelm Liebknecht und August Bebel gründen die Sozialdemokratische Arbeiterpartei (SDAP)

18[illegible] Gründung des Deutschen Kaiserreiche[s]

1873-1[illegible] „Gründerkrise" und Zeit [der] „Großen Depressi[on]"

1830 1835 1840 1845 1850 1855 1860 1865 18[70]

◂ **Die industriellen Standorte in Deutschland um 1900.**

Das folgende Kapitel behandelt die Bedingungen der europäischen Moderne aus sozial-, wirtschafts- und umweltgeschichtlicher Perspektive, konzentriert auf das deutsche Beispiel. Sie erläutern Ausmaß und Auswirkungen der Urbanisierung, untersuchen Veränderungen in der Unternehmensstruktur und setzen sich mit den Arbeits- und Lebensbedingungen der Arbeiterschicht vor dem Ersten Weltkrieg auseinander; dazu überprüfen Sie die Aussagekraft von Statistiken. Sie analysieren Emanzipationsbestrebungen und ihre Erfolge und diskutieren die Angemessenheit des Fortschrittsbegriffes.

Im Zentrum des Kapitels stehen folgende Fragen:

- *Welchen Vorbedingungen unterlag die Industrialisierung in Deutschland und wie gestaltete sich ihr Verlauf?*
- *Welche Modernisierungsprozesse kennzeichnen die Industrialisierung in den Bereichen Bevölkerung, Technik, Arbeit, soziale Sicherheit, Kommunikation, Verkehr und Umwelt?*
- *Wie wirkte sich die „Große Depression" Ende des 19. Jahrhunderts auf die Arbeits- und Lebensbedingungen der Menschen aus?*

1875-1910
In Deutschland entstehen industrielle Ballungszentren

1876
Nikolaus August Otto entwickelt den ersten Verbrennungsmotor

ab 1880
Massenproduktion; Kartell- und Syndikatsbildung

1883-1889
Einführung staatlicher Sozialgesetze

ab 1890/95
Deutschland steigt durch den Aufschwung in den „modernen Industrien" (Elektrotechnik, Chemie und Maschinenbau) zu einer der größten Industrienationen auf

1894
Unter dem neu gegründeten Dachverband „Bund Deutscher Frauenvereine" entfaltet die Frauenbewegung größere Wirkung im Kaiserreich

ca. 1895-1913
Ein wachsendes Realeinkommen ermöglicht breiteren Schichten Freizeitaktivitäten und Massenkonsum

1913
Henry Ford setzt in den USA erstmals ein Fließband bei der Automobilfertigung ein

1914
Die Arbeitszeit sinkt durchschnittlich auf etwa neun Stunden pro Tag

1875 1880 1885 1890 1895 1900 1905 1910 1915

England – das Mutterland der Industrialisierung

▸ Bergmann.
Druckgrafik von Robert und Daniel Havell nach einer Vorlage von George Walker, 1813. Das Blatt zeigt einen Bergmann auf dem Heimweg von der Kohlengrube Middleton, die im Hintergrund zu sehen ist. Vor dem Einsatz von Dampflokomotiven ab dem Jahre 1812 wurde die Kohle in Waggons, die von Pferden gezogen wurden, in die Fabriken nach Leeds transportiert.

Industrialisierung (lat. *industria*: Fleiß, Betriebsamkeit): Technische Erfindungen, der Einsatz neuer Maschinen, die Ausweitung der Arbeitsteilung, die Errichtung von Fabriken, verbesserte Verkehrs- und Transportmittel sowie ein intensivierter Handel bewirkten zwischen Mitte des 18. Jahrhunderts und Anfang des 20. Jahrhunderts in vielen Regionen Europas eine umfassende und tief greifende Veränderung der Lebens- und Arbeitswelt. Im Verlauf dieser Entwicklung wurden aus Agrargesellschaften, in der die Mehrheit der Erwerbstätigen in der Landwirtschaft lebte, Industriegesellschaften, in der die Mehrheit der arbeitenden Bevölkerung in Fabriken tätig war. Der Prozess dieser Industrialisierung wurde begleitet von einem raschen Bevölkerungsanstieg und einer Verstädterung (Urbanisierung) sowie neuen politischen und sozialen Herausforderungen.

Die Bevölkerungsexplosion Die „Industrielle Revolution" begann in England. Warum gerade England zum Mutterland der **Industrialisierung** wurde, hatte verschiedene Gründe. Seit Mitte des 18. Jahrhunderts stieg die Bevölkerung in Europa stark an. In Großbritannien fiel das Wachstum noch deutlicher aus als auf dem Kontinent. Zwischen 1800 und 1850 nahm die Bevölkerung um 75 Prozent zu, im übrigen Europa nur um 40 Prozent. Das lag erstens an einer gestiegenen Geburtenrate. Da in Großbritannien ständische Heiratsbeschränkungen weggefallen waren, heirateten die Menschen früher und bekamen mehr Kinder. Zweitens stieg die Lebenserwartung. Dies war eine Folge des medizinischen Fortschritts, der im ausgehenden 19. Jahrhundert zum Rückgang von Pest, Pocken, Cholera oder Typhus führte. Und drittens verbesserte sich die Versorgung der Bevölkerung mit Nahrungsmitteln deutlich, da man bessere Anbaumethoden anwendete. Für die wirtschaftliche Entwicklung war das Wachstum der Bevölkerung in zweierlei Hinsicht von Bedeutung: Es gab ein großes Angebot an Arbeitskräften, die nicht mehr in der Landwirtschaft beschäftigt werden konnten, zugleich stieg die Nachfrage nach landwirtschaftlichen und gewerblichen Produkten.

Die Agrarverfassung Anders als in weiten Teilen Europas war es in England bereits im Verlauf des 16. und 17. Jahrhunderts zu einer Kommerzialisierung des Grundbesitzes gekommen. Grund und Boden wurden in erster Linie als Kapitalanlage und nicht als soziales Privileg betrachtet. Im Verlauf des 17. Jahrhunderts konzentrierte sich der Besitz an Land zunehmend in den Händen von wenigen Großgrundbesitzern, die überwiegend dem niederen Adel, der *Gentry*, angehörten. Die Großgrundbesitzer waren daran interessiert, unter Einsatz ihres Kapitals möglichst viel Profit aus ihren Ländereien zu ziehen. Sie nutzten die Böden intensiver aus, verbesserten die Viehhaltung und bauten neue Produkte an. Durch die damit verbundene Steigerung der Produktion konnte die stark wachsende Bevölkerung ernährt werden. Die Fortschritte in der Landwirtschaft waren eine grundlegende Voraussetzung für die Industrialisierung.

Die Idee des Wirtschaftsliberalismus Die Industrialisierung in Europa wurde maßgeblich durch die Theorie des Wirtschaftsliberalismus vorbereitet und verbreitet. Für sie lieferte der schottische Ökonom und Moralphilosoph *Adam Smith* (1723-1790) in seinem Buch „Der Wohlstand der Nationen" (1776) die Grundlage. Als Quelle allen Wohlstandes fasste er die Arbeit und die Arbeitsteilung auf. Das Gewinnstreben des Einzelnen sei die Antriebskraft der Wirtschaft. Die Gesetze des Marktes, der freie Wettbewerb und das Wechselspiel von Angebot und Nachfrage würden das Gemeinwohl fördern, da nur solche Güter und Dienstleistungen bestehen blieben, für die auch eine Absatzmöglichkeit vorhanden sei. Der Staat dürfe die wirtschaftlichen Prozesse nicht nach eigenen Interessen steuern, wie das im **Merkantilismus** geschah. Vielmehr müsse er sich darauf beschränken, günstige Rahmenbedingungen für die Wirtschaft zu schaffen.*

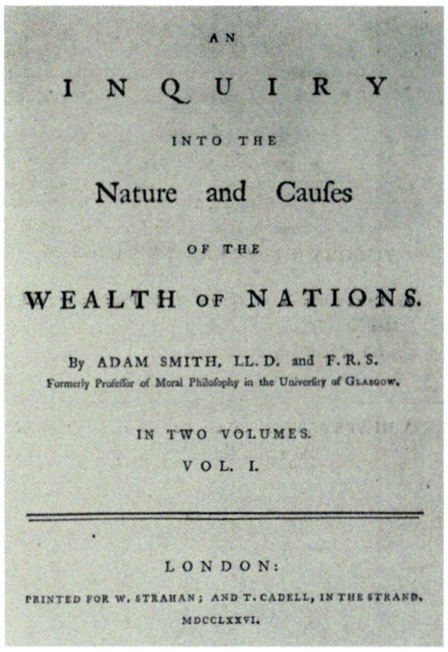

▲ **„An Inquiry into the Nature and Causes of the Wealth of Nations."**
Titelblatt der Erstausgabe, London 1776.

Merkantilismus: von den Fürsten gelenkte Wirtschaftsform zur Zeit des Absolutismus. Sie sollte die einheimischen Gewerbe stärken und die Steuereinnahmen erhöhen.

Das gesellschaftlich-politische System Die englische Regierungsform der parlamentarischen Monarchie förderte die Entwicklung und ließ der Wirtschaft weit größere Spielräume als die absolutistisch regierenden Fürsten im übrigen Europa. Durch den Erwerb von Kolonien sicherte man sich neue Absatzmärkte und billige Rohstoffe.

Positiv für die wirtschaftliche Entwicklung wirkte sich zudem aus, dass die gesellschaftlichen Schranken zwischen Adel und Bürgertum in England weniger starr waren als auf dem Festland. Im englischen Hochadel (den *Peers*) erbte nur jeweils der älteste Sohn den Titel und den größten Teil des Besitzes. Die jüngeren Söhne nahmen daher weit stärker als im übrigen Europa am bürgerlichen Wirtschaftsleben teil und gingen Beschäftigungen in Handel und Gewerbe nach. Sie investierten, wie die Bürgerlichen, ihr Vermögen in den Bergbau, in den Überseehandel und in die sich entwickelnde Industrie. So legten sie ihr Geld nicht nur in Grundbesitz an, wie es der übrige europäische Adel gemäß seinem Stand für angemessen hielt.

Im Gegensatz zu den Ländern auf dem europäischen Festland, in denen vor allem die Aristokratie und die Spitzen der Mittelschicht Träger des Konsums waren, entwickelte sich in England eine Massenkaufkraft mit einer höheren Nachfrage nach Gütern, die über den unmittelbaren Lebensbedarf hinausgingen. Seit 1694 besaß England eine Zentralbank, die *Bank of England*, die für ein gut funktionierendes Finanzwesen sorgte.

Naturräumliche Gegebenheiten und Rohstoffe Die Insellage Großbritanniens bot für den Seehandel beste Voraussetzungen, da das Land über eine Vielzahl von Häfen verfügte. Große Rohstoffmengen aus den britischen Kolonien konnten so mit Schiffen billig transportiert werden. Ebenso günstig war der Export von britischen Waren zu den internationalen Absatzmärkten.

Daneben gab es eine im Vergleich zum übrigen Europa gut ausgebaute Infrastruktur im Binnenland mit zahlreichen Kanälen und Straßen. Das Land verfügte zudem über große und relativ leicht abzubauende Vorkommen an Kohle und Eisenerz, auf deren Grundlage Eisen und Stahl hergestellt werden konnten.

Zusammenwirken der Faktoren Zusammen bewirkten diese Faktoren, dass die Industrialisierung in Großbritannien zu Beginn des 19. Jahrhunderts rasch voranschritt. Das durch Landwirtschaft und Handel erwirtschaftete Kapital wurde in neue Erfindungen und Industrien investiert. Dafür standen sowohl die nötigen Rohstoffe als auch die

Lesetipp:
Rainer Liedtke, Die Industrielle Revolution, Köln 2012

* Lesen Sie dazu auch das OnLine-Kapitel „Wirtschaftstheoretische Überlegungen von Adam Smith und Karl Marx"; siehe Code **4673-00**.

◂ **„Waterframe"-Spinnmaschine im LVR-Industriemuseum Cromford in Ratingen.** *Foto von 2011.*
Es handelt sich dabei um eine rekonstruierte Spinnmaschine, die mittels Industriespionage nach dem Original von Richard Arkwright in Cromford/England für die Ratinger Textilfabrik Cromford kopiert wurde. 1783 von Johann Gottfried Brügelmann gegründet, war die Ratinger Textilfabrik die erste auf europäischem Festland.

Arbeitskräfte zur Verfügung. Durch die Bevölkerungsexplosion und den Export von Gütern konnte der Absatz der produzierten Waren gesteigert werden, was den Ertrag des investierten Kapitals mehrte und wiederum zu neuen Investitionen anregte. Ein kontinuierliches Wirtschaftswachstum war die Folge.

Eine technische Revolution Der Prozess der Industrialisierung war nur durch eine Reihe von technischen Erfindungen möglich, die man durch Prämien gefördert hatte (▸ M1).

- Die Entwicklung der Spinnmaschinen von *James Hargreaves* („Spinning Jenny") und *Richard Arkwright* („Waterframe") sowie des mechanischen Webstuhls von *Edmond Cartwright* zwischen 1761 und 1885 ersetzte die Arbeit der menschlichen Hand und ermöglichte die Durchsetzung einer neuen mechanisierten Massenproduktion. Die Textilindustrie entstand und wurde zur **Schrittmacherindustrie** des neuen Zeitalters.
- Die zwischen 1765 und 1782 von **James Watt** immer weiter entwickelte Dampfmaschine stellte eine Energie zur Verfügung, die im Gegensatz zu Wind- und Wasserkraft ständig und überall zur Verfügung stand und welche die Kraft von Mensch und Tier bei Weitem übertraf.
- Mechanisierung und Dampfkraft führten dazu, dass aus den traditionellen **Manufakturen** Fabriken wurden, die ihre Vorläufer an Größe und Produktivität in den Schatten stellten.
- Neue Technologien ermöglichten die Herstellung von Koks und Stahl. Die Stahlindustrie löste die Textilindustrie als Leitindustrie ab.
- Die Dampfeisenbahn, die in England erstmals 1830 mit Gewinn fuhr, beschleunigte den Aufschwung der Schwerindustrie: Zum einen brachte sie eine große Nachfrage nach Kohle und Stahl für den Bau und Betrieb der Bahnen, zum anderen wurde der Transport von Industriegütern billiger. Die Eisenbahn revolutionierte Verkehrswesen und Kommunikation und wurde zum Symbol des neuen industriellen Zeitalters.

Die Entstehung des Fabrikwesens Der Einsatz von Maschinen in den Fabriken löste die Fertigung im häuslichen Umfeld ab und veränderte das Leben grundlegend (▸ M2, M3). Massengüter wurden arbeitsteilig und – im Gegensatz zur Manufaktur – mithilfe von Maschinen hergestellt. Der Produktionsablauf wurde in einzelne Arbeitsschritte zerlegt. Die Tätigkeit der Industriearbeiter reduzierte sich auf einfache, monotone Handgriffe, die auch von ungelernten Arbeitskräften ausgeführt werden konnten. Um die vorgegebenen Zeit- und Ablaufpläne einzuhalten, waren die Arbeiterinnen und Arbeiter gezwungen, ihren Arbeitsrhythmus den Maschinen anzupassen. Um einen ungestörten Produktionsablauf zu gewährleisten, versuchten die Unternehmer, ihre Arbeiter durch oft rigide Fabrikordnungen an die neue Arbeitsdisziplin zu gewöhnen.

Schrittmacherindustrie: Leitsektor, der das Wirtschaftsleben eines Landes vorantreibt

James Watt (1736 - 1819): ab 1757 Mechaniker an der Universität Glasgow, seit den 1760er-Jahren mit der Verbesserung der Dampfmaschine beschäftigt, Durchbruch in den 1780er-Jahren mit der Verlagerung des Kondensationsprozesses aus dem Zylinder in einen gekühlten Kondensator. Watts Dampfmaschine wurde 1785 erstmals in einer Baumwollfabrik eingesetzt.

Manufaktur (von lat. *manu factum*: von Hand gemacht): Betriebsform des 16. bis 18. Jahrhunderts, in der bereits Arbeitsteilung und Massenfertigung üblich sind, ohne dass jedoch Maschinen zum Einsatz kommen

▲ Modell der Watt'schen Dampfmaschine mit Pumpe.

Die Industrialisierung breitet sich aus Auf dem Kontinent setzte die Industrialisierung – zunächst in Belgien, dann auch in Frankreich, der Schweiz und den Staaten des Deutschen Bundes – zwar deutlich später ein, jedoch holten diese Länder den Rückstand gegenüber England immer schneller auf.

Die zuvor landwirtschaftlich und handwerklich geprägten Staaten wandelten sich in einem Zeitraum von etwa einem Jahrhundert allmählich zu modernen Industrienationen. Folgende Merkmale kennzeichneten sie:

- Eine Vielzahl technischer Innovationen ermöglichte die mechanische Massenproduktion von Gütern und damit ein kontinuierliches Wirtschaftswachstum.
- Vergleicht man die **Sektoren** der Gesamtwirtschaft, nahm die Landwirtschaft (primärer Sektor) ab, während die gewerbliche Produktion (sekundärer Sektor) überproportional zulegte.
- Das Fabriksystem als eine Form arbeitsteiliger Produktion breitete sich aus. Dabei wurden Massengüter rationell und – im Gegensatz zur Manufaktur – mithilfe von Maschinen hergestellt. Der Produktionsprozess wird in einzelne Arbeitsschritte zerlegt. Die Beschäftigten mussten genaue Zeit- und Ablaufpläne einhalten.
- Bisherige Energieträger wie Holz, Wasserkraft oder Nutztiere wurden ergänzt oder ersetzt durch Steinkohle, ab dem Ende des 19. Jahrhunderts auch durch elektrischen Strom. Die Weiterentwicklung der Dampfmaschine machte die Produktion unabhängig von natürlichen Energiequellen wie z. B. Flussläufen und ermöglichte es, den Energieträger Kohle effizient einzusetzen. Mit der Dampfkraft konnten wiederum Kohlevorkommen unter Tage abgebaut werden, nachdem man das Grundwasser abgepumpt hatte.
- Das überregionale Verkehrsnetz wurde durch Kanäle, Straßen und Eisenbahntrassen ausgebaut. Mit modernen Transportmitteln wie zum Beispiel der Eisenbahn konnten Waren und Rohstoffe schneller und kostengünstiger transportiert werden. Die Eisenbahn entwickelte sich selbst zu einem Schrittmacher der Wirtschaft.
- Lohnarbeit wurde zur überwiegenden Erwerbsform.
- Weltwirtschaftliche Zusammenhänge wurden immer entscheidender, da andere Länder oder Kolonien für die Beschaffung von Rohstoffen und als Absatzmärkte wichtig waren. So nutzte Großbritannien ein weltweites Handelssystem: Es importierte hauptsächlich Rohstoffe aus Afrika und Amerika und lieferte verarbeitete Baumwollprodukte und günstige Massenwaren nach Europa und Übersee.
- Der Aufbau industrieller Unternehmen erforderte Kapitalmengen, die ein Einzelner auch mithilfe von Krediten nicht aufbringen konnte. Dies führte zur Gründung von Aktiengesellschaften*, Banken, Bau- und **Montanunternehmen**.

Alle diese Vorgänge bewirkten eine radikale Umwälzung der wirtschaftlichen, politischen und gesellschaftlichen Strukturen in den industrialisierten Ländern. Auch wenn sich dieser Wandel nicht plötzlich, sondern über Jahrzehnte und in den einzelnen Staaten zeitversetzt vollzog, wird er von Historikern als „Industrielle Revolution“ bezeichnet.

Sektoren: Wirtschaft und Arbeitsleben werden in drei Bereiche zusammengefasst. Der **primäre (erste) Sektor** liefert Nahrungsmittel (Land- und Forstwirtschaft, Fischerei etc.). Der **sekundäre (zweite) Sektor** umfasst die Verarbeitung von Rohstoffen in Industrie und Handwerk. Der **tertiäre (dritte) Sektor** schließt alle Dienstleistungen ein (z. B. Handel, Logistik und Transport, Banken, Versicherungen, Gastronomie, Schulbildung, Medizin, Kranken- und Altenpflege, Seelsorge, Polizei usw.).

Montanunternehmen: Sammelbegriff für den Kohlebergbau und die eisen- und stahlverarbeitenden Unternehmen

* **Aktiengesellschaft**: Siehe S. 91.

▲ **Walzwerk in Merthyr Tydfil.**
Aquarell von Thomas Hornor, um 1817.
In Walzwerken wurden aus schmiedefähigem Eisen u. a. Schienen hergestellt.
▪ *Analysieren Sie die Gestaltungsmittel und arbeiten Sie heraus, welcher Eindruck von der Anlage vermittelt wird.*

M1 Aufschwung und Technologie

Der Historiker Toni Pierenkemper erläutert, welche grundsätzlichen Neuerungen sich während der Industrialisierung durchgesetzt haben:

Dies erscheint als das historisch Einmalige des europäischen Industrialisierungsprozesses. Die betroffenen Nationen erzielten ein langfristiges und stetiges Wirtschaftswachstum. Immerhin erlebte Großbritannien seit den 1760er-Jahren, d. h. seit mehr als zweihundert Jahren, eine durchschnittliche jährliche Steigerung des Pro-Kopf-Sozialprodukts von 1,2 Prozent, und Deutschland und Frankreich folgten mit ähnlichen Raten, nämlich mit 1,7 Prozent seit den 1830er- (Frankreich) bzw. seit den 1850er-Jahren (Deutschland).

Nun hat es allerdings auch zu vorindustriellen Zeiten bemerkenswerte ökonomische Aufschwungphasen gegeben. Diese vollzogen sich jedoch immer in kleinräumig organisierten traditionellen Gesellschaften, in denen Ernteschwankungen, Krankheiten und Seuchen sowie Kriege und Eroberungen diesen gelegentlichen Aufschwüngen bald ein Ende setzten. Die traditionellen Gesellschaften stießen bei ihren Versuchen, zu einer langfristigen ökonomischen Expansion zu kommen, immer wieder an quasi natürliche Grenzen. Vielversprechenden Aufschwüngen folgten bald enttäuschende Abschwünge. Entscheidend für die Befangenheit in dem durch die Natur gesetzten Rahmen waren vor allem technische Gründe. Innovationen erfolgten nur vereinzelt und bauten nicht aufeinander auf. Der Mensch hatte die „Methode der Erfindung“ noch nicht erfunden. Dies gelang erst in der Industriellen Revolution. Hier erfolgte erstmals, und von nun an andauernd, die systematische Anwendung von Wissenschaft und Technologie auf die Produktion von Gütern und Dienstleistungen. Hinzu traten in den traditionellen Gesellschaften kulturelle Faktoren und soziale Werte, die einer beschleunigten ökonomischen Expansion entgegenstanden. Sie blieben in einem Teufelskreis der Armut befangen, die eine Expansion der Produktion nur bei steigenden Inputs und sinkenden Erträgen ermöglichte. Realisierte Zuwächse wurden bald wieder durch eine wachsende Bevölkerung aufgezehrt. Diese latente Armut der vorindustriellen Welt konnte erst durch die Industrialisierung überwunden werden.

Toni Pierenkemper, Umstrittene Revolutionen. Industrialisierung im 19. Jahrhundert, Frankfurt am Main 1996, S. 26 f. (ohne Anmerkungen)

1. *Erklären Sie, was mit der „Methode der Erfindung“ gemeint ist.*
2. *Überprüfen Sie, welche „kulturelle[n] Faktoren und soziale[n] Werte“ (Zeile 29 f.) zuvor eine ökonomische Expansion verhindert hatten.*
3. *Stellen Sie die grundlegenden Veränderungen während der Industrialisierung im Vergleich mit den traditionellen Gesellschaften dar.*

M2 Bericht aus Manchester

▲ **Baumwollspinnerei in Manchester.**
Skizze aus dem Reisetagebuch des preußischen Architekten und Malers Karl Friedrich Schinkel von 1826.

Ein preußischer „Fabrikenkommissar" spioniert 1814 die Industriebetriebe in England aus und berichtet aus Manchester:

Zu Hunderten sieht man fünf und sechs Stock hohe Fabrikgebäude hervorragen, zur Seite mit turmhohen Schornsteinen versehen, welche schwarzen Steinkohlendampf aushauchen und damit andeuten, dass hier mächtige Dampfmaschinen wirksam sind. Die Wolke, welche der Steinkohlendampf bildet, ist von fernher schon zu bemerken. Die Häuser sind davon schwarz gefärbt. Der Fluss, welcher Manchester bewässert, ist so mit ausgeflossenen Farbflotten angefüllt, dass er selbst einer Farbenbrühe ähnlich sieht. Das Ganze hat ein melancholisches Ansehen. [...]
Bei einiger Empfehlung fällt es nicht schwer, zu Manchester in den Fabriken Zutritt zu finden. Baumwollenspinnereien sieht man von aller Gattung und Art. Um Arbeitslohn zu ersparen, hat man die Anlagen der Mules[1] so weit getrieben, dass 600 Spinnspillen von einer erwachsenen Person und von zwei Kindern versehen werden. Zwei Mules, welche diese Anzahl Spillen enthalten, stehen sich gegenüber. Die Wagen werden durch die Kraft der Dampfmaschine wechselseitig ausgezogen; das Zurückschieben derselben besorgt die erwachsene Person, welche ihren Platz in der Mitte hat. Die Kinder sind zu beiden Seiten zum Anknüpfen der gerissenen Fäden in Bereitschaft. [...] Ein Kind verdient des Tages 1/2 bis 1 Schilling; ein erwachsenes Mädchen oder eine Frau 1 bis 2 Schillinge; ein Mann die Woche 1 bis 2 Pfund Sterling.
In den großen Spinnereien sind die verschiedenen Arten von Maschinen wie die Bataillone in einer Armee aufgestellt. Die Maschinenteile werden so viel wie möglich von Eisen, die Gestelle jetzt ganz aus Gusseisen verfertigt. Außer dass das Gusseisen in mehreren Gegenden wohlfeiler als Nutzholz ist, wird durch die Anwendung desselben an Raum sowie an Versicherungskosten gespart.

Zitiert nach: Gerhard Henke-Bockschatz, Industrialisierung, Schwalbach/Ts 2003, S. 48

1. *Nennen Sie die technischen, ökologischen und sozialen Informationen des Berichtes.*
2. *Beurteilen Sie, welche Informationen für die preußische Regierung von besonderem Interesse waren.*

[1] **Mule**: Spinnmaschine

M3 Über Wohn- und Lebensverhältnisse

Friedrich Engels (siehe S. 108) arbeitet in den 1840er-Jahren in der Baumwollspinnerei seines Vaters in Manchester. Über die Wohn- und Lebensverhältnisse der Arbeiter veröffentlichte er 1845 einen Bericht.

Das ist die Altstadt von Manchester – und wenn ich meine Schilderungen noch einmal durchlese, so muss ich bekennen, dass sie, statt übertrieben zu sein, noch lange nicht grell genug sind, um den Schmutz, die Verkommenheit und Unwohnlichkeit, die allen Rücksichten auf Reinlichkeit, Ventilation und Gesundheit hohnsprechende Bauart dieses mindestens zwanzig- bis dreißigtausend Einwohner fassenden Bezirks anschaulich zu machen. Und ein solches Viertel existiert im Zentrum der zweiten Stadt Englands, der ersten Fabrikstadt der Welt! Wenn man sehen will, wie wenig Raum der Mensch zum Bewegen, wie wenig Luft – und welche Luft! – er zum Atmen im Notfall zu haben braucht, mit wie wenig Zivilisation er existieren kann, dann hat man nur hierher zu kommen. Es ist freilich die Altstadt – und darauf berufen sich die Leute hier, wenn man ihnen von dem scheußlichen Zustande dieser Hölle auf Erden spricht –, aber was will das sagen? Alles, was unsren Abscheu und unsre Indignation[2] hier am heftigsten erregt, ist neueren Ursprungs, gehört der industriellen Epoche an.

Zitiert nach: Gerhard Henke-Bockschatz, Industrialisierung, a. a. O., S. 52

1. *Bewerten Sie Engels Aussagen über die Wohn- und Lebensverhältnisse. Wie begründet er seine Aussagen?*
2. *Informieren Sie sich über den sozialen Wohnungsbau in Ihrem Wohnort.*

[2] **Indignation**: Abscheu, Entrüstung

Vom Aufbruch zum Durchbruch der deutschen Industrie

▲ **Friedrich List.**
Pastell nach einer Lithografie von Josef Kriehuber, um 1845.

Friedrich List (1789 - 1846, Selbstmord): geboren in Reutlingen, Wirtschaftswissenschaftler, Politiker und Journalist. Er wurde 1822 in Württemberg wegen Aufhetzung gegen die Staatseinrichtungen zu Festungshaft verurteilt. 1825 kam er frei und ging in die USA. Fünf Jahre später kehrte er zurück und begann, sich für die Einheit Deutschlands einzusetzen.

Lesetipps:
- *Flurin Condrau, Die Industrialisierung in Deutschland, Darmstadt 2012*
- *Friedrich Wilhelm Henning, Die Industrialisierung in Deutschland 1800 bis 1914, Paderborn [9]1997*

Erfolgreicher Nachzügler ■ In Deutschland kam die Industrialisierung in der ersten Hälfte des 19. Jahrhunderts wegen der Zollgrenzen zwischen den Einzelstaaten des *Deutschen Bundes* (gegründet im Jahr 1815) nur zögerlich in Gang. Einer der Vorkämpfer für die Idee, Deutschland zu einem einheitlichen Wirtschaftsgebiet zu machen, war der Volkswirtschaftler **Friedrich List**. Im Jahr 1834 schlossen sich schließlich fast alle großen deutschen Staaten zum *Deutschen Zollverein* zusammen (▸ M1). Ausgenommen blieb allerdings Österreich, das auf Drängen Preußens dem Zollverein nicht beitreten durfte.

Nach dessen Gründung entstand ein weitgehend einheitlicher Markt, der den Absatz von Gütern aus der gewerblichen Massenproduktion erleichterte. Da nun das Risiko für Kapitalanlagen in Fabriken, die auf eine große Nachfrage nach ihren Gütern angewiesen waren, deutlich sank, wurde umso stärker investiert. Die Wirtschaft der deutschen Staaten befand sich daher von 1815 bis 1835 in einer Aufwärtsentwicklung. Vor allem in der Landwirtschaft stieg durch neue effizientere Anbaumethoden, die Verwendung ertragreicher Pflanzen und die Verbesserung der Tierzucht die Produktion stark an, in den Jahren 1815 bis 1845 um 50 Prozent. Dadurch konnten nicht nur die stetig zunehmende Zahl von Bewohnern im eigenen Land versorgt, sondern auch Agrarprodukte exportiert werden. Trotz der Produktionssteigerungen hatte die gewerbliche Industrie im Vergleich zu England aber noch einen deutlichen Rückstand. Das Überangebot an Arbeitskräften führte zusätzlich zur Senkung der Löhne.

Die Eisenbahn als „Schrittmacher" ■ In der Folge wurden die Schwerindustrie und der Maschinenbau zu entscheidenden Trägern der Industrialisierung. Insbesondere der Eisenbahnbau erwies sich als Motor der Entwicklung (▸ M2). Die Eisenbahnen wurden in Kürze zu schnellen und günstigen Transportmitteln, was alle Wirtschaftsbereiche und den Handel begünstigte. Die erste deutsche Eisenbahnlinie wurde 1835 zwischen Nürnberg und Fürth in Betrieb genommen.

In den folgenden Jahren wurde das Schienennetz in den deutschen Staaten rasch ausgebaut. Gab es um 1840 erst 579 Streckenkilometer, so waren 1850 bereits 7123 Kilometer Schienen verlegt worden.

Zur Gewinnung von Eisen und Stahl wurden moderne Fabriken gegründet. Diese entstanden meist in Gegenden mit Kohlebergbau, wie dem Ruhrgebiet, dem Saargebiet und Sachsen. Etwa 1850 begann die „Durchbruchphase" der deutschen Industrialisierung. Der Aufschwung hielt bis in die Siebzigerjahre an. Um 1870 war Deutschland zwar noch immer ein Land, in dem der größte Teil der Bevölkerung in der Landwirtschaft tätig war und das einen hohen Anteil seiner Wirtschaftsleistung in diesem Sektor schuf. Der Prozess der Industrialisierung beschleunigte sich aber zunehmend. Der Anteil der Menschen, die in der gewerblichen Produktion und im Dienstleistungsbereich arbeiteten, stieg ebenso stark an wie die Zahl der Fabriken. Diese Entwicklung verlief nicht gleichmäßig in allen Teilen Deutschlands, sondern fand vorwiegend in den industriell führenden Regionen statt.

Deutschland wird Industriestaat ■ Nach dem Krieg gegen Frankreich von 1870/71 und der Gründung des Deutschen Reiches verstärkte sich das Wachstum der deutschen Wirtschaft und Industrie sprunghaft. Deutschland wurde nun endgültig zu einem Industriestaat. Die Reichsgründung führte zur Entstehung eines nationalen Wirtschaftsraums, der mit einer weitgehend einheitlichen Wirtschaftspolitik geführt wurde. Durch die von Frankreich zu zahlende Kriegsentschädigung in Höhe von fünf Milliarden Goldfrancs wurde der Kapitalmarkt beträchtlich erweitert.

Sowohl die Regierung wie auch Privatleute waren bereit, erhebliche Summen in die Wirtschaft zu investieren. Insbesondere die Schwerindustrie, der Maschinenbau, die Eisenbahnen und die Bauwirtschaft profitierten davon. So wuchs allein die Roheisenproduktion in den Jahren zwischen 1870 und 1873 um 61 Prozent.

Zusätzliche Impulse erhielt die Wirtschaft durch eine Gesetzesänderung, die es erleichterte, **Aktiengesellschaften** zu gründen. Dies führte innerhalb kürzester Zeit zur Gründung einer Vielzahl von Banken (z. B. Darmstädter Bank für Handel und Industrie, 1853; Deutsche Bank, 1870), Eisenbahngesellschaften, Bau- und Montanunternehmen.

Aktiengesellschaft: Da für den Bau von Fabriken, Eisenbahnen oder Zechen enorme Kapitalmengen nötig waren, organisierten sich die meisten Unternehmen in Form von Aktiengesellschaften, bei denen sich Aktionäre über den Ankauf von Anteilen am Gründungskapital – den Aktien – am Gewinn und Verlust des Unternehmens beteiligten. Auch ausländische Kapitalgeber konnten auf diese Weise Eigentum an deutschen Firmen erwerben. Die ursprünglichen Gründerfamilien behielten zwar in der Regel einen großen Teil des Kapitals, Geschäftsführer übernahmen jedoch nun die Leitungsfunktionen, und die Gesellschaftsmitglieder konnten über ihr Stimmrecht Einfluss ausüben. In der Zeit von 1871 bis 1873 wurden im Deutschen Reich 928 neue Aktiengesellschaften gegründet, wesentlich mehr als in den zwanzig Jahren zwischen 1850 und 1870. 1907 waren vier Fünftel der 100 größten deutschen Industrieunternehmen Aktiengesellschaften. Rund zwei Drittel des gesamten Kapitals befanden sich in ihren Händen.

Vom Gründer-Boom zur „Gründerkrise" Das rasante Wachstum erlebte 1873 einen jähen Einbruch, der durch eine Börsenkrise ausgelöst wurde („*Gründerkrise*"). Der Optimismus der Unternehmer und Aktionäre hatte dazu geführt, dass die Produktionsmittel erweitert wurden und die Aktienkurse wegen der großen Nachfrage stark stiegen. Als sich die Spekulationen als überzogen herausstellten, kam es weltweit zu erheblichen wirtschaftlichen Problemen und zu Konkursen von Unternehmen. In Deutschland wurden bis 1876 vier Eisenbahngesellschaften, 61 Banken und mehr als 100 Industrieunternehmen zahlungsunfähig. Dem Kurssturz an den Börsen folgte eine längere Phase der wirtschaftlichen Entwicklung, die geprägt war von einem deutlich abgeschwächten Wachstum, sinkenden Preisen und Unternehmergewinnen, Produktionsrückgängen und zunehmender Arbeitslosigkeit. Historiker sprechen daher von den Jahren 1873 bis 1895 als Zeit der *Großen Depression*.

Die Krise bewirkte ein Umdenken. Der Staat sollte eine aktivere Rolle in der Wirtschafts- und Finanzpolitik spielen. Die Eisenbahnen wurden verstaatlicht, Marktpreise und Verkehrstarife wurden von staatlicher Seite reguliert. Das Bankgesetz von 1875, nach dem sich die Privatnotenbanken der neu gegründeten Reichsbank als zentraler Notenbank unterzuordnen hatten, sorgte für eine Konzentration und Vereinheitlichung des deutschen Bankenwesens. Vor allem die Industrie und die Landwirtschaft forderten einen verstärkten Schutz gegen die ausländische Konkurrenz. Zu diesem Zweck wurden seit 1879 neue Schutzzölle erhoben. Damit war die liberale *Freihandelspolitik* in der Frühphase der Industrialisierung in Deutschland beendet.*

Insgesamt verlief die wirtschaftliche Schwächephase in Deutschland nach der „Gründerkrise" aber günstiger als in anderen Ländern. Obwohl die Preise, Umsätze, Aktienkurse und Gewinne sanken und die Arbeitslosigkeit zunahm, schritt der Industrialisierungsprozess auch in der Phase von 1873 bis 1895 deutlich voran. Dies zeigt sich sogar in den von der „Gründerkrise" besonders betroffenen Gewerbezweigen: der Schwerindustrie, dem Maschinenbau und dem Baugewerbe. Dort kam es bei sinkender Nachfrage zu Massenentlassungen. Gleichzeitig nutzten aber viele Unternehmer in der Schwerindustrie die Krise, um ihre Betriebe zu rationalisieren und die Produktionsabläufe mithilfe neuer Techniken effizienter zu gestalten.

Als in den 1880er-Jahren die Konjunktur wieder anzog, war die Entwicklung der Industrie durch ein enormes Wachstum und eine gleichzeitige Konzentration der Betriebe gekennzeichnet, in denen die Umstellung auf *Massenproduktion* eine immer größere Rolle spielte (▸ M3).

Verstärkt wurde der Konzentrationsprozess hin zu einigen wenigen Großkonzernen durch *Kartelle* und *Syndikate*. In einem Kartell schlossen sich unabhängige Unternehmen einer bestimmten Branche zwecks interner Preis- und Mengenabsprachen

* Zur Freihandels- und Schutzzollpolitik siehe auch S. 116 f.

zusammen, was der Wettbewerbsbeschränkung oder gar der Monopolbildung, das heißt der völligen Beherrschung des Marktes, dienen sollte. In einem Syndikat erfolgte zusätzlich der Vertrieb über ein gemeinsames Büro. Das 1893 gegründete *Rheinisch-Westfälische Kohlesyndikat* kontrollierte auf diese Weise mehr als 80 Prozent der Fördermenge in Deutschland. Der gemeinsame Vertrieb stellte zusätzlich die absolute Preiskontrolle sicher.

▲ **Titelseite einer Preisliste von 1886.**

▶ **Elektrische Tischbeleuchtung, um 1895.**
Die elektrische Glühbirne hatte gleich mehrere Erfinder, jedoch setzte sich allein die Entwicklung des Amerikaners Thomas A. Edison durch, die ab 1880 industriell gefertigt wurde.

Erfindungen und technischer Fortschritt Am Ende des 19. Jahrhunderts begann in Deutschland eine neue Phase der Industrialisierung. In der sogenannten *Zweiten Industriellen Revolution* traten neue Wachstumsbranchen als „Schrittmacherindustrien" hervor. Der Erfolg dieser neuen Industrien beruhte jetzt nicht mehr auf der Übernahme entsprechender Technologien aus dem Ausland, sondern auf deutschen Erfindungen und Verfahrensweisen.

Die Anfänge der *chemischen Industrie* liegen in der ersten Hälfte des 19. Jahrhunderts, wo sie vor allem als Zulieferer der Textilindustrie an Bedeutung gewann. Die massenhafte Erzeugung von Textilien erhöhte den Bedarf an Farbstoffen. Die Entwicklung der Chemie zu einer eigenen Wissenschaft im Verlauf des 19. Jahrhunderts schuf die Voraussetzung für die Herstellung von Farben, die kräftiger und haltbarer waren als die bisher verwendeten Naturfarben. Seit den Achtzigerjahren wurden synthetische Farben (Anilinfarben) produziert, deren Ausgangsstoffe aus Steinkohlenteer, einem Nebenprodukt der Kokserzeugung, gewonnen wurden.

Der deutsche Forscher *Justus von Liebig* entdeckte in der Mitte des 19. Jahrhunderts, dass Pflanzen dem Boden Nährstoffe entziehen. Deren künstliche Herstellung – aus Kalium und Phosphaten, später ergänzt durch Stickstoff und Ammoniak – konnte den Boden wieder anreichern und ermöglichte ein schnelleres Wachstum der Pflanzen. Die Verwendung dieses *Kunstdüngers* ließ die landwirtschaftlichen Erträge um ein Vielfaches steigen.

Am Ende des 19. Jahrhunderts produzierte die chemische Industrie Grundchemikalien, Zwischen- und Fertigprodukte für die Landwirtschaft, die Textil-, Automobil- und Pharmaindustrie sowie für das Bau-, Glas-, Papier-, Leder-, Metall- und Seifengewerbe. 1913 besaßen die deutschen Chemiekonzerne zusammen einen Anteil von 80 Prozent an der Weltproduktion.

Auch im Bereich der *Elektroindustrie* wurden viele technische Neuerungen in Deutschland selbst entwickelt. Durch die Erfindung der *Dynamomaschine*, bei deren Entwicklung *Werner von Siemens*, einer der Begründer der deutschen Elektroindustrie, eine führende Rolle spielte, war es möglich, mechanische Energie in elektrische Energie umzuwandeln. Der US-Amerikaner *Thomas A. Edison* kombinierte die von ihm entwickelte Glühlampe mit dem Dynamo. Bald darauf erhielten die ersten Städte in Europa elektrische Straßenbeleuchtungen. Auch wenn die meisten Privatwohnungen erst zu Beginn des 20. Jahrhunderts an das Stromnetz angeschlossen wurden, wies die Elektroindustrie bereits im ausgehenden 19. Jahrhundert beachtliche Wachstumsraten auf. Um 1900 hatte Deutschland bei der Entwicklung und Produktion von elektrischen Geräten und Maschinen eine führende Position in der Welt erreicht.

▶ **1863 von Philipp Reis konstruierter Fernsprecher mit Signalgeber und Empfänger.**
Foto, um 2000.
Auch das Telefon hatte mehrere Erfinder. Einer von ihnen war der deutsche Physiklehrer Philipp Reis. Er konstruierte aus einer künstlichen „Ohrmuschel" aus Holz und einer von Strom durchflossenen Spule einen „Apparat zur Reproduktion von Tönen aller Art", den Reis „Telephon" nannte. Um seine Erfindung zu verbessern und bekannt zu machen, fehlte ihm jedoch das Geld. Er starb wenige Jahre, bevor Graham Bell die Erfindung zum Erfolg führte.

Das Unternehmen von Siemens wurde auch auf dem Gebiet der Nachrichtentechnik zum Marktführer. Mit der revolutionären Erfindung des elektrischen *Telegrafen* durch den US-Amerikaner *Samuel Morse* konnten Nachrichten wesentlich schneller als bisher verbreitet werden. In Deutschland wurde die erste Telegrafenleitung 1847 zwischen Berlin und Potsdam errichtet. 1872 gab es in Deutschland 4 038 Telegrafenstationen, bis zum Jahre 1913 erhöhte sich diese Zahl auf 47 485. Als man um 1880 erste brauchbare *Telefone* entwickelte, konnte die neue Kommunikationstechnik auch im Privathaushalt genutzt werden. 1913 waren bereits über 40 000 Orte an das Telefonnetz angeschlossen.

In die Achtzigerjahre des 19. Jahrhunderts fällt auch eine technische Entwicklung, die das Leben der Menschen im 20. Jahrhundert prägen sollte: die Erfindung des *Automobils*. *Nikolaus August Otto* hatte bereits 1876 einen Verbrennungsmotor entwickelt, der sich wegen seines niedrigen Energieverbrauchs für den Betrieb von Fahrzeugen eignete. 1886 konstruierten *Gottlieb Daimler* und *Wilhelm Maybach* in Stuttgart das erste von einem Benzinmotor betriebene Automobil, den sogenannten Motorwagen. Zur gleichen Zeit arbeitete in Mannheim *Carl Benz* ebenfalls an der Entwicklung eines Autos. Bis zu Beginn des 20. Jahrhunderts wurden die Autos aber noch weitgehend als Einzelanfertigungen in Handarbeit hergestellt. Die Produktionszahlen blieben daher niedrig und die Preise hoch. Erst nach der Jahrhundertwende begann die industrielle Massenproduktion.

Die Erfindung des Verbrennungsmotors wirkte sich auch auf den beginnenden *Luftverkehr* aus. *Ferdinand Graf von Zeppelin* konstruierte 1899 ein Luftschiff, das sich dank eines Gasgemischs und eines Motors fortbewegte. Zwischen 1900 und 1940 diente es sowohl der Personenbeförderung als auch militärischen Zwecken. 1903 unternahmen die Brüder *Wilbur und Orville Wright* die ersten Motorflüge an der amerikanischen Ostküste – zwei Jahre nachdem dem Amerikaner *Gustav Whitehead* der erste Motorflug gelungen war. Vor allem die militärische Nutzung führte zu einem Auftrieb für den Flugzeugbau: Wurden 1912/13 noch 1 000 Flugzeuge weltweit gebaut, produzierte allein das Deutsche Reich während des Ersten Weltkrieges 44 000 Flugzeuge.

▲ **Gottlieb Daimler mit seinem Sohn Adolf in einer einzylindrigen Motorkutsche.**
Foto von 1886.

▲ **Das deutsche Dampfschiff „Imperator" im Hamburger Hafen.**
Foto von 1914.
Im Konkurrenzkampf der Industrienationen um Anteile am Weltmarkt kam der Dampfschifffahrt große Bedeutung zu. Als das Passagierschiff „Imperator" 1912 vom Stapel lief, besaß der industrielle „Nachzügler" Deutschland das damals größte Schiff und nach Großbritannien die zweitgrößte Handelsflotte der Welt.

Welthandel und internationale Konkurrenz Die neuen Verkehrswege, Nachrichtentechniken und die intensivierten Handels- und Kapitalbeziehungen sorgten für bessere Absatzmöglichkeiten und ein enormes weltweites Wirtschaftswachstum (▸ M4). Begünstigt wurde dies durch den *Freihandel*, zu dem nach britischem Vorbild um die Mitte des 19. Jahrhunderts auch andere europäische Staaten übergingen und der nun einen von Zöllen und anderen staatlichen Eingriffen unbehinderten Warenaustausch ermöglichte. Gleichzeitig hatten die intensivierten weltwirtschaftlichen Verflechtungen einen steigenden Wettbewerb zur Folge und ließen die Industriestaaten immer mehr vom Weltmarkt und damit auch von konjunkturellen Krisen abhängig werden.

Die auf den Boom der Gründerjahre folgende Wirtschaftskrise von 1873 erschütterte das ungebrochene Vertrauen in die Selbstregulierung der Wirtschaft durch das „freie Spiel der Kräfte" und brachte ein Umdenken in der Wirtschaftspolitik. Der Ruf nach staatlichen „Schutzzöllen", die den deutschen Markt vor der ausländischen Konkurrenz abschirmen und für eine Stabilität der nationalen Wirtschaft sorgen sollten, wurde immer lauter.* Besonders die Landwirtschaft sah sich von den billigen amerikanischen und russischen Getreideimporten bedroht.

1879 ging das Deutsche Reich von der Freihandels- zur Schutzzollpolitik (*Protektionismus*) über und folgte damit dem Beispiel anderer Industrienationen wie Frankreich oder den USA. In Abkehr von der wirtschaftsliberalen Grundüberzeugung sah es der Staat zunehmend als seine Aufgabe an, Handel und Wirtschaft zu schützen und durch gezielte Maßnahmen wie die Festlegung von Marktpreisen und Verkehrstarifen regulierend in die wirtschaftliche Entwicklung einzugreifen. Zusätzlich unterstützte die Regierung die Industrie beim Aufbau von Handelsvertretungen im Ausland, versorgte Reedereien, Werften und die Rüstungsindustrie mit Aufträgen.

* Siehe dazu auch S. 116 f.

M1 Die Entwicklung des Deutschen Zollvereins seit 1834

Vergleichen Sie die Grenzen des Deutschen Zollvereins mit den Grenzen des Deutschen Bundes und des Deutschen Reiches von 1871 (siehe S. 16 und 61).

M2 Die neuen Transportmittel

Friedrich List, der mit der Gründung der Leipzig-Dresdener-Eisenbahngesellschaft im Jahre 1834 einen wichtigen Grundstein für den Eisenbahnbau gelegt hat, beschreibt im Jahre 1837 die Auswirkungen der Eisenbahn auf das Wirtschaftsleben:

Die neuen Transportmittel ersetzen die lebende Kraft durch die mechanische Kraft, die in ihrem Umfang beinahe unbegrenzt und in ihrer Anwendung zur unendlichen Verbesserung geeignet ist, um die den Menschen drückende Last der Arbeit zu verringern und ihn dadurch zum Gebieter und Gestalter der Natur zu machen. Diese Kraft steigert die Produktion und reduziert bei jenen den Konsum von Lebensmitteln, die ausschließlich mit dem Transport beschäftigt sind, weil sie diese nicht verbrauchen; infolgedessen ermöglicht sie die Ernährung und das Wohlergehen einer viel größeren Anzahl von Menschen. Sie fördert die Wissenschaft und die Technik, weil man sie für den Bau der Maschinen benötigt. Sie erfordert beträchtliche Mengen in Eisen und Steinkohle; deswegen fördert sie die beiden bedeutendsten Wirtschaftszweige, den Bergbau und die Industrie. [...]
Die neuen Transportmittel versetzen die Menschen in die Lage, besser mit der Natur zu kämpfen als dies mithilfe der alten möglich war. Damit vermag er den Winden und den Stürmen, der Strömung der Flüsse, den sintflutartigen Wolkenbrüchen, der Härte des Winters und der brennenden Hitze der heißen Zonen zu trotzen. [...]
Außerdem beflügeln sie durch den Transport von Personen, Briefen, Nachrichten, Büchern und Zeitungen den geistigen Austausch in einem solchen Maße, dass deren Bedeutung in dieser Hinsicht noch viel größer sein wird als im Hinblick auf den materiellen Handel.
Die neuen Transportmittel werden für den Abbau der Überbevölkerung der alten Länder und für die Gründung neuer Kolonien, für die Vermischung der Rassen, für die Verbreitung und die Fortschritte der Wissenschaften, für die Technik, die Zivilisation, die Toleranz, die allgemeine Ausbildung aller Klassen, für die Erhaltung der Vaterlandsliebe, für die Ausrottung von Vorurteilen und des Aberglaubens sowie von unsittlichen und schädlichen Verhaltensweisen und der Trägheit, für die Verbreitung neuer Erfindungen und nützlicher Verfahren, für die Kenntnis von Fremdsprachen und der Literatur, für die Existenz der Armen und der Gebrechlichen [...], für die Verbesserung der Gesetzgebung und der nationalen wie der örtlichen Verwaltung, für die politischen Institutionen und die Wohltaten der ganzen Spezies, für die Aufrechterhaltung von Ruhe und Ordnung usw. weitaus größere Dienste leisten als die alten Transportmittel.

Friedrich List, Die Welt bewegt sich [...], zitiert nach: Gerhard Henke-Bockschatz (Bearb.), Industrialisierung, Schwalbach/Ts. 2003, S. 75 f.

1. *Arbeiten Sie Vorteile und Wirkungen der Eisenbahn heraus. Ordnen Sie sie nach Bereichen.*
2. *Beurteilen Sie Lists Plädoyer in einer schriftlichen oder mündlichen Stellungnahme. Welche seiner Argumente entsprechen einem Wunschbild, welche der Wirklichkeit? Welche Bedeutung misst er der Wirtschaft bei?*
3. *Analysieren Sie, inwiefern List die Bedingungen industrieller Entwicklung nachzeichnet. Entwerfen Sie auf dieser Grundlage ein Schaubild und erläutern Sie es.*
4. *Diskutieren Sie, inwiefern das Internet die Eisenbahn des 21. Jahrhunderts darstellt.*

M3 Warum Konzentration?

Der Chemiker und Wirtschaftsführer Carl Duisberg wird 1912 Generaldirektor der Farbenfabriken Bayer und ist eine der maßgeblichen Persönlichkeiten der deutschen Chemie-Industrie. Bereits 1904 macht er sich für die Vereinigung der deutschen Großchemie stark:

Der Zweck einer jeden Kapitals- und Betriebsvereinigung mehrerer industrieller Unternehmungen zu einer großen Körperschaft unter gemeinsamer Leitung sollte immer die weitgehendste Verminderung der Kosten für Produktion, Verwaltung und Verkauf, unter Beseitigung eines ruinösen Konkurrenzkampfes, behufs Erzielung eines möglichst hohen Gewinnes sein, um damit nicht nur bei möglichst guter Bezahlung der Beamten und Arbeiter und entsprechender Fürsorge für sie und ihre Angehörigen nach allen Richtungen hin eine günstige Verzinsung der angelegten Kapitalien zu erzielen, sondern um vor allem durch die nur in einem großen Organismus mögliche Durchführung der weitgehendsten Arbeitsteilung, unter Wahrung der für jede Verbilligung von industriellen Leistungen notwendigen Zentralisation, eine im Interesse der heimischen Verhältnisse liegende Beeinflussung des Weltmarktes auf dem betreffenden Gebiet herbeizuführen. [...]

Es ist nahe liegend, dass ein Zusammenschluss vieler großer und kleiner Industriegesellschaften zu einer einzigen Betriebsvereinigung sich meist dann am leichtesten vollzieht, wenn die Geschäftslage in den in Betracht kommenden Industriezweigen ungünstig und der Nutzen auf ein Minimum gesunken ist. Ob es aber richtig und zweckmäßig ist, die Gründung derartiger Organisationen unter dem Zwang der Not vorzunehmen, wird bezweifelt. Unausbleiblich muss in diesem Falle die Folge der Vereinigung eine Erhöhung der Verkaufspreise sein. Aber gerade dieser Umstand hat solchen Körperschaften immer den Zorn des Publikums und der gesetzgebenden Machthaber zugezogen, so segensreich sich auch vielfach die Syndikatsbildungen (Kohlensyndikat) und Kartelle, trotz der Erhöhung der Preise, erwiesen haben. [...]

Meiner Ansicht nach sollten Industriezweige, die ihrer Natur und Art nach die Vorteile des Zusammenschlusses sich besonders zu eigen machen können, nicht in schlechten, sondern in guten Tagen zu großen Verbänden sich vereinigen, weil sie dann ohne Erhöhung der Verkaufspreise für ihre Erzeugnisse, ja, wenn möglich sogar unter Herabsetzung derselben, durch ihren Zusammenschluss die bisher erzielten guten Erträgnisse für viele Jahre im Voraus sichern können.

Lassen nun die Verhältnisse in der Farbenindustrie Deutschlands schon heute eine Vereinigung als dauernd vorteilhaft erscheinen? Ich glaube, diese Frage mit „Ja" beantworten zu müssen. Keine Industrie der Welt ist so umfassend in technischer und kaufmännischer Hinsicht, vereinigt wissenschaftliche, technische und kaufmännische Kräfte in einem solchen Maße wie die deutsche Farbenindustrie. Sie hat wissenschaftlich gut ausgebildete Chemiker, Ingenieure, Mediziner und Apotheker nötig, die in möglichst zweckmäßig eingerichteten Laboratorien und Werkstätten bemüht sein müssen, neue chemische Verbindungen mit neuen koloristischen[1], pharmakologischen oder technischen Eigenschaften ausfindig zu machen, neue Verfahren zur Darstellung bekannter Körper zu finden, neue Maschinen und Apparate zu konstruieren, um Fortschritt an Fortschritt zu reihen.

Carl Duisberg, Abhandlungen, Vorträge und Reden 1882-1921, Berlin/Leipzig 1923, S. 343 f.

1. *Gestalten Sie ein Interview zwischen Duisberg und einem skeptischen Journalisten. Duisberg erläutert die Gründe für seinen Vorschlag.*
2. *Erklären Sie, inwiefern Carl Duisberg ein „Kind seiner Zeit" ist. Welche Argumente würde er heute nicht mehr verwenden? Finden Sie Gründe.*
3. *Führen Sie eine zeitgenössische Debatte über Duisbergs Konzept und die damit verbundenen Interessen. Dafür müssen Sie überlegen, welche Gruppen der Entwicklung kritisch gegenübergestanden haben dürften.*

M4 Entwicklung der Weltindustrieproduktion

Anteile einiger ausgewählter Länder (in Prozent)

	1830	1860	1880	1900	1913
Großbritannien	9,5	19,9	22,9	18,5	13,6
Deutschland	3,5	4,9	8,5	13,2	14,8
Frankreich	5,2	7,9	7,8	6,8	6,1
USA	2,4	7,2	14,7	23,6	32,0

Nach: Wolfram Fischer u. a. (Hrsg.), Handbuch der europäischen Wirtschafts- und Sozialgeschichte, Bd. 5, Stuttgart 1985, S. 150

Beschreiben Sie die Entwicklung der Weltindustrieproduktion. Was sagt die Tabelle über die Veränderung der Beschäftigungsstruktur aus?

[1] **koloristisch**: farblich

Statistiken und Diagramme auswerten

Statistiken präsentieren Daten und Informationen, um gegenwärtige und vergangene Verhältnisse und Zusammenhänge zu verstehen und Veränderungen zu erkennen. Sie fassen Wahlergebnisse zusammen, zeigen die Lohn- und Preisentwicklung auf, liefern Daten über das Klima, die Bevölkerung, aus Umfragen ermittelte Meinungen und vieles mehr. Aus den Befunden lassen sich Aussagen über die Geschichte ableiten. Zur Veranschaulichung werden die statistischen Daten als (Zahlen-)Tabellen oder als Diagramme dargestellt.

Statistiken und Diagramme auswerten

Bis ins 20. Jahrhundert wurden Daten noch nicht systematisch und flächendeckend gesammelt. Zudem erschweren unterschiedliche Bezugsgrößen wie z. B. Gewichte, Maße, Währungen und Räume (Grenzen) die Vergleichbarkeit. Gültige Aussagen können jedoch nur auf der Grundlage untereinander vergleichbarer und möglichst lückenloser Angaben gemacht werden. Deshalb werden die Daten der Statistiken meist bearbeitet, d. h. nach bestimmten Gesichtspunkten ausgewählt, vereinheitlicht und sortiert.
Die in Statistiken aufgelisteten Größen können absolute Größenangaben sein, also exakte Werte einer Messeinheit, z. B. Tonnen, Euro, Stück. Ebenso häufig finden sich relative Werte, also Prozentanteile oder Indizes, d. h. Verhältniszahlen, die sich auf einen Ausgangswert beziehen. Hierbei werden die Verhältnisse eines Stichjahres mit der Indexzahl 100 angesetzt, die Werte der anderen Jahre entsprechend ihrer Abweichung von jenen des Stichjahres angegeben (z. B. ein Jahr mit dem Index 80 liegt demnach 20 Prozent unter dem Stichjahr).
Für die Darstellung von Entwicklungen (z. B. Bevölkerungszahlen) eignen sich Linien- oder Kurvendiagramme, um Anteile innerhalb einer Gesamteinheit (z. B. Stimmenanteile bei Wahlen) zu veranschaulichen, werden oft Kreisdiagramme („Tortendiagramme“) verwendet, Säulen- oder Balkendiagramme erleichtern den Vergleich von Mengen oder verschiedenen Bezugsgrößen.

Formale Kennzeichen

- Um welche Art von Statistik handelt es sich?
- Wer hat sie erstellt oder in Auftrag gegeben?
- Wann und wo ist sie entstanden bzw. veröffentlicht worden?

Inhalt

- Worüber informiert die Statistik (Thema/Inhalt, Zeit, Raum, Messgrößen)?
- Welche Zahlenwerte (absolute Werte, Prozentangaben, Indizes) werden verwendet?
- Woher stammen die Zahlen? Sind die Angaben verlässlich und vollständig?
- Wird ein Zustand oder eine Entwicklung (Anstieg, Rückgang, Stagnation) dargestellt?

Historischer Kontext

- Auf welche Epoche, welches Ereignis oder welchen Sachverhalt bezieht sich die Statistik?
- Ist die Statistik in der betreffenden Zeit entstanden oder das Ergebnis einer Forschungsarbeit?

Intention und Wirkung

- Welche Aussageabsicht hat die Statistik?
- Für welche Zielgruppe wurde die Statistik erstellt?

Bewertung und Fazit

- Welche Gesamtaussage bzw. welche Thesen lassen sich formulieren?
- Müssen die Angaben durch andere Informationen ergänzt oder korrigiert werden?

Beispiel und Analyse

Nominaleinkommen:
tatsächlich erwirtschaftetes durchschnittliches Arbeitseinkommen (Grundlage siehe Fußnote) im jeweiligem Jahr, angegeben in absoluten Beträgen (Mark) und als Index (1913 = 100)

Lebenshaltungskosten:
als (Preis-)Index (1913 = 100); der Preisindex ist das Preisniveau der Konsumgüter (Berechnungsgrundlage siehe Fußnote)

Realeinkommen:
als Index (1913 = 100); von Preisen und Inflation bereinigtes Nominaleinkommen, das sich aus dem Index Nominaleinkommen und dem Index der Lebenshaltungskosten berechnet ($\frac{\text{Nominaleinkommen}}{\text{Preisindex}}$ x 100 = Index Realeinkommen); zeigt im Gegensatz zum Nominaleinkommen die reale Kaufkraft der Arbeitnehmer

Indexwerte:
für alle Messgrößen dasselbe Stichjahr 1913 für den direkten Vergleich

Zeitleiste:
Angaben regelmäßig in Zehnjahresabständen zwischen 1810 und 1910 sowie in Jahresabständen zwischen 1910 und 1913; gleiche Jahresangaben für alle Messgrößen ermöglichen einen direkten Vergleich/Bezug der Daten

Jahr	Nominaleinkommen* absolut in Mark	Nominaleinkommen* Index (1913 = 100)	Index der Lebenshaltungskosten** (1913 = 100)	Realeinkommen Index (1913 = 100)
1810	278	26	45	58
1820	293	27	42	64
1830	288	27	51	53
1840	303	28	49	57
1850	313	29	45	64
1860	396	37	62	60
1870	487	45	69	65
1880	545	50	86	58
1890	650	60	82	73
1900	784	72	83	87
1910	979	90	98	92
1913	1083	100	100	100

▲▼ Entwicklung des Nominal- und Realeinkommens von Arbeitnehmern auf dem Gebiet des späteren Deutschen Reiches 1810-1913.

Umwandlung der Tabelle in ein kombiniertes Linien-Säulen-Diagramm:
zwei Achsen zum Vergleich der Indizes (y-Achse = Indizes; x-Achse = Jahre); Säulendiagramm zum Vergleich der Indizes Nominaleinkommen und Lebenshaltungskosten; Liniendiagramm zeigt den Trend des Realeinkommens an

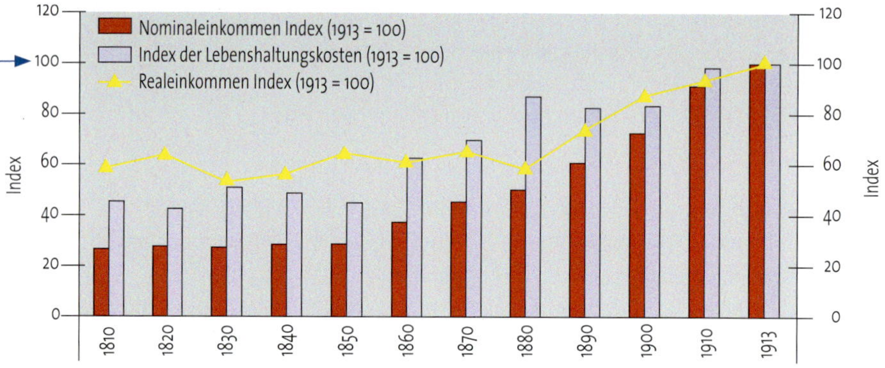

Fußnoten/Erläuterungen:
geben Auskunft über Herkunft und Zusammensetzung der Daten; wichtiger Hinweis für die Verlässlichkeit der Daten und eine Hilfe für die Interpretation

* Einkommen 1810 bis 1849: Bauhandwerker (v. a. Maurer, Zimmerergesellen) von acht Städten und durchschnittliche Einkommen in der Baumwollindustrie; 1850 bis 1870: Arbeitseinkommen in Industrie und Handwerk (ohne Angestellte); 1871 bis 1913: Jahresverdienste von Arbeitnehmern in Industrie, Handel und Verkehr

** Da die Ausgaben für Nahrung, Kleidung und Wohnung sowie Sonstiges vor 1913 nicht systematisch berechnet wurden, basieren die Zahlen auf Schätzungen und Näherungswerten, die sich v. a. auf die Preise von Waren stützen. Für 1810 bis 1870 wurde als für Städte repräsentativ der Lebenshaltungskostenindex für Nürnberg angesehen (Roggenbrot, Rind-, Schweine-, Kalb-, Hammelfleisch, Bier, Milch, Roggenmehl, Schweineschmalz, Eier, Kartoffeln, Butter, Wohnung, Föhrenholz, Talg, Bekleidung (ab 1850 Bekleidung, Textilien, Hausrat und Lederwaren)). Für die Jahre 1871 bis 1913 liegt ein korrigierter Index zugrunde.

Nach: Wolfram Fischer, Jochen Krengel und Jutta Wietog (Hrsg.), Sozialgeschichtliches Arbeitsbuch, Bd. I.: Materialien zur Statistik des Deutschen Bundes 1815-1870, München 1982, S. 155-157

Formale Kennzeichen Historiker haben die vorliegenden statistischen Daten für ein Arbeitsbuch erstellt, das 1982 erschien. Die auf unterschiedlicher Grundlage gewonnenen Einzeldaten wurden aufbereitet. Zur Veranschaulichung wurde die Tabelle für dieses Schulbuch in ein Diagramm umgewandelt.

Inhalt Die Statistik zeigt die Entwicklung des Nominal- und Realeinkommens von Arbeitnehmern im Zeitraum von 1810 bis 1913 auf dem Gebiet des Deutschen Reiches in seinen Grenzen von 1871. Das Nominaleinkommen wird in absoluten Zahlen und als Index angegeben, die Lebenshaltungskosten sowie das aus ihnen errechnete Realeinkommen hingegen nur als Index. Bezugspunkt ist das Stichjahr 1913. Für den Zeitraum 1810 bis 1910 wird jeweils in Zehnjahresschritten vorgegangen, für den Zeitraum 1910 bis 1913 jeweils in Jahresschritten.
Die Zahlenreihen belegen insgesamt einen Anstieg des Nominaleinkommens um das beinahe Vierfache, der Lebenshaltungskosten um mehr als das Doppelte und des Realeinkommens um etwas weniger als das Doppelte. Das Nominaleinkommen wächst dabei zwischen 1810 und 1850 zunächst langsam, steigt dann von der Jahrhundertmitte bis kurz nach der Reichsgründung 1871 sprunghaft an, bricht während der sogenannten „Großen Depression" nach 1874 ein, um nach 1890 bis 1913 rasch zuzunehmen. Die Indizes der Lebenshaltungskosten liegen zwar insgesamt über denen des Nominaleinkommens, zeigen jedoch einen geringeren Anstieg. Demgegenüber pendelt der Index der Realeinkommen in den Jahren 1810 bis 1880 vergleichsweise konstant zwischen 58 und 65, steigt ab 1890 jedoch deutlich an.

Historischer Kontext Die Statistik beleuchtet einen Teilaspekt der Industrialisierung und der Sozialen Frage im 19. Jahrhundert auf dem Gebiet des Deutschen Reiches. Die ansteigende Entwicklung der Löhne und auch der Lebenshaltungskosten entspricht der industriellen Entwicklung. Sie ist damit ein Indikator für den zunehmenden Industrialisierungsgrad.

Intention und Wirkung Die Statistik verdeutlicht, wie sich das Einkommen der Arbeitnehmer während des 19. bis zum Beginn des 20. Jahrhunderts entwickelt hat. Da das Nominaleinkommen die reale Kaufkraft des Geldes nicht berücksichtigt, muss es in Bezug zu den Lebenshaltungskosten betrachtet und daraus das Realeinkommen errechnet werden. Dies erst zeigt an, wie viel Geld den Arbeitnehmern tatsächlich zur Verfügung stand. Die Statistik belegt, dass mit den teilweise sprunghaft steigenden Nominallöhnen kein vergleichbarer Anstieg der Reallöhne verbunden war, die zu einem großen Teil für die ebenfalls steigenden Lebenshaltungskosten verbraucht wurden.

Bewertung und Fazit Die Trends der Statistik lassen sich mit dem wirtschaftlichen Aufschwung während der Industrialisierung im 19. Jahrhundert erklären. Die Statistik macht zwar deutlich, dass die Nominallöhne nicht das tatsächliche Einkommen der Arbeitnehmer wiedergeben. Allerdings verleiten die Zahlen dazu, von dem Anstieg der Reallöhne auf eine zwar geringe, jedoch stetige Verbesserung der Lebensbedingungen zu schließen. Für Lebenshaltungskosten und Realeinkommen nennt die Statistik aber nur einen Index. So bleibt unklar, ob und in welchem Umfang die erzielten Nominaleinkommen das Existenzminimum abdeckten. Darüber hinaus geben die stark verallgemeinernden statistischen Mittelwerte keine Auskunft über die Verdienstunterschiede von gelernten und ungelernten Arbeitern sowie von Männern und Frauen. Die Zahlen sagen also nichts darüber, wie viele Menschen Not litten und ob sich die Soziale Frage mit fortschreitendem Industrialisierungsgrad entschärft hat. Sie sagen selbstverständlich auch nichts über Arbeitsbedingungen, Konsumgewohnheiten bzw. -möglichkeiten oder Wohnverhältnisse aus.

▲ **„Heimweh."**
Postkarte, 1910-1920. Die fremde und anonyme großstädtische Lebens- und Arbeitswelt weckte bei vielen vom Land Zugewanderten Heimwehgefühle und führte zu einer Romantisierung und Idealisierung des Landlebens.

Neue Lebens-, Arbeits- und Umweltbedingungen

„Landflucht" und Urbanisierung Noch zu Beginn des 19. Jahrhunderts lebten zwei Drittel der deutschen Bevölkerung auf dem Land. Auf dem Gebiet des späteren Deutschen Kaiserreiches wuchs die Bevölkerung zwischen 1816 und 1871 von gut 23 auf 41 Millionen. Dieser Anstieg und die sich dynamisch entwickelnde Arbeitswelt forderten von den Menschen die Bereitschaft zur Mobilität. Oft genug aus der Not um die Existenzsicherung zogen Ströme von Arbeitsuchenden in die rasch wachsenden Industrieregionen. Diese schon damals als „Landflucht" bezeichnete Entwicklung führte zum viel beklagten Arbeitskräftemangel auf dem Land.

Je mehr sich die Industrie in den Städten ansiedelte, wo es gute Verkehrsanbindungen und zahlreiche Arbeitskräfte gab, desto stärker wuchs dort die Einwohnerzahl. Ausgangspunkt für die Verstädterung (*Urbanisierung*) waren Standorte der Textilproduktion, des Bergbaus und der Schwerindustrie. Kaum eine Region veränderte sich so schnell wie das Ruhrgebiet. Kern des rasanten Strukturwandels war dort der Kohlebergbau. Zu Beginn des 19. Jahrhunderts noch durch Landwirtschaft, Kleinstädte und Dörfer geprägt, wuchs das Ruhrgebiet bis zum Ende des Jahrhunderts zum größten industriellen Ballungszentrum Europas. Auch Großstädte wie Berlin, Hamburg, Köln, Frankfurt am Main, Hannover und Nürnberg sowie das sächsisch-oberschlesische Industrierevier zogen die Bevölkerung an.

Da vor allem junge Menschen in die Stadt kamen, die Geburtenrate dadurch anstieg und zugleich die Sterblichkeit aufgrund verbesserter Hygiene und ärztlicher Versorgung stärker abnahm als auf dem Land, trug auch das innerstädtische Bevölkerungswachstum zur Urbanisierung bei. In vielen Städten verdreifachte sich die Einwohnerschaft in drei Jahrzehnten. Auch die Anzahl der Städte wuchs: 1871 gab es im Deutschen Reich sieben, 1918 bereits mehr als 50. Kurz vor dem Ersten Weltkrieg lebten rund 60 Prozent der deutschen Bevölkerung in Städten (▸ M1). Lediglich England hatte einen noch höheren Grad an Urbanisierung erreicht.

Um mit dem Zuzug der Bevölkerung fertig zu werden, mussten sich die Städte ins Umland ausdehnen. Sie verloren ihre zum Teil noch mittelalterliche Gestalt. Stadtmauern und Befestigungsanlagen wurden niedergerissen, die Stadtgräben aufgefüllt und kleinere benachbarte Orte eingemeindet. Um die neu errichteten Fabriken und Bahnhöfe entstanden neue Stadtviertel. Im Ruhrgebiet entstanden regelrechte Industriedörfer aus schnell hochgezogenen Mietshäusern und Arbeiterkolonien. Trotzdem gelang es nicht, ausreichenden und angemessenen Wohnraum für die neuen Stadtbewohner zu schaffen. Insbesondere die Situation für die Arbeiter war sehr schlecht. Sowohl in den Altstädten als auch in den Wohnungen der Arbeiterviertel herrschte Platznot. Viele kinderreiche Familien mussten in „Mietskasernen" leben, wo es lediglich Wohnungen von ein oder zwei Räumen gab (▸ M2). Ein Großteil der Wohnungen verfügte weder über fließend Wasser noch über Toiletten. Auch konnten sie nur unzureichend beheizt werden, sodass die Räume häufig feucht und schimmelig waren. Die Mieten waren trotzdem hoch und fraßen einen Großteil des Einkommens auf. Daher teilten sich vier- bis sechsköpfige Familien oft nur einen Wohnraum und nahmen zusätzlich noch „Schlafgänger" auf, alleinstehende Arbeiter, die nur für einen Schlafplatz bezahlen konnten. Oft wurde das Leben in den neuen Arbeiterquartieren durch Rauch und Lärm der Industriezentren zudem so stark belastet, dass dort die Lebenserwartung deutlich niedriger war als in den Wohnvierteln des Bürgertums.

▸ **Kaufmännische Angestellte in einem Bürosaal der AEG.**
Foto von 1911.
Mit der zunehmenden Rationalisierung in den Großunternehmen wuchs auch die Zahl der zentralen Schreibbüros. Wie in den Fabrikhallen sorgte eine Aufsicht für Kontrolle und Disziplinierung der Angestellten. Dazu wurden die Bürosäle nach einer strengen und übersichtlich angelegten Raumordnung eingerichtet, sodass die Büroaufsicht den gesamten Raum überblicken konnte.

Wandel in Unternehmensstrukturen und Berufen Mit dem Wachstum der Unternehmen erweiterten und differenzierten sich auch die Aufgabenbereiche. Einen völlig neuen Stellenwert erhielt die Arbeitsorganisation: Wissenschaftlich ausgebildete Fachkräfte, vor allem Ingenieure, arbeiteten in Labors und Konstruktionsbüros weitere Verbesserungen aus und Betriebswirte systematisierten die Organisation und Planung der Betriebe. Die Verwaltung der Unternehmen wurde bürokratisiert und rationalisiert. Schreib- und Verwaltungsaufgaben nahmen zu. Gleichzeitig veränderten Telefon, Schreibmaschine und Kurzschrift die Büroarbeit grundlegend.

Der steigende Bedarf an qualifizierten Arbeitskräften ließ eine neue Berufsgruppe entstehen: die *Angestellten*. Die Gruppe der Angestellten war überaus heterogen und umfasste neben den Büroberufen, den kaufmännischen Mitarbeitern, Buchhaltern, Kassierern oder Schreibkräften, ebenso die Betriebsberufe der Techniker und Ingenieure sowie den Werkstattbereich (Werkmeister u.a.). Daneben bot der um die Jahrhundertwende rapide wachsende Dienstleistungssektor den Angestellten in Handel, Banken und Versicherungen viele neue Arbeits- und Aufstiegsmöglichkeiten.

In ihrer Lebensführung suchten sich die Angestellten deutlich von den Arbeitern abzugrenzen und näherten sich als „neuer Mittelstand" dem Bürgertum an. Sichtbarer Ausdruck dafür war eine Reihe von Statussymbolen: Anzug, weißes Hemd und typischer Stehkragen für die Männer sowie modische Kleidung, Frisuren und Kosmetik für die Frauen.

▲ **In der Leibniz-Bäckerei in Hannover.**
Foto von 1912.
Die Bahlsen Keksfabrik führte als erster Betrieb in Europa Fließförderbänder zur Verpackung von Waren ein.

Arbeit in Fabriken und an Maschinen Ausgangspunkt für die Veränderungen der Betriebsstrukturen waren der technische Fortschritt und die zunehmende Mechanisierung der Produktion in den Fabriken. Eine besonders effektive und zeitsparende technische Neuerung war das Fließband. Der amerikanische Unternehmer **Henry Ford** setzte es erstmals 1913 in der Automobilindustrie ein. Nach dem Ersten Weltkrieg wurde auch in Deutschland auf Fließbandproduktion umgestellt: 1924 eröffnete Henry Ford ein Autowerk in Berlin, im selben Jahr wurde das Fließband bei Opel, 1925 bei Siemens eingeführt. Die neue Fertigungsmethode ermöglichte die schnelle Massenfertigung von normierten Einzelteilen in großen Stückzahlen. Dabei wurde die Produktion in zahlreiche Stationen zerlegt, bei der die einzelnen Teile die Fertigung möglichst ohne Unterbrechung durchliefen. Jeder Arbeiter hatte dabei jeweils nur wenige bestimmte und immer gleiche Handgriffe auszuführen. Das Fließband steigerte den Anteil von an- und ungelernten Arbeitskräften.

Henry Ford (1863-1947): US-amerikanischer Automobilhersteller. Er gründete 1903 in Detroit die Ford Motor Company, 1913 führt er erstmals Fließbänder ein und revolutionierte damit die industrielle Produktion. Das Ford Modell T war das meistverkaufte Fahrzeug der Welt, bis ihm 1972 der VW-Käfer den Rang ablief.

Frederick Winslow Taylor (1856-1915): amerikanischer Ingenieur, der als Erster begann, Arbeitsabläufe in Fabriken wissenschaftlich zu analysieren und zu optimieren. Damit gilt er als Begründer der wissenschaftlichen Betriebsführung (Scientific Management oder Taylorismus).

Die standardisierte Arbeit am Fließband ist eng mit den arbeits- und betriebswissenschaftlichen Überlegungen des Amerikaners **Frederick W. Taylor** verbunden, die nach ihm als *Taylorismus* benannt sind. Seine umfassende praktische Umsetzung fand der Taylorismus in den Ford-Werken. Die konsequente Rationalisierung durch Fließbandproduktion, Schichtbetrieb und Akkordarbeit galt als nachahmenswertes Erfolgsmodell. Allerdings fand der Taylorismus nicht nur Anerkennung. Die stereotype, monotone Tätigkeit sowie die durch das Fließband und den Takt der Maschinen gesteigerte Arbeitsgeschwindigkeit wurden als unmenschliche „Arbeitshetze" heftig kritisiert.

Erschwert wurde das hohe Arbeitspensum durch die körperlichen Belastungen wie Lärm, Hitze, Schmutz, Gestank, Licht- und Luftmangel. Fehlende Sicherheitsvorkehrungen an den Maschinen verursachten immer wieder schwere Unfälle. Hinzu kamen Berufskrankheiten. Bei Arbeitsunfähigkeit oder Verlust des Arbeitsplatzes drohte den Familien der Ruin, denn Unfall- oder Krankenversicherungen, Kündigungsschutz oder Arbeitslosenhilfe gab es nicht. Darum nahmen die Arbeiter auch schlechte Arbeitsbedingungen in Kauf.

Die industriellen Arbeitsanforderungen wirkten sich auf andere Wirtschaftsbereiche aus. Um dem Konkurrenzdruck der neuen Industrien standhalten zu können, gingen auch die traditionellen, kleineren Gewerbe- und Handwerksbetriebe zu Rationalisierungsmaßnahmen und harten Ausbeutungsformen über.

Arbeitszeiten und Löhne In der Frühphase der Industrialisierung hatte die Arbeitszeit schnell zugenommen: Männer, Frauen und auch Kinder arbeiteten nicht unter zwölf Stunden täglich, oft sogar 15 bis 17 Stunden an mindestens sechs Tagen die Woche. Seit den 1860er-Jahren verkürzte sich die Arbeitszeit Schritt für Schritt auf etwa zwölf, bis 1914 auf durchschnittlich neun Stunden. Jedoch war weiterhin eine Wochenarbeitszeit von 70 Stunden nicht ungewöhnlich. „Urlaub" oder „Erholung" gab es in der Regel nicht und auch das 1891 eingeführte Verbot der Sonn- und Feiertagsarbeit wurde vielfach nicht beachtet (▸ M3).

Für einen gewissen Ausgleich sorgten höhere Reallöhne, die zwischen 1895 und 1913 in Deutschland um mehr als ein Viertel anstiegen. Jedoch fielen diese je nach Tätigkeit, Branche und Region unterschiedlich aus. Besonders zwischen gelernten und ungelernten Arbeitern herrschte ein deutliches Lohngefälle. Hinzu kam, dass sich durch gleichzeitig steigende Preise und Mieten die Lebenshaltungskosten erhöhten und sich dadurch die Reallöhne relativierten.

Meist reichte das Einkommen der ungelernten Arbeiter nicht für den Lebensunterhalt der gesamten Familie, sodass Frauen und Kinder hinzuverdienen mussten, deren Verdienst zudem erheblich unter dem der Männer lag. Seit der Jahrhundertmitte war die Kinderarbeit zwar durch wachsende Kritik sowie die Durchsetzung der allgemeinen Schulpflicht allmählich zurückgegangen, viele Familien blieben jedoch auf den finanziellen Beitrag der Kinder angewiesen. Der Anteil der erwerbstätigen Frauen stieg in der zweiten Jahrhunderthälfte sogar noch an.

Arbeitslosigkeit, aber auch Krankheit konnten das gesamte Einkommen von Arbeiterfamilien schnell aufzehren und sie an den Rand des Existenzminimums bringen, denn sie hatten kaum Möglichkeiten, finanzielle Rücklagen zu bilden (▸ M4). Lohnfortzahlung im Krankheitsfall oder Invalidenrente gab es nicht. Besonders verbreitet war die Altersarmut. Die erhöhten Produktivitätsanforderungen an die Arbeiter konnten nur Männer im Alter von 25 bis 40 Jahren leisten. Ältere sanken fast zwangsläufig in die ungesicherte Arbeitslosigkeit ab, die zu einem signifikanten Problem wurde, auch wenn sie bis zum Ersten Weltkrieg noch mit zwei bis drei Prozent vergleichsweise gering war.

▲ **„Die Henrichshütte bei Hattingen am Abend."**
Ölgemälde (69 x 67 cm) von Eugen Bracht, 1912.
Beschreiben Sie die Abbildung und recherchieren Sie, welche Intention der Künstler mit der Darstellung dieser Industrielandschaft verfolgte.

Umweltverschmutzung Der rasche Ausbau der Industrie im 19. Jahrhundert führte nicht nur zu einem Wandel der Arbeitsbedingungen, sondern darüber hinaus auch der Lebensbedingungen, da sich die Umwelt durch den Bau von Fabriken, Straßen, Eisenbahnen und Kanälen sowie das schnelle Wachstum der Städte stark veränderte.

Das Bevölkerungswachstum und die Konzentration der Menschen in den Städten brachten Probleme für die Wasserversorgung mit sich. Fäkalien, Schmutz und Unrat aus privaten Haushalten wurden in der Regel entweder durch Gräben entfernt oder mit Fässern abtransportiert. Wassertoiletten und Schwemmkanalisationen waren so gut wie unbekannt. Erst um die Mitte des 19. Jahrhunderts begann man mit dem systematischen *Bau von Kanalisationssystemen* in den großen Städten. Kanalisation und sauberes Trinkwasser sorgten für eine enorme Verbesserung der sanitären und hygienischen Verhältnisse in den Städten. Diese Art der Abwasserentsorgung brachte jedoch bald ein neues Problem mit sich. Durch das Einleiten von Abwässern aus Haushalten und Fabriken in die Flüsse wurden diese so stark verschmutzt, dass sie kaum noch als Trinkwasserreservoirs infrage kamen. Gerade viele kleinere Flüsse verkamen zu Kloaken.

Gegen die negativen Folgen der Industrialisierung für Mensch und Natur regte sich bereits früh Protest. Die Anwohner der Fabriken klagten häufig gegen die Belästigungen und Gefährdungen, die von den gewerblichen Anlagen ausgingen. Allerdings blieben ihre Beschwerden in der Regel erfolglos. Das Wissen um die Auswirkungen der Umweltverschmutzung war noch gering, man betrachtete den Rauch und Gestank als notwendiges „Culturübel", das man hinnehmen musste (▸ M5). Da es keine geeigneten Messmethoden und wissenschaftlich gesicherten Erkenntnisse über die Folgen der Umweltbelastung gab, war es im Einzelfall schwierig nachzuweisen, ob bestimmte Fabriken die Gesundheit der Anwohner gefährdeten.

Für die Unternehmer war der Umweltschutz in erster Linie eine Kostenfrage. Solange es keine gesetzlichen Regelungen gab, wollte niemand die eigene Produktion durch einen höheren Aufwand bei der Entsorgung von Schadstoffen verteuern. Der Versuch der Behörden, mit Gewerbeordnungen die Beeinträchtigungen durch die Fabriken zu vermindern, erwies sich als ungeeignet. Auch der Bau höherer Schornsteine führte lediglich dazu, dass sich über den Städten bei ungünstiger Wetterlage Dunstglocken bildeten, die heute unter der englischen Bezeichnung *„Smog"* bekannt sind.

Erst durch die aufkommende Elektrifizierung am Ende des 19. Jahrhunderts verbesserte sich die Qualität der Luft in den großen Städten wieder. Viele Fabriken stellten den Antrieb ihrer Maschinen von Dampfmaschinen und Transmissionssystemen auf Elektromotoren um. Trotzdem blieb durch die Verbrennung von Kohle und durch die Schadstoffe der Fabriken die hohe Belastung der Luft bestehen.

M1 Urbanisierung

Die Verteilung von Stadt- und Landbevölkerung im Deutschen Reich

	Prozentualer Anteil an der Gesamtbevölkerung in Gemeinden				
	mit weniger als 2 000 Einwohnern	2 000 bis 5 000 Einwohner	5 000 bis 20 000 Einwohner	20 000 bis 100 000 Einwohner	100 000 und mehr Einwohner
1871	63,9	12,4	11,2	7,7	4,8
1880	58,6	12,7	12,6	8,9	7,2
1890	53,0	12,0	13,1	9,8	12,1
1900	45,6	12,1	13,5	12,6	16,2
1905	42,6	11,8	13,7	12,9	19,0
1910	40,0	11,2	14,1	13,4	21,3

Nach: Gerd Hohorst u. a. (Hrsg.), Sozialgeschichtliches Arbeitsbuch, Bd. II.: Materialien zur Statistik des Kaiserreichs 1870-1914, München [2]1975, S. 52

1. *Setzen Sie die Tabelle in eine geeignete Diagrammform um, die das Verhältnis von Stadt- und Landbevölkerung anzeigt. Erläutern Sie die Entwicklung.*
2. *Finden Sie heraus, welche Bevölkerungsentwicklung in Ihrem Heimatraum im 19. Jahrhundert und später stattfand. Lassen sich für die Zeit des Kaiserreiches Belege für Städtewachstum und Veränderungen der Infrastruktur finden?*

M2 Armenwohnung

Der spätere SPD-Reichstagsabgeordnete Albert Südekum schildert Mitte der 1890er-Jahre seine Eindrücke von einer Mietskaserne:

Ein heißer, schwüler Augustnachmittag. […]
Die stagnierende Luft des engen Hofes lag bleischwer auf dem unsauberen Pflaster, die Wände des Hauses strömten eine brütende Hitze aus, nachdem schon tagelang die Sonne ihre Glutpfeile unbarmherzig auf die Stein- und Asphaltwüste der staubigen Großstadt herniedergesandt hatte. Ein Gefühl der Beklemmung legte sich mir auf die Brust, als wir durch die enge Tür zum Treppenhaus traten und die Stiegen emporklommen. Fast jede Stufe knarrte und ächzte laut unter unserem Tritt, und obschon wir beide nur leichtes Schuhwerk trugen, vollzog sich der Aufstieg nicht ohne beträchtliches Geräusch. Wie es erst in einem solchen Hause kracht und dröhnt, wenn ein müder, schwerer Mann mit derben Nagelstiefeln die Stufen hinaufstapft, davon macht sich der „herrschaftlich" Wohnende keine Vorstellung.
Auf jeden Treppenpodest gingen drei Türen, die meisten mit mehreren Schildern oder Karten behängt. In diesem Quergebäude gab es fast nur zweiräumige Wohnungen, aus Stube und Küche bestehend. Viele Mieter teilten ihre Räume noch mit Schlafburschen oder Logiermädchen.
Die Patientin meines Freundes, die Frau eines Gelegenheitsarbeiters, hatte der furchtbaren Hitze wegen die Tür der Küche, in der sie lag, und die Tür nach dem Treppenhause hin offen gelassen. […] Die Atmosphäre in dem Raum war fürchterlich, denn wegen des Lärms der spielenden Kinder konnte die Kranke das Fenster den ganzen Tag nicht öffnen. […]

◂ **„Der späte Schlafbursche."**
Zeichnung von Heinrich Zille, 1902.

▲ **Berliner Mietskasernen.**
Fotos von 1910.
Die Berliner Mietskasernen waren berüchtigt für ihre Blockbebauung, bei der meist drei oder vier Höfe aufeinanderfolgten. In diese fiel kaum Tageslicht, weil die Höfe nach Polizeivorschrift nur 5,30 Meter im Quadrat groß sein mussten, damit die pferdebespannten Spritzenwagen der Feuerwehr gerade noch darin wenden konnten.

Nur wenig ärmlicher Hausrat fand sich in dem unwohnlichen Raum. Auf der kleinen eisernen Kochmaschine standen ein paar Töpfe, die nach dem letzten Gebrauch noch nicht gereinigt waren; den einzigen Tisch bedeckten ein paar Teller und Gläser, Zeitungsblätter, Kamm, Bürste und Seifenschale, eine Schachtel mit Salbe zum Einreiben, Teller mit Speiseresten und andere Gegenstände. Der geringe Kleidervorrat der Familie hing an den Wänden; ein paar halbverblasste Familienbilder und ungerahmte Holzschnitte aus einer illustrierten Zeitung bildeten den einzigen Schmuck. Außer der Frau und ihrem Manne lebten in dieser Küche noch drei Kinder, von denen das älteste, ein Mädchen, 14 Jahre, die beiden Knaben etwa 7 und 4 Jahr alt waren. Das Bett der Kranken, die einzige sichtbare Schlafgelegenheit, war etwas quer geschoben, sodass sie von ihm aus, ohne sich zu erheben, den Wasserzapfhahn erreichen konnte; hinter dem Bett eine Kommode; in der Ecke ein Korblehnstuhl, sonst nur zwei hölzerne Schemel ohne Lehne. [...]

Ich fragte die Frau nach ihren „Wohnschicksalen" in der Großstadt. Zuerst hatte sie in Lichtenberg, damals noch ein ziemlich unansehnliches Dorf, Unterkunft gefunden, wo ein Bruder des Mannes bereits wohnte. Dann waren sie nach Pankow gezogen, wo der Mann zwei Jahre bei Straßenbauten gute Arbeit gehabt hatte. Endlich kamen sie in die Stadt. Die Kranke wusste nicht mehr alle Straßen zusammenzufinden, in denen sie gehaust hatten, tatsächlich nicht einmal anzugeben, in welchen Wohnungen ihre letzten beiden lebenden Kinder geboren waren; sie konnten nur schätzungsweise sagen, dass sie durchschnittlich alle sechs Monate das Domizil gewechselt, also wohl damals schon 15 verschiedene Wohnungen innegehabt hatten. Meistens hatten sie nur einen Raum ermieten können, seit sie in Berlin selbst wohnten; nur etwa zwei Jahre lang im Ganzen, bei etwas höherem Verdienst und regelmäßiger Arbeit des Mannes, konnten sie in besser ausgestatteten Zweizimmerwohnungen weilen. Jedesmal, wenn es schien, als ob es ihnen dauernd etwas besser gehe, waren sie durch eine Krankheit oder durch ein, manchmal verfrühtes, Wochenbett – die Frau hatte im Ganzen deren sechs durchgemacht – oder einen Todesfall wieder zurückgeworfen worden. Armenunterstützung hatten sie noch nicht in Anspruch genommen, waren dagegen wiederholt gelegentlich beschenkt worden, nachdem die Kranke einst in der Frau eines rasch zu Vermögen gelangten ehemaligen Maurerpoliers eine Jugendfreundin entdeckt hatte. [...] Wie die Familie schlief? Mann und Frau in einem einzigen Bett. Die Kinder wurden auf ausgebreiteten Kleidungsstücken untergebracht und durften erst dann ins Bett kriechen, wenn Vater und Mutter – gewöhnlich vor 5 Uhr morgens – aufgestanden waren. Die kleinsten Kinder waren jeweils in einem Korbe, gelegentlich auch, wenn die Frau zu irgendeinem Gange das Zimmer verlassen musste, in einem halbaufgezogenen Schub der Kommode gebettet gewesen.

Zitiert nach: Jens Flemming, Klaus Saul und Peter-Christian Witt, Quellen zur Alltagsgeschichte der Deutschen 1871-1914, Darmstadt 1997, S. 237-239

1. *Arbeiten Sie aus der Beschreibung Südekums die Hauptprobleme der Wohnsituation in Mietskasernen heraus. Ziehen Sie dafür auch die Abbildungen heran.*
2. *Erläutern Sie die Wechselwirkung von Wohn- und Arbeitsverhältnissen damals und heute.*

▲ **Rationalisierte Fabrikarbeit in der Montagehalle der Berliner Kleinmotorenfabrik der AEG.**
Foto, um 1900.

M3 Arbeitsbedingungen in der Fabrik

Eine der seltenen Quellen, in denen Arbeiter ihre Situation schildern, ist ein mithilfe eines Journalisten verfasster Bittbrief Augsburger Fabrikarbeiter an König Ludwig II. zu Beginn seiner Regierungszeit 1865:

Allerdurchlauchtigster Großmächtigster König! Allergnädigster König und Herr!

Indem wir unterzeichneten Arbeiter der Kreishauptstadt Augsburg es wagen, Euerer Königlichen Majestät Thron alleruntertänigst treugehorsamst mit einer Bitte zu nahen, so gibt uns hierfür den Muth die allbekannte Gerechtigkeitsliebe Euerer Königlichen Majestät und die wirklich väterliche Fürsorge, welcher Euere Königliche Majestät auf den Geringsten Ihrer Untertanen zuwendet.

In den hiesigen Baumwollspinnereien, Webereien, Kattundruckereien ist zwar von jeher die Arbeitszeit von 5 Uhr morgens bis abends 7 Uhr festgesetzt; also täglich eine dreizehnstündige Arbeitszeit. Dazu kommt aber noch, dass in den meisten Fabriken keine Frühstücksstunde, Mittagsstunde, keine Abendbrotzeit stattfindet, weil die Werke in diesen Fabriken fortlaufen. [...]

Hinzu kömmt aber noch, dass die Arbeitszeit in diesen Fabriken, welche wochenweise oft bis 8 Uhr abends, an Samstagen sogar bis 11 Uhr nachts arbeiten lassen. Hier tritt nun ein noch traurigeres Verhältnis für die Erholung und nötige Ruhe der Arbeiter ein.

Bei einer solchen Sachlage ist es nun selbstverständlich, dass darunter die Gesundheit der Arbeiter empfindlichen Schaden leiden muss. Der Mangel an Schlaf und der nötigen Erholung und Ruhe, besonders bei Kindern im Alter von 13-17 Jahren, kann nicht anders als höchst nachtheilig auf die Gesundheit einwirken. Es ist eine offenbare Tatsache, dass die Fabrikarbeiter schon auf den ersten Blick an ihrem blassen und kränklichen Aussehen [er]kennbar sind. Dazu trägt nun hauptsächlich die lange Arbeitszeit bei. Allein noch andere Umstände sind hierbei in Betracht zu ziehen. In den Sälen dieser Fabriken atmet der Arbeiter ungesunde, mit schädlichen Dünsten geschwängerte Luft ein. Die große Anzahl Arbeiter, welche in einem solchen Saale zu arbeiten haben, erzeugt natürlich ungesunde Ausdünstungen, dazu kommt noch der Staub der Wolle, den die Arbeiter einzuatmen haben, der scharfe Geruch der Öle und Fette, welche in den Fabriken verwendet werden. Diese ungesunde, mit Dünsten geschwängerte Luft aller Art hat nun der Arbeiter 13 volle, oft auch 14 und noch mehr Stunden einzuatmen. Frische reine Luft dringt nicht in diese Säle, weil die Fenster im Sommer nur kurze Zeit, im Winter aber gar nicht geöffnet werden. [...]

Um 3 Uhr und 4 Uhr im Winter aufstehen, eine halbe oder eine Stunde an die Arbeit bei Kälte, Schnee und Wind gehen zu müssen, sich dann nur wenige Stunden des Schlafes und der Ruhe erfreuen zu können, muss auch eine kräftige Konstitution ruinieren, wie viel mehr noch das Kindesalter, das zu seinem Wachstum und zu seiner körperlichen und geistigen Entwicklung vor allem der Ruhe bedarf.

Stadtarchiv Augsburg, Nachlass Hassler, K 3

1. *Analysieren Sie die Quelle. Welche Umstände und Folgen der Industrialisierung werden als schwerwiegend hervorgehoben?*
2. *Diskutieren Sie, warum solche betrieblichen Zustände heute nicht mehr möglich sind.*
3. *Die Unternehmer wurden von der Regierung zu einer Stellungnahme aufgefordert. Entwerfen Sie einen Antwortbrief der Unternehmer.*

M4 Lebenshaltungskosten eines Arbeiterhaushaltes

Durchschnittliches Monatseinkommen eines deutschen Arbeiterhaushaltes 1800 und 1890 (beide Eltern und zwei Kinder arbeiten):

	1800	1890
(Netto-)Lohn (in Mark)	81,0	139,0
Kosten für (absolut und in % vom Nettolohn)		
Miete/Heizung	11,3	25,25
	13,95 %	18,17 %
Nahrung/Getränke	58,3	76,75
	71,97 %	55,22 %
Hausrat	2,4	5,6
	2,97 %	4,0 %
Gesundheit/Hygiene	1,0	1,7
	1,23 %	1,22 %
Kleidung	5,0	7,7
	6,17 %	5,54 %
Bildung/Unterhaltung	2,0	12,0
	2,47 %	8,63 %
Versicherungen	–	6,8
	–	4,9 %
Kosten gesamt	80,0	135,8
	98,77 %	97,7 %
Sparvolumen	1,0	3,2
	1,23 %	2,3 %

Nach: Putzger Historischer Weltatlas, Berlin ^{103}2001, S. 139

1. *Erläutern Sie die Entwicklung der laufenden Kosten eines Arbeiterhaushaltes von 1800 bis 1890. Nennen Sie Gründe für die langfristige Tendenz. Ziehen Sie Rückschlüsse auf die Lebenssituation der Arbeitnehmer vor dem Ersten Weltkrieg.*
2. *Recherchieren Sie – etwa auf www.destatis.de – das aktuelle Durchschnittseinkommen und die Ausgabenstruktur eines mittleren Arbeitnehmerhaushaltes von heute und suchen Sie nach auffälligen Konstanten und Verschiebungen in der Ausgabenstruktur (Verkehr, Freizeit etc.).*

M5 Selbstreinigungskraft der Natur

Der erste Professor für Hygiene in Deutschland, Max von Pettenkofer, analysiert 1881 die Rolle von Luft, Wasser und Erde für die Gesundheit des Menschen:

Seit die Menschheit den Begriff Gesundheit erfasst hat, wurden der Örtlichkeit, die man als wesentlich aus Luft, Wasser und Boden bestehend betrachtet, wohl schon immer krank machende und gesund machende Eigenschaften zugeschrieben, man hat aber den Sitz dessen, was krank und gesund macht, [...] weniger im Boden des Ortes angenommen. [...]

Alles Wasser, was wir auf Erden trinken, fällt vom Himmel und ist überall fast gleich zusammengesetzt. Erst wenn es in den Boden eindringt und durch ihn weiterzieht, verändert es sich durch die Aufnahme von Stoffen, welche der Örtlichkeit entstammen, durch die es läuft. [...] Wenn also Luft oder Wasser an einem Orte verdorben sind, so geht die Verderbnis nicht von einer Entmischung oder Zersetzung dieser beiden Lebenselemente aus, sondern vom Ort selbst, und sie reinigen sich bald wieder. Am längsten und zähesten haftet eine Verunreinigung am Boden, der keinen Ortswechsel hat, wie Luft und Wasser. Wenn man früher für einen Ort den hygienischen Wert der Luft an erste Stelle, den des Wassers an zweite und den des Bodens an dritte Stelle setzte, so darf man gegenwärtig die Reihenfolge wohl umkehren. [...]

Eine regelrechte Kanalisierung mit hinreichender Spülung bezweckt nicht nur die Fortschaffung vielen Schmutzes, sondern auch eine große Verdünnung aller in Wasser löslichen und schwemmbaren Schmutzstoffe, und diese Verdünnung trägt nachweisbar auch zu ihrer Unschädlichmachung und völligen Zerstörung bei. Die Gegner der Kanalisation führen sehr gern an, dass es unmöglich sei, ein Kanalnetz absolut dicht herzustellen. Darauf kommt es aber auch gar nicht an, es genügt, die in den Boden eindringende Unreinigkeit, soweit sie organischer Natur ist, bis auf ein gewisses Maß herabzuringen, in welchem sie rasch vom Boden verändert und unschädlich verarbeitet wird.

Max von Pettenkofer, Der Boden und sein Zusammenhang mit der Gesundheit des Menschen, Berlin ^{2}1882, S. 5-7

1. *Charakterisieren Sie die von Pettenkofer beschriebenen „Verarbeitungsprinzipien“ der Natur und beurteilen Sie die Tragfähigkeit der Argumentation.*
2. *Diskutieren Sie die Folgen solcher wissenschaftlicher Aussagen für das öffentliche Umweltbewusstsein einerseits und die konkreten Hygienemaßnahmen andererseits. Ziehen Sie Rückschlüsse auf den damaligen Stellenwert von Umweltschutzmaßnahmen.*

Ansätze zur Lösung der Sozialen Frage

Die Entstehung der Sozialen Frage Das 19. Jahrhundert war geprägt von einem hohen Bevölkerungswachstum. Für die Industriearbeiter und die Lohnarbeiter in der Landwirtschaft, die nichts als ihre Arbeitskraft hatten, um ihren Lebensunterhalt zu sichern, wurde zeitgenössisch der Begriff **Proletarier** üblich. Deren Lebenserwartung war wegen der schwierigen Arbeits- und Lebensbedingungen gering. Zwischen 1882 und 1907 verdoppelte sich die Arbeiterschaft in Deutschland, bis zum Ersten Weltkrieg wurde sie zur größten sozialen Gruppe. Immer mehr Menschen zogen in die Industriegebiete und waren in Großunternehmen tätig.

Trotz ihres wachsenden Anteils an der Bevölkerung blieben die Arbeiter und Arbeiterinnen lange ohne politische Mitbestimmung. Die Wahlsysteme bevorzugten Bürger mit großem Vermögen, so etwa das Dreiklassenwahlrecht in Preußen. Alle Frauen sowie die Angehörigen der unteren Schichten wurden zur politischen Bedeutungslosigkeit verurteilt. Gegen diese politische und soziale Diskriminierung protestierten die Betroffenen seit Mitte des 19. Jahrhunderts.*

Mitte des 19. Jahrhunderts gründeten *Hermann Schulze-Delitzsch* und *Friedrich Wilhelm Raiffeisen* unabhängig voneinander die ersten **Genossenschaften**, die Hilfe zur Selbsthilfe boten. Vorschuss- und Kreditvereine – die Vorläufer der heutigen Volksbanken – sollten den Mitgliedern Kredite für nötige Investitionen gewähren.

Proletarier: Der Begriff leitet sich ab von der Bezeichnung für diejenigen Bürger im Alten Rom, die nichts anderes besaßen als ihre eigenen Nachkommen (lat. *proles*); siehe auch den Begriff „Proletariat" im Glossar.

* Zur Frauenbewegung siehe S. 52 ff.

Genossenschaft: Zusammenschluss von selbstständigen Personen zu einem Geschäftsbetrieb. Damit können verschiedene Bereiche wie Einkauf, Lagerung oder Maschinenhaltung gemeinsam („genossenschaftlich") betrieben und die Kosten verteilt werden.

Einzelne Unternehmer versuchen zu helfen Die Mehrzahl der Unternehmer sah in den Arbeitern in erster Linie einen Kostenfaktor und kümmerte sich nicht um deren Lebensbedingungen. Nur wenige Arbeitgeber entschieden sich, die Lage ihrer Beschäftigten zu verbessern. Dabei spielten nicht nur christliche und allgemein humanitäre Überlegungen eine Rolle, sondern auch die Furcht, die zunehmende Verelendung der Arbeiter könnte zu Aufständen oder zur Revolution führen. Daher gründeten etwa die Großunternehmer *Alfred Krupp* (▸ M1) und *Friedrich Harkort* in ihren Betrieben ab 1836 erste Betriebskrankenkassen. Dies sicherte die Familien der Arbeitnehmer ab, wenn der Ernährer krank wurde oder wegen Invalidität nicht mehr oder nur eingeschränkt arbeiten konnte. Ergänzt wurde diese Absicherung im Krankheitsfall durch eine Altersversorgung, zu deren Finanzierung die Unternehmer beitrugen. Der Bau von Werkswohnungen sollte die Wohnsituation der Beschäftigten verbessern. Hygiene- und Sicherheitsvorschriften am Arbeitsplatz dienten der Vorbeugung von Krankheiten und Unfällen. Durch den Einkauf von Lebensmitteln und Gütern des täglichen Bedarfs in *Konsumvereinen* konnten die Arbeiter ihre Lebenshaltungskosten senken.

Karl Marx (1818-1883): protestantisch getaufter Jude aus Trier; Ökonom, Philosoph und Begründer des Marxismus

Friedrich Engels (1820-1895): Kaufmann, Philosoph und sozialistischer Politiker aus Barmen, Freund und Mitarbeiter von Marx

Der revolutionäre Weg: Karl Marx und der Kommunismus Unter dem Eindruck der katastrophalen Lebensumstände der Arbeiterschaft entwickelte der Philosoph und Journalist **Karl Marx** in Zusammenarbeit mit dem Unternehmersohn **Friedrich Engels** die Theorie des modernen *Kommunismus*. Im Zentrum von Marx' Weltbild stand der Gedanke, dass die Wirtschaft das zentrale Element jeder Gesellschaft sei (*Materialismus*). Veränderungen in einer Gesellschaft können demnach nur durch die Änderung der materiellen Verhältnisse erreicht werden. Marx unterteilte die Geschichte der Menschheit bis in die Gegenwart in vier Zeitabschnitte: Urgesellschaft, antike Sklavenhaltergesellschaft, mittelalterliche Feudalgesellschaft und die Epoche des Kapitalismus, der auf dem Privateigentum an Produktionsmitteln beruhe. Seiner Ansicht nach war das soziale Elend der Arbeiter eine zwangsläufige Folge der Produktionsbedingungen des Kapitalismus, da sich in dieser Gesellschaftsordnung zwei Klassen gegenüberstünden: die Unternehmer (die *Bourgeoisie*), die allein über die Produktionsmittel verfügten, und die Arbeiter (Proletarier), die nur ihre Arbeitskraft verkaufen könnten. Die Lösung sah Marx in der *sozialistischen Revolution*, die seiner Ansicht nach unausweichlich war. In dieser Revolution werde das Proletariat die Herrschaft über die Bourgeoisie erringen und das Privateigentum an Produktionsmitteln abschaffen. Sämtliche Fabriken, Banken und Bergwerke würden vergesellschaftet. Danach entstehe die kommunistische Gesellschaft, in der alle Klassengegensätze aufgehoben würden: Denn die Produktionsmittel seien dann Eigentum der Gesellschaft und jeder Mensch könne sich ohne Ausbeutung durch andere selbst verwirklichen.

Koalitionsrecht: erlaubt den Zusammenschluss zu Vereinen, Parteien und Gewerkschaften

Reform statt Revolution: die Sozialdemokratie Die Anfänge der Arbeiterbewegung in Deutschland reichen bis zur Mitte des 19. Jahrhunderts zurück. Vereinzelt entstanden Arbeitervereine, die die materiellen Lebensumstände und die Bildung ihrer Mitglieder zu verbessern suchten. In der Revolution von 1848/49 vereinigten sich mehr als 30 Arbeitervereine zur *Allgemeinen Deutschen Arbeiterverbrüderung*. Sie forderten die Gründung von Konsumgenossenschaften, Unterstützungskassen für den Krankheitsfall, ferner das allgemeine Wahlrecht und das **Koalitionsrecht**. Das Scheitern der Revolution von 1848/49 und die darauf folgende Phase reaktionärer Politik in vielen deutschen Staaten führten aber zu einem Verbot aller Arbeitervereine.

Erst in den 1860er-Jahren wurde die Bildung von Arbeiterparteien möglich. 1863 gründete **Ferdinand Lassalle** den *Allgemeinen Deutschen Arbeiterverein* (ADAV). Im Gegensatz zu Marx hielt er es für möglich, die Soziale Frage durch Reformen zu lösen und dabei die staatliche Grundordnung und das Privateigentum beizubehalten. Um dieses Ziel zu erreichen, mussten jedoch die Arbeiter einen größeren Einfluss auf die Politik gewinnen. Daher war eine zentrale Forderung Lassalles die Einführung des allgemeinen, gleichen, direkten und geheimen Wahlrechts, damit die Arbeiter ihre Interessen auch politisch vertreten konnten.

Ferdinand Lassalle (1825-1864): Sohn eines jüdischen Kaufmanns aus Breslau; Philosoph, Journalist und Politiker

1869 gründeten *Wilhelm Liebknecht* und **August Bebel** in Eisenach eine zweite Arbeiterpartei: die *Sozialdemokratische Arbeiterpartei* (SDAP), die marxistisch geprägt war und die Revolution als Mittel zur Überwindung der sozialen Probleme anstrebte. Um die Kräfte zu bündeln, arbeiteten die SDAP und Lassalles Arbeiterverein zusammen und vereinigten sich 1875 in Gotha zur *Sozialistischen Arbeiterpartei Deutschlands* (SAPD). Das Gothaer Programm der Partei war sowohl von marxistischen Ideen beeinflusst als auch von Lassalles Programm geprägt (▸ M2). Bei den Reichstagswahlen 1877 konnte die neue Partei erste Erfolge verbuchen: Sie erhielt 9,1 Prozent der Stimmen und konnte zwölf Abgeordnete in den Reichstag entsenden.

August Bebel (1840-1913): Drechsler, Politiker und Publizist; 1869 Mitbegründer der „Sozialdemokratischen Arbeiterpartei", die sich ab 1890 „Sozialdemokratische Partei Deutschlands" (SPD) nannte. Bebel war ab 1871 Reichstagsabgeordneter und ab 1892 Mitglied des SPD-Parteivorstandes.

Weite Kreise des Bürgertums empfanden die Sozialdemokratie als eine Bedrohung ihres Besitzstandes. Reichskanzler Otto von Bismarck* versuchte daher, die Partei durch das *Sozialistengesetz* (1878-1890) zu unterdrücken und mithilfe staatlicher Sozialgesetzgebung die Arbeiter für sich zu gewinnen. Damit scheiterte er jedoch. Als 1890 das „Sozialistengesetz" aufgehoben wurde, gründete sich die Partei in Halle neu und nannte sich nun *Sozialdemokratische Partei Deutschlands* (SPD). Zu den zentralen Forderungen der Partei gehörten die Vergesellschaftung der Produktionsmittel, der Acht-Stunden-Tag, das Verbot der Kinderarbeit und das Koalitionsrecht. Obwohl die Sozialdemokratie im politischen System des Kaiserreiches auch nach der Aufhebung des „Sozialistengesetzes" in eine Außenseiterrolle gedrängt wurde, wuchs ihre Anhängerschaft stetig. 1912 wurde sie mit 34,8 Prozent der Stimmen und 110 Abgeordneten sogar die stärkste Fraktion im Reichstag und blieb dies auch bis zum Ende des Kaiserreiches.

* **Otto von Bismarck**: Siehe S. 62.

▲ **Polizeieinsatz gegen streikende Bergarbeiter im Ruhrgebiet.**
Foto vom März 1912.
Am 11. März 1912 legten rund 170 000 Bergleute im Ruhrgebiet die Arbeit nieder, um höhere Löhne und bessere Arbeitsbedingungen durchzusetzen. Es war der erste geplante Streik in der deutschen Gewerkschaftsbewegung. Er scheiterte jedoch: Angesichts des eingesetzten Militärs, vor allem aber wegen der mangelnden Solidarität und des Streits zwischen den konkurrierenden Richtungsgewerkschaften gaben die Bergleute nach einer Woche auf.

Die Gewerkschaften Koalitionsverbote, die den Zusammenschluss von Arbeitern untersagten, sowie das Verbot von Streiks behinderten zunächst die Entstehung von Gewerkschaften nach englischem Vorbild. Erst seit den Sechzigerjahren konnten sich die Arbeitervereinigungen wirksam für die Interessen ihrer Mitglieder einsetzen. Jetzt wurde eine Vielzahl von Gewerkschaften gegründet, die sich teils eng an die Arbeiterparteien anlehnten. 1877 hatten die den Sozialdemokraten nahe stehenden *Freien Gewerkschaften* rund 52 000 Mitglieder. Die nach Aufhebung des „Sozialistengesetzes" als Dachorganisation aller Einzelgewerkschaften gegründete *Generalkommission der Freien Gewerkschaften* führte ab 1899 eine ganze Reihe großer Streiks durch, womit die Gewerkschaften bessere Arbeitsbedingungen erreichten. Die Mitgliederzahl der Freien Gewerkschaften erhöhte sich von rund 294 000 (1890) auf über 2,5 Millionen (1913).

Neben den sozialdemokratisch ausgerichteten Gewerkschaften entstanden 1868 auch bürgerliche Gewerkschaften unter der Führung von *Max Hirsch* und *Franz Duncker*, die *Hirsch-Duncker'schen Gewerkvereine*. Schließlich gab es mehrere *Christliche Gewerkschaften*, die sich erst 1901 zum *Gesamtverband der christlichen Gewerkschaften Deutschlands* zusammenschlossen. Gemessen an den Mitgliederzahlen und in ihrer Bedeutung blieben die bürgerlichen und christlichen Gewerkschaften aber weit hinter den Freien Gewerkschaften zurück.

Initiativen im Bereich der christlichen Kirchen Die großen sozialen Probleme, die mit der Industrialisierung einhergingen, führten lange Zeit zu keinem Engagement der Amtskirchen. Zu dieser passiven Haltung trug ein konservatives Weltbild bei, das die Solidarität mit Sozialisten und Kommunisten ablehnte. Hinzu kam ein generelles Misstrauen gegenüber der Industrialisierung und den von ihr verursachten sozialen Veränderungen. So blieb sowohl in der katholischen wie in der evangelischen Kirche das Engagement auf die Initiative Einzelner beschränkt. Der evangelische Pastor *Johann Hinrich Wichern* gründete 1833 in Hamburg das *Rauhe Haus*, das sich um alleinstehende Jugendliche bemühte. Diese erhielten eine handwerkliche oder hauswirtschaftliche Ausbildung und sollten zu verantwortungsbewussten Menschen erzogen werden. Für die Sozialarbeit in der evangelischen Kirche richtungweisend wurde die von Wichern 1848 angeregte *Innere Mission*, die zur Entstehung zahlreicher sozialer Einrichtungen der evangelischen Kirche (Krankenanstalten, Altersheime usw.) führte.

Auf katholischer Seite engagierten sich besonders der Kölner Domvikar *Adolph Kolping* und der Mainzer Erzbischof *Wilhelm von Ketteler*, um die Lage der Arbeiter zu verbessern. Die von Kolping gegründeten katholischen Gesellenvereine unterstützten seit 1849 vor allem die wandernden Handwerksgesellen bei der Suche nach preiswerter Unterkunft und Betreuung. Erst am Ende des 19. Jahrhunderts leitete Papst *Leo XIII.* (1878-1903) eine grundsätzliche Neuorientierung im Hinblick auf die sozialen Probleme der Zeit ein. In seinem Rundschreiben an die katholischen Gläubigen, der **Sozialenzyklika** *„Rerum Novarum"* von 1891, forderte der Papst die europäischen Regierungen auf, für Arbeitsschutz und gerechten Lohn Sorge zu tragen. Die praktische Wirkung der Enzyklika blieb jedoch begrenzt.

Enzyklika: päpstliches Rundschreiben

Der Staat greift ein Gemäß den liberalen wirtschaftspolitischen Vorstellungen des 19. Jahrhunderts sollte der Staat so weit wie möglich auf ein Eingreifen in die wirtschaftliche Ordnung verzichten. Daher beschränkten sich auch in Deutschland die gesetzlichen Regelungen auf die Eindämmung der schlimmsten Auswüchse bei der Frauen- und Kinderarbeit. Infolge der Entstehung der Arbeiterparteien nahmen die Ängste des Bürgertums vor einer sozialen Revolution zu. Nach 1871 versuchte Reichskanzler Bismarck, den Zulauf zur Arbeiterbewegung auf zweierlei Weise zu verringern. Durch das „Sozialistengesetz" von 1878 sollten die Arbeiterparteien politisch ausgeschaltet werden. Gleichzeitig nahm Bismarck einige sozialpolitische Forderungen der Arbeiterbewegung auf und versuchte, durch eine fortschrittliche *Sozialgesetzgebung* die Arbeiterschaft mit dem Staat zu versöhnen (▸ M3):

1. Das 1883 erlassene Gesetz über die Einführung einer *Krankenversicherung* schrieb die Mitgliedschaft für alle Arbeiter und einen Teil der Angestellten in Gewerbe- oder Industriebetrieben vor. Die Beiträge für die neu gegründeten Ortskrankenkassen wurden zu zwei Dritteln von den Arbeitnehmern und zu einem Drittel von den Arbeitgebern getragen. Die Versicherten besaßen nun einen Anspruch auf kostenfreie ärztliche Behandlung und eine finanzielle Absicherung im Krankheitsfall (Beihilfe der Ortskrankenkassen in den ersten 13 Wochen nach der Erkrankung).
2. Bei der 1884 eingeführten *Unfallversicherung* trugen ausschließlich die Unternehmer die Kosten für die Beiträge. Der Geschädigte eines Betriebsunfalls musste dem Unternehmer nicht mehr dessen Verschulden nachweisen, um Anspruch auf Versorgung zu erhalten. Die Versicherung übernahm die Arzt- und Heilkosten und sicherte dem Arbeitnehmer für die Dauer seiner Invalidität eine Rente, die zwei Drittel seines Lohnes betrug. Im Todesfall erhielt die Witwe 60 Prozent der Rente ihres verstorbenen Mannes.
3. 1889 wurde die *Alters- und Invaliditätsversorgung* gesetzlich geregelt. Durch die Gründung der Rentenversicherung wurden Arbeitnehmer mit einem niedrigen Einkommen im Alter und im Fall der Erwerbsunfähigkeit abgesichert. Finanziert wurde diese Versicherung zum einen durch Beiträge der Arbeitnehmer und der Unternehmen, zum anderen durch einen staatlichen Zuschuss. Versicherungspflichtig waren alle Arbeitnehmer ab 16 Jahren mit einem jährlichen Lohn von bis zu 2000 Mark. Die Altersrente wurde ab dem 70. Lebensjahr ausbezahlt und richtete sich nach dem Verdienst und der Versicherungsdauer. Wenn ein Arbeitnehmer länger als ein Jahr erwerbsunfähig war, erhielt er eine Invalidenrente.

Dank dieser Gesetze verbesserte sich die soziale Sicherheit der Arbeitnehmer spürbar. Alter und Krankheit waren nun nicht mehr gleichbedeutend mit dem Verlust jeglichen Einkommens. Zwar sorgten die Versicherungen nur für Notfälle vor, trotzdem waren die Arbeiter in Deutschland nun im Vergleich zu anderen europäischen Ländern deutlich besser abgesichert. Die von Bismarck angestrebte Schwächung der Sozialdemokratie wurde mit diesen Maßnahmen allerdings nicht erreicht.

▲ **„Der Segen der Alters- und Invalidenversicherung."**
Abholen der Rente vom Postamt, neu kolorierter Holzstich, um 1890.

1. *„Zuckerbrot und Peitsche" – mit diesen Begriffen wurde Bismarcks Politik gegenüber der Arbeiterklasse charakterisiert. Erläutern Sie die beiden Begriffe.*

2. *Entwerfen Sie einen Kommentar einer sozialdemokratischen Zeitschrift zur Sozialgesetzgebung Bismarcks.*

M1 „Ein Wort an die Angehörigen meiner gewerblichen Anlagen"

Die sogenannte „Große Depression" führt ab 1874 zu Firmenzusammenbrüchen und einer bislang nicht gekannten Streikwelle. Der Unternehmer Alfred Krupp richtet 1877 folgenden Aufruf an seine Arbeiter:

Trotz wiederholter Warnung scheint sich unter einem Teile von Euch der Geist der Sozialdemokratie einschleichen zu wollen. Dieser Geist aber ist verderblich, und jeder Verständige muss ihn bekämpfen, der Arbeiter so gut wie der Arbeitgeber. [...] Um die Lage meiner Arbeiter zu verbessern, war ich von jeher zunächst darauf bedacht, ihnen ein möglichst sorgenfreies Dasein für die Zeiten zu verschaffen, in denen sie selbst nicht mehr arbeiten könnten. Ihr selbst wisst es am besten, wie es mit Kranken, Invaliden und ausgedienten Arbeitern bei uns gehalten wird. Dann habe ich den Arbeitern Wohnungen gebaut, worin bereits 20 000 Seelen untergebracht sind, habe Schulen gegründet, Schenkungen verliehen und Einrichtungen getroffen zur billigen Beschaffung von allem Lebens- und Hausbedarf. Ich habe mich dadurch in eine Schuldenlast gesetzt, die abgetragen werden muss. Damit dies geschehen kann, muss jeder seine Schuldigkeit tun in Frieden und Eintracht und in Übereinstimmung mit unseren Vorschriften.

[...] Unter den schwierigsten Umständen habe ich den Mut gehabt, für meine Leute einzutreten, und behalte ihn auch in der jetzigen schweren Zeit. Ich hoffe, dass wir sie überwinden werden, dass wir Arbeit behalten werden. Alle Kräfte werden dafür nach allen Seiten aufgewandt. Das sollten die Arbeiter dankbar erkennen [...]. Ich gebe Euch nun diesen Rat: Lasst Euch nicht blenden durch schöne Worte und erwartet das Heil nicht von solchen, die einen neuen mühelosen Weg zur Volksbeglückung gefunden haben wollen. Die Angelegenheiten des ganzen Vaterlandes sollen jedem wichtig und teuer sein, aber dazu hilft gar nichts [...] das Schwatzen über politische Angelegenheiten, das ist nur den Aufwieglern willkommen und stört die Pflichterfüllung. Eine ernste Beschäftigung mit der Landespolitik erfordert mehr Zeit und tiefere Einsicht in schwierige Verhältnisse, als Euch zu Gebote steht. Das Politisieren in der Kneipe ist nebenbei sehr teuer, dafür kann man im Hause Besseres haben. Nach getaner Arbeit verbleibt im Kreise der Eurigen, bei den Eltern, bei der Frau und den Kindern. Da sucht Eure Erholung, sinnt über den Haushalt und die Erziehung. Das und Eure Arbeit sei zunächst und vor allem Eure Politik. Dabei werdet Ihr frohe Stunden haben.

Zitiert nach: Gerhard Adelmann u.a. (Hrsg.), Quellensammlung zur Geschichte der sozialen Betriebsverfassung, Bd. 2, Bonn 1965, S. 295

1. *Arbeiten Sie heraus, welche Stellung Krupp dem Arbeiter und dem Unternehmer zuweist.*
2. *Verfassen Sie den kritischen Kommentar eines Sozialdemokraten zu Krupps Aufruf.*

M2 Das Gothaer Programm

Auszug aus dem 1875 beschlossenen Programm der SAPD:

I. [...] In der heutigen Gesellschaft sind die Arbeitsmittel Monopol der Kapitalistenklasse, die hierdurch bedingte Abhängigkeit der Arbeiterklasse ist die Ursache des Elends und der Knechtschaft in allen Formen.

Die Befreiung der Arbeit erfordert die Verwandlung der Arbeitsmittel in Gemeingut der Gesellschaft und die genossenschaftliche Regelung der Gesamtarbeit mit gemeinnütziger Verwendung und gerechter Verteilung des Arbeitsertrages.

Die Befreiung der Arbeit muss das Werk der Arbeiterklasse sein, der gegenüber alle anderen nur eine reaktionäre Masse sind.

II. Von diesen Grundsätzen ausgehend, erstrebt die Sozialistische Arbeiterpartei Deutschlands mit allen gesetzlichen Mitteln den freien Staat und die sozialistische Gesellschaft, die Zerbrechung des ehernen Lohngesetzes[1] durch Abschaffung des Systems der Lohnarbeit, die Aufhebung der Ausbeutung in jeder Gestalt, die Beseitigung aller sozialen und politischen Ungleichheit. [...] Die Sozialistische Arbeiterpartei Deutschlands fordert, um die Lösung der Sozialen Frage anzubahnen, die Errichtung von sozialistischen Produktivgenossenschaften[2] mit Staatshilfe unter der demokratischen Kontrolle des arbeitenden Volkes. Die Produktivgenossenschaften sind für Industrie und Ackerbau in solchem Umfange ins Leben zu rufen, dass aus ihnen die sozialistische Organisation der Gesamtarbeit entsteht.

1. Allgemeines, gleiches, direktes Wahl- und Stimmrecht, mit geheimer und obligatorischer Stimmabgabe aller Staatsangehörigen vom zwanzigsten Lebensjahre an für alle Wahlen und Abstimmungen in Staat und Gemeinde. Der Wahl- oder Abstimmungstag muss ein Sonntag oder Feiertag sein.
2. Direkte Gesetzgebung durch das Volk. Entscheidung über Krieg und Frieden durch das Volk. [...]

1 Nach Ferdinand Lassalle (vgl. S. 109), dem ersten Präsidenten des Allgemeinen Deutschen Arbeitervereins, war der durchschnittliche Arbeitslohn auf ein Minimum beschränkt, das es dem Arbeiter gerade noch erlaubte, seine Existenz zu erhalten.

2 **Produktivgenossenschaft**: wirtschaftliche Vereinigung von Handwerkern, Bauern oder Arbeitern ohne unternehmerische Selbstständigkeit

3. Allgemeine Wehrhaftigkeit, Volkswehr anstelle der stehenden Heere.
4. Abschaffung aller Ausnahmegesetze, namentlich der Press-, Vereins- und Versammlungsgesetze; überhaupt aller Gesetze, welche die freie Meinungsäußerung, das freie Forschen und Denken beschränken.
5. Rechtsprechung durch das Volk. Unentgeltliche Rechtspflege.
6. Allgemeine und gleiche Volkserziehung durch den Staat. Allgemeine Schulpflicht. Unentgeltlicher Unterricht in allen Bildungsanstalten. Erklärung der Religion zur Privatsache.

Die Sozialistische Arbeiterpartei fordert innerhalb der heutigen Gesellschaft:
1. Möglichste Ausdehnung der politischen Rechte und Freiheiten im Sinne der obigen Forderungen.
2. Eine einzige progressive Einkommensteuer für Staat und Gemeinde anstatt aller bestehenden, insbesondere die das Volk belastenden indirekten Steuern.
3. Unbeschränktes Koalitionsrecht.
4. Einen den Gesellschaftsbedürfnissen entsprechenden Normalarbeitstag. Verbot der Sonntagsarbeit.
5. Verbot der Kinderarbeit und aller die Gesundheit und Sittlichkeit schädigenden Frauenarbeit.
6. Schutzgesetze für Leben und Gesundheit der Arbeiter. [...] Überwachung der Bergwerke, der Fabrik-, Werkstatt- und Hausindustrie durch von Arbeitern gewählte Beamte. Ein wirksames Haftpflichtgesetz.

Zitiert nach: Günter Schönbrunn (Bearb.), Das bürgerliche Zeitalter 1815-1914. Geschichte in Quellen, München 1980, S. 878 f.

1. *Stellen Sie tabellarisch diejenigen Forderungen, die innerhalb des Kaiserreiches durchzusetzen wären, und diejenigen, die nur als Folge einer Revolution erreichbar wären, einander gegenüber.*

2. *Charakterisieren Sie das Gothaer Programm. War es eher marxistisch oder eher von Lassalle geprägt?*

3. *Entwerfen Sie ein Streitgespräch zwischen einem Anhänger Lassalles und einem Marxisten über das Gothaer Programm der SAPD.*

M3 Gründe und Ziele staatlicher Sozialpolitik

Reichskanzler Otto von Bismarck in der Beratung des ersten Unfallversicherungsgesetzes im Reichstag am 2. April 1881:

Seit fünfzig Jahren sprechen wir von einer Sozialen Frage. [...] Ich halte es für meinen Beruf, diese Fragen ohne Parteileidenschaft [...] in Angriff zu nehmen, weil ich nicht weiß, wer sie mit Erfolg in Angriff nehmen soll, wenn es die Reichsregierung nicht tut. [...]

Ich bin nicht der Meinung, dass das „laisser faire, laisser aller“[1], „das reine Manchestertum[2] in der Politik“, „Jeder sehe, wie er's treibe, jeder sehe, wo er bleibe“, „Wer nicht stark genug ist zu stehen, wird niedergerannt und zu Boden getreten“, „Wer da hat, dem wird gegeben, wer nicht hat, dem wird genommen“, dass das im Staat, namentlich in dem monarchischen, landesväterlich regierten Staat Anwendung finden könne. [...]

Aber umsonst ist der Tod! Wenn Sie nicht in die Tasche greifen wollen und in die Staatskasse, dann werden Sie nichts fertig bekommen. Die ganze Sache der Industrie aufzubürden – das weiß ich nicht, ob sie das ertragen kann. Schwerlich geht es bei allen Industrien. Bei einigen ginge es allerdings; es sind das diejenigen Industriezweige, bei welchen der Arbeitslohn nur ein minimaler Betrag der Gesamtproduktionskosten ist. [...] Ob man den Beitrag auf die Arbeiter oder auf die Unternehmer legt, das halte ich für ganz gleichgültig. Die Industrie hat ihn in beiden Fällen zu tragen, und was der Arbeiter beiträgt, das ist doch notwendig schließlich zulasten des ganzen Geschäfts. Es wird allgemein geklagt, dass der Lohn der Arbeiter im Ganzen keinen Überschuss und keine Ersparnis gestatte. Will man also dem Arbeiter zu dem eben noch ausreichenden Lohn noch eine Last auferlegen, ja, dann muss der Unternehmer diese Mittel zulegen, damit der Arbeiter die Last tragen kann.

Otto von Bismarck, Werke in Auswahl, hrsg. von Alfred Milatz, Bd. 6, Darmstadt 1973, S. 515-521

1. *Fassen Sie Bismarcks Erwägungen über die Finanzierbarkeit der Unfallversicherung zusammen.*

2. *Arbeiten Sie heraus, warum sich Bismarck gegen das „Laisser faire“-Prinzip ausspricht.*

3. *Erörtern Sie, ob Bismarck Recht hat, wenn er behauptet, die Soziale Frage bestehe bereits seit 50 Jahren. Welche Aufgaben für die Regierung leitet er daraus ab?*

[1] **laisser faire, laisser aller** (franz.): tun, gehen lassen; hier etwa: Treibenlassen aller Dinge

[2] **Manchestertum**: Bezeichnung für einen extremen Wirtschaftsliberalismus ohne staatliche Eingriffe, benannt nach dem britischen Manchester, dem damaligen Zentrum der Textilindustrie

Geschichte kontrovers

Die Industrialisierung – Fortschritt für alle?

Die Industrialisierung löste einen tief greifenden ökonomischen und sozialen Strukturwandel aus. Unbestreitbar ist die Erhöhung des materiellen Wohlstandes der Menschen in den industrialisierten, westlichen Gesellschaften gegenüber der Zeit vor 200 Jahren. Kontrovers dagegen wird debattiert, ob die Industrialisierung aus ihrer wirtschaftlichen Dynamik heraus allen sozialen Schichten gleichermaßen und von Anfang an zu mehr materiellem Wohlstand verholfen hat oder ob die Teilhabe zuallererst politisch herbeigeführt werden musste. Bereits zeitgenössische Ökonomen wie Adam Smith sowie Karl Marx und Friedrich Engels äußerten sich zur Notwendigkeit politischen Eingreifens. Bis heute existieren gegensätzliche Interpretationen zu der Frage: Fortschritt für alle allein durch die Industrialisierung?

▸ **Wohnzimmer einfacher Bürger.**
Foto um 1900.

- *Vergleichen Sie die Wohnsituation mit jener der Familie auf S. 115 und ziehen Sie Rückschlüsse auf die berufliche Tätigkeit und den Bildungsgrad der abgebildeten Personen.*

M1 Industrialisierung – verringerte Ungleichheit?

Der Wirtschaftswissenschaftler Gregory Clark, Professor für Volkswirtschaft an der Universität Davis in Kalifornien, gelangt 2007 zu folgendem Urteil über die Industrialisierung:

Die Industrielle Revolution wurde durch die Erweiterung von (Fach-)Wissen angetrieben. Erstaunlicherweise haben unqualifizierte Arbeiter jedoch mehr Gewinne als jede andere Gruppe erzielt. Marx und Engels, die im *„Kommunistischen Manifest"* 1848 düstere Voraussagen verkündeten, hätten bezüglich des Schicksals der unqualifizierten Arbeiter nicht falscher liegen können. [...] Die Realität ist nämlich eine ganz andere. 1815 stiegen die Reallöhne für Landarbeiter sowie für städtische ungelernte Arbeiter unaufhaltsam, was einen Wohlstand für diese Gruppen nach sich zog. Sogar die Gewinne auf landwirtschaftliche wie industrielle Investitionen überstiegen anfangs nicht die von Arbeitskräften. 1760 bis 1860 nahmen die Reallöhne in England stärker als die Produktivität zu. Die Erfinder, die Kapitaleigner, die Landbesitzer und die hochqualifizierten Arbeiter erhielten bescheidene oder überhaupt keine Vergütungen auf die Weiterentwicklung ihres Wissens. So hat das moderne Wachstum, von dem die am meisten benachteiligten Gruppen in der vorindustriellen Gesellschaft, besonders die unqualifizierten Arbeiter, profitierten, von Beginn an die soziale Ungleichheit verringert [...].
In Bezug auf die allgemeinen Lebensverhältnisse und Lebensperspektiven der Reichen wie der Armen scheint die Industrielle Revolution die sozialen Unterschiede verkleinert zu haben, sogar mehr als die Einkommens- und Vermögensverhältnisse es allein nahe legen.

Gregory Clark, A Farewell to Alms. A brief economic history of the world, Princeton 2007, S. 272-273 und 284 (übersetzt von Rolf Schulte)

M2 Industrialisierung – vergrößerte Ungleichheit?

Professor Jan-Luiten van Zanden lehrt Wirtschaftsgeschichte an der Universität Utrecht in den Niederlanden, Professor Sevket Pamuk an der London School of Economics. In ihrer 2010 veröffentlichten Studie über Lebensstandards kommen sie in Bezug auf die Wirkungen der Industrialisierung zu folgendem Fazit:

Diese Einschätzung zeigt, dass die Befürchtungen von Friedrich Engels über die wachsende Ungleichheit und die fortgesetzte Armut der Masse der arbeitenden Bevölkerung Großbritanniens nachvollziehbar waren, aber er hatte nicht in allen Punkten Recht. Fest steht, dass sich das ökonomische Wachstum in der Periode von 1700 bis 1870 beschleunigte – in Nordwest-Europa früher und ausgeprägter als auf dem restlichen Kontinent –, dass die Reallöhne hinterherzuhinken tendierten (und wiederum auch hier in Nordwest-Europa höher lagen als anderswo) und dass die reale Verbesserung anderer Indikatoren des Lebensstandards – Körpergröße, Kindersterblichkeit, Lese- und Schreibfähigkeit – sich oft (und speziell im britischen Fall) deutlich verzögerten. Die Früchte der Industriellen Revolution verteilten sich sehr ungleich über den Kontinent, sowohl auf der räumlichen Ebene (aber das ist vielleicht ganz und gar nicht überraschend, da die Industrielle Revolution in einem Winkel Europas entstand) als auch auf der sozioökonomischen Ebene. Die räumliche Ungleichheit nahm zu und die soziale Ungleichheit explodierte, besonders in den Teilen Europas, die am meisten von dem neuen Industriezeitalter profitierten. [...] Die Industrialisierung in Westeuropa ereignete sich daher in einer Umgebung von hoher sozialer Ungleichheit und sie neigte dazu, diese noch zu verschärfen. [...] Was politische Rechte und den Schutz der Eigentumsrechte angeht, mögen die Bürger Westeuropas in einer besseren Lage als die Einwohner anderer Teile der Welt gewesen sein. Im Gefolge der „Atlantischen Revolution“[1] und natürlich im Besonderen der Französischen Revolution entwickelten sich neue Vorstellungen von Bürgerrechten, die – zumindest in der Theorie – den Bürgern Westeuropas wachsende politische Macht gaben. Diese Entwicklung wurde auch nicht wirklich durch die konservative Bewegung in der nationalen wie internationalen Politik in den Jahrzehnten nach 1815 aufgehoben. [...] Und wieder bildeten die eher schwierigen Umformungen politischer Systeme[2] die Grundlage für den wirklichen Fortschritt, der sich in der zweiten Hälfte des 19. Jahrhunderts vollzog.

Sevket Pamuk und Jan-Luiten van Zanden, Standards of living, in: Stephen Broadberry und Kevin H. O'Rourke, The Cambridge Economic History of Modern Europe I. 1700 - 1870, Cambridge 2010, S. 233 - 234 (übersetzt von Rolf Schulte)

▲ **Blick in ein Berliner Hinterhofzimmer.**
Foto von 1903.
Der 7 qm große Raum diente der ganzen Familie als Wohn- und Schlafstube zugleich. In Berlin wurden um 1900 rund 2 000 Haushalte gezählt, die nur aus einem Raum bestanden.

1. *Nennen Sie anhand von M1 und M2 die Unterschiede, aber auch Gemeinsamkeiten in der Einschätzung. Erläutern Sie, auf welchen Grundlagen die Ergebnisse basieren.*
2. *Überprüfen Sie die Stellungnahmen M1 und M2 anhand der Informationen im Darstellungstext auf S. 90 - 92 und 100 - 102.*
3. *Die Industrialisierung – Fortschritt für alle? Nehmen Sie Stellung.*

[1] **Atlantische Revolution**: die Ereignisse, die zur Unabhängigkeit der Vereinigten Staaten und zur Einführung einer parlamentarischen Demokratie in Nordamerika führten und Auswirkungen auf den gesamten atlantischen Raum hatten

[2] Die Autoren erläutern diese These an anderer Stelle genauer: „Der Aufstieg der parlamentarischen Demokratie während der zweiten Hälfte des 19. Jahrhunderts führte zu einem wachsenden Bildungsangebot, das zu einer weiteren Beschleunigung des Wachstums führte und soziale Programme hervorbrachte, die darauf abzielten, Einkommen auf die unteren sozialen Schichten zu übertragen.“

Globale wirtschaftliche Verflechtungen und Rivalitäten

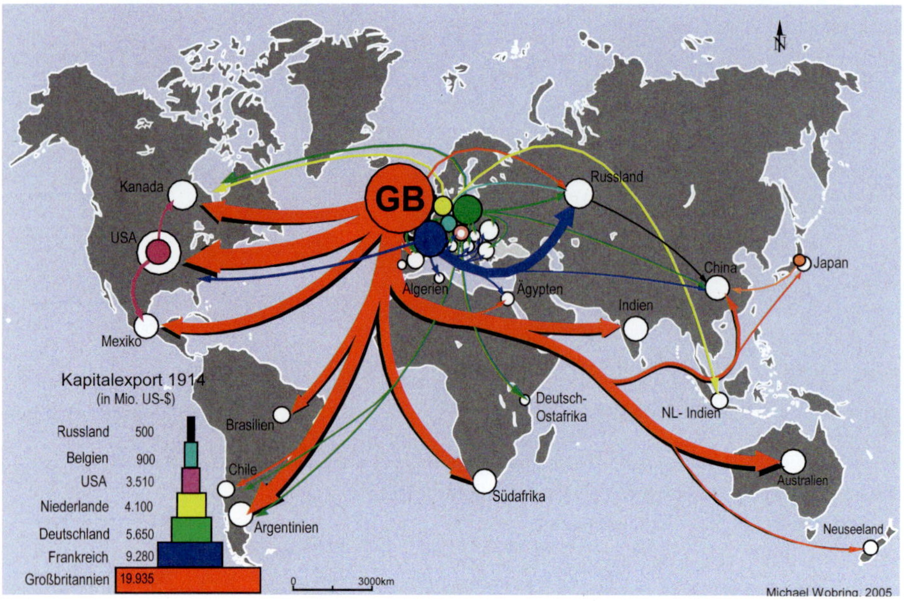

▲ **Internationale Kapitalbewegungen 1875-1914.**
Quellen: Geoffrey Barraclough, The Time Atlas of World History, London 1984; Irving Stone (Hrsg.), The Global Export of Capital from Great Britain, 1865-1914 (Michael Wobring, Augsburg)

Analysieren Sie die Karte. Erklären Sie die finanziellen Verflechtungen. Welche Schwerpunkte und mögliche Konfliktzonen sind erkennbar?

Eine globale Infrastruktur entsteht Der Welthandel entwickelte sich parallel zur Hochindustrialisierung von der Mitte bis zum Ende des 19. Jahrhunderts außerordentlich. Er erreichte damals Dimensionen, die er erst wieder wenige Jahrzehnte vor dem ausgehenden 20. Jahrhundert erreichte.

Der internationale Warenaustausch wurde beeinflusst von fundamentalen Umwälzungen im Verkehrs-, Nachrichten- und Bankwesen. Die Transportkapazitäten hatten sich gewaltig verändert. Eisenbahnlinien führten nun direkt von den Industriestandorten zu Überseehäfen, und Reedereien dehnten ihre Dampfschifffahrtslinien über den gesamten Globus aus. Der elektrische Telegraf, die Eröffnung der europäisch-asiatischen Kabellinie (1863), die zwei transatlantischen Kabel (1866) und das Telefon (ab 1878) revolutionierten die Kommunikationsmöglichkeiten und beschleunigten die globale Integration. Außerdem sorgten Banken dafür, dass der Welthandel und Kapitalaustausch funktionierten. Alle nationalen Währungen waren durch den Goldstandard zu einer Art „Weltwährung" zusammengeschlossen. Sie konnten leicht und ohne Wechselkursrisiko ausgetauscht werden. Aber auch die stark gewachsene Bevölkerung sowie die gewaltigen Migrationsströme des 19. Jahrhunderts förderten die internationalen ökonomischen Verflechtungen (▸ M).

Freihandel kontra Schutzhandel Wer profitierte von dieser Entwicklung und wer nicht? Sollte man den freien Welthandel begrüßen und die den Handel behindernden Zölle abschaffen? Diese Fragen waren damals genauso umstritten, wie sie es heute angesichts der Globalisierung noch sind.

Das industrialisierte Großbritannien mit seinen Kolonien setzte sich zunächst für einen Freihandel ein und hob Zölle und Handelsschranken auf. Da die anderen Staaten dem Beispiel kaum folgten, führten die Briten bald wieder Zölle ein.

Die meisten europäischen Regierungen verfolgten ab 1870 eine Zollpolitik, um ihre Volkswirtschaften vor billigen ausländischen Importen zu schützen. Das trug zu wirtschaftlichen Rivalitäten zwischen den Staaten bei. Auch im Deutschen Reich, dessen Industrieproduktion um 1900 in Europa den zweiten Rang einnahm, wurden – zum Vorteil für die Industrie und Großagrarier und zum Nachteil für die Verbraucher – Industrie und Landwirtschaft durch eine Zollpolitik staatlich protektioniert.

Internettipp:
Zur Schutzzollpolitik siehe den Beitrag von Nina Reusch auf der Homepage des Deutschen Historischen Museums (LeMO).

Stellen Sie gegenüber: Wer profitierte vom Freihandel, wer von hohen Zöllen und wer litt darunter? Informieren Sie sich dazu noch über die deutsche Schutzzollpolitik im Kaiserreich.

M Entstehung der Weltwirtschaft

Die Historiker Jürgen Osterhammel und Niels P. Petersson über die Ausweitung der Weltwirtschaft im 19. Jahrhundert:

In der Ära des Freihandels (1846-1880) wurden, weitgehend unbeeinträchtigt von staatlicher Reglementierung, zahlreiche weltweite wirtschaftliche Beziehungen geknüpft. [...]
(1) Das Volumen des Welthandels erhöhte sich zwischen 1800 und 1913 um das 25-Fache. Ein großer Schub der Handelsexpansion setzte in den 1850er-Jahren ein; ab Mitte der 1870er beschleunigte sich das Wachstum des Handels noch einmal außerordentlich. Der Welthandel wuchs viel schneller als die Weltproduktion. Drei Viertel des internationalen Handels konzentrierten sich allerdings in Europa und innerhalb eines Dreiecks, dessen Ecken Westeuropa, Nordamerika und Australien/Neuseeland bildeten; unter den Kolonien waren nur Indien und Südafrika wichtige Subzentren. Die sich industrialisierenden Länder, an erster Stelle Großbritannien, waren die Herren und Organisatoren der neuen Phase weltwirtschaftlicher Integration. Dennoch blieben Nischen für regionale Netze indischer, chinesischer, armenischer (usw.) Kaufleute. [...]
(2) Niemand machte unmittelbarere Erfahrung mit Globalisierung als diejenigen, die sich in einem fremden Teil der Welt ansiedelten. Innerhalb Europas mit seiner schon traditionell ungewöhnlich mobilen Bevölkerung entstand im Verlauf des 19. Jahrhunderts „eine neue transnationale Migrationstopografie". Exportierende Räume waren Süd-, Südost- und Osteuropa, die wichtigsten Zuwanderungsräume Deutschland, Frankreich und die Schweiz. Diese Bevölkerungsbewegungen verblassten gegenüber den Wanderungen in andere Teile der Welt. Man hat geschätzt, dass zwischen 1850 und 1914 etwa 60-70 Millionen Menschen ihre Heimat verließen, ohne dorthin zurückzukehren. Dazu zählen 40-45 Millionen Europäer, die nach Übersee auswanderten, überwiegend nach Nord- und Südamerika, 7 Millionen Immigranten ins asiatische Russland sowie 11 Millionen Inder, Chinesen und Japaner, die zumeist als Kontraktarbeiter („Kulis") in fremde Länder (Südostasien, die USA, die Karibik, Ost- und Südafrika) gelangten. Obwohl der Sklavenhandel seit seinem Verbot durch das britische Parlament 1807 immer mehr zurückgedrängt wurde, wurden zwischen 1811 und 1867 nicht weniger als 2,7 Millionen Afrikaner als Sklaven nach Amerika verkauft. Immigranten verloren sich selten sogleich in ihrer neuen Umgebung. Sie bildeten Herkunftsgemeinschaften – im Extremfall selbstgenügsame „Chinatowns" – und stärkten damit den multiethnischen Charakter ihrer Aufnahmeregionen. Da die Diasporas zumeist Verbindungen in die alte Heimat aufrechterhielten, überzog die Fernmigration des 19. Jahrhunderts den Globus mit einem Geflecht transozeanischer Verwandtschaftsbeziehungen. Auch ökonomisch trugen die Migranten zu globaler Integration bei. Sie erschlossen Pioniergrenzen („frontiers"), waren gute Kunden für die Erzeugnisse ihrer Herkunftsländer, erhöhten die globale Gesamtproduktivität durch effizientere Ressourcennutzung (Arbeitsteilung, bessere Standorte) und gründeten häufig selbst neue Unternehmen und Geschäftszweige. Aufstieg und andauernder Erfolg der USA als führender Wirtschaftsmacht sind ohne die Beiträge der Einwanderer des 19. Jahrhunderts nicht erklärbar.
(3) Erstmals wurde es nun möglich, Massengüter über große Distanzen zu verschicken. Auch hier wurde um 1880 eine Schwelle überschritten. Die fortschreitende Integration des atlantischen Kerns begann, sich in einer zunehmenden Angleichung von Güterpreisen und Reallöhnen zwischen Westeuropa und Nordamerika zu zeigen. Der Niedergang des britischen Getreideanbaus und die Umstellung Großbritanniens auf Fertigwarenexporte und Getreideimporte nach der Abschaffung der Corn Laws 1846 sind erste Beispiele für die strukturverändernde Wirkung dieser neuen Form weltwirtschaftlicher Arbeitsteilung. Regionale Märkte reagierten aufeinander mit neuartiger Schnelligkeit und Sensibilität.
(4) Das untrüglichste Anzeichen engerer globaler Zusammenhänge war das Auftreten weltweit spürbarer Konjunkturbewegungen. Die sogenannte „Große Depression" oder „Gründerkrise", die 1873 begann, ließ weltweit die Güterpreise fallen. Noch nachhaltiger machte sich eine Expansion der Nachfrage nach 1896 auf allen Kontinenten günstig bemerkbar: die erste globale Hochkonjunktur.

Jürgen Osterhammel und Niels P. Petersson, Geschichte der Globalisierung. Dimensionen, Prozesse, Epochen, München [5]2012, S. 60-63

1. *Überprüfen Sie die Zusammenhänge zwischen Welthandel, Migrations- und Kapitalströmen. Nutzen Sie dazu auch die Karte auf S. 116.*

2. *Gestalten Sie grafisch die Migrationsströme des 19. Jahrhunderts.*

Blick zurück nach vorn

Baumwolle – Sklaverei und Armut gestern und heute

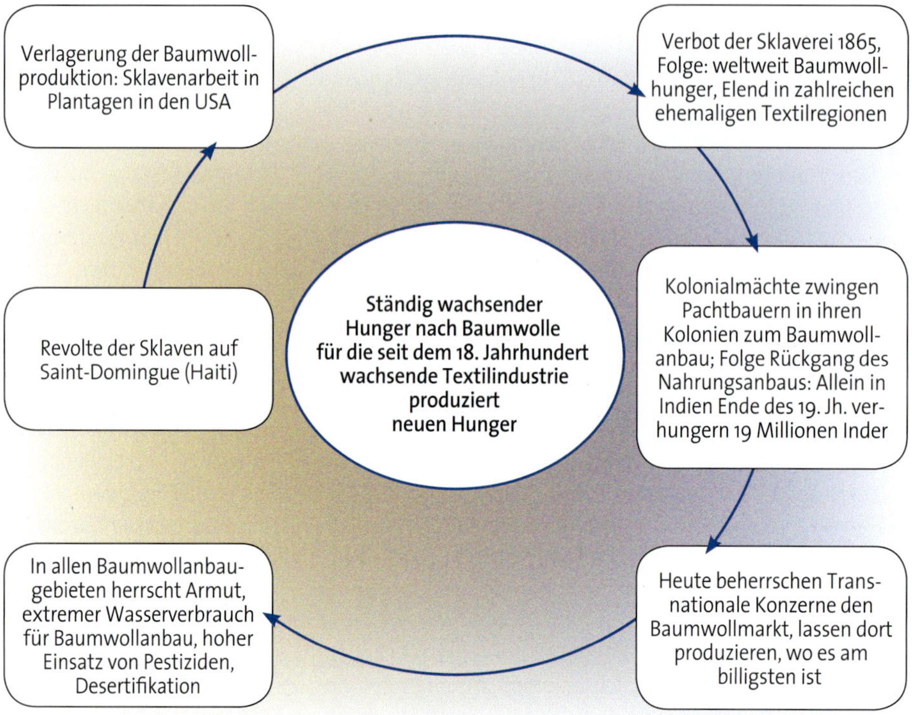

▲ **Der „Hunger nach Baumwolle" – und die Folgen.**

M Blutige Ernte

Der in Harvard an der Ostküste der USA lehrende deutsche Historiker Sven Beckert schreibt 2015 in einem Zeitungsbeitrag über den Baumwollanbau seit dem 18. Jahrhundert bis in die Gegenwart:

Wenn wir die Geschichte des Kapitalismus betrachten, schauen wir gewöhnlich auf die Industrie, auf Städte und Lohnarbeiter. Wir vergessen leicht, dass sich ein großer Teil der Veränderungen, die mit dem Aufstieg des modernen Kapitalismus verbunden sind, auf dem Land vollzogen. Infolge der Industriellen Revolution im späten 18. Jahrhundert geriet der ländliche Raum unter enormen Druck, Rohstoffe und Arbeitskräfte bereitzustellen und im Gegenzug Fertigprodukte zu beziehen. Die Baumwolle stand im Mittelpunkt dieser Entwicklung, denn die Industrie hatte ihren Ursprung überall im Spinnen und Weben, und je schneller und effektiver die Spinn- und Webmaschinen wurden, desto größere Mengen an Rohbaumwolle verlangten die europäischen und nordamerikanischen Produzenten.
Diese kam fast ausschließlich von den Sklavenplantagen des amerikanischen Kontinents – zunächst aus Brasilien und der Karibik. Die Vereinigten Staaten drängten in den 1790er-Jahren auf den Weltmarkt, nachdem sich die Sklaven auf Saint-Domingue (dem heutigen Haiti) in einer Revolution gegen ihre Herren erhoben hatten. Zuvor war Saint-Domingue der wichtigste Baumwollproduzent der Welt gewesen. Nun gingen die USA in Führung: Im Jahr 1800 kamen 25 Prozent der Baumwolle, die in Liverpool gelöscht wurde, aus den amerikanischen Südstaaten. Fünfzig Jahre später war dieser Anteil auf 72 Prozent gestiegen. Amerika beherrschte die Weltmärkte wie nur wenige Rohstoffproduzenten zuvor oder seitdem. ...
[Durch das Verbot der Sklaverei in den USA 1865 änderte sich die Situation grundlegend.] Wie das Ölembargo der Nahoststaaten in den Siebzigerjahren des 20. Jahrhunderts hatte sie weitreichende Folgen. Von einer „Baumwollhungersnot"

sprach man später. Hunderttausende verloren in ganz Europa ihren Arbeitsplatz, Elend und soziale Unruhen breiteten sich in den Textilzentren Großbritanniens, Frankreichs, Deutschlands, Belgiens, der Niederlande und Russlands aus. Im Elsass hingen Plakate mit der Parole „Du pain ou la mort" – „Brot oder Tod".

Da in den ersten 80 Jahren nach Beginn der Industriellen Revolution kaum Baumwolle aus sklavenfreier Produktion auf den Weltmarkt gekommen war, glaubten viele Beobachter, dass dem Industriekapitalismus eine grundlegende, langfristige Krise bevorstehe. Als der Unionsgeneral John C. Frémont im Herbst 1861 in Missouri die ersten Sklaven befreite, sorgte sich die britische Zeitschrift *The Economist*, diese „schreckliche Maßnahme" könne sich auf andere Bundesstaaten im Süden der USA ausbreiten und „völligen Ruin und allgemeine Verödung über diese fruchtbaren Landstriche bringen", gleichermaßen über die Kaufleute in Boston und New York, deren Wohlstand immer schon in großem Ausmaß auf Sklavenarbeit gegründet gewesen sei. […]

Drei Generationen lang war die Sklaverei für Europas Baumwollindustrie unabdingbar gewesen. Nun wurde der begehrte Rohstoff von Pachtbauern produziert. Die neue Stärke des europäischen und nordamerikanischen Kapitals ebnete den Weg dafür – und ging jene Aufgabe an, die der *Economist* 1865 in deutlichen Worten umrissen hatte: „Es ist klar, dass die dunklen Rassen auf die eine oder andere Art dazu bewegt werden müssen, den Weißen willig zu gehorchen." […]

Diese Ausweitung des Anbaus ließ eine neue Welle der Gewalt hereinbrechen über weite Teile des ländlichen Raums, nicht nur in den Südstaaten der USA, wo die befreiten Sklaven zu Opfern eines neuen Unrechtssystems wurden, das ihnen keine andere Wahl ließ, als weiter Baumwolle anzubauen, und sie schließlich, 30 Jahre später, unter dem fadenscheinigen Motto *Separate but equal* – *„Getrennt, aber gleich"* – zu Bürgern zweiter Klasse degradierte. Auch die europäischen Mächte führten in ihren Kolonien ein brutales Regime und zwangen Pachtbauern, Baumwolle für den Export zu pflanzen. Noch in den Siebzigerjahren rief das Wort *algodão*, Baumwolle, in Mosambik, einer ehemaligen portugiesischen Kolonie, eine einhellige Assoziation hervor: Leiden.

Die Sklaverei war aus dem Baumwoll-Empire verschwunden, die Ära des Kriegskapitalismus mit der Verschleppung von versklavten Arbeitern, der Enteignung der Ureinwohner in beiden Teilen Amerikas und der Kontrolle des Welthandels durch bewaffnete Unternehmer war vorbei. Zwang, Unterdrückung und Ausbeutung aber herrschten auch weiterhin. Die Neustrukturierung des ländlichen Raums war für die Bauern zudem ungeheuer riskant: Preisstürze und politische Repression verursachten extreme Armut. In Indien verhungerten nach Schätzungen der britischen Medizinfachzeitschrift *The Lancet* am Ende des 19. Jahrhunderts etwa 19 Millionen Baumwollbauern, weil ihre Ernten nicht genug Geld brachten, um ausreichend Nahrungsmittel zu kaufen. Hätte die britische Kolonialmacht sie nicht genötigt, den Weltmarkt mit immer mehr und immer billigerer Baumwolle zu bedienen, hätten sie sich selbst versorgen können, und es wäre es nicht zu einer solchen Katastrophe gekommen.

Anstelle von Händlern und Handelsvereinigungen spielten in diesem neuen System die aufstrebenden Nationalstaaten die entscheidende Rolle. Sie strukturierten und regulierten Pachtverhältnisse und Lohnarbeit, errichteten Infrastrukturen, besetzten neue Territorien und durchdrangen diese administrativ, juristisch und militärisch. Dieser Industriekapitalismus eröffnete einen fundamental neuen Abschnitt in der Geschichte der Ökonomie, doch er trug das gewalttätige Erbe der Sklaverei noch in sich.

Heute wird der Baumwollmarkt von transnational agierenden Konzernen dominiert, und auch die Anbauregionen haben sich gewandelt. Immer noch aber sind Elend, Unterdrückung und beträchtliche staatliche Einmischung für sie charakteristisch. […] Immer noch werden in vielen Ländern Kinder gezwungen, Baumwolle zu ernten. Die Anbaugebiete im westlichen Afrika sind von Armut geprägt.

Weltweit beteiligen sich etwa 110 Millionen Haushalte am Anbau von Baumwolle. Das Land und die Landwirtschaft sind für die moderne Ökonomie weiterhin äußerst wichtig. Die Geschichte des Kapitalismus verlangt daher nach einer globalen Perspektive, die Industrie und Landwirtschaft zusammendenkt. Nur so lässt sich begreifen, wie dieses ungeheuer produktive und oft gewalttätige System modernen Wirtschaftens entstand – und wie es die Welt schuf, in der wir leben.

Sven Beckert, Blutige Ernte, in: Die Zeit Nr. 51 vom 17. Dezember 2015, S. 21

1. *Fassen Sie die Analyse von Beckert thesenartig zusammen.* **(Analysekompetenz)**
2. *Erklären Sie, warum man in manchen Läden eine Jeans für 9 Euro kaufen kann, und kommentieren Sie diesen Sachverhalt.* **(Urteilskompetenz)**
3. *Recherchieren Sie, wo heute die Anbaugebiete von Baumwolle liegen und welche sozialen Verhältnisse dort herrschen.* **(Wahrnehmungskompetenz)**

Imperialismus und Erster Weltkrieg

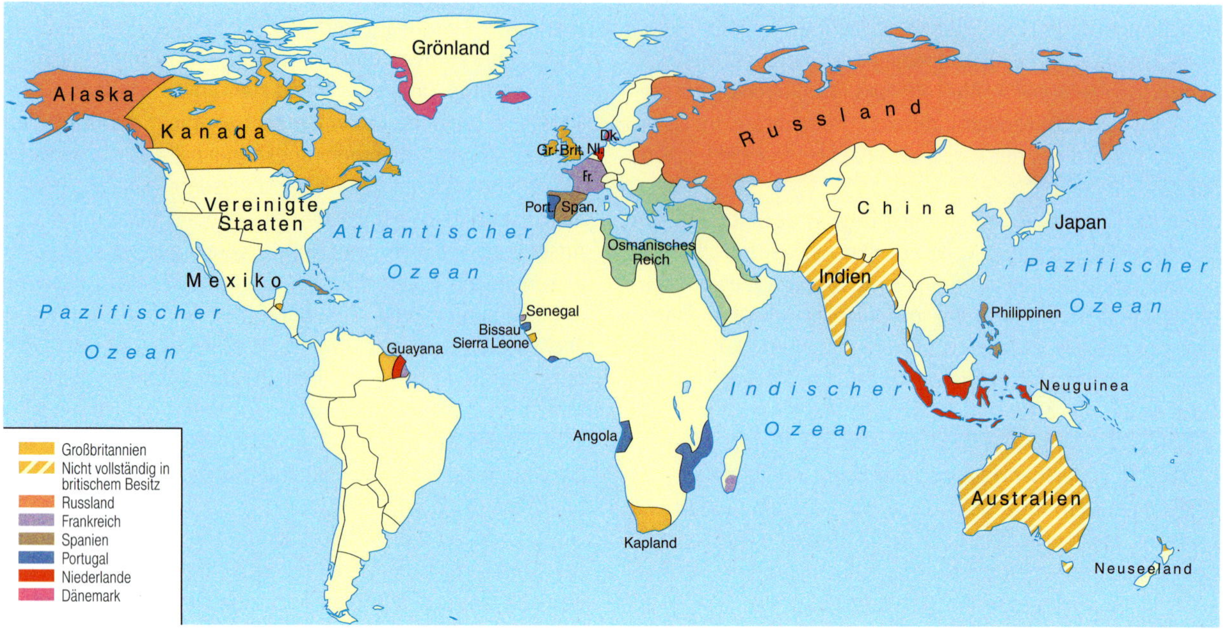

▲ **Die Kolonialreiche um 1830.**

Orientierung Die Außenpolitik der großen Staaten war seit etwa 1880 geprägt vom Imperialismus. Am weitesten fortgeschritten war die Entwicklung des britischen Weltreiches; um 1910 gehörte etwa ein Viertel der Erde zum „Empire". Frankreich konkurrierte in Afrika und Südostasien mit Großbritannien, Russland dehnte seine Herrschaft nach Mittelasien, Japan in den pazifischen Raum aus. Das Deutsche Reich als „späte Nation" nahm nach 1880 an der Aufteilung der Welt teil und musste sich mit vergleichsweise unbedeutenden Kolonien begnügen.

Territoriale Expansion und militärische Stärke waren Schlüsselkonzepte des Nationalismus, der in allen Staaten eine Blüte erlebte. Er überhöhte die eigene Nation und grenzte sie qualitativ von anderen, als minderwertig empfundenen Völkern ab. Zudem führte er zu einer Identifikation mit dem eigenen Staat und lenkte von sozialen und politischen Schwierigkeiten im Innern ab.

Deutschlands Übergang zur Weltpolitik war begleitet vom Aufbau einer starken deutschen Kriegsmarine. Um die Jahrhundertwende nahmen Rüstungswettlauf und Kriegsbereitschaft in Europa immer weiter zu. Die imperialen Rivalitäten, die aufgeheizten öffentlichen Meinungen und die internationalen Spannungen trugen dazu bei,

1871
Im Januar Gründung des Deutschen Kaiserreiches; König Wilhelm I. wird Deutscher Kaiser, Otto von Bismarck erster Reichskanzler

1878
Berliner Kongress

1879
Zweibundvertrag zwischen dem Deutschen Kaiserreich und Österreich-Ungarn

1880-1914
Phase des Hochimperialismus

1881
Der „Wettlauf nach Afrika" beginnt / Deutschland, Russland und Österreich-Ungarn schließen den Dreikaiserbund

1882
Der Zweibund wird durch den Beitritt Italiens zum Dreibund erweitert

1884-1885
Berliner Westafrika-Konferenz; Afrika wird unter den europäischen Großmächten aufgeteilt

1887
Rückversicherungsvertrag zwischen dem Deutschen Kaiserreich und Russland

1890
Bismarck tritt als Reichskanzler zurück

1870 1875 1880 1885 1890 1895

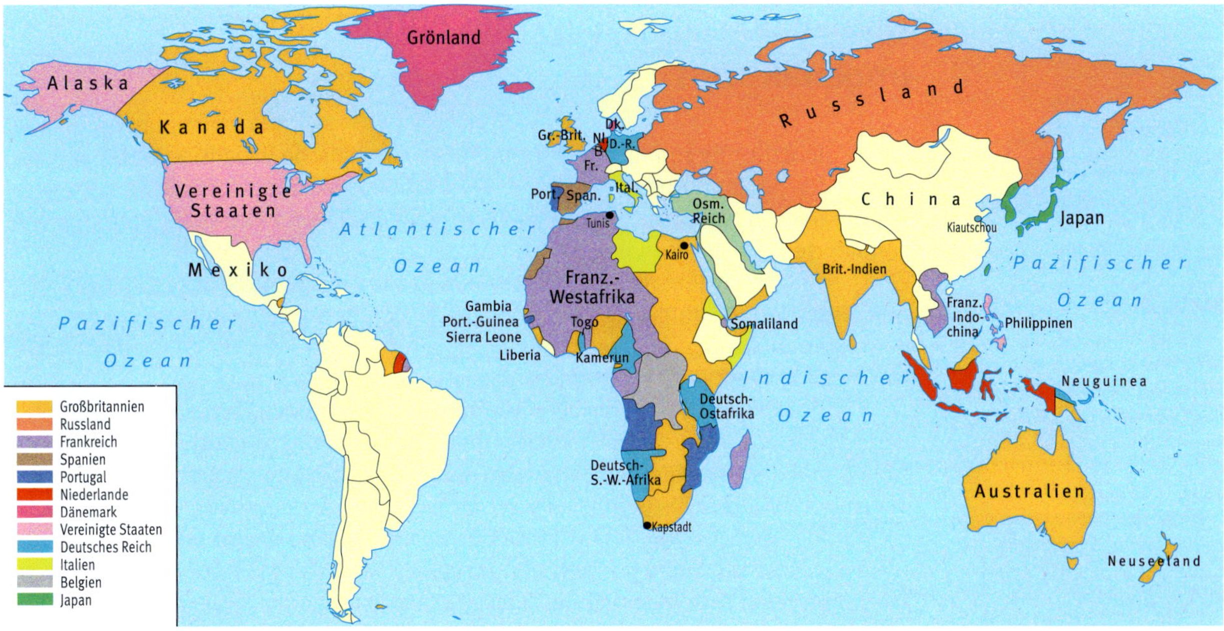

▲ **Die Kolonialreiche um 1914.**

dass alle Bemühungen um Rüstungsbegrenzungen und eine friedliche Konfliktlösung letztlich erfolglos blieben.

Im Zentrum des Kapitels stehen folgenden Fragen:

- *Welche Merkmale, Motive und Ziele kennzeichneten das Zeitalter des Imperialismus?*
- *Wodurch wurde die imperialistische Expansion von den europäischen Großmächten legitimiert?*
- *Welche zeitgenössischen Begründungen und welche modernen Erklärungen lassen sich für den Ausbruch des Ersten Weltkrieges finden?*
- *Wie unterschied sich die „moderne Kriegsführung“ im Ersten Weltkrieg von der „herkömmlicher“ früherer kriegerischer Auseinandersetzungen?*
- *Wodurch waren die Organisation der Kriegswirtschaft und das Alltagsleben der Menschen im Ersten Weltkrieg gekennzeichnet?*

Lesetipp:
Eric J. Hobsbawm, Das imperiale Zeitalter 1875-1914, Frankfurt am Main 2004

1898/1900
Durch die „Flottengesetze“ von Alfred von Tirpitz startet ein umfangreiches Flottenbauprogramm im Kaiserreich

1898-1899
Faschoda-Krise

1904
Aufstand der Herero in Deutsch-Südwestafrika / Entente cordiale zwischen Großbritannien und Frankreich

1905/11
Erste und zweite Marokko-Krise

1912-1913
Balkan-Kriege

1914
Beginn des Ersten Weltkrieges

1915
Erstmaliger Einsatz von Giftgas

1916
Schlacht von Verdun, über 700 000 Soldaten sterben

1917
Die USA greifen aufseiten der Entente in den Krieg ein / Februar- und Oktoberrevolution in Russland

1918
Frieden von Brest-Litowsk / Deutschland kapituliert

1900 1905 1910 1915 1920 1925

Motive und Grundzüge des europäischen Imperialismus

Kolonialismus: Herrschaft eines Staates über abhängige Kolonien. Kolonien stehen in der Abhängigkeit einer Kolonialmacht, die direkt durch Statthalter oder indirekt politisch-wirtschaftlich ihren Einfluss geltend macht. Der Herrschaftsanspruch der Kolonialmacht beruht auf ihrem Ausdehnungsstreben, das aufgrund politischer, militärischer oder wirtschaftlich-technischer Überlegenheit möglich wird. Den Prozess der Landnahme bezeichnet man als Kolonisation.

Vom Kolonialismus zum Imperialismus Die europäische Expansion nach Übersee, die seit dem 16. Jahrhundert durch die Kolonisationsbewegung der Spanier und Portugiesen, dann hauptsächlich der Holländer, Engländer und Franzosen geprägt war, veränderte die Welt grundlegend. Seit Mitte der 1880er-Jahre erhielt dieser Vorgang eine gesteigerte Stoßkraft, denn jetzt wurde es zum programmatischen Ziel, politisch und wirtschaftlich abhängige Gebiete außerhalb der eigenen Grenzen zielgerichtet dem eigenen Herrschaftsbereich einzuverleiben, um so die Machtstellung der eigenen Nation zu stärken.

Unter diesen neuen Vorzeichen wandelte sich im letzten Drittel des 19. Jahrhunderts der Kolonialismus zum *Imperialismus* und stellte damit zugleich Fortsetzung und Höhepunkt der europäischen Expansion dar (▸ M1). Vom lateinischen Wort *Imperium* abgeleitet, bedeutet der Begriff „Herrschaft" oder „Großreichspolitik" und kann als die territoriale Ausdehnung eines Staates über andere Länder und Völker verstanden werden. Im weiten Sinne umfasst der „Imperialismus" das gesamte 19. und frühe 20. Jahrhundert bis zum Ausbruch des Ersten Weltkrieges. Als „klassisches Zeitalter des Imperialismus" oder als Periode des *Hochimperialismus* gelten jedoch die Jahre zwischen 1880 und 1914, in denen die nichteuropäische Welt von der europäischen Zivilisation sowie dem westlich-industriellen System durchdrungen wurde. Das Gleichgewicht der Mächte wich einem allgemeinen Prestige- und Rüstungswettlauf.

Zum Hauptschauplatz der um Kolonien wetteifernden Großmächte wurde das bis dahin weitgehend unerschlossene Afrika. Ein weiterer Schwerpunkt des Interesses lag in Ostasien, vor allem in China und im pazifischen Raum. Manche Staaten wie Belgien, das Deutsche Reich und Italien erwarben erstmals koloniale Besitzungen und traten damit in Konkurrenz zu den „alten" Kolonialmächten – allen voran England mit seinem „Empire", das neben den ehemaligen Siedlungskolonien, den *Dominions* (Kanada, Neufundland, Australien, Neuseeland, Kapkolonie in Afrika), und Britisch-Indien Kolonien und Stützpunkte in aller Welt umfasste. Die Rufe nach einem „größeren Britannien" ebenso wie nach einem „neuen Frankreich" wurden immer lauter. Gleichzeitig setzte das zaristische Russland seine Expansion bis nach Persien und an die Grenzen Afghanistans, Koreas und nach China fort. Auch die USA und Japan, das sich im letzten Drittel des 19. Jahrhunderts in einem raschen Industrialisierungs- und Modernisierungsprozess dem europäisch-amerikanischen Vorbild anglich, beteiligten sich an diesem Vorgang.

Da die noch „freien" Gebiete der Erde begrenzt waren, entwickelte sich ein internationales Ringen um Vergrößerung der eigenen Territorien und Abrundung der Einflussgebiete. Die Konkurrenzsituation beschleunigte den Prozess der Landnahme enorm. Innerhalb weniger Jahrzehnte teilten die Kolonialmächte die Welt unter sich auf und unterwarfen die unterlegenen Länder und Völker. Vor dem Ersten Weltkrieg stand die Hälfte der Erde und damit mehr als 600 Millionen Menschen unter kolonialer Herrschaft.

▲ **„The Rhodes Colossus. Striding from Cape Town to Cairo."**
Karikatur aus der englischen Satirezeitschrift „Punch" vom 10. Dezember 1892.

- *Recherchieren Sie die Rolle von Cecil Rhodes für die Kolonisierung Afrikas.*
- *Analysieren Sie die Karikatur und erläutern Sie ihre Aussage.*

Industrialisierung und Globalisierung Lange vor Beginn der Industrialisierung hatte sich durch den überseeischen Handel ein global vernetztes Wirtschaftssystem gebildet. Europäische Handelsgesellschaften besaßen Niederlassungen in Asien, Afrika und Amerika, um dort Rohstoffe wie Gewürze, Pflanzenfarben, Baumwolle, Kaffee, Kautschuk, aber auch Edelmetalle und Mineralien billig einzukaufen und nach Europa zu verschiffen.

Einen entscheidenden Schub erhielten die weltweiten wirtschaftlichen Verflechtungen jedoch erst durch technische Innovationen im Zuge der Industrialisierung. Dampfschiffe sorgten mit ihren größeren Ladekapazitäten und höheren Geschwindigkeiten für den billigen Transport von Massengütern über große Entfernungen und eine enorme Ausweitung der Absatzmöglichkeiten. Eisenbahnen ermöglichten die Erschließung weitläufiger Länder. Telegraf und Telefon revolutionierten die Übermittlung von Informationen.

Die Dynamik der Industriellen Revolution ging jedoch auch mit einer zunehmenden kapitalistischen Konkurrenzwirtschaft einher. Der Weltmarkt ließ die Industriestaaten von internationalen konjunkturellen Krisen abhängig werden. Warenüberangebote, Preiseinbrüche, Produktionsrückgänge und steigende Arbeitslosigkeit führten zu einem scharfen Wettbewerb der Industriestaaten untereinander. Durch die rasch steigenden Produktionsmengen erhöhte sich die Nachfrage nach Rohstoffen, die die europäischen Länder selbst nicht produzieren konnten. Zwischen 1890 und 1910 verdreifachte sich beispielsweise auf dem Weltmarkt der Preis für Kautschuk, der für die Reifen von Fahrrädern und Autos gebraucht wurde.

Von zeitgenössischen Verfechtern und Kritikern der imperialistischen Politik, aber auch in der modernen Forschung wurde ein enger Zusammenhang zwischen dem industriell-kapitalistischen Wirtschaftssystem und der imperialistischen Politik hergestellt (▸ M2). Beide Seiten argumentierten, dass die Kolonien als Rohstofflieferanten und Absatzmärkte für das Wirtschaftswachstum der Industrienationen von existenzieller Bedeutung gewesen seien und dies letztlich ausschlaggebend für die Expansionspolitik war.

Von Ausnahmen wie Britisch-Indien abgesehen war die gesamtwirtschaftliche Bilanz der Kolonien jedoch eher negativ, auch wenn einzelne Firmen oder Interessengruppen große Gewinne aus den Kolonien zogen. Der Export von Fertigprodukten in die Kolonien war gering. Mehr als zwei Drittel des Welthandels konzentrierten sich bis 1914 auf die Industrienationen. Der größte Teil des restlichen Drittels verteilte sich auf Regionen, in denen die Industrialisierung bereits begonnen hatte. Hierzu gehörten die lateinamerikanischen Staaten sowie die britischen Dominions Kanada, Australien oder Neuseeland.

Weder die Industrialisierung noch das rapide Wachstum des Welthandels vor 1914 waren also Voraussetzungen für die imperialistische Politik. Genauso wenig war die territoriale Expansion Bedingung für das Fortschreiten der weltwirtschaftlichen Entwicklung – wenngleich sich diese begünstigend auswirkten. Entscheidend war vielmehr, dass der in-

Globalisierung: Der Begriff charakterisiert die rapiden wirtschaftlichen Wandlungsprozesse, die seit dem Ende des Ost-West-Konfliktes die Welt prägen. Allgemein kann unter Globalisierung ein Prozess verstanden werden, in dem sich Wirtschafts- und Gesellschaftssysteme über die Grenzen der Nationalstaaten hinaus in ökonomischer, aber auch sozialer und kultureller Hinsicht immer stärker miteinander vernetzen.

▾ Kolonialwarenladen in Buchen im Neckar-Odenwald-Kreis.
Foto, um 1900.

◂ Werbung für Kolonialwaren.
Anzeige aus der Zeitschrift „Kolonie und Heimat“, 1907.

Jahr	Geldwert der Im- und Exporte in Milliarden Euro umgerechnet	
	Welt insgesamt	davon Europa
1720	0,90	0,63
1750	1,43	1,05
1780	1,90	1,40
1800	3,09	2,33
1820	3,49	2,55
1830	4,16	3,08
1840	5,86	4,17

Jahr	Geldwert der Im- und Exporte in Milliarden Euro umgerechnet	
	Welt insgesamt	davon Europa
1850	8,95	6,24
1860	16,0	11,0
1870	23,6	16,9
1880	32,6	23,0
1890	36,1	24,1
1900	42,0	27,7
1910	67,2	42,3

▲ **Entwicklung des Welthandels.**
Nach: Golo Mann (Hrsg.), Propyläen Weltgeschichte, Bd. VIII: Das neunzehnte Jahrhundert, Frankfurt am Main 1986, S. 286

- *Errechnen Sie aus der Tabelle jeweils den Anteil Europas am Welthandel in Prozent und setzen Sie das Ergebnis in eine geeignete Diagrammform um. Erläutern Sie die Entwicklung.*

dustrielle und technische Fortschritt die Überlegenheit der Industriestaaten gegenüber weniger entwickelten Kulturen und Zivilisationen verstärkte. Er schuf so die Grundlage für die weltweite Durchsetzung des westlich-industriellen Systems. Die Kolonialmächte erzwangen die Öffnung der überseeischen Märkte. Sie erwarben dort Monopole und Konzessionen und durchdrangen als wichtigste Kapitalgeber die regionalen Wirtschaftsstrukturen. Die wirtschaftliche Dominanz war umfassender als direkte politische Kontrolle. Denn diese führte zu weitreichenden ökonomischen Abhängigkeiten und dauerhaften Strukturen der Ungleichheit. Die globalen Folgen von Kolonialismus und Imperialismus sind noch heute im Verhältnis der Industriestaaten zu den Ländern der „Dritten Welt" spürbar.

Lesetipp:
Jürgen Osterhammel und Jan C. Jansen, Kolonialismus. Geschichte, Formen, Folgen, München [7]2012

Ursachen und Legitimationsversuche Die Ursachen und politischen Legitimationsversuche für den Konkurrenzkampf um Kolonien waren unterschiedlich (▶ M3). In allen Ländern spielten wirtschaftliche Gründe eine wichtige Rolle. In Zeiten, in denen wirtschaftliche Krisen Existenzängste auslösten, galten Kolonien bei allen Bevölkerungsschichten als unverzichtbare Absatzmärkte und Rohstoffquellen. Zudem sollten die Gebiete als Siedlungsraum für die rasch wachsende Bevölkerung Europas dienen.

Eine weitere Ursache war der übertriebene Nationalismus der Industriestaaten. Neben einzelnen Politikern, Kaufleuten, Forschern und Militärs traten gegen Ende des 19. Jahrhunderts auch einflussreiche Verbände für eine Expansionspolitik ein und übten entsprechend Druck auf die Regierungen aus. Diese wiederum hofften, durch die Befriedigung der nationalen Wünsche von innenpolitischen Missständen und Konflikten ablenken zu können. So wurde in einigen Staaten eine Strategie des *Sozialimperialismus* verfolgt: Die Aussicht auf stetiges Wirtschaftswachstum und Wohlstand durch Kolonien sollte in Krisenzeiten die unzufriedenen Massen der Arbeiterschaft beruhigen, revolutionäre Tendenzen unterdrücken und damit die bestehende politische Ordnung erhalten.

Darüber hinaus entwickelte sich infolge der nationalistischen Tendenzen in den Industriestaaten die Einstellung einer unbedingten Überlegenheit gegenüber anderen Völkern. Das christlich motivierte Sendungsbewusstsein, die Fremden zu ihrem eigenen Nutzen zum „rechten" Glauben zu bekehren, wurde durch neue imperiale Ideologien überlagert, die sich als ideale Rechtfertigung für die Unterwerfung erwiesen. Diese Vorstellungen bauten einerseits auf der Überzeugung auf, den Rest der Welt „zivilisieren" und den rückständigen „Wilden" den rechten Glauben, Kultur, Frieden und Fortschritt bringen zu müssen; andererseits resultierten sie aber auch aus einem neuen *Rassismus*: Die stärkeren Völker besäßen das Recht, die schwächeren zu beherrschen und auszubeuten. Vor allem gegenüber der farbigen Bevölkerung erwuchs ein starkes Überlegenheitsgefühl, das in Verbindung mit den Theorien des **Sozialdarwinismus** oftmals rassistische Züge annahm.

Der **Sozialdarwinismus** übertrug die Evolutionstheorie über die „Entstehung der Arten" des englischen Naturforschers Charles Darwin in stark vereinfachter und damit verfälschter Weise auf menschliche Gesellschaften: Im „Kampf ums Dasein" könnten sich demnach nur die weiter entwickelten und daher überlegenen Völker und Staaten durchsetzen.

M1 Was ist Imperialismus?

Der Historiker Jürgen Osterhammel analysiert die Begriffe Imperialismus und Kolonialismus:

„*Imperialismus*" ist der Begriff, unter dem alle Kräfte und Aktivitäten zusammengefasst werden, die zum Aufbau und zur Erhaltung [...] *transkolonialer Imperien* beitrugen. Zum Imperialismus gehört auch der Wille und das Vermögen eines imperialen Zentrums, die eigenen nationalstaatlichen Interessen immer wieder als imperiale zu *definieren* und sie in der Anarchie des internationalen Systems weltweit geltend zu machen. Imperialismus impliziert also nicht bloß Kolonialpolitik, sondern „*Weltpolitik*", für welche Kolonien nicht allein Zwecke in sich selbst, sondern auch Pfänder in globalen Machtspielen sind. Die seit dem letzten Drittel des 19. Jahrhunderts bei den Großmächten beliebte Idee, Kolonien kompensatorisch – durch Tausch (z. B. Helgoland gegen Sansibar 1890), Anerkennung geopolitischer Ansprüche dritter Mächte, eigene „nachholende" Kolonialforderungen usw. – zum Austarieren der internationalen, vornehmlich der innereuropäischen, Machtbalance einzusetzen, ist typisch „imperialistisch" und einem „kolonialistischen" Denken fremd, das Kolonien als dauerhaft „erworben" oder „anvertraut" betrachtet. Imperialismus wird von den Staatskanzleien, Außen- und Kriegsministerien geplant und ausgeführt, Kolonialismus von Kolonialbehörden und „men on the spot". Solche ereignisgeschichtlich fassbare Weltpolitik muss jedoch immer (a) vor dem Hintergrund der Herausbildung eines Weltstaaten*systems* und (b) im Rahmen langsam sich entwickelnder Strukturen der Ungleichheit im wirtschaftlichen Verkehr zwischen den Räumen der Erde gesehen werden. „Imperialismus" und „Kolonialismus" sind also nicht dasselbe. „Imperialismus" ist in mancher Hinsicht der Begriff mit der umfassenderen Bedeutung, sodass „Kolonialismus" geradezu als sein Spezialfall erscheint. [...] Da jedoch „Imperialismus" die Möglichkeit weltweiter Interessenwahrnehmung und informell abgestützter kapitalistischer Durchdringung großer Wirtschaftsräume einschließt, wird man den Begriff für die frühneuzeitlichen Kolonialreiche [...] zögernd verwenden und nur mit Vorbehalt von „spanischem Imperialismus" sprechen.

Jürgen Osterhammel, Kolonialismus. Geschichte – Formen – Folgen, München [5]2006, S. 27 f.

1. *Nennen Sie die Unterschiede zwischen Imperialismus und Kolonialismus und stellen Sie sie einander gegenüber.*
2. *Arbeiten Sie heraus, welche Voraussetzungen und Triebkräfte dem Imperialismus zugrunde liegen.*

M2 Kolonien als Wirtschaftsfaktor

1906 wird Bernhard Dernburg, Direktor der Bank für Handel und Industrie, zum stellvertretenden Direktor der Kolonialabteilung des Auswärtigen Amtes ernannt. Am 11. Januar 1907 hält er vor dem Deutschen Handelstag einen Vortrag:

Die Entwicklung unseres deutschen Kolonialbesitzes ist, vom handelspolitischen Standpunkt aus gesehen, nach folgenden vier Richtungen zu beurteilen:
1. Sie sichert der stetig wachsenden Bevölkerung unseres Vaterlandes, die mit Rücksicht auf das zur Verfügung stehende limitierte innerdeutsche Areal mehr und mehr sich der Industrie zuwenden muss und auf den Export angewiesen bleibt, zunächst große und sich steigernde Aufträge, also: Arbeit. Daneben ermöglicht sie eine bessere Lebenshaltung dieser unserer deutschen Bevölkerung durch billige Produktion von Nahrungsstoffen der verschiedensten Art und ermöglicht es, diese Ernährung unabhängiger zu gestalten vom Ausland.
2. Kolonien, die richtig und zielbewusst geleitet sind, sichern der deutschen Produktion einen großen Teil derjenigen Rohstoffe, welche zum eigenen Verbrauch innerhalb der Nation und zum Zwecke der Veredelung des Arbeitsmaterials vieler Millionen deutscher Arbeiter dienen.
3. Sie sichert dem deutschen Fabrikanten, dem deutschen Arbeiter einen Einfluss auf die Preisgestaltung dieser Rohmaterialien gegenüber monopolistischen Tendenzen des Auslandes [...].
4. [...] Schließlich bildet sie ein kräftiges strategisches und taktisches Mittel in all denjenigen Fällen, wo für die deutsche nationale Wirtschaft Verträge oder Vereinbarungen mit anderen Weltnationen geschlossen werden müssen zur Sicherung des gegenseitigen Absatzes und Austausches von Roh- und Fertigprodukten. Das ist die Bedeutung einer deutschen kolonialen Wirtschaft im Lichte der gegenwärtigen handelspolitischen Weltlage. Ihre Ausführung bedeutet demnach nicht mehr und nicht weniger als die Frage der Zukunft der nationalen Arbeit, die Frage des Brotes vieler Millionen Industriearbeiter, die Frage der Beschäftigung der heimischen Kapitalien im Handel, im Gewerbe, in der Schifffahrt.

Zitiert nach: Walter Steitz (Hrsg.), Quellen zur deutschen Wirtschafts- und Sozialgeschichte von der Reichsgründung bis zum Ersten Weltkrieg, Darmstadt 1985, S. 445 ff.

1. *Erläutern Sie die Bedeutung der Kolonien für die Volkswirtschaft aus Dernburgs Sicht.*
2. *Diskutieren Sie Dernburgs Vortrag unter Berücksichtigung der Herkunft des Redners und des Kontextes, in dem die Ausführungen gemacht wurden.*

M3 Der Imperialismus als politisches Prinzip

Über den Imperialismus schreibt der englische Ökonom und Publizist John Atkinson Hobson im Jahr 1902:

[In den] letzten 30 Jahre[n] [...] haben mehrere europäische Länder, allen voran Großbritannien, weite Teile Afrikas und Asiens sowie zahlreiche Inseln im Pazifik und anderswo annektiert oder auf andere Weise unter ihre politische Gewalt gebracht. [...]
Die Besetzung dieser neuen Territorien geht in Gegenwart einer kleinen Minderheit von Weißen, Beamten, Händlern und industriellen Organisatoren vor sich. Diese besitzen die politische und wirtschaftliche Macht über eine als inferior angesehene Bevölkerung, von der man annimmt, sie sei unfähig, in der Politik oder in der Wirtschaft irgendwelche ins Gewicht fallenden Selbstregierungsrechte zu übernehmen. Das gesamte Volumen unseres Exporthandels mit unseren neuen Protektoraten in Afrika, Asien und dem Pazifik beläuft sich auf nicht mehr als etwas über 9 Millionen Pfund Sterling [...]. Das Gesamtvolumen des Importhandels beträgt etwa 8 Millionen Pfund Sterling [...]. Wie hoch wir immer die Gewinne in diesem Handel beziffern mögen, sie bilden einen gänzlich unbedeutenden Teil unseres Nationaleinkommens, während die direkt und indirekt mit der Erwerbung, Verwaltung und Verteidigung der Besitzungen verbundenen Ausgaben eine unendlich umfangreichere Summe verschlingen müssen. [...]
Aggressiver Imperialismus, der den Steuerzahler so teuer zu stehen kommt, der für den Händler von so geringem Wert ist, der den Staatsbürger einer so schweren, unberechenbaren Gefahr aussetzt, ist eine Quelle fetten Gewinns für den Investierenden, welcher daheim für seine Gelder die von ihm erstrebte profitable Verwendung nicht finden kann und darauf besteht, dass seine Regierung ihm zu einträglichen und gesicherten Kapitaleinlagen im Ausland verhelfe.
Diese ökonomische Sachlage bildet die Hauptwurzel des Imperialismus. Doch wenn das konsumierende Publikum in unserem Land seinen Konsumstandard derartig steigern würde, dass er mit jeder Steigerung der Produktivkräfte Schritt hielte, dann könnte es gar keinen Überschuss an Waren, könnte es gar keinen Überschuss an Kapital geben, das laut nach dem Imperialismus ruft, damit er ihm Absatzgebiete verschaffe. [...]
Nicht der industrielle Fortschritt erfordert die Erschließung neuer Märkte und Investitionsgebiete, sondern die mangelnde Verteilung der Konsumkraft. [...]
Der Imperialismus ist die Folge [...] [einer] verkehrten Wirtschaft. Sozialreform ist ihr Heilmittel. Der oberste Zweck der Sozialreform ist die Hebung des angemessenen privaten und öffentlichen Normalverbrauchs einer Nation, sodass diese in die Lage versetzt wird, ihrem höchsten Produktionsstande gemäß zu leben. [...]
Die Gewerkschaftsbewegung und der Sozialismus sind demnach die natürlichen Feinde des Imperialismus, nehmen sie doch den imperialistischen Schichten die überschüssigen Einkommen fort, die den ökonomischen Antrieb des Imperialismus bilden.
Bis hierher habe ich das Problem nur von seiner wirtschaftlichen Seite betrachtet. Weit wichtiger sind die politischen Folgen des Militarismus. Diese treffen geradezu die Wurzel der Freiheiten unseres Volkes und der einfachen Bürgertugenden. [...] Es gibt einen absoluten Gegensatz zwischen der Tätigkeit des guten Bürgers und der des Soldaten. Die Bestimmung eines Soldaten ist nicht, wie zumeist fälschlich gesagt wird, für sein Land zu sterben. Sie besteht darin, für sein Land zu töten. [...] [D]iese militante Gesinnung, die der Imperialismus zur Voraussetzung hat, wird dem ganzen Volk ständig und nachhaltig suggeriert.
Der Gegensatz zur Demokratie führt uns zu den Wurzeln des Imperialismus als politisches Prinzip. [...] Wie ein großes heterogenes Gemisch „niederer Rassen“ von Beamten in einem Londoner Ministerium und seinen Emissären regiert wird, entzieht sich der Kenntnis und Kontrolle des Volkes.
Die tatsächlichen und unausbleiblichen politischen Auswirkungen des neuen Imperialismus [...] mögen so zusammengefasst werden: Er ist eine konstante Bedrohung des Friedens, weil er uns dauernd in Versuchung führt, von niederen Rassen bevölkerte Länder anzugreifen, und weil er unsere Nation in Streitigkeiten mit anderen Nationen verwickelt, die rivalisierende imperialistische Ambitionen haben. Er zehrt in einem unbegrenzten und unübersehbaren Maß an den Mitteln des Landes, indem er sie für militärische Vorbereitungen aufbraucht, wodurch die Verwendung der laufenden Staatseinkünfte für produktive öffentliche Projekte unterbunden und die Nachwelt mit schweren Schulden belastet wird. Schließlich sind Geist, Politik und Methoden des Imperialismus den Institutionen der Selbstregierung des Volkes feindlich. Er begünstigt Formen der politischen Tyrannei und der gesellschaftlichen Autorität, die Todfeinde echter Freiheit und Gleichheit sind.

John A. Hobson, Der Imperialismus. Deutsche Übersetzung von H. Hirsch, Köln 1968, S. 37 ff.

1. *Skizzieren Sie den Textinhalt mit der Interview-Methode. Führen Sie ein fiktives Interview mit Hobson, in dem dieser auf geeignete Fragen antwortet.*
2. *Überprüfen Sie Hobsons Thesen anhand Ihrer Kenntnisse.*

Imperialistische Herrschaft und Widerstand der Beherrschten in Afrika und Asien

▲ **Kolonialismus aus der Sicht der beherrschten Völker.**
Holzplastik vom unteren Kongo, Ende des 19. Jahrhunderts.

Formen imperialer Herrschaft

Bis zur Mitte des 19. Jahrhunderts überwogen in den europäischen Kolonialreichen indirekte Herrschaftsmethoden (*informeller Imperialismus* oder *indirect rule*). Es wurden beispielsweise Verträge mit lokalen Machthabern abgeschlossen, die auf die Öffnung der Märkte und die Sicherung des wirtschaftlichen und politischen Einflusses der Europäer abzielten. Sie wurden notfalls mit diplomatischem oder militärischem Druck durchgesetzt. Alles Weitere überließ man den Kaufleuten, Siedlern, Offizieren und Missionaren vor Ort, den „men on the spot". Oftmals bezog sich die Kontrolle nur auf die Küstenregionen eines Landes oder einzelne Stützpunkte. Die bestehenden staatlichen und wirtschaftlichen Ordnungen, Lebensgewohnheiten und Gebräuche der einheimischen Gesellschaften blieben weitgehend unangetastet.

Die europäischen Rivalitäten um Kolonialbesitz seit den 1880er-Jahren führten zu einer Verbreitung direkter, auf politisch-militärischer und wirtschaftlicher Kontrolle basierender Herrschaftsmethoden (*formeller Imperialismus* oder *direct rule*).

Indirekte Herrschaftsmethoden verschwanden jedoch nicht. Vor allem in China und im Osmanischen Reich basierte der Einfluss der imperialistischen Mächte weitgehend auf wirtschaftlicher Durchdringung und Kontrolle. Überhaupt konnte die reale Durchsetzung von Herrschaft in der Praxis sehr unterschiedlich aussehen. Während in manchen Gebieten kaum von effektiver Herrschaft gesprochen werden kann, etablierten sich im belgischen Kongo-Freistaat, im britischen Südafrika oder in Deutsch-Südwestafrika gewaltsame Unterdrückungsregime. Die Herrschaftsform war jeweils von den verwaltungsmäßigen Zugriffsmöglichkeiten vor Ort, dem militärischen Potenzial und den unterschiedlichen herrschaftsideologischen Grundsätzen der Kolonialmächte abhängig.

Sogar innerhalb des britischen Empire existierten ganz unterschiedliche Verwaltungs- und Herrschaftsformen nebeneinander. Generell bevorzugten die Briten jedoch wo immer möglich das Konzept der indirekt-informellen Herrschaft, das unter möglichst geringem personellen und finanziellen Aufwand die britischen Wirtschafts- und Kapitalinteressen sicherstellte. Die Briten beließen den regionalen Herrschern nach außen ihre Autorität, während diese zugleich – gelenkt durch britische Residenten – zur Errichtung der Fremdherrschaft beitrugen.

Anders gingen die Franzosen vor (▸ M1). Da Selbstregierung dem republikanischen Einheitsgedanken widersprach, wurden die Kolonien direkt von Paris aus gelenkt und von französischen Gouverneuren vor Ort verwaltet. Frankreich verfolgte das Herrschaftsprinzip der Assimilation: Die Kolonien sollten dem Mutterland in jeder Hinsicht angeglichen und die Bevölkerung zu Franzosen „umerzogen" werden. Um die Jahrhundertwende beschränkte man sich schließlich weitgehend auf eine organisatorische Anbindung an das Mutterland und gestand den Kolonien mehr Autonomie zu.

Lesetipps:
- *Gregor Schöllgen und Friedrich Kießling, Das Zeitalter des Imperialismus, München [5]2009*
- *Bernd Grewe und Thomas Lange, Kolonialismus, Stuttgart 2015*

Filmtipp:
Weiße Geister. Der Kolonialkrieg gegen die Herero, Regie: Martin Baer, 2004

▲ **Gefangene Herero.**
Foto nach 1904 (Ausschnitt). Die Überlebenden des Aufstandes wurden zur Zwangsarbeit herangezogen und in weit entfernte Konzentrationslager deportiert, wo Hunderte von Gefangenen – darunter vor allem Frauen und Kinder – umkamen. Die Bezeichnung wurde von den Engländern geprägt, die zuvor während des Burenkrieges (1899 - 1902) derartige Lager in Südafrika errichtet hatten.

Die Lage der Kolonialvölker So unterschiedlich die Verwaltungs- und Herrschaftsformen in den Kolonien waren, so unterschiedlich stellte sich auch die Lage der Kolonialvölker dar. Diese waren nicht immer nur passive Opfer der Eroberer, sondern hatten auch ihrerseits ein Interesse daran, mit den Kolonialmächten zusammenzuarbeiten. Dies zeigt sich daran, dass die Übernahme der Territorien weniger durch Überfälle und Eroberungskriege, sondern meist durch den freiwilligen oder erzwungenen Abschluss von „Schutzverträgen" über die Abtretung von Land und Rechten erfolgte. Die Einheimischen interpretierten sie oftmals fälschlicherweise als Handels- und Bündnisverträge. Vor allem die Errichtung und Aufrechterhaltung der indirekten Herrschaft wäre ohne die Kollaboration einheimischer Führungsschichten in Asien und Afrika nicht möglich gewesen. Denn der Bevölkerung stand lediglich eine verschwindend kleine Anzahl Europäer gegenüber.

Die Phase des Hochimperialismus bedeutete jedoch für die Kolonialvölker eine Zäsur: Die Errichtung der Kolonien erfolgte nun flächendeckend. Eisenbahnen und Straßen machten auch das Hinterland zugänglich. Die von militärischen Einheiten unterstützten Kolonialverwaltungen nahmen Eingriffe in die Besitzverhältnisse, das Rechtssystem, die Gesellschaftsstrukturen sowie die einheimischen Kulturen vor. Enteignungen und eine gesteuerte Preispolitik entzogen den Menschen die Lebensgrundlage. Diese wurden zudem gezwungen, die Sprache der Kolonialmacht zu lernen, sich europäischen Gesetzen und Normen zu beugen und ihre traditionellen Handels- und Wirtschaftsformen aufzugeben. Immer wieder kam es zu lokalen Aufständen gegen die Fremdherrschaft oder kriegerischen Auseinandersetzungen. Die waffentechnisch weit überlegenen Kolonialmächte setzten sich dabei mit immer aggressiveren Methoden durch. Danach wurden die Repressionen meist verschärft, was zu neuen Konflikten führte.

Internettipp:
*„Namibia – Deutschland: eine geteilte Geschichte"; siehe Code **4673-08**.*

Völkermord: Die Vereinten Nationen definierten Völkermord 1948 als eine Handlung, die „in der Absicht begangen wird, eine nationale, ethnische, rassische oder religiöse Gruppe als solche oder ganz oder teilweise zu zerstören". Eine entsprechende UN-Konvention trat 1951 in Kraft. Trotzdem weigerten sich die deutschen Regierungen bis 2016, den Vernichtungskrieg in Namibia offiziell als Völkermord anzuerkennen.

Der Herero-Aufstand Ein in mancher Hinsicht typisches, jedoch besonders folgenschweres Beispiel ist der *Aufstand der Herero* in der deutschen Kolonie Deutsch-Südwestafrika (heute Namibia) im Jahre 1904. Seine Niederwerfung hatte die beabsichtigte und fast vollständige Vernichtung des Volksstammes zur Folge (▸ M2). Das Gebiet war 1884 unter den „Schutz des Deutschen Reiches" gestellt, in Absprache mit Großbritannien ausgeweitet und schließlich zu einer Kolonie erhoben worden. Die Herero waren durch Händler und Kolonialgesellschaften in wirtschaftliche Abhängigkeit gebracht worden und verloren durch Verschuldung Land und Vieh. Neben wirtschaftlicher Ausbeutung, Diskriminierung und Unterdrückung sah sich das Volk einer parteiischen Gerichtsbarkeit der Kolonialherren ausgeliefert, die Raub, Mord und Vergewaltigung ihrer Landsleute nicht ahndete.

Im Januar 1904 überfielen die Herero einzelne Farmen, Handelsniederlassungen und Militärstützpunkte. 123 Europäer kamen um. Mithilfe massiver Truppenverstärkung besiegte der von der Reichsregierung beauftragte General *Lothar von Trotha* die Herero schließlich im August in der *Schlacht am Waterberg*. Von dort trieb Trotha das flüchtende Volk in die abgeriegelte wasserlose Wüste, um es verdursten zu lassen. Durch Krieg und Gefangenschaft kamen möglicherweise 80 Prozent der Herero um. Das Vorgehen gegen die Herero wird heute als **Völkermord** (*Genozid*) betrachtet.

China und die imperialistischen Mächte Bis ins 18. Jahrhundert hatte zwischen dem Kaiserreich China und Großbritannien ein regelmäßiger Handelsverkehr bestanden. Im Verlauf des 18. Jahrhunderts schloss sich China jedoch gegenüber dem Ausland ab. Dies erweckte umso mehr das Interesse der sich industrialisierenden europäischen Staaten, die sich dort attraktive neue Märkte versprachen. Schließlich nutzten die Briten ihre technische und militärische Überlegenheit, um das schlecht gerüstete China 1840 in einen Krieg (*Opiumkrieg*) zu verwickeln und dem Land nach seiner Niederlage 1842 einen einseitig auf die britischen Interessen ausgerichteten Handelsvertrag, den *Vertrag von Nanjing*, aufzuzwingen. China musste Häfen für die Ausländer öffnen, niedrige Einfuhrzölle gewähren und Hongkong an Großbritannien abtreten.

Der verlorene Opiumkrieg veränderte Chinas Stellung in der Welt grundlegend, denn in den nächsten Jahren folgte eine ganze Serie ähnlicher „ungleicher Verträge" mit weiteren europäischen Mächten, den USA und später auch Japan. Neben Hongkong gelangten weitere „Pachtgebiete", wie der von den Russen besetzte Hafen Port Arthur, unter fremde Kontrolle. In diesen Gebieten unterstand die chinesische Bevölkerung den ausländischen Behörden.

Die europäischen Mächte sicherten sich ihren Einfluss in China mit den Methoden des informellen Imperialismus. Sie konnten sich dafür auf eine Schicht selbstständiger Kaufleute, die *Kompradore*, stützen, die für europäische Firmen arbeiteten und den Handel organisierten. Mit den Zöllen verfügten die ausländischen Mächte zudem über ein Kontrollinstrument, mit dem sich die chinesische Wirtschaft steuern ließ. Vor der Küste stationierte Kriegsschiffe sorgten zusätzlich für die nötige Drohkulisse.

Hatte sich China seine Selbstständigkeit gegenüber den imperialistischen Mächten nach dem Opiumkrieg noch weitgehend bewahren können, verlor es nach der demütigenden Niederlage im Krieg gegen das kleine Japan 1894/95 den Rest seines internationalen Ansehens. Ein regelrechter „Wettlauf nach China" („Scramble for China") setzte ein, bei dem alle imperialistischen Mächte versuchten, sich ein möglichst großes Stück vom chinesischen Kuchen abzuschneiden. Nun ging man zu einer intensiveren wirtschaftlichen Durchdringung des Landes über und errichtete in den Häfen eigene Industrien. Europäische Investoren begannen mit dem Bau von Eisenbahnen und zwangen der chinesischen Regierung überaus ungünstige Finanzierungsbedingungen auf (*Finanzimperialismus*). Bald beherrschte ausländisches Kapital alle Wirtschaftssektoren. Allerdings gelang es niemals, mithilfe indirekter Herrschaft weite Teile des Landes zu unterwerfen. Die Konkurrenz der imperialistischen Mächte in China verhinderte letztlich, dass das Land vollständig unter fremde Herrschaft geriet. Vielmehr musste allen an der Aufrechterhaltung der chinesischen Zentralregierung gelegen sein, da nur diese den gleichberechtigten Zugang zu den chinesischen Märkten gewährleisten konnte (▸ M3, M4).

Das ehemals stolze „Reich der Mitte" nahm diese demütigenden Bedingungen hin, denn es war durch soziale, wirtschaftliche und politische Krisen im Innern stark

▲ **„Ein Spuk am hellen, lichten Tage."**
Karikatur aus „Der wahre Jacob" vom 11. September 1911.

Boxeraufstand: chinesische Widerstandsbewegung gegen die Politik der erzwungenen Konzessionen der imperialistischen Mächte sowie gegen den Einfluss von Fremden in China. Boxer praktizierten chinesische Kampfsportarten. Am Anfang des Aufstandes (Juni 1900) wurden Bahnlinien attackiert. Wenig später wurde der deutsche Gesandte Clemens von Ketteler in Peking ermordet. Nun wurden europäische Einrichtungen und Gesandtschaften, christliche Missionare und Gemeinden überfallen. Der Boxeraufstand wurde durch eine europäische Militäraktion niedergeschlagen. China musste demütigende Bedingungen akzeptieren, der imperialistische Einfluss in China stieg weiter.

geschwächt, die sich durch den äußeren Druck der europäischen Mächte noch verstärkten. Bis über die Jahrhundertwende hinaus verharrte das Kaiserreich in politischer Ohnmacht, außerstande, seine starren feudalen Strukturen zu lockern. Reformbemühungen, welche die bestehende politische Ordnung durch die Einführung westlicher Technik sichern sollten, gingen über Ansätze kaum hinaus. Das Elend der Bevölkerung schürte zusätzlich den Fremdenhass, der sich um 1900 in dem von Kampfkunstschulen angeführten **Boxeraufstand** entlud. Dieser wurde mithilfe eines internationalen Militärkorps niedergeschlagen, die Aufständischen in Massenexekutionen hingerichtet, Dörfer und Städte verwüstet und dem Land eine enorme „Kriegsentschädigung“ auferlegt. Die allgemeine Unzufriedenheit im Land wuchs. Im Oktober 1911 brach die *Chinesische Revolution* aus: Am 1. Januar 1912 wurde eine Republik errichtet.* Damit endete das chinesische Kaiserreich, das über zweitausend Jahre Bestand gehabt hatte.

Japans erzwungener Weg in die Moderne Japan zeigte eine ganz andere Reaktion auf die Herausforderung durch die imperialistischen Mächte als das benachbarte China. Über 200 Jahre lang hatte sich das Land nahezu vollständig gegenüber der Außenwelt abgeschottet. Das hatte zunächst lange für stabile politische Verhältnisse und ein rasches Wirtschaftswachstum gesorgt, aber gegen Ende des 18. Jahrhunderts geriet Japan in eine schwere Wirtschafts- und Finanzkrise. Seit 1830 erschütterten soziale Unruhen und zahlreiche Bauernaufstände das Land. Zu den inneren Krisen kam in der Mitte des 19. Jahrhunderts eine zunehmende äußere Bedrohung, denn immer häufiger kreuzten russische, englische und amerikanische Schiffe vor den Küsten Japans auf, die – vorerst vergeblich – auf eine Öffnung des Landes für den Handel drängten. Es waren die USA, die nach der Öffnung Chinas nach weiteren See- und Handelsstützpunkten suchten und Japan 1853 schließlich zur Aufgabe der Isolation zwangen. Auch hier folgten auf den ersten bald weitere „ungleiche Verträge“ mit anderen Mächten. Ebenso wie China sah sich Japan dem wachsenden Einfluss der westlichen Mächte ausgesetzt. Es verlor seine Zollhoheit, wurde mit billigen ausländischen Waren überschwemmt und musste den Ausländern Privilegien und Sonderrechte garantieren.

Im Gegensatz zu China gelangte man in Japan jedoch zu der Einsicht, dass der imperialistischen Bedrohung nur durch eine rasche Modernisierung und Militarisierung des Landes nach westlichen Vorbildern zu begegnen sei. Nachdem durch einen Umsturz die Macht des Kaisers wiederhergestellt worden war, leiteten die neuen Machthaber um den jungen Kaiser *Mutsuhito* eine umfassende Reformära (*Meiji-Ära*, „erleuchtete Herrschaft“) ein, in der sich Japan in weniger als 30 Jahren von einem Feudalstaat zu einer industrialisierten Großmacht entwickelte. So sorgte der forcierte Aufbau einer eigenständigen Rüstungsindustrie beispielsweise dafür, dass die Armee bereits in den 1890er-Jahren weitgehend mit eigenen Waffen versorgt werden konnte.

Von Anfang an folgte das japanische Modernisierungsprogramm dem Grundsatz, so viel vom Westen zu lernen wie möglich, ohne dabei jedoch die traditionellen Lebensgewohnheiten, Moral- und Wertvorstellungen aufzugeben. Systematisch wurden westliche Berater ins Land geholt, Delegationen japanischer Regierungsmitglieder und Wissenschaftler nach Europa und in die USA geschickt, um diese dort all das kopieren zu lassen, was für das eigene Land nützlich erschien. So folgte Japan im Justizwesen dem französischen, bei der Organisation und Ausrüstung der Kriegsflotte dem britischen und in Verwaltung und Militär dem preußisch-deutschen Vorbild. Auch die

* Lesen Sie dazu auch das OnLine-Kapitel „Kommunistische Experimente in China“; siehe Code **4673-00**.

▲ **Die Proklamation der Verfassung im Thronsaal des Neuen Palastes in Tokio.**
Farbholzschnitt von Adachi Ginko, 1889.
Kaiser Mutsuhito steht unter dem mit dem traditionellen kaiserlichen Chrysanthemen-Emblem geschmückten Baldachin vor dem in Deutschland gefertigten Thron. Auf dem Podest links von ihm sitzt die Kaiserin, in der rechten hinteren Ecke des Saales befinden sich die ausländischen Diplomaten.
- *Beschreiben Sie Saalausstattung, Kleidung und Haltung der Anwesenden. Wie könnte die Zeremonie auf ausländische Beobachter gewirkt haben?*

konstitutionelle Verfassung (*Meiji-Verfassung*), die der Kaiser 1889 verkündete und ein Jahr später in Kraft setzte, orientierte sich am preußischen Modell (▸ M5).

Nur etwa 20 Jahre, nachdem Japan selbst zum Opfer imperialistischer Expansionspolitik geworden war, übernahm es die Methoden des Westens, um sich durch die Eroberung eigener Interessensphären auch außenpolitisch gleichzustellen. Ziel des japanischen Expansionsstrebens war das asiatische Festland mit seinen reichen Rohstoffvorkommen. 1894/95 gelang es Japan, das Kaiserreich China in einem kurzen Krieg zu besiegen und sich damit endgültig die Vorherrschaft in Korea zu sichern.

Den Erfolgen seiner modernen Armee verdankte Japan schließlich 1894 auch die Aufhebung fast aller „ungleichen Verträge" durch die westlichen Großmächte, die es zunehmend als gleichberechtigten „Juniorpartner" in ihren Reihen anerkannten. 1900 kämpfte Japan erstmals an ihrer Seite, als es sich an der Niederschlagung des Boxeraufstandes beteiligte. 1904 überfiel Japan die russische Flotte in Port Arthur und brachte den russischen Streitkräften verheerende Niederlagen bei. 1905 wurde der Krieg durch die Vermittlung der USA beigelegt. Korea, Südsachalin und die südliche Mandschurei fielen an Japan, das nun endgültig zu einem ernst zu nehmenden imperialistischen Machtfaktor aufgestiegen war, der in den nächsten Jahrzehnten einen Führungsanspruch über ganz Ostasien zu erheben begann. Die Beteiligung am Ersten Weltkrieg eröffnete weitere Expansionsmöglichkeiten. In den 1930er-Jahren wurde die restliche Mandschurei besetzt und ein zweiter Krieg gegen China entfesselt. Das Zeitalter des japanischen Imperialismus endete schließlich im Zweiten Weltkrieg durch den Abwurf der beiden US-amerikanischen Atombomben auf *Hiroshima* und *Nagasaki* (6./9. August 1945).

M1 Britische und französische Herrschaft im Vergleich

Der Historiker Michael Crowder vergleicht 1964 die Herrschaftssysteme in den verschiedenen afrikanischen Kolonien:

In Nordnigeria, das zum Modell für indirekte Herrschaft wurde, hielten es die Briten für ihre Aufgabe, das zu bewahren, was an den Institutionen der Eingeborenen gut war, und ihnen zu helfen, sich auf eigene Art zu entwickeln. Der britische Regierungsbeamte galt allgemein als Berater des Chiefs[1] und griff nur in Ausnahmefällen in die Arbeit des Chiefs und seiner Eingeborenen-Autorität ein. Wo jedoch Chiefs nur über kleine politische Einheiten herrschten und besonders dort, wo ihre traditionelle Exekutivgewalt umstritten war, musste der Regierungsbeamte häufiger als vorgesehen in die Angelegenheiten der Eingeborenen-Autorität eingreifen. So war es in vielen Teilen Ostafrikas [...], wo es keine genaue Trennlinie zwischen einer „beratenden“ und einer „überwachenden“ Tätigkeit des Regierungsbeamten gab [...].
Dieses System indirekter Herrschaft wurde mit Modifikationen, soweit möglich, in allen britischen Kolonien Westafrikas und in den meisten anderen britischen Territorien Afrikas praktiziert. Es gab wichtige Ausnahmen – insbesondere Ostnigeria, wo das Fehlen erkennbarer Exekutivgewalt in den meisten Gemeinwesen eine indirekte Herrschaft nach dem Muster Nordnigerias unmöglich machte [...].
Das französische System verwies den Chief gegenüber dem Regierungsbeamten in eine völlig untergeordnete Rolle. [...] Er stand nicht an der Spitze einer lokalen Regierung, und auch das Gebiet, welches er im Auftrage verwaltete, entsprach nicht unbedingt einer präkolonialen Einheit. Der Einfachheit wegen teilten die Franzosen das Land administrativ und häufig ohne Rücksicht auf präkoloniale politische Grenzen in Kantone ein. Während die Briten größte Rücksicht auf traditionelle Auswahlmethoden nahmen, kam es den Franzosen mehr auf die potenzielle Effizienz der Chiefs als auf deren Legitimität an, da sie als Beauftragte der Administration galten. [...] Es steht also außer Frage, dass die Franzosen bewusst die Machtbefugnisse des Chiefs abänderten: Seine Funktionen wurden reduziert auf die eines Sprachrohrs für Befehle, die andere erteilten.

Michael Crowder, Indirect Rule – French and British Style, in: Africa XXXIV, 3, 1964, S. 197-205, übersetzt von Klaus Figge, in: Rudolf von Albertini (Hrsg.), Moderne Kolonialgeschichte, Köln/Berlin 1970, S. 220-229

[1] **Chief**: Oberhaupt bzw. Herrscher eines Personenverbandes. Die Bezeichnung „Häuptling“ wird heute vermieden, da sie zu sehr mit der alten Sichtweise von den „Wilden“ verbunden ist.

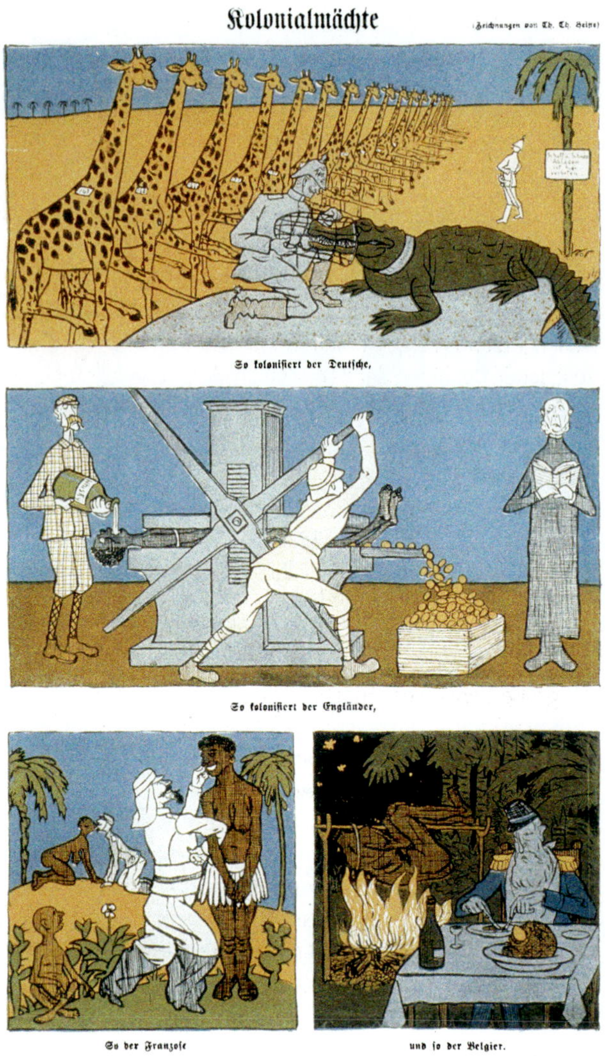

▲ **„So kolonisiert ...“**
Karikaturserie aus dem „Simplicissimus“ von Thomas Theodor Heine, 1904.

1. *Erläutern Sie die Unterschiede zwischen dem britischen und dem französischen kolonialen Herrschaftssystem und suchen Sie nach Gründen für das jeweilige Vorgehen der Mächte.*

2. *Vergleichen Sie die von Crowder skizzierten Herrschaftsmethoden mit jenen, die die Deutschen in Südwestafrika (siehe M2) anwandten. Ziehen Sie die Karikatur hinzu: Welche Aspekte decken sich, welche nicht?*

3. *Stellen Sie Überlegungen zu den Auswirkungen der unterschiedlichen Herrschaftsformen auf die Bevölkerung der jeweiligen unterworfenen Gebiete an und bewerten Sie diese.*

M2 Der Herero-Aufstand

Am 2. Oktober 1904 erlässt der Kommandeur der deutschen Schutztruppe, General Lothar von Trotha, in Deutsch-Südwestafrika einen Schießbefehl gegen das aufständische Volk der Herero:

Die Herero sind nicht mehr deutsche Untertanen. Sie haben gemordet und gestohlen, haben verwundeten Soldaten Ohren und Nasen und andere Körperteile abgeschnitten und wollen jetzt aus Feigheit nicht mehr kämpfen. Ich sage dem Volk: Jeder, der einen der Kapitäne an eine meiner Stationen als Gefangenen abliefert, erhält tausend Mark, wer Samuel Maherero[1] bringt, erhält fünftausend Mark. Das Volk der Herero muss jedoch das Land verlassen. Wenn das Volk dies nicht tut, so werde ich es mit dem Groot Rohr[2] dazu zwingen. Innerhalb der deutschen Grenze wird jeder Herero, mit oder ohne Gewehr, mit oder ohne Vieh erschossen, ich nehme keine Weiber und keine Kinder mehr auf, treibe sie zu ihrem Volke zurück oder lasse auch auf sie schießen. Dies sind meine Worte an das Volk der Herero.
Der große General des mächtigen deutschen Kaisers.

Zwei Tage später berichtet er in einem Schreiben an Generaloberst Graf von Schlieffen über seine Strategie der Kriegführung:

Es fragte sich nun für mich nur, wie ist der Krieg mit den Herero zu beendigen. Die Ansichten darüber bei dem Gouverneur und einigen „alten Afrikanern" einerseits und mir andererseits gehen gänzlich auseinander. Erstere wollten schon lange verhandeln und bezeichnen die Nation der Herero als notwendiges Arbeitsmaterial für die zukünftige Verwendung des Landes. Ich bin gänzlich anderer Ansicht. Ich glaube, dass die Nation als solche vernichtet werden muss oder, wenn dies durch taktische Schläge nicht möglich war, operativ und durch die weitere Detail-Behandlung aus dem Lande gewiesen wird. Es wird möglich sein, durch die erfolgte Besetzung der Wasserstellen von Grootfontein bis Gobabis und durch eine rege Beweglichkeit der Kolonnen die kleinen nach Westen zurückströmenden Teile des Volkes zu finden und sie allmählich aufzureiben. [...] Sie müssen jetzt im Sandfeld untergehen oder über die Betschuanagrenze überzugehen trachten. Dieser Aufstand ist und bleibt der Anfang eines Rassenkampfes, den ich schon 1897 in meinen Berichten an den Reichskanzler für Ostafrika ausgesagt habe.

[1] **Samuel Maherero**: Anführer der aufständischen Herero
[2] **Groot Rohr**: kapholländisch für Geschütz, Kanone

Nach der grausamen Niederschlagung des Aufstandes durch die deutschen Truppen äußert sich 1907 ein Herero über die Ursachen für den afrikanischen Widerstand:

Der Krieg ist von ganz kleinen Dingen gekommen und hätte nicht [zu] kommen brauchen. Einmal waren es die „Stuurmann" [Kaufleute] mit ihrem schrecklichen Wucher und eigenmächtigem, gewaltsamen Eintreiben. [...] [W]er nicht zahlen wollte oder konnte, den verfolgten und plagten sie. Dann ist es der Branntwein gewesen, der die Leute schlecht und gewissenlos gemacht hat. Wenn jemand trinkt, dann ist es ihm gleich, was er tut. Aber das schlimmste Übel ist, was viel böses Blut und Streit hervorgerufen hat, die Vergewaltigung unserer Frauen durch Weiße. Manche Männer sind totgeschossen [worden] wie Hunde, wenn sie sich weigerten, ihre Frauen und Töchter preiszugeben, und drohten, sie mit der Waffe in der Hand zu verteidigen. Wären solche Dinge nicht geschehen, wäre kein Krieg gekommen, aber er ist bei solchen Vergewaltigungen ausgebrochen. Er war mit einem Male da, und da war kein Halten mehr, jeder rächte sich, und es war, als sei kein Verstand mehr unter den Massen.

Erster Text zitiert nach: www.bundesarchiv.de/oeffentlichkeitsarbeit/bilder_dokumente/00663/index-14.html.de [Zugriff: 20.07.2015] (gekürzt)
Zweiter Text zitiert nach: Michael Behnen, Quellen zur deutschen Außenpolitik im Zeitalter des Imperialismus 1890 - 1911, Darmstadt 1977, S. 292 f.
Dritter Text zitiert nach: Horst Gründer (Hrsg.), „... da und dort ein junges Deutschland gründen". Rassismus, Kolonien und kolonialer Gedanke vom 16. bis zum 20. Jahrhundert, München ³2006, S. 152 ff.

1. *Erläutern Sie, welche Denkweisen sich hier auf die Kolonialpolitik auswirkten.*

2. *Arbeiten Sie die Lebensverhältnisse der afrikanischen Bevölkerung unter der deutschen Herrschaft heraus.*

3. *Bis 2016 weigerte sich die deutsche Regierung, den Krieg gegen die Herero und Nama als Völkermord anzuerkennen. Informieren Sie sich über die Gründe und fassen Sie diese in einem Artikel zusammen.*

▲ **„Open door.“**
US-amerikanische Karikatur, 1900.
„Uncle Sam“ hält den diplomatischen Schlüssel für die Öffnung des chinesischen Marktes – beobachtet von den Konkurrenten Großbritannien (l.) und Russland (r.).

M3 Die Politik der Offenen Tür

Der US-amerikanische Staatssekretär des Äußeren, John Hay, schickt 1899 ein Rundschreiben an die Regierungen Deutschlands, Großbritanniens, Frankreichs, Russlands und Japans, worin er die Vorstellungen der USA vom zukünftigen Umgang mit China erläutert:

Die Vereinigten Staaten haben das ernste Bestreben, allen Grund für Spannungen zu beseitigen, und wünschen zugleich, dem Handel aller Nationen die unbezweifelbaren Vorteile zu sichern, welche aus einer formellen Anerkennung der dort „Interessensphären“ beanspruchenden Mächte entstehen würden. Sie wünschen, dass alle Nationen vollständige Gleichheit bei der Behandlung ihres Handels und ihrer Schifffahrt innerhalb solcher Sphären genießen sollen. Deshalb würde es die Regierung der Vereinigten Staaten begrüßen, wenn die Regierung Ihrer Majestät formelle Zusicherungen gäbe und dazu mithülfe, ähnliche Zusicherungen von den anderen interessierten Mächten (über die folgenden Punkte) zu erlangen. Erstens soll in keiner Weise in irgendwelchen Vertragshäfen und überkommenen Privilegien innerhalb Chinas interveniert werden. Zweitens soll der derzeitige chinesische Vertragszoll auf alle Güter innerhalb der genannten „Interessensphären“ erhoben werden (außer in den „freien Häfen“), und zwar unabhängig davon, von welcher Nation diese Güter stammen.[1] Die so erhobenen Zölle sollen von der chinesischen Regierung eingezogen werden. Drittens soll eine solche Macht keine höheren Hafengebühren für Schiffe fremder Nationalität in einem Hafen innerhalb einer solchen Sphäre erheben, und für keine Güter sollen von irgendeiner Nation höhere Eisenbahnfrachtraten verlangt werden, als sie für ähnliche Güter von den eigenen Bürgern über gleiche Transportentfernungen erhoben werden.

Zitiert nach: Günter Schönbrunn (Bearb.), Das bürgerliche Zeitalter 1815-1914. Geschichte in Quellen, München 1980, S. 599

1. *Charakterisieren Sie die Vorstellungen der USA und das Vorgehen der imperialistischen Mächte in China.*
2. *Analysieren Sie die Interessen der USA.*

M4 „Open Door Policy“

Nach dem Ende seiner Amtszeit erläutert Theodore Roosevelt seinem Nachfolger William H. Taft in einem Schreiben vom 22. Dezember 1910 die Chancen und Grenzen eines Engagements in China:

Ein Bündnis mit China bedeutet angesichts der absoluten militärischen Hilflosigkeit des Landes für uns keine zusätzliche Stärke, sondern eine zusätzliche Verpflichtung, die wir uns aufbürden; und da ich die Politik des Bluffs völlig ablehne, sowohl in der nationalen als auch in der internationalen Politik als auch im Privatleben, und es auch ablehne, die alte Grenzerregel „Zieh nie [den Colt], wenn du nicht schießen willst“ zu verletzen, halte ich es für falsch, Positionen zu beziehen, die wir nicht verteidigen können. Was die Mandschurei anbetrifft, so können wir Japan nicht stoppen, wenn es einen unseren Interessen entgegengesetzten Kurs einschlägt, falls wir nicht zum Kriege bereit sind; und ein erfolgreicher Krieg um die Mandschurei würde von uns eine Flotte so groß wie die englische und eine Armee so stark wie die deutsche verlangen. Die Politik der „offenen Tür“ in China war eine gute Sache, und ich hoffe, sie wird es in Zukunft bleiben, solange sie durch allgemeines diplomatisches Übereinkommen gesichert werden kann; aber wie die Geschichte der Mandschurei sowohl unter Russland als auch unter Japan

[1] Der den Chinesen zugestandene Zoll war niedrig, in den „freien Häfen“ entfiel auch dieser.

gezeigt hat, verschwindet die ganze Politik der „offenen Tür“ de facto völlig, wenn eine mächtige Nation entschlossen ist, sie zu missachten, und lieber ein Kriegsrisiko eingeht als ihre Absichten aufzugeben.

Zitiert nach: Detlef Junker, Von der Weltmacht zur Supermacht. Amerikanische Außenpolitik im 20. Jahrhundert, Mannheim 1995, S. 30

Erläutern Sie das Motto „Zieh nie, wenn du nicht schießen willst“. Diskutieren Sie seine Anwendung in der Außenpolitik.

M5 Japanische Reformen

Die nach militärischem Druck erfolgte Öffnung Japans durch die imperialistischen Mächte versetzt das Land in eine innenpolitische Krise. Nachdem 1868 die Regierungsgewalt des Kaisers formal wiederhergestellt ist, wird eine umfassende staatlich gelenkte Reformperiode eingeleitet. Der in Tokio tätige Arzt Erwin Bälz schreibt um 1900 über die als Meiji-Ära („Erleuchtete Regierung“) benannte Regierung Kaiser Mutsuhitos (1868-1912):

Der jetzige Kaiser hatte kurz nach seiner Thronbesteigung im Jahre 1868 eine Proklamation erlassen, in der er dem Volk Anteil an der Regierung und eine Verfassung versprach. Aber die Männer am Staatsruder sahen bald, dass das Volk nicht entfernt dafür reif war. Man schob daher den Zeitpunkt wiederholt hinaus und schickte zunächst den Staatsrat – den späteren Fürsten – Ito[1] nach Berlin zum genaueren Studium der Verfassungen. [...] Die Verfassung [...] wurde unter ungeheurem Jubel des ganzen Landes am 11. Februar 1889 feierlich proklamiert und damit das Recht- und Pflichtbewusstsein zwischen Herrscher und Volk gesetzlich festgelegt.
Es zeigte sich aber bald, dass die Verfassung vielen nicht liberal genug war. Denn das Wahlrecht war sehr beschränkt, und das Recht, die Minister zu ernennen, kam nicht dem Parlament zu. Ito selbst, der Vater der Verfassung, erklärte, das Recht, die Minister zu ernennen und zu entlassen, sei und bleibe ein Privileg des Kaisers [...]. Fukuzawa[2] war ein bedeutender und außerhalb der Regierungskreise der einflussreichste Mann des Landes: der „Praeceptor Japonis“[3]. Und dieser Fukuzawa hat sich dem Berichterstatter einer großen amerikanischen Zeitschrift gegenüber geäußert: „Ich bewundere euer freies Land; wir selbst sind für eine Republik noch nicht reif und haben daher einen Kaiser. Aber das dürfen Sie mir glauben, dass schon jetzt der Kaiser in der Politik weniger zu sagen hat als der König in England.“ Diese Äußerung gab die Stimmung eines großen Teiles der gebildeten Japaner in den Neunzigerjahren wieder. Und die Kenntnis dieser Stimmung ließ es der Regierung klug erscheinen, nachgiebig zu sein, bis das Schicksal ihr eine Gelegenheit bot, ein einigendes Band für die ganze Nation neu zu schaffen, und zwar in Form des Krieges mit China wegen Korea. Und dieser Krieg hatte die von der Regierung gewünschte Folge: Das ganze japanische Volk war einig und begeistert durch die Erfolge der nationalen Waffen. [...] Das Nationalgefühl erwachte; es setzte eine gesunde Reaktion gegen die blinde Nachahmung alles Fremden ein. Man hörte viel weniger von den Herrlichkeiten der freien Staaten. Die größten Schreier für eine parlamentarische Regierung hielten sich zurück. [...] Und den tieferen Grund zu diesem der Welt erstaunlichen Sieg über den chinesischen Koloss suchte man jetzt in den spezifisch japanischen Eigenschaften, und in diesem Japanertum spielte auch das Herrscherhaus mit seiner „ewigen Dynastie“ eine große Rolle. So ging dieses gestärkt aus der Krise hervor. Die Person des Kaisers trat mehr und mehr in den Vordergrund. [...] Es erging ein Edikt, das die Grundlage aller sittlichen Erziehung der japanischen Jugend bildet und in dem der Kaiser als eine Art Vater seines Volkes erscheint. Und so wurde der Kult des Kaisers als eines gewissermaßen ideellen symbolischen Repräsentanten der Nation in den an sich uralten, aber jetzt wieder günstig vorbereiteten Boden mit voller Absicht gesät. Und man wird den führenden japanischen Staatsmännern nicht die Anerkennung versagen können, dass ihr planmäßiges Werk voll und ganz, manchmal fast über das beabsichtigte Maß hinaus gut gelang.

Toku Bälz (Hrsg.), Erwin Bälz. Das Leben eines deutschen Arztes im erwachenden Japan. Tagebücher, Briefe, Berichte, Stuttgart ^{3}1937, S. 95-97

1. *Charakterisieren Sie das japanische Modernisierungsprogramm und dessen Zielsetzung.*
2. *Diskutieren Sie die innenpolitische Wirkung des japanischen Sieges im Krieg gegen China 1895.*
3. *Informieren Sie sich über die Reaktion Chinas auf die imperialistischen Mächte und vergleichen Sie mit Japan.*

[1] **Ito Hirobumi** (1841-1909) war mehrfach Ministerpräsident und Präsident des Geheimen Staatsrates, dem Beratergremium des Kaisers.
[2] **Fukuzawa Yukichi** (1835-1901) war der bedeutendste Vertreter der Reformperiode.
[3] **„Praeceptor Japonis“**: Lehrer, Lehrmeister Japans

Geschichte kontrovers

Unterentwicklung – Folge imperialistischer Herrschaft oder selbstverschuldet?

Imperialismus bedeutete nicht nur politische Herrschaft der sogenannten „Mutterländer" über ihre Kolonien, sondern auch einen weitreichenden Einschnitt in die sozialen und wirtschaftlichen Verhältnisse der Gesellschaften in Asien, Afrika und Lateinamerika. Vertreter der inzwischen unabhängigen Staaten führen die Unterentwicklung ihrer Länder häufig auf die Strukturen der Kolonialherrschaft zurück, die die Basis für Abhängigkeiten vom Weltmarkt bis zu Hungerkrisen gelegt hätten. Andere Wissenschaftler, vorwiegend aus Europa und den USA, sehen solche Erklärungen kritisch: Sie machen auch innere Faktoren als Ursache für Armut und Unterentwicklung verantwortlich. Daher stellt sich die Frage: Ist die Unterentwicklung eine Folge imperialistischer Herrschaft oder ist sie auf die interne Schwäche ehemaliger Kolonialländer und heutiger unabhängiger Staaten zurückzuführen?

M1 Auswirkungen des Kolonialismus?

Der aus Guyana in Südamerika stammende Historiker Walter Rodney, dessen Vorfahren als Sklaven aus Afrika verschleppt worden sind, lehrt von 1968 bis 1974 an der Universität Dar Es Salaam in Tansania Geschichte. Sein 1972 veröffentlichtes Buch „How Europe Underdeveloped Africa" ist immer wieder neu gedruckt worden, zuletzt 2012 in Senegal:

Politisch gesehen waren die negativen Auswirkungen des Kolonialismus katastrophal. Mit einem Schlage verloren die afrikanischen politischen Staaten ihre Macht, Unabhängigkeit und Bedeutung – wobei es keinen Unterschied machte, ob sie große Weltreiche oder kleine politische Einheiten waren. [...] Afrika wurde jede Möglichkeit verweigert, Wirtschaftsverbindungen mit anderen Teilen der Erde, außer mit Europa und Nord-Amerika, zu entwickeln. Über den Indischen Ozean hinweg wurde zwar weiterhin in geringem Ausmaß gehandelt, aber im Ganzen gesehen führten die afrikanischen Straßen zu den Seehäfen und die Seewege führten nach Westeuropa und Nordamerika. Diese Art Einseitigkeit ist noch heute ein Teil der Unterentwicklung und Abhängigkeit.

Zu Beginn der Kolonialzeit besaßen die meisten afrikanischen Gewerbe trotz des Sklavenhandels und des Imports europäischer Waren noch eine gewisse Lebenskraft. [...] Die Mengenproduktion der jüngsten kapitalistischen Zeit aber vernichtete die Tuch- und Seifenherstellung, Salzgewinnung, Eisenverarbeitung und Töpferei.

In Nordafrika hatte das Handwerk vor der Kolonialzeit die größten Fortschritte gemacht und umfasste Bereiche von der Messingverarbeitung bis zur Herstellung von Wollwaren. [...] Aber der französische Kolonialismus zerstörte das Handwerk und brachte Tausende um ihre Arbeit. [...]

Die Nicht-Industrialisierung Afrikas wurde keineswegs dem Zufall überlassen. Sie wurde bewusst erzwungen: Afrika wurden eben genau die Maschinen und technischen Fertigkeiten vorenthalten, die in dieser Zeit eine Konkurrenz mit Europa ermöglicht hätten. [...]

Die Struktur des kolonialen bzw. des nach-kolonialen Afrika wird oft als „Wachstum ohne Entwicklung" bezeichnet. Dies bedeutet, dass bestimmte Güter und Dienstleistungen in zunehmendem Maße angeboten werden. Vielleicht werden mehr Kautschuk und Kaffee exportiert und vom Erlös mehr Autos importiert, und vielleicht werden mehr Tankstellen für die Autos gebaut. Der Profit aber fließt ins Ausland, und die einheimische Wirtschaft wird mehr und mehr zu einer Kolonie der Metropolen.

In keiner afrikanischen Kolonie gab es eine wirtschaftliche Integration oder Maßnahmen für den Aufbau einer Selbstversorgungswirtschaft [...].

Ein weiteres Beispiel für dieses Wachstum ohne Entwicklung während der Kolonialzeit war die überwiegende Abhängigkeit von einem oder zwei Exportgütern. Der Begriff der „Monokultur" bezeichnet die kolonialen Wirtschaftsgebiete, die sich mit einem einzigen Erzeugnis befassten. [...] Die Monokultur war ein Charakteristikum von Regionen, die unter imperialistische Herrschaft fielen. [...]

Wenn dann die Ernte auch noch von Seuchen betroffen war, kam das einer Katastrophe gleich, wie 1940 im Fall der Goldküste, als die Sprösslinge der Kakaobäume eingingen. [...] Darüber hinaus stand der afrikanische Produzent jederzeit den von außen gesteuerten Preisschwankungen und den Machenschaften der Kapitalisten völlig hilflos gegenüber. [...]

Der Kolonialismus schuf Bedingungen, die nicht nur zu periodischen Hungersnöten führten, sondern auch zu chronischer Unterernährung, Fehlernährung und physischem Verfall der Afrikaner. [...]

Bei der Abwägung der Vor- und Nachteile der Kolonialherrschaft sind noch die europäischen Neuerungen in Afrika wie moderne Medizin, klinische Chirurgie und Impfungen zu berücksichtigen. Ihre positiven Wirkungen können nicht geleugnet werden. Aber diese Wirkungen blieben speziell in Afrika recht gering.

Walter Rodney, Afrika. Geschichte einer Unterentwicklung, übersetzt von Gisela Walther, Berlin 1975, S. 190-202

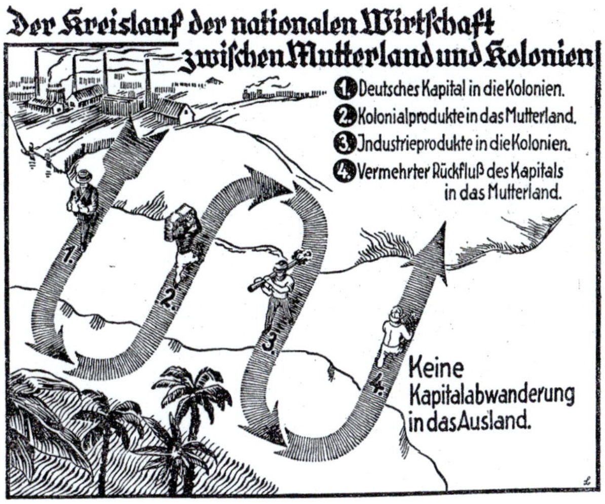

▲ **Der Kreislauf der nationalen Wirtschaft zwischen Mutterland und Kolonien.**
Schaubild, um 1938.
- *Ordnen Sie die Aussage des Schaubildes in den historischen Kontext ein.*

M2 Hausgemachte Abhängigkeit?

Andreas Eckert lehrt die Geschichte Afrikas an der Humboldt-Universität zu Berlin. 2006 nimmt er in seinem Überblickswerk zum Kolonialismus zu Rodneys Argumentation (M1) Stellung:

Walter Rodneys 1972 publizierter Bestseller [...] bezog sich auf die in Lateinamerika entwickelte Dependenztheorie, die er zum Ausgangspunkt für seine historische Analyse von Afrikas wirtschaftlichen Beziehungen zum europäischen Kapitalismus nahm. Obwohl Rodney sich intensiv mit der Kolonialperiode auseinandersetzte, bezog sich sein zentrales Argument auf die frühere Phase des Sklavenhandels und die Einbeziehung Afrikas in eine ungleiche und ausbeuterische Weltwirtschaft. [...]
Inzwischen werden jedoch große Zweifel an der mechanistischen Vorstellung angemeldet, dass [...] Afrika arm ist, weil der Kapitalismus es notwendig macht, dass Afrika arm ist. In diesem Zusammenhang ließe sich argumentieren, dass sich die große Mehrheit der afrikanischen Gesellschaften und ihrer Herrschaftseliten schon früh durch ihre Außenorientierung auszeichnete. Bereits seit dem 18. Jahrhundert entstand im Zuge dieser Außenorientierung eine Abhängigkeit von importierten Handelsgütern, die einherging mit der Notwendigkeit, Exportartikel wie Gold, Elfenbein, Sklaven und später Agrarprodukte bereitzustellen. [...] Demnach ist die Abhängigkeit von externen Kräften nicht selten durch Afrikaner selbst geschaffen worden, die durch die Verbindung nach außen ihre Stellung nach außen verbessern wollten und dabei beträchtliche Profite erzielten. Beispiele dafür, externe Zwänge in Instrumente der politischen und ökonomischen Kontrolle nach innen umzuwandeln, sind die Beteiligung am Sklavenhandel, die Zusammenarbeit mit den Kolonialmächten, diplomatische und militärische Allianzen während des Kalten Krieges und zuletzt die Adoption der Demokratisierungsrhetorik.
In gewisser Weise setzten dann die Kolonialherren in Afrika nur ältere Formen der Exportökonomie fort, wobei sie mit den Instrumenten des kolonialen Staates die Spielräume der Afrikaner nun verstärkt einzuschränken suchten. Nicht nur das Beispiel Afrika zeigt, dass Kontinuitäten auch über die Dekolonisation hinaus existierten. Das seit Beginn des 19. Jahrhunderts unabhängige Lateinamerika etwa blieb weiterhin wirtschaftlich von Europa – und verstärkt von den USA – abhängig. [...]
Ob die Europäer in ihren Kolonien Industrialisierung bewusst verhindert haben, wie viele Kolonialkritiker meinen, ist oft schwer zu belegen. In jedem Fall haben sie entsprechende Entwicklungen höchst selten gefördert. [...] Ironischerweise war die später erfolgreiche industrielle Entwicklung einiger sogenannter „Tigerstaaten"[1] in Asien wie Südkorea oder Taiwan nicht zuletzt das Resultat des äußerst repressiven japanischen Kolonialregimes, das in seinen Besitzungen systematisch eine industrielle Kolonialwirtschaft aufzubauen suchte.

Andreas Eckert, Kolonialismus, Frankfurt am Main 2006, S. 101 f. und 104

1. *Arbeiten Sie die Kernthesen beider Autoren heraus und stellen Sie diese in einer Tabelle gegenüber.*
2. *Überprüfen Sie die Stellungnahmen von Rodney und Eckert anhand der Informationen in diesem Kapitel.*
3. *Unterentwicklung – Folge imperialistischer Herrschaft oder selbstverschuldet? Nehmen Sie Stellung zu dieser Kontroverse.*

[1] **Tigerstaaten**: Dazu zählen Südkorea, Taiwan und Singapur sowie die chinesische Sonderverwaltungszone Hongkong, die sich von „Entwicklungsländern" in Industriestaaten entwickeln („Schwellenländer").

Außenpolitische Wende

Für und Wider einer deutschen Kolonialpolitik Angesichts der Furcht, bei der Aufteilung der Erde leer auszugehen, setzte seit den 1870er-Jahren auch im Deutschen Reich eine verstärkte Diskussion um die Notwendigkeit einer Kolonialpolitik ein. Eine Vielzahl kleinerer und größerer Kolonialvereine sowie mächtige Interessenverbände propagierten den kolonialen Gedanken im ganzen Land und begannen damit, Druck auf die Regierung auszuüben, um die territoriale Expansion voranzutreiben.

Wie in den anderen europäischen Staaten und den USA gab es aber auch im Deutschen Reich entschiedene Gegner der Kolonialpolitik. Dazu gehörten vor allem die Sozialdemokraten, die mit staatlichen Geldern geförderte Unternehmungen ablehnten, die das System des „ausbeuterischen Kapitalismus" in wirtschaftlich unterlegene Länder exportierten und die Kolonialvölker unterdrückten. Außerdem verwiesen sie immer wieder auf die wachsende Kriegsgefahr, die eine offensive Außenpolitik auslösen würde.

Berliner Kongress: Auf ihm wurde eine neue Ordnung in Südosteuropa festgelegt. Dadurch wurde ein Friedensvertrag zwischen Russland und dem Osmanischen Reich außer Kraft gesetzt, der einen größeren Einfluss des Zarenreiches bedeutet hätte. Russland hatte sich wegen seiner neutralen Haltung in den Kriegen von 1866 und 1870 jedoch eine deutliche Unterstützung von deutscher Seite erhofft. Nach dem ungünstigen Verhandlungsergebnis fühlte sich das Zarenreich verraten: Bulgarien, geschaffen als von Russland abhängiger Staat, verlor drei Fünftel des vorgesehenen Gebietes und den Zugang zum Mittelmeer. Die eigenen bescheidenen Landgewinne wurden zudem dadurch entwertet, dass auch Österreich-Ungarn seine Position auf Kosten des Osmanischen Reiches stärken konnte: Als Ausgleich für die russischen Erwerbungen erhielt es auf dem Kongress das Besatzungsrecht in Bosnien und der Herzegowina zugesprochen.

Bismarcks Außenpolitik Reichskanzler Otto von Bismarck stand dem Erwerb von Kolonien zunächst ablehnend gegenüber. Er scheute die finanziellen Belastungen und möglichen Konflikte mit den anderen Mächten. Bismarcks Politik beruhte auf einer doppelten Voraussetzung:

1. Der Kanzler verzichtete auf alle Expansionsbestrebungen, durch die andere Großmächte sich gefährdet fühlen konnten. Er erklärte das Reich für „saturiert" und wies nationalistische Forderungen nach Gebietsgewinnen stets entschieden zurück. In der Bewahrung des Status quo und der Erhaltung des Friedens in Mitteleuropa sah er die deutschen Interessen am besten gesichert.
2. Aus Gegensätzen zwischen anderen Großmächten versuchte Bismarck stets Nutzen zu ziehen, indem er diese Staaten für gute Beziehungen zu Deutschland gewinnen wollte.

Um die Beziehungen zu Österreich-Ungarn und Russland zu festigen, förderte Bismarck eine Annäherung zwischen Österreich und Russland (*Dreikaiserabkommen*, 1873). Dabei wurden die gemeinsamen Interessen der drei konservativen Monarchien gegenüber republikanischen und sozialistisch-revolutionären Kräften betont. Auf dem **Berliner Kongress** 1878 konnte Bismarck schließlich als „ehrlicher Makler" ohne eigene Gewinnabsichten auftreten und den Konflikt zwischen Großbritannien und Österreich auf der einen und Russland auf der anderen Seite beilegen.

Aus Angst vor einer russisch-französischen Annäherung vollzog Bismarck 1879 jedoch eine bisher bewusst vermiedene Entscheidung zugunsten einer Seite: Der *Zweibund* mit der Habsburgermonarchie verpflichtete beide Länder zu gegenseitiger Hilfe bei einem russischen Angriff. Beim Angriff einer anderen Macht – etwa Frankreichs auf Deutschland – sollte wohlwollende Neutralität gewahrt werden. Der Zweibund mit Österreich-Ungarn wurde 1882/83 durch den *Dreibundvertrag* mit Italien sowie einen Defensivvertrag mit Rumänien ergänzt. Bismarck betrachtete das Bündnis mit Österreich-Ungarn nur als äußerste Rückzugslinie. Das Gegenüberstehen eines deutsch-österreichischen und eines russisch-französischen Blocks auf dem Kontinent konnte nicht Ziel seiner Außenpolitik sein.

Ein „Platz an der Sonne" – Deutschlands Einstieg in die Weltpolitik Dass Bismarck schließlich seine Haltung änderte und das Deutsche Reich unter ihm in den Jahren 1884/85 seine ersten Kolonien in Afrika und Neuguinea erwarb, ist auf den zunehmenden innenpolitischen Druck und die günstige außenpolitische Lage zurückzuführen.

Erst unter Kaiser **Wilhelm II.** setzte eine grundsätzliche Umorientierung der deutschen Außenpolitik ein. Mit dem Aufstieg des jungen Staates war auch das nationale Selbstbewusstsein gewachsen. Vielen Zeitgenossen genügte die von Bismarck geprägte defensive und hauptsächlich auf europäischen Ausgleich bedachte „Kontinentalpolitik" nicht mehr. Deutschland müsse seinen Anspruch als „Weltmacht" durchsetzen, der dem deutschen Großmachtstatus angemessen sei (▸ M1). 1897 brachte der Staatssekretär des Auswärtigen Amtes, *Bernhard von Bülow*, diese von vagen Stimmungen und Interessen geprägte neue Weltpolitik in einer Reichstagsrede programmatisch auf den Punkt: „Wir wollen niemand in den Schatten stellen, aber wir verlangen einen Platz an der Sonne." Das Resultat war eine sprunghafte und aggressive deutsche Politik, die im Ausland als unberechenbar empfunden wurde.

Wilhelm II. (1859 - 1941): 1888 - 1918 König von Preußen und Deutscher Kaiser. Er setzte den Rücktritt Bismarcks durch. Seine Vorstellungen von Gottesgnadentum und Weltmacht sowie seine Einstellung zum Militär (Militarismus) prägten die „Wilhelminische Gesellschaft".

Das Verhältnis zu England wird schlechter Nachdrücklicher im Sinne der über Europa hinausgreifenden Weltpolitik wirkte das wirtschaftliche und politische Engagement Deutschlands im Vorderen Orient. Das Osmanische Reich galt seit Ende des 19. Jahrhunderts als bedeutendstes außereuropäisches Einflussgebiet. Mit dem Bau einer Eisenbahn von Konstantinopel/Istanbul zum Persischen Golf (*Bagdad-Bahn*, 1899 - 1903) ergab sich für die Wirtschaft ein willkommenes Expansionsfeld. Damit wuchs auch das Interesse Deutschlands an dem für die Verbindung zur Türkei wichtigen Balkan. Dabei setzte sich die kaiserliche Außenpolitik darüber hinweg, dass Russland und England den wachsenden deutschen Einfluss im Vorderen Orient als störend empfanden.

Der programmatische Übergang zur Weltpolitik um das Jahr 1897/98 war begleitet von Anstrengungen zum Aufbau einer starken deutschen Kriegsmarine. Die Bedeutung einer eigenen Schlachtflotte wurde von **Alfred von Tirpitz**, dem Staatssekretär des Reichsmarineamtes, mit großem Erfolg propagiert. Auch der Kaiser setzte sich nachdrücklich für das Flottenbauprogramm ein. Die Aufrüstung zur See sollte für England jeden Krieg mit Deutschland zu einem wirklichen Risiko werden lassen. Ein Sieg der englischen Flotte sollte zumindest so teuer erkauft werden müssen, dass England anschließend seine Überlegenheit auf den Meeren nicht mehr sicher bewahren konnte und sein Weltimperium gefährdet war. Dieser in Deutschland propagierte „Risikogedanke" gefährdete das englische Ziel des *Two-Power-Standard*, also den Grundsatz, dass die britische Flotte mindestens die Stärke der beiden nächstgrößeren Seemächte aufweisen müsse. Überlegungen, England auf diese Weise an die Seite Deutschlands zu „zwingen", erwiesen sich allerdings als Illusion und Wunschtraum.

Alfred von Tirpitz (1849 - 1930): Admiral, ab 1897 Staatssekretär. Er entwickelte einen Plan zum massiven Ausbau der deutschen Kriegsflotte.

Einvernehmen zwischen Russland, Frankreich und Großbritannien Bismarcks Nachfolger vertrauten lange darauf, dass die traditionellen weltpolitischen Rivalitäten zwischen England und Russland einerseits und kolonialpolitische Spannungen zwischen England und Frankreich andererseits der deutschen Außenpolitik breiteste Entfaltungsmöglichkeiten ließen. Deshalb waren sie nicht übermäßig beunruhigt, als Russland 1894 ein Defensivbündnis mit Frankreich schloss. Erstmals stand damit dem Dreibund eine Allianz anderer Großmächte gegenüber, und die von Bismarck mit großem Einfallsreichtum verhinderte antideutsche Koalition war Wirklichkeit geworden.

Umso gefährlicher war nun eine Politik, die Deutschland aus der Sicht Englands zu einem potenziell bedrohlichen Gegner machte und zu einer Neuausrichtung seiner Außen- und Bündnispolitik bewegte. Tatsächlich wurde vor allem durch den forcierten deutschen Flottenbau die Bereitschaft Großbritanniens zum Ausgleich mit Frankreich und Russland gefördert. Die freundschaftlichen britisch-französischen Beziehungen (*Entente cordiale*) begannen 1904 mit der Beilegung kolonialpolitischer Spannungen. Paris erkannte Ägypten endgültig als rein britisches Interessengebiet an; London war dafür bereit, den von Frankreich angestrebten verstärkten Einfluss in Marokko zu billigen. Als Deutschland anlässlich der *Marokko-Krisen* 1905/06 und 1911 dagegen vergeblich eine drohende Haltung einnahm, vertiefte es nur zusätzlich den Zusammenhalt der Entente cordiale (▸ M2).

Noch überraschender kam für die deutsche Führung 1907 die Bereinigung der Interessengegensätze in Zentralasien zwischen England und Russland. Aus englischer Sicht hatte aber das wirtschaftlich und militärisch mächtige Deutsche Reich, spätestens seit Russland im Krieg gegen Japan seine um die halbe Welt herangeführte Ostseeflotte verloren hatte (1905), ein bedrohliches Übergewicht auf dem Kontinent gewonnen.

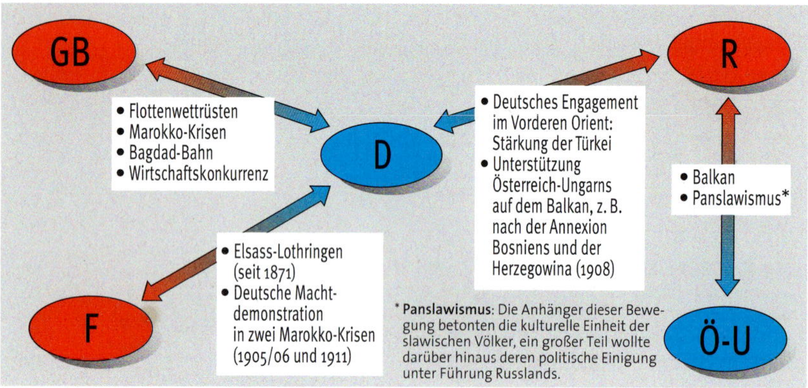

▲ Die Beziehungen der europäischen Großmächte zum Deutschen Reich.

■ *Erläutern Sie die dargestellten Verhältnisse aus britischer Sicht.*

Die Verengung der politischen Handlungsspielräume Während die anderen Mächte Sorge vor einer deutschen Hegemonie in Europa hatten, fühlte sich Berlin durch die engeren Beziehungen zwischen England, Frankreich und Russland, der sogenannten *Tripelentente*, mit ihrer Stoßrichtung gegen Deutschland „eingekreist“ und bedroht. Alle Regierungen dachten vor 1914 in „Freund-Feind-Bildern“ und suchten Sicherheit in erster Linie durch engere Bindung an den Bündnispartner. Die gegenseitigen Ängste trieben die Rüstungsanstrengungen in die Höhe (▸ M3). Zudem wurde die Handlungsfreiheit der Politiker immer stärker durch militärstrategische Planungen eingeengt. Insbesondere in Deutschland erlangten sie ein unheilvolles Gewicht. Dort sah der Schlieffen-Plan* vor, im Falle eines Zweifrontenkrieges unter Ausnutzung der langsameren russischen Mobilmachungsfähigkeit in schnellem Aufmarsch durch das neutrale Luxemburg und Belgien vorzustoßen und zunächst die französischen Armeen zu vernichten. Der Schlieffen-Plan kennzeichnet deutlich die unflexible, nach Alternativen gar nicht mehr suchende und gerade deswegen riskante deutsche Außenpolitik der Vorkriegsjahre.

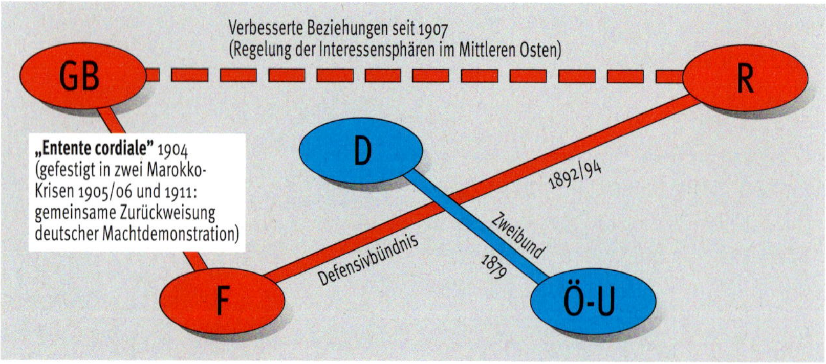

▲ Bündnisse der europäischen Großmächte.

* **Schlieffen-Plan**: Benannt nach Alfred Graf von Schlieffen, dem Chef des Generalstabs der Armee in den Jahren 1891 bis 1905, siehe S. 150.

M1 Anspruch auf Weltgeltung

In einer Rede vor dem Reichstag am 11. Dezember 1899 bekräftigt der Staatssekretär des Auswärtigen Amtes und spätere Reichskanzler Bernhard von Bülow seine Forderung nach einer expansiven Außenpolitik:

Der englische Premierminister hatte schon vor längerer Zeit gesagt, dass die starken Staaten immer stärker und die schwachen immer schwächer werden würden. [...] Wir wollen keiner fremden Macht zu nahe treten, wir wollen uns aber auch von keiner fremden Macht auf die Füße treten lassen (*Bravo!*), und wir wollen uns von keiner fremden Macht beiseite schieben lassen, weder in politischer noch in wirtschaftlicher Beziehung. (*Lebhafter Beifall.*) Es ist Zeit, es ist hohe Zeit, dass wir [...] uns klar werden über die Haltung, welche wir einzunehmen haben gegenüber den Vorgängen, die sich um uns herum abspielen und vorbereiten und welche die Keime in sich tragen für die künftige Gestaltung der Machtverhältnisse für vielleicht unabsehbare Zeit [...]. [T]räumend beiseite stehen, während andere Leute sich den Kuchen teilen, das können wir nicht und wollen wir nicht. (*Beifall.*) Wir können das nicht aus dem einfachen Grunde, weil wir jetzt Interessen haben in allen Weltteilen [...].

Die rapide Zunahme unserer Bevölkerung, der beispiellose Aufschwung unserer Industrie, die Tüchtigkeit unserer Kaufleute, kurz, die gewaltige Vitalität des deutschen Volkes haben uns in die Weltwirtschaft verflochten und in die Weltpolitik hineingezogen. Wenn die Engländer von einem Greater Britain reden, wenn die Franzosen sprechen von einer Nouvelle France, wenn die Russen sich Asien erschließen, haben auch wir Anspruch auf ein größeres Deutschland [...].

Es ist viel Neid gegen uns in der Welt vorhanden (*Zuruf links*), politischer Neid und wirtschaftlicher Neid. Es gibt Individuen, und es gibt Interessengruppen, und es gibt Strömungen, und es gibt vielleicht auch Völker, die finden, dass der Deutsche bequemer war und dass der Deutsche für seine Nachbarn angenehmer war in jenen früheren Tagen [...]. Diese Zeiten politischer Ohnmacht und wirtschaftlicher und politischer Demut sollen nicht wiederkehren. (*Lebhaftes Bravo.*) [...] Wir werden uns aber nur dann auf der Höhe erhalten, wenn wir einsehen, dass es für uns ohne Macht, ohne ein starkes Heer und eine starke Flotte keine Wohlfahrt gibt. (*Sehr richtig! rechts. Widerspruch links.*) Das Mittel, meine Herren, in dieser Welt den Kampf ums Dasein durchzufechten ohne starke Rüstung zu Lande und zu Wasser, ist für ein Volk von bald 60 Millionen, das die Mitte von Europa bewohnt und gleichzeitig seine wirtschaftlichen Fühlhörner ausstreckt nach allen Seiten, noch nicht gefunden worden. (*Sehr wahr! rechts.*) In dem kommenden Jahrhundert wird das deutsche Volk Hammer oder Amboss sein.

Zitiert nach: Michael Behnen (Hrsg.), Quellen zur deutschen Außenpolitik im Zeitalter des Imperialismus 1890-1911, Darmstadt 1977, S. 231ff.

▲ **„Theilung der Erde."**
„Zeus zu Germania: Wo warst du denn, als man die Welt getheilet?"
Karikatur aus der satirischen Zeitschrift „Kladderadatsch" vom 11. August 1878.
- *Erläutern Sie anhand der Bildunterschrift die Aussage der Karikatur.*

1. *Skizzieren Sie die Folgerungen, die Bülow für die deutsche Außenpolitik ableitet.*
2. *Erklären Sie die bildliche Formulierung, das „deutsche Volk" werde im 20. Jahrhundert „Hammer oder Amboss" sein. Erläutern Sie die Grundüberzeugungen, die Bülows Rede zugrunde liegen.*
3. *Vergleichen Sie die Forderungen und Ziele Bülows mit denen von Dernburg auf S. 125. Nennen Sie Unterschiede und Gemeinsamkeiten.*
4. *Überprüfen Sie, ob sich Bülows Forderung, dass die „Zeiten politischer Ohnmacht und wirtschaftlicher und politischer Demut" nicht wiederkehren sollen, zu Recht auf die zurückliegende Geschichte Deutschlands beziehen lässt.*

M2 Internationale Krisen um Marokko

a) Am 3. Juni 1904 nimmt Geheimrat Friedrich von Holstein zu den Bestimmungen in der Entente cordiale Stellung:

Bei der englisch-französischen Abmachung über Ägypten und Marokko ist England in Ägypten, Frankreich in Marokko der erwerbende Teil. England hat mit den Mächten, welche in Ägypten berechtigte Interessen haben, eine Verständigung gesucht und erlangt, Frankreich hingegen schickt sich zur Aneignung Marokkos an unter vollständiger Ignorierung der berechtigten Interessen Dritter, mit Ausnahme Spaniens [...]. Marokko ist heute noch eines der wenigen Länder, wo Deutschland für seinen Verkehr freie Konkurrenz hat. Da Marokko jetzt im Begriff ist, mit den Anfängen seines Eisenbahnnetzes vorzugehen, so ist die Schädigung, welche Deutschland durch das französische Monopol erleiden würde, eine recht erhebliche. Noch bedenklicher wäre jedoch die Schädigung, welche das Ansehen Deutschlands erleiden würde, wenn wir uns stillschweigend gefallen ließen, dass über deutsche Interessen ohne deutsche Mitwirkung verfügt wird. Zu den Aufgaben einer Großmacht gehört nicht nur der Schutz ihrer Territorialgrenzen, sondern auch die Verteidigung der außerhalb dieser Grenzen gelegenen berechtigten Interessen [...].

b) Als Frankreich 1911 die marokkanische Stadt Fes besetzt, reagiert Deutschland mit der Entsendung seines Kanonenbootes „Panther" in den marokkanischen Hafen Agadir. Angesichts des deutschen „Panthersprungs" kommt das britische Außenministerium am 3. Juli 1911 zu folgendem Schluss:

Die Tatsache, dass Deutschland den Sprung gemacht hat, muss der Annahme Raum geben, dass es sich jetzt in der Lage glaubt, der Gefahr einer bewaffneten französisch-britischen Gegnerschaft zu trotzen. [...] Wenn sich [...] erweisen sollte, dass dem so ist, so stehen wir nun einer dringenden und unmittelbaren Gefahr gegenüber, für die gerüstet zu sein von vitaler Bedeutung ist.

c) Am 9. November 1911 findet eine Reichstagsdebatte zum deutschen Vorgehen in der Marokko-Krise statt. Insbesondere von den rechten Parteien wird das Nachgeben kritisiert. August Bebel, der Vorsitzende der SPD, äußert sich anders:

Es kann auch kommen, wie es zwischen Japan und Russland [1904/05] gekommen ist; eines Tages kann die eine Seite sagen: Das kann nicht so weitergehen. Sie kann auch sagen: Halt, wenn wir länger warten, dann geht es uns schlecht, dann sind wir der Schwächere statt der Stärkere. Dann kommt die Katastrophe. Alsdann wird in Europa der große Generalmarsch geschlagen, auf den hin 16 bis 18 Millionen Männer, die Männerblüten der verschiedenen Nationen, ausgerüstet mit den besten Mordwaffen, gegeneinander als Feinde ins Feld rücken.
Aber nach meiner Überzeugung steht hinter dem großen Generalmarsch der große Kladderadatsch. [...] [E]r kommt, er ist nur vertagt. [...] Hinter diesem Krieg steht der Massenbankrott, steht das Massenelend, steht die Massenarbeitslosigkeit, die große Hungersnot.

d) Im Jahre 1995 bewertet der deutsche Historiker Klaus Hildebrand die Folgen der zweiten Marokko-Krise von 1911:

Zeitweise schien der fatale Hang zum militärischen Schlag im Deutschen Reich geradezu übermächtig. Mitte August [1911], nach dem vorläufigen Abbruch der diplomatischen Beziehungen zu Frankreich, hatte Generalstabschef Moltke[1] seinen von düsterer Entschlossenheit geprägten Empfindungen über „die unglückselige Marokko-Geschichte" den nämlichen Ausdruck verliehen: „Wenn wir aus dieser Affäre wieder mit eingezogenem Schwanz herausschleichen, wenn wir uns nicht zu einer energischen Forderung aufraffen können, die wir bereit sind, mit dem Schwert zu erzwingen, dann verzweifle ich an der Zukunft des Deutschen Reiches [...]." [...] [B]estehen blieb [...] die spezifische Bereitschaft der Militärs zum Präventivkrieg, die das politische Geschehen bis in die Julikrise 1914 hinein prägte.

Erster Text zitiert nach: Günter Schönbrunn (Bearb.), Das bürgerliche Zeitalter 1815-1914. Geschichte in Quellen, München 1980, S. 689
Zweiter Text zitiert nach: George P. Gooch und Harold Temperley (Hrsg.), Die Britischen Amtlichen Dokumente über den Ursprung des Weltkrieges 1898-1914, dt. Ausgabe herausgegeben von Hermann Lutz, Bd. 7.1, Berlin 1932, S. 531
Dritter Text zitiert nach: George W. F. Hallgarten, Imperialismus vor 1914, Bd. II, München ^{2}1969, S. 494 f.
Vierter Text: Klaus Hildebrand, Das vergangene Reich. Deutsche Außenpolitik von Bismarck bis Hitler 1871-1945, Stuttgart 1995, S. 267f.

1. *Nennen Sie die Gründe für das Vorgehen des Deutschen Reiches in Marokko.*
2. *Erläutern Sie, wie der „Panthersprung nach Agadir" von den anderen europäischen Mächten aufgenommen wurde.*
3. *Stellen Sie die Wirkung der politischen Vorgänge um Marokko auf die Öffentlichkeit der beteiligten Länder dar.*

[1] **Helmuth von Moltke** (1848-1916) war seit 1906 Chef des Großen Generalstabes in Berlin, der höchsten militärischen Planungsbehörde des Deutschen Reiches.

	1890	1900	1910	1914
Russland	677 000	1 162 000	1 285 000	1 352 000
Frankreich	542 000	715 000	769 000	910 000
Deutschland	504 000	524 000	694 000	891 000
Großbritannien	420 000	624 000	571 000	532 000
Österreich-Ungarn	346 000	385 000	425 000	444 000
Italien	284 000	255 000	322 000	345 000

▲ **Truppen- und Flottenstärke (Armee und Marine) der Mächte 1890-1914.**
Nach: Paul Kennedy, Aufstieg und Fall der großen Mächte, Frankfurt am Main 1991, S. 313 (Auszug)

▪ *Vergleichen Sie die deutsche Entwicklung mit den Veränderungen der übrigen Staaten.*

M3 Deutsche „Weltpolitik" aus britischer Perspektive

Der englische Historiker Rolf Hobson befasst sich im Jahre 2002 mit den Auswirkungen der um 1896/97 einsetzenden neuen deutschen Außenpolitik:

Es gibt keinen Zweifel, dass der Tirpitz-Plan[1] eine Strategie des Rüstungswettlaufes war, die darauf abzielte, in der Zukunft politische Konzessionen zu erhalten, indem die balance of power[2] durch ein Aufrüstungsprogramm verändert wurde. Die langfristigen Kalkulationen der deutschen Seite rechneten mit einer ausdauernden britischen Anstrengung zur Erhaltung der nummerischen Überlegenheit bei den Schlachtschiffen und sogar mit der Möglichkeit eines [britischen] Präventivschlages, um den wachsenden Rivalen zu eliminieren. [...]
Die wachsende deutsche Flotte stellte [für die Engländer] dann eine potenzielle hegemonielle Drohung und einen Grund zur Sorge über die Absichten des Reiches dar, wenn man sie zusammen mit der machtvollen deutschen Armee betrachtet und vor dem Hintergrund eines lautstarken Nationalismus und einer unberechenbaren Außenpolitik sieht. In diesem Sinne trug der Tirpitz-Plan dazu bei, diejenige Konstellation unter den Großmächten herbeizuführen, die den Ersten Weltkrieg in erster Linie zu einem Kampf gegen eine deutsche Hegemonie in Europa machte. Der große Flottenwettlauf bedingte eine erhebliche Verschlechterung der englisch-deutschen Beziehungen und brachte die englische öffentliche Meinung in wachsendem Maße dazu, ein Engagement auf dem Kontinent zu akzeptieren. Er verstärkte das Gewicht der militärischen Faktoren in den Kalkulationen der Kabinette und engte den Raum für diplomatische Manöver ein. [...]
Die vier wichtigsten Gründe für den englisch-deutschen Antagonismus waren in chronologischer Reihenfolge die ökonomische Konkurrenz, koloniale Rivalität, der Rüstungswettlauf und die Aussicht, dass die deutsche Armee Frankreich besiegen könnte. Die meisten Historiker würden darin übereinstimmen, dass die Drohung einer kontinentalen Hegemonie durch die Ausschaltung Frankreichs aus der balance of power als die wichtigste Bedrohung der britischen nationalen Sicherheit betrachtet wurde. Sie selbst hätte automatisch eine Intervention gegen Deutschland in einem Krieg nach sich gezogen. Die deutschen Anhänger des Flottenbaus glaubten hingegen, dass die wirtschaftliche Konkurrenz [...] England dazu bewegen würde, einen präventiven Handelskrieg zu entfesseln. Gegen diese Bedrohung war es notwendig, eine starke Abschreckung zur Verfügung zu stellen, nämlich die „Risikoflotte".

Rolf Hobson, Imperialism at Sea. Naval Strategic Thought, the Ideology of Sea Power and the Tirpitz Plan, 1875-1914, Boston 2002, S. 325-328 (übersetzt von Boris Barth)

1. *Untersuchen Sie, woran die britische Perspektive des Verfassers erkennbar wird.*

2. *Gestalten Sie eine Grafik, mit der Sie Hobsons Interpretation der Voraussetzungen, Absichten und Folgen der deutschen und englischen Politik veranschaulichen können. Wählen Sie zwischen verschiedenen Möglichkeiten der Gestaltung: Stellen Sie die deutsche Flotte in den Mittelpunkt des Schaubildes, wählen Sie eine Gegenüberstellung von Großbritannien und dem Deutschen Reich oder entwerfen Sie die Skizze einer Eskalation.*

[1] **Alfred von Tirpitz**: Siehe S. 139.
[2] **balance of power** (Gleichgewicht der Kräfte): Grundprinzip der englischen Außenpolitik seit dem 18. Jh. Großbritannien ist bemüht, die Vorherrschaft einer Macht in Europa (Festland) zu verhindern.

Der Ausbruch des Ersten Weltkrieges

Machtvakuum auf dem Balkan Drei Jahrhunderte hatte der Balkan unter osmanischer Herrschaft gestanden, nun waren dort selbstständige oder teilselbstständige Staaten entstanden. Das zerfallende Osmanische Reich wurde im 19. Jahrhundert von vielen Europäern als „Kranker Mann am Bosporus“ verspottet.

Die europäischen Mächte hatten auf dem Balkan unterschiedliche Interessen: *Russland* wollte seinen Einfluss in Europa stärken und den Bosporus und die Dardanellen (die Meerengen zwischen Mittelmeer und Schwarzem Meer) unter Kontrolle bekommen. *Großbritannien* und *Frankreich* sperrten sich gegen solche Expansionspläne. Sie wollten verhindern, dass eine so wichtige Seestraße in russische Hände fiel. Den Briten ging es außerdem darum, die Verbindungswege nach Indien zu kontrollieren und die Ausdehnung Russlands in Asien zu stoppen.*

* Siehe dazu S. 169.

Besonders in *Serbien* träumten viele von der Errichtung eines großen slawischen Einheitsstaates mit Zugang zur Adria. Russland, ebenfalls slawisch und orthodox, betrachtete sich als Schutzmacht der Völker auf dem Balkan. Dagegen mussten *Österreich-Ungarn* die nationalen Unabhängigkeitsbewegungen beunruhigen, denn der Vielvölkerstaat sah die Gefahr einer „Ansteckung“ seiner eigenen Minderheiten.

Das *Deutsche Reich* schließlich pflegte gute Beziehungen zum Osmanischen Reich, 1898 hatte sich Kaiser Wilhelm II. zum „Freund aller Muslime“ erklärt. Ab 1903 wurde mit deutscher Unterstützung die Bagdad-Bahn gebaut, die von der europäischen Türkei bis zum Persischen Golf führen sollte. Großbritannien, Frankreich und Russland beobachteten die Beziehungen zwischen dem Deutschen und dem Osmanischen Reich mit Misstrauen.

▲ **„Die Politik der Insektenstiche. Wenn es einen da unten am Balkan juckt, kratzt sich ganz Europa.“**
Titelblatt der Zeitschrift „Simplicissimus“ vom 9. November 1908; die Zeichnung stammt von Thomas Theodor Heine.

Imperialistischer Vorstoß Österreich-Ungarns Solche gegensätzlichen Interessen machten den Balkan in den Jahren vor dem Ersten Weltkrieg zu einem „Pulverfass“. Eine große Krise löste Österreich-Ungarn aus, als es 1908 die ehemals osmanischen Provinzen Bosnien und Herzegowina dem eigenen Staatsgebiet vollständig einverleibte. Mit dieser Aneignung verletzte Österreich-Ungarn vor allem die Interessen Serbiens, das sich selbst auf dem Gebiet der schwachen Türkei ausdehnen wollte.

Zwei Balkan-Kriege 1912 nutzten Bulgarien, Serbien, Montenegro und Griechenland die Gunst der Stunde und eroberten in wenigen Wochen fast das gesamte von ihren slawischen Landsleuten besiedelte Gebiet. Die Türkei war fortan keine europäische Macht mehr.

Der Krieg flammte 1913 noch einmal auf, denn Bulgarien konnte sich mit den übrigen Balkanstaaten nicht über die Verteilung des in Makedonien eroberten Gebietes einigen. In der Folge wurde es von seinen bisherigen Verbündeten sowie von Rumänien und der Türkei geschlagen. Es musste sich mit bescheideneren Gebietsgewinnen zufriedengeben.

Die Kriegsereignisse 1912/13 stärkten die russische Position auf dem Balkan. Serbien konnte sein Staatsgebiet fast verdoppeln. Trotzdem fühlte es sich um den Sieg betrogen, weil es nicht den ersehnten Zugang zur Adria gewann. Denn um Serbiens künftige Machtstellung zu begrenzen, hatte Österreich-Ungarn die Bildung des selbstständigen Staates Albanien durchgesetzt. Russland unterstützte Serbien, um das weitere Vordringen Österreich-Ungarns aufzuhalten und seinen eigenen Einfluss zu erweitern.

Lesetipps:
- *Michael Epkenhans, Der Erste Weltkrieg 1914-1918, Paderborn 2015*
- *Gerd Krumeich, Die 101 wichtigsten Fragen – Der Erste Weltkrieg, München [3]2015*

Internettipp:
Eine Einführung zu den Balkan-Kriegen 1912/13 finden Sie unter Code ***4673-09****.*

Mordanschlag auf den Kronprinzen In dieser hochsensiblen Situation stürzte ein Ereignis auf dem Balkan Europa völlig überraschend in eine Krise. Am 28. Juni 1914 verbreiteten die Nachrichtenagenturen die Blitzmeldung aus Sarajewo: Mitglieder eines serbischen Geheimbundes hatten in Sarajewo ein Attentat auf den österreichisch-ungarischen Thronfolger, Erzherzog Franz Ferdinand, und seine Frau Sophie verübt. Beide starben an den Folgen des Anschlages. Der Friede in Europa war erneut gefährdet, zumal der Rüstungswettlauf inzwischen ein beängstigendes Tempo angenommen hatte und alle Versuche, den Frieden sicherer zu machen, erfolglos geblieben waren (▸ M1).

▲ **Der Balkan 1913.**

Reaktionen in Wien und Berlin Das Attentat eröffnete Österreich-Ungarn eine willkommene Möglichkeit, gegen Serbien vorzugehen, denn das Land war offenbar in den Mordanschlag verwickelt (▸ M2). Der deutsche Kaiser Wilhelm II. und Reichskanzler *Theobald von Bethmann Hollweg* sagten dem österreichischen Zweibundpartner bereits am 5. Juli uneingeschränkte Rückendeckung für eine militärische Aktion gegen Serbien zu. Die Regierung sah auch deutsche Interessen verteidigt, wenn der Partner Österreich-Ungarn den aufstrebenden Balkanstaat Serbien nicht mehr zu fürchten habe und die Gefahr einer nationalen Sammlung aller Südslawen gebannt wäre. Die Rückendeckung durch den deutschen Kaiser wird oft als „Blankoscheck" bezeichnet (▸ M3).

Die Julikrise Vier Wochen nach dem Attentat, am 23. Juli, legte die österreichische Regierung Serbien ein Ultimatum vor, das international als überzogen betrachtet wurde (▸ M4). Österreich forderte unter anderem die Beteiligung österreichischer Beamter an der Verfolgung der serbischen Verschwörer. Dies sollte Serbien als unfähig zur Aufklärung des Verbrechens hinstellen. Dass Serbien dieses Ultimatum, das seine Souveränitätsrechte infrage stellte, gänzlich annehmen könne, wurde von niemandem ernsthaft erwartet. Vielmehr sollte seine Ablehnung den Vorwand für einen bereits beschlossenen Krieg liefern.

Doch Serbien machte überraschend weitgehende Zugeständnisse. Nur eine direkte Einmischung in seine inneren Verhältnisse lehnte es ab. Trotz mehrerer Vermittlungsversuche Englands brach Wien die diplomatischen Beziehungen zu Serbien ab und erklärte am 28. Juli 1914 den Krieg. Schon am nächsten Tag wurde Serbiens Hauptstadt Belgrad beschossen. Wien hatte damit einen neuen Balkan-Krieg begonnen.

Russland beantwortete den österreichischen Angriff auf Serbien am 30. Juli mit der *Generalmobilmachung* seiner Truppen. Die deutsche Reichsspitze sah die Mobilmachung Russlands als Bedrohung, denn die militärische Strategie hatte sich bereits seit einem Jahrzehnt auf eine Handhabung des drohenden Zweifrontenkrieges festgelegt: Im Kriegsfall wollte Deutschland sich die Schwierigkeiten des riesigen Russland zunutze machen, seine Truppen zu mobilisieren und zur Front zu schaffen. In einem schnellen Feldzug durch Belgien sollte Frankreich bezwungen werden, solange Russland noch nicht voll gefechtsfähig war, um dann den Rücken für den Krieg im Osten

Lesetipp:
Annika Mombauer, Die Julikrise. Europas Weg in den Ersten Weltkrieg, München ²2014

Internettipp:
Dokumente und Fotos zum Ersten Weltkrieg finden Sie unter Code ***4673-10****.*

▲ **„Ich kenne keine Parteien mehr, kenne nur noch Deutsche."**
Postkarte von 1914 mit einem Zitat von Kaiser Wilhelm II., das dieser am 4. August vor dem Reichstag ausrief. Im „Großen Hauptquartier" in Koblenz schrieb er am 26. August eine leicht abgeänderte Fassung des Ausrufes und unterzeichnete sie mit „Wilhelm IR" (= Imperator Rex: Kaiser und König).
- *Erläutern Sie den Zweck der Postkarte.*

frei zu haben. Der *Schlieffen-Plan** engte Deutschlands politischen Spielraum ein, denn jedes Zögern liefe dieser Planung entgegen.

Am 31. Juli richtete Deutschland zwei Ultimaten an Russland und Frankreich: Russland wurde zur Rücknahme der Mobilmachung, Frankreich zur Neutralität im Fall eines deutschen Krieges mit Russland und zur Übergabe von Festungen als Sicherheit aufgefordert. Ein Eingehen auf derartige Forderungen schien den Regierungen unmöglich. Deutschland hatte sich für einen europäischen Krieg entschieden.**

Der Krieg beginnt Da ein weiteres Warten die begonnene Aufstellung deutscher Truppen gefährdet hätte, erklärte das Deutsche Reich am 1. August dem Russischen Reich den Krieg. Zwei Tage später folgte die Kriegserklärung an Frankreich, das inzwischen ebenfalls seine Truppen zu den Waffen gerufen hatte.

Am 2. August wurde in Brüssel ein deutsches Ultimatum überreicht, in dem das neutrale Belgien aufgefordert wurde, einem Durchmarsch deutscher Truppen zuzustimmen. Als die belgische Regierung ablehnte, begannen deutsche Truppen unter Bruch des Völkerrechts mit dem Einmarsch. Dies veranlasste am 4. August auch Großbritannien, in den Krieg einzutreten. Mitte August befanden sich schließlich alle europäischen Großmächte im Krieg; dabei kämpften die **Mittelmächte** gegen die Mächte der **Entente**.

Mit dem Krieg sollte jeder politische Streit im Innern ruhen. Der Kaiser drückte das am 4. August 1914 so aus: „Ich kenne keine Parteien mehr, kenne nur noch Deutsche." Die Sozialdemokraten ließen sich auf diesen „Burgfrieden" ein. Sie stimmten im Reichstag für die Kriegskredite und stellten ihre Forderungen nach mehr Demokratie zurück.

Nach ersten militärischen Erfolgen besprach die Regierung im September 1914 die Kriegsziele (▸ M5, M6). Deutschland sollte wirtschaftlich, politisch und militärisch dauerhaft gesichert werden. Die Wirtschaft und nationale Verbände drängten darauf, Belgien zu besetzen und Frankreich so zu schwächen, „dass es als Großmacht nicht neu erstehen kann". Russland sollte „von der deutschen Grenze" abgedrängt und „seine Herrschaft über die nichtrussischen Vasallenvölker" gebrochen werden. Außerdem wollte man die deutschen Kolonien auf Kosten anderer Mächte erheblich vergrößern.

Mittelmächte: Deutsches Reich und Österreich-Ungarn, denen sich das Osmanische Reich und Bulgarien anschlossen

Entente (frz.: Bündnis, Eintracht): Frankreich, Großbritannien und das Russische Reich mit ihren Verbündeten

1. *In einer neueren Darstellung der Julikrise werden die beteiligten Mächte von dem australischen Historiker Christopher Clark als „Schlafwandler" bezeichnet; er betont die gesamteuropäische Verantwortung für den Krieg. Der deutsche Historiker Gerd Krumeich deutete in einer Diskussion mit Clark diesen Begriff sinngemäß so, dass die einzelnen Mächte wie Schlafwandler ihrem Weg folgten und unfähig waren, Lage und Interessen der anderen Mächte zu berücksichtigen. Krumeich sieht die Hauptverantwortung beim Deutschen Reich. Diskutieren Sie die Angemessenheit des Begriffes „Schlafwandler".*

2. *Entwickeln Sie Thesen zu der Frage, warum weder die vorherigen Balkan-Krisen noch die Marokko-Krisen zu einem Krieg der europäischen Mächte führten, die Ermordung des österreichischen Thronfolgers aber durchaus.*

* **Schlieffen-Plan**: Siehe S. 150.
** Zur Kriegsschuldfrage siehe auch S. 160 f.

M1 Rüstungsanstrengungen

Ein Historiker stellt die militärische Aufrüstung der Staaten am Vorabend des Weltkrieges gegenüber:

Trotz der räumlichen Begrenzung des Balkan-Krieges und der Erhaltung des allgemeinen Friedens verstärken alle Mächte ihre Rüstungsanstrengungen. Vor allem Österreich muss seine personell wie technisch zurückgebliebenen Streitkräfte auf eine neue Grundlage stellen. Bis 1914 wird die Friedensstärke von 385 000 Mann auf 470 000 gebracht. Die Artillerie-Kraft wird um 60 Prozent angehoben. Russland erhöht die Friedensstärke von 1,2 auf 1,42 Millionen Mann, ergänzt sein Militärabkommen mit Frankreich durch ein Marineabkommen und erhält französische Finanzhilfen. Während England nur unwesentliche Heeresverstärkungen vornimmt, aber [...] Teile der Mittelmeerflotte in die Nordsee verlegt, führt Frankreich die 3-jährige Dienstzeit ein, verlegt das Einberufungsalter vom 21. auf das 20. Lebensjahr und verstärkt das Landheer auf 750 000 Mann. [...]
Am 30. Juni 1913 stimmen die bürgerlich-konservativen Parteien im Reichstag der Wehrvorlage zu. Sie sieht eine Erhöhung der Friedensstärke des Heeres von 666 000 Mann auf 748 000 im Frühjahr 1914, auf 800 000 im Herbst 1914 und auf rund 900 000 Ende 1915 vor. Zur Finanzierung wird eine einmalige Abgabe von fast 1 Milliarde Mark sowie eine neue laufende Steuer („Reichsbesitzsteuer") erhoben.

Zitiert nach: Jochen Schmidt-Liebich, Deutsche Geschichte in Daten, Bd. 2: 1770-1918, München 1981, S. 321

1. *Geben Sie die Rüstungsanstrengungen der europäischen Mächte in einer grafischen Darstellung wieder.*
2. *Bei vielen Menschen wuchs angesichts der hohen Rüstungsanstrengungen der europäischen Staaten das Gefühl, dass ein Krieg auf die Dauer unvermeidbar ist. Beurteilen Sie die Berechtigung und die Gefahr einer solchen Schlussfolgerung.*

▲ **„Wie sollen wir uns da die Hand geben?"**
Zeichnung aus dem „Simplicissimus" von 1912.

M2 Österreich plant einen Schlag gegen Serbien

In einem Brief an den deutschen Kaiser Wilhelm II. erklärt der österreichische Kaiser Franz Joseph I. am 2. Juli 1914, vier Tage nach dem Attentat von Sarajewo, die Ziele seiner Regierung:

Das gegen meinen armen Neffen verübte Attentat ist die direkte Folge der von den russischen und serbischen Panslawisten [= Anhänger eines slawischen Großreiches] betriebenen Politik, deren einziges Ziel die Schwächung des Dreibundes und die Zertrümmerung meines Reiches ist.

Nach allen bisherigen Erhebungen hat es sich in Sarajewo nicht um die Bluttat eines Einzelnen, sondern um eine wohlorganisierte Verschwörung gehandelt, deren Fäden nach Belgrad reichen. Wenn es auch vermutlich unmöglich sein wird, die Mitwisserschaft der serbischen Regierung nachzuweisen, so kann man wohl nicht im Zweifel darüber sein, dass ihre auf die Vereinigung aller Südslawen unter serbischer Flagge gerichtete Politik solche Verbrechen fördert. Die Andauer dieses Zustandes bildet eine dauernde Gefahr für mein Haus und für meine Länder. [...]
Das Bestreben meiner Regierung muss in Zukunft auf die Vereinzelung und Verkleinerung Serbiens gerichtet sein. [...] Auch Du wirst nach dem jüngsten furchtbaren Geschehen in Bosnien die Überzeugung haben, dass an eine Versöhnung des Gegensatzes, der Serbien von uns trennt, nicht mehr zu denken ist. Die erhaltende Friedenspolitik aller europäischen Monarchen wird bedroht sein, solange dieser Herd von verbrecherischer Agitation in Belgrad ungestraft fortlebt.

Zitiert nach: Günter Schönbrunn, Weltkriege und Revolutionen 1914-1945. Geschichte in Quellen, München 1961, S. 13

1. *Nennen Sie, was der österreichische Kaiser zu diesem Zeitpunkt über das Attentat zu wissen glaubt und welche Schlussfolgerungen er für die Politik zieht.*
2. *Untersuchen Sie den Text auf Hinweise darauf, dass die Einschätzung Franz Josephs zu Serbien nicht erst in den Tagen nach dem Attentat entstanden ist.*

M3 Der deutsche „Blankoscheck"

Der Botschafter Österreich-Ungarns in Berlin berichtet am 5. Juli dem Wiener Außenminister Berchtold über seine Unterredung mit dem deutschen Kaiser anlässlich der Überreichung des Briefes von Kaiser Franz Joseph (vgl. M2):

Das Allerhöchste Handschreiben und das beigeschlossene Memorandum habe ich Seiner Majestät überreicht. In meiner Gegenwart las Kaiser mit größter Aufmerksamkeit beide Schriftstücke. Zuerst versicherte mir Höchstderselbe, dass er eine ernste Aktion unserseits gegenüber Serbien erwartet habe, doch müsse er gestehen, dass er infolge der Auseinandersetzungen unseres Allergnädigsten Herrn eine ernste europäische Komplikation im Auge behalten müsse und daher vor einer Beratung mit Reichskanzler keine definitive Antwort erteilen wolle. Nach dem Déjeuner[1], als ich nochmals Ernst der Situation mit großem Nachdruck betonte, ermächtigte mich Seine Majestät, unserem Allergnädigsten Herrn zu melden, dass wir auch in diesem Falle auf die volle Unterstützung Deutschlands rechnen können. Wie gesagt, müsse er vorerst Meinung des Reichskanzlers anhören, doch zweifle er nicht im Geringsten daran, dass Herr von Bethmann Hollweg vollkommen seiner Meinung zustimmen werde. Insbesonders gelte dies betreffend eine Aktion unsererseits gegenüber Serbien. Nach seiner[2] Meinung muss aber mit dieser Aktion nicht zugewartet werden. Russlands Haltung werde jedenfalls feindselig sein, doch sei er hierauf schon seit Jahren vorbereitet, und sollte es sogar zu einem Krieg zwischen Österreich-Ungarn und Russland kommen, so könnten wir davon überzeugt sein, dass Deutschland in gewohnter Bundestreue an unserer Seite stehen werde.
Russland sei übrigens, wie die Dinge heute stünden, noch keineswegs kriegsbereit und werde es sich gewiss noch sehr überlegen, an die Waffen zu appellieren. Doch werde es bei den anderen Mächten der Tripelentente[3] gegen uns hetzen und am Balkan das Feuer schüren. Er begreife sehr gut, dass es Seiner k. und k. Apostolischen Majestät[4] bei seiner bekannten Friedensliebe schwerfallen würde, in Serbien einzumarschieren; wenn wir aber wirklich die Notwendigkeit einer kriegerischen Aktion gegen Serbien erkannt hätten, so würde er es bedauern, wenn wir den jetzigen, für uns so günstigen Moment unbenützt ließen.

Zitiert nach: Winfried Baumgart (Hrsg.), Die Julikrise und der Ausbruch des Ersten Weltkrieges 1914, Darmstadt 1983, S. 50 f.

[1] **Déjeuner**: Mittagessen
[2] Gemeint ist Kaiser Wilhelm II.
[3] **Tripelentente**: Russland, Frankreich und Großbritannien
[4] Gemeint ist der österreichische Kaiser.

1. *Erklären Sie, warum die hier wiedergegebene Haltung des deutschen Kaisers als „Blankoscheck" zugunsten Österreich-Ungarns bezeichnet worden ist.*
2. *Entwickeln Sie Thesen zu der Frage, welche Gründe Deutschland zu so weitgehenden Zusagen an seinen Bündnispartner Österreich-Ungarn veranlasst haben könnten.*
3. *Entwickeln Sie die Begründung einer möglichen ablehnenden Antwort Deutschlands auf das Handschreiben des österreichischen Kaisers (M2).*

M4 Ein Ultimatum, das abgelehnt werden soll

Am 14. Juli 1914 berichtet der deutsche Botschafter in Wien dem Reichskanzler über ein Gespräch mit dem Ministerpräsidenten Ungarns, Graf Tisza. Dieser hat zu Beginn der Krise noch starke Bedenken gegen einen Krieg gegen Serbien vorgetragen, tritt inzwischen aber dafür ein:

Glücklicherweise herrsche jetzt unter den hier maßgebenden Persönlichkeiten volles Einvernehmen und Entschlossenheit. [...] Graf Tisza fügte hinzu, die bedingungslose Stellungnahme Deutschlands an der Seite der Monarchie sei entschieden für die feste Haltung des Kaisers von großem Einfluss gewesen. [...]
Die Note werde so abgefasst sein, dass deren Annahme so gut wie ausgeschlossen sei. Es komme besonders darauf an, nicht nur Versicherungen und Versprechungen zu fordern, sondern Taten. Bei der Abfassung der Note müsse [...] auch darauf Rücksicht genommen werden, dass sie für das große Publikum – besonders in England – verständlich sei und das Unrecht klar und deutlich Serbien zuschiebe.

Zitiert nach: Günter Schönbrunn, Weltkriege und Revolution 1914-1945, a. a. O., S. 16 f.

Das am 23. Juli 1914 überreichte Ultimatum verlangte nicht nur die Auflösung großserbischer Organisationen, die Unterdrückung der gegen Österreich-Ungarn gerichteten Propaganda und Maßnahmen gegen Waffenschmuggel. Die serbische Regierung sollte auch erlauben, dass österreichisch-ungarische Behörden die Aufspürung, Verhaftung und Aburteilung der Terroristen übernehmen. Der russische Außenminister nannte diese Forderungen eine „Herabdrückung Serbiens zum Vasallenstaat Österreichs". Nehmen Sie zu dieser Einschätzung Stellung.

M5 Vorstellungen über die Zukunft Deutschlands

Der Historiker Michael Salewski erklärt 2003:

Das französische Kriegsziel war ganz einfach: [...] – die Zerstörung des Deutschen Reiches. Falls das nicht gelingen sollte [...], sollte es wenigstens verkleinert werden: selbstverständlich Rückgabe von Elsass und Lothringen, Abtretung des Saargebietes, die Rheingrenze für Frankreich, Russland, dem Verbündeten, wollte man territoriale Freiheit im Osten gestatten [...].
Es liegt auf der Hand, dass Englands Kriegsziele viel moderater erschienen [...]. Aber von Pappe waren sie keineswegs. Natürlich mussten Belgien voll wiederhergestellt, Elsass und Lothringen an Frankreich zurückgegeben werden. [...] Viel wichtiger erschienen England andere Forderungen: Deutschland sollte fortan keine Flotte mehr besitzen, keine Kolonien, es sollte die Meistbegünstigung[1] für alle gewähren – ohne Gegenseitigkeit –, die Nordseeinseln waren abzurüsten, der Kaiser-Wilhelm-Kanal[2] zu internationalisieren. [...] Aber schon 1914 war England sich darüber im Klaren, dass die Schwächung Deutschlands über ein gewisses Maß hinaus nicht opportun sein würde – hier schlug das Denken in den Kategorien der „balance of power" durch, und das permanente Misstrauen Englands Russland gegenüber. [...]
Die Diskussion [im Deutschen Reich] vollzog sich auf drei übereinanderliegenden Ebenen. Auf der untersten ging es um die „Gleichberechtigung" des Reiches, also um den schon lange vor dem Krieg geforderten „Platz an der Sonne". Auf der zweiten um die „Hegemonie in Europa", auf der dritten um den „Griff nach der Weltmacht".

Michael Salewski, Der Erste Weltkrieg, Paderborn 2003, S. 144 f.

M6 Unterschiedliche Begehrlichkeiten

Der Historiker Wolfgang J. Mommsen äußert sich in einem 2003 erstmals veröffentlichten Beitrag über die „Kriegsziele":

Keine der europäischen Mächte verfocht vor Kriegsbeginn konkrete territoriale Annexionsziele, welche ihre Entscheidung, zu den Waffen zu greifen, maßgeblich beeinflusst haben. Doch schon bald nach Kriegsbeginn setzte in allen Ländern eine zunächst überwiegend intern geführte Debatte über die Kriegsziele ein. Großbritannien forderte mit einigem Nachdruck die Wiederherstellung der Selbstständigkeit der kleineren europäischen Nationen, die durch den Angriff der Mittelmächte widerrechtlich zerstört worden sei, insbesondere die Wiederherstellung Belgiens. Auch in Frankreich [...] stand die Rückgewinnung des Elsass und Lothringens im Vordergrund. Erst im weiteren Verlauf des Weltkrieges wurde dann die Forderung der Annexion des Saarbeckens und der Rheingrenze laut [...].
Im Deutschen Reich kam es hingegen bereits unmittelbar nach Kriegsausbruch zu einer massiven Kampagne für weitreichende Annexionen in Ost und West. [...]
Der deutschen Reichsleitung kam diese [...] Agitation [...] höchst ungelegen. [...] Dennoch wurden, ungeachtet des öffentlichen Bekenntnisses zu einem Verteidigungskrieg, unverändert umfangreiche Planungen für territoriale Erwerbungen in Ost und West, insbesondere für die dauernde Kontrolle Belgiens, fortgeführt. Diese nahmen in der Folge immer uferlosere Formen an. [...] Im Übrigen verhandelten die alliierten Mächte auf der Interalliierten Wirtschaftskonferenz in Paris vom 14.-17. Juni 1917 über eine Nachkriegsordnung, durch welche die deutsche Stellung im Welthandel auf Dauer niedergehalten werden sollte. [...]
Seit 1917 verhärteten sich in allen Lagern, insbesondere aber im Deutschen Reich, die Forderungen der Kriegsziele immer stärker [...]. [...] Bedeutsamer war, dass mehr und mehr rassistische, insbesondere antisemitische, Gesichtspunkte in die Kriegszieldebatte eingebracht wurden. Auch die Idee ethnischer Säuberungen [...] tauchte nun vielfach in den Denkschriften auf, auch wenn sie einstweilen keinen Eingang in die offiziellen Planungen fand.

Wolfgang J. Mommsen, Artikel „Kriegsziele", in: Enzyklopädie Erster Weltkrieg, herausgegeben von Gerhard Hirschfeld u.a., Paderborn, aktualisierte und erweiterte Studienausgabe 2014, S. 666 ff.

1. *Fassen Sie alle Informationen aus beiden Texten über die Kriegsziele der europäischen Mächte zusammen (M5 und M6).*
2. *Salewski und Mommsen deuten die Kriegszieldiskussionen unterschiedlich. Stellen Sie die unterschiedlichen Urteile einander tabellarisch gegenüber.*
3. *Die publizistisch vehement geführten Kriegszieldebatten weckten Hoffnungen und Befürchtungen und erzeugten Zwänge. Entwickeln Sie Vorstellungen von der Reaktion der Bevölkerung, der Soldaten, der Regierung sowie des jeweiligen Gegners.*
4. *Verfassen Sie eine Stellungnahme zu den beiden Texten, in der Sie begründen, wessen Argumentation Sie eher nachvollziehen können.*

[1] **Meistbegünstigung** liegt vor, wenn Handelsvorteile allen Vertragspartnern gewährt werden. Wem die Meistbegünstigung verweigert wird, der ist benachteiligt.
[2] **Kaiser-Wilhelm-Kanal**: der heutige Nord-Ostsee-Kanal

Kriegsverlauf – Kriegsalltag – Kriegsende

Ausgangslage Die Mittelmächte hatten 118 Millionen Einwohner (Deutschland 67 Mio., Österreich-Ungarn 51 Mio.), die Entente-Staaten zusammen 258 Millionen Einwohner. Bei Kriegsbeginn umfasste das Feldheer in Deutschland 2,3 Millionen, in Österreich-Ungarn 1,4 Millionen. Diesen 3,7 Millionen Soldaten konnte die Entente 5,8 Millionen gegenüberstellen.

Die Mittelmächte hatten allerdings den Vorteil der zentralen Lage. Das gut ausgebaute deutsche Eisenbahnsystem ermöglichte eine rasche Verschiebung der Truppen. Deutschland und Österreich-Ungarn konnten damit rechnen, dass die russischen und englischen Heere ihre Kräfte nur langsamer entfalten würden.

Die beiden Verbündeten wollten daher den Krieg schnell entscheiden, bevor die Entente-Mächte ihre Überlegenheit voll zur Geltung bringen konnten. Bei einem längeren Krieg würde vor allem die Macht Englands zur See gefährlich werden. Tatsächlich wurden die Mittelmächte zu einer belagerten Festung, als Großbritannien am 2. November 1914 die gesamte Nordsee zum Kriegsgebiet erklärte und eine *Seeblockade* verhängte. Dadurch wurde Deutschland vom Nachschub wichtiger Güter abgeschnitten, während Großbritannien mehrere Hunderttausend Soldaten auf die europäischen Kriegsschauplätze entsenden konnte.

Der Krieg im Westen Deutschland wollte Frankreich in einem schnellen Feldzug besiegen und sich dann gegen Russland wenden. Es nahm keine Rücksicht auf die Neutralität Belgiens und Luxemburgs (**Schlieffen-Plan**). Der Vormarsch der deutschen Truppen in Belgien und Nordfrankreich schien 1914 tatsächlich unaufhaltsam (▸ M1). Die Militärs glaubten, dass ihr Plan aufginge. Schon wurden im Stadtgebiet von Paris Gräben für den erwarteten Verteidigungskampf ausgehoben, die Regierung war bereits aus Paris geflohen. Da kam es zu einer überraschenden Wende: Der deutsche Generalstabschef *Helmuth von Moltke* befürchtete einen Durchbruch der Gegner und gab den Befehl zum Rückzug nach Norden. Der Schlieffen-Plan, der eine weiträumige Umfassung der französischen Armeen vorgesehen hatte, war gescheitert.

Schlieffen-Plan: Er ist benannt nach dem ehemaligen Chef des deutschen Generalstabs, Alfred Graf von Schlieffen. Der bereits 1905 von ihm für einen Zweifrontenkrieg entwickelte Plan sah vor, dass die deutsche Armee mithilfe moderner Transportmittel durch die neutralen Staaten Belgien und Luxemburg vorstößt. Nach einem schnellen Sieg über Frankreich sollten die Armeen dann gegen Russland im Osten marschieren.

Krieg in den Schützengräben Nach furchtbaren Schlachten in Flandern endete im November 1914 der *Bewegungskrieg* an der gesamten Westfront. Von der Küste bis zur Schweizer Grenze entstanden Grabensysteme, Drahtverhaue und Unterstände – zuletzt insgesamt 24 000 Kilometer. In ihnen gruben sich die Armeen regelrecht ein. Alle Durchbruchsversuche blieben, von winzigen Geländegewinnen abgesehen, bis zum Frühjahr 1918 erfolglos. Die Angriffe und Gegenangriffe an der Westfront waren zu „Schlächtereien mit immer wirksameren Mitteln der Massenvernichtung" – so der Historiker Golo Mann – geworden (▸ M2).

Vom Februar bis Dezember 1916 dauerten die Kämpfe vor der französischen Festung *Verdun*. An dieser Stelle, die aus psychologischen Gründen unaufgebbar war, sollte Frankreich nach den Vorstellungen des deutschen Generalstabschefs *Erich von Falkenhayn* „verbluten". In monatelanger Zermürbung standen sich auf engstem Raum anderthalb Millionen Soldaten gegenüber. Über 700 000 Männer beider Seiten ließen ihr Leben, bevor der sinnlose Kampf endete. Hier veränderte der Krieg sein Gesicht: Die großen Materialschlachten des Ersten Weltkrieges hatten begonnen. In ihnen wurde versucht, durch den massenhaften Einsatz von Kriegsgerät, Muniton und Menschen den Sieg zu erzwingen.

Lesetipp:
Hedley P. Willmot, Der Erste Weltkrieg, Hildesheim 2004

Kämpfe im Osten Die Hoffnungen der Entente, die Mittelmächte nach Kriegsbeginn durch „russische Massenheere" in Bedrängnis zu bringen, erfüllten sich nicht. Zwei in Ostpreußen eingedrungene russische Armeen wurden – trotz ihrer zahlenmäßigen Überlegenheit – im August und September 1914 unter der Führung des Generals **Paul von Hindenburg** und seines Stabschefs **Erich Ludendorff** geschlagen. Die Siege von Tannenberg und den Masurischen Seen verhalfen beiden Offizieren zu riesiger Popularität. Ab 1916 führten diese beiden Generäle die Oberste Heeresleitung (OHL) an und übten eine gewaltige Macht über die Armee und das ganze Land aus.

Die Kämpfe an der Ostfront verliefen wechselvoller als im Westen. Teile Galiziens mussten 1914 der russischen Armee überlassen werden. Die österreichisch-ungarische Armee verlor in diesen Kämpfen etwa ein Drittel ihrer Feldstärke. Jedoch konnte die gefürchtete „russische Dampfwalze" gestoppt werden. 1915 musste Russland sich aus Galizien zurückziehen und auch Teile des Baltikums und Polen räumen. Dann erstarrte auch dieser Kampf im Grabenkrieg. Das Jahr 1916 brachte nochmals russische Erfolge, aber die Angriffskraft der überanstrengten russischen Armeen war damit erschöpft.

Paul von Hindenburg (1847-1934): 1914-1916 Oberbefehlshaber der Truppen an der Ostfront, 1916-1918 Chef des Generalstabs, 1925-1934 Reichspräsident

Der Seekrieg Die deutschen Schlachtschiffe wurden in den Häfen zurückgehalten, da man ihre Vernichtung durch die überlegene englische Flotte nicht riskieren wollte. Die *Seeschlacht im Skagerrak* (1916), bei der den Engländern großer Schaden zugefügt wurde, blieb eine Ausnahme. Dank britischer Überlegenheit bestand die Seeblockade fort.

Militärisch und politisch folgenreicher wurde der Einsatz der neuen *Unterseeboote*. Als Reaktion auf die Blockade hatte Deutschland die Gewässer um England im Februar 1915 zum Sperrgebiet erklärt. Man wollte im Gegenzug auch England aushungern. U-Boote versenkten Schiffe, auch neutrale und zivile, und dies zur eigenen Sicherheit oft ohne Vorwarnung. Die neutralen Staaten waren empört und es drohte der Bruch mit den USA. Nach scharfen Drohungen der USA wurde der uneingeschränkte U-Boot-Krieg* vorerst (bis 1917) eingestellt.**

Zur selben Zeit wurden in Deutschland die Folgen der englischen Seeblockade immer spürbarer: Die Lebensmittelnot der Zivilbevölkerung verschärfte sich. Im „Steckrübenwinter" 1916/17 gab es bereits Hungertote. Trotz der ungeheuren Opfer auf beiden Seiten war aber auch Ende 1916 ein baldiges Ende des Krieges nicht in Sicht.

Erich Ludendorff (1865-1937): 1914 Generalstabschef im Ersten Weltkrieg und gemeinsam mit Hindenburg Oberbefehlshaber der deutschen Truppen an der Ostfront; 1924-1928 Abgeordneter im Reichstag

Technik des Todes Der Erste Weltkrieg unterschied sich von früheren Kriegen vor allem durch die Masse an Soldaten und Kriegsmitteln sowie die Größe des Kriegsgebietes. Etwa 64 Millionen Soldaten wurden weltweit mobilisiert, mehr als in jedem Krieg zuvor. Wissenschaftliche Fortschritte und technische Neuerungen wurden umfassend genutzt. Zu Beginn der Kämpfe verfügten die Mittelmächte und die Entente-Staaten zusammen über knapp 600 Flugzeuge. Am Ende des Krieges sollte das Deutsche Reich 48 000, Frankreich 52 000 und Großbritannien 55 000 Flugzeuge gebaut haben. Das Fluggerät wurde zur spezialisierten Waffe, etwa zum Bomber, zum Aufklärer oder zum Jagdflugzeug. Jagdflieger wurden von der Propaganda zu „Rittern der Lüfte" verklärt und sammelten als „Fliegerasse" gegnerische Abschüsse. 28 deutsche Unterseeboote waren zu Beginn des Krieges fertiggestellt; 1918 hatte Deutschland fast 400 Stück gebaut. Um die erstarrten Fronten zu durchbrechen und wieder zum Bewegungskrieg zu kommen, setzte die britische Armee ab 1916 Panzer („tanks") ein.

▲ **Maschinengewehr M 1908.**
Das MG 08 feuerte ungefähr 450 Schuss pro Minute ab.

* **Uneingeschränkter U-Boot-Krieg**: Siehe S. 184.
** Zum Kriegseintritt der USA siehe S. 184 f.

▲ **Massenherstellung von Granaten.**
Foto aus der Munitionsfabrik Chilwell (Großbritannien), um 1916.

Die Suche nach immer wirkungsvolleren Waffen führte zur Entwicklung chemischer Kampfstoffe. Frankreich hatte 1914 erstmals Tränengas verschossen. Deutschland setzte im April 1915 bereits tödliches Chlorgas ein, das aus Tausenden Gasflaschen abgelassen wurde (▸ M3). Nach diesem Tabubruch verwendeten alle großen Mächte spezielle Kampfstoffe, die mit Granaten verschossen wurden. Chemische Waffen töteten nicht nur, sondern hinterließen vor allem Verwundete, darunter zahlreiche Kriegsblinde, deren Pflege Kräfte binden sollte. Giftgas wird als die schrecklichste Waffe des Ersten Weltkrieges angesehen.

Der Krieg war bereits 1914 zum Weltkrieg geworden, als Großbritannien die deutschen Kolonien in Afrika und im Pazifik angriff. Mit dem Eingreifen der Vereinigten Staaten von Amerika aufseiten der Entente war 1917 auch die letzte bislang neutrale Großmacht am Krieg beteiligt.

Lese- und Filmtipp:
Oliver Janz, „14 – Der große Krieg, Frankfurt am Main 2013; das Buch erschien begleitend zur TV-Reihe „14 – Tagebücher des Ersten Weltkriegs" von 2014, die inzwischen auch als DVD veröffentlicht wurde.

Das „Fronterlebnis" Viele junge Männer waren 1914 in den Krieg gezogen, um „deutsche Kultur" gegen die „dekadente Demokratie" im Westen und die „asiatische Gefahr" im Osten zu verteidigen. Die Propaganda nutzte viele Mittel, um den Kriegsausbruch als ein alle Schichten verbindendes, nationales Erwachen darzustellen.

Was folgte, war jedoch ein jahrelanger Stellungskampf, der riesige Verluste forderte, ohne erkennbar zu einem Kriegsende zu führen. Dies hinterließ tiefe seelische Spuren bei den Soldaten, die sich immer drängender die Frage nach dem Sinn des Kampfes stellten. Besonders die an vorderster Front in den Schützengräben kämpfenden Soldaten entwickelten ihre eigene Sicht auf den Krieg. Sie lagen in Erde und Schlamm eingegraben, bewegten sich meist gebückt und waren Tag und Nacht den Bildern und Geräuschen des Krieges ausgesetzt. Ihre Aufgabe bestand darin, nach Artilleriebeschuss der feindlichen Stellungen vorwärtszustürmen, um den gegenüberliegenden Graben einzunehmen. Beim Ansturm starben Tausende durch Maschinengewehrsalven, Handgranaten oder Flammenwerfer. Viele Soldaten begannen, sich als Teil einer großen Kriegsmaschine zu fühlen. Um dennoch stolz auf ihr Leben als Soldat zu sein, mussten sie eine Abstumpfung gegenüber den Leiden des Krieges entwickeln. Der Tod konnte jederzeit über sie hereinbrechen und selbst noch ihren Leichnam zerstören. Werte des zivilen Lebens und Maßstäbe der Friedenszeit verblassten, und eine kriegerische Moral entwickelte sich. Vielen dieser Männer fiel es schwer, sich nach dem Krieg wieder in die bürgerliche Gesellschaft einzugliedern. Sie wurden als „verlorene Generation" angesehen.

Kriegswirtschaft und „Heimatfront" Da die Alliierten die Zufuhr von Rohstoffen in das Deutsche Reich blockierten, herrschte bald eine spürbare Knappheit von Materialien für die Rüstungsindustrie. Glocken wurden von den Kirchtürmen geholt, Eisengitter abmontiert und eingeschmolzen. Die gesamte Industrie wurde unter staatliche Aufsicht gestellt und weitgehend auf die Produktion von Kriegsgütern umgestellt. Wo männliche Arbeitskräfte fehlten, übernahmen Frauen deren Arbeit. Darüber hinaus mussten etwa 900 000 Kriegsgefangene Zwangsarbeit im Deutschen Reich leisten. Um die ständig steigenden Kriegskosten bezahlen zu können, nahm die Regierung

außerdem Anleihen bei der Bevölkerung auf und brachte immer mehr Geld in den Umlauf. Ein inflationäre Entwicklung begann.
Es fehlten nicht nur die Rohstoffe für die Industrie, sondern auch Nahrungsmittel wie Getreide, Kaffee und Kakao. Schon 1915 konnte die Bevölkerung nicht mehr beliebig viel Brot kaufen. Seit dem Winter 1915/16 gehörte Hunger zum Alltag der Menschen. Immer häufiger mussten die Menschen auf Ersatzstoffe zurückgreifen (▸ M4, M5). Im „Steckrübenwinter" 1916/17 waren viele Menschen froh, wenn sie sich mit Rüben am Leben erhalten konnten. Etwa 500 000 Deutsche verhungerten während des Krieges.

	Vorkriegs-schnitt	1914/15	1915/16	1916/17
Krupp	31,6	33,9	86,5	79,7
DWM*	5,5	8,2	11,5	12,7
Rheinmetall	4,3	6,5	14,5	14,7
Skoda-Werke	5,6	6,4	9,4	8,2
Steyr-Werke	2,7	6,7	17,7	18,3
Schneider-Creusot	6,9	9,2	10,8	11,2
Hotchkiss	–	–	2,0	14,0

* **DWM**: Deutsche Waffen- und Munitionsfabriken

▲ Reingewinne verschiedener Rüstungsfirmen in jeweiliger Landeswährung (in Millionen).
Nach: Gerd Hardach, Der Erste Weltkrieg 1914-1918 [Wolfram Fischer (Hrsg.), Geschichte der Weltwirtschaft im 20. Jahrhundert, Bd. 2], München 1973, S. 117

- *Finden Sie heraus, in welchem Land die Firmen arbeiteten, was sie hauptsächlich herstellten und welche Entwicklung sie nach dem Ersten Weltkrieg nahmen.*
- *Diskutieren Sie die Entwicklung der Gewinne vor dem Hintergrund des Kriegsverlaufes und der erzeugten Güter.*

Epochenjahr 1917: Eintritt der USA ... Trotz formaler Neutralität bevorzugten die USA die Entente-Staaten durch Sachlieferungen und Anleihen. Der deutsche U-Boot-Krieg hatte wiederholt das Leben von US-Bürgern gekostet, außerdem entsprach die parlamentarische Regierungsform den amerikanischen Demokratievorstellungen. Die deutsche Admiralität hoffte 1917, durch die Wiederaufnahme des uneingeschränkten U-Boot-Krieges das importabhängige England zu einer Beendigung des Krieges zu zwingen. Dies führte dazu, dass die USA am 6. April Deutschland den Krieg erklärten.

Der Krieg wurde in den USA als Kreuzzug für Frieden und Gerechtigkeit gegen autokratische Macht verstanden. Er sollte nicht der eigenen machtpolitischen Expansion dienen, sondern der Verhinderung weiterer Kriege („*war to end all wars*"). US-Präsident *Woodrow Wilson** war der Meinung, eine künftige Friedensordnung könne auf Dauer nur zwischen „wirklich freien und sich selbst regierenden Völkern" Bestand haben. Seine Ziele fasste er in einem Vierzehn-Punkte-Programm zusammen (▸ M6). Ein weiteres programmatisches Ziel der USA war dabei auch, die Ideen der Demokratie durchzusetzen. Bei Amerikas Kriegseintritt war die Zarenherrschaft bereits beseitigt, daher galten nur noch Deutschland und Österreich-Ungarn als autokratisch regierte Großmächte.

... und Ausscheiden Russlands Die Mittelmächte schöpften Hoffnung aus Vorgängen in Russland, das unter den Kriegslasten und enormen sozialen Gegensätzen litt. 1917 brachen Streiks und Aufstände unter Arbeitern und Bauern aus, denen sich auch meuternde Soldaten anschlossen. Die *Februarrevolution* führte zum Rücktritt des Zaren und zur Bildung einer bürgerlichen „Provisorischen Regierung". Sie hatte in den Arbeiter- und Bauernräten (*Sowjets*), die sich in Fabriken und Kasernen bildeten, eine entschieden radikalere Konkurrenz. Während die Regierung eine Fortsetzung des Krieges an der Seite der Entente beabsichtigte, forderten viele Sowjets ein schnelles Ende.

Um die auf Kriegsende drängenden Kräfte zu stärken, verhalfen deutsche Behörden dem im Schweizer Exil lebenden Revolutionär *Wladimir Iljitsch Uljanow*, genannt *Lenin***, zur Rückkehr nach Russland. Mitte April kam er nach Petersburg und arbeitete mit Entschlossenheit auf den Sturz der bisherigen Ordnung und den Aufbau einer sozialistischen Gesellschaft hin. Lenins Parteigänger, die „*Bolschewiki*", erlangten im September in wichtigen Sowjets die Mehrheit, da sie mit dem Ruf nach unverzüglicher Beendigung der Kämpfe ein entscheidendes Anliegen vieler Russen vertraten.

* **Woodrow Wilson**: Siehe S. 184.
** **Wladimir I. Lenin**: Siehe S. 170.

Am 7. November (25. Oktober russ. Zeitrechnung, daher *Oktoberrevolution*) wurden in der Hauptstadt alle strategisch wichtigen Punkte besetzt und der Sitz der Provisorischen Regierung gestürmt. Ein „Rat der Volkskommissare" unter Vorsitz Lenins erklärte sich zur neuen Regierung. Wie angekündigt schloss sie einen Waffenstillstandsvertrag und trat in Friedensverhandlungen ein. Im März 1918 unterzeichneten die Machthaber den *Friedensvertrag von Brest-Litowsk**. Russland musste darin die Unabhängigkeit der Ukraine und Finnlands anerkennen sowie auf seine westlichen Randgebiete verzichten. Große deutsche Truppenmassen blieben trotz des Friedensvertrages zur politischen und militärischen Sicherung im Osten gebunden.

Max von Baden (1867-1929): Großherzog von Baden, preußischer General und 1918 Reichskanzler

Der militärische Zusammenbruch An einen deutschen Sieg war dennoch nicht mehr zu denken, zumal das Kräfteverhältnis immer ungleicher wurde. Bei Beginn der Frühjahrsoffensive waren 300 000 amerikanische Soldaten in Frankreich gelandet, ihre Zahl erhöhte sich bis Oktober auf 1,8 Millionen.

Aus Furcht, gegnerischen Kräften könne ein Durchbruch an der Westfront gelingen, drängten Ludendorff und Hindenburg nach Wochen des Schwankens seit dem 29. September nachdrücklich und nervös auf das sofortige Angebot eines Waffenstillstandes (▸ M7). Die Erkenntnis, dass die Oberste Heeresleitung jetzt fest mit einer drohenden Niederlage rechnete, traf Politiker und Öffentlichkeit wie ein Schock. Am 4. Oktober beugte sich der neue Reichskanzler Prinz **Max von Baden** dem Drängen der Militärs und richtete an den amerikanischen Präsidenten ein Waffenstillstandsangebot. Verhandlungen aufgrund der 14 Punkte Wilsons schienen die beste Chance für einen Frieden zu bieten, der trotz der sich abzeichnenden Niederlage die Besiegten nicht zur totalen Kapitulation zwang.

Mit Unterzeichnung des Waffenstillstandes am 11. November 1918 in einem Eisenbahnwaggon im Wald von Compiègne musste das Deutsche Reich dann allerdings die bedingungslose Kapitulation akzeptieren. Die Ablieferung großer Mengen von Kriegsmaterial und Transportmitteln machte die Wiederaufnahme der Kämpfe unmöglich.

Die Doppelmonarchie Österreich-Ungarn war schon seit Oktober von innen her aufgelöst worden. Nach den Tschechen trennten sich auch Polen, Ukrainer, Rumänen und Südslawen vom Reich, Ungarn erklärte seine Selbstständigkeit. Während Österreich-Ungarn sich in „Nachfolgestaaten" auflöste, konnte die Türkei zumindest ihre staatliche Existenz bewahren.

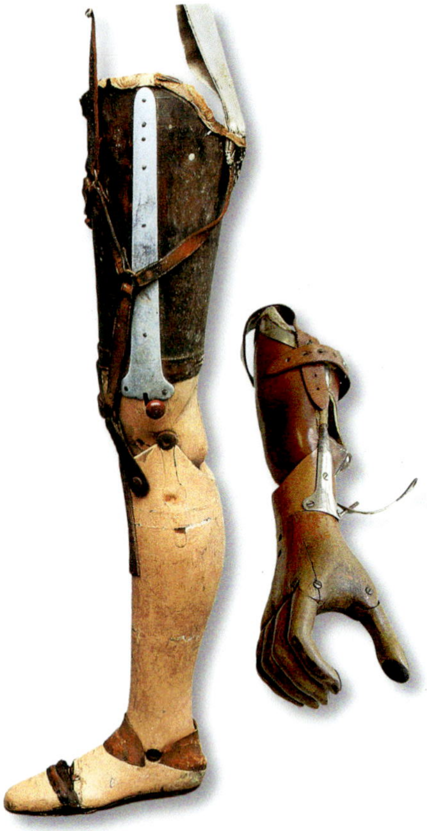

▲ **Künstliche Gliedmaßen.** *Für die zahlreichen Kriegsverletzten wurden neue Prothesen entwickelt, z. B. die „Sauerbruch-Hand".*

Körperlich und seelisch Versehrte In 52 Monaten hat der Erste Weltkrieg insgesamt etwa 17 Millionen Menschenleben gekostet, darunter sechs Millionen Soldaten der Entente, vier Millionen der Mittelmächte und sieben Millionen Zivilisten. Etwa 20 Millionen Menschen wurden im Krieg verwundet.

Allein in Deutschland gab es bei Kriegsende rund 2,7 Millionen physisch und psychisch versehrte Kriegsteilnehmer. Kein Körperteil war von Waffeneinwirkungen verschont geblieben; die meisten Verwundungen gingen auf die wahllos einschlagenden Artilleriegeschosse zurück. Sie waren aber auch für seelische Verheerungen verantwortlich. Soldaten, die verschüttet wurden oder in ein Sperrfeuer gerieten, brachen oftmals nervlich zusammen und stellten nach dem Krieg ein Heer von sogenannten „Kriegsneurotikern". Der Anblick von Entstellten und Verstümmelten mit Prothesen gehörte zum Alltag der Nachkriegszeit. Er erinnerte die Öffentlichkeit ständig daran, dass dieser Krieg kein edles, heldenhaftes Kräftemessen, sondern ein vierjähriges „Menschenschlachthaus" war.

* Zum Friedensvertrag von Brest-Litowsk siehe auch S. 175.

M1 Die Schrecken des Bewegungskrieges ...

Der 20-jährige Leutnant Leopold von Sutterheim schreibt im August 1914 an seine Mutter:

Mutter, wir siegen. Das weiß ich jetzt, wo ich diesen heiligen Ernst, diese einmütige Ruhe sehe. Auch für Euch, wenn es anders kommen sollte, gilt das Wort: Lieber ein Ende mit Schrecken, als ein Schrecken ohne Ende. Denn der Tod ist der Übel größtes nicht. Es kann der Tod neues Leben erwecken, und erst recht kann er das in diesen Zeiten. Aber wir wollen nicht sterben, denn noch mehr Nutzen hat das Vaterland von uns, wenn wir leben bleiben und danach wieder einen schönen, herrlichen Frieden genießen. Doch wenn es mich trifft, so ist es auch gut. Für Eure Sicherheit, dass Ihr ein ruhiges Leben führt, würde ich gern bleiben. Aber daran denke ich nicht, ich will leben bleiben, um möglichst viel meinem Vaterland dienen zu können. Also als Sieger werde ich wieder Euch umarmen. Tut Eure Pflicht, seid ruhig, ernst! Und wenn dies nicht so kommt, so seid glücklich in ernster, stiller, einsamer Arbeit an unserem Volk. Und nun noch eine Fabel. Als eine Äffin, die viele Kinder hatte, einer Löwin sagte voll Hohn, die nur einen Sohn hatte: „Wie viel Kinder hast Du?“ Da sagte die Löwin: „Eins, aber einen Löwen.“
Der Löwe will ich sein.
Und nun mit Gott für Euch, für mein Volk!

Am 30. August, keine vier Wochen später, schreibt Hauptmann von Frobel, Kompanie-Chef im Braunschweiger Infanterie-Regiment 92, an Sutterheims Mutter:

In der Nacht vom 21. auf den 22. August waren wir für wenige Stunden in dem Dorfe Bouillet untergebracht. Morgens um 2 Uhr am 22. 8. traten wir den Vormarsch an, um bald die Sombre zu überschreiten. Nicht lange nachdem wir den Fluss überschritten hatten, kamen wir in ein Dorf, wie wir später erfuhren, Roselies. Als die Kompanien des Bataillons in Marschkolonnen im Dorfe waren – die Spitze hatte das Dorf schon fast durchschritten – erhielten wir plötzlich rasendes Feuer aus allen Häusern, Gärten, Hecken und wo sonst sich eine Gelegenheit für den Feind bot. Es herrschte vollkommene Dunkelheit, sodass man immer nur das Aufblitzen der feindlichen Schüsse sah. Ich ordnete an, dass sich die Kompanie in dem freien Raum zwischen den Häusern hinlegen sollte. Hier lagen wir etwa eineinhalb Stunden, immerfort vom Feind beschossen. [...] Als es endlich langsam hell wurde, erhielt die Kompanie Feuer aus einem einsam gelegenen weißen Hause und bekam den Befehl vorzugehen. Ich schickte den 3. Zug dagegen vor. Inzwischen hatten sich auf dem auf der Höhe halbrechts vor uns liegenden Walde Franzosen entwickelt und nahmen das Feuer gegen den Ort auf. Ich entwickelte den Zug Ihres Herrn Sohnes, der [...] das Feuer erwiderte. Im Verein mit anderen Kompanien und dem gegen das weiße Haus angesetzten Zug wurde nun der Angriff gegen die auf der Höhe liegenden Franzosen angesetzt. Unter Benutzung der zahllosen Hecken, die das Gelände durchzogen, arbeiteten sich die Schützen bis an einen kleinen, vor uns liegenden Steilabfall heran. Hier fanden sie vollkommene Deckung, konnten aber selbst im Augenblicke nicht schießen. Ihr Herr Sohn, der inmitten seiner Leute in voller Deckung lag, richtete sich einen Augenblick etwas auf, um [...] nach dem Feinde Ausschau zu halten. In dem Augenblick, den er dazu benötigte, traf in das feindliche Geschoss. Die Kugel traf ihn in den Hals und gewiss die Schlagader. Ihr Herr Sohn sagte in dem Augenblick: „Grüßen Sie meine guten Eltern.“ Dann sank er in sich zusammen und war sofort tot.

Erster und zweiter Text zitiert nach: Tagebuchaufzeichnungen und Brief von Leutnant Leopold von Sutterheim (1894-1914): Bestand des Deutschen Historischen Museums, Berlin; www.dhm.de/lemo/forum/kollektives_gedaechtnis/042 [Zugriff: 19.01.2012]

1. *Bereits seit den ersten Kriegsmonaten durften Soldaten oft nur offene Briefe abschicken, die von ihren Vorgesetzten gelesen und teilweise zensiert wurden. Erläutern Sie die Gründe und die Wirkung dieser Zensur.*

2. *Analysieren Sie die Intention, die der Kompanie-Chef mit seinem Brief verfolgt.*

3. *Erörtern Sie die Wirkung des Briefes von Leutnant Leopold von Sutterheim auf seine Familie.*

M2 ... und die Schrecken des Stellungskrieges

Vizefeldwebel Arthur Goldstein, der am 7. April 1916 umkam, berichtet in einem Brief:

Allmähliches Durchsickern von Nachrichten über die Kriegslage. Franzosen auf einer Front von 15 km Breite in Tiefe von 3 km durchgebrochen. [...] Die Grabenbesatzung, die alles eingebüßt hatte, was sie nicht auf dem Leib trug, kaum noch menschenähnlich. [...] Gräben. Keine Unterstände. Eifriges Auswühlen von Erdlöchern. Vor Morgen aufwachen, vor Nässe und Frösteln. Bei Tagesanbruch setzt das Grauenhafte ein: „Trommelfeuer!“ Ich halte mit Unteroffizier Schulte in einem Erdloch. Unaufhörlich erzittert die Erde. Unaufhörlich klingen Abschüsse und Einschläge zusammen, wie zu einem ungeheuren Trommelwirbel. Was 20 bis 30 Meter weiter vor sich geht, kümmert uns bald nicht mehr. Immer wieder platzen die Granaten der Batterien, die unser kurzes Grabenstückchen zum Ziel genommen hatten, in nächster Nähe mit

◄ **„Gassed."**
Gemälde (230 x 610 cm) von John Singer Sargent, 1918/19 (Ausschnitt).

entsetzlichem Dröhnen. Dabei bröckelt jedes Mal der Dreck von der Decke unserer Höhle. [...] Gegen Mittag steigert sich das Feuer zu wahrer Raserei; höchstens dem Tosen des aufgewühlten Meeres zu vergleichen. Wir harren, auf dem Bauche liegend, dem Boden und der Wand angeschmiegt, in Ergebung der Dinge, die da kommen müssen. Endlich um 5 Uhr legt sich der Sturm. [...]
Unsere Ruhe bedeutet keine Untätigkeit des Feindes. Er versucht jetzt, durch wildes Feuer die Artillerie niederzukämpfen und das Herankommen von Reserven zu verhindern. Endlich ruht die Artillerie ganz. Jetzt heißt's scharf beobachten. [...] Dichte Kolonnen stürmen über das braune Feld in und hinter den Tannenstreifen. Mit Erbitterung schießen meine Leute. [...] Jetzt erwacht auch die Artillerie. Ganze Scharen der Gegner werden von den platzenden Granaten [...] der Mörser begraben. [...] Sie fluten unter Verlusten zurück. Die Nacht war ruhig. Am folgenden Morgen strahlte der Himmel wolkenlos. Aber die feindlichen Fesselballons und ebenso die Flieger, die uns in früher Stunde umkreisten, kündeten nichts Gutes an. Bald setzte das Trommelfeuer ein, aber heute war der Beschuss durch die Flieger vorzüglich geleitet. Schlag auf Schlag platzen Granaten in nächster Nähe. Ein Schrapnellhagel geht über dem Graben nieder. [...] Verwundete stürzen in mein Loch, um sich verbinden zu lassen. Es waren grauenhafte Stunden. [...] Alles deutet auf einen großen Angriff.

Zitiert nach: Kriegsbriefe gefallener deutscher Juden, Stuttgart 1961, S. 50 ff.

1. *Charakterisieren Sie die Merkmale der Kriegsführung und die Auswirkungen auf das Erleben der Soldaten.*
2. *Diskutieren Sie, wie die Familie auf einen solchen Brief antworten könnte.*

M3 Der erste deutsche Gasangriff bei Ypern 1915

In der zweiten Schlacht vor Ypern setzt die Deutsche Armee erstmals Chlorgas gegen französische Truppen ein. Ein Augenzeuge dieses Angriffes am 22. April 1915 berichtet:

Völlig unvorbereitet auf das, was noch kommen sollte, blickten die [französischen] Divisionen für eine kurze Weile wie verhext auf das seltsame Phänomen, das sie langsam auf sich zukommen sahen. Wie eine Flüssigkeit ergoss sich der schwere, intensiv gefärbte Nebel unerbittlich in die Gräben, füllte sie und zog weiter. Für ein paar Sekunden passierte nichts. Das süßlich duftende Zeug kitzelte nur in der Nase. Sie erkannten nicht die Gefahr, in der sie schwebten. Dann, mit unbegreiflicher Schnelligkeit, begann das Gas zu wirken, und blinde Panik breitete sich aus. Nach einem schrecklichen Kampf um Luft wurden Hunderte bewusstlos und starben, wo sie gerade lagen – ein Tod in abscheulichen Qualen, mit gurgelndem Schaum in ihren Kehlen und übler Flüssigkeit in ihren Lungen. Mit geschwärzten Gesichtern und verdrehten Gliedmaßen ertranken sie einer nach dem anderen – nur kam das, was sie ertränkte, von innen und nicht von außerhalb.

Zitiert nach: Charles Francis Horne, Source Records of the Great War, Bd. 3, Washington 1923, S. 116 (übersetzt von Markus Sanke)

1. *Diskutieren Sie, welche Erwartungen die Erfinder der Giftgase an deren Einsatz geknüpft haben könnten.*
2. *Giftgas wurde 1914 von manchen Militärs und Soldaten als Fortschritt in der Kriegsführung angesehen. Nehmen Sie Stellung zu dieser These.*

M4 Hunger, Not und Streiks

Die 46-jährige Australierin Caroline Ethel Cooper lebt seit 1911 in Leipzig. Als der Krieg ausbricht, gilt sie als „feindliche Ausländerin". Sie wird bespitzelt, leidet unter Hunger und Krankheit, aber darf nicht ausreisen. Am 22. April 1917 schreibt sie in einem Brief:

Die Munitionsfabriken haben diese Woche gestreikt – sie wollen Frieden und Lohn und mehr Brot. Aber die Truppen wurden kaum aufgezogen, da gingen sie zahm an ihre Arbeitsplätze zurück. In Berlin und Magdeburg wurden die Fabrikarbeiter einfach auf der Stelle in Uniformen gesteckt, und es wurde ihnen gesagt, dass sie erschossen würden, gäbe es irgendwelche Unruhen. Wenn dieses Volk je eine Revolution zustande bringt, dann werde ich auch Schafe und Kaninchen dessen für fähig halten – sie lassen sich alles vom Militär gefallen und obendrein glauben sie ihm noch alles.

Zitiert nach: Denie Denholm, Eine Australierin in Leipzig. Die heimlichen Briefe der Ethel Cooper 1914-1919, in: Bernd Hüffauf (Hrsg.), Ansichten vom Krieg. Vergleichende Studien zum Ersten Weltkrieg in Literatur und Gesellschaft, Königstein/Ts. 1984, S. 132-152, hier S. 143 f. (übersetzt von Barbara Hüppauf)

Werten Sie die Quelle aus. Welche militärischen Aussagen und politischen Einstellungen enthält sie?

M5 Überall Ersatz

Der schwedische Historiker und Schriftsteller Peter Englund erzählt 2008 auf der Grundlage von Quellen die Erlebnisse der Elfriede Kuhr an der sogenannten Heimatfront. Sie ist bei Kriegsausbruch zwölf Jahre alt und arbeitet 1918 in einem Säuglingsheim in Schneidemühl, einer preußischen Industriestadt nahe der polnischen Grenze (heute Piła in Polen). Zum 28. Juli 1918 heißt es:

Sie tun ihr Bestes. Wenn die Kleinkinder ihre Milch nicht bekommen können, geben sie ihnen gekochten Reis oder Haferbrei oder nur Tee. Und wenn es nicht genug echte Windeln gibt, benutzen sie eine neue Sorte, aus Papier. Das Papier klebt an der Haut der Kinder fest, es tut weh, wenn die Pflegerinnen es abziehen.
Ersatz überall. Ersatzkaffee, falsches Aluminium, imitiertes Gummi, Verbände aus Papier, Knöpfe aus Holz. Der Erfindungsreichtum ist zwar beeindruckend, aber vom Resultat kann man das nicht behaupten: Stoff, der aus Nesselfasern und Zellulose besteht; Brot aus Getreide, das mit Kartoffeln, Bohnen, Erbsen, Buchweizen und Rosskastanien vermischt ist (und das erst ein paar Tage nach dem Backen wirklich genießbar erscheint); Kakao, der aus gerösteten Erbsen und Roggen unter Zusatz chemischer Geschmacksstoffe besteht; Fleisch, das aus gepresstem Reis gemacht ist, der in Schaftalg gekocht wurde (abgerundet durch einen Scheinknochen aus Holz); Tabak aus getrockneten Wurzeln und Kartoffelschalen, Schuhsohlen aus Holz. Es gibt 837 zugelassene Fleischersatzpräparate für die Wurstherstellung, 511 registrierte Ersatzprodukte für Kaffee. Münzen aus Nickel sind ersetzt worden durch Münzen aus Eisen, Pfannen aus Eisen durch Pfannen aus Blech, Dächer aus Kupfer durch Dächer aus Blech, und die Welt von 1914 wird ersetzt durch die Welt von 1918, in der alles etwas dünner, hohler, kleiner ist. Ersatz: Scheinprodukte für eine Scheinwelt.
Elfriede Kuhr arbeitet in einem Kinderkrankenhaus in Schneidemühl. Es hat eine Weile gedauert, bis sie sich an die Arbeit dort gewöhnt hat, daran, den Ekel beim Anblick von Blut oder Eiter, wund gelegenen Stellen oder Schädeln, die mit Schorf bedeckt sind, zu unterdrücken. Fast alle Kinder leiden an Unterernährung oder an einer Krankheit, die irgendwie auf Unterernährung zurückzuführen ist. (Die Unterernährung ist zum Teil auf die wirksame britische Blockade Deutschlands zurückzuführen, zum Teil darauf, dass Deutschlands Landwirtschaft und das hiesige Transportsystem durch die heftigen Kriegsanstrengungen mehr und mehr verschleißen – wo es noch Lebensmittel gibt, gibt es keine Züge, um sie zu transportieren.) Diese Kinder sind natürlich ebenso sehr Kriegsopfer wie die Gefallenen an der Front.[1] Oder die Kinder, die mit der *Lusitania* untergegangen und ertrunken sind. Im Laufe der letzten Jahre hat sich die Kindersterblichkeit in Deutschland verdoppelt.

Peter Englund, Schönheit und Schrecken. Eine Geschichte des Ersten Weltkriegs, erzählt in neunzehn Schicksalen, Reinbek bei Hamburg 2013, S. 579 f.

Beurteilen Sie die Verhältnisse an der „Heimatfront". Welche Bedeutung haben sie für die Innenpolitik?

M6 Woodrow Wilsons Vierzehn-Punkte-Programm

Am 8. Januar 1918 skizziert US-Präsident Woodrow Wilson die Friedensziele der USA:

1. Offene, öffentlich abgeschlossene Friedensverträge.
2. Uneingeschränkte Freiheit der Schifffahrt auf den Meeren.
3. Beseitigung aller wirtschaftlichen Schranken und Herstellung einer Gleichheit der Handelsbedingungen für alle Nationen, die dem Frieden beitreten.

[1] Nicht nur die Kindersterblichkeit stieg. Eine Berechnung hat ergeben, dass rund 762 000 deutsche Zivilisten während des Krieges aufgrund von Unterernährung oder Mangelkrankheiten

4. Beschränkung der Rüstungen der Nationen auf das niedrigste, mit der Sicherheit im Innern vereinbare Maß.

5. Freier, unbefangener und völlig unparteiischer Ausgleich aller kolonialen Ansprüche.

6. Räumung des ganzen russischen Gebietes und ein Einvernehmen über alle auf Russland bezüglichen Fragen.

7. Belgien muss, die ganze Welt wird dem beipflichten, geräumt und wiederhergestellt werden.

8. Das ganze französische Gebiet muss geräumt und die besetzten Teile wiederhergestellt werden.

9. Berichtigung der Grenzen Italiens nach den genau erkennbaren Abgrenzungen der Volksangehörigkeit.

10. Den Völkern Österreich-Ungarns, deren Platz unter den Nationen wir geschützt und gesichert zu sehen wünschen, sollte die freieste Gelegenheit zu autonomer Entwicklung zugestanden werden.

11. Rumänien, Serbien und Montenegro sollten geräumt, die besetzten Gebiete zurückgegeben werden.

12. Den türkischen Teilen des jetzigen Osmanischen Reiches sollte eine unbedingte Selbstständigkeit gewährleistet werden.

13. Ein unabhängiger polnischer Staat sollte errichtet werden.

14. Ein allgemeiner Verband der Nationen muss gegründet werden mit besonderen Verträgen zum Zweck gegenseitiger Bürgschaften für die politische Unabhängigkeit und die territoriale Unverletzbarkeit der kleinen sowohl wie der großen Staaten.

Wir sind nicht eifersüchtig auf Deutschlands Größe, und in diesem Programm ist nichts, das ihr zu nahe tritt. Wir missgönnen ihm keine Leistung, keine hervorragende Tat der Wissenschaft oder friedlichen Unternehmung, die es zu einem sehr glänzenden oder sehr beneidenswerten Rang erhoben haben. Wir beabsichtigen nicht, es zu schädigen oder seinen berechtigten Einfluss oder seine berechtigte Machtstellung irgendwie zu hemmen. Wir wünschen nicht, es mit Waffen oder feindlichen Handelsabkommen zu bekämpfen, wenn es bereit ist, sich uns und den anderen friedliebenden Nationen der Welt mit Abkommen zuzugesellen, die sich auf Gerechtigkeit, Gesetz und Wohlverhalten gründen.

Zitiert nach: https://de.wikipedia.org/wiki/14-Punkte-Programm#cite_note-1 (stark gekürzt; Kürzungen nicht gekennzeichnet) und Thilo Koch, Nordamerika, die Weltmächte im 20. Jahrhundert. Texte – Bilder – Dokumente, München / Wien / Basel 1972, S. 82 ff.; Vereinigten Staaten von Amerika, Berlin ²2007, S. 440

Untersuchen Sie Wilsons Vierzehn-Punkte-Programm. Welche nationalen und internationalen Ziele verfolgt er damit?

M7 „Furchtbar und entsetzlich!"

Oberst Albrecht von Thaer berichtet in seinem Tagebuch, wie sein Vorgesetzter, Generalstabschef Erich Ludendorff (siehe S. 151), am 1. Oktober 1918 vor den Offizieren der Obersten Heeresleitung die Lage beurteilt:

Er sagte ungefähr Folgendes: Er sei verpflichtet, uns zu sagen, dass unsere militärische Lage furchtbar ernst sei. Täglich könne unsere Westfront durchbrochen werden. Er habe darüber in den letzten Tagen Sr. M.[1] zu berichten gehabt. Zum 1. Mal sei der O. H. L. von Sr. M. bzw. vom Reichskanzler die Frage vorgelegt worden, was sie und das Heer noch zu leisten imstande seien. Er habe im Einvernehmen mit dem Generalfeldmarschall[2] geantwortet: „Die O. H. L. und das deutsche Heer seien am Ende; der Krieg sei nicht nur nicht mehr zu gewinnen, vielmehr stehe die endgültige Niederlage wohl unvermeidbar bevor. [...] Auf die Truppen sei kein Verlass mehr. [...] So sei vorauszusehen, dass dem Feinde schon in nächster Zeit mithilfe der kampffreudigen Amerikaner ein großer Sieg, ein *Durchbruch in ganz großem Stile* gelingen werde, dann werde dieses Westheer den letzten Halt verlieren und in voller Auflösung zurückfluten über den Rhein und werde die Revolution nach Deutschland tragen. Diese Katastrophe *müsse* unbedingt vermieden werden. Aus den angeführten Gründen dürfe man sich nun nicht mehr schlagen lassen. Deshalb habe die O. H. L. von Sr. M. und dem Kanzler gefordert, dass *ohne jeden Verzug* der Antrag auf Herbeiführung eines Waffenstillstandes gestellt würde bei dem Präsidenten Wilson von Amerika zwecks Herbeiführung eines Friedens auf der Grundlage seiner 14 Punkte. [...] Ich habe [...] Sr. M. gebeten, jetzt auch diejenigen Kreise an die Regierung zu bringen, denen wir es in der Hauptsache zu verdanken haben, dass wir so weit gekommen sind. [...] Die sollen nun den Frieden schließen, der jetzt geschlossen werden muss. Sie sollen die Suppe essen, die sie uns eingebrockt haben!"

Zitiert nach: Gerhard A. Ritter und Susanne Miller (Hrsg.), Die deutsche Revolution 1918-1919. Dokumente, Frankfurt am Main ²1983, S. 25 f. (Hervorhebungen im Original)

1. *Nennen Sie die zentralen Aussagen des Berichtes.*
2. *Beurteilen Sie die politische Haltung der Offiziere. Berücksichtigen Sie dabei auch Wilsons Vierzehn-Punkte-Programm (M6).*

[1] **Sr. M.**: Seiner Majestät [Kaiser Wilhelm II.; siehe S. 139]
[2] Gemeint ist Paul von Hindenburg; siehe S. 151.

Kriegspropaganda

Die kriegführenden Regierungen prägten die Haltung ihrer Bürger zum Krieg und zu den jeweiligen Gegnern durch Propagandaaktionen. Sie warben für die Zeichnung von Kriegsanleihen, ohne die der Krieg nicht finanzierbar gewesen wäre, und in den USA, wo es keine Wehrpflicht gab, auch für den Eintritt in die Armee zum Kampf gegen das Deutsche Reich.

M1 Plakate aus den USA

▲ **„Destroy this mad brute. Enlist."**
Plakat (106 x 71 cm) von Harry Ryle Hopps von 1917.

▲ **„The Navy Needs You! ..."**
Plakat (70 x 48 cm) von James Montgomery Flagg, um 1917.

M2 Krieg und Propaganda

Gert Raeithel, Professor für amerikanische Geschichte, beschreibt, mit welchen Mitteln die amerikanische Bevölkerung auf den Eintritt in den Ersten Weltkrieg „eingestimmt" wird:

Zuständig für Propaganda und Zensur war das *Committee on Public Information*. [...] Im Jahr 1914 war nicht einmal jeder tausendste für den Kriegsbeitritt. Noch 1917 ergab eine Stichprobe aus dem Staat Minnesota, dass dort 90 Prozent der Einwohner gegen den Krieg waren. Creel[1] und seiner Behörde oblag die Aufgabe, einen gewaltigen Meinungsumschwung herbeizuführen. Dass es dabei auf die Wahrheit nicht so genau ankam und man auch mit Fälschungen arbeitete, hat Creel nachträglich in seinem Bericht *How We Advertised America* (1924) eingestanden.

Das *Committee on Public Information* belieferte Fabriken mit patriotischen Plakaten, verteilte über 75 Millionen Broschüren und schickte über 75 000 Redner durch die Lande, um für den Krieg zu werben. Die nach der Dauer ihrer Vorträge „Four-Minute-Men" genannten Redner hielten über 750 000 Ansprachen ans Volk. Ebenfalls vier Minuten dauerten die Gesangseinlagen, zu denen sich patriotische Amerikaner zusammenfanden. [...] Propagandafilme wie *Pershing's Crusaders*, *Our Coloured Fighters* oder *The Kaiser, the Beast of Berlin* wurden von der Regierung finanziert.

Die aggressiv betriebene Propaganda polte eine in der Mehrheit kriegsunwillige Bevölkerung zu Patrioten um. Kriegshysterie löste binnen weniger Monate die isolationistische Grundhaltung ab. Wer sich der Kriegsstimmung zu entziehen trachtete, musste mit Repressalien rechnen. [...]

Jetzt entstand der Ausdruck vom hundertprozentigen Amerikanismus, und der nahm bis übers Kriegsende hinaus immer gewalttätigere Formen an. [...] Sanktionen musste jedermann erwarten, der irgendeine mit dem Krieg in Verbindung stehende Sache missachtete, kritisierte oder auch nur gelinde verspottete, sei es die Flagge, die Regierung oder die dreizehn Knöpfe an den Hosen amerikanischer Matrosen.

Gert Raeithel, Geschichte der nordamerikanischen Kultur, Bd. 2: Vom Bürgerkrieg bis zum New Deal 1860-1930, Weinheim 1992, S. 304-306

[1] Der Journalist **George Creel** (1876-1953) war Leiter des „Committee on Public Information".

1. *Erläutern Sie Formen und Folgen der staatlichen Propaganda (M1 und M2).*
2. *Analysieren Sie eines der Plakate in Arbeitsgruppen. Beachten Sie dafür folgende Aspekte: Aufbau der Zeichnung, Farbgestaltung, Verhältnis Bild – Text, grafische Gestaltung der Textteile, Selbstdarstellung und Darstellung des Feindes. Finden Sie einen Begriff, mit dem Sie die Wirkungsabsicht des Plakates charakterisieren können.*
3. *Stellen Sie Ihre Arbeitsergebnisse vor und diskutieren Sie, welches Plakat Sie für das wirksamere halten.*

Geschichte kontrovers

Der Erste Weltkrieg – die Schuldfrage

Nach dem Ende des Ersten Weltkrieges bemühten sich deutsche Historiker um den Nachweis, Deutschland habe keine Schuld am Krieg. Eine objektivere Beschäftigung mit den Verantwortlichkeiten setzte erst nach dem Zweiten Weltkrieg ein. In diesem Prozess fanden bemerkenswerte Verschiebungen und heftige Kontroversen statt. Im folgenden dokumentieren wir Aussagen von Historikern aus der Zeit von 1951 bis 2014.

M Alte und neue Positionen

a) In einer gemeinsamen Erklärung deutscher und französischer Historiker vom Oktober 1951 heißt es:

Die Dokumente erlauben es nicht, im Jahre 1914 irgendeiner Regierung oder einem Volk den bewussten Willen zu einem europäischen Kriege zuzuschreiben. [...] Die deutsche Politik zielte 1914 nicht auf die Entfesselung eines europäischen Krieges; sie war in erster Linie bedingt durch die Bündnisverpflichtung gegenüber Österreich-Ungarn. Um der als gefährlich empfundenen Auflösung dieses Staates entgegenzuwirken, hat man der Wiener Regierung Zusicherungen gegeben, die einer Blankovollmacht gleichkamen. Die deutsche Regierung war von der Vorstellung beherrscht, eine Lokalisierung des Konfliktes mit Serbien würde wie 1908/09 möglich sein; gleichwohl war sie bereit, nötigenfalls die Gefahr eines europäischen Krieges auf sich zu nehmen. Infolgedessen hat sie es versäumt, rechtzeitig mäßigend auf die Politik Österreichs einzuwirken. Erst seit dem 28. Juli hat Bethmann Hollweg Schritte in dieser Richtung unternommen. Unter dem Eindruck, dass der europäische Konflikt unvermeidlich sei, hat Moltke dagegen als Chef des Generalstabes am 30. Juli aus rein militärischen Erwägungen auf beschleunigte Anordnung der allgemeinen Mobilmachung in Österreich-Ungarn gedrängt.

b) Fritz Fischer (1908-1999), dessen Buch „Griff nach der Weltmacht. Die Kriegszielpolitik des kaiserlichen Deutschland 1914/1918" im Jahr 1961 einen Streit zwischen älteren und jüngeren Historikern ausgelöst hat, fasst seine Position 1965 in einem Zeitungsartikel so zusammen:

Ich selbst habe noch auf dem Historikertag in Berlin im Oktober 1964 die Ansicht vertreten, Deutschland habe im Juli 1914 bewusst das Risiko eines großen europäischen Krieges auf sich genommen, weil ihm die Situation so günstig wie nie zuvor schien. In Verschärfung meiner damaligen Ausführungen stelle ich heute fest, gestützt auf allgemein zugängliches wie auch auf unveröffentlichtes Material: Deutschland hat im Juli 1914 nicht nur das Risiko eines eventuell über den österreichisch-serbischen Krieg ausbrechenden großen Krieges bejaht, sondern die deutsche Reichsleitung hat diesen großen Krieg gewollt, dementsprechend vorbereitet und herbeigeführt.

c) Christopher Clark, geboren 1960, kommt aus Australien, lehrt Neuere Europäische Geschichte in Cambridge und hat über die Geschichte Preußens geforscht. In seinem 2012 in Großbritannien und 2013 in Deutschland veröffentlichten Werk schreibt er:

Der Kriegsausbruch von 1914 ist kein Agatha-Christie-Thriller, an dessen Ende wir den Schuldigen im Konservatorium über einen Leichnam gebeugt auf frischer Tat ertappen. In dieser Geschichte gibt es keine Tatwaffe als unwiderlegbaren Beweis, oder genauer: Es gibt sie in der Hand jedes einzelnen wichtigen Akteurs. So gesehen war der Kriegsausbruch eine Tragödie, kein Verbrechen. Wenn man dies anerkennt, so heißt es keineswegs, dass wir die kriegerische und imperialistische Paranoia der österreichischen und deutschen Politiker kleinreden sollten, die zu Recht die Aufmerksamkeit Fritz Fischers und seiner historischen Schule auf sich zog. Aber die Deutschen waren nicht die einzigen Imperialisten, geschweige denn die einzigen, die unter einer Art Paranoia litten. Die Krise, die im Jahr 1914 zum Krieg führte, war die Frucht einer gemeinsamen politischen Kultur. Aber sie war darüber hinaus multipolar und wahrhaft interaktiv – genau das macht sie zu dem komplexesten Ereignis der Moderne, und eben deshalb geht die Diskussion um den Ursprung des Ersten Weltkrieges weiter, selbst ein Jahrhundert nach den tödlichen Schüssen Gavrilo Princips an der Franz-Joseph-Straße.

d) Jörn Leonhard, Jahrgang 1967, ist Professor für Westeuropäische Geschichte an der Universität Freiburg und erläutert in seiner 2014 veröffentlichten „Geschichte des Ersten Weltkriegs“:

Entscheidend für die Frage der Verantwortung in der Julikrise ist aber nicht allein die Frage der Eskalation – zu ihr trugen alle Beteiligten bei: in Belgrad, Wien und Berlin genauso wie in St. Petersburg, Paris und London. Von mindestens ebenso großer Bedeutung ist die Frage, wo der Schlüssel zur Deeskalation lag. Gerade hier aber kam Deutschland und auch Großbritannien eine ganz besondere Verantwortung zu: Beide hatten 1912/13 bewiesen, wie eine erfolgreiche Lösung aussehen konnte. Aber mit dem deutschen Blankoscheck für Österreich-Ungarn zu einem frühen Zeitpunkt ging man in Berlin bewusst ein enormes Risiko ein. Man wollte den Konflikt zwischen Österreich-Ungarn und Serbien zum Testfall machen – im klaren Bewusstsein dafür, dass sich diese Krise zum Weltkrieg auswachsen konnte. Die deutsche Risikostrategie, es darauf ankommen zu lassen, wie weit Russland gehen würde und ob es zum Krieg letztlich bereit war oder nicht, traf zugleich auf die russisch-französische Bereitschaft die Balkan-Krise zum Anlass für einen großen Konflikt zu machen. Die britische Position schließlich blieb zu lange zu unklar und nährte immer wieder widerstreitende Hoffnungen: auf eine britische Neutralität bei den Regierungen in Berlin und Wien oder eine Intervention in Paris und St. Petersburg. Diese Konstellation schränkte den Spielraum für eine Deeskalation im Gegensatz zu 1912/13 massiv ein.
Aber es gab weitere Faktoren, die über die unterschiedlichen Motivlagen der Akteure hinausgingen.

e) Annika Mombauer, geboren 1967, lehrt Geschichte an der Open University in Milton Keynes, Großbritannien. Sie fasst ihre Forschungen zum Thema so zusammen:

Historiker sprechen [...] heute nur noch selten von Kriegsschuld. Es wird auch kaum noch die Verantwortung einer einzigen Regierung hervorgehoben. Stattdessen wissen wir heute, dass in allen Hauptstädten der Großmächte wichtige und zum Teil verhängnisvolle Entscheidungen getroffen wurden. Wir wissen auch, dass vor allem den Militärs überall ein Krieg nicht ungelegen kam und es dem militärischen Denken der Zeit entsprach, einen solchen führen zu wollen. Dennoch muss der Hauptteil der Verantwortung für den Kriegsausbruch nach wie vor in den Entscheidungen Österreich-Ungarns und Deutschlands verortet werden. Die Dokumente, auf die wir uns stützen können, beweisen eindeutig, dass diese beiden Großmächte es auf einen Krieg abgesehen hatten, bevor die Regierungen der anderen Großmächte überhaupt wussten, dass ein europäischer Konflikt bevorstand. [...]
Der Krieg war kein „Unfall“, er war nicht das Resultat von Fehlern oder Versäumnissen, und die Verantwortlichen von 1914 waren keine „Schlafwandler“ (Christopher Clark), sondern sie wussten im Gegenteil ganz genau, was sie taten. Der Krieg brach aus, weil einflussreiche Kreise in Wien und Berlin ihn herbeiführen wollten und ihn absichtlich riskierten und weil man in Paris und Petersburg bereit war, diesen Krieg zu führen, wenn er denn käme. Gewiss, es gab auch in Paris und Petersburg und zu einem viel geringeren Teil sogar in London im Juli 1914 Befürworter des Krieges, vor allem unter den Militärs. Aber die Entscheidung, im Sommer 1914 einen Krieg zu führen, war in Wien und Berlin getroffen worden. Hier übten die kriegslustigen Militärs den größten Einfluss auf ihre politischen und diplomatischen Kollegen aus.

Erster Text zitiert nach: Karl Dietrich Erdmann, Die Zeit der Weltkriege. in: Bruno Gebhardt, Handbuch der deutschen Geschichte, Bd. 4, Stuttgart [8]1959, S. 25
Zweiter Text zitiert nach: Fritz Fischer, Vom Zaun gebrochen – nicht hineingeschlittert. Deutschlands Schuld am Ausbruch des Ersten Weltkriegs, in: Die Zeit vom 3. September 1965, Nr. 36, S. 30
Dritter Text zitiert nach: Christopher Clark, Die Schlafwandler. Wie Europa in den Ersten Weltkrieg zog, München [14]2013, S. 716 f. (übersetzt von Norbert Juraschitz)
Vierter Text zitiert nach: Jörn Leonhard, Die Büchse der Pandora. Geschichte des Ersten Weltkriegs, München [2]2014, S. 119 f.
Fünfter Text zitiert nach: Annika Mombauer, Die Julikrise. Europas Weg in den Ersten Weltkrieg, München [2]2014, S. 117-119

1. *Arbeiten Sie die zentralen Aussagen der Historiker heraus.*

2. *Erklären Sie den Unterschied zwischen „Hauptverantwortung“ und „Schuld“.*

3. *Vergleichen Sie die Aussagen und erläutern Sie die kontroversen Positionen.*

4. *Nehmen Sie zu den Aussagen begründet Stellung. Geben Sie auch an, welche Fragen ggf. offen bleiben und worin Schwierigkeiten für die Urteilsbildung liegen.*

Blick zurück nach vorn

Versprechungen, Missbrauch und Demütigung – der Einsatz von Kolonialsoldaten im und nach dem Ersten Weltkrieg

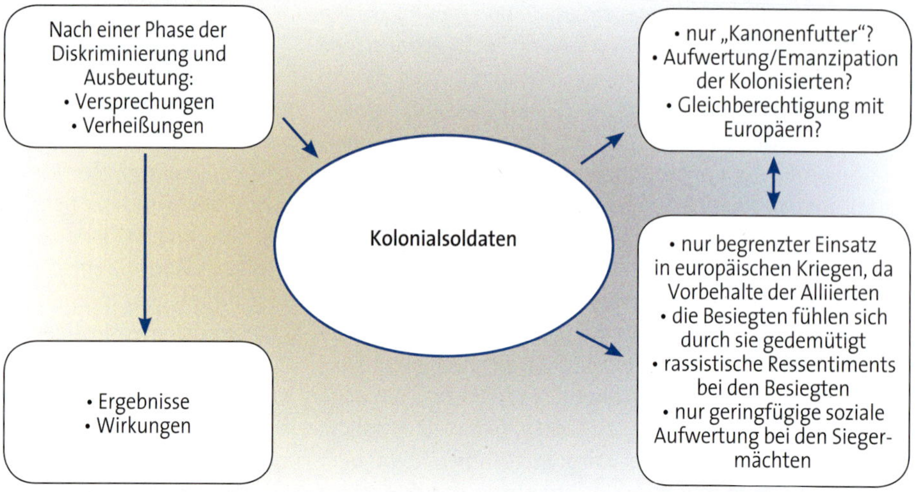

▲ **Kolonialsoldaten.**
Im Ersten Weltkrieg kämpften Millionen Soldaten aus den britischen und französischen Kolonien in Afrika und Asien. Etwa 270 000 ließen ihr Leben im Krieg.

M1 Was Europa vergisst: In den beiden Weltkriegen kämpften viele Untertanen der Kolonialmächte

Die Journalistin Charlotte Wiedemann schreibt 2009 über die Rolle von Kolonialsoldaten im Ersten Weltkrieg:

Als der Krieg begann, umfasste das britische Empire ein Viertel der Welt. Frankreichs Kolonialgebiete waren zwanzigmal größer als das Mutterland. Die Armeen beider Mächte stützten sich entscheidend auf dieses Reservoir. [...]
Leib und Leben für den Kolonialherrn zu riskieren und dadurch Gleichberechtigung zu erlangen, diese trügerische Hoffnung verbindet sich im Ersten Weltkrieg mit dem Namen Blaise Diagne. Der Intellektuelle aus Saint-Louis war 1914 der erste schwarze Abgeordnete in der französischen Nationalversammlung; er vertrat dort eine Minderheit von Senegalesen mit französischer Staatsbürgerschaft, gründete später die erste politische Partei in Französisch-Afrika. Nachdem Zwangsrekrutierungen zu Beginn des Kriegs vielerorts Revolten ausgelöst hatten und 50 000 Wehrfähige sogar in die britischen Nachbarkolonien flohen, reiste Diagne monatelang durch West- und Zentralafrika, um Soldaten durch Versprechungen anzuwerben. Mit seinen pompösen, umjubelten Auftritten erscheint Blaise Diagne wie eine frühe Verkörperung jenes Politikertypus, an dem Afrika bis heute krankt: Er glänzte mit einer von außen geliehenen Macht. Ausgestattet mit dem Titel eines „Generalkommissars für die Rekrutierung", reist Diagne mit großem Gefolge, ihn begleiten hohe weiße Kolonialbeamte und medaillenbehängte schwarze Unteroffiziere. Penibel achtet er darauf, überall mit protokollarischen Ehren empfangen zu werden. In seinen Reden verschmelzen die Träume von einer besseren Zukunft mit dem Patriotismus fürs französische „Mutterland" und dem Stolz auf die kriegerischen Traditionen der vorkolonialen westafrikanischen Reiche. Die Zuhörer kämpfen mit den Tränen.
Der Erfolg der Kampagne, auch „schwarzer Kreuzzug" genannt, übertrifft alle Erwartungen. Unter den Freiwilligen sind viele Söhne von Notabeln, die sich eine Stabilisierung oder Verbesserung ihrer Position erhoffen. Bevor überhaupt alle Soldaten verschifft werden können, geht der Erste Weltkrieg zu Ende. Doch die Psychologie des schwarzen Kreuzzugs wird noch Jahrzehnte nachwirken, und sie verbindet aus Sicht der Kolonisierten den Ersten mit dem Zweiten Weltkrieg. 1939 ruft der algerische Apotheker und Nationalist Ferhat Abbas mit folgenden Worten zur französischen Fahne: „Indem ihr freiwillig dem bedrohten Frankreich zu Hilfe eilt, zeigt ihr, dass ihr auf derselben Stufe steht wie die besten Söhne Europas." [...]

In Dakar, der Hauptstadt, sind die Bäumchen auf der Place de l'Indépendance artig beschnitten; ein Monument der Unabhängigkeit sucht man indes vergeblich. Stattdessen ziert die Stirnseite des Platzes eine lange Mauer mit einer Inschrift zum Gedenken an die Gefallenen des Zweiten Weltkriegs. „Unseren Toten die Anerkennung des Vaterlands."

Charlotte Wiedemann, Was Europa vergisst. In beiden Weltkriegen kämpften viele Soldaten aus den Kolonien, in: Le Monde diplomatique vom Oktober 2009, S. 14 f., wieder abgedruckt in: Auf den Ruinen der Imperien. Geschichte und Gegenwart des Kolonialismus, Berlin: Edition Le Monde diplomatique Nr. 18, 2016, S. 70-75, hier S. 70 und 72 f.

M2 Wilde Propaganda

Der Historiker und Afrikawissenschaftler Jürgen Zimmerer in einer Besprechung der Studie „Von Wilden aller Rassen niedergemetzelt" von Christian Koller (2001), die sich mit der Verwendung von Kolonialtruppen in Europa befasst:

„Von Hunger und Armut bedrückt ... muss unser Volk es mit Grauen ansehen, wie seine Frauen und Kinder ... geschändet und misshandelt werden ... Mund und Feder sträuben sich, die Gräuel zu schildern, die alle Kriegsschrecken übertreffen ... Darum du Christenheit in aller Welt, erhebe Deine Stimme gegen den Gräuel der Verwüstung."
Mit diesen pathetischen Worten verurteilte der Deutsche Evangelische Kirchenbund 1920 in einer Resolution die Stationierung farbiger Kolonialsoldaten im Rheinland. Der deutschen Propaganda gegen den Versailler Vertrag eröffnete sich damit neben der „Kriegs-" und der „Kolonialschuldlüge" ein weiteres dankbares Thema. Galt schon die Besetzung an sich als Demütigung, so steigerte sich die Empörung dadurch, dass „Senegalneger in der Frankfurter Universität liegen und das Goethehaus bewachen", wie Reichskanzler Müller (SPD) in der Verfassunggebenden Nationalversammlung ausrief.
Immerhin hatte das wilhelminische Bürgertum einen nicht geringen Stolz aus der Tatsache gezogen, dass es in den Kreis der Kolonialmächte aufgestiegen war. Im Rheinland war jedoch die koloniale Ordnung auf den Kopf gestellt. Der afrikanische Soldat war Besatzer, und die Deutschen waren Beherrschte. Natürlich kam es, wie bei jeder Armee, auch bei den Kolonialtruppen zu Übergriffen gegen die Zivilbevölkerung, insbesondere zu Vergewaltigungen. Sofort wurden die Afrikaner zu sexlüsternen Bestien stilisiert, deren „maßlose geschlechtliche Wildheit" sie – so in einem Aufruf der Deutschen Studentenschaft von 1920 – „von Vergewaltigung zu Vergewaltigung deutscher Frauen taumeln" lassen würde. Bald konstruierte man zudem über das individuelle Leid der missbrauchten Frauen hinaus eine „fürchterliche hygienische Verseuchung", um schließlich bei dem Vorwurf zu enden, die Franzosen hätten einen bewussten Angriff auf die „Reinheit der deutschen Rasse" gestartet – ein Gedanke, der bald in anderem Kontext seine unheilvolle Wiederauferstehung feiern sollte.
Bedauerlicherweise hat sich die Forschung bisher weder des Einsatzes farbiger Kolonialtruppen im Ersten Weltkrieg und in der Nachkriegszeit noch der darüber geführten Propagandaschlacht angenommen. Diese Lücke schließt nun Christian Koller. [...]
Begonnen hatte die Auseinandersetzung im Grunde schon im Krieg mit der Polemik gegen den Einsatz von circa einer Million farbiger Kolonialsoldaten und -arbeiter aufseiten der Entente. Staatlicherseits forciert, wurde eine Flut von Gräuelgeschichten über diese „Halbmenschen mit den gefletschten Zähnen und den Affenstirnen" in Umlauf gebracht. Das Schreckbild „Afrikaner" fand bald über den Raum der eigentlichen Front hinaus Verbreitung.[1] Selbst Intellektuelle wie Max Weber[2] warnten während des Krieges davor, dass „ein Heer von Negern, Gurkhas und allem barbarischen Lumpengesindel der Welt" an der Grenze stehe, „halb wahnsinnig vor Wut, Rachedurst und Gier, unser Land zu verwüsten".

Jürgen Zimmerer, Frankfurter Allgemeine Zeitung Nr. 231 vom 5. Oktober 2001, S. 11

1. *Beschreiben und bewerten Sie den Einsatz von Kolonialtruppen im Ersten Weltkrieg aus der Perspektive der Alliierten und der betroffenen afrikanischen Völker (M1).* **(Analyse- und Orientierungskompetenz)**
2. *Erläutern Sie, weshalb man in Deutschland nach dem Ersten Weltkrieg den Einsatz von Kolonialtruppen als Besatzer als besonders demütigend empfand (M2).* **(Urteilskompetenz)**
3. *Erörtern Sie, welche „bedrohlichen" Vorstellungen von den Afrikanern im und nach dem Ersten Weltkrieg aktualisiert werden (Schaubild, M1 und M2).* **(Urteils- und Orientierungskomptenz)**

[1] Beispiele für die rassistische Propaganda in Deutschland finden Sie hier auf S. 215 und 217 f.
[2] **Max Weber** (1864-1920): bedeutender Soziologe. Seine Schriften beeinflussen die Sozial-, Wirtschafts- und Kulturgeschichtsschreibung bis heute.

Die Welt zwischen Demokratie und Diktatur

▸ **„Der Bolschewik."**
Ölgemälde (101 x 141 cm) von Boris M. Kustodijew, 1920.

▴ **Atompilz.**
Am 6. und 9. August 1945 hinterließen die Explosionen der Atombombe solche „Atompilze" über Hiroshima und Nagasaki.

▴ **„City Activities."**
Wandgemälde von Thomas Hart Benton, 1930/31 (Ausschnitt).

▾ **„Arbeiter, Bürger, Bauern, Soldaten aller Stämme Deutschlands, vereinigt Euch zur Nationalversammlung."**
Plakat (68 x 99,1 cm) von César Klein, 1919. Auftraggeber: Werbedienst der deutschen Republik, Berlin.

◂ **Reichsparteitag in Nürnberg. NSDAP-Aufmarsch vor der Zepplintribüne.**
Zeichnung (Gouache, 49 x 68,5 cm) von Ernst Vollbehr, 1936.

Das „lange 19. Jahrhundert“, das mit der Industriellen Revolution in England und der Französischen Revolution in Frankreich Ende des 18. Jahrhunderts begonnen hatte, endete mit dem Ersten Weltkrieg und der Oktoberrevolution in Russland. Ein „Katastrophenzeitalter“ – wie der britische Historiker Eric J. Hobsbawm (1917 - 2012) rückblickend meinte – begann.

Europa hatte seine Bedeutung als Weltmacht verloren, die Vereinigten Staaten waren zur Führungsmacht aufgestiegen und in Russland hatte ein kommunistisches Experiment begonnen, das sich zum Ziel gesetzt hatte, die kapitalistische Weltordnung zu beseitigen.

Geprägt von den Erfahrungen des Krieges und der Revolution vertrauten immer mehr Menschen darauf, dass Gewalt und nationale Stärke die Wegweiser in eine bessere Zukunft seien. Die alten und 1918/19 gegründeten Demokratien konnten die Erwartungen vieler Menschen nicht erfüllen. Ideologien wie der Bolschewismus (Stalinismus), der Faschismus und der Nationalsozialismus entstanden und fanden ihre Anhänger. Die neuen Demokratien scheiterten – in Deutschland, Italien, Polen und Ungarn. Sie wurden von national-faschistischen Bewegungen beseitigt.

Die 1929 einsetzende Weltwirtschaftskrise und deren Folgen schwächten die Demokratien weiter. In Deutschland begann die nationalsozialistische Diktatur, als Adolf Hitler am 30. Januar 1933 zum Reichskanzler ernannt wurde. Es folgte die Missachtung elementarer Grund- und Menschenrechte. Oppositionelle wurden verfolgt, Parteien verboten und die Presse zensiert. Die Entrechtung und Vertreibung der Juden sowie der Sinti und Roma schlossen sich an. Das alles waren Etappen auf dem Weg zum Holocaust.

Mit dem deutschen Überfall auf Polen begann ein Krieg, der mit dem deutschen Angriff auf die Sowjetunion im Juni 1941, dem japanischen Überfall auf den US-Stützpunkt Pearl Harbor im Dezember desselben Jahres und dem Eintritt der USA in den Krieg zum Weltkrieg wurde. Er dauerte bis 1945. Das Ende des Zweiten Weltkrieges, dem weltweit über 55 Millionen Menschen zum Opfer fielen, bedeutete zugleich den Anfang einer neuen Epoche. Sie begann mit dem Abwurf der ersten Atombomben durch die USA auf Hiroshima und Nagasaki im August 1945.

In diesem Kapitel erwerben Sie u. a. folgende Kompetenzen:

▶ **Wahrnehmungskompetenz**
- Sie entwickeln eigene Fragen zu den politischen und gesellschaftlichen Veränderungen in Russland, Deutschland und der Welt.

▶ **Analysekompetenz**
- Sie untersuchen die Gründe für das Scheitern der Weimarer Republik und die Errichtung der Diktatur in Deutschland.

▶ **Urteilskompetenz**
- Sie beurteilen die innen- und außenpolitische Entwicklung der Weimarer Republik, die Aushöhlung der Demokratie und die Errichtung der Diktatur in Deutschland.

▶ **Orientierungskompetenz**
- Sie setzen sich mit den Folgen der Zerstörung von Demokratie und Menschenrechten für die Gegenwart auseinander.

Außerdem üben Sie in diesem Kapitel die Interpretation von Karikaturen, die Analyse von politischen Plakaten und den Umgang mit Sekundärliteratur.

Internationaler und nationaler Wandel

▲ **„Der neue Planet."**
Gemälde (71 x 101 cm) von Konstantin Fjodorwitsch Juon, 1921.

Orientierung Im Ersten Weltkrieg standen sich die Mittelmächte (Deutsches Reich, Österreich-Ungarn, Osmanisches Reich, Bulgarien) und die Entente (Frankreich, Großbritannien, Russisches Reich und Verbündete) unversöhnlich gegenüber. Am Ende hatten zuerst der russische Zar, dann die Herrscher Österreich-Ungarns und Deutschlands ihre Krone verloren. Aber der Krieg begünstigte nicht nur den Umsturz traditioneller Herrschaftsformen, sondern führte auch den Zusammenbruch des alten europäischen Staatensystems herbei. Deutschland, bisher Hauptmacht Mitteleuropas, musste sich dem Diktat der Sieger beugen; das alte Österreich-Ungarn löste sich in eine Reihe von Kleinstaaten auf; Russland musste die nichtrussischen Randgebiete in Ostmitteleuropa abtreten. Auch die europäischen Siegermächte hatten im Krieg schwer gelitten und verloren an Einfluss auf die Weltpolitik. Europa hatte seinen Führungsanspruch in der Welt verspielt.

Historiker sehen im Jahr 1917 den Beginn einer neuen Epoche: Die USA gaben ihre Tradition des Isolationismus auf und traten als künftige Weltmacht in Erscheinung; das Eingreifen Amerikas auf den Schlachtfeldern Europas entschied endgültig über Sieger und Besiegte. Das bolschewistische Russland zählte am Ende des Krieges zunächst nicht mehr zu den Weltmächten. Und doch sollte die von Lenin eingeleitete und von Stalin durchgesetzte kommunistische Gesellschaftsordnung weltgeschichtliche Bedeutung erlangen und den Grundstein für den beginnenden Kalten Krieg legen.

Stärker als zuvor bestimmten ideologische Gegensätze die Beziehungen der Staaten. Nach 1920 und stärker noch nach 1929 geriet in den meisten europäischen Staaten das System der liberalen Demokratie in eine Krise. Rechtsextreme und faschistische Bewegungen entstanden. Während diese aber in den gefestigten Verfassungsstaaten (England, Frankreich, Belgien etc.) in der Minderheit blieben, konnten sie in jüngeren Demokratien im Verlauf der 1920er- und 30er-Jahre die Macht an sich reißen.*

* Lesen Sie dazu auch das **OnLine**-Kapitel „Faschismus und autoritäre Regime in Europa: die Beispiele Italien, Spanien, Polen und Ungarn"; siehe Code **4673-00**.

1914-1918
Erster Weltkrieg

1917
• In Russland dankt der Zar nach der Februarrevolution ab
• Die USA erklären dem Deutschen Reich den Krieg (6.4.)
• Oktoberrevolution: Die Bolschewiki übernehmen die Macht in Russland

1918
• Im Vertrag von Brest-Litowsk schließt Sowjetrussland Frieden mit den Mittelmächten (3.3.)
• Die Oberste Heeresleitung gesteht die Niederlage ein (September)
• Ausrufung der Republik in Deutschland (9.11.)
• Waffenstillstand zwischen dem Deutschen Reich und den beiden Westmächten (11.11.)

1918-1921
Bürgerkrieg und „Kriegskommunismus" in Sowjetrussland

1919
• Die Deutsche Nationalversammlung tritt in Weimar zusammen (6.2.)
• Deutschland unterzeichnet den Versailler Friedensvertrag (28.6.)

13.-17. 3. 1920
Republikfeindlicher Kapp-Putsch

1921-1929
Hochkonjunktur in den USA

1922
• Gründung der Sowjetunion (UdS
• Mord an Walther Rathenau (24.6.

1923
• Frankreich und Belgien besetzen das Ruhrgebiet; d „Ruhrkampf" beginnt (11.1.)
• Höhepunkt der Inflation (September bis November)
• Der Hitler-Putsch in München wird von der Pol niedergeschlagen (8./9.11.)

1924
Lenin stirbt; Stalin übernimmt die Macht in der UdSS

1910 · 1915 · 1920 · 1925

◀ Die Krise der europäischen Demokratie 1922-1938.

In Deutschland beendete die Revolution von 1918 die Monarchien im Reich und in den Ländern. Den republikanischen Politikern blieb die Aufgabe, die Kapitulation zu unterzeichnen, ohne die die Alliierten zu keinem Waffenstillstand bereit waren.

Grundlage der Weimarer Republik wurde die demokratische Verfassung von 1919. Sie machte das Deutsche Reich zu einer parlamentarischen Republik. Die demokratisch gewählte Regierung musste die harten Bedingungen des Versailler Friedensvertrages annehmen. In der Folgezeit überschatteten Reparationen, Inflation, linke und rechte Putschversuche und zahlreiche Attentate erste Erfolge in der Außenpolitik.

Die allmähliche Erholung der deutschen Wirtschaft wurde 1929 vom New Yorker Börsenkrach gestoppt. Die Folgen waren Firmenzusammenbrüche und Massenarbeitslosigkeit. Die anhaltende Wirtschaftskrise ließ die antidemokratischen und republikfeindlichen Parteien erstarken, insbesondere die NSDAP und die KPD. Im Reichstag kamen ab 1930 keine politischen Mehrheiten mehr zustande. Es wurde zunehmend mit Notverordnungen regiert. Als die Reichstagswahlen vom November 1932 die Lage nicht änderten, ernannte Reichspräsident Paul von Hindenburg Adolf Hitler, den Vorsitzenden der stärksten Fraktion, zum Reichskanzler.

Im Zentrum des Kapitels stehen folgende Fragen:

- *Welche Faktoren trugen zur Oktoberrevolution von 1917 bei?*
- *Wie wirkte sie sich auf das Leben der Menschen in Sowjetrussland bzw. der Sowjetunion aus?*
- *Welchen Einfluss hatten die USA nach 1917 auf die Weltpolitik?*
- *Mit welchen innen- und außenpolitischen Schwierigkeiten sah sich die Weimarer Republik konfrontiert?*
- *Wo sind die Gründe für das Scheitern der ersten deutschen Demokratie zu suchen?*

8
), Zentrum und bürgerlich-
rale Parteien bilden eine
ße Koalition

1929
Die „Great Depression“ der USA mündet in eine Weltwirtschaftskrise

1930
- Heinrich Brüning regiert ohne Mehrheit im Parlament mit Notverordnungen
- Stimmenzuwachs der republikfeindlichen Parteien bei den Reichstagswahlen

31.7.1932
Die NSDAP wird bei den Reichstagswahlen zur stärksten Partei

30.1.1933
Adolf Hitler wird zum Reichskanzler einer Koalitionsregierung ernannt

1938/39
Höhepunkt des „Großen Terrors“ in der UdSSR: Gegner Stalins werden beseitigt

1930 — 1935 — 1940 — 1945

Vom Zarenreich zur Sowjetrepublik: die Oktoberrevolution

St. Petersburg: seit Zar Peter I. (1672-1725) Hauptstadt des Russischen Reiches, 1915 in Petrograd, 1924-1991 in Leningrad umbenannt

Autokratie (griech.: Selbstherrschaft): unumschränkte Regierungsgewalt nach dem Vorbild der oströmischen Kaiser

orthodoxe Kirche (griech.: rechtgläubig): Zweig der christlichen Kirche, der sich 1054 von der römischen Kirche abgespalten hatte

Vielvölkerreich und Monarchie Das Russische Reich mit der Hauptstadt **St. Petersburg** war ein Vielvölkerstaat. Es umfasste im 19. Jahrhundert die heutigen baltischen Staaten und Finnland, weite Teile Polens, Weißrussland, die Ukraine und die Länder des Kaukasus. Im Mittleren Osten grenzte es an Persien und Afghanistan, im Fernen Osten an China und Korea. Das Gebiet von Alaska verkaufte Russland 1867 an die USA.

Der russische Monarch, der *Zar* (russ.: Kaiser), regierte als unumschränkter Herrscher; es gab keine Verfassung und kein Parlament zur Kontrolle seiner Macht. Er allein verfügte über Krieg und Frieden, über die Einkünfte und Güter des Staates und konnte Gesetze ändern, abschaffen oder neu einführen. Die Unabhängigkeit des Zaren gab ihm eine größere Machtfülle als allen Herrschern in Westeuropa.

Stützen des Zarentums und der **Autokratie** waren der Adel, die Großgrundbesitzer, das Militär, die Verwaltung sowie die **orthodoxe Kirche**. Der Zar und seine Dynastie, das Haus *Romanow*, bildeten die Klammer für die vielen nationalen, ethnischen und religiösen Minderheiten im Russischen Reich.

Narodniki (russ.: Volksfreunde, von *narod*: Volk): Bewegung russischer Intellektueller und Revolutionäre, die sich als einfache Landarbeiter verdingten und für die Rechte der Bauern eintraten

Gruppe Befreiung der Arbeit: 1883 im Schweizer Exil gegründeter Kreis, der auf die Arbeiterbewegung nach westeuropäischem Vorbild setzte und mit Karl Marx in Kontakt stand. Seine Vertreter sahen nicht bei den Bauern, sondern im städtischen Proletariat und der Industriearbeiterschaft die einzig mögliche, revolutionäre Kraft. Vorläufer der 1898 gegründeten Sozialdemokratischen Arbeiterpartei Russlands.

Nikolaus II. (1868-1918): letzter russischer Zar, 1918 auf Befehl der Bolschewiki zusammen mit seiner Familie hingerichtet

Pjotr A. Stolypin (1862-1911): russischer Staatsmann, seit Juli 1906 Ministerpräsident, kam 1911 bei einem Attentat der Sozialrevolutionäre ums Leben

Die Revolution von 1905 Zu Beginn des 20. Jahrhunderts hatte die schlimme soziale Lage eine spannungsgeladene Atmosphäre erzeugt. Ein unpopulärer und schlecht geführter Krieg gegen Japan (1904/05), der nicht zuletzt von inneren Problemen ablenken sollte, untergrub die Autorität des Regimes endgültig.

Parteien und Gewerkschaften blieben bis um 1900 verboten. Gleichwohl entstanden bis dahin verschiedene Gruppierungen (z. B. **Narodniki**, **Gruppe Befreiung der Arbeit**), die ein Ende der zaristischen Alleinherrschaft und soziale Veränderungen forderten – sei es durch Reformen oder durch einen radikalen Umsturz. Am 9. Januar 1905, einem Sonntag, zogen über 100 000 Frauen, Männer und Kinder vor das Winterpalais in St. Petersburg, um dem als „gerecht" verehrten **Nikolaus II.** (Zar seit 1894) eine Petition mit sozialen und politischen Forderungen zu überreichen (▸ M1). Doch Offiziere ließen plötzlich auf die Demonstranten schießen und töteten dabei 150 bis 200 Menschen, fast 1 000 Personen wurden verletzt. Unmittelbar nach diesem „Blutsonntag" erhob sich überall im Reich Widerstand gegen die Regierung. Im Oktober 1905 lenkte der Zar ein und versprach eine Verfassung mit Freiheitsrechten, eine gewählte Volksvertretung sowie die Verwirklichung bürgerlicher Freiheiten („*Oktobermanifest*"). So entstand eine politische Presse und die Arbeiter erhielten das Recht, Gewerkschaften zu gründen.

Für das neue Parlament, die *Duma*, wurden Parteien zwar offiziell zugelassen, aber weite Teile der Bevölkerung waren darin nicht repräsentiert. Als Antwort auf die blutigen Bauernunruhen von 1905 nahm der russische Ministerpräsident **Pjotr A. Stolypin** 1906 eine Reform der Agrarverfassung vor. Die Bauern konnten nun aus der Dorfgemeinschaft austreten und eigene Betriebe gründen, erhielten staatliche Kredite und wurden in modernen Anbaumethoden geschult. Im gleichen Jahr wurde die erste russische Verfassung in Kraft gesetzt, die dem Zaren die „Oberste Selbstherrschende Gewalt" (Artikel 4) bestätigte. Der Zar besaß das Vetorecht gegenüber jeder Gesetzesvorlage der Duma, Militärwesen und Außenpolitik blieben ihm allein vorbehalten. Überdies konnte er die Duma jederzeit auflösen. Die immer noch weit reichenden Befugnisse veranlassten den deutschen Soziologen *Max Weber* 1906 zur These vom *Scheinkonstitutionalismus* im Russischen Reich.

Innere Krise und äußere Machtpolitik Schon bald geriet der Reformprozess ins Stocken. Zar Nikolaus II. löste die Duma wiederholt auf und änderte willkürlich das Wahlrecht. Auch die *Stolypin'schen Agrarreformen* der Jahre 1910/11, durch die eine bäuerliche Mittelschicht entstehen sollte, konnten ihre Wirkung nur langsam entfalten, unter anderem, weil dafür die finanziellen Mittel fehlten. Unter der Arbeiterschaft in den Städten, aber auch unter den Bauern auf dem Land wuchs der Protest. Immer öfter kam es zu Massendemonstrationen und Streiks, gegen die Stolypin rücksichtslos durchgriff, um „den Traum von einer sozialistischen Revolution in Russland ein für alle Mal zu beenden". Das durch ihn eingeleitete Reformprogramm wurde so nach und nach im ungeregelten Machtgefüge zwischen Zar, Regierung, Parlament, Adel und anderen gesellschaftlichen Kräften zerrieben.

Um von den inneren Problemen und Gegensätzen abzulenken, versuchte sich die Regierung seit Ende des 19. Jahrhunderts an einer aggressiven Außenpolitik. Bereits nach der demütigenden Niederlage im Krim-Krieg (1853-1856) hatte Russland seine Grenzen nach Zentral- und Ostasien ausgedehnt, jedoch – im Gegensatz zu den anderen imperialistischen Mächten – keine Kolonien auf anderen Kontinenten errichtet. Gleichzeitig hatte das Zarenreich im *Pariser Frieden* von 1856 seine Vormacht auf dem europäischen Kontinent eingebüßt, seither sein Hegemoniestreben in Südosteuropa aber immer wieder erneuert. Diese Politik verband sich mit der Idee einer Vereinigung aller slawischen Völker (*Panslawismus*) unter Russlands Führung, was den Gegensatz zum Vielvölkerstaat Österreich-Ungarn heraufbeschwor. Russlands massive Aufrüstung seit 1913 verschärfte die Lage weiter. Schließlich trug die russische Unterstützung Serbiens gegen Österreich-Ungarn in der *Julikrise** von 1914 wesentlich zum Ausbruch des Ersten Weltkrieges bei.

* Zur Julikrise siehe S. 145 und 160 f.

Krieg und innere Not Im Ersten Weltkrieg kämpfte Russland im Bündnis mit Großbritannien und Frankreich gegen die Mittelmächte Deutschland und Österreich-Ungarn. Diese konnten den russischen Vormarsch abwehren und drängten den Gegner seit 1915 auf dessen eigenes Gebiet zurück. In den folgenden Jahren scheiterten alle Versuche der russischen Armee, das Blatt zu wenden.

Russland war auf eine lange militärische Auseinandersetzung nicht ausreichend vorbereitet. Der Zar und die alten Eliten in Regierung, Militär und Verwaltung zeigten sich überfordert und überließen den liberalen Parteien der Duma, in der die Mehrheit den Krieg unterstützte, faktisch die Organisation des öffentlichen Lebens. Unterdessen wuchs in der Bevölkerung der Unmut angesichts der hohen Menschenverluste, der kriegsbedingten Mehrarbeit und der angespannten Versorgungslage. Ende 1914 kam es zu ersten Streiks, die sich 1916 erheblich ausweiteten.

Sozialrevolutionäre: russische Partei, 1901/02 gegründet. Ihr Ziel war eine Revolution aller Unterdrückten in Stadt und Land und eine entschädigungslose Enteignung aller Großgrundbesitzer. Die Größe ihrer Organisation und ihre blutigen Terrorakte machten die Sozialrevolutionäre zum gefährlichsten Gegner der Autokratie.

Menschewiki, Bolschewiki (russ.: Minderheitler, Mehrheitler): politische Parteien, 1903 entstanden aus der Spaltung der Russischen Sozialdemokratischen Arbeiterpartei. Die Menschewiki hielten an der Lehre von Marx fest, wonach eine sozialistische Gesellschaftsordnung erst nach einer bürgerlich-demokratischen Revolution zu verwirklichen sei. Dagegen setzte die kleine Gruppe der Bolschewisten auf eine straff organisierte Kaderpartei von Berufsrevolutionären, die eine sozialistische Revolution ohne Umwege herbeiführen sollte.

Die Februarrevolution von 1917 Am 23. Februar (8. März) 1917** demonstrierten hungernde Arbeiterinnen in der Hauptstadt Petrograd spontan für „Brot, Frieden und Freiheit". Die Bewegung weitete sich zum Generalstreik aus. Erst jetzt versuchten die sozialistischen Parteien (**Sozialrevolutionäre**, **Menschewiki**, **Bolschewiki**), das Geschehen zu lenken. Im ganzen Land wählten Fabrikarbeiter, Soldaten und Bauern revolutionäre Räte (*Sowjets*). Deren Gesamtvertretung übernahm ein *Exekutivkomitee der Sowjets* in Petrograd, in dem gemäßigte Menschewiki und Sozialrevolutionäre die Mehrheit stellten.

** In Russland galt bis Februar 1918 der Julianische Kalender, der im 20. Jahrhundert 13 Tage hinter dem Gregorianischen Kalender zurückblieb und daher abweichend datierte.

Unter dem Eindruck der Unruhen traten die Minister des Zaren am 27. Februar (12. März) geschlossen zurück. Gleichzeitig bildete die Duma aus Vertretern der bürgerlich-liberalen Opposition ein *Provisorisches Komitee zur Wiederherstellung der öffentlichen Ordnung*, das die vorläufige Regierungsgewalt ausübte. Als selbst die Armeeführung Zar Nikolaus II. zum Rücktritt aufforderte, dankte er am 2. März (15. März) ab. Am selben Tag trat eine *Provisorische Regierung* unter Fürst **Georgij J. Lwow** ihr Amt an. Aus der *Februarrevolution* waren damit zwei Entscheidungszentren hervorgegangen: die neue Regierung und das Exekutivkomitee der Sowjets. In einer Art „Doppelherrschaft" teilten sie sich die Macht, da die Regierung auf die Sowjets und ihre Repräsentation der revolutionären Massen angewiesen war.

Georgij J. Lwow (1861-1925): russischer Staatmann, starb im Exil in Paris

Gewaltige Herausforderungen Die Provisorische Regierung stand vor riesigen Aufgaben: Einerseits wollte sie den Krieg erfolgreich beenden und andererseits Russland in eine Demokratie verwandeln. Schlag auf Schlag begann sie mit umfangreichen Reformen. Sie garantierte die Versammlungs-, Presse-, Rede- und Religionsfreiheit, führte das allgemeine und gleiche Wahlrecht für Männer und Frauen sowie den Achtstundentag für Arbeiter ein, schaffte die Todesstrafe ab, beseitigte die Vorrechte des Adels und sicherte den nationalen Minderheiten Rechte zu. Eine Verfassunggebende Versammlung sollte dies alles bestätigen. Sie kam aber erst Ende 1917 zustande.

Währenddessen fiel das Land in Anarchie und Chaos. Als das Parlament gegen eine Umverteilung des Landes stimmte, griffen viele Bauern zur Gewalt, vertrieben die Großgrundbesitzer von ihren Gütern und führten eine Selbstverwaltung ein. Aber auch die städtischen Industriearbeiter waren von der neuen Regierung enttäuscht, da sie das Privateigentum an Unternehmen nicht antastete. Zugleich sagten sich viele nichtrussische Völker vom Reichsverband los und erklärten ihre Unabhängigkeit.

Die Schicksalsfrage für die Februarrevolution lag im Ausgang des Krieges. Unterstützt von den westlichen Verbündeten, ordnete die Regierung Lwow im Juni/Juli 1917 eine neue Offensive an. Nach deren Scheitern brach der Kriegswille der Soldaten endgültig zusammen und die Armee begann sich aufzulösen. An die Stelle der Regierung Lwow trat ein Kabinett aus Sozialrevolutionären und gemäßigten Menschewiki unter dem bisherigen Kriegsminister **Alexander F. Kerenskij**.

Alexander F. Kerenskij (1881-1970): russischer Staatsmann, Mitglied der Sozialrevolutionäre, nach der Oktoberrevolution im Exil in Frankreich und den USA

Wladimir Iljitsch Uljanow, gen. Lenin (1870-1924): Rechtsanwalt, sozialistischer Revolutionär und Vordenker, Gründer und erster Regierungschef der Sowjetunion

Opposition der Bolschewiki Von den politischen Parteien hatten allein die Bolschewiki ein sofortiges Kriegsende gefordert. Einer ihrer Anführer, **Wladimir Iljitsch Lenin**, war im April 1917 aus dem Schweizer Exil zurückgekehrt. In seinen *Aprilthesen* schwor er seine Anhänger darauf ein, die Regierung mit allen Mitteln zu bekämpfen (▸ M2).

Die Bolschewiki waren in den Sowjets bis dahin in der Minderheit. Wegen bewaffneter Demonstrationen wurde die Partei im Juli 1917 vorübergehend verboten. Lenin floh nach Finnland. Im Herbst 1917 nahm die Missstimmung der Arbeiter und Soldaten gegen die Regierung jedoch weiter zu. Die Bolschewiki erzielten deutliche Gewinne bei den Stadtratswahlen in Petrograd und Moskau. Auch in den Sowjets stellten sie nun die Mehrheit. So wurde ein enger Vertrauter Lenins, **Leo D. Trotzkij**, neuer Vorsitzender des Petrograder Sowjets.

Leo D. Bronstein, gen. Trotzkij (1879-1940): russischer Revolutionär und Theoretiker, floh 1929 in die Türkei, später nach Frankreich, Norwegen und Mexiko, wo er von einem sowjetischen Agenten ermordet wurde

Oktoberrevolution und Machtübernahme der Sowjets Während die Führung der Bolschewiki auf die Mehrheit in einer allgemein gewählten Konstituierten Versammlung warten wollte, setzte Lenin am 10. Oktober (23. Oktober) 1917 in seiner Partei den

Beschluss zum bewaffneten Aufstand durch und das von Trotzkij geleitete *Revolutionäre Militärkomitee* des Exekutivkomitees der Sowjets übernahm das Kommando über die Garnisonen der Hauptstadt. Damit wurde deutlich, dass die militärische Gewalt in den Händen der Bolschewiki lag. Am 25. Oktober (7. November) besetzten Trotzkijs Truppen alle wichtigen Punkte in Petrograd. Mit deren Hilfe und der Unterstützung Roter Garden (bewaffnete Arbeitermilizen) ließ Trotzkij die Mitglieder der Regierung beim legendären *Sturm auf den Winterpalast* verhaften, in dem Kerenskijs Kabinett seine letzte Sitzung abhielt. Kerenskij selbst konnte fliehen. Das System der Februarrevolution war ohne Gegenwehr zusammengebrochen.

Aus Protest gegen den Staatsstreich traten Menschewiki und rechte Sozialrevolutionäre aus dem *Allrussischen Rätekongress* aus. Dadurch wurde der bolschewistischen Diktatur der Weg geebnet. Bolschewiki und linke Sozialrevolutionäre verkündeten die Übernahme der Regierungsgewalt. Lenin und die Bolschewiki setzten auf das Bündnis mit den linken Sozialrevolutionären, weil diese unter den Bauern auf dem Land – im Gegensatz zu den Bolschewiki – eine starke Anhängerschaft besaßen. Daher wurden sie an der neuen Regierung (*Rat der Volkskommissare*), die unter dem Vorsitz Lenins stand, beteiligt. Die Bauern erhielten die bisherige Landnahme bestätigt.

Im November 1917 fanden die Wahlen zur Verfassunggebenden Versammlung statt. Trotz des Machtwechsels errangen die Gegner der Oktoberrevolution landesweit die Mehrheit. Als die Versammlung am 5. (18.) Januar 1918 erstmals in Petrograd zusammentrat, wurde ein Antrag der Bolschewiki, alle Staatsgewalt den Sowjets zu übertragen, von den Abgeordneten abgelehnt. Daraufhin ließ Lenin die Versammlung durch den Einsatz bewaffneter Truppen auflösen – und in der Bevölkerung regte sich kein Widerstand.

▲ **Lenin proklamiert am 25. Oktober (7. November) 1917 die Sowjetmacht.**
Ölgemälde (210 x 270 cm) von Wladimir A. Serow, 1947/48.
Beschreiben Sie, wie der Künstler das Ereignis darstellt, und analysieren Sie seine Haltung zum Geschehen. Siehe dazu auch den Methoden-Baustein auf S. 33.

Warum gelang der Putsch? Die Oktoberrevolution hatte die seit Februar 1917 bestehende parlamentarische Demokratie beseitigt. An deren Stelle trat die Rätemacht, d.h. die unmittelbare Herrschaft der Arbeiter-, Soldaten- und Bauernräte, auf der das Sowjetregime beruhte. Die Gründe, weshalb dieser Staatsstreich gelang, sind vielfältig:

- Die Provisorische Regierung fand unter Arbeitern und Soldaten kaum noch Unterstützung, seit im Sommer 1917 sowohl die militärische Front als auch die Wirtschaft zusammenbrachen. Von dem Stimmungsumschwung profitierten Lenin und seine Partei.
- Die Bolschewiki übernahmen mit ihren Milizen im Oktober 1917 die Kontrolle über das Militär in den Städten. Die Regierung erkannte die Gefahr zu spät.
- Die Bolschewiki brachten die Bauern hinter sich, indem sie die entschädigungslose Enteignung der Großgrundbesitzer für rechtens erklärten.
- Den hungernden und kriegsmüden Massen versprachen die Bolschewiki einen radikalen Neuanfang und eine gerechte Gesellschaftsordnung (▸ M3).

Aus ihrem militärischen Putsch machten die neuen Machthaber den Mythos* der „Großen Sozialistischen Oktoberrevolution" und einen „Wegweiser für eine neue Weltordnung". Beide Aspekte prägten die nationale und internationale Politik über viele Jahrzehnte (▸ M4).

Lesetipps:
- *Martin Aust, Die Russische Revolution. Vom Zarenreich zum Sowjetimperium, München 2017*
- *Hartmann Wunderer, Die Russische Revolution, Stuttgart 2014*

* **Mythos**: Hier verstanden als falsche Vorstellung bzw. unangemessene historische Darstellung eines besonderen Ereignisses oder einer Person. Zur Funktion von Mythen lesen Sie auch S. 546.

M1 Aus der Petition der Petersburger Arbeiter

Folgende Bittschrift, die von etwa 135 000 Arbeiterinnen und Arbeitern unterschrieben worden ist, soll dem Zaren am 9. Januar 1905 überreicht werden:

Herrscher!

Wir, die Arbeiter der Stadt Petersburg, unsere Frauen, Kinder und hilflosen greisen Eltern sind zu Dir, Herrscher, gekommen, Wahrheit und Schutz zu suchen. [...]

Wir haben geduldig alles ertragen, aber wir werden immer tiefer und tiefer in den Abgrund des Elends, der Rechtlosigkeit und Unwissenheit gestoßen; uns würgen Despotismus[1] und Willkür, und wir ersticken. Wir haben keine Kraft mehr, Herrscher. Die Geduld hat ihre Grenze erreicht. Für uns ist jener furchtbare Augenblick eingetreten, wo der Tod besser ist als die Fortsetzung der unerträglichen Leiden.

Und nun haben wir die Arbeit niedergelegt und unseren Unternehmern erklärt, dass wir nicht eher die Arbeit wieder aufnehmen werden, bis sie unsere Forderungen erfüllt haben. Wir haben nicht viel verlangt. Wir wollen etwas, ohne das das Leben kein Leben, sondern ein Zuchthaus, eine ewige Qual ist.

Unsere erste Bitte war, dass die Unternehmer zusammen mit uns unsere Nöte besprechen, aber auch das [...] wurde abgelehnt, weil sie fanden, dass das Gesetz uns ein solches Recht nicht zuerkennt.

[...] Herrscher, wir sind hier mehr als 300 000, und sie alle sind nur dem Aussehen nach, nur ihrem Äußeren nach Menschen, in Wirklichkeit erkennt man uns kein menschliches Recht zu, wir dürfen nicht einmal sprechen, denken, uns versammeln, unsere Nöte besprechen, Maßnahmen zur Verbesserung unserer Lage ergreifen.

Jeden von uns, der es wagt, seine Stimme für die Verteidigung der Interessen der Arbeiterklasse zu erheben, wirft man ins Gefängnis, schickt man in die Verbannung [...].

[...] Russland ist viel zu groß, seine Nöte sind viel zu mannigfach und zahlreich, als dass die Beamten allein es verwalten könnten. Es ist notwendig, dass das Volk selbst sich helfe – kennt es doch allein seine Nöte. Stoße seine Hilfe nicht von Dir: Nimm sie an, befiehl sofort, gleich, die Vertreter aller Klassen und Stände der russischen Erde einzuberufen. [...] Das ist unsere Hauptbitte [...].

[...] Notwendig sind auch noch andere Maßnahmen, und wir sprechen zu Dir, Herrscher, darüber fest und offen, wie zu einem Vater. Notwendig sind:

I. Maßnahmen gegen die Unwissenheit und Rechtlosigkeit des russischen Volkes:

1. Freiheit und Unantastbarkeit der Person, Redefreiheit, Presse- und Versammlungsfreiheit, Gewissensfreiheit in Angelegenheiten der Religion.
2. Allgemeine und obligatorische Volksbildung auf Kosten des Staates.
3. Verantwortlichkeit der Minister vor dem Volke und Garantien der Gesetzlichkeit der Verwaltung.
4. Gleichheit aller ohne Ausnahme vor dem Gesetz.
5. Sofortige Rückkehr aller, die für ihre Überzeugungen gelitten haben.

II. Maßnahmen gegen die Armut des Volkes:

1. Abschaffung der indirekten Steuern und ihre Ersetzung durch eine direkte progressive Einkommensteuer.
2. Abschaffung der Ablösungszahlen; billiger Kredit und allmähliche Übergabe des Grund und Bodens an das Volk.

III. Maßnahmen gegen den Druck des Kapitals über die Arbeit:

1. Schutz der Arbeit durch das Gesetz.
2. Freiheit der konsum- und produktivgenossenschaftlichen gewerkschaftlichen Verbände.
3. Achtstündiger Arbeitstag und Regelung der Überstunden.
4. Freiheit des Kampfes zwischen Arbeit und Kapital.
5. Mitwirkung der Arbeiter an der Ausarbeitung eines Gesetzentwurfes über die staatliche Versicherung der Arbeiter.
6. Mindestarbeitslohn.

Dies, Herrscher, sind unsere Hauptnöte, mit denen wir zu Dir gekommen sind. Befiehl und schwöre, sie zu erfüllen, und Du wirst Russland glücklich machen [...]; befiehlst Du es aber nicht, so wollen wir hier auf diesem Platz vor Deinem Palais sterben. [...] Wir haben nur zwei Wege: entweder zur Freiheit und zum Glück oder in das Grab.

Zitiert nach: Wladimir I. Lenin, Sämtliche Werke, Bd. 7, Wien / Berlin 1929, S. 557 ff.

1. *Beschreiben Sie, welches Bild der Gesellschaft Russlands um 1905 in der Petition gezeichnet wird.*
2. *Analysieren Sie die Haltung der Bittsteller gegenüber dem Zaren.*
3. *Erläutern Sie, warum die Petition, die von Arbeitern stammt, auch Forderungen zugunsten der Landbevölkerung enthielt.*
4. *Die Bittschrift stieß bei den Unternehmern und beim Zaren auf Ablehnung. Bewerten Sie das.*

[1] **Despotismus**: Gewaltherrschaft, Rechtlosigkeit der Untertanen

M2 Aus Lenins „Aprilthesen"

In der „Prawda" („Wahrheit"), der Parteizeitung der Bolschewiki, veröffentlicht Lenin seine noch während des Exils entwickelten Ansichten gleich nach der Rückkehr nach Russland am 7. April 1917:

1. In unserer Stellung zum Krieg, der vonseiten Russlands auch unter der neuen Regierung Lwow und Konsorten[1] – infolge des kapitalistischen Charakters dieser Regierung – unbedingt ein räuberischer imperialistischer Krieg bleibt, sind auch die geringsten Zugeständnisse an die „revolutionäre Vaterlandsverteidigung" unzulässig. [...]
2. Die Eigenart der gegenwärtigen Lage in Russland besteht im *Übergang* von der ersten Etappe der Revolution, die infolge des ungenügend entwickelten Klassenbewusstseins und der ungenügenden Organisiertheit des Proletariats[2] der Bourgeoisie[3] die Macht gab, *zur zweiten* Etappe der Revolution, die die Macht in die Hände des Proletariats und der ärmsten Schichten der Bauernschaft legen muss. [...]
3. Keinerlei Unterstützung der Provisorischen Regierung, Aufdeckung der ganzen Verlogenheit aller ihrer Versprechungen, insbesondere hinsichtlich des Verzichts auf Annexionen[4]. [...]
4. Anerkennung der Tatsache, dass unsere Partei in den meisten Sowjets der Arbeiterdeputierten in der Minderheit, vorläufig sogar in einer schwachen Minderheit ist [...]. Solange wir in der Minderheit sind, besteht unsere Arbeit in der Kritik und Klarstellung der Fehler, wobei wir gleichzeitig die Notwendigkeit des Übergangs der gesamten Staatsmacht an die Sowjets der Arbeiterdeputierten propagieren, damit die Massen sich durch die Erfahrung von ihren Irrtümern befreien.
5. Keine parlamentarische Republik – von den Sowjets der Arbeiterdeputierten zu dieser zurückzukehren, wäre ein Schritt rückwärts –, sondern eine Republik der Sowjets der Arbeiter-, Landarbeiter- und Bauerndeputierten im ganzen Lande, von unten bis oben.

Wladimir I. Lenin, Ausgewählte Werke, Bd. 2, Berlin [7]1970, S. 39 ff.

1. *Arbeiten Sie heraus, welche neue politisch-gesellschaftliche Ordnung die bolschewistische Partei laut Lenin anzustreben hatte. Welche Haltung sollte sie zum Krieg und zur Provisorischen Regierung einnehmen?*

2. *Erklären Sie, worin der „kapitalistische Charakter" der Provisorischen Regierung (Zeile 3) bestand.*

[1] **Konsorten**: hier abschätzig für übrige Beteiligte
[2] **Proletariat**: Siehe Glossar.
[3] **Bourgeoisie**: Siehe Glossar.
[4] **Annexion**: gewaltsame Einverleibung fremden Staatsgebietes

M3 Aufhebung der Stände und der staatsbürgerlichen Ränge

In einem Dekret vom 24. November 1917 ordnet der Rat der Volkskommissare an:

Art. 1. Alle bis jetzt in Russland existierenden Stände und ständischen Einteilungen der Staatsbürger, ständischen Privilegien und Beschränkungen, ständischen Organisationen und Institutionen, und ebenfalls alle staatsbürgerlichen Ränge werden abgeschafft.
Art. 2. Alle Bezeichnungen (eines Adligen, Kaufmannes, Kleinbürgers, Bauern usf.), alle Titel (fürstliche, gräfliche usf.) und Benennungen staatsbürgerlicher Ränge (Geheim-, Staats- und andere Räte) werden abgeschafft und stattdessen eine für die gesamte Bevölkerung Russlands einheitliche Benennung eingeführt: Staatsbürger (*graschdan*) der Russischen Republik.
Art. 3. Das Vermögen der ständischen, adligen Institutionen wird unverzüglich den entsprechenden ländlichen Selbstverwaltungen übergeben.
Art. 4. Das Vermögen der Kaufmanns- und Kleinbürgergesellschaften geht unverzüglich in die Verfügungsgewalt der entsprechenden städtischen Selbstverwaltungen über.
Art. 5. Alle ständischen Institutionen, Angelegenheiten, Betriebe und Archive werden unverzüglich der Obhut der entsprechenden städtischen und ländlichen Selbstverwaltungen übergeben.
Art. 6. Alle entsprechenden, bis jetzt gültigen gesetzlichen Bestimmungen werden aufgehoben.
Art. 7. Das vorliegende Dekret tritt mit dem Tag seiner Verkündung in Kraft und wird von den lokalen Räten der Arbeiter-, Soldaten- und Bauerndeputierten unverzüglich in die Tat umgesetzt.

Zitiert nach: Helmut Altrichter und Heiko Haumann (Hrsg.), Die Sowjetunion. Von der Oktoberrevolution bis zu Stalins Tod, Bd. 2: Wirtschaft und Gesellschaft, München 1987, S. 35 f.

1. *Beschreiben Sie, welche rechtlichen Zuständigkeiten und welche Eigentumsverhältnisse seit dem Dekret herrschen sollten. Mit welchen Reaktionen musste gerechnet werden?*

2. *Erklären Sie, weshalb die Abschaffung der Stände und aller Bezeichnungen, Titel und Ränge für die Bolschewiki zentrale Bedeutung hatte.*

3. *Erörtern Sie die Frage, ob Ränge, Amts- und Berufsbezeichnungen heutzutage wichtig sind und welche Funktion sie im Alltag ausüben.*

▲ **Ein junger Bolschewik spricht vom Dach des Agitprop-Zuges „Oktoberrevolution" in Tula.**
Foto von 1919.
Mit „Agitprop"-Zügen (für: Agitation und Propaganda) fuhren die Bolschewiki durch das ganze Land, verkündeten die Errichtung des neuen Herrschaftssystems und warben für den Kommunismus.

M4 Die Oktoberrevolution – Wegweiser und Mythos

Die in Paris lehrende Historikerin Jutta Scherrer geht 2007 dem Mythos der Oktoberrevolution nach und schreibt:

Vor 90 Jahren markierte die Oktoberrevolution einen nicht wieder umkehrbaren „Wendepunkt der Geschichte Russlands", wie Alexander Kerenskij[1] ein halbes Jahrhundert später seine Memoiren überschrieb. Was Lenin selbst noch als „bewaffneten Aufstand" bezeichnet hatte, wurde als „Große Sozialistische Oktoberrevolution" zum Gründungsmythos der Sowjetunion.[2] Als „Lenins Revolution" hatte sie auch in das Geschichtsbewusstsein der nach 1945 von der Sowjetunion beherrschten ost- und mittelosteuropäischen Volksdemokratien einzugehen. Doch selbst in westlichen politischen Kulturen wie Frankreich und Italien, die lange Zeit von starken kommunistischen Parteien beeinflusst waren, spielte das Vermächtnis des „Roten Oktober" eine Rolle. China, südostasiatische und afrikanische Länder sowie Kuba sahen in der russischen Revolution den Wegweiser für eine neue Weltordnung und versuchten, das sowjetische Modell umzusetzen.

[...] Sie war das „gesetzmäßige" Resultat des historischen Fortschritts, der „objektive" Prozess, der die „wissenschaftliche" Prognose von Karl Marx verwirklichte, lautete die offizielle sowjetische Lesart. Sie eröffnete nicht nur eine neue Epoche der Menschheitsgeschichte überhaupt. Ihr Ziel war nichts weniger als die Weltrevolution.

Doch auch von konservativen Positionen aus wurde der Oktober als eine der großen Revolutionen der Weltgeschichte verstanden, nicht zuletzt wegen der Bipolarität der Welt, die sich seit 1917 (und nicht erst seit 1945) abzeichnete. [...]

Verfälschende Mythen

Kaum ein historisches Ereignis wurde gründlicher durch Mythen verfälscht als dieses. In der Tat wurde der in der Nacht vom 24. auf den 25. Oktober 1917 von den Bolschewiki durchgeführte militärische Staatsstreich von der Mehrheit der Einwohner Petrograds gar nicht wahrgenommen. Theater, Restaurants und Straßenbahnen funktionierten in der Hauptstadt wie gewöhnlich. Die weit verbreiteten Bilder vom heroischen Kampf der Massen, dem Tod ihrer Helden und dem Ruhm ihrer Führer entstammen daher eher Eisensteins[3] monumentalem Propagandafilm *Oktober*, der den zehnten Jahrestag der Revolution glorifizierte, als den historischen Tatsachen. Noch viele Jahre später wurden Eisensteins scheinbar dokumentarische Szenen als authentische Fotografien der Revolution reproduziert.

Es brauchte nahezu ein Jahrzehnt, um den Oktober in der kollektiven Erinnerung zu verankern und als revolutionäres Bewusstsein zu institutionalisieren. Partei und Staat stellten hierfür gewaltige Mittel zur Verfügung. Wobei Konstruktion und Institutionalisierung des Oktober Hand in Hand mit der Narration von Russlands vorrevolutionärer Bewegung und ihres Agenten, der bolschewistischen Partei, liefen. Der in langen Jahren erbaute Tempel der Revolution wurde zum emotionalen Reservoir für den Glauben an den neuen Menschen und die neue Zeit. [...]

Was ist im heutigen Russland von diesem Mythos übriggeblieben? Was hat die viel beschworene kollektive Erinnerung von diesem „größten Ereignis der Weltgeschichte" bewahrt, das Generationen von Russen verinnerlichen mussten? Wie gehen sie damit um, dass in Moskau, Petersburg und in allen Städten der Provinz noch immer die imposanten, anscheinend für alle Ewigkeiten errichteten Lenin-Denkmäler an den Führer der Revolution erinnern? Dass Namen von Plätzen und Straßen wie „Platz der Revolution", „Platz des Iljitsch", „Leninallee" oder Metrostationen [...] noch immer die Revolution evozieren[4]?

Jutta Scherrer, Ein Mythos weniger: 90 Jahre Oktoberrevolution, in: Neue Gesellschaft/Frankfurter Hefte, 11/2007, S. 22-28; hier S. 22 f.

Arbeiten Sie den Wandel der Bewertung der Oktoberrevolution heraus. Wie konnte der Mythos entstehen? Berücksichtigen Sie dazu das Foto auf dieser Seite sowie das Gemälde auf S. 171. Beachten Sie auch den historischen Kontext der Instrumentalisierungen der Revolution.

[1] **Alexander Kerenskij**: Siehe S. 170.
[2] Zur Funktion von Geschichtsmythen sie S. 546.
[3] **Sergei M. Eisenstein** (1898-1948): sowjetischer Regisseur. Seine bekanntesten Revolutionsfilme sind „Panzerkreuzer Potemkin" (1925) und „Oktober" (1928).
[4] **evozieren**: hervorrufen, bewirken

Russland und die Sowjetunion unter Lenin und Stalin

Die Ideen der Oktoberrevolution Machtanspruch und politisches Programm der Bolschewiki gründeten auf den Lehren von *Karl Marx* und *Friedrich Engels**, die von Lenin weiterentwickelt und an die Verhältnisse in Russland angepasst wurden. Das Ergebnis war die Ideologie des *Marxismus-Leninismus*. Sie sah vor, durch die Herrschaft der bolschewistischen Partei eine Gesellschaft ohne Klassen und Privateigentum herzustellen, das Land also zum Sozialismus zu führen (▸ M1). Eine Vernetzung mit den sozialistischen Parteien des Auslandes sollte den Umsturz auch in allen übrigen Industrieländern herbeiführen (*proletarische Weltrevolution*).

Der Friede von Brest-Litowsk Um das Regime zu stabilisieren, brauchte Lenin den äußeren Frieden. Sofort nach der Machtübernahme begannen daher Verhandlungen mit den Mittelmächten. Lenin gelang es dabei nur unter größten Mühen, die Bedingungen in der *Kommunistischen Partei (KP) Russlands*, wie sich seine Partei jetzt nannte, durchzusetzen. Trotz der gewaltigen Forderungen Deutschlands und Österreich-Ungarns unterzeichneten die Bolschewiki am 3. (18.) März 1918 den **Vertrag von Brest-Litowsk**. Im Juli 1918 trat die Verfassung für die *Russische Sozialistische Föderative Sowjetrepublik* (RSFSR) in Kraft (▸ M2). Zwar erkannten die Westmächte Großbritannien, Frankreich und die USA, Russlands vormalige Verbündete, das Sowjetregime nicht an, die Volkskommissare hatten mit der Unterzeichnung des Vertrages jedoch gezeigt, dass sie willens waren, eine „klassische" Machtpolitik zu betreiben. Ein zusätzliches Element ihrer Außenpolitik war die weltumspannende, ideologische Auseinandersetzung mit dem Klassenfeind. Diese Aufgabe übernahm seit 1919 die III. Kommunistische Internationale (*Komintern*), der alle kommunistischen Parteien angehörten, mit deren Unterstützung die russische KP künftig auf die Verhältnisse in den bürgerlich regierten Ländern Einfluss nahm.

Bürgerkrieg und Gründung der Sowjetunion Bereits seit Mai 1918 hatten sich die innenpolitischen Gegner der Bolschewiki, z. B. enteignete Großgrundbesitzer, Nationalisten oder Anhänger des Zaren, sowie nationale Minderheiten zum bewaffneten Widerstand formiert. Ein Bürgerkrieg brach aus, der das Land spaltete, in „Rote", die Anhänger der Sowjetrepublik, und in die von zaristischen Militärs geführten „Weißen", die vom Ausland unterstützt wurden. Die Kämpfe dauerten bis 1921 und endeten mit einem Sieg der Sowjetregierung. Der Bürgerkrieg warf das Land noch weiter zurück als der Weltkrieg. Er forderte neun bis zehn Millionen Todesopfer, wovon nur ein Zehntel Soldaten waren. Über zwei Millionen Menschen flohen aus Russland. Entscheidend für den Ausgang waren das militärische Geschick der neu aufgebauten *Roten Armee* unter Trotzkij, die Brutalität, mit der die Bolschewiki die Zivilbevölkerung einschüchterten, die Zerstrittenheit der „Weißen" und der Umstand, dass das Sowjetregime mit den russischen Kernlanden über die bessere wirtschaftliche Basis verfügte als seine Gegner.

Im Zuge des Bürgerkrieges wurden auch die Grenzziehungen von 1918 revidiert. Die Rote Armee besetzte die vorübergehend unabhängigen Staaten Armenien, Aserbaidschan und Georgien. Diese Länder sowie Weißrussland und die Ukraine, wo bis 1919 ebenfalls die Sowjets an die Macht kamen, vereinten sich im Dezember 1922 mit der RSFSR zur *Union der Sozialistischen Sowjetrepubliken* (UdSSR). Zwischen 1925 und

▲ **„Gen[osse] Lenin reinigt die Erde vom Unrat."**
Plakat (68 x 44 cm) von Viktor Deni, 1920.
Das Plakat interpretiert einen Gedanken von Karl Marx. Er schrieb 1844: „Nur in einer Revolution kann die stürzende Klasse dahin kommen, sich den ganzen alten Dreck vom Hals zu schaffen."
- *Überprüfen Sie, ob das Bild diese These angemessen wiedergibt. Berücksichtigen Sie dabei den Verlauf der Oktoberrevolution.*

Vertrag von Brest-Litowsk: Mit diesem Vertrag trat Russland Polen, Finnland sowie die Länder des Baltikums und des Kaukasus ab. Es verlor ebenso Weißrussland und die für seine Industrie und Landwirtschaft lebenswichtige Ukraine. Zur neuen Hauptstadt des deutlich verkleinerten Russland wurde Moskau.

* **Karl Marx** und **Friedrich Engels**: Siehe S. 108.

▲ Grenzverschiebungen zwischen 1917 und 1922.

1936 wurden auch die zentralasiatischen Länder Kasachstan, Kirgistan, Tadschikistan, Turkmenistan und Usbekistan als Sowjetrepubliken angegliedert. Die Sowjetunion stellte damit den Gebietsumfang des ehemaligen Zarenreiches größtenteils wieder her.

Einparteienstaat und Diktatur Die Bolschewiki hatten sich bis zum Ende des Bürgerkrieges aller Gegner im Innern entledigt. Erhebungen wie der *Matrosenaufstand in Kronstadt* vom März 1921, der eine Rückkehr zur Meinungs-, Versammlungs- und Wahlfreiheit sowie unabhängige Gewerkschaften forderte, wurden als *Konterrevolution* gebrandmarkt und blutig niedergeschlagen. Auch oppositionelle Gruppierungen wie die Sozialrevolutionäre und die Menschewiki waren verboten worden, sodass ein Einparteienstaat entstand, in dem die *Kommunistische Allunions-Partei*, wie die bolschewistische Partei seit 1925 hieß, eine unumschränkte Diktatur ausübte. Die Partei besetzte die wichtigsten Stellen in Staat, Verwaltung, Justiz, Militär und Wirtschaft. Aus dem Personal der Partei stammten auch die künftigen Führungskräfte (*Kader*). Das Regime unterhielt seit 1917 eine geheime Staatspolizei, die *Tscheka*. Sie übte Terror gegen mutmaßliche Oppositionelle aus und konnte selbstständig Todesurteile fällen und vollstrecken. Etwa 220 000 Menschen fielen der Tscheka bis 1922 zum Opfer.

Lenin ordnete die Parteiführung neu. Das Leitungsorgan der Partei, das *Zentralkomitee* (ZK), erhielt an seiner Spitze ein *Politbüro*, ein *Organisationsbüro* und ein *Sekretariat*. Das Politbüro wurde zur Machtzentrale der Partei und des Staates. Es bestand aus Lenin und sechs weiteren Mitgliedern seiner Regierung.

Anfänge des Sozialismus Auch beim Umbau von Wirtschaft und Gesellschaft ging das Sowjetregime mit aller Entschiedenheit vor. Innerhalb kürzester Zeit holte Russland die westeuropäischen Entwicklungen des 19. Jahrhunderts nach: Staat und Kirche wurden getrennt, die Zivilehe verpflichtend eingeführt. Frauen erhielten rechtliche Gleichstellung und Zugang zu Schulen und Hochschulen, ebenso wie Angehörige unterer Schichten. Das Bildungsniveau stieg, und es entstand eine neue Schicht von Ökonomen, Technikern und Wissenschaftlern, die *Sowjetintelligenz*. Gleichwohl gestand man der ehemaligen Mittel- und Oberschicht nur eingeschränkte Bürgerrechte zu. Bildung und Erziehung mussten den Lehren des Regimes folgen. Sitten und Bräuche wurden verboten, wenn sie der Weltanschauung der Bolschewiki widersprachen. Die Religion galt dem Regime als größter Feind des Fortschritts. Kirchen, Klöster, Synagogen und Moscheen wurden aufgelöst oder zerstört und Zehntausende Geistliche verfolgt.

Gleichzeitig wurden noch während des Bürgerkrieges auch Maßnahmen zur Konzentration der Wirtschaft ergriffen. Nach der Enteignung der Gutsbesitzer auf dem Land wurden Unternehmen verstaatlicht, in den Industriebetrieben kam es jedoch zu keiner Verbesserung der Arbeitsbedingungen. Die Produktion sank auf einen Bruchteil des Vorkriegsniveaus, die **Inflation** stieg unaufhaltsam. Nachdem die Verteilung von

Inflation (lat. *inflatio*: Anschwellen): anhaltende Geldentwertung durch Ansteigen des allgemeinen Preisniveaus und Abwertung der Kaufkraft der Währung aufgrund einer massiven Vermehrung des Geldes. Opfer der Inflation sind vor allem Menschen, die von Ersparnissen leben. Zu besonders starken Inflationen kam es nach dem Ersten Weltkrieg in fast allen kriegführenden Staaten.

Waren und Rohstoffen der staatlichen Kontrolle unterworfen worden war, wurden die Bauern gezwungen, ihre Ernte abzugeben, um die Ernährung der Städte sicherzustellen. Dieser *Kriegskommunismus* führte zu verheerenden Hungersnöten, sodass im Winter 1921/22 mindestens fünf Millionen Menschen starben. Es kam zu Aufständen der Bauern, doch diese wurden von der Regierung gewaltsam niedergeschlagen.

Die NEP Lenin wusste, dass die Sowjetmacht ohne die Allianz mit den Bauern nicht überlebensfähig war, daher vollzog er 1921 eine Korrektur der Wirtschaftspolitik. Um das Land wieder aufzubauen, erlaubte das Regime – entgegen den Regeln des Sozialismus – gewisse Elemente einer Marktwirtschaft. Dazu gehörten ein freier Binnenhandel, Löhne nach Leistung und die Zulassung von privaten Kleinunternehmen; die Zentren der Wirtschaft (z. B. Außenhandel, Banken, Schwerindustrie) blieben jedoch weiterhin in den Händen des Staates. Fortan mussten die Bauern statt der Zwangsabgaben eine Naturalsteuer entrichten; überschüssige Erträge durften sie selbst vermarkten. Diese *Neue Ökonomische Politik* (russ. NEP) führte seit Mitte der 1920er-Jahre zu einer raschen Beseitigung der Kriegs- und Bürgerkriegsschäden (▸ M3). Eine Aufbruchsstimmung machte sich breit, die weite Teile der Bevölkerung mit dem Sowjetregime versöhnte.

Die Einführung der NEP gehörte zu den letzten Leistungen Lenins. Seit Mai 1922 erlitt er mehrere Schlaganfälle, er war halbseitig gelähmt und konnte zuletzt nicht mehr sprechen. Bis zu seinem Tod am 21. Januar 1924 war er kaum noch handlungsfähig.

Wer folgt Lenin an der Spitze? Den schon länger schwelenden Machtkampf um die Nachfolge Lenins entschied Josef W. Stalin für sich, seit 1922 Generalsekretär der Kommunistischen Partei, obwohl sich Lenin in seinem „politischen Testament" gegen ihn ausgesprochen hatte. Nichtsdestotrotz fand Stalin bei den großen Richtungsentscheidungen die Mehrheit der Partei. Zum einen ging es darum, die sozialistische Ordnung zunächst in der Sowjetunion zu verwirklichen, bevor an eine internationale Revolution zu denken war (*Sozialismus in einem Land*). Zum anderen bremste Stalin anfangs all jene, die den raschen Aufbau einer modernen Industrie forderten. Stalins schärfster Rivale Leo Trotzkij unterlag in beiden Fragen. Er und seine Anhänger verloren 1927 ihren Sitz im Politbüro und wurden später aus der Partei ausgeschlossen.

Um sich als legitimen Nachfolger zu inszenieren, pflegte Stalin einen ausgesprochenen Kult um Lenins Person. Anders als Lenin es gewünscht hatte, erhielt sein Leichnam einen eigenen Grabkomplex auf dem Roten Platz in Moskau, das Lenin-Mausoleum. Stalin erhob auch die Schriften des sowjetischen Staatsgründers zur allein gültigen Lehre über die Geschichte, Gegenwart und Zukunft der kommunistischen Bewegung (*Leninismus*).

Die Einführung der Planwirtschaft Stalin hielt zunächst an der NEP fest. 1928 jedoch änderte er den Kurs, hob das System der NEP auf und führte eine staatlich gelenkte Planwirtschaft ein. Dieser Schritt war nicht nur eine Reaktion auf die Rückständigkeit der Industrie und die im Winter 1927/28 erneut auftretenden Versorgungskrisen in der Landwirtschaft. Er war vor allem ein waghalsiges Experiment (▸ M4).

Josef Wissarionowitsch Dschugaschwili, gen. Stalin (1878 - 1953): sozialistischer Revolutionär, 1924 - 1953 Chef der KPdSU und Staatschef der UdSSR, inszenierte als Diktator einen Personenkult

Planwirtschaft: Wirtschaftsordnung, in der die Produktion von Gütern sowie deren Verteilung anders als in einer freien Marktwirtschaft nach staatlich festgelegten Plänen (z. B. Fünfjahrespläne) vorgenommen wird. Sie kennzeichnete die Wirtschaftspolitik der UdSSR und der von ihr abhängigen Staaten.

▲ **„Erfüllt den Fünfjahres-Industrie- und Finanzplan in vier Jahren.“**
Plakat von Jakow Guminer von 1931.

Kollektivierung: Überführung von Land, Vieh und Produktionsmitteln in eine gemeinschaftliche Großwirtschaft

Im ersten *Fünfjahresplan* für die Wirtschaft (1929-1933) setzte das Regime einseitig auf den Aufbau der Schwerindustrie. Zwar gelang der Sowjetunion durch den „großen Sprung“ endgültig der Übergang vom Agrar- zum Industriestaat; bis zum Ende der 1930er-Jahre entwickelte sich das Land zur zweitgrößten Industrienation nach den USA. Doch der Umbau fand völlig überhastet statt. Die Arbeiterschaft stieg sprunghaft an und drängte in die Städte, ohne dass es ausreichend Wohnraum, Energie und Lebensmittel gab. Während die Wirtschaft wuchs, blieb der Lebensstandard der Bevölkerung unverändert niedrig, da die Gewinne der staatlichen Unternehmen vor allem für die ausufernde Partei- und Staatsbürokratie und den Bau weiterer Industrieanlagen verwendet wurden.

Kollektivierung und Kulakenverfolgung Die neue Planwirtschaft sah auch eine **Kollektivierung** des Agrarbereiches vor. Seit 1928/29 wurde den Bauern das Land wieder genommen, das sie erst 1917 erhalten hatten. 25 Millionen Höfe gingen in 240 000 gemeinsamen Großbetrieben (*Kolchosen*) oder Staatsgütern (*Sowchosen*) auf. Eng mit der Kollektivierung verknüpft war die Unterwerfung der Dorfgemeinden unter das Sowjetregime (▸ M5). Stalin stand dabei vor allem die dörfliche „Oberschicht“ der vermögenden Bauern (*Kulaken*) im Weg, die er als Ausbeuter und „Agenten des Imperialismus“ diffamierte. Weil die Kulaken die Ernte als Eigentum betrachteten, fürchtete Stalin eine „Restauration des Kapitalismus“. Mit den Grundherren aus zaristischer Zeit hatten die Kulaken jedoch nichts gemein. Die Angehörigen dieser Bevölkerungsgruppe wurden 1930-1933 auf Geheiß der Regierung vertrieben, verschleppt oder getötet. Etwa eine halbe Million Menschen kam dabei ums Leben.

Auch Aufstände gegen die Zwangskollektivierung schlug die Regierung rasch nieder. Aus Protest verweigerten viele Bauern die Arbeit, wohlhabende Bauern schlachteten ihr Vieh. Das löste 1932/33 eine weitere Hungersnot aus, der etwa 4,5 bis sechs Millionen Menschen zum Opfer fielen. Um die Versorgung sicherzustellen, gestand Stalin 1935 jeder Bauernfamilie einen halben Hektar Land und Kleinvieh zur privaten Nutzung zu. Hier wurde seither das Gros an Gemüse, Früchten, Fleisch und Milch produziert. Dieser „Kleinkapitalismus“ stützte das System der Kolchosen, das für sich allein nicht funktionsfähig schien.

Der Große Terror Während Stalin nach 1934 das Tempo der Umwälzungen in Wirtschaft und Gesellschaft zurücknahm, ging er daran, die Widersacher und Konkurrenten in den eigenen Reihen auszuschalten.

Ende 1934 verhängte Stalin Notstandsmaßnahmen, die den unbeschränkten Zugriff auf Personen sowie deren standrechtliche Verurteilung und Exekution erlaubten. Eine neue Terrorwelle erfasste das Land. Dabei sollten nicht länger Gegner des „Systems“ ausgeschaltet werden, vielmehr ging es um die Festigung von Stalins persönlicher Macht. Prominente Kritiker Stalins und Veteranen der Revolution von 1917 wurden in den Jahren 1936-1938 Opfer von Schauprozessen: Die Anklagen waren erfunden, das Urteil stand von vornherein fest. Ähnlich verfuhr man mit Führungskräften in Wirtschaft, Verwaltung und Militär. So wurden beispielsweise mehrere Zehntausend Offiziere entlassen, viele von ihnen erschossen. Historiker vermuten heute, dass Stalin mit der Ausschaltung der Armeespitze jegliches Risiko eines Militärputsches ausschließen wollte.

Die Organe für Stalins „Säuberungen“ waren das *Volkskommissariat für Innere Angelegenheiten* (russ. NKWD) sowie die Geheimpolizei (russ. OGPU, Nachfolgerin der Tscheka). Für den Strafvollzug gab es neben den regulären Gefängnissen die berüchtigten Arbeitslager in entlegenen Gegenden. Sie waren schon unter Lenin eingeführt worden und vermehrten sich in den 30er-Jahren um ein Vielfaches. Eine zentrale Behörde, der *GULag*, organisierte seit 1930 ein Lagersystem, das um 1940 etwa zwei Millionen Insassen umfasste.

1937/38 erreichte der Terror seinen Höhepunkt, als er sich zum Massenterror ausweitete. Zur Zielscheibe wurden insbesondere nationale und gesellschaftliche Minderheiten, die man der Spionage, Sabotage oder des Umsturzes verdächtigte. Insgesamt kam es – nach Schätzungen – zu etwa 2,5 Millionen Verhaftungen, davon endeten 680 000 Fälle mit Hinrichtung. Ziel dieser stalinistischen Herrschaftsmethoden war jedoch nicht nur die Ausschaltung von „Volksfeinden" und die Besetzung wichtiger Ämter mit Anhängern Stalins. Es ging auch darum, die Bevölkerung durch Gewalt gefügig zu machen und „Sündenböcke" für Fehlentwicklungen in Wirtschaft und Staat vorweisen zu können.

Der Terror entwickelte eine Eigendynamik, der zuletzt die Führung des NKWD selbst zum Opfer fiel. Gleichwohl behielt Stalin stets die Kontrolle.*

Stalinismus Seit Ende der 1920er-Jahre wandelte sich das Sowjetregime von einer Einparteienherrschaft mit kollektiver Führungsriege zur Diktatur Stalins. Wirtschaft, Gesellschaft und zuletzt auch die politische Führung wurden gleichgeschaltet. Auch in Bildung, Wissenschaft und Kunst galt nur noch der Wille der Staatsspitze. Ein umfassender Unterdrückungsapparat ließ weder Opposition noch Kritik zu. Partei und Medien inszenierten einen Personenkult um die „Unfehlbarkeit" des Diktators. Dieses Herrschaftssystem wurde später als *Stalinismus* bezeichnet. Neben dem Nationalsozialismus in Deutschland (1933-1945) gilt der Stalinismus (ca. 1928-1953) als Form *totalitärer Herrschaft*, in der es für die Macht des Staates praktisch keine Grenzen gab.**

▲ **Reisen in Stalins Sowjetunion.**
Titelblatt einer Intourist-Broschüre für Rundreisen in der Sowjetunion, 1939. „Intourist" war die staatliche Auslandsreiseagentur der UdSSR. Ende der 1930er-Jahre präsentierte sich die Sowjetunion als begehrtes Reiseziel. Tourismus für Sowjetbürger blieb jedoch ein Vorrecht der kommunistischen Eliten.

Der Weg zur internationalen Anerkennung In ihren Anfangsjahren war die Sowjetrepublik international isoliert. Die Friedensordnung nach dem Ersten Weltkrieg schuf einen Gürtel neuer Staaten entlang der Westgrenze der UdSSR („Zwischeneuropa"), der als Bollwerk gegen die Ausbreitung des Sozialismus gedacht war. Die Regierung in Moskau suchte die Annäherung an das Deutsche Reich, den ehemaligen Kriegsgegner und Verlierer des Ersten Weltkrieges. 1922 gelang im italienischen *Rapallo* ein deutsch-sowjetischer Vertrag über gegenseitige Anerkennung und wirtschaftliche Zusammenarbeit.*** Eine echte Partnerschaft entstand dadurch jedoch nicht.

Nach der Machtübernahme durch Stalin gab das Regime die Idee einer sozialistischen Weltrevolution auf. Es bemühte sich dagegen um ein System „kollektiver Sicherheit" in Europa und Zentralasien. Zwischen 1925 und 1932 schloss Moskau Garantieverträge mit sämtlichen Nachbarländern, zuletzt auch mit Polen und dessen Verbündeten Frankreich. Die Sowjetunion war nun als Mitglied der Staatengemeinschaft anerkannt.

---

* Siehe dazu auch S. 553 ff.
** Lesen Sie dazu auch das OnLine-Kapitel „Stalinismus und Nationalsozialismus: Chancen, Probleme und Grenzen eines Vergleiches"; siehe Code **4673-00**.
*** Zum Vertrag von Rapallo siehe S. 216.

M1 „Ihr seid die Macht"

In einer Rede vor dem III. Allrussischen Sowjetkongress vom 24. Januar 1918 skizziert Lenin die Rolle der Arbeiter und Bauern beim Aufbau der neuen sozialistischen Wirtschaftsordnung:

Von der Arbeiterkontrolle gingen wir zur Schaffung des Obersten Volkswirtschaftsrates über. Nur diese Maßnahme zusammen mit der Nationalisierung[1] der Banken und der Eisenbahnen, die in den nächsten Tagen erfolgen wird, gibt uns die Möglichkeit, den Aufbau der neuen sozialistischen Wirtschaft in Angriff zu nehmen. Wir kennen die Schwierigkeiten unseres Werkes sehr gut, aber wir erklären, dass nur derjenige ein wirklicher Sozialist ist, der diese Arbeit in Angriff nimmt und sich dabei auf die Erfahrungen und den Instinkt der werktätigen Massen stützt. Sie werden viele Fehler machen, aber die Hauptsache ist getan. Sie wissen: Wenn sie sich an die Sowjetmacht wenden, ist ihnen jede Unterstützung gegen die Ausbeuter gewiss. Es gibt keine Maßnahme, die ihre Arbeit erleichtern könnte, die nicht von der Sowjetmacht voll und ganz unterstützt werden würde. Die Sowjetmacht ist nicht allwissend und kann nicht überall rechtzeitig eingreifen, auf Schritt und Tritt muss sie schwierige Aufgaben bewältigen. Sehr oft schicken die Arbeiter und Bauern Delegationen zur Regierung, die fragen, was sie beispielsweise mit bestimmten Ländereien tun sollen. Und ich persönlich sah mich oft in eine schwierige Lage versetzt, wenn ich feststellen musste, dass sie selber noch unentschlossen waren. Ich sagte ihnen: Ihr seid die Macht, tut alles, was euch wünschenswert erscheint, sorgt aber für die Produktion, sorgt dafür, dass Nützliches produziert wird. Stellt euch auf nützliche Arbeit um, ihr werdet Fehler machen, aber ihr werdet lernen. Und die Arbeiter haben bereits angefangen zu lernen, sie haben bereits den Kampf gegen die Saboteure aufgenommen. Die Menschen haben aus der Bildung einen Zaun errichtet, der die Werktätigen hindert, vorwärtszuschreiten. Dieser Zaun wird niedergerissen werden [...].

Zitiert nach: Helmut Altrichter und Heiko Haumann (Hrsg.), Die Sowjetunion. Von der Oktoberrevolution bis zu Stalins Tod, Bd. 2: Wirtschaft und Gesellschaft, München 1987, S. 48 f.

1. *Beschreiben Sie anhand des Textes das Verhältnis zwischen sowjetischer Staatsmacht sowie Arbeitern und Bauern.*
2. *Erläutern Sie, was Lenin mit der Aussage meint, wonach die Bildung ein Zaun sei, der die Werktätigen am Vorwärtsschreiten hindere (Zeile 29-31). Nehmen Sie dazu Stellung.*

[1] **Nationalisierung**: Verstaatlichung

▲ **Lenin bei einer Grammophonaufnahme im Moskauer Kreml.**
Foto vom 29. März 1919.
Das Radio, eine Erfindung des Russen Alexander Popow, wurde erst im Lauf der 1920er-Jahre zum Massenmedium.
Lenins Ansprachen wurden daher auf Schallplatten festgehalten, um sie im In- und Ausland zu verbreiten.

M2 Die Verfassung Sowjetrusslands

Aus der Verfassung der Russischen Sozialistischen Föderativen Sowjetrepublik vom 10. Juli 1918:

§ 1. Russland wird als Republik der Sowjets der Arbeiter-, Soldaten- und Bauerndeputierten erklärt. Die ganze zentrale und lokale Gewalt steht diesen Sowjets zu.
§ 2. Die russische Sowjetrepublik wird auf der Grundlage eines freien Bundes freier Nationen als eine Föderation nationaler Sowjetrepubliken errichtet.
[...]
§ 7. Der III. Allrussische Sowjetkongress der Arbeiter-, Soldaten- und Bauerndeputierten ist der Ansicht, dass gegenwärtig, im Augenblick des Entscheidungskampfes zwischen dem Proletariat und dessen Ausbeutern, den letzteren in keinem Regierungsorgan Platz eingeräumt werden darf. Die Regierungsmacht muss ganz und ausschließlich den werktätigen

Massen und ihrer bevollmächtigten Vertretung, den Sowjets der Arbeiter-, Soldaten- und Bauerndeputierten zustehen. [...]

§ 9. Die Grundaufgabe der für den gegenwärtigen Übergangsaugenblick bestimmten Konstitution der Russischen Sozialistischen Föderativen Sowjetrepublik besteht in der Errichtung der Diktatur des städtischen und ländlichen Proletariats und der ärmeren Bauernschaft in Form einer machtvollen Allrussischen Sowjetregierung zum Zweck der völligen Niederhaltung der Bourgeoisie[1], der Beseitigung aller Ausnutzung des Menschen durch den Menschen und der Einsetzung der sozialistischen Gesellschaftsordnung, unter der es weder eine Klasseneinteilung noch eine Staatsmacht geben wird. [...]

§ 64. Das Recht, zu wählen und in die Sowjets gewählt zu werden, genießen, unabhängig von dem Glaubensbekenntnis, der Nationalität, der Ansässigkeit usw. folgende Bürger beiderlei Geschlechts [...], die bis zum Tag der Wahlen das 18. Lebensjahr vollendet haben:

a) Alle diejenigen, die ihren Lebensunterhalt aus produktiver und gesellschaftlich nützlicher Arbeit bestreiten [...], wie: Arbeiter und Angestellte aller Arten und Kategorien [...], Bauern und ackerbautreibende Kosaken[2], insofern sie sich keiner Lohnarbeit zur Erzielung von Gewinnen bedienen;

b) Soldaten der Sowjetarmee und -flotte.

§ 65. Weder wählen noch gewählt werden dürfen:

a) Personen, die zwecks Erzielung von Gewinn Lohnarbeiter verwenden;

b) Personen, die von arbeitslosem Einkommen leben, wie: Zinsen, Kapital, Einnahmen von Unternehmungen, Erträgen, Vermögen usw.;

c) Privatkaufleute, Handels- und kommerzielle Vertreter;

d) Mönche und geistliche Angestellte der Kirchen und religiösen Kulte.

Zitiert nach: Oskar Anweiler, Die Russische Revolution 1905-1921, Stuttgart [3]1968, S. 56-58

1. *Nennen Sie die politischen und gesellschaftlichen Ziele der Verfassung.*
2. *Erläutern Sie anhand der Verfassungsauszüge die Unterschiede zwischen der Sowjetrepublik und einer parlamentarischen Demokratie.*

[1] **Bourgeoisie**: Siehe Glossar.
[2] **Kosaken**: ursprünglich ein Reitervolk im Grenzgebiet zwischen Polen, Russland und der Ukraine. Unter den Zaren genossen sie weitgehende Freiheiten. Viele Kosaken siedelten sich in Sibirien als unabhängige Bauern an.

M3 Die NEP

Auf dem XI. Parteitag der Kommunistischen Partei verkündet Lenin am 27. März 1922 einen „Politischen Bericht". Darin zieht er ein vorläufiges Resümee über die Neue Ökonomische Politik:

Die ganze Bedeutung der Neuen Ökonomischen Politik [...] liegt darin und nur darin: den Zusammenschluss zwischen der bäuerlichen Wirtschaft und der neuen Wirtschaft herzustellen, die wir mit ungeheurer Anstrengung schaffen. [...]
Unser Ziel ist, den neuen Zusammenschluss herzustellen, dem Bauern durch Taten zu beweisen, dass wir mit dem beginnen, was ihm verständlich, vertraut und heute bei all seiner Armut erreichbar ist, nicht aber mit etwas, was vom Standpunkt des Bauern fern und fantastisch ist. Unser Ziel ist zu beweisen, dass wir ihm zu helfen verstehen, dass die Kommunisten dem verarmten, verelendeten, qualvoll hungernden Kleinbauern, der sich jetzt in einer schweren Lage befindet, sofort praktisch helfen. Entweder werden wir das beweisen, oder er wird uns zum Teufel jagen. Das ist völlig unausbleiblich. [...]
Die zweite, speziellere Lehre ist die Überprüfung der staatlichen und der kapitalistischen Betriebe durch den Wettbewerb. [...] Wir haben bisher Programme geschrieben und Versprechungen gemacht. Seinerzeit war das absolut notwendig. Ohne ein Programm und ohne Versprechungen kann man nicht mit der Weltrevolution kommen. [...]
Was gebraucht wird, ist eine echte Prüfung. Nebenan ist der Kapitalist tätig, er handelt wie ein Räuber, er schindet Profite, aber er versteht seine Sache. Ihr aber – ihr probiert es auf neue Art: Profite gibt es bei euch nicht, die Grundsätze sind kommunistisch, die Ideale gut – mit einem Wort, ihr seid wahre Heilige, ihr solltet schon bei Lebzeiten in den Himmel kommen –, aber versteht ihr praktisch zu arbeiten? [...]
Den Kommunisten wurde jeder mögliche Aufschub gewährt, es wurde ihnen so viel Kredit gegeben, wie keiner anderen Regierung gegeben worden ist. Natürlich haben die Kommunisten geholfen, die Kapitalisten, die Gutsbesitzer loszuwerden, die Bauernschaft schätzt das, und sie hat Kredit gegeben, Aufschub gewährt, aber alles bis zu einem gewissen Termin. Dann aber erfolgt schon die Prüfung: Versteht ihr es, nicht schlechter zu wirtschaften als die anderen? Der alte Kapitalist versteht es, ihr aber versteht es nicht. [...]
Entweder werden wir im nächsten Jahr das Gegenteil beweisen, oder die Sowjetmacht kann nicht weiterexistieren. [...]
Der Kommunist, der Revolutionär, der die größte Revolution der Welt vollbracht hat, auf den, wenn nicht vierzig Jahrhunderte von den Pyramiden, so doch vierzig europäische Länder mit der Hoffnung auf Erlösung vom Kapitalismus blicken – er muss von einem simplen Handlungsgehilfen lernen, der zehn

Jahre in einer Mehlhandlung herumgelaufen ist, der das Geschäft versteht, während er, der verantwortliche Kommunist und ergebene Revolutionär, weit davon entfernt ist, es zu verstehen, nicht einmal versteht, dass er es nicht versteht.

Wladimir I. Lenin, Ausgewählte Werke, Bd. 3, Berlin [7]1970, S. 770 ff.

1. *Arbeiten Sie heraus, welchen Problemen sich das Regime um 1922 gegenübersah.*
2. *Vergleichen Sie die Haltung Lenins in M1 und M3 unter folgenden Gesichtspunkten: a) Wie werden die Gegner des sozialistischen Systems beschrieben? b) Welche Forderungen werden an die Wirtschaft gestellt? c) Welche Spielräume besitzt das Sowjetregime?*
3. *Für Lenin war die NEP „ein Brest-Litowsk der Bauern". Erörtern Sie diese Aussage vor dem Hintergrund der im Darstellungstext und in M3 verfügbaren Informationen.*
4. *Im Zuge der NEP lockerte das Regime seine harte Gangart auch in anderen Bereichen. Finden Sie Beispiele dafür aus der Mitte der 1920er-Jahre. Formulieren Sie in einer politischen Ansprache Argumente, die diesen Kurswechsel unterstützen.*

M4 Mit „bolschewistischem Tempo"

Am 4. Februar 1931 spricht Stalin vor Wirtschaftsfunktionären:

Das Tempo verlangsamen, das bedeutet zurückbleiben. Und Rückständige werden geschlagen. Wir aber wollen nicht die Geschlagenen sein. Nein, das wollen wir nicht! Die Geschichte des alten Russland bestand unter anderem darin, dass es wegen seiner Rückständigkeit fortwährend geschlagen wurde. [...] Wegen seiner militärischen Rückständigkeit, seiner kulturellen Rückständigkeit, seiner staatlichen Rückständigkeit, seiner industriellen Rückständigkeit, seiner landwirtschaftlichen Rückständigkeit. [...] Das Gesetz der Ausbeuter ist nun einmal so – die Rückständigen und Schwachen werden geschlagen. Das ist das Wolfsgesetz des Kapitalismus. Du bist rückständig, du bist schwach – also bist du im Unrecht, also kann man dich schlagen und unterjochen. Du bist mächtig – also hast du recht, also muss man sich vor dir hüten. Das ist der Grund, warum wir nicht länger zurückbleiben dürfen.

In der Vergangenheit hatten wir kein Vaterland und konnten keines haben. Jetzt aber, wo wir den Kapitalismus gestürzt haben und bei uns die Arbeiter an der Macht stehen, haben wir ein Vaterland und werden seine Unabhängigkeit verteidigen. Wollt ihr, dass unser sozialistisches Vaterland geschlagen wird und seine Unabhängigkeit verliert? Wenn ihr das nicht wollt, dann müsst ihr in kürzester Frist seine Rückständigkeit beseitigen und ein wirkliches bolschewistisches Tempo im Aufbau einer sozialistischen Wirtschaft entwickeln. Andere Wege gibt es nicht. Darum sagte Lenin zur Zeit des Oktobers: „Entweder Tod oder die fortgeschrittenen kapitalistischen Länder einholen und überholen."

Wir sind hinter den fortgeschrittenen Ländern um 50 bis 100 Jahre zurückgeblieben. Wir müssen diese Distanz in zehn Jahren durchlaufen. Entweder bringen wir das zustande oder wir werden zermalmt.

Zitiert nach: Günter Schönbrunn (Bearb.), Weltkriege und Revolutionen 1914-1945, München [3]1979, S. 142 f.

1. *Arbeiten Sie heraus, welches Geschichtsbild Stalin hier entwarf und wie es dazu benutzt werden konnte, um staatliche Gewalt zu rechtfertigen.*
2. *Beschreiben Sie die Position Stalins gegenüber dem Kapitalismus. Vergleichen Sie diese Haltung mit derjenigen Lenins (M1 und M3).*
3. *Arbeiten Sie die Zielsetzung Stalins für die sowjetische Wirtschaft in dem Zusammenhang der internationalen Wirtschaftsentwicklung um 1930 heraus.*

M5 Fern jeder Staatsgewalt

Der Berliner Historiker Jörg Baberowski schildert 2002 die Lage der Bauern und des dörflichen Lebens vor der Kollektivierung:

Das Leben der Bauern war primitiv, schmutzig und kurz. Es ruhte in der Abgeschiedenheit der dörflichen Welt. [...] Außenseiter und Fremde hatten in dieser Welt keinen Platz. Nur wer sich der symbolischen Ordnung des Dorfes, wie sie in Kulthandlungen und in der Bereinigung von Konflikten nach außen trat, bedingungslos unterwarf, konnte ein Mitglied der Bauerngemeinde sein. Die Erfahrungen des Bürgerkrieges hatten die Bauern in ihrem Urteil bestärkt, das von jenen, die nicht im Dorf lebten, stets nur Unheil drohte. [...] Der Bürgerkrieg zerstörte nicht nur die überkommenen Herrschaftsstrukturen und Ordnungen, er vernichtete jenen kümmerlichen Rest von Infrastruktur und Kommunikation, die das Dorf mit der Außenwelt verbanden. Der Transport von Gütern und Menschen fiel weit unter das Vorkriegsniveau zurück, 1922 beförderte die russische Eisenbahn nur noch die Hälfte der Passagiere, die 1913 noch mit ihr gefahren waren. [...]

Unter diesen Bedingungen kam es zu keinem Kontakt zwischen Dorf und Staat, der über persönliche Begegnungen hinausging. Und weil es weder Radios noch Zeitungen gab, die von der Existenz der Bolschewiki kündeten, schwieg im Dorf die Stimme der Macht. [...]

▸ **Kulaken „demonstrieren".** *Zeitgenössisches Foto. Typisch für die Zwangsmaßnahmen in der Sowjetunion war, dass die Betroffenen der Unterdrückung offiziell zustimmen mussten. Die zweite Zeile auf dem vorderen Spruchband lautet: „Liquidiert die Kulaken als ganze Klasse!"*

Russlands Bauern lasen nicht. Von den Segnungen jener Sowjetmacht, von der die Bolschewiki fantasierten, bekamen sie nur wenig zu sehen und zu hören. Wenngleich die Regierung bereits Mitte der Zwanzigerjahre damit begann, die Alphabetisierung der Bevölkerung voranzutreiben, Schulen zu eröffnen, scheint sie mit diesem Vorhaben doch nur wenig erfolgreich gewesen zu sein. [...] Dabei war es nicht allein die konservative Resistenz[1] der Bauern, die dem Aufklärungsprojekt der Bolschewiki enge Grenzen zog. Es fehlte an Personen, die imstande gewesen wären, die Gabe des Lesens und Schreibens unter den Bauern zu entwickeln. Mit den Geistlichen verschwand nicht nur das Ohr des Staates aus dem Dorf. Mit ihnen verlor die Regierung auch eines ihrer wenigen Einflussmittel. Auch fehlte es an Lehrbüchern und Lehrkräften, die die Bauern im Gebrauch des Lesens und Schreibens hätten unterweisen können. Manche Lehrer waren kaum klüger als jene, die sie unterweisen sollten. [...]

Stadt und Dorf trennte am Ende der Zwanzigerjahre eine tiefe kulturelle Kluft. Bauern glaubten an Magie und Wunder, sie riefen höhere Mächte an, die sie von bösen Geistern befreiten, suchten Rat bei „Medizinmännern", Wunderheilern und Wahrsagern. Im Dorf regierten Alkohol und Gewalt, religiöse Kulthandlungen und kirchliche Feiertage bestimmten den Lauf des Lebens. Und seit die orthodoxe Amtskirche in den Wirren der Revolution zerfallen war, wählten die Bauern ihre Geistlichen selbst aus. Zwar unternahmen die Bolschewiki den Versuch, Tradition und Glauben im Verweis auf ihre Unwissenschaftlichkeit zu bekämpfen. Aber sie hatten mit dieser Propaganda, die in Form fahrender Kinos und Stelltafeln in die Dörfer kam, keinen Erfolg, weil die Bauern in der Religion nicht nach Antworten suchten, die den Sinn des Lebens veränderten, sondern nach solchen, die ihn bestätigten. Wie zu wirtschaften, wie zu feiern und zu streiten sei, das entschied die Dorfversammlung, die von den angesehenen Mitgliedern der Gemeinde dominiert wurde. Die Bolschewiki aber sahen in der Bauerngemeinde eine Klassengesellschaft in nuce[2], mit wohlhabenden Kulaken, aufstrebenden Mittelbauern, unterdrückten, landlosen Arbeitern und armen Bauern.

Jörg Baberowski, Der rote Terror. Die Geschichte des Stalinismus, München 2003, S. 62-65

1. *Skizzieren Sie, was das russische Dorf von der städtisch-industrialisierten Welt der Sowjetunion trennte. Was davon hatte das Sowjetregime selbst zu verantworten?*
2. *Analysieren Sie die Bedeutung von Tradition und Religion für das russische Dorf.*
3. *Von Lew Kopelew[3] stammt das Wort, mit der Kollektivierung des Dorfes sei das „alte Russland" untergegangen. Nehmen Sie Stellung zu dieser Aussage.*

[1] **Resistenz**: Widerstandshaltung

[2] **in nuce** (lat.): im Kern, in gedrängter Form

[3] **Lew S. Kopelew** (1912-1997): Der gebürtige Ukrainer war Germanist und Schriftsteller. In seiner Jugend Teilnehmer der Kollektivierungskampagne unter Stalin, wurde er während des Zweiten Weltkrieges zum Regimegegner. Kopelew geriet zeitweise in Lagerhaft. Erst 1980 durfte er die UdSSR verlassen und in die Bundesrepublik ausreisen.

Die USA zwischen weltpolitischem Engagement und Isolationismus

Woodrow Wilson (1856-1924): Jurist, Historiker und Politiker; 1913-1921 Präsident der USA (Demokrat). Wilson verfolgte soziale Reformen, war im Ersten Weltkrieg um die Neutralität der USA bemüht und engagierte sich für die Errichtung des Völkerbundes. 1920 erhielt er den Friedensnobelpreis für das Jahr 1919.

Von der „parteiischen Neutralität"... Während die USA in der westlichen Hemisphäre ein Imperium aufbauten, blieben sie gegenüber den europäischen Mächten und ihren Militärbündnissen auf Distanz. Als am 1. August 1914 der Erste Weltkrieg ausbrach, in dem sich die Mächte der Entente (Großbritannien, Frankreich, Russland) und die Mittelmächte (Deutschland, Österreich-Ungarn) gegenüberstanden, fühlten sich die USA – ganz im Sinne *George Washingtons* – weiterhin zu traditioneller Neutralität verpflichtet. Präsident **Woodrow Wilson** vermied jede Verstrickung in den Konflikt und forderte seine Landsleute auf, neutral zu bleiben. Die USA sollten ihren Einfluss allenfalls dazu nutzen, sich als Schiedsrichter für einen „Frieden ohne Sieg" einzusetzen.

Durch eine Kriegsbeteiligung fürchtete Wilson, das unter seinem Vorgänger *Theodore Roosevelt* begonnene Reformprogramm (*Progressive Movement*) zu gefährden, das den sozialen, gesellschaftlichen und wirtschaftlichen Missständen begegnen sollte. Nicht zuletzt wollte die US-Regierung mit ihrer neutralen Haltung innere Konflikte zwischen den Einwanderern aus den verschiedenen Nationen vermeiden. Die politischen und gesellschaftlichen Eliten, allen voran Wilson selbst, sympathisierten von Anfang an mit den Staaten der Entente, denen sie sich kulturell und ideologisch verbunden fühlten. Andererseits gab es in der Bevölkerung viele, die der Entente feindlich gegenüberstanden. Dazu gehörten Angehörige der deutschen, irischen und – wegen der Pogrome im russischen Zarenreich – auch jüdischen Minderheit. Auch die zahlreichen Pazifisten wollte Wilson mit Blick auf seine 1916 anstehende Wiederwahl nicht vor den Kopf stoßen. Wirtschaftlich waren die USA jedoch längst in den Krieg verwickelt. Schon vor 1914 war Großbritannien für die Vereinigten Staaten der wichtigste Handelspartner. Nach Kriegsbeginn belieferte die US-Wirtschaft England und Frankreich mit immer größeren Mengen an Nahrungsmitteln und Waffen. Durch den Auftragsboom fand sie einen Weg aus der seit 1913 herrschenden Rezession. Außerdem gewährten die USA den Entente-Mächten Kredite in Milliardenhöhe, deren Rückzahlung im Falle einer Niederlage auf dem Spiel stand.

▲ **Der Rettungsring der „Lusitania".**

Im Mai 1915 löste die Versenkung des britischen Passagierdampfers „Lusitania" durch ein deutsches U-Boot große Empörung aus, da unter den 1198 Opfern auch 128 amerikanische Passagiere waren. Das ganze Land beteiligte sich an den Diskussionen über die Frage: Kriegseintritt oder nicht? Dennoch behielt die Wilson-Regierung ihre 1914 eingeschlagene „parteiische Neutralität" vorerst bei.

Lesetipp:
Philipp Gassert und Michael Wala, Weltmacht USA, Stuttgart 2014

... zum Kriegseintritt 1917 Im Wahljahr 1916 war die Mehrheit der amerikanischen Bevölkerung deutlich gegen einen Krieg. Der Wahlkampfslogan „He kept us out of war" sicherte Wilson seine Wiederwahl. Während er weiterhin für einen „Frieden ohne Sieg" warb und eine auf Demokratie, Freiheit, Gleichheit und Selbstständigkeit der Nationen basierende Weltordnung propagierte, bereitete er die amerikanische Öffentlichkeit gleichzeitig mit einer Kampagne der „Preparedness" auf einen eventuellen Kriegseintritt vor (▸ M1). Bereits vor der Wahl hatte der Kongress mit einer Reihe von Gesetzen die Voraussetzungen für die Aufrüstung geschaffen.

Uneingeschränkter U-Boot-Krieg: im Ersten Weltkrieg vom Deutschen Reich beschlossene völkerrechtswidrige Ausweitung des U-Boot-Krieges auf Handels- und Passagierschiffe Krieg führender und neutraler Staaten als strategisches Blockademittel, um Großbritannien vom Nachschub abzuschneiden

Mehrere Gründe bewogen die USA schließlich dazu, die bisherige „parteiische Neutralität" aufzugeben: Mit der Wiederaufnahme des **uneingeschränkten U-Boot-Krieges** verletzte das Deutsche Reich Neutralitätsrechte und richtete sich damit auch gegen die USA. Für einen endgültigen Stimmungsumschwung sorgte die Veröffentlichung eines abgefangenen Telegramms, in dem die deutsche Reichsregierung dem mexikanischen Präsidenten ein gemeinsames Bündnis mit Japan gegen die USA vorschlug. Zudem zeichnete sich nach dem Sturz des Zaren im März 1917 ein Ausscheiden Russlands aus dem Bündnis mit Großbritannien und Frankreich ab. Am 6. April 1917 erklärten die USA dem Deutschen Reich den Krieg, den sie im Sinne Präsident Wilsons als „Kreuzzug für die Demokratie" führten.

▲ **„Freedom – Equality – Justice. For All – America First – Forever."**
Plakat von 1918.
Auf der berühmten „Liberty Bell" von Philadelphia, die am 8. Juli 1776 läutete, als die Unabhängigkeitserklärung öffentlich verlesen wurde, das Porträt von Woodrow Wilson. Über der Glocke Bilder von George Washington und Abraham Lincoln. Rechts und links salutieren ein Matrose und ein Soldat. Über dem Schriftzug „For All – America First – Forever" die Nationalfarben mit dem Kapitol von Washington, D.C.
- *Analysieren Sie, mit welchen Mitteln hier für den Kriegseinsatz geworben wird.*

Die amerikanische Gesellschaft im Krieg Zum Zeitpunkt der Kriegserklärung im April 1917 waren die Vereinigten Staaten auf einen militärischen Eingriff kaum vorbereitet. Die Armee war klein und schlecht ausgerüstet, die Munition reichte kaum für zwei Tage. Bereits im Mai 1917 führte die Regierung die allgemeine Wehrpflicht ein. Eilig wurde die Industrie auf Kriegsproduktion umgestellt.

1918 standen über zwei Millionen Soldaten in Europa, darunter etwa 400 000 Afroamerikaner, die ebenfalls der Wehrpflicht unterlagen, ihren Dienst jedoch meist hinter der Front und getrennt von den Weißen taten. Ihre Hoffnung auf gesellschaftliche Anerkennung und eine Lockerung der Rassentrennung blieb Illusion. Im Gegenteil: Diskriminierung und rassistisch motivierte Gewalt verschärften sich während der Kriegsjahre. Die von den Behörden organisierte Aufrüstung sorgte für ein kräftiges Wirtschaftswachstum. Bald produzierten die USA mehr Rüstungsgüter, als die eigenen Truppen benötigten, sodass sie die Verbündeten mitversorgen konnten.

Die amtliche Propaganda des „Kreuzzugs für die Demokratie" fachte ein Klima der Hysterie in der Bevölkerung an. Organisationen deutschsprachiger Einwanderer wurden angefeindet, Gegner des Krieges scharf überwacht und mit Gefängnis bestraft. Gesetze schränkten die Grundrechte der Meinungs- und Pressefreiheit ein. Die mit Intoleranz, Unterdrückung und Verfolgung Andersdenkender sowie Rassismus und Fremdenhass einhergehende nationalistische Begeisterung offenbarte deutlich die Widersprüche der amerikanischen Demokratie, die in Krisenzeiten Gefahr lief, im Innern ihre nach außen verteidigten Grundwerte aufzugeben.

Das Eingreifen der Vereinigten Staaten entschied den Ersten Weltkrieg. Mithilfe der amerikanischen Truppen waren die Alliierten den Mittelmächten an Menschen und Material deutlich überlegen. Schließlich erkannte die deutsche Heeresleitung die Aussichtslosigkeit der Lage und ersuchte die Reichsregierung im Oktober 1918 um einen Waffenstillstand, der am 11. November 1918 im französischen Compiègne unterzeichnet wurde. Auch wenn die Zahl der amerikanischen Opfer weitaus geringer war als in den europäischen Staaten, zahlten die USA einen hohen Preis: Etwa 50 000 Soldaten starben, 200 000 wurden verwundet, weitere 60 000 fielen Krankheiten zum Opfer, vor allem einer verheerenden Grippeepidemie. Insgesamt hatten die USA mehr als 30 Milliarden Dollar für die Finanzierung des Krieges aufgebracht – zehnmal so viel wie während des amerikanischen Bürgerkrieges fünfzig Jahre zuvor.

▲ **Allegorie auf den gemeinsamen Kampf der Alliierten gegen Deutschland.**
Zeichnung von A. Beltrame aus dem Jahr 1917.

Eine neue Weltordnung? Noch während des Krieges hatte Präsident Wilson seine idealistischen Friedensziele in einem Programm der 14 Punkte dargelegt.* Im Zentrum der neuen Weltordnung stellte er sich einen *Völkerbund* vor, der die Zusammenarbeit aller Staaten fördern und einen dauerhaften Frieden sichern sollte. Bei den Verhandlungen zum *Versailler Vertrag* 1919 wurde Wilsons Plan jedoch in entscheidenden Punkten übergangen. Die Machtinteressen der anderen Staaten verhinderten die Durchsetzung eines „Friedens ohne Sieg". Immerhin konnte er die Einrichtung des von ihm geforderten Völkerbundes festschreiben.**

Auf den größten Widerstand stieß der Präsident im eigenen Land. Die Ergebnisse der Versailler Friedenskonferenzen hatten die amerikanische Öffentlichkeit enttäuscht. Viele US-Bürger befürchteten, durch einen Beitritt zum Völkerbund in künftige militärische Konflikte hineingezogen zu werden. Bald überwog der Ruf nach einer Rückkehr zum isolationistischen Kurs. Der US-Kongress lehnte schließlich eine Ratifizierung des Versailler Vertrages und einen Beitritt zum Völkerbund ab.

In der Folge zogen sich die Vereinigten Staaten politisch aus Europa und dem internationalen Weltgeschehen zurück. Bei allem Desinteresse der amerikanischen Bevölkerung an den Vorgängen in Europa und Asien konnte die US-Außenpolitik nach 1919 jedoch nicht mehr zum Isolationismus zurückkehren. Zu groß war das wirtschaftliche Engagement auf den anderen Kontinenten geworden. Zudem wuchs die Erkenntnis, dass die weltweiten amerikanischen Interessen nicht ohne politische Teilnahme durchzusetzen waren. Militärische Eingriffe galt es jedoch zu vermeiden. Mehr als zuvor wurden die Prinzipien der *Open Door Policy* bestimmend.*** So blieben die USA vor allem als Kreditgeber wirtschaftlich und finanziell eng mit Europa verbunden. Im ostasiatisch-pazifischen Raum weiteten sie ihre wirtschafts- und sicherheitspolitische Vormachtstellung aus.

▸ **Geschichte In Clips:**
Zum US-Börsencrash von 1929 siehe Clip-Code **4673-11**, zum New Deal siehe Clip-Code **4673-12**.

Franklin Delano Roosevelt (1882-1945): Rechtsanwalt und Politiker, Neffe Theodore Roosevelts, 1933-1945 US-Präsident (Demokrat). Er setzte sich für soziale Reformen ein und führte die USA in den Zweiten Weltkrieg.

New Deal: 1933 als „Neuanfang" propagierte Reformpolitik Franklin D. Roosevelts, mit der er die USA aus der Wirtschaftskrise führen wollte. Durch eine Eingrenzung des Wirtschaftsliberalismus und sozialpolitische Maßnahmen hielt er die demokratische Ordnung stabil.

Zwischenkriegszeit: „Prosperity" und „Crash" Nach Kriegsende war die politische und wirtschaftliche Weltmachtrolle der USA deutlicher denn je. Hatten die USA vor dem Ersten Weltkrieg noch Schulden in Europa gehabt, so war es jetzt umgekehrt: Kein Staat hatte so viele Kredite an die europäischen Staaten vergeben wie die USA. Die Umstellung auf die Friedenswirtschaft ließ das Wirtschaftswachstum kurzfristig schrumpfen. Danach setzte eine Phase der *Prosperity* ein. Technischer Fortschritt und gestiegene Kaufkraft breiter Bevölkerungsschichten ließen die USA zur ersten Massenkonsumgesellschaft und zum Vorreiter der Modernisierung werden.

Als am 24. Oktober 1929, dem „Schwarzen Donnerstag", und noch einmal am 29. Oktober die New Yorker Börse zusammenbrach, stürzten die Vereinigten Staaten unvorbereitet in ihre größte wirtschaftliche Krise, die globale Auswirkungen hatte (▸ M2). Tausende von Banken und über 100 000 Betriebe gingen in den folgenden Jahren in Konkurs. Auf dem Höhepunkt der *Great Depression* 1932/33 war etwa jeder vierte Amerikaner arbeitslos (▸ M3). Die sozialen Folgen waren katastrophal, weil es anders als in vielen europäischen Staaten so gut wie keine staatliche Fürsorge gab. Erst mit den von Präsident **Franklin D. Roosevelt** initiierten Reformprogrammen des **New Deal** gelang es, die Wirtschaftskrise bis 1941 weitgehend zu überwinden (▸ M4).

* Zu Wilsons Vierzehn-Punkte-Programm siehe S. 157 f., M6.
** Zum Völkerbund und zum Versailler Vertrag siehe S. 203 f.
*** Zur Open Door Policy siehe S. 129 und 134 f.

M1 „Die Welt muss sicher gemacht werden für die Demokratie"

Am 2. April 1917 spricht sich Präsident Woodrow Wilson vor dem Kongress für eine Kriegserklärung an das Deutsche Reich aus:

Neutralität ist nicht länger durchführbar oder wünschenswert, wo es um den Frieden der Welt und die Freiheit ihrer Völker geht [...]. Wir stehen am Anfang eines Zeitalters, in dem man darauf beharren wird, dass die gleichen Maßstäbe für das Verhalten und für die Verantwortlichkeit für getanes Unrecht von den Nationen und ihren Regierungen beobachtet werden sollen, die von den einzelnen Bürgern zivilisierter Staaten befolgt werden.

Wir haben keinen Streit mit dem deutschen Volk. Wir haben keine andere Empfindung ihm gegenüber als eine der Sympathie und Freundschaft. Es war nicht auf seinen Impuls hin, dass seine Regierung handelte, als sie in diesen Krieg eintrat. Es geschah nicht mit seinem vorherigen Wissen oder Beifall. Es war ein Krieg, über den entschieden wurde, wie über Kriege entschieden zu werden pflegte in den alten, unglücklichen Zeiten, als die Völker nirgendwo von ihren Herrschern zurate gezogen und Kriege provoziert wurden im Interesse von Dynastien oder kleinen Gruppen ehrgeiziger Leute, die ihre Mitmenschen als Schachfiguren oder Werkzeuge zu benützen gewohnt waren. Sich selbst regierende Nationen füllen ihre Nachbarstaaten nicht mit Spionen an oder steuern den Kurs von Intrigen, um irgendeine kritische Lage der Dinge herbeizuführen, die ihnen eine Gelegenheit zum Zuschlagen und zur Eroberung gibt [...].

Wir sind froh, jetzt, da wir die Tatsachen ohne einen Schleier trügerischen Scheins sehen, dass wir so für den schließlichen Frieden der Welt und für die Befreiung ihrer Völker, die deutschen Völker eingeschlossen, kämpfen: für die Rechte der Nationen, groß und klein, und das Vorrecht der Menschen allüberall, sich ihre Weise des Lebens und des Gehorsams auszusuchen. Die Welt muss sicher gemacht werden für die Demokratie. Ihr Friede muss auf den erprobten Grundlagen politischer Freiheit errichtet werden. Wir haben keine selbstischen Ziele, denen wir dienen. Wir verlangen nach keiner Eroberung, keiner Herrschaft. Wir suchen keinen Schadenersatz für uns selbst, keine materielle Entschädigung für die Opfer, die wir bereitwillig bringen werden. Wir sind lediglich einer der Vorkämpfer für die Rechte der Menschheit. [...]

Es ist eine fürchterliche Sache, dieses große friedfertige Volk in den Krieg zu führen, in den schrecklichsten und verheerendsten aller Kriege, in dem die Zivilisation selbst auf dem Spiele zu stehen scheint. Aber das Recht ist wertvoller als der Friede, und wir werden für die Dinge kämpfen, die wir stets unserem Herzen zunächst getragen haben – für die Demokratie, für das Recht jener, die der Autokratie[1] unterworfen sind, auf ein Mitspracherecht bei ihrer Regierung, für die Rechte und Freiheiten kleiner Nationen, für eine allgemeine Herrschaft des Rechts durch ein Konzert der freien Völker, das allen Nationen Frieden und Sicherheit bringen und die Welt selbst endlich frei machen wird. Solch einer Aufgabe können wir unser Leben und unser Vermögen weihen, alles was wir sind und alles was wir haben, mit dem Stolz derer, die wissen, dass der Tag gekommen ist, da Amerika die Auszeichnung erfährt, sein Blut und seine Macht für die Prinzipien darzubringen, denen es seine Geburt und sein Glück und den Frieden verdankt, den es wertschätzte. Gott helfe ihm, es kann nicht anders.

Zitiert nach: Helmut Schambeck u.a. (Hrsg.), Dokumente zur Geschichte der Vereinigten Staaten von Amerika, Berlin [2]2007, S. 434 f.

▲ **„I want you ..."**
Plakat (96,5 x 63,5 cm) von James M. Flagg, 1917.
- *Untersuchen Sie die Aussage des Plakates. Nutzen Sie für die Analyse den Methoden-Baustein auf S. 245.*

1. *Arbeiten Sie die Gründe und Ziele heraus, die Wilson für den Kriegseintritt der USA angibt.*
2. *Analysieren Sie Wilsons Wortwahl.*
3. *Erörtern Sie, inwiefern diese Rede einen Bruch mit dem traditionellen außenpolitischen Kurs der USA darstellt.*

[1] **Autokratie**: unumschränkte Herrschaft

M2 Bericht über den „Börsencrash"

Am Mittwoch, dem 30. Oktober 1929, finden die Zeitungsleser der landesweit verbreiteten „New York Times" folgenden Artikel auf der Titelseite:

Die Aktienkurse brachen gestern praktisch in sich zusammen, sackten rapide ab und bewirkten gigantische Verluste. Es war der katastrophalste Geschäftstag in der Geschichte der Börse. Marktwerte in Milliarden Dollar wurden vernichtet, als die Kurse unter dem Druck des panischen Wertpapierverkaufs abrutschten. [...]

Der Tag war in jeder Hinsicht – gemessen an der Höhe der erlittenen Verluste, am Gesamtumsatz, an der Zahl der ruinierten Spekulanten[1] – der schlimmste in der Geschichte der Wall Street. Hysterie ergriff das ganze Land, und die Aktien wurden zu Preisen abgestoßen, als ginge es um Zwangsverkäufe.

Man schätzt [...], dass gestern an der New Yorker Börse 880 marktgängige Aktien zwischen 8 und 9 Milliarden Dollar an Wert verloren haben. Dazu muss man noch den Wertverlust rechnen, den die Aktien im geregelten und ungeregelten Freiverkehr[2] sowie an anderen Börsen erfahren haben.

Stützungskäufe vonseiten der Banken, die unter normalen Umständen eindrucksvoll und erfolgreich gewesen wären, blieben völlig wirkungslos, als Aktienpakete über Aktienpakete in unvorstellbarem Ausmaß den Markt überschwemmten. [...]

Ein Markt, der außer Rand und Band geraten ist, kennt keinen Respekt vor Menschen. Gestern spülte er ein Vermögen nach dem anderen hinweg und machte Tausende von Individuen in allen Teilen der Welt zu finanziellen Krüppeln. [...] Gestern war Wall Street eine Straße verlorener Hoffnungen, einer seltsam lautlos um sich greifenden Besorgnis und einer Art von lähmender Hypnose. In den Büros der Börsenmakler drängten sich Männer und Frauen, auch die, die längst alles verloren hatten, und verfolgten die Zahlen auf dem Lochstreifen[3].

Zitiert nach: Günter Moltmann, Die Vereinigten Staaten von Amerika von 1917 bis zur Gegenwart, Paderborn 1987, S. 17 f. (übersetzt von Per N. Döhler und Günter Moltmann)

[1] **Spekulation**: kurzfristiges Kaufen und Verkaufen von Aktien und anderen an der Börse gehandelten Papieren. Spekulanten leihen sich oft Geld, um Aktien zu kaufen, und verkaufen diese wieder, sobald der Kurs gestiegen ist. Sie bezahlen dann ihre Darlehen zurück und streichen ihren schnellen Gewinn ein.

[2] **Geregelter Freiverkehr**: Aktienhandel außerhalb der Börse, jedoch mit amtlicher Notierung

[3] **Lochstreifen**: Börsenschreiber („Ticker") druckten die telegrafisch übermittelten Kurse von anderen Börsenplätzen aus.

1. *Analysieren Sie den Bericht der „New York Times". Unterscheiden Sie zwischen Floskeln und Informationen.*

2. *Verfassen Sie für den Zeitungsartikel eine geeignete Überschrift mit einem Untertitel.*

M3 „Was tust du?"

Im September 1932 veröffentlicht die Zeitschrift „Fortune" folgenden Artikel:

Du bist Zimmermann. Dein letzter Cent ist weg. Sie haben das Gas abgestellt. Bisher hast du immer deinen Lebensunterhalt verdient, aber jetzt kannst du weder für Geld noch für gute Worte einen Job bekommen. Was tust du?

In einigen, keineswegs allen Städten kannst du bei der Heilsarmee oder im Stadtasyl eine Mahlzeit bekommen, aber nur, wenn du ein paar Stunden Schlange stehst. Aber das ist jetzt zwecklos. Also gehst du zum Cop. Der zückt sein Adressbuch und schickt dich zu einem der aufgeführten Wohltätigkeitsvereine. Der Verein notiert deinen Namen und gibt dir Nothilfe, wenn du sie brauchst. Er stellt dir eine ganze Latte Fragen hinsichtlich deines Alters, deiner Nationalität, deiner Religion und deiner Bedürftigkeit. Deine diesbezüglichen Antworten entscheiden darüber, zu welcher wohltätigen Stelle – für Juden, Katholiken, Protestanten, ausgesetzte Babys, obdachlose Jungen, kranke Kinder, schwangere Frauen, dienstunfähige Veteranen und so weiter – du geschickt werden sollst. Du kriegst die Bischöfliche Familienhilfsgesellschaft. Die Hilfsgesellschaft prüft, ob dein Name in der Zentralagentur auftaucht, ob du nicht irgendwo anders schon Unterstützung bekommst, und schickt in den nächsten Tagen jemanden, der deine Familie besucht, ein Budget vorbereitet [...] und dir eventuell 2-8 Dollar die Woche anweist, das hängt von den Örtlichkeiten und den verfügbaren Fonds ab. Wenn die Fonds erschöpft sind, wirst du gebeten zu warten. Währenddessen trägst du dich als Arbeitssuchender ein. Auf jeden Fall musst du warten.

Zitiert nach: Amerika. Traum und Depression 1920/40, Berlin 1980, S. 481

1. *Analysieren Sie den Text im Hinblick auf seine sprachliche Gestaltung. Beachten Sie insbesondere den Stil und die Bedeutung der direkten Ansprache an einen Leser.*

2. *Entwickeln Sie eigene Vorstellungen von möglichen Reaktionen der Arbeitslosen auf ihr Schicksal und stellen Sie Ihre Überlegungen in Ihrem Kurs zur Diskussion.*

▲ **Franklin D. Roosevelt.**
Foto vom 16. Juni 1936.

M4 „Was haben wir zu fürchten?"

In seiner Rede zum Amtsantritt als US-Präsident sagt Franklin D. Roosevelt am 4. März 1933:

Gewiss erwarten meine amerikanischen Landsleute von mir, wenn ich jetzt die Präsidentschaft übernehme, dass ich mich mit jener Freimütigkeit und Entschiedenheit an sie wende, welche die augenblickliche Lage der Nation verlangt. Mehr als je zuvor ist es jetzt an der Zeit, die Wahrheit auszusprechen, die Wahrheit ohne Abstrich, offen und unerschrocken. Wir brauchen uns zudem auch gar nicht davor zu fürchten, den heutigen Zuständen in unserem Lande klar ins Gesicht zu sehen. Unsere große Nation wird durchhalten, wie sie bisher durchgehalten hat, wird wieder aufblühen und gedeihen. Lassen Sie mich also vor Ihnen erst einmal meine feste Überzeugung aussprechen, dass das Einzige, was wir zu fürchten haben, die Furcht selbst ist – nämlich jenen vernunftlosen und unbegründeten Schrecken, der alle Kraft und Fähigkeit, den Rückzug in einen Vormarsch umzuwandeln, lahmlegt. In jeder dunklen Stunde unseres nationalen Lebens hat eine freimütige und energische Führerschaft das Verständnis und die Unterstützung des Volkes gefunden, welche die Grundbedingungen des Erfolges sind und von denen der Sieg abhängt. Fest bin ich auch jetzt davon überzeugt, dass Sie der Führung die Unterstützung gewähren werden, deren sie in kritischen Tagen bedarf.

In solcher Stimmung gegenseitigen Vertrauens nehmen wir guten Mutes den Kampf mit unseren gemeinsamen Schwierigkeiten auf. Diese Schwierigkeiten und Nöte sind, Gott sei Dank, nur materieller Natur. Viele Werte sind auf ein fantastisch niedriges Niveau gesunken, die Abgaben sind gestiegen, unsere Zahlungsfähigkeit ist vermindert, alle Zweige der Regierung sehen sich einer ernsten Beschneidung ihrer Mittel gegenüber, die Kapitalien sind überall eingefroren, industrielle Unternehmungen liegen wie welke Blätter allwärts am Boden, die Farmer finden kaum mehr Absatz für ihre Erzeugnisse und in Tausenden von Familien sind die Ersparnisse vieler langer Jahre aufgezehrt und verschwunden.

Und, was noch wichtiger ist: Eine ungeheure Zahl arbeitsloser Bürger steht vor der bittersten Existenzfrage und eine ebenso große Zahl von Arbeitenden plagt sich für ganz ungenügenden Lohn. Nur ein optimistischer Narr kann die traurigen und finsteren Wirklichkeiten leugnen, von denen die Gegenwart voll ist. [...]

Unsere alles beherrschende Aufgabe ist es, den Menschen wieder Arbeit zu verschaffen. Diese Aufgabe ist nicht unlösbar, wenn wir sie klug und unerschrocken anpacken. [...]

Mein Leitmotiv bei allem meinem Handeln zum Nutzen des nationalen Wiederaufbaus ist jedoch nicht engherzig nationalistisch. Wohl wurzelt es im Wissen um die wechselseitige Abhängigkeit und um den Zusammenhang der verschiedenen Strömungen und Teile der Vereinigten Staaten und rechnet mit dem alten und stetig weiterwirkenden amerikanischen Pioniergeist. Aber gerade dies ist der Weg zum Wiederaufbau, der unmittelbar vor uns liegende Weg. Und nur so haben wir die Sicherheit, dass der Wiederaufbau von wirklicher Dauer sein wird.

Auf dem Gebiet der Weltpolitik werde ich unsere Nation im Geist der *„Politik des guten Nachbarn"* führen, des Nachbarn, der gerade aus Selbstachtung auch den Rechten der anderen Achtung zollt, des Nachbarn, der vor allem auch seine eigenen Verpflichtungen achtet, seine Verträge in und mit der ganzen Welt von Nachbarn. [...]

Wir hegen keinen Zweifel an der *Zukunft der Demokratie*. Noch nie hat das Volk der Vereinigten Staaten versagt. Noch stets hat es in großer Not seinen Willen dahingehend ausgesprochen, dass ungesäumt und kraftvoll gehandelt wird, und stets hat es planvolle Unterordnung unter die Führung gefordert. Jetzt hat es mich zum Werkzeug seiner Wünsche gewählt, und im Geiste dieses Auftrages trete ich mein Amt an.

Franklin D. Roosevelt, Das neue Amerika, übersetzt von G. v. Crayen, Luzern 1937, S. 31 ff.; zitiert nach: Herbert Schambeck, Helmut Widder und Marcus Bergmann (Hrsg.), Dokumente zur Geschichte der Vereinigten Staaten von Amerika, Berlin [2]2007, S. 452-457

■ *Ordnen Sie Roosevelts Rede in den historischen Kontext ein und erläutern Sie ihre innen- und außenpolitische Funktion.*

Vom Kaiserreich zur Weimarer Republik: die Revolution von 1918/19

▸ **Revolutionäre Soldaten und Matrosen am Brandenburger Tor in Berlin.**
Foto vom 9. November 1918.

Lesetipps:
- *Sebastian Haffner, Die deutsche Revolution 1918/19, Köln 2008 (1. Ausgabe unter dem Titel „Die verratene Revolution – Deutschland 1918/19, Hamburg 1969)*
- *Volker Ullrich, Die Revolution von 1918/19, München 2009*

Das Ende der Monarchie Im Jahr 1914 hatten Teile der Bevölkerung, vor allem das Bildungsbürgertum, Studenten und Gymnasiasten, enthusiastisch auf die Nachricht vom Ausbruch des Krieges reagiert. Für andere Gruppen, für Arbeiter, Bauern oder Kleinbürger, verbanden sich damit Befürchtungen und Ängste. Die Berichte von den grauenvollen Kämpfen an der Front, mehr noch die ersten Gefallenen aus dem Kreis der Familie oder Freunde, ließen die anfängliche Begeisterung auch unter den Befürwortern des Krieges schnell verfliegen. Die sozialen Spannungen entluden sich bereits seit Ende des Jahres 1915 in Unruhen, Protesten und Arbeitsniederlegungen. In den letzten beiden Kriegsjahren kam es dann zu Massenprotesten, die Ausdruck einer verbreiteten Antikriegsstimmung waren. Zu Beginn des Jahres 1918 beteiligten sich in Berlin und anderen Großstädten eine Million Arbeiterinnen und Arbeiter an Streiks, bei denen die Forderungen nach innenpolitischen Reformen und nach Beendigung des Krieges immer lauter wurden.

Doch erst nach dem Scheitern der letzten großen Offensiven (März bis August 1918) gab die *Oberste Heeresleitung* (OHL) die Hoffnung auf einen Sieg auf und drängte die Regierung Ende September zum Abschluss eines sofortigen Waffenstillstandes. Das Eingeständnis der Niederlage kam für die Mehrzahl der Politiker und die Öffentlichkeit völlig überraschend. Die Chefs der OHL, die Generäle Erich Ludendorff und Paul von Hindenburg,* entschiedene Gegner jeglicher demokratischer Reformen, forderten jetzt die Bildung einer vom Parlament getragenen Regierung. Diese sollte die Waffenstillstandsverhandlungen führen und damit auch die Verantwortung für den Zusammenbruch übernehmen, um so die militärische Führung vom Makel der Niederlage freizuhalten.

* **Erich Ludendorff** und **Paul von Hindenburg**: Siehe S. 151.

Anfang Oktober 1918 bildete Reichskanzler Prinz Max von Baden* eine neue Regierung. Sie bestand aus Vertretern der SPD, des Zentrums und der liberalen Fortschrittspartei. Dass die Militärs sich damit ihrer Verantwortung entziehen konnten, belastete die Republik von Anfang an schwer. Denn viele Deutsche sahen den Zusammenbruch nicht als das Ergebnis einer militärischen Niederlage, sondern als das Resultat der von den „Linken" verantworteten Revolution.

Als Ende Oktober 1918 Matrosen den Befehl der Seekriegsleitung verweigerten, für eine inzwischen militärisch sinnlose Schlacht gegen die Briten auszulaufen, wurden sie festgenommen und in Kiel inhaftiert. Um die Freilassung der Kameraden zu erzwingen, bildeten sich Soldatenräte, die zu Massendemonstrationen aufriefen. Obwohl die Aktionen kriegsmüder Truppenteile nicht von langer Hand vorbereitet waren, breitete sich die revolutionäre Bewegung sehr schnell aus. Spontan nun auch in Ortschaften gewählte Arbeiter- und Soldatenräte beanspruchten die politische Führung, amtierende Politiker und Beamte gaben nach. So wurde der gewaltlose Sturz der Monarchien in allen Bundesstaaten in kurzer Zeit vollzogen.

Am 9. November forderten Hunderttausende in Berlin die sofortige Beendigung des Krieges und die Abdankung Kaiser Wilhelms II., der in ihren Augen das Haupthindernis für einen schnellen Friedensschluss war. Da er sich bis zuletzt weigerte, gab Reichskanzler Max von Baden noch am gleichen Tag auf eigene Verantwortung die Abdankung des Kaisers bekannt.

Der Rat der Volksbeauftragten Ebenfalls am 9. November 1918 übergab Max von Baden ohne verfassungsrechtliche Legitimation das Amt des Reichskanzlers an **Friedrich Ebert**, den Vorsitzenden der SPD, die im Reichstag die stärkste Fraktion stellte. Während Ebert die Entscheidung über die künftige Staatsform einer gewählten Nationalversammlung überlassen wollte, rief sein Parteifreund **Philipp Scheidemann** die „Deutsche Republik" aus (▸ M1). Er kam damit **Karl Liebknecht** zuvor, dem Führer der **Spartakisten**, eines linken Flügels der 1917 von der SPD abgespaltenen *Unabhängigen Sozialdemokratischen Partei Deutschlands* (**USPD**). Erst zwei Stunden später verkündete Liebknecht dann die „Sozialistische Republik Deutschland". Um der sich abzeichnenden Bildung einer sozialistischen **Räterepublik** zu begegnen, bemühte sich Ebert um eine Verständigung mit der USPD. Die beiden Parteien besetzten auf paritätischer Grundlage mit je drei Vertretern den *Rat der Volksbeauftragten* als provisorische deutsche Regierung. Er wurde zunächst nur durch die Berliner Arbeiter- und Soldatenräte legitimiert, die sich wie auch in anderen Städten im Zuge der Revolution spontan, ohne festes politisches Konzept und ohne überregionale Organisation gebildet hatten. Die meisten Arbeiterräte orientierten sich nicht an der Theorie des Rätesystems. Im Vordergrund standen nach dem Zusammenbruch die praktischen Aufgaben, die Lebensmittelversorgung und die öffentliche Ordnung. Die Arbeiterräte traten aber allgemein für die Demokratisierung von Militär, Verwaltung und Wirtschaft ein.

Der vom 16. bis 20. Dezember 1918 in Berlin tagende *Reichskongress der Arbeiter- und Soldatenräte* beließ die gesetzgebende und vollziehende Gewalt bis zur Einberufung der Nationalversammlung beim Rat der Volksbeauftragten. Der Antrag der radikalen Linken, am Rätesystem als Grundlage der Verfassung für eine sozialistische Republik festzuhalten, wurde dabei mit großer Mehrheit abgelehnt.

Friedrich Ebert (1871-1925): ab 1913 SPD-Vorsitzender, 1919 bis zu seinem Tod 1925 erster Reichspräsident der Weimarer Republik

Philipp Scheidemann (1865-1939): SPD-Politiker; unter Max von Baden 1918 Staatssekretär; 1919 Reichsministerpräsident

Karl Liebknecht (1871-1919, ermordet): Gründer des Spartakusbundes 1916; Mitbegründer der Kommunistischen Partei Deutschlands 1919

Spartakisten/Spartakusbund: Gruppe radikaler Sozialisten, die den Kern der am 1. Januar 1919 gegründeten Kommunistischen Partei Deutschlands (KPD) bildete

USPD: Aus Protest gegen die Bewilligung weiterer Kriegskredite verließen ab 1916 immer mehr Mitglieder die SPD und gründeten im April 1917 eine eigene Partei, die Unabhängige Sozialdemokratische Partei Deutschlands.

Räterepublik: Herrschaftsform, die eine direkte Demokratie mithilfe von Räten verwirklichen will. Die Räte werden auf verschiedenen Ebenen gewählt bis hin zum Zentralrat. Sie sind an die Weisungen der Wähler gebunden und vereinen gesetzgebende, ausführende und rechtsprechende Gewalt auf sich.

* **Max von Baden**: Siehe S. 154.

▸ **Geschichte In Clips:**
Zur Ausrufung der Republik siehe Clip-Code **4673-13**.

Wilhelm Groener (1867-1939): 1928-1932 Reichswehrminister; 1931 Innenminister

Freikorps: überwiegend extrem antirepublikanische und antikommunistische paramilitärische Verbände. Sie gehörten nicht zu den regulären Truppen und bestanden aus ehemaligen Berufssoldaten, Abenteurern, Studenten oder Schülern, meist Männer, die nach dem Krieg kein Zuhause und keine Arbeit hatten und nicht in ein ziviles Leben zurückgefunden hatten.

Rosa Luxemburg (1870-1919, ermordet): Journalistin und sozialistische Theoretikerin; 1919 Mitbegründerin der KPD

Neue Regierung, alte Eliten Der Rat der Volksbeauftragten war mit einer Reihe von Aufgaben konfrontiert, die sich nach dem Ende des Krieges ergaben.

Mit Demonstrationen und Straßenkämpfen versuchten vor allem die Spartakisten weiterhin, ein parlamentarisches System zu verhindern und die Bevölkerung für die Räterepublik zu gewinnen (▸ M2). Um die innere Sicherheit zu gewährleisten, entschloss sich Ebert zu einer Vereinbarung mit dem Reichswehrgeneral **Wilhelm Groener**, der den Rückzug der deutschen Truppen leitete. Im Namen der Obersten Heeresleitung bekundete Groener seine Loyalität gegenüber der Regierung und versprach militärische Unterstützung bei Unruhen. Als Gegenleistung erwartete er den gemeinsamen „Kampf gegen den Radikalismus und Bolschewismus" (▸ M3). Zudem unterstützte der Rat der Volksbeauftragten die Bildung sogenannter **Freikorps**. Gegen die Unruhen, die nach dem Reichskongress der Arbeiter- und Soldatenräte ausgebrochen waren, rief Ebert erstmals die OHL zu Hilfe. Nach einer blutigen Straßenschlacht traten die Mitglieder der USPD Ende Dezember 1918 aus dem Rat der Volksbeauftragten aus. Die tiefere Ursache für diesen Bruch lag in der grundsätzlichen Differenz zwischen SPD und USPD über das *Ebert-Groener-Abkommen*.

Die Regierung Ebert scheute auch deshalb davor zurück, die militärischen Kommandostrukturen anzutasten, weil die OHL die Aufgabe hatte, nach Abschluss des Waffenstillstandes am 11. November 1918 innerhalb von 35 Tagen die deutschen Soldaten zurückzuführen. Dies konnte nur gelingen, wenn die revolutionäre Stimmung nicht die Disziplin in der Armee untergrub.

Versorgungsnöte und Revolutionsgefahr veranlassten auch Unternehmer und Gewerkschaften zur Zusammenarbeit. Am 15. November 1918 unterzeichneten sie das *Stinnes-Legien-Abkommen*, benannt nach dem Großindustriellen *Hugo Stinnes* und dem Vorsitzenden der Generalkommission der Freien Gewerkschaften, *Carl Legien*. Die Arbeitgeberseite erkannte die Gewerkschaften als Vertreter der Arbeiterschaft an und gestand den Achtstundentag bei vollem Lohnausgleich zu; üblich war noch die Sechs-Tage-Woche. Die Gewerkschaften verzichteten dafür auf die Sozialisierung von Privatbetrieben.

Die Regierung Ebert hatte noch bis unmittelbar vor den Wahlen zur Nationalversammlung mit revolutionären Unruhen fertig zu werden. Vom 5. bis 12. Januar 1919 stand Berlin im Zeichen des „Spartakus-Aufstandes". Tausende Anhänger des Spartakusbundes um Karl Liebknecht und **Rosa Luxemburg** lieferten sich Straßenschlachten mit Regierungstruppen und Freikorps. Die Aufständischen wollten die Wahlen verhindern und den Arbeiter- und Soldatenräten zur Regierungsgewalt verhelfen. Der Aufstand wurde blutig niedergeschlagen, Rosa Luxemburg und Karl Liebknecht nach ihrer Verhaftung von Offizieren ermordet. Daraufhin kam es auch in anderen Städten zu Streiks und bewaffneten Aufständen. Sie dauerten noch bis Mai 1919 an.

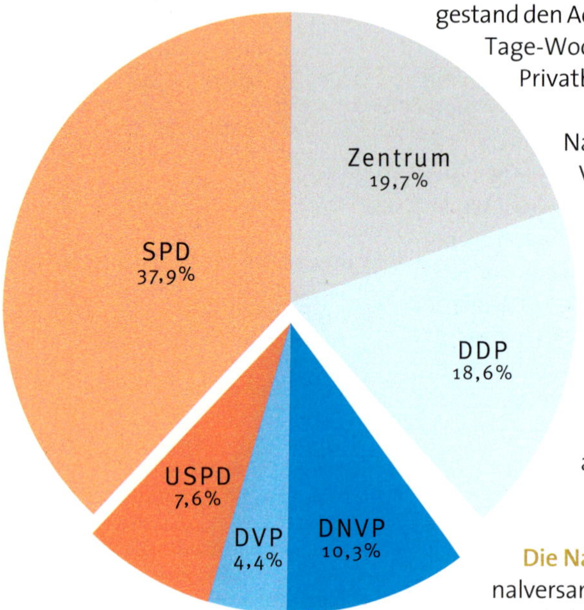

▴ **Ergebnis der Wahlen zur Nationalversammlung 1919.**
SPD, Zentrum und DDP bildeten die sogenannte „Weimarer Koalition".

Die Nationalversammlung Aus der Wahl zur Verfassunggebenden Nationalversammlung am 19. Januar 1919 ging die SPD als stärkste Partei hervor. Sie gewann jedoch nicht die erhoffte absolute Mehrheit. Ein Bündnis der sozialistischen Parteien scheiterte am schwachen Abschneiden der USPD; beide zusammen brachten es lediglich auf 45,5 Prozent der Stimmen. Die deutschen Wähler hatten sich damit eindeutig gegen das Rätesystem ausgesprochen, aber auch gegen eine Rückkehr zur Monarchie. Angesichts des Wahlergebnisses ergab sich die Zusammenarbeit der drei größten Fraktionen, die schon während des Krieges im Reichstag kooperiert hatten: SPD, Zentrum und *Deutsche Demokratische Partei* (DDP). Sie bildeten die sogenannte „*Weimarer Koalition*", die mit 76,1 Prozent der Stimmen eine deutliche Mehrheit des Volkes repräsentierte (331 von insgesamt 423 Mandaten).

Die Opposition war gespalten: Links stand die radikal-sozialistische USPD und rechts die national-bürgerlich ausgerichtete *Deutsche Volkspartei* (DVP) sowie die völkische, konservativ-monarchistische *Deutschnationale Volkspartei* (DNVP).

Kriegsfolgen Der Erste Weltkrieg wurde von der Bevölkerung aller beteiligten europäischen Staaten als Katastrophe und tiefe Zäsur empfunden. Zahllose Familien hatten Angehörige verloren, nicht selten den Familienvater und damit den Ernährer. Viele Soldaten blieben berufsunfähig, entweder durch schwere Verwundungen oder durch im Krieg ausgelöste Traumata. Sie waren von der Brutalität des Krieges geprägt und fanden oft nicht die Möglichkeit, sich in der Gesellschaft eine gesicherte Existenz aufzubauen. Die vom Krieg und seinen Folgen geschwächten Länder waren auf die große Zahl der zu versorgenden Invaliden, Witwen und Waisen nicht vorbereitet, die Sozialsysteme waren überlastet.

▲ **„Der Streichholzhändler."**
Gemälde (141 x 166 cm) von Otto Dix, Öl auf Leinwand, partiell Collagen, 1920.
Das Bild ist eines von insgesamt vier von Dix gemalten „Krüppelbildern".

- *Analysieren Sie, mit welchen Mitteln der Künstler die Folgen des Krieges anprangert.*

Arbeitslosigkeit, Hunger und Elend bestimmten den Alltag der Mittel- und Unterschichten in den ersten Jahren nach dem Krieg. Das Wirtschaftsleben kam nur allmählich wieder in Gang; die Umstellung von der Kriegs- auf die Friedenswirtschaft vollzog sich dabei nur langsam. In Deutschland lag die Industrieproduktion 1922 erst bei 70 Prozent des Vorkriegsniveaus. Hinzu kam die große Belastung der europäischen Währungen durch Kriegsschulden und *Inflation*.* Deutschland hatte zusätzlich noch die im Versailler Vertrag festgelegten hohen Reparationszahlungen zu leisten. Zunächst hoffte die deutsche Regierung, diese durch die Inflation unterlaufen zu können. Später ging sie jedoch zu einer kooperativen Politik über und konnte in Verhandlungen einige Entlastungen erreichen.**

Der Erste Weltkrieg hatte nicht nur Auswirkungen auf die wirtschaftliche, sondern auch auf die politische Entwicklung in Europa. Einige Länder erlangten ihre Unabhängigkeit wieder (wie Polen), daneben entstanden viele völlig neue Staaten, vor allem auf dem Balkan und im Baltikum. Gerade diese Länder mussten oftmals um ihre politische Akzeptanz in der Bevölkerung kämpfen, was durch die politische und wirtschaftliche Instabilität erschwert wurde. In vielen europäischen Staaten gelangten in den folgenden Jahren diktatorische, militaristische oder autoritäre Regierungen an die Macht, so etwa in Ungarn (1920), Italien (1922), Spanien (1923) und Polen (1926). In Russland gab es bereits seit der Oktoberrevolution 1917 ein kommunistisches Regime, das von allen übrigen Staaten geächtet wurde.

* **Inflation**: Siehe S. 176.
** Die Währungsreform von 1923 beendete die Inflation; siehe auch S. 206.

2. Extraausgabe Sonnabend, den 9. November 1918.

Vorwärts

Berliner Volksblatt.

Zentralorgan der sozialdemokratischen Partei Deutschlands.

Der Kaiser hat abgedankt!

Der Reichskanzler hat folgenden Erlaß herausgegeben:

Seine Majestät der Kaiser und König haben sich entschlossen, dem Throne zu entsagen.

Der Reichskanzler bleibt noch so lange im Amte, bis die mit der Abdankung Seiner Majestät, dem Thronverzichte Seiner Kaiserlichen und Königlichen Hoheit des Kronprinzen des Deutschen Reichs und von Preußen und der Einsetzung der Regentschaft verbundenen Fragen geregelt sind. Er beabsichtigt, dem Regenten die Ernennung des Abgeordneten Ebert zum Reichskanzler und die Vorlage eines Gesetzentwurfs wegen der Ausschreibung allgemeiner Wahlen für eine verfassunggebende deutsche Nationalversammlung vorzuschlagen, der es obliegen würde, die künftige Staatsform des deutschen Volk, einschließlich der Volksteile, die ihren Eintritt in die Reichsgrenzen wünschen sollten, endgültig festzustellen.

Berlin, den 9. November 1918. Der Reichskanzler. Prinz Max von Baden.

Es wird nicht geschossen!

Der Reichskanzler hat angeordnet, daß seitens des Militärs von der Waffe kein Gebrauch gemacht werde.

▲ Titelseite der „2. Extraausgabe" des sozialdemokratischen „Vorwärts" vom 8. November 1918.

M1 Der 9. November in Berlin

Der Berliner Unternehmer und Kunsthistoriker Oskar Münsterberg (1865-1920) ist Zeitzeuge und notiert in sein Tagebuch:

Als ich um 10 ins Büro gehe, stehen einzelne Gruppen interessiert auf der Straße, aber sonst ist überall ein ruhiges Bild wie gewöhnlich. Um 1/2 2 kommt die erste Ausgabe der B. Z. [*Berliner Tageszeitung*]. „Der Kaiser hat noch nicht abgedankt, die sozialistischen Minister sind aus dem Ministerium ausgetreten." Ernste Sorge, denn das bedeutet Bürgerkrieg. Auf der Straße wird erzählt, dass soeben der König von Bayern abgedankt hat. Die Abdankung des Kaisers soll bereits da sein, aber noch nicht bekannt gegeben. Endlich neue Zeitungen; die Menschen stürzen sich auf die Zeitungsträger und reißen und prügeln sich um die Blätter: „Der Kaiser hat abgedankt."

Alle atmen auf. Endlich! Schade, dass nicht vor Wochen mit der Geste des großen Patrioten ein freiwilliger Verzicht erfolgt ist. Jetzt ist er erzwungen und niemand hat Sympathie. [...]

Als ich die Wilhelmstraße nach der Leipzigerstraße hinunter gehe, sehe ich schwarze Menschenreihen stehen. Alle reden und gestikulieren. Eine bewegte Massenszene. Man erzählt aufgeregt, dass Schüsse beim Kriegsministerium gefallen seien, aus den Fenstern sei geschossen, die Türen seien verrammelt. Von der Straße aus sei das Schießen erwidert. Automobile kommen herangesaust, rote Fahnenfetzen flattern. Soldaten und Zivilisten mit und ohne Gewehr kleben wie Bienen innen und außen auf den Automobilen und schreien: Es lebe die Republik. Jetzt erst erfahre ich, in Berlin ist die sozialistische Republik ausgerufen. [...]

Ein Arbeiter steigt auf das Dach einer Elektrischen und spricht zu den Massen. Man horcht auf und alle schreien: „Hoch die Republik." Der verständige Mann warnt, dass die Kinder und halbwüchsigen Burschen nach Hause gehen sollen, damit nicht ihr kindischer Übermut die ernste Arbeit der Männer störe. Fast die Hälfte der Anwesenden scheint aus solchen Jungens zu bestehen, die johlen und sich amüsieren, daneben viel harmlos neugieriges Publikum. Ganz wenig bewusste Kämpfer für die Freiheitsidee leiten die ganze Bewegung. [...]

Die Abendzeitungen bringen die ersten Berichte. Prinz Max von Baden hat abgedankt und den Führer der sozialistischen Partei, den Genossen Ebert, zum Nachfolger vorgeschlagen. Unter Führung der Matrosen haben Arbeiter und Soldaten Räte gebildet. Die Regimenter haben sich ohne Weiteres angeschlossen. Auf den Kasernen weht die rote Flagge. Nirgends ernsthafter Widerstand, keine Kämpfe und nur wenige Opfer, die mehr dem Zufall als der politischen Notwendigkeit zum Opfer gefallen sind. Generalstreik wird für den nächsten Tag verkündet. Blutvergießen soll wenn irgend möglich verhindert werden. Aus dem Reiche kommen gleiche Nachrichten.

Am Vormittag des 9. November ist die Revolution siegreich durchgeführt und die Republik begründet. Was wird sich aus dem Wirrwarr gestalten, wie wird die weitere Entwicklung? Von den Waffenstillstandsbedingungen wird kaum noch gesprochen.

In der Potsdamerstraße stehen im Halbdunkeln Menschengruppen umher und sprechen über Politik. Ein in Deutschland ungewohntes, in den demokratischen Ländern England und Amerika ganz alltägliches Bild. Dazwischen kommen Autos gesaust und werden mit Zurufen begrüßt. Ich habe den Eindruck, dass nur Neugierige wie wir selbst auf der Straße stehen. Die wirkliche Politik wird nur von wenigen Menschen hinter verschlossenen Türen betrieben und die Straße hat keinen Einfluss.

Zitiert nach: www.dhm.de/lemo/zeitzeugen/m%C3%BCnsterberg-novemberrevolution-1918 [Zugriff: 10.04.2016]

Untersuchen Sie die Quelle. Arbeiten Sie die Ereignisse heraus. Wie werden sie bewertet? Welche politische Einstellung des Verfassers wird deutlich?

M2 Bürgerliche oder sozialistische Demokratie?

In der „Roten Fahne", dem Zentralorgan des Spartakusbundes, schreibt Rosa Luxemburg am 20. November 1918:

Das heutige Idyll, wo Wölfe und Schafe, Tiger und Lämmer wie in der Arche Noah friedlich nebeneinander grasen, dauert auf die Minute so lange, bis es mit dem Sozialismus ernst zu werden beginnt. Sobald die famose Nationalversammlung wirklich beschließt, den Sozialismus voll und ganz zu verwirklichen, die Kapitalsherrschaft mit Stumpf und Stiel auszurotten, beginnt auch der Kampf. [...] All das ist unvermeidlich. All das muss durchgefochten, abgewehrt, niedergekämpft werden – ob mit oder ohne Nationalversammlung. Der „Bürgerkrieg", den man aus der Revolution mit ängstlicher Sorge zu verbannen sucht, lässt sich nicht verbannen. [...]
Die Nationalversammlung ist ein überlebtes Erbstück bürgerlicher Revolutionen, eine Hülle ohne Inhalt, ein Requisit aus den Zeiten kleinbürgerlicher Illusionen vom „einigen Volk", von der „Freiheit, Gleichheit und Brüderlichkeit" des bürgerlichen Staates. [...]
Nicht darum handelt es sich heute, ob Demokratie oder Diktatur. Die von der Geschichte auf die Tagesordnung gestellte Frage lautet: *bürgerliche* Demokratie oder *sozialistische* Demokratie. Denn Diktatur des Proletariats, das ist Demokratie im sozialistischen Sinne. Diktatur des Proletariats, das sind nicht Bomben, Putsche, Krawalle, „Anarchie", wie die Agenten des kapitalistischen Profits zielbewusst fälschen, sondern das ist der Gebrauch aller politischen Machtmittel zur Verwirklichung des Sozialismus, zur Expropriation[1] der Kapitalistenklasse – im Sinne und durch den Willen der revolutionären Mehrheit des Proletariats[2], also im Geiste sozialistischer Demokratie.
Ohne den bewussten Willen und die bewusste Tat der Mehrheit des Proletariats kein Sozialismus. Um dieses Bewusstsein zu schärfen, diesen Willen zu stählen, diese Tat zu organisieren, ist ein Klassenorgan nötig: das Reichsparlament der Proletarier in Stadt und Land.

Die Rote Fahne vom 20. November 1918

1. *Arbeiten Sie heraus, mit welchen Argumenten Rosa Luxemburg die Wahl zur Nationalversammlung verwirft. Diskutieren Sie, welche Aussagen situationsbedingt, welche programmatisch sind.*

2. *Suchen und erläutern Sie Widersprüche in der Argumentation von Rosa Luxemburg.*

3. *Charakterisieren Sie Rosa Luxemburgs Verständnis der Begriffe „Demokratie" und „Diktatur".*

[1] **Expropriation**: Enteignung
[2] **Proletariat**: Siehe Glossar.

M3 Verständigung zwischen Groener und Ebert

General Groener und der Vorsitzende des Rates der Volksbeauftragten, Friedrich Ebert (SPD), treffen am 10. November 1918 eine Vereinbarung. In seiner 1957 erschienenen Autobiografie schreibt Groener darüber, dass es sein Ziel sein sollte, die deutschen Truppen nach der Unterzeichnung des Waffenstillstandes ordnungsgemäß ins Deutsche Reich zurückzuführen:

Die Aufgabe der Heeresleitung musste es jetzt sein, den Rest des Heeres rechtzeitig und in Ordnung, aber vor allem innerlich gesund in die Heimat zu bringen und dem Offizierskorps als dem Träger des Wehrgedankens einen Weg in die neuen Verhältnisse zu ermöglichen. Die seit Jahrhunderten im preußisch-deutschen Offizierskorps angesammelte moralisch-geistige Kraft musste in ihrem Kern für die Wehrmacht der Zukunft erhalten werden. Der Sturz des Kaisertums entzog den Offizieren den Boden ihres Daseins, ihren Sammel- und Ausrichtepunkt. Es musste ihm ein Ziel gewiesen werden, das des Einsatzes wert war und ihm die innere Sicherheit wiedergab. Es musste das Gefühl wachgerufen werden der Verpflichtung nicht nur gegenüber einer bestimmten Staatsform, sondern für Deutschland schlechthin.
Das Offizierskorps konnte aber nur mit einer Regierung zusammengehen, die den Kampf gegen den Radikalismus und Bolschewismus aufnahm. Dazu war Ebert bereit, aber er hielt sich nur mühsam am Steuer und war nahe daran, von den Unabhängigen und der Liebknechtgruppe über den Haufen gerannt zu werden. Was war demnach näher liegend, als Ebert, den ich als anständigen, zuverlässigen Charakter und unter der Schar seiner Parteigenossen als den staatspolitisch weitsichtigsten Kopf kennengelernt hatte, die Unterstützung des Heeres und des Offizierskorps anzubieten?
[...] Am Abend rief ich die Reichskanzlei an und teilte Ebert mit, dass das Heer sich seiner Regierung zur Verfügung stelle, dass dafür der Feldmarschall und das Offizierskorps von der Regierung Unterstützung erwarteten bei der Aufrechterhaltung der Ordnung und Disziplin im Heer. Das Offizierskorps verlange von der Regierung die Bekämpfung des Bolschewismus und sei dafür zum Einsatz bereit. Ebert ging auf meinen Bündnisvorschlag ein. Von da ab besprachen wir uns täglich abends auf einer geheimen Leitung zwischen der Reichskanzlei und der Heeresleitung über die notwendigen Maßnahmen. Das Bündnis hat sich bewährt.

Zitiert nach: Heinz Hürten (Hrsg.), Weimarer Republik und Drittes Reich 1918-1945 (Deutsche Geschichte in Quellen und Darstellung, Bd. 9), Stuttgart ²2000, S. 35

1. *Beschreiben Sie die Aufgaben, die Groener gemäß seiner Autobiografie hatte.*

2. *Bewerten Sie das Verhalten Groeners.*

Geschichte kontrovers

Lesetipp:
Wolfgang Niess, Die Revolution von 1918/19 in der deutschen Geschichtsschreibung, Berlin/Boston 2013

1918/19 – eine „steckengebliebene" Revolution?

1918/19 stellt einen „Wendepunkt" in der deutschen Geschichte dar. Aber: War dieser Umbruch eine Revolution"? Leitete sie aufgrund von Massenbewegungen in kurzer Zeit weitreichende Veränderungen der Herrschafts-, Wirtschafts- und Gesellschaftsordnung ein? Oder wurden 1918/19 eher Chancen vertan, einen solchen tief greifenden Wandel herbeizuführen?

Diese Fragen werden auch nach fast 100 Jahren nicht einheitlich beantwortet. Das ist kaum verwunderlich, da historische Urteile immer zeit- und standortgebunden sind – und damit auch immer offen für neue Wertungen. Je nach dem, welches Revolutionsverständnis zugrunde gelegt wird, war 1918/19 keine oder eine „steckengebliebene" Revolution, eine „verpasste Chance" oder doch die „erste erfolgreiche Revolution in Deutschland".

M1 Zur Revolutionsgeschichte

Der Leipziger Historiker Manfred Kossok hat viele Revolutionen untersucht und verglichen. 1988 schreibt er im Epilog seines Buches „Revolutionen der Weltgeschichte":

So ist es erforderlich, zwischen der Revolution „im engeren" und „im weiteren Sinne" zu unterscheiden. Die Revolution im engeren Sinne umfasst die „eigentliche" Revolution, d. h. jenen relativ kurzen historischen Zeitraum, in dem die Grundlage jeder Revolution – die Machtfrage – entschieden wird. Dagegen verdeutlicht der Begriff der Revolution im weiteren Sinne den ungleich länger andauernden Gesamtprozess der Durchsetzung und Konsolidierung der neuen Gesellschaftsordnung.
Gerade die Revolutionsgeschichte vermittelt am nachhaltigsten die Erkenntnis, dass der Geschichte ein Nicht-abgeschlossen-Sein eigen ist. Nicht nur in die Zukunft, sondern auch in die Vergangenheit ist Geschichte offen. Das beweist die Fülle von neuen Erkenntnissen über scheinbar schon bis ins letzte Detail Gewusstes. Auch Revolutionen wurden und werden „umgeschrieben"; nicht aus Gründen bloßer Opportunität [...], sondern ob der Tatsache, dass die Klassen und Generationen stets neue Fragen an ihre eigene Herkunft, ihr Werden und ihren Wandel stellen. Mit dem Fortschritt der Geschichte „wandern" zugleich historisches Denken und historische Wertung.

Manfred Kossok, In Tyrannos. Revolutionen der Weltgeschichte. Von den Hussiten bis zur Commune, Leipzig 1989, S. 441

■ *Erläutern Sie Kossoks These, dass auch Revolutionen „umgeschrieben" werden müssen.*

M2 Eine „steckengebliebene Revolution"

Eberhard Kolb, der viele Jahre an der Universität Köln Geschichte lehrt, urteilt in einem 1978 zunächst für den Rundfunk verfassten Beitrag folgendermaßen:

Misst man die Ergebnisse der Revolution daran, in welchem Maße die Zielvorstellungen der Revolutionsbewegung realistisch wurden und die politische und gesellschaftliche Verfassung der Weimarer Republik geprägt haben, dann bleibt nur die Feststellung: Die revolutionäre Massenbewegung ist im Wesentlichen gescheitert; und zwar sowohl in der ersten, gemäßigten Phase wie die der zweiten, der radikalen Phase. Man kann daher von einer steckengebliebenen Revolution sprechen.
Daraus ergibt sich [...]: Mit dieser steckengebliebenen Revolution mochte – und mag – sich keine der großen politischen Richtungen identifizieren. So, wie sie verlief und endete, hatte kaum jemand in Deutschland diese Revolution gewollt. Die einen hatten überhaupt keine Revolution, die anderen hatten ein anderes Ergebnis der Revolution gewollt.

Eberhard Kolb, 1918/19: Die steckengebliebene Revolution, in: Carola Stern und Heinrich August Winkler (Hrsg.), Wendepunkte deutscher Geschichte 1848-1990, Frankfurt am Main 1994, S. 99-125, hier S. 123

M3 Keine Revolution

Der Kieler Historiker Karl Heinrich Pohl vertritt 1990 in einem Vortrag die These, „dass 1918 in Deutschland keine Revolution stattfand"; er vertritt folgende Ansicht:

Der Wechsel an der Staatsspitze reichte der Partei [der Mehrheitssozialdemokraten] aus. Sie erachtete es nicht für nötig, bereits in dieser Phase den alten Machtapparat zu zerschlagen, den militärischen Apparat grundlegend umzugestalten, das Wirtschaftssystem – das die sozialen Forderungen der Partei einmal tragen und auch finanzieren musste – entscheidend zu verändern. Nicht einmal eine sofortige Enteignung des Großgrundbesitzes und der Großindustrie wurde avisiert. Wenn eine politische Gruppierung in Deutschland „unrevolutionär“ und ohne das nötige Gespür für Machtfragen war, dann war es die deutsche Sozialdemokratie des Jahres 1918.

Karl Heinrich Pohl, Obrigkeitsstaat und Demokratie. Aspekte der „Revolution“ von 1918/19, in: Manfred Hettling (Hrsg.), Revolution in Deutschland? 1789-1989, Göttingen 1991, S. 46-69, hier S. 56

M4 Eine verpasste Chance

Der in Berlin lehrende Historiker Heinrich August Winkler schreibt 1996:

Die Revolution von 1918/19, aus der Weimar hervorgegangen ist, gehört zu den umstrittensten Ereignissen der deutschen Geschichte. Manche Historiker meinen, dass die erste deutsche Demokratie vielleicht nicht untergegangen und dann auch Hitler nicht an die Macht gekommen wäre, hätte es damals einen gründlichen Bruch mit der obrigkeitsstaatlichen Vergangenheit gegeben. Tatsächlich war der Handlungsspielraum der regierenden Mehrheitssozialdemokraten [...] in den entscheidenden Wochen zwischen dem Sturz der Monarchie am 9. November 1918 und der Wahl der Verfassunggebenden Deutschen Nationalversammlung am 19. Januar 1919 größer, als die Akteure mit Friedrich Ebert, dem Vorsitzenden des Rates der Volksbeauftragten, an der Spitze selbst meinten. Sie hätten weniger bewahren müssen und mehr verändern können. Es wäre, mit anderen Worten, möglich gewesen, in der revolutionären Übergangszeit erste Schritte zu tun auf dem Weg zu einer Demokratisierung der Verwaltung, der Schaffung eines republikloyalen Militärwesens, der öffentlichen Kontrolle der Macht – unter Umständen bis hin zu einer Vergesellschaftung des Bergbaus, einer Forderung, die nach der Jahreswende 1918/19 zu einer zündenden Streikparole wurde. [...]
Gegen eine Mehrheit Politik zu machen, war für die Sozialdemokraten unvorstellbar. Es hätte auch dem bisherigen Gang der Verfassungsgeschichte widersprochen. [...]
Deutschland war auch zu industrialisiert für einen völligen Umsturz der gesellschaftlichen Verhältnisse. [...] Beide Faktoren, der Grad der Demokratisierung und der Grad der Industrialisierung, wirkten objektiv revolutionshemmend.

Heinrich August Winkler, Weimar: Ein deutsches Menetekel, in: Ders. und Alexander Cammann ((Hrsg.), Weimar. Ein Lesebuch zur deutschen Geschichte 1918-1933, München ³1999, S. 13-42, hier S. 15f. und 17f.

M5 Die erste erfolgreiche Revolution in Deutschland

Die Historikerin Ulla Plener fasst das Ergebnis einer Tagung von 2008 wie folgt zusammen:

Der herausragende Platz der Revolution 1918/1919 in der deutschen Geschichte erweist sich [...] mindestens in dreierlei Hinsicht:

1. Ihr *Hauptergebnis*: Sie beendete den Ersten Weltkrieg, brachte Deutschland den Frieden, stürzte das Kaisertum und etablierte die Republik mit allgemeinem Wahlrecht, auch für Frauen, der Trennung von Staat und Kirche u.a. demokratischen Maßnahmen sowie einigen nach jahrzehntelangem Kampf endlich gewährten sozialen Rechten für die Lohnarbeitenden.[1]
2. Das erfolgte nicht aufgrund eines Parlamentsbeschlusses, sondern war das Resultat breiter, in erster Linie von der Arbeiterbewegung getragener *spontaner Massenaktionen*.
3. Deshalb war der demokratischen Revolution ein ausgeprägter sozialer und basisdemokratischer Grundzug eigen, was sich besonders in der Bildung und dem anfänglichen Wirken der Arbeiter- und Soldatenräte und in der Forderung nach Sozialisierung niedergeschlagen hatte.

Insgesamt ging es also um Frieden, demokratische Republik, individuelle staatsbürgerliche Freiheiten – und um die Lösung der soziale Frage, um kollektive soziale Rechte aller, die Eigentumsfrage eingeschlossen.
Mit der Annahme der Verfassung in Weimar im August 1919 wurde die bürgerliche-demokratische Staatsordnung in Deutschland etabliert, und sie bedeutete auch den Durchbruch zur Anerkennung wesentlicher Rechte der Lohnarbeitenden. Insofern war die Revolution 1918/1919 die *erste erfolgreiche Revolution in Deutschland* – und das wurde *maßgeblich von der Arbeiterbewegung erreicht*.

Ulla Plener, Zum Geleit, in: Dies. (Hrsg.), Die Novemberrevolution 1918/1919 in Deutschland. Für bürgerliche und sozialistische Demokratie [...], Berlin 2009, S. 7-10, hier S. 8 (Hervorhebungen in der Vorlage)

1. *Vergleichen Sie die Urteile über 1918 von Kolb, Pohl und Plener (M2, M3 und M5). Wie begründen die Autorin und die Autoren ihre Auffassung, dass 1918 „keine“, eine „steckengebliebene“ oder doch eine „erfolgreiche“ Revolution stattgefunden habe.*
2. *Winkler relativiert den Begriff „Revolution“. Erörtern Sie seine Einschätzung (M4).*

[1] Zum Beispiel den Achtstundenarbeitstag und den Vorrang des Tarifvertrages vor dem Einzelarbeitsvertrag.

Die Weimarer Verfassung

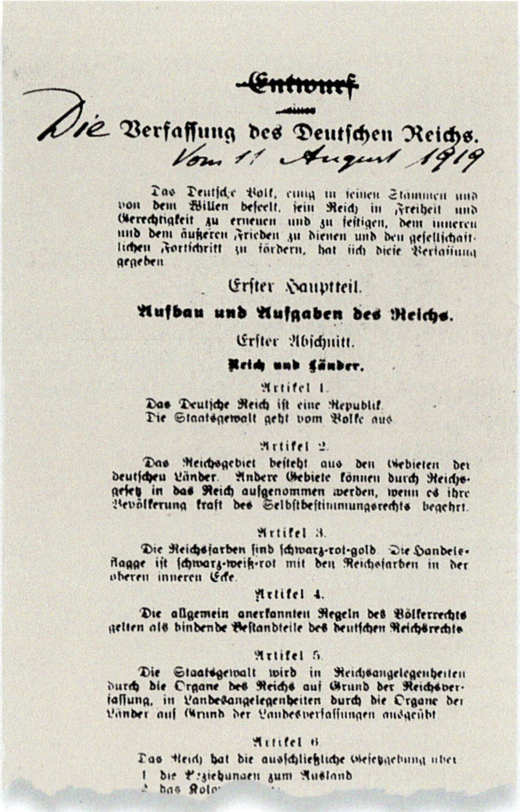

~~Entwurf~~

Die Verfassung des Deutschen Reichs.
Vom 11 August 1919

Das Deutsche Volk, einig in seinen Stämmen und von dem Willen beseelt, sein Reich in Freiheit und Gerechtigkeit zu erneuen und zu festigen, dem inneren und dem äußeren Frieden zu dienen und den gesellschaftlichen Fortschritt zu fördern, hat sich diese Verfassung gegeben.

Erster Hauptteil.

Aufbau und Aufgaben des Reichs.

Erster Abschnitt.

Reich und Länder.

Artikel 1.

Das Deutsche Reich ist eine Republik.
Die Staatsgewalt geht vom Volke aus.

Artikel 2.

Das Reichsgebiet besteht aus den Gebieten der deutschen Länder. Andere Gebiete können durch Reichsgesetz in das Reich aufgenommen werden, wenn es ihre Bevölkerung kraft des Selbstbestimmungsrechts begehrt.

Artikel 3.

Die Reichsfarben sind schwarz-rot-gold. Die Handelsflagge ist schwarz-weiß-rot mit den Reichsfarben in der oberen inneren Ecke.

Artikel 4.

Die allgemein anerkannten Regeln des Völkerrechts gelten als bindende Bestandteile des deutschen Reichsrechts.

Artikel 5.

Die Staatsgewalt wird in Reichsangelegenheiten durch die Organe des Reichs auf Grund der Reichsverfassung, in Landesangelegenheiten durch die Organe der Länder auf Grund der Landesverfassungen ausgeübt.

Artikel 6.

Das Reich hat die ausschließliche Gesetzgebung über:
1. die Beziehungen zum Ausland;
2. das Kolo

▲ Die erste Seite der Verfassungsurkunde.

Weimar Die „Republik von Weimar" erhielt ihren Namen, weil die Verfassunggebende Versammlung vor den Unruhen in Berlin auswich und im Februar 1919 in der Stadt in Thüringen zusammentrat. Weimar sollte auch auf Goethe, Schiller und die deutsche Klassik verweisen, um der ersten deutschen Republik Würde und Ansehen zu verleihen.

Der Wähler als Souverän Männer und Frauen über 20 Jahren erhielten das Recht, in allgemeinen, geheimen, unmittelbaren Wahlen alle vier Jahre die Abgeordneten des Reichstages und alle sieben Jahre den Reichspräsidenten zu wählen (▸ M1).

Mit dem *Verhältniswahlrecht* sollte jede Stimme gleich gewichtet sein: Jede Partei erhielt für 60 000 gültige Stimmen ein Mandat. Eine Sperrklausel, die den kleinen Parteien – auch „Splitterparteien" genannt – den Zutritt zum Reichstag hätte verwehren können, gab es nicht. Anders als beim Mehrheitswahlrecht des Kaiserreiches gingen so kaum Stimmen verloren, was zu dieser Zeit als besonders gerecht und demokratisch galt. Dabei vernachlässigte man allerdings, dass Wahlen nicht nur der demokratischen Gerechtigkeit dienen sollen. Das wesentliche Ziel, regierungsfähige Mehrheiten im Parlament zu bilden, wurde durch die Parteienvielfalt im Parlament erschwert. Hinzu kam, dass die Parteien kaum Bereitschaft zu Kompromissen zeigten, die eigenen Interessen dem Gemeinwohl vorzogen und damit die Regierung schwächten.

Als Elemente der direkten Demokratie wurden *Volksbegehren* und *Volksentscheid* eingeführt. Die Staatsbürger sollten sich durch **Plebiszite** direkt an der staatlichen Willensbildung beteiligen. Jedoch konnte die plebiszitäre Komponente der Verfassung ihre Aufgabe, ein „Gegengewicht zum Parteienstaat" zu bilden, in der Praxis nicht erfüllen. Vielmehr versuchten republikfeindliche Parteien, Volksabstimmungen zur Manipulation der Massen einzusetzen. Solche Bestrebungen scheiterten aber bis 1933 an den fehlenden Mehrheiten.

Plebiszit (lat. *plebis scitum*): Volksabstimmung, Volksbeschluss

Die Verfassungsorgane Dem Reichstag oblag neben dem Recht auf Gesetzgebung auch die Kontrolle der Regierung, d. h. Kanzler und Minister benötigten zu ihrer Amtsführung das Vertrauen der Parlamentsmehrheit. Jedes einzelne Regierungsmitglied konnte durch ein *Misstrauensvotum* zum Rücktritt gezwungen werden. Allerdings bestand keine Pflicht, bei der Abwahl des Kanzlers einen neuen Regierungschef zu wählen und damit wiederum für eine handlungsfähige Regierung zu sorgen. Für den Reichsrat, die Vertretung der Länder, war mit einem aufschiebenden Veto gegen Beschlüsse des Reichstages nur geringer Einfluss vorgesehen.

Mit besonderen Vollmachten war der *Reichspräsident* ausgestattet. Er allein ernannte und entließ den Kanzler und konnte den Reichstag auflösen. Außerdem war er Oberbefehlshaber der Reichswehr. Bei Gefahr für die öffentliche Sicherheit und Ordnung im Reich konnte der Reichspräsident auf der Grundlage von *Artikel 48* die zu ihrer Wiederherstellung nötigen Maßnahmen treffen und notfalls die Reichswehr einsetzen. Im Lauf der Jahre wurde dieser Artikel häufig von Reichspräsident und Reichskanzler unter Umgehung des Parlaments herangezogen, um wirtschaftliche und soziale Probleme zu lösen.

Lesetipps:
- *Günther Mai, Die Weimarer Republik, München ²2014*
- *Hartmann Wunderer, Die Weimarer Republik, Stuttgart 2012*

Die Grundrechte Der Katalog der Grundrechte und Grundpflichten, den die Weimarer Verfassung als zweiten Hauptteil aufführte (Art. 109 - 165), erfüllte eine alte Forderung des deutschen Liberalismus. **Hugo Preuß**, der im Auftrag Eberts einen Verfassungsentwurf ausarbeitete und als „Vater der Verfassung" gilt, bezeichnete die Aufnahme der Grundrechte als einen Akt der Pietät gegenüber den Abgeordneten der Paulskirche (1848/49). Diese hatten in den Grundrechten ein Kernstück jeder Verfassung gesehen: Rechtsgleichheit, Freizügigkeit, Recht der freien Meinungsäußerung, Freiheit der Person, Glaubens- und Gewissensfreiheit.

Die wichtige Aufgabe der Kontrolle der Staatsmacht erfüllte dieser Katalog jedoch nicht uneingeschränkt, da viele Grundrechte in Krisenzeiten durch *Notverordnungen* gemäß Artikel 48 außer Kraft gesetzt werden konnten. Dass dies nicht nur zur Sicherung, sondern auch zur Zerstörung der demokratischen Ordnung geschehen konnte, vermochten sich die Verfassungsgeber nicht vorzustellen. Sie gaben der Republik eine wertneutrale Verfassung ohne normative Einschränkung, die den Gegnern der Demokratie von links und rechts die Möglichkeit bot, den Staat massiv zu bekämpfen. Die verantwortlichen Politiker sahen das Wesen der Demokratie ausschließlich in der Mehrheitsentscheidung, unabhängig davon, in welche Richtung sie ging. Außerdem bestand für die Bürger keine Möglichkeit, die Verletzung der Grundrechte durch die Staatsgewalt vor Gericht einzuklagen. Einen Verfassungskern, der ausdrücklich nicht von der Parlamentsmehrheit angetastet werden durfte, gab es nicht.

Hugo Preuß (1860 - 1925): Staatsrechtler, 1919 Mitbegründer der DDP, erster Reichsinnenminister der Weimarer Republik

Zur Situation der Frauen in der Weimarer Republik Zu den demokratischen Errungenschaften der Weimarer Republik gehört die verfassungsrechtliche *Gleichstellung der Geschlechter*. Schon während der Kriegsjahre waren vor allem Frauen aus der Arbeiterbewegung politisch aktiv gewesen, hatten sich an der Organisation von Streiks und Demonstrationen beteiligt und in der Frauenbewegung für ihre Rechte gekämpft. Aber auch bürgerliche Frauen engagierten sich und forderten gleiche politische Rechte.* Im November 1918 erfüllte der Rat der Volksbeauftragten eine sozialdemokratische Forderung: das aktive und passive Wahlrecht für Frauen (▸ M2).

▲ **Zum ersten Mal dürfen die Frauen in Deutschland zur Wahl gehen.**
Foto vom 19. Januar 1919.

Mit einer Wahlbeteiligung von fast 90 Prozent machten die Frauen 1919 von ihrem Stimmrecht regen Gebrauch. 41 von 310 Kandidatinnen zogen in die Weimarer Nationalversammlung ein. Ein solcher Anteil wurde erst wieder 1983 im zehnten deutschen Bundestag erreicht.

Dass die Lebenswirklichkeit von den Vorgaben der Grundrechte abwich, verdeutlicht die Situation der Frauen in der Weimarer Republik. Nach der Reichsverfassung hatten Frauen und Männer nun „grundsätzlich dieselben staatsbürgerlichen Rechte und Pflichten" (Art. 109). Aber weder auf dem Arbeitsmarkt, wo Frauen für die gleiche Arbeit weniger Lohn erhielten, noch im Familienrecht galt der Gleichberechtigungsgrundsatz. Für Tätigkeiten, die über die Hausarbeit hinausgingen, brauchten Frauen die Erlaubnis des Ehemannes. So bestimmte es das Bürgerliche Gesetzbuch noch bis 1977. Das Frauenwahlrecht und die steigende Zahl weiblicher Mitglieder in Parteien und Gewerkschaften änderten nichts daran, dass führende Positionen der Politik weiterhin nur von Männern besetzt blieben.

* Zur Frauenbewegung vor 1918 siehe S. 52 ff.

M1 Die Weimarer Verfassung

Am 11. August 1919 tritt die Weimarer Verfassung in Kraft. In einem ersten Hauptteil (Art. 1-108) werden Aufbau und Aufgaben des Reiches geregelt, der zweite Hauptteil (Art. 109-181) enthält Grundrechte und -pflichten der Bürger:

I. Hauptteil. Aufbau und Aufgaben des Reiches

Artikel 1. Das Deutsche Reich ist eine Republik. Die Staatsgewalt geht vom Volke aus. [...]

Artikel 13. Reichsrecht bricht Landrecht. [...]

Artikel 21. Die Abgeordneten sind Vertreter des ganzen Volkes. Sie sind nur ihrem Gewissen unterworfen und an Aufträge nicht gebunden.

Artikel 22. Die Abgeordneten werden in allgemeiner, gleicher, unmittelbarer und geheimer Wahl von den über zwanzig Jahre alten Männern und Frauen nach den Grundsätzen der Verhältniswahl gewählt. [...]

Artikel 25. Der Reichspräsident kann den Reichstag auflösen, jedoch nur einmal aus dem gleichen Anlass. [...]

Artikel 41. Der Reichspräsident wird vom ganzen deutschen Volke gewählt. [...]

Artikel 48. [...] Der Reichspräsident kann, wenn im Deutschen Reiche die öffentliche Sicherheit und Ordnung erheblich gestört oder gefährdet wird, die zur Wiederherstellung der öffentlichen Sicherheit und Ordnung nötigen Maßnahmen treffen, erforderlichenfalls mithilfe der bewaffneten Macht einschreiten. Zu diesem Zwecke darf er vorübergehend die in den Artikeln 114, 115, 117, 118, 123, 124 und 153[1] festgesetzten Grundrechte ganz oder zum Teil außer Kraft setzen. [...]

Artikel 54. Der Reichskanzler und die Reichsminister bedürfen zu ihrer Amtsführung des Vertrauens des Reichstages. Jeder von ihnen muss zurücktreten, wenn ihm der Reichstag durch ausdrücklichen Beschluss sein Vertrauen entzieht. [...]

Artikel 76. Die Verfassung kann im Wege der Gesetzgebung geändert werden. Jedoch kommen Beschlüsse des Reichstages auf Abänderung der Verfassung nur zustande, wenn zwei Drittel der gesetzlichen Mitgliederzahl anwesend sind und wenigstens zwei Drittel der Anwesenden zustimmen. Auch Beschlüsse des Reichsrates auf Abänderung der Verfassung bedürfen einer Mehrheit von zwei Dritteln der abgegebenen Stimmen. Soll auf Volksbegehren durch Volksentscheid eine Verfassungsänderung beschlossen werden, so ist die Zustimmung der Mehrheit der Stimmberechtigten erforderlich. [...]

II. Hauptteil. Grundrechte und Grundpflichten der Deutschen

Artikel 109. Alle Deutschen sind vor dem Gesetze gleich. Männer und Frauen haben grundsätzlich dieselben staatsbürgerlichen Rechte und Pflichten.
Öffentlich-rechtliche Vorrechte oder Nachteile der Geburt oder des Standes sind aufzuheben. [...]

Artikel 118. Jeder Deutsche hat das Recht, innerhalb der Schranken der allgemeinen Gesetze seine Meinung durch Wort, Schrift, Druck, Bild oder in sonstiger Weise frei zu äußern. [...]
Eine Zensur findet nicht statt [...].

Artikel 119. Die Ehe steht als Grundlage des Familienlebens und der Erhaltung und Vermehrung der Nation unter dem besonderen Schutz der Verfassung. Sie beruht auf der Gleichberechtigung der beiden Geschlechter.
Die Reinerhaltung, Gesundung und soziale Förderung der Familie ist Aufgabe des Staates und der Gemeinden. Kinderreiche Familien haben Anspruch auf ausgleichende Fürsorge.
Die Mutterschaft hat Anspruch auf den Schutz und die Fürsorge des Staates. [...]

Artikel 122. Die Jugend ist gegen Ausbeutung sowie gegen sittliche, geistige oder körperliche Verwahrlosung zu schützen. Staat und Gemeinde haben die erforderlichen Einrichtungen zu treffen. [...]

Artikel 123. Alle Deutschen haben das Recht, sich ohne Anmeldung oder besondere Erlaubnis friedlich und unbewaffnet zu versammeln. [...]

Artikel 128. Alle Staatsbürger ohne Unterschied sind nach Maßgabe der Gesetze und entsprechend ihrer Befähigung und ihren Leistungen zu den öffentlichen Ämtern zuzulassen.
Alle Ausnahmebestimmungen gegen weibliche Beamte werden beseitigt. [...]

Artikel 135. Alle Bewohner des Reiches genießen volle Glaubens- und Gewissensfreiheit. Die ungestörte Religionsausübung wird durch die Verfassung gewährleistet und steht unter staatlichem Schutz. Die allgemeinen Staatsgesetze bleiben hiervon unberührt. [...]

[1] In diesen Artikeln geht es vor allem um die Freiheit der Person und ihres Eigentums, die Unverletzlichkeit der Wohnung, das Briefgeheimnis sowie um die Meinungs-, Versammlungs- und Vereinigungsfreiheit.

Artikel 142. Die Kunst, die Wissenschaft und ihre Lehre sind frei. Der Staat gewährt ihnen Schutz und nimmt an ihrer Pflege teil.

Artikel 143. Für die Bildung der Jugend ist durch öffentliche Anstalten zu sorgen. Bei ihrer Einrichtung wirken Reich, Länder und Gemeinden zusammen. [...]

Artikel 151. Die Ordnung des Wirtschaftslebens muss den Grundsätzen der Gerechtigkeit mit dem Ziele der Gewährleistung eines menschenwürdigen Daseins für alle entsprechen. In diesen Grenzen ist die wirtschaftliche Freiheit des Einzelnen zu sichern. [...]

Artikel 153. Das Eigentum wird von der Verfassung gewährleistet. Sein Inhalt und seine Schranken ergeben sich aus den Gesetzen.
Eine Enteignung kann nur zum Wohle der Allgemeinheit und auf gesetzlicher Grundlage vorgenommen werden. [...]
Eigentum verpflichtet. Sein Gebrauch soll zugleich Dienst sein für das Gemeine Beste. [...]

Artikel 157. Die Arbeitskraft steht unter dem besonderen Schutz des Reiches.
Das Reich schafft ein einheitliches Arbeitsrecht. [...]

Artikel 159. Die Vereinigungsfreiheit zur Wahrung und Förderung der Arbeits- und Wirtschaftsbedingungen ist für jedermann und für alle Berufe gewährleistet. [...]

Artikel 161. Zur Erhaltung der Gesundheit und Arbeitsfähigkeit, zum Schutz der Mutterschaft und zur Vorsorge gegen die wirtschaftlichen Folgen von Alter, Schwäche und Wechselfällen des Lebens schafft das Reich ein umfassendes Versicherungswesen unter maßgebender Mitwirkung der Versicherten.

Artikel 162. Das Reich tritt für eine zwischenstaatliche Regelung der Rechtsverhältnisse der Arbeiter ein, die für die gesamte arbeitende Klasse der Menschheit ein allgemeines Mindestmaß der sozialen Rechte erstrebt.

Artikel 163. [...] Jedem Deutschen soll die Möglichkeit gegeben werden, durch wirtschaftliche Arbeit seinen Unterhalt zu erwerben. Soweit ihm angemessene Arbeitsgelegenheit nicht nachgewiesen werden kann, wird für seinen notwendigen Unterhalt gesorgt. [...]

Artikel 165. Die Arbeiter und Angestellten sind dazu berufen, gleichberechtigt in Gemeinschaft mit den Unternehmern an der Regelung der Lohn- und Arbeitsbedingungen sowie an der gesamten wirtschaftlichen Entwicklung der produktiven Kräfte mitzuwirken. Die beiderseitigen Organisationen und ihre Vereinbarungen werden anerkannt.
Die Arbeiter und Angestellten erhalten zur Wahrnehmung ihrer sozialen und wirtschaftlichen Interessen gesetzliche Vertretungen in Betriebsarbeiterräten sowie in nach Wirtschaftsgebieten gegliederten Bezirksarbeiterräten und in einem Reichsarbeiterrat.
Die Bezirksarbeiterräte und der Reichsarbeiterrat treten zur Erfüllung der gesamten wirtschaftlichen Aufgaben und zur Mitwirkung bei der Ausführung der Sozialisierungsgesetze mit den Vertretungen der Unternehmer und sonst beteiligter Volkskreise zu Bezirkswirtschaftsräten und zu einem Reichswirtschaftsrat zusammen. Die Bezirkswirtschaftsräte und der Reichswirtschaftsrat sind so zu gestalten, dass alle wichtigen Berufsgruppen entsprechend ihrer wirtschaftlichen und sozialen Bedeutung darin vertreten sind.

Zitiert nach: www.verfassungen.de/de/de19-33/verf19-i.htm [Zugriff: 18.12.2013]

1. *Charakterisieren Sie anhand der Verfassung Wesen und Ziele der neuen Republik.*
2. *Die Verfassung sollte den Interessen der gesellschaftlichen Gruppen entgegenkommen und einen sozialen Ausgleich schaffen. Erläutern Sie, welche Gruppen an welchen Bestimmungen besonderes Interesse gehabt haben könnten. Begründen Sie Ihre Entscheidung.*
3. *Analysieren Sie, inwiefern die Verfassung soziale Ziele formuliert. Folgern Sie aus ihnen die Aufgaben der Regierung.*
4. *Begründen Sie, warum der umfangreiche Grundrechtskatalog die Staatsmacht der Weimarer Republik kaum begrenzen konnte.*
5. *Überprüfen Sie, welche Folgerungen das Grundgesetz für die Sicherung der Grundrechte gezogen hat.*

M2 Politische Betätigung und Wahlverhalten von Frauen in der Weimarer Republik

a) Gesamtübersicht über die Frauen in den Fraktionen der deutschen Reichstage. Die kleineren Parteien sind nicht aufgeführt, jedoch in der Gesamtzahl eingeschlossen:

[1] Reichstagswahlen am 4.5.1924
[2] Reichstagswahlen am 7.12.1924

Partei	Zahl der Abgeordneten						davon Frauen					
	1919	1920	1924a[1]	1924b[2]	1928	1930	1919	1920	1924a	1924b	1928	1930
KPD	–	2	68	45	54	76	–	1	4	3	3	13
SPD	165	113	100	131	152	143	22	13	11	16	20	16
USPD	22	81	–	–	–	–	3	9	–	–	–	–
DDP	74	45	28	32	25	14	6	6	2	2	2	1
DVP	22	62	44	51	45	29	1	3	2	2	2	1
Zentrum	89	68	65	69	61	68	6	3	3	4	3	4
BVP	–	19	16	19	17	19	–	1	1	1	–	–
DNVP	41	65	106	111	78	41	3	3	4	5	2	3
Zusammen	423	463	472	493	490	575	41	37	27	33	35	41

Nach: Gabriele Bremme, Die politische Rolle der Frau in Deutschland. Eine Untersuchung über den Einfluss der Frauen bei Wahlen und ihre Teilnahme in Partei und Parlament, Göttingen 1956, S. 124, Tabelle 39

b) Stimmanteile einzelner Parteien bei Reichstagswahlen nach Geschlechtern (in Prozent):

	1924a			1924b			1928			1930		
	m	w	T*	m	w	T	m	w	T	m	w	T
KPD	18,9	13,1	69,3	14,1	9,6	68,2	20,3	15,5	76,4	24,0	18,1	75,4
SPD	22,0	20,8	94,5	29,6	26,7	90,2	32,9	31,5	95,7	28,1	28,0	99,6
DDP	4,3	4,1	95,5	6,4	6,2	96,7	6,7	6,7	99,6	4,7	4,6	99,8
Z/BVP	11,0	17,0	154,5	10,2	15,1	148,0	6,6	10,2	154,1	5,2	8,3	158,6
DVP	7,7	8,6	112,1	12,0	13,8	115,0	8,9	9,8	110,6	5,2	6,5	124,7
DNVP	8,4	9,6	115,4	9,7	11,5	118,2	10,1	13,3	131,7	6,5	9,1	139,8
NSDAP	13,5	13,0	96,3	4,4	3,8	85,3	2,6	1,8	70,8	17,4	15,3	87,9
CSVD**	–	–	–	–	–	–	–	–	–	0,9	1,7	203,5
Anteil der erfassten Ber. in allen Ber.	6,9			6,2			20,6			16,8		

* **Tingsten-Index:** $\frac{\text{Prozentsatz der Frauen}}{\text{Prozentsatz der Männer}} \cdot 100$; die Zahlen sind gerundet. Für das im Ganzen zuverlässige Bild des geschlechterspezifischen Wahlverhaltens sind Sonderauszählungen die Grundlage. Die Auswahl der Bezirke, in denen sie durchgeführt wurden, ist aber zu wenig repräsentativ, um einen direkten Vergleich mit den Wahlergebnissen auf Reichsebene zu erlauben.

** Der **Christlich-Soziale Volksdienst** (CSVD) war eine protestantisch geprägte konservative Partei.

Nach: Jürgen Falter, Thomas Lindenberger und Siegfried Schumann, Wahlen und Abstimmungen in der Weimarer Republik. Materialien zum Wahlverhalten 1919-1933, München 1986, S. 83

1. *Erläutern Sie den Anteil der weiblichen Abgeordneten in den Parteien im jeweiligen zeitlichen Kontext.*
2. *Überprüfen Sie die These, Frauen hätten in der Weimarer Republik im Durchschnitt konservativ gewählt.*
3. *Analysieren Sie mögliche Gründe für das Wahlverhalten der Frauen.*

Belastungen und Herausforderungen für die Republik

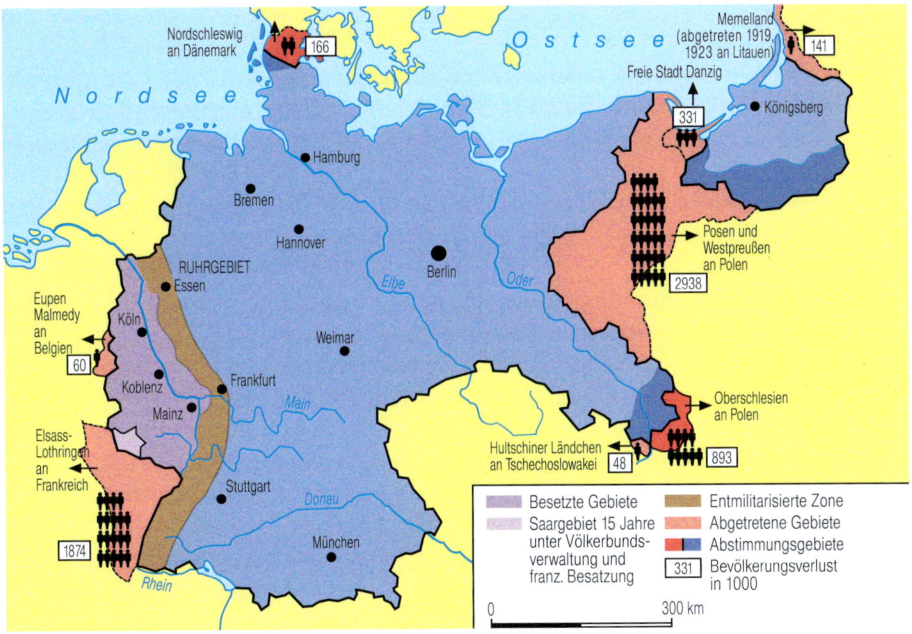

◂ **Deutschland nach dem Versailler Vertrag.**
Arbeiten Sie die Ergebnisse des Vertrages heraus und diskutieren Sie, welche Festlegungen für die deutsche Bevölkerung besonders schwer zu akzeptieren waren.

Der Versailler Vertrag und seine Folgen Von Anfang an belastete der in Versailles bei Paris geschlossene Friedensvertrag die Republik schwer. Ohne Beteiligung der Besiegten tagte die Friedenskonferenz, auf der die Nachkriegsordnung Europas festgelegt werden sollte. Die wichtigsten Entscheidungen wurden vom *Rat der Vier* getroffen. Seine Mitglieder waren die Regierungschefs von Großbritannien (**David Lloyd George**), Frankreich (**Georges Clemenceau**) und Italien (*Vittorio Orlando*) sowie der US-amerikanische Präsident Woodrow Wilson*. Dieser sah sich in der Rolle des Vermittlers zwischen Siegern und Besiegten. Sein Hauptanliegen war die Gründung des Völkerbundes als Garant einer dauerhaften Friedensordnung.**

Am 7. Mai 1919 wurde das fertige Vertragswerk mit seinen insgesamt 440 Artikeln vorgelegt. Die deutschen Vertreter durften sich innerhalb von 14 Tagen schriftlich dazu äußern, erreichten im Ergebnis aber keine Verbesserung der Auflagen. Ende Juni billigte der Reichstag den Vertrag, wenige Tage später wurde er im Spiegelsaal von Versailles unterzeichnet, im Januar 1920 trat er in Kraft. Deutschland verlor 13 Prozent seines Staatsgebietes und zehn Prozent seiner Bevölkerung sowie sämtliche Kolonien. Das kohlereiche Saarland wurde für 15 Jahre unter die Verwaltung des Völkerbundes gestellt, ehe eine Volksabstimmung über die künftige Staatszugehörigkeit entscheiden sollte. In Oberschlesien, das ursprünglich ganz an Polen fallen sollte, wurde 1921 eine Volksabstimmung durchgeführt. Obwohl knapp 60 Prozent der Bevölkerung für den Verbleib bei Deutschland stimmten, teilte der Völkerbund das Gebiet und sprach den territorial kleineren, aber industriell bedeutenderen Teil Polen zu. Das Rheinland sollte bis zum Jahr 1935 von alliierten Truppen besetzt gehalten werden.

Deutschland wurde zur militärischen Abrüstung verpflichtet. Das gesamte Kriegsmaterial musste zerstört oder ausgeliefert werden. Der Besitz schwerer Waffen wurde verboten, ebenso die allgemeine Wehrpflicht.

David Lloyd George (1863-1945): britischer Politiker (Liberale Partei), 1916 Kriegsminister, 1916-1922 Premierminister

Georges Clemenceau (1841-1929): französischer Journalist und Politiker, 1906-1909 und 1917-1920 Premierminister, Verfechter einer harten Linie gegen das Deutsche Reich

* **Woodrow Wilson**: Siehe S. 184.
** Zum Völkerbund siehe S. 250 ff.

Artikel 231 des Versailler Vertrages
Die alliierten und assoziierten Regierungen erklären, und Deutschland erkennt an, dass Deutschland und seine Verbündeten als Urheber für alle Verluste und Schäden verantwortlich sind, die die alliierten und assoziierten Regierungen und ihre Staatsangehörigen infolge des ihnen durch den Angriff Deutschlands und seiner Verbündeten aufgezwungenen Krieges erlitten haben.

Zitiert nach: www.documentarchiv.de/wr/vvo8.html [Zugriff: 15.05.2015]

Hart umstritten war auch die Regelung der Reparationenfrage. Da sich die Alliierten 1919 nicht über die Leistungsfähigkeit der deutschen Wirtschaft einigen konnten, setzten sie eine Kommission ein, die bis Mai 1921 die Höhe der Wiedergutmachung festlegen sollte.

Die Bestimmungen des Friedensvertrages lösten in der deutschen Öffentlichkeit, in der man auf einen milden „Wilson-Frieden"* gehofft hatte, Empörung und Proteststürme aus. Vor allem der Artikel 231 des Vertrages, der sogenannte *Kriegsschuldartikel*, wurde in Deutschland als moralische Ächtung des ganzen Volkes empfunden. Reichskanzler Scheidemann bezeichnete den Vertrag als unannehmbar. Als die deutschen Einsprüche erfolglos blieben, trat die Regierung Scheidemann zurück.

Unter dem Druck eines alliierten Ultimatums wurde schließlich die neue Regierung von der Nationalversammlung beauftragt, den Vertrag zu unterschreiben. Wie schon bei der Unterzeichnung des Waffenstillstandes im November 1918 übernahmen Vertreter der Republik die Verantwortung für das Versagen der politischen und militärischen Führung während des Ersten Weltkrieges. Den Politikern, die sich unter dem Druck der Verhältnisse dazu bereit erklärt hatten, gestanden anfänglich alle Parteien ehrenhafte Motive zu. Doch schon bald wurde der Versailler Vertrag von der äußersten Rechten bis hin zur Sozialdemokratie wegen des Kriegsschuldartikels und der umfangreichen Reparationen als ein „Diktat-" und „Schandfriede" abgelehnt. Republikfeindliche Kräfte nutzten die Vorbehalte der Bevölkerung aus, um mit Kampfparolen wie „Heerlos! Wehrlos! Ehrlos!" gegen die Republik zu hetzen. „Versailles" wurde zur Diffamierungsparole schlechthin (▸ M1).

Der Vorwurf der *Erfüllungspolitik* wurde von National-Konservativen und Rechtsradikalen in den folgenden Jahren gegen alle Schritte der Regierung erhoben, die auf die Einhaltung oder Anerkennung der Versailler Bestimmungen zielten.

▲ **„Wählt deutschnational!"**
Plakat (47 x 32 cm) von Hans Herbert Schweitzer für die Deutschnationale Volkspartei (DNVP) zur Reichstagswahl vom 7. Dezember 1924.
- *Erläutern Sie die Zielsetzung des Plakates.*

„Dolchstoßlegende" Neben dem von der Nationalversammlung widerwillig angenommenen Versailler Vertrag radikalisierte die *„Dolchstoßlegende"* die Bevölkerung der Nachkriegszeit. Schon im November 1918 verbreiteten rechtsradikale Zeitungen die angebliche Bemerkung eines britischen Generals, die deutsche Armee sei „von hinten erdolcht" worden. Streiks und politische Unruhen in der Heimat hätten sie zur Kapitulation gezwungen. Die beiden Generäle Erich Ludendorff und Paul von Hindenburg machten sich diese Version zu eigen und verbreiteten Ende 1919 eine Verschwörungstheorie, mit der sie die eigene Schuld an der militärischen Niederlage von sich ablenken und vor allem auf die Sozialdemokratie abwälzen wollten (▸ M2). Durch sein großes Ansehen, das er als General und Feldmarschall im Ersten Weltkrieg erworben hatte, vermochte es der spätere Reichspräsident Hindenburg, dieser Lüge besonderes Gewicht zu verschaffen. Ein Großteil der Bevölkerung glaubte dieser Verfälschung der Tatsachen, zumal die Öffentlichkeit an einer vorurteilsfreien Auseinandersetzung mit dem Geschehen im Ersten Weltkrieg kaum interessiert war. Zudem unterschätzten vor allem die Sozialdemokraten, welche Gefahren von der „Dolchstoßlegende" ausgingen.

* Zu Wilsons Vierzehn-Punkte-Programm siehe S. 157 f., M6.

Die „Dolchstoßlegende" vergiftete das politische Klima und diente deutschnationalen, völkischen und anderen rechtsextremen Gruppen und Parteien zur Propaganda gegen die republiktreuen Parteien, die bei Kriegsende Verantwortung übernommen und den Versailler Vertrag akzeptiert hatten.

Republikaner ohne Mehrheit? Von den zahlreichen Parteien bekannten sich nur drei ausdrücklich zur parlamentarisch-demokratischen Republik: die SPD, die DDP und das Zentrum.

- Die SPD ging bei den Wahlen zur Nationalversammlung und bei den Reichstagswahlen bis 1930 jeweils als stärkste Kraft hervor, erreichte jedoch nie die absolute Mehrheit. Bis zum Ende der Republik war sie auf Reichsebene mit wenigen Ausnahmen in der Opposition. Beim Werben um die Gunst der Arbeiter konkurrierte sie mit KPD und USPD. Als *Milieupartei* der Arbeiterschaft gelang es ihr nicht, auch für andere Gesellschaftsschichten attraktiv zu werden. Zudem wollten sich andere Gruppen wie die Angestellten bewusst von den Arbeitern und ihren Interessenvertretungen absetzen.
- Die linksliberale DDP vertrat vor allem das Bildungsbürgertum, Kaufleute, Beamte und Angestellte. Mit **Walther Rathenau** stellte die DDP 1922 den Außenminister. Schon ab 1920 verlor sie jedoch in großem Maß Stimmen und sank zur Splitterpartei ab.
- Das Zentrum war die Partei des politischen Katholizismus. Ihr kam eine bedeutende Stellung zu, da sie sich für alle sozialen Schichten einsetzte und sie mit fast allen Parteien koalitionsfähig war. Von 1919 bis 1932 war sie in nahezu jeder Reichsregierung vertreten. 1920 entstand mit der *Bayerischen Volkspartei* (BVP) die bayerische Variante des Zentrums.

Die *Deutsche Volkspartei* (DVP), der sich mehrheitlich nationalliberales Bürgertum und Großindustrie anschlossen, war in den Anfangsjahren noch monarchistisch und republikfeindlich geprägt. **Gustav Stresemann** brachte sie auf einen demokratischen und republikanischen Kurs, stieß dabei aber stets auf Widerstand in seiner Partei. Nach Stresemanns Tod tendierte die DVP immer stärker nach rechts, blieb jedoch im Vergleich zu DNVP und NSDAP gemäßigt und sank 1932 zur Bedeutungslosigkeit herab.

Walther Rathenau (1867-1922): Industrieller und Schriftsteller; 1919 Mitbegründer der DDP; 1922 von Rechtsradikalen ermordet

Gustav Stresemann (1878-1929). 1918 Mitbegründer der DVP, 1919/20 Mitglied der Nationalversammlung, 1923 Reichskanzler, 1923-1929 Außenminister, erhielt 1926 den Friedensnobelpreis

▲ **„Sie tragen die Buchstaben der Firma – aber wer trägt den Geist?!"**
Karikatur von Thomas Theodor Heine aus dem „Simplicissimus", 21. März 1927.

- *Nennen Sie die gezeigten gesellschaftlichen Gruppen. Halten Sie die Auswahl für repräsentativ?*

Antidemokratische Kräfte Obrigkeitsstaatliche Vorstellungen, die sich gegen einen Meinungspluralismus wandten, waren in der Bevölkerung weit verbreitet (▸ M3).

Die republikfeindlichen rechts- und linksradikalen Kräfte setzten sich seit Beginn der Weimarer Republik gewaltsam für ihre Ziele ein. So ermordeten Mitglieder der *Organisation Consul*, eine illegale Nachfolgeorganisation der verbotenen Freikorps, im August 1921 erst den Zentrumspolitiker *Matthias Erzberger* und im Juni 1922 den amtierenden Außenminister Walther Rathenau. Die 1919 gegründete *Kommunistische Partei Deutschlands* (KPD) und die USPD lehnten den Parlamentarismus ab und betrachteten alle Gegner des Rätesystems als „Handlanger des Kapitalismus". Die USPD schloss sich zwar 1922 wieder der SPD an. Da ihre radikalen Mitglieder jedoch der KPD beitraten, entwickelte sich diese zu einer ernst zu nehmenden Kraft.

▲ **General Hans von Seeckt.**
Von 1920 bis 1926 war Seeckt Chef der Heeresleitung der Reichswehr und prägte den „Geist der Armee".
Er arrangierte sich mit der Republik, auch wenn er die neue Staatsform innerlich nicht akzeptierte.
Der Fotoausschnitt zeigt Seeckt in Erwartung einer Ehrenkompanie anlässlich seines 70. Geburtstages im Jahr 1936.

Die *Deutschnationale Volkspartei* (DNVP) war ein Sammelbecken völkisch-nationalistischer, konservativer Kreise. Ihr gehörten vor allem die alten Eliten aus Adel, Militär, Großgrundbesitz und Großbürgertum an. Nach 1928 rückte die Partei weit nach rechts und kooperierte mit der NSDAP, an die sie seit 1930 viele Wähler verlor. Als verbindendes Element für die unterschiedlichen Interessen ihrer Wählerschaft diente der DNVP bereits früh der *Antisemitismus*.

In Justiz und Verwaltung blieb mit den alten Amtsträgern vielfach auch der Geist des Kaiserreiches erhalten. Die Reichswehr, deren Führung sich nicht mit der Republik identifizierte, blieb ein „Staat im Staate" (▸ M4). Während sie gegen Putschversuche von links konsequent vorging, hielt sie sich bei Angriffen von rechts weitgehend zurück. Dies zeigte sich bei dem rechtsextremistischen *Kapp-Lüttwitz-Putsch* 1920. General Ludendorff und der Gründer der Deutschen Vaterlandspartei, *Wolfgang Kapp*, sammelten unzufriedene Soldaten hinter sich, die entgegen ersten Zusagen wegen des Versailler Vertrages nicht in die Reichswehr übernommen wurden. Außerdem widersetzte sich General *Walther von Lüttwitz* dem Befehl, eine 5 000 Mann starke Marinebrigade aufzulösen. Die Truppe besetzte das Regierungsviertel in Berlin. Fast alle Offiziere der Reichswehr weigerten sich, die Armee einzusetzen. Angeblich wollten sie verhindern, dass Reichswehreinheiten aufeinander schießen müssten. Der Putsch scheiterte indes, weil sich die Ministerialbürokratie den Anordnungen des selbst ernannten „Reichskanzlers" Kapp widersetzte. Zudem riefen die Gewerkschaften den Generalstreik aus und sabotierten damit alle Handlungen der Putschisten.

Inflation Der Weltkrieg hatte das Deutsche Reich gewaltige Summen gekostet, die aus dem Staatshaushalt nicht aufgebracht werden konnten. Steuererhöhungen wollte die Regierung während des Krieges nicht vornehmen. Deshalb finanzierte sie die Militärausgaben durch verzinste Anleihen bei der Bevölkerung und eine enorme Papiergeldvermehrung (von zwei Milliarden Reichsmark im Jahr 1913 auf 45 Milliarden im Jahr 1919). Allerdings hielt die Güterproduktion mit der Geldmengenvermehrung nicht Schritt. Das Ergebnis war ein rasches Ansteigen der Preise und ein Wertverlust der Mark, also eine Inflation*. Als Folge dieser Wirtschaftspolitik musste die junge Republik eine völlig zerrüttete Währung mit 154 Milliarden Mark Staatsschulden übernehmen.

Obwohl die Währung nur durch drastische Maßnahmen zu sanieren gewesen wäre, führten die Weimarer Regierungen nach dem Krieg die Inflationspolitik fort und glichen bis 1923 das Haushaltsdefizit aus, indem sie ständig mehr Papiergeld in Umlauf brachten. Neuere Untersuchungen bezeichnen diese Politik als das „kleinere Übel" im Vergleich zu möglichen Auswirkungen einer **deflationären** Haushaltspolitik. Zumindest blieb Deutschland von der internationalen *Wirtschaftskrise* der Jahre 1920/21 weitgehend verschont. Ein anderer Grund für die Zurückhaltung der Reichsregierung bei der Bekämpfung der Inflation waren die hohen Reparationszahlungen. Mithilfe der Inflation wollte man die Forderungen der Alliierten unterlaufen. Im Zusammenhang mit dem *Ruhrkampf* von 1923 erreichte die Staatsverschuldung eine neue Rekordhöhe. Wie schon im Krieg mussten wieder die Notenpressen das Defizit im Reichshaushalt ausgleichen. Im November 1923 notierte man 4,2 Billionen Mark für einen Dollar. Löhne und Gehälter wurden wegen des rapiden Wertverfalls des Geldes wöchentlich, oft sogar täglich ausbezahlt. In einer *Währungsreform* im Oktober 1923 wurde der Wechselkurs zwischen Mark und Dollar neu festgelegt und statt durch Goldreserven der Reichsbank durch eine Hypothek auf Grundbesitz und industrielle Sachwerte gedeckt. Bereits 1924 war die Inflation weitgehend überwunden.

Deflation: ein über längere Zeit anhaltender Rückgang des Preisniveaus für Güter. Dies tritt ein, wenn die Geldmenge im Vergleich zur Warenmenge abnimmt.

* **Inflation**: Siehe S. 176.

▸ **Geschichte In Clips:**
Zum Hitler-Putsch siehe Clip-Code **4673-14**.

Eine deutsche Oktoberrevolution? In Sachsen und Thüringen traten im Oktober 1923 kommunistische Minister in die SPD-Landesregierungen ein. Auf Weisung der sowjetischen Regierung in Moskau rüstete die KPD ihren Kampfbund, die „Proletarischen Hundertschaften“, militärisch auf und bereitete ihn auf eine deutsche Oktoberrevolution vor. Die Reichsregierung forderte die Regierungen von Sachsen und Thüringen ultimativ auf, die „Proletarischen Hundertschaften“ aufzulösen und die kommunistischen Minister zu entlassen, da sie zum bewaffneten Aufruhr aufgerufen hatten. Als sich der sächsische Ministerpräsident *Erich Zeigner* weigerte, verhängte Berlin unter Anwendung des Artikels 48 die Reichsexekution und ließ Reichswehreinheiten einmarschieren. Zeigner wurde seines Amtes enthoben. In Thüringen traten daraufhin die kommunistischen Minister zurück.

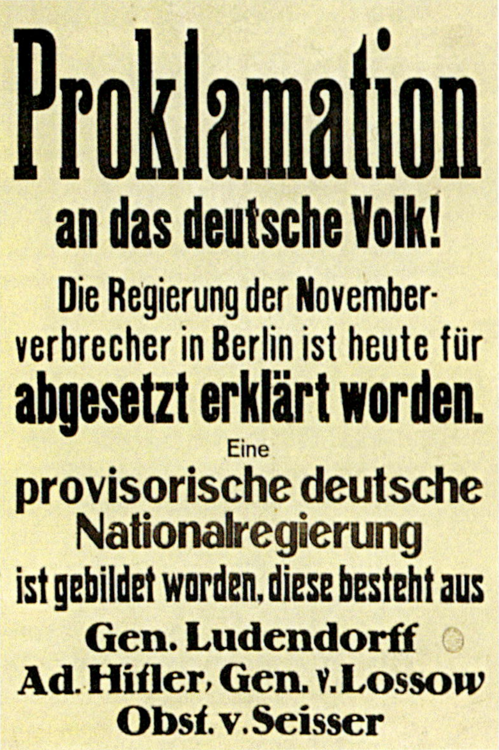

▲ **„Proklamation an das deutsche Volk!“**
Dieses Plakat wurde in der Nacht vom 8. auf den 9. November 1923 in München angeschlagen.

Der Hitler-Putsch in München Einzelne Länder betrieben also eine gegen das Reich gerichtete Politik. Diese Stoßrichtung war in Bayern besonders ausgeprägt. Das Land hatte in der Republik einige Sonderrechte verloren. Nach den Revolutionswirren um die Räterepublik im Frühjahr 1919, die zur Ermordung des Ministerpräsidenten *Kurt Eisner* geführt hatten, wurde Bayern zu einem Sammelbecken rechter, radikaler Gruppen. Ehemalige Freikorpsführer und Rechtsradikale wie Ludendorff und weitere Akteure des Kapp-Lüttwitz-Putsches fanden dort Raum für ihre politische Betätigung. Das 1922 erlassene „Republikschutzgesetz“, das republikfeindliche Vereinigungen verbot, wurde nicht oder nur nachlässig umgesetzt. Die noch unbedeutende *Nationalsozialistische Deutsche Arbeiterpartei* (NSDAP) unter ihrem Vorsitzenden **Adolf Hitler** wurde zum Beispiel in Bayern geduldet, während sie dem Reichsgesetz entsprechend in Preußen und anderen Ländern verboten wurde.

1919 war Adolf Hitler der kurz zuvor in München gegründeten *Deutschen Arbeiterpartei* (DAP) beigetreten, die sich 1920 in NSDAP umbenannte. Mit gehässigen Reden gegen die Republik und maßloser Hetze gegen die Juden machte Hitler die Partei bald zum Tagesgespräch in München. Im Herbst 1923 wollte er nach dem Vorbild des italienischen Faschisten *Benito Mussolini** einen „Marsch auf Berlin“ durchführen. Am 8. November 1923 erklärte er auf einer Veranstaltung im Münchener Bürgerbräukeller den Ausbruch der „nationalen Revolution“ und die Absetzung der Reichsregierung. Am folgenden Tag unternahm er mit General Ludendorff einen Demonstrationszug zur Feldherrnhalle (*Hitler-Putsch*). Doch die Landespolizei stoppte den Zug mit Waffengewalt. Zwanzig Polizisten und Putschisten wurden getötet, die Anführer verhaftet.

Hitler erhielt nur fünf Jahre Festungshaft, wurde jedoch bereits nach neun Monaten wieder entlassen. Als österreichischen Staatsbürger hätten ihn die bayerischen Behörden ausweisen müssen, was nicht geschah. Ludendorff wurde freigesprochen. Putsch und Prozess hatten die Popularität Hitlers vergrößert. Nach seiner Haftzeit änderte er nicht sein Ziel, sondern nur die Taktik: 1925 gründete er die NSDAP unter seiner uneingeschränkten Führerschaft neu und versuchte nun, durch die Schaffung einer Massenbasis die Regierung auf legalem Wege zu übernehmen.

Adolf Hitler (1889 - 1945, Selbstmord): Hitler stammte aus dem österreichischen Braunau (Inn). Er kam 1913 nach München, wo er sich erfolglos als Künstler durchschlug. 1914 freiwillige Teilnahme am Ersten Weltkrieg, Verwundung und Auszeichnung. 1919 Propagandist der DAP, seit 1920 NSDAP; ab 1921 Vorsitzender der Partei. 1923 Hitler-Putsch und Festungshaft, 1925 Neugründung der NSDAP und Aufstieg zur Massenpartei, 1933 Ernennung zum Reichskanzler, ab 1934 „Führer und Reichskanzler“.

* **Benito Mussolini** (1883 - 1945): italienischer Politiker, 1922 zum Ministerpräsidenten ernannt, errichtete eine Diktatur. Lesen Sie dazu das OnLine-Kapitel „Faschismus und autoritäre Regime in Europa: die Beispiele Italien, Spanien, Polen und Ungarn“; siehe Code **4673-00**.

M1 „Wehrlos ist nicht ehrlos!“

Reichskanzler Gustav Bauer (SPD), der Nachfolger Philipp Scheidemanns, fordert am 23. Juni 1919, wenige Stunden vor Ablauf des alliierten Ultimatums, die Nationalversammlung auf, den Friedensvertrag unterzeichnen zu lassen:

Die Entente [...] will uns das Schuldbekenntnis auf die Zungen zwingen, sie will uns zu Häschern unserer angeschuldeten Landsleute[1] machen; es soll uns nichts, gar nichts erspart bleiben. Zur Verknechtung wollen uns die Feinde auch noch die Verachtung aufbürden!

[...] Unsere Hoffnung, mit dem einzigen Vorbehalt einer Ehrenbewahrung bei unseren Gegnern durchzudringen, war nicht sehr groß. Aber wenn sie auch noch geringer gewesen wäre: Der Versuch musste gemacht werden. Jetzt, wo er misslungen, an dem sträflichen Übermut der Entente gescheitert ist, kann und muss die ganze Welt sehen: Hier wird ein besiegtes Volk an Leib und Seele vergewaltigt wie kein Volk je zuvor. [...] Unterschreiben wir! Das ist der Vorschlag, den ich Ihnen, im Namen des gesamten Kabinetts, machen muss. Bedingungslos unterzeichnen! Ich will nichts beschönigen.

Die Gründe, die uns zu diesem Vorschlag zwingen, sind dieselben wie gestern. Nur trennt uns jetzt eine Frist von knappen vier Stunden von der Wiederaufnahme der Feindseligkeiten. Einen neuen Krieg könnten wir nicht verantworten, selbst wenn wir Waffen hätten. Wir sind wehrlos. Wehrlos ist aber nicht ehrlos! Gewiss, die Gegner wollen uns an die Ehre; daran ist kein Zweifel. Aber dass dieser Versuch der Ehrabschneidung einmal auf die Urheber selbst zurückfallen wird, dass es nicht unsere Ehre ist, die bei dieser Welttragödie zugrunde geht, das ist mein Glaube bis zum letzten Atemzug.

Zitiert nach: Wolfgang Elben, Die Weimarer Republik, Frankfurt am Main ^{6}1975, S. 40f.

1. *Diskutieren Sie, warum Reichskanzler Bauer die Annahme des Vertrages empfahl, obwohl er einige Bestimmungen als unannehmbar bezeichnete.*
2. *Entwerfen Sie als Antwort auf Bauer eine Rede aus der Perspektive eines Gegners, der die Unterzeichnung des Vertrages kategorisch ablehnt.*

[1] Neben der Anerkennung der Kriegsschuld verlangten die Alliierten in den Artikeln 227 und 228 die Auslieferung des Kaisers und weiterer Personen wegen des Verstoßes gegen das Kriegsrecht, um sie vor ein alliiertes Militärgericht zu stellen.

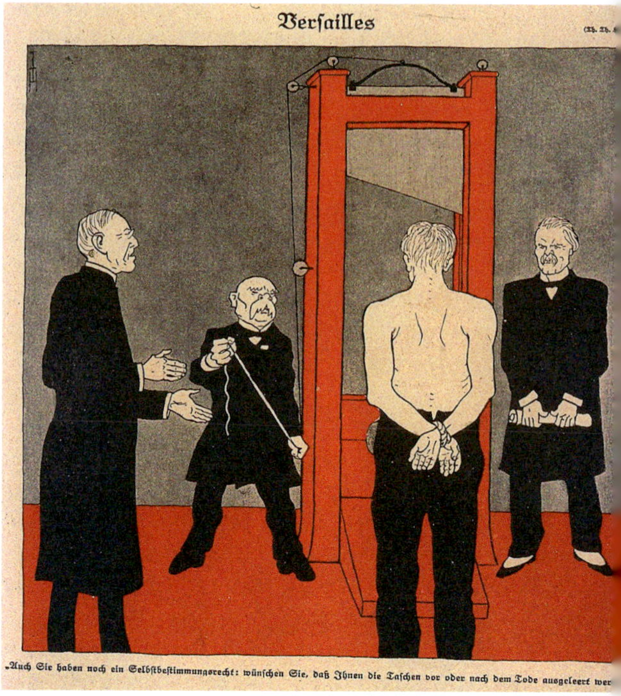

▲ **„Versailles. ‚Auch Sie haben noch ein Selbstbestimmungsrecht: Wünschen Sie, dass Ihnen die Taschen vor oder nach dem Tode ausgeleert werden?‘“**
Karikatur von Thomas Theodor Heine aus dem „Simplicissimus“ vom 3. Juni 1919.

- *Beschreiben Sie die Stimmung der deutschen Bevölkerung, die ausgedrückt werden soll.*
- *Erläutern Sie, welche Rollen die dargestellten Personen (v. l.: Wilson, Clemenceau, Lloyd George) einnehmen.*

M2 Schuld waren die anderen

Ein öffentlicher Untersuchungsausschuss soll nach dem Krieg die Ursachen der deutschen Niederlage ergründen. Generalfeldmarschall Hindenburg erklärt am 18. November 1919:

Trotz der ungeheuren Ansprüche an Truppen und Führung, trotz der zahlenmäßigen Überlegenheit des Feindes konnten wir den ungleichen Kampf zu einem günstigen Ende führen, wenn die geschlossene und einheitliche Zusammenwirkung von Heer und Heimat eingetreten wäre. [...]

Doch was geschah nun? Während sich beim Feinde trotz seiner Überlegenheit an lebendem und totem Material alle Parteien, alle Schichten der Bevölkerung in dem Willen zum Siege immer fester zusammenschlossen, und zwar umso mehr, je schwieriger ihre Lage wurde, machten sich bei uns, wo dieser Zusammenschluss bei unserer Unterlegenheit viel notwendiger war, Parteiinteressen breit, und diese Umstände führten sehr bald zu einer Spaltung und Lockerung des Siegeswillens. Die Geschichte wird über das, was ich hier nicht weiter ausführen darf, das endgültige Urteil sprechen. Damals hofften wir noch, dass der Wille zum Siege alles andere beherrschen würde. Als wir unser Amt übernahmen, stellten wir bei der Reichsleitung eine Reihe von Anträgen, die den Zweck hatten, alle nationalen Kräfte zur schnellen und günstigen Kriegsentscheidung zusammenzufassen [...]. Was aber schließlich, zum Teil wieder durch Einwirkung der Parteien, aus unseren Anträgen geworden ist, ist bekannt. Ich wollte kraftvolle und freudige Mitarbeit und bekam Versagen und Schwäche. Die Sorge, ob die Heimat fest genug bliebe, bis der Krieg gewonnen sei, hat uns von diesem Augenblicke an nie mehr verlassen. Wir erhoben noch oft unsere warnende Stimme bei der Reichsregierung. In dieser Zeit setzte die heimliche planmäßige Zersetzung von Flotte und Heer als Fortsetzung ähnlicher Erscheinungen im Frieden ein. Die Wirkungen dieser Bestrebungen waren der Obersten Heeresleitung während des letzten Kriegsjahres nicht verborgen geblieben. Die braven Truppen, die sich von der revolutionären Zermürbung freihielten, hatten unter dem pflichtwidrigen Verhalten der revolutionären Kameraden schwer zu leiden; sie mussten die ganze Last des Kampfes tragen. Die Absichten der Führung konnten nicht mehr zur Ausführung gebracht werden. Unsere wiederholten Anträge auf strenge Zucht und strenge Gesetzgebung wurden nicht erfüllt. So mussten unsere Operationen misslingen, es musste der Zusammenbruch kommen; die Revolution bildete nur den Schlussstein. Ein englischer General sagte mit Recht: „Die deutsche Armee ist von hinten erdolcht worden." Den guten Kern des Heeres trifft keine Schuld. Seine Leistung ist ebenso bewunderungswürdig wie die des Offizierkorps. Wo die Schuld liegt, ist klar erwiesen.

Zitiert nach: Herbert Michaelis und Ernst Schraepler (Hrsg.), Ursachen und Folgen. Vom deutschen Zusammenbruch 1918 und 1945 bis zur staatlichen Neuordnung Deutschlands in der Gegenwart. Eine Urkunden- und Dokumentensammlung zur Zeitgeschichte, Bd. 4, Berlin o. J., S. 7f.

1. *Analysieren Sie, worin nach Ansicht Hindenburgs die Gründe für die Niederlage Deutschlands lagen. Wem wurde die Schuld an der Niederlage angelastet?*
2. *Überprüfen Sie Hindenburgs Aussage mithilfe des Buches und weiterer Informationen.*

M3 „So ist der deutsche Parlamentarismus"

Oswald Spengler, dessen pessimistische Kultur- und Geschichtsphilosophie nach dem verlorenen Krieg vom deutschen Bürgertum begeistert gelesen wird, schreibt:

Über den Trümmern der deutschen Weltmacht, über zwei Millionen Leichen umsonst gefallener Helden, über dem in Elend und Seelenqual vergehenden Volke wird nun in Weimar mit lächelndem Behagen die Diktatur des Parteiklüngels aufgerichtet [...]. [...] Nachdem sich die Helden der Koalition vor dem Einsturz in alle Winkel geflüchtet hatten, kamen sie mit plötzlichem Eifer wieder hervor, als sie die Spartakisten allein über der Beute sahen. Aus der Angst um den Beuteanteil entstand auf den großherzoglichen Samtsesseln und in den Kneipen von Weimar die deutsche Republik, keine Staatsform, sondern eine Firma. In ihren Satzungen ist nicht vom Volk die Rede, sondern von Parteien; nicht von Macht, von Ehre und Größe, sondern von Parteien. Wir haben kein Vaterland mehr, sondern Parteien; keine Rechte, sondern Parteien; kein Ziel, keine Zukunft mehr, sondern Interessen von Parteien. Und diese Parteien [...] entschlossen sich, dem Feinde alles, was er wünschte, auszuliefern, jede Forderung zu unterschreiben, den Mut zu immer weitergehenden Ansprüchen in ihm aufzuwecken, nur um im Innern ihren eigenen Zielen nachgehen zu können. [...]

So ist der deutsche Parlamentarismus. Seit fünf Jahren keine Tat, kein Entschluss, kein Gedanke, nicht einmal eine Haltung, aber inzwischen bekamen diese Proletarier Landsitze und reiche Schwiegersöhne, und bürgerliche Hungerleider mit geschäftlicher Begabung wurden plötzlich stumm, wenn im Fraktionszimmer hinter einem eben bekämpften Gesetzantrag der Schatten eines Konzerns sichtbar wurde.

Oswald Spengler, Neubau des Deutschen Reiches, München 1924, S. 8f.

1. *Beschreiben Sie, was Spengler unter „Diktatur des Parteiklüngels" versteht. Bewerten Sie seine Wortwahl.*
2. *Erläutern Sie seine Aussage, die deutsche Republik sei „keine Staatsform, sondern eine Firma".*
3. *Spengler behauptet, die Weimarer Republik habe seit „fünf Jahren keine Tat, kein[en] Entschluss, kein[en] Gedanke[n], nicht einmal eine Haltung" gezeigt. Nehmen Sie dazu Stellung.*

M4 Die Reichswehr – ein „Staat im Staate"?

Am 26. Mai 1925 kommentiert der SPD-Abgeordnete Daniel Stücklen, der über die geheime Aufrüstung der Reichswehr informiert und in die damit verbundene Verschleierungstaktik eingeweiht war, die Entwicklung der Reichswehr so:

Wir haben heute ein Heer der Republik, das, wie ich feststellen will, diesem Staate dient, dessen Leitung erklärt, wir stehen auf dem Boden der Verfassung [...]. Es sind aber [...] recht deutliche Anzeichen dafür vorhanden, dass die Entwicklung der Reichswehr dahin geht, eine Art Staat im Staate zu werden. Das war das, was früher bei den Verhandlungen über die Reichswehr im Hauptausschuss und im Plenum dieses Hauses immer wieder betont wurde, eine gewisse Abgeschlossenheit, ein Korpsgeist, der zur Abgeschlossenheit führen musste und letzten Endes bewirkte, dass die alte Armee wirklich ein Staat im Staate war, mit einem eigenen Ehrbegriff, ihrem eigenen Strafkodex, mit einem Wort eine Menge Einrichtungen, die von den Einrichtungen der zivilen Bevölkerung losgelöst waren. [...] Die Gefahr ist umso größer, als früher der Soldat nur zwei Jahre diente und nach zwei Jahren in die Massen des Volkes zurücktrat, aus denen er gekommen war. Heute dient der Reichswehrsoldat zwölf Jahre. Zwölf Jahre verlebt er in einer ganz anderen Umwelt. Er ist ganz anderen Einflüssen und Eindrücken preisgegeben; das führt letzten Endes dazu, dass eine gewisse Entfremdung nicht vermieden werden kann.

Zitiert nach: Wolfgang Michalka und Gottfried Niedhard (Hrsg.), Die ungeliebte Republik. Dokumente zur Innen- und Außenpolitik Weimars 1918-1933, München 1992, S. 220

▲ **„Hochverrat vor dem Reichsgericht."**
Karikatur von Gerhard Holler aus: „Ulk". Wochenschrift des Berliner Tagblatts, Nr. 9, 56. Jg., 4. März 1927.
Bildtext links unten: „Ich werde die Republik vor Ihnen schützen!"
Bildtext rechts unten: „Ich werde Sie vor der Republik zu schützen wissen!"

- *Untersuchen Sie die Karikatur. Welche Einstellung zur Republik wird hier deutlich? Beachten Sie dazu auch die Informationen zum Methoden-Baustein auf S. 211.*

1. *Erläutern Sie den Ausdruck „Staat im Staate".*
2. *Informieren Sie sich, wie bei der Gründung der Bundeswehr den von Stücklen angesprochenen Problemen begegnet wurde.*

Karikaturen sind satirische Aussagen in gezeichneter Form – mit und ohne Text – die ein aktuelles Thema aufgreifen. Ihr entscheidendes Merkmal ist die Verfremdung (ital. *caricatura*: Zerrbild, Spottbild; *caricare*: überladen, übertreiben). Dabei wird das thematisierte politische Handlungsfeld in ein anderes allgemein bekanntes (z. B. Alltagsleben, Literatur, Mythen, Märchen) übertragen und bleibt trotzdem erkennbar. Inhaltlich wollen Karikaturisten nicht durch Argumente überzeugen, sondern durch Wertung, Konfrontation und Polemik suggestiv Emotionen wecken.

Kontroverse Karikaturen interpretieren

Kontroverse Karikaturen interpretieren

Karikaturen wurden ursprünglich nur in satirischen Zeitschriften wie z. B. dem „Punch" in Großbritannien oder dem „Kladderadatsch" in Deutschland veröffentlicht. Worüber die Zeitgenossen lachten oder sich ärgerten, was ihnen gefiel oder was sie ablehnten, erfassen wir heute nicht auf Anhieb. Um die Aussage einer politischen Karikatur zu entschlüsseln, bedarf es zunächst der genauen Analyse, bevor sie interpretiert werden kann. In der Regel legen kurze Texte den gezeichneten Figuren Worte in den Mund oder bieten als plakative Unterschriften Hilfen für die Deutung. Neben dem Text sind Zeit- und Ortsangaben wichtige Erschließungshilfen. Generell setzen die Zeichner nicht nur die Kenntnis des dargestellten Sachverhalts voraus, sondern auch die für Karikaturen typische Symbol- und Bildersprache:

- Symbole und Metaphern (Krone und Zepter für Monarchie, Waage für Gerechtigkeit)
- Personifikation und Allegorie („Uncle Sam" für die USA usw.)
- Tiervergleiche (der „russische Bär", der „gallische Hahn")
- visualisierte Redensarten („alle sitzen in einem Boot", „den Gürtel enger schnallen")
- historische Bildzitate („Der Lotse geht von Bord", „Die Freiheit führt das Volk")

Inhalt und Form

- Wer oder was ist dargestellt?
- Welche zeichnerischen Mittel setzt der Karikaturist ein?
- Welche Bedeutung haben diese zeichnerischen Mittel?
- Welcher Zusammenhang besteht zwischen Zeichnung und Textunterschrift?

Historischer Kontext

- Vor welchem historisch-politischen Hintergrund spielt sich das karikierte Geschehen ab?
- Auf welchen Sachverhalt / welche Person(en) konzentriert sich der Zeichner?
- Welche Aspekte hat er ausgeklammert?
- Welchem politischen Standort lässt sich der Karikaturist zuordnen?
  Zusatzfragen (für Recherche):
- Wo ist die Karikatur erschienen? Welcher politischen Richtung gehört diese an?
- Welche Informationen zur Person des Karikaturisten lassen sich finden?

Intention und Wirkung

- An welche Adressaten wendet sich die Karikatur?
- Welche Aussageabsicht verfolgt der Karikaturist?
- Inwiefern unterstützt ein Text die Wirkung der Zeichnung?
- Welche Wirkung wollte der Karikaturist beim zeitgenössischen Betrachter erzielen?

Bewertung und Aussage

- Welche der eingesetzten zeichnerischen Mittel sind für das Verständnis der Karikatur unbedingt notwendig / hilfreich / überflüssig? (Bitte begründen.)
- Warum kommt der Karikaturist ohne bzw. nicht ohne Textunterschrift aus?
  Um die Aussage zu erkennen, müssen alle Aspekte zusammengeführt und miteinander verknüpft werden.
- Worin besteht die Pointe der Karikatur?

Satire: ursprünglich eine Spottdichtung, die vor allem menschliche Schwächen und Missstände in der Gesellschaft anprangerte. Zu den satirischen Mitteln gehören z. B. die Übertreibung, das Aufdecken von Widersprüchen zwischen Sein und Schein, Polemik, Ironie.

Polemik: scharfer Meinungsstreit in der politischen (literarischen oder wissenschaftlichen) Diskussion. Es wird kein Konsens angestrebt, sondern mit unsachlichen Angriffen und scharfer Kritik am Gegner versucht, die eigene Meinung durchzusetzen.

Allegorie (Attribut): Eine Allegorie stellt einen abstrakten Inhalt bildlich dar. In politischen Karikaturen sind oft Personifikationen von Staaten vorzufinden (z. B. die „Germania" für Deutschland). Bei allegorischen Darstellungen von Tieren stehen diese selbst – ohne Attribut – für bestimmte Eigenschaften (z. B. der Fuchs für die Schläue).

Beispiel und Analyse

David Lloyd George:
Premierminister Großbritanniens (1916 - 1929)

weinendes Kind:
„1940 class“ verweist auf den Rekrutierungsjahrgang 1940

„Peace Treaty“:
nimmt Bezug auf den Versailler Vertrag

Überschrift der Karikatur:
„Der Friede und künftiges Kanonenfutter“

Vittorio Emanuele Orlando:
Ministerpräsident Italiens (1917 - 1919)

Woodrow Wilson:
Präsident der Vereinigten Staaten (1913 - 1921)

Georges Clemenceau:
Ministerpräsident Frankreichs (1906 - 1909 und 1917 - 1920)

Bildunterschrift:
„Der Tiger: Merkwürdig! Mir scheint, als hörte ich ein Kind weinen!“

▶ **„PEACE AND FUTURE CANNON FODDER.“**
Karikatur von Will Dyson aus der britischen Zeitung „Daily Herald“ vom 13. Mai 1919.

Frauengestalt als Personifikation der französischen Republik (Marianne):
Eigenschaften: schlanke Figur, hübsche Frisur, schöne Kleidung/ elegant, zurückhaltend

Frauengestalt als Personifikation Deutschlands (Germania):
Eigenschaften: feist, Pickelhaube und lange Zöpfe, zerrissene Kleidung, barfuß

Überschrift der Karikatur:
„Die Komödie des Elends“
Die Karikatur trägt eine weitere Inschrift, die hier nicht zu erkennen ist: „Pass auf, Marianne, pass auf, Tag und Nacht bereitet sie [Germania] sich vor.“

Im Hintergrund zu sehen:
Deutschland – die Wirtschaft boomt wieder (rauchende Schlote), die Wiederaufrüstung hat begonnen (Soldaten)

Verweis auf die Produktion von Gaswaffen

▶ **„LA KOMÉDIE DE LA MISÉRE.“**
Karikatur aus der Satirezeitschrift „Le Ruy Blas“ vom 15. Mai 1921.

Inhalt und Form Die obere Karikatur des australischen Zeichners Will Dyson erschien in der englischen Zeitung „Daily Herald“ vom 13. Mai 1919. Vier Personen verlassen ein großes Gebäude. Es handelt sich dabei um die führenden Staatsmänner der Pariser Friedenskonferenz: Georges Clemenceau, Vittorio Orlando, Woodrow Wilson und David Lloyd George. Ein Kind, welches nackt hinter einer Säule steht, erregt die Aufmerksamkeit der ersten drei Staatsmänner. Über dem Kind ein Hinweis auf den Rekrutierungsjahrgang von Soldaten („class 1940“). Der französische Ministerpräsident im Vordergrund wundert sich und sagt: „Merkwürdig! Mir scheint, als hörte ich ein Kind weinen!“
In der unteren, französischen Karikatur stehen sich die Personifikationen Frankreichs und Deutschlands gegenüber. Marianne, Symbol der französischen Republik, mit Charme, schlank, zurückhaltend und in eleganter Kleidung. Die feiste, zerlumpte und unvorteilhaft dargestellte Germania hält ihre Hände ausgestreckt. Der stummen Frage Mariannes nach der Zahlungsbereitschaft der Deutschen antwortet die Germania sinnbildlich, indem sie durch ihren löchrigen Umhang den Blick auf ein Deutschland verbergen will, welches schon wieder aufrüstet. Auch die Wirtschaft boomt schon, wie die rauchenden Schlote im Hintergrund beweisen. Der Titel „Komédie“ ist bewusst mit „K“ geschrieben, um dem Ganzen einen „deutschen“ Charakter zu geben.

Historischer Kontext Beide Karikaturen nehmen Bezug auf den Vertrag von Versailles. Die deutsche Ablehnung des „Diktatfriedens“ war natürlich auch im Ausland nicht unbemerkt geblieben.
Der Überraschungseffekt beruht in der oberen Abbildung darauf, dass hier ein Kind weinend dargestellt wird, obwohl in den Siegerstaaten große Freude herrschte. Es ist auch nicht ohne Hintersinn, dass sich Clemenceau über das weinende Kind wundert. Er hatte sich bei den Friedensverhandlungen besonders unnachgiebig gegenüber Deutschland gezeigt. Das hatte ihm in Frankreich den Beinamen „Tiger“ eingebracht. Die untere Karikatur, nur wenige Tage nach der Festlegung der deutschen Reparationsschuld im Mai 1921 entstanden, zeigt, wie sehr Deutschland den Franzosen weiterhin Angst bereitete.

Intention und Wirkung Die obere Karikatur verdeutlicht die Reaktion eines Teils der britischen Medien auf die Unterzeichnung des Versailler Vertrages. Der „Daily Herald“, aber auch andere liberale Blätter wiesen darauf hin, dass dieser Vertrag zu hart sei und den Keim neuer Kriege in sich trage.
Die untere Karikatur fordert dagegen den Leser zur Wachsamkeit gegenüber dem östlichen Nachbarn auf. Deutschland habe gar nicht vor, den Vertrag aufrichtig zu erfüllen, sondern strebe Tag und Nacht danach, sich den Verpflichtungen zu entziehen.

Bewertung und Aussage Dysons Karikatur ist bemerkenswert weitsichtig: 1940 kämpfte der angegebene Rekrutierungsjahrgang bereits im Zweiten Weltkrieg. Die französische Karikatur von 1921 spiegelt dagegen zwei Jahre später das Misstrauen gegenüber der deutschen Koalitionsregierung aus SPD, Zentrum und DDP.

Geschichte kontrovers

Der Versailler Vertrag – Katastrophe oder Chance?

Nach der Ende September 1918 von der Obersten Heeresleitung eingestandenen Niederlage des Deutschen Reiches mussten Vertreter der ersten frei und demokratisch gewählten Regierung am 28. Juni 1919 den Versailler Vertrag unterzeichnen. Das Zustandekommen und der Inhalt des Friedensvertrages lösten anhaltende Proteste aus. Die große Mehrheit der Deutschen lehnte den „Schmachfrieden", wie er damals genannt wurde, ab. Historiker sahen später in dem Vertrag einen Hauptgrund für den Aufstieg des Nationalsozialismus und den Beginn des Zweiten Weltkrieges. Erst Jahrzehnte nach der Gründung der Bundesrepublik Deutschland hat sich die Geschichtswissenschaft von dieser Interpretation gelöst.

M1 „Die führenden Feinde haben ihr Ziel erreicht"

Dietrich Schäfer, ein zu seiner Zeit angesehener Historiker und politischer Schriftsteller, hat Werke über die Geschichte der Hanse ebenso wie über die Kolonialgeschichte veröffentlicht. Seine zweibändige „Geschichte der Deutschen" erscheint zwischen 1910 und 1932 in zehn Auflagen. Auch seine zweibändige „Weltgeschichte der Neuzeit", die erstmals 1901 erscheint und bis 1922 in ständig aktualisierten Auflagen gedruckt wird, findet vor allem im Bürgertum viele Leser. In der „11. durchgesehenen und bis zur Gegenwart fortgeführten Auflage" des Werkes von 1919 beurteilt Schäfer Deutschlands Stellung nach dem Versailler Vertrag so:

Der Friede, der dem Kriege ein Ende gemacht hat, ist in der Tat ein anderer geworden als die früheren, so brutal und vernichtend, wie die Weltgeschichte kaum je einen sah. [...]
Der Friede löscht Deutschland aus der Reihe der Großmächte, ja der selbstständigen Staaten aus. Die Gebietsverluste, die sofortigen und die zunächst noch infrage gestellten, raubten ihm Millionen seiner Bevölkerung, dazu unentbehrliche Bodenschätze. Kernlande, ohne die Preußen nicht bestehen kann, gingen verloren. Millionen deutscher Leute wurden fremder Herrschaft unterworfen. Die Beziehungen zu den Nachbarvölkern wurden nicht geklärt, sondern verwickelt. An weiteren Streitigkeiten wird es nicht fehlen; ihre Entscheidung liegt beim Völkerbunde, dem Deutschland für absehbare Zeiten nicht angehören wird, von dem auch, wenn er Deutschland einmal zugelassen hat, vorbehaltlose Gerechtigkeit für Deutsche nicht zu erwarten ist.
[...] Deutschlands Verkehr wird der Aufsicht der Gegner unterstellt, unsere eigensten Ströme werden internationalisiert; wir sind nicht mehr Herren im eigenen Hause, viel abhängiger und hilfloser als einst nach dem Westfälischen Frieden. Dazu kommen neben der schweren Not, die der Krieg an sich verursacht hat, die ungeheuerlichen Ersatzforderungen der Feinde, eine nimmer endende Schraube, die jederzeit nach Belieben angezogen werden kann. [...] Unsere Regierenden beteuern, dass sie die eingegangenen Bedingungen ehrlich erfüllen wollen; sie stellen in Aussicht, was sie nicht halten können. [...] Die Feinde haben Monate vergehen lassen, ehe es ihnen gefallen hat, den Vertrag zu vollziehen. [...] Wo solches möglich ist, da möchte man verzweifelt rufen: „Lasst alle Hoffnung fahren! Deutsches Volk, du hast deine Rolle ausgespielt in der Weltgeschichte! Du verdienst nichts anderes als in Zukunft Sklave stärkerer und einsichtigerer Nationen zu sein." [...]
Die führenden Feinde haben ihr Ziel erreicht. Frankreich steht gegenüber Deutschland mächtiger da als einst unter Ludwig XIV. nach dem Westfälischen Frieden; seine Grenzen sind weiter vorgeschoben als damals.

Dietrich Schäfer, Weltgeschichte der Neuzeit, Zweiter Teil: Vom Ende des Siebenjährigen Krieges bis zur Gegenwart, Berlin [11]1919, S. 445-449

M2 Nüchterne Analyse des Versailler Vertrages

Der Historiker Peter Longerich betrachtet den Versailler Vertrag aus heutiger Perspektive:

Bei einer nüchternen Analyse des Versailler Vertrages hätten jedoch auch die Chancen erkannt werden können, die er im Rahmen der Neuordnung Europas der deutschen Politik bot. Positiv zu verbuchen war, dass trotz erheblicher Gebietsverluste die Reichseinheit erhalten geblieben war, was nach der verheerenden Niederlage keineswegs als selbstverständlich hatte angenommen werden können. Zweitens stand Deutschland nicht mehr der geschlossenen Front der Kriegsgegner gegenüber: Im Gegenteil ergab sich die Chance, die tiefen Gegensätze, die nach der bolschewistischen Revolution zwischen Russland und den westlichen Siegermächten herrschten, zugunsten der deutschen Politik zu nutzen; und nach der Ablehnung der Ratifizierung des Versailler Vertrages durch das amerikanische Repräsentantenhaus und dem

▲ **„Die Grundlage für den Völkerbund. Nur so kann Deutschland darin geduldet werden!“**
Karikatur von Thomas Theodor Heine aus dem „Simplicissimus“ vom 11. März 1919.

- *Beschreiben Sie die in der Karikatur dargestellte Situation. Nennen Sie die Akteure.*
- *Analysieren Sie, welche Vorstellung von der Rolle Deutschlands im Völkerbund und in der internationalen Ordnung die Zeichnung vermittelt. Vergleichen Sie mit der Bewertung in M1.*

▲ **„Versailler Friede – Deutscher Bürgerkrieg.“ – „Merkwürdig, da kommt nur Blut statt Gold.“**
Karikatur von Erich Schilling aus dem „Simplicissimus“ vom 2. August 1922.

- *Beschreiben Sie die Zeichnung. Analysieren Sie dabei, welche Funktion der Künstler den gezeigten Personen zuweist. Für welche Gruppen könnten die einzelnen Akteure jeweils stehen?*
- *Erläutern Sie die Aussage der Karikatur. Beachten Sie dabei ihre Entstehungszeit.*

Abschluss eines deutsch-amerikanischen Friedensvertrages 1921 spielten die USA eher die Rolle eines Mittlers denn eines Siegers. Drittens eröffneten sich für die deutsche Außenpolitik vielfältige Möglichkeiten, gegenüber dem von Finnland bis Jugoslawien reichenden Gürtel kleiner, neu geschaffener Staaten eine Führungsrolle zu übernehmen. Viertens sprach der Zeitfaktor für eine allmähliche Lockerung der harten und diskriminierenden Friedensbestimmungen, etwa hinsichtlich der Bewaffnung und der Reparationen. Die mittel- und langfristigen Perspektiven der deutschen Politik sahen demnach keineswegs nur düster aus – vor allem wenn man sie mit der Sackgasse verglich, in die die wilhelminische „Weltpolitik“ 1914 geführt hatte. Eine solche Betrachtungsweise lag aber außerhalb der seinerzeit vorherrschenden nationalistischen Selbsttäuschung.

Peter Longerich, Deutschland 1918-1933. Die Weimarer Republik, Hannover 1995, S. 100

1. *Arbeiten Sie die Kriterien und Perspektiven heraus, an denen die Historiker ihre Urteile über den Vertrag festmachen.*
2. *Erläutern Sie die möglichen Gründe für die unterschiedlichen Sichtweisen. Informieren Sie sich im Internet über die beiden Historiker und berücksichtigen Sie das Erscheinungsjahr.*
3. *Vergleichen Sie die Aussagen über die Folgen des Versailler Vertrages für Deutschland.*
4. *Katastrophe oder Chance? Nehmen Sie dazu auf der Grundlage von M1 und M2 sowie des Lehrbuchtextes (siehe S. 154, 158, M7 und 203 f.) Stellung.*
5. *Erörtern Sie, was die hier konstruierte Kontroverse über das historische Bewerten aussagt.*

Die Außenpolitik der Weimarer Republik

▲ **„130 Miljardów złotych …“**
Polnische Postkarte (8,8 x 13,8 cm) zur Volksabstimmung in Oberschlesien von 1921. Die Inschrift auf dem Wagen lautet übersetzt: „130 Milliarden Goldene Mark Entschädigung für den Krieg“.

Revisionistische Ziele Vorrangiges außenpolitisches Ziel aller Regierungen der Weimarer Republik war die Revision des Versailler Friedensvertrages. Die Senkung der Reparationsforderungen, die Räumung der besetzten Gebiete links des Rheins und die Wiedergewinnung der verlorenen Gebiete standen dabei an erster Stelle.*

In Polen und der neu gegründeten Tschechoslowakei lebten fast vier Millionen Deutsche als Minderheit. Wegen des westpreußischen Territoriums, das Deutschland an Polen abtreten musste, war Ostpreußen vom restlichen deutschen Staatsgebiet abgeschnitten. Den Aufbau guter Beziehungen erschwerte der Nationalismus in beiden Ländern. Im Zusammenhang mit der Oberschlesien-Frage, wo eine Volksabstimmung 1921 darüber entscheiden sollte, ob das Gebiet beim Deutschen Reich verbleiben oder Polen angegliedert werden sollte, kam es zwischen 1919 und 1921 sogar zu bewaffneten Auseinandersetzungen zwischen polnischen Soldaten und deutschen Freikorps. Obwohl sich die Mehrheit der Bevölkerung in der Volksabstimmung für den Verbleib bei Deutschland ausgesprochen hatte, wurde das Gebiet schließlich zum Nachteil des Reiches geteilt; das ostoberschlesische Industrierevier fiel an Polen. In den folgenden Jahren blieb das deutsch-polnische Verhältnis angespannt, auch wenn beide Länder wirtschaftliche Beziehungen aufnahmen und sich in Fragen des Minderheitenschutzes annäherten.

Überwindung der außenpolitischen Isolation – der Vertrag von Rapallo Die Alliierten waren vorerst nicht bereit, Deutschland als gleichberechtigten Verhandlungspartner zu akzeptieren. Um wieder außenpolitischen Handlungsspielraum zu gewinnen, suchte das Deutsche Reich die Annäherung an die *Russische Sozialistische Föderative Sowjetrepublik* (RSFSR). Nach der bolschewistischen Oktoberrevolution 1917 unter Führung von Wladimir Iljitsch Lenin** war Russland zunächst ebenfalls außenpolitisch isoliert. Es drängte darauf, nicht für die aus zaristischer Zeit stammenden Kriegsfolgen haftbar gemacht zu werden.

Am Rande der Weltwirtschaftskonferenz in Genua 1922 schloss Reichskanzler *Joseph Wirth* in *Rapallo*, einem Ort in der Nähe von Genua, ein Abkommen mit der Sowjetregierung. Dies geschah trotz der Vorbehalte von Außenminister Rathenau, der die Verständigung mit Frankreich gefährdet sah. Beide Staaten verzichteten darin auf eine Entschädigung für Kriegskosten und Kriegsschäden und verpflichteten sich, diplomatische Beziehungen aufzunehmen. Deutschland stellte keine Ansprüche wegen der in Russland enteigneten Besitztümer und Vermögenswerte deutscher Staatsbürger.

Der Vertrag erregte großes Aufsehen. „Rapallo“ wurde zum Synonym für die Furcht der europäischen Mächte vor einer gemeinsamen deutsch-sowjetischen Politik gegen die damalige Friedensordnung. Vor allem Frankreich hegte großes Misstrauen. Dennoch vertieften Berlin und Moskau ihre politische und wirtschaftliche Zusammenarbeit in den folgenden Jahren. Im 1926 geschlossenen *Berliner Vertrag* sicherten sich beide Seiten gegenseitige Neutralität im Falle eines Krieges mit Dritten zu.

* Zu den Gebietsverlusten siehe S. 203 f.
** **Wladmir I. Lenin**: Siehe S. 170.

Reparationsfrage Der Versailler Vertrag bestimmte, dass das Deutsche Reich Reparationen zu zahlen hatte, wies aber die Festlegung der genauen Höhe einer Kommission zu. Die europäischen Siegermächte benötigten die Reparationen, um die Kriegsfolgen in ihren eigenen Ländern zu beseitigen und um ihre während des Krieges aufgenommenen Schulden bei den USA zu tilgen. Frankreich sah zudem die Möglichkeit, Deutschland durch hohe Forderungen langfristig zu schwächen. Das *Londoner Abkommen* 1921 verfügte zunächst, dass Deutschland 132 Milliarden Reichsmark in Form von Sach- oder Geldleistungen erbringen musste. Die deutsche Öffentlichkeit reagierte schockiert auf die Forderungen.

Als die Reparationskommission im Dezember 1922 feststellte, dass Deutschland mit den Lieferungen von Holz und Kohle im Rückstand sei, ließ der nationalistische französische Ministerpräsident *Raymond Poincaré* am 11. Januar 1923 60 000 französische und belgische Soldaten ins Ruhrgebiet einmarschieren. Seinem Ziel, diese Wirtschaftsregion unter seine Kontrolle zu bringen, war er dadurch näher gekommen. Französische Beamte und Ingenieure sollten die deutsche Kohle- und Stahlproduktion kontrollieren und die Einhaltung der Lieferungen überwachen. Die Reichsregierung stellte sofort alle Reparationen ein, rief die Bevölkerung zum passiven Widerstand gegen die Besatzungsbehörden auf und unterstützte die streikenden Arbeiter mit Geld. Doch die damit verbundene massive Steigerung von Staatsverschuldung und Inflation sowie der Druck der Alliierten veranlassten die Reichsregierung zum Abbruch des „Ruhrkampfes" am 26. September 1923.

▲ **Gegen die französische Besetzung des Ruhrgebietes.**
Schießscheibe (Ø 45 cm) mit einer Karikatur, 1923/25.
- *Erläutern Sie die Bildquelle. Berücksichtigen Sie Forum, Inhalt und Entstehungszeit.*

Dagegen erreichte die deutsche Regierung 1923 bei den Siegermächten, dass ihre Zahlungsfähigkeit von neutraler Seite geprüft wurde. Im April 1924 legte ein Sachverständigenrat unter der Leitung des amerikanischen Bankiers *Charles Dawes* ein Gutachten zur Reparationsfrage vor, den sogenannten *Dawes-Plan*. Seine Annahme durch die Siegermächte und die deutsche Regierung 1924 auf der Londoner Konferenz bedeutete für das Deutsche Reich eine deutlich geringere jährliche finanzielle Belastung. Zunächst musste es eine Milliarde Goldmark jährlich zahlen, ab 1928/29 jährlich 2,5 Milliarden Goldmark. Eine Gesamtsumme und eine zeitliche Begrenzung enthielt der Dawes-Plan jedoch nicht. 1930 wurde dann der *Young-Plan* angenommen, benannt nach dem Vorsitzenden des Sachverständigenrates, dem US-Amerikaner *Owen D. Young*. Der Plan legte für die deutschen Reparationen nun eine Gesamtsumme von 112 Milliarden Goldmark fest, die über einen Zeitraum von 59 Jahren zu zahlen war.*

Verständigungspolitik unter Stresemann Von 1923 bis 1929 prägte Gustav Stresemann als Außenminister in häufig wechselnden Kabinetten die Beziehungen zum Ausland. Er behielt zwar die revisionistischen Ziele deutscher Außenpolitik bei, handelte dabei jedoch pragmatisch und vertrauensbildend. Ihm war klar, dass deutsche Außenpolitik nur dann erfolgreich sein konnte, wenn sie das französische Sicherheitsbedürfnis berücksichtigte. Stresemann stand jedoch immer unter dem Druck nationalistischer Kreise, die Erfolge der Revisionspolitik einforderten.

Im Oktober 1925 trafen sich auf einer Konferenz im schweizerischen Locarno führende europäische Politiker. Stresemann und sein französischer Amtskollege **Aristide Briand** hatten großes Interesse an einer Bereinigung des deutsch-französischen Gegen-

Aristide Briand (1862-1932): französischer Politiker; zwischen 1909 und 1932 mehrfach u.a. Ministerpräsident und Außenminister; 1926 Friedensnobelpreis (gemeinsam mit Gustav Stresemann)

* Die Reparationsleistungen wurden nach der Weltwirtschaftskrise 1932 eingestellt. 1953 stellten die Siegermächte ihre Forderungen für die zwischen 1924 und 1930 aufgenommenen Anleihen zur Schuldentilgung wegen der deutschen Teilung zurück. Sie wurde nach der deutschen Einheit 1990 fällig. Im Oktober 2010 zahlte die Bundesrepublik die letzte Rate von 56 Millionen Euro.

▸ **„Locarno? Wählt deutschnational!"**
Plakat (71 x 95,2 cm) von Erwin Reusch für die DNVP zur Reichstagswahl von 1928.
- *Die Darstellung zeigt den Rhein und einen französischen Soldaten. Erläutern Sie die Einstellung der Partei.*
- *Erläutern Sie, worauf die Darstellung eines französischen Soldaten und des Rheins anspielt. Beachten Sie dazu auch die Informationen zum Methoden-Baustein auf S. 245 sowie die Materialien auf S. 162 f.*

satzes. In den *Verträgen von Locarno* verpflichteten sich Deutschland, Frankreich und Belgien, keinen Krieg gegeneinander zu beginnen, und verzichteten auf eine Veränderung der bestehenden Grenzen zwischen ihren Staaten. Das Rheinland sollte nach dem Ende der Besatzung eine entmilitarisierte Zone bleiben. Bei Verletzung dieser Bestimmungen drohte ein Eingreifen der Garantiemächte Großbritannien und Italien. Eine Revision der Ostgrenzen hingegen ließ Stresemann offen. Deshalb verzichtete er in einem Schiedsvertrag mit Polen lediglich auf eine gewaltsame Änderung der Grenzen (▸ M1). In Locarno wurde auch beschlossen, Deutschland in den Völkerbund aufzunehmen. Es trat ihm am 8. September 1926 schließlich bei (▸ M2).

Innenpolitisch waren die Verträge von Locarno umstritten. Die nationale Rechte verurteilte sie als „Verrat an den Interessen Deutschlands". Infolge der Versöhnungsbereitschaft gelang es Stresemann, das Ansehen Deutschlands in der Weltöffentlichkeit zu steigern. Er war maßgeblich am Zustandekommen des *Briand-Kellogg-Paktes* beteiligt.*

Internettipp:
Den Text der Rede Stresemanns vom 10. September 1926 finden Sie unter Clip-Code ***4673-15***.

Konfrontationskurs nach der Ära Stresemann Der außenpolitische Kurs Stresemanns, im Einverständnis mit den Siegermächten des Ersten Weltkrieges eine Lockerung der harten Bestimmungen des Versailler Vertrages zu erreichen, wurde nach seinem Tod 1929 von einer aggressiven Außenpolitik abgelöst. Ihr Ziel war, das Deutsche Reich wieder als Großmacht zu etablieren. Der Kurswechsel in der deutschen Außenpolitik zeigte sich etwa darin, dass der Vorschlag des französischen Außenministers Briand zu einer europäischen Wirtschaftsunion harsch abgewiesen wurde. Im Gegenzug verhinderte Frankreich eine deutsch-österreichische Zollunion, indem es auf dem Anschlussverbot Österreichs an das Deutsche Reich gemäß dem Versailler Vertrag beharrte.

* Zum Briand-Kellogg-Pakt siehe S. 251 und 253, M4.

M1 Vergebene Chance?

Der Historiker Detlev Peukert bewertet Stresemanns Ostpolitik:

Das Exempel Oberschlesiens hätte eigentlich davor warnen müssen, das Heil der deutschen Ostpolitik in einer Grenzrevision zu sehen, da im polnischen Korridor genau die gleiche Problemkonstellation zu erwarten war. Dennoch blieb die Stresemann'sche Position in der Grenzfrage inhaltlich völlig unbeweglich. Nur die Modalitäten der Revision wurden von ihm realistischer gesehen als von jenen Leuten um den deutschen Heereschef v. Seeckt, der mit dem Rapallo-Vertrag 1922 den Weg zur gemeinsamen Auslöschung Polens durch Russland und Deutschland einschlagen wollte. [...]
Das Angebot von Schiedsverträgen gegenüber den östlichen Nachbarn und das Bekenntnis zu einer ausschließlich friedlichen Revision konnten die entscheidende Auswirkung der deutschen Ostpolitik nicht aufheben: Deutschtumspolitik und Grenzrevision mussten in der ohnehin schon instabilen ostmitteleuropäischen Region destabilisierend wirken. Vor allem hatte diese Politik keine wirklich konstruktive Perspektive, da im nationalstaatlichen Sinne „gerechte" Lösungen für alle Beteiligten angesichts der ostmitteleuropäischen Gemengelage prinzipiell unmöglich waren. Jede Neuregelung sorgte für mindestens so viel Konfliktstoff, wie sie beseitigte. [...]
Es ist charakteristisch für die Beschränktheit der gegenüber dem Westen doch so realistischen Außenpolitik in der Ära Stresemann, dass diese Aporien[1] der deutschen Ostpolitik nicht konstruktiv angegangen wurden. Das hätte sicherlich den schmerzhaften Verzicht auf Grenzrevision verlangt, damit aber zugleich eine Region stabilisiert, deren nationalistisches Konfliktpotenzial immer wieder die Gefahr kriegerischer Zusammenstöße provozieren konnte.
[...] Ein Deutschland, das mit dem sicher schmerzlichen Verzicht auf eine Revisionspolitik nach Osten eine ähnliche Zone der Sicherheit und Kooperation wie im Westen angeboten hätte, hätte wahrscheinlich die Rolle einer informellen, vor allem wirtschaftlich abgestützten Hegemonialmacht in Ostmitteleuropa gewonnen.

Detlev J.K. Peukert, Die Weimarer Republik. Krisenjahre der klassischen Moderne, Frankfurt am Main 1987, S. 200-202

1. *Fassen Sie die Argumente zusammen, die Peukert gegen Stresemanns Ostpolitik vorbringt, und stellen Sie ihnen die Leitlinien und Voraussetzungen der deutschen Außenpolitik gegenüber.*

2. *Bewerten Sie Peukerts Einschätzung. Berücksichtigen Sie außenpolitische Leitlinien und innenpolitische Voraussetzungen der deutschen Politik.*

[1] **Aporie**: scheinbare Ausweglosigkeit

M2 Warum kommt Europa nicht voran?

In seiner letzten Rede vor dem Völkerbund führt Gustav Stresemann am 9. September 1929 aus:

Ich komme zu der Frage, die in der Debatte dieser Tage erörtert worden ist. Das war die Neugestaltung der Staatenverhältnisse in Europa. [...] Was erscheint denn an Europa, an seiner Konstruktion vom wirtschaftlichen Gesichtspunkte aus so außerordentlich grotesk? Es erscheint mir grotesk, dass die Entwicklung Europas nicht vorwärts, sondern rückwärts gegangen zu sein scheint. [...]
Durch den Versailler Vertrag ist eine große Anzahl neuer Staaten geschaffen worden. Ich diskutiere hier nicht über das Politische des Versailler Vertrages, denn ich darf annehmen, dass meine Anschauungen darüber bekannt sind. Aber das Wirtschaftliche möchte ich doch betonen und sagen, dass es unmöglich ist, dass Sie zwar eine große Anzahl neuer Staaten geschaffen, aber ihre Einbeziehung in das europäische Wirtschaftssystem vollkommen beiseite gelassen haben. Was ist denn die Folge dieser Unterlassungssünde gewesen? Sie sehen neue Grenzen, neue Maße, neue Gewichte, neue Usancen[1], neue Münzen, ein fortwährendes Stocken des Verkehrs. [...] Wo bleibt in Europa die europäische Münze, die europäische Briefmarke? Sind diese aus nationalem Prestige heraus geborenen Einzelheiten nicht sämtlich Dinge, die durch die Entwicklung der Zeit längst überholt wurden und diesem Erdteil einen außerordentlichen Nachteil zufügen, nicht nur im Verhältnis der Länder zueinander, nicht auch nur in dem Verhältnis zu den Weltteilen, draußen, sondern auch im Verhältnis anderer Weltteile, die sich oft viel schwerer in diese Dinge hineinversetzen können als ein Europäer, der es allmählich auch nicht mehr versteht?

Zitiert nach: Henry Bernhard (Hrsg.), Gustav Stresemann. Vermächtnis. Der Nachlass in drei Bänden, Bd. 3, Berlin 1933, S. 577 f.

1. *Erläutern Sie, in welcher Hinsicht die Entwicklung Europas für Stresemann „rückwärts gegangen" ist.*

2. *Überprüfen Sie, ob sich heutige Protagonisten der europäischen Einigung auf Stresemann und Briand berufen können. Begründen Sie Ihren Befund.*

[1] **Usance** (frz.): Brauch

Die deutsche Gesellschaft zwischen Tradition und Moderne

▲ **Sessel „Wassily" von Marcel Breuer, 1925/26.**
Nach einer Tischlerlehre im Weimarer Bauhaus war Breuer einige Jahre Mitarbeiter von Walter Gropius. 1925 wurde er Leiter der Möbelwerkstatt am Bauhaus Dessau. Dort entstanden auch seine berühmten Stahlrohrsessel, die im Möbelbau als revolutionär galten.

Neue Kunstströmungen Wenn wir heute von den *Goldenen Zwanzigern* sprechen, so meinen wir weniger den wirtschaftlichen Aufschwung jener Jahre als vielmehr das freie, ungewöhnlich produktive, teilweise ungezügelte Kulturleben. Anknüpfend an die geistigen Strömungen im Kaiserreich, entfaltete sich in den deutschen Städten für mehr als ein Jahrzehnt eine einzigartige künstlerische und intellektuelle Blüte, vor allem in Berlin. Die Stadt, mit ihren rund vier Millionen Einwohnern zur europäischen Metropole aufgestiegen, wurde zum Inbegriff des Fortschritts und der Moderne. In der bildenden Kunst erlebte der *Expressionismus*, der sich zu Beginn des 20. Jahrhunderts entwickelt hatte, eine Blüte. In seinen Werken wurden durch die Verfremdung von Farben, Formen und von Denkgewohnheiten gesellschaftliche Missstände und individuelle Not ausgedrückt. Neben diese Kunstrichtung trat die *Neue Sachlichkeit*, zunächst im Bereich der Architektur und der bildenden Künste, dann auch in der Literatur. Ihre Vertreter versuchten in meist zeitkritischen Werken, gesellschaftliche und politische Themen nüchtern-distanziert darzustellen (▸ M1).

Richtungsweisend für die künstlerische Haltung der Weimarer Republik wurde die 1919 von dem Architekten *Walter Gropius* in Weimar gegründete Kunstschule, das *Staatliche Bauhaus*. Seine Leitvorstellung war, dass Architekten handwerkliche Meisterschaft erlangen und mithilfe neuer technischer Möglichkeiten lichtdurchflutete, funktionale und preisgünstige Bauwerke ohne überflüssiges Dekor schaffen sollten. Auch für die Massenproduktion von Möbeln und Gegenständen des täglichen Bedarfs sollten neue Materialien wie Eisen und Stahl genutzt werden.

Massenkultur? In zunehmendem Maße brachten Künstler und Intellektuelle neue Medien zum Einsatz, um ein größeres Publikum zu erreichen. Es entstanden künstlerisch hochwertige Spiel- und Dokumentarfilme, Radioreportagen und Hörspiele. Die Zahl der Kinos verdoppelte sich zwischen 1918 und 1930 auf 5 000. Die deutsche Filmindustrie produzierte europaweit die meisten Filme. Seit der ersten Radiosendung am 29. Oktober 1923 stieg die Zahl der Empfänger ständig an. Neun Jahre später besaß bereits jeder vierte Haushalt einen Rundfunkapparat.

Die moderne Kunst wurde jedoch von der Gesellschaft nur am Rande wahrgenommen. Der Massengeschmack bevorzugte Unterhaltungsfilme, Groschenromane, Varietés und Sportveranstaltungen.

Die Zeitung blieb in der Weimarer Republik das wichtigste Medium zur Information und Meinungsbildung. In den letzten Jahren der Weimarer Republik verloren freilich die demokratischen und liberalen Zeitungen immer mehr Leser. Zugleich kontrollierte der DNVP-Vorsitzende **Alfred Hugenberg** in seinem Medienkonzern große Teile der regionalen und der rechtskonservativen Blätter. Dadurch schuf er ein breites Forum für seine republikfeindlichen Positionen.

Alfred Hugenberg (1865-1951): Politiker und Unternehmer; 1928-1933 Vorsitzender der DNVP. Im Kabinett unter Hitler wurde er 1933 Minister für Wirtschaft, Landwirtschaft und Ernährung.

Bedrohung der Tradition? Nur wenige Kulturschaffende identifizierten sich mit der Republik von Weimar. In gewisser Weise bildeten Künstler und Intellektuelle eine Parallelgesellschaft. Zu den wenigen politisch engagierten Künstlern im Deutschland der Zwanzigerjahre gehörte der Dichter und Dramatiker *Bertolt Brecht*. Das von ihm und dem Regisseur *Erwin Piscator* entwickelte Konzept des „epischen Theaters" setzte einen Gegenakzent zum klassischen Drama. Die Darstellung auf der Bühne sollte nicht mehr zum Miterleben einladen, sondern verfremden und den Zuschauer zur Kritik an den tatsächlichen Verhältnissen anhalten. Mit Stücken wie Brechts „Dreigroschenoper", 1928 in Berlin uraufgeführt, erreichte das deutsche Theater jener Zeit Weltgeltung.

Neue kulturelle Entwicklungen stießen oft auf Ablehnung der konservativ und nationalistisch Denkenden. Sie brandmarkten Kunstformen, die das gewohnte Stilempfinden infrage stellten, auch amerikanische Einflüsse wie beispielsweise den Jazz, als elitär bzw. „entartet" (▸ M2).

Fortschrittsoptimismus oder Zivilisationskritik? Mit dem Wachstum der Städte veränderte sich auch das städtische Leben, der „Mythos Großstadt" entstand. Elektrische Straßenbeleuchtung, bunte Reklame, Trambahnen, Automobile, über die Straßen eilende Menschenmassen, Warenhäuser, Cafés und Theater standen für einen neuen, urbanen Lebensstil. Die Veränderungen wurden dabei sehr unterschiedlich wahrgenommen. Für die einen galten die Großstädte als Inbegriff der Moderne, als dynamische Zentren des Fortschritts und der kulturellen Vielfalt, die dem Einzelnen Freiheit und Individualität ermöglichten. Andere wiederum kritisierten die Städte als Orte des sittlichen Verfalls, des dekadenten Massenkonsums und der politisch-sozialen Gefährdung. In Großstadtfaszination und Großstadtkritik bündelten sich die widersprüchlichen Tendenzen der Zeit, die sich auch in der Kunst – in Bildern und Gedichten, aber auch in Literatur, Musik, Fotografie oder Film – widerspiegelten.

Zugleich wurde die Bedeutung des Heimatbegriffes immer mehr mit der romantischen Vorstellung ländlicher Gegenden gleichgesetzt, die es als nationales Kulturgut vor den Veränderungen der Industrialisierung und Amerikanisierung zu bewahren galt. In der vermeintlichen Überschaubarkeit des ländlichen Lebens sahen die Modernitätskritiker einen Ansatzpunkt für ihre Ablehnung der Großstädte. Verschiedene Bewegungen propagierten die Rückkehr zu einer naturnahen Lebensweise, vegetarischer Ernährung, Reformkleidung, Naturheilkunde, ökologischer Landwirtschaft und Freikörperkultur.

▾ **Großstadt.**
Dreitafelbild (Triptychon) von Otto Dix, 1927/28.
Der Mittelteil des Bildes misst 1,81 x 2,01 m, die Flügel messen je 1,81 x 1,01 m. Dix lebte von 1925 bis 1927 als freier Künstler in Berlin.

▲ **Die Journalistin Sylvia von Harden.**
Gemälde von Otto Dix, 1926.
- *Beschreiben Sie, welche Merkmale der dargestellten Frau auf Sie männlich oder weiblich wirken. Arbeiten Sie die Merkmale heraus, die auf den zeitgenössischen Betrachter männlich oder weiblich wirkten.*
- *Diskutieren Sie die heutige Relevanz dieser Darstellung. Welche Merkmale schockieren Sie?*

Die Rolle der Frau – moderne Akzente und alte Abhängigkeiten

In den Zwanzigerjahren entstand auch die Vorstellung von einer neuen Rolle der Frau in der Gesellschaft. Frauen dieses Typs waren berufstätig und finanziell unabhängig, traten mit kurzer Bubikopffrisur und elegantem Kostüm selbstbewusst auf, rauchten in der Öffentlichkeit, schminkten sich und gingen alleine in Restaurants und Bars. Die moderne Frau stand für eine neue Epoche, ein modernes, positives Lebensgefühl und für eine stärker konsumorientierte Gesellschaft. Trotz der großen öffentlichen Wirkung blieben solche Frauen eine Randerscheinung, die man allenfalls in den Städten antraf (▸ M3). Auf dem Land und in konservativen Milieus galt weiterhin die Hausfrau und Mutter als weibliches Ideal.

Auch wenn der Anteil der weiblichen Erwerbstätigkeit während des Ersten Weltkrieges stark gestiegen war und sich für Frauen neue Berufsfelder wie das der Verkäuferin, Stenotypistin, Sekretärin in Büros oder der Telefonistin eröffneten, war für viele junge Frauen die Erwerbstätigkeit nur ein Übergangsstadium bis zur Heirat. Zudem verschlechterten sich die beruflichen Chancen für Frauen in den Zwanzigerjahren erneut. Sobald es ein Arbeitskräfte-Überangebot gab wie in den Krisenjahren um 1923 und ab 1929, wurde von den Frauen vielfach erwartet, dass sie ihre Erwerbstätigkeit freiwillig aufgaben.

Jugend zwischen Kontrolle und Fürsorge Der Krieg und die Krisen der Nachkriegszeit machten die Jugendlichen zu einer verlorenen Generation ohne Perspektive. Während des Krieges waren sie mit alltäglicher Gewalt und Not konfrontiert gewesen, nach dem Krieg nahmen ihnen Wirtschaftskrise, Inflation und Massenarbeitslosigkeit die Chance auf eine gesicherte Existenz. Viele mussten ohne ihre Väter, die sie im Krieg verloren hatten, aufwachsen. Soziale Not, Elend und Orientierungslosigkeit ließen die Jugendkriminalität ansteigen und machten die jungen Menschen anfällig für die Propaganda der radikalen Parteien. Der Staat versuchte, der hohen Kriminalität unter Jugendlichen gegenzusteuern. Die *Reformpädagogik* löste die bisherige, auf Drill und „Paukschule" ausgerichtete Erziehung ab und wollte Jugendliche zu demokratischen und sozial denkenden Staatsbürgern erziehen. Dem *Reichsjugendwohlfahrtsgesetz* von 1922, durch das die ersten Jugendämter eingerichtet wurden, und dem 1923 eingeführten *Jugendstrafrecht* lag die Überzeugung zugrunde, dass Jugendliche anders zu behandeln seien als Erwachsene und Schutz und Hilfe benötigten. Zudem sollten halbstaatliche Jugendorganisationen, wie etwa Turn- und Sportvereine, die Jugendlichen unter geregelte Aufsicht bringen.

Dennoch waren viele Jugendliche republikfeindlich eingestellt, traten kommunistischen und nationalistischen Organisationen bei und beteiligten sich an antirepublikanischen Veranstaltungen und Krawallen.

Ausgehend von der unpolitischen Wandervogelbewegung, die sich noch im Kaiserreich gebildet hatte, politisierte und radikalisierte sich die Jugendbewegung zunehmend (▸ M4). Auf der einen Seite stand die organisierte Arbeiterjugend. Auf der anderen Seite formierte sich die „bündische" Jugend, die nach und nach alle politisch und konfessionell unabhängigen Jugendverbände, so auch die Wandervögel und die Pfadfinderverbände, in sich aufnahm.

▸ **„Dada siegt."**
Collage von Raoul Hausmann, 1920.
Im Jahr 1919 schlossen sich einige Künstler zusammen und propagierten ihren neuen Kunststil „Dada". Er war die Absage an überkommene autoritäre Strukturen in Kunst und Politik, ein Stück „praktizierter Anarchie". Die Künstler bedienten sich alltäglicher Gegenstände und nutzten das relativ neue Medium der Fotografie für ihre Collagen.
- *Hausmann wollte den Zeitgeist abbilden. Erläutern Sie, was für ihn dazu gehörte.*
- *Erörtern Sie den möglichen Zusammenhang zwischen Collagetechnik und Absage an Autorität und Tradition.*

M1 Malerei und Wirklichkeit

Der Dichter Wieland Herzfelde (1896-1988) beschreibt in einem Prospekt zur „Ersten Internationalen Dada-Messe" 1920 in Berlin das progressive Kunstverständnis der Dadaisten:

Die Malerei hatte einst den ausgesprochenen Zweck, den Menschen die Anschauung von Dingen, Landschaften, Tieren, Bauten usw., die sie selbst nicht mit eigenen Augen kennenlernen konnten, zu vermitteln. Diese Aufgabe haben heute Fotografie und Film übernommen und lösen sie unvergleichlich viel vollkommener als die Malerei aller Zeiten.
Doch starb die Malerei mit dem Verlust ihres Zweckes nicht ab, sondern suchte neue Zwecke. Seitdem lassen sich alle Kunstbestrebungen dahin zusammenfassen, dass sie, so verschieden sie auch sind, gemeinsam die Tendenz haben, sich von der Wirklichkeit zu emanzipieren.
Der Dadaismus ist die Reaktion auf alle diese Verleugnungsversuche des Tatsächlichen [...]; aber der Dadaist unternimmt es nicht etwa wieder, mit dem Fotografenapparat zu konkurrieren oder ihm gar eine Seele einzuhauchen, indem er (wie die Impressionisten) der schlechtesten Linse: dem menschlichen Auge den Vorzug gibt, oder (wie die Expressionisten) den Apparat umdreht und dauernd bloß die Welt im eigenen Busen darstellt.
Die Dadaisten sagen: Wenn früher Unmengen von Zeit, Liebe und Anstrengung auf das Malen eines Körpers, einer Blume, eines Hutes, eines Schlagschattens usw. verwandt wurden, so brauchen wir nur die Schere nehmen und uns unter den Malereien, fotografischen Darstellungen all diese Dinge auszuschneiden, was wir brauchen; handelt es sich um Dinge geringeren Umfangs, so brauchen wir gar nicht Darstellungen, sondern nehmen die Gegenstände selbst, z.B. Taschenmesser, Aschenbecher, Bücher etc., lauter Sachen, die in den Museen alter Kunst recht schön gemalt sind, aber eben doch gemalt.

Zitiert nach: Uwe M. Schneede (Hrsg.), Die Zwanziger Jahre. Manifeste und Dokumente deutscher Künstler, Köln 1979, S. 31 f.

1. *Erläutern Sie, welche Haltung der Dadaismus zur Wirklichkeit einnimmt.*
2. *Informieren Sie sich über die Auswirkungen des Dadaismus auf andere Lebensbereiche.*

M2 Gegen die „Schmutz- und Schundliteratur"

Der Abgeordnete des Zentrums, Georg Schreiber, stellt 1925 vor dem Reichstag seine Maßstäbe für kulturelles Schaffen dar:

Sind wir doch in der eigenartigen Lage, dass hier diese Metropole in vielem internationalisiert ist, dass sie in vielem kosmopolitisch steht, und jenes andere ist ebenso gewiss: Wenn wir in den letzten Jahrzehnten in Deutschland eine wundervolle Heimatkunst, eine Heimatkultur entwickelt haben, wenn wir die Dichtungen von Theodor Storm, von Fritz Reuter, Klaus Groth und anderen Heimatkünstlern schätzen, so ist es nicht bloß wegen der dichterischen Schönheit und Kraft. Darüber hinaus haben wir das Empfinden: Dort strömt in diesen Landschaften Niedersachsens, ebenso aber auch in anderen deutschen Landschaften köstlicher Jungbrunnen deutscher Kultur, dort liegt noch viel Urkräftiges, vieles an ungebrochener gesunder Volkskraft. Und wenn es darauf ankommt, diese deutsche Volkskraft in ihrer landschaftlichen Eigenart zu erhalten und zu fördern, dann werden wir nicht bloß auf Berlin und auf die Entscheidungen der Filmoberprüfstelle hier achten, sondern werden unsere Maßstäbe für die Beurteilung auch finden in dem kernigen Volke des Schwarzwaldes, in den sittlichen Maßstäben, die man auf der westfälischen Heide anlegt, und in den Wäldern Schlesiens, ebenso im bayerischen Gebirge. Wir brauchen dringender denn je diesen Rückblick auf die seelische Feinnervigkeit der deutschen Landschaft, um uns Kultureinflüssen hier in Berlin zu erwehren, die unser Volk nicht weiterbringen, sondern in der Volkspflege und in der Volkskultur zurückwerfen.

Zitiert nach: Peter Longerich (Hrsg.), Die Erste Republik, München 1992, S. 377

1. *Beschreiben Sie, was der Autor unter „Heimatkunst“ versteht.*
2. *Diskutieren Sie, welche Rolle die Großstädte für Heimatkunst und Heimatliteratur spielen.*
3. *Gegen die moderne Kultur der Zwanzigerjahre gab es aus den unterschiedlichsten Gründen Widerstand. Erörtern Sie die gesellschaftlichen und geistigen Hintergründe dieser Denkweisen.*

M3 Prototypen weiblicher Emanzipation

Die Historikerin Ute Frevert schreibt über das Wunschbild der „neuen Frau“ und die gesellschaftliche Wirklichkeit:

Fortschritt und Beharrung, Modernität und Tradition trafen im Typus der „neuen Frau“, wie ihn die Weimarer Kulturkritik kreierte, auf besondere Weise zusammen. Schon das äußere Erscheinungsbild junger Frauen nach dem Krieg verführte manche Zeitgenossen dazu, das „Zeitalter der befreiten Frau“ einzuläuten. Bubikopf, Zigaretten, saloppe Mode galten als Markenzeichen der modernen Frau, die den Gleichberechtigungsgrundsatz der Weimarer Verfassung ernst nahm und ihren Platz in Beruf und Öffentlichkeit selbstbewusst ausfüllte. Doch nicht bloß in ihrem Äußeren schienen sich Frauen und Männer angleichen zu wollen, auch in ihren Lebensplänen verwischten sich die Grenzen zwischen den Geschlechtern. Immer mehr Frauen übten einen Beruf aus und verdienten eigenes Geld. [...]
Heiß diskutierte Prototypen weiblicher Emanzipation waren vielmehr die jungen Angestellten, die als Kinder der neuen Zeit gefeiert oder, je nach Weltanschauung, gescholten wurden. In den Sekretärinnen, Stenotypistinnen und Verkäuferinnen schien die Modernität des Weimarer Systems augenfällig zu werden, und auch die zahlenmäßige Entwicklung – 1925 gab es annähernd 1,5 Millionen weibliche Angestellte, dreimal mehr als 1907; ihr Anteil an allen erwerbstätigen Frauen stieg von 5 % auf 12,6 % – rechtfertigte das ausgeprägte, aber nicht gleichgerichtete Interesse an diesem Frauentyp der „neuen Sachlichkeit“. Galt den einen die Feminisierung des Angestelltenberufes als „Beginn der wirklichen Emanzipation der Frau“, als „größte Revolution in der sozialen Stellung der Frau“, betonten kritischere Beobachter die Ambivalenz dieser oberflächlichen „Modernisierung“, und die Psychologin Alice Rühle-Gerstel beschrieb die Frauen in Büros und Geschäften bereits 1932 ohne Emanzipationshoffnung: „Ein halbseidener Beruf, halbseiden wie die Strümpfe und Hemdchen der Ladenfräulein, halbseiden wie ihr Gemüt und ihre Gedankenwelt [...]. Ihrer wirtschaftlichen Situation gemäß Proletarierin, ihrer Ideologie nach bürgerlich, ihrem Arbeitsfeld zufolge männlich, ihrer Arbeitsgesinnung nach weiblich. Schillernde Gestalten, von schillerndem Reiz oft, ebenso oft von schillernder Fragwürdigkeit, auf alle Fälle von schillernder Sicherheit ihres sozialen und seelischen Daseins.“

Ute Frevert, Frauen-Geschichte. Zwischen Bürgerlicher Verbesserung und Neuer Weiblichkeit, Frankfurt am Main [5]1993, S. 171-173

1. *Arbeiten Sie die verschiedenen Bereiche heraus, in denen sich emanzipatorisches Verhalten äußert.*
2. *Vergleichen Sie die dargestellten Vorstellungen von Frauenemanzipation mit heutigen.*
3. *Entwerfen Sie anhand des Textes eine Definition von Emanzipation und vergleichen Sie sie mit der eines aktuellen Lexikons.*

M4 „Macht Platz, ihr Alten!“

Der Journalist Jan Friedmann beschreibt 2008 in einem Artikel Ursprung und Wesen der völkischen Jugendbewegung in der Weimarer Republik:

„Weil wir die echten, wahren und unerbittlichen Feinde des Bürgers sind, macht uns seine Verwesung Spaß“, höhnte der Rebell und Jugendführer. Was wie eine Parole von 1968 anmutet, ist ein Satz von Ernst Jünger über sich selbst und seine Altersgenossen aus dem Jahr 1929.
„Wir sind Söhne von Kriegen und Bürgerkriegen“, fuhr der Rechtsintellektuelle in seinem Generationenporträt fort. Eines Tages werde es gelingen, die bestehende „krustige, schmutzige Decke wegzusprengen“ und darunter eine „stol-

zere, kühnere und noblere Jugend" zum Vorschein zu bringen, die „Aristokratie von morgen und übermorgen".

Dem Schriftsteller, Studienabbrecher und Freischärler war die bürgerliche Demokratie genauso verhasst wie vielen Menschen seiner Generation. Jünger, Jahrgang 1895, wurde eine der prominentesten Stimmen der völkischen Jugendbewegung, die während der Weimarer Republik maßgeblich den Weg in die Diktatur ebnete. [...]

In keinem anderen Jahrzehnt prallten die Generationen so heftig aufeinander wie in den Zwanzigerjahren. „Macht Platz, ihr Alten!", schleuderte der Reichspropagandaleiter der NSDAP, Gregor Straßer, im Jahr 1927 dem Establishment der Weimarer Republik entgegen. „Macht Platz, ihr Unfähigen und Schwachen, ihr Blinden und Tauben, ihr Ehrlosen und Gemeinen, ihr Verräter und Feiglinge, macht Platz, ihr seid gewogen und zu leicht befunden worden." Ihren ideologischen Fundus hatte sich die selbstbewusste Avantgarde in den Schützengräben des Ersten Weltkrieges angeeignet.

Tatsächlich waren es zwei Generationen von Jugend, die dort geprägt wurden. Da waren zum einen die Jahrgänge der zwischen 1880 und 1900 Geborenen, die eigentliche Frontgeneration. Angetreten in rauschhafter Begeisterung, erlebten sie den Krieg als ungeheure Schlachtbank [...]. Jeder dritte der zwischen 1892 und 1895 geborenen deutschen Männer verlor hier sein Leben.

So schlossen die Überlebenden: Nur wer in der Gemeinschaft funktioniert und sich im Gegenzug auf die unbedingte Kameradschaft seiner Mitkämpfer verlassen kann, hat eine Chance. Der Einzelmensch gilt nichts, erst im Kollektiv der feldgrauen Uniformen wird er zu einer Macht.

Doch die Heroisierung der Härte und des Opfers prägte auch die Jüngeren. Sie absorbierten die kaiserliche Kriegspropaganda, die Durchhalteparolen der Lehrer und Amtsleute, sie glaubten an die Dolchstoßlegende. [...] Ihr Credo der Härte und Unerbittlichkeit übertrugen beide Generationen, die Frontkämpfer und ihre jüngeren Brüder, auf die Zivilgesellschaft von Weimar. Kompromisse galten ihnen als Zeichen von Schwäche. Heroisches Handeln musste stattdessen rein, radikal und sachlich sein. Anstelle des schalen Parlamentarismus wollten sie das Ideal einer klassenlosen Volksgemeinschaft setzen, frei von störenden Fremdkörpern. [...]

Ihre Ideale von Kameradschaft, soldatischer Männlichkeit und freiwilliger Unterordnung fand die Jugend in den zahlreichen paramilitärischen Verbänden und bündischen Organisationen. Alle politischen Parteien schufen sich solche Nebenorganisationen: die Kommunisten etwa den „Roten Frontkämpferbund" (1924), die Sozialdemokraten das „Reichsbanner Schwarz-Rot-Gold" (1924), die Katholiken die „Windthorstbünde" (1920), die DDP den „Jungdeutschen Orden" (1920), die DNVP ihren „Stahlhelm" (1918) – und die NSDAP warb mit der Parole „Jugend führt Jugend" für ihre Sturmabteilung SA (1921). Alle Bünde boten Marschieren in Kolonnen und Wehrertüchtigung, das Reichsbanner zum Beispiel Geländelauf, Gepäckmarsch oder Kleinkaliberschießen. Sie hielten den Großen Krieg in Ehren und stählten ihre Mitglieder für künftige Schlachten. Ziel sei die „geistige und seelische Rüstung der wehrhaften Jugend", hieß es im Manifest des Jungdeutschen Ordens – und die äußerte sich am besten in jugendlich-viriler Gewalt.

Jan Friedmann, „Macht Platz, ihr Alten", in: Spiegel Special Geschichte 1/2008, S. 38-42

1. *Erläutern Sie das hier gezeichnete Bild der Weimarer Jugend.*

2. *Analysieren Sie, inwiefern sich in der Jugend die gesellschaftlichen Verhältnisse spiegeln, und zeigen Sie die Folgen auf.*

3. *Überprüfen Sie, inwiefern sich dies auf die heutige Zeit übertragen lässt.*

▲ Propaganda-Plakat, um 1933.
Der NSDAP gelang es, in großer Zahl junge Unterstützer zu mobilisieren, indem sie sich als Verkörperung des „jungen" Deutschland und als unverbrauchte Kraft stilisierte. Nach 1933 perfektionierte die NS-Diktatur mit ihren Jugendorganisationen, der „Hitler-Jugend" (HJ) und dem „Bund Deutscher Mädel" (BDM), das System des Drills und Schleifens – eine Erziehung, die zunehmend der Vorbereitung auf den Krieg diente.

Der Aufstieg der NSDAP – Ideologie und Propaganda

Gründe für den Aufstieg der NSDAP Als sich die NSDAP 1920 ihr Parteiprogramm gegeben hatte, war sie eine unter zahllosen radikalen Splitterparteien (▸ M1). Bis Januar 1933 wuchs die Zahl ihrer Mitglieder auf 849 000 an. Wer wählte Hitler? Was machte die Partei für so viele Menschen attraktiv?

Nährboden für die Entwicklung von einer Splitter- zu einer Massenpartei war nicht nur die Wirtschaftskrise, sondern eine deutsche Gesellschaft, die seit Beginn der Republik wirtschaftlich und mental gespalten war. Der Schock der Kriegsniederlage mit dem als nationale Demütigung empfundenen Versailler Vertrag, die Revolution mit ihren blutigen Auseinandersetzungen sowie die negativen psychologischen Folgen von Massenarbeitslosigkeit, Inflation und Währungsreform ließen die radikal-nationalistischen Parolen eines Adolf Hitler auf fruchtbaren Boden fallen. Seine antisemitische, antiliberale und antimarxistische, die Bolschewismusangst schürende Agitation traf bei großen Teilen der Bevölkerung den Nerv der Zeit. Viele von der Republik enttäuschte Bürger erhofften sich einen starken Mann, einen Führer und „Erlöser", der die Nation vor dem drohenden Untergang retten und sie endlich wieder zu nationaler Größe führen würde.

Internettipp:
Zur Geschichte der NSDAP siehe Code ***4673-16***.

Viele suchten die Geschlossenheit einer Gemeinschaft, die stark genug schien, durch Protest gegen die bestehende Ordnung die Welt nach ihrer Vorstellung neu zu gestalten. Die Furcht vor dem sozialen Abstieg einte Menschen ganz unterschiedlicher Herkunft. Viele waren auf der Suche nach einem „dritten Weg" zwischen Kapitalismus und Sozialismus. Dies gilt vor allem für Angehörige des Mittelstandes, die sich durch linke Bewegungen bedroht sahen. Außerdem zogen Tatkraft und Durchsetzungsvermögen der NSDAP Mitglieder und Wähler an. Emotionale Bezüge wie „Ehre, Größe, Heroismus, Opferbereitschaft, Hingabe", nicht wirtschaftliche Versprechungen, führten der „Bewegung" ihre Wähler und Sympathisanten zu. Viele von ihnen wollten mit ihrem Wahlverhalten nur ihre Unzufriedenheit mit den gegenwärtigen Verhältnissen ausdrücken. Dies erklärt auch die starken Schwankungen der NSDAP in der Gunst der Wähler.

Die „Eroberung der Straße" Der Aufstieg der NSDAP basierte dabei jedoch nicht allein auf Agitation und Propaganda. Die Ausübung und die Heroisierung von Gewalt gehörten von Anfang an dazu. 1920 war die **Sturmabteilung (SA)** für den Straßenkampf und den Schutz von Parteiversammlungen gegründet worden. Zunächst unabhängig, wurde sie 1925 in die NSDAP eingegliedert. Im gleichen Jahr schuf sich Hitler mit der **Schutzstaffel (SS)** seine persönliche Schutztruppe, die ab Ende der 1920er-Jahre zu einem Eliteorden ausgebaut wurde.

Doch nicht nur die NSDAP, sondern auch andere Parteien bildeten paramilitärische Kampfverbände, die die eigenen Veranstaltungen schützen und die des politischen Gegners massiv stören sollten. Die Kampfverbände waren meist in Parteiuniformen gekleidet, sodass ihr Aufeinandertreffen den Eindruck militärischer Konflikte erweckte, der die Bürgerkriegsängste in der Bevölkerung verstärkte. Die Mitglieder der SA trugen braune Uniformen mit Koppel und Schulterriemen, dazu Schaftstiefel und eine Armbinde mit Hakenkreuz.

Am aggressivsten und gewalttätigsten gegen die Republik ging neben der SA der zur KPD gehörige *Rote Frontkämpferbund* (RFB) vor; beide lieferten sich untereinander blutige Saal- und Straßenschlachten. Auch der **Stahlhelm**, der „bewaffnete Arm" der DNVP, radikalisierte den politischen Kampf. Das **Reichsbanner Schwarz-Rot-Gold**, hauptsächlich von der SPD gestützt, aber auch von DDP und Zentrum, sah sich als

Sturmabteilung (SA): 1920 gebildete, militärisch organisierte und uniformierte Saalschutz- und Kampftruppe der NSDAP

Schutzstaffel (SS): 1925 gegründete Parteiformation zum persönlichen Schutz Hitlers, ab 1934 „selbstständige Organisation" der NSDAP mit polizeilicher Machtbefugnis

Stahlhelm: im Dezember 1918 gegründete Organisation ehemaliger Soldaten des Ersten Weltkrieges. Der Verband entwickelte eine republikfeindliche Einstellung und hatte um 1930 etwa eine halbe Million Mitglieder.

Reichsbanner Schwarz-Rot-Gold: im Februar 1924 gegründeter Bund aktiver Demokraten, der um 1930 etwa drei Millionen Mitglieder zählte

Verteidiger der Republik. Die Mitgliederzahlen der Kampfverbände stiegen rasch. Der RFB hatte 1927 etwa 130 000, die SA im Jahre 1932 etwa 400 000 Mitglieder.

Bei der NSDAP-Führung stieß der „braune Terror" auf den Straßen von Anfang an auf hohe Akzeptanz; erreichte die Partei doch so ein großes Maß an Aufmerksamkeit und Außenwirkung. Weitere Aktionen, etwa groß angelegte Massenaufmärsche, sollten darüber hinaus die Geschlossenheit und Stärke der nationalsozialistischen „Bewegung" nach außen demonstrieren.

▲ **SA-Mann bei einer „Saalschlacht".**
Reproduktion einer Gouache von Felix Albrecht, 1930.

Mitglieder und Wähler der NSDAP Diejenigen, die in den Zwanzigerjahren der Partei beitraten, stammten vor allem aus der unteren Mittelschicht, waren Handwerker, Gewerbetreibende und Angestellte. Daneben wuchs der Anteil der Arbeiter, vor allem der Heim- und Landarbeiter, erheblich an. Seit 1930 traten Angehörige der oberen Mittelschicht der „Bewegung" bei. Agrarkrise und Depression trieben selbstständige Bauern und kleine Geschäftsleute sowie die Beamten und Angestellten der neuen Mittelschicht in die Reihen der NSDAP (▸ M2). Die alten Eliten und Kreise der Großindustrie blieben meist reserviert. Sie neigten eher zu einer autoritären Regierung im Stile der letzten Weimarer Präsidialkabinette.

Das Mitgliederprofil der NSDAP entsprach weitgehend dem anderer faschistischer Parteien in Europa. Der Anteil der Frauen war gering, denn die Partei, militaristisch, wie sie sich gab, glich eher einem „Männerbund". Auffallend war die Dominanz der jungen Generation. Viele Mitglieder hatten noch keine feste Anstellung. Jugendlichkeit und Dynamik zählten zu den Charakteristika der NSDAP, auf die sie großen Wert legte.

Erst als die NSDAP ihre Macht im Staat gefestigt hatte, setzte der große Ansturm all derer auf die Hitlerpartei ein, die sich in Politik, Verwaltung und Gesellschaft eine angesehene oder zumindest gesicherte Position versprachen, wenn sie ihre Zugehörigkeit zum neuen Regime dokumentierten. Auch Industrie und Großfinanz waren darauf bedacht, sich schnell mit dem Regime zu arrangieren, zumal ein starker Staat und die Beseitigung einer selbstständigen Gewerkschaftsbewegung der Wirtschaft günstige Rahmenbedingungen verhießen. Die NSDAP wurde eine „Integrationspartei" für alle sozialen Schichten, eine Bewegung mit „Volksparteicharakter", die das ganze Volk vertreten wollte. Nicht umsonst bezeichnete sie sich selbst als „Bewegung"; einmal, um sich gegenüber den von ihr verachteten Parteien der Weimarer Republik abzugrenzen; zum anderen, um sich als dynamische und verändernde Kraft darzustellen.

Elemente der NS-Ideologie: Nationalismus und Rassismus Die in der ersten Hälfte des 19. Jahrhunderts in Deutschland populär gewordene Idee des Nationalismus hatte hohe Erwartungen für die Zukunft geschaffen, die von der Politik nicht eingelöst werden konnten. 1871 war der deutsche Nationalstaat als kleindeutsches Reich entstanden, das viele Deutsche ausschloss. Durch die demografische und industrielle Entwicklung gewann das Deutsche Reich an Stärke und betrieb nach der Thronbesteigung Kaiser Wilhelms II. 1888 verstärkt Weltmachtpolitik. Nationalistische Forderungen wurden immer aggressiver vorgetragen und waren mit rassistischen Vorstellungen gepaart. Unter anderem der **Alldeutsche Verband** vertrat eine rücksichtslose Verfolgung deutscher Interessen. Der Verband griff antijüdische Ressentiments in Deutschland und Österreich auf und propagierte sie in den „Alldeutschen Blättern" (1894-1939). Im Ersten Weltkrieg setzte er sich vehement für überzogene Kriegsziele, vor allem für mehr „Lebensraum" für das „Herrenvolk" ein; diese Forderungen übernahm die NS-Bewegung.

Alldeutscher Verband: 1891 gegründet, setzte sich die nationalistische Organisation für eine Stärkung und Verbreitung des Deutschtums ein und befürwortete eine imperialistische Politik.

Europäische und koloniale Großmachtpläne waren nach 1918/19 durch die Gebietsabtretungen Deutschlands und die Auflösung der Donaumonarchie zerronnen. In den Nachbarstaaten der Weimarer Republik lebten nun deutschsprachige Minderheiten, die sich auch durch Zwangsmaßnahmen nicht integrieren ließen. Der Kriegsschuldartikel im Versailler Vertrag, die vermeintliche Härte der Friedensbedingungen und der Sturz der Monarchie gaben extrem nationalistischen Tendenzen zusätzlich Nahrung. An die Spitze der Republikgegner stellten sich die Nationalsozialisten. Ihrer Meinung nach sollten nicht so sehr gemeinsame Kultur und Geschichte das Band einer Nation sein, sondern die Rassengleichheit. Die biologische Substanz bestimme Menschen und Völker nicht nur körperlich, sondern auch geistig-seelisch. Von allen Rassen sei die „nordische" oder **„arische"** die wertvollste. Sie allein sei im eigentlichen Sinne kulturfähig (▶ M3).

Adolf Hitler und seine Anhänger griffen dabei auch auf die Lehre des *Sozialdarwinismus** zurück. Unter Missachtung geistiger, sittlicher und religiöser Werte diente die Verfälschung der Darwin'schen Ideen einer menschenverachtenden Ideologie, die bald zur praktischen Politik wurde. Demnach sollte es Aufgabe des Nationalsozialismus sein, der „arischen Herrenrasse" in Mitteleuropa ein Machtzentrum zu schaffen. Ihr gebühre, so Hitler, wegen ihrer Bedeutung für die Weltgeschichte ein angemessener „Lebensraum". Da dieser zurzeit nicht vorhanden sei, müsse er durch Krieg erobert und langfristig gesichert werden. Der angestrebte Lebensraum müsse zudem genügend Ressourcen umfassen, denn die Nation der Zukunft solle wirtschaftlich unabhängig sein und sich an einer bäuerlichen Lebensweise orientieren (**Blut-und-Boden-Ideologie**). Auch eine strategische Erwägung spielte eine wichtige Rolle: Eine Weltmacht der Zukunft brauchte in seinen Augen ein entsprechend großes Gebiet als Basis für Angriff und Verteidigung.

Das Streben nach einem Großreich im Osten und die bedingungslose Befürwortung von Gewalt und Krieg unterschieden den Nationalismus Hitlers von den herkömmlichen nationalen Ideen des Bürgertums.

„Arier": im ethnologisch-sprachwissenschaftlichen Sinne Völker der indogermanischen Sprachfamilie. Im 19. Jh. wurde der Begriff in eine Überlegenheit der „weißen", dann der germanischen Rasse umgedeutet. In der NS-Rassenideologie bezeichnete „Arier" die überlegene „Herrenrasse".

Blut-und-Boden-Ideologie: basierte auf der Vorstellung, „dass ein gesunder Staat im eigenen Volk (Blut) und im eigenen Boden seinen Schwerpunkt haben muss" (Meyers Lexikon von 1936). Dabei sollte das Bauerntum (die germanisch-nordische Rasse) für die Lebensgrundlagen des Volkes sorgen und einen Gegenpol zur urbanen Moderne und zum „Nomadentum" der Juden bilden.

▲ Veranstaltung der NSDAP im Zirkus Krone in München.
Plakat von 1923.

„Volksgemeinschaft" Für die Nationalsozialisten bildete die *Volksgemeinschaftsideologie* ein Kernstück ihrer Weltanschauung. „Volksgemeinschaft" war für sie in erster Linie durch gemeinsames „deutsches Blut" und einen einheitlichen „Rassekern" bestimmt. Diese zum Mythos** erhobene deutsche „Bluts- und Schicksalsgemeinschaft" führten die Nationalsozialisten bis auf die Germanen zurück, in deren Stammesgesellschaften es keine Klassen und sozialen Schranken gegeben habe. Seither sei die Geschichte des deutschen Volkes durch innere Kämpfe und Spaltungen geprägt gewesen. Daher galt es, alle Klassen-, Gruppen- und Parteieninteressen zu beseitigen und die Einheit der Volksgenossen in einem „sozialen Volksstaat" herzustellen. In ihm sollten alle Unterschiede zum Wohl der Gemeinschaft eingeebnet werden.

Damit war jedoch keine soziale Gleichheit gemeint. Im Gegenteil: Die Nationalsozialisten traten für eine klare Schichtung des Volkes in oben und unten, für politische, gesellschaftliche und geschlechtsspezifische Hierarchien ein. Vor allem aber stützten sich die Nationalsozialisten auf die Lehre von der angeblichen Ungleichheit der Rassen. Nur ein von „Minderwertigen", „Fremdrassigen" und „Gemeinschaftsfremden" gereinigtes Volk könne „Volksgemeinschaft" sein. Rassismus und Antisemitismus wurden damit zum Instrument der Ausgrenzung und Verfolgung von Minderheiten, zu denen besonders die Juden sowie die Sinti und Roma zählten.

* **Sozialdarwinismus**: Siehe S. 124.
** Zu Mythen in der Geschichte siehe S. 171 (Anm.) und S. 546.

Damit die NSDAP ihre Ziele überhaupt erreichen konnte, sollte die nationalsozialistische „Volksgemeinschaft" auch eine Gesinnungsgemeinschaft sein, in der sich jeder Einzelne widerspruchslos zur nationalsozialistischen Weltanschauung bekannte. Wer sich abwartend verhielt, sollte durch Propaganda erzogen werden. Wer sich widersetzte, wer also den „rassischen", politischen oder moralischen Werten und Normen und den Leistungsanforderungen der Partei nicht genügte, wurde als „Volksschädling" oder „Gemeinschaftsfremder" ausgeschlossen und bekämpft. „Rassereinheit" und politisches Wohlverhalten bestimmten darüber, wer zur „Volksgemeinschaft" gehörte und wer nicht.

„Führer" und Volk Die „Volksgemeinschaft" bestand nicht aus freien Individuen, sondern war durch das Verhältnis von „Führer" und „Gefolgschaft" bestimmt. Der Einzelne hatte seine Interessen dem Gemeinwohl unterzuordnen. Was dem Gemeinwohl diente, darüber entschied allein Hitler. Herausragende Persönlichkeiten sollten, so Hitler, eine führende Rolle innerhalb der „Volksgemeinschaft" einnehmen. Die Auswahl wurde nicht auf demokratische Weise, sondern durch Berufung von oben vorgenommen. „Autorität jedes Führers nach unten und Verantwortung nach oben" lautete die von Hitler aufgestellte Maxime. Das System gipfelte in dem „Führer" Adolf Hitler. Er sollte nur der von ihm häufig zitierten „Vorsehung" verantwortlich sein.

Emotional untermauerte die NSDAP das Ganze durch die Inszenierung eines *Führerkultes*, der das italienische Vorbild nachahmte. Ein Führerbild hing später in allen Amts- und Schulräumen und sollte in jeder Wohnung einen Ehrenplatz erhalten. „Heil Hitler" war der offiziell geforderte „Deutsche Gruß" für jeden. Die Person Adolf Hitlers wurde zum Bindeglied zwischen Führerstaat und „Volksgemeinschaft" und zum Idealbild stilisiert. Hier flossen Ideen der obrigkeitsstaatlichen Ordnung des 18. und 19. Jahrhunderts ein, die Hitler zum verehrungswürdigen Ersatzmonarchen emporhoben und den Einzelnen in widerspruchslose Unterordnung zwangen.

Statt Parteienkonflikt und Klassenkampf propagierte die NSDAP eine „Volksgemeinschaft der Arbeiter der Faust und Stirn". Auch der Interessengegensatz zwischen Arbeitgeber und Arbeitnehmer, die sich als Glieder desselben Volkes fühlen sollten, wurde für aufgehoben erklärt.

▲ **„Hitler im Kreise junger Nationalsozialisten."**
Foto von Heinrich Hoffmann aus der BIZ („Berliner Illustrirte Zeitung") vom 10. September 1933.
- *Analysieren Sie das Foto. Was macht es zum Propagandabild?*

Gegen Liberale und Marxisten Liberalismus und Marxismus bezeichnete Hitler als „jüdische Erfindungen" zum Verderben der „Herrenrasse". Für den Liberalismus sind individuelle Freiheit und Selbstverwirklichung grundlegende Werte. Demgegenüber forderte die NS-Regierung unter Missbrauch und Verfälschung alter preußisch-deutscher Traditionen den totalen Einsatz des Volksgenossen. „Treue", Dienstbereitschaft und absoluter Gehorsam standen über den durch die Weimarer Verfassung garantierten Grundrechten. Die allgegenwärtige Ordnungsmacht des Staates dürfe nicht durch liberale Verfassungsgrundsätze eingeschränkt werden. Das politische System der Weimarer Republik, das sich um die Verwirklichung des liberalen Rechts- und Verfassungsstaates bemüht hatte, wurde als Epoche undeutscher westlicher Überfremdung interpretiert.

Darüber hinaus nahm Hitler für sich in Anspruch, der Zerstörer des Marxismus zu sein. Die Propaganda einer Klassenversöhnung, bei der alte Sozialstrukturen und Klassenschranken überwunden wurden, hatte großen Erfolg. „Volksgemeinschaft“ und „Sozialismus der Tat“ waren Prinzipien, die auch weite Kreise der Arbeiterschaft an den Nationalsozialismus banden.

Julius Streicher (1885-1946, hingerichtet): 1921 Beitritt zur NSDAP, 1923 Gründung des antisemitischen Hetzblattes „Der Stürmer“, seit 1928 Gauleiter in Franken, 1933-1945 Mitglied des Reichstages, seit 1933 Leitung des „Zentralkomitees zur Abwehr der jüdischen Gräuel- und Boykotthetze“, 1940 wegen Korruption und Parteizwist aller Ämter enthoben

Antisemitismus: vom Vorurteil zur Ideologie Der Antisemitismus in der Weimarer Republik war nicht neu, jedoch radikalisierte sich sein Inhalt (▸ M4). Er lehnte den im 19. Jahrhundert erreichten wirtschaftlichen und sozialen Status der Juden ab und wollte ihn rückgängig machen.* Eine pseudowissenschaftliche Rassentheorie unterstellte die Überlegenheit „arischen Blutes“ und die Minderwertigkeit der „Semiten“ und baute alte Vorurteile und Sündenbocktheorien aus. Bücher, Broschüren und weit über 500 antisemitische Zeitungen verbreiteten eine zunehmend radikalere Propaganda. Seit 1923 tat sich der von **Julius Streicher** gegründete „Stürmer“ mit judenfeindlichen Hetzkampagnen hervor. Zu den erfolgreichsten und am weitesten verbreiteten Schriften zählten die „Protokolle der Weisen von Zion“. Mit diesen Fälschungen sollte eine angebliche jüdische Weltverschwörung bewiesen werden.

Zu Beginn der Weimarer Republik gab es rund 400 völkische Organisationen. Ein Zentrum für antisemitische Kampagnen war der „Deutschvölkische Schutz- und Trutzbund“. In seinem Gründungsjahr 1919 zählte er etwa 5 000 Mitglieder, 1922 waren es bereits fast 200 000, darunter Angestellte, Beamte, Lehrer und Akademiker, Ärzte und Anwälte sowie Handwerker und Händler. Unter dem Motto „Deutschland den Deutschen“ agierte der Bund gegen die Demokratie, gegen linke Bewegungen und gegen Juden. Nach der Ermordung Rathenaus im Jahre 1922 wurde zwar seine Tätigkeit in den meisten Ländern des Deutschen Reiches verboten, jedoch unterstützte er weiterhin gewalttätige Aktionen, so die Attentate der „Organisation Consul“ auf Matthias Erzberger und Philipp Scheidemann.

Auch politische Parteien, allen voran die NSDAP, propagierten den Antisemitismus. Die Deutschnationale Volkspartei (DNVP) verpflichtete sich 1920 in ihrem Programm zum Kampf gegen die „Vorherrschaft des Judentums in Regierung und Öffentlichkeit“. Zwar konnten diese Parteien zwischen 1924 und 1929 nicht mehr als acht Prozent der Wähler gewinnen, doch die Zustimmung zu antisemitischen Anschauungen in der Bevölkerung wuchs. Der Antisemitismus war längst gesellschaftsfähig.

▲ **Publikationen aus dem Parteiverlag der NSDAP.**
In ihren Büchern verbreiteten der NS-Politiker Hermann Esser und der führende NS-Ideologe Alfred Rosenberg die rechtsextreme Theorie der „jüdischen Weltverschwörung“.

1. *Stellen Sie die Wurzeln der nationalsozialistischen Ideologie dar und erläutern Sie, welche Traditionen aus dem Kaiserreich von den Nationalsozialisten genutzt wurden.*
2. *Gestalten Sie in einem Schaubild Ihre Ergebnisse aus Arbeitsauftrag 1.*

* Zum Antisemitismus im 19. Jahrhundert siehe S. 48 ff.

M1 Was will die NSDAP?

Auf der ersten großen Massenversammlung der NSDAP am 24. Februar 1920 verkündet Adolf Hitler im Münchener Hofbräuhaus das Parteiprogramm:

1. Wir fordern den Zusammenschluss aller Deutschen aufgrund des Selbstbestimmungsrechts der Völker zu einem Großdeutschland.
2. Wir fordern die Gleichberechtigung des deutschen Volkes gegenüber den anderen Nationen, Aufhebung der Friedensverträge von Versailles und St. Germain[1].
3. Wir fordern Land und Boden (Kolonien) zur Ernährung unseres Volkes und Ansiedlung unseres Bevölkerungsüberschusses.
4. Staatsbürger kann nur sein, wer Volksgenosse ist. Volksgenosse kann nur sein, wer deutschen Blutes ist, ohne Rücksichtnahme auf Konfession. Kein Jude kann daher Volksgenosse sein. [...]
6. Das Recht, über Führung und Gesetze des Staates zu bestimmen, darf nur dem Staatsbürger zustehen. Daher fordern wir, dass jedes öffentliche Amt, gleichgültig welcher Art, gleich ob im Reich, Land oder Gemeinde, nur durch Staatsbürger bekleidet werden darf.
Wir bekämpfen die korrumpierende Parlamentswirtschaft einer Stellenbesetzung nur nach Parteigesichtspunkten ohne Rücksicht auf Charakter und Fähigkeiten. [...]
8. Jede weitere Einwanderung Nichtdeutscher ist zu verhindern. Wir fordern, dass alle Nichtdeutschen, die seit dem 2. August 1914 in Deutschland eingewandert sind, sofort zum Verlassen des Deutschen Reiches gezwungen werden. [...]
13. Wir fordern die Verstaatlichung aller (bisher) bereits vergesellschafteten (Trusts) Betriebe.
14. Wir fordern Gewinnbeteiligung an Großbetrieben.
15. Wir fordern einen großzügigen Ausbau der Altersversorgung.
16. Wir fordern die Schaffung eines gesunden Mittelstandes und seine Erhaltung. Sofortige Kommunalisierung der Groß-Warenhäuser und ihre Vermietung zu billigen Preisen an kleine Gewerbetreibende, schärfste Berücksichtigung aller kleinen Gewerbetreibenden bei Lieferung an den Staat, die Länder oder Gemeinden. [...]
18. Wir fordern den rücksichtslosen Kampf gegen diejenigen, die durch ihre Tätigkeit das Gemeininteresse schädigen. Gemeine Volksverbrecher, Wucherer, Schieber usw. sind mit dem Tode zu bestrafen, ohne Rücksichtnahme auf Konfession und Rasse. [...]

▸ **Parteizeichen der NSDAP.**
Im Mai 1933 zählte die Nationalsozialistische Deutsche Arbeiterpartei 2,5 Millionen Parteimitglieder. Das Hakenkreuz war ab 1935 Hoheitszeichen des Deutschen Reiches.

23. Wir fordern den gesetzlichen Kampf gegen die bewusste politische Lüge und ihre Verbreitung durch die Presse. Um die Schaffung einer deutschen Presse zu ermöglichen, fordern wir, dass [...] sämtliche Schriftleiter und Mitarbeiter von Zeitungen, die in deutscher Sprache erscheinen, Volksgenossen sein müssen [...]. Zeitungen, die gegen das Gemeinwohl verstoßen, sind zu verbieten. Wir fordern den gesetzlichen Kampf gegen eine Kunst- und Literaturrichtung, die einen zersetzenden Einfluss auf unser Volksleben ausübt, und die Schließung von Veranstaltungen, die gegen vorstehende Forderungen verstoßen.
24. Wir fordern die Freiheit aller religiösen Bekenntnisse im Staat, soweit sie nicht dessen Bestand gefährden oder gegen das Sittlichkeits- und Moralgefühl der germanischen Rassen verstoßen. Die Partei [...] bekämpft den jüdisch-materialistischen Geist in und außer uns und ist überzeugt, dass eine dauernde Genesung unseres Volkes nur erfolgen kann von innen heraus auf der Grundlage: Gemeinnutz vor Eigennutz.
25. Zur Durchführung alles dessen fordern wir die Schaffung einer starken Zentralgewalt des Reiches. Unbedingte Autorität des politischen Zentralparlaments über das gesamte Reich und seine Organisationen im Allgemeinen.

Zitiert nach: Günter Wallstein (Hrsg.), Das „Dritte Reich" 1933-1945, Darmstadt 2013, S. 69-71

1. *Das Programm nennt mehrere Ziele. Ordnen Sie diese bestimmten Politikfeldern zu.*
2. *Erläutern Sie, welche Programmpunkte sich direkt aus dem verlorenen Krieg erklären.*
3. *Arbeiten Sie heraus, welche Programmpunkte mit dem Vertrag von Versailles unvereinbar waren.*
4. *Untersuchen Sie, welche Bevölkerungsgruppen mit diesem Programm angesprochen und welche ausgeschlossen werden.*

[1] **Vertrag von St. Germain**: Friedensvertrag der Alliierten mit Österreich vom 10. September 1919.

M2 Wer wählte Hitler?

a) Die soziale Zusammensetzung der NSDAP-Wähler nach Berufsgruppen in Prozent, unabhängig von einer tatsächlichen Erwerbstätigkeit:

	1928	1930	1932[1]	1932[2]	1933	Alle[3]
Selbstständige/ Mithelfende	26	27	31	30	31	24
Angestellte/ Beamte	12	13	11	12	12	15
Arbeiter	30	26	25	26	26	32
Berufslose[4]	13	17	17	17	16	13
Hausfrauen etc.	17	17	16	16	16	17
Alle[5]	98	100	100	100	101	101

Nach: Jürgen Falter, Hitlers Wähler, München 1991, S. 288

b) Die nationalsozialistischen Hochburgen (1932)[6]:

	NSDAP-Hochburgen	Reich
Katholiken	9	32
Stadtbewohner	22	54
in der Landwirtschaft tätig	51	31
in der Industrie tätig	31	41
Selbstständige, mithelfende Angehörige	41	28
Beamte	3	4
Angestellte	5	12
Arbeiter	26	27
arbeitslose Angestellte	1	2
arbeitslose Arbeiter	9	13

Nach: Jürgen Falter, a. a. O., S. 353

[1] Reichstagswahlen vom 31. Juli 1932
[2] Reichstagswahlen vom 6. November 1932
[3] Anteil der Berufsgruppe an allen Wahlberechtigten
[4] davon ca. 90 Prozent Rentner und Pensionäre (1933)
[5] Summe der NSDAP-Wähler in dem jeweiligen Jahr; Abweichungen von 100 sind die Folge von Rundungsfehlern
[6] Die Zahlen (Anteil der Wähler in Prozent) ermöglichen einen Vergleich der Sozialstruktur jener Kreise, in denen die NSDAP bei der Reichstagswahl im November 1932 überdurchschnittlich viele Stimmen bekommen hat, mit der Sozialstruktur des Deutschen Reiches insgesamt.

1. *Erläutern Sie die Entwicklung der Wählerschaft der NSDAP zwischen 1928 und 1933. Berücksichtigen Sie die wirtschaftliche Entwicklung sowie die Wahlbeteiligung.*

2. *Interpretieren Sie die Abweichungen zwischen den NSDAP-Hochburgen und dem Reichsdurchschnitt in Tabelle b).*

M3 Die völkische Weltanschauung

Während seiner neunmonatigen Haftzeit in Landsberg verfasst Hitler 1924 den ersten Band seiner programmatischen Schrift „Mein Kampf". Er erscheint 1925 mit dem Untertitel „Eine Abrechnung" im parteieigenen Verlag. Der zweite Band folgt 1926. Das Werk wird in 16 Sprachen übersetzt und erreicht eine Gesamtauflage von zehn Millionen Exemplaren. Im Mittelpunkt stehen Hitlers rassistische, antisemitische und völkische Anschauungen sowie die Forderungen nach „Lebensraum":

Die Sünde wider Blut und Rasse ist die Erbsünde dieser Welt und das Ende einer sich ihr ergebenden Menschheit. […]
Es ist ein müßiges Beginnen, darüber zu streiten, welche Rasse oder Rassen die ursprünglichen Träger der menschlichen Kultur waren und damit die wirklichen Begründer dessen, was wir mit dem Worte Menschheit alles umfassen. Einfacher ist es, sich diese Frage für die Gegenwart zu stellen, und hier ergibt sich auch die Antwort leicht und deutlich. Was wir heute an menschlicher Kultur, an Ergebnissen von Kunst, Wissenschaft und Technik vor uns sehen, ist nahezu ausschließlich schöpferisches Produkt des Ariers. Gerade diese Tatsache aber lässt den nicht unbegründeten Rückschluss zu, dass er allein der Begründer höheren Menschentums überhaupt war, mithin den Urtyp dessen darstellt, was wir unter dem Worte „Mensch" verstehen. […]
Der Arier ist nicht in seinen geistigen Eigenschaften an sich am größten, sondern im Ausmaße der Bereitwilligkeit, alle Fähigkeiten in den Dienst der Gemeinschaft zu stellen. Der Selbsterhaltungstrieb hat bei ihm die edelste Form erreicht, indem er das eigene Ich dem Leben der Gesamtheit willig unterordnet und, wenn die Stunde es erfordert, auch zum Opfer bringt. […]
Den gewaltigsten Gegensatz zum Arier bildet der Jude. Bei kaum einem Volke der Welt ist der Selbsterhaltungstrieb stärker entwickelt als beim sogenannten auserwählten. […]
Da nun der Jude – aus Gründen, die sich sofort ergeben werden – niemals im Besitze einer eigenen Kultur war, sind die Grundlagen seines geistigen Arbeitens immer von anderen gegeben worden. Sein Intellekt hat sich zu allen Zeiten an der ihn umgebenden Kulturwelt entwickelt. Niemals fand der umgekehrte Vorgang statt. Denn wenn auch der Selbsterhal-

tungstrieb des jüdischen Volkes nicht kleiner, sondern eher noch größer ist als der anderer Völker, wenn auch seine geistigen Fähigkeiten sehr leicht den Eindruck zu erwecken vermögen, dass sie der intellektuellen Veranlagung der übrigen Rassen ebenbürtig wären, so fehlt doch vollständig die allerwesentlichste Voraussetzung für ein Kulturwerk, die idealistische Gesinnung. [...]
Demgegenüber erkennt die völkische Weltanschauung die Bedeutung der Menschheit in deren rassischen Urelementen. Sie sieht im Staat prinzipiell nur ein Mittel zum Zweck und fasst als seinen Zweck die Erhaltung des rassischen Daseins der Menschen auf. Sie glaubt somit keineswegs an eine Gleichheit der Rassen, sondern erkennt mit ihrer Verschiedenheit auch ihren höheren oder minderen Wert und fühlt sich durch diese Erkenntnis verpflichtet, gemäß dem ewigen Wollen, das dieses Universum beherrscht, den Sieg des Besseren, Stärkeren zu fördern, die Unterordnung des Schlechteren und Schwächeren zu verlangen. Sie huldigt damit prinzipiell dem aristokratischen Grundgedanken der Natur und glaubt an die Geltung dieses Gesetzes bis herab zum letzten Einzelwesen. Sie sieht nicht nur den verschiedenen Wert der Rassen, sondern auch den verschiedenen Wert des Einzelmenschen. [...] Nein, es gibt nur ein heiligstes Menschenrecht, und dieses Recht ist zugleich die heiligste Verpflichtung, nämlich: dafür zu sorgen, dass das Blut rein erhalten bleibt, um durch die Bewahrung des besten Menschentums die Möglichkeit einer edleren Entwicklung dieser Wesen zu geben. [...] Ein völkischer Staat wird damit in erster Linie die Ehe aus dem Niveau einer dauernden Rassenschande herauszuheben haben, um ihr die Weihe jener Institution zu geben, die berufen ist, Ebenbilder des Herrn zu zeugen und nicht Missgeburten zwischen Mensch und Affe.

Adolf Hitler, Mein Kampf. Zwei Bände in einem Band, München [51]1933, S. 272, 420f. und 444f.

1. *Untersuchen Sie, wie in diesem Text der Begriff „Rasse“ verwendet wird und wie „Arier“ und „Juden“ definiert werden.*

2. *Analysieren Sie die Wendung „Ebenbilder des Herrn zu zeugen“ und vergleichen Sie das Menschenbild Hitlers mit dem christlich-humanistischen Menschenbild.*

M4 Vom „Drückeberger“ zum „wurzellosen Kosmopoliten“

Der Historiker Christoph Jahr zeigt 2004 in einem Artikel, wie der Antisemitismus im Ersten Weltkrieg und in der Weimarer Republik politisch instrumentalisiert wird:

Seit Ende 1915 überschwemmten die Antisemiten das Preußische Kriegsministerium mit anonymen Eingaben. Am 11. Oktober 1916 ordnete der Preußische Kriegsminister Wild von Hohenborn schließlich unter dem aktenstaubtrockenen Titel „Nachweisung der beim Heere befindlichen wehrpflichtigen Juden“ eine von den Zeitgenossen schlicht „Judenzählung“ genannte Statistik an. Zwar lautete deren offizielle Begründung, man wolle den Vorwurf der „Drückebergerei“ lediglich nachprüfen, um ihm „gegebenenfalls entgegentreten zu können“. Doch alle gegenteiligen Beteuerungen halfen nichts: Mit diesem Erlass übernahm das Ministerium antisemitische Stereotypen. [...]
Seit der Oktoberrevolution in Russland gewann auch die Behauptung der Identität von Revolution und Judentum durch den Hinweis auf führende Revolutionäre jüdischer Herkunft wie Leo Trotzki[1] eine scheinbare Plausibilität im verunsicherten Bürgertum. 1941 diente der „Kampf gegen den jüdischen Bolschewismus“ als Propagandafanfare für den Überfall auf die Sowjetunion und half, Hemmungen vor dem systematischen Judenmord abzubauen. [...]
So kamen im Krieg all jene Zutaten zusammen, aus denen die Antisemiten nach 1918 einen Giftcocktail mischten. Das uralte Motiv des „jüdischen Schmarotzers“ entstand in Gestalt des „Kriegsgewinnlers“ neu. Der vermeintlich „zersetzende“, liberal-individualistische Jude des 19. Jahrhunderts wandelte sich in den „bolschewistischen Revolutionär“. Und einmal mehr galten die Juden als national illoyale, „wurzellose Kosmopoliten“. Die deutsch-nationalen Kräfte verhöhnten die erste deutsche Demokratie daher als angeblich „undeutsch“ und als „Judenrepublik“. Viele Deutsche akzeptierten diesen Wahn als Realität. Der Schriftsteller Jakob Wassermann schrieb 1921 verbittert über seine Mitbürger: „Es ist vergeblich, in das tobsüchtige Geschrei Worte der Vernunft zu werfen ... Es ist vergeblich, für sie zu leben und für sie zu sterben. Sie sagen: Er ist ein Jude.“

Christoph Jahr, Sündenböcke der Niederlage. Warum der deutsche Antisemitismus im Ersten Weltrieg immer radikaler wurde, in: Spiegel Special 1/2004, S. 88f.

1. *Analysieren Sie den Wandel des „Judenbildes“ nach dem Ersten Weltkrieg. Nennen Sie weitere gegen die Juden verwendete Stereotypen und Vorurteile.*

2. *Erläutern Sie, wie diese Vorurteile eingesetzt wurden.*

[1] **Leo Trotzkij**: Siehe S. 170.

Die Zerstörung der Weimarer Republik

Ursachen der amerikanischen Wirtschaftskrise Der wirtschaftliche Aufschwung der Zwanzigerjahre hatte an der New Yorker Aktienbörse ein hektisches Spekulationsfieber ausgelöst. Viele Anleger kauften Wertpapiere auf Kredit, um sie nach einem Kursanstieg gewinnbringend zu veräußern. In wenigen Jahren vervierfachte sich der Wert vieler Aktien und übertraf damit den tatsächlichen Wert der Unternehmen bei Weitem.

Erste Anzeichen einer beginnenden Wirtschaftskrise (Überproduktion in der Industrie und in der Landwirtschaft) wollte man nicht wahrhaben. Am 24. Oktober 1929 und noch einmal am 29. Oktober stürzten die Aktienkurse ab, manche Papiere verloren bis zu 90 Prozent ihres Wertes. Durch Panikreaktionen von Anlegern, die aus Angst um ihre Ersparnisse die Geldinstitute stürmten oder ihre Aktien verkauften, gerieten die Banken in Zahlungsschwierigkeiten. Das gesamte amerikanische Wirtschaftssystem brach zusammen. In den folgenden Monaten mussten in den USA über 9 000 Banken und mehr als 100 000 Betriebe Konkurs anmelden. 1932/33 waren rund 15 Millionen Menschen arbeitslos, das war ein Viertel der arbeitsfähigen Bevölkerung.*

Auswirkungen der Weltwirtschaftskrise auf Deutschland Die Wirtschaftskrise in den USA wirkte sich angesichts der internationalen Verflechtungen und der wichtigen Stellung der USA in der Weltwirtschaft unmittelbar auch auf andere Länder aus. Um zahlungsfähig zu bleiben, zogen die amerikanischen Banken ihre kurzfristigen Kredite aus Europa ab. Außerdem erhöhte die amerikanische Regierung zum Schutz der eigenen Industrie drastisch die Importzölle. Die dadurch ausgelöste Drosselung des Welthandels sowie das in Europa fehlende Kapital für Neuinvestitionen entfachten einen Flächenbrand. Die Weltwirtschaftskrise, die daraus entstand, war der schwerste ökonomische Einbruch seit Beginn der „Industriellen Revolution".

Im Deutschen Reich war die Konjunktur bereits seit Ende 1928 rückläufig, die Zahl der Arbeitslosen stieg auf 1,89 Millionen im Jahresdurchschnitt. Ein Jahr später griff die Weltwirtschaftskrise auf Deutschland über. Die Lage verschlechterte sich rapide. Steigende Arbeitslosenzahlen senkten die Kaufkraft der Bevölkerung und die Steuereinnahmen des Staates. Die geringere Nachfrage führte zur weiteren Drosselung der Produktion und – wie in anderen Industriestaaten – zu neuen Entlassungen. So verschärfte die verhängnisvolle Spirale die Krise (▸ M1, M2).

Deutschland war wegen der Folgekosten des Ersten Weltkrieges in hohem Maße auf den Export und auf ausländische Kredite angewiesen. Deshalb traf die weltweite Depression das Deutsche Reich besonders heftig, als das Ausland 1931 verstärkt seine kurzfristigen Kredite zurückzog. Viele deutsche Banken, die längerfristige Investitionsprogramme der Industrie finanziert hatten, kamen in Zahlungsschwierigkeiten. Nach dem Zusammenbruch der zweitgrößten deutschen Bank, der *Darmstädter und Nationalbank* (*Danat*), zahlten alle Banken nur noch in begrenztem Umfang Geld aus.

▲ **Arbeitssuchende.**
Foto aus Berlin, 1930.

* Zur Weltwirtschaftskrise in den USA siehe S. 186 und 188.

1932 erreichte die Krise ihren Höhepunkt. Die industrielle Produktion ging auf die Hälfte des Standes von 1928 zurück. Im Februar waren 6,128 Millionen Beschäftigte arbeitslos gemeldet. Wahrscheinlich lag die tatsächliche Zahl noch höher, sodass in Deutschland nahezu jede zweite Familie von der Wirtschaftskrise betroffen war. Viele kleine und mittlere Unternehmer verloren ihre Betriebe durch Konkurs. Angestellte und Arbeiter gerieten durch die Arbeitslosigkeit in große Not. Ein Gefühl der Unsicherheit machte sich breit, das über die unmittelbar Betroffenen hinaus die gesamte Bevölkerung erfasste. Die allgemeine Katastrophenstimmung schürte die Anfälligkeit für radikale Parolen von rechts und links.

▸ **Geschichte In Clips:** Zur Wirtschaftskrise im Deutschen Reich siehe Clip-Code **4673-17**.

Grenzen des Sozialstaates Der Ausbau des Sozialstaates war in Art. 151 der Weimarer Verfassung verankert: „Die Ordnung des Wirtschaftslebens muss den Grundsätzen der Gerechtigkeit mit dem Ziel der Gewährleistung eines menschenwürdigen Daseins für alle entsprechen." Auf der Grundlage der in der Kaiserzeit eingeführten Sozialversicherungen wurden die staatlichen Leistungen erweitert. 1918 führte der Rat der Volksbeauftragten den Rechtsanspruch auf Erwerbsfürsorge ein. Sie löste die auf karitativen Vorstellungen beruhende Armenfürsorge ab und erhöhte die Zuwendungen.

Die Beiträge für die 1927 eingeführte *Arbeitslosenversicherung* legten den Grundstein zu unserem heutigen System. Sie wurden paritätisch von Arbeitgebern und Arbeitnehmern getragen und durch staatliche Zuschüsse gesichert.

Mit der Massenarbeitslosigkeit in der Weltwirtschaftskrise 1929 war der Staat jedoch überfordert. Da die Sozialausgaben stiegen und gleichzeitig die Steuereinnahmen sanken, wurde die Unterstützung für Arbeitslose gekürzt und im Juni 1932 die Bezugsdauer zusätzlich von 26 auf sechs Wochen gesenkt. Bedürftige Arbeitslose bekamen anschließend für maximal ein Jahr die zum Teil noch geringeren Sätze der Krisenfürsorge. Sogenannte „Wohlfahrtserwerbslose" waren schließlich auf die Unterstützung durch die Gemeinden angewiesen. 1932 erhielten nur noch 800 000 Menschen Arbeitslosenunterstützung, 1,4 Millionen waren in der Krisenfürsorge, 2,2 Millionen zählten zu den Wohlfahrtserwerbslosen und gut eine Million bekam überhaupt keine Leistungen mehr.

Hermann Müller (1876-1931): 1919/20 Reichsaußenminister; 1920-1928 Vorsitzender der sozialdemokratischen Reichstagsfraktion; 1928-1930 Reichskanzler

Der Parlamentarismus auf dem Prüfstand Im Januar 1927 hatte sich unter Reichskanzler *Wilhelm Marx* (Zentrum) eine national-konservative Regierungskoalition („Bürgerblock", bestehend aus Zentrum, DDP, DVP, BVP und DNVP) gebildet, die jedoch bereits im Frühjahr 1928 wieder auseinandergebrochen war. Nach den Wahlen vom 20. Mai 1928, bei denen die Parteien der bürgerlichen Mitte zum Teil erhebliche Stimmenanteile eingebüßt hatten, bildete die SPD als stärkste Fraktion mit Zentrum, DDP, DVP und Bayerischer Volkspartei (BVP) eine Große Koalition (▸ M3, M4). Reichskanzler wurde der Sozialdemokrat **Hermann Müller**. Die unterschiedlichen programmatischen Ziele dieser Parteien führten von Anfang an zu Spannungen. So wurde der **Young-Plan**, als er in Kraft treten sollte, von der rechten Opposition heftig bekämpft. DNVP, Stahlhelm* und NSDAP bezeichneten ihn als „Versklavung des deutschen Volkes" und initiierten ein Volksbegehren dagegen. Zwar scheiterten sie beim Volksentscheid Ende 1929, jedoch profitierten Hitler und die NSDAP von der monatelangen aggressiven Agitation und der Emotionalisierung der Bevölkerung, die damit einherging. Die bisherige Splitterpartei wurde dadurch einer breiten Öffentlichkeit bekannt.

Young-Plan: unter dem Vorsitz des amerikanischen Finanzmanagers Owen D. Young ausgehandelte Neuregelung der deutschen Reparationsverpflichtungen, bei der erstmals die Gesamtsumme auf 112 Milliarden Goldmark über einen Zeitraum von 59 Jahren festgelegt wurde; siehe S. 217.

* **Stahlhelm**: Siehe S. 226.

▲ **„Bis in die dritte Generation ..."**
Plakat (72 x 48 cm) von Herbert Rothgängel für das Volksbegehren „gegen die Versklavung des Deutschen Volkes" vom Oktober 1929.

Interpretieren Sie das Plakat. Beachten Sie dabei den Methoden-Baustein auf S. 245.

Kurt von Schleicher (1882-1934): 1932 Reichswehrminister, von Dezember 1932 bis Januar 1933 Reichskanzler einer Reichsregierung aus mehrheitlich parteilosen und drei DNVP-Ministern

Außenminister Stresemann, eine integrative Persönlichkeit, hatte die Regierungskoalition zusammengehalten. Als er im Oktober 1929 starb, war deren Auseinanderbrechen nur eine Frage der Zeit. Insbesondere auf dem Gebiet der Wirtschafts- und Sozialpolitik ließen sich die Unterschiede zwischen SPD und DVP kaum mehr überbrücken. Die Parteien glaubten, eine „Politik schädlicher Kompromisse" vor den eigenen Anhängern nicht länger vertreten zu können. Die Große Koalition zerbrach letztlich an der Frage, wie die Arbeitslosenversicherung saniert werden könne. Eine Beitragserhöhung – wie von den Sozialdemokraten gefordert – lehnte die DVP ab, die den Unternehmern nahe stand. Als die SPD-Reichstagsfraktion einen Kompromissvorschlag zurückwies, trat Reichskanzler Hermann Müller am 27. März 1930 zurück. Damit war in jedem Fall die Koalition, nach der Meinung des Historikers Hans-Ulrich Wehler auch „die parlamentarische Republik gescheitert".

Regieren ohne Mehrheit Für Reichspräsident Paul von Hindenburg, seinen antidemokratischen Beraterstab und die Reichsführung ergab sich nun die Gelegenheit, schon länger erwogene außerparlamentarische Lösungen zur Bewältigung der ständigen Krisen umzusetzen. Unterstützung fand dieser Plan in den rechten Kreisen des Bürgertums und bei den großen Interessenverbänden der Industrie und der Agrarwirtschaft. Das Parlament sollte entmachtet und die SPD, die mit Abstand stärkste Fraktion im Reichstag, aus den politischen Entscheidungsprozessen herausgehalten werden. Die Regierung sollte nur dem Reichspräsidenten verantwortlich sein (*Präsidialkabinett*).

Hindenburg wollte mit dieser Regierungsbildung neuen Stils die alten Eliten wieder an die Macht bringen; das waren die Repräsentanten der konservativ-bürgerlichen Parteien, der Reichswehr sowie der adligen Gutsherren und Industriellen. Einer der Repräsentanten dieses Kurses war General **Kurt von Schleicher**, Chef des Ministeramtes im Reichswehrministerium.

Ihre Handlungsfähigkeit garantierte der Präsident durch die Verfassungsartikel 48 (*Notverordnungsrecht**) und 25 (*Reichstagsauflösung*). Hindenburg stimmte zu und ernannte am 29. März 1930 den konservativ-nationalen Fraktionsvorsitzenden des Zentrums, **Heinrich Brüning**, zum Reichskanzler. Dieser nahm mit einer rigiden Sparpolitik die anhaltend hohe Arbeitslosigkeit und das Elend verarmter Schichten in Kauf, um den Alliierten die Unerfüllbarkeit ihrer Reparationsforderungen vor Augen zu führen. Gehaltskürzungen im öffentlichen Dienst, Leistungsabbau im sozialen Bereich und Steuererhöhungen führten allerdings dazu, dass die Kaufkraft der Bevölkerung sank und die Einnahmen des Staates weiter zurückgingen.

Als sich der Reichstag im Juli 1930 weigerte, einem Bündel einschneidender sozialpolitischer Maßnahmen der Regierung zuzustimmen, löste der Reichspräsident das Parlament auf und setzte für den 14. September Neuwahlen fest. In der Zwischenzeit regierte Brüning mit Notverordnungen weiter.

* Zu Notverordnungen siehe S. 198 f. und 200, M1.

Das Verhalten der Parteien in der Krise Die radikalen Parteien führten einen Wahlkampf, wie man ihn bisher in Deutschland noch nicht erlebt hatte. NSDAP und KPD schürten die Angst der Menschen vor einem sozialen Abstieg und versprachen „Arbeit und Brot". Die NSDAP verbreitete ihre nationalistisch-antisemitischen Parolen lautstark mit Wahlkampfmethoden wie organisierten Massenaufmärschen mit Uniformen, Marschmusik, Fahnen und Plakaten, Flugblättern und geschulten Rednern. Die Partei mobilisierte vor allem Bürger, die zwei Jahre zuvor noch nicht gewählt hatten. Ihre Stimmenzahl wuchs von 800 000 (1928) auf nun 6,4 Millionen, ein in der Geschichte des deutschen Parlamentarismus beispielloser Aufschwung, der die NSDAP hinter der SPD zur zweitstärksten Fraktion im Reichstag machte. Der Verfall der bürgerlichen Mitte setzte sich rapide fort. In den Augen der Öffentlichkeit hatten Demokratie und Parlamentarismus versagt.

Noch bedeutender für den Wahlerfolg war der Wählerzustrom von anderen Parteien. So wurden die Nationalsozialisten auch von Mitgliedern der Mittel- und Oberschicht gewählt, die bisher die DNVP oder die liberalen Parteien bevorzugt hatten. Die NSDAP konnte nun sogar gewerkschaftlich nicht organisierte SPD-Wähler für sich gewinnen.

Heinrich Brüning (1885-1970): 1930-1932 Reichskanzler; 1934 Emigration in die USA. Der 1885 in Münster geborene Brüning war Volkswirt und hatte als Frontoffizier am Ersten Weltkrieg teilgenommen. Seit 1924 war er Reichstagsabgeordneter des Zentrums und hatte sich als Steuer- und Finanzexperte einen Namen gemacht.

Von Brüning zu Papen Nach den „Erbitterungswahlen" von 1930 war im Reichstag eine parlamentarische Mehrheitsbildung nahezu unmöglich geworden. Der Verfall des Parlamentarismus setzte sich rapide fort (▸ M5). Während der Reichstag 1930 immerhin noch 94 Sitzungen abhielt, sank die Zahl bis 1932 auf lediglich 13. Waren es 1930 noch 98 Gesetze, die der Reichstag verabschiedete, so blieben 1932 gerade fünf. Im Gegenzug steigerte sich die Anzahl der Notverordnungen von fünf (1930) auf 66 (1932). Der Reichstag musste tatenlos zusehen, wie die politische Macht in die Hände der Regierung und der Bürokratie überging. Trotz fehlender Mehrheit im Parlament konnte Reichskanzler Brüning nach der Wahl seine Notverordnungspraxis fortsetzen. Denn die SPD tolerierte seinen Kurs, aus Gründen der Staatsräson und aus Furcht vor einer weiteren Radikalisierung bei Neuwahlen, die zu einem Kabinett unter Beteiligung der Nationalsozialisten führen konnten.

Brüning hatte sich mehrfach bemüht, die Nationalsozialisten in die Regierungsverantwortung einzubinden, um sie zu „zähmen" und ihre Unterstützung für die Wiederwahl Hindenburgs 1932 zu erlangen. Als die NSDAP jedoch mit Hitler einen eigenen Kandidaten für die Reichspräsidentenwahl stellte, war Hindenburg auf die Stimmen der Anhänger von SPD und Zentrum angewiesen. Er gab Brüning die Schuld dafür, dass sich die nationale Rechte nicht für ihn aussprach. Dies führte zwischen beiden Politikern zu einer Entfremdung. Brüning gelang es nicht

▸ **„Schluss jetzt! Wählt Hitler."**
Plakat (84 x 58 cm) von Hans Herbert Schweitzer für die NSDAP zur Reichspräsidentenwahl im Frühjahr 1932.
- *Erklären Sie die außenpolitische Aussage des Plakates. Beachten Sie dabei den Methoden-Baustein auf S. 245.*

Franz von Papen (1879-1969): 1932 Reichskanzler; im Nürnberger Prozess gegen die Hauptkriegsverbrecher 1946 freigesprochen

mehr, Hindenburgs Vertrauen wiederzugewinnen. Als er Bauern auf überschuldeten landwirtschaftlichen Gütern ostpreußischer Großgrundbesitzer ansiedeln wollte, lief die ostelbische Agrarlobby bei Hindenburg Sturm gegen diesen „Agrarbolschewismus". Hindenburg stoppte das Vorhaben. Am 30. Mai entließ er Brüning und sein Kabinett. Nachfolger wurde **Franz von Papen**. Er bildete ein neues Kabinett, in dem von elf Ministern sieben adlig waren (*Kabinett der Barone*).

▲ **„Der Arbeiter im Reich des Hakenkreuzes! Darum …"**
Plakat (112 x 80 cm) von Karl Geiss für die Reichstagswahl vom 31. Juli 1932.

■ *Analysieren Sie das Plakat. Beachten Sie dabei den Methoden-Baustein auf S. 245.*

Jahr	Reichstags-sitzungen	Gesetze	Notverord-nungen
1930	94	98	5
1931	41	34	44
1932	13	5	66

▲ **Von der parlamentarischen Demokratie zur Diktatur.**
Nach: Hans-Ulrich Wehler, Deutsche Gesellschaftsgeschichte, Bd. 4: Vom Beginn des ersten Weltkriegs bis zur Gründung der beiden deutschen Staaten 1914-1949, München 2003, S. 519

■ *Erläutern Sie die Tabelle.*

Der Weg in die Diktatur ■ Am 20. Juli 1932 ließ der Reichskanzler verfassungswidrig die sozialdemokratische Regierung Preußens durch Verordnung des Reichspräsidenten absetzen (*Preußenschlag*). Für die Rechte war die SPD-geführte Regierung in Preußen seit jeher ein Ärgernis gewesen. Damit war die bisher stabilste Stütze der Demokratie in Deutschland gefallen. Papen übernahm zusammen mit weiteren Reichskommissaren die Regierungsgeschäfte in Preußen. Das Urteil des Reichsgerichts, nach dem der preußischen Regierung nur vorübergehend Befugnisse entzogen werden durften, blieb wirkungslos.

Während sich Brüning als Chef des ersten Präsidialkabinetts noch bemüht hatte, mit dem Reichstag zusammenzuarbeiten, suchte Papen, gestützt auf eine breite antiparlamentarische, republikfeindliche Allianz, die offene Auseinandersetzung mit dem Reichstag (▸ M6). Am 4. Juni 1932 wurde dieser aufgelöst, die zwischenzeitlich verbotene SA am 14. Juni wieder zugelassen und Neuwahlen für den 31. Juli ausgeschrieben. Hitler verweigerte auch dieser Regierung die Zusammenarbeit und attackierte sie schonungslos.

Die Neuwahlen am 31. Juli 1932 brachten der NSDAP einen sensationellen Erfolg. Sie verdoppelte ihre Mandatszahl auf mehr als 230 und wurde stärkste Fraktion. Nach diesem Wahlerfolg forderte Hitler für sich das Amt des Reichskanzlers. Hindenburg lehnte seine Forderung nach einer Neubildung des Kabinetts unter nationalsozialistischer Führung jedoch ab und beließ Papen im Amt. Er sah in Hitler den Anführer einer sektiererischen Partei.

Gleich in der ersten Sitzung des neu gewählten Reichstages am 30. August sprach eine deutliche Mehrheit Papen das Misstrauen aus (512 gegen 42). Trotz dieser vernichtenden parlamentarischen Niederlage blieb er im Amt und löste den Reichstag am 12. September auf. Am 6. November fanden abermals Neuwahlen statt. Die KPD konnte wiederum ihren Stimmenanteil steigern, während die NSDAP überraschend zwei Millionen Wähler verlor. Die Partei steckte seit Wochen in einer schweren finanziellen Krise. Hitler sah, dass ihm nicht mehr viel Zeit blieb, sein Ziel zu erreichen, zumal vieles auf eine Verbesserung der Wirtschaftslage hindeutete.

Papen beabsichtigte, zur Überwindung der parlamentarischen Blockade den Staatsnotstand auszurufen. Mit Zustimmung des Reichspräsidenten sollten dabei einige Bestimmungen der Verfassung, wie die sofortige Ausschreibung von Neuwahlen nach der Auflösung des Reichstages, außer Kraft gesetzt werden. Auf Druck der Reichswehrführung, die einen unkontrollierbaren Bürgerkrieg befürchtete, verweigerte Hindenburg diesen Plänen die Zustimmung und entließ Papen am 3. Dezember.

◂ **Der Reichstag wird eingesargt.**
Collage (38,3 x 28,4 cm) von John Heartfield (eigentlich Helmut Herzfeld) aus der „Arbeiter Illustrierten Zeitung" (AIZ) vom 4. September 1932.
- *Erläutern Sie, wofür bei John Heartfield der Reichstag steht.*
- *Analysieren Sie, warum der Künstler die SPD ins Blickfeld rückt.*
- *Interpretieren Sie Heartfields Haltung gegenüber der politischen Entwicklung.*

Papens Nachfolger, General Kurt von Schleicher, scheiterte mit seinem Versuch, für seine Wirtschafts- und Beschäftigungspolitik einen Teil der NSDAP, die Gewerkschaften und die SPD zu gewinnen. Reichspräsident Hindenburg wurde nun von seinem engsten Beraterkreis, von führenden Unternehmern aus Wirtschaft und Industrie sowie vor allem durch Papen bedrängt, Hitler zum Reichskanzler zu ernennen (▸ M7, M8). Papen sollte Vizekanzler werden. Zusammen mit den anderen konservativen Ministern glaubte er, die nationalsozialistischen Minister ausreichend unter Kontrolle zu haben (▸ M9). Am 28. Januar 1933 trat Schleicher zurück, zwei Tage später ernannte der Reichspräsident Hitler zum Reichskanzler.

Nennen Sie alle Gruppen, die am Untergang der Weimarer Republik arbeiteten, und erläutern Sie die jeweiligen Ziele.

M1 Arbeitslosigkeit in ausgewählten Ländern 1925-1933 (in Prozent)

Jahr	Deutsches Reich[1]	Frankreich[2]	Großbritannien[3]	USA[4]
1925	3,4	3,0	11,3	5,9
1926	10,0	3,0	12,5	2,8
1927	6,2	11,0	9,7	5,9
1928	6,3	4,0	10,8	6,4
1929	8,5	1,0	10,4	4,7
1930	14,0	2,9	16,1	13,0
1931	21,9	6,5	21,3	23,3
1932	29,9	15,4	22,1	34,0
1933	25,9	14,1	19,9	35,3

Nach: Dietmar Petzina u. a., Sozialgeschichtliches Arbeitsbuch III, München 1978, S. 119 und Dietmar Petzina, Die deutsche Wirtschaft in der Zwischenkriegszeit, Wiesbaden 1977, S. 16 f.

[1] abhängige Erwerbspersonen
[2] abhängige Erwerbspersonen in Bergbau, Bau und Industrie
[3] Arbeitslose, ermittelt auf der Grundlage der Erwerbslosenversicherung
[4] nichtagrarische Erwerbspersonen

- *Vergleichen Sie die Entwicklung der Arbeitslosigkeit in den einzelnen Ländern. Lassen sich daraus allgemeingültige Aussagen über das Wahlverhalten (M3, M4) ableiten?*

▲ **Die Arbeitslosen.**
Ölgemälde (167 x 172 cm) von Karl Hofer, 1932.

- *Beschreiben Sie die Stimmung, welche das Gemälde ausdrückt.*
- *Erklären Sie, welche Gründe den Maler zur Wahl dieses Motives bewogen haben können.*

M2 Herausgerissen

1932 erscheint in Hamburg eine „Stempelchronik" mit dokumentarischen Aufzeichnungen über Arbeitslosenschicksale. Der Herausgeber der Sammlung, Bruno Nelissen-Haken, schreibt in der Einleitung:

Alle diese [Arbeitslosen] sind ja herausgerissen aus: Familie, Zuhause [...]. Bei vielen gehen die kleinen Hemmungen sehr schnell verloren, Scheu, Abstand, Erinnerung; das sind die großen Hemmungen im Leben des Volkes. Männer und Frauen und Kinder bleiben von ihrem Zuhause und von ihren Familien fort, weil sie die Öde nicht mehr ertragen können, die seit so viel arbeitslosen Jahren zwischen Mann und Frau und Kind gesetzt ist. Verbitterung setzt sich fest, die nie wieder auszutreiben sein wird, selbst wenn, nach gewisser Zeit vielleicht, doch noch einmal wieder Arbeit gefunden werden sollte. Der Abstand geht verloren, zwischen den Menschen, immer wieder zwei Menschen; Abstand zu Vergangenheit, Zukunft, Leben, Schicksal. Familie, kleine Familie, aber millionenfach Familie in Deutschland geht kaputt, nichts weiter. Die Stufen nach unten gehen sich schnell und von selber; die Vielen sinken ab und merken es nicht einmal. Eine neue Umschichtung der Klassen und der Herzen setzt ein. Ja, und nicht einmal ausgesprochene Schuld auf irgendeiner Seite. Hier verändert sich etwas in der Seele des Volkes; nicht nur dieser einen Generation – vielen Generationen wird von dieser Zeit der Arbeitslosigkeit auch ihr inneres Schicksal bestimmt.

Bruno Nelissen-Haken, Stempelchronik. 261 Arbeitslosenschicksale, Hamburg 1932, S. 8

- *Charakterisieren Sie die Folgen der Krise für das gesellschaftliche Zusammenleben.*

M3 Staatsfeindliche und staatstragende Parteien 1919-1932

Vereinfachte Übersicht über den prozentualen Stimmenanteil der Parteien

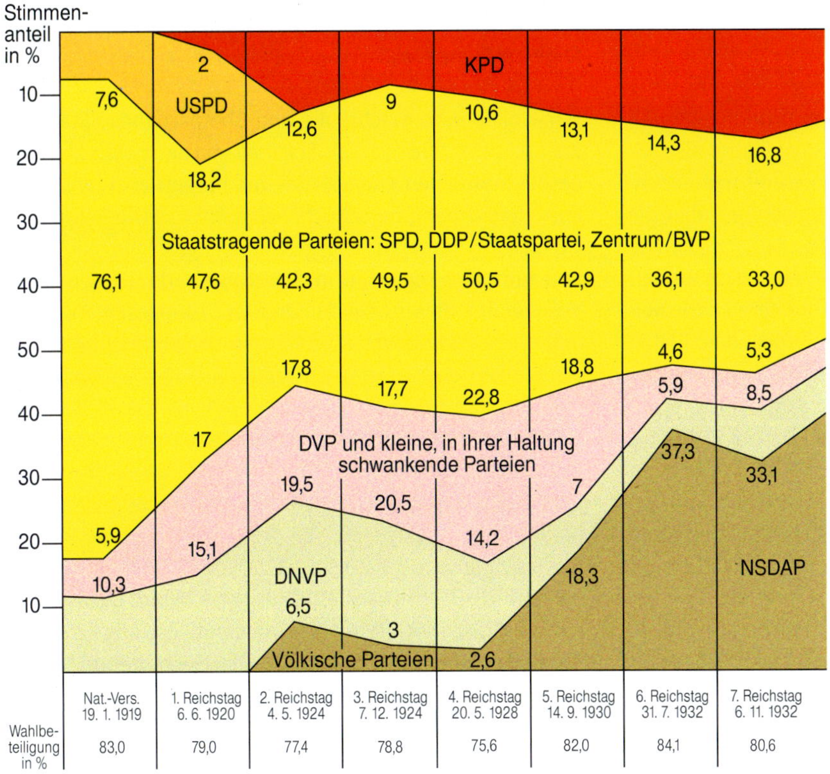

Nach: Karlheinz Dederke, Reich und Republik. Deutschland 1917-1933, Stuttgart [8]1996, S. 327 (die Angaben zur Wahlbeteiligung wurden hinzugefügt)

Internettipp:
Zu allen Wahlen und zur Entwicklung des Parteiensystems in der Weimarer Republik siehe Code ***4673-18***.

Beschreiben Sie die Entwicklung der Parteien und ordnen Sie diese in die politische Entwicklung der Weimarer Republik ein.

M4 Wahlen zur Nationalversammlung und zum Reichstag im „Volksstaat Hessen" 1919-1932

Wahlen vom	*19.1.'19*	*6.6.'20*	*4.5.'24*	*7.12.'24*	*20.5.'28*	*14.9.'30*	*31.7.'32*	*6.11.'32*
Wahlbeteiligung in %	86,65	75,39	74,12	75,06	65,87	79,37	87,19	84,09
Stimmenanteile in %								
NSDAP	–	–	2,91	1,31	1,89	18,46	43,06	40,23
Landvolk	–	–	14,26	12,61	13,37	7,71		0,27
DNVP	6,63	14,04	6,12	7,69	3,46	1,59	1,86	3,02
DVP	11,22	15,99	10,60	11,78	11,26	6,67	1,50	2,95
DDP	19,00	10,78	7,44	8,68	6,29	5,20	0,57	0,74
Zentrum	17,96	16,12	15,47	15,84	15,99	13,95	14,84	13,96
SPD	44,25	30,34	29,50	35,55	32,27	28,88	26,18	23,30
USPD	1,93	12,22	0,66	0,14	–	–	–	–
KPD	–	0,51	9,28	5,37	8,73	11,33	10,18	13,72
Sonstige	–	–	3,56	1,02	6,72	7,27	1,82	1,84

Nach: www.gonschior.de/weimar/Hessen/Uebersicht_RTW.html (vereinfacht). Die Wahlergebnisse in der Provinz Hessen-Nassau siehe unter www.gonschior.de/weimar/Preussen/Hessen-Nassau/Uebersicht_RTW.html [Zugriff: 20.09.2016]

Vergleichen Sie die Wahlergebnisse im Reich (M3) und Hessen (M4).

M5 „Nicht unser Staat“

Der sozialdemokratische Reichstagspräsident Paul Löbe berichtet in seinen 1949 veröffentlichten Lebenserinnerungen von der parlamentarischen Arbeit nach 1930:

Einige Jahre konnte der Reichstag wieder ordnungsgemäß arbeiten. Als aber 1930 das deutsche Volk 107 Nationalsozialisten neben 77 Kommunisten [...] entsandte und 40 deutschnationale Hugenbergianer[1] ihre schützende Hand über die Nazis hielten, brach der Sturm aufs Neue los. Äußerste Rechte und äußerste Linke warfen sich die Bälle zu, unterstützten gegenseitig ihre Obstruktionsanträge[2], begleiteten die jeweiligen Schimpfkonzerte ihrer Antipoden mit tosendem Beifall und versuchten durch unsinnige und demagogische Anträge die Arbeit des Parlaments und der Regierung lahmzulegen. [...]
Bei einer Reichshaushaltsberatung stellten die Kommunisten eine Reihe von Anträgen, unsympathische Steuern und Abgaben aufzuheben oder herabzusetzen, sodass bei Annahme dieser Anträge die Reichseinnahmen von zehn Milliarden auf sechs vermindert worden wären. Bei dem Ausgabenetat kamen dann so viel populäre Anträge auf Rentenerhöhungen, Wohnhausbauten, Erweiterung des Kreises der Versorgungsberechtigten, dass die Ausgaben des Etats von zehn auf 14 Milliarden steigen mussten. Als ich den kommunistischen Wortführer fragte, woher die Mittel für eine solche Wirtschaft kommen, wie das Defizit von acht Milliarden gedeckt werden sollte, erwiderte er kaltschnäuzig, darüber könne sich ja die Regierung den Kopf zerbrechen, „es ist ja nicht unser Staat, sondern der eure“. Genauso unehrlich war die Taktik der nationalsozialistischen Fraktion. Sie beantragte, dass niemand im Reich mehr als tausend Mark Monatseinkommen beziehen sollte, dachte aber gar nicht daran, selbst diesen Grundsatz zu befolgen, sondern wollte mit solch demagogischen Anträgen nur die anderen Parteien in Verlegenheit bringen [...].

Zitiert nach: Günter Schönbrunn (Bearb.), Weltkriege und Revolutionen, München [5]1995, S. 249

1. *Fassen Sie zusammen, wie Radikale von links und rechts die parlamentarische Arbeit beeinflussten.*
2. *Erörtern Sie, welche Wirkung diese Art der parlamentarischen Arbeit auf die Öffentlichkeit haben musste.*

[1] **Alfred Hugenberg**: Siehe S. 220.
[2] **Obstruktion**: Verschleppung, Verhinderung

M6 Verfassungspläne

Noch als Reichskanzler stellt der ehemalige Zentrumspolitiker Franz von Papen am 12. Oktober 1932 bayerischen Industriellen folgende Pläne vor:

Wir wollen eine machtvolle und überparteiliche Staatsgewalt schaffen, die nicht als Spielball von den politischen und gesellschaftlichen Kräften hin- und hergetrieben wird, sondern über ihnen unerschütterlich steht [...]. Die Reform der Verfassung muss dafür sorgen, dass eine solche machtvolle und autoritäre Regierung in die richtige Verbindung mit dem Volke gebracht wird. An den großen Grundgesetzen [...] soll man nicht rütteln, aber die Formen des politischen Lebens gilt es zu erneuern. Die Reichsregierung muss unabhängiger von den Parteien gestellt werden. Ihr Bestand darf nicht Zufallsmehrheiten ausgesetzt sein. Das Verhältnis zwischen Regierung und Volksvertretung muss so geregelt werden, dass die Regierung und nicht das Parlament die Staatsgewalt handhabt.
Als Gegengewicht gegen einseitige, von Parteiinteressen herbeigeführte Beschlüsse des Reichstages bedarf Deutschland einer besonderen Ersten Kammer mit fest abgegrenzten Rechten und starker Beteiligung an der Gesetzgebung. Heute ist das einzige Korrektiv gegen das überspitzte parlamentarische System und gegen das Versagen des Reichstages die Verordnungsgewalt des Reichspräsidenten aufgrund des Artikels 48 der Reichsverfassung.* Sobald aber wieder stetige und normale Verhältnisse herrschen, wird auch kein Anlass mehr sein, den Artikel 48 in der bisherigen Weise anzuwenden. [...]
Nichts kann das Vertrauen in den Aufstieg der Nation mehr hindern als die Unstabilität der politischen Verhältnisse, als Regierungen, die nur Treibholz sind auf den Wellen der Partei und abhängig von jeder Strömung. Diese Art der Staatsführung der Parteiarithmetik ist im Urteil des Volkes erledigt.

Zitiert nach: Heinz Hürten (Hrsg.), Weimarer Republik und Drittes Reich 1918-1945, Stuttgart 1995, S. 132 ff.

1. *Skizzieren Sie das Regierungssystem, das Papen einführen will.*
2. *Der erste Artikel der Weimarer Verfassung lautet: „Das Deutsche Reich ist eine Republik. Die Staatsgewalt geht vom Volke aus.“ Untersuchen Sie, in welchem Verhältnis Papens Überlegungen zu den Bestimmungen der Weimarer Verfassung stehen.*

[1] Zu Artikel 48 der Reichsverfassung siehe S. 198 f. und 200, M1.

M7 „Zu bejahender Kraft mitreißen"

Mitte November 1932 richten Persönlichkeiten aus Wirtschaft und Industrie sowie aus großagrarischen Kreisen an den Reichspräsidenten die Bitte, Hitler zum Kanzler zu ernennen:

Mit Eurer Exzellenz bejahen wir die Notwendigkeit einer vom parlamentarischen Parteiwesen unabhängigen Regierung, wie sie in dem von Eurer Exzellenz formulierten Gedanken eines Präsidialkabinetts zum Ausdruck kommt. Der Ausgang der Reichstagswahl vom 6. November d. J. hat gezeigt, dass das derzeitige Kabinett [...] für den von ihm eingeschlagenen Weg keine ausreichende Stütze im deutschen Volk gefunden hat.

[...] Gegen das bisherige parlamentarische Parteiregime sind nicht nur die Deutschnationale Volkspartei und die ihr nahe stehenden kleineren Gruppen, sondern auch die Nationalsozialistische Deutsche Arbeiterpartei grundsätzlich eingestellt und haben damit das Ziel Eurer Exzellenz bejaht. [...] Es ist klar, dass eine des Öfteren wiederholte Reichstagsauflösung mit sich häufenden, den Parteikampf immer wieder zuspitzenden Neuwahlen nicht nur einer politischen, sondern auch jeder wirtschaftlichen Beruhigung und Festigung entgegenwirken muss. Es ist aber auch klar, dass jede Verfassungsänderung, die nicht von breitester Volksströmung getragen ist, noch schlimmere wirtschaftliche, politische und seelische Wirkungen auslösen wird. [...]

Die Übertragung der verantwortlichen Leitung eines mit den besten sachlichen und persönlichen Kräften ausgestatteten Präsidialkabinetts an den Führer der größten nationalen Gruppe wird die Schlacken und Fehler, die jeder Massenbewegung notgedrungen anhaften, ausmerzen und Millionen Menschen, die heute abseits stehen, zu bejahender Kraft mitreißen.

Zitiert nach: Wolfgang Michalka und Gottfried Niedhart (Hrsg.), Deutsche Geschichte 1918-1933, Frankfurt am Main 2002, S. 224f.

1. *Skizzieren Sie die Argumente der Verfasser für eine Berufung Hitlers zum Reichskanzler sowie die Absichten und Hoffnungen, die sie mit dieser Berufung verbinden.*
2. *Bewerten Sie die politischen Einstellungen.*

▲ **„Sylvester-Feier. Na dann Prost, Herr Generaldirektor. Auf ein glückliches neues Spiel!"**
Karikatur aus der der SPD nahe stehenden Zeitschrift „Der wahre Jacob" vom 31. Dezember 1932 (Ausschnitt).
Hinweise: Links Reichskanzler Kurt von Schleicher, rechts ein Großindustrieller und in der Mitte Adolf Hitler.

- *Analysieren Sie die politische Rollenverteilung, die der Zeichner hier vornimmt.*

M8 Ein Blick in die Zukunft

In der Münchener Zeitung „Der gerade Weg" schreibt der in der Jugendseelsorge tätige Pater Ingbert Naab im Juni 1932:

Hitler und sein bewusster Anhang plädieren für ein völlig neues Haus. Unsere bürgerlichen Politiker sehen das immer noch zu wenig. Sie haben das wahre Wesen der Hitlerbewegung noch gar nicht erfasst, auch die Herren in Berlin nicht. Hitler aber spricht immer von der nationalsozialistischen Weltanschauung und mit dem Blut dieser Weltanschauung will er alle Adern des zukünftigen Staates durchdringen. Er will nicht in der Reichsverfassung einige Änderungen durchdrücken, sondern erstrebt eine völlig neue Verfassung, die mit den Ideen Ernst macht, die er in seinem Buch „Mein Kampf" niedergelegt hat [...].

Es dreht sich nicht darum, dass im zukünftigen Parlament die Hitlerleute in der Mehrzahl sind und die anderen, mit denen die Abgeordneten in langen Redeschlachten herumlaufen, überstimmen. Es dreht sich darum, dass überhaupt kein Parlament mehr da ist, dass kein Zentrum und keine Deutschnationalen und keine Sozialisten mehr existieren. Es dreht sich darum, dass keine Abstimmungen mehr stattfinden, sondern nur noch Beratungen des Ständestaates: Bestimmen wird überall ein Verantwortlicher, der nur nach oben Verantwortung trägt.
Vom obersten Führer bis herunter in die unterste Blockstelle ist alles durchorganisiert. Wahlen werden nicht mehr notwendig sein. Denn jede verantwortliche Stelle wählt sich in ihrem Verantwortungskreis ihre Leute selber aus.
Die jetzige Regierung mag mit derartigen Plänen einige gemeinschaftliche Linien haben, Hitler will trotzdem etwas ganz anderes als die Regierung. Die jetzige Regierung strebt mehr auf frühere Formen zurück, wie es der Tradition ihrer Zusammensetzung entspricht, Hitler hat mit den alten Formen gar nichts zu tun. Die beiden werden sich nur so lange vertragen, als die Regierung Hitler die Wege ebnen hilft und soweit sie ihm dazu hilft. Aber die Regierung hat gar nicht im Sinn abzutreten. Im Grunde genommen möchte sie doch Hitler völlig ausschalten, indem sie ihm den Wind aus den Segeln nimmt durch die Erfüllung seiner Forderungen. Hier freilich irrt sich der Herr von Papen. Das „Baronenkabinett" ist eben doch wesentlich etwas anderes, als sich die zu einem guten Teil revolutionären Anhänger Hitlers unter der künftigen Reichsregierung vorstellen. Und die in neuer Gestalt erscheinende SA wird für andere Ideale kämpfen und sich nicht damit zufriedengeben, den Rechtskurs und die Auffassung der Staatsaufgaben des Herrn von Papen mitzumachen [...].

Ingbert Naab, Der gerade Weg. Deutsche Zeitung für Wahrheit und Recht vom 19. Juni 1932; zitiert nach: Anton Grossmann und Alfred J. Gahlmann (Hrsg.), Nationalsozialismus. Arbeitsmaterial Sekundarbereich II, München 1983, S. 31 ff.

■ *Analysieren Sie die Intention des Verfassers.*

M9 „Klare Lösung"

In den Aufzeichnungen von Annelies von Ribbentrop, der Ehefrau von Joachim von Ribbentrop, der 1932 einflussreicher Verbindungsmann zwischen konservativen Gruppen und den Nationalsozialisten gewesen ist, findet sich folgendes Diktat ihres Mannes vom 27. Januar 1933:

Ich habe Hitler noch nie in einem solchen Zustand gesehen; ich schlage ihm und Göring[1] vor, Papen abends allein zu sprechen und ihm die ganze Situation klarzulegen. Abends spreche ich mit Papen und überzeuge ihn schließlich, dass nur die Kanzlerschaft Hitlers, für die er sich ganz einsetzen müsse, einen Sinn hätte. Papen [...] erklärt, dass er sich jetzt voll und ganz zur Kanzlerschaft Hitlers bekenne, was den entscheidenden Wendepunkt in der Haltung Papens bedeutete. Papen wird sich seiner Verantwortung bewusst – drei Möglichkeiten: Entweder Präsidialkabinett [...] oder Rückkehr des Marxismus unter Schleicher[2] oder Rücktritt Hindenburgs. Dagegen die wirklich einzige klare Lösung: Kanzlerschaft Hitlers. Papen wird sich nun restlos klar, dass er jetzt unter allen Umständen Hitlers Kanzlerschaft durchsetzen muss und nicht wie bisher glauben darf, sich Hindenburgs auf jeden Fall zur Verfügung halten zu müssen. Diese Erkenntnis Papens ist meines Erachtens der Wendepunkt der ganzen Frage. Papen ist am Sonnabend Vormittag für 10 Uhr bei Hindenburg angesagt.

Und zwei Tage später, am 29. Januar 1933, ist notiert:

Um 11 Uhr lange Aussprache Hitler – Papen. Hitler erklärt, dass im großen Ganzen alles im Klaren sei. Es müssten aber Neuwahlen angesetzt werden und ein Ermächtigungsgesetz[3] müsse kommen. Papen begibt sich sofort zu Hindenburg. Ich frühstücke im Kaiserhof mit Hitler. Die Frage der Neuwahlen wird besprochen. Da Hindenburg nicht wählen lassen will, bittet er mich, Hindenburg zu sagen, dass dies die letzten Wahlen seien. Nachmittags gehen Göring und ich zu Papen. Papen erklärt, dass alle Hindernisse beseitigt seien und dass Hindenburg Hitler morgen um 11 Uhr erwartet.

Zitiert nach: Wolfgang Michalka und Gottfried Niedhart, a. a. O., S. 273 f.

1. *Diskutieren Sie Papens Bedeutung für die Ernennung Hitlers zum Reichskanzler. Inwiefern kam ihm diese Lösung entgegen (siehe auch M6)?*

2. *Erörtern Sie, wer die Verantwortung für die Ernennung Hitlers zum Reichskanzler trug.*

[1] **Hermann Göring**: Siehe S. 260.
[2] **Kurt von Schleicher**: Siehe S. 236. Ribbentrop spielt auf Schleichers Beschäftigungspolitik an.
[3] Zum „Ermächtigungsgesetz" siehe S. 258 und M1, S. 263.

Politische Plakate analysieren

Plakate sind öffentliche Aushänge oder Anschläge, die informieren, werben oder zu Aktionen aufrufen. Um möglichst viele Menschen anzusprechen, werden sie überwiegend an stark frequentierten Standorten platziert. Ihr Ziel ist es, durch „plakative", also auffällige gestalterische Mittel und Schlagworte (Slogans) auf den ersten Blick zu wirken und durch eine meist suggestive, an das Unterbewusstsein gerichtete Botschaft in Erinnerung zu bleiben.

Politische Plakate analysieren

Politische Plakate gibt es – ob als Bekanntmachung der Regierung, als Protest gegen soziale Missstände oder zur Verteufelung des Kriegsgegners – in Deutschland seit Anfang des 19. Jahrhunderts. Bedeutung als Massenmedium erreichten sie jedoch erst in der Weimarer Republik. Da es nun zwar Pressefreiheit, aber noch kein Fernsehen und zunächst auch kein Radio gab, nutzten die Parteien Plakate als schlagkräftige Agitations- und Propagandamittel im Kampf um Wählerstimmen.
In dem Maß, in dem sich die politischen Auseinandersetzungen in der Anfangs- und Endphase der Republik zuspitzten, wurden auch die Texte und Bilder der Parteien radikaler. Die politischen Gegner wurden diffamiert, Feindbilder aufgebaut und Bedrohungsszenarien beschworen. Obwohl durch die unterschiedlichen künstlerischen Stilrichtungen der Epoche beeinflusst, bedienten sich die Parteien für ihre Plakate häufig gleicher Motive und Gestaltungsmittel: überdimensionale Figuren, etwa der politische Gegner als „Untermensch" oder der unbeugsame Arbeiter als Ideal des „Kämpfers"; Symbole wie der stolze Adler, die giftige Schlange, die Fahne oder Fackel in der Hand des Arbeiters.
Wahlplakate geben keine Auskunft über das Wählerverhalten. Sie spiegeln jedoch in Wort und Bild die politischen Auseinandersetzungen und Ziele der Parteien sowie den Alltag, die Probleme und Grundhaltungen der Zeit.

Formale Kennzeichen

- Um welche Art von Plakat handelt es sich?
- Wer hat das Plakat geschaffen oder in Auftrag gegeben?
- Wann und wo ist es entstanden und veröffentlicht worden?

Plakatinhalt

- Wen oder was zeigt das Plakat auf welche Weise?
- Was wird thematisiert?
- Wie ist das Plakat aufgebaut? Achten Sie auf folgende Gestaltungsmittel: Verhältnis von Text und Bild, Perspektive, Haltung der Figuren, Schriftgröße und -art, Farben, Symbole, Übertreibungen, Verwendung bestimmter Stilmittel.
- Was bedeuten die Gestaltungsmittel?

Historischer Kontext

- Auf welches Ereignis, welchen Sachverhalt oder welche Person bezieht sich das Plakat?
- Was ist der Anlass für die Veröffentlichung?

Intention und Wirkung

- An wen wendet sich das Plakat?
- Ist es gegen jemanden gerichtet? Werden Feindbilder dargestellt?
- Welche Aussageabsicht verfolgt der Künstler bzw. Auftraggeber?
- Welche Wirkung soll das Plakat beim zeitgenössischen Betrachter erzielen?

Beispiel und Analyse

SA-Mann mit Schirmmütze und Hakenkreuz: personifizierter „Feind der Demokratie" von rechts

Farbgebung: Rot als Farbe der Sozialdemokratie, Schwarz-Rot-Gold als Nationalfarben Deutschlands während der Weimarer Republik; Symbol der republiktreuen Kräfte

Totenkopf mit Reichswehrhelm: Allegorie auf Gefahr des Militarismus oder die Toten des Ersten Weltkrieges

Schriftzug/Wahlslogan: Verweis auf politische Gegner („Feinde der Demokratie!") und eigenes demokratisches Selbstverständnis

Kommunist mit rotem Stern auf der Kappe: personifizierter „Feind der Demokratie" von links, symbolisiert Gefahr des Bolschewismus

Dolch: Symbol für Gewalt und Hinterhältigkeit, Verweis auf „Dolchstoßlegende"

Schriftzug/Wahlaufruf: nennt Wahlziel (politische Gegner durch Wahl ausschalten; Erhalt von Republik und Demokratie), Verweis auf Auftraggeber und Listenplatz

▲ **Wahlplakat von 1930.**
Grafiker: Karl Geiss.
Format: 112 x 79,4 cm.

Formale Kennzeichen Das Wahlplakat wurde 1930 von der SPD in Auftrag gegeben. Der Grafiker ist Karl Geiss, der zwichen 1925 und 1935 vermutlich in München lebte und mehrere Plakate für die SPD gestaltete.

Plakatinhalt Das Plakat zeigt die „Feinde der Demokratie" in dreifacher Personifizierung: Den Hauptteil füllt ein schwarz gezeichneter Mann; Schirmmütze und Hakenkreuz identifizieren ihn als Mitglied der SA. In seiner linken Faust hält er einen Dolch, der die Gewaltbereitschaft des politischen Gegners verdeutlichen soll und auf die „Dolchstoßlegende" anspielt. Die Oberste Heeresleitung hatte sie 1918 verbreitet, um die Schuld an der deutschen Niederlage im Ersten Weltkrieg auf die revolutionären Ereignisse in der Heimat und vor allem die Sozialdemokratie zu schieben. Die rechte Hand des Mannes ist nach dem Betrachter ausgestreckt, den er anzubrüllen scheint. Die schemenhaft umrissene Figur links hinten trägt eine Kappe mit rotem Stern, was sie als Kommunisten zu erkennen gibt. Rechts ragt ein Totenkopf mit Reichswehrhelm und Bajonett hervor, wohl eine Allegorie auf die Gefahr des nationalistischen Militarismus oder die Toten des Ersten Weltkrieges.
Die Schriftzüge bestehen aus Großbuchstaben und nennen das Motto: Die „Feinde der Demokratie" sollen beseitigt („Hinweg damit!") und die Republik gerettet werden. Die Farbgebung Schwarz-Rot-Gold steht für die Nationalfarben und für die demokratischen Kräfte; Rot ist zudem die Farbe der Sozialdemokratie.

Historischer Kontext Anlass für die Veröffentlichung des Wahlplakates war die Reichstagswahl vom 14. September 1930. Es wendet sich gegen die politischen Gegner der SPD von rechts und links, die auch die Republik seit ihrer Gründung bekämpften. Vor allem die Parteien der extremen Rechten, DNVP und NSDAP, nutzten die „Dolchstoßlegende" zur hasserfüllten Agitation gegen die politischen Vertreter der Weimarer Republik. 1930 hatte sich durch Wirtschaftskrise und Arbeitslosigkeit die parteipolitische Landschaft geändert. Während die liberalen Parteien DDP und DVP immer mehr Anhänger verloren, gewannen NSDAP und KPD von der Republik enttäuschte Wähler hinzu. Mit dem Rücktritt der letzten sozialdemokratisch geführten Regierung im März 1930 entfiel die Hauptstütze der Weimarer Demokratie. Die SPD kämpfte daher für einen deutlichen Wahlsieg und gegen die extremen Flügelparteien, um wieder eine regierungsfähige Mehrheit im Parlament bilden zu können.

Intention und Wirkung Die SPD will die von den links- und rechtsextremen Parteien ausgehende Gefahr für Demokratie und Republik veranschaulichen, indem sie die Bedrohung aus Gewalt, Terror, Angst und Tod beschwört. Die politischen Gegner sollen als Lügner und Geschichtsklitterer entlarvt werden. Der Appell „Hinweg damit!" verstärkt, was das Feindbild nahe legt. Zugleich wirbt das „Rettungsversprechen" für die eigene Partei: Die SPD will die „Feinde der Demokratie" nicht durch Gewalt, sondern mit demokratischen Mitteln beseitigen.

Bewertung und Fazit Das Plakat war 1930 überall in Deutschland verbreitet. Die Bedrohung wird durch ideenreiche Gestaltung, starke Farben und markante Zeichnung, schlagkräftige Slogans, bekannte Symbole und Stereotypen eindrucksvoll und verständlich in Szene gesetzt. Seinen eigentlichen Zweck hat das Plakat jedoch verfehlt. Bei der Reichstagswahl von 1930 verlor die SPD über fünf Prozent der Stimmen, blieb aber stärkste Partei. Die KPD gewann 2,5 Prozent Stimmenanteil, die NSDAP stieg mit 18,2 Prozent sogar zur zweitstärksten Partei auf.

Geschichte kontrovers

Warum scheiterte Weimar?

Bei der Frage nach den Gründen für den Untergang der Weimarer Republik und den Machtantritt der Nationalsozialisten ist es nahezu einhellige Ansicht der Geschichtswissenschaft, dass nicht eine einzelne Ursache ausschlaggebend war. Für Zeitgenossen wie Otto Braun, den ehemaligen sozialdemokratischen Ministerpräsidenten von Preußen, waren der Vertrag von Versailles und die Radikalität der deutschen Kommunisten entscheidend. Amerikanische Historiker legten den Schwerpunkt auf die autoritären Traditionen der Deutschen. Andere sehen im Versagen führender Persönlichkeiten aus Politik, Wirtschaft und Militär zwischen 1930 und 1933 eine wesentliche Ursache des Zusammenbruchs, da die alten Eliten Hitler unterschätzten. Allerdings bleibt trotz der abwägenden Gewichtung einzelner Ursachen heute die Erkenntnis, dass beim Scheitern der Republik unterschiedliche Ereignisse und Prozesse zusammenspielten.

M1 „Die antirepublikanischen Tendenzen […] waren grundsätzlich beherrschbar"

Der Historiker Hagen Schulze versucht die Frage zu beantworten, woran Weimar gescheitert ist; er schreibt 1982:

Woran ist also Weimar gescheitert? Die Antwort ist nicht mit letzter wissenschaftlicher Präzision zu geben, aber einiges lässt sich doch ausmachen: Die wichtigsten Gründe liegen auf dem Feld der Mentalitäten, der Einstellungen und des Denkens. In der Mitte des Ursachenbündels finden sich eine Bevölkerungsmehrheit, die das politische System von Weimar auf die Dauer nicht zu akzeptieren bereit war, sowie Parteien und Verbände, die sich den Anforderungen des Parlamentarismus nicht gewachsen zeigten. Die Ursachen für diese Defekte dürften überwiegend in langfristigen, aus den besonderen Bedingungen der preußisch-deutschen Geschichte zu erklärenden Zusammenhängen zu suchen sein, verstärkt durch die Entstehungsbedingungen des Weimarer Staatswesens und seiner außenpolitischen Belastungen. Die Übertragung dieser ungünstigen Gruppenmentalitäten auf das Weimarer Regierungssystem wurde durch den Wahlrechtsmodus erheblich begünstigt; andere Merkmale der formalen Verfassungsordnung, wie ihr mangelnder normativer Charakter oder der Föderalismus, wirkten nur in zweiter Linie destabilisierend, während das starke präsidiale Moment daneben auch stabilisierende Komponenten enthielt, die allerdings letzten Endes nicht zum Zuge kamen. Die antirepublikanischen Tendenzen in Armee, Bürokratie und Justiz waren grundsätzlich beherrschbar, eine Frage des Machtbewusstseins von Parteien und Regierung. Die gesellschaftlichen und wirtschaftlichen Rahmenbedingungen waren hauptsächlich langfristig wirksam, indem sie auf die Mentalitäten von Bevölkerung und einzelnen Gruppen einwirkten; aktuelle ökonomische Krisen verstärkten die destabilisierenden Momente, verursachten sie aber nicht.

Lapidar lässt sich also schließen: Bevölkerung, Gruppen, Parteien und einzelne Verantwortliche haben das Experiment Weimar scheitern lassen, weil sie falsch dachten und deshalb falsch handelten. Auch auf dem Umweg über die Strukturanalyse gelangt man so zu dem Schluss, dass Weimar nicht schicksalhaft oder bedingt durch anonyme Sachzwänge scheitern musste – die Chance der Gruppen wie der Einzelnen, sich für Weimar zu entscheiden und dem Gesetz der parlamentarischen Demokratie zu gehorchen, nach dem man angetreten war, hat immer bestanden.

Hagen Schulze, Weimar. Deutschland 1917-1933, Berlin 1994, S. 425

M2 Weder Zwang noch Zufall

Der Historiker Heinrich August Winkler äußert sich 2011 folgendermaßen über die Ursachen des Scheiterns der Weimarer Republik:

Die Ernennung Hitlers zum Reichskanzler war nicht der unausweichliche Ausgang der deutschen Staatskrise, die mit dem Bruch der Großen Koalition am 27. März 1930 begonnen und sich seit der Entlassung Brünings am 30. Mai 1932 dramatisch zugespitzt hatte. Hindenburg musste sich von Schleicher so wenig trennen, wie er genötigt gewesen war, Brüning durch Papen auszuwechseln. Er hätte Schleicher nach einem Misstrauensvotum des Reichstages als Chef einer geschäftsführenden Regierung im Amt halten oder durch einen nicht polarisierenden „überparteilichen" Kanzler ersetzen können. Die neuerliche Auflösung des Reichstages innerhalb der verfassungsmäßigen Frist von sechzig Tagen war ihm nicht verwehrt; der Aufschub von Neuwahlen bis in den Herbst 1933 war hingegen nach den entsprechenden Erklärungen aus der politischen Mitte und vonseiten der Sozialdemokratie kaum weniger riskant als im Jahr zuvor. Nichts zwang den Reichspräsidenten dazu,

Hitler zum Reichskanzler zu machen. Hitler war zwar immer noch, trotz seiner Niederlage in der Reichstagswahl vom 6. November 1932, der Führer der stärksten Partei, aber eine Mehrheit im Reichstag gab es für ihn nicht.
Bis in den Januar 1933 hinein hatte sich der Reichspräsident, um eine Parteidiktatur der Nationalsozialisten zu verhindern, der Kanzlerschaft Hitlers widersetzt. Hindenburg änderte seine Haltung, weil ihn nun auch seine engsten Berater dazu drängten und weil er das Risiko der Diktatur durch das Übergewicht konservativer Minister im Kabinett Hitler verringert, wenn nicht beseitigt sah. [...] Auf Schleichers Entlassung und Hitlers Ernennung arbeiteten einflussreiche Kreise der seit Bismarcks Zeiten vom Staat subventionierten ostelbischen Großlandwirtschaft hin, sowie, vorzugsweise auf dem Weg über Papen, der rechte Flügel der rheinisch-westfälischen Schwerindustrie. Entsprechenden Druck übten zuletzt fast alle Personen aus, die Zugang zum Reichspräsidenten hatten. Diesem Druck zu widerstehen, war der Greis nicht mehr stark genug. Das Machtzentrum um Hindenburg hatte sich im Januar 1933 für das Wagnis mit Hitler entschieden, und Hindenburg als Person war nur ein, wenn auch der wichtigste, Teil des Machtzentrums.
Der 30. Januar war also weder ein zwangsläufiges Ereignis der vorangegangenen politischen Entwicklung noch ein Zufall. Hitlers Massenrückhalt machte seine Ernennung möglich, aber erst durch den Willen Hindenburgs und des Milieus, das er verkörperte, wurde er Kanzler. Die politische Stärke jener „alten Eliten", die auf eine „Regierung der nationalen Konzentration" unter Hitler drängten, war ebenso wie der Zulauf zu seiner Partei eine soziale Tatsache mit langer Vorgeschichte. Zu dieser Vorgeschichte gehörte auch die Erosion des Vertrauens in den demokratischen Staat. Dass der „Legitimitätsglaube", Max Weber zufolge die wichtigste immaterielle Herrschaftsressource, in Weimar von Anfang an schwach war, hatte Gründe, die mit der Geburt der Republik aus der Niederlage im Ersten Weltkrieg zusammenhingen und zugleich weit hinter diesen Krieg zurückreichten. Wenn es eine Ursache „letzter Instanz" für den Zusammenbruch der ersten deutschen Demokratie gibt, liegt sie in der historischen Verschleppung der Freiheitsfrage im 19. Jahrhundert – oder, anders gewendet, in der Ungleichzeitigkeit der politischen Modernisierung Deutschlands: der frühen Demokratisierung des Wahlrechts und der späten Parlamentarisierung des Regierungssystems.

Heinrich August Winkler, Geschichte des Westens. Die Zeit der Weltkriege 1914-1945, München 2011, S. 631-632

1. *Geben Sie die Kerngedanken der Historiker wieder (M1 und M2).*
2. *Vergleichen Sie die Auffassungen der Historiker hinsichtlich der Ursachen des Scheiterns der Weimarer Republik, indem Sie auf die angesprochenen Konflikte und Probleme näher eingehen (M1 und M2).*
3. *Das Scheitern der Weimarer Republik: Zwang – Zufall – Schicksal? Nehmen Sie Stellung.*

▲ **„Stützen der Gesellschaft."**
Ölgemälde (200 x 108 cm) von George Grosz, 1926.
- *Das Gemälde wurde von dem Kunsthistoriker Hans Hess als eine „große Allegorie des deutschen Staates in der Weimarer Republik" bezeichnet. Erläutern Sie diese Aussage.*

Der vergebliche Versuch, eine Weltfriedensordnung zu errichten

▸ **„Die Wiege des Völkerbundes“ – „Die Wiege ist gut gewählt für ein totgeborenes Kind.“**
Karikatur von Olaf Gulbransson aus der Satirezeitschrift „Simplicissimus“ vom 3. Juni 1919, S. 124.
Links: US-Präsident Woodrow Wilson, im Hintergrund der britische Premierminister David Lloyd George und rechts der französische Regierungschef Georges Clemenceau.
- *Analysieren Sie die Karikatur. Inwiefern gibt sie eine bestimmte Sicht auf den Völkerbund wieder? Beachten Sie dabei den Methoden-Baustein auf S. 245.*

Der Wunsch nach einer friedlichen Weltordnung Nach dem Ausbruch des Ersten Weltkrieges und angesichts der Kriegsgräuel wurde die Frage, unter welchen Bedingungen Friede überhaupt möglich sei, intensiv diskutiert.

US-Präsident Woodrow Wilson* beteiligte sich an der Diskussion. Er machte sich zum Ziel, eine Friedensordnung zu entwerfen, die nicht nur den aktuellen Krieg, sondern alle Kriege beenden sollte. In seinem Vierzehn-Punkte-Programm kündigte er vor Kriegsende 1918 eine neue Weltordnung an.** Im Verlauf der Pariser Friedenskonferenz konkretisierte er seine Vorstellungen – und setzte sie durch. Am 28. April 1919 wurde die Satzung des Völkerbundes von der Vollversammlung der Friedenskonferenz angenommen und dem Versailler Vertrag vorangestellt.

LEAGUE OF NATIONS
SOCIETE DES NATIONS

▴ **Logo des Völkerbundes.**
Das halboffizielle Zeichen wurde nur zwischen 1939 und 1941 verwendet.

▴ **Erster Tagungsort des Völkerbundes in Genf.**
Foto von 1920.
Die ersten Sitzungen fanden in einem Genfer Hotel statt.

* **Woodrow Wilson**: Siehe S. 184.
** Siehe dazu S. 157 f., M6, und S. 186.

Die 32 Unterzeichnerstaaten erklärten, dass in Zukunft „jeder Krieg und jede Bedrohung mit Krieg" eine „Angelegenheit des ganzen Bundes" sei. Sie bekannten sich zur Souveränität der Mitgliedstaaten, zum Völkerfrieden und zur Abrüstung, sie verpflichteten sich, „die politische Unabhängigkeit aller Bundesmitglieder zu achten und gegen jeden äußeren Angriff zu wahren". Wer dagegen verstößt, muss mit wirtschaftlichen und militärischen Sanktionen rechnen. Ein Internationaler Gerichtshof sollte bei Streitigkeiten Schiedssprüche verkünden. Sie sollten aber erst dann bindend sein, wenn der Rat des Völkerbundes sie einstimmig bestätigte.

Ein vergeblicher Versuch Tatsächlich gelang es dem Völkerbund in den folgenden Jahren, eine Reihe kleinerer Konflikte (etwa Grenzkonflikte) friedlich zu schlichten und soziale und humanitäre Probleme zu verringern. Eine neue Friedensordnung konnte er aber nicht durchsetzen. Das verhinderte nicht nur die Forderung der Satzung nach Einstimmigkeit zentraler Beschlüsse, sondern zunächst die Tatsache, dass der US-Senat am 18. November 1919 die Ratifizierung des Versailler Vertrages ablehnte und die USA nicht Mitglied des Völkerbundes wurden.

Darüber hinaus erwies es sich wohl als Nachteil, dass der Völkerbund zunächst nur ein Zusammenschluss der Siegermächte und neutralen Staaten war. Österreich, Deutschland und Sowjetrussland bzw. die Sowjetunion waren nicht von Anfang an dabei. Österreich wurde 1920, Deutschland erst nach dem Locarno-Vertrag 1926 und die Sowjetunion erst 1934 Mitglied. Seit 1933 zeigten sich aber bereits erste Erosionsspuren: Japan und Deutschland traten 1933 und Italien 1937 aus dem Völkerbund aus. In den politisch-militärischen Konflikten im Vorfeld des Zweiten Weltkrieges und nach dem Kriegsausbruch 1945 spielte der Völkerbund kaum noch eine Rolle. 1946 löste er sich endgültig auf und die UNO trat an seine Stelle (▸ M1).

Die Paneuropa-Idee und der Briand-Kellogg-Pakt Zeitlich parallel zum Völkerbund gab es vielversprechende pazifistische Bestrebungen. Große Beachtung fand die 1923 gegründete Paneuropa-Union des jungen Grafen *Richard Coudenhove-Kalgeri* (1894-1972). Er konnte dafür zahlreiche prominente Persönlichkeiten des öffentlichen Lebens und der Politik gewinnen. 1927 übernahm z. B. der französische Außenminister Aristide Briand* das Amt des Ehrenpräsidenten. Der Erfolg der Bewegung blieb hinter den Erwartungen zurück (▸ M2 und M3).

Gemeinsam mit dem US-Außenminister *Frank Billings Kellogg* schaffte Briand auch, dass die USA doch noch Verantwortung für eine friedliche Nachkriegsordnung übernahm. In dem nach ihnen benannten *Briand-Kellogg-Pakt* von 1928 wurden Angriffskriege als Mittel der Politik geächtet (▸ M4). Das Abkommen wurde von elf Nationen erstunterzeichnet – darunter auch vom Deutschen Reich. Bis 1939 traten ihm 63 Nationen bei. Trotzdem konnte es den Zweiten Weltkrieg nicht verhindern.

Nennen Sie die Gründe für das Scheitern des Völkerbundes.

* **Aristide Briand**: Siehe S. 217.

M1 Mangelnde Universalität?

Alfredo Märker und Beate Wagner von der Deutschen Gesellschaft für die Vereinten Nationen schreiben 2005 über das Scheitern des Völkerbundes:

Die einzelnen Schritte und Ursachen für das Scheitern des Völkerbundes sind oft beschrieben worden. Zum einen hatte man bei der Gründung des Völkerbundes versäumt, ihn mit der nötigen Zwangsgewalt zur Durchsetzung seiner Beschlüsse auszustatten. Hinzu kam, dass seine Satzung ohnehin kein generelles, sondern nur ein eingeschränktes Gewaltverbot begründete. Die Regeln zur Kriegsverhütung sahen also lediglich einen Mechanismus der Streitschlichtung vor, demzufolge ein Staat das Recht zum Krieg hatte, ohne gegen die Satzung zu verstoßen. Am deutlichsten manifestierte sich die Schwäche des Völkerbundes jedoch in seiner mangelnden Universalität. Letztlich repräsentierte er niemals die ganze Völkergemeinschaft, in seiner Hochphase gerade zwei Drittel der damaligen Staatenwelt. [...]
So wenig der Völkerbund seiner Kernaufgabe in den 26 Jahren seines Bestehens gerecht werden konnte, so viele Erklärungsversuche wurden für dessen Versagen hervorgebracht. Winston Churchill schrieb es vor allem der Abwesenheit der USA und der Tatsache zu, dass diese Europa sich selbst überlassen hätten. Für Paul Boncour, den französischen Vertreter bei der Völkerbundversammlung, hatte hingegen nicht die Weltorganisation Fehler gemacht, sondern die jeweiligen Nationen (bzw. deren Regierungen). Diese hätten es nicht vermocht, sich über ihre Partikularinteressen zu erheben, und so den Völkerbund „im Stich gelassen". Beide Positionen haben wohl ihre Richtigkeit, schmälern jedoch im Nachhinein auch nicht die Bedeutung dieses ersten gescheiterten Versuchs, eine Weltfriedensorganisation zu errichten. Entsprechend überwogen in der Nachschau die Würdigungen. So bezeichnete der südafrikanische Politiker Jan Christian Smuts den Völkerbund auf der Gründungskonferenz der Vereinten Nationen als „große und edle Leistung", die weit über das hinausgegangen sei, was man vorher getan oder auch nur versucht habe; vieles davon sei „von bleibendem Wert", sodass es von der neuen Organisation nur aufgenommen und fortgesetzt werden könne. „Der Völkerbund ist tot, es lebe die UNO", lautete der Nachruf des britischen Diplomaten Lord Cecil anlässlich der Selbstauflösung des Völkerbundes am 18. April 1946. Wie kaum ein anderer hatte er sich für das Gelingen der ersten Weltfriedensorganisation eingesetzt. An seinen Worten wird deutlich, dass die Vereinten Nationen, bei allen strukturellen Vorkehrungen, die man der neuen Weltorganisation nach dem Scheitern des Völkerbundes auf den Weg gab, ideengeschichtlich noch immer in der Kontinuität ihres Vorgängers standen.

Alfredo Märker und Beate Wagner, Vom Völkerbund zu den Vereinten Nationen, in: Aus Politik und Zeitgeschichte 22/2005, S. 5f.

M2 Der Untergang Europas droht

1923 gründet Richard Graf Coudenhove-Kalergi die Paneuropäische Bewegung. Im selben Jahr veröffentlicht er das „Paneuropäische Manifest":

„Europäer! Europäerinnen!"
Europas Schicksalsstunde schlägt!
In europäischen Fabriken werden täglich Waffen geschmiedet, um europäische Männer zu zerreißen – in europäischen Laboratorien werden täglich Gifte gebraut, um europäische Frauen und Kinder zu vertilgen.
Indessen spielt Europa in unbegreiflichem Leichtsinn mit seinem Schicksal; in unbegreiflicher Blindheit sieht es nicht, was ihm bevorsteht; in unbegreiflicher Untätigkeit lässt es sich willenlos der fruchtbarsten Katastrophe entgegentreiben, die je einen Erdteil traf.
Europas Politik steuert einem *neuen* Kriege zu. [...] Eine Krise löst die andere ab. Täglich kann durch einen Zufall – etwa durch ein Attentat oder durch eine Revolte – der europäische Vernichtungskrieg ausbrechen, der unseren Erdteil in einen Friedhof wandelt. [...]
Dieser drohende Krieg bedeutet den gründlichen Untergang Europas, seiner Kultur und Wirtschaft. Andere Erdteile werden an dessen Stelle treten. [...]
Die einzige Rettung vor diesen drohenden Katastrophen ist: *Paneuropa*; der Zusammenschluss aller demokratischen Staaten Kontinentaleuropas zu einer internationalen Gruppe, zu einem politischen und wirtschaftlichen Zweckverband.
Die Gefahr des europäischen Vernichtungskrieges kann nur gebannt werden durch einen *paneuropäischen Schiedsvertrag*; die Gefahr der russischen Herrschaft kann nur gebannt werden durch ein *paneuropäisches Defensivbündnis*; die Gefahr des wirtschaftlichen Ruins kann nur gebannt werden durch eine *paneuropäische Zollunion*. [...]
Russland und England sind Paneuropas Nachbarn. Diese beiden Weltreiche sind auch ohne Europa lebensfähig – während die übrigen Staaten dieses Erdteils durch ihre geografische Lage zur Schicksalsgemeinschaft verbunden sind; verurteilt, entweder gemeinsam zugrunde zu gehen – oder gemeinsam aufzuerstehen. [...]
Ist Paneuropa geschaffen, so kann es als gleichberechtigte Weltmacht mit Amerika, Britannien, Russland und Ostasien

einen neuen Völkerbund schließen, in dem kein Erdteil sich vor fremder Einmischung zu fürchten braucht. Nur einem *solchen* Weltbunde könnten die Vereinigten Staaten von Amerika und Sowjetrussland beitreten.

Zitiert nach: Rolf Hellmut Foerster (Hrsg.), Die Idee Europas 1300-1946. Quellen zur Geschichte der politischen Einigung, München 1963, S. 226-244, hier S. 226-229

1. *Skizzieren Sie den Inhalt des Manifestes und ordnen Sie die Aussagen historisch ein.*
2. *Diskutieren Sie die Rolle, die „Paneuropa" übernehmen soll. Wird sie realistisch eingestuft?*
3. *Das Manifest geht von einer „Schicksalsgemeinschaft" aus. Erörtern Sie diese Auffassung angesichts der aktuellen Diskussion um die Einigung Europas.*

M3 Aristokratischer Führungsanspruch

Der Historiker und Politikwissenschaftler Jürgen Mittag 2010 zur Paneuropa-Idee:

Geprägt waren Coudenhove-Kalergis Vorstellungen eines vereinten Europa von christlich-abendländischen Ideen sowie vom Vorbild der Vereinigten Staaten von Amerika. [...] Binnen kurzer Zeit gelang es Coudenhove-Kalergi, der als Präsident der Paneuropa-Union seit 1924 auch die Monatsschrift „Pan-Europa" herausgab, namhafte Persönlichkeiten aus Politik, Wirtschaft und Kultur in allen Staaten des Kontinents für seine Ideen zu mobilisieren. In Deutschland leitete der langjährige Reichstagspräsident, der Sozialdemokrat Paul Löbe, bis 1928 das Präsidium der deutschen Paneuropa-Sektion, während auf französischer Seite Außenminister Aristide Briand 1927 den Ehrenvorsitz der gesamten Bewegung übernahm. Die Paneuropa-Union litt allerdings unter dem wenig verbindlichen Engagement ihrer prominenten Mitglieder. Zudem wurde der aristokratische Führungsanspruch des Gründers mit seinem ambivalenten Verhältnis zur Demokratie vielfach kritisiert. Erschwert wurde die Entwicklung des Verbands auch durch die Distanz von Coudenhove-Kalergi gegenüber Großbritannien, den USA und Sowjetrussland, die teilweise großen Widerspruch hervorrief. Als der erste Paneuropa-Kongress mit über 2 000 Delegierten aus 24 Staaten im Oktober 1926 in Wien tagte, gab es zwar europaweit ein respektables Medienecho – auf die Titelseiten der deutschen Zeitungen brachte es die Paneuropa-Union jedoch nicht.

Jürgen Mittag, Kleine Geschichte der Europäischen Union, Münster 2010, S. 40 f.

Nehmen Sie Stellung zu den angeführten Gründen für die Erfolglosigkeit dieser Initiative.

▸ **„Rede auf dem Berg Salève."**
Zeichnung von Alois Derso, 1929.
Das Bild zeigt den Gründer der Paneuropa-Bewegung: Graf Coudenhove-Kalgeri. Salève ist eine Anhöhe bei Genf und Sitz des Völkerbundes. Die Aufschrift auf der Zeichnung lautet: „Selig sind die Einfachen im Geiste, denn Ihnen erscheint das Himmelreich (Paneuropa)."
- *Untersuchen Sie die Zeichnung. Wie wird Coudenhove-Kalgeris Auftreten dargestellt?*

M4 Der Briand-Kellogg-Pakt

Am 27. August 1928 unterzeichnen in Paris Vertreter von elf Staaten den von US-Außenminister Frank Billings Kellogg und seinem französischen Amtskollegen Aristide Briand vorbereiteten Vertrag:

Art. I: Die Hohen Vertragschließenden Parteien erklären feierlich im Namen ihrer Völker, dass sie den Krieg als Mittel für die Lösung internationaler Streitfälle verurteilen und auf ihn als Werkzeug nationaler Politik in ihren gegenseitigen Beziehungen verzichten.
Art. II: Die Hohen Vertragschließenden Parteien vereinbaren, dass die Regelung und Entscheidung aller Streitigkeiten oder Konflikte, die zwischen ihnen entstehen könnten, welcher Art oder welchen Ursprungs sie auch sein mögen, niemals anders als durch friedliche Mittel angestrebt werden soll.

Zitiert nach: www.jura.uni-muenchen.de/fakultaet/lehrstuehle/satzger/materialien/kellogg1928d.pdf [Zugriff: 21.06.2016]

1. *Recherchieren Sie, wie viele Staaten den Briand-Kellogg-Pakt bis 1939 ratifizierten.*
2. *Begründen Sie, weshalb dieser Pakt keinen Erfolg hatte. Berücksichtigen Sie dabei die Zwischenkriegszeit in Europa.*

Blick zurück nach vorn

Lehren aus dem Scheitern der Weimarer Demokratie

▸ Scheiterte die Weimarer Republik an der Verfassung?

Die Weimarer Republik gilt in vielen historischen Darstellungen und auch im allgemeinen Geschichtsbewusstsein als „gescheitert“. Zahlreiche wissenschaftliche Studien und Unterrichtswerke verweisen in diesem Zusammenhang auch auf „Mängel“ der Weimarer Reichsverfassung. Ihr wird vorgehalten, mit der verfassungsrechtlich vorgeschriebenen besonderen Stellung des Reichspräsidenten, dem Verhältniswahlrecht, dem Fehlen einer Sperrklausel für Splitterparteien (5-Prozent-Hürde), dem Notverordnungsrecht (Artikel 48) und dem Auflösungsrecht des Reichstages (Artikel 25) einem autoritären Regime Vorschub geleistet zu haben. Doch das oberflächliche Urteil verstellt den Blick auf die beachtlichen Leistungen der Weimarer Demokratie, die große Krisen gemeistert hatte – und es wird leicht übersehen, dass erst der Bruch von Verfassungsprinzipien das Ende der Weimarer Demokratie einläutete.

M Über ungenutzte Chancen der Verfassung

Der Historiker Detlev Peukert schreibt 1987:

Historiker und Zeitgenossen haben die Weimarer Verfassung danach beurteilt, was man in der politischen Praxis aus ihr gemacht hatte. Selbstredend ist es einer Verfassungsidee zuzurechnen, welche Anwendungen und Verformungen sie ermöglicht. Gerecht wird man ihr aber nur dann, wenn man auch jene in ihr ebenfalls angelegten alternativen Entwicklungen berücksichtigt, die unter den politischen Bedingungen der Zwanzigerjahre nicht zum Zuge kamen. Gerade wenn sich eine Verfassung so sehr als offener Kompromiss präsentiert wie die Verfassung der ersten deutschen Republik von 1919, muss man auch ihren ungenutzt gebliebenen Angeboten für einen demokratischen Neubeginn nachspüren.
Auf die Verfassungsbestimmungen im Einzelnen sei hier nur kursorisch eingegangen:

Schon die Entscheidung für die Verhältniswahl hatte die organisatorische Bedeutung der Parteilisten für den Parlamentarismus gesteigert, auch wenn die Parteien im Verfassungstext nicht ausdrücklich genannt wurden. Interessanterweise unterschied sich das Wahlergebnis von 1919 noch nicht so sehr von den 1912 unter dem Persönlichkeitswahlrecht erfolgten Reichstagswahlen. Das gleiche gilt für die Einführung des Frauenwahlrechts und die Senkung des Wahlalters. Die relative Kontinuität des Parteiensystems spricht gegen die in der älteren Forschung vertretene These, das Verhältniswahlrecht habe erheblich zum Untergang der Republik beigetragen. Dass die bürgerlichen Parteien in den Zwanzigerjahren Wähler zunächst an Splitterparteien und dann an die NSDAP verloren, lag ebenso wenig ursächlich am Verhältniswahlrecht wie der Aufstieg der NSDAP zwischen 1930 und 1932 zur Massenpartei durch ein anderes Wahlrecht zu blockieren gewesen wäre. [...]

Im machtpolitischen Zentrum der Verfassung stand der viel diskutierte Dualismus zwischen zwei jeweils durch direkte Volkswahl legitimierten Potenzen, dem Reichstag und dem Reichspräsidenten. [...] Da die Republik unter tätiger Mitwirkung des zweiten Reichspräsidenten, Paul v. Hindenburg, zerstört wurde, fand der Dualismus der Weimarer Verfassung zahlreiche Kritiker. Demgegenüber bleibt festzuhalten, dass sich unter Ebert der gleiche Dualismus eher als ein stabilisierendes Element in den Nachkriegskrisen erwies.

Vordenker der Reichsverfassung wie Max Weber[1] hatten einen starken und charismatisch legitimierten Reichspräsidenten vor allem deshalb gewollt, damit dieser einer von ihnen befürchteten politischen Erstarrung angesichts des parlamentarischen Machtmonopols der Parteibürokratien entgegenwirken könnte. Man verankerte also in der Verfassung den institutionellen Zwang zum Konflikt und erhoffte sich daraus Impulse für mehr politische Beweglichkeit und Innovation, ohne zu ahnen, dass es in der nahen Zukunft wahrlich eher zu viele Krisen und politische Instabilität auch des Parteiensystems geben würde. [...]

Der Verschleiß der Alternativen

In den Monaten zwischen dem Sturz der großen Koalition im März 1930 und der Konfrontation der neuen Regierung mit dem Parlament im Sommer desselben Jahres, die zu den Reichstagswahlen vom 14. September führte, erfolgte der endgültige Abschied der deutschen Politik von der Weimarer Republik. Das Kabinett Brüning war vom Reichspräsidenten eindeutig auf eine Regierung ohne das Parlament und gegen die Sozialdemokratie eingeschworen worden. Brüning, dessen langfristigen Zielen diese Ausrichtung entsprach, bemühte sich nicht mehr, die Zustimmung der Sozialdemokraten für seine Haushaltsgesetzgebung im Sommer 1930 zu erhalten. Stattdessen ließ er sie durch eine Notverordnung in Kraft setzen. Als diese durch Mehrheitsbeschluss des Reichstages aufgehoben wurde, löste Brüning den Reichstag auf, um wenige Tage darauf die abgelehnte Notverordnung mit geringfügigen Änderungen erneut zu erlassen. Unabhängig davon, ob dieser Akt schon im juristischen Sinne einen Verfassungsbruch darstellte, zerstörte er doch das Grundkonzept der Verfassung radikal. Aus dem dort vorgesehenen Machtdualismus von Reichstag und Reichspräsident war das Parlament de facto ausgeschaltet worden, indem die wichtigste Interventionsmöglichkeit der Legislative gegen die präsidialen Vollmachten nach Artikel 48 lahmgelegt wurde. Brüning wie auch der Reichspräsident hatten diese politische Wende gewollt, und sie sollte nur den Auftakt zu einem weitergehenden Ausbau der Präsidialherrschaft bilden.

Zugleich nahm man billigend in Kauf, dass der Reichstag schon zwei Jahre vor Ablauf seiner Legislaturzeit aufgelöst wurde, obwohl die Landtags- und Kommunalwahlen der letzten Monate einen gefährlichen Stimmenzuwachs der Nationalsozialisten erwarten ließen. Wenn seitdem dem Anwachsen der radikalen Flügelparteien die Schuld für die Handlungsunfähigkeit des Parlaments gegeben wurde, hieß das, Ursache und Wirkung zu verwechseln. Tatsächlich wurde ein durchaus handlungsfähiges Parlament, das mit klaren demokratischen Mehrheiten bis 1932 hätte bestehen bleiben können, willentlich ausgeschaltet, um die Präsidialherrschaft durchzusetzen.

Detlev J. K. Peukert, Die Weimarer Republik. Krisenjahre der Klassischen Moderne, Frankfurt am Main 1987, S. 48 f. und 252 f.

1. *Erläutern Sie tatsächliche oder vermeintliche Mängel der Weimarer Reichsverfassung.* **(Urteilskompetenz)**

2. *Fassen Sie Peukerts Einwände thesenartig zusammen und nehmen Sie zu diesen Stellung.* **(Analysekompetenz)**

3. *Erörtern Sie Konsequenzen aus der Analyse der Weimarer Verfassung. Kommentieren Sie in dem Zusammenhang die häufig aufgestellte Behauptung, die „Mütter und Väter des Grundgesetzes" hätten aus den „Fehlern der Weimarer Reichsverfassung" gelernt.* **(Orientierungskompetenz)**

[1] **Max Weber**: Siehe S. 163, Anm. 2.

Die nationalsozialistische Herrschaft in Deutschland und Europa

▲ **Hitlers „Weg durchs Volk“.**
Foto von Heinrich Hoffmann vom „Erntedankfest“ auf dem Bückeberg bei Hameln am 30. September 1934.
Ab 1933 war der Bückeberg Ort nationalsozialistischer Masseninszenierungen. Der christliche Feiertag des „Erntedankfestes“ wurde missbraucht, um für die „Blut und Boden“-Ideologie der Nationalsozialisten zu werben.

Orientierung Als Reichspräsident Paul von Hindenburg am 30. Januar 1933 den „Führer“ der NSDAP Adolf Hitler zum Reichskanzler ernannte, glaubten er und seine Berater noch, den „Emporkömmling“ und seine „Rabauken“-Partei „zähmen“ und ihren großen Wählerzulauf für eigene Ziele nutzen zu können. Ein Großteil der deutschen Bevölkerung erhoffte sich von der neuen Regierung Rettung aus der Wirtschaftskrise und eine neue Großmachtstellung des Deutschen Reiches. Sie alle übersahen, dass Hitler und die NSDAP die Regierungsübergabe nicht als autoritäre Herrschaft auf Zeit und erst recht nicht als demokratischen Regierungsauftrag verstanden.

Vom 30. Januar 1933 an baute Hitler die nationalsozialistische Herrschaft aus. Seinen Abschluss fand der Prozess der Machtsicherung und „Gleichschaltung“ nach dem Tod Hindenburgs im August 1934, als Hitler – fortan „Führer und Reichskanzler“ genannt – auch das Amt des Reichspräsidenten übernahm und die Reichswehr auf sich vereidigen ließ. Damit gehörten in der totalitären Einparteiendiktatur Rechtsstaat und Gewaltenteilung sowie die Beachtung demokratischer Prinzipien der Vergangenheit an. Ziel der „Gleichschaltung“ war es nicht nur, die Macht zu sichern, sondern auch die Menschen in allen Lebensbereichen in neu geschaffenen Organisationen zu „erfassen“, auf die Weltanschauung des Nationalsozialismus einzuschwören und einem auf der „Volksgemeinschaft“ aufbauenden Führerprinzip unterzuordnen.

Kennzeichen des Nationalsozialismus und seiner Ideologie waren der Antisemitismus und eine Rassenlehre, die sich mit der Vorstellung vom „notwendigen Kampf der Rasse um Lebensraum“ vermischten. Was mit einem radikaler werdenden Antisemitismus in den 1920er-Jahren begann, mündete in eine rücksichtslose und menschenverachtende Ausgrenzung und Vertreibung von Andersdenkenden und „Rassefeinden“. Ihren grausamen Höhepunkt erreichte die NS-Herrschaft mit dem Holocaust (Shoa): die systematische Verfolgung und Ermordung von Millionen europäischer Juden in den Konzentrations- und Vernichtungslagern. Der am 1. September 1939 begonnene Zweite Weltkrieg war die Konsequenz der auf dieser Ideologie basierenden NS-Außenpolitik, die von der Revision des Versailler Vertrages ausging und auf Eroberung und Unterwerfung anderer Völker zielte.*

* Beachten Sie auch das OnLine-Kapitel „Italienischer Faschismus und deutscher Nationalsozialismus im Vergleich“; siehe Code **4673-00**.

30.1.1933
Adolf Hitler wird Reichskanzler

28.2.1933
Außerkraftsetzung der Grundrechte

23.3.1933
„Ermächtigungsgesetz“: Die Regierung Hitler erhält diktatorische Vollmacht

31.3.-7.4.1933
„Gleichschaltung“ der Länder

1.4.1933
Boykott jüdischer Unternehmen, Geschäfte und Praxen

7.4.1933
„Gesetz zur Wiederherstellung des Berufsbeamtentums“

Mai 1933
Zerschlagung der Gewerkschaften und Gründung der DAF

Juni/Juli 1933
Verbot bzw. erzwungene Selbstauflösung aller übrigen Parteien

14.10.1933
Austritt Deutschlands aus dem Völkerbund

30.6.1934
Niederschlagung des „Röhm-Putsches“

15.9.1934
„Nürnberger Gesetze“

7.3.1936
Einmarsch der Wehrmacht in das entmilitarisierte Rheinland

22.10.1936
Ein Vierjahresplan tritt in Kraft, der Deutschland gezielt auf den Krieg vorbereitet

29.9.1938
Konferenz von München; das Sudetenland wird an das Reich abgetreten

13.3.1938
„Anschluss“ Österreichs an das Deutsche Reich

9./10.11.1938
„Novemberpogrome“

1933 | 1934 | 1935 | 1936 | 1937 | 1938 | 193

◄ **Das Deutsche Reich in den Grenzen von 1937.**

Lesetipp:
Ulrich Herbert, Das Dritte Reich. Geschichte einer Diktatur, München 2016

Gegen Krieg, NS-Herrschaft sowie die Judenverfolgung, die spätestens im Zweiten Weltkrieg zum „offenen Geheimnis“ wurde, regte sich zwar kein breiter Widerstand. Die „Weiße Rose“, die Verantwortlichen des Attentats vom 20. Juli 1944, der Widerstand aus den Kirchen und der Arbeiterbewegung zeigen jedoch, dass nicht alle das Regime akzeptierten.

Die zentralen Fragen des Kapitels sind:

- *Welche Merkmale kennzeichneten Ideologie und Herrschaft der Nationalsozialisten?*
- *Welche Ursachen und Folgen hatten Terror und Gewalt gegen politische Gegner, Juden, Sinti und Roma sowie andere Minderheiten im Inland und wie wirkte sich die nationalsozialitische Eroberungs- und Vernichtungspolitik im Ausland aus?*
- *Welche Formen von Akzeptanz und Widerstand in der Bevölkerung für und gegen das NS-Regime gab es?*

8.1939
chtangriffspakt“ mit der vjetunion („Hitler-Stalin-t“)

9.1939
eginn des Zweiten Veltkrieges

22.6.1941
Mit dem Überfall auf die Sowjetunion beginnt die zentral organisierte, systematische Vernichtung der europäischen Juden

20.1.1942
„Wannsee-Konferenz“

Februar 1943
Hinrichtung der Geschwister Scholl („Weiße Rose“)

April / Mai 1943
Die SS schlägt den Aufstand im Warschauer Ghetto nieder

20.7.1944
Ein Attentat des Militärs auf Hitler scheitert

27.1.1945
Befreiung von Auschwitz-Birkenau (Holocaust-Gedenktag)

4.2.-11.2.1945
Konferenz von Jalta

8./9. Mai 1945
Die bedingungslose Kapitulation der deutschen Wehrmacht tritt in Kraft

940 | 1941 | 1942 | 1943 | 1944 | 1945 | 1946

Errichtung eines totalitären Staates in Deutschland

▲ **Der „Tag von Potdam".**
Foto von Theodor Eisenhart vom 21. März 1933.

▲ **„Tag von Potsdam."**
Bildpostkarte von 1933.
▪ *Vergleichen Sie die Postkarte mit dem Foto.*

Lesetipps:
▪ *Wolfgang Benz, Die 101 wichtigsten Fragen – Das Dritte Reich, München ³2013*
▪ *Volker Habermaier, Nationalsozialismus und Drittes Reich, Stuttgart 2015*

Internettipp:
Informationen zum „Ermächtigungsgesetz" und die Rede von Otto Wels finden Sie unter Code ***4673-19***.

„Führer in ein neues Zeitalter" ▪ Als Adolf Hitler am 30. Januar 1933 von Reichspräsident Hindenburg zum Reichskanzler ernannt wurde, schien sich rein äußerlich nichts Wesentliches an der politischen Situation im Deutschen Reich geändert zu haben. Hitler war Chef eines Präsidialkabinetts wie seine drei unmittelbaren Amtsvorgänger. Der „Führer" und seine Partei feierten die Berufung in die Regierungsverantwortung jedoch als **„Machtergreifung"**. Die Fackelzüge, die am Abend des 30. Januar in Berlin und vielen Städten Deutschlands von der NSDAP unter Beteiligung konservativer Kräfte inszeniert wurden, huldigten nicht einem weiteren Kanzler der Republik, sondern dem „Führer in ein neues Zeitalter".

Die neue Regierung besaß keine Mehrheit im Reichstag. Hitler ließ dennoch Koalitionsverhandlungen, die ihm eine Majorität gesichert hätten, bewusst scheitern. Stattdessen wurden der Reichstag aufgelöst und Wahlen für den 5. März anberaumt. Die parlamentsfreie Atempause wollte Hitler nutzen, um mithilfe von Notverordnungen vollendete Tatsachen zu schaffen und die Wähler massiv zu beeinflussen, denn das Erreichen der absoluten Mehrheit schien für die NSDAP in greifbare Nähe gerückt.

Der Reichstagsbrand und seine Folgen ▪ Am 27. Februar, eine Woche vor der Wahl, brannte der Reichstag in Berlin. Am Tatort wurde der Holländer *Marinus van der Lubbe* festgenommen. Wahrheitswidrig verkündeten die Nationalsozialisten, dass die Brandstiftung der Beginn eines kommunistischen Umsturzes sein sollte. Die genauen Hintergründe des Reichstagsbrandes sind immer noch nicht geklärt. In der neuesten Forschung bestehen weiterhin Zweifel an der Alleintäterschaft van der Lubbes.

Hitler veranlasste sofort die Verhaftung von 4 000 kommunistischen Abgeordneten und Funktionären, ferner das Verbot der kommunistischen und sozialdemokratischen Presse. Die von Hindenburg am 28. Februar 1933 erlassene *Verordnung Zum Schutz von Volk und Staat* schuf die rechtlichen Voraussetzungen, um die Grundrechte außer Kraft zu setzen (▸ M1).

Trotz massiver Behinderung der anderen Parteien und eines pausenlosen Propagandaaufwandes war das Wahlergebnis des 5. März für die NSDAP enttäuschend. Sie verfehlte mit 43,9 Prozent der abgegebenen Stimmen klar die erhoffte absolute Mehrheit. Am 21. März wurde der Reichstag in der Garnisonkirche zu Potsdam mit einem Staatsakt eröffnet. Zwei Tage nach dem *Tag von Potsdam* legte Hitler den Abgeordneten ein *Gesetz zur Behebung der Not von Volk und Reich*, das sogenannte „Ermächtigungsgesetz", zur Abstimmung vor. Obwohl NSDAP und Deutschnationale Volkspartei (DNVP) eine handlungsfähige Mehrheit im Reichstag bildeten, sollte der Regierung – zunächst auf vier Jahre – das Recht eingeräumt werden, Gesetze ohne Mitwirkung von Reichstag und Reichsrat zu erlassen.

Die Vertreter der bürgerlichen Parteien gaben eingeschüchtert nach, in der Hoffnung, Schlimmeres zu verhüten und durch ihr Entgegenkommen später Einfluss auf die Durchführung des Gesetzes nehmen zu können. Nur die SPD verweigerte ihre Zustimmung. Sie konnte damit die notwendige Zweidrittelmehrheit allerdings nicht verhindern, zumal die Mandate der drittstärksten Reichstagsfraktion der KPD sofort nach der Wahl vom 5. März annulliert worden waren und die KPD-Abgeordneten dem „Ermächtigungsgesetz" daher weder zustimmen noch es ablehnen konnten. Auch der Reichsrat ließ das Gesetz ohne Einwand passieren.

▲ **Neues Straßenschild.**
Foto vom März 1933 aus Essen. Fast überall wurden nach der „Machtergreifung" Adolf-Hitler-Straßen und -Plätze eingerichtet. Viele Stadtversammlungen ernannten Hitler und andere Nazi-Größen auch zu Ehrenbürgern ihrer Städte.

„Gleichschaltung" von Ländern, Verwaltung und Parteien „Ein Volk, ein Reich, ein Führer" war die Parole, nach der ab 1933 der Rechtsstaat und die Gewaltenteilung abgeschafft, der Einparteienstaat errichtet sowie alle politischen und gesellschaftlichen Lebensbereiche „gleichgeschaltet" und durchdrungen wurden (▸ M2). Mit dem „Ermächtigungsgesetz" hatte Hitler formalrechtlich legal den Freibrief erhalten, Staat und Gesellschaft „gleichzuschalten". Partei und Regierung beseitigten in den ersten Monaten nach der Machtübernahme schrittweise das föderalistische Eigenleben von Ländern und Gemeinden: Landtage, Stadt- und Gemeinderäte wurde nach dem Ergebnis der Reichstagswahl vom 5. März 1933 umgebildet. Von missliebigen Parteien errungene Sitze verfielen, sodass die Nationalsozialisten fast überall ein Übergewicht erhielten. Darüber hinaus setzte Hitler in den Ländern *Reichsstatthalter* ein, die befugt waren, Regierungen zu bilden und zu entlassen. Jeder Reichsstatthalter war seinerseits an die Weisungen des „Führers" gebunden, die totale Kontrolle der Gebietskörperschaften damit gesichert.

Maßgeblich zur Festigung des neuen Regimes trug die **„Gleichschaltung"** des Verwaltungsapparates bei. Schon in den ersten Tagen nach der „Machtergreifung" waren in Säuberungsaktionen widerstrebende Beamte aus dem Dienst entfernt worden. Legalisiert wurden die Entlassungen erst nachträglich durch das *Gesetz zur Wiederherstellung des Berufsbeamtentums* vom 7. April 1933. Um die politische Opposition endgültig auszuschalten, wurde nach der Zerschlagung der KPD Ende Februar / Anfang März 1933 die SPD am 22. Juni 1933 verboten. Die anderen Parteien lösten sich unter massivem Druck selbst auf. Im Reichstag saßen fortan nur noch Mitglieder der NSDAP. Da das Parlament als Gegengewicht zur Exekutive praktisch ausgeschaltet war, konnte Hitler mit *Führererlassen* regieren, die an die Stelle von Gesetzen traten.

Nach dem Tod Hindenburgs am 2. August 1934 stand der Diktatur Hitlers endgültig nichts mehr im Weg (▸ M3). Ohne Wahl übernahm er das Amt des Reichspräsidenten und nannte sich nun „Führer und Reichskanzler". Die Reichswehr und alle Beamten mussten sich durch einen Eid persönlich auf Hitler verpflichten.

„Gleichschaltung":
Siehe Glossar.

„Machtergreifung":
Siehe Glossar.

Totale Organisation Bereits mit dem Eintritt in die Grundschule sollten die Jugendorganisationen der NSDAP, *Hitler-Jugend* (HJ) und *Bund Deutscher Mädel* (BDM), möglichst alle Kinder eines Jahrganges erfassen. In beiden Organisationen – und ebenso in den Schulen – wurde die Jugend im Sinn der nationalsozialistischen Ideologie gedrillt. Nicht mehr die liberalen Bildungsziele der Weimarer Zeit zählten, sondern Gleichschritt und Wehrertüchtigung. Alle Jugendverbände wurden früher oder später in HJ und BDM überführt. Per Gesetz erhoben die Nationalsozialisten die Hitler-Jugend 1936 zur „Staatsjugend", wodurch diese zu einem wichtigen Kontroll- und Erziehungsinstrument wurde. Der für alle Jugendlichen verpflichtende *Reichsarbeitsdienst* sollte die in HJ und BDM angelegte ideologische Ausrichtung fortsetzen. Für viele Berufssparten bestanden zudem gesonderte, der NSDAP untergeordnete Vereinigungen, z. B. der *NS-Lehrerbund* oder der *NS-Ärztebund.*

Menschen in Beruf oder Freizeit, Gesunde und Invalide, Jugendliche und Greise, Frauen und Männer – sie alle sollte das parteigesteuerte Organisationsnetz des totalitären Staates erfassen. Dies gelang mithilfe von Unterorganisationen wie der *Deutschen Arbeitsfront* (DAF), dem *NS-Studentenbund*, der *NS-Frauenschaft* und anderen mehr. Das Netz war so eng geknüpft, dass der Einzelne kaum entschlüpfen konnte.

Lesetipp:
Arno Klönne, Jugend im Dritten Reich. Die Hitlerjugend und ihre Gegner, Köln ^{3}2008

Filmtipp:
Napola – Elite für den Führer; Deutschland 2004, Regie: Dennis Gansel

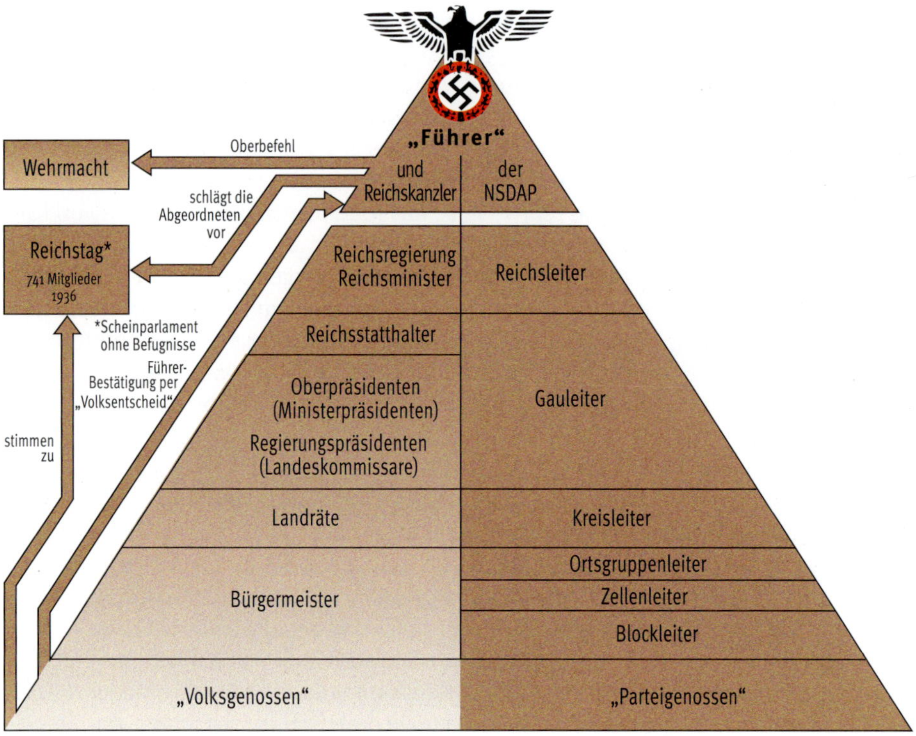

▸ Staat und Partei im „Führerstaat“.
Parteienhierarchie und Staatsämter überschnitten sich sowohl in ihren Kompetenzen als auch personell: Mit zwei Ausnahmen waren z. B. alle Reichsstatthalter zugleich auch Gauleiter in ihrem Amtsbereich.

Lesetipp:
Norbert Frei, Der Führerstaat. Nationalsozialistische Herschaft 1933 bis 1945, München 1945

Führung oder Chaos? Die Ausschaltung oppositioneller Gruppen schien auf den ersten Blick die Staatsmacht zu stärken, die sich nicht länger im pluralistisch-liberalen Meinungsstreit behaupten musste. Es zeigte sich jedoch, dass sich neben den Staat nun die NSDAP als „Trägerin des deutschen Staatsgedankens“ stellte. Ihre Führung war seit der Ausschaltung der anderen Parteien unangefochten. Die Aufgabe der NSDAP bestand nun nicht länger in Opposition und Straßenkampf, sondern in der Erfassung aller Lebensbereiche, mit dem Ziel einer totalitären Herrschaftsübernahme. Die Partei durchdrang die Gesellschaft und trat damit in Konkurrenz zu den staatlichen oder kommunalen Institutionen.

Die Folge war ein undurchsichtiger Wirrwarr von Kompetenzen (▸ M4). Während der Staat üblicherweise das öffentliche Leben auf der Basis von Gesetzen reglementiert und gestaltet, trafen jetzt Parteiorganisationen oder deren Repräsentanten neben der staatlichen Bürokratie Einzelentscheidungen. Sie versuchten beständig, die Verwaltung in ihrem Sinn zu beeinflussen. Vielfach verschmolzen Partei- und Staatsorganisation miteinander. So hatten die Gauleiter der NSDAP häufig zugleich hohe Ämter in den „gleichgeschalteten“ Ländern inne, oder die Ortsgruppenleiter der Partei übernahmen gleichzeitig das Bürgermeisteramt. Die Kontrolle der öffentlichen Hand und des gesellschaftlichen Alltages ließ die Parteibürokratie ständig anwachsen. Gab es 1935 33 Gauleiter, 827 Kreisleiter, 21 000 Ortsgruppenleiter und 260 000 Zellen- und Blockleiter, so betrug die Zahl dieser Funktionäre zwei Jahre später bereits 700 000. Während des Krieges waren es zwei Millionen.

Charakteristisch für die **Polykratie** war das Entstehen zahlloser Sonderverwaltungen, die neben der staatlichen Bürokratie ein Eigenleben führten und dem „Führer“ direkt unterstellt waren. Einer solchen Behörde stand z. B. **Hermann Göring** ab 1936 als „Beauftragter für den Vierjahresplan“ vor. Er konnte in dieser Funktion an allen staatlichen Stellen vorbei unmittelbaren Einfluss auf die Wirtschaft nehmen.

Polykratie (von griech. *poly*: viel und *kratéin*: Macht): Vielzahl konkurrierender Herrschaftsansprüche und Zuständigkeiten

Hermann Göring (1893-1946): seit 1933 preußischer Ministerpräsident; 1933-1945 Reichsminister für Luftfahrt; 1937/38 Reichswirtschaftsminister; 1939 von Hitler offiziell zu seinem Nachfolger ernannt; 1946 Selbstmord

„Volksaufklärung" Die wirkungsvollste Form, die Gesellschaft nachhaltig zu beeinflussen, sah Hitler in der *Propaganda* (▸ M5). Der dafür zuständige Minister, **Joseph Goebbels**, schaltete Presse, Film und Rundfunk weitgehend gleich. Er ließ zunehmend nur noch Informationen verbreiten, die sein Ministerium in Reichspressekonferenzen für die Veröffentlichung freigab. Unerwünschte Presseorgane wurden zeitweise oder auf Dauer verboten. Bücher, Illustrierte und Zeitschriften unterlagen der Zensur.

Vor allem den Rundfunk setzte Goebbels für seine Propaganda ein. *„Volksempfänger"* waren für jeden erschwinglich und wurden zum Kauf empfohlen. Das Hören ausländischer Sendestationen war hingegen verboten und gegen Ende des Krieges sogar mit der Todesstrafe bedroht. Die *Wochenschau*, die vor den viel besuchten Spielfilmen ablief, wurde genau redigiert. Wie Goebbels selbst erklärt hatte, galt nun ein „neuer Begriff der Meinungs- und Pressefreiheit", der alle Berichterstattung an das „nationale und völkische Interesse" band. Ein ausgeklügeltes Spitzelsystem, das ganz Deutschland überzog, diente nicht nur dem Aufspüren und der Ausschaltung von Regimegegnern, sondern auch der Erkundung der Volksstimmung. Dabei spielten die Blockwarte, zu deren Aufgaben die genaue Beobachtung der Bewohner der ihnen unterstellten Häuserblocks gehörte, eine wichtige Rolle. Gegenpropaganda sollte da einsetzen, wo sich Unzufriedenheit zeigte.

Joseph Goebbels (1897-1945): Chef-Ideologe des Nationalsozialismus und einer der führenden Politiker des „Dritten Reiches"; 1933-1945 Reichsminister für Volksaufklärung und Propaganda und Präsident der Reichskulturkammer; beging am Kriegsende Selbstmord

Massenmobilisierung Offizieller Höhepunkt aller Massenmobilisierung war der jährliche *Reichsparteitag* in Nürnberg: Auf einem nie ganz vollendeten Gelände wickelte die NS-Regierung beeindruckende Aufmärsche und sportliche Wettkämpfe ab. Sie sollten den Deutschen nationale Größe suggerieren und sie für den Einparteienstaat begeistern. Staatsbesuche, Empfänge, National- und Parteigedenktage oder neue pseudokultische Veranstaltungen glichen in ihrem Ablauf religiösen Festen. Auch die Olympischen Spiele, die 1936 in Berlin stattfanden, nutzte das Regime zu einer sorgfältig inszenierten Selbstdarstellung.

▲ **Schriften und Bücher werden auf dem Opernplatz in Berlin verbrannt.**
Foto vom 10. Mai 1933.

„Wider den undeutschen Geist" Auch Kultur und Kirche wurden „gleichgeschaltet". Christliche Feiertage wurden ihrer religiösen Bedeutung entkleidet und nach Belieben des Regimes umgedeutet. Weihnachten sollte sich aus einem Fest des Friedens zum Gedenktag der Wintersonnenwende, der Hoffnung des Wiedererstehens und der Freiheit Deutschlands entwickeln. Ein neuer Feierkultus entstand.

Was „echte Kulturgüter" waren, legte die NSDAP fest: Rückbesinnung auf das germanische Erbe, die Verherrlichung der „arischen Rasse" in allen Epochen der Geschichte. Schlichtheit und Monumentalität waren die Vorgaben eines zentral reglementierten Kunstverständnisses. 1933 wurde zur Kontrolle des gesamten Kulturbetriebes die **Reichskulturkammer** eingerichtet. Jüdische Mitbürger, Marxisten und Pazifisten verbannte die Partei als „Zerstörer arischen Erbes" aus dem Kulturbetrieb.

Am 10. Mai 1933 fanden in Berlin und anderen Universitätsstädten öffentliche *Bücherverbrennungen* statt. Studenten warfen die Werke der in Ungnade gefallenen Autoren ins Feuer. Damit sollte die Ausmerzung aller wissenschaftlichen und literarischen Werke, die als „undeutsch" galten, eingeleitet werden.

Wertvolle Kunstwerke, die nicht nationalsozialistischen Vorstellungen entsprachen, wurden aus Museen und Galerien verbannt, beschlagnahmt, zerstört oder ins Ausland verkauft. Die betroffenen Künstler erhielten, soweit sie noch lebten und nicht emigriert waren, Ausstellungs- und Arbeitsverbot. 1937 wurde eine Auswahl eingezogener Kunstwerke zusammengestellt und als Wanderausstellung *Entartete Kunst* in

Lesetipp:
Werner Treß (Hrsg.), Verbrannte Bücher 1933, Bonn 2009

Internettipp:
Einen Online-Atlas zu den Orten der nationalsozialistischen Bücherverbrennungen finden Sie unter Code ***4673-20***.

Reichskulturkammer: diente der Organisation und Überwachung des gesamten Kulturbetriebes (Printmedien, Film, Theater usw.). Nur Mitglieder der Kammer durften ihren Beruf ausüben.

Innere Emigration: Viele Künstler, Dichter und Gelehrte, die nach 1933 ins benachbarte Ausland oder später nach Übersee flohen, mussten Deutschland verlassen, weil ihr Leben gefährdet war oder um Verhaftungen zu entgehen; Einzelne verließen ihr Heimatland auch aus Protest gegen das neue Regime. Wer zurückblieb, da er nicht unmittelbar gefährdet war, musste mit Publikations- und Ausstellungsverbot rechnen. Einige Schriftsteller hüllten ihre Vorbehalte gegenüber dem Regime in historische Beispielgeschichten, die nicht ohne Weiteres aufzuschlüsseln waren, oder sie schrieben für die Zeit nach dem erhofften Zusammenbruch des „Dritten Reiches". Um diese Autoren zu charakterisieren, sprach man in den Nachkriegsjahren von der „Inneren Emigration". Dieser Begriff soll ausdrücken, dass nicht alle, die nicht zur „Äußeren Emigration" gezwungen worden waren, automatisch auf der Seite des nationalsozialistischen Regimes gestanden haben.

▲ **„Ehrenkreuze der Deutschen Mutter."**
Ab 1938 wurde kinderreichen Müttern für ihre Verdienste im „Geburtenkrieg" diese Auszeichnung verliehen: für die Geburt von vier oder fünf Kindern in Bronze, bei sechs oder sieben in Silber und ab acht Kindern in Gold.

München und anderen Städten Deutschlands bei freiem Eintritt zur „Abschreckung" gezeigt. 1939 verbrannten die Nationalsozialisten in Berlin öffentlich 1000 verfemte Kunstwerke. Folge dieser Politik und der antijüdischen Gesetzgebung war, dass viele bedeutende Künstler und Gelehrte Deutschland verließen. Die kulturelle Blütezeit der Zwanzigerjahre fand ein jähes Ende. Mancher blieb und beugte sich dem Regime oder begab sich in die **Innere Emigration**.

Die „deutsche Frau" Ideologisch wie personell war die NSDAP immer eine Männerpartei, Frauen hatten in den höheren Hierarchie-Ebenen von Partei und Staat keine Chance. *Gertrud Scholtz-Klink*, die „Reichsfrauenführerin", hatte sich im Sinne der Nationalsozialisten vor allem durch eines qualifiziert: Sie war Mutter von elf Kindern.

Natürlich brauchte die Partei auch Anhängerinnen, deshalb wurden die Frauen umworben. Das ideologische Konzept dazu war denkbar einfach: Die deutsche Frau sollte als treu sorgende Gattin und Mutter den „artgerechten" Fortbestand des Volkes gewährleisten und dem Mann zu Hause den Rücken freihalten für seine Pflichten am Arbeitsplatz und im Krieg. Vielen Frauen erschien die klare Rolle, die die Nationalsozialisten ihnen zuwiesen, durchaus attraktiv. Wie den Männern wurden auch ihnen eine Gemeinschaft und ein Solidaritätsgefühl angeboten, deren negative Seiten, nämlich der Ausschluss von Kranken, Gebärunfähigen, jüdischen Frauen, Homosexuellen und anderen unerwünschten Minderheiten, nur wenigen zu Bewusstsein kam.

Die Frauen waren ebenso sorgsam organisiert wie die männliche Bevölkerung. Zusätzlich zum *Bund Deutscher Mädel* (BDM) und der *Nationalsozialistischen Frauenschaft* (NSF) entstand im Oktober 1933 das *Deutsche Frauenwerk* (DFW) als Sammelbecken für die „gleichgeschaltete" bürgerliche Frauenbewegung. In diesen Organisationen trafen sich Millionen zum Meinungsaustausch, zu gemeinsamen häuslichen Arbeiten, zu ideologischer Schulung und zu karitativer Tätigkeit. Ehrungen wurden den Müttern zudem durch die Stiftung des *Ehrenkreuzes der Deutschen Mutter* zuteil. Hilfswerke für Mutter und Kind, Mütterschulen und die Hervorhebung des Muttertages rundeten das Propagandabild von der erfolgreichen deutschen Frau ab.

Ehestandsdarlehen mit teilweisem oder vollem Schuldenerlass, je nach Kinderzahl, sollten verheiratete Frauen bewegen, die Berufswelt zu verlassen und sich ganz der Familie zu widmen. Freilich förderte das NS-Regime die Emanzipation durch Dauer und Folgen des Krieges auf das Wirtschaftsleben dann wider Willen doch. Denn Frauen mussten die Aufgaben von den Männern, die in den Krieg gezogen waren, übernehmen.

Darüber hinaus beteiligten sich Hunderttausende Frauen auch selbst am nationalsozialistischen Kriegseinsatz. Als Helferinnen der *Wehrmacht*, der SS, der *Gestapo**, des *Reichsluftschutzbundes* oder des *Deutschen Roten Kreuzes* waren sie nicht nur im Reich, sondern auch in den besetzten Gebieten tätig. Auch in den Konzentrationslagern versahen etwa 10 000 Frauen als weibliches SS-Gefolge ihren Dienst.

1. *Entwerfen Sie ein Schaubild zum Thema „Machergreifung".*
2. *Diskutieren Sie die Wirkungsmacht der verschiedenen Propagandabereiche für unterschiedliche Bevölkerungsgruppen.*

* Zur Gestapo siehe S. 268.

M1 Verordnung „Zum Schutz von Volk und Staat“ und „Ermächtigungsgesetz“

Am 28. Februar 1933, einen Tag nach dem Reichstagsbrand, erlässt Reichspräsident Hindenburg eine Verordnung „Zum Schutz von Volk und Staat“. Aufgrund des Artikels 48, Absatz 2 der Reichsverfassung wird „zur Abwehr kommunistischer staatsgefährdender Gewaltakte“ Folgendes verordnet:

§ 1 Die Artikel 114, 115, 117, 118, 123, 124 und 153 der Verfassung des Deutschen Reiches werden bis auf Weiteres außer Kraft gesetzt. Es sind daher Beschränkungen der persönlichen Freiheit, des Rechts der freien Meinungsäußerung einschließlich der Pressefreiheit, des Vereins- und Versammlungsrechts, Eingriffe in das Brief-, Post-, Telegrafen- und Fernsprechgeheimnis, Anordnungen von Haussuchungen und von Beschlagnahmen sowie Beschränkungen des Eigentums auch außerhalb der sonst hierfür bestimmten gesetzlichen Grenze zulässig.
§ 2 Werden in einem Lande die zur Wiederherstellung der öffentlichen Sicherheit und Ordnung nötigen Maßnahmen nicht getroffen, so kann die Reichsregierung insoweit die Befugnisse der obersten Landesbehörde vorübergehend wahrnehmen. [...]

Das „Gesetz zur Behebung der Not von Volk und Reich“ (das sogenannte „Ermächtigungsgesetz“) vom 23. März 1933 stellt zusammen mit der Verordnung „Zum Schutz von Volk und Staat“ die verfassungsrechtliche Grundlage des NS-Staates dar:

Art. 1: Reichsgesetze können außer in dem in der Reichsverfassung vorgesehenen Verfahren auch durch die Reichsregierung beschlossen werden. [...]
Art. 2: Die von der Reichsregierung beschlossenen Reichsgesetze können von der Reichsverfassung abweichen, soweit sie nicht die Einrichtung des Reichstages und des Reichsrates als solche zum Gegenstand haben. Die Rechte des Reichspräsidenten bleiben unberührt.
Art. 3: Die von der Reichsregierung beschlossenen Reichsgesetze werden vom Reichskanzler ausgefertigt und im Reichsgesetzblatt verkündet. Sie treten, soweit sie nichts anderes bestimmen, mit dem auf die Verkündung folgenden Tag in Kraft. Die Artikel 68-77 der Reichsverfassung finden auf die von der Reichsregierung beschlossenen Gesetze keine Anwendung.[1]
Art. 4: Verträge des Reiches mit fremden Staaten, die sich auf Gegenstände der Reichsgesetzgebung beziehen, bedürfen für die Dauer der Geltung dieses Gesetzes nicht der Zustimmung der an der Gesetzgebung beteiligten Körperschaften. Die Reichsregierung erlässt die zur Durchführung dieser Verträge erforderlichen Vorschriften.

Zitiert nach: Ingo von Münch (Hrsg.), Gesetze des NS-Staates. Dokumente eines Unrechtssystems. Zusammengestellt von Uwe Brodersen, Paderborn [3]1994, S. 23 und 63

1. *Erörtern Sie, welche Konsequenzen die Notverordnung „Zum Schutz von Volk und Staat“ und das „Ermächtigungsgesetz“ für den politischen Alltag haben mussten.*
2. *Diskutieren Sie, welche Möglichkeiten der Opposition zu diesem Zeitpunkt noch gegeben waren.*

[1] Geregelt war hier das übliche Verfahren der Gesetzgebung.

M2 „Gleichschaltung“

In einem Wörterbuch zum Vokabular des Nationalsozialismus wird der Begriff „Gleichschaltung“ wie folgt definiert:

(gleichschalten, sich gleichschalten; gleichgeschaltet)
a) Politische Gleichschaltung: Aufhebung des politischen und organisatorischen Pluralismus durch Anpassung der vorgefundenen Organisationsstrukturen bestehender Körperschaften und Institutionen an das nationalsozialistische Führerprinzip; b) innere Gleichschaltung: Anpassung des Denkens und Handelns an die nationalsozialistische Weltanschauung; c) äußere Gleichschaltung [...]: politische Gleichschaltung ohne gleichzeitige Anpassung des Denkens und Handelns an die nationalsozialistische Weltanschauung.

Cornelia Schmitz-Berning, Vokabular des Nationalsozialismus, Berlin / New York 1998, S. 277

Erörtern Sie die Definitionen des Begriffes „Gleichschaltung“ aus dem Wörterbuch mit Beispielen aus der Zeit des Nationalsozialismus.

M3 Bilanz der „Machtergreifung“

Der Historiker Hans-Ulrich Wehler zieht 2003 eine Bilanz der „Machtergreifung“:

1. Die zentralistische Regierungsdiktatur Hitlers war an die Stelle der parlamentarischen Republik getreten. Ein schier omnipotenter charismatischer „Führer“, eben noch als „böhmischer Gefreiter“ verspottet, bündelte alle Herrschaftsfunktionen und -mittel in einer einzigen, in seiner Hand, sodass der Führerabsolutismus bereits zum eigentlichen Gravitationszentrum der Macht geworden war.
2. Der Reichstag war, völlig entmachtet, zur Akklamationsmaschine degradiert worden.

3. Alle Parteien waren verboten worden oder hatten sich in tiefer Ohnmacht selber aufgelöst; die meisten Verbände, wie etwa die Gewerkschaften, waren zerschlagen oder unterworfen worden.

4. Reichsrechtlich war der Einparteienstaat zugunsten der NSDAP legalisiert, der totale Lenkungsanspruch ihrer Führungsspitze befestigt worden. Wie schon diese Punkte zeigen, war die politische Landschaft in einem unglaublichen Tempo von Grund auf verändert worden.

5. Anstelle des traditionellen Föderalismus war ein rigoroser Zentralismus durchgesetzt worden, der alle Länder und ihre Landtage aufgelöst, den Berliner Direktiven freie Bahn geschaffen hatte.

6. Der Rechtsstaat lag zertrümmert da. Die Bürger waren der Willkür der Polizei, der SS, der Sondergerichtsbarkeit hilflos preisgegeben.

7. Die Verfolgung, Vertreibung und Ermordung politischer Gegner und jüdischer Deutscher hatte auf breiter Front eingesetzt. Ernsthafte Zweifel an der Zielstrebigkeit der neuen Machthaber waren auch in dieser Hinsicht nicht mehr erlaubt.

8. In der Erbgesundheitspolitik tauchten die Umrisse einer völkischen, eugenischen Rassenpolitik auf, welche die Gesundheit des arischen „Volkskörpers" über alles setzte und dieses Ziel durch „Ausmerze" aller Fremdkörper erreichen wollte.

9. Die alten Machteliten, die sich eben noch als geschickte Dompteure eines Volkstribuns plebejischer Herkunft gesehen hatten, waren in abhängige Funktionseliten umgewandelt, oft in NS-Sonderorganisationen überführt oder direkt zu Parteiorganen gemacht worden.

10. Überhaupt war ein zügiger Elitenwechsel eingeleitet worden. Dieser „stürmische Personalumbau ... verwandelte die Elitenstruktur der deutschen Gesellschaft", denn die kollektive Blitzkarriere der „alten Kämpfer", die zahlreichen neuen Verwaltungsstäbe mit Parteibuchpositionen und frühzeitig auch der Lenkungswille des SS-Ordens ließen die Umrisse einer neuen sozialen Machthierarchie erkennen.

11. Im öffentlichen Leben hatte sich der Nationalsozialismus zur monopolistischen Säkularreligion aufgeschwungen. [...]

12. Vor allem aber hatte sich die charismatische Position Hitlers in Staat und Gesellschaft enorm gefestigt. Ein breiter Konsens unterstützte den „Führer", der jede kollektive Entscheidungsbildung im Kabinett beseitigt und völlige Selbstständigkeit auch gegenüber der Koalition des 30. Januar errungen hatte.

Hans-Ulrich Wehler, Deutsche Gesellschaftsgeschichte, Bd. 4: Vom Beginn des Ersten Weltkriegs bis zur Gründung der beiden deutschen Staaten 1914-1949, München 2003, S. 617-619

1. *Erläutern Sie, was Wehler unter einem „omnipotenten charismatischen ‚Führer'" versteht.*

2. *Charakterisieren Sie den nationalsozialistischen Staat nach der „Machtergreifung" mithilfe geeigneter Adjektive.*

3. *Stellen Sie in einer Mindmap die verschiedenen Schritte und Ebenen der „Machtergreifung" dar.*

M4 Rivalität

Der britische Historiker Ian Kershaw beschreibt 1998 in seiner Hitler-Biografie, wie Hitler seine Machtposition festigt:

Zusammenstöße in Fragen der Strategie, Streitereien unterschiedlicher Fraktionen und persönliche Rivalitäten traten in der NSDAP beinahe endemisch[1] auf. Die endlosen Konflikte und Animositäten, die gewöhnlich persönliche oder taktische und keine ideologischen Ursachen hatten, machten notwendigerweise vor einem Angriff auf Hitler halt. Er griff so wenig wie möglich ein. Die Rivalität und der Wettstreit zeigten ihm nur, welcher unter seinen miteinander wetteifernden Untergebenen nach seinem eigenen sozialdarwinistischen Begriff der Stärkere sein würde. Auch unternahm er nichts, um die ideologischen Schattierungen innerhalb der Partei miteinander zu versöhnen, es sei denn, sie drohten kontraproduktive Wirkungen zu entfalten. Der Führerkult wurde akzeptiert, weil er allen Beteiligten als einziges Rezept galt. Die persönliche Treue gegenüber Hitler, ob nun aufrichtig empfunden oder einem Zwang folgend, war der Preis der Einheit. In manchen Fällen waren die NS-Führer ganz und gar von Hitlers „Größe" und „Mission" überzeugt. In anderen konnten sie den eigenen Ehrgeiz nur weiterhin befriedigen, indem sie dem obersten „Führer" nach dem Munde redeten. Auf diese Weise wuchs Hitlers Herrschaft über die „Bewegung" bis zu dem Punkt, wo er so gut wie unangreifbar geworden war.

Ian Kershaw, Hitler 1889-1936, übersetzt von Jürgen Peter Krause und Jörg W. Rademacher, Stuttgart 1998, S. 380 (Übersetzung hier durch Jörg W. Rademacher)

1. *Arbeiten Sie heraus, wie Hitler nach Meinung von Kershaw das Führerprinzip für sich nutzte.*

2. *Überprüfen und verbessern Sie das Schaubild auf S. 260.*

[1] **endemisch**: typisch für ein bestimmtes Umfeld

▲ **NS-Propaganda.**
Von links nach rechts: Sporttag des BDM, Plakat der Abteilung Presse und Propaganda Bielefeld, um 1936; Werbung für den „Volksempfänger", 1936; Werbeplakat der NS-Organisation „Kraft durch Freude" für den Volkswagen, 1938.

M5 Wie erfolgreich war die Propaganda?

Der Historiker Bernd Jürgen Wendt untersucht die Wirkung der nationalsozialistischen Propaganda auf die Bevölkerung:

Dringend muss davor gewarnt werden, unkritisch aus den oft eindrucksvollen Produkten der nationalsozialistischen Propaganda etwa durch die unkommentierte Vorführung von Wochenschauen oder Propagandafilmen bereits auf ihre tatsächliche Wirkung zu schließen.
Resistenz oder Anfälligkeit gegenüber nationalsozialistischer Propaganda und Indoktrination waren wesentlich abhängig von der politischen Einstellung, dem sozialen und politischen Milieu, in dem man aufgewachsen war und lebte, von Erziehung und Schulbildung, Wohnort und persönlichem Umfeld. Goebbels war stets bemüht, in einer taktischen „Variationstoleranz" (Bracher) propagandistische Indoktrination differenziert nach den Adressaten und schichtenspezifisch einzusetzen, auch gewisse Rücksichten auf kulturelles Erbe und bürgerliche Traditionspflege zu nehmen, sterile Uniformität zu vermeiden und dort, wo er es für angebracht hielt, etwa bei der Darbietung eines deutschen (!) Jazz, in der Schlagerkultur oder bei Hollywoodfilmen selbst noch mit der emigrierten Marlene Dietrich[1] die Zügel zu lockern. [...]
Die Propagierung der Idee des Nationalsozialismus, so verschwommen und eklektisch[2] sie auch sein mochte, stieß dort auf eine zusätzliche Resonanz, wo sie offenkundig Erfolge aufweisen konnte. Denn das Leben damals verhieß vielen, die vorher davon nicht einmal zu träumen gewagt hatten, um den Preis der politischen Anpassung einen höheren Grad an Mobilität, freiere Lebensformen [...], materielle Vorteile wie einen Arbeitsplatz, die Chance individueller Bewährung, nichtakademische Karrieremuster, soziale Betreuung oder auch ein reiches Angebot für die Gestaltung der Freizeit mit KdF-Reisen[3], Kulturveranstaltungen usf.

Bernd Jürgen Wendt, Deutschland 1933-1945. Das Dritte Reich, Hannover 1995, S. 142-144

■ *Verwenden Sie Wendts Überlegungen für eine Interpretation der drei Plakate. Unterscheiden Sie zwischen beabsichtigter und möglicher Wirkung.*
Übertragen Sie Ihre Kenntnisse auf politische Werbung der Gegenwart.

1 **Marlene Dietrich** war nach ihrem Welterfolg mit „Der blaue Engel" von 1930 die bekannteste deutsche Schauspielerin. Sie stellte sich gegen die Nationalsozialisten und ging in die USA.
2 **eklektisch**: zusammengesucht, ohne eigenen Stil
3 **Kraft durch Freude**: Unterorganisation der Deutschen Arbeitsfront (DAF); siehe dazu S. 276.

„Machtergreifung“ vor Ort: das Beispiel Wiesbaden

Unter „Machtergreifung“ wird in der Regel die gewaltsame Eroberung der Macht, also die Ausschaltung der Parlamente, Parteien, Gewerkschaften, die Besetzung von Machtzentralen, Stadtverwaltungen, Verbänden, Rundfunkanstalten usw. verstanden. Mit solchen Maßnahmen allein gewinnt man aber nicht die Herzen und Seelen der Menschen. Auf welche Weise die Nationalsozialisten auch die Schülerinnen und Schüler für sich zu gewinnen suchten, untersuchte ein Wiesbadener Leistungskurs Geschichte am Beispiel der von den Nationalsozialisten 1933 inszenierten Festkultur.

▸ **Die Blücherschule in Wiesbaden feiert die „Machtergreifung“.**
Foto vom März 1933.
An der Wand Bilder (von links nach rechts) von Bismarck, Hitler und Friedrich II. von Preußen.

Beschreiben Sie das Foto. Erklären Sie, warum die Bilder ausgewählt wurden und was sie dem Betrachter sagen sollen.

M1 Straßenkämpfe

Zeitungsbericht vom 6. Februar 1933 über einen SA-Überfall in der Wiesbadener Hellmundstraße:

Der braune Terror, dem schon so viele Arbeiter zum Opfer gefallen sind, wütet in den letzten Tagen auch in Wiesbaden in einer nie gekannten Form. Durch brutale Terrorisierungsversuche wollen die Nazis die arbeitende Bevölkerung einschüchtern, um sich im Bunde mit der finstersten Reaktion an der Macht zu halten.

Am Samstagabend kam es an der Ecke Franken- und Hellmundstraße zu einer schweren Nazi-Bluttat, bei der vier Personen Schussverletzungen erlitten. Ein dort wohnender, sich angeblich von kommunistischer Seite bedroht fühlender Ladeninhaber rief [...] vom Braunen Haus in der Dotzheimer Straße telefonisch einen SA-Trupp herbei. [...]

Die schwerbewaffneten Nationalsozialisten stürmten durch die Straße mit dem Ruf: „Straße frei, sonst wird geschossen.“ Ohne Weiteres gingen sie gegen die Kommunisten vor und schossen wahllos in die Menge. Dabei erhielt der Arbeiter Franz Krämer einen gefährlichen Schuss in das linke Auge. Der Arbeiter Karl Herber wurde durch einen Schuss am linken Knie erheblich verletzt. Dem Arbeiter Hans Deuser wurde ins rechte Auge geschossen, und eine Arbeiterfrau erlitt einen Armschuss.

Bei dem nun einsetzenden Tumult wurden auch Fensterscheiben zertrümmert. Das Überfallkommando rückte an und stellte die Ruhe wieder her. Die Täter sind jedoch unerkannt entkommen [...].

Zitiert nach: Volksstimme. Sozialdemokratisches Organ für Wiesbaden-Biebrich-Rheingau, Lahntal, Westerwald vom 6. Februar 1933

M2 Wie Schüler 1933 die „Machtergreifung" erleben

Ständiger Unterrichtsausfall

Außerplanmäßige Ferien für zehn Tage gab es bereits Anfang Februar 1933. Die Blücherschule musste geschlossen werden, weil viele Schüler Grippe hatten. Aber seit der Machtübergabe an die Nationalsozialisten wurde der Unterrichtsausfall vom Staat, den Lehrern und Schülern erst so richtig organisiert: Am 8. März 1933 gab es erneut schulfrei, diesmal wegen des Wahlsieges der NSDAP. Schlag auf Schlag jagten sich schulische Veranstaltungen, die mit dem herkömmlichen Lernen in einer Volksschule eigentlich nichts zu tun hatten: Bereits die Ernennung Hitlers zum Reichskanzler am 30. Januar hatte im „deutschen Volk großen Jubel ausgelöst", freute sich der Chronist der Blücherschule – die Schulchronik wurde in der Regel vom Rektor geführt. Er fährt fort: „Hitler wollte sich vergewissern, ob er die Zustimmung des Volkes habe. Die Wahl hatte ihm die Gewissheit gegeben. Voll Hoffnung und Vertrauen blickte das deutsche Volk auf zu seinem Führer."
So begeistert, wie der Sieg der Nazis gefeiert wurde, stellt sich die Schule nun in den Dienst des neuen Systems, wie ein Blick in die Chronik der Blücherschule zeigt [...]. Höhepunkte des Schullebens wurden nun öffentlichkeitswirksame Feiern – im Gegensatz zu den reichlich biederen „Verfassungsfeiern" der verhassten Weimarer Zeit. Die Lehrer und die ihnen anvertrauten Schüler inszenierten Massenspektakel, die ausschließlich das Ziel verfolgten, die neue Ordnung mit einer höheren Weihe zu umhüllen: Am 13. März 1933 wurden vor versammelter Schulgemeinde die neuen Fahnen gehisst, neben der Hakenkreuzfahne die alte schwarz-weiß-rote „diese als Symbol der ruhmreichen Vergangenheit, jene als solche der hoffnungsfrohen Zukunft". Die Bevölkerung Wiesbadens sei so stürmisch in der Beschaffung der neuen Flagge gewesen, dass in kurzer Zeit alle Geschäfte ausverkauft gewesen wären, hieß es in der Schulchronik. Schulfrei gab's dann schon wieder am 21. März 1933. Gerade am Frühlingsanfang wurde – wie der Chronist beziehungsreich hervorhebt – der Reichstag in der Garnisonkirche in Potsdam eröffnet.

Strammstehen ohne Ende

Die Chronik dokumentiert akribisch die weiteren zahlreichen schulischen Unternehmungen und Feiern, die aus dem neuen Geist geboren wurden: Bemerkenswert ist, wie rasch sich der Chronist die Sprachregelungen des neuen Regimes zu eigen gemacht hat: So wird bereits 1933 der 1. Mai als „Fest der Arbeit" begangen, zu dem die Schüler morgens im Schulhof versammelt wurden und sich zum abschließenden „Abmarsch" gruppierten, der zu einer gemeinsamen Kundgebung aller Klassen auf dem Schillerplatz führte. Die oberen Klassen veranstalteten bereits wenige Wochen später eine Gedenkfeier für Schlageter[1], einen „Märtyrer" der nationalsozialistischen Partei. Kurz darauf wurde die Sonnwendfeier als „Fest der Jugend" inszeniert, zwei Tage später veranstaltete die Schule eine gemeinsame Feier zum Thema Versailler Vertrag. Einige Wochen danach erinnerte man sich der Befreiung Wiens von der türkischen Belagerung im Jahr 1683. Bald darauf hörten die Schüler anlässlich der Eröffnung des preußischen Staatsrates gemeinsam die Radioübertragung einer Rede Görings. Und schon vierzehn Tage später stand das Erntedankfest mit einer großen Feier in der Turnhalle auf dem Programm. Hierzu wurden u.a. die oberen Klassen zur „Spalierbildung" für die Straßen, durch die die Festzüge gingen, „aufgeboten", die unteren Klassen hatten an der Bleichstraße „Aufstellung genommen". Einer Anordnung der Regierung folgend, besuchte die Schule einen Bauernhof, um die „Verbundenheit" mit der Arbeit der Bauern zu bekunden. Im selben Jahr wurden noch Hindenburgs[2] Geburtstag gefeiert, gemeinsam Wahlreden des „Führers" ergriffen gelauscht, weitere Gedenkfeiern, Filmvorführungen u. Ä. inszeniert. Und so ging das weiter. All dies musste natürlich sorgfältig vorbereitet werden, damit alles wie am Schnürchen lief. So euphorisch und zugleich pedantisch, wie der Schulchronist die Glanzlichter der „neuen Zeit" begeistert dokumentiert, so viel Eifer und Mühe haben Schulleiter und Lehrer bei der Vermittlung ihrer Botschaft investiert, es sei nun eine „große historische Epoche" für das deutsche Volk angebrochen.

Nationalsozialistische Festkultur in Wiesbaden 1933. Ein Projekt des Leistungskurses Geschichte 12 des Gymnasiums am Mosbacher Berg 2010/11, Wiesbaden 2011, S. 13-16

1. *Vergleichen Sie den Bericht aus der sozialdemokratischen „Volksstimme" (M1) mit den öffentlichkeitswirksamen Maßnahmen der NSDAP im Jahr 1933 (M2).*

2. *Untersuchen Sie anhand der beiden Berichte das Verhältnis von „Verführung und Gewalt" bei der „Machtergreifung" (M1 und M2).*

3. *Recherchieren Sie besondere Vorfälle und Bedingungen der Machtübertragung von 1933 in Ihrem Schul- oder Wohnort. Vergleichen Sie die Ergebnisse mit M1 und M2.*

[1] **Albert Leo Schlageter** (1894-1923) verübte während der französisch-belgischen Ruhrbesetzung u. a. Sprengstoffanschläge. Er wurde von einem französischen Gericht zum Tode verurteilt und hingerichtet. Die Nationalsozialisten stilisierten ihn zu einem „Märtyrer" ihrer „Bewegung".

[2] **Paul von Hindenburg**: Siehe S. 151.

Ausgrenzung und Verfolgung im NS-Staat

Internettipp:
Ende Januar 2013 hat der Bayerische Rundfunk eine „Dokumentarische Höredition" mit dem Titel „Die Quellen sprechen" gestartet. In 16 Folgen werden mehrere Hundert Briefe, Tagebucheinträge, Verordnungen und Befehle des NS-Regimes, aber auch Zeitungsberichte und andere Quellen vorgetragen, die die Verfolgung, Entrechtung und Ermordung der europäischen Juden zwischen 1933 und 1945 spiegeln; siehe Code ***4673-21***.

Der Rechtsstaat wird ausgehöhlt Mit der Verordnung des Reichspräsidenten „Zum Schutz von Volk und Staat" vom 28. Februar 1933 war die erste Schranke des Rechtsstaates gefallen. Die Polizei konnte nun ohne Angabe des Grundes Personen bespitzeln oder verhaften, durfte sie ohne Verhör durch einen Richter festsetzen, konnte Wohnungen durchsuchen, Eigentum beschlagnahmen, Zeitungen zensieren und verbieten, Telefone überwachen, Parteien und Vereine auflösen.

Die Schaffung neuer Straftatbestände, so z.B. die Kritik an der Regierung, das Verbreiten ausländischer Nachrichten oder ganz generell der Verstoß gegen das „gesunde Volksempfinden", öffnete willkürlichen Urteilen Tür und Tor. Für Delikte wie Hochverrat legten die neuen Machthaber rückwirkend die Todesstrafe fest. Waren zwischen 1907 und 1932 in Deutschland 1400 Menschen zum Tode verurteilt und 345 hingerichtet worden, so sprachen die Strafgerichte unter nationalsozialistischer Herrschaft zwischen 1933 und 1944 13405 Todesurteile aus, von denen 11881 vollstreckt wurden.

Polizei und Justiz Im Rahmen der „Gleichschaltung" übernahmen die Nationalsozialisten in den Ländern die Polizeigewalt. Neben den regulären Polizeiapparat stellten sie eine Hilfspolizei. Deren Truppen bestanden überwiegend aus Männern der *Sturmabteilung* (SA) und der *Schutzstaffel* (SS). Den paramilitärischen Verbänden der nationalsozialistischen „Kampfzeit" wurden damit hoheitliche Polizeibefugnisse zugestanden. Die Folgen erlebte man anlässlich des *Röhm-Putsches* am 30. Juni 1934, als Hitler Meinungsverschiedenheiten mit dem SA-Führer **Ernst Röhm** zum Anlass nahm, gemeinsam mit Reichswehr und SS politische Gegner zu beseitigen. Das *Gesetz über Maßnahmen der Staatsnotwehr* vom 3. Juli 1934 sollte die Vorgänge nachträglich rechtfertigen.

1936 erging das Verbot, Maßnahmen der *Geheimen Staatspolizei* (Gestapo) gerichtlich überprüfen zu lassen. Die Gestapo verfolgte politische Gegner des NS-Staates. Ähnliche Aufgaben hatte der **Sicherheitsdienst (SD)**. Bei all diesen Vorgängen gab es kaum Proteste oder Rücktritte, denn viele Richter und Staatsanwälte waren eingeschüchtert, da das Gesetz zur Wiederherstellung des Berufsbeamtentums die Möglichkeit geschaffen hatte, missliebige Beamte aus dem Dienst zu entfernen. Seit der „Machtergreifung" liefen sie ohnehin Gefahr, dass ihre Urteile von den Nationalsozialisten „korrigiert" wurden (▸ M1).

Ergingen Freisprüche oder fielen die Strafen nach Meinung der Machthaber zu milde aus, nahm nicht selten die Gestapo die Angeklagten in **„Schutzhaft"**. Um die Betroffenen davor zu bewahren, verhängten die Gerichte oftmals härtere Urteile, die dann im Rahmen des staatlichen Justizvollzugs vollstreckt wurden. Umgekehrt verschoben die Justizbehörden Verfahren gegen Mitglieder der SA und SS bis zur nächsten Amnestie.

Am *Volksgerichtshof*, seit 1936 als ordentliches Gericht für Hoch- und Landesverrat zuständig, waren die Rechte der Angeklagten beschränkt, das Urteil stand in aller Regel im Vorhinein fest. Dort wurden bis 1945 rund 5200 Todesurteile gefällt. Die meisten dieser Todesurteile gehen auf das Konto *Roland Freislers*, der seit 1942 den Vorsitz des Volksgerichtshofes führte und wegen seiner fanatischen und demütigenden „Schauprozesse" als berüchtigtster Strafrichter der NS-Zeit gilt. Es ist eine Ironie der Geschichte, dass Freisler im Februar 1945 gerade auf dem Weg ins Gericht war, als er starb: Ein Luftangriff auf Berlin setzte seinem Leben ein Ende.

Ernst Röhm (1887-1934): früher Förderer und Freund Adolf Hitlers; ab 1930 mit der Reorganisation der SA betraut; als Stabschef der SA einer der mächtigsten Männer der NS-Bewegung; wollte aus der SA ein Volksheer machen, in dem die Reichswehr aufgehen sollte, was Hitlers Plänen entgegenstand; im Juni 1934 gemeinsam mit ca. 100 weiteren SA-Führern und Regimegegnern ermordet

Sicherheitsdienst (SD): 1931 als Geheimdienst der SS zur Überwachung politischer Gegner und Parteimitglieder eingerichtet; ab 1934 parteiinterner Nachrichtendienst der NSDAP

„Schutzhaft": Polizei und Sicherheitsdienst konnten Personen ohne richterlichen Beschluss auf unbefristete Zeit inhaftieren.

Der Weg in den SS-Staat Die SS war 1925 als Sonderorganisation zum Schutz Hitlers und anderer Funktionäre der NSDAP entstanden. Formal zunächst der Leitung der SA unterstellt, betrachtete sich die SS unter **Heinrich Himmler** als eine Art Geheimorden in schwarzer Uniform, durch einen Schwur dem „Führer" zu ewiger Treue verpflichtet. Seit der Entmachtung der SA blieb die SS in ihrer elitären Rolle unangefochten. Nach der „Machtergreifung" war sie Hauptinformantin für die Gestapo. „Sicherheit" und Kontrolle gehörten zu den Hauptaufgaben der Organisation. Konsequenterweise wurde deshalb Himmler 1936 Chef der Polizei, die in der Folgezeit praktisch aus dem Staatsapparat aus- und drei Jahre später schließlich in die SS eingegliedert wurde. Die Polizei war damit nicht länger an Recht und Gesetz gebunden, sondern zum Handlanger des „Führerwillens" geworden.

SS-Angehörige saßen auf wichtigen Posten in den Massenorganisationen der Partei wie DAF oder HJ. Sie drangen in vielen Funktionen in die staatliche Verwaltung ein und stellten Dozenten für die Hochschulen. Eigene Forschungsabteilungen sollten die Ideen Hitlers vom „nordischen" Menschen experimentell beweisen. Nicht zuletzt in den *Konzentrationslagern* (KZ) führten SS-Ärzte entsprechende Experimente durch und quälten Menschen systematisch zu Tode.

Heinrich Himmler (1900-1945): „Reichsführer SS"; ab 1936 zudem Chef der Deutschen Polizei; einer der Hauptverantwortlichen für den Holocaust (siehe S 299 f.) und die zahlreichen Verbrechen der Waffen-SS; 1945 Selbstmord

Die Konzentrationslager Gegen Ende des Ersten Weltkrieges, ab 1916, verhängten Justizbehörden im Deutschen Reich in Ausnahmefällen die sogenannte „Schutzhaft" als streng begrenzte Vorbeugehaft. Im „Dritten Reich" entwickelte sie sich jedoch zu einem planmäßig eingesetzten Instrument politischen Terrors, das keiner richterlichen Kontrolle unterlag. Die ersten Konzentrationslager, die zur Aufnahme von „Schutzhäftlingen" gedacht waren, entstanden in Deutschland schon wenige Wochen nach der „Machtergreifung", zuerst in *Dachau* nahe München oder in *Oranienburg* bei Berlin. Seit Anfang März 1933 wurden vor allem Sympathisanten und Mitglieder der KPD und der SPD eingewiesen. Ende Juli verzeichnete die amtliche Statistik etwa 27 000 Häftlinge. Ab 1935 dienten die Lager nicht mehr ausschließlich zur „Umerziehung" oder Ausschaltung von politischen Gegnern, sondern als Ort für Personengruppen, die generell zu „Volksschädlingen" erklärt worden waren. Dazu zählten „Gewohnheitsverbrecher", zunehmend auch religiöse Minderheiten wie die „Bibelforscher" (*Zeugen Jehovas*), in Deutschland lebende Ausländer, ferner sozial gebrandmarkte Menschen wie „Arbeitsscheue" oder Homosexuelle (▸ M2) und vor allem seit 1938 jüdische Mitbürger.

◂ **Hilflos ausgeliefert.**
Foto vom 6. März 1933. Verhaftete Regimegegner in einem „wilden Konzentrationslager" der „Sturmabteilung" (SA). Das Lager – eine von mehr als 150 SA-Haftstätten in Berlin – befand sich in der SA-Kaserne in der Friedrichstraße.

▲ **Übergriff auf einen jüdischen Studenten.**
Foto aus Marburg vom 24. August 1933.

Diskriminierung und Entrechtung Die Entrechtung und Ausgrenzung der Juden hatte schon bald nach der „Machtergreifung“ begonnen und wurde schrittweise radikaler. Bereits ab Februar 1933 setzte die gewaltsame Vertreibung jüdischer Richter und Staatsanwälte aus den Gerichten, der Boykott gegen jüdische Arztpraxen, Anwaltskanzleien, Geschäfte und Warenhäuser ein. SA-Leute postierten sich vor jüdischen Läden, pöbelten deren Inhaber an, versperrten Kunden den Eingang und beschmierten die Schaufenster mit judenfeindlichen Parolen.

Das Gesetz zur Wiederherstellung des Berufsbeamtentums vom 7. April 1933 verlangte von allen Beamten den Nachweis „arischer“ Abstammung. Wer als „arisch“ gelten durfte, bestimmte der *„Arierparagraf“*. Ähnliche Gesetze traten später für andere Berufsgruppen in Kraft; so wurde jüdischen Ärzten ab Juli 1938 die Erlaubnis der Berufsausübung entzogen. Die *Nürnberger Gesetze* von 1935 machten die „arische“ Abstammung zur Bedingung für die Anerkennung als Vollbürger (▸ M3). Das *Gesetz gegen die Überfüllung der deutschen Schulen und Hochschulen* begrenzte zudem die Zahl der Juden in den Bildungsanstalten. 1938 erfolgte der vollständige Ausschluss.

Mit den zunehmenden Repressionen, denen die deutschen Juden im gesamten Reich ausgesetzt waren, erhöhte sich auch der Verfolgungsdruck. Sie erhielten Ausgangsverbote, durften keine öffentlichen Schulen, Theater, Kinos oder Cafés mehr besuchen. Jüdischen Haushalten wurde Gas und Strom abgesperrt; ab 1938 wurden die Pässe mit einem „J“ gestempelt. Die zunehmende Ausgrenzung aus dem sozialen und gesellschaftlichen Umfeld machte das Leben für die Betroffenen unerträglich.

Die „Novemberpogrome“ Nach dem 30. Januar 1933 hatten auch die gewaltsamen Übergriffe auf Juden zugenommen. Polizei und Behörden reagierten nicht.

Das Attentat des 17-jährigen Juden *Herschel Grynszpan* auf den Diplomaten *Ernst vom Rath* in der deutschen Botschaft in Paris lieferte Propagandaminister Joseph Goebbels den willkommenen Anlass für die als „spontane Sühneakte“ erklärten Pogrome vom 9. auf den 10. November 1938 (auch verharmlosend als „Reichskristallnacht“ bezeichnet; ▸ M4-M6). Reichsweit wurden Hunderte von Synagogen in Brand gesteckt, über 8 000 jüdische Geschäfte und zahllose Wohnungen zerstört. Auf Anordnung Himmlers verschleppten die Nazis vor und nach den Aktionen 30 000 jüdische Männer in Konzentrationslager. Etwa 400 Juden wurden ermordet, starben an den Folgen der Misshandlungen oder nahmen sich in der ausweglosen Situation das Leben.

Lesetipp:
Raphael Gross, November 1938. Die Katastrophe vor der Katastrophe, München 2013

Für den „öffentlichen Schaden“ und die „Wiederherstellung des Straßenbildes“ mussten die Juden auch noch zahlen: Eine Verordnung legte die „Sühneleistung der Juden“ in Höhe von einer Milliarde Reichsmark fest. Versicherungsleistungen wurden zugunsten des Reiches eingezogen. Zusammen mit der Ausschaltung aus der Wirtschaft brachte dieses „Sühnegeld“ vielen Familien den Ruin.

Enteignung und Vertreibung Nach den „Novemberpogromen“ und nach Jahren der Diskriminierung und Entrechtung zielten die nun folgenden Maßnahmen darauf, den jüdischen Bürgern ihre Existenz zu rauben und ein Leben in Deutschland damit unmöglich zu machen. Bereits im April 1933 hatte mit dem Boykottaufruf gegen jüdische Geschäfte der Ausschluss der Juden aus dem Wirtschaftsleben begonnen. Der Entzug öffentlicher Aufträge, ausbleibende Kundschaft und bürokratische Schikanen zwangen die jüdischen Gewerbetreibenden, ihre Geschäfte zu schließen oder zu Spottpreisen zu verkaufen. Diese Aufkäufe durch „Arier“, die die Notlage ihrer jüdischen Mitbürger ausnutzten, wurden als *Arisierung* bezeichnet. Von 100 000 jüdischen Betrieben existierten im April 1938 noch knapp 40 000.

Wenig später machten weitere Berufsverbote und die „Zwangsarisierung“ jüdischen Immobilienbesitzes dem jüdischen Geschäftsleben ein Ende. Die *Verordnung zur Ausschaltung der Juden aus dem deutschen Wirtschaftsleben* vom 12. November 1938 vernichtete die noch verbliebenen Existenzen. Juden mussten Wertpapiere, Schmuck, Edelmetall und Kunstgegenstände weit unter Wert an den Staat verkaufen. Da für die Juden kein Mieterschutz mehr galt, wurde ab April 1939 die Einweisung in „Judenhäuser“ vorbereitet, auch um die Überwachung zu erleichtern.

▸ **Geschichte In Clips:**
Zum „Novemberpogrom“ siehe Clip-Code **4673-22**.

Die Verfolgung der Sinti und Roma Wie die jüdische Bevölkerung wurden auch die etwa 30 000 auf Reichsgebiet lebenden Sinti und Roma bereits im Kaiserreich diskriminiert und nach 1933 durch die Gesetze des NS-Staates entrechtet. Schon bald wurde Kindern der Zugang zu öffentlichen Schulen verweigert, Sinti und Roma erhielten Berufsverbote, bekamen gekürzte Lebensmittelkarten, ihnen wurde das Wahlrecht entzogen und sie waren der ständigen Kontrolle von Behörden wie der 1937 in Berlin gegründeten *Rassenhygienischen Forschungsstelle* und dem *Reichskriminalpolizeiamt* unterworfen. Außerdem wurden sie aus berufsständischen Organisationen wie der Handwerkskammer sowie aus der Wehrmacht ausgeschlossen. Die Diskriminierung dieser Volksgruppe, die bereits im Kaiserreich eingesetzt hatte, steigerte sich ab Mitte der 1930er-Jahre schließlich zur Verfolgung.

Nach der Vorstellung der Nationalsozialisten galten die Sinti und Roma, die abschätzig als „Zigeuner“ betitelt wurden, als „Volksschädlinge“ und „Artfremde“. Richtlinien wie das *Gesetz zur Verhütung erbkranken Nachwuchses* (1933)* zielten daher nicht nur auf die jüdische Bevölkerung, sondern auch auf die Sinti und Roma im Reich; viele wurden zwangsweise sterilisiert. Ab Januar 1936 wurden sie dann ebenfalls den Bestimmungen der „Nürnberger Gesetze“ unterworfen. Da sich diese wortwörtlich nur gegen die jüdische Minderheit gerichtet hatten, wurde eine *Erste Verordnung zu den Rassengesetzen* veröffentlicht, die auch für „Angehörige anderer Rassen, deren Blut dem deutschen Blut nicht artverwandt ist“, wie „Zigeuner“, angewendet werden sollte.

In zahlreichen deutschen Städten entstanden Mitte der 1930er-Jahre zudem spezielle KZ-ähnliche Sammellager für Sinti und Roma, die später – vor allem im Zuge der Massenverhaftungen der Jahre 1938/39 – zum Ausgangspunkt der Deportationen in die Konzentrations- und Vernichtungslager wurden.** In Lagern wie Dachau, Buchenwald, Ravensbrück oder Sachsenhausen kategorisierte man Angehörige dieser Minderheit dann als sogenannte „Rassenschänder“ oder „Asoziale“. Ab März 1939 mussten die deutschen Sinti und Roma zudem besondere „Rasseausweise“ bei sich tragen.

▲ **Rassistisches Verbotsschild.** *Foto aus dem Kreis Herford, 1930er-Jahre.*

Lesetipp:
Oliver von Mengersen (Hrsg.), Sinti und Roma. Eine deutsche Minderheit zwischen Diskriminierung und Emanzipation, Bonn 2015

Internettipp:
*Informationen zur Geschichte und Gegenwart der deutschen Sinti und Roma finden Sie unter Code **4673-23**.*

* Zu diesem Gesetz siehe auch S. 296.
** Zu den Deportationen siehe auch S. 296 f.

▸ **„Die geistige Emigration."**
Ölgemälde (211 x 343 cm) von Arthur Kaufmann, begonnen um 1938, vollendet um 1965 (Ausstellungsort: Städtisches Museum Mülheim/Ruhr). Zu sehen sind jüdische und nichtjüdische Emigranten. Unter den Abgebildeten sind auf dem linken Flügel unten (von links): George Grosz und Arnold Schönberg. Mittlerer Flügel unten: Albert Einstein, Erika Mann, dahinter (von links) Arnold Zweig, Klaus Mann, Thomas Mann und Ludwig Renn. Rechter Flügel unten (von links): Kurt Weill, Max Reinhardt, Helene Thimig und Ernst Toller.

▴ **Jüdische Emigranten protestieren in New York gegen die Abschiebung.**
Foto vom 12. Juni 1936. Das jüdische Ehepaar Richter protestierte auf der amerikanischen Einwandererinsel Ellis Island gegen die drohende Abschiebung zurück nach Deutschland, weil es keine gültigen Einreisepapiere besaß.

Emigration Zwischen 1933 und 1945 ergriffen allein im deutschsprachigen Raum über eine halbe Millionen Menschen die Flucht ins Ausland, um dem wachsenden Terror des NS-Regimes zu entgehen. Über 90 Prozent waren jüdischer Herkunft; die übrigen Emigranten gehörten zu den politischen Gegnern des Nationalsozialismus, die von Verfolgung und KZ-Haft bedroht waren oder wie viele Künstler und Wissenschaftler keine Existenzmöglichkeiten mehr hatten.

Die jüdische Emigration vollzog sich in Schüben und erreichte nach den „Novemberpogromen" ihren Höhepunkt. Bis zu diesem Zeitpunkt hatten etwa 130 000 Juden das Land verlassen; in den folgenden zwei Jahren wanderten fast noch einmal so viele aus, obwohl die meisten ihre Heimat nicht verlassen wollten. Vielen raubte der NS-Staat durch die Beschlagnahme von Besitz und Vermögen die notwendigen Mittel für die Auswanderung. Zusätzlich waren die Ausreisewilligen von den NS-Behörden systematischen Schikanen und Demütigungen im Kampf um die notwendigen Ausreisepapiere ausgesetzt. Mit Unterstützung ausländischer Hilfsorganisationen bemühten sich jüdische Hilfsvereine, die Ausreisewilligen zu beraten, Kontakte in alle Welt herzustellen und Mittel für die Auswanderung ins Exil zu beschaffen.

Angesichts der wachsenden Flüchtlingsströme verschärften jedoch immer mehr Länder ihre Aufnahmebedingungen, da sie soziale und wirtschaftliche Belastungen befürchteten. Daneben sorgten in einigen Ländern Fremdenfeindlichkeit und Antisemitismus für die Durchsetzung strikterer Einwanderungsgesetze. Auch eine im Sommer 1938 im französischen Evian-les-Bains einberufene Flüchtlingskonferenz änderte an der Haltung des Auslandes nichts. Erst nach den „Novemberpogromen" öffneten wieder Länder ihre Grenzen in größerem Umfang für Juden. Bis September 1939 retteten sich 75 000 Flüchtlinge – darunter 10 000 Kinder ohne ihre Eltern – nach Großbritannien.

Veranschaulichen Sie die zunehmende Ausgrenzung der jüdischen Bevölkerung in einem Schaubild.

M1 „Recht ist, was dem Volke nützt"

Hans Frank, Sohn eines Rechtsanwalts aus Karlsruhe, ist bereits seit Anfang der 1920er-Jahre Unterstützer der NSDAP. Nach der Machtübernahme der Nationalsozialisten wird er von April 1933 bis Dezember 1934 als „Reichskommissar für die Gleichschaltung der Justiz in den Ländern und für die Erneuerung der Rechtsordnung" tätig. Von 1933 bis 1942 ist er Präsident der Akademie für deutsches Recht, ab Dezember 1934 bis zum Kriegsende hat er zudem den Posten eines Reichsministers ohne Geschäftsbereich inne. Nach seiner Ernennung zum Generalgouverneur der besetzten Gebiete von Polen (Generalgouvernement) im Oktober 1939 organisiert er u.a. die Deportation der polnischen Juden in die Ghettos. 1936 äußert sich Frank zur Funktion der Gerichte im Führerstaat:

1. Der Richter ist nicht als Hoheitsträger des Staates über den Staatsbürger gesetzt, sondern er steht als Glied in der lebendigen Gemeinschaft des deutschen Volkes. Es ist nicht seine Aufgabe, einer über der Volksgemeinschaft stehenden Rechtsordnung zur Anwendung zu verhelfen oder allgemeine Wertvorstellungen durchzusetzen, vielmehr hat er die konkrete völkische Gemeinschaftsordnung zu wahren, Schädlinge auszumerzen, gemeinschaftswidriges Verhalten zu ahnden und Streit unter Gemeinschaftsgliedern zu schlichten.
2. Grundlage der Auslegung aller Rechtsquellen ist die nationalsozialistische Weltanschauung, wie sie insbesondere in dem Parteiprogramm und den Äußerungen unseres Führers ihren Ausdruck findet.
3. Gegenüber Führerentscheidungen, die in die Form eines Gesetzes oder einer Verordnung gekleidet sind, steht dem Richter kein Prüfungsrecht zu. [...]
4. Gesetzliche Bestimmungen, die vor der nationalsozialistischen Revolution erlassen worden sind, dürfen nicht angewendet werden, wenn ihre Anwendung dem heutigen gesunden Volksempfinden ins Gesicht schlagen würde. [...]
5. Zur Erfüllung seiner Aufgaben in der Volksgemeinschaft muss der Richter unabhängig sein. Er ist nicht an Weisungen gebunden. Unabhängigkeit und Würde des Richters machen geeignete Sicherungen gegen Beeinflussungsversuche und ungerechtfertigte Angriffe erforderlich.

Deutsches Recht, 6. Jg. (1936), S. 10

1. *Erörtern Sie die Konsequenzen dieser Rechtsauffassung für die Rechtspraxis.*

2. *Vergleichen Sie die dargestellte Rechtsauffassung mit derjenigen in der Bundesrepublik Deutschland.*

M2 „Jugendverführer"

Herbert R., der in einem Vorort von Hamburg gelebt hat, erzählt, wie die Gestapo 1935 in seinem Bekanntenkreis aktiv geworden ist. Das erste Opfer ist sein Chef:

Als ich in die Firma kam, sah ich, wie er verhaftet und von zwei Kriminalbeamten abgeführt wurde. Jedermann wunderte sich über seine Verhaftung. Niemand wagte etwas zu sagen. Man wusste nicht weshalb, ob es politisch war oder ob es möglicherweise wegen seiner Homosexualität war. Alle waren wie erstarrt von den Dingen, die einen überfielen, wo man nicht wusste, was für eine Gefahr auf einen zukam. Dieser Druck in den folgenden Tagen und Wochen war wahnsinnig. [...] Was in der Untersuchungshaft passiert ist, weiß ich nicht. Vierzehn Tage war er in Haft. Während dieser Zeit wurde er fast jeden Tag in seine Wohnung geführt, wo man alles zusammen mit ihm durchstöberte. Man ließ verlauten, dass er als „Jugendverführer" keinen Betrieb mehr leiten dürfe.

Diese Dinge, die da auf ihn eindrangen, sind wahrscheinlich so fürchterlich gewesen, dass er sich drei Wochen nach seiner Verhaftung im Gefängnis erhängt hat. Das war im Sommer 1935. Mit einem Schlage setzte eine Verfolgungswelle von Homosexuellen in unserem Orte ein. Als nächster wurde mein Freund verhaftet. [...] Eines Tages erschienen bei ihm Leute von der Gestapo und holten ihn ab. Sich zu erkundigen, wo er geblieben sein könnte, war zwecklos. Wenn das jemand von uns getan hätte, dann hätte die Gefahr bestanden, dass man ihn gleich dabehielt, weil er ein Bekannter war, der auch verdächtigt wurde.

An der Schule, wo er unterrichtet hatte, war man entsetzt. Man kannte zwar seine politische Einstellung, aber niemand wusste, dass er homosexuell war, und ich konnte es ihnen nicht sagen. Nach seiner Verhaftung wurde seine Wohnung von Gestapo-Beamten durchsucht. Bücher wurden mitgenommen und besonders Notizbücher und Adressbücher beschlagnahmt, in der Nachbarschaft herumgefragt, und da hieß es: Da kommen immer nur junge Leute hin.

Die Notiz- und Adressbücher waren das Schlimmste. Alle, die darin vorkamen und mit ihm zu tun hatten, wurden festgenommen oder zur Gestapo zitiert.

Zitiert nach: Hans-Georg Stümke, Vom „unausgeglichenen Geschlechtshaushalt". Zur Verfolgung Homosexueller, in: Projektgruppe für die vergessenen Opfer des NS-Regimes in Hamburg e.V. (Hrsg.), Verachtet – verfolgt – vernichtet – zu den „vergessenen" Opfern des NS-Regimes, Hamburg 1986, S. 49

1. *Untersuchen Sie die Reaktionen der beteiligten Personen und nehmen Sie dazu Stellung.*

2. *Erläutern Sie die Arbeit der Gestapo und ihre Methoden der Machtausübung.*

M3 „Nürnberger Gesetze"

Aus dem „Reichsbürgergesetz" und dem „Blutschutzgesetz" („Nürnberger Gesetze") vom 15. September 1935:

„Reichsbürgergesetz", 15. September 1935:

§ 1 (1) Staatsangehöriger ist, wer dem Schutzverband des Deutschen Reiches angehört und ihm dafür besonders verpflichtet ist.

(2) Die Staatsangehörigkeit wird nach den Vorschriften des Reichs- und Staatsangehörigkeitsgesetzes erworben.

§ 2 (1) Reichsbürger ist nur der Staatsangehörige deutschen oder artverwandten Blutes, der durch sein Verhalten beweist, dass er gewillt und geeignet ist, in Treue dem deutschen Volk und Reich zu dienen. [...]

„Gesetz zum Schutze des deutschen Blutes und der deutschen Ehre", 15. September 1935:

Durchdrungen von der Erkenntnis, dass die Reinheit des deutschen Blutes die Voraussetzung für den Fortbestand des deutschen Volkes ist, und beseelt von dem unbeugsamen Willen, die deutsche Nation für alle Zukunft zu sichern, hat der Reichstag einstimmig das folgende Gesetz beschlossen, das hiermit verkündet wird: [...]

§ 1 (1) Eheschließungen zwischen Juden und Staatsangehörigen deutschen oder artverwandten Blutes sind verboten. Trotzdem geschlossene Ehen sind nichtig, auch wenn sie zur Umgehung dieses Gesetzes im Ausland geschlossen sind.

(2) Die Nichtigkeitsklage kann nur der Staatsanwalt erheben.

§ 2 Außerehelicher Verkehr zwischen Juden und Staatsangehörigen deutschen oder artverwandten Blutes ist verboten.

§ 3 Juden dürfen weibliche Staatsangehörige deutschen oder artverwandten Blutes unter 45 Jahren in ihrem Haushalt nicht beschäftigen.

§ 4 (1) Juden ist das Hissen der Reichs- und Nationalflagge und das Zeigen der Reichsfarben verboten.

(2) Dagegen ist ihnen das Zeigen der jüdischen Farben gestattet. Die Ausübung dieser Befugnis steht unter staatlichem Schutz.

§5 (1) Wer dem Verbot des § 1 zuwiderhandelt, wird mit Zuchthaus bestraft.

(2) Der Mann, der dem Verbot des § 2 zuwiderhandelt, wird mit Gefängnis oder Zuchthaus bestraft.

(3) Wer den Bestimmungen der §§ 3 oder 4 zuwiderhandelt, wird mit Gefängnis bis zu einem Jahr und mit Geldstrafe oder mit einer dieser Strafen bestraft.

Zitiert nach: Wolfgang Michalka (Hrsg.), Deutsche Geschichte 1933-1945, Frankfurt am Main 1993, S. 95 f.

1. *Erläutern Sie die Auswirkungen des „Reichsbürgergesetzes".*
2. *Arbeiten Sie die Folgen des Gesetzes „Zum Schutze des deutschen Blutes und der deutschen Ehre" für das Zusammenleben der jüdischen und nichtjüdischen Bevölkerung heraus.*

M4 Wo war die Polizei?

Im November 1938 geht die NS-Führung landesweit mit planmäßigen Gewaltaktionen gegen Juden und jüdische Einrichtungen vor („Reichskristallnacht"). Ein geschädigter Hausbesitzer schreibt danach anonym der Krefelder Polizei einen Brief:

Wo war die Polizei, als heute die Nachmittagsplünderungen, Demolierungen, zum Teil fremden arischen Eigentums, stattfanden!!!!!! Man muss sich wohl in die Psychose des Volkes hineinversetzen und man darf unter keinen Umständen die Empörung des deutschen Volkes über die feige Pariser Mordtat unterschätzen und man muss es verstehen, wenn im ganzen Reiche fast auf die Minute die jüdischen Tempel ausgeräuchert, die jüdischen Geschäfte und Wohnungen demoliert wurden. Dass es aber von der Aufsichtsbehörde, und das ist die Polizei, mit geschlossenen Augen zugegeben wurde, dass vom Mob der Straße, vom Plebs, vom Halbwüchsigen dann noch die Waren aus den jüdischen Geschäften geplündert wurden, das kann man als guter Deutscher nicht verstehen und das wird auch das Ausland nicht verstehen können. [...]

Wer ist in den meisten Fällen der Geschädigte? Der Hausbesitzer, denn die meisten Juden wohnten in gemieteten Räumen. – Zu Hunderten ist die Polizei auf der Straße, wenn irgendein Umzug ist, wenn irgendeine höhere Persönlichkeit sich auch mal bei uns in Krefeld blicken lässt; jeder von den Polizisten, von oben bis unten, blinzelt nach dem Orden, jeder war dann, soweit es sich um die alten Krefelder Stadtsoldaten handelt, ein alter Kämpfer, kein Einziger von ihnen hat in der Kampfzeit mit dem Knüppel auf die Nazis gehauen, alle waren sie mit dem Herzen schon dabei, nur durften sie es nicht offen zeigen.

Und heute, als es darum geht, die Juden auf vernünftigen Wegen aus unserem Reiche zu entfernen, da lässt es die Polizei, die doch sonst alles im Voraus weiß, die so klug ist, glattweg zu, dass auch noch geplündert wird und dass man deutsch-arisches Privateigentum entwertet. [...] Die Empörung weitester Kreise, auch solcher, die schon lange vor der Machtübernahme dem Führer angehörten, ist unaussprechlich groß darüber, dass man es amtlicherseits zugelassen hat, dass der Mob der Straße sich breitmachte. Was steht uns erst bevor, wenn einmal, was Gott verhüten möge, einer anderen Fahne die Hakenkreuzfahne weichen muss!!! Dann bleibt dieselbe Beamtenschaft auch wieder am Ruder, beziehungsweise Futterkrippe, und schreit laut den Jubelruf der Gegenseite, so wie sie 1933 auch den Deutschen Gruß von heute auf morgen lernte, Motto: Wer mir zu fressen gibt, den liebe ich.

Zitiert nach: Hans Mommsen und Susanne Willems (Hrsg.), Herrschaftsalltag im Dritten Reich, Düsseldorf 1988, S. 438f.

1. *Beschreiben Sie den politischen Standort des Schreibers.*
2. *Erläutern Sie nach diesem Bericht die Position der „alten Ordnungsmacht", der Polizei im NS-Staat.*
3. *Bewerten Sie die Aussagen des Hausbesitzers über die politische Mentalität der Beamtenschaft.*

M5 Bericht aus Bebra

Die nichtjüdische Gerda Kappes aus Bebra schreibt ihrer Schwiegermutter am 11. November 1938:

Anlässlich des Attentates auf Legationsrat vom Rath sind hier große Judenverfolgungen gewesen. In der Nacht vom Montag auf den Dienstag sind verschiedene Fanatiker der Partei in die Judenhäuser eingedrungen, haben die Juden aus den Betten geholt und alles kurz und klein geschlagen.
Alle Möbel umgekippt, Porzellan, Glas, Fensterscheiben, überhaupt alles Erreichbare umgekippt und kaputt geschlagen. Vorhänge abgerissen, Stoffe und auch zum Teil Lebensmittel umhergeworfen, elektrische Lampen und Birnen, sogar die Lichtleitung kaputt geschlagen, bei Emanuels eingebaute Waschbecken, Badewanne, sogar die Mettlauer Platten sind hinüber. [...] Wir schliefen die ganze Nacht nicht, konnten aber bei der Dunkelheit auch auf der Straße nichts erkennen als nur viele Menschen, ich glaube, die Hälfte der Bewohner Bebras war die Nacht auf den Beinen. Am anderen Morgen erzählte uns nun Lisbeth, was geschehen war. [...] Nachmittags sind dann die Juden alle von hier weg, sie mussten wohl auch, denn sie konnten sich ja nirgends aufhalten, noch nicht einmal ein Bett war ja noch ganz.

Zitiert nach: Raphael Gross, November 1938. Die Katastrophe vor der Katastrophe, München 2013, S. 41f.

Werten Sie den Brief als historische Quelle aus. Welche Informationen enthält er, welche Angaben fehlen?

▲ Die Synagoge am Börneplatz in Frankfurt am Main.
Foto vom 10. November 1938.
- *Überprüfen Sie, ob das Foto ein Beleg für die breite Akzeptanz der judenfeindlichen Aktionen ist.*

M6 Spontan oder geplant?

Alan E. Steinweis, Professor für Geschichte und Direktor des Center for Holocaust Studies an der University of Vermont, schreibt dazu in einem 2009 veröffentlichten Buch:

Der reichsweite Pogrom, der soeben entfesselt worden war, konnte nicht, wie Goebbels sich selbst einredete, als spontane Massenerhebung des deutschen Volkes gelten. Aber er war auch keine sorgfältig ausgeführte Operation, die im Voraus geplant worden war, wie manche immer noch glauben. Die Größenordnung und die Intensität der Gewalt legen die Vermutung nahe, dass dort lange geplant und organisiert wurde, doch die Beweise sprechen ganz überwiegend gegen eine solche Deutung. Die Entscheidung, den Pogrom zu starten, wurde erst am Abend des 9. November getroffen, und alles, was sich danach abspielte, war eine gewaltige Improvisation. Die Erklärung für ihre Zerstörungskraft liegt nicht in der Vorbereitung, sondern in der Bereitschaft zehntausender Deutscher, ihren jüdischen Nachbarn Gewalt anzutun.

Alan E. Steinweis, Kristallnacht 1938. Ein deutscher Pogrom, Stuttgart 2011, S. 61

Alan E. Steinweis stellt fest, dass der „reichsweite Pogrom" weder eine „spontane Massenerhebung" noch eine „sorgfältig ausgeführte Operation" war. Diskutieren Sie diese Aussage. Berücksichtigen Sie dabei auch M4 und M5.

Nationalsozialistische Arbeitswelt und Wirtschaftspolitik

Die Deutsche Arbeitsfront Arbeitnehmer- und Arbeitgeberverbände wurden im nationalsozialistischen Deutschland „gleichgeschaltet". Um das eigene Überleben zu sichern, distanzierten sich die Gewerkschaften im März 1933 von der SPD und gelobten, sich künftig auf die Erfüllung sozialer Aufgaben zu beschränken. Die Mitarbeit im neuen Staat schien gesichert, als die Regierung den 1. Mai, den Tag der internationalen Arbeiterbewegung, zum gesetzlichen Feiertag erklärte. Doch bereits weniger als 24 Stunden nach den gemeinsam begangenen Großveranstaltungen besetzten parteieigene Kommandotrupps, vorwiegend SA und SS, Büros und Häuser der Freien Gewerkschaften und nahmen die führenden Funktionäre in „Schutzhaft". Liberale und christliche Gewerkschaften unterstellten sich daraufhin der Hitlerpartei. Alle Arbeitnehmervereinigungen wurden in die am 10. Mai gegründete *Deutsche Arbeitsfront* (DAF) überführt.

1934 waren in dieser Einrichtung 21 Millionen Arbeiter und Angestellte organisiert. Aufgaben der DAF waren vor allem die allgemeine Betreuung und die weltanschauliche Schulung der Mitglieder. Auf Löhne und Arbeitszeit hatte die Organisation keinen Einfluss.

Nachdem auch die Unternehmerverbände unter nationalsozialistische Leitung gestellt worden waren, wurde die DAF im November 1933 in eine Vereinigung von Arbeitgebern und Arbeitnehmern umorganisiert (▸ M1, M2). Streik und Aussperrung waren verboten. Interessenkonflikte durften die Wirtschaftsverbände nicht mehr im Rahmen ihrer Tarifautonomie regeln – dies übernahm ein vom Regime bestellter „Treuhänder der Arbeit".

▾ **„Deutsche Symphonie."**
Gemälde von Hans Toepper, ca. 1938.
- *Beschreiben Sie das Gemälde. Beachten Sie dabei Vorder- und Hintergrund-, Zentral- und Seitenposition, Alter und Geschlecht, Blickkontakt und Attribute der Abgebildeten.*
- *Interpretieren Sie das hier versinnbildlichte Gesellschaftsmodell und leiten Sie daraus die politischen Konsequenzen ab.*

Ideologische Wendepunkte Zentrale Angriffsziele der NSDAP vor 1933 waren die Großindustrie, Großbanken, Warenhäuser und Handelsketten gewesen. Gegen diese „Erfindungen des Judentums und des Liberalismus" hatte die Partei für Kleinhändler, Gewerbetreibende und für Kleinbauern gekämpft.

Nach der „Machtergreifung" indessen stellten die Nationalsozialisten bald fest, dass sie die Modernisierung der Industriegesellschaft in Deutschland unterstützen mussten, wenn sie Großmachtpolitik betreiben wollten. Den dafür notwendigen Prozess beschleunigten sie durch die Förderung der Großindustrie und durch nachhaltige Mobilisierung der Gesellschaft. Den Machthabern war der „Verrat" an den eigenen Prinzipien sehr wohl bewusst. Deshalb sollte in einer fernen Zukunft, wenn der „Lebensraum im Osten" erst gewonnen war, die propagierte Wirtschafts- und Gesellschaftsutopie im neu zu besiedelnden Gebiet verwirklicht werden.

Die Überwindung der Wirtschaftskrise Hitler war mit dem Versprechen angetreten, innerhalb von vier Jahren die wirtschaftlichen und sozialen Probleme zu überwinden und allen Deutschen „Arbeit und Brot" zu verschaffen. Davon ausgeschlossen waren die Juden und andere Minderheiten, die ab 1933 aus dem deutschen Wirtschaftsleben verdrängt wurden. Tatsächlich konnte das Regime schneller Erfolge vorweisen, als Anhänger und Gegner im In- und Ausland dies für möglich gehalten hätten. Bis 1936 sank die Zahl der Arbeitslosen von über sechs auf unter zwei Millionen. Industrieproduktion und Sozialprodukt lagen über den Marken der „Goldenen Zwanzigerjahre". Wie hatte es zu diesem erstaunlichen Aufschwung kommen können?

Genauere Untersuchungen haben gezeigt, dass die Nationalsozialisten die Arbeitslosenzahlen schönten, indem sie nicht alle Arbeitssuchenden in der offiziellen Statistik aufführten. Unter anderem entzogen sie bestimmten Berufsgruppen ihren Anspruch auf Arbeitslosenunterstützung. Obwohl arbeitslos, wurden diese dann ab 1933 von der offiziellen Zählung ausgeklammert.

Bereits vor der „Machtergreifung" hatten viele Wirtschaftsdaten einen positiven Trend signalisiert. Als Hitler die Regierung übernahm, war der Tiefpunkt der Weltwirtschaftskrise schon überwunden. Die ersten Arbeitsbeschaffungsmaßnahmen der Nationalsozialisten führten nur fort, was bereits von den vorigen Regierungen eingeleitet worden war. Die Regierung Hitler schrieb den Rückgang der Arbeitslosigkeit in der Folge jedoch allein ihrer Politik zu und schlachtete die vermeintlich schnellen Erfolge propagandistisch aus.

Soziale Errungenschaften? Hitler versprach den „Aufbau des sozialen Volksstaates", in dem „alle Staatsbürger die gleichen Rechte und Pflichten besitzen" sollten. Zwar waren die innerbetrieblichen Mitbestimmungsrechte durch die Zwangsvereinigung der Arbeitnehmerverbände in die Deutsche Arbeitsfront entfallen, auf der anderen Seite erhielt die „Gefolgschaft" durch eine moderne Absicherung mehr, als die Gewerkschaften bis 1933 erstritten hatten: Gewährung von Kündigungsschutz, Verlängerung des bezahlten Urlaubs (von drei auf sechs bis zwölf Tage), verbesserte Sozialleistungen der Unternehmen.

Als fortschrittlich empfundene Neuerungen verwirklichte die DAF auch aus den Geldern der enteigneten Gewerkschaften. Ihre Unterorganisation *Kraft durch Freude* (KdF) wollte das Arbeitsleben in vielerlei Hinsicht angenehmer gestalten. Belegschaftsräume in den Betrieben wurden verbessert, Kantinenessen, Filme und Theatervorstellungen konnten verbilligt angeboten werden. Für den Massentourismus bereitgestellte Erholungsmöglichkeiten, Sonderzug-, sogar Schiffsreisen verwirklichten lang gehegte Urlaubsträume – vor allem jedoch für verdiente Parteigenossen, zu einem geringen Teil auch für Arbeiter. Der von einem der DAF gehörenden Werk gebaute *Volkswagen** sollte zum Preis von 990 Reichsmark auch für den „kleinen Mann" erschwinglich sein.

Sozialpolitisch führte die NS-Regierung zum Teil Errungenschaften der Weimarer Zeit wie die Arbeitslosenversicherung weiter, setzte aber auch neue Schwerpunkte. Zu den wichtigsten Einrichtungen gehörte die Parteiorganisation *Nationalsozialistische Volkswohlfahrt* (NSV), die in der Armenfürsorge, der Jugendhilfe und der Mutter-und-Kind-Betreuung tätig war. Hinzu kam das im Herbst 1933 gegründete *Winterhilfswerk des Deutschen Volkes* (WHW), das sich durch Haus-, Straßen- und Betriebssammlungen sowie seit Herbst 1937 durch Zwangsabzüge von Löhnen und Gehältern finanzierte und Sachmittel an bedürftige Haushalte verteilte. Unterstützt wurden nur „rassisch wertvolle" und vorübergehend in Not geratene Menschen; „Nichtarier", „Asoziale" und andere „Gemeinschaftsfremde" blieben von vornherein ausgeschlossen. Die nationalsozialistische Sozial-

▲ **„NSV Volksgesundheit – Volksgemeinschaft ..."**
Plakat (120 x 83,5 cm) von Ludwig Hohlwein, 1933/34.
Die Nationalsozialistische Volkswohlfahrt (NSV) war eine der größten Massenorganisationen und neben der Arbeitsbeschaffung wichtigste Grundlage der nationalsozialistischen Arbeits- und Sozialpolitik. Die als Verein gegründete Einrichtung dehnte ihre Zuständigkeit auf nahezu alle freien, staatlichen und kirchlichen Bereiche der Wohlfahrtspflege aus. 1943 gehörten ihr 17 Millionen Mitglieder an.

- *Analysieren Sie, inwiefern das Plakat der nationalsozialistischen Gesellschaftsideologie entspricht. Nutzen Sie den Methoden-Baustein auf S. 245.*
- *Erörtern Sie, warum die Nationalsozialisten in besonderem Maße sozialpolitische Maßnahmen propagierten.*

* Vgl. dazu das Werbeplakat auf S. 265, rechts.

▲ **„Reichsautobahnen in Deutschland."**
Plakat (119 x 84 cm) von Robert Zinner, 1937.
Gezeigt wird die Saalebrücke bei Hirschberg in Thüringen.
- *Erläutern Sie die Einstellung gegenüber Raum, Technik und Umwelt, die das Plakat ausdrückt.*

politik und Wohlfahrtspflege verfolgte dabei klare politische Ziele: die akute Not zu lindern und damit soziale Unruhen zu vermeiden, die Fürsorge als breit angelegtes Kontroll- und Selektionsinstrument zu nutzen und die Bevölkerung für das Regime einzunehmen.

Mythos oder Wirklichkeit? Ideologisch unterfütterte Arbeitsprogramme wie der Autobahnbau (▸ M3) halfen anfangs zwar, die Arbeitslosigkeit zu senken, doch ein höherer Lebensstandard wurde auch durch die sozialpolitischen Maßnahmen der Regierung für die Masse der Bevölkerung nicht erreicht. Den Preis für die wirtschaftlichen „Erfolge" mussten die Menschen vielmehr mit längeren Arbeitszeiten, niedrig gehaltenen Löhnen und Engpässen bei Konsumgütern bezahlen. Ein nationalsozialistisches „Wirtschaftswunder" oder Vollbeschäftigung hat es daher nie gegeben. Zu keinem Zeitpunkt ging es der nationalsozialistischen Führung wirklich darum, den Arbeitslosen zu helfen und die Wirtschaft wieder in Schwung zu bringen, sondern allein um die Aufrüstung für den nächsten Krieg. Dazu diente auch die Propagierung der „Volksgemeinschaft" (▸ M4).

War die von den Nationalsozialisten verkündete „Volksgemeinschaft" also ein Mythos, eine inszenierte Propagandaanstrengung oder ein erfahrbares, verbindendes Element und damit ein wirksames Instrument der Herrschaftsstabilisierung? Für die Forschung ist es nicht einfach, die Einstellungen der Bevölkerung zu verallgemeinern und zu quantifizieren. Die über 90 Prozent Ja-Stimmen in verschiedenen Volksabstimmungen können nicht als freie Meinungsäußerung gelten. Nachzuweisen ist aber, dass die Bindungs- und Integrationskraft während der Vorkriegszeit zunahm. Die „Volksgemeinschaft" wurde von vielen zumindest in Teilbereichen als alltäglich erfahrbar erlebt. Die zunächst eher labile NS-Herrschaft festigte sich auch dadurch, dass die Menschen durch persönliche Vorteile korrumpiert wurden. Sozialer Aufstieg durch Leistung war das Versprechen, mit dem Kleinbürgertum und Proletariat an das Regime gebunden wurden. Besonders die Parteizugehörigkeit wurde zum Schlüssel des Erfolges und ermöglichte einen Aufstieg aus einfachen Verhältnissen in politische oder wirtschaftliche Führungspositionen.

Meist geschah dies auf Kosten anderer, vor allem der jüdischen Bevölkerung, an deren Positionen und Besitz sich Privatleute, Unternehmen und Staat gleichermaßen bereicherten.

Schulden für die Aufrüstung Soweit man von einem spezifisch deutschen Wirtschaftsaufschwung ab 1933 sprechen kann, stand dieser auf zwei Säulen: auf der langfristigen Planung, Deutschland wieder kriegsbereit zu machen, und auf einer höchst riskanten *Schuldenpolitik*.

Nachdem die Nationalsozialisten eine wirtschaftsfreundliche Politik, die Beibehaltung von Privateigentum und Gewinnorientierung in Aussicht gestellt hatten, fanden

Lesetipp:
Tim Schanetzky, Kanonen statt Butter, München 2015

sie dafür auch Unterstützung von Unternehmerschaft und Banken. In der Folge förderten sie durch Subventionen, Steuererleichterungen und Staatsaufträge vor allem die rüstungsrelevante Industrie. Die Produktion wurde dadurch erheblich gesteigert, insbesondere in der Schwerindustrie, im Fahrzeugbau, in der chemischen und Textilindustrie. Ab Ende 1934 begann die Umstellung der wirtschaftlichen Produktion auf die Bedürfnisse der „Wehrwirtschaft". Die Ausgaben im Bereich von Rüstung und Reichswehr stiegen explosionsartig an. Von 30 Milliarden ausgegebenen Reichsmark konnten jedoch lediglich 18 Milliarden aus Steuermitteln gedeckt werden. Die Staatsverschuldung wuchs dramatisch.

Die Ausgaben für die Rüstung wurden nicht über Banknoten, sondern über sogenannte *Mefo-Wechsel* finanziert. Dazu wurde die Scheinfirma *Metallurgische Forschungsgesellschaft* (*Mefo*) gegründet. Diese versah Wechsel von Rüstungslieferanten mit ihrer Unterschrift, sodass sie bei der Reichsbank gegen Bargeld eingereicht werden konnten. So ließ sich die Aufrüstung auf Pump verschleiern, denn die Wechsel galten nicht als Staatsschulden und wurden nicht im Reichshaushalt verzeichnet. Zur Tilgung der horrenden Fehlbeträge sollte einerseits das „Sühnegeld" der Juden dienen, das diese nach dem „Novemberpogrom" von 1938 zu entrichten hatten (das Pogrom war daher auch wirtschaftlich motiviert gewesen); andererseits sollten die Fehlbeträge später auch durch die Einnahmen aus besetzten Territorien beglichen werden. Insofern war der Eroberungskrieg von Anfang an in der Wirtschaftspolitik mit eingeplant.

▲ **„Und auf Hitlers Friedensangebote folgen ‚alsbald' seine Friedenstauben."**
Fotomontage von John Heartfield, die am 5. April 1936 in der „AIZ" (Arbeiter Illustrierte Zeitung) abgedruckt wurde. Die „AIZ" war 1921 vom kommunistischen Verleger Willi Münzenberg gegründet worden. Nach 1933 durfte sie nicht mehr im Deutschen Reich erscheinen, bis 1938 wurde sie daher im Exil in Prag hergestellt.

Autarkiestreben Verbunden mit der Aufrüstung war das Ziel der deutschen Führung, die eigene Wirtschaft autark, also von ausländischen Gütern und Rohstoffen möglichst unabhängig zu machen. Damit sollten sowohl Devisen eingespart als auch die Auswirkungen eines Versiegens der Handelsströme im Kriegsfall gemildert werden.

1936 versuchte Hitler in einem *Vierjahresplan*, die wichtigsten Initiativen dafür zu bündeln. So mussten unter anderem jetzt einheimische Bodenschätze auch dann abgebaut werden, wenn sie qualitativ schlechter oder aufwändiger zu gewinnen waren als die auf dem Weltmarkt gehandelten Güter. Außerdem trieb man ohne Rücksicht auf Kosten die synthetische Erzeugung von Benzin und Gummi voran. Solche Strategien wurden nicht allein von den führenden Nationalsozialisten entwickelt, sondern trugen zum Teil deutlich die Handschrift derjenigen Großunternehmen, die ein massives Interesse an der Aufrüstung hatten.

Mit diesen Investitionen in den zukünftigen Krieg brachte sich Hitler-Deutschland am Ende der Dreißigerjahre selbst in Zugzwang, da die Schuldenpolitik ein bedrohlich steigendes Inflationsrisiko verursachte. Die Hypotheken auf die „Eroberung neuen Lebensraumes" mussten eingelöst werden.

1. *Erläutern Sie, mit welchen Mitteln die nationalsozialistische Wirtschafts- und Sozialpolitik die Bürger beeinflusste.*

2. *Der Historiker Götz Aly bezeichnet das NS-Regime als „sozialen Volksstaat". Überprüfen Sie die Tragfähigkeit des Begriffes.*

3. *Gestalten Sie eine Grafik, die die wirtschaftlichen Entscheidungen der Nationalsozialisten darstellt.*

◄ **„Adel der Arbeit."**
Holzschnitt des Grafikers, Malers und Liedermachers Georg Sluyterman von Langeweyde, 1935.
Sluyterman von Langeweyde wurde in Essen geboren, trat 1928 der NSDAP bei und arbeitete für die Partei.

- *Das Bild macht typische Merkmale der nationalsozialistischen Ideologie deutlich. Erläutern Sie diese Aussage.*

M1 „Hitlergläubige" Arbeiter?

Führende Mitglieder der verbotenen SPD gehen ins Exil und versuchen, Kontakte zur deutschen Arbeiterschaft aufrechtzuerhalten. Ein illegaler Bericht erörtert die Stimmung im Ruhrgebiet im Sommer 1934:

Die indifferente[1] Arbeiterschaft – und sie stellt gerade im Ruhrgebiet die Mehrheit dar – ist noch immer größtenteils hitlergläubig. Der Umstand, dass durch die „Arbeitsbeschaffung" Arbeitslose in wenn auch noch so schlecht bezahlte Arbeit gekommen sind, hat sie sehr beeindruckt. Sie trauen Hitlers „schneller Entschlusskraft" zu, dass er, wenn er „richtig informiert" wird, eines Tages das Steuer über Nacht zu ihren Gunsten herumwerfen wird. Als nach der „Abstimmung" vom 19. August neue Gesetze, die aus Führermund angekündigt waren, nicht herausgegeben wurden – Gesetze, von denen sie, ohne eine Ahnung ihres vermutlichen Inhaltes zu haben, annahmen, sie besserten ihre Lage –, da war die Enttäuschung wieder groß. Merkwürdigerweise setzt man in diesen indifferenten Arbeiterkreisen auch Hoffnungen auf Dr. Ley[2], der wegen diesem und jenem Kraftwort als ein vorläufig leider durch böse Mächte verhinderter Arbeiterbeglücker gehalten wird. Dabei wissen die Leute durchaus, dass diese Arbeitsfrontorganisationen keine Gewerkschaften im alten Sinne mehr sind, dass die Organisationen kaum noch einen Überblick über ihre wahre Mitgliederzahl haben und dass die Vertrauensräte feige Hunde sind, von denen kaum einer wagt, den „Betriebsführer" auch nur anzusprechen. Gewisse Auflehnungen kommen auch mal vor.

Zitiert nach: Hans Mommsen und Susanne Willems (Hrsg.), Herrschaftsalltag im Dritten Reich, Düsseldorf 1988, S. 165 f.

[1] **indifferent**: gleichgültig
[2] **Robert Ley** (1890-1945) war Leiter der Deutschen Arbeitsfront.

M2 Die DAF ist umstritten

Die Deutsche Arbeitsfront (DAF) tritt an die Stelle der zerschlagenen Gewerkschaften und Unternehmerverbände. Die Funktionäre in den Betrieben werden ausgetauscht. Ein Lagebericht der Staatspolizeistelle Bielefeld vom 4. August 1934 erörtert die Akzeptanz der neuen Arbeiterorganisation:

Die Arbeitsfront ist im Großen und Ganzen noch umstritten. Man kann zwar sagen, dass sich der Arbeiter ständig mehr und mehr der nationalsozialistischen Staatsführung zuwendet. Es wird aber vielfach über die Amtswalter der DAF geklagt und behauptet, dass sie ihren Aufgaben sachlich nicht gewachsen seien. Vielfach seien sie nicht in der Lage, einfache Auskünfte über Rechts- oder Versicherungsfragen zu geben, was im Gegensatz zu den früher im hiesigen Bezirk vorhandenen Gewerkschaftssekretären, die durchweg in dieser Hinsicht gute Leistungen aufzuweisen hatten, besonders unangenehm empfunden wird. [...] Auch werde im Allgemeinen in der DAF eine Abneigung gegen sogenannte Intellektuelle genährt, die schon heute wenig erfreuliche Formen zeitige. Immer wieder wird in Arbeiterkreisen die Frage nach der Verwendung der hohen Mitgliedsbeiträge in der DAF gestellt. Für Erhaltung des Vertrauens scheint es notwendig, über diese Gelder öffentlich Rechenschaft abzulegen, um endlich den Gerüchten über unzweckmäßige Verwendung der „Arbeitergroschen" die Spitze abzubrechen. Kennzeichnend für die Stimmung in der DAF ist auch die Tatsache, dass Austritte sich mehren.

Zitiert nach: Hans Mommsen und Susanne Willems (Hrsg.), a. a. O., S. 165

1. *Arbeiten Sie die Haltung der Verfasser des Berichtes (M1) gegenüber dem NS-Regime heraus und charakterisieren Sie die Art des Berichtes.*
2. *Charakterisieren Sie den Zweck des Lageberichtes der Gestapo (M2).*
3. *Überprüfen Sie die Glaubwürdigkeit der beiden Texte.*
4. *Sie haben zwei Texte vorliegen, in denen Berichterstatter mit unterschiedlicher politischer Haltung einen Sachverhalt darstellen. Formulieren Sie einen ausführlichen Vergleich, indem Sie Überschneidungen, Gemeinsamkeiten und Unterschiede herausstellen.*

M3 Die Bedeutung der Autobahn

Der rheinische Schwerindustrielle Fritz Thyssen, ein wichtiger Finanzier der NSDAP, schreibt am 20. Juli 1933 an Fritz Todt, den Generalinspektor für das deutsche Straßenwesen:

Das rheinisch-westfälische Industriegebiet ist eines der bedeutendsten Wirtschaftsgebiete Deutschlands und Europas. Strategisch liegt es im Aufmarschgelände künftiger Auseinandersetzungen im Westen. Die Frage seines Anschlusses an das geplante Reichsautobahnnetz wird daher sehr bald an Sie herantreten. Man wird sich hier im Bezirk vor allem des Siedlungsverbandes Ruhrkohlenbezirk bedienen können, der auf dem Gebiet der Straßenplanung und des Straßenausbaus schon seit Jahren vorbildliche Arbeit nach großen Gesichtspunkten geleistet hat. Wie ich höre, ist demnächst eine Besprechung über die Frage der Fortführung der Autobahn Bonn-Köln in Düsseldorf beabsichtigt. Für meine Beteiligung an dieser Besprechung wäre ich Ihnen ergebenst dankbar.

Zitiert nach: Dietrich Eichholtz und Wolfgang Schumann (Hrsg.), Anatomie des Krieges, Berlin 1969, S. 117f.

Analysieren Sie Thyssens Motive und die Mittel, mit denen er seine Ziele zu erreichen sucht.

M4 Die nationalsozialistische „Volksgemeinschaft"

Aus der Rede Hitlers zum ersten „Reichserntedankfest" im niedersächsischen Bückeberg am 1. Oktober 1933:

Der Nationalsozialismus hat weder im Individuum noch in der Menschheit den Ausgangspunkt seiner Betrachtungen, seiner Stellungnahmen und Entschlüsse. Er rückt bewusst in den Mittelpunkt seines ganzen Denkens das Volk. Dieses Volk ist für ihn eine blutmäßig bedingte Erscheinung, in der er einen von Gott geweihten Baustein der menschlichen Gesellschaft sieht.
Das einzelne Individuum ist vergänglich, das Volk ist bleibend. Wenn die liberale Weltanschauung in ihrer Vergötterung des einzelnen Individuums zur Zerstörung des Volkes führen muss, so wünscht dagegen der Nationalsozialismus das Volk zu schützen, wenn nötig, auf Kosten des Individuums. Es ist notwendig, dass der Einzelne sich langsam zur Erkenntnis durchringt, dass sein eigenes Ich unbedeutend ist, gemessen am Sein des ganzen Volkes [...], dass vor allem die Geistes- und Willenseinheit einer Nation höher zu schätzen sind als die Geistes- und Willenseinheit des Einzelnen.

In seiner Rede am Heldengedenktag am 10. März 1940 sagt Hitler über die „Volksgemeinschaft":

Kein Volk hat mehr Recht zu feiern als das deutsche!
[...] Wenn wir seit 2000 Jahren ein geschichtliches Dasein leben, dann nur, weil in diesen 2000 Jahren immer Männer bereit gewesen sind, für dieses Leben der Gesamtheit ihr eigenes einzusetzen und – wenn nötig – zu opfern. [...]
Für was sie einst kämpften, kämpfen nunmehr auch wir. Was ihnen hoch genug war, um – wenn notwendig – dafür zu sterben, soll uns in jeder Stunde zu gleicher Tat bereit finden. Der Glaube aber, der sie beseelte, hat sich in uns allen nur noch verstärkt. Wie immer auch das Leben und das Schicksal des Einzelnen sein mag, über jedem steht das Dasein und die Zukunft der Gesamtheit. Und hier hebt uns etwas noch über vergangene Zeiten empor: Uns allen ist das erschlossen worden, für was in früheren Zeiten so viele noch unbewusst kämpfen mussten: das deutsche Volk!
In seiner Gemeinschaft leben zu dürfen, ist unser höchstes irdisches Glück. Ihr anzugehören, ist unser Stolz. Sie in bedingungsloser Treue in den Zeiten der Not zu verteidigen, unser fanatischer Trotz. [...] Wenn die andere Welt der plutokratischen[1] Demokratien gerade gegen das nationalsozialistische Deutschland den wildesten Kampf ansagt und seine Vernichtung als oberstes Kriegsziel ausspricht, dann wird uns damit nur das bestätigt, was wir ohnedies wissen: dass nämlich der Gedanke der nationalsozialistischen Volksgemeinschaft das deutsche Volk auch in den Augen unserer Gegner besonders gefährlich, weil unüberwindlich macht. Über Klassen und Stände, Berufe, Konfessionen und alle übrige Wirrnis des Lebens hinweg erhebt sich die soziale Einheit der deutschen Menschen ohne Ansehen des Standes und der Herkunft, im Blute fundiert, durch ein tausendjähriges Leben zusammengefügt, durch das Schicksal auf Gedeih und Verderb verbunden.

Erster Text zitiert nach: Johannes Hampel, Der Nationalsozialismus, Bd. 2: 1935-1939. Friedenspropaganda und Kriegsvorbereitung, herausgegeben von der Bayerischen Landeszentrale für politische Bildung, München ²1993, S. 271
Zweiter Text zitiert nach: Max Domarus, Hitler. Reden und Proklamationen 1932-1945, kommentiert von einem deutschen Zeitgenossen, Bd. 2.1, Würzburg 1963, S. 1477ff.

1. *Skizzieren Sie Hitlers Geschichtsbild und nehmen Sie dazu Stellung.*
2. *Charakterisieren Sie Hitlers Vorstellung von der „Volksgemeinschaft".*

[1] **Plutokratie**: Geldherrschaft bzw. Staatsform, in der allein der Besitz politische Macht garantiert

Geschichte kontrovers

Staatsterror oder „Volksgemeinschaft"?

Der Nationalsozialismus war unbestritten eine Diktatur. Kontrovers diskutiert die Geschichtswissenschaft aktuell ein Kennzeichen dieser Periode: Wie hat sich der Nationalsozialismus der deutschen Gesellschaft bemächtigt, d.h. wie erklärt sich das Ausmaß der Zustimmung zu bzw. der Beteiligung der deutschen Bevölkerung an dieser Diktatur? Während die eine Seite den staatlichen Terror von oben betont, hebt die andere die Zustimmung zu einer nicht nur gedachten, sondern zu einer wirklichen NS-Volksgemeinschaft hervor und unterstreicht den inneren Konsens zahlreicher Deutscher mit vielen Maßnahmen der Nationalsozialisten. Zur Leitfrage „Staatsterror oder Volksgemeinschaft?" äußern sich zwei international bekannte Historiker.

M1 „Verführung und Gewalt"?

Nach Hans-Ulrich Thamer, Professor für Geschichte an der Universität Münster, kennzeichnen vor allem zwei Maßnahmen das Regime des Nationalsozialismus:

Worauf gründete sich diese Macht, die sich im Ornament der marschierenden Gefolgschaft und im Nimbus[1] der strahlenden Führergestalt darstellte? Worauf beruhte die Stabilität des nationalsozialistischen Herrschaftssystems? War das Dritte Reich, wie es sich mit dem Anspruch auf Ewigkeit und Erlösung nannte, ein Führerstaat, in dem der Wille des „Führers" alles bestimmte und der auf die blinde Gefolgschaft der breiten Massen rechnen konnte? [...]
Sicherlich waren es nicht allein Manipulation und Terror; die verschiedenen Formen von Zustimmung und Hinnahme hatten das während der Machtergreifungsphase gezeigt. Es war vielmehr die verwirrende Verbindung von Zustimmung und Gewalt, sie kennzeichnet die Wirkungsweise der nationalsozialistischen Herrschaft. Bezugspunkt des Konsenses wie der absoluten Macht war weiterhin der charismatische Führer Hitler, wie bereits in der „Kampfzeit" und in der Machtergreifungsphase. Das Ansehen der nationalsozialistischen Partei schwand hingegen ebenso kontinuierlich wie die traditionelle Staatlichkeit. Das änderte freilich nichts an der Integrationsfähigkeit des Regimes, das bis zu seinem bitteren Ende ein hohes Maß an Stabilität und Loyalität vorfand und gleichzeitig eine ungeheure Vernichtungskraft entfaltete. [...]
Die Autorität des Diktators blieb in den Friedensjahren unbestritten und wuchs im Kriege immer weiter. Das lag an der Anpassungsbereitschaft der Bürokratie und an der blinden Gefolgschaft der Unterführer, aber ebenso an dem sich mit innen- und außenpolitischen Erfolgen fast überschlagenden Führerkult. Die Bereitschaft der bürokratischen Eliten zur Mitarbeit im „nationalen Staat" war einzig an die Person Hitlers gebunden. Sie war einmal in deren obrigkeitsstaatlichem Denken begründet, aber genauso in der Unterschätzung Hitlers, der sich erfolgreich als gemäßigter Staatsmann zu stilisieren und damit den Radikalismus seines politischen Denkens und Handelns zu verbergen verstand. Wann immer Zweifel und Kritik an Hitlers Politik aufkamen, sie wurden durch die suggestive Überredungsgabe Hitlers selbst wie durch die Wirkung des Hitler-Mythos aufgefangen. Die Fähigkeit Hitlers, auch erfahrene Politiker und selbstsichere Militärs umzustimmen und an sich zu binden, ist zu häufig bezeugt, als dass sie als unglaubwürdige Schutzbehauptung abgetan werden könnte. Doch ohne schon vorhandene Anpassungsbereitschaft, Selbsttäuschung und den stabilisierenden Effekt des Hitler-Kultes wäre diese Ausstrahlungskraft nicht so wirkungsvoll gewesen. [...]
Es war die alte Verbindung von Verführung und Gewalt, die die Stabilität des Regimes bis in die Katastrophe hinein sicherte. Die Rücksichtnahme auf die materiellen und emotionalen Bedürfnisse der Menschen, verbunden mit Einschüchterung und Terror, die Atomisierung der Gesellschaft und der weitgehende Verzicht auf gesellschaftliche Verantwortung, eine sich verstärkende Realitätsflucht wie das Eingeständnis einer partiellen Komplizenschaft mit dem Regime, der sich nur langsam aufzehrende Führermythos wie patriotische Loyalitäten. Es war ein Bündel von Einstellungen, Motiven und Zwängen, die einen offenen Widerstand fast ganz ausschlossen, die auch jede Kraft schwächten, eine andere politische Wirklichkeit zu denken.

Hans-Ulrich Thamer, Verführung und Gewalt. Deutschland 1933-1945, Berlin 1994, S. 338f., 347f. und 725f.

[1] **Nimbus**: hier: Ansehen, Glanz, der eine Person oder Sache umgibt

M2 Spiel des Anprangerns, Ausgrenzens und „Erledigens"

Der kanadische Historiker Robert Gellately lehrt und forscht an verschiedenen amerikanischen Universitäten, auch am Center for Holocaust Studies in den USA. In seinen Werken geht er immer wieder auf die Loyalität zahlreicher Deutscher zum System des Nationalsozialismus ein:

Zustimmung und Zwang [waren] während des gesamten Dritten Reiches aufs Engste miteinander verknüpft, was zum Teil daran lag, dass Zwang und Terror meistens gegen bestimmte Individuen, Minderheiten und soziale Gruppen eingesetzt wurde, gegen die das Volk wenig Sympathie hegte. Zwang und Terror waren höchst selektiv und regneten jedenfalls nicht gleichmäßig auf die Köpfe der deutschen Bevölkerung herab. Anfang 1933 begannen Polizei und SA, Köpfe einzuschlagen, und es wurden neue Konzentrationslager errichtet, aber kaum mehr als eine Miniwelle des Terrors ging über Deutschland hinweg. Im Großen und Ganzen bedurfte es des Terrors nicht, um die Mehrheit – oder auch signifikante Minderheiten – in Reih und Glied zu zwingen. [...] Ich behaupte [...], dass ab 1933 die Zustimmung zu Hitler und immer mehr auch zum Nationalsozialismus praktisch niemals infrage stand. [...]

Man muss sich vor der Annahme hüten, ganz Deutschland habe einem militärischen Ausbildungslager geglichen, in dem die Menschen der Doppelbeeinflussung von Propaganda und Terror unterworfen sind. Man hat wenig von der nationalsozialistischen Propaganda begriffen, wenn man sie sich als Gehirnwäsche oder reine Manipulation der Gefühle vorstellt. [...] Die nationalsozialistische Propaganda sollte und konnte dem deutschen Volk nicht auf primitive Weise aufgezwungen werden. Im Gegenteil, sie sollte es ansprechen und deutschen Denkweisen gerecht werden. [...]

Noch bis vor Kurzem betonte die Geschichtswissenschaft die Passivität der deutschen Bürger im Dritten Reich und tat so, als sei der nationalsozialistische „Polizeistaat" dermaßen allgegenwärtig gewesen, dass er der Initiative der Bürger über Zeremonien und Rituale hinaus wenig Spielraum gelassen habe. Heute wissen wir, dass vielleicht nicht alle Bürger mit allem einverstanden waren, auch was bestimmte Aspekte der Verfolgung von Juden und Fremdarbeitern in Deutschland betraf, dass aber das Regime keine Mühe hatte, die Bevölkerung zur Denunziation von Verstößen gegen das rassistische System zu animieren. Das Liefern von Informationen an Polizei oder Partei gehörte zu den wichtigsten Beiträgen des staatsbürgerlichen Engagements im Dritten Reich. Immerhin war es eine Sache, neue Gesetze und Verordnungen zu erlassen und die Bestimmungen von oben her zu verkünden, aber eine ganz andere, sie in der Gesellschaft als Ganzer durchzusetzen. Es war ein charakteristisches Merkmal des Dritten Reiches (durch das es sich zum Beispiel vom faschistischen Italien unterschied), dass das Regime keine Mühe hatte, sich die Kollaboration normaler Bürger zu sichern. [...]

Die Nationalsozialisten beanspruchten, sich der Schaffung der „Volksgemeinschaft" verschrieben zu haben. In dem Bestreben, diese „Volksgemeinschaft" zu schmieden, deren Fundament eine irrwitzige Logik der Gleichheit, Reinheit und Homogenität war, verstrickten sich die Nationalsozialisten wie das deutsche Volk insgesamt in ein mörderisches Spiel des Anprangerns, Ausgrenzens und schließlich „Erledigens" von unerwünschten sozialen „Elementen" und „Volksfeinden". Das begann damit, dass viele normale Bürger (mitunter aus selbstsüchtigen Gründen) die Einteilung zu handhaben lernten, wer zur „Volksgemeinschaft" dazugehörte und wer nicht.

Robert Gellately, Hingeschaut und weggesehen. Hitler und sein Volk, übersetzt von Holger Fließbach, Bonn [3]2005, S. 14, 15, 359 und 362 f.

▲ **Abweichendes Verhalten.**
Foto vom 13. Juni 1936 (Ausschnitt).
Die Aufnahme wurde während des Stapellaufes eines Schiffes auf einer Hamburger Werft gemacht.
■ *Diskutieren Sie, welche Möglichkeiten zur Ablehnung des NS-Regimes die Deutschen in den 1930er-Jahren hatten.*

1. *Stellen Sie die Einschätzungen mit ihren jeweiligen Begründungen tabellarisch einander gegenüber, listen Sie auch die Gemeinsamkeiten auf (M1 und M2).*
2. *Der Nationalsozialismus: „Staatsterror" oder „Volksgemeinschaft"? Nehmen Sie Stellung.*

NS-Außenpolitik in den 1930er-Jahren

▲ **„Stepping stones to glory."**
Karikatur von David Low, die im Juli 1936 in der englischen Tageszeitung „Evening Standard" erschien.
Auf den „Stufen" steht: Wiederbewaffnung, Militarisierung des Rheinlandes und Danzig.
An der Spitze steht „Boss of the Universe".

- *Interpretieren Sie die Haltung des Zeichners gegenüber der englischen Politik.*

Bruch mit Versailles Schon im Oktober 1933 trat das Deutsche Reich aus dem Völkerbund aus. Im Januar 1934 schloss es einen Nichtangriffspakt mit Polen. Die Sowjetunion war jetzt gewarnt und suchte den Schulterschluss mit den ehemaligen Alliierten. Im September 1934 trat sie dem Völkerbund bei.

Am 13. Januar 1935 fand die im Versailler Vertrag vorgesehene Volksabstimmung über die Zukunft des Saargebietes statt. Das Votum von 91 Prozent der Bevölkerung für die Rückkehr ins Deutsche Reich feierte das Naziregime als großen Erfolg. Kurz darauf erklärte Hitler alle Rüstungsbeschränkungen des Versailler Vertrages für nichtig und führte die allgemeine Wehrpflicht wieder ein.

Drei Monate später, am 18. Juni 1935, kam sogar ein deutsch-englisches Abkommen zustande, in dem die relative Stärke der Flotten beider Länder festgeschrieben wurde. Damit hatte sich ein Siegerstaat über das Verbot hinweggesetzt, militärische Abkommen mit Deutschland zu schließen. Im März 1936 besetzten deutsche Truppen in einer Blitzaktion das *entmilitarisierte Rheinland*. Die Westmächte reagierten auch auf diese Vertragsverletzung nur mit Protesten. Der Versailler Vertrag war bedeutungslos geworden.

Neue Bündnisse Als Hitler Ende 1935 Italien im Krieg gegen Äthiopien unterstützte, begann die Annäherung der beiden Diktaturen. Am 1. November 1936 verkündete **Benito Mussolini** die *Achse Berlin – Rom*. Ein Jahr später trat Italien auch dem *Antikomintern-Pakt* bei, in dem sich Deutschland und Japan 1936 dazu verpflichtet hatten, weltweit den Kommunismus zu bekämpfen und die Sowjetunion außenpolitisch zu isolieren. Im März 1939 schloss sich dem Pakt auch Spanien unter General *Franco* an, den die Nationalsozialisten und die italienischen Faschisten im Bürgerkrieg seit 1936 massiv unterstützt hatten. Wenn auch das von Hitler stets angestrebte Bündnis mit England nicht zustande gekommen war, so schien das „weltpolitische Dreieck" Berlin – Rom – Tokio eine Politik ohne – oder sogar gegen – das britische Weltreich zuzulassen.*

Benito Mussolini (1883-1945): italienischer Politiker; 1922 zum Ministerpräsidenten ernannt; errichtete eine Diktatur; 1945 von Widerstandskämpfern erschossen

Die Annexion Österreichs Der amerikanische Präsident Franklin D. Roosevelt** signalisierte zwar die Abwendung von der Neutralitätspolitik, aber England, Frankreich und die meisten anderen westeuropäischen Länder hatten mit inneren Problemen und den Nachwirkungen der Weltwirtschaftskrise zu kämpfen. Sie wollten unbedingt am Frieden festhalten und setzten auf *Appeasement* (dt. Beschwichtigung) als Maxime ihrer Außenpolitik. So ist es zu erklären, dass das Deutsche Reich keinen ernsthaften Widerstand fand und ab 1938 die Aggressivität seiner Außenpolitik noch steigern konnte.

Bereits im März 1938 marschierten deutsche Truppen in Österreich ein und wurden zum Teil mit triumphalem Jubel empfangen. Hitler verkündete auf dem Wiener Heldenplatz den begeisterten Menschenmassen „den Eintritt meiner Heimat in das Deutsche Reich". Die von der Frankfurter Nationalversammlung 1848/49 verworfene „großdeutsche Lösung" wurde von den Nationalsozialisten als vollendet gefeiert.***

* Lesen Sie dazu auch die OnLine-Kapitel „Die Krise der Demokratie in Frankreich und Großbritannien" und „Faschismus und autoritäre Regime in Europa: die Beispiele Italien, Spanien, Polen und Ungarn"; siehe Code **4673-00**.
** **Franklin D. Roosevelt**: Siehe S. 186.
*** Zur „großdeutschen Lösung" siehe S. 27.

▲ Die Erweiterung des Deutschen Reiches zwischen 1933 und 1939.

Weitere Expansion Auch in Deutschland fand Hitlers Politik jetzt fast uneingeschränkte Zustimmung. Nun forderte Hitler die „Lösung des Sudetenproblems“, die für ihn darin bestand, die deutschsprachig dominierten Gebiete der Tschechoslowakei dem Reich einzugliedern. Er machte sich dabei bestehende Konflikte zunutze. Nicht nur die Deutschen, auch Polen, Ungarn und andere Volksgruppen erhoben Autonomieforderungen. Mit seiner Beteuerung, das sudetendeutsche Gebiet sei die letzte territoriale Forderung des Deutschen Reiches, konnte Hitler sich wiederum durchsetzen. Auf der *Konferenz von München* am 29. September 1938 legten Deutschland, Italien, Frankreich und England ohne Beteiligung von Vertretern der Tschechoslowakei die Modalitäten für die geforderten territorialen Veränderungen fest (*Münchener Abkommen*).

Doch schon ein halbes Jahr später marschierten deutsche Truppen in der „Rest-Tschechei“ ein. Drei Tage später wurde das *Protektorat Böhmen und Mähren* de facto der Reichsverwaltung unterstellt. Diesmal konnte das Deutsche Reich seinen Schritt nicht mehr mit dem Hinweis auf das Selbstbestimmungsrecht der Völker begründen. Erneut griffen die anderen europäischen Mächte nicht ein, aber sie wussten nun, dass sie nicht länger zusehen konnten. Schon Ende März gaben Frankreich und England eine verbindliche Garantieerklärung für Polen ab, das zunehmend die Zielscheibe aggressiver deutscher Propaganda wurde. Der nächste Schritt der Machtausdehnung auf Kosten Polens musste den von Hitler längst einkalkulierten Krieg bedeuten.

In dieser Phase gelang der deutschen Diplomatie ein spektakulärer Erfolg: Die Nationalsozialisten, die sich immer als schärfste Feinde des „Bolschewismus“ verstanden und inszeniert hatten, schlossen am 23. August 1939 einen *Nichtangriffspakt mit der Sowjetunion* („Hitler-Stalin-Pakt“; ▸ M1). Diese hatte kurz zuvor noch Verhandlungen über einen britisch-französisch-sowjetischen Dreibund unter möglicher polnischer Beteiligung geführt, die aber gescheitert waren.

Der sowjetische Diktator Josef W. Stalin* konnte sich nun bei einem zu erwartenden Angriff Deutschlands auf Polen aus allen Kampfhandlungen heraushalten und wusste seine Einflusssphäre in Osteuropa gesichert (▸ M2). In einem geheimen Zusatzprotokoll vereinbarten Deutschland und die Sowjetunion die Aufteilung Polens.

1. *Fassen Sie die Politik der europäischen Staaten gegenüber der nationalsozialistischen Außenpolitik zusammen.*
2. *Arbeiten Sie heraus, mit welchen Maßnahmen die Bestimmungen des Versailler Vertrages revidiert wurden.*

* **Josef W. Stalin**: Siehe S. 177.

M1 Der Nichtangriffspakt mit der UdSSR

Ende August 1939 wird der Öffentlichkeit folgendes Abkommen präsentiert, das der sowjetische Außenminister Wjatscheslaw M. Molotow mit dem deutschen Außenminister Joachim von Ribbentrop am 23. August unterschrieben hat:

Art. 1 Die beiden vertragschließenden Teile verpflichten sich, sich jeden Gewaltakts, jeder aggressiven Handlung und jedes Angriffs gegeneinander, und zwar sowohl einzeln als auch gemeinsam mit anderen Mächten, zu enthalten.
Art. 2 Falls einer der vertragschließenden Teile Gegenstand kriegerischer Handlungen seitens einer dritten Macht werden sollte, wird der andere vertragschließende Teil in keiner Form diese dritte Macht unterstützen. [...]
Art. 4 Keiner der beiden vertragschließenden Teile wird sich an irgendeiner Mächtegruppierung beteiligen, die sich mittelbar oder unmittelbar gegen den anderen Teil richtet.
Geheimes Zusatzprotokoll[1]: Für den Fall einer territorial-politischen Umgestaltung der zum polnischen Staate gehörenden Gebiete werden die Interessensphären Deutschlands und der UdSSR ungefähr durch die Linie der Flüsse Narew, Weichsel und San abgegrenzt.
Die Frage, ob die beiderseitigen Interessen die Erhaltung eines unabhängigen polnischen Staates erwünscht erscheinen lassen und wie dieser Staat abzugrenzen wäre, kann endgültig erst im Laufe der weiteren politischen Entwicklung geklärt werden. In jedem Falle werden beide Regierungen diese Frage im Wege einer freundschaftlichen Verständigung lösen.

OSTEUROPA. Zeitschrift für Gegenwartsfragen des Ostens, 39. Jg. (1989), S. 417-419

1. *Erläutern Sie, was der Nichtangriffspakt über die außenpolitischen Planungen beider Länder aussagt.*
2. *Diskutieren Sie die Bedeutung des geheimen Zusatzprotokolls.*

Internettipp:
Die vollständige Fassung des Vertrages finden Sie unter Code ***4673-24***.

[1] Das Zusatzprotokoll wurde im Westen 1948 bekannt. Die Sowjetunion bestritt bis 1989 die Existenz dieser Abmachung.

M2 Stalins Haltung zum „Nichtangriffspakt" und zum Kriegsausbruch

Der Generalsekretär der Kommunistischen Internationale, der Bulgare Georgi Dimitroff, notiert am 7. September 1939 folgende Äußerungen Stalins in sein Tagebuch:

- Der Krieg wird zwischen zwei Gruppen von kapitalistischen Staaten geführt – (arme und reiche im Hinblick auf Kolonien, Rohstoffe usw.), um die Neuaufteilung der Welt, um die Weltherrschaft!
- Wir haben nichts dagegen, dass sie kräftig aufeinander einschlagen und sich schwächen.
- Nicht schlecht, wenn Deutschland die Lage der reichsten kapitalistischen Länder (vor allem Englands) ins Wanken brächte.
- Hitler selber zerrüttet und untergräbt, ohne es zu verstehen und zu wollen, das kapitalistische System.
- Die Haltung der Kommunisten an der Macht ist eine andere als die der Kommunisten in der Opposition.
- Wir sind bei uns Herren im Hause.
- Die Kommunisten in den kapitalistischen Ländern sind in der Opposition, dort ist die Bourgeoisie der Hausherr.
- Wir können manövrieren, eine Seite gegen die andere aufbringen, damit sie sich noch stärker in die Haare kriegen.
- Der Nichtangriffsvertrag hilft Deutschland in gewissem Maße. [...]
- Die Kommunisten der kapitalistischen Länder müssen entschieden gegen ihre Regierungen, gegen den Krieg auftreten. [...]
- Der polnische Staat war früher (in der Geschichte) ein Nationalstaat. Deshalb haben ihn die Revolutionäre gegen Teilung und Versklavung verteidigt.
- Heute ist er – ein faschistischer Staat, der Ukrainer, Weißrussen usw. knechtet.
- Die Vernichtung dieses Staates unter den gegenwärtigen Bedingungen würde einen bourgeoisen Staat weniger bedeuten!
- Was ist Schlechtes daran, wenn wir im Ergebnis der Zerschlagung Polens das sozialistische System auf neue Territorien und die Bevölkerung ausdehnen?

Georgi Dimitroff, Tagebücher 1933-1943, hrsg. von Bernhard H. Bayerlein. Aus dem Russischen und Bulgarischen von Wladislaw Hedeler und Birgitt Schliewenz, Bd. 1, Berlin 2000, S. 273f.

Fassen Sie die Haltung Stalins zusammen und bewerten Sie diese.

Der Zweite Weltkrieg und die Entstehung der Anti-Hitler-Koalition

Hitlers Anfangserfolge 1939/40 Am 1. September 1939 griffen deutsche Truppen ohne Kriegserklärung Polen an. Nach Ablauf ihrer Ultimaten erklärten Frankreich und Großbritannien Deutschland am 3. September den Krieg. Allerdings hielten sich die Westmächte vorläufig in der Defensive, weil sie sich militärisch noch zu schwach fühlten. Daher konnte die deutsche Wehrmacht Polen so schnell besiegen, dass sie später von einem „*Blitzkrieg*“ sprach. Bereits Ende September wurde Polen – wie im Zusatzprotokoll des „Hitler-Stalin-Paktes“ vereinbart – zwischen Deutschland und der Sowjetunion aufgeteilt.

Als die englische Regierung auf deutsche Friedensangebote nicht reagierte, ließ Hitler im April 1940 Dänemark und Norwegen besetzen. Einen Monat später griff die Wehrmacht Belgien, die Niederlande, Luxemburg und Frankreich an. Durch schnelle Panzervorstöße gelang der riskante Feldzug gegen den westlichen Gegner. Am 14. Juni zogen die Deutschen in Paris ein. Hitler hielt das Reich nun für unbesiegbar.

▲ **Europa im Zweiten Weltkrieg.**

Die Briten – seit Mai 1940 unter dem konservativen Premierminister **Winston Churchill** – waren entschlossen, den Krieg gegen das Deutsche Reich unter allen Umständen durchzustehen (▸ M1). Daher strebten Hitler und sein Generalstab eine Invasion auf den Britischen Inseln an und forcierten ab Juli 1940 den Luft- und U-Boot-Krieg, um eine Landung vorzubereiten. Der Plan erwies sich aber als grobe Fehleinschätzung. Zum ersten Mal erreichte Hitler sein militärisches Ziel nicht. Im Gegenteil, die strategische Lage verschlechterte sich durch die immer deutlichere Parteinahme der USA für die Engländer.

Winston Churchill (1874-1965): britischer Offizier, Politiker und Schriftsteller; 1940-1945 und 1951-1955 Premierminister, 1940-1955 Führer der Konservativen. 1953 erhielt er den Nobelpreis für Literatur.

Die Wende in Russland Inzwischen hatte das Deutsche Reich den Krieg gegen die Sowjetunion begonnen, weil Hitler glaubte, nicht länger mit dem Krieg gegen „Bolschewiken und Juden“ um „Lebensraum“ warten zu können. Seit Sommer 1940 hatte Hitler Pläne für den Angriff gegen die Sowjetunion ausarbeiten lassen, ohne den Gegner im Westen – Großbritannien – besiegt zu haben. Mit einem Überraschungsangriff, der von der Ostsee bis zu den Karpaten auf breiter Front von über drei Millionen Soldaten geführt wurde, eröffnete Hitler am 22. Juni 1941 ohne Kriegserklärung den Kampf gegen die Sowjetunion („*Unternehmen Barbarossa*“). Unterstützt wurde die deutsche Offensive von verbündeten finnischen, slowakischen, ungarischen, rumänischen und italienischen Truppen. Stalin hatte britische und amerikanische Warnungen vor einem deutschen Angriff als Propaganda abgetan und nicht ernst genommen.

Die deutsche Führung hoffte, die zahlenmäßig überlegene Rote Armee in einem „Blitzfeldzug“ überrumpeln zu können. Panzereinheiten sollten die Rote Armee mit

Lesetipp:
Jörg Echternkamp, Die 101 wichtigsten Fragen – Der Zweite Weltkrieg, München 2010

Luftwaffenunterstützung in Kesselschlachten besiegen. Bis zum Herbst hatte die Wehrmacht die Ukraine erobert und war bis Leningrad und bis kurz vor Moskau vorgedrungen. Auf Anordnung der Führung waren Richtlinien und Befehle erlassen worden, die internationale Regeln der Kriegsführung missachteten: Gefangene genossen keinen Schutz, Kommunisten, Kommissare (Politoffiziere der Roten Armee) und Juden konnten ohne Einschränkung getötet werden (▸ M2). In dieser Phase des Krieges begann der **Völkermord (Genozid)**.* Vollstrecker der Verbrechen waren vor allem spezielle **Einsatzgruppen** der Sicherheitspolizei und des SD, Einheiten aus SS, Gestapo und Polizei, aber auch reguläre Einheiten der Wehrmacht beteiligten sich.** Bis zum Frühjahr 1942 hatte die Sowjetunion 1,5 bis 2,5 Millionen Kriegstote zu beklagen. Darunter waren auch etwa 1,8 von insgesamt 3,7 Millionen sowjetischen Kriegsgefangenen, die allein während des Russlandfeldzuges im Jahr 1941 in deutsche Hände gefallen und entweder sofort durch systematische Erschießungen ermordet oder unter elenden Bedingungen in Kriegsgefangenenlagern vor Erschöpfung und Hunger gestorben waren. Die Zahl der Toten sollte sich bis Kriegsende auf drei Millionen erhöhen; damit starben über 50 Prozent der insgesamt 5,7 Millionen sowjetischen Kriegsgefangenen in der „Obhut" der deutschen Armee (*Christian Hartmann*).

Der „Blitzfeldzug" erwies sich aber als völlig unrealistisch. Nachschubprobleme, die Weite des Landes und das raue Klima, auf das die Wehrmacht nur unzureichend vorbereitet war, stoppten den deutschen Vormarsch. Darüber hinaus war die Rote Armee unerwartet gut organisiert. Im Dezember 1941 konnte sie eine Gegenoffensive einleiten, der die Deutschen auf Dauer nicht gewachsen waren. In einer *Kesselschlacht bei Stalingrad* gelang der sowjetischen Armee Anfang 1943 ein überwältigender Sieg, dessen psychologische Wirkung für beide Seiten von großer Bedeutung war. Nachdem die Wehrmacht die Stadt ab August 1942 belagert hatte, war es der Roten Armee bei Wintereinbruch gelungen, die deutschen Linien zu durchbrechen und 200 000 Soldaten einzuschließen. Hitler verbot jeden Ausbruchsversuch, worauf Tausende verhungerten und über 100 000 Soldaten in sowjetische Kriegsgefangenschaft gerieten. Davon sollten nach dem Krieg nur etwa 5 000 Mann nach Deutschland zurückkehren. Gegen die tiefe Niedergeschlagenheit in der Bevölkerung versuchte Propagandaminister Goebbels anzukämpfen, indem er zum „totalen Krieg" aufrief. Doch der Mythos, der den „Führer" umgeben hatte, bröckelte.

Völkermord (Genozid): Auslöschung willkürlich definierter Gruppen von Menschen unter zumeist extrem brutalen Begleitumständen; der englische Begriff für Völkermord, *genocide*, geht auf Raffael Lemkin, einen Juristen polnisch-jüdischer Herkunft, zurück, der ihn im Jahr 1944 prägte. Das Wort „Genozid" setzt sich aus dem griechischen *genos* (Stamm, Rasse, Volk) und dem lateinischen *caedere* (töten) und dem Suffix *-cide* zusammen. Beispiele für Genozide in der Geschichte sind der Holocaust (siehe S. 299 f.) sowie der Völkermord an den Armeniern während des Ersten Weltkrieges.

Einsatzgruppen: Sondereinheiten, die nach dem Einmarsch in besetzte und eroberte Gebiete, so etwa in Polen und in der Sowjetunion, die „Bekämpfung der Reichsfeinde" übernehmen sollten. Bereits in Polen sowie dann vor allem in der Sowjetunion geschah dies primär durch Erschießungen – auf sowjetischem Gebiet ermordeten die Einsatzgruppen, die mit der Wehrmacht ins Land kamen, vermutlich über eine Million Menschen, vor allem jüdische Männer, Frauen und Kinder.

Die deutsche Wirtschaft im Krieg Die NS-Machthaber waren bemüht, die Belastungen für die deutsche Bevölkerung in möglichst engen Grenzen zu halten und alle Kräfte für den Krieg zu bündeln. Niemand sollte Hunger leiden, denn Hitler fürchtete Streiks und innere Unruhen, wie er sie am Ende des Ersten Weltkrieges erlebt hatte. Nicht zuletzt infolge der enormen Gebietsgewinne gelang es, die Zufuhr an Rohstoffen und Lebensmitteln ins Deutsche Reich zu steigern. Rücksichtslos wurden Produktion und Ressourcen aller besetzten Länder für die deutschen Bedürfnisse ausgebeutet. Der private Besitz sollte möglichst nicht angetastet werden. Im Gegenteil, zum Urlaub heimkehrende Soldaten durften, teils unter Umgehung der Zollvorschriften, große Mengen an Lebensmitteln und Verbrauchsgütern in die Heimat mitnehmen.

Die Währungen der besetzten Länder wurden an den Rand des Ruins getrieben, Goldreserven, Devisen, Aktien und viele Depositen von der Reichsbank beschlagnahmt. Nur mit knapper Not konnte in einigen Staaten der Bankrott vermieden werden.

Lesetipp:
Felix Römer, Kameraden: Die Wehrmacht von innen, München 2012

* Zu Völkermord und Holocaust siehe auch S. 296 ff.
** Zu den Besatzungsverbrechen siehe S. 297 f.

Zu den Maßnahmen, mit denen die Leistung der deutschen Kriegswirtschaft gesteigert werden sollte, zählte auch der Einsatz ausländischer Gefangener und *Zwangsarbeiter* (▸ M3, M4). Da die Millionen Kriegsgefangenen den Ausfall der in die Wehrmacht eingezogenen Männer nicht ausgleichen konnten, wurden in den besetzten Gebieten systematisch arbeitsfähige Menschen gefangen genommen und nach Deutschland geschickt – rund sieben Millionen Frauen und Männer insgesamt. Fast drei Millionen „Fremdarbeiter" stammten aus der Sowjetunion, eine Million aus Polen. Massentransporte in Güterwaggons, schlechte Behandlung und Unterbringung, mangelhafte Ernährung sowie schwerste körperliche Arbeit gehörten zu den unmenschlichen Bedingungen, denen die Opfer in der Regel ausgesetzt waren. Sie wurden nicht nur wesentlich geringer entlohnt, sondern auch mit einem höheren Steuersatz belegt. Den Lohnanteil, der für die Angehörigen in der Heimat bestimmt war, kassierte die deutsche Finanzverwaltung.

Lesetipp:
Volkhard Knigge u. a. (Hrsg.), Zwangsarbeit. Die Deutschen, die Zwangsarbeiter und der Krieg, Weimar 2010 (Ausstellungskatalog)

Internettipps:
Weitere Informationen und Dokumente zur Zwangsarbeit finden Sie unter Code ***4673-25***.

Der europäische Krieg wird zum Weltkrieg Der deutsche Angriff auf die Sowjetunion veränderte die Außenpolitik der USA (▸ M5). Anfang August 1941 veröffentlichten der US-Präsident Roosevelt* und der britische Premierminister Churchill die *Atlantik-Charta* (▸ M6). Sie wurde zur Grundlage der **Anti-Hitler-Koalition** und des gemeinsamen Kampfes gegen die „Nazityrannei".

Am 7. Dezember 1941 eröffnete Japan mit einem Luftangriff auf die amerikanische Pazifikflotte in *Pearl Harbor* die Kampfhandlungen gegen die USA. Deutschland und Italien erklärten daraufhin den Vereinigten Staaten den Krieg.

Die großen Materialreserven, das Industriepotenzial und die frischen Truppen der USA verhalfen den Alliierten zu einer deutlichen Überlegenheit. Als den Amerikanern und Engländern am 6. Juni 1944 die Landung an der Küste der Normandie gelang, war die deutsche Niederlage nur noch eine Frage der Zeit. Auch die Lufthoheit lag jetzt bei den Westmächten. Auf der *Konferenz von Jalta* (4. 2. - 11. 2. 1945) einigten sich die Regierungschefs von Großbritannien, der UdSSR und der USA – Churchill, Stalin und Roosevelt – auf Regelungen für die künftige Besetzung Deutschlands, vor allem die Aufteilung in vier Besatzungszonen. Da die nationalsozialistische Führung verbissen den Widerstand aufrechterhielt, sanken die meisten deutschen Großstädte unter den alliierten Luftangriffen in Schutt und Asche. Erst als die Rote Armee vor Berlin stand, begingen Hitler und mehrere seiner Mitarbeiter Selbstmord. Im Mai 1945 unterzeichneten die Generäle Jodl und Keitel die deutsche Gesamtkapitulation.

Der Zweite Weltkrieg endete drei Monate später mit der bedingungslosen Kapitulation Japans, nachdem die USA über Hiroshima und Nagasaki erstmals Atombomben abgeworfen hatten. Diese Waffen waren mit einem riesigen Forschungsaufwand in den USA entwickelt worden. Der amerikanische Präsident **Harry S. Truman**, der nach dem Tode Roosevelts im April 1945 die Macht übernommen hatte, schob Bedenken gegen die gewaltige Zerstörungskraft der Atomwaffen u. a. mit dem Hinweis beiseite, dass man die Japaner nur auf diese Weise zur bedingungslosen Kapitulation zwingen könne. Über 200 000 Menschen starben bei den Bombenabwürfen sofort. Die Langzeitfolgen der radioaktiven Verseuchung wurden erst später deutlich: Zahllose Menschen starben an Leukämie und an anderen Folgekrankheiten.

Anti-Hitler-Koalition: die Gegner des nationalsozialistischen Deutschland mit den USA, Großbritannien und der Sowjetunion an der Spitze. Die „Großen Drei" legten auf der Konferenz von Casablanca Anfang 1943 die bedingungslose Kapitulation Deutschlands, Japans und Italiens als Kriegsziel fest.

Harry S. Truman (1884 - 1972): Als Vizepräsident wurde er nach dem Tod von Franklin D. Roosevelt im April 1945 US-Präsident. Seine Amtszeit dauerte bis 1953.

Vom Blitzkrieg zum Weltkrieg zur deutschen Niederlage: Skizzieren Sie den Verlauf des Krieges in einer knappen Übersicht.

* **Franklin D. Roosevelt**: Siehe S. 186.

M1 „Englands Pflicht“

Als die Niederlage Frankreichs offenbar wird, betont Englands Premierminister Winston Churchill in einer Rede am 18. Juni 1940, dass Großbritannien nicht aufgeben werde:

Die Schlacht, die General Weygand[1] die Schlacht um Frankreich nannte, ist vorbei. Ich erwarte, dass jetzt die Schlacht um England beginnen wird. Von ihrem Ausgang hängt der Fortbestand der christlichen Kultur ab. Von ihr hängt unsere eigene nationale Existenz, die lange währende Stetigkeit unserer Einrichtungen und unseres Weltreiches ab. Die ganze Wut und Macht des Feindes muss sich sehr bald gegen uns wenden, Hitler weiß sehr wohl, dass er entweder uns auf unserer Insel zerschmettern oder den Krieg verlieren muss. Vermögen wir ihm standzuhalten, so kann ganz Europa befreit werden, und die Menschheit kann zu weiten, sonnenhellen Höhen aufwärtsschreiten. Versagen wir aber, dann wird die ganze Welt, samt den Vereinigten Staaten und samt all dem, was wir gekannt und geliebt haben, in den Abgrund eines neuen dunklen Zeitalters versinken, dem die Lichter einer missbrauchten Wissenschaft noch tiefere Finsternis und vielleicht auch längere Dauer verleihen. Rüsten wir uns daher zur Erfüllung unserer Pflicht; handeln wir so, dass, wenn das Britische Reich und seine Völkergemeinschaft noch tausend Jahre bestehen, die Menschen immer noch sagen werden: „Das war ihre größte Stunde.“

Winston S. Churchill, Der Zweite Weltkrieg. Memoiren, übersetzt von Irene Mühlon, Bd. II, 1, Stuttgart 1954, S. 272

1. *Arbeiten Sie heraus, wie Churchill die Situation Europas nach der Niederlage Frankreichs beurteilt.*
2. *Analysieren Sie die Rede im Hinblick auf die von Churchill verwendeten rhetorischen Mittel und arbeiten Sie die Wirkungsabsicht Churchills heraus.*
3. *Trotz der Neutralität der USA verkauften die Vereinigten Staaten Kriegsmaterial nach England und Frankreich, ab 1941 auch auf Kredit. Interpretieren Sie die besonderen Beziehungen zwischen England und den USA und ihre Bedeutung für den Verlauf des Zweiten Weltkrieges.*

[1] **Maxime Weygand** (1867-1965): General im Ersten und Zweiten Weltkrieg, 1940 Oberbefehlshaber der französischen Truppen

M2 „Völlige Vernichtung“

Der Oberbefehlshaber der 6. Armee, General von Reichenau, gibt am 10. Oktober 1941 einen Befehl aus, der das „Verhalten der Truppen im Ostraum“ betrifft. Hitler bezeichnet diesen Befehl als vorbildlich, sodass er auch von anderen Truppenteilen übernommen wird:

Hinsichtlich des Verhaltens der Truppe gegenüber dem bolschewistischen System bestehen vielfach noch unklare Vorstellungen. Das wesentlichste Ziel des Feldzuges gegen das jüdisch-bolschewistische System ist die völlige Zerschlagung der Machtmittel und die Ausrottung des asiatischen Einflusses im europäischen Kulturkreis. Hierdurch entstehen auch für die Truppe Aufgaben, die über das hergebrachte einseitige Soldatentum hinausgehen. Der Soldat ist im Ostraum nicht nur ein Kämpfer nach den Regeln der Kriegskunst, sondern auch Träger einer unerbittlichen völkischen Idee und der Rächer für alle Bestialitäten, die deutschem und anverwandtem Volkstum zugefügt wurden. Deshalb muss der Soldat für die Notwendigkeit der harten, aber gerechten Sühne am jüdischen Untermenschentum volles Verständnis haben. Sie hat den weiteren Zweck, Erhebungen im Rücken der Wehrmacht, die erfahrungsgemäß stets von Juden angezettelt wurden, im Keime zu ersticken. Der Kampf gegen den Feind hinter der Front wird noch nicht ernst genug genommen. Immer noch werden heimtückische, grausame Partisanen und entartete Weiber zu Kriegsgefangenen gemacht, immer noch werden halb uniformierte oder in Zivil gekleidete Heckenschützen und Herumtreiber wie anständige Soldaten behandelt und in die Gefangenenlager abgeführt. [...] Fern von allen politischen Erwägungen der Zukunft hat der Soldat zweierlei zu erfüllen: 1.) die völlige Vernichtung der bolschewistischen Irrlehre, des Sowjetstaates und seiner Wehrmacht. 2.) die erbarmungslose Ausrottung artfremder Heimtücke und Grausamkeit und damit die Sicherung des Lebens der deutschen Wehrmacht in Russland. Nur so werden wir unserer geschichtlichen Aufgabe gerecht, das deutsche Volk von der asiatisch-jüdischen Gefahr ein für allemal zu befreien.

Zitiert nach: Reinhard Rürup (Hrsg.), Der Krieg gegen die Sowjetunion 1941-1945. Eine Dokumentation, Berlin 1991, S. 122

1. *Erläutern Sie die angeblich „unklaren Vorstellungen“ der Soldaten über die Kriegsführung.*
2. *Erörtern Sie, inwiefern die deutsche Kriegsführung ein Teil der NS-Rassenpolitik war (vgl. S. 274 f., M3).*
3. *Informieren Sie sich über damalige und heutige Völkerrechtsvereinbarungen, die auch im Krieg gültig bleiben. Inwiefern haben die Deutschen dagegen verstoßen?*

M3 Strafen

Im Zusammenhang mit dem Einsatz von Arbeitskräften aus der Sowjetunion nennt der Reichsstatthalter in Hessen den Landräten und der Polizei am 23. Mai 1942 folgende Maßnahmen zur „Bekämpfung von Disziplinwidrigkeit“:

Disziplinlosigkeiten [...] werden ausschließlich von der Geheimen Staatspolizei bekämpft. In schweren Fällen [...] hat die Staatspolizeileitstelle mit ihren Mitteln einzugreifen. Dementsprechend wird in der Regel nur mit harten Maßnahmen, d.h. Einweisung in ein Konzentrationslager oder Sonderbehandlung, vorzugehen sein. [...] In besonders schweren Fällen ist beim Reichssicherheitshauptamt Sonderbehandlung [...] zu beantragen. Die Sonderbehandlung erfolgt durch Strang. Sie soll nicht in unmittelbarer Nähe des Lagers stattfinden. Eine gewisse Anzahl von Arbeitskräften [...] soll der Sonderbehandlung beiwohnen, ihnen ist dabei der Tatbestand, der zur Sonderbehandlung führte, warnend bekanntzugeben.

Zitiert nach: Hessisches Staatsarchiv Darmstadt (Hrsg.), „... so viel an Arbeitsleistung herauszuholen, als nur irgend möglich ist“. Zwangsarbeiterinnen und Zwangsarbeiter in Darmstadt und Südhessen 1939-1945, Darmstadt 2002, S. 55

■ *Erläutern Sie die Strafen. Berücksichtigen Sie dabei auch den nebenstehenden Anschlag von 1942. Was sagen die Maßnahmen über die Verhältnisse in den Lagern aus?*

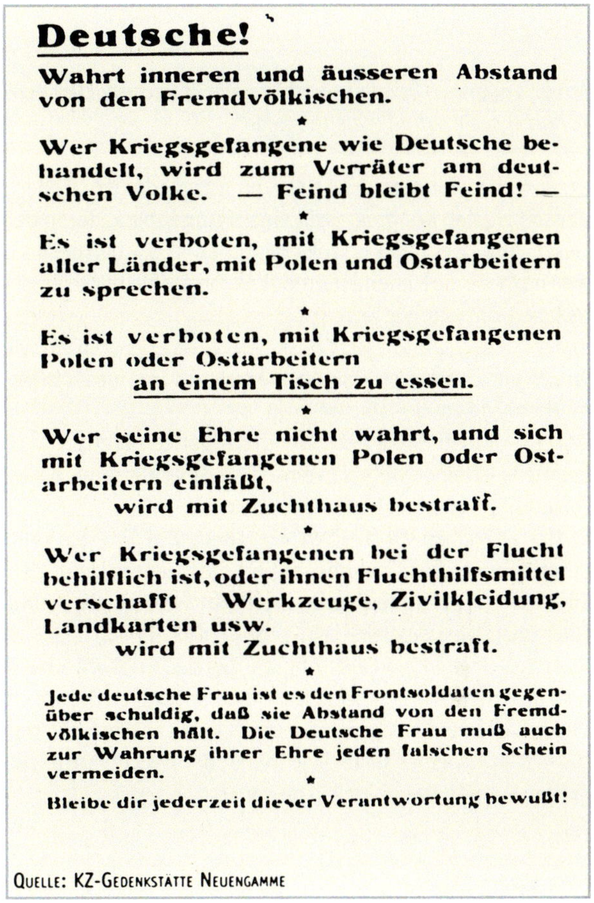
Deutsche!

Wahrt inneren und äusseren Abstand von den Fremdvölkischen.

*

Wer Kriegsgefangene wie Deutsche behandelt, wird zum Verräter am deutschen Volke. — Feind bleibt Feind! —

*

Es ist verboten, mit Kriegsgefangenen aller Länder, mit Polen und Ostarbeitern zu sprechen.

*

Es ist verboten, mit Kriegsgefangenen Polen oder Ostarbeitern an einem Tisch zu essen.

*

Wer seine Ehre nicht wahrt, und sich mit Kriegsgefangenen Polen oder Ostarbeitern einläßt, wird mit Zuchthaus bestraft.

*

Wer Kriegsgefangenen bei der Flucht behilflich ist, oder ihnen Fluchthilfsmittel verschafft Werkzeuge, Zivilkleidung, Landkarten usw. wird mit Zuchthaus bestraft.

*

Jede deutsche Frau ist es den Frontsoldaten gegenüber schuldig, daß sie Abstand von den Fremdvölkischen hält. Die Deutsche Frau muß auch zur Wahrung ihrer Ehre jeden falschen Schein vermeiden.

*

Bleibe dir jederzeit dieser Verantwortung bewußt!

QUELLE: KZ-GEDENKSTÄTTE NEUENGAMME

▲ **„Deutsche!“**
Anschlag von 1942.

M4 Ein Bericht

Jelena D., geb. 20. Mai 1926, wird 1942 aus der Krim nach Deutschland verschleppt. Am 30. August 2000 schreibt sie dem Oberbürgermeister von Darmstadt:

Ich wurde [...] von SS-Leuten festgenommen und im Lastzug brachte man uns zuerst nach Michelstadt am Main. Hier arbeitete ich bis März 1943 in der Spinnerei-Fabrik von Ludwig Arzt. [...] Wegen der Arbeitssabotage wurde ich verhaftet und nach einer Weile versetzte man uns nach Darmstadt – wir wurden im Barackenlager im Walde untergebracht (hinter dem Stacheldraht!) und arbeiteten in einem Ausrüstungswerk, wo Minen und Geschosse erzeugt wurden. Ich arbeitete in der Abteilung, wo Minenkasten schwarz markiert werden. Das Leben war sehr schwer – wir waren ganz erschöpft – immer hungrig! Wir Mädchen bekamen nur Steckrübensuppe und Ersatzbrot. [...]
Im Sommer 1944 wurde ich verhaftet und saß im Gestapo (im Zentrum der Stadt) – wegen eines Briefes über die Wahrheit unseres Lebens in Deutschland. Das war mein Brief an meine Freundin Katja Maximowa auf der Krim. Im Gestapo war ich verstümmelt – meine Beine sind bis heute so schrecklich! So war ich schon ganz krank, konnte nur mit Krücken gehen. Dann sammelte man uns, ganz erschöpfte und verstümmelte Häftlinge, und wir waren im Lager wieder untergebracht. Das war ein Lager für „Halbtote“, die Gespenster hinter dem Stacheldraht!!! Dann lieferte man uns nach Polen, dann nach Schebetowka und dann – freigelassen! Ich konnte mich kaum bewegen – ein Gerippe mit verstümmelten Beinen! Im Gestapo saugte man unser Blut! Darum war ich sehr sehr krank noch lange Zeit. Und das ganze Leben sehe ich in Träumen den Hof von Gestapo und die schwarze Schablone auf den Minenkasten!!!

Zitiert nach: „... so viel an Arbeitsleistung herauszuholen, als nur irgend möglich ist“. Zwangsarbeiterinnen und Zwangsarbeiter in Darmstadt und Südhessen 1939-1945, a.a.O., S. 80

■ *Nehmen Sie Stellung zu dem Brief. Entwerfen Sie eine mögliche Antwort des Oberbürgermeisters.*

M5 Vier Freiheiten

Am 6. Januar 1941 hält Präsident Franklin D. Roosevelt vor dem Kongress seine „Vier-Freiheiten-Rede“:

Ich spreche zu Ihnen, meine Herren Mitglieder des siebenundsiebzigsten Kongresses, in einem Augenblick, der in der Geschichte der Union beispiellos ist. Ich sage „beispiellos“, weil noch nie die Sicherheit Amerikas von außen her so ernsthaft bedroht war wie jetzt. [...]
In der Zukunft, die wir jetzt zu sichern versuchen, hoffen wir eine Welt schaffen zu können, die sich auf vier wesentliche menschliche Freiheitsrechte gründet.
Erstens – Redefreiheit, und zwar in der ganzen Welt.
Zweitens – Freiheit für jeden einzelnen, Gott auf seine Weise zu verehren, und zwar überall in der Welt.
Drittens – Freiheit von aller Not – das bedeutet, international gesehen, wirtschaftliche Abkommen, die in jedem Lande den Einwohnern gesunde Friedensverhältnisse sichern –, und zwar überall in der Welt.
Viertens – Freiheit von aller Angst – das bedeutet, international gesehen, eine weltumfassende Abrüstung, so gründlich und bis zu einem solchen Grade, dass kein Land mehr in der Lage ist, irgendeines seiner Nachbarländer gewaltsam anzugreifen –, und zwar überall in der Welt.

Zitiert nach: Helmut Schambeck, Helmut Widder und Marcus Bergmann (Hrsg.), Dokumente zur Geschichte der Vereinigten Staaten von Amerika, Berlin [2]2007, S. 473

1. *Arbeiten Sie Roosevelts Kernaussagen heraus.*
2. *Erläutern Sie, inwiefern er auf Wilsons „Vierzehn-Punkte-Programm“ aufbaut (siehe S. 157f., M6).*
3. *Analysieren Sie die Rolle, die Roosevelt den USA beimisst. Wodurch sieht er diese gerechtfertigt? Nehmen Sie Stellung.*

M6 Die Atlantik-Charta

US-Präsident Franklin D. Roosevelt und der britische Premierminister Winston S. Churchill treffen sich am 12. August 1941 an Bord eines Kriegsschiffes im Atlantik vor der Küste Neufundlands. Sie veröffentlichen am 14. August 1941 die „Atlantik-Charta“. Den Grundsätzen stimmen einen Monat später in London die Regierungen Belgiens, der Tschechoslowakei, Griechenlands, Luxemburgs, der Niederlande, Norwegens, Polens, der Sowjetunion und Jugoslawiens sowie der „Führer der Freien Franzosen“, General Charles de Gaulles (s. Seite 477), zu.

Der Präsident der Vereinigten Staaten und Premierminister Churchill als Vertreter Seiner Majestät Regierung des Vereinigten Königreiches halten es nach gemeinsamer Besprechung für richtig, gewisse allgemeine Grundsätze der nationale Politik ihrer beiden Länder bekannt zu machen, auf die sich ihre Hoffnung auf eine bessere Zukunft für die Welt gründen:
1. Ihre Länder erstreben keinerlei Gebiets- oder sonstige Vergrößerung.
2. Sie wünschen keine Gebietsveränderungen, die nicht mit den frei zum Ausdruck gebrachten Wünschen der betreffenden Völker übereinstimmen.
3. Sie anerkennen das Recht aller Völker, die Regierungsform zu wählen, unter der sie leben wollen; und sie wünschen, dass deren souveräne Rechte und Selbstregierung zurückgegeben werden, die ihrer gewaltsam beraubt worden sind.
4. Sie werden sich unter gebührender Berücksichtigung ihrer bestehenden Verpflichtungen bemühen, allen Staaten, groß oder klein, Siegern oder Besiegten, fördernd zu helfen, dass sie unter gleichen Bedingungen Zutritt zum Handel und zu den Rohstoffen der Welt haben, die zu ihrem wirtschaftlichen Gedeihen notwendig sind.
5. Sie wünschen vollste Zusammenarbeit zwischen allen Nationen auf wirtschaftlichem Gebiet zu erreichen mit dem Ziel, für alle einen gehobenen Arbeitsstandard, wirtschaftlichen Fortschritt und soziale Sicherheit zu gewährleisten.
6. Sie hoffen, dass nach der endgültigen Zerstörung der Nazityrannei ein Frieden geschaffen wird, der allen Nationen die Möglichkeit gibt, in Sicherheit innerhalb ihrer eigenen Grenzen zu leben; und der Gewähr dafür bietet, dass alle Menschen in allen Ländern der Welt ihr Leben frei von Furcht und Mangel leben können.
7. Ein solcher Friede sollte es den Menschen ermöglichen, die Meere und Ozeane ungehindert zu überqueren.
8. Sie glauben, dass aus sachlichen wie aus ideellen Gründen alle Nationen der Welt dazu gelangen müssen, auf die Anwendung von Gewalt zu verzichten. Da künftig kein Friede erhalten werden kann, wenn von Nationen, die mit Angriffen außerhalb ihrer Grenzen drohen oder drohen könnten, weiterhin ihre Land-, See- und Luftrüstungen aufrechterhalten werden, glauben sie, dass bis zur Schaffung eines umfassenderen und dauerhaften Systems allgemeiner Sicherheit die Entwaffnung solcher Nationen wesentlich ist.

Zitiert nach: Friedrich Berber, Völkerrecht. Dokumentensammlung, Bd. II: Konfliktsrecht, München / Berlin 1967, S. 2262 f.

Analysieren Sie die Charta. Was sagt sie über die internationalen Beziehungen aus? Inwiefern sollte sie einen Beitrag zum Kampf gegen die „Nazityrannei“ sein?

Umgang mit Sekundärliteratur üben

Sekundär- oder Fachliteratur ist der Sammelbegriff für jede Form der wissenschaftlichen Auseinandersetzung mit historischen Quellen oder Themen. Der Begriff umfasst Textsorten wie wissenschaftliche Bücher (Monografien), Aufsätze in (Fach-)Zeitschriften, gedruckte Vorträge, Lexikonartikel und Rezensionen (Buchbesprechungen).

Umgang mit Sekundärliteratur üben

Die Fachliteratur über den Nationalsozialismus, das „Dritte Reich" und den Holocaust ist unüberschaubar. Eine Bibliografie aus dem Jahr 2000 nennt 17609 Monografien, 11857 Beiträge aus Sammelwerken und 7557 Zeitungs- und Zeitschriftenaufsätze aus dem Zeitraum von 1945 bis 2000. Seitdem sind zahlreiche weitere Veröffentlichungen hinzugekommen. Zu vielen Monografien sind Rezensionen erschienen, die die Veröffentlichung in die Forschung einordnen, bewerten und oft gegensätzliche Auffassungen vertreten.
Es gibt keine objektive, ein für alle Mal gültige oder richtige und verbindliche Geschichtsschreibung. Sie ist immer abhängig von der Person, die ein Thema mit einem bestimmten Erkenntnisinteresse subjektiv bearbeitet, von der Zeit, in der geforscht wird, von den ausgewählten oder zur Verfügung stehenden Quellen und der verwendeten Fachliteratur. Für das Verständnis eines Textes, seine Einordnung und Bewertung ist es daher notwendig, ihn mit anderen Darstellungen zu vergleichen und ihn nach bestimmten Kriterien zu untersuchen.

Formale Kennzeichen
- Wer ist der Autor oder Rezensent?
- Welche Funktion, welchen Beruf oder welche Stellung hat er?
- Um welche Textsorte handelt es sich (z. B. Lexikonartikel, Fachbuch oder Rezension)?
- Wann, wo und aus welchem Anlass ist der Text veröffentlicht worden?

Textinhalt
- Was wird thematisiert?
- Welche Behauptungen oder Thesen werden aufgestellt?
- Mit welchen Argumenten bzw. Belegen (Quellen, Sekundärliteratur) begründet der Autor seine Aussagen?
- Wie ist der Text aufgebaut? Welche besonderen Merkmale gibt es (Sprache, Stil)?

Historischer Kontext
- Welchen Zeitraum, welches Ereignis oder welche Person behandelt der Text?
- Auf welche wissenschaftliche oder politische Diskussion geht er ein?
- In welchem Bezug steht der Autor/der Rezensent zum behandelten Thema?

Intention
- An welche Adressaten wendet sich der Text?
- Welche Aussageabsicht hat er?
- Welchen Standpunkt nimmt der Autor/der Rezensent ein?

Bewertung
- Wie lässt sich der Text bzw. die Publikation insgesamt einordnen und bewerten?
- Wurde das Thema schlüssig und überzeugend bearbeitet oder ist die Argumentation lückenhaft? Wurden mehrere Perspektiven berücksichtigt?
- Nimmt der Autor Wertungen vor oder stellt er Vermutungen auf?

Beispiel und Analyse

Provokante Überschrift: Anspielung auf Daniel Jonah Goldhagen, Hitlers willige Vollstrecker. Ganz gewöhnliche Deutsche und der Holocaust, Berlin 1996

Marcus Sander: Hitlers willige Räuber?

Knappe Vorstellung des besprochenen Autors/Buches: Götz Aly, Hitlers Volksstaat. Raub, Rassenkrieg und nationaler Sozialismus, Frankfurt am Main 2005

Götz Aly beleuchtet, wie die Nazis die Deutschen mit sozialen Wohltaten bei Laune hielten. [...] Am Anfang stehen zwei Fragen: „Wie konnte das geschehen? Wie konnten die Deutschen aus ihrer Mitte heraus beispiellose Massenverbrechen zulassen und begehen – insbesondere den Mord an den europäischen Juden?" Der 1947 in Heidelberg geborene Historiker vertritt eine spannende, aber im Kern alte These: Der NS-Staat, den Aly als „Gefälligkeitsdiktatur" begreift, habe sich mit Wohltaten die Loyalität gesichert. Die Nazis „erkauften sich den öffentlichen Zuspruch oder wenigstens die Gleichgültigkeit jeden Tag neu."

Beurteilung: keine Ein- und Abgrenzung zentraler Begriffe

Alys These: NS-Staat als „Wohlfühl-Diktatur"

Götz Aly veranlasst uns zu einem Perspektivwechsel, indem er den Blick auf das Spannungsverhältnis zwischen Volk und Führung lenkt und das „sozialistische" Moment des Dritten Reiches beleuchtet. Leider verzichtet er darauf, den Begriff des „Sozialismus", den er praktisch mit „Sozialpolitik" gleichsetzt, nachvollziehbar ein- und abzugrenzen. Aly argumentiert wie folgt: Das NS-Regime war ein Räuberstaat, Hitler eine Art Räuberhäuptling, der sich auf Kosten Schwacher, insbesondere der europäischen Juden, finanzierte, bereicherte und der sein Volk an seiner Beute teilhaben ließ. Das Dritte Reich erscheint nicht als ein System des Terrors, sondern als Regime der sozialen Wärme, „als eine Art Wohlfühl-Diktatur" [...].

Positive Bewertung von Alys Forschungsansatz

Alys These/Beispiel: NS-Sozialpolitik

[...] Während die bisherige Forschung NS-Vokabeln wie „Volksgemeinschaft" und „Volkswohl" zu wenig ernst genommen hat, klopft Aly sie auf ihren sozialpolitischen Kern ab. Dabei wertet er erstmals eine Fülle von finanzpolitischen Akten aus. Hitler, der „klassische Stimmungspolitiker", führte das Kindergeld ein. Das Einkommensteuergesetz von 1934 entlastete Geringverdienende. Hitler betrieb laut Aly eine Politik der kleinen Leute, er forcierte sie mit Kriegsbeginn. [...]

Alys These/Beispiel: NS-Außen- und Judenpolitik

Wer zahlte den Krieg? Alys Antwort ist eindeutig: die okkupierten Länder. Das Dritte Reich bürdete ihnen demnach horrende Besatzungskosten und Abgaben auf [...]. Die Erlöse aus dem Hab und Gut der verjagten und ermordeten Juden flossen in die Kriegskasse. Doch willige Räuber gab es, so Aly, auch im Reichsinnern. In Hamburg waren es allein mindestens 100 000 Bürger, die Gegenstände aus jüdischem Besitz ersteigerten.

Beurteilung: Aly schärft den Blick für den „konsequentesten Massenraubmord der modernen Geschichte"; aber gemessen an seinem Anspruch ist das Buch „kein großer Wurf"

Begründung I: Rechenfehler, Berufung auf J. Adam Tooze

Begründung II: „plakative Neuauflage der Kollektivschuldthese"

Aly schärft den Blick für den „konsequentesten Massenraubmord der modernen Geschichte". Seine These: „Wer von den Vorteilen für die Millionen einfacher Deutscher nicht reden will, der sollte vom Nationalsozialismus und vom Holocaust schweigen."* Dennoch ist das Buch, gemessen an seinem Anspruch, eine Gesamtdeutung der Shoa zu geben, kein großer Wurf. Erstens hat der Wirtschaftshistoriker J. Adam Tooze in der „Tageszeitung" dem Buch Rechenfehler vorgeworfen. [...] Zweitens läuft Alys These auf eine plakative Neuauflage der Kollektivschuldthese hinaus. Seine Behauptung, dass „95 Prozent" der Deutschen von Hitlers „Wohltaten" profitiert hätten [...], belegt er mitnichten.

Begründung III: Massenmord wird zu einseitig gesehen; Vergleich mit Goldhagen

Negatives Fazit: keine Auseinandersetzung mit kontroversen Positionen bzw. ideologischen Antriebskräften

Vor allem mangelt es dem Buch an einer differenzierenden Analyse der Ursachen des Massenmordes. Alys These, dass „die Sorge um das Volkswohl der Deutschen die entscheidende Triebkraft für die Politik des Terrorisierens, Versklavens und Ausrottens" gewesen sei, ist so nicht haltbar. Im Grunde ist sein Buch ein materialistisch argumentierender Goldhagen: Wo der den mörderischen Antisemitismus witterte, wittert Aly allerorten einen Drang zum Rauben. Besonders enttäuschend ist, dass der Autor Gegenpositionen der Forschung, die stärker von einem „Primat der Ideologie", also den ideologischen Antriebskräften für die Judenmorde, ansetzen, ausblendet.

Stuttgarter Zeitung, 24. März 2005, S. 42

* Anspielung auf eine Feststellung des Philosophen Max Horkheimer von 1939: „Wer aber vom Kapitalismus nicht reden will, sollte auch vom Faschismus schweigen."

Formale Kennzeichen Unter dem Titel „Hitlers willige Räuber?" rezensierte Marcus Sander in der Stuttgarter Zeitung vom 24. März 2005 das kurz zuvor erschienene und kontrovers diskutierte Buch „Hitlers Volksstaat" des Historikers Götz Aly (vgl. S. 294). Der 1972 geborene Marcus Sander hat Germanistik, Geschichte und Philosophie studiert und ist Redakteur bei der Stuttgarter Zeitung.

Textinhalt In seiner Rezension stellt Sander das Buch von Götz Aly für den Leser vor, indem er dessen Argumentation erläutert und beurteilt. Die Überschrift ist eine Anspielung auf das 1996 erschienene Buch „Hitlers willige Vollstrecker" des amerikanischen Historikers Daniel Goldhagen (vgl. S. 303, M4, erster Text). Dieser stellt darin die These auf, der Antisemitismus habe die gesamte deutsche Bevölkerung erfasst und sei der Grund für die massenhafte Zustimmung der Deutschen zu Nationalsozialismus und Holocaust* gewesen. Das Buch rief eine heftige Kontroverse unter Geschichtswissenschaftlern und in den Medien hervor.
Im ersten Teil der Rezension fasst Sander Alys Thesen und Ergebnisse zusammen. Aly beantworte die Leitfrage des Buches, wie es zu erklären sei, dass die Deutschen zwischen 1933 und 1945 beispiellose Massenverbrechen zulassen und begehen konnten, mit der Feststellung, dass ihr Zuspruch oder ihre Gleichgültigkeit durch den NS-Staat mit materiellen Wohltaten erkauft worden sei. Das Ergebnis sei „eine Art Wohlfühl-Diktatur" gewesen. Aly belege dies an sozialpolitischen Maßnahmen wie dem Kindergeld und der steuerlichen Entlastung der Geringverdienenden. Außenpolitisch sei diese „Politik der kleinen Leute" auf Kosten der okkupierten Länder und der Juden in Form von Besatzungskosten, massenhaften Plünderungen und Enteignungen finanziert worden.

Historischer Kontext Mit seiner Rezension beteiligt sich Sander an der Debatte, die Alys Buch nach seinem Erscheinen im Frühjahr 2005 in Publizistik und Wissenschaft ausgelöst hat. Neben vielen positiven Besprechungen wurde Aly unter anderem vorgeworfen, er wiederhole nur Goldhagens Thesen, aber materialistisch-ökonomisch begründet. In seinen Gegendarstellungen bestritt Aly dies. Vor allem habe er entgegen mancher Kritik die überkommene „These von der Kollektivschuld" nicht neu beleben wollen.

Intention Sander hat die Rezension für die Leser der Stuttgarter Zeitung verfasst. Er bewertet Alys Forschungsansatz grundsätzlich positiv, da er die „Begriffe ‚Volksgemeinschaft' und ‚Volkswohl'" ernst nehme und bisher unberücksichtigtes Quellenmaterial ausgewertet habe. Insgesamt schärfe Aly den Blick für den „konsequentesten Massenraubmord der Geschichte". Im zweiten Teil seiner Rezension kritisiert Sander jedoch seine Thesen: 1. weil Aly von dem britischen Wirtschaftshistoriker Adam Tooze in der Tageszeitung (taz) vom 12. März 2005 Rechenfehler bei der Kriegskostenverteilung nachwiesen wurden, weil 2. sein Buch „auf eine plakative Neuauflage der Kollektivschuldthese" hinauslaufe, und er 3. vor allem die NS-Gräuel zu undifferenziert auf eine „materialistisch[e]" Ursache, das „Volkswohl der Deutschen" zurückführe, und „Gegenpositionen der Forschung" ausblende, die die NS-Ideologie als Ursachen von Holocaust und Lebensraumpolitik herausgearbeitet haben. Seinen eigenen hohen Anspruch, „eine Gesamtdeutung der Shoa" (Holocaust) geben zu wollen, genüge Aly jedoch nicht.

Bewertung Sanders Argumentation ist sachlich, ausgewogen und berücksichtigt mehrere Perspektiven. Er würdigt Alys breite Quellenbasis und deren Auswertung, folgt in seiner Beurteilung jedoch den kritischen Stimmen in Wissenschaft und Publizistik, die Alys Thesen mit jenen Goldhagens vergleichen und sein Buch als einseitig und undifferenziert kritisieren.

* **Holocaust**: Siehe S. 300.

NS-Vernichtungspolitik und Völkermord

Vorstufe zum Völkermord: das „Euthanasie"-Programm Nach den pseudobiologischen Lehren von „Rassenhygiene" und „Erbgesundheit" galten alle „sozial oder rassisch Unerwünschten" wie die Sinti und Roma und alle slawischen Völker, darunter vor allem Russen und Polen, die Zeugen Jehovas, Homosexuelle oder **„Asoziale"**, als „minderwertig" und „lebensunwert". Dazu zählten auch „erbkranke", geistig und körperlich behinderte Menschen. Das „Gesetz zur Verhütung erbkranken Nachwuchses" vom 14. Juli 1933 ordnete die Zwangssterilisation von Menschen mit vermeintlich verändertem Erbgut an. Ab 1935 wurden schwangere Frauen, bei denen eine „Erbkrankheit" diagnostiziert wurde, zur Abtreibung gezwungen.

Im Herbst 1939 setzte die verharmlosend als **„Euthanasie"** bezeichnete Ermordung von als krank diagnostizierten Menschen ein. Tarngesellschaften organisierten die als **„Aktion T4"** benannte „Vernichtung unwerten Lebens". Ab 1940 wurden etwa 70 000 Menschen in sechs zu Tötungsanstalten umgerüsteten „Heil- und Pflegeanstalten" mit dem Giftgas Kohlenmonoxid ermordet. Doch die Morde wurden spätestens im Frühjahr 1941 in weiten Teilen des Reiches bekannt. In der Bevölkerung regte sich öffentlicher Protest, vor allem vonseiten der Angehörigen der Opfer und auch einiger Bischöfe. Ende August 1941 ließ Hitler das „Euthanasie"-Programm offiziell einstellen. Im Geheimen jedoch wurde die Mordaktion bis zum Kriegsende fortgesetzt. Viele tausend Kranke ließ man verhungern oder tötete sie durch Injektionen überdosierter Medikamente. Die Ermordung angeblich „unwerten Lebens" mit Giftgasen bildete die Vorstufe zum Massenmord in den **Vernichtungslagern**.

„Asoziale": in der NS-Zeit als minderwertig geltende, „arbeitsscheue" oder unangepasst lebende Menschen u. a. aus sozialen Unterschichten, wie Bettler, Landstreicher, Prostituierte, Fürsorgeempfänger oder Alkoholiker

„Euthanasie": Sterbehilfe, abgeleitet von griech.: guter oder leichter Tod

„Aktion T4": nach dem Verwaltungssitz der Vernichtungsaktion in der Tiergartenstraße 4 in Berlin bezeichneter Code

Lesetipp:
Götz Aly, Die Belasteten. „Euthanasie 1933-1945", Eine Gesellschaftsgeschichte, Frankfurt am Main 2013

Vernichtungslager: Im Gegensatz zu den Konzentrationslagern wurden die Menschen nach ihrer Ankunft in den Vernichtungslagern fast ausnahmslos sofort getötet; siehe auch S. 299 f.

Die Deportation der Juden Mit Beginn des Zweiten Weltkrieges im Jahr 1939 radikalisierte sich die „Judenpolitik". Die deutschen Juden wurden nun offiziell als „Reichsfeinde" behandelt. Das NS-Regime richtete Sperrstunden ein, in denen sie ihre Wohnungen nicht verlassen durften. Rundfunkempfänger und Telefone wurden eingezogen. Juden erhielten keine Kleiderkarten mehr. Ihre Lebensmittelkarten waren mit einem „J" markiert, einkaufen durften sie täglich erst nach 15:30 Uhr, wenn die meisten Regale in den Läden bereits leer waren.

Seit dem 15. September 1941 mussten alle Juden vom sechsten Lebensjahr an einen gelben Stern auf der Kleidung tragen, der sie öffentlich stigmatisierte. Ab dem 1. Juli 1943 waren die Juden unter Polizeirecht gestellt und damit endgültig entrechtet. Zu diesem Zeitpunkt lebten jedoch nur noch wenige deutsche Juden in ihrem Heimatland. Wer es nicht geschafft hatte, das Reich zu verlassen oder in einem sicheren Versteck unterzutauchen, wurde ab Oktober 1941 vor aller Augen mit Sammeltransporten in die besetzten Gebiete **deportiert** (▸ M1).

Deportation: Zwangsverschickung bzw. Verbannung von Menschen aus ihrer Heimat. Für die Zeit des „Dritten Reiches" und des Zweiten Weltkrieges bezieht sich der Begriff auf die durch das nationalsozialistische Regime millionenfach verschleppten Menschen, die in die Konzentrations- und Vernichtungslager oder zur Zwangsarbeit deportiert wurden.

◂ **„Judenstern."**
Seit dem 23. November 1939 mussten alle über sechs Jahre alten Juden im deutsch besetzten Polen und vom 2. September 1941 an auch die im Deutschen Reich als Erkennungszeichen einen gelben, aus zwei schwarz umrandeten Dreiecken bestehenden Stern auf der linken Brustseite tragen. Mit dem „Judenstern" knüpften die NS-Behörden an die mittelalterliche Kennzeichnungspflicht für Juden an, wobei als Zeichen absichtlich das Symbol des Judentums, das Hexagramm des Davidsterns, gewählt wurde.

Ziel der Deportationen waren vor allem **Ghettos** in Polen (z. B. Litzmannstadt/Łodź im *Warthegau*). Auch im *Reichskommissariat Ostland*, das waren die beim Angriff auf die UdSSR ab Juni 1941 eroberten Gebiete des Baltikums und Weißrusslands, wurden Ghettos eingerichtet, in denen Tausende einheimischer Juden unter Hunger und Krankheiten litten und ständig der Gefahr ausgeliefert waren, von dort in Vernichtungslager deportiert zu werden. In Ghettos wie Minsk oder Riga wurden vor dem Eintreffen der Transporte aus dem Reich mehrere Tausend Juden erschossen, um Platz für die Neuankömmlinge zu schaffen.

Von der größten deutsch-jüdischen Gemeinde, den etwa 160 000 Juden, die 1933 in Berlin gelebt hatten (3,8 Prozent der Gesamtbevölkerung), war rund 80 000 bis September 1939 die Flucht gelungen. Am 18. Oktober 1941 begannen die Deportationen der Berliner Juden mit einem Transport in das Ghetto Łodź. Anschließend fanden auch Transporte nach Riga und Kaunas/Kowno (Litauen) statt, sodass im Januar 1942 nur noch etwa 58 000 und im November nur noch gut 35 000 Juden in Berlin lebten. Von den 80 000 Personen, die 1941 mit Deportation bedroht gewesen waren, nahmen sich im Jahr 1942 außerdem bis zu 1 000 aus Angst vor der „Evakuierung" das Leben. Bis März 1943 verringerte sich die Zahl der Berliner Juden durch fortlaufende Transporte, die nicht nur in den Osten, sondern auch in das KZ Sachsenhausen oder nach *Theresienstadt* gingen, auf etwa 18 500, sodass zu diesem Zeitpunkt offiziell nur noch Juden, die in „Mischehen" lebten, und sogenannte „Mischlinge" zurückgeblieben waren.

Ghetto: primär in Polen und den besetzten Gebieten der Sowjetunion eingerichtete abgesperrte Wohnbezirke, in denen die jüdische Bevölkerung unter unmenschlichen Bedingungen zusammengepfercht und häufig sich selbst überlassen wurde. Die Konzentrierung der Juden wurde gleichzeitig für die Ausbeutung ihrer Arbeitskraft genutzt. Katastrophale hygienische Verhältnisse, Unterversorgung und Epidemien führten zum Tod vieler Zehntausend Menschen. Nach Auflösung der Ghettos wurde die jüdische Bevölkerung fast ausnahmslos in Vernichtungslager deportiert.

„Festsetzungserlasse" und Deportation der Sinti und Roma In Lagern wie Dachau, Buchenwald, Ravensbrück oder Sachsenhausen kategorisierte man Angehörige dieser Minderheit dann als sogenannte „Rassenschänder" oder „Asoziale". Ab März 1939 mussten die deutschen Sinti und Roma zudem besondere „Rasseausweise" bei sich tragen, ihre Pässe wurden eingezogen. Der sogenannte „*Festsetzungserlass*" vom Oktober 1939, der Sinti und Roma unter Androhung von KZ-Haft verbot, ihre Wohnorte zu verlassen, bildete schließlich die Grundlage für die massenhafte Deportation dieser Minderheit in das besetzte Polen ab Mai 1940.

Besatzungsverbrechen Bereits im Herbst 1939 zeigte sich, welch neuartige Dimension der von Hitler vom Zaun gebrochene Krieg erreichen sollte, der im Osten als „Kampf um Lebensraum" geführt wurde. Ein Großteil des eroberten Landes, vor allem das annektierte Westpolen und Teile des Generalgouvernements, sollte ins Deutsche Reich eingegliedert und mithilfe von umgesiedelten Deutschen aus den baltischen Staaten und anderen osteuropäischen Gebieten gewaltsam „germanisiert" werden (*Generalplan Ost*). Über eine Million Polen wurden aus ihrer Heimat vertrieben oder zur Zwangsarbeit ins Reich verschleppt. Wer nicht „germanisiert" werden konnte – nach deutschen Schätzungen über 95 Prozent der polnischen Bevölkerung – sollte zu harter Zwangsarbeit herangezogen werden. Repräsentanten der polnischen Oberschicht, Intellektuelle, Geistliche, aber auch Arbeiter und Gewerkschafter wurden zu Tausenden ermordet oder in Konzentrationslager deportiert. Die jüdische Bevölkerung wurde ins überbevölkerte Generalgouvernement vertrieben, in Ghettos zusammengepfercht oder sofort erschossen. Unter der Leitung des von Heinrich Himmler neu geschaffenen und von **Reinhard Heydrich** geführten *Reichssicherheitshauptamtes* (RSHA) rückten eigens für den Angriff auf Polen aufgestellte Einsatzgruppen der Sicherheitspolizei und des SD hinter der Wehrmacht vor, um Hitlers rassenideologisches Vernichtungskonzept in die Tat umzusetzen.

Reinhard Heydrich (1904-1942, bei einem Attentat in Prag ermordet): Leiter des Reichssicherheitshauptamtes (RSHA), „rechte Hand" Himmlers, seit 1941 stellvertretender Reichsprotektor von Böhmen und Mähren und mit der „Endlösung der Judenfrage" beauftragt, 1942 Leiter der „Wannsee-Konferenz"

Auch in anderen besetzten Staaten kam es zu massenhaften Vertreibungen und zur „Germanisierung“ bestimmter Gebiete. So wurden etwa Teile Sloweniens annektiert und Zehntausende von Einwohnern vertrieben. Zum Teil wurde diese Politik der Vertreibung mit Blick auf eine gewünschte Herstellung ethnisch homogener Räume auch von Staaten praktiziert, die mit dem Deutschen Reich kollaborierten, so etwa von Italien oder Ungarn, die ihrerseits Gebiete z.B. in Jugoslawien besetzt hielten bzw. annektiert hatten. Auch aus Elsass-Lothringen, das 1940 wieder an das Reich angeschlossen worden war, wurde ein Großteil der französischsprachigen Bevölkerung ins unbesetzte Frankreich abgeschoben. Vor allem in Gebieten in Süd- und Osteuropa, die von der Wehrmacht erobert und besetzt worden waren, wurde auch in Kauf genommen, die einheimische Bevölkerung auszuhungern, um die deutschen Truppen versorgen zu können. So hungerten viele Tausend Menschen in Polen, in Griechenland oder gegen Kriegsende auch in Nordholland. Die Mangelversorgung traf vor allem Kinder, Alte, Kranke oder Menschen, die in Heimen untergebracht waren.

In den west- und nordeuropäischen Staaten bemühten sich die deutschen Besatzer dagegen um Zusammenarbeit mit den einheimischen Führungsschichten. Zum Teil ließen sie einheimische Verwaltungen bestehen oder setzten Marionettenregierungen ein. In einigen besetzten Ländern wie Belgien, Frankreich oder Norwegen und in kollaborierenden Staaten wie z.B. Ungarn machten faschistisch orientierte Gruppen auch gemeinsame Sache mit den Besatzern.

▲ **Erschießung russischer Zivilisten durch ein Kommando der Wehrmacht.**
Foto von 1942 (Ausschnitt).

Vorgehen in der Sowjetunion In den besetzten sowjetischen Gebieten nahm der Feldzug von Anfang an Formen eines Raub- und Vernichtungskrieges an, der ohne Rücksicht auf die einheimische Bevölkerung durchgeführt wurde. Neben der gezielten Unterversorgung und massenhaften Tötung der sowjetischen Kriegsgefangenen und der Verfolgung und Vernichtung der jüdischen Bevölkerung* kam es dabei auch zur gezielten Entrechtung der Zivilbevölkerung. Der sogenannte *Kriegsgerichtsbarkeitserlass* der Wehrmacht vom 13. Mai 1941 stellte einen „Freibrief für Gewalt“ (*Dieter Pohl*) gegen die einheimische Bevölkerung dar. Sowjetische Zivilisten durften ohne Verfahren hingerichtet und jede Form aktiven und passiven Widerstandes sollte von der Wehrmacht bekämpft werden. Dazu kam, dass Straftaten, die deutsche Soldaten gegen die einheimische Bevölkerung begangen hatten, nicht mehr verfolgt werden sollten. Damit verwandelten sich die besetzten Gebiete in einen nahezu rechtsfreien Raum. Insgesamt fielen rund 13 Millionen sowjetische Zivilisten nichtjüdischer Herkunft der mörderischen deutschen Kriegsführung zum Opfer.

Auch in der Sowjetunion war von Anfang eingeplant, die kämpfende Truppe aus den vorhandenen Ressourcen vor Ort zu verpflegen. Bei der Ausbeutung der besetzten Gebiete und der damit verbundenen „Hungerpolitik“, an der allein in der belagerten Stadt Leningrad innerhalb von drei Jahren nach Schätzungen nahezu eine Million Einwohner starben, wurde der Tod von Millionen Menschen von Anfang an billigend in Kauf genommen. Darüber hinaus kam es zur Verschleppung vieler Zehntausend Menschen innerhalb der besetzten Gebiete, etwa zu Ernteeinsätzen, zu Zwangsevakuierungen und zur Deportation von mehreren Millionen Zwangsarbeitern in das Reich.**

* Zur „Endlösung“ siehe S. 299f.
** Zu den Deportationen siehe S. 296f.

Die „Endlösung" Zwischen 1939 und 1941 wurden in den verschiedenen Ressorts des Auswärtigen Amtes und des RSHA Pläne für eine „territoriale Endlösung der Judenfrage" ausgearbeitet. Diese sahen vor, alle Juden aus dem deutschen Machtbereich in große Judenreservate in Osteuropa, auf die Insel Madagaskar (*Madagaskar-Plan*) oder andere entfernte Orte zu deportieren. Während diese Pläne wieder fallen gelassen wurden, begann sich ein Programm für eine „Endlösung" herauszubilden, die von Anfang an auf einen Völkermord (Genozid)* zielte.

Bis heute sind sich die Wissenschaftler uneinig, wann im engsten Führungszirkel des Regimes die Entscheidung für den Völkermord an den europäischen Juden fiel. Planung und Verwirklichung galten als „Geheime Reichssache". Die meisten Historiker datieren diesen Entschluss auf Oktober 1941. Der letzte Schritt war eine von Hitler erteilte Generalermächtigung zur vollständigen Ermordung der europäischen Juden im Dezember 1941. Die Verwaltung der „Endlösung der Judenfrage" übernahm Heydrich, die Organisation der Deportationen, vor allem außerhalb des Generalgouvernements und der Sowjetunion, wurde **Adolf Eichmann** übertragen.

Noch vor dem Überfall auf die Sowjetunion erhielten die Einsatzgruppen und Polizeieinheiten Sondervollmachten, „in eigener Verantwortung gegenüber der Zivilbevölkerung Exekutivmaßnahmen zu treffen". Auch die Gestapo, Bataillone der Ordnungspolizei, Brigaden der Waffen-SS und Angehörige der Wehrmacht, der Zivilverwaltung sowie Freiwilligenverbände aus den besetzten Gebieten beteiligten sich an den Massakern.

Ab Juni 1941 ermordeten die Einsatzgruppen in den besetzten Gebieten der Sowjetunion mindestens 900 000 Menschen (▸ M2, M3). Nahezu die ganze jüdische Bevölkerung der eroberten Gebiete, Sinti und Roma, Kriegsgefangene und Kommunisten wurden von „ganz normalen Männern"(▸ M4) durch Massenerschießungen und durch Autoabgase in LKWs getötet. Bei der größten dieser Mordaktionen in der Schlucht von Babi Jar bei Kiew im September 1941 starben innerhalb von zwei Tagen mehr als 33 000 Juden. Insgesamt wurden rund 2,4 Millionen sowjetische Juden ermordet.

Am 20. Januar 1942 trafen sich hohe Verwaltungsbeamte, SS-Offiziere und Staatssekretäre aus dem Innen-, Justiz- und Außenministerium unter der Leitung von Heydrich in einer Villa am Berliner Wannsee, um die „praktische Durchführung" der bereits begonnenen „Endlösung der Judenfrage" zu koordinieren. Laut Konferenzprotokoll der nach ihrem Tagungsort benannten *Wannsee-Konferenz* sollten über elf Millionen europäische Juden ermordet werden.

Adolf Eichmann (1906-1962, hingerichtet): SS-Obersturmbannführer; seit 1939 Leiter beim RSHA, Amt IV, Referat IV D 4 „Auswanderung und Räumung", dann Referat IV B 4 „Judenangelegenheiten"; zentraler Organisator der Deportation von drei Millionen Juden.

Lesetipp:
Harald Welzer, Täter. Wie aus ganz normalen Menschen Massenmörder werden, Frankfurt am Main [5]2011

Auschwitz und die Gesamtzahl der zivilen Opfer Im Osten mündeten die Massaker und Exekutionen schon zu diesem Zeitpunkt in einen industriell betriebenen Massenmord. Bereits 1939 war auf polnischem Boden das größte Konzentrations- und spätere Vernichtungslager **Auschwitz** errichtet worden. Die Planungen für die Vernichtungslager gehen auf das Jahr 1941 zurück. Das erste dieser Lager wurde im Warthegau mitten im Dorf *Kulmhof* (*Chelmno*) auf Initiative des Gauleiters *Arthur Greiser* im Dezember 1941 eingerichtet. Mit *Belzec*, *Sobibor* und *Treblinka* entstanden im Jahr 1942 weitere Vernichtungslager im Generalgouvernement. Die polnischen Juden wurden nach ihrer Ankunft in Chelmno und den Vernichtungslagern fast ausnahmslos sofort getötet. Nur wenige, die man für Hilfsarbeiten benötigte, ließ man zunächst am Leben. Noch „arbeitsfähige" Personen hatte man bereits vorher in den Ghettos für die Zwangsarbeit ausgewählt. In Belzec wurde der Massenmord im Dezember 1942 eingestellt, Sobibor und Treblinka wurden Ende 1943 geschlossen.

Auschwitz:
Das Lager Auschwitz wurde nah der polnischen Stadt Oświęcim im Jahr 1939 für politische Häftlinge aus Polen eingerichtet. Ab September 1941 begann der Ausbau zum größten Vernichtungslager im deutschen Machtbereich. Dort wurden ab Mai 1942 vornehmlich jüdische Häftlinge systematisch ermordet. Außerdem entstanden mehrere große Industriebetriebe (z. B. IG Farben in Monowitz), für die die Häftlinge Zwangsarbeit leisten mussten. Bis zur Befreiung von Auschwitz am 27. Januar 1945 starben dort etwa eine Million Menschen.

Lesetipp:
Julian Kümmerle, Der Holocaust, Stuttgart 2016

* **Völkermord (Genozid)**: Siehe S. 288.

▲ Orte des Terrors.
Die Karte verzeichnet alle Vernichtungs- und Hauptlager, aber nur eine Auswahl der Außen- und Zwangsarbeitslager.

Lesetipp:
Elie Wiesel, die Nacht. Erinnerung und Zeugnis, Freiburg i. Br. [5]2013

Holocaust (griech. *holócaustos*: völlig verbrannt bzw. Brandopfer): wurde zunächst als Lehnwort ins Englische übernommen, gilt heute weltweit als Synonym für die systematische Ermordung von mindestens sechs Millionen europäischen Juden und anderen Opfergruppen. In der jüdischen Tradition wird für diesen Genozid der Begriff „Shoa" (hebr.: Großes Unheil, Katastrophe) verwendet, der sich ausschließlich auf die Judenvernichtung bezieht.

Die Deportationszüge aus allen Teilen Europas rollten seit Mitte 1942 nach Auschwitz, ab Sommer 1943 fuhren nahezu alle Züge dorthin (▸ M5). Neben dem massenhaften Mord in den Gaskammern durch das Blausäurepräparat *Zyklon B* starben die Häftlinge dort von Beginn an auch durch extrem harte und gefährliche Zwangsarbeit, Folter, medizinische Versuche und unmenschliche Lebensbedingungen.

Nahezu eine Million jüdische Opfer sind für Auschwitz dokumentiert, zwischen 870 000 und 925 000 wurden zwischen Juli 1942 und August 1943 in Treblinka ermordet, ca. 435 000 zwischen März und Dezember 1942 in Belzec, etwa 160 000 bis 200 000 von April bis Juni 1942 und von Oktober 1942 bis Oktober 1943 in Sobibor, 152 000 in Kulmhof, zwischen 80 000 und 110 000 in *Lublin-Majdanek*, vermutlich 65 000 in *Maly Trostinez*.* Als 1944 die Ostfront näher rückte und die Lager im Osten auf Befehl Himmlers geräumt wurden, kamen zudem unzählige KZ-Insassen auf den grausamen „Todesmärschen" in den Westen durch Hunger, Kälte oder die Schüsse von SS-Männen ums Leben. Insgesamt fielen dem **Holocaust** etwa 5,7 Millionen Juden aus ganz Europa zum Opfer, darunter mindestens 1,5 Millionen jüdische Kinder unter 14 Jahren. Die Zahl der ermordeten Sinti und Roma ist schwer zu bestimmen. Hochrechnungen gehen von 120 000 bis 200 000 Opfern aus, die von den Einsatzgruppen hinter den Fronten in Osteuropa und in den Lagern getötet wurden.

Rechnet man zu Opfern der Juden sowie der Sinti und Roma die etwa eine Million nichtjüdischen polnischen Zivilisten, die ca. 2,8 Millionen sowjetischen Kriegsgefangenen und die drei bis vier Millionen sowjetischen Zivilpersonen hinzu, wurden zwölf bis 14 Millionen Zivilisten im deutschen Machtbereich umgebracht.

* Wer außer den etwa 200 000 Tätern und Verantwortlichen wusste etwas von den Verbrechen? Nach einer Umfrage von 1961 besaßen 32 Prozent der über 30 Jahre alten Befragten bereits vor Ende des Krieges erste Informationen über den Massenmord an den Juden – das waren Millionen.

M1 „Vollkommene Gleichgültigkeit“

Ursula von Kardorff ist in den Kriegsjahren Redakteurin bei der Berliner „Deutschen Allgemeinen Zeitung“. Am 3. März 1943 notiert sie in ihrem Tagebuch:

Frau Liebermann ist tot. Tatsächlich kamen sie noch mit einer Bahre, um die Fünfundachtzigjährige zum Transport nach Polen abzuholen. Sie nahm in dem Moment Veronal[1], starb einen Tag später im jüdischen Krankenhaus, ohne das Bewusstsein wiedererlangt zu haben. [...] Durch welche Veränderung ist es eigentlich möglich geworden, aus einem im Durchschnitt gutmütigen und herzlichen Menschenschlag solche Teufelsknechte zu formen? Das spielt sich in einem kaltbürokratischen Vorgang ab, bei dem der Einzelne schwer zu greifen ist, Zecken, die sich in den Volkskörper einsaugen und plötzlich ein Stück von ihm geworden sind.
Der Metteur[2] Büssy erzählt mir heute beim Umbruch, dass sich in seiner Gegend am Rosenthaler Platz die Arbeiterfrauen zusammengerottet und laut gegen die Judentransporte protestiert hätten. Bewaffnete SS mit aufgepflanztem Bajonett und Stahlhelm holte Elendsgestalten aus den Häusern heraus. Alte Frauen, Kinder, verängstigte Männer wurden auf Lastwagen geladen und fortgeschafft. [...] Schließlich kam ein neues Aufgebot SS und zerstreute die Protestierenden, denen sonst nichts weiter geschah.[3]
In unserem Viertel sieht man so etwas nie. Hier werden die Juden des Nachts geholt. [...] Wie schnell haben wir uns alle an den Anblick des Judensterns gewöhnt. Die meisten reagieren mit vollkommener Gleichgültigkeit, so wie ein Volontär, der neulich zu mir sagte: „Was interessieren mich die Juden, ich denke nur an meinen Bruder bei Rshew[4], alles andere ist mir völlig gleichgültig.“
Ich glaube, das Volk verhält sich anständiger als die sogenannten Gebildeten oder Halbgebildeten. Typisch dafür ist die Geschichte von dem Arbeiter, der in einer Trambahn einer Jüdin mit dem Stern Platz machte: „Setz dir hin, olle Sternschnuppe“, sagte er, und als ein PG[5] sich darüber beschwerte, fuhr er ihn an: „Üba meenen Arsch verfüge ick alleene.“

Ursula von Kardorff, Berliner Aufzeichnungen. Aus den Jahren 1942 bis 1945, München 1962, S. 36 f.

Kardorff versucht, ein „Täterprofil“ zu erstellen. Erläutern Sie ihre Aussagen.

[1] **Veronal**: starkes Schlafmittel
[2] **Metteur**: alte Bezeichnung für Schriftsetzer
[3] Zum Protest in der Berliner Rosenstraße siehe S. 306 f.
[4] **Rshew**: russische Stadt, etwa 200 km westlich von Moskau
[5] **PG**: Parteigenosse; Mitglied der NSDAP

▸ **Deportation von Juden aus Hanau.**
Foto von Franz Weber vom 30. Mai 1942 (Ausschnitt).

M2 „In Litauen gibt es keine Juden mehr“

Der Leiter des EK (Einsatzkommando) 3, SS-Standartenführer Karl Jäger, fasst am 1. Dezember 1941 für die Dienststelle der Sicherheitspolizei einen Bericht vom Einsatz seines Kommandos von Juli bis November 1941 in Litauen ab:

Ich kann heute feststellen, dass das Ziel, das Judenproblem für Litauen zu lösen, vom EK 3 erreicht worden ist. In Litauen gibt es keine Juden mehr, außer den Arbeitsjuden incl. ihrer Familien. [...] Diese Arbeitsjuden incl. ihrer Familien wollte ich ebenfalls umlegen, was mir jedoch scharfe Kampfansage der Zivilverwaltung (dem Reichskommissar) und der Wehrmacht eintrug und das Verbot auslöste: Diese Juden und ihre Familien dürfen nicht erschossen werden! Die Durchführung solcher Aktionen ist in erster Linie eine Organisationsfrage. Der Entschluss, jeden Kreis systematisch judenfrei zu machen, erforderte eine gründliche Vorbereitung jeder einzelnen Aktion und Erkundung der herrschenden Verhältnisse in dem betreffenden Kreis. Die Juden mussten an einem Ort oder an mehreren Orten gesammelt werden. Anhand der Anzahl musste der Platz für die erforderlichen Gruben ausgesucht und ausgehoben werden. Der Anmarschweg von der Sammelstelle zu den Gruben betrug durchschnittlich 4 bis 5 km. Die Juden wurden in Abteilungen zu 500, in Abständen von mindestens 2 km, an den Exekutionsplatz transportiert. [...] Nur durch geschickte Ausnutzung der Zeit ist es gelungen, bis zu 5 Aktionen in einer Woche durchzuführen und dabei doch die [...] anfallende Arbeit so zu bewältigen, dass keine Stockung im Dienstbereich eingetreten ist. [...] Ich bin der Ansicht, dass sofort mit der Sterilisation der männlichen Arbeitsjuden begonnen wird, um eine Fortpflanzung zu verhindern. Wird trotzdem eine Jüdin schwanger, so ist sie zu liquidieren.

Zitiert nach: Reinhard Rürup (Hrsg.), Der Krieg gegen die Sowjetunion 1941-1945. Eine Dokumentation, Berlin 1991, S. 119 f.

1. *Erläutern Sie die internen Querelen um die „Arbeitsjuden", die der Verfasser andeutet.*

2. *Analysieren Sie die Sprache, in der hier über Massenmorde gesprochen wird.*

M3 „Posener Rede"

Am 4. Oktober 1943 hält Heinrich Himmler (siehe S. 269) bei der SS-Gruppenführertagung in Posen folgende Rede:

Ich will hier vor Ihnen in aller Offenheit auch ein ganz schweres Kapitel erwähnen. Unter uns soll es einmal ganz offen ausgesprochen sein, und trotzdem werden wir in der Öffentlichkeit nie darüber reden. Genauso wenig, wie wir am 30. Juni 1934[1] gezögert haben, die befohlene Pflicht zu tun und Kameraden, die sich verfehlt hatten, an die Wand zu stellen und zu erschießen, genauso wenig haben wir darüber jemals gesprochen und werden je darüber sprechen. Es war eine, Gottseidank in uns wohnende Selbstverständlichkeit des Taktes, dass wir uns untereinander nie darüber unterhalten haben, nie darüber sprachen. Es hat jeden geschaudert und doch war sich jeder klar darüber, dass er es das nächste Mal wieder tun würde, wenn es befohlen wird und wenn es notwendig ist. [...]

Ich meine jetzt die Judenevakuierung, die Ausrottung des jüdischen Volkes. Es gehört zu den Dingen, die man leicht ausspricht. – „Das jüdische Volk wird ausgerottet", sagt ein jeder Parteigenosse, „ganz klar, steht in unserem Programm, Ausschaltung der Juden, Ausrottung, machen wir." Und dann kommen sie alle an, die braven 80 Millionen Deutschen, und jeder hat seinen anständigen Juden. Es ist ja klar, die anderen sind Schweine, aber dieser eine ist ein prima Jude. Von allen, die so reden, hat keiner zugesehen, keiner hat es durchgestanden. Von Euch werden die meisten wissen, was es heißt, wenn 100 Leichen beisammen liegen, wenn 500 daliegen oder wenn 1000 daliegen. Dies durchgehalten zu haben, und dabei – abgesehen von Ausnahmen menschlicher Schwächen – anständig geblieben zu sein, das hat uns hart gemacht. Dies ist ein niemals geschriebenes und niemals zu schreibendes Ruhmesblatt unserer Geschichte, denn wir wissen, wie schwer wir uns täten, wenn wir heute noch in jeder Stadt – bei den Bombenangriffen, bei den Lasten und bei den Entbehrungen des Krieges – noch die Juden als Geheimsaboteure, Agitatoren und Hetzer hätten. [...] Die Reichtümer, die sie hatten, haben wir ihnen abgenommen. Ich habe einen strikten Befehl gegeben, den SS-Obergruppenführer Pohl[2] durchgeführt hat, dass diese Reichtümer selbstverständlich restlos an das Reich abgeführt wurden. Wir haben uns nichts davon genommen. Einzelne, die sich verfehlt haben, werden gemäß einem von mir zu Anfang gegebenen Befehl bestraft, der androhte: Wer sich auch nur eine Mark davon nimmt, der ist des Todes. [...]

Wir hatten das moralische Recht, wir hatten die Pflicht gegenüber unserem Volk, dieses Volk, das uns umbringen wollte, umzubringen. Wir haben aber nicht das Recht, uns auch nur mit einem Pelz, mit einer Uhr, mit einer Mark oder mit einer Zigarette oder mit sonst etwas zu bereichern. Wir wollen nicht am Schluss, weil wir einen Bazillus ausrotteten, an dem Bazillus krank werden und sterben. Ich werde niemals zusehen, dass hier auch nur eine kleine Fäulnisstelle entsteht [...]. Insgesamt aber können wir sagen, dass wir diese schwerste Aufgabe in Liebe zu unserem Volk erfüllt haben. Und wir haben keinen Schaden in unserem Innern, in unserer Seele, in unserem Charakter daran genommen.

[...] Im Großen und Ganzen war unsere Haltung gut. Manches ist auch in unseren Reihen noch zu bessern. Dieses auszusprechen, ist mit der Sinn dieses Appells der Kommandeure und der Gruppenführer. Ich möchte dieses Kapitel überschreiben mit der Überschrift „Wir selbst".

Rede des Reichsführers SS bei der SS-Gruppenführertagung in Posen am 4. Oktober 1943; zitiert nach: www.1000dokumente.de/pdf/dok_0008_pos_de.pdf [Zugriff: 29.04.2013]

1. *Analysieren Sie Himmlers Menschenbild und seine moralischen Vorstellungen, die aus der Rede deutlich werden.*

2. *Überprüfen Sie, inwiefern die Rede als „Schlüsseldokument" für die „Endlösung der Judenfrage" und den Holocaust angesehen werden kann.*

[1] Himmler bezieht sich hier auf den „Röhm-Putsch", bei dem 1934 ca. 100 SA-Führer und Regimegegner starben; siehe S. 268.

[2] **Oswald Pohl** (1892-1951) war Chef des SS-Wirtschafts-verwaltungshauptamtes.

M4 „Ganz normale Männer“?

Der US-amerikanische Politikwissenschaftler Daniel Jonah Goldhagen 1996 über die Hauptursache der Judenmorde:

Der unumstößliche Glaube an die Existenz einer „Judenfrage“ führte mehr oder weniger selbstverständlich zu der Annahme, die einzige „Lösung“ bestehe darin, alles „Jüdische“ in Deutschland zu „eliminieren“: auszugrenzen und zu beseitigen. [...]
Hätten die ganz gewöhnlichen Deutschen die eliminatorischen Ideale ihrer Führung nicht geteilt, dann hätten sie dem sich stetig verschärfenden Angriff auf ihre jüdischen Landsleute und Brüder mindestens ebenso viel Widerstand und Verweigerung entgegengesetzt wie den Angriffen ihrer Regierung gegen die Kirchen oder dem sogenannten Euthanasieprogramm. [...] Hitler und die Nationalsozialisten taten also nichts anderes, als den bestehenden und angestauten Antisemitismus freizusetzen und zu aktivieren.

Der Jurist Claus Arndt, der in den 1960-Jahren an Untersuchungen über die belasteten Polizeieinheiten beteiligt ist, schreibt in einem 1998 veröffentlichten Brief an Goldhagen:

Ich muss jedoch erhebliche Zweifel anmelden gegen die Richtigkeit jener These von Ihnen, dass die Mordtaten der Polizeiangehörigen in Polen und anderswo [...] antisemitisch begründet waren. Bei aller Würdigung der Abscheulichkeit des Antisemitismus halte ich diese Ursachenfeststellung für eine Verharmlosung der Motivierung der Täter.
Leider war deren Motivation viel schlimmer: Sie bestand in ihrem ethisch-moralischen Unvermögen, von menschlichen Werten getragen zu handeln. Ihr Motto war: „Befehl ist Befehl“. Es war die Weigerung und totale Unfähigkeit, nach menschlichen und moralischen Grundsätzen zu handeln. Dies wurde nicht zuletzt dadurch bewiesen, dass die Betroffenen sich nicht nur Juden gegenüber so verhielten, sondern auch jeder Menschengruppe gegenüber, die von den ihnen erteilten Befehlen betroffen war. Die gleichen Polizisten sind bei der Vernichtung und Ermordung zum Beispiel der polnischen Intelligenz gegen die Frauen und Kinder dieser Gruppe mit ebenderselben Grausamkeit, Gefühllosigkeit und Brutalität vorgegangen wie gegen Juden.

Der an der University of Wisconsin-Madison lehrende Historiker Christopher R. Browning untersucht am Beispiel des Reserve-Polizeibataillons 101, das in Polen 1942 während einer „Aktion“ etwa 1200 Juden erschossen hat (insgesamt tötete diese Einheit ca. 38 000 Juden), die Motive der ausführenden Männer:

▲ Wenige Minuten vor der Exekution.
Foto (Ausschnitt) aus Litauen, Sommer 1941.
Eine Gruppe jüdischer Frauen aus Panevezys (ca. 100 km nördlich von Vilnius) wird von litauischen Hilfstruppen gezwungen, sich zu entkleiden. Anschließend wurden die Frauen im Wald von Pajuoste erschossen. Karl Jäger erwähnt in seinem Bericht fünf Erschießungsaktionen in der Nähe von Panevezys, an denen nicht nur deutsche Soldaten, sondern auch Litauer beteiligt waren. Schon kurz nach dem Angriff auf die Sowjetunion im Juni 1941, aber noch vor Einmarsch der Deutschen, war es in Litauen mehrfach zu schweren Pogromen gegen die jüdische Bevölkerung gekommen, die von einheimischen Milizen organisiert und durchgeführt wurden. Später arbeiteten diese mit den deutschen Einsatzgruppen und den Bataillonen der Ordnungspolizei zusammen und erschossen bis 1944 mehrere Zehntausend jüdische Litauer.

Im Bataillon kristallisierten sich einige ungeschriebene „Grundregeln“ heraus. Für kleinere Erschießungsaktionen wurden Freiwillige gesucht beziehungsweise die Schützen aus den Reihen derjenigen genommen, die bekanntermaßen zum Töten bereit waren [...]. Bei großen Einsätzen wurden die, die nicht töten wollten, auch nicht dazu gezwungen. [...]
Neben der ideologischen Indoktrinierung war ein weiterer entscheidender Aspekt [...] das gruppenkonforme Verhalten. Den Befehl, Juden zu töten, erhielt das Bataillon, nicht aber jeder einzelne Polizist. Dennoch machten sich 80 bis 90 Prozent der Bataillonsangehörigen ans Töten, obwohl es fast alle von ihnen – zumindest anfangs – entsetzte und anwiderte. Die meisten schafften es einfach nicht, aus dem Glied zu treten und offen nonkonformes Verhalten zu zeigen. Zu schießen fiel ihnen leichter. Warum? Zunächst einmal hätten alle, die nicht mitgemacht hätten, die „Drecksarbeit“ einfach den Kameraden überlassen. Da das Bataillon die Erschießungen auch dann durchführen musste, wenn einzelne Männer ausscherten, bedeutete die Ablehnung der eigenen Betei-

ligung die Verweigerung des eigenen Beitrags bei einer unangenehmen kollektiven Pflicht. Gegenüber den Kameraden war das ein unsozialer Akt. [...]
Es gibt auf der Welt viele Gesellschaften, die durch rassistische Traditionen belastet und aufgrund von Krieg oder Kriegsdrohung in einer Art Belagerungsmentalität befangen sind. Überall erzieht die Gesellschaft ihre Mitglieder dazu, sich der Autorität respektvoll zu fügen, und sie dürfte ohne diese Form der Konditionierung wohl auch kaum funktionieren. [...] In praktisch jedem sozialen Kollektiv übt die Gruppe, der eine Person angehört, gewaltigen Druck auf deren Verhalten aus und legt moralische Wertmaßstäbe fest. Wenn die Männer des Reserve-Polizeibataillons 101 unter solchen Umständen zu Mördern werden konnten, für welche Gruppe von Menschen ließe sich dann noch Ähnliches ausschließen?

Erster Text: Daniel Jonah Goldhagen, Hitlers willige Vollstrecker. Ganz gewöhnliche Deutsche und der Holocaust, übers. v. Klaus Kochmann, Berlin 1996, S. 107f., 489 und 518
Zweiter Text: Claus Arndt, in: „Die Zeit" vom 15.01.1998
Dritter Text: Christopher R. Browning, Ganz normale Männer. Das Reserve-Polizeibataillon 101 und die „Endlösung" in Polen, übers. v. Jürgen Peter Krause, Reinbek [4]2007, S. 224, 241 und 246f.

1. *Stellen Sie die Erklärungsansätze einander gegenüber.*
2. *Überprüfen und vergleichen Sie die Stichhaltigkeit der Erklärungen.*

M5 „Innerhalb einer Sekunde war ich allein"

Die Fotos des „Auschwitz-Albums" sind die einzigen bekannten fotografischen Zeugnisse, die den Prozess der Ankunft und der „Selektion" in Birkenau zeigen (siehe auch die Abb. auf S. 305). Sie sind im Frühsommer 1944 von zwei SS-Männern gemacht und danach unter dem Titel „Die Umsiedlung der Juden aus Ungarn" zu einem Album zusammengestellt worden. Viele ungarische Überlebende haben die Erfahrung der Ankunft in Auschwitz-Birkenau später in Erinnerungsberichten und Interviews geschildert. Éva Fahidi aus der ungarischen Stadt Debrecen, die am 1. Juli 1944 nach mehrtägiger Fahrt in einem überfüllten Viehwaggon im Lager eintrifft, schreibt:

Wir kommen früh am Morgen an, es wird gerade hell. Am Bahnhof ist keine Aufschrift. Wir haben keine Ahnung, wohin man uns gebracht hat. Die Waggontüren werden aufgerissen, und unter entsetzlichem Brüllen und Fluchen zerrt man uns aus dem Waggon. Wer nicht aussteigen kann, wird hinausgeworfen. Endlich haben wir Boden unter den Füßen. Wir können uns ausstrecken, die frische Morgenluft tut gut.
Undefinierbare Gestalten nehmen uns in Empfang, ich kann sie nicht einordnen. Sie tragen hässliche grau-schwarz gestreifte Pyjamas, auf dem Kopf eine eigenartige Seemannskappe aus demselben gestreiften Stoff. Sie schreien in einer seltsamen Sprache, die ans Deutsche erinnert, aber doch keines ist. Deutsche sehe ich gar nicht. Es scheint, als ob diese gestreiften Wesen hier die Herren wären. Jedenfalls treten sie so auf.
Die Gestreiften sagen, wir sollen uns nicht um unser Gepäck kümmern, das würde uns hinterher gebracht. Die kleinen Kinder nimmt man den Müttern weg und übergibt sie den Großmüttern. Sie sagen, wir sollen zu Fuß gehen. Wer zu schwach ist, der würde mit dem Bus nachkommen. Wir freuen uns, dass wir uns endlich bewegen, unsere versteiften Gliedmaßen strecken können. Diejenigen unter uns, die sehr jung wirken, werden gefragt, wie alt sie sind. Wenn jemand angibt, jünger als sechzehn zu sein, schreien sie ihn wütend an: „Du bist sechzehn, vergiss das nicht, wer immer Dich auch fragt, sag sechzehn, verstehst Du, sechzehn, merk Dir das gut, Du bist sechzehn Jahre alt!!!"
Wir bemerken nicht, dass wir in zwei Gruppen aufgeteilt worden sind, eine Frauen- und eine Männergruppe. [...] Ich passe auf, neben meiner Mutter und Gilike zu bleiben, ich sehe nicht, wohin die Männer verschwinden. Wir sind mit Ferike beschäftigt, meine Mutter und Boci legen ihn auch jetzt oben auf den Korb und tragen jede einen Henkel, wie beim Einsteigen. Ein Gestreifter sagt ihnen, sie sollten Ferike meiner Tante Margit geben, aber sie antworten, er sei nicht schwer und sie trügen ihn gern. [...]
Schließlich sehen wir auch die Deutschen, es sind wenige, Männer und Frauen durcheinander, sie stehen vor uns, wir müssen an ihnen vorbei. Als die Reihen bei ihnen ankommen, sprechen sie den einen oder anderen an, leise, fast könnte man sagen freundlich. Daraufhin geht der eine in diese, der andere in die andere Richtung. Wenn jemand mit dem, den man in die andere Richtung geschickt hat, zusammenbleiben will, beruhigen sie ihn freundlich, die Kräftigen gingen zu Fuß, die etwas Erschöpfteren bringe man im Bus hinterher. In kurzer Zeit würden sie wieder zusammen sein. So beruhigt sich jeder. Natürlich.
Auch wir kommen zu der Gruppe der Deutschen.
Boci ist, da sie stillt, etwas fülliger als sonst. Dass sie acht Jahre älter ist als ich, sieht man nicht, und wir haben viel Ähnlichkeit miteinander. Freundlich spricht uns ein deutscher Herr an und fragt:
– Seid ihr Zwillinge?
– Nein – antworten wir, und seine Handbewegung befolgend gehe *ich in die eine Richtung.*
Boci, der Korb, im Korb Ferike, auf der anderen Seite des Korbes meine Mutter, an der Hand meiner Mutter Gilike und Tante Margit
... gehen in die andere Richtung.

▲ **„Selektion" an der „Judenrampe" in Ausschwitz-Birkenau.**
Foto vom Mai 1944.
Die „Judenrampe", ein Gleis, das vom Bahnhof außerhalb direkt in das Lager führte, kam nach knapp einjähriger Bauzeit erst ab Mai 1944 zum Einsatz. Zu diesem Zeitpunkt erreichte die Massenvernichtung in Birkenau ihren Höhepunkt: Innerhalb von drei Monaten wurden etwa 450 000 Juden aus Ungarn nach Auschwitz deportiert. Auf der Rampe wurden die „noch einsatzfähigen" Männer und Frauen zunächst ins Lager aufgenommen und später zur Zwangsarbeit vornehmlich auf Reichsgebiet überstellt. Ein Teil, vor allem Zwillingskinder, fiel den KZ-Ärzten um Dr. Josef Mengele für „medizinische" Experimente zum Opfer. Die große Mehrzahl der Ankommenden, vor allem Alte, Kranke, schwangere Frauen und Mütter mit Kindern, wurde jedoch als „arbeitsunfähig" eingestuft und – unter dem Vorwand, sie duschen und desinfizieren zu müssen – unverzüglich in die Gaskammern geschickt.

Schon ist die nächste Reihe vor die Deutschen gekommen, und die setzen ihre freundlichen Einweisungen fort – hierhin, dorthin.

Die größte Tragödie meines Lebens geschah so, dass ich sie nicht einmal bemerkte. Innerhalb einer Sekunde war ich allein, hatte meinen Vater, meine Mutter, meine Schwester, meine nächsten Verwandten verloren (Tanti überlebte). Mit einem Schlag war meine Kindheit vorbei, ich war erwachsen und völlig auf mich alleine gestellt. Das war mir damals noch nicht bewusst.

Éva Fahidi, Die Seele der Dinge, aus dem Ungarischen von Doris Fischer, Berlin 2011, S. 161-163

1. *Analysieren Sie, wie Éva Fahidi die Ankunft im Lager beschreibt. Welchen Menschen begegnet sie auf der „Rampe" und welche Funktion weist sie diesen Personen zu?*

2. *Vergleichen Sie die Beschreibung der Überlebenden mit der hier gezeigten Abbildung zur „Selektion" der ungarischen Juden in Birkenau. Welche Gemeinsamkeiten und welche Unterschiede zwischen Text und Bild fallen auf? Erläutern Sie dabei auch, welche Vorgänge des „Selektionsprozesses" auf dem Foto nicht zu sehen sind.*

3. *Erörtern Sie anschließend, welche Absicht die SS-Männer vermutlich mit den Aufnahmen verbanden. Welche Bedeutung haben die Fotos dagegen heute vor allem für die ungarischen Überlebenden von Auschwitz-Birkenau und für die Erinnerung an den Holocaust weltweit?*

Widerstand gegen das NS-Regime

▲ **Blick in die Dauerausstellung der Gedenkstätte Deutscher Widerstand in Berlin.**
Foto von 2012.
Die Gedenkstätte befindet sich am historischen Ort des Umsturzversuches vom 20. Juli 1944 im „Bendler-Block" in Berlin-Mitte.

Motive Eine breite Widerstandsbewegung gegen das NS-Regime hat es nicht gegeben. Hitlers Herrschaft wurde über viele Jahre von einer großen Mehrheit des deutschen Volkes akzeptiert. Selbst in Kreisen, die keine enge Identifikation mit den Zielen und Wertmaßstäben der Nationalsozialisten aufbrachten, verließen sich die meisten auf die politische Führung.

Seit den 1980er-Jahren bemühen sich Historiker um eine genauere Definition von Widerstand. So werden verschiedene Stufen zwischen *nonkonformem Verhalten* und *aktivem Widerstand* unterschieden. Zwischen privaten Unmutsäußerungen im Freundeskreis, dem freiwilligen Rücktritt aus einem Amt oder der Planung und Durchführung eines Umsturzes gab es eine Vielzahl von Abstufungen. So differenziert die Motive des Widerstandes auch waren, gemeinsam war allen Gruppierungen der feste Glaube an ethische Grundnormen, der ihnen die Kraft zu einem eigenverantwortlichen Denken gab.

Kommunisten und Sozialdemokraten hatten schon frühzeitig vor Hitler gewarnt und wurden unter anderem deshalb von Anfang an verfolgt. Revolutionärer oder demokratischer Sozialismus, Klassenkampf und Weltrevolution standen im Widerspruch zu Hitlers nationalistischem und imperialistischem Konzept. Aus der Überzeugung, dass nur die Überwindung der reaktionären NS-Diktatur den Fortschritt der Menschheit sichern könne, entschlossen sich viele zum aktiven Widerstand. Der UdSSR sollte nach Auffassung der Kommunisten in diesem Kampf eine bedeutende Rolle zufallen.

Aber auch Liberale und Konservative stellten sich gegen Hitler. Die brutale Missachtung fundamentaler Grund- und Menschenrechte sowie demokratischer Spielregeln verletzte die freiheitlichen Prinzipien der einen; der Missbrauch tradierter Werte wie Ehre, Treue, Deutschtum, Volk und Vaterland zeigte den anderen, dass sie lange Zeit die wahre Gesinnung Hitlers nicht erkannt hatten. Selbst manche Mitglieder der Partei und ihrer Organisationen konnten auf Dauer ihre moralischen Bedenken gegen die welt- und menschenverachtende Ideologie der NSDAP nicht zurückstellen.

Internettipp:
Weiterführende Informationen zum deutschen Widerstand finden Sie unter Code ***4673-26****.*

Lesetipps:
- *Wolfgang Benz und Walter H. Pehle (Hrsg.), Lexikon des deutschen Widerstandes, Frankfurt am Main [2]1994*
- *Peter Steinbach (Hrsg.), Lexikon des Widerstandes 1933-1945, München 1994*

Internettipp:
Der Kleinfabrikant Otto Weidt beschäftigte während des Zweiten Weltkrieges hauptsächlich blinde und gehörlose Juden und rettete vielen dadurch das Leben. Weitere Informationen finden Sie unter Code ***4673-27****.*

Ziele und Formen Die letzte Übersteigerung des NS-Regimes seit Beginn des Zweiten Weltkrieges hatte zwar viele von der Notwendigkeit der Gewalt gegen die Diktatur überzeugt, aber auf die Frage „Was dann?" gab es keine eindeutige Antwort. Die Errichtung eines christlich-konservativen Nationalstaates, eine übernationale Ordnung Europas oder die Einführung der Diktatur des Proletariats als Übergang zur Weltrevolution waren Visionen der politischen Zukunft. Einzelpersonen, lose Gesprächskreise oder Verschwörergruppen arbeiteten auf sehr verschiedene Weise, meist ohne gegenseitige Kontakte wegen des hohen Risikos eines Verrates.

Es wurden Flugblätter verteilt, Gegenparolen an die Hauswände belebter Straßen geschrieben, ausländische Sender abgehört und regimefeindliche Nachrichten verbreitet. In Rüstungsbetrieben kam es zu Arbeitsniederlegungen und Sabotageakten. In der Berliner Rosenstraße wagten „arische" Frauen im Februar 1943, sich für die Befreiung ihrer verhafteten jüdischen Ehegatten einzusetzen. Über mehrere Tage versammelten sie sich vor dem Gebäude Rosenstraße 2-4, das als provisorisches Gefängnis genutzt wurde, und riefen nach ihren Männern, um deren Freilassung zu erreichen. Umfang und Zahl der Beteiligten wie der Erfolg der Aktion sind unter Historikern umstritten, nicht hingegen die Achtung vor der Tatkraft und dem Mut der Protestierenden.

Trotz umfangreicher Sicherheitsvorkehrungen sind mehrere Attentate auf Hitler zur Ausführung gekommen. *Georg Elser*, ein Tischler aus Württemberg, scheiterte aber am 8. November 1939 in München mit einem Bombenanschlag ebenso wie alle anderen, die Hitler mit Gewalt zu beseitigen versuchten. Vermutlich wurden über 10 000 Angehörige des Widerstandes von NS-Schergen getötet oder vom Volksgerichtshof zum Tode verurteilt. Dass die Erfolge des Widerstandes bescheiden blieben, lag an der Heterogenität der Widerstandsgruppen und vor allem an der Brutalität, mit der die Nationalsozialisten jede Opposition im Keim zu ersticken suchten.

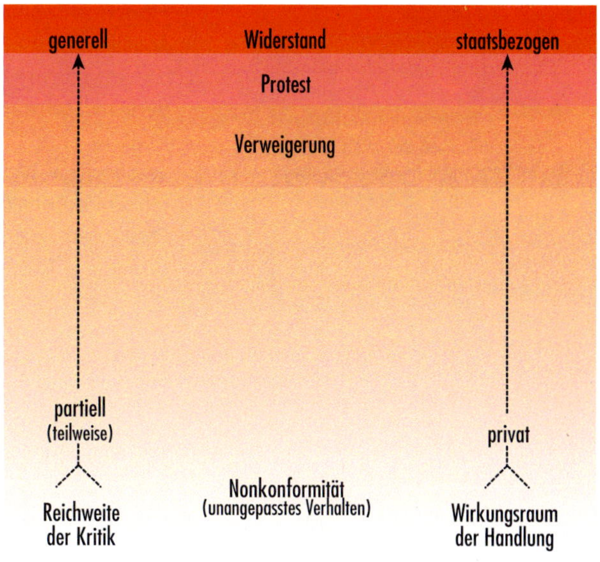

▸ **Abweichendes Verhalten oder Widerstand?**
Der Historiker Detlev Peukert hat Formen abweichenden Verhaltens geordnet. Als Widerstand definiert er nur die Verhaltensformen, in „denen das NS-Regime als Ganzes abgelehnt wurde und Maßnahmen zur Vorbereitung des Sturzes des NS-Regimes im Rahmen der Handlungsmöglichkeiten des jeweils einzelnen Subjektes" getroffen wurden. Vgl. Detlev Peukert, Volksgenossen und Gemeinschaftsfremde, Köln 1982, S. 97.

Widerstand aus der Arbeiterbewegung Schon vor 1933 hatten Kommunisten und Sozialdemokraten gegen die Nationalsozialisten gekämpft. Sie wurden deshalb nach der Machtübernahme Hitlers sofort massiv verfolgt. Partei- und Gewerkschaftsmitglieder wurden verhaftet, zur Flucht ins Ausland gezwungen oder ermordet. Ein gemeinsames Vorgehen kam allerdings nicht zustande, da die politischen Gegensätze zwischen KPD und SPD zu groß waren. Bis 1937 gelang es den Nationalsozialisten, deren Widerstand vollständig zu unterdrücken (▸ M1).

Nach Kriegsbeginn und vor allem nach dem Angriff auf die Sowjetunion 1941 lebte der Widerstand wieder auf. Die ins Exil geflohenen und im Lande verbliebenen Kommunisten und Sozialdemokraten operierten aus dem Untergrund und versuchten, die Kontakte – auch zu anderen Widerstandsbewegungen – aufrechtzuerhalten. Sie verbreiteten Flugblätter, organisierten Hilfe für Verfolgte und entwarfen Pläne für die Zeit nach dem „Dritten Reich". Um der Verfolgung zu entgehen, bildeten sie dabei möglichst kleine lokale oder nur locker verbundene größere Netzwerke.

Eine dieser Widerstandsgruppen war die *„Rote Kapelle"*. Die Bezeichnung stammte von der Gestapo und galt einer seit 1939 bestehenden, vorwiegend kommunistisch orientierten Gruppe, die die UdSSR über Funk mit Berichten zur politischen, wirtschaftlichen und militärischen Lage versorgte. Wichtige Personen dieses Kreises waren *Harro Schulze-Boysen*, Oberleutnant im Luftwaffenministerium, und der im Wirtschaftsministerium tätige *Arvid Harnack*. In einer Geheimdruckerei erstellten Helfer Zeitschriften und Flugblätter mit Reden von Bischof *Clemens August Graf von Galen*, *Thomas Mann*, Winston Churchill und Josef Stalin. Nach der Enttarnung einer Spionageaktion wurde die Organisation 1942/43 zerschlagen und viele Mitglieder hingerichtet.

▴ **Georg Elser.**
Der 42-jährige Hitler-Attentäter wurde im April 1945 im KZ Dachau umgebracht.

▸ **Geschichte In Clips:**
Zum Attentat Georg Elsers auf Adolf Hitler siehe Clip-Code **4673-28**.

Filmtipp:
Elser – Er hätte die Welt verändert; Regie: Oliver Hirschbiegel, 2015

Die „Weiße Rose" Die Angehörigen der *Weißen Rose* waren fast ausschließlich Studenten bis zum Alter von 25 Jahren. In bürgerlichen Elternhäusern mit vorwiegend christlichen Traditionen aufgewachsen, hatten sie zum Teil begeistert der Hitler-Jugend angehört, aber bald die moralische Verwerflichkeit der NS-Bewegung durchschaut. Durch ihren Fronteinsatz wurden einige Zeugen der Unmenschlichkeit von Kriegsführung und Besatzungspolitik und hegten bald Zweifel am „Endsieg". In München, wo die meisten Angehörigen der „Weißen Rose" studierten, bildete sich um die Geschwister

Hans und *Sophie Scholl*, *Willi Graf*, *Alexander Schmorell* und ihren Universitätslehrer, den Musikwissenschaftler *Kurt Huber*, ein Freundeskreis.

Im Sommer 1942 erschien das erste Flugblatt der „Weißen Rose". 100 Exemplare verschickte man an ausgesuchte Adressen. Mitte Februar 1943 wurde das letzte Flugblatt in einer Auflage von 3000 Exemplaren erstellt und wieder teilweise per Post versandt (▸ M2). Bei der Verteilung des Restes im Lichthof der Universität hielt ein Hörsaaldiener die Geschwister Scholl fest und übergab sie der Polizei. In mehreren Prozessen wurden Angehörige des Freundeskreises, darunter auch das Geschwisterpaar, zum Tode verurteilt und hingerichtet, andere erhielten Gefängnisstrafen.

Filmtipps:
- *Sophie Scholl – Die letzten Tage, Deutschland 2005; Regie: Marc Rothemund*
- *Die Widerständigen – Zeugen der Weißen Rose, Deutschland 2008; Regie: Katrin Seybold*

Lesetipp:
Ulrich Chaussy und Gerd R. Ueberschär (Hrsg.), „Es lebe die Freiheit!". Die Geschichte der Weißen Rose und ihrer Mitglieder in Dokumenten und Berichten, Frankfurt am Main 2013

Konkordat: völkerrechtlicher Vertrag zwischen der katholischen Kirche und einer weltlichen Regierung

Die Rolle der Kirchen Hitler bemühte sich von Anfang an um die Zustimmung der kirchlichen Amtsträger und Gemeindemitglieder. Die Haltung der Kirchen gegenüber den Nationalsozialisten dagegen war ambivalent. Obwohl sie vor der „Machtergreifung" die Unvereinbarkeit von Weltanschauung und Politik mit der christlichen Lehre betonten, änderten sie ihre ablehnende Haltung gegenüber dem neuen Regime.

Das am 20. Juli 1933 mit dem Heiligen Stuhl geschlossene Reichs**konkordat** garantierte der katholischen Kirche ihre Unabhängigkeit und die Nichteinmischung des Staates in kirchliche Institutionen. Im Gegenzug war Geistlichen jegliche politische Betätigung untersagt. Als die Nationalsozialisten jedoch dazu übergingen, Bekenntnisschulen und katholische Verbände aufzulösen oder „gleichzuschalten", Klöster und kirchliche Heime zu enteignen, forderte dies wiederholt scharfen Protest heraus. Gegen die Verdrängung des Christentums und die „Vergötzung" des Nationalsozialismus wandte sich Papst *Pius XI.* in seiner 1937 veröffentlichten *Enzyklika „Mit brennender Sorge"*. Jedoch kritisierte die Kirchenführung die Verbrechen der Nationalsozialisten, insbesondere die Verfolgung der Juden, nicht öffentlich. Lediglich einzelne Priester, Ordensgeistliche und Laien verurteilten offen die Judendiskriminierung und die Tötung behinderter Menschen („Euthanasie"; ▸ M3).

Die evangelische Kirche war gespalten. Die *Deutschen Christen* setzten sich für die „Gleichschaltung" der evangelischen Landeskirchen ein und waren für eine regimetreue Reichskirche und für die Entlassung „nichtarischer" Geistlicher und Kirchenbeamter. Dagegen formierte sich im Mai 1934 auf Initiative des Pfarrers *Martin Niemöller* die *Bekennende Kirche*, der sich mehr als die Hälfte der evangelischen Pfarrer anschloss. In Schriften und Predigten protestierten sie gegen die staatliche Vereinnahmung der Kirche, die nationalsozialistische Rassenpolitik und die Konzentrationslager.

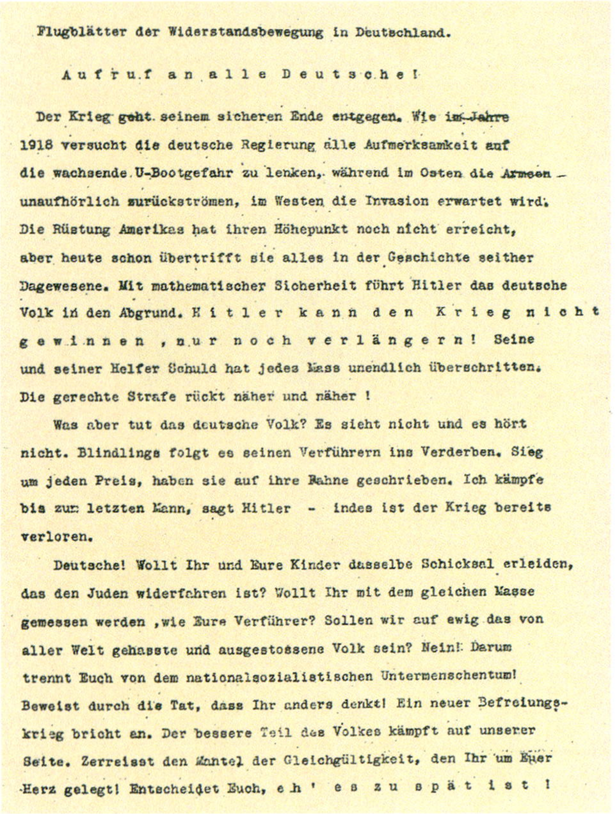

Flugblätter der Widerstandsbewegung in Deutschland.

Aufruf an alle Deutsche!

Der Krieg geht seinem sicheren Ende entgegen. Wie im Jahre 1918 versucht die deutsche Regierung alle Aufmerksamkeit auf die wachsende U-Bootgefahr zu lenken, während im Osten die Armeen unaufhörlich zurückströmen, im Westen die Invasion erwartet wird. Die Rüstung Amerikas hat ihren Höhepunkt noch nicht erreicht, aber heute schon übertrifft sie alles in der Geschichte seither Dagewesene. Mit mathematischer Sicherheit führt Hitler das deutsche Volk in den Abgrund. Hitler kann den Krieg nicht gewinnen, nur noch verlängern! Seine und seiner Helfer Schuld hat jedes Mass unendlich überschritten. Die gerechte Strafe rückt näher und näher!

Was aber tut das deutsche Volk? Es sieht nicht und es hört nicht. Blindlings folgt es seinen Verführern ins Verderben. Sieg um jeden Preis, haben sie auf ihre Fahne geschrieben. Ich kämpfe bis zum letzten Mann, sagt Hitler – indes ist der Krieg bereits verloren.

Deutsche! Wollt Ihr und Eure Kinder dasselbe Schicksal erleiden, das den Juden widerfahren ist? Wollt Ihr mit dem gleichen Masse gemessen werden, wie Eure Verführer? Sollen wir auf ewig das von aller Welt gehasste und ausgestossene Volk sein? Nein! Darum trennt Euch von dem nationalsozialistischen Untermenschentum! Beweist durch die Tat, dass Ihr anders denkt! Ein neuer Befreiungskrieg bricht an. Der bessere Teil des Volkes kämpft auf unserer Seite. Zerreisst den Mantel der Gleichgültigkeit, den Ihr um Euer Herz gelegt! Entscheidet Euch, eh' es zu spät ist!

▲ **„Aufruf an alle Deutsche!"**
Flugblatt der „Weißen Rose" vom Januar 1943. Das fünfte von sechs Flugblättern der Widerstandsgruppe wurde in mehreren hundert Exemplaren in der Münchener Universität verteilt.

Militärischer Widerstand – der 20. Juli 1944 Der einzige Machtfaktor im Hitlerstaat, der zur Organisation und Durchführung eines Umsturzes in der Lage schien, war das Militär. Außerdem waren die Generäle die ersten Befehlsempfänger für Hitlers maßlose Eroberungspläne, und da dieser sprunghaft und ohne strategischen Sachverstand befehligte, wuchs aufseiten der militärischen Führung die Skepsis. Selbst moralische Einwände kamen zum Tragen, denn der rassistische Vernichtungskrieg Hitlers ging für viele weit über das hinaus, was Berufssoldaten zu tun bereit waren (▸ M4).

Generaloberst *Ludwig Beck*, der 1938 wegen Hitlers Einmarsch in die Tschechoslowakei als Generalstabschef zurückgetreten war, versuchte seitdem, den Widerstand gegen das Regime zu organisieren. Gemeinsam mit dem ehemaligen Oberbürgermeister von Leipzig, *Carl Friedrich Goerdeler*, plante er schon eine neue deutsche Regierung und knüpfte Kontakte mit dem Ausland. Doch erst nach der militärischen Wende Anfang 1943 erhielt die Verschwörung größeren Rückhalt und mehr Teilnehmer, so Oberst *Claus Schenk Graf von Stauffenberg*, der als Mitglied des Generalstabs direkten Zugang zu Hitler hatte. Die Ausweitung des Kreises der Verschwörer erhöhte aber auch die unmittelbare Gefahr. So waren ihnen die Sicherheitskräfte auf der Spur und hatten bereits einige Mitwisser verhaftet. Am 20. Juli 1944 nutzte Stauffenberg eine günstige Gelegenheit und deponierte eine Aktentasche voll Sprengstoff in Hitlers Nähe. Die Bombe verfehlte ihren Zweck. Hitler wurde nur verletzt – und das Regime nahm grausam Rache. Graf Stauffenberg und seine engsten Mitarbeiter wurden noch in derselben Nacht erschossen. Die Geheime Staatspolizei verhaftete 7000 Personen, auch solche, die mit der Verschwörung nichts zu tun hatten. Himmlers Anordnung der „absoluten Sippenhaftung" bedeutete, dass Verwandte für die Tat mitverantwortlich waren und gleichfalls bestraft wurden.*

Filmtipp:
Der neunte Tag; Deutschland/Luxemburg/Tschechien 2004; Regie: Volker Schlöndorff

▲ **Helmuth James Graf von Moltke und Claus Schenk von Stauffenberg.**
Sonderbriefmarken der Deutschen Bundespost von 1964.

Der Kreisauer Kreis Auf dem schlesischen Gut Kreisau, das dem Sachverständigen für Kriegs- und Völkerrecht im Oberkommando der Wehrmacht, *Helmuth James Graf von Moltke*, gehörte, trafen sich seit Ende 1938 Männer und Frauen verschiedener Anschauungen und Herkunft: Konservative, Sozialisten, ehemalige Gewerkschaftsvertreter, Großgrundbesitzer, protestantische und katholische Geistliche. Der *Kreisauer Kreis* erarbeitete Grundsätze für einen Staats- und Gesellschaftsaufbau nach dem Sturz Hitlers, der vom Europagedanken geprägt war. Staatsstreichpläne wurden zwar nicht konkret ausgearbeitet, aber es bestanden Kontakte zu Widerstandsgruppen im In- und Ausland, so auch zu den Attentätern vom 20. Juli 1944. Viele Mitglieder des Kreisauer Kreises, wie Moltke, *Peter Graf Yorck von Wartenburg*, *Adam von Trott zu Solz*, Pater *Alfred Delp* oder der Gewerkschaftsführer *Julius Leber*, wurden hingerichtet.

Lesetipp:
Gerd R. Ueberschär, Stauffenberg und das Attentat vom 20. Juli 1944. Darstellung, Biographien, Dokumente, Frankfurt am Main 2006

Widerstandsbewegungen in den besetzten Ländern In allen eroberten Gebieten rief die deutsche Besatzungspolitik Widerstand hervor. Angesichts des von den Deutschen im Osten grausam geführten Vernichtungskrieges wuchs er in der Sowjetunion, in Polen und auf dem Balkan zum **Partisanen**krieg. In Polen entstand bereits 1939 eine eigene „Heimatarmee", die Aufstände organisierte und Partisanen mobilisierte. Die sowjetische Widerstandsbewegung hielt engen Kontakt zur politischen Führung und zur Roten Armee. Die zunehmenden Überfälle der Partisanen auf deutsche Soldaten sowie Anschläge auf Eisenbahnlinien und Lastwagen schwächten die deutsche Wehrmacht erheblich. Nirgends jedoch entwickelte der Widerstand eine solche Stärke wie auf dem Balkan, wo unter dem späteren jugoslawischen Staatspräsidenten *Josip Broz*, genannt *Tito*, eine riesige Partisanenarmee von anfangs 80000 und später 400000 Mann (im Winter 1944/45) gegen die Besatzer kämpfte.

Partisanen: bewaffnete Widerstandskämpfer im Hinterland

* Zum 20. Juli in der Erinnerung siehe S. 541ff.

In West- und Nordeuropa bestand der aktive Widerstand hauptsächlich in der Übermittlung von Nachrichten an Spione, der Verbreitung von Flugblättern und illegalen Zeitungen sowie der Hilfe für Kriegsgefangene, Juden und andere Verfolgungsopfer. In Frankreich verübte die aus verschiedenen Widerstandsgruppen bestehende *Résistance* gezielte Sabotageakte und Attentate. Von General *Charles de Gaulle** aus dem Londoner Exil organisiert, beteiligte sich der französische Widerstand nach der Landung der Alliierten in der Normandie an der Befreiung Frankreichs. In Großbritannien und den USA unterstützten zudem seit 1940 bzw. seit 1943 eigene staatliche Institutionen die Partisanen mit Waffenlieferungen, Informationen und Spezialagenten.

Jüdischer Widerstand ▪ Auch Juden wehrten sich auf verschiedene Art und Weise gegen das Vorgehen ihrer Verfolger. In ganz Europa versteckten sich Juden bei nichtjüdischen Helfern oder auf eigene Faust (das bekannteste Beispiel dafür ist *Anne Frank*) und halfen anderen, vor allem jüdischen Kindern, den Nationalsozialisten zu entkommen. Darüber hinaus gab es bewaffnete Aufstände in Ghettos und Lagern und über 1,5 Millionen Juden beteiligten sich in den alliierten Armeen oder als Partisanen am Kampf gegen den NS-Staat. So waren sie etwa in Belgien und Frankreich im Untergrund und in Einheiten der Résistance aktiv, schlossen sich den Partisanen unter Tito an und auch in den Wäldern Weißrusslands und der Ukraine kämpften Zehntausende in jüdischen Partisaneneinheiten.

Eindrucksvollster Beweis für den jüdischen Widerstand ist der *Aufstand im Warschauer Ghetto*, wo die Nazis Hunderttausende Juden in einem kleinen abgeriegelten Stadtbezirk unter unmenschlichen Bedingungen eingepfercht hatten. Nachdem im Jahr 1942 über 240 000 Juden aus Warschau nach Treblinka deportiert worden waren, bildete sich unter den verbleibenden 55 000 bis 60 000 Ghettobewohnern die „Jüdische Kampforganisation", die im April 1943 einen bewaffneten Aufstand organisierte. Etwa vier Wochen lang führten sie unter ihrem erst 23-jährigen Anführer *Mordechai Anielewicz* einen erbitterten Häuserkampf gegen die übermächtigen deutschen Kommandos. Der Aufstand scheiterte zwar, jedoch wirkte er wie eine Aufforderung. Danach gab es selbst in Vernichtungslagern wie Treblinka und Sobibor Aufstände, einigen Häftlingen gelang dabei die Flucht aus Sobibor. Auch in Auschwitz organisierten die Häftlinge des „*Sonderkommandos*", die in den Krematorien von Birkenau für die Verbrennung der zuvor vergasten Menschen zuständig waren, einen Aufstand. Ihnen gelang es im Oktober 1944, eines der Krematorien mit Sprengsätzen zu zerstören.

Filmtipp:
Im Kino wird das Thema Widerstand gegen das NS-Regime immer wieder aufgegriffen. „Defiance" („Unbeugsam"; Regie: Edward Zwick) aus dem Jahr 2008 erzählt die Geschichte der jüdischen Partisanengruppe um die Brüder Tuvia, Zus und Asael Bielski.

Lesetipp:
Markus Roth und Andrea Löw, Das Warschauer Ghetto. Alltag und Widerstand im Angesicht der Vernichtung, München 2013

Internettipp:
Ein didaktisch aufbereitetes Dossier über einen NS-Film zum Warschauer Ghetto finden Sie unter Code ***4673-29****.*

1. *Skizzieren Sie die unterschiedlichen Formen des in diesem Kapitel beschriebenen Widerstandes. Unterscheiden Sie nach Aktionsformen und Zielen.*

2. *Entwickeln Sie eine Stufung zwischen abweichendem Verhalten und aktivem Widerstand.*

* **Charles de Gaulle**: Siehe S. 477.

M1 Kommunistischer Widerstand

Dagobert Biermann (1904-1943) ist Kommunist und hat im Hamburger Hafen gearbeitet. Nach dem Krieg erzählt seine Frau Emmi vom Schicksal ihres Mannes:

1936 war ich schwanger, und grad da begann wieder die illegale Arbeit. Hitler ließ Kriegsmaterial nach Spanien liefern. Da wollten die Faschisten die Republik kaputthauen, und die Nazis halfen denen dabei. Mein Bruder war Ewerführer[1] im Hamburger Hafen. Er hatte Wind davon bekommen, dass Schiffe mit Munition nach Spanien rausgehen. Getarnt waren die als Handelsschiffe. Wir mussten die Arbeiter in Spanien doch warnen! Die sollten die gleich übern Schnabel nehmen[2], wenn die da ankommen. Mein Bruder spionierte aus, wo die Schiffe lagen, und notierte sie. Unter Lebensgefahr! Aber er war ja roter Betriebsrat gewesen und hatte eine gute Nummer im Hafen. Die Kollegen verpfiffen ihn nicht. Die Unterlagen wurden nach Spanien geschmuggelt. Wenn ein Waffenschiff im Hafen lag, rief mein Mann den Herbert Michaelis, unsern Kurier, an, und der nahm die neuesten Nachrichten mit. [...]
Mein Mann kam in „Schutzhaft". So hieß das damals. Ich wollte genau wissen, wo er sitzt, aber ich wurde immer abgewiesen. Eines Tages hab ich dann doch erfahren, dass er in Fuhlsbüttel ist. Und man erlaubte mir, seine Wäsche zu holen und ihm neue zu bringen. Aber ich hab ihn nicht gesehen, nur das Blut, das an der Wäsche klebte. Die Wäsche wurde von der SS in Empfang genommen, und die haben die Wäsche gegen das Licht gehalten, ob auch nichts darin versteckt ist. Einmal machte ich eine Entdeckung. Da, wo die kleinen Stäbe in den Hemdkragen kamen, die Stelle war zugenäht. Darin war ein Kassiber[3], auf dünnem Papier geschrieben. Da stand drauf: „Michaelis packt aus." Das war das Zeichen, jetzt sollte der Prozess beginnen. Zwei Jahre hatte das gedauert. Solange hatten die gebraucht, bis sie was zusammengestoppelt hatten gegen meinen Mann. [...] Für den Prozess kam extra der Volksgerichtshof nach Hamburg. [...] Mein Mann und mein Bruder hatten zuerst immer geleugnet, etwas mit der Sache zu tun zu haben, mit den Waffen und den Informationen für die Spanier. Aber dann wurden Geschosse auf den Tisch gepackt, die mein Bruder aus dem Hafen mitgebracht hatte. Sogar Dumdumgeschosse hatte er von den Schiffen geklaut, die reißen große Wunden. Die hatten wir Michaelis mitgegeben, damit die Spanier wussten, was ihnen blühte.
Mein Bruder hat mir später erzählt, wie er sich verteidigt hat. Er hat auf doof gemacht. Im Hafen klauen alle mal, hat er gesagt, nur so aus Spaß wird geklaut. Und dann hat er immer Platt gesprochen, das war für die Richter was Neues. Die Richter wollten darauf hinaus, mein Mann hätte meinen Bruder beauftragt, die Sache auszubaldowern. Das hätte gereicht, dann hätten sie ihn gleich umgebracht. Der Pflichtverteidiger meines Bruders war aber ausnahmsweise ein guter Mann. Er wollte meinen Bruder direkt fragen: „Hat Biermann Sie beauftragt?" Wenn er dann mit Nein antwortet, musste der Anklagepunkt fallengelassen werden. Aber die Anwälte mussten alle Fragen vorlegen. Die Frage wurde natürlich nicht zugelassen, die wollten meinem Mann an den Kragen. Da hat der Anwalt alles auf eine Karte gesetzt und die Frage einfach dazwischengerufen. Und mein Bruder sagte natürlich sofort: „Nee, mein Schwager hat mich nicht dazu beauftragt." Damit entfiel der Punkt.
Mein Bruder wurde freigesprochen. Ein „irregeleiteter Arbeiter", meinten die Richter. Mein Mann kriegte sechs Jahre. Ich war bei der Urteilsverkündung dabei, bin am Schluss schnell durch die Barriere gelaufen und hab ihm die Hand gedrückt. Wir wurden sofort auseinandergerissen. Er konnte mich noch trösten: „Die sechs Jahre sitz ich auf einer Arschbacke ab." Das war 1937. Er ist nie wieder rausgekommen.

Zitiert nach: Harald Focke und Uwe Reimer, Alltag der Entrechteten, Reinbek 1980, S. 27-29

[1] **Ewer**: kleines Küstenschiff
[2] umgangssprachlich: etwas übernehmen, in Empfang nehmen
[3] **Kassiber**: geheimer Brief von einem oder an einen Gefangenen

1. *Beschreiben Sie die politische Arbeit, die hier von Kommunisten geleistet wurde.*
2. *Analysieren Sie die Motive der Beteiligten.*
3. *Arbeiten Sie aus dem Text die speziellen Merkmale der verwendeten Quellengattung heraus.*

M2 „Unterstützt die Widerstandsbewegung"

Das fünfte von sechs Flugblättern der Münchener Gruppe „Weiße Rose" hat eine Auflage von 6 000 bis 9 000 Stück. Es wird im Januar 1943 in mehreren Städten Süddeutschlands und Österreichs per Post verschickt und in der Münchner Universität ausgelegt:

Mit mathematischer Sicherheit führt Hitler das deutsche Volk in den Abgrund. Hitler kann den Krieg nicht gewinnen, nur noch verlängern! Seine und seiner Helfer Schuld hat jedes Maß unendlich überschritten. Die gerechte Strafe rückt näher und näher! Was aber tut das deutsche Volk? Es sieht nicht und es hört nicht. Blindlings folgt es seinen Verführern ins Verderben. Sieg um jeden Preis! haben sie auf ihre Fahne geschrieben. [...]
Deutsche! [...] Beweist durch die Tat, dass Ihr anders denkt! Ein neuer Befreiungskrieg bricht an. Der bessere Teil des

Volkes kämpft auf unserer Seite. Zerreißt den Mantel der Gleichgültigkeit, den Ihr um Euer Herz gelegt! Entscheidet Euch, ehe es zu spät ist!
Was lehrt uns der Ausgang dieses Krieges, der nie ein nationaler war?
Der imperialistische Machtgedanke muss, von welcher Seite er auch kommen möge, für alle Zeit unschädlich gemacht werden. Ein einseitiger preußischer Militarismus darf nie mehr zur Macht gelangen. Nur in großzügiger Zusammenarbeit der europäischen Völker kann der Boden geschaffen werden, auf welchem ein neuer Aufbau möglich sein wird. Jede zentralistische Gewalt, wie sie der preußische Staat in Deutschland und Europa auszuüben versucht hat, muss im Keime erstickt werden. Das kommende Deutschland kann nur föderalistisch sein. Nur eine gesunde föderalistische Staatenordnung vermag heute noch das geschwächte Europa mit neuem Leben zu erfüllen. Die Arbeiterschaft muss durch einen vernünftigen Sozialismus aus ihrem Zustand niedrigster Sklaverei befreit werden. Das Truggebilde der autarken Wirtschaft muss in Europa verschwinden. Jedes Volk, jeder Einzelne hat ein Recht auf die Güter der Welt!
Freiheit der Rede, Freiheit des Bekenntnisses, Schutz des einzelnen Bürgers vor der Willkür verbrecherischer Gewaltstaaten, das sind die Grundlagen des neuen Europa.
Unterstützt die Widerstandsbewegung, verbreitet die Flugblätter!

Zitiert nach: www.bpb.de/geschichte/nationalsozialismus/weisse-rose/61025/flugblatt-v [Zugriff: 14.04.2015]

1. *Geben Sie die Aussagen des Flugblattes wieder.*
2. *Erläutern Sie die Positionen der „Weißen Rose". Inwiefern stützen sie sich auf die Ideen der Aufklärung?*
3. *Nehmen Sie zur Kritik der „Weißen Rose" am NS-Regime Stellung.*

M3 „Wir fordern Gerechtigkeit"

Um den Einfluss der katholischen Kirche einzudämmen, löst die Gestapo Klöster auf, nimmt Ordenshäuser in Beschlag und weist Geistliche aus. Der Bischof von Münster, Clemens August Graf von Galen, am 13. Juli 1941 in einer Predigt:

Bei den Anordnungen und Strafverfügungen der Geheimen Staatspolizei ist die Verwaltungsgerichtsbarkeit ausgeschlossen. Da wir alle keinen Weg kennen, der für eine unparteiische Kontrolle der Maßnahmen der Geheimen Staatspolizei, ihrer Freiheitsbeschränkungen, ihrer Aufenthaltsverbote, ihrer Verhaftungen, ihres Gefangenhaltens deutscher Volksgenossen in Konzentrationslagern gegeben wäre, so hat bereits in weitesten Kreisen des deutschen Volkes ein Gefühl der Rechtlosigkeit, ja feiger Ängstlichkeit Platz gegriffen, das die deutsche Volksgemeinschaft schwer schädigt. – Die Pflicht meines bischöflichen Amtes, für die sittliche Ordnung einzutreten, die Pflicht meines Eides, in dem ich vor Gott und vor dem Vertreter der Reichsregierung gelobt habe, nach Kräften „jeden Schaden zu verhüten, der das deutsche Volk bedrohen könnte", drängen mich, angesichts der Taten der Geheimen Staatspolizei diese Tatsache öffentlich warnend auszusprechen.
Meine Christen! Man wird mir vielleicht den Vorwurf machen, mit dieser offenen Sprache schwäche ich jetzt im Kriege die innere Front des deutschen Volkes. Demgegenüber stelle ich fest: Nicht ich bin die Ursache einer etwaigen Schwächung der inneren Front, sondern jene, die ungeachtet der Kriegszeit, ungeachtet der augenblicklichen Not, ja, jetzt hier in Münster zum Abschluss einer Schreckenswoche schauriger Feindesangriffe, schuldlose Volksgenossen ohne Gerichtsurteil und Verteidigungsmöglichkeit in harte Strafe nehmen, unsere Ordensleute, unsere Brüder und Schwestern, ihres Eigentums berauben, auf die Straße setzen, aus dem Lande jagen! Sie zerstören die Rechtssicherheit, sie untergraben das Rechtsbewusstsein, sie vernichten das Vertrauen auf unsere Staatsführung. Und darum erhebe ich im Namen des rechtschaffenen deutschen Volkes, im Namen der Majestät der Gerechtigkeit und im Interesse des Friedens und der Geschlossenheit der inneren Front meine Stimme, darum rufe ich laut als deutscher Mann, als ehrenhafter Staatsbürger, als Vertreter der christlichen Religion, als katholischer Bischof: „Wir fordern Gerechtigkeit!"
Bleibt dieser Ruf ungehört und unerhört, wird die Herrschaft der Königin Gerechtigkeit nicht wiederhergestellt, so wird unser deutsches Volk und Vaterland trotz des Heldentums unserer Soldaten und ihrer ruhmreichen Siege an innerer Fäulnis und Verrottung zugrunde gehen!
Lasset uns beten für alle, die in Not sind, besonders für unsere Ordensleute, für unsere Stadt Münster, dass Gott weitere Prüfungen von uns fernhalte, für unser deutsches Volk und Vaterland und seinen Führer: Vater unser ...

Zitiert nach: Peter Löffler (Bearb.), Bischof Clemens August Graf von Galen. Akten, Briefe und Predigten 1933-1946, Bd. 2: 1939-1946 (Veröffentlichungen der Kommission für Zeitgeschichte, Reihe A: Quellen, Bd. 42), Paderborn [2]1996, S. 850 f.

1. *Analysieren Sie Beweggründe und Ziele für Galens Predigt.*
2. *Überprüfen Sie, inwiefern es sich bei dieser Predigt um eine Form von Widerstand handelt.*

M4 Widerstand im Militär

Die Offiziere Henning von Tresckow (1901-1944, Selbstmord) und Claus Schenk Graf von Stauffenberg (1907-1944, hingerichtet) sind maßgeblich an einem Bombenanschlag auf Hitler am 20. Juli 1944 beteiligt. Tresckow hat sich seit 1934 innerlich vom Regime distanziert und sich an mehreren Attentaten auf Hitler beteiligt. Ein Weggefährte erinnert sich an ein Treffen mit ihm am 17. November 1942 beim Oberkommando der Heeresgruppe Mitte in Smolensk:

Hier griff Henning ein. Er müsse mir etwas Entscheidendes sagen. Unser Generalstab verdiene diesen Namen nicht mehr. Nur noch die Kragenspiegel und die karmesinroten Streifen an den Hosen ließen ihn noch als solchen erscheinen. Clausewitz und der alte Moltke seien nicht mehr gefragt. Hitler habe – mit seinen eigenen Worten – gefordert, der Generalstabsoffizier müsse sein wie ein „Bluthund, der gierig an der Leine zerre, um, losgelassen, sich auf den Feind zu stürzen und ihn zu zerfleischen". Eine Beleidigung des Generalstabs seien diese Worte des Führers gewesen. Hitler wolle nur noch „subalterne Erfüllungsgehilfen" im Generalstab haben. „Erfüllungsgehilfen im Dienste eines Kapitalverbrechers", rief er. Und er wiederholte die Worte. [...] Nach einer Pause fragte ich ihn, was an den Gerüchten von Übergriffen der SS gegen die Zivilbevölkerung in den rückwärtigen Gebieten sei. Diese Gerüchte träfen zu, antwortete er, allerdings mit der Ergänzung, dass es sich nicht um einzelne Übergriffe handele, sondern um planmäßige Ausrottungen von Menschen. Man habe bei der Heeresgruppe zuverlässige Informationen, dass der SD und die SS Spezialeinheiten gebildet hätten, die das sorgfältig organisiert betrieben, und zwar in einem Umfang, der jede Fantasie übersteige. Während wir, die Soldaten an der Front, uns vorne totschießen lassen durften, betreibe die SS in unserem Rücken ein grauenvolles Geschäft. Er, Henning, sehe darin eine Schändung der Opferbereitschaft des Soldaten an der Front. Fassungslos hatte ich ihm zugehört. Es war ungeheuerlich, was er gesagt hatte. Dann sprach er davon, dass er auf den Tag hinarbeite, an dem dies alles zu Ende sei. Niemand könne heute sagen, wann dieser Tag komme, aber kommen werde er mit Sicherheit, und er werde schrecklich sein.

Im Juni 1944 soll Tresckow gegenüber Freunden erklärt haben:

Das Attentat auf Hitler muss erfolgen, um jeden Preis. Sollte es nicht gelingen, so muss trotzdem der Staatsstreich versucht werden. Denn es kommt nicht mehr auf den praktischen Zweck an, sondern darauf, dass die deutsche Widerstandsbewegung vor der Welt und vor der Geschichte unter Einsatz des Lebens den entscheidenden Wurf gewagt hat. Alles andere ist daneben gleichgültig.

▸ Nach dem Attentat.
Foto vom 20. Juli 1944.
Um 12:42 Uhr detonierte die Bombe im Führerhauptquartier „Wolfsschanze" in der Nähe von Rastenburg in Ostpreußen im heutigen Polen. Zwei Stunden später besichtigte Hitler mit Mussolini den zerstörten Konferenzraum.

Kurz vor dem Attentat vom 20. Juli 1944, das Hitler überleben wird, sagt Stauffenberg zu einer Bekannten:

Es ist Zeit, dass jetzt etwas getan wird. Derjenige allerdings, der etwas zu tun wagt, muss sich bewusst sein, dass er wohl als Verräter in die deutsche Geschichte eingehen wird. Unterlässt er jedoch die Tat, dann wäre er ein Verräter vor seinem eigenen Gewissen.

Erster Text zitiert nach: Reinhard Rürup (Hrsg.), Der Krieg gegen die Sowjetunion. Eine Dokumentation, Berlin 1991, S. 193
Zweiter Text zitiert nach: Peter Steinbach und Johannes Tuchel (Hrsg.), Widerstand in Deutschland 1933-1945. Ein historisches Lesebuch, München [3]2000, S. 326
Dritter Text zitiert nach: Peter Hoffmann, Claus Schenk Graf von Stauffenberg und seine Brüder, Stuttgart 1992, S. 395

1. *Beurteilen Sie die Motive des Widerstandes im Militär. Beachten Sie hierbei, dass Tresckow vom Judenmord im Bereich der Heeresgruppe Mitte dienstlich Kenntnis hatte.*

2. *Im Grundgesetz ist das Widerstandsrecht in Artikel 20 verankert. Erörtern Sie, inwiefern das Widerstandsrecht notwendiger Bestandteil einer demokratischen Ordnung ist.*

Blick zurück nach vorn

Waren Krieg und Holocaust unvermeidbar?

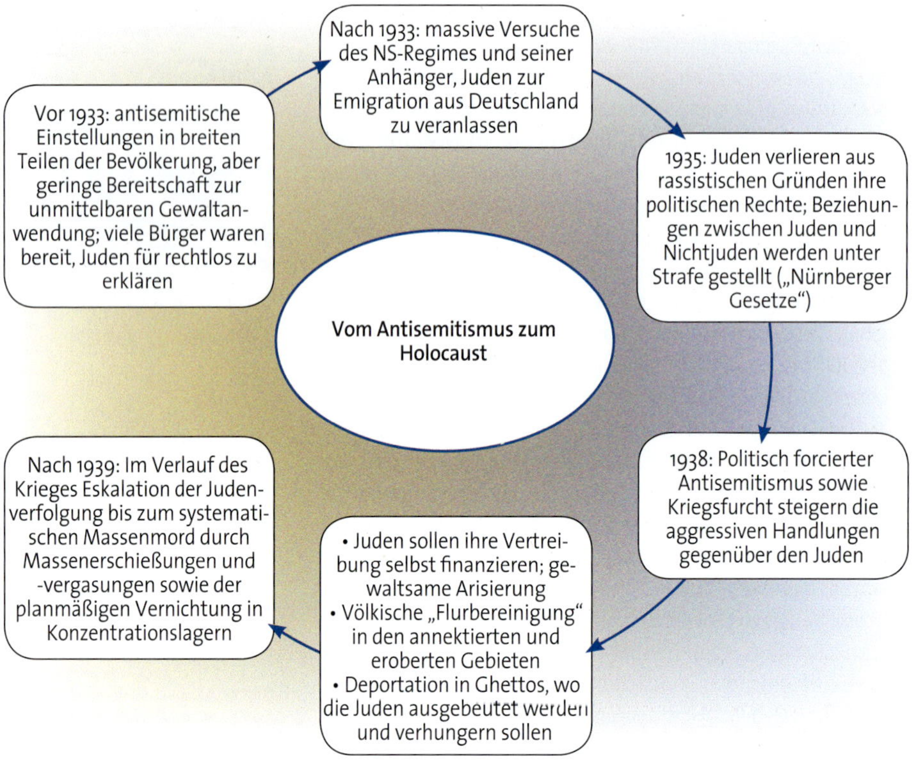

▲ Vom Antisemitismus zum Holocaust.

M Holocaust und Krieg waren nach 1933 nicht unvermeidbar

Der Historiker Michael Wildt schreibt 2008 zu dem Thema in einem Essay:

Nur vier Tage nach seiner Ernennung zum Reichskanzler traf sich Adolf Hitler mit den Befehlshabern der Reichswehr in der Privatwohnung des Chefs der Heeresleitung, General der Infanterie Kurt Freiherr von Hammerstein. Was er den zwei Dutzend versammelten Generälen am Abend dieses 3. Februar zu sagen hatte, bildete den Kern seines politischen Programms: „Völlige Umkehrung der gegenwärtigen innenpolitischen Zustände in Deutschland", so notierte Generalleutnant Curt Liebmann Hitlers Ausführungen. „Keine Duldung der Betätigung irgendeiner Gesinnung, die dem Ziel entgegen steht (Pazifismus!). Wer sich nicht bekehren lässt, muss gebeugt werden. Ausrottung des Marxismus mit Stumpf und Stiel." Und: „Beseitigung des Krebsschadens der Demokratie" sowie „Eroberung neuen Lebensraums im Osten und dessen rücksichtslose Germanisierung". Auch daran, dass der Aufbau der Armee wichtigste Voraussetzung für diese Politik ist, ließ Hitler keinen Zweifel. Im Gegenteil, die „Stärkung des Wehrwillens mit allen Mitteln" sei so wichtig, dass dem gegenüber alles andere zurücktreten müsse, ließ er seine Zuhörer wissen. Und das Volk, insbesondere die Jugend, müsse auf die Überzeugung eingeschworen werden, dass „nur der Kampf uns retten kann". [...]
Von Anfang an wollte die nationalsozialistische Führung den Krieg um „Lebensraum" führen. Der dazu notwendigen Aufrüstung galten alle Aufmerksamkeit, alle Ressourcen ihrer Politik. [...] So eindeutig die nationalsozialistische Politik von 1933 an auf den Krieg ausgerichtet war, so unvermeidlich war er dennoch nicht. Wie Hitlers vorsichtiges Taktieren bei der Besetzung des Rheinlands zeigt, war er sich in diesen ersten Jahren der NS-Herrschaft keineswegs sicher, dass seine Politik aufgehen könnte. Eine entschlossene Reaktion der europäischen Nationen, insbesondere Frankreichs, Englands und auch Italiens, hätte der deutschen Expansionspolitik durchaus Einhalt gebieten können. [...]
Der Krieg entschied auch über das Schicksal der europäischen Juden. Unvermeidbar war der Holocaust jedoch nicht,

obwohl das neue Regime von Anfang an unmissverständlich klarmachte, dass es eine radikal antisemitische Politik betreiben würde. [...]

Die Grundlinien der antisemitischen Politik des NS-Regimes in der Vorkriegszeit waren bereits 1933 zu erkennen: die deutschen Juden sozial zu isolieren, sie zu berauben und aus Deutschland zu vertreiben. Das Parteiprogramm der NSDAP von 1920 hatte unmissverständlich unter Punkt 4 festgelegt: „Staatsbürger kann nur sein, wer Volksgenosse ist. Volksgenosse kann nur sein, wer deutschen Blutes ist, ohne Rücksichtnahme auf Konfession. Kein Jude kann daher Volksgenosse sein. [...]"

Doch geriet die antisemitische Politik des Regimes, die deutschen Juden zugleich auszurauben und vertreiben zu wollen, in einen unüberbrückbaren Widerspruch, denn mittellose jüdische Menschen waren im Ausland nicht erwünscht und besaßen kaum eine Chance, irgendwohin emigrieren zu können. So behinderten die Nationalsozialisten durch ihre Raubpolitik selbst, was sie erreichten wollten: die Vertreibung der Juden aus Deutschland. Die Auswanderung, stellte der Oberabschnitt Süd des Sicherheitsdienstes der SS (SD) Ende 1937 fest, sei „praktisch zum Stillstand gekommen". [...]

Solche selbstgeschaffenen Sackgassen führten im NS-Regime nicht dazu, pragmatisch auf die Schwierigkeiten zu reagieren und die Zielvorgaben zu überprüfen. Vielmehr versuchte man, die Hindernisse mit noch größerer Radikalität und Entschlossenheit des Willens zu überwinden. „Das Wort unmöglich", so forderte Himmler kategorisch, „darf es nicht geben und wird es niemals bei uns geben."

Adolf Eichmann, der für den SD im März 1938 nach Wien geschickt worden war, stellte unter Beweis, wie die Vertreibung trotz Ausplünderung gelingen konnte – mit terroristischen Mitteln. Eichmann zwang die Wiener jüdische Gemeinde zur Mitarbeit, erpresste von ihr etliche Millionen Reichsmark und demonstrierte damit, dass dem SD mit genügend – krimineller – Energie gelang, was die Ministerialbürokratie mit ihren umständlichen Methoden nicht schaffte: die Vertreibung der Juden von diesen selbst finanzieren zu lassen. Die neugegründete Wiener „Zentralstelle für jüdische Auswanderung" wurde zum Modell für Berlin und Prag. Das Regime begann, die „Judenfrage" mit systematischer Gewalt zu „lösen".

[...] Unter den deutschen Eliten zeigte sich am Vorabend des Krieges eine erschreckende Bereitschaft, Mord als „Problemlösung" mit einzukalkulieren. [...]

Im Schatten des Krieges radikalisierte sich die nationalsozialistische Verfolgungspolitik zum Massenmord. Zwar lag die Auslöschung ganzer jüdischer Gemeinden, wie sie im Vernichtungskrieg gegen die Sowjetunion im Spätsommer 1941 geschah, ebenso wie die systematische Deportation der europäischen Juden in die Vernichtungslager oder der Massenmord von Hunderttausenden in den Gaskammern noch außerhalb des Horizonts der Täter. Aber ihrem Denken, ihrer Absicht, ein „judenfreies" Europa zu schaffen, war der Völkermord inhärent.

Das rassistisch-utilitaristische Denken der jungen deutschen Eliten, das „Rassefeinde", „Gemeinschaftsfremde" und „Asoziale" zu „Ballastexistenzen" erklärte, derer man sich rasch und mitleidlos entledigen müsse, und das die jüdische Minderheit zur „Judenfrage" umdefinierte, die „endgültig" gelöst werden müsse, war schon vor 1933 durchaus virulent gewesen. Die Biologisierung des Sozialen, die dazu führte, dass für soziale Probleme folgerichtig biologische „Lösungen" gesucht wurden, gab es seit dem 19. Jahrhundert. Aber der nationalsozialistische Machtantritt, mit dem Rassismus und Antisemitismus zur Staatsdoktrin wurden, eröffnete diesem Denken den politischen Raum, um aus den Ideen gesellschaftliche Praxis werden zu lassen. [...]

Aber erst der Krieg ließ die Verfolgung zur Vernichtung werden. Der Holocaust, die systematische, organisierte Ausrottung der europäischen Juden, war keineswegs mit der Machtergreifung unvermeidlich, er lag 1933 noch außerhalb des Horizonts antisemitischer Politik. Aber die Unerbittlichkeit, mit der alle Juden aus dem deutschen Machtbereich zum Verschwinden gebracht werden sollten, sowie der unbedingte Wille zum Krieg machten den Holocaust zu einer Handlungsoption, die der Politik der Nationalsozialisten innewohnte. Es führte kein zwangsläufiger Weg von der Machtergreifung 1933 nach Auschwitz, doch unter den selbstgeschaffenen Gewaltverhältnissen, in der rassistischen Logik, die mit kaltem Kalkül Menschen in Problemfälle verwandelte, schien der Massenmord schließlich für zahlreiche Deutsche eine „Endlösung" zu sein.

Michael Wildt, Waren Holocaust und Krieg nach dem Machtantritt Adolf Hitlers unvermeidbar?, in: Spiegel Special Geschichte 1/2008; zitiert nach: www.spiegel.de/spiegel/spiegelspecialgeschichte/d-55573715.html [Zugriff: 04.05.2016]

1. *Fassen Sie wichtige Etappen der Exklusionspolitik des NS-Regimes gegenüber den Juden zusammen.* **(Wahrnehmungs- und Analysekompetenz)**
2. *Arbeiten Sie die Faktoren heraus, die zum Holocaust beitrugen.* **(Urteilskompetenz)**
3. *Erörtern Sie die Rolle der nichtjüdischen Bevölkerung bei der Verfolgung und Ermordung der Juden.* **(Orientierungskompetenz)**

Die Welt nach 1945: Ost-West-Konflikt – postkoloniale Welt – Globalisierung

◂ **„Superman CCCP – USA."**
Ausschnitt eines Posters des polnisch-französischen Grafikers Roman Cieślewicz von 1968. Die kyrillische Buchstabenfolge CCCP ist die russische Abkürzung für UdSSR: Union der Sozialistischen Sowjetrepubliken.

▸ **La bombe.**
Gemälde (130 x 162 cm) des isländischen Künstler Erro (eigentl. Gudmundur Gudmundsson), 1977.

Das „Katastrophenzeitalter“ (Eric Hobsbawm) endete in Europa am 8. Mai 1945 mit der bedingungslosen Kapitulation des nationalsozialistischen Deutschland gegenüber den alliierten Siegermachten. Ein neues Zeitalter begann. Es war vom Ost-West-Gegensatz und dem atomaren Patt zwischen den beiden Großmächten geprägt. Dieses neue Zeitalter war aber nur in Europa friedlich, anderswo fanden grausame „Stellvertreterkriege“ statt. Dass es zu keinem atomaren Krieg kam, war den Verantwortlichen in Washington und Moskau zu verdanken. Die politischen Bemühungen um Sicherheit und Zusammenarbeit in Europa trugen dann letztlich zum Ende des Kalten Krieges bei. Er endete 1990/91 mit dem friedlichen Zusammenbruch des sowjetischen Imperiums.

Teil dieser globalen Entwicklung war die Entstehung der beiden deutschen Staaten sowie die friedliche, von den Siegermächten akzeptierte Wiedervereinigung Deutschlands nach 41 Jahren.

Ein wichtiger Bestandteil der deutsch-deutschen Nachkriegsgeschichte war der politische, juristische und gesellschaftliche Umgang mit dem Holocaust und dem Vernichtungskrieg. Diese „Nachgeschichte“ der nationalsozialistischen Diktatur entwickelte sich in den beiden deutschen Staaten unterschiedlich. Sie beeinflusst die nationale und internationale politische Kultur noch heute.

In diesem Kapitel erwerben Sie u.a. folgende Kompetenzen:

▶ **Wahrnehmungskompetenz**

- Sie können kontroverse Positionen zur Entstehung und zum Ende des Kalten Krieges nachvollziehen sowie daraus eigene Fragen entwickeln. (W5, W6, W7)

▶ **Urteilskompetenz**

- Sie können die Entwicklungen in den zwei deutschen Staaten vergleichen und den Prozess bis zur Wiedervereinigung vor seinem historischen Kontext kritisch beurteilen. (U2, U7, U10)
- Sie können den Nahost-Konflikt multiperspektivisch beurteilen. (U3, U5, U6)
- Sie können anhand von Produkten der Geschichtskultur den Umgang der Deutschen mit der NS-Vergangenheit erklären und kritisch dazu Stellung nehmen. (U4, U11)

▶ **Orientierungskompetenz**

- Sie können die gegenwärtigen Herausforderungen der Europäischen Union in den historischen Kontext einordnen und eine eigene Position zur Zukunft Europas entwickeln. (O3, O4, O5)
- Sie können zur gegenwärtigen Verantwortung der Deutschen für die Verbrechen des Nationalsozialismus eine reflektierte und differenzierte Haltung einnehmen. (O5, O8)

Außerdem stellen wir Ihnen in diesem Kapitel die Interpretation einer Rede, die Prüfung einer Foto-Ikone, die Beurteilung eines historischen Spielfilmes sowie das Verfassen eines Essays vor.

Der Kalte Krieg – stabile oder labile Weltordnung?

▲ **„Das Veto der Bombe.“**
„Es wird hier dauernd vom Frieden gesprochen – meine Herren der Friede bin ich!“ Titelblatt der Satirezeitschrift „Simplicissimus“ vom 10. Mai 1956.

▲ **KSZE-Schlusskonferenz.**
Foto vom 1. August 1975.
Bundeskanzler Helmut Schmidt (vorne rechts) spricht mit dem DDR-Staatsratsvorsitzenden Erich Honecker.

Orientierung Der Übergang vom Krieg zum Frieden war angesichts der katastrophalen Zerstörungen, den über 55 Millionen Kriegstoten und den NS-Verbrechen gegen die Menschlichkeit nach 1945 besonders schwer.

Der Kampf der Alliierten gegen die „Hitler-Tyrannei“ führte – trotz anderslautender Versprechen in der Atlantik-Charta und der Charta der Vereinten Nationen – nicht zu einem Weltfrieden. Die weltanschaulichen, sicherheitspolitischen und wirtschaftlichen Gegensätze zwischen den USA, Großbritannien und der Sowjetunion wurden auf der letzten Kriegskonferenz in Potsdam deutlich. Die Siegermächte einigten sich nur vage über das Vorgehen gegenüber Deutschland und vertagten die Lösung kontroverser Fragen auf später.

14. August 1941
In der Atlantik-Charta werden Grundsätze der internationalen Politik festgelegt

1945
• Die bedingungslose Kapitulation der deutschen Wehrmacht tritt in Kraft (8. Mai)
• Die Siegermächte übernehmen die Regierungsgewalt über Deutschland (5. Juni)
• Gründung der Vereinten Nationen (26. Juni)
• Potsdamer Konferenz (17. Juli bis 2. August)
• Die USA werfen zwei Atombomben auf Japan ab (6./9. August)

1945-1948
Sowjetisierung Ostmitteleuropas; die USA verstärken ihr Engagement in Westeuropa

1949
Die USA, Kanada und zehn westeuropäische Staaten gründen die NATO; die Sowjetunion wird Atommacht

1955
• Gründung des Warschauer Paktes zwischen der Sowjetunion und ihren Satellitenstaaten
• Konferenz von Bandung (Indonesien): die Blockfreien-Bewegung entsteht

1956
• Der sowjetische Parteichef Chruschtschow verkündet die „friedliche Koexistenz“ (Februar)
• Die Sowjetunion unterdrückt den Volksaufstand in Ungarn (Oktober)

1958
Die Römischen Verträge treten in Kraft

1961
Die DDR errichtet die Berliner Mauer

1962
Kuba-Krise: Die Welt steht am Rande eines Atomkrieges

1964-1975
Die USA scheitern militärisch und politisch in Vietnam

1968
Der Ato[...] waffens[...] vertrag [...] die unko[...] rollierte [...] breitung [...] Kernwa[...] verhinde[...]

Der SALT I-Vertrag begre[...] erstmals das atomare W[...] rüsten zwischen den U[...] und der Ud[...]

1940 | 1945 | 1950 | 1955 | 1960 | 1965 | 197

◂ **Ausdehnung des sowjetischen Herrschaftsbereiches in Europa.**

Der Kalte Krieg führte dann zu einer Teilung Deutschlands, Europas und der Welt sowie zu gewaltigen Rüstungsanstrengungen. Das atomare Patt der Supermächte verhinderte die „Stellvertreterkriege" in Korea und Vietnam ebenso wenig wie die Unterdrückung der Freiheitsrechte in vielen Staaten. Erst der KSZE-Prozess, die westliche Politik der Stärke und des Dialoges sowie der Wandel in der Sowjetunion trugen 1989 zum Ende des Kalten Krieges und der Überwindung der Teilung Deutschlands und Europas bei.

Im Zentrum des Kapitels stehen folgende Fragen:

- *Warum kam es nach 1945 zu einer weltweiten Blockbildung und wodurch war diese gekennzeichnet?*
- *Was verursachte Krisen und Konflikte im Zeichen des Kalten Krieges, wie verliefen diese und wie wurden sie bewältigt?*
- *Welche politischen Strategien trugen zur Überwindung des Kalten Krieges bei?*
- *Welche Möglichkeiten bestanden für die Neuordnung des internationalen Systems nach 1989/90?*

1975
Die erste Konferenz über Sicherheit und Zusammenarbeit in Europa (KSZE) endet mit der Schlussakte von Helsinki

1979
NATO-Doppelbeschluss zur Nachrüstung von Mittelstreckenraketen in Europa; die Sowjetunion marschiert in Afghanistan ein

1983
Die Genfer Verhandlungen über Mittelstreckenwaffen (INF) werden abgebrochen

1985
Michail Gorbatschow wird Staats- und Parteichef der Sowjetunion und beginnt seine Reformpolitik aus Glasnost und Perestroika

1989/90
Fall der Berliner Mauer; friedliche Revolutionen in Osteuropa

1991
Die Sowjetunion und der Warschauer Pakt lösen sich auf

975 1980 1985 1990 1995 2000 2005

Das Ende des Zweiten Weltkrieges und die Konferenz von Potsdam

▲ **Die „Großen Drei" in Jalta.**
Foto vom 9. Februar 1945. Von links nach rechts: Winston S. Churchill (Großbritannien), Franklin D. Roosevelt (USA) und Josef W. Stalin (Sowjetunion).

Bedingungslose Kapitulation (*unconditional surrender*): Anfang 1943 hatten die Westalliierten auf der Konferenz von Casablanca die bedingungslose Kapitulation der Achsenmächte (Deutschland, Italien und Japan mit ihren Verbündeten) gefordert. Für das Deutsche Reich unterzeichnete die Führung der Streitkräfte am 7. Mai 1945 im US-Hauptquartier in Reims die Gesamtkapitulation. Sie trat am 8. Mai um 23:01 Uhr MEZ in Kraft. Aus protokollarischen Gründen war die Kapitulation am 8./9. Mai im Hauptquartier der Roten Armee in Berlin-Karlshorst wiederholt worden. Die deutsche Staats- und Wehrmachtführung räumte damit den alliierten Siegermächten das Recht ein, alle militärischen, politischen und gesellschaftlichen Angelegenheiten Deutschlands zu regeln.

Kriegsziele der Alliierten ■ Während des Zweiten Weltkrieges wurden die Weichen für die Nachkriegsordnung Europas und der Welt gestellt. Die im August 1941 von US-Präsident *Franklin D. Roosevelt* und dem britischen Premierminister *Winston S. Churchill* erarbeitete *Atlantik-Charta*, zu der sich 1942 auch der sowjetische Staats- und Parteichef *Josef W. Stalin** und andere Staatsführer bekannten, bildete die Grundlage der Anti-Hitler-Koalition.** Sie legte nicht nur den gemeinsamen Kampf gegen die „Nazityrannei" fest. Die Unterzeichner der „Atlantik-Charta" bekannten sich auch dazu,

- auf die Vergrößerung ihrer Länder zu verzichten,
- Gebietsveränderungen nur mit Zustimmung der Völker zu akzeptieren,
- das Recht aller Völker anzuerkennen, ihre eigene Regierungsform zu wählen und
- die Zusammenarbeit zwischen allen Nationen so zu stärken, dass „alle Menschen in allen Ländern der Welt ihr Leben frei von Furcht und Mangel leben können".

Auf der *Konferenz von Jalta* (4. bis 11. Februar 1945) einigten sich die Staats- und Regierungschefs der „Großen Drei" über

- die zu gründenden „Vereinten Nationen",***
- eine mögliche Verschiebung der polnischen Grenzen nach Westen,
- die vollständige Entmilitarisierung Deutschlands und dessen Verpflichtung zu Wiedergutmachung,
- die Hinzuziehung Frankreichs als vierte Besatzungsmacht und
- das Recht der befreiten Völker, „demokratische Einrichtungen nach ihrer Wahl zu schaffen".

Der Zweite Weltkrieg endete in Europa am 8. Mai mit der **bedingungslosen Kapitulation** der deutschen Wehrmacht und in Fernost am 2. September mit der Unterwerfung Japans nach dem Abwurf zweier amerikanischer Atombomben auf Hiroshima und Nagasaki. Er hinterließ zahllose Zerstörungen und – so die Schätzungen – weltweit über 55 Millionen Kriegstote – und den erklärten Willen: „Nie wieder Krieg!"

Spannungen in der Anti-Hitler-Koalition ■ Gegen Ende des Krieges begann Stalin – entgegen den Abmachungen von Jalta – den sowjetischen Machtbereich systematisch auszudehnen. Estland, Lettland und Litauen wurden in die UdSSR eingegliedert und in Polen, der Tschechoslowakei, Ungarn, Rumänien und Bulgarien wurde der Einfluss der Kommunisten auf Politik und öffentliches Leben stark ausgebaut, sodass der britische Premier Churchill vor der Entwicklung warnte und einen „Eisernen Vorhang" voraussagte (▸ M1).

* **Franklin D. Roosevelt**, **Winston S. Churchill** und **Josef W. Stalin**: Siehe S. 186, 287 und 177.
** **Anti-Hitler-Koaliton**: Siehe S. 289 und S. 292, M6.
*** Zu den Vereinten Nationen siehe S. 488 f.

Die Potsdamer Konferenz Am 5. Juni 1945 hatten die vier Siegermächte die oberste Regierungsgewalt in den vier Besatzungszonen und den vier Sektoren Berlins übernommen. Auf der *Potsdamer Konferenz* (17. Juli bis 2. August 1945) besprachen die Staats- und Regierungschefs der USA, Großbritanniens und der Sowjetunion alle territorialen, politischen und wirtschaftlichen Probleme, die der Krieg in ganz Europa verursacht hatte. Auf die Teilnahme Frankreichs hatte man verzichtet, obwohl es die vierte Besatzungsmacht in Deutschland war.

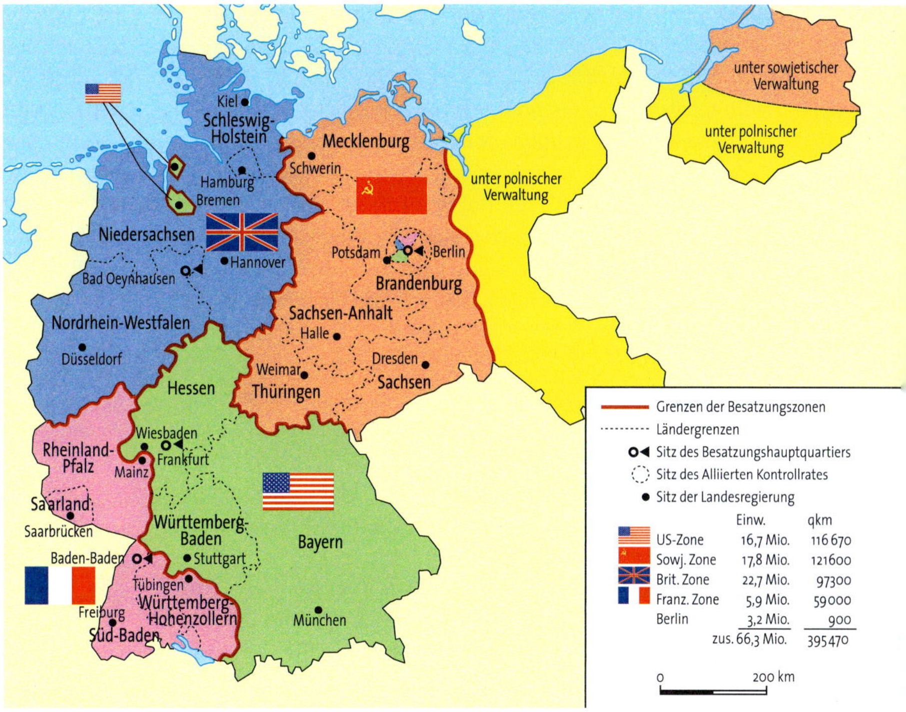

▲ **Die Besatzungszonen und die 1946/47 gebildeten Länder.**

Die Regierungschefs legten die Grundlage für die zukünftige Zusammenarbeit der Siegermächte in Europa fest. Relativ leicht konnten sie sich auf allgemeine politische Grundsätze einigen: Das Deutsche Reich sollte demokratisiert, entmilitarisiert, dezentralisiert und entnazifiziert werden. Die Art und Weise, wie diese Ziele erreicht werden sollten, wurde aber nicht genau festgelegt. Die Sowjetunion interpretierte die Vorgaben anders als die Westmächte.

Territorial gingen die Konferenzteilnehmer von Deutschland in den Grenzen von 1937 aus. Stalin forderte die Anerkennung der polnischen Westgrenze an Oder und Neiße, was die USA und Großbritannien aber ablehnten. Man einigte sich schließlich auf die Formulierung, dass die Festlegung der polnischen Westgrenze einem Friedensvertrag vorbehalten bleiben solle. Da die Sowjets aber über diese Gebiete verfügten, wurde die Grenze an Oder und Neiße errichtet.

Bezüglich der Reparationen, die Deutschland zur Wiedergutmachung der durch den Krieg verursachten Schäden zu leisten habe, fand man ebenfalls einen Kompromiss. Danach sollte jede Siegermacht nur aus ihren Besatzungszonen Reparationen entnehmen. Dazu bekam die Sowjetunion wegen des Umfangs der Zerstörungen in ihrem Land noch zusätzliche Lieferungen aus den Westzonen zugesagt. Obwohl die Alliierten Deutschland als „wirtschaftliche Einheit" behandelten, war damit das Land in vier Reparationsgebiete aufgeteilt.

Die Bestimmungen des Potsdamer Abkommens waren Kompromisse zwischen den Siegern, deren Interessen bereits auseinanderdrifteten (▸ M2). Endgültige Regelungen in Bezug auf Deutschland sollte ein künftiger Friedensvertrag enthalten. Dazu kam es – anders als mit allen anderen Kriegsgegnern der Alliierten – zunächst nicht. Erst 1990 – im Rahmen der Wiedervereinigung – wurde mit dem „Vertrag über die abschließende Regelung in Bezug auf Deutschland" ein Schlussstrich gezogen.*

1942 – Februar 1945 – August 1945. Skizzieren Sie die Entwicklung der Kriegsziele und Abmachungen der Siegermächte.

* Zum Zwei-plus-Vier-Vertrag siehe S. 421, M5.

M1 Churchill prophezeit den Eisernen Vorhang

Im Mai 1945 warnt der britische Premierminister Winston Churchill in einem Telegramm an den US-amerikanischen Präsidenten Harry S. Truman vor der Politik der Sowjetunion:

1. Die Lage in Europa beunruhigt mich zutiefst. Ich erfahre, dass die Hälfte der in Europa stehenden amerikanischen Fliegerkräfte bereits die Verlegung nach dem Fernen Osten eingeleitet hat. Die Zeitungen sind voll von Nachrichten über den massiven Abzug der amerikanischen Armeen aus Europa hinaus. Auch unsere Armeen dürften aufgrund früherer Beschlüsse wesentlich reduziert werden. Die kanadische Armee zieht bestimmt ab. Die Franzosen sind schwach und schwer zu behandeln. Es liegt offen zutage, dass unsere bewaffnete Macht auf dem europäischen Kontinent binnen Kurzem dahinschwinden wird und dort nur noch bescheidene Kräfte zur Niederhaltung Deutschlands verbleiben.
2. Was aber soll dann in Bezug auf Russland geschehen? Ich habe mich stets um die Freundschaft der Russen bemüht; aber ihre falsche Auslegung der Jalta-Beschlüsse, ihre Haltung gegen Polen, ihr überwältigender Einfluss auf dem Balkan bis hinunter nach Griechenland, die uns von ihnen in Wien bereiteten Schwierigkeiten, die Verkopplung ihrer Macht mit der Besetzung und Kontrolle so ungeheurer und weiter Gebiete, die von ihnen inspirierte, kommunistische Taktik in so vielen anderen Ländern und vor allem ihre Fähigkeit, lange Zeit große Armeen im Felde stehen zu lassen, beunruhigen mich ebenso sehr wie Sie. Wie wird sich die Lage in ein bis zwei Jahren darstellen, wenn die britischen und amerikanischen Armeen nicht mehr existieren und die Franzosen noch keine beachtliche Armee aufgestellt haben, sodass wir nur über eine Handvoll Divisionen, davon die Mehrzahl französischer, verfügen, während Russland zwei- bis dreihundert unter den Fahnen hält?
3. Ein eiserner Vorhang ist vor ihrer Front niedergegangen. Was dahinter vorgeht, wissen wir nicht. Es ist kaum zu bezweifeln, dass der gesamte Raum östlich der Linie Lübeck-Triest-Korfu schon binnen Kurzem völlig in ihrer Hand sein wird. Zu all dem kommen noch die weiten Gebiete, die die amerikanischen Armeen zwischen Eisenach und der Elbe erobert haben, die aber, wie ich annehmen muss, nach der Räumung durch Ihre Truppen in ein paar Wochen gleichfalls der russischen Machtsphäre einverleibt sein werden. General Eisenhower wird alle nur möglichen Maßnahmen treffen müssen, um eine zweite Massenflucht der Deutschen nach Westen zu verhindern, wenn dieser enorme moskowitische Vormarsch ins Herz Europas erfolgt. Und dann wird der Vorhang von Neuem bis auf einen schmalen Spalt, wenn nicht gänzlich niedergehen. Damit werden uns russisch besetzte Territorien von vielen hundert Kilometern Tiefe wie ein breites Band von Polen abschneiden.
4. Die Aufmerksamkeit unserer Völker aber wird sich mit der Bestrafung Deutschlands, das ohnehin ruiniert und ohnmächtig darniederliegt, beschäftigen, sodass die Russen, falls es ihnen beliebt, innerhalb sehr kurzer Zeit bis an die Küsten der Nordsee und des Atlantik vormarschieren können.
5. Es ist unbedingt lebenswichtig, zu einer Verständigung mit Russland zu kommen, beziehungsweise zu sehen, wo wir mit Russland stehen, und das sofort, ehe wir unsere Armeen bis zur Ohnmacht schwächen und uns auf unsere Besatzungszonen zurückziehen [...].

Zitiert nach: Günter Schönbrunn, Weltkriege und Revolutionen 1914-1945, München 1979, S. 574f.

1. *Nennen Sie die Probleme, die der britische Premierminister im Mai 1945 sieht.*
2. *Ordnen Sie den Problemen konkrete Beispiele zu.*
3. *Erläutern Sie die Forderung, die Churchill aus seiner Analyse zieht (Punkt 5). Wie kann sie im Rahmen der politischen Lage im Frühjahr 1945 konkret umgesetzt werden?*
4. *Churchill wählt die Bezeichnung „Eiserner Vorhang". Untersuchen Sie, ob dieser Begriff für die Lage in Europa und Deutschland nach dem Zweiten Weltkrieg zutrifft.*

M2 Mitteilung über die Dreimächtekonferenz

Die Potsdamer Konferenz endet nicht mit einem Vertrag. Die Ergebnisse werden am 2. August 1945 in einem Kommuniqué veröffentlicht; darin heißt es:

II. Die Einrichtung eines Rates der Außenminister
Die Konferenz erreichte eine Einigung über die Errichtung eines Rates der Außenminister, welche die fünf Hauptmächte [Großbritannien, UdSSR, China, Frankreich und USA] vertreten, zur Fortsetzung der notwendigen vorbereitenden Arbeit zur friedlichen Regelung und zur Beratung anderer Fragen, welche nach Übereinstimmung zwischen den Teilnehmern in dem Rat der Regierungen von Zeit zu Zeit an den Rat übertragen werden können. [...]
2. (I) Der Rat tagt normalerweise in London, wo der ständige Sitz des Vereinigten Sekretariats sein wird, das durch den Rat zu schaffen ist. [...]
3. (II) Als eine vordringliche und wichtige Aufgabe des Rates wird ihm aufgetragen, Friedensverträge für Italien, Rumänien, Bulgarien, Ungarn und Finnland aufzusetzen, um sie den Vereinten Nationen vorzulegen und Vorschläge zur Regelung der ungelösten territorialen Fragen, die in Verbindung mit der Beendigung des Krieges in Europa entstehen,

auszuarbeiten. Der Rat wird zur Vorbereitung einer friedlichen Regelung für Deutschland benutzt werden, damit das entsprechende Dokument durch die für diesen Zweck geeignete Regierung Deutschlands angenommen werden kann, nachdem eine solche Regierung gebildet sein wird. [...]

III. Deutschland

Alliierte Armeen führen die Besetzung von ganz Deutschland durch, und das deutsche Volk fängt an, die furchtbaren Verbrechen zu büßen, die unter der Leitung derer, welche es zur Zeit ihrer Erfolge offen gebilligt hat und denen es blind gehorcht hat, begangen worden sind. Auf der Konferenz wurde eine Übereinkunft erzielt über die politischen und wirtschaftlichen Grundsätze der gleichgeschalteten Politik der Alliierten in Bezug auf das besiegte Deutschland in der Periode der alliierten Kontrolle. [...] Der deutsche Militarismus und Nazismus werden ausgerottet, und die Alliierten treffen nach gegenseitiger Vereinbarung in der Gegenwart und in der Zukunft auch andere Maßnahmen, die notwendig sind, damit Deutschland niemals mehr seine Nachbarn oder die Erhaltung des Friedens in der ganzen Welt bedrohen kann. [...]

A. Politische Grundsätze

1. Entsprechend der Übereinkunft über das Kontrollsystem in Deutschland wird die höchste Regierungsgewalt in Deutschland durch die Oberbefehlshaber der Streitkräfte der Vereinigten Staaten von Amerika, des Vereinigten Königreiches, der Union der Sozialistischen Sowjetrepubliken und der Französischen Republik nach den Weisungen ihrer entsprechenden Regierungen ausgeübt, und zwar von jedem in seiner Besatzungszone, sowie gemeinsam in ihrer Eigenschaft als Mitglieder des Kontrollrates in den Deutschland als Ganzes betreffenden Fragen. [...]

2. Soweit dieses praktisch durchführbar ist, muss die Behandlung der deutschen Bevölkerung in ganz Deutschland gleich sein.

3. Die Ziele der Besetzung Deutschlands, durch welche der Kontrollrat sich leiten lassen soll, sind:

(1) Völlige Abrüstung und Entmilitarisierung Deutschlands und die Ausschaltung der gesamten deutschen Industrie, welche für eine Kriegsproduktion benutzt werden kann, oder deren Überwachung. [...]

B. Wirtschaftliche Grundsätze

11. Mit dem Ziele der Vernichtung des deutschen Kriegspotenzials ist die Produktion von Waffen, Kriegsausrüstung und Kriegsmitteln, ebenso die Herstellung aller Typen von Flugzeugen und Seeschiffen zu verbieten und zu unterbinden. [...]

12. In praktisch kürzester Frist ist das deutsche Wirtschaftsleben zu dezentralisieren mit dem Ziel der Vernichtung der bestehenden übermäßigen Konzentration der Wirtschaftskraft, dargestellt insbesondere durch Kartelle, Syndikate, Trusts und andere Monopolvereinigungen.

13. Bei der Organisation des deutschen Wirtschaftslebens ist das Hauptgewicht auf die Entwicklung der Landwirtschaft und der Friedensindustrie für den inneren Bedarf (Verbrauch) zu legen.

14. Während der Besatzungszeit ist Deutschland als eine wirtschaftliche Einheit zu betrachten. [...]

IX. Polen

[...] Die Häupter der drei Regierungen bekräftigen ihre Auffassung, dass die endgültige Festlegung der Westgrenze Polens bis zu der Friedenskonferenz zurückgestellt werden soll.

Die Häupter der drei Regierungen stimmen darin überein, dass bis zur endgültigen Festlegung der Westgrenze Polens, die früher deutschen Gebiete östlich der Linie, die von der Ostsee unmittelbar westlich von Swinemünde und von dort die Oder entlang bis zur Einmündung der westlichen Neiße und die westliche Neiße entlang bis zur tschechoslowakischen Grenze verläuft, einschließlich des Teiles Ostpreußens, der nicht unter die Verwaltung der Union der Sozialistischen Sowjetrepubliken in Übereinstimmung mit den auf dieser Konferenz erzielten Vereinbarungen gestellt wird und einschließlich des Gebietes der früheren Freien Stadt Danzig, unter die Verwaltung des polnischen Staates kommen und in dieser Hinsicht nicht als Teil der sowjetischen Besatzungszone in Deutschland betrachtet werden sollen. [...]

XIII. Ordnungsmäßige Überführung deutscher Bevölkerungsteile

[...] Die drei Regierungen haben die Frage unter allen Gesichtspunkten beraten und erkennen an, dass die Überführung der deutschen Bevölkerung oder Bestandteile derselben, die in Polen, Tschechoslowakei und Ungarn zurückgeblieben sind, nach Deutschland durchgeführt werden muss. Sie stimmen darin überein, dass jede derartige Überführung, die stattfinden wird, in ordnungsgemäßer und humaner Weise erfolgen soll.

Zitiert nach: www.documentarchiv.de/in/1945/potsdamer-abkommen.html [Zugriff: 20.05.2015]

1. *Fassen Sie die zentralen Besatzungsziele zusammen.*
2. *Untersuchen Sie das Kommuniqué im Hinblick auf Widersprüche zwischen wirtschaftlichen und politischen Zielen.*
3. *Überprüfen Sie, welche Formulierungen unterschiedlich ausgelegt werden konnten.*

Der Zerfall der Anti-Hitler-Koalition und die Spaltung der Welt

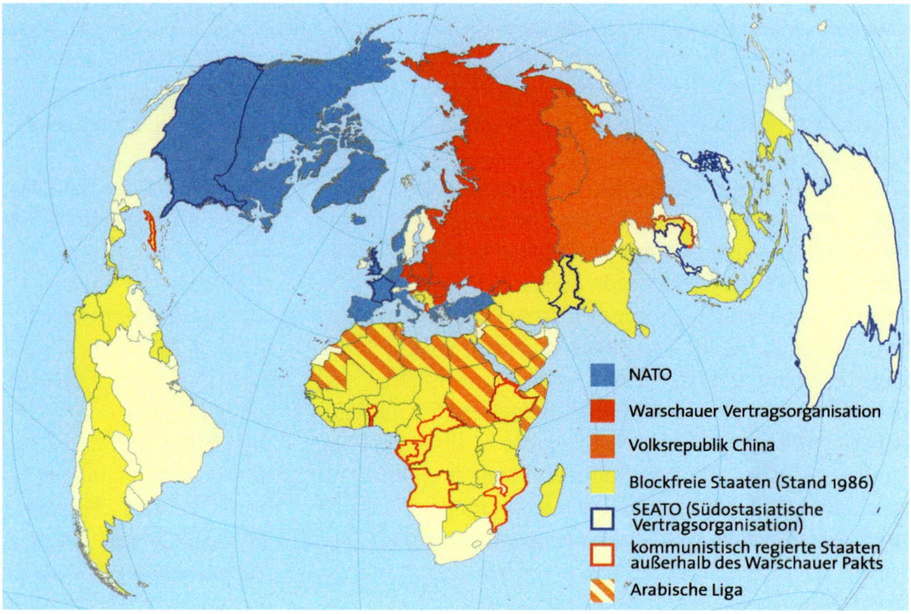

▸ **Machtblöcke im Kalten Krieg um 1955.**

Wettstreit der Visionen Der Kampf gegen die „Nazityrannei" hatte die politischen, wirtschaftlichen und gesellschaftlichen Gegensätze zwischen den Hauptmächten im Westen, den USA und Großbritannien, und der UdSSR im Osten überdeckt. Erst am Ende des Krieges wurden die unterschiedlichen Interessen deutlich. Worin lagen sie?

Sie bestanden vor allem aus ideologischen Unterschieden. Die in der Sowjetunion nach der Oktoberrevolution maßgebliche marxistisch-leninistische Lehre ging davon aus, dass nur in einer Volksdemokratie die Arbeiterklasse die Macht besitze und eine sozialistische Gesellschaft planmäßig aufgebaut werden könne. Für diesen Aufbau wurden die Vorherrschaft einer kommunistischen Partei und die staatliche Lenkung der Wirtschaft benötigt.

Die USA hingegen verstanden sich als Vorreiter der Demokratie mit den gesicherten Freiheitsrechten des Einzelnen, des Selbstbestimmungsrechts der Völker und einer freien Marktwirtschaft, die die Zunahme des Wohlstandes in diesen Staaten nach sich ziehen würde.

Beide Seiten hielten ihre Gesellschaftsordnungen für vorbildlich und wollten sie mit politischen und ökonomischen Mitteln weltweit verbreiten. Dabei sollte eine Vergrößerung der jeweiligen Einflussbereiche immer auch der eigenen Sicherheit dienen.

Ein Wettlauf um Einfluss und Macht beginnt Eine Verständigung der Weltmächte wurde angesichts ihrer unvereinbaren gesellschaftlichen und wirtschaftlichen Interessen und Ziele immer schwerer.

Das Kriegsende wurde zu einem Wettlauf um Einflusssphären der Siegermächte. Sie verhielten sich hier – wie der britische Historiker *Tony Judt* meinte – im Grunde nicht anders als viele Fürsten nach dem Dreißigjährigen Krieg und dem Wiener Kongress, um ihre Machtbereiche zu vergrößern.

1945 standen sowjetische Truppen in Berlin, im östlichen Deutschland und in Osteuropa. Im Fernen Osten versuchte Stalin, Einfluss auf die Besetzung und Kontrolle Japans zu gewinnen. Die Amerikaner kamen ihm mit dem Abwurf der Atombomben auf Hiroshima und Nagasaki zuvor. Im Dezember wurde Korea in einen sowjetisch beherrschten Norden und einen von Amerikanern kontrollierten Süden geteilt. In China, das die USA zu ihren Verbündeten zählten, flammte 1946 der Bürgerkrieg zwischen den Kommunisten unter **Mao Zedong** und der Nationalregierung unter *Chiang Kai-shek* wieder auf. Die Kommunisten setzen sich mit Unterstützung Moskaus durch und riefen am 1. Oktober 1949 in Peking die Volksrepublik China aus.*

In Vorderasien weigerte sich die Sowjetunion zunächst, ihre Truppen vereinbarungsgemäß aus dem Iran zurückzuziehen. Außerdem forderte sie Küstengebiete der Türkei sowie die türkischen Meerengen. Die USA antworteten mit der demonstrativen Entsendung ihrer Flotte ins Mittelmeer. Auch die britische Regierung sah ihre Sicherheitsinteressen bedroht: In Griechenland, Ägypten, in der gesamten arabischen Welt, in Indien und in den fernöstlichen Kolonien förderte die Sowjetunion „nationale Befreiungsbewegungen“. Ebenso wurde die Unterstützung der kommunistischen Parteien in Frankreich und Italien von den USA und Großbritannien als Beleg dafür gewertet, dass Stalin das Nachkriegschaos für seine Zwecke nutzen wollte.

Mao Zedong (1893-1976): chinesischer Revolutionär und Staatsmann; er kam aus einer Bauernfamilie und wollte Lehrer werden; 1945-1976 Vorsitzender der KPCh; 1949-1954 Vorsitzender der Zentralen Volksregierung; 1954-1959 Staatspräsident der VR China

Die Sowjetisierung Ostmitteleuropas Entscheidend für das immer schlechter werdende Verhältnis zwischen den Siegermächten war die Sowjetisierung der Staaten Ostmitteleuropas (▸ M1). Im Gegensatz zu den Abmachungen von Jalta ließ Stalin in Polen, Rumänien, Ungarn und Bulgarien keine freie, demokratische Entwicklung zu. Durch Unterdrückung und Einschüchterung der Bevölkerung, durch Schauprozesse und Wahlterror sowie die Zwangsvereinigung der sozialdemokratischen mit den kommunistischen Parteien errichteten die Kommunisten in diesen Ländern ihre Alleinherrschaft. Die Kollektivierung der Landwirtschaft sowie die Einbeziehung der zentral gesteuerten Volkswirtschaften in den sowjetischen Wirtschaftsbereich folgten auf dem Fuß. Stalins Gefolgsleute sorgten durch die systematische Entfernung nationaler „Abweichler“ dafür, dass der Machtanspruch Moskaus nicht infrage gestellt wurde. Nur Jugoslawien konnte sich der sowjetischen Kontrolle entziehen.

George C. Marshall (1880-1959): General im Zweiten Weltkrieg, 1947-1951 US-Außenminister; erhielt 1953 den Friedensnobelpreis

Die USA reagieren Die Vereinigten Staaten reagierten auf die Sowjetisierung. US-Präsident Harry S. Truman** erhob im März 1947 die „Eindämmung“ (*containment*) des Kommunismus zum Grundprinzip der Außenpolitik (*Truman-Doktrin* ▸ M2). Als Antwort darauf gründete Stalin Ende September 1947 das Kommunistische Informationsbüro (*Kominform*), das die weltweite Steuerung der kommunistischen Parteien unter Führung der *Kommunistischen Partei der Sowjetunion* (KPdSU) zur Aufgabe hatte.

Zur Stützung der nichtkommunistischen Länder in Europa rief die US-Regierung im Frühjahr 1948 das Europäische Wiederaufbauprogramm (*European Recovery Program*, ERP) ins Leben, nach seinem Initiator **George Marshall** auch *Marshall-Plan* genannt. Er bot den kriegszerstörten Ländern Europas wirtschaftliche Hilfe beim Wiederaufbau.*** Den Ländern in seinem Machtbereich verbot Stalin die Beteiligung an diesem Programm und bildete stattdessen den **Rat für Gegenseitige Wirtschaftshilfe**. Dieser konnte aber den Mitgliedern keine Aufbauhilfe bieten.

Rat für Gegenseitige Wirtschaftshilfe (RGW, engl. COMECON): 1949 gegründete Organisation der sozialistischen Staaten unter Führung der Sowjetunion. Sie war eine Antwort der Sowjetunion auf den Marshall-Plan und sollte eine bessere Arbeitsteilung zwischen den sozialistischen Staaten ermöglichen. Der RGW wurde infolge der politischen Umwälzungen 1991 aufgelöst.

* Lesen Sie dazu das OnLine-Kapitel „Kommunistische Experimente in China“; siehe Code **4673-00**.
** **Harry S. Truman:** Siehe S. 289.
*** Zum Marshall-Plan siehe S. 359 f.

Blockbildung in West und Ost Wegen des großen militärischen Übergewichtes der Sowjetunion an Landstreitkräften in Europa gaben die britische und französische Regierung den Anstoß zu einem längerfristigen militärischen Engagement der USA in Europa. Nur ein gemeinsames Verteidigungssystem unter Mitwirkung der USA schien Westeuropa gegen die Sowjetunion schützen zu können. Die Berlin-Blockade von 1948/49* verstärkte das Gefühl der Bedrohung im Westen noch weiter.

Am 4. April 1949 gründeten zehn westeuropäische Staaten sowie die USA und Kanada die **NATO**. Ihre Hauptaufgabe sollte der Schutz sämtlicher Mitglieder gegen einen bewaffneten Angriff sein. Mit der Gründung der NATO gewährten die USA den Staaten Westeuropas dauerhaft militärischen Beistand.

Die Sowjetunion hatte dagegen schon seit 1945 bilaterale (zweiseitige) Abkommen über Freundschaft, Zusammenarbeit und gegenseitigen Beistand mit allen Staaten ihres Machtbereiches geschlossen.

Die Teilung Europas, der „Eiserne Vorhang", verlief unterdessen mitten durch das besiegte Deutschland. Als die Bundesrepublik Deutschland 1955 der NATO beitrat, unterzeichneten die UdSSR und ihre Verbündeten in Warschau den **Vertrag über Freundschaft, Zusammenarbeit und gegenseitigen Beistand**. Beide Bündnisse – und das unterschied sie von früheren Allianzen – besaßen bereits in Friedenszeiten ein gemeinsames militärisches Oberkommando. Die beiden deutschen Teilstaaten waren seitdem vollständig in das westliche bzw. östliche Bündnissystem integriert. War die deutsche Teilung 1945 durch die Gegensätze der Siegermächte verursacht worden, so standen sich Bundesrepublik und DDR nun selbst als verfeindete Staaten gegenüber. Deutschland, Europa und die Welt waren in zwei Lager geteilt (▸ M3).

„Friedliche Koexistenz" und atomares Gleichgewicht Nach dem Tod des Diktators Stalin 1953 hofften viele Menschen in der DDR, Ungarn und Polen auf politische und wirtschaftliche Reformen. Sie wurden enttäuscht. Die Sowjetunion unterdrückte im Juni 1953 den Volksaufstand in der DDR** sowie im Juni und Oktober 1956 die Erhebungen in Polen und Ungarn. Die Westmächte griffen nicht ein, obwohl sie dazu aufgefordert worden waren. Sie hatten inzwischen den „Eisernen Vorhang" akzeptiert.

Es folgte eine neue Phase der Ost-West-Beziehungen. **Nikita Chruschtschow**, der 1955 die Führung der Sowjetunion übernommen hatte, verkündete 1956 die Doktrin von der „friedlichen Koexistenz". Die unterschiedlichen Gesellschaftssysteme in Ost und West sollten vorerst nebeneinander bestehen und auf einen Krieg verzichten.

Das war auch dem Umstand geschuldet, dass beide Seiten inzwischen über Nuklearwaffen verfügten. Die USA waren seit 1945 zunächst der einzige Staat gewesen, der Atomwaffen besaß. Im August 1949 war auch der Sowjetunion die Zündung einer Atombombe gelungen. 1955 hatte die Sowjetunion mit den USA bei der Herstellung einer Wasserstoffbombe gleichgezogen. Am 4. Oktober 1957 sandte die Sowjetunion den ersten künstlichen Satelliten („Sputnik") in den Weltraum. Der „Sputnik-Schock" führte der westlichen Öffentlichkeit schlagartig die Fortschritte des Ostblocks bei der Raketentechnik vor Augen. Bald darauf verfügte die Sowjetunion über Langstreckenraketen, die die USA erreichen konnten. Die USA hatten ihre atomare Überlegenheit verloren und waren nun auf dem eigenen Territorium angreifbar. Zwischen den Supermächten trat eine strategische Pattsituation, ein „Gleichgewicht des Schreckens", ein.

NATO (*North Atlantic Treaty Organization*): 1949 gegründetes Militärbündnis. Die Mitglieder sichern sich gegenseitigen Beistand bei einem Angriff zu, wobei sie aber über die Art des Beistandes entscheiden können, der nicht automatisch militärisch sein muss.
Der NATO gehören 28 Staaten an (seit 2009). Zu den Gründungsmitgliedern zählen die USA und Kanada sowie Belgien, Dänemark, Frankreich, Großbritannien, Island, Italien, Luxemburg, Niederlande, Norwegen und Portugal.

Vertrag über Freundschaft, Zusammenarbeit und gegenseitigen Beistand: Militärbündnis, gegründet am 14. Mai 1955; im Westen „Warschauer Pakt" genannt. Ihm gehörten die UdSSR, Albanien (bis 1968), Bulgarien, die ČSSR, die DDR (bis 1990), Polen, Rumänien und Ungarn an. Der Vertrag wurde am 1. April 1991 aufgelöst.

Nikita Chruschtschow (1894-1971): von 1953 bis 1964 Parteichef der KPdSU, von 1958 bis 1964 Regierungschef der Sowjetunion. 1964 wurde er von Leonid Breschnew (siehe S. 333) gestürzt.

Lesetipps:
- *Rolf Steininger, Der Kalte Krieg, Frankfurt am Main 2011*
- *Bernd Stöver, Der Kalte Krieg. Geschichte eines radikalen Zeitalters, München 2017*

* Zur Berlin-Blockade siehe S. 360 f.
** Zum Volksaufstand in der DDR siehe S. 380.

Entkolonialisierung und „Blockfreie" Im Spannungsfeld des Ost-West-Konfliktes stand nach dem Zweiten Weltkrieg auch die Frage der *Entkolonialisierung*. Zwar hatten bereits in den 1930er-Jahren einige Länder im arabischen Raum, so der Irak (1930), Ägypten (1922/36) und Saudi-Arabien (1932), ihre Unabhängigkeit erhalten, das Zeitalter der Entkolonialisierung – auch Dekolonisation genannt –, setzte jedoch erst nach dem Ende des Zweiten Weltkrieges ein und mündete in der Gründung einer Vielzahl von neuen Staaten.

Diesem Prozess der Entkolonialisierung, der sich keinesfalls immer friedlich, jedoch gemessen an der Dauer der Kolonialreiche in einem atemberaubenden Tempo vollzog, lagen zwei entscheidende Triebkräfte zugrunde: Einerseits wuchs der Druck der Nationalbewegungen und die Forderungen nach Selbstregierung in den Kolonien immer stärker an. Andererseits mussten die Kolonialmächte moralischen Bedenken in der eigenen Bevölkerung Rechnung tragen, für die eine Fortsetzung der Kolonialherrschaft nun zunehmend unvereinbar mit den eigenen humanitären, liberalen und demokratischen Grundsätzen erschien. Hinzu kam die fehlende Bereitschaft und Fähigkeit, die für die Unterdrückung des kolonialen Widerstandes erforderlichen Kosten aufzubringen.

▲ **Die Führer der blockfreien Bewegung: Gamal Abdel Nasser, Jawaharlal Nehru und Josip Broz Tito.**
Foto der Staatschefs von Ägypten, Indien und Jugoslawien auf der ersten Gipfelkonferenz der Bewegung der blockfreien Staaten in Belgrad im August 1961.

Unterstützung fanden die Unabhängigkeitsbewegungen bei den 1945 gegründeten Vereinten Nationen (UNO)* (▸ M4). Sie setzten sich unter Berufung auf das Selbstbestimmungsrecht der Völker für die Interessen der Kolonien ein. Begünstigend wirkte sich nach Kriegsende auch die grundsätzlich antikoloniale Haltung der USA und der Sowjetunion aus. So stellten diese sich dem Versuch der Niederlande, ihr Kolonialreich in Indonesien wieder zu errichten, wie auch der Besetzung der Kanalzone in Ägypten 1956 durch Großbritannien und Frankreich (*Suez-Krise*) mit massivem Druck entgegen. Zugleich wollten die Großmächte vor dem Hintergrund des Kalten Krieges aber auch ihre Einflussbereiche ausweiten. So scheuten sie nicht vor Eingriffen in Asien und Afrika zurück, die oft erst zur Entstehung oder Verschärfung von Konflikten in den jeweiligen Ländern führten.

Um dem Ost-West-Konflikt zu entgehen und ihre politische, wirtschaftliche, soziale und kulturelle Eigenständigkeit zu sichern, schlossen sich viele in die Unabhängigkeit entlassene Staaten zu einer internationalen Allianz zusammen, die sich weder den USA noch der UdSSR beugen sollte. 1955 wurde auf der **Konferenz von Bandung** (Indonesien) von 29 unabhängigen afrikanischen und asiatischen Staaten die Gruppe der *Blockfreien* gegründet (▸ M5). Sie setzte sich für die Unabhängigkeit aller Völker, allgemeine Abrüstung sowie wirtschaftliche Gerechtigkeit und Wohlstand auch für die Entwicklungsländer ein. Dieser „dritte Weg" zwischen den Blöcken im bipolaren Ost-West-Konflikt gab den Blockfreien bald den Namen **„Dritte Welt"**, der später allgemein zur Abgrenzung der Entwicklungsländer gegenüber der „Ersten Welt", den Industrienationen, und der „Zweiten Welt", den sozialistischen Ländern, benutzt wurde. Seit dem Ende des Ost-West-Konfliktes verloren die Blockfreien an Bedeutung.

Konferenz von Bandung: Vertreter von 23 asiatischen und sechs afrikanischen Staaten trafen sich 1955 in Bandung. Sie verstanden sich als Mitglieder der „Dritten Welt" und grenzten sich bewusst von der Ersten (Westblock) und Zweiten Welt (Ostblock) ab. Gemeinsam wollten sie gegen die Rassendiskriminierung und wirtschaftliche Benachteiligung ihrer Länder vorgehen und den Kolonialismus beenden. 1961 wurde in Belgrad (Jugoslawien) die Organisation der Blockfreien gegründet. Die Blockfreien-Bewegung zählt 120 Mitglieder (Stand: 2012).

„Dritte Welt": Nach dem Zerfall des Kommunismus und dem Ende des Kalten Krieges ist der Begriff eigentlich nicht mehr verwendbar, er wird jedoch trotzdem bis heute zur Kennzeichnung von Entwicklungsländern benutzt.

* Zu den Vereinten Nationen siehe S. 488 ff.

▲ **„Adolf Hitler Was Here."**
Karikatur aus der New York Herald Tribune vom 1. April 1949. Die Beschriftung spielt an auf das berüchtigte NS-Lied „Es zittern die morschen Knochen" mit dem häufig gesungenen Kehrreim „... denn heute gehört uns Deutschland und morgen die ganze Welt".

- *Analysieren Sie die Karikatur. Wie wird hier Stalin bzw. die Sowjetunion wahrgenommen? Vergleichen Sie die Einstellung mit dem „Drahtbericht aus Moskau" (M1).*

M1 „Drahtbericht aus Moskau"

Am 22. Februar 1946 schickt der Berater des US-Botschafters in Moskau, George F. Kennan, ein Telegramm nach Washington, das wesentliche Grundsätze der späteren amerikanischen Außenpolitik enthält:

Die UdSSR lebt immer noch inmitten feindseliger „kapitalistischer Einkreisung", mit der es auf die Dauer keine friedliche Koexistenz geben kann. [...] Die Erfordernisse ihrer eigenen vergangenen und gegenwärtigen Position sind es, die die sowjetische Führung dazu zwingen, ein Dogma zu verkünden, nach dem die Außenwelt böse, feindselig und drohend, aber zugleich von einer schleichenden Krankheit befallen und dazu verurteilt ist, von immer stärker werdenden inneren Kämpfen zerrissen zu werden, bis sie schließlich von einer erstarkenden Macht des Sozialismus den Gnadenstoß erhält und einer neuen und besseren Welt weicht. Diese These liefert den Vorwand für das Anwachsen von Militär und Polizei im russischen Staat, für die Isolierung der russischen Bevölkerung von der Außenwelt und für die ständigen Versuche, die russische Polizeigewalt noch weiter auszuweiten, alles Dinge, die seit je den natürlichen Instinkten russischer Herrscher entsprechen. [...]
Wo es angezeigt und Erfolg versprechend scheint, wird man versuchen, die äußeren Grenzen der Sowjetmacht zu erweitern. [...]
Gegenüber Kolonialgebieten und rückständigen oder abhängigen Völkern wird die sowjetische Politik sogar auf amtlicher Ebene das Ziel verfolgen, Macht, Einfluss und Kontakte der hoch entwickelten westlichen Nationen zu schwächen, und zwar unter dem Gesichtspunkt, dass bei einem Erfolg dieser Politik ein Vakuum entstünde, das sowjetisch-kommunistisches Eindringen erleichtern müsste [...].
Alles in allem haben wir es mit einer politischen Kraft zu tun, die sich fanatisch zu dem Glauben bekennt, dass es mit Amerika keinen dauernden Modus vivendi[1] geben kann, dass es wünschenswert und notwendig ist, die innere Harmonie unserer Gesellschaft, unsere traditionellen Lebensgewohnheiten und das internationale Ansehen unseres Staates zu zerstören, um der Sowjetmacht Sicherheit zu verschaffen [...].
Sie [die Sowjetunion] arbeitet nicht nach festgelegten Plänen. Sie geht keine unnötigen Risiken ein. Der Logik der Vernunft unzugänglich, ist sie der Logik der Macht in hohem Maße zugänglich. Daher kann sie sich ohne Weiteres zurückziehen – und tut das im Allgemeinen –, wenn sie irgendwo auf starken Widerstand stößt. Wenn also dem Gegner genügend Hilfsmittel zur Verfügung stehen und er die Bereitschaft zu erkennen gibt, sie auch einzusetzen, wird er das selten tun müssen. Wenn die Situation richtig gehandhabt wird, braucht es zu keiner das Prestige verletzenden Kraftprobe kommen. [...]
Ich bin überzeugt, dass es in unserem Lande heute viel weniger antisowjetische Hysterie gäbe, wenn unser Volk mit der Situation besser vertraut wäre. Nichts ist so gefährlich oder so schrecklich wie das Unbekannte [...].
Viel hängt von der Gesundheit und Kraft unserer eigenen Gesellschaft ab. Der Weltkommunismus ist wie ein bösartiger Parasit, der sich nur von erkranktem Gewebe nährt. Das ist der Punkt, in dem Innen- und Außenpolitik einander begegnen.

George F. Kennan, Memoiren eines Diplomaten, Bd. 1, Stuttgart 1968, S. 553 ff. (übersetzt von Heidi von Alten)

1. *Arbeiten Sie heraus, worin Kennan den Unterschied zwischen „Logik der Vernunft" und „Logik der Macht" sieht.*
2. *Entwickeln Sie mögliche außenpolitische Konsequenzen der US-Regierung aus Kennans Analyse.*
3. *Stellen Sie dar, welches Bild Kennan von der Sowjetunion und von den USA zeichnet.*

[1] **Modus vivendi** (lat.): Übereinkunft

M2 Die Truman-Doktrin

In einer Rede vor dem Kongress fordert US-Präsident Truman am 12. März 1947 die Bereitstellung von 400 Millionen Dollar zur Unterstützung Griechenlands und der Türkei. In dem Zusammenhang erklärt Truman:

Eins der ersten Ziele der Außenpolitik der Vereinigten Staaten ist es, Bedingungen zu schaffen, unter denen wir und andere Nationen uns ein Leben aufbauen können, das frei von Zwang ist. Das war ein grundlegender Faktor im Krieg gegen Deutschland und Japan. [...]
In einer Anzahl von Ländern waren den Völkern kürzlich gegen ihren Willen totalitäre Regimes aufgezwungen worden. Die Regierung der Vereinigten Staaten hat mehrfach gegen Zwang und Einschüchterung bei der Verletzung des Jalta-Abkommens in Polen, Rumänien und Bulgarien protestiert. Und weiter muss ich feststellen, dass in einer Anzahl anderer Staaten ähnliche Entwicklungen stattgefunden haben. Im gegenwärtigen Abschnitt der Weltgeschichte muss fast jede Nation ihre Wahl in Bezug auf ihre Lebensweise treffen. Nur allzu oft ist es keine freie Wahl. Die eine Lebensweise gründet sich auf den Willen der Mehrheit und zeichnet sich durch freie Einrichtungen, freie Wahlen, Garantie der individuellen Freiheit, Rede- und Religionsfreiheit und Freiheit vor politischer Unterdrückung aus. Die zweite Lebensweise gründet sich auf den Willen einer Minderheit, der der Mehrheit aufgezwungen wird. Terror und Unterdrückung, kontrollierte Presse und Rundfunk, fingierte Wahlen und Unterdrückung der persönlichen Freiheiten sind ihre Kennzeichen.
Ich bin der Ansicht, dass es die Politik der Vereinigten Staaten sein muss, die freien Völker zu unterstützen, die sich der Unterwerfung durch bewaffnete Minderheiten oder durch Druck von außen widersetzen. Ich glaube, dass wir den freien Völkern helfen müssen, sich ihr eigenes Geschick nach ihrer eigenen Art zu gestalten.

Zitiert nach: Ernst Schraepler und Herbert Michaelis (Hrsg.), Ursachen und Folgen. Vom deutschen Zusammenbruch 1918 und 1945 bis zur staatlichen Neuordnung in der Gegenwart, Bd. 25, Berlin o. J., S. 148 ff.

1. *Stellen Sie dar, inwiefern die Rede eine fundamentale Neuorientierung der US-Außenpolitik anzeigt.*
2. *Die USA müssten nach Truman den freien Völkern helfen, „sich ihr eigenes Geschick nach ihrer eigenen Art zu gestalten" (Zeile 28 f.). Erörtern Sie, inwieweit diese Verpflichtung über den Grundsatz des Selbstbestimmungsrechts der Völker hinausgeht, den die USA bis dahin vertraten.*
3. *Diskutieren Sie den Anspruch von Großmächten, sich in die Belange „freier Völker" einzumischen.*

M3 Die Welt ist in zwei Lager geteilt

Bei der Gründung der Kominform entwickelt der sowjetische Delegierte Andrei Schdanow am 25. September 1947 auf Veranlassung Stalins die folgende Theorie:

Die Sowjetunion und die demokratischen Länder betrachteten als Hauptziele des Krieges die Wiederherstellung und Festigung der demokratischen Systeme in Europa, die Liquidierung des Faschismus, Verhütung der Möglichkeit einer neuen Aggression Deutschlands und allseitige dauernde Zusammenarbeit der Völker Europas. Die USA, und in Übereinstimmung mit ihnen Großbritannien, setzten sich im Krieg ein anderes Ziel: Beseitigung ihrer Konkurrenten auf dem Weltmarkt (Deutschland und Japan) und Festigung ihrer eigenen Vormachtstellung.
Die Meinungsverschiedenheiten in der Zielsetzung des Krieges und der Aufgaben der Nachkriegsgestaltung haben sich in der Nachkriegszeit vertieft. Es bildeten sich zwei einander entgegengesetzte politische Richtungen heraus: auf dem einen Pol die Politik der UdSSR und der demokratischen Länder, die auf Untergrabung des Imperialismus und Festigung der Demokratie gerichtet ist, auf dem anderen die Politik der USA und Großbritanniens, die auf Stärkung des Imperialismus und Drosselung der Demokratie abzielt. Da die UdSSR und die Länder der neuen Demokratie ein Hindernis bei der Durchführung der imperialistischen Pläne des Kampfes um die Weltherrschaft und der Zerschlagung der demokratischen Bewegung sind, wurde ein Kreuzzug gegen die UdSSR und die Länder der neuen Demokratie proklamiert, der auch durch Drohungen mit einem neuen Krieg vonseiten der besonders eifrigen imperialistischen Politiker der USA und Englands bestärkt wird. Auf diese Weise entstanden zwei Lager: das imperialistische, antidemokratische Lager, dessen Hauptziel die Weltherrschaft des amerikanischen Imperialismus und die Zerschlagung der Demokratie ist, und das antiimperialistische und demokratische Lager, dessen Hauptziel die Untergrabung des Imperialismus, die Festigung der Demokratie und die Liquidierung der Überreste des Faschismus ist.

Zitiert nach: Keesings Archiv der Gegenwart 1947, S. 1207 f.

1. *Erklären Sie, inwiefern Schdanows Ausführungen eine Antwort auf Truman-Doktrin (M2) und Marshall-Plan (siehe S. 325 und 359 f.) sind.*
2. *Erläutern Sie den sowjetischen Demokratiebegriff.*
3. *Beurteilen Sie die Bedeutung der sogenannten Zwei-Lager-Theorie für das Verhältnis zwischen Moskau und den kommunistischen Parteien Osteuropas.*

M4 Vorrang haben die Interessen der Völker

Die UN-Charta von 1945 (siehe S. 490, M1) erklärt in Bezug auf die Verwaltung der Hoheitsgebiete (Kolonien):

Art. 73: Mitglieder der Vereinten Nationen, welche die Verantwortung für die Verwaltung von Hoheitsgebieten haben oder übernehmen, deren Völker noch nicht die volle Selbstregierung erreicht haben, bekennen sich zu dem Grundsatz, dass die Interessen der Einwohner dieser Hoheitsgebiete Vorrang haben; sie übernehmen als heiligen Auftrag die Verpflichtung, im Rahmen des durch diese Charta errichteten Systems des Weltfriedens und der internationalen Sicherheit das Wohl dieser Einwohner aufs Äußerste zu fördern; zu diesem Zweck verpflichten sie sich,

a) den politischen, wirtschaftlichen, sozialen und erzieherischen Fortschritt, die gerechte Behandlung und den Schutz dieser Völker gegen Missbräuche unter gebührender Achtung vor ihrer Kultur zu gewährleisten;

b) die Selbstregierung zu entwickeln, die politischen Bestrebungen dieser Völker gebührend zu berücksichtigen und sie bei der fortschreitenden Entwicklung ihrer freien politischen Einrichtungen zu unterstützen, und zwar je nach den besonderen Verhältnissen jedes Hoheitsgebietes, seiner Bevölkerung und deren jeweiliger Entwicklungsstufe;

c) den Weltfrieden und die internationale Sicherheit zu festigen;

d) Aufbau- und Entwicklungsmaßnahmen zu fördern, die Forschungstätigkeit zu unterstützen sowie miteinander und gegebenenfalls mit internationalen Fachorganisationen zusammenzuarbeiten, um die in diesem Artikel dargelegten sozialen, wirtschaftlichen und wissenschaftlichen Ziele zu verwirklichen [...].

Art. 74: Die Mitglieder der Vereinten Nationen sind sich ferner darin einig, dass die Politik, die sie für die unter dieses Kapitel fallenden Hoheitsgebiete verfolgen, nicht minder auf dem allgemeinen Grundsatz der guten Nachbarschaft in sozialen, wirtschaftlichen und Handelsangelegenheiten beruhen muss als die Politik, die sie für ihr Mutterland verfolgen; hierbei sind die Interessen und das Wohl der übrigen Welt gebührend zu berücksichtigen.

Zitiert nach: Peter J. Opitz und Volker Rittberger (Hrsg.), Forum der Welt. 40 Jahre Vereinte Nationen, Bonn 1986, S. 329 f.

Beurteilen Sie die Zielsetzung der Erklärung. Was lässt sich in Bezug auf den Status der Kolonien feststellen?

M5 „Frei von Misstrauen und Furcht ...“

In der indonesischen Stadt Bandung treffen sich im April 1955 Vertreter von 23 asiatischen und sechs afrikanischen Staaten. Am Ende der Konferenz wird folgende Schlusserklärung abgegeben:

Mit großer Besorgnis hat sie den gegenwärtigen Stand der internationalen Spannungen mit ihrer Gefahr eines atomaren Weltkrieges erörtert. [...]

Frei von Misstrauen und Furcht und mit gegenseitigem Vertrauen und gutem Willen sollten die Nationen Toleranz üben und als gute Nachbarn friedlich miteinander leben und auf der Grundlage folgender Prinzipien eine freundschaftliche Zusammenarbeit entwickeln:

1. Achtung vor den grundlegenden Menschenrechten und vor den Zielen und Grundsätzen der Satzung der Vereinten Nationen.
2. Achtung vor der Souveränität und der territorialen Integrität aller Nationen.
3. Anerkennung der Gleichwertigkeit aller Rassen und der Gleichberechtigung aller Nationen ohne Rücksicht auf deren Größe.
4. Unterlassung von Intervention oder Einmischung in die inneren Angelegenheiten eines anderen Landes.
5. Anerkennung des Rechts jeder Nation, sich in Übereinstimmung mit der Satzung der Vereinten Nationen allein oder in Gemeinschaft mit anderen zu verteidigen.
6. a) Unterlassung der Anwendung von Kollektivverteidigungsabkommen im Dienste der Interessen einer der Großmächte.

b) Verzicht jedes Landes darauf, auf andere Länder Druck auszuüben.

Zitiert nach: Volker Matthies, Die Blockfreien. Ursprünge, Entwicklung, Konzeptionen, Opladen 1985, S. 97 f.

Die Erklärung von Bandung geht über die UN-Charta (M4) hinaus. Nennen Sie mögliche Gründe dafür.

Kriege und Krisen im Zeichen des Kalten Krieges

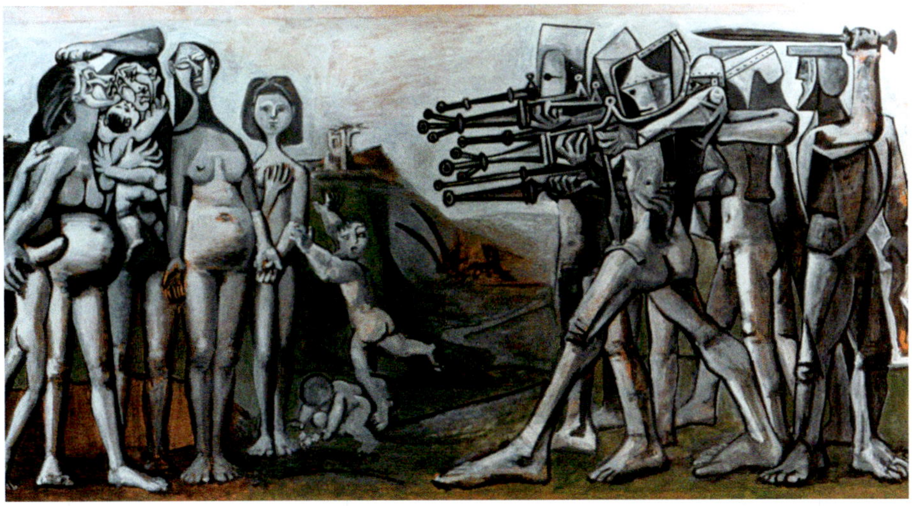

◂ **„Massacre en Corée."** *Gemälde (1,10 x 2,10 m) des spanischen Künstlers Pablo Picasso (1881-1973) von 1951.*

Von Korea nach Berlin Das militärische Gleichgewicht bewahrte die USA und die Sowjetunion davor, gegeneinander Krieg zu führen. Dennoch hielten zahlreiche Krisen und Konflikte in den 1950er- und 60er-Jahren den Ost-West-Gegensatz wach.

Zwischen 1950 und 1953 kämpften im *Korea-Krieg* US-Truppen an der Seite Südkoreas gegen nordkoreanische Truppen, die mit Billigung Moskaus von China unterstützt wurden. Der Krieg endete mit einem Waffenstillstand, der die Teilung des Landes bestätigte. Die Auseinandersetzungen hinterließen ein zerstörtes Land und Millionen von Kriegsopfern.

Der Korea-Krieg war der erste **Stellvertreterkrieg** zwischen den Großmächten. Nach dem Überfall des kommunistischen Nordkorea billigte die amerikanische Öffentlichkeit die dauernde Präsenz ihrer Truppen in Europa.

In der *Zweiten Berlin-Krise* 1958-1961 drängte der sowjetische Staats- und Parteichef Chruschtschow auf eine Neuregelung des Status von Berlin. Dabei wollte er den Abzug der westlichen Alliierten erreichen. Beide Seiten konnten sich nicht einigen, auch ein Gipfeltreffen im Juni 1961 blieb erfolglos. Die Welt befürchtete angesichts der sowjetischen Drohungen einen Atomkrieg. Die USA unter Präsident **John F. Kennedy** lenkten schließlich ein, indem sie lediglich für West-Berlin eine Bestandsgarantie aussprachen. Damit erkannte der Westen auch offiziell die alleinige Vormacht der Sowjetunion über die DDR und Ost-Berlin an. Moskau gab daraufhin der DDR-Führung im August 1961 freie Hand für den Bau der Berliner Mauer.* Sie wurde weltweit zum Symbol des Kalten Krieges.

Stellvertreterkrieg: Staaten führen einen militärischen Konflikt nicht direkt gegeneinander, sondern tragen ihn auf externem Gebiet oder gegen eine dritte Macht aus.

John F. Kennedy (1917-1963): von 1961 bis 1963 US-Präsident (Demokratische Partei). Er wurde bei einem Attentat in Dallas (Texas) getötet.

Die Kuba-Krise Vom 16. bis 18. Oktober 1962 stand die Welt am Rande eines dritten Weltkrieges. Nach einem jahrelangen Guerillakrieg gegen ein korruptes Militärregime hatte **Fidel Castro** 1959 die Macht in Havanna übernommen. Er erklärte Kuba zu einer sozialistischen Republik, führte eine Bodenreform durch und leitete die Verstaatlichung des gesamten US-Besitzes (Zucker- und Erdöl-Raffinerien, Banken, sonstige Unternehmen) ein. Die USA reagierten darauf mit einem Handelsembargo und dem Abbruch

Fidel Castro (1926-2016): kubanischer Revolutionsführer und kommunistischer Diktator; von 1959 bis 2008 kubanischer Regierungs- und von 1976 bis 2008 zudem Staatspräsident

* Zum Mauerbau siehe S. 381.

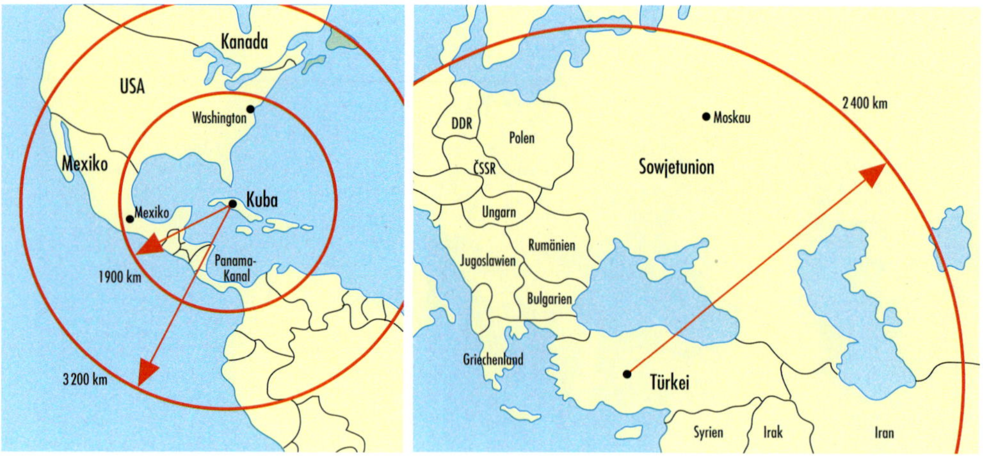

▲ Reichweite der auf Kuba stationierten sowjetischen Atomraketen (links) und der in der Türkei aufgestellten US-Atomraketen.

- *Vergleichen Sie die strategische Situation der Europäer mit der der USA.*

der diplomatischen Beziehungen. Unterstützung fand Castro bei Chruschtschow, der im Sommer 1960 ein Militärabkommen mit Kuba schloss. Im April 1961 scheiterte eine von der US-Regierung veranlasste Invasion von Exilkubanern zur Entmachtung Castros, dessen Position dadurch erheblich gestärkt wurde. Der sowjetische Parteichef wollte die Gelegenheit nutzen, um sich in Lateinamerika eine Operationsbasis in der westlichen Hemisphäre zu schaffen.

Zu diesem Zeitpunkt verfügten die USA und die Sowjetunion über atomare Mittelstreckenraketen, die Nuklearsprengköpfe in wenigen Minuten mehrere tausend Kilometer weit transportieren konnten. Die Vereinigten Staaten besaßen jedoch einen strategischen Vorteil, da sie solche Raketen 1959 in den NATO-Staaten Italien und der Türkei stationiert hatten, von wo aus die UdSSR ohne wesentliche Vorwarnzeit erreichbar war. Demgegenüber konnte die Sowjetunion das Gebiet der USA nur mit Bombern oder Interkontinentalraketen erreichen, die durch eine ungleich längere Vorwarnzeit Abwehrmaßnahmen zuließen. Chruschtschow wollte nun die Gelegenheit nutzen, die militärstrategische Lage der Sowjetunion zu verbessern. Zudem bildete Kuba eine Basis für die Ausbreitung des Kommunismus in Lateinamerika, die er sich sichern wollte. 1961 begann die UdSSR deshalb, heimlich Atomraketen auf Kuba zu stationieren.

Lesetipp:
Bernd Greiner, Die Kuba-Krise. Die Welt an der Schwelle zum Atomkrieg, München 2010

Filmtipp:
Thirteen Days; USA 2000, Regie: Roger Donaldson

Seit Mitte Oktober 1962 hatte die US-Regierung durch Luftaufnahmen ihres Geheimdienstes den Beweis in Händen, dass auf Kuba sowjetische Mittelstreckenraketen in Stellung gebracht wurden. Die USA waren nun unmittelbar bedroht. Nach mehreren Krisensitzungen ordnete Kennedy eine Seeblockade an, außerdem forderte er Chruschtschow zum sofortigen Abzug der Waffen auf. In einem geheimen Briefwechsel lenkten beide Staatschefs Ende Oktober 1962 schließlich ein. Chruschtschow befahl den Rücktransport der Raketen, während Kennedy auf alle Invasionspläne gegen Kuba verzichtete und die – wenngleich veralteten – US-Raketen in der Türkei abzog (▸ M1).

Der Krieg in Vietnam ■ Auch in Vietnam entstand während des Kalten Krieges ein „heißer" Stellvertreterkrieg. Er fiel in eine Phase, in der die Sowjetunion und die USA nach der Kuba-Krise bemüht waren, die militärische und scharfe machtpolitische Konfrontation abzubauen. Das globale Ringen um Einflusszonen aber hörte deshalb nicht auf.

Vietcong: Untergrundorganisation aus verschiedenen politischen Gruppen, die 1960 den bewaffneten Kampf gegen die Regierung Südvietnams aufnahm

Vietnam war 1954 auf einer internationalen Konferenz geteilt worden. Außerdem waren freie Wahlen beschlossen worden, die jedoch der diktatorisch regierende Präsident Südvietnams verhinderte. Die in Nordvietnam regierenden Kommunisten unterstützten die prokommunistischen Guerillakampfer (**Vietcong**) in Südvietnam, die bis 1962 einen Großteil der ländlichen Gebiete Südvietnams unter ihre Kontrolle gebracht hatten. In Washington fürchtete man, bei einem Sieg des Kommunismus in Südvietnam würden auch die übrigen Staaten Südostasiens einer nach dem anderen unter kommunistische Herrschaft geraten („*Domino-Theorie*"). Daher entsandte die US-Regierung zunächst Waffen und Militärberater, ehe sie im August 1964 unter Präsident *Lyndon B. Johnson* (1908 - 1973) offen in den Krieg eintrat.

Obwohl die US-Regierung chemische Kampfstoffe, mehr Bomben als im Zweiten Weltkrieg und bald auch mit 543 000 Mann (1968) doppelt so viele Soldaten wie Nordvietnam und der Vietcong einsetzte, gewann sie militärisch nicht die Oberhand.

Die Zivilbevölkerung Südvietnams litt unsäglich unter dem Bomben- und Dschungelkrieg. Bilder toter und verstümmelter Menschen gingen um die Welt. Flächenbombardements und chemische Kampfstoffe verwüsteten weite Landstriche. Etwa drei Millionen Vietnamesen kamen um, darunter eine Million Soldaten. Die Berichte in den Medien steigerten die öffentliche Kritik und den Widerstand gegen den Krieg, vor allem in den USA selbst. Waffenstillstandsverhandlungen zogen sich jedoch in die Länge. Obwohl bereits 1968 begonnen, wurden sie erst 1973 abgeschlossen. Die US-Truppen zogen sich daraufhin ganz zurück, sodass nordvietnamesische Truppen bis 1975 den Süden erobern konnten. 1976 folgte die Vereinigung zur Sozialistischen Republik Vietnam. Der Ansehensverlust für die US-Politik indes war enorm.

▲ **„Hell no, we won't go!"**
Der Vietnam-Krieg politisierte die Jugend in den USA, später auch in Europa. Mit Buttons an der Kleidung gaben junge amerikanische Männer zu verstehen, dass sie sich ihrer Einberufung entziehen werden.

Leonid Breschnew (1907 - 1982): von 1964 bis 1982 Chef der KPdSU und von 1977 bis 1982 sowjetischer Staatschef

Die Unterdrückung des „Prager Frühlings"

Der Ostblock bekam Ende der 1960er-Jahre erste Risse. In der Tschechoslowakei versuchte *Alexander Dubček* Anfang 1968, einen „Kommunismus mit menschlichem Antlitz" einzuführen. So sollten unter anderem die Einparteiendiktatur aufgehoben und oppositionelle Parteien zugelassen werden. Der *Prager Frühling* wurde von der Bevölkerung begeistert aufgenommen. Der sowjetische Parteichef **Leonid Breschnew** und weitere Regierungschefs des Warschauer Paktes befürchteten Auswirkungen auf weitere Staaten des Ostblocks, sahen die Vorherrschaft ihrer Kommunistischen Parteien in Gefahr und reagierten mit der „Breschnew-Doktrin" (▸ M2). Was sie bedeutete zeigte sich bald: Als die tschechoslowakische Regierung ihre Demokratisierungspolitik fortsetzte, marschierten am 20. August 1968 Truppen des Warschauer Paktes in die ČSSR ein. Die DDR unterstützte die Aktion propagandistisch. Die führenden Köpfe des „Prager Frühlings" wurden verhaftet und die Abhängigkeit der „sozialistischen Bruderrepublik" von Moskau wiederhergestellt. Auch in dieser Phase des Kalten Krieges respektierte der Westen den sowjetischen Machtbereich.

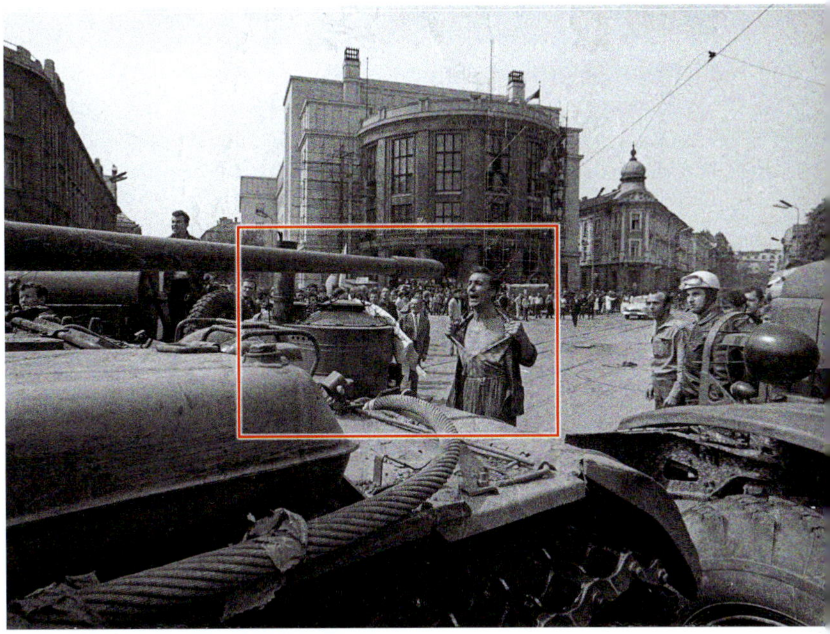

▲ **Niederschlagung des „Prager Frühlings".**
Foto aus Bratislava vom 21. August 1968.
Im Rahmen des „Prager Frühlings" gab es nicht nur Massendemonstrationen in der Hauptstadt, sondern auch in anderen großen Städten des Landes. Oft wird von diesem Foto nur der markierte Ausschnitt gezeigt.

- *Erörtern Sie, ob es angemessen ist, die Wirkung von Nachrichtenbildern durch Ausschnitte zu verändern. Beachten Sie dabei auch die Informationen zum Methoden-Baustein auf S. 387.*

◄ **„O.k., Mr. President, wir reden miteinander."** *Karikatur von Leslie G. Illingworth aus der britischen Zeitung „Daily Mail" von 1962. Das „H" auf den Bomben ist das Zeichen für Wasserstoff. Links Chruschtschow, rechts Kennedy.*

▪ *Analysieren Sie die Aussage der Karikatur.*

M1 Krisenmanagement um Kuba

Als die UdSSR ihre Mittelstreckenraketen auf Kuba in Stellung bringt, verhängen die USA eine Seeblockade. Daraufhin schreibt der sowjetische Staatschef Chruschtschow am 26. Oktober 1962 an US-Präsident Kennedy:

Wie können Sie [...] diese völlig falsche Interpretation geben, die Sie jetzt verbreiten, dass einige Waffen in Kuba Offensivwaffen sind, wie Sie sagen? Alle Waffen dort – das versichere ich Ihnen – sind defensiver Art; sie sind ausschließlich zu Verteidigungszwecken in Kuba gedacht, und wir haben sie auf Bitten der kubanischen Regierung nach Kuba entsandt. Und Sie behaupten, es seien Offensivwaffen. [...]

Sie haben nun piratenhafte Maßnahmen der Art angekündigt, die man im Mittelalter praktiziert hat, als man Schiffe überfiel, die internationale Gewässer befuhren; und Sie haben das eine „Quarantäne" um Kuba genannt. Unsere Schiffe werden wahrscheinlich bald die Zone erreichen, in der Ihre Kriegsmarine patrouilliert. Ich versichere Ihnen, dass die Schiffe, die gegenwärtig nach Kuba unterwegs sind, die harmlosesten, friedlichsten Ladungen an Bord haben. [...]

Lassen Sie uns deshalb vernünftig sein, Herr Präsident. Ich versichere Ihnen, dass die Schiffe, die nach Kuba unterwegs sind, keinerlei Rüstungsgüter an Bord haben. Die Waffen, die zur Verteidigung Kubas notwendig sind, sind bereits dort. Ich will nicht behaupten, dass es überhaupt keine Waffenlieferungen gegeben hat. Nein, es hat solche Lieferungen gegeben. Aber nun hat Kuba die notwendigen Verteidigungswaffen bereits erhalten. [...]

Wenn der Präsident und die Regierung der Vereinigten Staaten zusichern würden, dass die Vereinigten Staaten sich selbst nicht an einem Angriff auf Kuba beteiligen werden und andere von einem solchen Vorgehen abhalten; wenn Sie Ihre Kriegsmarine zurückrufen würden – das würde sofort alles ändern. Ich spreche nicht für Fidel Castro, aber ich glaube, er und die Regierung Kubas würden vermutlich eine Demobilisierung verkünden und würden das kubanische Volk aufrufen, ihre friedliche Arbeit aufzunehmen. Dann würde sich auch die Frage der Waffen erübrigen; denn wo keine Bedrohung ist, stellen Waffen für jedes Volk nur eine Belastung dar. [...]

Lassen Sie uns deshalb staatsmännische Klugheit beweisen. Ich schlage vor: Wir erklären unsererseits, dass unsere Schiffe mit Kurs auf Kuba keine Waffen an Bord haben. Sie erklären, dass die Vereinigten Staaten weder mit eigenen Truppen eine Invasion in Kuba durchführen werden noch andere Truppen unterstützen werden, die eine Invasion in Kuba planen könnten. Damit hätte sich die Präsenz unserer Militärexperten in Kuba erübrigt.

Kennedys Antwort vom 27. Oktober 1962:

Sehr geehrter Herr Vorsitzender,
ich [...] begrüße Ihre Absichtserklärung, eine sofortige Lösung des Problems anzustreben. Was jedoch als Erstes getan

werden muss, ist, die Arbeit an den offensiven Raketenstützpunkten in Kuba einzustellen und alle Waffensysteme in Kuba, die sich offensiv einsetzen lassen, zu entschärfen, und dies unter angemessenen Vorkehrungen der Vereinten Nationen.

[...] Wie ich Ihren Brief verstanden habe, enthalten Ihre Vorschläge [...] folgende Schlüsselelemente:

1) Sie würden sich bereit erklären, diese Waffensysteme unter angemessener Beobachtung und Überwachung der Vereinten Nationen abzuziehen, und sich verpflichten, geeignete Sicherheitsvorkehrungen vorausgesetzt, die weitere Einfuhr solcher Waffensysteme nach Kuba zu unterbinden.

2) Wir unsererseits würden uns bereit erklären – nachdem die Vereinten Nationen geeignete Vorkehrungen getroffen haben, die Erfüllung und Einhaltung dieser Verpflichtungen sicherzustellen –,

a) die Quarantäne-Anordnungen, die derzeit gelten, umgehend aufzuheben; und

b) Garantien gegen eine Invasion Kubas zu geben. Ich bin zuversichtlich, dass andere Länder der westlichen Hemisphäre bereit wären, das Gleiche zu tun.

Wenn Sie Ihren Vertretern entsprechende Anweisungen erteilen, gibt es keinen Grund, weshalb wir nicht in der Lage sein sollten, diese Vereinbarungen innerhalb einiger Tage zustande zu bringen und sie der Welt bekannt zu geben. Die Wirkung, die eine solche Klärung für den Abbau der Spannungen in der Welt hätte, würde es uns ermöglichen, auf eine umfassendere Vereinbarung über „andere Rüstungen" hinzuarbeiten, wie Sie es in Ihrem zweiten Brief vorschlagen, den Sie veröffentlicht haben. Ich möchte noch einmal erklären, dass die Vereinigten Staaten sehr daran interessiert sind, die Spannungen abzubauen und den Rüstungswettlauf zu beenden; und sollte Ihr Brief signalisieren, dass Sie bereit sind, Gespräche über eine Entspannung bezüglich der NATO und des Warschauer Paktes zu führen, sind wir gerne bereit, mit unseren Verbündeten über jeden sachdienlichen Vorschlag nachzudenken. Doch der erste wesentliche Schritt – lassen Sie mich dies betonen – ist die Einstellung der Arbeiten an den Raketenstützpunkten in Kuba und das Einleiten von Maßnahmen, diese Waffen zu entschärfen, und zwar unter wirksamen internationalen Garantien.

Zitiert nach: Bernd Greiner, Kuba-Krise. 13 Tage im Oktober, Nördlingen 1988, S. 319 ff. und 382 f.

1. *Analysieren Sie Chruschtschows Brief im Hinblick auf Formulierungen, mit denen er ein Nachgeben andeutet.*

2. *Arbeiten Sie heraus, welche Strategien US-Präsident Kennedy verfolgt, um die Situation zu entschärfen.*

M2 Breschnew-Doktrin

Der sowjetische Parteichef Leonid Breschnew definiert 1968 das Verhältnis der UdSSR zu den übrigen Staaten des Warschauer Paktes. Die Parteizeitung „Prawda" fasst zusammen:

Die Völker der sozialistischen Länder, die kommunistischen Parteien haben ihre uneingeschränkte Freiheit, und sie müssen sie haben, die Entwicklungswege ihres Landes zu bestimmen. Jedoch darf keine Entscheidung von ihrer Seite entweder dem Sozialismus in ihrem Land oder den Grundinteressen der anderen sozialistischen Länder, der ganzen internationalen Arbeiterbewegung, die den Kampf für den Sozialismus führt, Schaden zufügen. Das bedeutet, dass jede kommunistische Partei vor ihrem Volk und auch vor den sozialistischen Ländern, vor der ganzen sozialistischen Bewegung verantwortlich ist. Wer das vergisst, wer nur die Selbstständigkeit und Unabhängigkeit der kommunistischen Parteien hervorhebt, verfällt in Einseitigkeit und weicht seinen internationalen Pflichten aus. [...]

Man kann die Souveränität einzelner sozialistischer Länder nicht den Interessen des Weltsozialismus, der revolutionären Bewegung der Welt entgegenstellen. [...] Man muss unterstreichen, dass, selbst wenn ein sozialistisches Land danach strebt, eine „nichtblockgebundene" Position einzunehmen, es allein dank der Stärke der sozialistischen Gemeinschaft und vor allem seiner Hauptkraft, der Sowjetunion, dank der Macht ihrer bewaffneten Kräfte, tatsächlich seine nationale Unabhängigkeit bewahren kann. [...]

Getreu ihrer internationalen Pflicht gegenüber den Brudervölkern der Tschechoslowakei und zum Schutz ihrer eigenen sozialistischen Errungenschaften sind die Sowjetunion und andere sozialistische Staaten entschieden gegen die antisozialistischen Kräfte in der Tschechoslowakei aufgetreten. [...]

Die Kommunisten der Bruderländer konnten natürlich nicht zulassen, dass [...] die sozialistischen Staaten tatenlos zusehen, wie ein Land der Gefahr einer antisozialistischen Umwälzung ausgesetzt wird.

Zitiert nach: Boris Meissner, Die „Breshnew-Doktrin". Das Prinzip des „proletarisch sozialistischen Internationalismus" und die Theorie von den „verschiedenen Wegen zum Sozialismus". Dokumentation, Köln 1969, S. 64 ff.

1. *Arbeiten Sie heraus, wie das Eingreifen der Sowjetunion in der Tschechoslowakei gerechtfertigt wird.*

2 *Erläutern Sie, warum die Sowjetunion die Führungsrolle beanspruchte.*

3. *Vergleichen Sie Breschnews Vorstellungen mit den westlichen Vorstellungen von Souveränität. Welche Grenzen sind der Souveränität eines Landes jeweils gesetzt?*

Politische Reden interpretieren

Reden sind rhetorische Texte, die auf eine bestimmte Situation eingehen, welche der Redner im eigenen Sinne beeinflussen will. Dabei steht der Appell an die Zuhörer im Vordergrund. Bei der Beschäftigung mit historischen Themen begegnet uns hauptsächlich die politische Rede, die ein Politiker hält, um für sich, sein Programm oder ein Vorhaben zu werben, Gegner zu kritisieren oder um Ereignisse und Personen zu würdigen.

Politische Reden interpretieren

Reden sind für uns in Zeitung, Rundfunk, Fernsehen und digitalen Medien, aber auch in Geschichtsbüchern etwas Alltägliches. Wenn wir sie im Druckbild vor uns haben, vergessen wir leicht, dass es sich hierbei nicht um „normale" schriftliche, sondern mündlich vorgetragene Quellen handelt. Nicht umsonst heißt es bei im Vorabdruck veröffentlichten Reden ausdrücklich: „Es gilt das gesprochene Wort", denn: „Rede ist nicht Schreibe!"
Anders als alle anderen schriftlich fixierten Texte wurden und werden politische Reden für einen bestimmten Anlass, Ort und Adressatenkreis mit einer bestimmten Wirkungsabsicht verfasst und gehalten. Neben Inhalt und rhetorischen Stilmitteln beeinflussen Mimik und Gestik des Redners, die Redesituation und die Atmosphäre die Wirkung auf die Zuhörer. Auch wenn diese Faktoren nur in Ton- oder Bilddokumenten nachvollzogen werden können, darf ihre Wirkung für die Gesamtbewertung aber auch in nur schriftlich vorliegenden Reden nicht außer Acht gelassen werden. Bei der Analyse und Interpretation einer (politischen) Rede sind deshalb mehrere Ebenen zu berücksichtigen:

Formale Kennzeichen

- Wer ist der Redner und welche Funktion hat er?
- Was ist über seine politische Haltung oder seine Weltanschauung bekannt?
- Wann, wo und aus welchem Anlass wurde die Rede gehalten?

Inhalt und Stil

- Was ist Thema und Inhalt der Rede?
- Wie ist die Rede aufgebaut? Welche Merkmale kennzeichnen sie (Länge, Argumentation, Sprach- und Wortwahl, Stil, Umgangs- oder Hochsprache)?
- Wie wird der Vortrag gehalten (freier Vortrag oder abgelesen, Stimme, Tonfall, Tempo, Lautstärke, Körpersprache)?

Historischer Kontext

- Welchen Zeitraum, welches Ereignis oder welche Person behandelt die Rede?
- In welchem Bezug steht der Redner zum Thema?
- Wie ist die Redesituation und Atmosphäre (Art und Anlass der Veranstaltung, besonderer Redeort, Publikum, Rundfunk- oder Fernsehaufzeichnung)?

Intention und Wirkung

- An wen wendet sich der Redner?
- Welche Absichten verfolgt er?
- Welche Wirkung hatte die Rede auf Zuhörer, Zeitgenossen und spätere Leser/Zuhörer?

Einordnung und Bewertung

- Wie lässt sich die Rede in den historischen Kontext einordnen und bewerten?
- Welchen Einfluss hatte die Rede auf die Situation oder Entwicklung?

Beispiel und Analyse

John F. Kennedy: Amtsantrittsrede vom 20. Januar 1961 (Ausschnitte)

Meine Mitbürger,

Anrede in Tradition früherer Amtsantrittsreden

wir feiern heute nicht den Sieg einer Partei, sondern wir begehen eine Feier der Freiheit – die sowohl ein Ende als auch einen Anfang symbolisiert, die sowohl eine Erneuerung als auch eine Veränderung bedeutet, denn ich habe vor Ihnen und dem allmächtigen Gott den gleichen feierlichen Eid geschworen, den unsere Vorväter vor beinahe eindreiviertel Jahrhunderten vorgeschrieben haben. [...]

Überhöhung des Redeanlasses; Signalwort „wir"

Und schließlich möchten wir an all jene Nationen, die sich selbst zu unserem Gegner erklären wollen, nicht ein Versprechen, sondern ein dringendes Ersuchen richten: dass beide Seiten erneut mit der Suche nach dem Frieden beginnen mögen, bevor die dunklen Mächte der Zerstörung, die von der Wissenschaft entfesselt worden sind, die ganze Menschheit in geplanter oder zufälliger Selbstvernichtung verschlingen.

Anspielung auf atomares Wettrüsten; Appell/Dialogangebot an Sowjetunion

Wir werden sie nicht durch Schwäche in Versuchung führen. Denn nur, wenn die Stärke unserer Waffen über jeden Zweifel erhaben ist, können wir ganz sicher ausschließen, dass sie jemals angewandt werden. [...]

Politisches Ziel: Überwindung des „Missile Gap" durch atomares Patt

Lasst uns auf beiden Seiten zum ersten Mal ernsthafte und präzise Vorschläge für die Inspektion und Kontrolle der Rüstungen formulieren – und die absolute Macht, andere Nationen zu vernichten, unter die absolute Kontrolle anderer Nationen bringen.

Anapher „Lasst uns" als Appell an Solidarität und gemeinsame Verantwortung

Lasst uns von beiden Seiten zusammenkommen, um die Wunder der Wissenschaft anstatt ihre Schrecken zu erwecken. Lasst uns gemeinsam die Sterne erforschen, die Wüsten erobern, die Krankheiten ausrotten, die Tiefen des Ozeans ausmessen und die Künste und den Handel fördern. [...]

Aufbruch in Weltraum („New Frontier") als Reaktion auf „Sputnik-Schock"

Und wenn in dem Dschungel des Argwohns ein Brückenkopf der Zusammenarbeit errichtet werden kann, dann lasst uns von beiden Seiten zu der nächsten Aufgabe zusammenkommen: der Schaffung nicht eines neuen Gleichgewichts der Kräfte, sondern einer neuen Welt des Rechts und des Gesetzes, in der die Starken gerecht und die Schwachen sicher sind und der Friede für immer erhalten bleibt. [...]

Vision einer neuen Weltordnung

In Ihren Händen, meine Mitbürger, wird noch viel mehr als in den meinigen der letztliche Erfolg oder Fehlschlag unseres Kurses liegen. Seit dieser Staat gegründet wurde, ist jede Generation aufgerufen gewesen, Zeugnis ihrer nationalen Loyalität abzulegen. Die Gräber junger Amerikaner, die diesem Ruf nachgekommen sind, sind auf dem ganzen Erdball verstreut. [...]

Traditioneller, mit Pathos verbundener Appell an Nation und ihre Geschichte

In der langen Geschichte dieser Welt ist es nur wenigen Generationen vergönnt gewesen, die Rolle der Verteidigung der Freiheit in der Stunde ihrer höchsten Gefahr zu spielen. Ich schrecke vor dieser Aufgabe nicht zurück – ich begrüße sie. [...]

Anspielung auf Roosevelts „Vier-Freiheiten-Rede"; siehe hier S. 292, M5.

Und so, meine amerikanischen Mitbürger: Fragt nicht, was euer Land für euch tun wird – fragt, was ihr für euer Land tun könnt.

Meine Mitbürger in der Welt: Fragt nicht, was Amerika für euch tun wird, sondern fragt, was wir zusammen für die Freiheit des Menschen tun können.

Historischer, viel zitierter Satz: Aufruf zur Übernahme persönlicher Verantwortung für Bestehen der globalen Herausforderungen; Adressaten nicht nur Nation, sondern Weltöffentlichkeit

Und schließlich, ob ihr Bürger Amerikas oder der Welt seid, verlangt von uns das gleiche hohe Maß an Stärke und Opferbereitschaft, das wir von euch verlangen werden. Mit einem guten Gewissen als einzigen sicheren Lohn, mit der Geschichte als dem letztlichen Richter unserer Taten lasst uns die Aufgabe in Angriff nehmen, das Land zu führen, das wir lieben, um seinen Segen und um seine Hilfe bitten – in dem Wissen aber, dass hier auf der Erde unser Werk wahrhaft Gottes Werk sein muss.

Abschließender Appell für den Erfolg der amerikanischen „Mission" (Sendungsbewusstsein)

Zitiert nach: Herbert Schambeck, Helmut Widder und Marcus Bergmann (Hrsg.), Dokumente zur Geschichte der Vereinigten Staaten von Amerika, Berlin [2]2007, S. 547-551

John F. Kennedy: Siehe S. 331.
Undatiertes Foto.

Richard Nixon (1913-1994): von 1969 bis 1974 US-Präsident (Republikanische Partei). Er musste wegen Missbrauch seiner Vollmachten von seinem Amt zurücktreten.

Formale Kennzeichen In den Präsidentschaftswahlen von 1960 konnte sich der demokratische Senator aus Massachusetts **John F. Kennedy** knapp gegen den langjährigen republikanischen Vizepräsidenten **Richard Nixon** durchsetzen. Am 20. Januar 1961 wurde Kennedy als jüngster gewählter US-Präsident vor dem Kongressgebäude in Washington feierlich in sein Amt eingeführt. Im Anschluss an seine Vereidigung hielt er wie jeder neue Präsident eine Amtsantrittsrede, die er mit seinem Redenschreiber Theodore C. Sorensen formuliert hatte.

Inhalt und Stil Kennedys Antrittsrede ist eindeutig auf die Außenpolitik zugeschnitten. Der Präsident warnt vor der drohenden Gefahr einer Vernichtung durch Nuklearwaffen. Seinen ersten Appell richtet er an die Sowjetunion und ihre Verbündeten, gemeinsam mit der „Suche nach dem Frieden" zu beginnen. Sicherheit vor einem gegnerischen Atomschlag garantiere jedoch nur ein atomares Patt, das Kennedy durch weitere Aufrüstung erreichen will. Er vermittelt ein Bild der USA, die in einem – durch seinen Amtsantritt eingeläuteten – neuen Abschnitt der Weltgeschichte aus einer Position der Stärke heraus dem Gegner die Hand zu Verhandlungen ausstrecken und für die Vision einer von Frieden, Freiheit und Fortschritt erfüllten Weltordnung eintreten. Die Rede ist mit etwa 14 Minuten relativ kurz. Kennedy spricht pointiert und in knappen, verständlichen Sätzen, die er durch kurze Pausen zusätzlich unterteilt. Die Rede zeichnet sich nicht durch Argumente oder konkrete Vorschläge, sondern durch plakative Bilder, pathetische Aussagen, Signalwörter und emotionale Aufrufe aus. Wiederholt appelliert Kennedy nicht nur an die Opferbereitschaft und Verantwortung der eigenen Nation, sondern an die „Mitbürger der Welt", was den Anspruch der USA auf ihre Rolle als Weltordnungsmacht unterstreicht.

Historischer Kontext Bei Kennedys Amtsantritt wurde die Außenpolitik besonders vom Rüstungswettlauf zwischen Ost und West geprägt. Im Mai 1961 umkreiste der sowjetische Kosmonaut Juri Gagarin als erster Mensch die Erde. Die Sowjetunion eröffnete damit nicht nur das Zeitalter der bemannten Raumfahrt, sondern auch die Weltraumrüstung. Erstmals war eine atomare Bedrohung der USA aus dem All durch sowjetische Raketen denkbar. Schon im Wahlkampf bemühte Kennedy den Mythos der „New Frontier", die er nun auf den Weltraum richtete. Kennedys Amtsantrittsrede war Teil einer vierstündigen Zeremonie, an der mehrere tausend Zuschauer teilnahmen. Die Rede wurde in Rundfunk und Fernsehen weltweit direkt übertragen.

Intention und Wirkung Die Rede hat auf die Zeitgenossen der westlichen Welt, besonders die junge Generation, einen großen Eindruck gemacht und bei vielen ihr Ziel erreicht, die Hoffnung auf eine bessere, friedlichere Zukunft zu bestärken und die Nation auf ihren Zusammenhalt einzuschwören. Jedoch mag Kennedys mitunter apokalyptischer Unterton sowie die eingeforderten weitreichenden Verpflichtungen gegenüber Volk und Verbündeten manche Zuhörer verschreckt haben.

Einordnung und Bewertung Kennedys Amtsantrittsrede gehört zu den berühmtesten politischen Reden. Besonders die Worte „Fragt nicht, was euer Land für euch tun wird – fragt, was ihr für euer Land tun könnt" sind bis heute populär. Sie leiteten eine neue Phase des politischen Aktivismus in den USA ein. Ein Beitrag zur Entspannung oder gar Lösung des Kalten Krieges war die Rede jedoch nicht. Kennedys Dialogangebot wurde von der Sowjetunion nicht als Zeichen der Stärke, sondern als Schwäche aufgefasst. Es kam zu keiner Annäherung. Im Gegenteil: Im August 1961 wurde unter sowjetischer Aufsicht die Berliner Mauer errichtet, im November desselben Jahres ordnete Kennedy eine Verstärkung des amerikanischen Engagements in Südvietnam an, und 1962 drohte der Kalte Krieg in der Kuba-Krise zu eskalieren.

Das Ende der Bipolarität

Erste Schritte den Annäherung Angesichts des „Gleichgewichts des Schreckens" entwickelte sich nach der Kuba-Krise eine neue Sicherheitspolitik. Das Weiße Haus und der Kreml richteten eine direkte Fernschreiberverbindung („Heißer Draht") ein, die die Kommunikation in Konfliktfällen sicherstellen sollte.

Es entwickelten sich erste Rüstungskontrollvereinbarungen. Sie bezogen sich auf die Beendigung von überirdischen Kernwaffentests zum Schutz von Menschen und Umwelt vor einer weiteren radioaktiven Verseuchung (*Atomteststoppabkommen* 1963) und auf die Nichtverbreitung von Kernwaffen (**Atomwaffensperrvertrag** 1968).

Zu Beginn der 1970er-Jahre standen die Zeichen auf Entspannung. Die Sowjetunion suchte die Kooperation mit den USA, um das teure Wettrüsten einzuschränken und an der fortschrittlichen Technologie des Westens teilzuhaben. Außerdem war durch die Annäherung der USA an die Volksrepublik China Bewegung in die Ost-West-Beziehungen gekommen.

Ab 1969 führten die beiden Supermächte in Helsinki Verhandlungen über die Beschränkung strategischer Nuklearwaffen (**SALT**). 1972 wurde das erste SALT-Abkommen unterzeichnet. Es beschränkte die Zahl der atomaren Langstreckenraketen und Raketenabwehrsysteme.

▲ **„Heißer Draht" zwischen Moskau und Washington.**
Standbild aus dem britischen Film „Dr. Seltsam oder: Wie ich lernte, die Bombe zu lieben" (Ausschnitt); Regie: Stanley Kubrick, 1964.

Atomwaffensperrvertrag: (*Treaty on Non-Proliferation of Nuclear Weapons*): Der Vertrag wurde von den USA, der Sowjetunion und Großbritannien zwischen 1965 und 1968 ausgehandelt und trat 1970 in Kraft. Inzwischen haben 191 Staaten (Stand: 2015) ihn angenommen. Nicht unterzeichnet haben bislang Indien, Israel, Pakistan und Südsudan. Nordkorea trat im Januar 2003 aus dem Vertrag aus. Er akzeptiert die friedliche Nutzung der Kernenergie, verbietet aber die Verbreitung von Kernwaffen und verpflichtet die Mitglieder zur Abrüstung von Kernwaffen.

SALT: Abkürzung für „Strategic Arms Limitation Talks"

Entspannung in Europa Die entspannte Weltpolitik ermöglichte auch die *Neue Ostpolitik* der Bundesregierung unter Bundeskanzler *Willy Brandt**. Durch den *Moskauer Vertrag* (1970), den *Warschauer Vertrag* (1970) und die innerdeutschen Verträge (1972) stellte sie das Verhältnis zu den osteuropäischen Staaten und zur DDR auf eine neue Grundlage und schuf die Basis für eine begrenzte Zusammenarbeit. Im *Viermächte-Abkommen* (1971) für Berlin konnte eine Verständigung für die Stadt gefunden werden, die Berlin-Krisen für die Zukunft vermied.**

Der KSZE-Prozess beginnt Von zentraler Bedeutung war die **Konferenz über Sicherheit und Zusammenarbeit in Europa** (KSZE). Vertreter von 35 Staaten (die USA, Kanada und alle europäischen Länder außer Albanien) verhandelten zwischen 1973 und 1975 in Helsinki über ihre Beziehungen, den Verzicht auf Gewaltandrohung und -anwendung, die bestehenden Grenzen und die Achtung der Menschenrechte und Grundfreiheiten. Das Ergebnis hielten sie 1975 in der Schlussakte von Helsinki fest (▸ M1). Vor allem die Bestimmungen über die Menschenrechte wirkten in den kommunistisch regierten Staaten befreiend. Die weiterhin verfolgten und unterdrückten Bürgerrechtler in der Tschechoslowakei, Polen und der DDR konnten sich nun bei Verletzungen ihrer Grundrechte auf die von ihren Staatschefs unterzeichneten Prinzipien der Schlussakte berufen. Sie wurden dabei von den westlichen Medien und Politikern unterstützt.

Konferenz über Sicherheit und Zusammenarbeit in Europa: Die KSZE wurde 1973 als Gesprächsforum ost- und westeuropäischer Staaten, Kanadas und der USA mit dem Ziel gegründet, gemeinsame Projekte in den Bereichen Kultur, Wissenschaft, Wirtschaft, Umweltschutz und Abrüstung durchzuführen und zur Sicherheit und Durchsetzung der Menschenrechte in Europa beizutragen. Seit 1995 heißt sie „Organisation für Sicherheit und Zusammenarbeit in Europa" (OSZE).

* **Willy Brandt**: Siehe S. 368.
** Zur Neuen Ostpolitik siehe auch S. 391.

▶ **Friedensdemonstration im Bonner Hofgarten.**
Foto vom 10. Oktober 1981. Die von zahlreichen Organisationen aus dem In- und Ausland organisierte Demonstration in der damaligen Hauptstadt der Bundesrepublik stand unter dem Motto „Gegen die atomare Bedrohung gemeinsam vorgehen". An der Abschlusskundgebung nahmen etwa 250 000 Menschen teil. Zu den Rednern zählte auch der Literatur-Nobelpreisträger Heinrich Böll. Weitere Großdemonstrationen, an denen zum Teil noch mehr Menschen teilnahmen, folgten.

Der Kalte Krieg kehrt wieder Ende der 1970er-Jahre verschlechterte sich das Verhältnis zwischen den beiden Supermächten wieder, als die Sowjetunion massiv aufrüstete. Mit einer neuen Generation von Interkontinentalraketen und neuen Mittelstreckenraketen (SS 20) versuchte sie, ihre militärische Position zu verbessern und in Europa zu einem Übergewicht zu gelangen.

Der Einmarsch sowjetischer Truppen in Afghanistan im Dezember 1979 bedeutete dann das Ende der Entspannungspolitik. Die USA beantworteten das sowjetische Vorgehen mit eine Reihe von Sanktionen. Sie stoppten die Ausfuhr von Weizen und Hochtechnologie in die Sowjetunion und boykottierten 1980 die Olympischen Spiele in Moskau.

In Europa machte vor allem Bundeskanzler *Helmut Schmidt** die NATO auf die Gefahr eines sowjetischen militärischen Übergewichtes in Europa aufmerksam. Ende 1979 einigte sich das Verteidigungsbündnis auf einen „NATO-Doppelbeschluss". Er sah die Nachrüstung im Bereich der Mittelstreckenraketen vor, sollte die Sowjetunion nicht über den Abbau ihrer Mittelstreckenraketen verhandeln wollen.

Ronald Reagan (1911-2004): konservativer US-Politiker (Republikaner), von 1967 bis 1974 Gouverneur von Kalifornien und von 1981 bis 1989 Präsident der USA

US-Präsident **Ronald Reagan** setzte nach seinem Amtsantritt 1981 ganz auf eine „Politik der Stärke und des Dialoges" gegenüber der Sowjetunion (▶ M2). Mit einem gigantischen Rüstungsprogramm, Plänen zu einem Raketenabwehrsystem im Weltraum (*Star Wars*) und der Unterstützung von Gruppen, die gegen „kommunistische" Regime kämpften, sollte Moskau an einer weiteren Ausdehnung seiner Einflusszonen in Südasien, Afrika und Lateinamerika gehindert und an den Verhandlungstisch gezwungen werden. Da keine Einigung erzielt werden konnte, wurden 1983 die Rüstungsverhandlungen abgebrochen und Mittelstreckenraketen sowie Marschflugkörper in Europa aufgestellt. Ein neues Tief der Ost-West-Beziehungen war nach der hoffnungsvollen Entspannungspolitik erreicht und die Vereinigten Staaten setzten auf eine Politik der Stärke.

Die zunehmende Rüstungspolitik der Mächte stieß im Westen auf eine breite außerparlamentarische Friedensbewegung,** die zum Teil von den kommunistischen Staaten unterstützt wurde.

* **Helmut Schmidt:** Siehe S. 371.
** Zur deutschen Friedensbewegung in West und Ost siehe auch S. 372 und 400.

Die Wende in der Sowjetunion ■ Im Rüstungswettlauf mit der überlegenen amerikanischen Wirtschaftsmacht konnte die Sowjetunion nicht mehr mithalten. Sie hatte stets wesentlich mehr Mittel in den Militärsektor gelenkt, als ihre Volkswirtschaft verkraften konnte. Der Wendepunkt kam 1985 mit **Michail Gorbatschow**, dem neuen Generalsekretär der KPdSU. Mit einer Politik der Offenheit (*Glasnost*) und Umgestaltung (*Perestroika*) versuchte er, der wirtschaftlichen Krise seines Landes Herr zu werden. Er wollte den Sozialismus nicht abschaffen, sondern reformieren.

▲ **Michail S. Gorbatschow trifft Ronald Reagan.**
Foto von der Genfer Gipfelkonferenz vom November 1985.

Abkehr von der Weltmachtpolitik ■ Auch in der Außenpolitik verkündete Gorbatschow seit 1985 ein „neues Denken". Es führte zu einem völligen Bruch mit der bisherigen Militär- und Sicherheitspolitik der Sowjetunion. Gorbatschow machte eine Reihe von Vorschlägen zur Beendigung des Wettrüstens, betonte den Gedanken der „gemeinsamen Sicherheit" und forderte die einvernehmliche Ausgestaltung des „europäischen Hauses". Innerhalb weniger Jahre wandelten sich die sowjetisch-amerikanischen Beziehungen tief greifend. Nach mehreren Gipfeltreffen Gorbatschows mit US-Präsident Reagan unterzeichneten beide in Washington am 8. Dezember 1987 den **INF-Vertrag**. Erstmals wurde ein wirklicher Abrüstungserfolg erzielt. Die Sowjetunion musste 1500, die USA 500 Systeme verschrotten. Moskau stellte zudem seine Unterstützung sozialistischer Regime in der Karibik, in Afrika und Asien ein (1986), zog seine Streitkräfte aus Afghanistan ab (1988/89) und kündigte vor der UNO einseitige Truppenverringerungen an (1989). Der wichtigste Schritt war jedoch das Abrücken von der Breschnew-Doktrin* und die Anerkennung der nationalen Unabhängigkeit der Ostblockstaaten (1987/88).

Michail Gorbatschow (geb. 1931): von 1985 bis 1991 Parteichef der KPdSU und von März 1990 bis zum Zerfall der Sowjetunion Dezember 1991 Staatspräsident. Er erhielt 1990 den Friedensnobelpreis.

INF-Vertrag (*Intermediate Range Nuclear Forces*): Abkommen der Supermächte über die Beseitigung aller Mittelstreckenraketen mit einer Reichweite zwischen 500 und 5500 km

Erfolgreiche Abrüstungsverhandlungen ■ Nach dem Sieg der Reformkräfte in den Staaten des Ostblocks unterzeichneten die Staaten der NATO und des Warschauer Paktes im November 1990 in Paris den *Vertrag über konventionelle Streitkräfte in Europa*. Vereinbart wurde neben einem drastischen Waffenabbau und Rüstungsobergrenzen auch ein detailliertes Überprüfungssystem.

Gleichzeitig erklärten die Staats- und Regierungschefs der KSZE-Konferenz in der „Charta von Paris für ein neues Europa" das Zeitalter der Konfrontation und Teilung Europas für beendet (▸ M3).

Im Juli 1991 einigten sich die Sowjetunion und die USA nach neunjähriger Verhandlungszeit auf eine Reduzierung ihrer interkontinentalen Atomraketen um knapp 40 Prozent (**START-I-Vertrag**). Einen weiteren einschneidenden Abbau der atomaren Vernichtungswaffen sollte schließlich der im Januar 1993 unterzeichnete *START-II-Vertrag* bringen, der die Beseitigung von etwa zwei Dritteln aller Nuklearwaffen bis zum Jahr 2003 festschrieb. Damit wäre in etwa der Stand der späten Fünfzigerjahre wieder erreicht worden. Allerdings trat der Vertrag nicht in Kraft. Der Rüstungswettlauf zwischen den beiden Supermächten und ihren Verbündeten war beendet, die Ära des Ost-West-Konfliktes vorbei (▸ M4).

START: Abkürzung für „Strategic Arms Reduction Talks"

* Zur Breschnew-Doktrin siehe S. 335, M2.

Baltische Staaten: Estland, Lettland und Litauen, seit 1918 unabhängig, 1940 von der Sowjetunion annektiert. 1991 erklärten sie ihre Unabhängigkeit und traten aus dem Staatsverband der UdSSR aus.

Von der Sowjetunion zur Gemeinschaft Unabhängiger Staaten In der Sowjetunion verstand es Gorbatschow, sich an die Spitze der inneren Demokratisierungsprozesse zu stellen. Er erhielt dafür den Beifall der gebannt zuschauenden westlichen Öffentlichkeit. Allerdings verfügte er über kein Konzept für den dringend notwendigen Umbau der sowjetischen Planwirtschaft.

Der Zerfall des Landes war nicht aufzuhalten. Die Sowjetrepubliken, allen voran die **baltischen Staaten**, lösten sich von Moskau. Am 21. Dezember 1991 gründeten 15 nunmehr unabhängige Republiken die *Gemeinschaft Unabhängiger Staaten* (GUS) und erklärten die UdSSR für aufgelöst. Fünf Tage später trat Gorbatschow als Präsident der Sowjetunion zurück.

▲ **Wandel in Mittel-, Ost- und Südosteuropa bis 1991.**

Der Ostblock löst sich auf Die von Moskau ausgehenden Reformanstöße ab Mitte der 1980er-Jahre hatten auch die oppositionellen *Bürgerrechtsbewegungen* in den Mitgliedstaaten der Warschauer Vertragsorganisation gestärkt. Als die sowjetische Außenpolitik ab 1989 die Entwicklung wieder bremsen wollte, war es bereits zu spät: Das Ende der kommunistischen Parteidiktaturen war nicht mehr aufzuhalten. Vorreiter des Wandels waren Polen und Ungarn, wo unter Mitwirkung kommunistischer Reformkräfte 1989 bzw. 1990 freie Wahlen stattfanden. Auch die DDR, die Tschechoslowakei, Bulgarien, Rumänien und Albanien befreiten sich meist friedlich von ihren kommunistischen Regierungen. Die DDR löste sich auf, und die aus ihr gebildeten fünf ostdeutschen Länder traten am 3. Oktober 1990 der Bundesrepublik Deutschland bei.* Im Juni und Juli 1991 wurden der Rat für Gegenseitige Wirtschaftshilfe (RGW) und das Militärbündnis der Warschauer Vertragsorganisation aufgelöst.

„1989/90 ging ein globaler Konflikt zu Ende, der die gesamte Welt erfasste." Erläutern Sie diese Aussage des Politikwissenschaftlers Ernst-Otto Czempiel.

* Zur Wiedervereinigung siehe S. 416 f.

M1 KSZE-Schlussakte von Helsinki

Die Schlussakte vom 1. August 1975 stellt kein völkerrechtliches Abkommen, sondern eine Absichtserklärung dar:

I. Souveräne Gleichheit, Achtung der der Souveränität innewohnenden Rechte
Die Teilnehmerstaaten werden gegenseitig ihre souveräne Gleichheit und Individualität sowie alle ihrer Souveränität innewohnenden und von ihr umschlossenen Rechte achten, einschließlich insbesondere des Rechts eines jeden Staates auf rechtliche Gleichheit, auf territoriale Integrität sowie auf Freiheit und politische Unabhängigkeit. Sie werden ebenfalls das Recht jedes anderen Teilnehmerstaates achten, sein politisches, soziales, wirtschaftliches und kulturelles System frei zu wählen und zu entwickeln sowie sein Recht, seine Gesetze und Verordnungen zu bestimmen. [...]
II. Enthaltung von der Androhung oder Anwendung von Gewalt
Die Teilnehmerstaaten werden sich in ihren gegenseitigen Beziehungen sowie in ihren internationalen Beziehungen im Allgemeinen der Androhung oder Anwendung von Gewalt, die gegen die territoriale Integrität oder politische Unabhängigkeit irgendeines Staates gerichtet [...] und mit der vorliegenden Erklärung unvereinbar ist, enthalten. [...]
III. Unverletzlichkeit der Grenzen
Die Teilnehmerstaaten betrachten gegenseitig alle ihre Grenzen sowie die Grenzen aller Staaten in Europa als unverletzlich und werden deshalb jetzt und in der Zukunft keinen Anschlag auf diese Grenzen verüben. [...]
V. Friedliche Regelung von Streitfällen
Die Teilnehmerstaaten werden Streitfälle zwischen ihnen mit friedlichen Mitteln auf solche Weise regeln, dass der internationale Frieden und die internationale Sicherheit sowie die Gerechtigkeit nicht gefährdet werden. [...]
VI. Nichteinmischung in innere Angelegenheiten
Die Teilnehmerstaaten werden sich ungeachtet ihrer gegenseitigen Beziehungen jeder direkten oder indirekten, individuellen oder kollektiven Einmischung in die inneren oder äußeren Angelegenheiten enthalten, die in die innerstaatliche Zuständigkeit eines anderen Teilnehmerstaates fallen. [...]
VII. Achtung der Menschenrechte und Grundfreiheiten
Die Teilnehmerstaaten werden die Menschenrechte und Grundfreiheiten, einschließlich der Gedanken-, Gewissens-, Religions- oder Überzeugungsfreiheit für alle ohne Unterschied der Rasse, des Geschlechts, der Sprache oder der Religion achten.

Zitiert nach: Helmut Krause und Karlheinz Reif (Bearb.), Die Welt seit 1945, München 1980, S. 691 ff.

1. *Stellen Sie gegenüber: Welche Teile des Dokuments entsprechen vorwiegend den sowjetischen, welche den westlichen Interessen?*
2. *Begründen Sie, warum die KSZE-Schlussakte große Bedeutung für die Oppositionsbewegung in den osteuropäischen Staaten hatte.*

M2 Ronald Reagan und die Politik der Stärke

US-Präsident Ronald Reagan rechtfertigt im Januar 1984 seine Politik in einer Fernsehansprache:

Die Geschichte lehrt uns, dass Kriege beginnen, wenn Regierungen glauben, dass der Preis einer Aggression niedrig ist. Um den Frieden zu erhalten, müssen wir und unsere Verbündeten stark genug sein, jeden potenziellen Aggressor überzeugen zu können, dass Krieg keinen Vorteil, sondern nur die Katastrophe bringen würde. [...]
Die Abschreckung ist von entscheidender Bedeutung für die Erhaltung des Friedens und den Schutz unserer Lebensform, aber die Abschreckung ist nicht Anfang und Ende unserer Politik gegenüber der Sowjetunion. Wir müssen und werden die Sowjets in einen Dialog einbinden, der so ernsthaft und konstruktiv wie möglich ist und der der Förderung des Friedens in den Unruhegebieten der Welt dienen, den Stand der Rüstungen verringern und ein konstruktives Arbeitsverhältnis schaffen wird. [...] Stärke und Dialog gehen Hand in Hand.

Zitiert nach: Europa-Archiv, 39. Jahrgang (1984), S. D 109 ff.

Untersuchen Sie, weshalb die außen- und militärpolitische Strategie Reagans unter den NATO-Mitgliedern umstritten war.

▲ **„Ohne Worte."**
Karikatur von Horst Haitzinger vom 20. November 1990. Die Karikatur zeigt (von rechts nach links) den deutschen Bundeskanzler Helmut Kohl, den französischen Staatspräsidenten François Mitterrand, US-Präsident George Bush und den sowjetischen Staatspräsidenten Michail S. Gorbatschow. Auf der Schleife steht „In höchster Freude".

M3 „Charta von Paris für ein neues Europa"

Am 21. November 1990 erklären die Staats- und Regierungschefs der KSZE-Teilnehmerstaaten in Paris:

Das Zeitalter der Konfrontation und der Teilung Europas ist zu Ende gegangen. Wir erklären, dass sich unsere Beziehungen künftig auf Achtung und Zusammenarbeit gründen werden.

Europa befreit sich vom Erbe der Vergangenheit. Durch den Mut von Männern und Frauen, die Willensstärke der Völker und die Kraft der Ideen der Schlussakte von Helsinki bricht in Europa ein neues Zeitalter der Demokratie, des Friedens und der Einheit an. [...]

Wir verpflichten uns, die Demokratie als die einzige Regierungsform unserer Nationen aufzubauen, zu festigen und zu stärken. In diesem Bestreben werden wir an Folgendem festhalten: Menschenrechte und Grundfreiheiten sind allen Menschen von Geburt an eigen; sie sind unveräußerlich und werden durch das Recht gewährleistet. Sie zu schützen und zu fördern ist vornehmste Pflicht jeder Regierung. Ihre Achtung ist wesentlicher Schutz gegen staatliche Übermacht. Ihre Einhaltung und uneingeschränkte Ausübung bilden die Grundlage für Freiheit, Gerechtigkeit und Frieden.

Demokratische Regierung gründet sich auf den Volkswillen, der seinen Ausdruck in regelmäßigen, freien und gerechten Wahlen findet. Demokratie beruht auf Achtung vor der menschlichen Person und Rechtsstaatlichkeit. Demokratie ist der beste Schutz für freie Meinungsäußerung, Toleranz gegenüber allen gesellschaftlichen Gruppen und Chancengleichheit für alle. [...]

In Übereinstimmung mit unseren Verpflichtungen gemäß der Charta der Vereinten Nationen und der Schlussakte von Helsinki erneuern wir unser feierliches Versprechen, uns jeder gegen die territoriale Integrität oder politische Unabhängigkeit eines Staates gerichteten Androhung oder Anwendung von Gewalt oder jeder sonstigen mit den Grundsätzen oder Zielen dieser Dokumente unvereinbaren Handlung zu enthalten. Wir erinnern daran, dass die Nichterfüllung der in der Charta der Vereinten Nationen enthaltenen Verpflichtungen einen Verstoß gegen das Völkerrecht darstellt.

Wir bekräftigen unser Bekenntnis zur friedlichen Beilegung von Streitfällen. Wir beschließen, Mechanismen zur Verhütung und Lösung von Konflikten zwischen den Teilnehmerstaaten zu entwickeln. [...]

Die Gefahr von Konflikten in Europa hat abgenommen, doch es bedrohen andere Gefahren die Stabilität unserer Gesellschaften. Wir sind entschlossen, bei der Verteidigung der demokratischen Institutionen gegen Verletzungen der Unabhängigkeit, souveränen Gleichheit oder territorialen Integrität der Teilnehmerstaaten zusammenzuarbeiten. Dazu zählen illegale Aktivitäten unter Anwendung von äußerem Druck, Zwang und Subversion. In dem Bewusstsein, dass die friedliche Beilegung von Streitfällen eine wesentliche Vervollständigung der Pflicht der Staaten ist, sich der Androhung oder Anwendung von Gewalt zu enthalten, und dass beide wesentliche Faktoren für die Aufrechterhaltung und Festigung des Weltfriedens und der internationalen Sicherheit sind, werden wir nicht nur darum bemüht sein, nach wirksamen Verfahren zur Verhütung immer noch möglicher Konflikte durch politische Mittel zu suchen, sondern im Einklang mit dem Völkerrecht auch geeignete Mechanismen zur friedlichen Beilegung eventueller Streitfälle festzulegen.

Zitiert nach: www.bundestag.de/blob/189558/21543d1184c1f627412a3426e86a97cd/charta-data.pdf [Zugriff: 18. 05. 2015]

1. *Fassen Sie die zentralen Aussagen der Quelle zusammen.*
2. *Erklären Sie den historischen Zusammenhang, der diese Erklärung 1990 möglich gemacht hat.*
3. *„Das Zeitalter der Konfrontation und Teilung Europas ist zu Ende gegangen" (Zeile 1 f.). Überprüfen Sie, ob Sie dieser Aussage angesichts der Entwicklungen seit 1990 zustimmen können.*

M4 „Wir sind nicht länger mehr Gegner"

Anfang 1992 unterzeichnen der amerikanische Präsident George Bush und der russische Präsident Jelzin eine gemeinsame Erklärung:

Zum Abschluss dieses historischen Treffens zwischen einem amerikanischen Präsidenten und dem Präsidenten eines neuen und demokratischen Russland stimmen wir – die Führer von zwei großen Völkern und Nationen – überein, dass eine Reihe von Prinzipien die Beziehungen zwischen Russland und Amerika leiten sollten:

Erstens, dass Russland und die Vereinigten Staaten sich nicht länger als potenzielle Gegner betrachten. Von heute an wird ihre Beziehung durch Freundschaft und Partnerschaft charakterisiert sein, die auf gegenseitigem Vertrauen und Respekt und einer gemeinsamen Verpflichtung zu Demokratie und wirtschaftlicher Freiheit beruht.

Zweitens, dass wir daran arbeiten werden, irgendwelche Überreste von Kalter-Kriegs-Feindseligkeit zu beseitigen, eingeschlossen Schritte zur Verringerung unserer strategischen Arsenale.

Drittens, dass wir alles in unserer Macht Stehende tun werden, um gegenseitiges Wohlbefinden unserer Völker zu fördern und die Bindungen so weit als möglich auszubauen, die unsere Völker jetzt vereinen. Offenheit und Toleranz sollten das Markenzeichen der Beziehungen zwischen unseren Völkern und Regierungen sein.

Viertens, dass wir aktiv freien Handel, Investitionen und wirtschaftliche Zusammenarbeit zwischen unseren beiden Ländern fördern.

Fünftens, dass wir jede Anstrengung unternehmen, die Förderung der von uns geteilten Werte der Demokratie, der Herrschaft des Rechts, der Respektierung der Menschenrechte einschließlich der Rechte von Minderheiten, der Respektierung von Grenzen und der friedlichen Veränderung weltweit zu unterstützen.

Sechstens, dass wir aktiv zusammenarbeiten, – die Ausbreitung von Massenvernichtungswaffen und dazugehöriger Technologie zu verhindern und die Ausbreitung von konventionellen Waffen auf der Grundlage von zu vereinbarenden Prinzipien zu beschränken; – regionale Konflikte friedlich beizulegen und – Terrorismus entgegenzutreten, Rauschgifthandel zu stoppen und der Umweltschädigung vorzubeugen.

Mit der Annahme dieser Prinzipien beginnen die Vereinigten Staaten und Russland heute eine neue Ära in ihren Beziehungen. In dieser neuen Ära streben wir nach Frieden, einem anhaltenden Frieden, der auf dauerhaften gemeinsamen Werten beruht. Dies kann ein Zeitalter von Frieden und Freundschaft sein, das nicht nur unseren Völkern, sondern Völkern in der ganzen Welt Hoffnung bringt. Denn während unser Konflikt die Welt für Generationen teilen half, können wir nun, in Zusammenarbeit mit anderen und zwischen uns, die Welt durch unsere Freundschaft vereinigen – eine neue Allianz von Partnern, die gegen die gemeinsamen Gefahren arbeitet, vor denen wir stehen.

Süddeutsche Zeitung vom 3. Februar 1992, S. 27

▲ **„Obsolete warheads" („Veraltete Sprengköpfe").**
Karikatur von Kevin Kallaugher vom 1. August 1991.
Der Abbau der Atomwaffen im ehemaligen Ostblock galt lange als Sicherheitsrisiko. Im Westen befürchtete man, dass sich in der politisch instabilen Situation nach dem Untergang des Kommunismus Unbefugte der Waffen bemächtigen könnten.
- *Erklären Sie die Doppeldeutigkeit des Titels der Karikatur.*

1. *Skizzieren Sie die Prinzipien der Beziehungen zwischen Russland und den USA.*
2. *Analysieren Sie, ob sich in der Erklärung überwiegend westliche Vorstellungen finden.*
3. *Beurteilen Sie, inwiefern eine Verständigung zwischen den USA, Europa und Russland bis heute für den Weltfrieden notwendig ist (M3 und M4).*

Der Kalte Krieg: Wer trägt die Verantwortung?

▸ **„NATO – nein."**
SED-Propagandaplakat (83 x 57,5 cm) von Arno Fleischer, 1957.

▴ **„Nein – Darum CDU."**
Wahlplakat (59 x 42 cm) zur ersten Bundestagswahl 1949.

Von der Anti-Hitler-Koalition zum Kalten Krieg

„Aus der historischen Entwicklung der letzten 15 Jahre haben wir gelernt, dass totalitäre Mächte nur dann ihre aggressiven Ziele aufgeben, wenn sie mit einem Gegner zu rechnen haben, der nicht nur militärisch hoch gerüstet, sondern auch vom Willen beseelt ist, dieses Potenzial zur Verteidigung seiner Existenz unter allen Umständen einzusetzen." Mit diesen Worten begründete Bundeskanzler *Konrad Adenauer** am 29. April 1949 in einem Interview seine Haltung gegenüber der Sowjetunion. Sie deckte sich mit der Einstellung des Westens.

Die gemeinsame Anti-Hitler-Koalition war nach dem Ende des Zweiten Weltkrieges schnell zerbrochen und seit 1947 wurde von einer geteilten Welt (Zwei-Lager-Theorie) gesprochen.** Begonnen hatte eine politische, militärische, wirtschaftliche und kulturelle Auseinandersetzung, die alle anderen Konflikte in den kommenden Jahrzehnten überschatten sollte: der Kalte Krieg. Er wurde geprägt von den Vereinigten Staaten von Amerika und der Sowjetunion. Sie waren aufgrund ihres ständig wachsenden Atomwaffenpotenzials zu „Supermächten" geworden und hatten die Führungsrolle in ihren Bündnissen übernommen.

Mit dem Nuklearpotenzial beider Mächte war eine neue weltpolitische Lage entstanden, die eine konventionelle Kriegsführung in Zukunft unmöglich zu machen schien. Denn der Ausbruch eines „heißen" Krieges zwischen den Supermächten hätte nicht nur die Gefahr eines atomaren „Zweitschlages" für den jeweiligen Gegner bedeutet, sondern die Existenz der Menschheit gefährdet.

Der Kalte Krieg sollte nicht nur die entsprechenden Einflusssphären der Supermächte sichern, sondern auch die jeweilige andere Seite von der besseren Gesellschafts- und Wirtschaftsordnung überzeugen. Während „der Westen" auf eine freie und demokratische Ordnung mit einer freien Marktwirtschaft setzte, wollte „der Osten" alle gesellschaftlichen und wirtschaftlichen Probleme durch den Aufbau einer kommunistischen Wirtschafts- und Gesellschaftsordnung lösen.

Beide Anschauungen verhinderten lange Zeit bilaterale Verständigungen auf allen politischen Ebenen. Die Schuld für den Kalten Krieg schoben sich die Verantwortlichen jahrzehntelang gegenseitig zu. Der Kalte Krieg endete zwar mit dem Zerfall der Sowjetunion 1991, doch es blieb in der Folgezeit ein Ost-West-Konflikt zwischen Russland bzw. der neuen „Russischen Föderation" und der NATO.

Unterschiedliche Erklärungsmodelle Zur Entstehung des Kalten Krieges gibt es in der Forschung zwei unterschiedliche Theorien: den *traditionellen* und den *revisionistischen Ansatz* (▸ M1-M3). In der als traditionell bezeichneten Theorie liegt die alleinige Verantwortung für den Kalten Krieg bei der Sowjetunion. Aus Sicht verschiedener westlicher Historiker der 1960er-Jahre war vor allem Stalin die treibende Kraft gewesen, die den „Eisernen Vorhang" errichtete. Hauptverantwortlich für diese Behauptung ist laut den Historikern die russische Expansionspolitik, die bereits zum Ende des Zaren-

Lesetipps:
- *Wilfried Loth, Die Teilung der Welt. Geschichte des Kalten Krieges 1941-1955, München 1980, erw. Neuausgabe 2000*
- *Rolf Steininger, Der Kalte Krieg, Frankfurt am Main 2003*
- *Bernd Stöver, Der Kalte Krieg, München [4]2012*

* **Konrad Adenauer:** Siehe S. 357.
** Zur Zwei-Lager-Theorie siehe S. 329, M3.

reiches eine Teilung Europas in Ost und West gefordert hatte. Nach der Oktoberrevolution und der Gründung der Sowjetunion habe Stalin, der über den Vielvölkerstaat von 1927 bis zu seinem Tode 1953 totalitär herrschte, diese imperialistische Politik lediglich fortgeführt. Im Gegensatz zu seinen westlichen Kontrahenten konnte er seine außenpolitische Strategie nach 1945 weiterverfolgen, da den westlichen Staaten unmittelbar nach dem Krieg starke Führungspersönlichkeiten fehlten. Der US-Präsident Franklin D. Roosevelt war im April 1945 gestorben und Winston Churchill im Juli 1945 als britischer Premierminister abgewählt worden.

Laut traditioneller Theorie waren die außenpolitischen Pläne der USA zunächst gar nicht auf Europa ausgerichtet gewesen. 1946 wurde sogar ein Plan entwickelt, der vorsah, alle Atomwaffen an eine neu zu schaffende internationale Atombehörde zu übergeben (*Baruch-Plan*). Doch die Sowjetunion, die zu der Zeit mit Hochdruck an einem eigenen Atomwaffenprogramm arbeitete, lehnte das Projekt ab. Stalin sah darin nur einen Versuch der USA, ein alleiniges Atomwaffenmonopol zu schaffen. Des Weiteren war man der Ansicht, dass die Sowjetisierung Osteuropas nur durch die Zugeständnisse aller Westmächte an die UdSSR zu erklären sei. Das spätere Vorgehen der USA, die Truman-Doktrin und die damit verbundene Eindämmungspolitik, waren laut dieser Theorie die logische Konsequenz, um der aggressiven Expansionspolitik der UdSSR zu begegnen. Der Kalte Krieg sei entsprechend die Folge der sowjetischen Ausdehnung gewesen.

Der revisionistische Ansatz reagierte auf diese Auffassung und sah die USA als die für den Kalten Krieg hauptverantwortliche Macht. Ausschlaggebend war laut den Revisionisten der Kurswechsel von US-Präsident Harry S. Truman. Nach seiner Neubesetzung der US-Administration wurde die Haltung gegenüber der UdSSR zunehmend konfrontativ. Die antikommunistische Position der USA zeigte sich, als Truman weitere Treffen mit Stalin verweigerte. Zuvor war bereits die Haltung Großbritanniens gegenüber der Sowjetunion ablehnender geworden.

Die amerikanische Eindämmungspolitik sei davon ausgegangen, dass die Sowjetunion die kommunistische Weltrevolution vorantreiben wolle. Dabei sah die Führung der Sowjetunion – so die Revisionisten – bereits vor dem Zweiten Weltkrieg dafür keine realistischen Chancen mehr. Stalin wäre es nach 1945 mehr darum gegangen, aus den osteuropäischen Ländern umfangreiche Transferleistungen und Reparationen zu erhalten, als sie in ein politisch kontrolliertes System einzubinden.

Der entscheidende Aspekt der Außenpolitik Trumans sei in der Wirtschaftspolitik der USA zu suchen. Die drohenden Überkapazitäten der US-Wirtschaft nach Ende des Zweiten Weltkrieges sollten in neue Märkte abfließen, um eine Rezession zu verhindern. Nach dieser Annahme sollten dazu möglichst viele Staaten Europas unter amerikanischer Kontrolle bleiben oder hinzukommen. Kurz: Der sowjetische Einfluss sollte zurückgedrängt und die amerikanische Überlegenheit demonstriert werden. Die Begründung für dieses Vorgehen sei offensichtlich: Die USA verstanden ihr Wirtschafts- und Gesellschaftssystem als überlegen und vorbildlich an. Die kommunistische Ideologie sowie das Handeln der UdSSR beurteilten sie als falsch und moralisch verwerflich.

- *Überprüfen Sie anhand von Adenauers Äußerung, inwiefern auch die deutsche Außenpolitik unter Adenauer zur Entstehung des Kalten Krieges beigetragen hat. Lesen Sie dazu auch das Kapitel „Westorientierung und wirtschaftlicher Aufstieg – Selbstverständnis und Entwicklung der Bundesrepublik", S. 366ff.*

M1 „Wer war also für den Kalten Krieg verantwortlich?"

Der marxistisch orientierte britische Historiker Eric Hobsbawm beantwortet die Frage 1994 so:

Wer war also für den Kalten Krieg verantwortlich? Da die Debatte über diese Frage lange Zeit eine Art ideologisches Tennismatch zwischen jenen war, die die Schuld ausschließlich der Sowjetunion gaben, und den (vor allem, das muss betont werden: amerikanischen) Dissidenten, die in erster Linie die USA beschuldigten, ist man versucht, sich den historischen Vermittlern anzuschließen, die die Schuld in der gegenseitigen Angst suchten, welche so lange in der Konfrontation eskalierte, bis sie die beiden „hochgerüsteten Lager unter ihren gegenseitigen Bannern zu mobilisieren begann" (*Martin Walker, The Cold War, London 1993, S. 55*). Das ist offensichtlich richtig, allerdings ist es nicht die ganze Wahrheit. Es erklärt nur, weshalb die Fronten 1947-49 „erstarrten", wie man es nannte; weshalb Deutschland Schritt für Schritt von 1947 an bis zur Berliner Mauer im Jahr 1961 geteilt wurde; weshalb es den Antikommunisten im Westen (außer General de Gaulles Frankreich) nicht gelungen war, die vollständige Einordnung in ein von den USA dominierten Mächtebündnis zu vermeiden und weshalb es auf der östlichen Seite des Eiserenen Vorhangs (außer in Marschall Titos Jugoslawien) nicht gelungen war, die vollständige Unterordnung unter Moskau zu vermeiden. Doch es erklärt nicht den apokalyptischen *Ton* des Kalten Krieges. Dieser Ton kam aus den USA. Ausnahmslos alle westeuropäischen Regierungen waren aus vollem Herzen Antikommunisten, ob sie nun kommunistische Parteien von Bedeutung im eigenen Land hatten oder nicht, und fest entschlossen, sich gegen einen möglichen sowjetischen Angriff zu schützen. Keine von ihnen hatte gezögert, wenn sie zwischen den USA und der Sowjetunion zu wählen gehabt hätte, selbst die Regierungen nicht, die durch Geschichte, Politik oder Verhandlungen zu Neutralität verpflichtet waren. Und doch wurde die „kommunistische Weltverschwörung" unter keiner der Regierungen, die zumindest in der unmittelbaren Nachkriegszeit mit einigem Recht behaupten konnten, demokratisch zu sein, zu einem wichtigen innenpolitischen Thema. *Ausschließlich* in den USA, und in keinem anderen demokratischen Staat, war es möglich, dass ein Präsident aufgrund der Tatsache gewählt werden konnte, dass er ein ausgesprochener Gegner des Kommunismus war (wie John F. Kennedy 1960) – wobei der Kommunismus in der Innenpolitik dieses Landes etwa ebenso bedeutungslos war wie der Buddhismus für Irland. Wenn es irgendjemanden gab, der das Kreuzzugsdenken in die Realpolitik der internationalen Machtkonfrontation gebracht hat – und dort beibehielt –, dann war es Washington. Wie die Wahlrhetorik von J. F. Kennedy mit der Klarheit vollendeter Redekunst zeigte, ging es hier nicht um die akademische Gefahr einer kommunistischen Weltherrschaft, sondern um die Wahrung der realen Vorherrschaft der USA. Es sollte jedoch hinzugefügt werden, dass die Regierungen der NATO-Staaten, die im Prinzip ganz und gar nicht glücklich über die amerikanische Politik waren, bereitwillig diese amerikanische Vorherrschaft akzeptierten – als Preis für den Schutz gegen die Militärmacht eines verabscheuungswürdigen politischen Systems, solange dieses System noch existierte. Sie waren genauso wenig bereit wie Washington, der Sowjetunion zu vertrauen. „Eindämmung" wurde also zur Politik aller; die Vernichtung des Kommunismus jedoch nicht.

Eric Hobsbawm, Das Zeitalter der Extreme. Weltgeschichte des 20. Jahrhunderts. Aus dem Englischen von Yvonne Badal, München/Wien 1995, S. 298 f. (ohne Anmerkung)

M2 Streben nach politischer Hegemonie?

Der Historiker Jens Flemming geht 1994 in einem Lexikonbeitrag von folgenden Überlegungen aus:

[Die revisionistische] Interpretation geht davon aus, dass 1945 die Sowjetunion nach den enormen Verlusten an Menschen und Material mit dem Rücken zur Wand stand, den USA weder ökonomisch noch militärisch das Wasser reichen konnte. Ihre Führung hätte daher gar keine andere Wahl gehabt, als abwartend zu taktieren und auf Zeitgewinn zu spekulieren. Maßgebend seien für sie im Wesentlichen defensive Prioritäten gewesen: zum einen die Notwendigkeit, die zerstörten Infrastrukturen wiederherzustellen und die Rückschläge auszugleichen, die der Krieg für den ohnehin verspäteten russischen Prozess der Industrialisierung gebracht hatte; zum anderen das Bedürfnis, die Kriegsbeute, das heißt die nach Westen verschobenen Grenzen, abzuschirmen und parallel dazu einen Gürtel von sowjetfreundlichen Staaten im unmittelbaren ost- und südosteuropäischen Vorfeld zu schaffen.
Der Ost-West-Konflikt erwuchs demnach also nicht in erster Linie aus dem theoretisch zwar erhobenen, für die Praxis aber minder wichtigen Anspruch, die Welt durch Export der kommunistischen Ideologie zu revolutionieren. Nicht die marxistische Rhetorik liefert in dieser Perspektive den Zündstoff, sondern viel entscheidender sind die von der amerikanischen Administration verfochtenen Kriegsziele. Diese waren ihrerseits von innenpolitischen Erwägungen diktiert und eng verknüpft mit der Dynamik eines wirtschaftlichen

Systems, für dessen Wohlstand und Stabilität man sich auf Absatzgebiete in Übersee angewiesen glaubte. [...] In diesem Sinne jedenfalls hat man das in Moskau bewertet. Bezogen auf Osteuropa, musste dort die amerikanische Strategie, so die Überzeugung der Revisionisten, als akute Bedrohung zentraler Sicherheitsinteressen erscheinen. Das im Kreml ohnehin ausgeprägte Misstrauen wurde zusätzlich dadurch geschürt, dass die USA gleich nach dem Abschluss der Kampfhandlungen in Europa Druck auszuüben begannen: durch den abrupten Stopp ihrer Lieferungen nach dem Pacht- und Leihvertrag von 1941, durch Verschleppung sowjetischer Kreditwünsche, durch den Marshall-Plan als Programm für wirtschaftliche Gesundung und politische Liberalisierung in Gesamteuropa und nicht zuletzt durch das Atomwaffenmonopol, das die Regierung Truman als eine Art Faustpfand betrachtete. Die Russen haben auf diese Pressionen in den von ihnen eroberten Ländern mit beschleunigter Sowjetisierung reagiert, mit polizeistaatlichem Terror und der rücksichtslosen Ausschaltung unabhängiger, am Westen orientierter Alternativen: so in Polen, Bulgarien und Rumänien, so in Ungarn und in ihrer Besatzungszone zwischen Elbe und Oder und so schließlich in der Tschechoslowakei. Nachdem die USA erfahren mussten, dass sie den niederrasselnden „Eisernen Vorhang" nicht ohne Risiko eines neuen Krieges würden durchdringen können, beschränkten sie sich allerdings auf die Konsolidierung ihrer eigenen Einflusssphären, dabei bewusst die Spaltung Europas in ein kommunistisches und ein nichtkommunistisches Lager in Kauf nehmend.

Zitiert nach: Jens Flemming, Kalter Krieg, in: Manfred Asendorf u. a., Geschichte. Lexikon der wissenschaftlichen Grundbegriffe, Reinbek 1994, S. 366 f.

M3 Das Ungleichgewicht der Schuld

Der Journalist und Historiker Sven Felix Kellerhoff schreibt 2008 in einem Essay für die Zeitung „Die Welt":

In allen strategischen Konflikten zwischen dem Ende des Zweiten Weltkrieges und dem Untergang der Sowjetunion ging die Aggression stets von kommunistischer Seite aus – im Großen wie im Kleinen. Das begann, nach Nadelstichen im Herbst 1945, bei der Zwangsvereinigung von SPD und KPD in der Sowjetischen Besatzungszone Deutschlands im April 1946 und zeitgleich beim Ausbruch des Bürgerkriegs in Griechenland.
Auf solche Attacken des kommunistischen Blocks unter Stalin reagierte US-Präsident Harry S. Truman am 12. März 1947 mit der nach ihm benannten Doktrin. [...][1]
Die Truman-Doktrin wurde allerdings nur dort wirksam, wo die USA ihre überlegene Wirtschaftskraft einsetzen konnten. So vermochte Truman nichts gegen den kommunistischen Putsch in Prag Ende Februar 1948 auszurichten. Auch später bei der Niederschlagung der Freiheitsbewegungen in der DDR 1953, in Polen und Ungarn 1956, in der Tschechoslowakei 1968 sowie bei der Grenzsperrung zwischen West- und Ostdeutschland 1952 und dem Bau der Berliner Mauer 1961 konnten die USA nur hilflos zuschauen. Mit Erfolg dagegen widersetzten sich die westlichen Alliierten der Blockade West-Berlins 1948/49, also der Geiselnahme eines Dreiviertels der Stadt durch die Sowjets. Heiß wurde der Kalte Krieg dann im Juni 1950 mit dem Überfall Nordkoreas auf den Süden; nach drei Jahren und mehr als vier Millionen Toten auf beiden Seiten wurde der Status quo ante[2] festgeschrieben, der bis heute gilt.
Aggressiv war auch die Aufrüstungspolitik der Sowjetunion, ob es nun die Stationierung von Atomwaffen auf Kuba 1962 betrifft oder die Hochrüstung mit SS-20-Mittelstreckenraketen in Ostmitteleuropa in der zweiten Hälfte der Siebzigerjahre. Auf beide Aggressionen reagierten die USA flexibel: Präsident John F. Kennedy nötigte Nikita Chruschtschow mit einer Seeblockade Kubas zum Rückzug; seine Nachfolger Jimmy Carter und Ronald Reagan zwangen mit Unterstützung durch die Kanzler Helmut Schmidt und Helmut Kohl durch den NATO-Doppelbeschluss und die folgende Nachrüstung zum Einlenken und zum ersten echten Abrüstungsvertrag 1987.
Natürlich haben während des Kalten Krieges auch die USA zahlreiche Fehler gemacht. So war etwa die Kriegsführung gegen das kommunistische Nordvietnam in den Sechziger- und Siebzigerjahren überzogen brutal. Die Unterstützung rechtsgerichteter Diktatoren in Lateinamerika gehört ebenfalls zu den sehr kritisch zu beurteilenden Aktionen der USA im Kalten Krieg. Ob es klug war, nach dem sowjetischen Einmarsch in Afghanistan 1979 die Mudschahedin[3] mit Waffen zu versorgen, ist bis heute umstritten – denn so entstand der Nährboden für islamistischen Terrorismus.

Sven Felix Kellerhoff, Das Ungleichgewicht der Schuld; zitiert nach: www.welt.de/welt_print/article2129506/Das-Ungleichgewicht-der-Schuld.html [Zugriff: 02.05.2016]

1. *Arbeiten Sie die zentralen Aussagen der Autoren heraus (M1 bis M3).*
2. *Vergleichen und erläutern Sie die Aussagen vor dem Hintergrund der beiden Theorien.*
3. *Nehmen Sie in einem Essay Stellung zu diesen Positionen (M1 bis M3). Beachten Sie dabei den Methoden-Baustein auf S. 455.*

[1] Zur Truman-Doktrin siehe S. 329, M2.
[2] **Status quo ante**: vorheriger Zustand
[3] **Mudschahedin**: islamistische Gruppierungen, die von 1979 bis 1989 in Afghanistan gegen die sowjetischen Truppen kämpften

Geschichte kontrovers

Das Ende des Kalten Krieges – Ergebnis des militärischen Niederrüstens?

Das Ende des Kalten Krieges wurde im Jahr 1990 gleich von mehreren Seiten offiziell erklärt. Damit endete auch der scharfe Ost-West-Konflikt, der in seiner radikalsten Phase die Welt beinahe in den Abgrund gestürzt hätte.

Am 25. Dezember 1991 wurde auf dem Kreml in Moskau die rote Fahne der Sowjetunion durch die weiß-blau-rote Fahne Russlands ersetzt. Die Staaten Osteuropas hatte sich schon aus dem Herrschaftsbereich der Sowjetunion befreit und die ehemaligen Sowjetrepubliken ihre Unabhängigkeit erklärt, nachdem freie Wahlen stattgefunden hatten. In der Geschichts- und Politikwissenschaft ist umstritten, warum dieser auf politischer, wirtschaftlicher und weltanschaulicher Ebene so massiv geführte Kalte Krieg mit dem Untergang der Sowjetunion endete. War dieser Zusammenbruch – gemessen an westlichem Fortschrittsdenken, das sich an Demokratie und Marktwirtschaft orientiert – eine von der Sowjetunion selbst verschuldete Krise oder Ergebnis eines Drucks massiver Aufrüstung seitens der USA? Oder erodierte die Sowjetunion langsam durch die westliche Entspannungspolitik und durch die Infiltration westlicher Ideen und Vorbilder?

M1 „Den amerikanischen Anstrengungen nicht gewachsen“

Zbigniew Brzeziński, ehemaliger Sicherheitsberater verschiedener amerikanischer Regierungen und Dozent an amerikanischen Universitäten, nimmt 1992 Stellung:

Der Kalte Krieg endete tatsächlich mit dem Sieg auf der einen und der Niederlage auf der anderen Seite. Diese Realität kann nicht bestritten werden – trotz der verständlichen Empfindlichkeiten, die eine solche Schlussfolgerung unter den Weichherzigen im Westen und einigen früheren Führern der besiegten Seite hervorruft. [...]
Die globale sowjetische Offensive dauerte unvermindert bis in die zweite Hälfte der 70er-Jahre an. Nicht länger durch die strategische amerikanische Stärke politisch gehindert, wurden sowjetische Truppen in Vietnam, Äthiopien, Jemen, Kuba, ganz zu schweigen von dem geopolitisch wichtigen Mittleren Osten, eingesetzt, während sowjetische militärische Stellvertreter in Mosambik, Angola und anderswo aktiv waren. [...] Das Ergebnis war die letzte Phase des Kalten Krieges ungefähr von 1979-1991. Sie war gekennzeichnet durch die graduelle Wiederaufnahme der ideologischen Initiative des Westens, durch den Ausbruch einer weltanschaulichen und politischen Krise im Lager des Gegners und durch den letzten und entscheidenden Stoß der USA im Rüstungswettlauf. Diese Phase dauerte ein Jahrzehnt. Ihr Ergebnis war Sieg. [...]
Die massive US-Verteidigung, die in den frühen Achtzigern aufgebaut wurde und die auch die Entscheidung einschloss, mit der Strategic Defense Initiative fortzufahren – beides schockte die Sowjets und strapazierte ihre Ressourcen. Ihre Größe, ihre Wucht und ihr technologischer Wagemut waren in Moskau vollkommen unerwartet gewesen. 1983 entwickelte sich eine echte Kriegsangst im Kreml und die USA wurden vielleicht eingeschätzt, sogar eine militärische Lösung anzustreben. Und dann, in der Mitte des Jahrzehnts, dämmerte es den sowjetischen Führern, dass sie weder mit den amerikanischen Anstrengungen gleichziehen konnten noch ihnen gewachsen waren. [...] Der Rüstungswettkampf erschöpfte die sowjetische Volkswirtschaft und widerlegte somit die eigenen ideologischen Erwartungen. [...]
Die reformorientierte Gorbatschow-Führung, umschmeichelt, umworben, sogar verführt durch den Westen und in seiner letzten Phase geschickt beeinflusst durch Präsident Bush und den deutschen Kanzler Helmut Kohl, wählte den zweiten Weg. Das Ergebnis war ein Chaos im östlich-zentralen Europa und dann Kapitulation. [...] Während des ganzen Kalten Krieges war es Amerika, das die meiste Last trug und seinen stärksten Willen demonstrierte durchzuhalten. Die Alliierten Amerikas waren im Allgemeinen standhaft in kritischen Augenblicken, aber auf der anderen Seite neigten sie mehr zu Kompromissen. [...] Es war Amerika, das die ganze Zeit des Kalten Krieges die sowjetische Machtausübung mit einer Haltung und Führung aufhielt, die im Gesamten bemerkenswert konsistent war.

Zbigniew Brzeziński, The Cold War and its Aftermath, in: Foreign Affairs 71/1992, S. 31-49, hier S. 31-46 (übersetzt von Rolf Schulte)

M2 Die Attraktivität des Westens

Hat der Westen den Sieg im Kalten Krieg davongetragen? Historiker und Politologen widersprechen solchen Auffassungen, wie sie etwa von Zbigniew Brzeziński (M1) vertreten werden.

Archie Brown, Professor für Politikwissenschaft an der Universität Oxford, schreibt dazu 2010:

Die Beerdigung des Kalten Krieges war ein Sieg des Westens in dem Sinn, dass demokratische politische Systeme sich als attraktiver als die eigenen politischen Systeme für die Bürger des kommunistischen Europa erwiesen und dass sich die Marktwirtschaften als effizienter als die Planwirtschaften nach Sowjetstil herausgestellt hatten. Das ist etwas gänzlich anderes als die populäre Übervereinfachung, dass es der Druck der Reagan-Regierung oder die amerikanische Waffenüberlegenheit war, welche die sowjetische Führung in die Situation brachte, nichts anderes als die Niederlage einzugestehen. [...] Während Gorbatschow eventuell gute persönliche Beziehungen mit Reagan und Bush pflegte, war er ideell mehr mit europäischen sozialdemokratischen Staatmännern wie Brandt[1] (obwohl er während der Perestroika-Periode nicht mehr deutscher Bundeskanzler war) und González[2] verbunden. [...] Obwohl wir eine Grenze der Entwicklung von Gorbatschows Ansichten in eine bestimme Richtung erkennen müssen, war diese Richtung sozialdemokratisch, eine Fusion liberaler und sozialistischer Traditionen.

Und John W. Young, Professor für internationale Geschichte an der Universität Nottingham/Großbritannien, äußert sich in derselben Veröffentlichung folgendermaßen:

Wenn der Zusammenbruch des Sowjetsystems als Ergebnis eines langzeitigen Versagens des Kommunismus gegenüber der freien Marktwirtschaft gesehen werden kann, dann war der Erfolg der Westeuropäer durch den Aufbau stabiler, blühender demokratischer Systeme, die ökonomischen Erfolg mit sozialer Gerechtigkeit verbanden, eine wichtige Komponente des Sieges des Westens im Kalten Krieg. Die Tagesordnung der NATO im Helsinki-Prozess wurde tatsächlich eingelöst. Die Sowjets mögen Anerkennung für ihre territorialen Nachkriegsgrenzen erzielt haben, aber nur auf Kosten, westliche Güter und Ideen in einem zunehmend altersschwachen marxistischen System zu erlauben. Für die Satellitenstaaten Osteuropas stellten die Freiheit und der Reichtum der westeuropäischen Nachbarn einen Magnet dar, der diese von Moskau wegzog und die Fundamente des Systems unterspülte, das in den späten 1989ern so spektakulär auseinanderbrach. [...]

Es war auch bedeutsam, dass dieses elastische System [Westeuropas] sich an der Haustür der Sowjetunion befand. Von hier aus konnten die Westeuropäer ihre Kredite an Osteuropa gewähren, Druck auf die Respektierung von Menschenrechten ausüben und Gorbatschows Glasnost-Politik nutzen. [...] Der entscheidende Beitrag für das Ende des Kalten Krieges zu freiheitlichen Bedingungen war die Demonstration, dass die Vorteile einer Marktwirtschaft mit politischer Demokratie, Wohlfahrtsmaßnahmen und sozialer Gerechtigkeit verbunden werden konnten.

Erster Text: Archie Brown, The Gorbatchev revolution and the end of the Cold War, in: Melvyn P. Leffler; Odd Arne Westad (Hrsg.), The Cambridge History of the Cold War, Vol. III, Cambridge 2010, S. 244-266, hier S. 264 f. (übersetzt von Rolf Schulte)
Zweiter Text: John W. Young, Western Europe and the end of the Cold War, 1979-1989, in: ebenda, S. 289-310, hier S. 289 ff., 309 f. (übersetzt von Rolf Schulte)

[1] **Willy Brandt**: Siehe S. 368.
[2] **Felipe González**: sozialdemokratischer Ministerpräsident Spaniens von 1982 bis 1996

▲ **„Die Russen einfach totrüsten."**
Karikatur von Luis Murschetz aus der Wochenzeitung „Die Zeit" vom 28. August 1981.
▪ *Charakterisieren Sie die Haltung des Zeichners zu der Kontroverse.*

1. *Arbeiten Sie die unterschiedlichen Sichtweisen heraus (M1 und M2).*
2. *Vergleichen Sie die Positionen der Autoren in M1 und M2 mit der Darstellung auf S. 339-342.*
3. *Das Ende des Kalten Krieges – Ergebnis militärischen Niederrüstens der Sowjetunion? Nehmen Sie Stellung.*

Blick zurück nach vorn

Der Kalte Krieg – ein folgenreiches Missverständnis?

Beide Seiten fühlten sich von der anderen Macht existenziell bedroht, rüsteten daher massiv auf und errichteten „Mauern“

Amerikanische Befürchtungen und Interessen
- Die Rhetorik der Gegenseite („Ziel Weltrevolution“) wurde wörtlich genommen und ein unaufhaltsames Vordringen der UdSSR befürchtet
- Man fühlte sich auch von den NATO-Partnern gedrängt

Sowjetische Befürchtungen und Interessen
- Nach dem Zweiten Weltkrieg war man ökonomisch geschwächt und militärisch gegenüber den USA und der NATO unsicher
- Es galt, die eigene Einflusssphäre vor Bedrohungen zu sichern

Gegenseitige Fehleinschätzungen
- Furcht vor aggressivem Übergriff der Gegenseite war unbegründet (in Forschung umstritten)
- USA respektierte letztlich die sowjetische Einflusssphäre sowie deren politische und ökonomische Struktur, auch wenn die amerikanische Rhetorik anders klang
- UdSSR sorgte sich primär um die eigene Einflusssphäre

▲ **Wechselseitige Fehleinschätzungen.**
In der Mitte die Karikatur „Hilfe, ich werde verfolgt“ von Horst Haizinger, 1981.

M Zwischen Furcht, Vorsicht und Fehleinschätzungen

Der Historiker Wilfried Loth schreibt 1992 in einem Beitrag für eine Ausstellung:

Der Kalte Krieg, so heißt es allenthalben, ist zu Ende. Das ist grundsätzlich richtig und doch nur die halbe Wahrheit. Wenn man verstehen will, was der Kalte Krieg gewesen ist, muss man sich daran erinnern, dass schon häufiger von seinem Ende die Rede war: 1949 nach der Aufhebung der Berliner Blockade, 1953 nach Stalins Tod, 1962 nach der Beilegung der Kuba-Krise und in der Hochphase der Entspannung zu Beginn der 70er-Jahre. Das deutet darauf hin, dass es sich beim Kalten Krieg weniger um eine historische Epoche handelte als um einen Zustand: einen Aggregatzustand des Ost-West-Konfliktes, der in unterschiedlichen Dosierungen aufgetreten ist.

Verhängnisvolle Furcht

Gekennzeichnet war dieser Aggregatzustand durch die Vorstellung, dass es im Ost-West-Konflikt nicht nur um eine Auseinandersetzung zwischen unterschiedlichen Lebensformen, Gesellschaftssystemen und Machtsphären ging, sondern um einen Kampf auf Leben und Tod, der die eine wie die andere Seite existenziell bedrohte. Aus der Furcht vor einem Übergriff der Gegenseite auf die eigene Lebensform wurden Kontakte abgebrochen, Mauern errichtet, wurde aufgerüstet und die Militarisierung der eigenen Gesellschaft vorangetrieben. Kommunistische Führer bauten ihr Lager zu einer repressiven Festung aus, weil sie glaubten, anders nicht gegenüber dem aggressiven Imperialismus der USA bestehen zu können; und westliche Demokratien entwickelten ähnliche Militanz, weil sie fürchteten, die bolschewistische Revolution werde sonst unaufhaltsam immer weiter nach Westen vordringen.

Diese Furcht war allerdings nicht immer gleich stark und sie war auch nie allein handlungsbestimmend. Immer wieder machten sich Zweifel bemerkbar, ob die Gegenseite wirklich so aggressiv und so mächtig war, wie die Furchtsamen und die Dogmatiker behaupteten. Immer wieder machten sich Stimmen bemerkbar, die auf die Kosten der Konfrontation hinwiesen; die Notwendigkeit, immer mehr Ressourcen in die Rüstung zu stecken, ohne je ganz sicher sein zu können, dass die Abschreckung wirklich funktionierte; die schleichende Militarisierung der eigenen Gesellschaft; das Risiko einer atomaren Katastrophe. [...]

Weltmacht USA

Was die Furcht vor dem amerikanischen Imperialismus betrifft, so muss man wohl konzedieren[1], dass die USA mit dem Zweiten Weltkrieg zur ersten und vorläufig einzigen Weltmacht aufstiegen. Ihre Industrieproduktion hatte sich während des Krieges mehr als verdreifacht und bestritt nun mehr als die Hälfte des Welt-Produktionsvermögens. Ebenso waren sie strategisch zur führenden Militärmacht geworden: als Seemacht wie als Luftmacht dominierend und mit der Atombombe, die im Juli 1945 erstmals erfolgreich erprobt wurde, über ein Mittel zur Sicherung ihrer Überlegenheit verfügend, dem andere Mächte vorerst nichts Vergleichbares entgegenzusetzen hatten. Richtig ist zudem, dass sie ihren Einfluss auch weltweit geltend zu machen suchten. [...] Imperialistischen Charakter nahm diese Expansion jedoch nur soweit an, wie es die Partnerländer versäumten, entsprechenden Widerstand zu leisten und Gegenmacht zu bilden. Die politische Absicherung der amerikanischen Expansion krankte stets daran, dass die amerikanische Öffentlichkeit wenig geneigt war, die Kosten für die weltweite Präsenz zu tragen. [...] Mit Rücksicht auf die Fesseln, die die eigene Öffentlichkeit anlegte, blieb die amerikanische Weltmacht auf kooperationswillige Partner angewiesen und insofern in ihrer Durchsetzungsfähigkeit beschränkt; und aufgrund ihrer ökonomischen und strategischen Stärke konnte sie mit Kompromissen letztlich auch gut leben. Osteuropa, das vorrangige Interessengebiet sowjetischer Sicherheitspolitik, war für sie weder strategisch noch wirtschaftlich von besonderer Bedeutung. [...]

Sowjetische Vorsicht

Ganz ähnlich erhob die Sowjetunion wohl den Anspruch, an der Spitze der weltweiten revolutionären Bewegung zu stehen, der historisch notwendigerweise die Zukunft gehörte, doch ging tatsächlich nur wenig revolutionäre Dynamik von ihr aus. Unter Stalin führte ein abgrundtiefes Misstrauen gegenüber einer als grundsätzlich feindlich perzipierten[2] Umwelt zu vielfacher Repression im Innern des sowjetischen Machtbereichs; nach außen konnte er sich Kompromisse nur als Arrangements auf Zeit vorstellen, die es ermöglichten, einen besseren Ausgangspunkt für die nächste Runde im internationalen Klassenkampf zu finden. Gleichzeitig hatte Stalin aber auch ein äußerst lebhaftes Gespür für die relative Schwäche und Verwundbarkeit seines Landes; darum verfolgte er einen extrem pragmatischen Kurs, gegenüber den Westmächten geradezu übervorsichtigen Kurs.

In der Tat ging die Sowjetunion aus dem Zweiten Weltkrieg bei allem strategischen Geländegewinn als ein zutiefst geschwächtes Land hervor: Nach neuesten sowjetischen Angaben hatten mindestens 27 Millionen Menschen ihr Leben gelassen, vielleicht sogar noch mehr. Der von den Deutschen besetzte Teil des Landes war weitgehend verwüstet und ausgeplündert. Die Landwirtschaft war so desorganisiert, dass 1946 in der Ukraine und in Weißrussland Hungersnot herrschte; das Industrialisierungsprogramm war um viele Jahre zurückgeworfen. Deutlicher als die Zeitgenossen, die unter den Nachwirkungen der antibolschewistischen Propaganda und dem Schock des Vorrückens der Roten Armee standen, sehen wir nach dem Zusammenbruch des Sowjetimperiums, dass die UdSSR durch den Kalten Krieg in eine Weltmachtrolle hineinmanövriert wurde, in der sie hoffnungslos überfordert war. [...] Der Export der bolschewistischen Revolution stand für ihn [Stalin] nicht auf der Tagesordnung. [...]

Die beiden Hauptsiegermächte des Zweiten Weltkrieges bedrohten sich also bei der Verfolgung ihrer jeweiligen Sicherheitsinteressen nicht wirklich vital; viel eher neigten sie zu Kompromissen und zum Arrangement. Mehr noch: Ihre konkreten wirtschaftlichen Interessen waren auf weiten Strecken komplementär – das amerikanische Interesse an der Erschließung neuer Märkte korrespondierte mit dem sowjetischen Interesse an Wiederaufbauhilfe.

Wilfried Loth, Was war der Kalte Krieg? Annäherung an ein unbewältigtes Erbe, in: Deutschland im Kalten Krieg 1945-1963. Eine Ausstellung des Deutschen Historischen Museums, Berlin 1992, S. 11-28, hier S. 11-19

[1] **konzedieren**: zugestehen, einräumen, zugeben
[2] **perzipieren**: wahrnehmen

1. *Begründen Sie, inwiefern die Sowjetunion aus dem Zweiten Weltkrieg geschwächt, ja als überfordert hervorging.* **(Urteilskompetenz)**

2. *Wilfried Loth interpretiert den Kalten Krieg als ein „Missverständnis“. Überprüfen Sie diese These.* **(Analyse- und Urteilskompetenz)**

3. *Loth betont die Grenzen der Durchsetzungsfähigkeit der USA. Diskutieren Sie diese Einschätzung.* **(Urteilskompetenz)**

Deutschland – von der Teilung zur Einheit

▲ **Demonstranten ziehen mit schwarz-rot-goldenen Fahnen durch das Brandenburger Tor in den Westteil Berlins.**
Foto vom 17. Juni 1953.
Am 17. Juni und den folgenden Tagen demonstrieren und streikten Menschen in der gesamten DDR. Sie forderten u. a. „Nieder mit der SED", „Rücktritt der Regierung", „Freie Wahlen" und „Wiedervereinigung".

Orientierung Nach der bedingungslosen Kapitulation Deutschlands am 8. Mai 1945 und dem Ende des Zweiten Weltkrieges in Europa erschien es fraglich, ob auf deutschem Boden eine stabile freiheitlich-parlamentarische Demokratie mit einer pluralistischen Gesellschaft entstehen konnte. Die Bedingungen für den Neubeginn gaben die Alliierten und deren Interessen vor, wie sie während der Konferenz von Potsdam 1945 diskutiert und formuliert wurden. Ein Friedensvertrag der Siegermächte mit Deutschland wurde nicht verfasst.

Deutschland stand zu diesem Zeitpunkt vor enormen Problemen. Zu den zu bewältigenden Aufgaben gehörten die Auseinandersetzung mit dem Nationalsozialismus und die als Entnazifizierung bezeichneten Maßnahmen der politischen Säuberung, die Beseitigung der Kriegsschäden, der Ncuaufbau dcr Wirtschaft sowie die Integration der Millionen durch Flucht und Vertreibung entwurzelten Menschen.

Durch die Gründung der Bundesrepublik Deutschland und der Deutschen Demokratischen Republik im Jahr 1949 wurde eine schnelle Lösung der Deutschen Frage verhindert. Das bundesdeutsche „Wirtschaftswunder" schuf die finanzielle Basis für die Integration der Geflüchteten und Vertriebenen. Während die Bürger bald aktiv an der politischen Gestaltung der Bundesrepublik teilnahmen, wurden oppositionelle Bestrebungen in der DDR unterdrückt.

Die Regierung in Bonn bekräftigte die Wiedervereinigung als Ziel. Es sollte 20 Jahre dauern, bis sie im Rahmen der globalen Entspannungspolitik in den 1970er-Jahren ihren Alleinvertretungsanspruch fallen ließ und es zu einer Normalisierung der Beziehungen zwischen den beiden deutschen Staaten kam.

An ein Ende der deutschen Teilung glaubten in den 1980er-Jahren nur noch wenige Menschen in Ost und West. Das änderte sich erst 1989. Vorausgegangen waren die

1945
Potsdamer Konferenz der alliierten Siegermächte über Deutschland

1945-1948
Vertreibung von rund 14 Millionen Deutschen aus den ehemaligen Ostgebieten des Deutschen Reiches sowie aus Ost- und Südosteuropa

1948/49
Berlin-Blockade und Zweiteilung der Stadt mit getrennten Verwaltungen

1949
Gründung der Bundesrepublik Deutschland und der DDR

17. Juni 1953
Landesweiter Arbeiteraufstand gegen das SED-Regime

1955
Beginn der Anwerbung ausländischer Arbeitskräfte in der Bundesrepublik

13. August 196
Die DDR-Regierung beginnt mit dem Bau der Berliner Maue

1940 1945 1950 1955 1960

Veränderungen im Ostblock, die zunehmenden Proteste der Bürgerrechtsbewegung sowie der wirtschaftliche Zerfall der DDR. Während die SED-Führung im Herbst 1989 das 40. Jubiläum ihrer Staatsgründung feiern ließ, befand sich die DDR bereits in einer „friedliche Revolution“. Sie führte am 9. November 1989 zur Öffnung der Berliner Mauer. Das war der Anfang vom Ende der DDR und der Beginn der Wiedervereinigung. Internationale und wirtschaftspolitische Vereinbarungen trugen dann dazu bei, dass am 3. Oktober die Wiedervereinigung staats- und völkerrechtlich vollzogen werden konnte.

Die zentralen Fragen des folgenden Kapitels sind:

- *Weshalb entstanden nach dem Zweiten Weltkrieg zwei deutsche Staaten?*
- *Wie wurden Flüchtlinge und Vertriebenen in die Nachkriegsgesellschaften integriert?*
- *Auf welchen Grundlagen entwickelte sich das Selbstverständnis der beiden deutschen Staaten?*
- *In welchem Verhältnis standen Bundesrepublik Deutschland und DDR zueinander?*
- *Welche nationalen und internationalen Entwicklungen führten zu den Ereignissen von 1989 und wie verlief der Wiedervereinigungsprozess?*
- *Welche Interessen hatten die nationalen und internationalen Akteure 1989/90?*

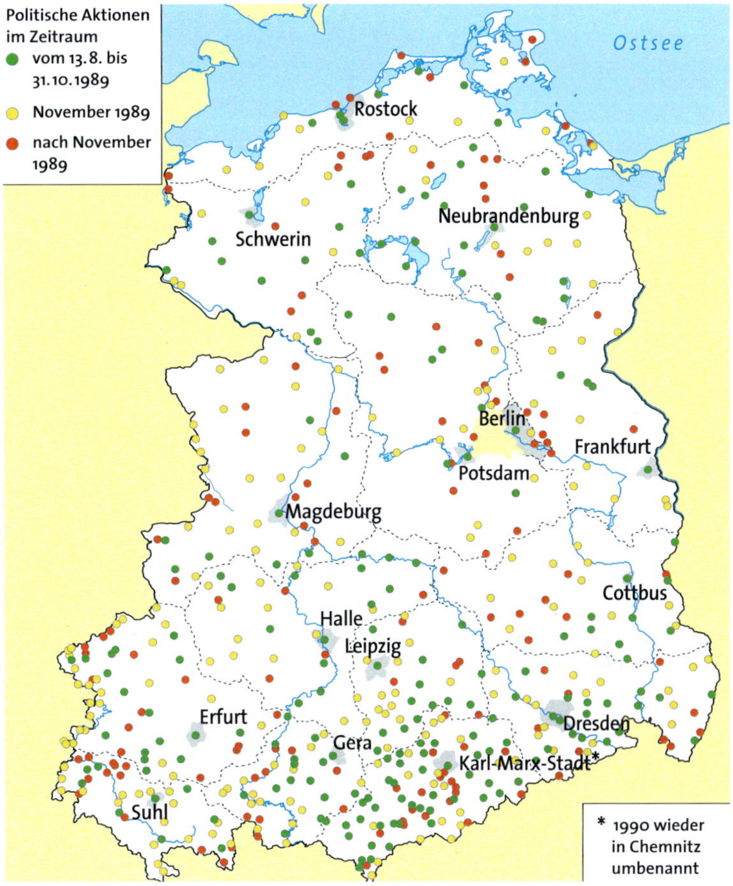

▲ **Orte der „friedlichen Revolution“ in der DDR.**
Vom 13. August 1989 bis zum 30. April 1990 fanden über 3 300 Mahnwachen, Kundgebungen, Besetzungen, Demonstrationen und Warnstreiks in 549 Gemeinden und Städten der DDR statt.

1968
Höhepunkt der Proteste von Studenten und Arbeitern in der Bundesrepublik Deutschland

1972/73
Grundlagenvertrag zwischen Bundesrepublik und DDR

1975
Die DDR unterzeichnet die KSZE-Schlussakte, in der Menschen- und Bürgerrechte nach westlichem Maßstab festgelegt sind

1981/82
Die DDR gerät an den Rand der Zahlungsunfähigkeit

1982/83
Eine von Kirchen getragene, oppositionelle Friedensbewegung in der DDR formiert sich

1983
Erstmaliger Einzug der Partei „Die Grünen“ in den Bundestag

4. Sept. 1989
In Leipzig findet die erste „Montagsdemonstration“ statt

9. Nov. 1989
Die Grenzübergänge nach West-Berlin und in die Bundesrepublik werden geöffnet

März 1990
Freie Wahlen zur DDR-Volkskammer

3. Okt. 1990
Mit dem Beitritt der fünf ostdeutschen Länder und Ost-Berlins zur Bundesrepublik wird die deutsche Einheit vollzogen

1970 1975 1980 1985 1990

Nachkriegszeit und Entstehung zweier deutscher Staaten

Kriegsende 1945 Nach dem von Deutschland begonnenen und bis zum Schluss grausam geführten Weltkrieg war das Deutsche Reich im Mai 1945 vollständig zusammengebrochen. Nach der bedingungslosen Kapitulation der Wehrmacht am 8./9. Mai ging die Regierungsgewalt in Deutschland auf die alliierten Siegermächte USA, Großbritannien und die Sowjetunion über. Im Juli 1945 kam auch Frankreich dazu.

▲ **„Fringsen."**
Foto aus Köln, Winter 1945. Im Volksmund wurde der Diebstahl von Nahrungsmitteln und Briketts nach dem Kölner Erzbischof Josef Frings auch „fringsen" genannt. In der Silvesterpredigt 1946 billigte er den Mundraub in der Not.

Menschen ohne Versorgung Der Zweite Weltkrieg hatte weite Teile Europas in ein Trümmerfeld verwandelt. Hunger und Not bestimmten den Alltag. Das besiegte Deutschland stand vor dem Nichts. Städte, Straßen und Schienen waren zerstört und die Gas-, Wasser- und Stromversorgung war zusammengebrochen.*

Die Lebensmittelversorgung in den Städten war besonders kritisch. Für eine Person gab es im Durchschnitt 1000 Kalorien pro Tag: ein paar Scheiben Brot, etwas Margarine, ein Löffel Milchsuppe, zwei Kartoffeln. Viele Menschen stahlen Nahrungs- und Heizmittel, um zu überleben. Nordamerikanische Organisationen wie **CARE** halfen, die größte Not zu lindern, indem sie zwischen 1946 und 1960 fast zehn Millionen Hilfspakete im Gesamtwert von 177 Millionen Euro finanzierten. Erst Mitte 1946 besserte sich die Lage etwas. Statt einer geordneten Wirtschaft blühte der *Schwarzmarkt*: Geld war nichts wert, Waren wurden getauscht.

CARE: Abkürzung für *Cooperative for American Remittances to Europe* (später *to Everywhere*); in den USA gegründete Organisation für Hilfssendungen nach Europa und später auch weltweit

▸ **Geschichte In Clips:**
Zu Flucht, Vertreibung und Umsiedlung siehe Clip-Code **4673-30**.

Flucht und Vertreibung Während des Zweiten Weltkrieges deportierten die Nationalsozialisten etwa neun Millionen Polen und Tschechoslowaken aus den besetzen Gebieten im Osten des Deutschen Reiches und siedelten deutsche Minderheiten aus Süd-, Zentral- und Osteuropa an. Bereits 1944 hatten die Umsiedlungen der deutschen Minderheiten den Charakter einer Fluchtbewegung vor der anrückenden Roten Armee. In den von der Sowjetunion eroberten Gebieten begannen die „wilden Vertreibungen" von noch verbliebenen Deutschen (▸ M1). Sie waren häufig an Vergeltungsaktionen gekoppelt. Die Siegermächte des Zweiten Weltkrieges legten auf der *Potsdamer Konferenz*** im August 1945 fest, dass die deutsche Bevölkerung „ordnungsgemäß und human" überführt werden sollte, doch Plünderungen, überfüllte Abschiebelager und katastrophale Versorgungsbedingungen führten zu vielen Opfern. Von den 14 Millionen Flüchtlingen und Vertriebenen erreichten 12,5 Millionen das besetzte Deutschland und mussten von der Bevölkerung aufgenommen werden.

Außerdem befanden sich in Deutschland zahllose Opfer des nationalsozialistischen Regimes: Etwa neun bis zehn Millionen ausländische Kriegsgefangene, zivile Zwangsarbeiter sowie befreite Häftlinge der Konzentrationslager (*Displaced Persons*, DPs). Die meisten von ihnen wollten Deutschland schnell verlassen.

* Zu Kriegszerstörungen und „Trümmerfrauen" siehe S. 548 ff.
** Ausführlich zur Potsdamer Konferenz siehe S. 320 und M2, S. 322 f.; zum Thema „Flucht und Vertreibung" siehe S. 533 ff.

Unterschiedliche Ziele der Alliierten Auf der Potsdamer Konferenz im Sommer 1945 berieten die Siegermächte über die Neuordnung Deutschlands. Sie legten fünf gemeinsame Ziele für das besetzte Deutschland fest:

- Entwaffnung und Entmilitarisierung
- Demontage (Abbau) kriegswichtiger Industrieanlagen
- politische Säuberung (Entnazifizierung)*
- Demokratisierung des politischen Lebens und Wiederaufbau der örtlichen Selbstverwaltung „nach demokratischen Grundsätzen"
- Dezentralisierung der staatlichen Ordnung und der Wirtschaft

Die Umsetzung dieser Ziele nahm jede Siegermacht selbst vor. Dazu richteten die Alliierten vier Besatzungszonen in Deutschland ein. Die ehemalige Hauptstadt Berlin wurde ebenfalls in vier Sektoren getrennt. Sie lag wie eine Insel inmitten der *Sowjetischen Besatzungszone* (SBZ).** Die Alliierten waren zunächst bemüht, die Verwaltung ihrer Gebiete in Gang zu bringen, damit die lebensnotwendigen Einrichtungen funktionieren konnten. Doch sie verfolgten unterschiedliche langfristige Ziele:

Die Westmächte wollten die deutsche Bevölkerung zu Demokraten umerziehen und förderten den demokratischen und kapitalistischen Aufbau „von unten". Ein wirtschaftlich starkes Deutschland sollte den Einfluss der Sowjetunion auf Westeuropa verhindern und wirtschaftlich unabhängig werden. Da Frankreich in Deutschland noch eine Bedrohung sah, blockierte die französische Regierung zunächst alle Versuche, gemeinsam die wirtschaftliche und politische Krise in Deutschland zu steuern. Doch 1947/48 übernahm Frankreich den Kurs der beiden anderen westlichen Alliierten. In der SBZ zielte die Sowjetunion auf eine „antifaschistisch-demokratische Umwälzung" der Gesellschaft sowie auf eine „Revolution der politischen Zustände".

Die Solidarität der Anti-Hitler-Koalition war bald aufgekündigt und die ehemaligen Alliierten gingen getrennte Wege. Der *Alliierte Kontrollrat*, der zur Abstimmung zwischen den vier Mächten diente, tagte aufgrund der Differenzen zuletzt im März 1948.

Konrad Adenauer (1876-1967): 1917-1933 Oberbürgermeister von Köln, 1948 Vorsitzender des Parlamentarischen Rates, 1950-1966 Mitbegründer und Bundesvorsitzender der CDU, 1949-1963 Bundeskanzler, 1951-1955 zugleich Bundesaußenminister

Neugründung politischer Parteien in den Westzonen Demokratisierung setzt Parteien voraus. Die Nationalsozialisten hatten alle anderen Parteien verboten, nun wurden sie von den westlichen Besatzungsmächten wieder zugelassen. Im August 1945 genehmigten die USA und Großbritannien die *Sozialdemokratische Partei Deutschlands* (SPD). Sie knüpfte in Programm und Organisation an die Zeit vor 1933 an und war die erste Massenpartei nach dem Krieg, Ende 1947 zählte sie schon 875 000 Mitglieder.

Im Herbst 1945 wurde auch die neu gegründete *Christlich-Demokratische Union* (CDU) zugelassen. Sie war eine bürgerlich-konservative Partei, die alle christlichen Konfessionen vertrat. Vorsitzender der CDU in der britischen Zone wurde im März 1946 **Konrad Adenauer**. 1950 schlossen sich die CDU-Verbände mit Ausnahme Bayerns bundesweit zusammen.

Ende 1948 gründeten liberale und demokratische Politiker die *Freie Demokratische Partei* (FDP). **Theodor Heuss** wurde ihr erster Vorsitzender. Auch die *Kommunistische Partei Deutschlands* (KPD) ließ man in den Westzonen wieder zu, wo sie jedoch ohne größere Wahlerfolge blieb.

Theodor Heuss (1884-1963): Politiker, 1945-1946 Kultusminister von Württemberg-Baden, 1947 Mitbegründer der FDP und deren erster Vorsitzender, 1949-1959 erster Bundespräsident

* Zur Entnazifizierung siehe S. 438 ff.
** Siehe Karte auf S. 321.

▲ **Fotomontage zum Vereinigungsparteitag von KPD und SPD am 21./22. April 1946.**
Abgebildet sind Wilhelm Pieck (KPD, links) und Otto Grotewohl (SPD, rechts)
- *Beschreiben Sie die verschiedenen Bildelemente und ihre jeweilige Funktion.*

Im Osten: „Einheit der Arbeiterklasse" Die Sowjets gestatteten in ihrem Machtbereich bereits im Juni 1945 die Gründung politischer Parteien. Von Anfang an förderte die *Sowjetische Militäradministration in Deutschland* (SMAD) die Kommunistische Partei. Anfang Mai 1945 war eine Gruppe deutscher Exilkommunisten aus Moskau in die SBZ eingeflogen worden. An ihrer Spitze stand **Walter Ulbricht**. Er und andere Spitzenfunktionäre der KPD verfolgten eine Umgestaltung des Landes nach sozialistischen Prinzipien. Dazu sollte die Vereinigung der Arbeiterklasse durch einen Zusammenschluss der SPD und der KPD zu einer „Einheitspartei" dienen.

Trotz heftiger parteiinterner Kontroversen stimmten *Otto Grotewohl* und die Spitze der Ost-SPD auf dem „Vereinigungsparteitag" in Berlin am 21./22. April 1946 für die Vereinigung mit der KPD zur *Sozialistischen Einheitspartei Deutschlands* (SED) (▸ M2).

Doch auch nach dieser Maßnahme blieb die SED von einer politischen Mehrheit weit entfernt. Die Sowjets benachteiligten daraufhin die übrigen Parteien massiv. Die SED wurde 1949 zur einer „Partei neuen Typus" nach sowjetischem Modell umgebildet und von Kritikern und Abweichlern im Innern „gesäubert". Etwa 6000 Sozialdemokraten wurden von sowjetischen Militärgerichten als „Agenten" verurteilt und in Arbeitslager gebracht. Rund 100000 Sozialdemokraten flohen in den Westen. Die SED verstand sich nun als „Vorhut der Arbeiterklasse", die alle Vorgänge in Staat, Wirtschaft und Kultur kontrolliert.

Walter Ulbricht (1893-1973): deutscher Kommunist, 1938 Emigration nach Moskau, kam 1945 mit der Roten Armee nach Berlin zurück, 1950-1971 Generalsekretär der SED, 1960-1971 DDR-Staatsratsvorsitzender, 1971 abgesetzt

▸ **Geschichte In Clips:**
Zur Gründung der SED siehe Clip-Code **4673-31**.

Umgestaltung der ostdeutschen Wirtschaft Da die Sowjetunion von allen Siegermächten die größten Kriegsschäden erlitten hatte, war sie stärker an den Reparationsleistungen und den Demontagen kriegswichtiger Industrie interessiert als die westlichen Alliierten. Um den sowjetischen Bedarf an industriellen Gütern zu decken, gingen ganze Industriezweige in das Eigentum der Siegermacht über und fielen damit für den wirtschaftlichen Wiederaufbau in der SBZ aus.

Auf Befehl der sowjetischen Besatzungsmacht wurde von 1945 an eine Industriereform umgesetzt, durch die das Eigentum von Staat, Wehrmacht, NSDAP und als Kriegsverbrecher beschuldigter Personen beschlagnahmt und verstaatlicht wurde. Insgesamt 75 Prozent des Industrievermögens, etwa 9000 Firmen einschließlich aller Banken und Versicherungen, wurden entschädigungslos enteignet und verstaatlicht (*Volkseigene Betriebe*, VEB). Die Enteignungen begannen in Sachsen, wo in einer Volksabstimmung 1946 über 67 Prozent der befragten Bürger zustimmten. Das sächsische Modell wurde anschließend in der gesamten SBZ ohne weitere Volksabstimmungen angewandt.

Außerdem wurde auf sowjetischen Befehl eine Bodenreform in der SBZ durchgeführt. Sie betraf 35 Prozent der Agrarfläche. Unter der Parole „Junkerland in Bauernhand" wurden 7000 Großgrundbesitzer (ab einem Eigentum von 100 ha) entschädigungslos enteignet und ihr Land zum größten Teil an 500000 Landarbeiter, landlose Bauern, Flüchtlinge und Vertriebene verteilt. Ein Drittel blieb in öffentlichem Besitz (*Volkseigene Güter*). Die Maßnahme fand bei allen Parteien Beifall, wobei die Ost-CDU eine Entschädigung für die Enteignungen forderte.

Auf die Umverteilung folgte die Kollektivierung: Die Bauern schlossen sich auf staatlichen Druck hin seit 1952 in *Landwirtschaftlichen Produktionsgenossenschaften* (LPG) zusammen, wobei die meisten Höfe so wenig Land zugewiesen bekamen, dass keine funktionsfähigen Betriebe entstehen konnten.

▲ **„Junkerland wird Bauernland."**
Plakat (83,1 x 57,5 cm) von 1945.
In der SBZ sollte eine Bodenreform die ehemaligen Nationalsozialisten bestrafen und die Versorgung der Bürger sicherstellen.
- *Erklären Sie, wer Junker sind und weshalb sich die Parole der Bodenreform gerade gegen sie richtete.*

Staatlicher und wirtschaftlicher Neuaufbau in den Westzonen Wenige Wochen nach Kriegsende begannen die Westmächte mit dem Aufbau von Kommunalverwaltungen, also Behörden für die Regelung des Lebens in den Gemeinden und Städten. Sie beriefen dazu deutsche Bürgermeister und Landräte. In ihren Zonen setzten die Alliierten auch vorläufige Länderregierungen ein, die für größere Teile Deutschlands zuständig sein sollten.

Die US-amerikanische Militärregierung ließ Anfang 1946 Wahlen in den Gemeinden und Landkreisen stattfinden und erlaubte den neu geschaffenen Ländern der US-Zone, in Verfassunggebenden Versammlungen die künftigen Länderverfassungen auszuarbeiten. Großbritannien und Frankreich folgten dem Beispiel der Amerikaner.

Seit Sommer 1946 drängten die USA auf die Zusammenlegung aller Besatzungszonen zur wirtschaftlichen Kooperation. Allerdings stimmte zunächst nur Großbritannien zu. Im September kündigte der US-Außenminister *James F. Byrnes* die Errichtung einer vereinten amerikanisch-britischen Zone an. In dieser „Rede der Hoffnung" sprach er von Wiederaufbau und stellte einen demokratischen, nichtkommunistischen deutschen Staat in Aussicht (▸ M3). Am 1. Januar 1947 wurde die sogenannte *Bizone* geschaffen, die Basis für einen späteren westdeutschen Staat. Die zugehörigen deutschen Länderregierungen konnten 1946 und 1947 von der deutschen Bevölkerung gewählt werden. Sie bildeten u.a. einen gemeinsamen Wirtschaftsrat in Frankfurt am Main.

Im April 1949 schloss Frankreich seine Zone an, die *Trizone* wurde gegründet. Bereits 1948 einigten sich die Vertreter der elf westdeutschen Länder darauf, dass aus dem Wirtschaftsgebiet ein Bundesstaat entstehen sollte. Eine Verfassunggebende Versammlung (*Parlamentarischer Rat*) sollte eine demokratische Verfassung (*Grundgesetz*) für einen föderalistischen Staat erarbeiten, der die Grund- und Menschenrechte garantierte. Nach einer Volksabstimmung würde dann das Grundgesetz in Kraft treten. Die Begriffe „Parlamentarischer Rat" und „Grundgesetz" wiesen auf den vorläufigen Charakter hin, denn der neue Staat sollte die Chance zur Wiedervereinigung offenhalten.

Ausgangspunkt dieses Vorgehens waren die *Londoner Empfehlungen*, die im Anschluss an eine mehrmonatige Konferenz im Juni 1948 verabschiedet wurden. An der Konferenz nahmen die westlichen Alliierten sowie Belgien, die Niederlande und Luxemburg teil. Obwohl die westlichen Siegermächte auf einen raschen Aufbau der staatlichen und wirtschaftlichen Ordnung zielten und der deutschen Bevölkerung frühzeitig politische Befugnisse zurückgaben, fühlten sich viele Deutsche von den Besatzungsmächten gegängelt. Im Volksmund wurden die drei westlichen Zonen auch spöttelnd „Trizonesien" genannt (▸ M4).

Hilfe aus den USA: der Marshall-Plan Die Westzonen wurden in ein umfassendes Wiederaufbauprogramm der US-Regierung einbezogen. Es kam nicht nur den Deutschen zugute, sondern Menschen in weiten Teilen Europas. Seit Kriegsende benötigten viele Länder, auch Großbritannien und Frankreich, dringend finanzielle und wirtschaftliche Hilfe. Die USA fürchteten um die Stabilität der europäischen Staaten als wirt-

Ludwig Erhard (1897-1977): 1949-1963 Bundesminister für Wirtschaft, 1963-1966 Bundeskanzler, 1966/67 Vorsitzender der CDU

Soziale Marktwirtschaft: Wirtschaftsordnung, die soziale Gerechtigkeit auf der Grundlage einer leistungsfähigen Wettbewerbswirtschaft vorsieht

* Zum Marshall-Plan und zu **George C. Marshall** siehe auch S. 325.
** **OEEC**: Siehe S. 474.
*** **Rat für Gegenseitige Wirtschaftshilfe**: Siehe S. 325.

schaftliche und politische Partner. Außerdem sollte der Einfluss der Sowjetunion eingedämmt werden.

Der neue US-Außenminister *George C. Marshall** entwickelte einen Hilfsplan, den die USA im April 1948 als *European Recovery Program* (ERP, Europäisches Wiederaufbauprogramm) beschlossen. Er bot den kriegszerstörten Ländern Europas günstige Kredite, Rohstoffe, Waren und Lebensmittel. Von 1948 bis 1952 wurden knapp 14 Milliarden Dollar an Hilfen gewährt. Die 16 Empfängerstaaten gründeten 1948 die OEEC** (*Organization for European Economic Cooperation*), um die Verteilung der Mittel zu überwachen. Daraus entstand ein neuartiges System wirtschaftlicher Zusammenarbeit in Europa.

Westdeutschland erhielt seit 1948 1,4 Milliarden Dollar an Unterstützung. Damit konnte der Wiederaufbau erheblich beschleunigt werden. Außerdem fiel eine Vorentscheidung für die Einbindung in die westliche Staatengemeinschaft.

Der Marshall-Plan förderte jedoch auch die Teilung zwischen Ost- und Westdeutschland. Die Sowjetunion unter Stalin lehnte ihn ab und verbot allen Ländern des eigenen Machtbereiches, die US-Hilfen anzunehmen. Stattdessen sollte der von der UdSSR entwickelte *Molotow-Plan* vom 11. Juni 1947 die Staaten Osteuropas und die SBZ durch bilaterale Verträge stärker an die Wirtschaft der Sowjetunion binden. Daraus entwickelte sich im Januar 1949 der *Rat für Gegenseitige Wirtschaftshilfe* (RGW).***

Wirtschafts- und Währungsreform Anfang 1948 beschlossen in Frankfurt am Main Vertreter aller Landtage der Westzonen eine Neuorientierung der westdeutschen Wirtschaft. Die Initiative ging von **Ludwig Erhard** aus, der für eine **Soziale Marktwirtschaft** warb. Ziel war es, die Kräfte des Marktes (Angebot und Nachfrage) in Gang zu setzen, wozu es einer Reform des zerrütteten Geldwesens bedurfte. Denn wegen der Wirtschaftspolitik des Nationalsozialismus, der sich und den Weltkrieg durch das Drucken von Banknoten finanziert hatte, war deutsches Geld wertlos.

Während die *Wirtschafts*reform von den Deutschen ausging, war die *Währungs*reform ein Anliegen der Westmächte, vor allem der Amerikaner. Die Umstellung des Geldes trat am 20. Juni 1948 in Kraft. Löhne, Gehälter, Renten und Mieten wurden im Verhältnis 1:1 umgestellt, Schulden auf ein Zehntel in DM-Beträge abgewertet. Angespartes Guthaben wurde nur zu einem Bruchteil in DM umgewandelt.

▼ **„Rosinenbomber" im Anflug auf den Flughafen Berlin-Tempelhof.**
Foto von 1948.
Durch die Hilfsaktion verstanden sich Deutsche und Westalliierte erstmals als Verbündete. Amerikanische und britische Flugzeuge über Deutschland bedeuteten nicht mehr Schrecken und Zerstörung wie während des Bombenkrieges, sondern sorgten für Beistand und Hilfe.

Die Währungsreform von 1948 war einer der radikalsten Einschnitte der Nachkriegszeit. Sie war aber auch ein Startsignal: Buchstäblich über Nacht waren die Läden mit den Waren gefüllt, die wegen der Geldentwertung bis dahin zurückgehalten wurden. Die dauerhafte Belebung der westdeutschen Wirtschaft begann in den 1950er-Jahren.

Die Berlin-Blockade 1948/49 Die Wirtschafts- und Währungsreform war ein wesentlicher Schritt auf dem Weg zu einem westdeutschen Staat. Als Antwort führte die Sowjetunion in ihrer Zone im Juni 1948 ebenfalls eine neue Währung ein. Außerdem verhängte Stalin eine Blockade über Berlin: Ab dem 24. Juni 1948 unterbrach die UdSSR die Stromversorgung für die Berliner Westsektoren und sperrte den gesamten Personen- und Güterverkehr und damit auch die Lieferung von Lebensmitteln. Durch die Blockade sollten die Westmächte ihre Pläne für einen westdeutschen Staat aufgeben. Diesen blieb zur Versorgung der eigenen Truppen und der Zivilbevölkerung nur der Luftweg. Die von den USA und Großbritannien errichtete *Berliner Luftbrücke* konnte die Blockade überwinden. In rund 280 000 Einsätzen wurden insgesamt 2,3 Millionen Tonnen Lebensmittel, Kohle und Maschinen nach West-Berlin transportiert, wodurch die Versorgung der Stadt sichergestellt wurde. Die Sowjetunion erreichte keines ihrer Ziele. Sie lenkte zuletzt ein und hob die Sperre nach 322 Tagen im Mai 1949 auf.

Während der Blockade war Berlin zu einer gespaltenen Stadt geworden. Der Ost- und Westteil erhielten eigene Bürgermeister und getrennte Verwaltungen.

◂ **„Mütter" des Grundgesetzes.**
Foto von 1949.
Vor allem dem Einsatz dieser vier Frauen ist es zu verdanken, dass die Gleichberechtigung von Mann und Frau (Art. 3) in das Grundgesetz aufgenommen wurde. Im Parlamentarischen Rat war dies vorher mehrheitlich abgelehnt worden. Das Bild zeigt (v. li.) Helene Wessel (Zentrum), Helene Weber (CDU), Friederike Nadig (SPD) und Elisabeth Selbert (SPD).

Die Entwicklung des Grundgesetzes ▬ Der Parlamentarische Rat tagte in Bonn seit September 1948. Bei der Formulierung des Grundgesetzes zog man Lehren aus dem Scheitern der Weimarer Republik und versuchte, die Rechtsgrundlage für eine streitbare und handlungsfähige Demokratie herzustellen. Dazu gehörten die unbedingte Geltung der Grundrechte, die starke Stellung des Regierungschefs (Bundeskanzler), das konstruktive Misstrauensvotum, die Machtbeschränkung des Staatsoberhauptes (Bundespräsident) und die Errichtung eines rein parlamentarisch-repräsentativen Regierungssystems.

Heftig wurde um die bundesstaatliche Ordnung gerungen, die Gewichtsverteilung zwischen Bund und Ländern. Das Ergebnis war ein Kompromiss. Einerseits erhielten die Länder Mitsprache bei der Gesetzgebung; hierzu entstand ein Bundesrat als Ländervertretung, der eigene Gesetze einbringen konnte und solche des Parlaments (Bundestag) bestätigte. Andererseits sah das Grundgesetz eine starke Bundesfinanzverwaltung, umfassende Kompetenzen zur Steuererhebung des Bundes und einen Finanzausgleich zwischen wirtschaftsstarken und schwächeren Ländern vor.

Die Gründung der Bundesrepublik Deutschland Am 8. Mai 1949, genau vier Jahre nach der deutschen Kapitulation, verabschiedete der Parlamentarische Rat das Grundgesetz. Vier Tage später billigten die Militärregierungen der Westalliierten den Beschluss. Daraufhin wurde das Grundgesetz in zehn von elf Ländern angenommen. Am 23. Mai 1949 unterzeichneten die Ministerpräsidenten der Länder und die Landtagspräsidenten in Bonn das Grundgesetz. Aus den westlichen Besatzungszonen war ein Staat unter alliierter Aufsicht entstanden. Er trug den Namen „Bundesrepublik Deutschland".

Das Grundgesetz formulierte auch ein Gebot zur Herstellung der deutschen Einheit. In der Präambel (Vorrede) hieß es: „Das gesamte Deutsche Volk bleibt aufgefordert, in freier Selbstbestimmung die Einheit und Freiheit Deutschlands zu vollenden."

Am 14. August 1949 fanden die ersten Wahlen zum Deutschen Bundestag statt. Der CDU-Vorsitzende Adenauer bildete eine Koalition aus CDU/CSU, FDP und *Deutscher Partei* (DP). Am 7. September 1949 trat der Bundestag in Bonn erstmals zusammen. Er wählte am 15. September Konrad Adenauer mit einer Stimme Mehrheit zum Bundeskanzler. *Kurt Schumacher* (SPD) wurde Oppositionsführer. Theodor Heuss (FDP) war bereits am 12. September von der **Bundesversammlung** zum Bundespräsidenten gewählt worden.

Bundesversammlung: Gremium zur Wahl des Bundespräsidenten, das sich aus den Mitgliedern des Bundestages und einer gleichen Anzahl von Vertretern der Landtage zusammensetzt

Die Gründung der DDR Seit Ende 1947 propagiert die SED mit Rückendeckung Stalins die Einheit Deutschlands auf Grundlage der **Volkskongresse**. Bei den Wahlen zum dritten Volkskongress im Mai 1949 sicherte sich die SED die Mehrheit der Mandate. Sie dominierte auch den daraus hervorgehenden *Deutschen Volksrat*.

Die sowjetische Regierung wartete ab, bis sich die westdeutsche Bundesregierung gebildet hatte. Ende September 1949 stimmte Stalin einem ostdeutschen Staat zu. Am 7. Oktober 1949 nahm der Deutsche Volksrat einen 1948 ausgearbeiteten Verfassungsentwurf an und erklärte sich selbst zur *Provisorischen Volkskammer*. Damit war die „Deutsche Demokratische Republik" (DDR) gegründet worden. Wenige Tage später wurde Otto Grotewohl (SED) zum Regierungschef, **Wilhelm Pieck** (SED) zum Präsidenten der DDR gewählt. Die SED übernahm auch die wichtigsten Ministerien, wenn auch in der neuen Regierung alle Parteien vertreten waren.

Volkskongresse 1947/48 sollten ein „gesamtdeutsches Vorparlament" sein. Auf Einladung der SED nahmen ausgewählte gesellschaftliche Vertreter aller Besatzungszonen teil. Aus dem zweiten Volkskongress ging 1948 der „Deutsche Volksrat" hervor.

Wilhelm Pieck (1876-1960): Kommunist, 1933 vor den Nazis geflohen, kam 1945 mit der Roten Armee nach Berlin zurück, 1946-1960 Vorsitzender der SED (neben Otto Grotewohl), 1949-1960 Präsident der DDR

Die Spaltung Deutschlands und Europas Die doppelte Staatsgründung war das Ergebnis eines wachsenden Gegensatzes der Siegermächte, vor allem der USA und der Sowjetunion, mit ihren unterschiedlichen Interessen und Weltanschauungen. Diese Konfrontation spaltete die ganze Welt, aber in Deutschland verlief die Spaltung mitten durch das Land.*

Die Kontrolle der Alliierten blieb auch nach der Gründung von Bundesrepublik und DDR bestehen. Über die Deutsche Frage entschieden weiterhin die Siegermächte und ihre Beziehungen zueinander. Doch innerhalb dieses Rahmens bestimmten nun auch die Regierungen in Bonn und Ost-Berlin das Verhältnis beider Teile Deutschlands. Dabei überwogen zunächst Misstrauen und Feindschaft (▸ M5).

1. *Erläutern Sie die unterschiedlichen Interessen der Besatzungsmächte und die Gründe für ihre Veränderung.*
2. *Erörtern Sie die These, die Währungsreform habe die deutsche Teilung beschleunigt.*

* Zur Spaltung der Welt siehe S. 324 ff.

M1 Befehl zur Vertreibung der Deutschen

In einem Befehl des Kommandos der 2. Armee der polnischen Streitkräfte über die Fortsetzung der raschen Aussiedlung der Deutschen vom 24. Juni 1945 heißt es:

Mit den Deutschen verfahren wir, wie sie es mit uns getan haben. Viele haben schon vergessen, wie sie unsere Kinder, Frauen und Alten behandelt haben. Die Tschechen wussten so zu handeln, dass die Deutschen von selbst aus ihrem Gebiet flohen.
Man muss seine Aufgaben auf so harte und entschiedene Weise ausführen, dass sich das germanische Ungeziefer nicht in den Häusern versteckt, sondern von selbst vor uns fliehen wird und dann im eigenen Land Gott für die glückliche Rettung seines Kopfes danken wird. Wir vergessen nicht, dass Deutsche immer Deutsche bleiben werden. Bei der Ausführung unserer Aufgabe dürfen wir nicht bitten, sondern müssen befehlen.
Der Chef des Stabes der 7. Infanteriedivision hat berichtet, dass die Division im Laufe von zwei Tagen über 40 000 Deutsche ausgesiedelt hat – wofür ich dem Befehlshaber der Division meine Anerkennung ausspreche. Ich befehle allen Kommandierenden der Division, mit der Aussiedlung der Deutschen in ihren Regionen rücksichtslos und schnell fortzufahren.

Zitiert nach: Włodzimierz Borodziej und Hans Lemberg (Hrsg.), „Unsere Heimat ist uns ein fremdes Land geworden ...“. Die Deutschen östlich von Oder und Neiße 1945-1990. Dokumente aus polnischen Archiven, Bd. 1, Marburg 2000, S. 161 (Dokument Nr. 35)

1. *Ordnen Sie den Befehl in den historischen Kontext ein.*
2. *Vergleichen Sie die Sprache dieses Textes mit der nationalsozialistischen Sprache.*
3. *Erörtern Sie die Rechtfertigung der Aussiedlung.*

▲ **Flucht aus Danzig.**
Foto vom 30. März 1945.
Danzig/Gdańsk wurde am 30. März 1945 von der Roten Armee erobert.
- *Verfassen Sie aus der Sicht einer der auf dem Foto dargestellten Frauen einen Tagebucheintrag zum 30. März 1945.*

M2 Mit Zwang zur SED

Am 21./22. April 1946 schließen sich KPD und SPD auf einem „Vereinigungsparteitag“ zur Sozialistischen Einheitspartei Deutschlands (SED) zusammen. Das britische Außenministerium analysiert die politische Situation in der SBZ unmittelbar zuvor:

Die SPD-Zeitungen wurden rigoroser Zensur unterworfen, SPD-Organisationen in den Provinzen nur noch dann Zusammenkünfte gestattet, wenn diese gemeinsam mit der KPD abgehalten wurden. Betriebsgruppen wurden vorgeladen, um Resolutionen zu einer sofortigen Vereinigung zu verabschieden. Die russischen Militärkommandeure begannen darauf zu bestehen, nur noch solche SPD-Mitglieder für führende Parteiposten auf Orts-, Bezirks- und Landesebene zu nominieren, die für die Vereinigung waren [...]. [Der SPD-Vorstand informierte am 15. Januar alle Landes- und Bezirksvorstände,] dass gemäß den gemeinsamen Beschlüssen von KPD und SPD vom 20. und 21. Dezember eine Vereinigung auf lokaler Ebene nicht erlaubt sei und die Parteienvereinigung lediglich von einer Parteiversammlung auf Reichsebene beschlossen werden könne. Die russische Militärbehörde verbot die Veröffentlichung dieser Instruktion. Verstöße gegen das Verbot resultierten in Redeverboten für Sprecher auf Versammlungen und in Festnahmen. Parteisekretäre, die der Vereinigung widerstrebend gegenüberstanden, [...] wurden entfernt, andere mit Arrest bedroht oder verhaftet und nach Oranienburg und Sachsenhausen verbracht [...].

Zitiert nach: Reiner Pommerin, Die Zwangsvereinigung von KPD und SPD zur SED. Eine britische Analyse vom April 1946, in: Vierteljahreshefte für Zeitgeschichte, 36. Jg. 1988, Heft 2, S. 328 f.

1. *Erläutern Sie die Rolle der sowjetischen Besatzungsbehörden laut dieser Einschätzung.*

2. *Bewerten Sie die demokratische Legitimation der Parteienvereinigung.*

M3 Kurswechsel

Am 6. September 1946 hält US-Außenminister James F. Byrnes vor den Ministerpräsidenten der süddeutschen Länder eine Rede, die unter der Bezeichnung „Rede der Hoffnung" populär geworden ist:

Es liegt weder im Interesse des deutschen Volkes noch im Interesse des Weltfriedens, dass Deutschland eine Schachfigur oder ein Teilnehmer in einem militärischen Machtkampf zwischen dem Osten und dem Westen wird. [...]
Die Vereinigten Staaten sind der festen Überzeugung, dass Deutschland als Wirtschaftseinheit verwaltet werden muss und dass die Zonenschranken, soweit sie das Wirtschaftsleben und die wirtschaftliche Betätigung in Deutschland betreffen, vollständig fallen müssen. [...]
Wir treten für die wirtschaftliche Vereinigung Deutschlands ein. Wenn eine völlige Vereinigung nicht erreicht werden kann, werden wir alles tun, was in unseren Kräften steht, um eine größtmögliche Vereinigung zu sichern. [...]
Der Hauptzweck der militärischen Besetzung war und ist, Deutschland zu entmilitarisieren und entnazifizieren, nicht aber den Bestrebungen des deutschen Volkes hinsichtlich einer Wiederaufnahme seiner Friedenswirtschaft künstliche Schranken zu setzen. [...]
Die Potsdamer Beschlüsse sahen nicht vor, dass Deutschland niemals eine zentrale Regierung haben sollte. Sie bestimmten lediglich, dass es einstweilen noch keine zentrale deutsche Regierung geben sollte. Dies war nur so zu verstehen, dass keine deutsche Regierung gebildet werden sollte, ehe eine gewisse Form von Demokratie in Deutschland Wurzeln gefasst und sich ein örtliches Verantwortungsbewusstsein entwickelt hätte. [...]
Die Vereinigten Staaten treten für die baldige Bildung einer vorläufigen deutschen Regierung ein. [...]
Während wir darauf bestehen werden, dass Deutschland die Grundsätze des Friedens, der gutnachbarlichen Beziehungen und der Menschlichkeit befolgt, wollen wir nicht, dass es der Vasall irgendeiner Macht oder irgendwelcher Mächte wird oder unter einer in- oder ausländischen Diktatur lebt. Das amerikanische Volk hofft, ein friedliches und demokratisches Deutschland zu sehen, das seine Freiheit und seine Unabhängigkeit erlangt und behält. [...]
Die Vereinigten Staaten können Deutschland die Leiden nicht abnehmen, die ihm der von seinen Führern angefangene Krieg zugefügt hat. Aber die Vereinigten Staaten haben nicht den Wunsch, diese Leiden zu vermehren oder dem deutschen Volk die Gelegenheit zu verweigern, sich aus diesen Nöten herauszuarbeiten, solange es menschliche Freiheit achtet und vom Wege des Friedens nicht abweicht.
Das amerikanische Volk wünscht, dem deutschen Volk die Regierung Deutschlands zurückzugeben. Das amerikanische Volk will dem deutschen Volk helfen, seinen Weg zurückzufinden zu einem ehrenvollen Platz unter den freien und friedliebenden Nationen der Welt.

Zitiert nach: Klaus Hohlfeld (Bearb.), Dokumente der Deutschen Politik und Geschichte von 1848 bis zur Gegenwart, Bd. VI: Deutschland nach dem Zusammenbruch 1946, Berlin 1953, S. 130 ff.

1. *Arbeiten Sie heraus, warum die Westdeutschen die Rede des amerikanischen Außenministers als eine Wende empfinden konnten.*

2. *Erklären Sie, inwiefern in dem Text machtpolitische Interessen der USA zum Ausdruck kommen.*

3. *Entwerfen Sie einen Kommentar aus Sicht der französischen oder der sowjetischen Position und erörtern Sie die Handlungsoptionen des gewählten Staates.*

M4 „Trizonesien"

Im Dezember 1948 schreibt der Kölner Karl Berbuer mit dem Lied „Wir sind die Eingeborenen von Trizonesien" einen Hit. Es wird nicht nur 1949 beim ersten Karneval nach dem Zweiten Weltkrieg gespielt, sondern stellenweise sogar als Ersatz für eine Nationalhymne bei internationalen Sportwettkämpfen in Köln:

Erste Strophe
Mein lieber Freund, mein lieber Freund, / die alten Zeiten sind vorbei, / ob man da lacht, ob man da weint, / die Welt geht weiter, eins, zwei, drei. / Ein kleines Häuflein Diplomaten / macht heut die große Politik, / sie schaffen Zonen, ändern Staaten. / Und was ist hier mit uns im Augenblick? [...]
Dritte Strophe
Doch fremder Mann, damit du's weißt, / ein Trizonesier hat Humor, er hat Kultur, er hat auch Geist, / darin macht keiner ihm was vor. / Selbst Goethe stammt aus Trizonesien, / Beethovens Wiege ist bekannt. / Nein, sowas gibt's nicht in Chinesien, / darum sind wir auch stolz auf unser Land.

Refrain

Wir sind die Eingeborenen von Trizonesien, / Hei-di-tschimmela-tschimmela-tschimmela-tschimmela-bumm! / Wir haben Mägdelein mit feurig wildem Wesien, / Hei-di-tschimmela-tschimmela-tschimmela-tschimmela-bumm! / Wir sind zwar keine Menschenfresser, / doch wir küssen umso besser. / Wir sind die Eingeborenen von Trizonesien, / Hei-di-tschimmela-tschimmela-tschimmela-tschimmela-bumm!

Zitiert nach: Karl Berbuer, Wir sind die Eingeborenen von Trizonesien, 1948 © Karl Berbuer Musikverlag, Frankfurt

1. *Geben Sie wieder, welche Aussagen über westdeutsche Bürger und die Besatzungsmacht in diesem Lied getroffen werden.*
2. *Ordnen Sie das Lied in den Entstehungskontext ein.*
3. *Beurteilen Sie die Aussagen des Liedes. Handelt es sich um Verdrängung oder um eine kritische Auseinandersetzung mit dem Nationalsozialismus?*

M5 Gegenseitige Vorwürfe

Zur Gründung der DDR hält Ministerpräsident Otto Grotewohl am 12. Oktober 1949 eine Ansprache:

Der westdeutsche Sonderstaat ist nicht in Bonn, sondern in London entstanden. Bonn hat nur die Londoner Empfehlungen, die in Wahrheit Befehle der westlichen Alliierten waren, ausgeführt. [...]

Statt der im Potsdamer Abkommen vorgesehenen Demokratisierung, Entmilitarisierung und Entnazifizierung Deutschlands sind sie [die Westmächte] bestrebt, die von ihnen besetzten Teile Deutschlands in eine Kolonie zu verwandeln, die mit den traditionellen Methoden imperialistischer Kolonialherrschaft regiert und ausgebeutet wird. Von Demokratisierung, Entmilitarisierung und Entnazifizierung ist keine Rede. Die von Anfang an sorgfältig konservierten Kräfte der deutschen Reaktion [...] haben mit aktiver Unterstützung der Besatzungsmächte die alten Machtpositionen wieder eingenommen. [...]

Wir wissen, dass wir in unserem Kampf um die Einheit Deutschlands, der ein Bestandteil des Kampfes um den Frieden ist, nicht allein stehen. Wir haben das Glück, uns in diesem Kampf auf das große Lager des Friedens in der Welt stützen zu können, dessen ständig zunehmende Stärke die imperialistischen Kriegsinteressenten Schritt um Schritt zurückdrängt. Diese Kräfte des Friedens in der ganzen Welt werden geführt von der Sowjetunion, die eine andere Politik als die Politik des Friedens weder kennt noch kennen kann.

Wenige Tage später, am 15. Oktober 1949, antwortet der SPD-Vorsitzende Kurt Schumacher im Deutschen Bundestag auf die Rede Grotewohls:

Man kann erfolgreich bestreiten, dass der neue Oststaat überhaupt ein Staat ist. Dazu fehlt ihm auch der Ansatz zur Bildung einer eigenen Souveränität, er ist eine Äußerungsform der russischen Außenpolitik. [...]

Jetzt ist der Oststaat ein Versuch, die magnetischen Kräfte des Westens mithilfe staatlicher Machtmittel und eines scheinbaren Willens der deutschen Bevölkerung dieser Zone abzuwehren. Er bedeutet die Anerkennung der Tatsache, dass bis auf Weiteres das große russische Unternehmen, ganz Deutschland in die politischen, gesellschaftlichen, wirtschaftlichen und kulturellen Formen der Sowjets hineinzuzwingen, gescheitert ist. Die Loslösung der Ostzone durch die Russen, wie sie 1945 radikal und erfolgreich eingeleitet wurde, bedeutet das Hinausdrängen der westalliierten Einflüsse und der internationalen Kritik. Es war aber zur gleichen Zeit das Ende jeder demokratischen Freiheit der Deutschen in dieser Zone. Die westlichen Alliierten tragen an dieser Entwicklung viel Schuld. [...]

Das darf nicht darüber hinwegtäuschen, dass die Etablierung dieses sogenannten Oststaates eine Erschwerung der deutschen Einheit ist. Die Verhinderung dieser Einheit aber kann dieses Provisorium im Osten nicht bedeuten, weil das deutsche Volk und besonders die Bevölkerung der Ostzone Gebilde russischer Machtpolitik auf deutschem Boden ablehnt.

Erster Text: Otto Grotewohl, Im Kampf um die einige Deutsche Demokratische Republik. Reden und Aufsätze, Bd. 1, Berlin 1954, S. 516 ff.
Zweiter Text zitiert nach: Wolfgang Benz, Die Gründung der Bundesrepublik. Von der Bizone bis zum souveränen Staat, München 1984, S. 160 f.

1. *Untersuchen Sie, wie bestimmte Begriffe unterschiedliche inhaltliche Bedeutung gewinnen, je nachdem, ob sie im Osten oder im Westen verwendet werden.*
2. *Arbeiten Sie heraus, mit welchen Argumenten Grotewohl den deutschen Weststaat zu diskreditieren versucht.*
3. *Erläutern Sie, was Schumacher unter den „magnetischen Kräften des Westens" (Zeile 29 f.) versteht.*
4. *Erörtern Sie Schumachers Aussage über die „Schuld der Westmächte".*

Westorientierung und wirtschaftlicher Aufstieg – Selbstverständnis und Entwicklung der Bundesrepublik

▲ **„NATO – seine Kameraden, unsere Verbündeten."**
Plakat (119 x 83,6 cm), um 1956. Herausgegeben vom Presse- und Informationsdienst der Bundesregierung.

Eintritt in das westliche Verteidigungsbündnis Die Bundesrepublik Deutschland besaß bei ihrer Gründung 1949 keine Streitkräfte und eine Wiederbewaffnung hing von der Billigung der Westmächte ab. Während des Korea-Krieges* (1950-1953) machte die USA ihren Verbleib in Europa als militärische Schutzmacht von der Bereitschaft der Europäer abhängig, ihre eigenen Rüstungsanstrengungen zu verstärken, weshalb auch die Bundesrepublik eine eigene Streitkraft erhalten sollte. Bundeskanzler Adenauer sah in der Wiederbewaffnung die Chance, schneller als erwartet das Besatzungsregime zu beenden und eine militärische Sicherheitsgarantie der USA für die Bundesrepublik zu erwirken.

Zwischen März und April 1952 brachte Stalin in mehreren Noten den Vorschlag ein, ein blockfreies und geeintes Deutschland zu gründen. Doch die *Stalin-Noten* wurden von den Westmächten und von Adenauer abgelehnt, da eine demokratische Verfassung nicht garantiert war und auch über Stalins Motive Unklarheit herrschte. Am 26. Mai 1952 wurde das Ende der Besatzungszeit von den drei ehemaligen Westalliierten im *Deutschlandvertrag* festgehalten. Nach dem Verzicht der Bundesrepublik auf atomare, biologische und chemische Waffen einigte man sich 1954 mit der Unterzeichnung der *Pariser Verträge* zudem darauf, dass der westdeutsche Staat im Mai 1955 in das Verteidigungsbündnis des Westblocks, die NATO**, aufgenommen wird (▸ M1). Im gleichen Jahr wurde die Bundeswehr gegründet. Außerdem billigte Frankreich den Beitritt des Saarlandes zur Bundesrepublik nach einer Volksabstimmung am 1. Januar 1957. Mit dem Ende der Besatzung versicherten die Westmächte schließlich in einem zweiten Deutschlandvertrag, mit friedlichen Mitteln die Wiedervereinigung eines freiheitlich-demokratischen Deutschland, das in die europäische Gemeinschaft integriert ist, verwirklichen zu wollen.

Lesetipps:
- *Marie-Luise Recker, Geschichte der Bundesrepublik Deutschland, München ³2009*
- *Peter Adamski, Die Nachkriegszeit in Deutschland 1945-1949, Stuttgart 2012*

Das bundesdeutsche „Wirtschaftswunder" Die Grundlage aller staatlichen Sozialleistungen war der unerwartet rasche wirtschaftliche Aufstieg. Das reale Bruttosozialprodukt nahm in den Fünfzigerjahren jährlich um acht Prozent zu, zwischen 1950 und 1970 verdreifachte es sich nahezu. Entsprechend wuchs das verfügbare Einkommen der Arbeitnehmer. Als geistiger Vater und Repräsentant des „Wirtschaftswunders" galt Wirtschaftsminister *Ludwig Erhard*. Der Erfolg seines Konzepts der „Sozialen Marktwirtschaft" war spätestens 1952 unübersehbar.

Der Aufschwung führte zu anhaltender Vollbeschäftigung und wachsendem Wohlstand. Die Entwicklung profitierte von mehreren Faktoren:
- Es gab genügend qualifizierte und motivierte Arbeitskräfte.
- Die Kriegsschäden waren geringer als befürchtet. Die Industrie konnte von einer gut ausgebauten Infrastruktur (Maschinen und Fabrikanlagen) ausgehen, die sich rasch modernisieren ließ.
- Dabei half auch eine zunächst bewusst zurückhaltende Tarifpolitik*** der Gewerkschaften: Sie versetzte die Unternehmen in die Lage, ihre Gewinne für Investitionen zu verwenden (Selbstfinanzierung).

* Zum Korea-Krieg siehe S. 331. ** **NATO:** Siehe S. 326.
*** Löhne und Arbeitsbedingungen werden von Arbeitgeber- und Arbeitnehmerverbänden vereinbart, ohne dass sich der Staat einmischt (Tarifautonomie).

- Wegen des Wiederaufbaus gab es eine gewaltige Nachfrage nach Konsum- und Investitionsgütern aller Art sowie nach Wohnungen.
- In Engpasssektoren (Wohnungen, Grundnahrungsmittel und Energie) wurde die staatliche Verwaltungswirtschaft noch eine Zeitlang beibehalten, bis sich die Märkte normalisiert hatten.
- Der Güteraustausch mit Amerika erlaubte die Einfuhr moderner Technologie.
- Durch den Krieg in Korea 1950-1953 verlagerte die Schwerindustrie in den USA und anderen westlichen Industrienationen ihren Schwerpunkt auf die Produktion von Rüstungsgütern. Auf dem Weltmarkt entstand eine „Angebotslücke", die die bundesdeutsche Wirtschaft ausfüllte. Maschinen, Fahrzeuge, elektrische und chemische Erzeugnisse „made in Western Germany" fanden großen Absatz und machten die Bundesrepublik seither zur *Exportnation*.
- Seit 1957 sorgte die von Weisungen der Bundesregierung unabhängige Deutsche Bundesbank für die Stabilität einer „harten" D-Mark.
- Ab 1958 erfuhr der deutsche Außenhandel einen weiteren Impuls durch die Europäische Wirtschaftsgemeinschaft.*
- Nicht zu unterschätzen ist die damalige Grundstimmung in der Bevölkerung, bei der Zukunftsvertrauen, Überlebenswille und die Sehnsucht nach Normalität vorherrschten.

▲ **„Erhard hält, was er verspricht ..."**
Plakat von 1957.
Im Bundestagswahlkampf 1957 setzt die CDU auf die Erfolge des Wirtschaftsministers Ludwig Erhard, „Vater des Wirtschaftswunders".

Geglückte Integration Die rasche wirtschaftliche Aufwärtsentwicklung der Bundesrepublik ermöglichte im Laufe der Zeit die soziale Integration der Flüchtlinge und der Vertriebenen. Die wichtigsten Instrumente der Eingliederungspolitik waren der staatlich geförderte Wohnungsbau und der seit 1952 gesetzlich festgeschriebene *Lastenausgleich*, eine Vermögensabgabe der Besitzenden für die besonders von Krieg und Vertreibung betroffenen Bevölkerungsgruppen, die Kriegsinvaliden, Ausgebombten und Flüchtlinge. Dieser Solidaritätsbeitrag half, das Vertrauen der Vertriebenen in die demokratischen Institutionen zu stärken und systemfeindliche Strömungen innerhalb der Vertriebenenverbände einzudämmen.

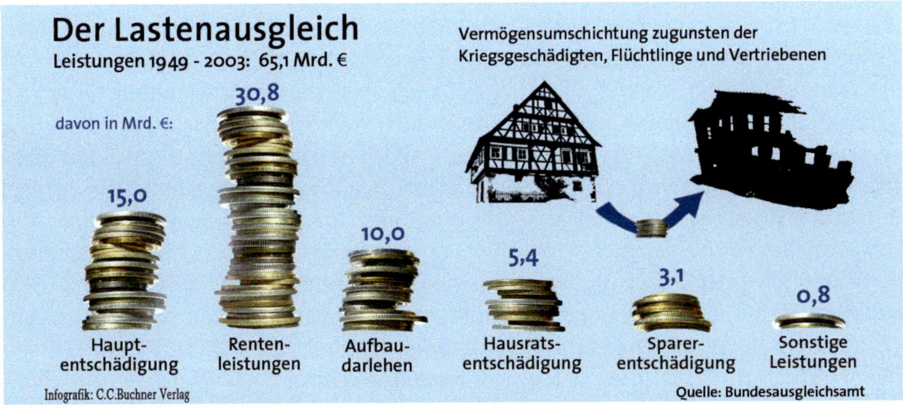

◄ **Lastenausgleich.**
Die Betroffenen erhielten einen Rechtsanspruch auf staatliche Hilfe zum Aufbau einer neuen Existenz. Die Leistungen setzten sich aus Vermögensabgaben der Bundesbürger und Geldern der öffentlichen Haushalte zusammen. Ausgleichsämter entschieden über die Anträge und wiesen die Mittel zu.

Die enorme Verbesserung der Beschäftigungssituation seit Beginn der 1960er-Jahre war ein zweiter Grund für die gelungene Integration. Ein Indiz für die weitgehende Eingliederung der Vertriebenen in die westdeutsche Gesellschaft ist der zunehmende Bedeutungsverlust der Flüchtlings- und Vertriebenenpartei *Block der Heimatvertriebenen und Entrechteten* (BHE) seit Ende der Fünfzigerjahre.

* Zur Europäischen Wirtschaftsgemeinschaft siehe S. 476.

▲ **„Samstags gehört Vati mir."** *Plakat (59 x 42 cm) des Deutschen Gewerkschaftsbundes (DGB) zum 1. Mai 1956.*

Von der Arbeits- zur Konsumgesellschaft Insgesamt wurde die Verbesserung der Lebensverhältnisse für die Masse der Bundesbürger erst gegen Ende der 1950er-Jahre spürbar. Der Aufschwung führte zunächst zu einem Anstieg der Arbeitszeiten. Bis Mitte des Jahrzehnts lag die durchschnittliche Wochenarbeitszeit in der Industrie bei über 49 Stunden an sechs Werktagen. Der Samstag wurde erstmals 1956 für die Metallarbeiter zum arbeitsfreien Tag, der Jahresurlaub betrug zwei bis drei Wochen. Bis Ende der 1950er-Jahre sank die Wochenarbeitszeit für Arbeiter wie Angestellte auf rund 44 Stunden.

Unternehmer und Freiberufler konnten den Wohlstand wesentlich früher genießen als Arbeiter und Angestellte. Die Not der Kriegs- und unmittelbaren Nachkriegszeit blieb zwar noch in Erinnerung, wurde aber von einem grundsätzlichen Optimismus und Fortschrittsglauben abgelöst. Immer mehr Bedürfnisse konnten durch den Aufschwung befriedigt werden. Auf die „Fresswelle" der Anfangsjahre (Lebensmittel waren seit Beginn der 1950er-Jahre ausreichend vorhanden) folgte die „Kaufwelle" (deutsche Haushalte statteten sich mit langlebigen Gebrauchsgütern und Möbeln aus), die „Reisewelle" (Italien wurde zum Traumland der Deutschen) und schließlich die „Motorisierungswelle" (▸ M2).

Bei den Einkommen und Vermögen kam es freilich nicht zu einer Angleichung zwischen den gesellschaftlichen Gruppen. Selbstständige verdienten durchschnittlich das Dreifache eines Arbeitnehmers. Mitte der 1960er-Jahre besaßen 1,7 Prozent der Bundesbürger 74 Prozent des Produktivvermögens (Unternehmen, Aktien). Dagegen glichen sich die Lebensstile immer weiter an: Angehörige aller Schichten nahmen am allgemeinen Massenkonsum teil, besaßen ein eigenes Auto und unternahmen Urlaubsreisen.

Das „Wirtschaftswunder" hielt bis zur Mitte der 1960er-Jahre unverändert an. In der Bevölkerung war man stolz auf den erreichten materiellen Status. Das Ziel eines „Wohlstandes für alle" schien Realität zu werden.

Willy Brandt (vormals Ernst Karl Frahm) (1913-1992): Sozialdemokrat, 1933-1945 emigriert; 1957-1966 Regierender Bürgermeister von Berlin (West); 1964-1987 Vorsitzender der SPD; 1969-1974 Bundeskanzler; erhielt 1971 den Friedensnobelpreis

Herbert Wehner (1906-1990): Mitglied der KPD in der Weimarer Republik, 1935 emigriert; 1969-1983 Vorsitzender der SPD-Fraktion im Bundestag

Herausbildung der Volksparteien Mit den Wahlerfolgen Adenauers bildete sich ein neuer Parteientypus heraus – die Volkspartei. Die CDU (und in Bayern die CSU) entwickelte sich zu einer bürgerlichen Sammlungsbewegung, die für alle großen sozialen Gruppen und Schichten wählbar war.

Nach empfindlichen Wahlniederlagen in den 1950er-Jahren wandelte sich auch die SPD zu einer modernen Volkspartei. Die Wähler hatten ihre Opposition gegen die Außen- und Wirtschaftspolitik der Regierung Adenauer nicht belohnt. Sozialdemokratische Reformer wie **Willy Brandt** und **Herbert Wehner** setzten einen Kurswechsel durch. Das Ergebnis war ein neues Parteiprogramm, das *Godesberger Programm* von 1959, welches das *Heidelberger Programm* von 1925 ablöste. An die Stelle klassenkämpferischer Ziele traten die Grundwerte Freiheit, Gerechtigkeit und Solidarität. Die SPD bekannte sich nun zur Politik der Westintegration und zur Sozialen Marktwirtschaft. Als gemäßigt linke reformistische Volkspartei vertrat sie nicht mehr nur die Interessen der Arbeiter, sondern öffnete sich neuen Wählerschichten.

Der scharfe Gegensatz zwischen Unionsparteien und SPD verschwand, Koalitionen zwischen ihnen wurden denkbar. Allein die FDP konnte sich zwischen beiden Großparteien als „dritte Kraft" behaupten, getragen von ihrer Klientel aus Akademikern und Selbstständigen. In den Jahren 1949 bis 1956 und 1961 bis 1966 war die FDP als Partner der Union an der Regierung beteiligt.

Die akzeptierte Demokratie Anders als die Weimarer Republik entwickelte sich die Bundesrepublik zu einem politisch stabilen Staat. Vor allem das „Wirtschaftswunder", der Aufbau des Sozialstaates und die Handlungsfähigkeit der Regierungen festigten die Bonner Demokratie.

1949 war die Gefahr einer politischen Radikalisierung der Bevölkerung angesichts ungesicherter wirtschaftlicher Verhältnisse, Arbeitslosigkeit, sozialer Not und eines nicht geringen Potenzials politisch Unbelehrbarer noch durchaus gegeben. Als die Besatzungsmächte Anfang 1950 den Lizenzzwang für politische Parteien aufhoben, entstanden in kurzer Zeit rund 30 neue, zumeist nationale und rechtsextremistische Parteien, deren Bestand nicht von Dauer war und die alle in Wahlen erfolglos blieben.

Nach der zweiten Bundestagswahl 1953 setzte eine Entwicklung ein, die bis Anfang der Achtzigerjahre kennzeichnend für das Parteiensystem der Bundesrepublik und die Mehrheitsverhältnisse im Bundestag blieb: Die Zahl der im Bundestag vertretenen Parteien sank stark ab, und die Stimmen für die beiden großen Gruppierungen – Unionsparteien und Sozialdemokratie – nahmen zu. CDU/CSU, SPD und FDP waren und blieben die bestimmenden politischen Parteien.

▲ **Demonstration in West-Berlin.**
Foto vom 18. Februar 1968 (Ausschnitt).
Mit Plakaten und Postern ihrer Vorbilder protestierten die Studenten 1968 gegen den Krieg in Vietnam. Die Porträts zeigen (von links nach rechts) den nordvietnamesischen Revolutionsführer Ho Chi Minh, die sozialistische Politikerin und Theoretikerin Rosa Luxemburg, den kubanischen Revolutionär Che Guevara und den Begründer des Sowjetkommunismus Lenin.

Außerparlamentarische Opposition Im Oktober 1963 trat der mittlerweile 87-jährige Gründungskanzler Konrad Adenauer zurück. Der populäre Wirtschaftsminister Ludwig Erhard wurde sein Nachfolger. Dessen Amtszeit endete jedoch bereits im November 1966, als eine relativ harmlose Wirtschaftsrezession eintrat und die Arbeitslosigkeit kurzfristig anstieg. Die Bürger wählten die neu gegründete rechtsradikale *Nationaldemokratische Partei Deutschlands* (NPD) in sieben von elf Landesparlamente.

Um der Wirtschaftskrise Herr zu werden, bildeten die Unionsparteien und die SPD eine Große Koalition unter Bundeskanzler **Kurt Georg Kiesinger** (CDU). Der Regierungskoalition stand lediglich die FDP mit nicht einmal zehn Prozent der Abgeordnetensitze im Bundestag gegenüber. Die staatlichen Konjunkturprogramme fruchteten. 1969 herrschte wieder Vollbeschäftigung bei sinkender Inflationsrate. In der Bevölkerung verbreitete sich Zuversicht.

Aus studentischen Kreisen, Intellektuellen und Teilen der Gewerkschaften bildete sich in dieser Zeit eine Bewegung, die sich als *Außerparlamentarische Opposition* (APO) zur Großen Koalition verstand. Aus ihrer Sicht bot die Opposition im Bundestag keine ausreichende demokratische Kontrolle der Regierung. Die Proteste der APO standen im engen Zusammenhang mit der zeitgleichen Zunahme an Studentenunruhen. Leitbild dieser „Neuen Linken"* waren die Politisierung und Demokratisierung aller Lebensbereiche und die Utopie von der herrschaftsfreien Gesellschaft, in der es keine Klassengegensätze und keine Ausbeutung mehr geben würde. Sie forderten eine sofortige Beendigung des Vietnam-Krieges**, eine Reform der akademischen Ausbildung hin zu mehr Mitsprache der Studenten und einer „Öffnung" der Universität für alle Bevölkerungsschichten. Denn nur wenige Studenten entstammten einem Arbeiterhaushalt.

Auch die Frauenbewegung wuchs in den 1960er-Jahren an. Sie forderte eine Gleichberechtigung von Männern und Frauen in Beruf, Familie und Bildung. In der Arbeitswelt, an Universitäten und in der Politik waren Frauen stark unterrepräsentiert.

Kurt Georg Kiesinger (1904-1988): im „Dritten Reich" Mitarbeiter des Auswärtigen Amtes und NSDAP-Mitglied; 1958-1966 Ministerpräsident von Baden-Württemberg; 1966-1969 Bundeskanzler

* Zur Auseinandersetzung der „Neuen Linken" mit dem Nationalsozialismus siehe auch S. 451.
** Zum Vietnam-Krieg siehe S. 332 f.

In der Öffentlichkeit wurde die Forderung, das Abtreibungsverbot aufzuheben, besonders kontrovers diskutiert.

Ihren Höhepunkt erreichte die APO im Jahr 1968. In diesem Jahr verabschiedete der Bundestag nach mehrjähriger Debatte die **Notstandsgesetze**. Befürworter sahen darin eine Regelung für den Krisenfall, für den sonst die Kontrollrechte der Alliierten greifen müssten. Die Gegner sahen darin jedoch eine Aushöhlung bürgerlicher Freiheiten.

Notstandsgesetze: Sie sollten im Falle eines inneren und äußeren Notstandes die Handlungsfähigkeit der Regierung sichern, indem sie die Einschränkung von Grundrechten erlaubten, darunter das Brief-, Post- und Fernmeldegeheimnis sowie die Unverletzbarkeit der Wohnung.

Spaltung und Folgen der 68er-Bewegung Unter dem Schlagwort „Mehr Demokratie wagen" startete die Regierungskoalition aus SPD und FDP unter Bundeskanzler Willy Brandt am 21. Oktober 1969 eine Politik umfassender Reformen. Die betriebliche Mitbestimmung wurde verbessert und der Sozialstaat ausgebaut, das Ehe- und Familienrecht wurde unter dem Gesichtspunkt der Gleichberechtigung der Geschlechter reformiert. Die Abtreibung wurde bis zum dritten Schwangerschaftsmonat straffrei, bei vorheriger medizinischer Beratung. Auch das Bildungswesen wurde ausgebaut. Bis 1980 wurden 24 neue Universitäten und Technische Hochschulen eröffnet. Studenten und Auszubildende mit einem geringen Einkommen der Eltern erhielten seit 1971 staatliche Unterstützung.

Mit dem Ende der Großen Koalition nach den Bundestagswahlen 1969 zerfiel auch die APO. Ein großer Teil ihrer Anhänger war mit den Maßnahmen der sozialliberalen Koalition zufrieden und fand eine politische Heimat in der SPD. Was blieb, war die Hoffnung, in einem „langen Marsch durch die Institutionen" in ferner Zukunft „das System zu überwinden". Der harte Kern der Aktivisten spaltete sich in verschiedene linksradikale Gruppen und einen terroristischen Flügel, die **Rote Armee Fraktion (RAF)**.

Rote Armee Fraktion (RAF): Die RAF verstand sich als bewaffneter Arm einer sozialistischen Bewegung, die im „Städtekampf" die Abschaffung des Kapitalismus vorantreiben wollte. Die Terrorgruppe verübte eine Serie von bewaffneten Banküberfällen und politischen Attentaten, bei denen sie bis 1994 34 Menschen töteten und über 200 zum Teil schwer verletzten.

Die „68er-Bewegung", wie sie später genannt wurde, politisierte die bundesdeutsche Gesellschaft und prägte die Einstellungen und Überzeugungen einer ganzen Generation. Neue Lebensformen, die den bürgerlichen Moralvorstellungen widersprachen, wurden erprobt; Wohngemeinschaften entstanden, und der „repressiven Sexualmoral" wurde eine freizügige Sexualität gegenübergestellt. Eine Revolution des Lebensstils unter den Gesichtspunkten der Selbstbestimmung und Selbstverwirklichung hatte stattgefunden, freilich auf der Grundlage gesicherter wirtschaftlicher und sozialer Verhältnisse.

Die Bundesrepublik wird Zuwanderungsland Der enorme wirtschaftliche Aufschwung der 1950er-Jahre führte bald zu Arbeitskräftemangel, weshalb ab 1955 ausländische Arbeitnehmer angeworben wurden. Diese Anwerbung wurde allein unter arbeitsmarktpolitischen Erwägungen verfolgt. Weder die Bundesregierung noch die Einwanderer planten, dauerhaft in der Bundesrepublik zu bleiben. Das „Rotationsprinzip" ging davon aus, dass Arbeiter nach wenigen Jahren wieder ins Heimatland gehen sollten. Deshalb wurden ausländische Arbeitnehmer „Gastarbeiter" genannt.

Sie waren als ungelernte Arbeitskräfte vor allem in der Industrie oder im Bergbau tätig und mussten dort in der Regel Akkord- und Schichtarbeit verrichten. Die Entlohnung war deutlich geringer als bei deutschen Arbeitnehmern, weshalb Unternehmen mit finanziellen Vorteilen bei der Beschäftigung ausländischer Arbeitskräfte rechneten. Die deutsche Bevölkerung begegnete den neuen Kollegen größtenteils mit Skepsis. Sprachbarrieren, kulturelle Unterschiede, eine schlechte Berufsausbildung, geringes Einkommen und die Absicht der deutschen Regierung, Ausländer nicht zu integrieren, drückten „Gastarbeiter" häufig an den Rand der Gesellschaft.

Als die wirtschaftliche Leistung während der Ölkrise 1973 sank, erwirkte die damalige sozialliberale Bundesregierung unter Bundeskanzler Willy Brandt einen Anwerbestopp. Zu dieser Zeit waren etwa 2,6 Millionen ausländische Arbeitnehmer in der Bundesrepublik beschäftigt. Weiterhin sah die Bundesregierung keine Integration der „Gastarbeiter" vor. Um die Zuwanderer zum Rückzug in die Herkunftsländer zu bewegen, wurde u.a. das Kindergeld für im Ausland lebende Kinder gekürzt. Da die genehmigten Aufenthaltszeiten immer länger wurden, holten viele Arbeitnehmer ihre Familien, die bis dahin meist in den Herkunftsländern blieben, nach. Dies war seit dem Anwerbestopp die einzige zugelassene Form der Zuwanderung.

Zudem suchten auch vermehrt Asylbewerber in der Bundesrepublik Zuflucht, die so faktisch zum Zuwanderungsland wurde.

Helmut Schmidt (1918-2015): 1961-1965 Polizei- bzw. Innensenator von Hamburg, 1967-1969 Vorsitzender der SPD-Bundestagsfraktion, 1969-1972 Verteidigungsminister, 1972-1974 Bundesfinanzminister, 1974-1982 Bundeskanzler

Erste Integrationsdebatte Die langen Aufenthaltszeiten und der erhöhte Zuzug von Kindern lenkte die Debatte zur Arbeitsmigration in den 1970er-Jahren erstmals auf Fragen zur Integration (▸M3). Um eine tragfähige Integrationspolitik zu entwickeln, schuf die sozialliberale Bundesregierung des Bundeskanzlers **Helmut Schmidt** (SPD) das Amt des „Ausländerbeauftragen" (heute: Integrationsbeauftragter). Dieses Amt hatte der ehemalige nordrhein-westfälische Ministerpräsident *Heinz Kühn* (SPD) inne, der 1979 eine umfassende Stellungnahme zur Integration der Zuwanderer vorlegte. Die politische Teilhabe sollte durch die Einführung des kommunalen Wahlrechts und den Erhalt der Staatsbürgerschaft für in der Bundesrepublik geborene Nachkommen unterstützt werden. Zudem sollte die Gleichberechtigung von Ausländern in den Bereichen Bildung, Arbeit und Wohnen gefördert werden.

Den Forderungskatalog des „Ausländerbeauftragten" erfüllte die sozialliberale Koalition jedoch nicht. Die Politik war weiterhin nicht auf eine dauerhafte Integration von Ausländern ausgerichtet.

◂ **„Wir wollen auch wählen."**
Foto vom 18. März 1979 (Ausschnitt).
Am Wahltag zum Berliner Abgeordnetenhaus demonstrierten viele „Gastarbeiter" vor den Wahllokalen der Stadt für das Kommunalwahlrecht.

Helmut Kohl (1930-2017): 1969-1976 Ministerpräsident von Rheinland-Pfalz, 1973-1998 Bundesvorsitzender der CDU, 1982-1998 Bundeskanzler

„Ausländergesetz" Mit dem Regierungsantritt **Helmut Kohls** (CDU) 1982 in einer Koalition aus FDP und CDU/CSU zielte die Migrationspolitik auf eine Abwehr der Einwanderungstendenzen. Dazu sollte die Rückkehrbereitschaft gefördert, der Anwerbestopp aufrechterhalten und der Familiennachzug eingeschränkt werden.

Ein „Ausländergesetz" wurde zwar angekündigt, doch es trat erst 1991 in Kraft. Zuwanderer mit einem ausländischen Pass erhielten damit erstmals eine Art Einwanderungsstatus. Ausländer, die bereits seit acht Jahren in der Bundesrepublik lebten, hatten die Möglichkeit, eine unbefristete Aufenthaltsgenehmigung zu erhalten. In

Ausnahmefällen konnten auch wieder Arbeitskräfte angeworben werden. Gleichzeitig widersprach die Regierung jedoch der Behauptung, dass die Bundesrepublik ein Einwanderungsland sei. Kritiker sahen in dem neuen Gesetz die Aufgabe der Integration nicht erfüllt, da Ausländern kein Wahlrecht zugesprochen wurde und sie sich vermehrt staatlichen Kontrollen unterziehen mussten.

▲ Ein Bundestagsabgeordneter der Grünen auf seinem „Dienstfahrrad".
Foto von 1983.
Der Partei Die Grünen gelingt 1983 erstmals der Sprung in den Deutschen Bundestag. Durch ihren unkonventionellen Stil setzt sie sich bewusst von den etablierten Parteien ab.

Ökologie und Frieden 1973 verknappten die arabischen ölproduzierenden Länder ihren Ölexport, was zu schlagartigen Steigerungen der Energiekosten führte. Wegen des sogenannten „Ölpreisschocks" wurden die Grenzen des Wachstums und die Ressourcenknappheit vermehrt diskutiert. Nach einer weiteren Rezession 1980 schlug die Reformeuphorie und Fortschrittsgläubigkeit in der westlichen Öffentlichkeit bald in Skepsis, Zivilisationskritik und Krisenbewusstsein um. Vor allem Angehörige der jüngeren Generation engagierten sich in der aufkommenden alternativ-ökologischen Bewegung. Gegen die fortschreitende Industrialisierung wurde eine Lebens- und Gesellschaftsform gestellt, die sich am Erhalt der Umwelt ausrichtet (▶ M4).

In der Bundesrepublik geriet Bundeskanzler Helmut Schmidt wegen des von ihm angeregten *NATO-Doppelbeschlusses** vom 12. Dezember 1970 zunehmend unter Druck in Partei und Öffentlichkeit. Die Notwendigkeit des Nachrüstens wurde bestritten. Die sich neu etablierende Friedensbewegung gewann mit Demonstrationen und Appellen Teile der verunsicherten Öffentlichkeit für sich. Die hohen Kosten des Rüstungswettlaufes und die Angst vor einem Atomkrieg, der die gesamte Menschheit vernichten könnte, bestimmten das Denken und Handeln der ansonsten sehr heterogenen Gruppe innerhalb der Friedensbewegung, die zudem auch die Skepsis gegenüber der zivilen Atomkraft verstärkte.

Die Ökologie- und Friedensbewegung mündete schließlich in die Gründung einer völlig neuen Partei: *Die Grünen*. Sie schaffte bereits 1983 mit 5,6 Prozent der Stimmen den Sprung in den Bundestag. Im Gegensatz zu den etablierten Parteien verstand sie sich anfangs noch als basisdemokratische Alternative.

Abkehr vom Nationalismus? Nach der Gründung der Bundesrepublik und der Teilung Deutschlands nahm das deutsche Nationalbewusstsein an Relevanz ab. Zum einen wirkten die nationalsozialistischen Verbrechen als Einspruch gegen nationale Bestrebungen. Zum anderen führten die Jahre des „Wirtschaftswunders" zu der Einstellung, dass wirtschaftliche Leistungsfähigkeit und staatliche Wohlfahrt nicht an den Nationalstaat gebunden waren. Für die Mehrheit der Bürger besaß die Nation seit den späten 1960er-Jahren keine Priorität mehr. Dementsprechend nahmen auch die Stimmen ab, die eine Vereinigung der Bundesrepublik und der DDR zu einem Nationalstaat forderten.

An die Stelle des Nationalismus, der als verbindende Kraft ein Zusammengehörigkeitsgefühl gestiftet hatte, trat Europa: Als attraktive Vorstellung wurde der Gedanke

* Zum NATO-Doppelbeschluss siehe S. 340.

einer politischen Zusammenarbeit und schließlich einer politischen Einheit Europas in der Bundesrepublik populär. Die wirtschaftliche Leistungsfähigkeit sahen viele ihrer Bürger auch darin begründet, dass die Bundesrepublik im europäischen Wirtschaftsraum eingebunden wurde.* Die Bundesrepublik wurde zunehmend als „postnationale Demokratie" verstanden.

Zwar wollte bis in die 1980er-Jahre keine politische Kraft in Westdeutschland explizit auf die Einheit der Nation verzichten. Allerdings ging der ernsthafte Versuch einer Erneuerung des Nationalismus nicht mehr vonseiten der Politiker aus. In den Parteien hatte man die Teilung Deutschlands akzeptiert. Mitte der 1980er-Jaher traten schließlich einzelne Stimmen in der SPD und bei den Grünen auf, die eine Abkehr von dem Fernziel „Nationalstaat" forderten.

Lediglich Vertriebenen- und Veteranenverbände versuchten noch, die Erinnerung an den Nationalstaat wachzuhalten und den Nationalismus in der Bonner Republik zu reaktivieren. Vertriebene verbanden den Nationalstaat mit der Hoffnung auf Rückkehr in die ehemaligen deutschen Gebiete, doch das Führungspersonal der Verbände wurde wegen seiner Agitation während des Nationalsozialismus von der liberalen Öffentlichkeit meist mit Skepsis betrachtet.

	erfolgt	erfolgt nicht
1960	58	32
1980	17	82
1987	3	97

▲ **Wer erwartete die Wiedervereinigung?**
Angaben (in Prozent) von Bundesbürgern nach Umfragen von Meinungsforschungsinstituten.
Nach: Deutschland Archiv 22. Jg. (1989), H. 10, S. 1139 f.

Verfassungspatriotismus Die Bonner Republik setzte anders als das Kaiserreich an der Leistungsfähigkeit des modernen Verfassungsstaates an. Statt Volkszugehörigkeit und Abstammung als Basis der politischen Teilhabe anzusehen, entwickelte sich ein republikanisches Nationsverständnis. Dieses Konzept sah das Bekenntnis zu gemeinsam geteilten politischen Werten wie Demokratie, Menschenrechte, Gewaltverzicht und Meinungsfreiheit als Grundlage staatlichen wie politischen Handelns an, welche vom Bundesverfassungsgericht 1952 als *freiheitlich-demokratische Grundordnung* definiert wurden.

Diese neue Haltung bezeichnete der einflussreiche Politikwissenschaftler *Dolf Sternberger* 1979 als *Verfassungspatriotismus*. Sternberger plädierte dafür, die nationale Einheit zu verwerfen, sofern sie auf Kosten der von der Verfassung garantierten Freiheiten entstünde (▸ M5). Der Begriff verbreitete sich schnell und wurde seitdem immer wieder bei Debatten zum nationalen Selbstverständnis herangezogen. Viele Publizisten und Politiker, darunter auch der Bundespräsident *Richard von Weizsäcker*, übernahmen ihn. Kritiker sahen dieses neue Nationalstaatskonzept dagegen als geschichtslos an und plädierten dafür, dass das Bekenntnis zur Nation auch ein emotionaler Vorgang sei, der mitunter an die Abstammung gebunden sei.

1. *Entwerfen Sie einen Brief eines „Gastarbeiters" in seine Heimat, in dem er begründet, warum er – entgegen seiner ursprünglichen Absichten – das Leben in der Bundesrepublik einer Heimkehr vorzieht. Berücksichtigen Sie auch die möglichen negativen Erfahrungen des „Gastarbeiters" und erläutern Sie seine Hoffnungen.*

2. *Diskutieren Sie, inwieweit Ihre Gegenwart von den Veränderungen seit der sozialliberalen Koalition geprägt ist.*

* Zur Europapolitik der Bundesrepublik und dem Zusammenwachsen Europas nach 1945 siehe S. 474 ff.

M1 Würdigung der Pariser Verträge

In der ersten Lesung der Pariser Verträge im Bundestag gibt Bundeskanzler Konrad Adenauer am 15. Dezember 1954 eine Regierungserklärung ab:

Das Vertragswerk macht die Bundesrepublik erst fähig, die Spaltung Deutschlands zu beseitigen und die sich mit der Wiedervereinigung stellenden Aufgaben zu bewältigen. [...] Die großen Mächte werden sich entsprechend ihren vertraglichen Verpflichtungen bei kommenden Verhandlungen für unsere Wiedervereinigung solidarisch einsetzen. [...] Ich sehe nicht, meine Damen und Herren, wie heute eine bessere Basis für die Wiedervereinigung Deutschlands gewonnen werden könnte.

Der Politiker Erich Ollenhauer, seit 1952 Vorsitzender der SPD, antwortet folgendermaßen:

In Paris ist zwar nicht schriftlich, aber tatsächlich festgelegt worden, dass neue Verhandlungen mit der Sowjetunion über das Problem der deutschen Einheit erst nach der Ratifizierung der Verträge ins Auge gefasst werden sollen. Der Herr Bundeskanzler hat sich diese These wiederholt und ausdrücklich zu eigen gemacht, auch in seiner heutigen Rede. Damit ist eindeutig der Aufrüstung der Bundesrepublik der Vorrang vor der Wiedervereinigung gegeben worden. [...] Diese Politik basiert auf der Annahme, dass ohne die Einheit des Westens erfolgreiche Verhandlungen mit der Sowjetunion nicht möglich seien und dass die Sowjetunion nach der Ratifizierung der Pariser Verträge eine größere Bereitwilligkeit zu Verhandlungen über eine für den Westen und für das deutsche Volk tragbare Lösung der europäischen und deutschen Probleme zeigen werde. [...] Aber vergessen wir nie, die Sowjetunion ist eine der vier Besatzungsmächte, und ohne ihre Zustimmung und ohne ihre Mitwirkung ist eine Wiedervereinigung Deutschlands ebenso unmöglich wie ohne die Zustimmung und die Mitwirkung der Westmächte. (*Lebhafte Zustimmung bei der SPD.*) Es kann und darf uns daher nicht gleichgültig sein, welche Konsequenzen die Sowjetunion aus einer Einbeziehung der Bundesrepublik in die NATO im Hinblick auf ihre Deutschlandpolitik ziehen wird.

Zitiert nach: Verhandlungen des Deutschen Bundestages, 2. Wahlperiode 1953-1957, Bd. 22, S. 3135ff.

1. *Analysieren Sie die beiden Redeauszüge. Welcher Bedeutung wird darin den Pariser Verträgen hinsichtlich einer möglichen Wiedervereinigung Deutschlands zugewiesen?*
2. *Bewerten Sie die Unterschiede in den außenpolitischen Positionen.*

M2 Chancen und Grenzen der Konsumgesellschaft

Der Wirtschaftshistoriker Werner Abelshauser referiert 2004 Merkmale der bundesdeutschen Konsumgesellschaft:

Überraschenderweise konnte die Konsumgesellschaft Bundesrepublik in vielem, was für sie charakteristisch geworden ist, an die Entwicklung der Dreißigerjahre anknüpfen [...]. Neu für die Fünfzigerjahre war hingegen, dass der Konsum langlebiger Gebrauchsgüter nicht mehr auf mittlere und gehobene Einkommensklassen begrenzt war, sondern mit wachsendem Realeinkommen in nahezu allen Schichten der Bevölkerung einsickerte. Für den Besitz mancher Konsumgüter wie zum Beispiel für Fernsehgeräte, Musiktruhen oder Kühlschränke spielte in der zweiten Hälfte der Fünfzigerjahre die soziale Stellung kaum noch eine bestimmende Rolle. Die „Demokratisierung des Konsums" [...] setzte sich [...] durch. Kennzeichnend für diese Entwicklung ist das Scheitern schichtspezifisch konzipierter Automobile (z. B. die „Kabinenroller" von Gutbrod, Maico oder Messerschmidt) [...] und der Siegeszug des auf technische Funktionalität und ein (käufer-) schichtübergreifendes Image angelegten Volkswagen-Käfers [...].
Das private Automobil wurde in den Fünfzigerjahren zum Schlüsselbegriff für soziales Wohlbefinden, bürgerliches Freiheitsgefühl, wirtschaftliche Erwerbschancen und gesellschaftliches Prestige. Die Konsequenzen, die sich daraus für Städtebau, Siedlungspolitik, Freizeitgestaltung, Kommunikationsverhalten, Wirtschaftsstruktur, Umwelt, ja nahezu für alle Bereiche des menschlichen Lebens ergaben, revolutionierten das Alltagsleben. [...]
In dieselbe Richtung zeigten die Herausbildung des Tourismus als Kollektivphänomen und die Expansion des neuen Massenmediums „Fernsehen". Beide ebenfalls epochemachenden Entwicklungen haben in Deutschland ihren Ursprung in den Dreißigerjahren, sodass auch hier auf eigene Erfahrungen zurückgegriffen werden konnte. [...]
Vor der generellen Verbesserung der wirtschaftlichen Lage traten andere Probleme der „Wirtschaftswunderzeit" zurück. [...] Je weiter die Motorisierung voranschritt und die Freiheit des Einzelnen zu erweitern versprach, desto mehr stiegen die sozialen Kosten einer „autogerechten" Welt, in der die Mehrheit der Bundesbürger nunmehr wohnen wollte, und verringerten sich in den Verdichtungsräumen des Straßenverkehrs die Entfaltungsmöglichkeiten des einzelnen Autofahrers. Ursprüngliche Lebensqualität schlug um in Umweltbelastung. Ähnliches gilt für den Massentourismus, dessen Reiz gerade durch die Folgen seiner steigenden Popularität und der Erschwinglichkeit von Pauschalreisen zwangsläufig Schaden nehmen musste, und für die elektronischen Medien,

deren kulturelle Problematik im vollen Maße erst in den Siebzigerjahren erkannt worden ist.
Schließlich: In dem Maße, wie die Bundesrepublik in den Fünfzigerjahren zur Industriegesellschaft par excellence geworden ist, hat sie auch deren außerordentliche Probleme in Kauf nehmen müssen. Hohe Abhängigkeit vom Weltmarkt, von Energieimporten und knappen Rohstoffen, starke Umweltbelastungen durch industrielle Emissionen und Abfälle, Zersiedelung der Landschaft durch dezentrale Industrieansiedlung oder Beschäftigungskrisen durch wirtschaftlichen Strukturwandel waren noch keine dringenden Fragen der Sechzigerjahre. Aber all diese Probleme, die die Bundesrepublik jenseits der „Grenzen des Wachstums" besonders hart trafen, sind in den Langen Fünfzigerjahren entstanden.

Werner Abelshauser, Deutsche Wirtschaftsgeschichte seit 1945, München 2004, S. 336-341

▲ **Urlaubende Bundesbürger vor Souvenirläden in Südtirol.**
Foto von 1958.

■ *Verfassen Sie einen Eintrag für ein Reisetagebuch aus Sicht eines Urlaubers.*

1. *Geben Sie die Kennzeichen der Konsumgesellschaft in der Zeit des „Wirtschaftswunders" wieder.*
2. *Erläutern Sie die Konsequenzen der Motorisierung.*
3. *Erklären Sie Folgen der „Demokratisierung des Konsums" (Zeile 12).*
4. *Beurteilen Sie aus heutiger Sicht das damalige Konsumverhalten.*

M3 Gekommen und geblieben

Im Wochenmagazin „Spiegel" erscheint 1970 ein Report über die Lebensbedingungen und die Integration der „Gastarbeiter" in der Bundesrepublik:

Der Grieche Theodoros Soulidis, 32, aus Didymóteichon in Thrakien, einem kleinen Ort nahe der türkischen Grenze, [...] verließ seine Heimat bereits 1958 [...]. Heute, zwölf Jahre später, steht er an einer Imprägniermaschine der Hamburger Firma Beiersdorf und produziert, im Drei-Schicht-Turnus, Tesakrepp – für einen monatlichen Lohn von immerhin 1100 Mark. Soulidis ist inzwischen verheiratet und hat zwei Kinder. Er wohnt in einer feuchten Kellerstube im Hamburger Stadtteil Eimsbüttel, Monatsmiete 110 Mark. Seine Frau arbeitet mit; ebenfalls bei Beiersdorf, für 800 Mark. Soulidis hat einen deutschen Fremdenpass, seine Kinder spielen mit denen der spanischen und türkischen Nachbarn. Soulidis ist in Deutschland sesshaft geworden. Um welchen Preis? Die Rückkehr nach Griechenland ist ihm versperrt („Kann ich nicht, politisch"). Soziale Aufstiegschancen in der Bundesrepublik sieht er nicht („Hab ich keine"). Beziehungen zu deutschen Kollegen hat er nicht („Die sind immer für sich"). Zu bescheidenem Wohlstand hat es bei ihm, der 3000 Mark für Wohnungsreparaturen ausgeben musste, nicht gereicht („Ich habe hier gar nichts gespart, gar nichts gemacht"). [...]
[A]ls nicht-integrierter, nicht-assimilierter Gastarbeiter, dessen Existenz die Vokabel „Gastarbeiter" Lügen straft, ist er ein Normalfall. Gastarbeiter sind in Deutschland keine Gäste. Sie bekommen nichts geschenkt, sie genießen keine Vorrechte, eingeladen sind sie nur zum Produktionsprozess. [...]
Trotz Sack und Asche, die sie aus deutschen Müllkippen zu entleeren schon gewohnt sind, bleiben immer mehr Gastarbeiter in ihrem unwirtlichen Gastland, um daheim politischen Verfolgungen, Arbeitslosigkeit, Analphabetentum ihrer Kinder zu entgehen. Insbesondere diejenigen Gastarbeiter-Familien, deren Nachwuchs bereits – wenn auch in den letzten Reihen – deutsche Schulbänke drückt, neigen zum Sesshaftwerden. Nach der letzten Repräsentativ-Erhebung der Nürnberger Bundesanstalt für Arbeit vom Herbst 1968 hielt sich jeder fünfte Gastarbeiter sieben Jahre und länger in der Bundesrepublik auf. [...]
Das wirft Probleme auf, die nur durch eine Politik mit der Zielrichtung auf soziale Integration zu lösen sind [...]. Eine sinnvolle Integrationspolitik kann nicht außer Acht lassen, dass Gastarbeiter-Neuankömmlinge Novizen der Industriegesellschaft sind: mit anderen Gewohnheiten (die landläufig

als primitiv gelten mögen) und mit anderen Fähigkeiten (die in der Leistungsgesellschaft nicht viel einbringen). Dass jemand, der beispielsweise der deutschen Sprache nicht mächtig ist und keinen Beruf gelernt hat, am unteren Ende der Sozialskala rangiert, ist so verwunderlich nicht. Nur: Dass er eine Chance bekommt, diesem Kuli-Dasein zu entrinnen – das erscheint politisch wie humanitär erforderlich angesichts der sich verstärkenden Tendenz, dass aus Gastarbeitern Dauergäste werden, Staatsbürger also vielleicht. Darauf zu warten, dass Integration irgendwie und irgendwann passiert, statt sie bewusst mit Partnern zu vollziehen, ist freilich nicht nur unsozial, sondern auch ökonomisch inkonsequent: Da die bundesdeutsche Geburtenquote rückläufig tendiert [...] und die unselbstständige Erwerbsbevölkerung stagniert, fehlen heute schon qualifizierte Gastarbeiter. Qualifizieren können sie sich nur mit deutscher Hilfe – an Arbeitsplätzen mit Weiterbildungs- und Aufstiegschancen. Diese Art von Entwicklungshilfe, auf deutschem Boden gewährt, käme nicht nur den integrationswilligen, sondern auch den zurückkehrenden Gastarbeitern – und damit ihren Heimatländern – zugute. Da aber offenbar nicht sein kann, was nicht sein darf, erhalten Staat und Gesellschaft mühsam die Fiktion aufrecht, die Beschäftigung von Nicht-Deutschen sei nur ein vorübergehendes Phänomen: Sie verhalten sich wie ein Wirt, der seinen Gästen Umsatz und Wohlstand verdankt, insgeheim aber den Tag herbeiwünscht, da er so viel vereinnahmt hat, dass er ihnen den Stuhl vor die Tür setzen kann.

„Komm, komm, komm – geh, geh, geh." Spiegel-Report über sozial benachteiligte Gruppen in der Bundesrepublik (II): Gastarbeiter, in: Der Spiegel 43/1970, S. 51-74 (stark gekürzt)

1. *Arbeiten Sie die Haltung der Bundesrepublik zur Integration von Ausländern aus dem Report heraus.*

2. *„Entwicklungshilfe auf deutschem Boden". Erläutern Sie die Argumentation des Verfassers zu Integration von „Gastarbeitern" in der Bundesrepublik.*

M4 Was ist Umweltpolitik?

Die seit 1969 regierende SPD/FDP-Koalition ist die erste deutsche Regierung, die sich ausdrücklich dem Umweltschutz verpflichtet. In ihrem Umweltprogramm von 1971 heißt es:

1. Umweltpolitik ist die Gesamtheit aller Maßnahmen, die notwendig sind,
   - um dem Menschen eine Umwelt zu sichern, wie er sie für seine Gesundheit und für ein menschenwürdiges Dasein braucht, und
   - um Boden, Luft und Wasser, Pflanzen- und Tierwelt vor nachhaltigen Wirkungen menschlicher Eingriffe zu schützen und
   - um Schäden oder Nachteile aus menschlichen Eingriffen zu beseitigen.
2. Die Kosten der Umweltbelastungen hat grundsätzlich der Verursacher zu tragen (Verursacherprinzip).
3. Die Leistungsfähigkeit der Volkswirtschaft wird bei Verwirklichung des Umweltprogramms nicht überfordert werden. Der Umweltschutz soll durch finanz- und steuerpolitische Maßnahmen sowie durch Infrastrukturmaßnahmen unterstützt werden.
4. Der Zustand der Umwelt wird entscheidend bestimmt durch die Technik. Technischer Fortschritt muss umweltschonend verwirklicht werden. [...]
5. Umweltschutz ist Sache jedes Bürgers. Die Bundesregierung sieht in der Förderung des Umweltbewusstseins einen wesentlichen Bestandteil ihrer Umweltpolitik.
6. Die Bundesregierung wird sich für ihre Entscheidungen in Fragen des Umweltschutzes verstärkt der wissenschaftlichen Beratung bedienen. Sie wird hierfür u. a. einen Rat von Sachverständigen für die Umwelt berufen.
7. Alle Umweltbelastungen und ihre Wirkungen müssen systematisch erforscht werden. Die notwendigen Forschungs- und Entwicklungskapazitäten für den Umweltschutz werden ausgebaut [...].
8. Die Möglichkeiten der Ausbildung für die Spezialgebiete des Umweltschutzes sollen, unter anderem durch interdisziplinäre und praxisbezogene Aufbaustudien an Hoch- und Fachhochschulen, vermehrt und verbessert werden.
9. Wirksamer Umweltschutz bedarf enger Zusammenarbeit zwischen Bund, Ländern und Gemeinden untereinander und mit Wissenschaft und Wirtschaft.
10. Der Umweltschutz verlangt internationale Zusammenarbeit. Die Bundesregierung ist hierzu in allen Bereichen bereit und setzt sich für internationale Vereinbarungen ein.

Drucksache VI/2710 des Deutschen Bundestages vom 14. Oktober 1971

1. *Skizzieren Sie, wie das Umweltprogramm den Zusammenhang von Natur und Technik auffasst.*

2. *Ordnen Sie die Punkte des Umweltprogramms verschiedenen Verantwortungsbereichen zu. Verantwortungsbereiche können Bürger, Wissenschaft, Staat oder Internationales sein. Gestalten Sie dazu ein Schaubild.*

3. *Vergleichen Sie das Umweltprogramm der Bundesregierung mit den Ausführungen des Wissenschaftlers Pettenkofer von 1881 (S. 107, M5) und zeigen Sie die veränderte Einstellung zu Umweltproblemen auf.*

M5 „Verfassungspatriotismus“

Der Politikwissenschaftler und Publizist Dolf Sternberger (1907-1989) veröffentlicht 1979 erneut sein bereits 1959 vorgestelltes Konzept des „Verfassungspatriotismus“. Diesmal finden seine Ausführungen innerhalb der Bundesrepublik breiten Anklang:

Patriotismus – vaterländische Gesinnung – war in aller unserer deutschen Erinnerung vorwiegend mit der Nation verbunden, ja geradezu verschmolzen, mit dem heimatlichen Land und Volk oder den heimatlichen Ländern und Völkern insgesamt [...]. Nun erhebt sich die Frage, [...] worauf sich denn der Patriotismus im deutschen Fall beziehen sollte oder beziehen könne, da doch das Deutsche Reich untergegangen ist, das deutsche Volk – oder jedenfalls das Staatsvolk dieses vormaligen Deutschen Reiches – in zwei Staaten lebt, ihre Wiedervereinigung wegen der Teilung Europas, der Teilung der Welt in eine schmerzliche und mehrdeutige Ferne gerückt ist. [...]

Da ist nun [...] die Verfassung, welche dem Patriotismus den Halt und den Gehalt verleiht oder doch verleihen soll. Es ist wohl deutlich, dass ich mit der Verfassung nicht das juristische Dokument als solches, etwa das Bonner Grundgesetz mit allen seinen 146 Artikeln, meine, welchem eine patriotische Anhänglichkeit zu widmen wäre [...]. Eher schon könnte jene „freiheitlich demokratische Grundordnung“ eine solche Anhänglichkeit wecken oder erwarten lassen, welche das Bundesverfassungsgericht seinerzeit definiert hat [...]: „eine Ordnung, die unter Ausschluss jeglicher Gewalt- und Willkürherrschaft eine rechtsstaatliche Herrschaftsordnung auf der Grundlage der Selbstbestimmung des Volkes nach dem Willen der jeweiligen Mehrheit und der Freiheit und Gleichheit darstellt.“

[...] Kann ein solches Gebilde Loyalität, Anhänglichkeit, Zuneigung, kann es Patriotismus erwecken und bewahren? Eigentlich ist es eine rhetorische Frage. Die Geschichte hat sie längst beantwortet, jedenfalls in anderen Gegenden als der unsrigen. Die Schweiz mit ihren vier verschiedenen Sprachgemeinschaften hält nicht zusammen als eine Nation; sie ist keine Nation; sie ist geeinigt durch ihre Verfassung. [...] Die Vereinigten Staaten von Amerika mit einer Bevölkerung, die aus den Ländern Europas, Asiens und Afrikas so bunt gemischt ist wie kein anderes Gemeinwesen der Welt, werden durch nichts anderes geeinigt als durch ihre Verfassung und durch die patriotischen Gefühle, die ihr, der Verfassung entgegengebracht werden.

[...] Anderwärts mag der patriotische Zusammenhang nicht ebenso entscheidend von dieser Kraft der gemeinsamen Verfassung und des gemeinsamen Lebens und Handelns in der Verfassung [...] bestimmt sein; andere Faktoren mögen mitwirken, geschichtliche Überlieferung, ausgebildete Sprachkultur, dichtere ethnische Zusammengehörigkeit [...]. Aber ich wünschte umso mehr und gerade deswegen, dass wir unseren Platz in dieser unserer Verfassung einnehmen, dass wir mit Krallen und Zähnen daran festhalten, dass wir nicht leichtsinnig und weichmütig etwa die Sicherung wegwerfen oder auch nur wegschieben, in der Erwartung, die Freiheit selber in der Hand behalten zu können. [....] Dass wir uns auch nicht versuchen lassen, auszuziehen aus der Verfassung um der Nation und ihrer Vollständigkeit willen. Ich wünschte zudem, dass wir der Verfassung unsere Anhänglichkeit auch bezeugten. Verfassungsfeinde haben wir kennengelernt. Kennen wir auch die Verfassungsfreunde? Ich wünschte, die Gelegenheit und der Wille fänden sich, dass auch die Verfassungsfreunde einmal auf die Straße gingen und die Demonstrierdemokraten beschämten durch die Macht ihres Patriotismus.

Zitiert nach: Dorothea Weidinger (Hrsg.), Nation – Nationalismus – Nationale Identität, Bonn 2002, S. 86-87

1. *Geben Sie in eigenen Worten wieder, was Sternberger unter „Verfassungspatriotismus“ versteht.*
2. *Stellen Sie Sternbergers Patriotismus dem Patriotismus Siebenpfeiffers (S. 23, M1) gegenüber und erläutern Sie die Unterschiede.*
3. *Viele Journalisten, Intellektuelle und Politiker beriefen sich auf Sternbergers Konzept. Beurteilen Sie, ob das Bekenntnis zum „Verfassungspatriotismus“ dem politischen Ziel der Deutschen Einheit entgegen- oder zuwiderläuft.*

Sozialistischer Gegenentwurf zur Bundesrepublik – die DDR

Lesetipps:
- *Ilko-Sascha Kowalczuk, Die 101 wichtigsten Fragen – DDR, München 2009*
- *Klaus Schroeder, Die DDR. Geschichte und Strukturen, Stuttgart 2011*

Die Suche nach Legitimität Von der Gründung an grenzte sich die DDR gegenüber der Bundesrepublik ab. Die herrschende Staatspartei – die SED – verstand die DDR als „antifaschistisches Bollwerk", als Friedensstaat und als sozialistischen Staat, der damit in besonderem Maße als Wohlfahrtsstaat den Menschen diente. Die Parteiführung der SED stellte sich in die Nachfolge des kommunistischen Widerstandes gegen den Nationalsozialismus und machte diesen zum „Gründungsmythos" der DDR.*

Zudem grenzte die von Politik und Presse hervorgehobene Friedensliebe der DDR den jungen Staat sowohl von der deutschen Vergangenheit als auch von den als imperialistisch verstandenen Nachbarn in der Bundesrepublik ab (▸ M1). Doch ließ die SED nur ihre eigene Vorstellung von Friedenspolitik gelten. Sie bekämpfte die Mitglieder der Friedensbewegung im eigenen Land als Staatsfeinde. Das Verweigern des Wehrdienstes war nicht gestattet.

▼ **„10 Jahre in Volkes Hand."**
Plakat (59,5 x 84 cm) von 1956.
- *Beschreiben Sie das Plakat.*
- *Analysieren Sie das staatliche Selbstverständnis der DDR anhand des Plakates.*

„Soziale Revolution" von oben Im Rahmen einer Bodenreform schlossen sich Bauern seit 1952 unter staatlichem Druck in *Landwirtschaftlichen Produktionsgenossenschaften* (LPGs) zusammen. Zum „planmäßigen Aufbau des Sozialismus" gehörte auch der Ausbau der **Volkseigenen Betriebe**, die bereits rund 80 Prozent zur industriellen Produktion beisteuerten. Damit einher ging die Enteignung und politische Verfolgung der bürgerlichen Mittelschichten, die als private Unternehmer, kleine Handels- und Gewerbetreibende eigentlich eine wichtige Stütze für die ostdeutsche Wirtschaft bildeten. Durch eine extrem hohe Besteuerung und bürokratische Gängeleien wurde ihre berufliche Existenz vielfach vernichtet. Ohne Rücksicht auf die wachsenden Versorgungsengpässe für die Bevölkerung erfolgte eine einseitige Förderung der Schwerindustrie und der für Militär und Rüstung produzierenden Betriebe, verbunden mit einer Erhöhung der geforderten Arbeitsleistung. Der Ausbau von „nationalen Streitkräften" wurde wiederum durch Steuererhöhungen und Einsparungen im sozialen Bereich finanziert.

▸ **Geschichte In Clips:** Zur Wirtschaft in der Frühphase der DDR siehe Clip-Code **4673-32**.

Die weitgehende Abschaffung des Privateigentums an den Produktionsmitteln und die Einrichtung eines Wirtschaftssystems, das nicht Marktgesetzen, sondern dem von der Partei vorgegebenen Plan folgte, empfanden die Führer der SED als ihre historische Mission.

Die Planwirtschaft** hatte anfangs durchaus Erfolge aufzuweisen: Es gelang unter schwierigsten Startbedingungen, die Lebensverhältnisse der Menschen allmählich zu verbessern. Gleichzeitig wurden Einkommensunterschiede eingeebnet. Trotzdem fiel der Lebensstandard gerade im Vergleich zur Bundesrepublik immer weiter zurück.

Volkseigener Betrieb (VEB): Industrie- oder Dienstleistungsbetrieb, der aus Enteignung oder Verstaatlichung hervorging und formal im Besitz des Volkes war. VEBs wurden im Rahmen der Planwirtschaft von der Staats- und Parteiführung zentral gesteuert.

* Zum antifaschistischen Selbstbild der DDR siehe S. 445 f.; zu Mythen in der Geschichte siehe S. 171 (Anm.) und S. 546.
** **Planwirtschaft**: Siehe S. 177.

Herrschaft ohne demokratische Legitimität Der antikapitalistische Staat sei demokratischer als die westlichen, sogenannten „bürgerlichen" Verfassungsstaaten, denn er garantiere, so erklärte es SED-Chef *Walter Ulbricht*, die Bedingungen realer Freiheit, weil „die politische Herrschaft fest in den Händen der Arbeiterklasse und ihrer Verbündeten" liege.

Gemäß der **marxistisch-leninistischen** Staatslehre galt das Herrschaftsmonopol der Partei. In freien Wahlen hatte die SED allerdings nie eine Mehrheit erhalten. Über eine demokratische Legitimität verfügte sie zu keinem Zeitpunkt. Und auch eine Abwahl war nicht möglich: Die „bürgerlichen" Parteien Ost-CDU und *Liberal-Demokratische Partei Deutschlands* (LDPD) mussten in ihren Satzungen „die führende Rolle der SED als der Partei der Arbeiterklasse" anerkennen. Außerdem gehörten der Volkskammer auch Vertreter der Massenorganisationen an, z. B. des *Freien Deutschen Gewerkschaftsbundes*, die ebenfalls SED-Mitglieder waren. Zusammen mit dem System der „Einheitsliste" war die dauerhafte Herrschaft der SED damit garantiert, das Wahlrecht der DDR war demokratisch unglaubwürdig.

Marxismus-Leninismus: Gesellschaftstheorie nach den Lehren von Karl Marx (1818-1883) und Wladimir I. Lenin (1870-1924). Ihr zufolge soll eine revolutionäre Partei die fortschrittlichen Kräfte eines Landes vereinen und der Arbeiterklasse zur Herrschaft verhelfen, notfalls mit Gewalt.

▲ **Erfolge des ersten Fünfjahresplans.**
Plakat (84 x 59,5 cm) von 1952. Mit dem ersten Fünfjahresplan von 1951 bis 1955 sollten die Industrieproduktion verdoppelt und die Folgen von Kriegszerstörung, Demontage und Reparationen beseitigt werden. Die Planziele wurden – anders als bei späteren Plänen – im Wesentlichen erreicht und zur Propaganda genutzt.

Machtsicherung nach sowjetischem Vorbild Neben der Beseitigung eines freien Wahlrechts beschritt die SED zur Durchsetzung ihres Machtmonopols mehrere Wege in Etappen:

- Innere Umgestaltung der SED zu einer „Partei neuen Typus": Nach dem Vorbild der KPdSU galt der „demokratische Zentralismus", also die strikte Herrschaftsausübung von oben nach unten ohne innerparteiliche Demokratie. Abweichler wurden ihrer Parteifunktionen enthoben oder verhaftet.
- Unterordnung der Justiz unter die Partei: Im Justizapparat platzierte die SED zuverlässige Parteigänger und nutzte das Strafrecht zur Bekämpfung ihrer Gegner. Inszenierte (Schau-)Prozesse liefen nach Anweisungen der SED-Führung ab. Die Zahl der politisch Verfolgten in 40 Jahren DDR wird auf 150 000 bis 200 000 geschätzt.
- Missbrauch des Zivil-, Familien- und Arbeitsrechts: Um Andersdenkende, Kritiker oder Systemgegner einzuschüchtern, wurden Schulabschlüsse, die Berufsausbildung, der berufliche Aufstieg von Menschen verhindert, die unliebsam aufgefallen waren. Ihnen wurden die Wohnungszuteilung oder die Reiseerlaubnis versagt, der Personalausweis entzogen oder der Arbeitsplatz gekündigt. Wer sich nicht öffentlich zur Partei bekannte, verlor seine Karrierechancen, blieb aber in aller Regel unbehelligt. Wer aber als Dissident oder Regimegegner aufgefallen war, dem drohten Berufsverbot, Ausbürgerung oder Haft unter menschenrechtswidrigen Bedingungen.

▸ **Geschichte In Clips:** Zum Volksaufstand vom 17. Juni 1953 siehe Clip-Code **4673-33**.

Lesetipp:
Ilko-Sascha Kowalczuk, 17. Juni 1953, München 2013

- Allgegenwart der Geheimpolizei: Das *Ministerium für Staatssicherheit* (MfS; umgangssprachlich *Stasi*) baute einen gigantischen Überwachungsapparat auf. Am Ende der SED-Diktatur verfügte das MfS über 91 000 hauptamtliche Mitarbeiter und rund 189 000 Zuträger (Spitzel) in der Bevölkerung. Ein *Inoffizieller Mitarbeiter* (IM) kontrollierte im Durchschnitt 89 Einwohner. Genutzt wurden alle Mittel: Beschattung, Festnahmen und psychische „Zersetzung" von Zielpersonen (▸ M2).

▲ **Aufstand.**
Foto vom 17. Juni 1953 (Ausschnitt).
Am 17. Juni 1953 versammelten sich in der ganzen DDR Arbeiter zu Protesten gegen das Regime. Hier zerstören einige ein Grenzschild zum Westsektor Berlins vor dem „Haus der Ministerien" – ein monumentales Gebäude, in dem die DDR 1949 offiziell gegründet wurde.

Vom Arbeiterprotest zum Volksaufstand ■ Die Wirtschaft der DDR rutschte 1952 in eine Krise. Immer mehr Menschen flüchteten nach West-Berlin und in die Bundesrepublik, worauf die SED-Führung mit verstärkten Repressionen gegen Selbstständige und Privateigentümer reagierte und kleinste „Wirtschaftsvergehen" wie „Bummeln am Arbeitsplatz" streng ahndete. Die Zahl der Gefängnisinsassen stieg zwischen Juli 1952 und Mai 1953 von 31 000 auf 66 000 an.

Als im Mai 1953 auch die Arbeitsnormen um 10,3 Prozent angehoben wurden, kam es in mehreren Städten zu Warnstreiks, Bauern traten aus den LPGs aus und vielerorts wurde vor Gefängnissen demonstriert. Auch die sowjetische Führung war beunruhigt von der ökonomischen Situation sowie der Stimmungslage in der DDR und versuchte – Stalin war am 5. März 1953 gestorben –, die Lage zu entschärfen.

Nach Absprache mit der UdSSR verkündete die SED-Führung am 11. Juni 1953 den sogenannten „Neuen Kurs": Private Produzenten sollten gefördert, geflüchtete Bauern und Selbstständige zurückgerufen und verhaftete „Wirtschaftsverbrecher" entlassen werden. Doch die Erhöhung der Arbeitsnormen wurde nicht zurückgenommen, was Empörung in der Arbeiterschaft und weiten Teilen der Bevölkerung auslöste. Am 16. Juni protestierten Ost-Berliner Bauarbeiter gegen die Normenerhöhung. Fast alle Betriebe in Berlin schlossen sich an. Die Demonstranten verlangten freie Wahlen, den Sturz der Regierung und kündigten einen Generalstreik an. Jetzt nahm die SED-Führung die Normenerhöhung zurück, doch innerhalb weniger Stunden weitete sich am 17. Juni die Streikwelle zu einem landesweiten Aufstand der Bevölkerung gegen die SED aus. In über 700 Städten und Ortschaften beteiligten sich rund eine halbe Million Menschen an Demonstrationen, besetzten öffentliche Gebäude, Parteibüros und Dienststellen der Staatssicherheit, stürmten Gefängnisse und befreiten über 1300 Häftlinge. Mehr als 1 000 Betriebe streikten.

Die sowjetische Besatzungsmacht verhängte das Kriegsrecht und walzte mit Panzern den Aufstand nieder. Über 13 000 Menschen wurden festgenommen, 1 800 von DDR-Gerichten verurteilt und 20 Todesurteile wurden verhängt. Hunderte wurden in Lager nach Sibirien verbracht oder mussten hohe Zuchthausstrafen absitzen. Auch zahlreiche Parteifunktionäre verloren ihre Ämter. Eine zweite Säuberungswelle verordnete Ulbricht nach dem gescheiterten Aufstand gegen die sowjetische Unterdrückung in Ungarn im Oktober 1956. Obwohl die SED ihre Macht retten und weiter festigen konnte, blieb der angeblich vom Westen gesteuerte „faschistische Putsch" das Trauma der Parteiführung. Auf der anderen Seite hatte die Bevölkerung die bittere Erfahrung machen müssen, dass Widerstand gegen das eigene Regime aussichtslos war, solange die Sowjetunion dessen Existenz garantierte.

Konsumfreundliche Wirtschaftspolitik ■ Seit 1954 verbesserten sich die Lebensverhältnisse in der DDR spürbar. Die Sowjetunion verzichtete auf weitere Reparationen und ließ viele Wissenschaftler und Techniker nach Ostdeutschland heimkehren, die bis dahin in der UdSSR hatten arbeiten müssen. Die SED nahm Korrekturen in der Wirtschaftspolitik vor. So konnte die Industrie in die Produktion von chemischen Grundstoffen, Kunststoff- und Aluminiumerzeugnissen investieren („Plaste und Elaste"). Metallverarbeitung und Hochseeschiffbau wurden zu neuen Industriezweigen. Die Versorgung der Bevölkerung mit Konsumgütern machte erkennbare Fortschritte und Lohnerhöhungen wurden gewährt.

Mit einer konsumfreundlicheren Planwirtschaft als bislang erreichte die SED eine Konsolidierung des Regimes. Als unmittelbares Indiz ging die Zahl der Flüchtlinge in den Westen 1959 auf unter 150 000 zurück, den niedrigsten Stand seit Gründung der DDR. Verdiente Arbeitskräfte wurden als „Helden der Arbeit" ausgezeichnet, erhielten Vergünstigungen und konnten die vom Staat kontrollierten Ferienanlagen an der Ostsee nutzen. Für die überwiegende Mehrheit gab es indes noch keine Möglichkeit für Reisen und Tourismus.

Monat	Personen
Januar	16 697
Februar	13 576
März	16 094
April	19 803
Mai	17 791
Juni	19 198
Juli	30 415
August	47 433
Gesamt	*181 007*

▲ **Fluchtbewegung aus der DDR und dem Ostsektor von Berlin im Jahr 1961.**
1961 zählte die DDR noch 17,1 Millionen Einwohner. Von 1949 bis August 1961 verließen rund 3,85 Millionen Bürger die DDR. Etwa die Hälfte der Flüchtlinge in den letzten Jahren war unter 25 Jahre alt.
Nach: Hans-Hermann Hertle, Die Berliner Mauer. Monument des Kalten Krieges, Bonn 2007, S. 31

■ *Die Flucht aus der DDR wurde eine „Abstimmung mit den Füßen" genannt. Erklären Sie die Aussage.*

Massenflucht Die SED gab auf dem V. Parteitag 1957 das Ziel aus, Lebensstandard und Konsum in der DDR sollten bis 1961 das Niveau Westdeutschlands erreichen und übertreffen. Die Bundesrepublik „überholen ohne einzuholen", lautete Ulbrichts Formel. Um den „Aufbau des Sozialismus" zu beschleunigen, wurden seit 1959 alle restlichen bäuerlichen Betriebe in LPGs gezwungen. Bei der Kollektivierung von Handels- und Handwerksbetrieben blieb ein geringer Teil in privater Hand.

Als Folge der Kollektivierungen traten 1960 erneut Versorgungsprobleme auf und die Wirtschaft stagnierte. Kritik der Beschäftigten nahm die Regierung nicht zur Kenntnis. Die Unzufriedenheit in der Bevölkerung wuchs, was sich in der Zunahme an Arbeitsniederlegungen und Flüchtlingen zeigte.

Eine zweite Ursache der gestiegenen Flüchtlingszahlen war die seit 1958 schwelende zweite Berlin-Krise.* Wegen der internationalen Spannungen befürchteten viele unzufriedene, zumeist jüngere und gut qualifizierte DDR-Bürger die baldige Schließung des Fluchtweges über West-Berlin, weshalb seit Juni 1961 täglich etwa tausend DDR-Bürger flohen.

Mauerbau Ulbricht fürchtete einen neuerlichen Volksaufstand sowie einen wirtschaftlichen Kollaps. Nach Abstimmung mit dem sowjetischen Parteichef Nikita Chruschtschow** ließ er deshalb am 13. August 1961 eine Mauer entlang der Berliner Sektorengrenze errichten; Sperranlagen an der innerdeutschen Grenze wurden mit Beton, Stacheldraht, Minen und Selbstschussanlagen zu einem todbringenden Sicherheitssystem ausgebaut. Beim Versuch, trotz des „antifaschistischen Schutzwalls" zu fliehen, verloren bis 1989 über 700 Menschen ihr Leben, Tausende wurden schwer verletzt. Im selben Zeitraum wurden 71 000 Bürger als „Staatsfeinde" oder wegen „versuchter Republikflucht" zu langen Haftstrafen verurteilt.

◀ **Sprung in die Freiheit.**
Foto von Peter Leibing vom 15. August 1961 (Ausschnitt). Ein 19-jahriger Volkspolizist flüchtet von Ost- nach West-Berlin. Das Foto zählt zu den Ikonen der Fotografie; siehe dazu S. 387.

▶ **Geschichte In Clips:** Zum Mauerbau siehe Clip-Code **4673-34**.

* Zur Berlin-Krise siehe S. 331.
** **Nikita Chruschtschow**: Siehe S. 326.

„Nischengesellschaft“ Vordergründig stabilisierten sich für annähernd 30 Jahre die inneren Verhältnisse. Dennoch behielt die große Mehrheit der Bevölkerung innere Distanz zur Regierung. Da eine Flucht nahezu ausgeschlossen war, mussten sich die DDR-Bürger mit dem Regime arrangieren. Die meisten versuchten, das Beste aus ihrer Lage zu machen, arbeiteten hart und suchten nach persönlichen Freiräumen und Nischen. Die *„Nischengesellschaft“* stiftete Solidarität zwischen den gegängelten Bürgern; vielfach bestimmten aber auch Neid, Unaufrichtigkeit und Misstrauen ihre Beziehungen untereinander als Folge von Bespitzelung und Überwachung.

Im Gegenzug zu dem erzwungenen Arrangement der Bevölkerung mit der DDR seit dem Bau der Mauer lockerte das Regime seine Haltung. Die 1962 eingeführte Wehrpflicht konnte nach Forderungen der evangelischen Kirche auch ohne Waffe (*„Bausoldaten“*) abgeleistet werden, West-Berliner durften nun ihre Angehörigen im Ostteil der Stadt besuchen und seit 1964 wurde Rentnern der Besuch von Verwandten im Westen gestattet. Im Zuge der in der Sowjetunion seit Mitte der 1950er-Jahre eingeleiteten **Entstalinisierung** rehabilitierte die DDR auch Abweichler in den eigenen Reihen und gewährte für etwa 15 000 politische Gefangene Amnestie.

Entstalinisierung: Abkehr der sowjetischen Führung von der Politik Stalins seit dessen Tod 1953. Unter dem neuen Parteichef Chruschtschow distanzierte sich die UdSSR von der Person Stalins, seiner Alleinherrschaft und seiner Wirtschaftspolitik. Kritiker kamen zu Wort, die Gefangenenlager (GULag) wurden aufgelöst, die Bevormundung der Ostblockstaaten ließ nach („Tauwetter“). Die Verbrechen der Stalin-Ära (1927-1953) durften erwähnt werden, wurden aber nicht aufgearbeitet.

Sozialistisches Selbstbewusstsein Die wirtschaftliche Stärke der DDR und die geografische Lage an der Außengrenze der beiden politischen Blöcke machte die DDR zum wichtigsten Partner der Sowjetunion innerhalb des Ostblocks. Der Lebensstandard war zudem höher als in allen anderen Ostblockländern. Selbstbewusst platzierte das Regime sich selbst innerhalb der zehn wirtschaftsstärksten Industrienationen der Welt. Eine neue Verfassung hielt 1968 nicht nur den Führungsanspruch der SED fest, sondern definierte die DDR als „sozialistischen Staat deutscher Nation“. Walter Ulbricht behauptete zudem, die DDR sei als Modell für alle Gesellschaften im Übergang vom Kapitalismus zum Kommunismus geeignet. Damit stellte er indirekt die Führungsrolle der Sowjetunion infrage.

Weil Ulbricht schließlich ohne Absprache mit Moskau die wirtschaftlichen Beziehungen mit der Bundesrepublik fördern wollte, enthob ihn die SED-Parteiführung nach Rücksprache mit der KPdSU 1971 seiner Ämter. Der neue Chef der SED war **Erich Honecker**, der die Führungsrolle der UdSSR ohne Vorbehalt anerkannte. Die SED sprach nun vom „real existierenden Sozialismus“, der in allen Staaten unter kommunistischer Führung erreicht sei. Damit beanspruchte die DDR keine Sonderrolle mehr.

Erich Honecker (1912-1994): kommunistischer Politiker, baute nach 1946 die Jugendorganisation der SED, die „Freie Deutsche Jugend“, auf. 1961 organisierte er den Bau der Berliner Mauer. Ab 1971 Nachfolger Ulbrichts als SED-Chef; 1976-1989 Staatsratsvorsitzender der DDR.

Die „Einheit von Wirtschafts- und Sozialpolitik“ Erich Honecker prägte als neues Leitmotiv die „Einheit von Wirtschafts- und Sozialpolitik“. In der DDR sollte eine sozialistische Wohlstandsgesellschaft entstehen, in der bessere Lebensverhältnisse des Normalbürgers hohe politische Priorität genossen.

Tatsächlich verbesserte sich der Lebensstandard. In der ersten Hälfte des Jahrzehntes stieg die Industriegüterproduktion, die jetzt mehr den Konsum befriedigte, um etwa 30 Prozent. Der Durchschnittslohn der Arbeiter und Angestellten erhöhte sich bis 1980 von 755 auf 1 030 DDR-Mark. Mit sozialen Vergünstigungen versuchte die SED-Führung, die Bevölkerung positiv zu stimmen: Die Mindestlöhne und Renten wurden erhöht, Leistungslöhne gezahlt, mehr Urlaubstage gewährt und die 40-Stunden-Woche eingeführt. Subventionen garantierten zudem stabile und niedrige Preise für Mietwohnungen, Strom und Wasser, Grundnahrungsmittel, Bus- und Bahntarife.

Zahlreiche sozialpolitische Maßnahmen machten es Frauen möglich, Familie und Beruf miteinander zu vereinbaren: Ausbau des Schwangerschaftsurlaubes für berufstätige Mütter auf 26 Wochen bei voller Lohnfortzahlung, Schaffung eines „Babyjahres" – der anfangs unbezahlte, später bezahlte Urlaub für Mütter im ersten Jahr –, Ausbau der Kinderbetreuung in Krippen und Kindergärten, Zahlung von Geburtenprämien. Allerdings brachte dies den Frauen keine wirkliche Gleichberechtigung. Sie versorgten trotz voller Berufstätigkeit meist überwiegend allein Haushalt und Kinder, ihr durchschnittliches Einkommen lag unter dem der Männer und Führungspositionen blieben ihnen weitgehend verschlossen.

Im kulturellen Bereich zeigte sich die SED-Führung großzügiger und den Wünschen der jungen Generation gegenüber offener. Westliche Beat-Musik durfte gespielt werden, die begehrten Blue-Jeans wurden importiert oder in volkseigener Produktion angeboten. Ihren Kampf gegen lange Haare und kurze Röcke stellte die SED ein. Die kulturpolitische Öffnung führte zu einer Blüte in Literatur, Musik und Kunst. 1972 sorgte die Premiere von *Ulrich Plenzdorfs* „Die neuen Leiden des jungen W." für Aufsehen, da sich viele Jugendliche mit dem rebellischen Protagonisten, dem 17-Jährigen DDR-Bürger Edgar Wibeau, identifizierten, dessen alltägliche Probleme sie nachempfinden konnten (▸ M3). Die Liberalisierung der Kulturpolitik endete 1976 mit der Ausbürgerung des kritischen sozialistischen Liedermachers *Wolf Biermann*. Wer es jetzt noch wagte, die DDR offen zu kritisieren, wurde mit Auftrittsverboten belegt, was eine stetige Auswanderung von Künstlern und Schriftstellern in die Bundesrepublik nach sich zog. Dennoch griff das Regime insgesamt weniger in die Privatangelegenheiten der Menschen ein und duldete beispielsweise, dass die Bürger regelmäßig das verbotene Westfernsehen einschalteten.

Durch den gestiegenen Lebensstandard und die gewährten Freiheiten sicherte sich die SED-Führung ein gewisses Maß an Zustimmung der Bevölkerung. Doch für viele Bürger der DDR blieb die Bundesrepublik der einzig akzeptierte Maßstab. Dieses Niveau konnte die Planwirtschaft der SED nicht erreichen (▸ M4).

▸ **Geschichte In Clips:**
Zur Jugend in der DDR siehe Clip-Code **4673-35**.

Internettipp:
*Eine Inhaltsangabe von „Die neuen Leiden des jungen W." finden Sie unter Code **4673-36**.*

▲ **Kinderkrippe in Vetschau bei Cottbus.**
Foto um 1970 (Ausschnitt). Um beiden Elternteilen die Berufstätigkeit zu ermöglichen, wurden Krippen- und Kindergartenplätze systematisch ausgebaut. Die Kinderkrippe auf dem Bild liegt in unmittelbarer Nähe des Braunkohlekraftwerkes Vetschau, das zum größten Schadstoffemittenten der DDR wurde.

1. *Nennen Sie die Chancen, die die „Nischengesellschaft" den einzelnen Bürgern in der DDR bot.*
2. *Setzen Sie die wirtschaftliche Entwicklung und die Fluchtbewegungen in Beziehung.*

M1 Aus dem Lexikon

Unter dem Stichwort „Bundesrepublik Deutschland" steht in einem Nachschlagewerk der DDR Folgendes:

Bundesrepublik Deutschland (BRD): imperialistischer Staat; Hauptverbündeter der USA in Europa, Mitglied der Nordatlantikpaktorganisation und der Europäischen Wirtschaftsgemeinschaft. Die BRD entstand im Ergebnis imperialistischer Spaltungspolitik aus den ehemaligen westlichen Besatzungszonen Deutschlands (7.9.1949) unter Bruch des Potsdamer Abkommens, gegen den Willen des Volkes, um die Herrschaft der Monopolbourgeoisie[1] in einem Teil des ehemaligen Machtbereiches des deutschen Imperialismus zu erhalten und als antikommunistischen Stoßkeil gegen die UdSSR und die anderen sozialistischen Staaten Europas auszunutzen. Mithilfe amerikanischer Kredite und durch die Unterstützung des internationalen Finanzkapitals wurde die Macht des Imperialismus wiederhergestellt.
[...] Die BRD ist ein hochindustrialisiertes Land [...]. Die Wirtschaft wird von westdeutschen und ausländischen Monopolen beherrscht. [...] Die Klassenstruktur ist durch eine ausgeprägte Polarisierung gekennzeichnet: Der unversöhnliche Widerspruch zwischen Bourgeoisie und Arbeiterklasse hat sich zu einem Antagonismus[2] zwischen der kleinen Schicht der Monopolbourgeoisie und allen nichtmonopolistischen Klassen und Schichten ausgeweitet.
[...] Der Macht des Monopolkapitals in der BRD ist das Streben nach Beseitigung des Sozialismus in der DDR und in anderen sozialistischen Ländern Europas immanent[3].

Unter dem Stichwort „Deutsche Demokratische Republik" heißt es:

Deutsche Demokratische Republik (DDR): sozialistischer deutscher Staat, in dem die von der marxistisch-leninistischen Partei, der Sozialistischen Einheitspartei Deutschlands, geführte Arbeiterklasse im Bündnis mit der Klasse der Genossenschaftsbauern, der Intelligenz und den anderen werktätigen Schichten die Macht ausübt. Sie wurde am 7.10.1949 gegründet. [...]
Die Gründung der DDR bedeutete die Erfüllung des Vermächtnisses der revolutionären deutschen Arbeiterbewegung und der antifaschistischen Kämpfer gegen die faschistische Diktatur. Mit der Gründung der DDR entstand erstmals ein deutscher Staat, dessen Weg voll und ganz von den Gesetzmäßigkeiten des gesellschaftlichen Fortschritts bestimmt wird. Sie wurde vorbereitet durch die antifaschistisch-demokratische Umgestaltung [...] in der damaligen sowjetischen Besatzungszone Deutschlands. Die Schaffung der DDR und ihre Entwicklung zum souveränen sozialistischen deutschen Staat bedeutet eine schwere Niederlage des Imperialismus, weil ihm hier mit der Machtübernahme durch die Arbeiterklasse für immer seine Machtpositionen entzogen wurden. Mit dem Sieg der sozialistischen Produktionsverhältnisse in allen Bereichen der Volkswirtschaft wurden die Ausbeutung des Menschen durch den Menschen und die Quellen für eine Restauration des Kapitalismus beseitigt. Außerdem ist infolge der Existenz und Stärke der Sowjetunion und der festen Verankerung der DDR in der sozialistischen Staatengemeinschaft die Möglichkeit ausgeschaltet, durch äußere Gewalt die Macht der Arbeiterklasse zu stürzen und die Herrschaft der imperialistischen Bourgeoisie wiederherzustellen.

Erster Text: Kleines Politisches Wörterbuch, herausgegeben von Gertrud Schütz u.a., Berlin [5]1986, S. 147-149
Zweiter Text: Kleines Politisches Wörterbuch, a.a.O., S. 176 f.

1. *Ordnen Sie den beiden deutschen Staaten die Schlüsselwörter zu, die das Lexikon verwendet, und kennzeichnen Sie Auf- und Abwertungen.*
2. *Überprüfen Sie die Aussagen zur Gründung der Bundesrepublik im ersten Text auf ihre Stichhaltigkeit.*
3. *Diskutieren Sie die im zweiten Lexikonartikel beschriebene Legitimation der DDR.*

[1] **Bourgeoisie**: Besitzbürgertum; siehe Glossar
[2] **Antagonismus**: Widerstreit, Gegensatz
[3] **immanent**: innewohnend, charakteristisch

M2 Richtlinien für „Operative Vorgänge"

1976 werden im Ministerium für Staatssicherheit (MfS) folgende Richtlinien in Umlauf gebracht:

2.3.4 Das Herausbrechen von Personen [...]
Das Herausbrechen ist darauf zu richten, Personen aus feindlichen Gruppen für eine inoffizielle Zusammenarbeit zu werben, um dadurch in die Konspiration der Gruppe einzudringen und Informationen und Beweise über geplante, vorbereitete oder durchgeführte Handlungen sowie Mittel und Methoden ihres Vorgehens zu erarbeiten, Anknüpfungspunkte und Voraussetzungen für eine notwendige Paralysierung[1] und Einschränkung der feindlichen Handlungen bzw. zur Auflösung der Gruppen zu schaffen. [...]
2.6.1 Zielstellung und Anwendungsbereiche [...]
Maßnahmen der Zersetzung sind auf das Hervorrufen sowie

[1] **Paralysierung**: Lähmung

die Ausnutzung und Verstärkung solcher Widersprüche bzw. Differenzen zwischen feindlich-negativen Kräften zu richten, durch die sie zersplittert, gelähmt, desorganisiert und isoliert und ihre Handlungen einschließlich deren Auswirkungen vorbeugend verhindert, wesentlich eingeschränkt oder gänzlich unterbunden werden. [...]

2.6.2 Formen, Mittel und Methoden [...]

Bewährte Formen sind:

- systematische Diskreditierung des öffentlichen Rufes, des Ansehens und des Prestiges [...];
- systematische Organisierung beruflicher und gesellschaftlicher Misserfolge zur Untergrabung des Selbstvertrauens einzelner Personen;
- zielstrebige Untergrabung von Überzeugungen [...];
- Erzeugen von Misstrauen und gegenseitigen Verdächtigungen innerhalb von Gruppen [...].

Zitiert nach: Matthias Judt (Hrsg.), DDR-Geschichte in Dokumenten, Berlin 1997, S. 471

1. *„Herausbrechen“ und „Zersetzen“: Erläutern Sie die eigentliche Bedeutung dieser Begriffe und ihre Verwendung durch das MfS.*

2. *Erklären Sie, wie die Maßnahmen des MfS das Leben einzelner DDR-Bürger verändern konnten. Nehmen Sie als Beispiel eine Medizinstudentin, die in einer Friedensgruppe aktiv ist, und nennen Sie konkrete Beispiele für einzelne Maßnahmen.*

M3 „Nicht immer alles nach Plan“

Im Mai 1972 in Halle (Saale) uraufgeführt, erreicht das von Ulrich Plenzdorf verfasste Bühnenstück „Die neuen Leiden des jungen W.“ bald Kultstatus. Der Titel ist an Goethes „Die Leiden des jungen Werther“ angelehnt – das auch vom Protagonisten gelesen wird. Im Sprachstil von Jugendlichen verfasst, erzählt das Stück die Geschichte des 17-Jährigen Edgar Wibeau. Das DDR-Magazin „neue deutsche literatur“ interviewt 1972 jugendliche Besucher des Theaterstückes:

Hans-Peter: [...] Ich bekam sofort Lust, mich mit dem Jugendlichen, der da auf der Bühne stand, dem Edgar Wibeau, zu vergleichen, Parallelen zu ziehen zwischen seinem und meinem eigenen Leben [...].

Monika: Es war eine großartige Stimmung, alle klatschten wie verrückt, es wurde auch mit den Füßen getrampelt und gerufen, einfach aus Begeisterung. [...] Ich fand es einfach schau[1], man konnte sogar herzlich lachen zwischendurch. Und dann noch so viele echte Probleme von Jugendlichen!

E.K.: Zum Beispiel?

Monika: Na, das ist jetzt schwer, es waren so viele. Zum Beispiel, dass dieser Edgar Wibeau nicht so langweilig leben will, dass ihm alles zu langweilig ist. Er hat den Drang nach was Besonderem, und das ist meiner Meinung nach eine ganz allgemeine Eigenschaft von Jugendlichen. [...] Und das kam in vielen Sachen zum Ausdruck, auch dass er nicht einverstanden ist mit dem ganzen Trott, mit dem alltäglichen Trott. Da bricht er eben aus [...].

E.K.: Du hattest also ein bisschen das Gefühl, er hat es für dich mitgetan?

Monika: Er hat es fertiggebracht, unsereiner kann es nicht. Das muss eine ganz große Rolle gespielt haben bei dem Edgar, dass er [...] rauswollte aus seinem vorbestimmten Weg. Er will eben nicht immer alles nach Plan machen.

Zitiert nach: Geschichte der DDR (= Informationen zur politischen Bildung 312), Bonn 3/2011, S. 56

[1] **schau**: Jugendsprache, gleichbedeutend mit gut, außerordentlich

1. *Recherchieren Sie den Inhalt des Dramas. Erläutern Sie, warum das Stück das Lebensgefühl vieler Jugendlicher ansprach und warum die DDR die Kritik zuließ.*

2. *„Eine ganz allgemeine Eigenschaft von Jugendlichen“? Wählen Sie einen aktuell unter Jugendlichen beliebten Film und vergleichen Sie die Ziele des Protagonisten mit den Wünschen der interviewten Jugendlichen.*

M4 Sozialpolitik und Legitimation der SED-Herrschaft

In einer Untersuchung von 1999 über die Wirkung der Sozialpolitik für die Akzeptanz des DDR-Regimes durch die Bürger heißt es:

Von der Sozialpolitik hatten sich die SED und die Staatsführung der DDR großen ökonomischen und politischen Nutzen erhofft. Voraussetzung und Ansporn wirtschaftlicher Leistung und Produktivitätssteigerung sollte sie sein und als Quelle von Legitimität dienen, um den grundlegenden Mangel an Anerkennung des SED-Regimes zu kompensieren. Ist dies erreicht worden?

Die sozialwissenschaftliche Forschung neigt zu der These, die Politik der sozialen Sicherung habe zur Stabilisierung des SED-Regimes beigetragen. Der paternalistische[1] Herrschaftsmechanismus der Sozialpolitik habe Wohlverhalten und konsumorientierte Anpassung hervorgerufen oder verstärkt, so wird die Stabilisierungsthese begründet. Zumindest zeitweise sei es gelungen, mit der Sozialpolitik eine Brücke zwischen

[1] **paternalistisch**: väterlich bevormundend

▲ **„Die Ausgezeichnete."**
Gemälde (124,5 x 100 cm) von Wolfgang Mattheuer, 1973/74.

Die Ausgezeichnete – eine „Heldin der Arbeit"? Beschreiben Sie das Gemälde und interpretieren Sie es mit Blick auf die gesellschaftliche und wirtschaftliche Entwicklung der 1970er-Jahre in der DDR.

den Herrschenden und den Beherrschten zu schlagen, so pflichten manche dieser Auffassung bei, meist unter Berufung auf die Aufwertung der Sozialpolitik in den 70er-Jahren.
Allerdings betonen alle seriösen Untersuchungen die Grenzen der Legitimierung der DDR-Sozialpolitik und deren widersprüchlichen, teils Anerkennung stiftenden, teils Protest hervorrufenden Wirkungen. [...]
Hockerts[1] zufolge sind die „sozialistischen Errungenschaften" wie Vollbeschäftigung und Grundversorgung von der Bevölkerung insgesamt angenommen und genutzt worden. Aber als Herrschaftsstützen seien sie viel zu schwach, wenn nicht gar morsch gewesen. [...]
Die Sozialpolitik fand nicht nur Zustimmung, sie rief auch Widerspruch hervor, zum Beispiel aufgrund offenkundiger Leistungsmängel, wie im Falle der mangelhaften Altenpflege, der verfallenden Bausubstanz in den Städten, der Ausstattungsmängel des Gesundheitswesens, und Unzufriedenheit ob der Vernachlässigung produktionsferner Lebenslagen und Risiken, wie bei vielen Rentnern. [...]
Damit sind Kehrseiten der DDR-Sozialpolitik angesprochen, die kaum legitimierend wirken. Zu den Legitimierungsgrenzen ist ein Weiteres zu zählen: Die DDR-Sozialpolitik legte ihre Bürger viel stärker als die Sozialpolitik westlicher Prägung auf eine Politiknehmerrolle fest. Soweit dies den Politiknehmer der unbotmäßigen Eigeninitiative beraubte, konnte man darin eine system- und ideologiegerechte Konsequenz sehen. Doch der Politiknehmerstatus förderte Anspruchshaltung und Passivität. Überdies verhinderte er, was die DDR-Sozialpolitik der parteioffiziellen Ideologie zufolge eigentlich bewirken sollte: die Entwicklung von Qualifikation und Staatsbürgertugenden einer loyalen, produktiven und konstruktiv mitwirkenden „sozialistischen Persönlichkeit". Doch von der war ebenso wenig zu sehen wie von der Steigerung der Produktivität, die man sich von der „Einheit von Wirtschafts- und Sozialpolitik" erhoffte.
Eine noch gefährlichere Legitimierungsgrenze bestand für die Sozialpolitik der DDR in dem Ost-West-Vergleich, vor allem dem Vergleich mit der Bundesrepublik Deutschland. Hier stößt man auf die Achillesferse des DDR-Sozialismus. Im Ost-West-Vergleich erwiesen sich seine „sozialen Errungenschaften" einschließlich der Sozialleistungen als mittelmäßig, nicht selten als unzulänglich, oft als unattraktiv. Das ergab sich aus den repressiven Strukturen des Staatswesens und dem niedrigeren Entwicklungsstand der DDR-Wirtschaft, der rückständigen Technologie, der geringen Qualität der Dienstleistungen, der niedrigeren Kaufkraft der Sozialeinkommen und Löhne und dem unzureichenden Angebot an Konsumgütern des gehobenen Bedarfs. Die nur mäßige Produktivität der DDR-Wirtschaft bedeutete einen großen Rückstand an volkswirtschaftlichem Wohlstand sowie an privatem und öffentlichem Konsumniveau gegenüber den fortgeschrittenen westlichen Industrieländern wie der Bundesrepublik Deutschland. Vor diesem Rückschritt schrumpften die „sozialen Errungenschaften" des SED-Staates zu Wohltaten, welche die überwältigende Mehrheit der DDR-Bürger bei erster Gelegenheit gegen die volle Teilhabe an den Gütern der Sozialen Marktwirtschaft und des Sozialstaates der Bundesrepublik Deutschland eintauschte.

Zitiert nach: Manfred G. Schmidt, Grundzüge der Sozialpolitik in der DDR, in: Eberhard Kuhrt, Hannsjörg F. Buck und Gunter Holzweißig (Hrsg.), Die Endzeit der DDR-Wirtschaft – Analysen zur Wirtschafts-, Sozial- und Umweltpolitik, Opladen 1999, S. 297ff.

1. *Nennen Sie Vor- und Nachteile der „Einheit von Wirtschafts- und Sozialpolitik". Diskutieren Sie, ob man tatsächlich von einer „Einheit" sprechen kann.*
2. *Erläutern Sie den Einfluss des permanenten Vergleichs mit der Bundesrepublik auf die Mentalität der DDR-Bevölkerung.*

[1] **Hans Günter Hockerts**: Professor für Neueste Geschichte (Zeitgeschichte) an der Ludwig-Maximilians-Universität München

Ikonen der Fotografie prüfen

Bilder prägen unsere Vorstellung von der jüngeren Vergangenheit mehr als jedes andere Medium. Dies gilt besonders für Fotografien, die über einen langen Zeitraum in Büchern, Zeitungen und Zeitschriften, auf Plakaten, in Filmen oder im Internet als Motiv verwendet werden. Diese kanonisierten Aufnahmen gelten als Symbole für historische Ereignisse und werden Ikonen oder auch Schlüsselbilder genannt. So symbolisiert das Bild vom Atompilz den Atombombenabwurf 1945 in Japan, das Bild vom Lagertor in Auschwitz-Birkenau den Holocaust oder die brennenden „Türme" des World Trade Centers in New York am 11. September 2001 den internationalen Terrorismus.

Ikonen der Fotografie prüfen

Fotografien zeigen immer nur einen Bruchteil einer Sekunde und nie das, was vor und nach diesem Moment geschehen ist. Sie erzählen also keine Geschichte, sondern zeigen nur einen Ausschnitt aus der Vergangenheit. Schlüsselbilder erinnern als Symbol nicht nur an ein historisches Ereignis, sondern verbinden dieses Ereignis zugleich häufig mit einer kollektiv geteilten Interpretation.
Um die symbolische Bedeutung der Fotoikone kritisch zu prüfen, muss die Fotografie erstens in den historischen Zusammenhang ihrer Entstehung gestellt werden. Was geschah unmittelbar vor dem gezeigten Moment, was unmittelbar danach? Dann muss zweitens auch das Bild selbst analysiert werden. Denn mit dem Fotoapparat wird kein objektives Abbild der Wirklichkeit hergestellt, sondern eine subjektive Interpretation des Fotografen. Er wählt ein Motiv, einen Bildausschnitt, ein Bildformat, eine Perspektive oder ein bestimmtes Objektiv. Insbesondere digitale Fotografien können auch bearbeitet werden. Außerdem muss die weitere Verwendung des Fotos recherchiert werden.

Prüfen Sie, welche der folgenden Fragen Sie beantworten können und zu welchen Recherchen nötig wären.

Beschreiben (Was kann man sehen?)
- Was ist auf dem Foto wo abgebildet?
- Welche Darstellungsmittel werden verwendet (Perspektive, Komposition, Zoom ...)?
- Liegt eine Bildbearbeitung vor?

Analysieren (Wie interpretiert die Fotografie das Dargestellte?)
- Wie wirkt das Bild auf den Betrachter?
- Wie interpretiert die Fotografie den dargestellten Moment?
- Welche Botschaft vermittelt das Bildmotiv?

Erzählen (Was passierte davor, danach? Eine Geschichte erzählen ...)
- Wann und wo wurde das Foto gemacht?
- In welchem (engen/weiten) historischen Zusammenhang steht das Bild?
- In welcher Beziehung steht der Bildinhalt mit der Bildlegende, dem Begleittext?

Recherchieren (Welchen Verwendungszweck hat die Aufnahme?)
- Wer hat das Foto in wessen Auftrag zu welchem Zweck gemacht?
- Wann und wo wurde die Aufnahme veröffentlicht?

Beurteilen (Für was ist die Aufnahme warum ein Symbol?)
- Welche „Geschichte", welche „Botschaft" wird mit dem Bild kollektiv verbunden?
- Weshalb wird gerade dieses Bild mit dieser Botschaft verbunden? Kann das Bildmotiv auch mit anderen Botschaften verbunden werden?
- Wie lässt sich die Botschaft der Fotografie bewerten?

Beispiel und Analyse

Hauptmann Schäfer

Peter Fechter

Oberfeldwebel Wursel

Bildgeschichte: Die Bergung eines leblosen Körpers ist ein Symbol in der christlichen Ikonografie: Kreuzabnahme oder Grablegung von Jesus Christus

Stacheldraht: Symbol für Grenzen, (KZ-)Lager

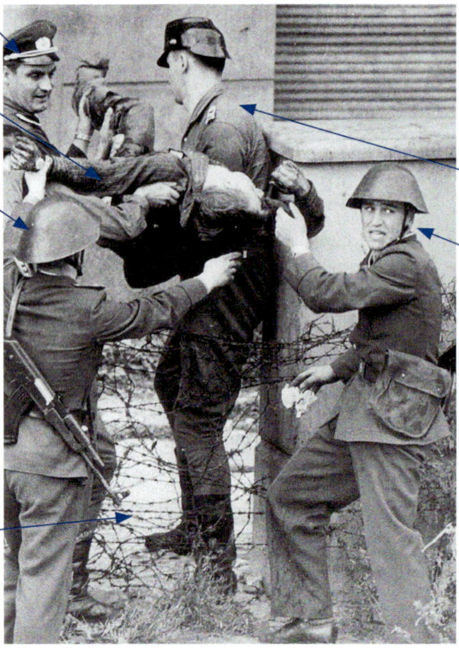

▲ **Der Tod von Peter Fechter an der Berliner Mauer.** *Fotografie vom 17. August 1962.*

Ort / Zeitpunkt: Berlin-Kreuzberg, Zimmerstraße, nahe Kontrollpunkt Checkpoint Charlie am 17. 8. 1962

Volkspolizeimeister Mularczyk

Gefreiter Lindenlaub

Bildgestaltung: Zentrale Diagonale als Fluchtlinie von der Schirmmütze des Hauptmanns links oben bis zur Umhängetasche des Gefreiten Lindenlaub

Perspektive: Leichte Obersicht; halb-nahe Einstellung / Zoom; Empfinden der räumlichen Nähe und Dichte

Lead-Text: „Vopo-Mörder ließen niedergeschossenen Flüchtling an der KZ-Mauer verbluten“

Wertende Wörter: „Vopo-Mörder“ „KZ-Mauer“ „KZ-Schergen“

Der Marktanteil der Berliner Morgenpost betrug in Berlin 1962 ca. 38 Prozent. Verlegt wurde die Zeitung vom Axel C. Springer Verlag.

BERLINER MORGENPOST

„Helft mir doch, helft mir doch!“

Vopo-Mörder ließen niedergeschossenen Flüchtling an der KZ-Mauer verbluten

Ohnmächtige Erbitterung

So schleppten die Vopos ihr Opfer weg: Ohnmächtig, blutverschmiert, sterbend

Brandt: Autobahnkontrolle kommt

Der „Regierende“ sprach mit Adenauer und Clay

Immer wieder Fluchtversuche

▲ **Berliner Morgenpost vom 18. August 1962.**

Titel:
- a) direkte Rede Peter Fechters
- b) Perspektive des Opfers
- c) (Handlungs-)Aufforderung an den Leser
- d) Appell an sein (Mit-) Gefühl / emotionalisierende Sprache
- e) Anklage der Täter
- f) Aufforderung an die Politik zu handeln
- g) (indirekte) Kritik an den US-Alliierten

Bildlegende: „So schleppten die Vopos ihr Opfer weg: ohnmächtig, blutverschmiert, sterbend ...“

Beschreibung und Analyse Die Fotografie ist eine Schwarzweiß-Aufnahme. Sie zeigt vier zum Teil bewaffnete Männer in drei unterschiedlichen Uniformen, die einen leblosen Männerkörper bergen und ihn aus dem Bildvordergrund in Richtung des Bildhintergrundes tragen. Der Uniformierte mit der Schirmmütze oben links scheint der Vorgesetzte zu sein, der Uniformierte rechts vorne sieht in ängstlicher Erwartung auf etwas außerhalb des Bildes. Im Hintergrund ist eine Häuserwand mit einem geschlossenen Fenster zu sehen, im mittleren Bereich der Szene eine Mauer, Stacheldraht und ein Strauch.

Die Szene ist aus einer leichten Obersicht aufgenommen worden. Der Betrachter kann sie aus einer vermeintlichen Nähe verfolgen, er scheint räumlich und emotional unmittelbar am Geschehen beteiligt zu sein. Der Moment der Aufnahme zeigt eine Situation, die von Dramatik und Gefahr geprägt ist. Der Fotograf muss das Bild jedoch aus einem sicheren Abstand geschossen haben – er hat also ein Teleobjektiv verwendet. Eine Bildbearbeitung ist nicht erkennbar. Das Bildmotiv der Bergung eines leblosen Männerkörpers hat in der Geschichte der Bildbedeutung (Ikonografie) eine lange Tradition: Es steht meist für Jesus Christus, der vom Kreuz abgenommen wird.

Recherchieren – historischer Kontext Das Foto zeigt eine gescheiterte Flucht an der Mauer in der Berliner Zimmerstraße nahe dem Grenzkontrollpunkt Checkpoint Charlie zwischen den Bezirken Mitte und Kreuzberg am 17. August 1962. Gegen 14 Uhr hatte der 18-jährige Peter Fechter versucht, die Grenzanlagen zu überwinden, und wurde dabei von DDR-Grenzsoldaten angeschossen. Nahezu 45 Minuten blieb der schwer Verwundete im Grenzstreifen liegen und verblutete, ohne dass ihm jemand half. Ohne den Befehl eines Offiziers durften DDR-Soldaten den Grenzstreifen nicht betreten, zudem sahen sie sich selbst durch die aufgebrachte Menschenmenge im Westteil der Stadt in Gefahr. Die Schützen selbst sind nicht abgebildet. Angehörige der US-Alliierten hätten den Grenzraum im sowjetischen Sektor aufgrund des Rechts auf alliierte Bewegungsfreiheit in ganz Berlin (Viermächte-Status Berlins) zwar betreten können, sie leisteten aber aus Vorsicht gegenüber möglichen machtpolitischen Verwicklungen ebenfalls keine Erste Hilfe. In West-Berlin kam es aufgrund des Todes von Peter Fechter und der Tatenlosigkeit der US-Alliierten in den Tagen danach zu Demonstrationen und schweren Tumulten.

Die Aufnahme des Fotografen Wolfgang Bera wurde am 18. August 1962 großformatig auf der Titelseite der Tageszeitung Berliner Morgenpost (Axel Springer Verlag) abgedruckt, also in unmittelbarer zeitlicher Nähe zum ersten Jahrestag des Mauerbaus. Der Titel, die Bildlegende und die Berichterstattung nutzen eine emotionalisierende Sprache und sind Ausdruck moralischer Empörung. Das Verhalten der DDR-Verantwortlichen wird mit dem der Nationalsozialisten verglichen. Die DDR wird mit einem Konzentrationslager gleichgesetzt – das Bildmotiv des Stacheldrahtes spielt auf diese Assoziation an.

Beurteilen und bewerten – symbolische Bedeutung Unter den mindestens 136 Todesopfern an der Berliner Mauer ragt der Tod Peter Fechters deswegen heraus, weil es von seinem Sterben eine Fotografie gibt, die eine dramatische Situation in einer besonderen visuellen Gestaltung zeigt. Das Schlüsselbild hat sich als Symbol für die Unmenschlichkeit der Teilung Berlins etabliert.

Die Bedeutung des unschuldigen Opfers wird verstärkt durch die visuellen Anspielungen an den Nationalsozialismus wie an die christliche Ikonografie. In der Berichterstattung des Axel Springer Verlages wurde das Bild propagandistisch gegen die SED-Diktatur und die Teilung der Stadt genutzt und seit 1962 immer wieder abgedruckt. Eine Stahlstele (Aufschrift: „... er wollte nur die Freiheit") nahe dem ehemaligen Grenzkontrollpunkt Checkpoint Charlie erinnert heute an den Tod Peter Fechters. Jedes Jahr wird dort am 18. August in einer Feierstunde an ihn und die Berliner Mauer gedacht.

Zwei Staaten – eine Nation? Deutsch-deutsche Beziehungen

Hallstein-Doktrin: benannt nach Walter Hallstein (1901-1982), 1951-1957 Staatssekretar im Auswärtigen Amt, 1958-1967 Präsident der Kommission der Europäischen Wirtschaftsgemeinschaft (EWG) in Brüssel

▲ **„5 Jahre antifaschistischer Schutzwall."**
Foto aus Berlin vom 13. August 1966 (Ausschnitt). Betriebskampftruppen stehen Parade vor einem Plakat mit einer Karikatur Ludwig Erhards. Im Jargon der SED wurde die Berliner Mauer „antifaschistischer Schutzwall" genannt.

Nur ein Staat vertritt das deutsche Volk? Aus der Tatsache der vom Ost-West-Konflikt beherrschten Teilung Europas und der Welt zog Bundeskanzler Adenauer die Konsequenz einer politischen, wirtschaftlichen und kulturellen Westorientierung der jungen Bundesrepublik. Der freie und ökonomisch attraktive westliche Teilstaat sollte aus einer Position der Stärke eine unwiderstehliche Anziehungskraft auf die Deutschen im sowjetischen Herrschaftsbereich ausüben (*Magnettheorie*). Die eigene Überlegenheit würde langfristig eine Wiedervereinigung „in Frieden und Freiheit" ermöglichen, wobei ein künftiges demokratisches Gesamtdeutschland unwiderruflich mit dem Westen verbunden bleiben sollte. Die Bundesrepublik verstand sich als „Limes des Abendlandes" gegenüber einer als gefährlich eingeschätzten Sowjetunion.

Bereits im Oktober 1949 hatte Bundeskanzler Adenauer das Prinzip formuliert, das der Deutschlandpolitik aller Bundesregierungen bis 1969 zugrunde lag: „Die Bundesrepublik Deutschland ist allein befugt, für das deutsche Volk zu sprechen." Dieser von sämtlichen demokratischen Parteien geteilte *Alleinvertretungsanspruch* und die strikte Nichtanerkennung des nicht frei gewählten DDR-Regimes bestimmten und begrenzten die Beziehungen Bonns zu Ost-Berlin zwei Jahrzehnte lang (▸ M1).

Ihre Haltung fasste die Bundesregierung 1955 in den Grundsatz, die Bundesrepublik unterhalte keine Beziehungen zu Staaten, die die DDR durch Aufnahme diplomatischer Beziehungen anerkannten (**Hallstein-Doktrin**). Bis zum Ende der 1960er-Jahre konnte die Bundesregierung damit die internationale Anerkennung der DDR verhindern, zumal in den Ländern der „Dritten Welt", denen die Bundesrepublik andernfalls ihre Wirtschaftshilfe aufkündigte. Die Sowjetunion und Polen musste die Bundesrepublik allerdings von dieser Vorgehensweise ausnehmen.

Sozialistisches Gesamtdeutschland oder Abgrenzung? Umgekehrt nahm die SED für sich in Anspruch, mit der DDR „die Grundlage eines neuen, unabhängigen und freien gesamtdeutschen Staates geschaffen" zu haben. Die DDR galt als das Modell für ein künftiges sozialistisches Gesamtdeutschland. In der Praxis überwog allerdings das Ziel der Absicherung der eigenen Herrschaft durch Abgrenzung gegenüber der Bundesrepublik. Mit der Einführung einer DDR-Staatsbürgerschaft 1967 und der ein Jahr später in Kraft gesetzten neuen „sozialistischen Verfassung" betonte Ulbricht seine Abgrenzungspolitik. Die DDR-Hymne von 1949 durfte wegen des Passus „Deutschland, einig Vaterland" in der ersten Strophe nicht mehr gesungen werden.

Bis weit in die 1960er-Jahre gab es keine offiziellen Kontakte zwischen der Bundesrepublik und der DDR. Seit 1952 intensivierte die SED Sperrmaßnahmen und schikanierende Personenkontrollen an der innerdeutschen Grenze. 1961 kam der Sportverkehr zum Erliegen. Nur der innerdeutsche Handel überstand den Kalten Krieg. Der Warenverkehr zwischen beiden Ländern verneunfachte sich von 1950 bis 1974. Für die Bundesregierung war der Handel lange eine der letzten Klammern zwischen beiden Teilen Deutschlands. Er verbesserte die Versorgung der DDR-Bevölkerung und bewahrte Reste der Verflechtung beider Volkswirtschaften. Wirtschaftlich von geringer Bedeutung, sicherte er den freien Zugang nach Berlin. Für die DDR war der innerdeutsche Handel hingegen ökonomisch unverzichtbar.

Die Neue Ostpolitik der Regierung Brandt Anfang der Sechzigerjahre verlor die Deutschlandfrage ihre weltpolitische Bedeutung. Beide Supermächte legten sich nach einer letzten gefährlichen Konfrontation in der Kuba-Krise* 1962 auf den Status quo in Europa und damit auch in Deutschland fest. Die von Bundeskanzler Willy Brandt (SPD) und Außenminister *Walter Scheel* (FDP) ab 1969 geführte sozialliberale Koalition wollte zur Überwindung der deutschen und europäischen Teilung eine neue Ost- und Deutschlandpolitik nach der Formel „Wandel durch Annäherung" betreiben (▸ M2, M3).

Die Neue Ostpolitik war Teil einer Entspannungspolitik. Sie sollte über intensive politische, wirtschaftliche und kulturelle Beziehungen und Vereinbarungen zu einer Verständigung über Rüstungskontrolle und Gewaltverzicht führen. Die sogenannten *Ostverträge* mit der Sowjetunion (*Moskauer Vertrag*, 1970), Polen (1970) und der Tschechoslowakei (1973) schrieben den gegenseitigen Gewaltverzicht und die Anerkennung der Unverletzlichkeit – nicht Unveränderbarkeit – aller Grenzen in Europa einschließlich der innerdeutschen Grenze fest. Gemäß dem Wiedervereinigungsgebot des Grundgesetzes betonte die Bundesregierung in einem „Brief zur deutschen Einheit" an die Sowjetregierung das Recht des deutschen Volkes, „in freier Selbstbestimmung seine Einheit wiederzuerlangen". Im Berliner *Viermächte-Abkommen* entschärften die Siegermächte 1971 die krisenanfällige Situation West-Berlins. Sie einigten sich darauf, dass West-Berlin zwar nicht Bestandteil der Bundesrepublik war, aber enge „Bindungen" mit Westdeutschland pflegen durfte und von Bonn diplomatisch vertreten wurde.

▲ **„Willy, Willy!"**
Foto vom 19. März 1970 (Ausschnitt).
Willy Brandt blickt aus einem Fenster des Hotels „Erfurter Hof" auf die versammelte Menschenmenge.
Zum ersten deutsch-deutschen Gipfeltreffen reiste der Bundeskanzler nach Erfurt und wurde dort von einer begeisterten Menge mit „Willy, Willy!"-Rufen empfangen.

Anerkennung der DDR im Rahmen besonderer Beziehungen Die Voraussetzungen für eine Neugestaltung der innerdeutschen Beziehungen waren damit hergestellt. Zuerst einigte sich die Bundesregierung mit der SED-Führung nach zähen Verhandlungen 1972 auf einen Verkehrsvertrag, der den Austausch von Personen und Gütern erleichterte. In dringenden Familienangelegenheiten durften nun auch DDR-Bürger unterhalb des Rentenalters in die Bundesrepublik reisen. Umgekehrt wurden Touristenreisen in die DDR erleichtert. Bundesbürger konnten Aufenthaltsgenehmigungen für die gesamte DDR erhalten und nicht mehr nur Verwandte, sondern auch Freunde und Bekannte besuchen. Mit dem noch im selben Jahr abgeschlossenen *Grundlagenvertrag* gab die Bundesregierung ihren Alleinvertretungsanspruch auf und erkannte die DDR als gleichberechtigten deutschen Staat an, der seinerseits zusagte, „praktische und humanitäre Fragen zu regeln".

Die DDR-Führung hatte ihr jahrelang verfolgtes Ziel mit einigen Einschränkungen erreicht. Sie versprach sich davon eine bessere Legitimationsbasis ihrer Herrschaft. Bundeskanzler Brandt stellte jedoch klar, dass seine Regierung an der „Einheit der deutschen Nation" und damit am Ziel der Wiedervereinigung unverändert festhalte, die Bundesrepublik und die DDR „füreinander nicht Ausland" seien und es daher bei der mit den USA abgesprochenen Formel von den „zwei Staaten in Deutschland" bleiben werde. Die Einrichtung von „Ständigen Vertretungen" anstelle von Botschaften sollte die „besonderen Beziehungen" zwischen ihnen sowie die Ablehnung einer eigenen DDR-Staatsbürgerschaft deutlich machen.

Für die damit eingeräumte staatliche, aber nicht völkerrechtliche Anerkennung der DDR verlangte die Bundesregierung humanitäre Erleichterungen im deutsch-deutschen Verhältnis. Im Sinne ihres Konzeptes des „Wandels durch Annäherung" hoffte

* Zur Kuba-Krise siehe S. 331 f.

◂ **Verkehrsverbindungen zwischen Westdeutschland und West-Berlin.** *1972 willigte die DDR ein, den Straßenverkehr von und nach West-Berlin reibungsloser und schneller abzuwickeln. Sie erhielt dafür jährlich anfangs 230 Millionen DM, bis 1989 gesteigert auf 525 Millionen DM. Dieses „Transitabkommen" war die erste vertragliche Regelung zwischen der Bundesrepublik Deutschland und der DDR auf Regierungsebene.*

sie langfristig auf eine Liberalisierung der Verhältnisse in der DDR. Die SED-Führung profitierte sofort und unwiderruflich von den getroffenen Vereinbarungen: Der Grundlagenvertrag brachte ihr nach der Aufnahme beider deutschen Staaten in die Vereinten Nationen (UNO)* 1973 die internationale Anerkennung – bis 1978 bereits von 131 Staaten. Die Welt ging davon aus, dass die deutsche Teilung damit endgültig war.

In der Bundesrepublik lösten die Ostverträge heftige Auseinandersetzungen aus. Die Mehrheit der Wähler bestätigte bei vorgezogenen Neuwahlen im November 1972 den Kurs der Regierung Brandt/Scheel. Den vom bayerischen Ministerpräsidenten *Franz Josef Strauß* (CSU) initiierten Antrag Bayerns, den Grundlagenvertrag als verfassungswidrig aufzuheben, lehnte das Bundesverfassungsgericht im Juli 1973 ab. Es betonte dabei aber die Gültigkeit des Wiedervereinigungsgebotes des Grundgesetzes, die „Besonderheit" in den Beziehungen zwischen den beiden deutschen Staaten und die eine Staatsangehörigkeit aller Deutschen.

Der innenpolitische Druck nimmt zu ■ Trotz seiner internationalen Anerkennung fühlte sich das SED-Regime im Innern mehr und mehr bedroht. Die Erwartungen der Bürger, die DDR würde ihnen mehr Freiheit einräumen, erfüllten sich nicht. Um Hoffnungen im eigenen Land gar nicht erst aufkommen zu lassen, baute die SED-Führung den Überwachungsapparat der Stasi weiter aus und verschärfte die Sicherungsmaßnahmen an den Grenzen. Die erzwungene Ausweitung der Begegnungs- und Kommunikationsmöglichkeiten zwischen den Deutschen in Ost und West durch die Aufnahme in die UNO sowie die Teilnahme an der KSZE-Konferenz** wurde abgeblockt – zum Beispiel durch die Erhöhung des Mindestumtausches*** für DDR-Besucher oder das Verbot für SED-Mitglieder, Schulleiter, Polizisten und Wehrpflichtige, mit Bundesbürgern Kontakte zu pflegen. Westdeutsche Journalisten wurden von der Stasi beschattet, häufig in ihrer Arbeit behindert oder ausgewiesen. Die SED strich 1974 alle gesamtdeutschen Bezüge aus der Verfassung. Die Verheißung, den Sozialismus eines Tages auf die Bundesrepublik zu übertragen, wich einer Politik, die eine strikte Zweistaatlichkeit sichern sollte.

Durch die Ostverträge und die Beschlüsse der KSZE fühlten sich viele Bürger ermutigt, Reiseerleichterungen und andere Freiheitsrechte in der DDR einzufordern. Die SED reagierte mit Gegendruck und vor allem mit dem massiven Einsatz von Inoffiziellen Mitarbeitern der Staatssicherheit.

* Zu den Vereinten Nationen siehe S. 488 ff.
** Zur KSZE-Konferenz siehe S. 339 und 343, M1.
*** **Mindestumtausch**: Siehe S. 399.

▲ **Protestplakat vor der Dresdener Kreuzkirche am 13. Februar 1982.**
Das eingekreiste „A" steht für „Ausreise".

Bilanz der Deutschlandpolitik in Ost und West In seiner Deutschlandpolitik verfolgte SED-Chef Honecker bis zum Ende der 1980er-Jahre zwei Ziele: Zum einen sollten die letzten Anerkennungsvorbehalte der Bundesrepublik zurückgenommen werden, zum anderen sollten Fortschritte in den innerdeutschen Beziehungen von den jeweiligen Bundesregierungen so teuer wie möglich bezahlt werden. Kanzler *Helmut Schmidt*, der 1974 Brandts Nachfolger geworden war, brachte dies auf die Formel „Mehr Menschlichkeit gegen Kasse". Schmidt und nach ihm Bundeskanzler *Helmut Kohl* ging es darum, bei Aufrechterhaltung des Status quo in der Anerkennungsfrage menschliche Erleichterungen durchzusetzen und durch direkte Begegnungen der Menschen das Bewusstsein der Zusammengehörigkeit der Deutschen nicht verloren gehen zu lassen.

Da Honecker aus wirtschaftlichen Gründen auf eine Zusammenarbeit mit der Bundesrepublik angewiesen war, ging er auf Wünsche der Bundesregierung ein, zeigte im humanitären Bereich Entgegenkommen, etwa bei der Herabsetzung der Altersgrenze bei Ost-West-Reisen, der Familienzusammenführung oder beim Freikauf politischer Gefangener (▸ M4). Die Verschuldungskrise der DDR offenbarte die Abhängigkeit von westlicher finanzieller Hilfe und Krediten. Bei all dem konnte Honecker sich immer nur in Absprache mit der Führung der Sowjetunion bewegen. Seine Politik gegenüber der Bundesrepublik glich daher einem Zickzackkurs zwischen Abgrenzung und Annäherung.

Aufseiten der Bundesrepublik wahrten die Regierungen Schmidt und Kohl die Balance zwischen unvermeidlicher Anerkennung der DDR und einem Offenhalten der Wiedervereinigung (▸ M5). Mit den bis 1989 abgeschlossenen 70 bilateralen Abkommen auf den Gebieten der Familienzusammenführung, der Reiseerleichterungen im grenznahen Verkehr, der Sport- und Jugendreisen, der Städtepartnerschaften, des Austauschs von Kultur, Kunst und Wissenschaft sowie vor allem der wirtschaftlichen Kooperation eröffneten sie den DDR-Bürgern Freiräume. Sie sorgten dafür, dass Bindungen über die Grenze hinweg nicht verloren gingen, sondern neu entstanden.

▸ **Geschichte In Clips:**
Zur Ära Honecker siehe Clip-Code **4673-37**.

1. *Erstellen Sie eine tabellarisch organisierte Zeitleiste, in die Sie die Veränderungen der deutsch-deutschen Beziehungen sowie die jeweiligen Positionen der beiden Regierungen eintragen.*
2. *Erläutern Sie, warum eine Mehrheit der Bundesbürger der Neuen Ostpolitik der Regierung Brandt/Scheel zustimmte.*
3. *Überprüfen Sie, inwiefern die Bonner Deutschlandpolitik erfolgreich war.*

M1 „Die Bundesrepublik ist allein befugt …“

Nach der Gründung der DDR erklärt Bundeskanzler Adenauer am 21. Oktober 1949 vor dem Deutschen Bundestag:

Ich stelle Folgendes fest: In der Sowjetzone gibt es keinen freien Willen der deutschen Bevölkerung. Das, was jetzt dort geschieht, wird nicht von der Bevölkerung getragen und damit legitimiert. Die Bundesrepublik Deutschland stützt sich dagegen auf die Anerkennung durch den frei bekundeten Willen von rund 23 Millionen stimmberechtigter Deutscher. Die Bundesrepublik Deutschland ist somit bis zur Erreichung der deutschen Einheit insgesamt die alleinige legitimierte staatliche Organisation des deutschen Volkes. [...] Die Bundesrepublik Deutschland fühlt sich auch verantwortlich für das Schicksal der 18 Millionen Deutschen, die in der Sowjetzone leben. Sie versichert sich ihrer Treue und ihrer Sorge. Die Bundesrepublik Deutschland ist allein befugt, für das deutsche Volk zu sprechen. Sie erkennt Erklärungen der Sowjetzone nicht als verbindlich für das deutsche Volk an.

Zitiert nach: Merith Niehuss und Ulrike Lindner, Besatzungszeit. Bundesrepublik und DDR 1945-1969 (Deutsche Geschichte in Quellen, Bd. 10), Stuttgart 2007, S. 202-205

1. *Geben Sie wieder, wie Adenauer die höhere Legitimität der Bundesrepublik im Vergleich zur DDR begründet.*
2. *Erörtern Sie die Probleme, die damit auf künftige Bundesregierungen zukamen.*

▲ **„1945 – 1955 – 1965.“**
Karikatur von Hanns Erich Köhler, 1949.

■ *Überprüfen Sie, inwieweit der Karikaturist die Entwicklung der deutsch-deutschen Beziehungen richtig vorhersagt.*

M2 „Wandel durch Annäherung“

Egon Bahr, SPD-Politiker und enger Mitarbeiter Willy Brandts, hält am 15. Juli 1963 eine Rede über die Politik der Entspannung zwischen den beiden Supermächten:

Heute ist klar, dass die Wiedervereinigung nicht ein einmaliger Akt ist, der durch einen historischen Beschluss an einem historischen Tag auf einer historischen Konferenz ins Werk gesetzt wird, sondern ein Prozess mit vielen Schritten und vielen Stationen. Wenn es richtig ist, was Kennedy sagte, dass man auch die Interessen der anderen Seite anerkennen und berücksichtigen müsse, so ist es sicher für die Sowjetunion unmöglich, sich die Zone zum Zwecke einer Verstärkung des westlichen Potenzials entreißen zu lassen. Die Zone muss mit Zustimmung der Sowjets transformiert werden. Wenn wir soweit wären, hätten wir einen großen Schritt zur Wiedervereinigung getan. [...]

Uns hat es zunächst um die Menschen zu gehen und um die Ausschöpfung jedes denkbaren und verantwortbaren Versuchs, ihre Situation zu erleichtern. Eine materielle Verbesserung müsste eine entspannende Wirkung in der Zone haben. [...] Ich sehe nur den schmalen Weg der Erleichterung für die Menschen in so homöopathischen Dosen, dass sich daraus nicht die Gefahr eines revolutionären Umschlags ergibt, die das sowjetische Eingreifen aus sowjetischem Interesse zwangsläufig auslösen würde. [...] Überlegungen der Menschlichkeit spielen hier für uns eine größere Rolle als nationale Überlegungen. [...] Wir haben gesagt, dass die Mauer ein Zeichen der Schwäche ist. Man könnte auch sagen, sie war ein Zeichen der Angst und des Selbsterhaltungstriebes des kommunistischen

Regimes. Die Frage ist, ob es nicht Möglichkeiten gibt, diese durchaus berechtigten Sorgen dem Regime graduell soweit zu nehmen, dass auch die Auflockerung der Grenzen und der Mauer praktikabel wird, weil das Risiko erträglich ist. Das ist eine Politik, die man auf die Formel bringen könnte: Wandel durch Annäherung.

Zitiert nach: Archiv der Gegenwart, 15. Juli 1963, S. 10700

1. *Untersuchen Sie den internationalen Kontext, aus dem heraus Bahr die Formel „Wandel durch Annäherung" entwirft.*

2. *Arbeiten Sie die entscheidenden Unterschiede zwischen der bisherigen Haltung der Bundesregierung und Bahrs Vorschlag heraus.*

▲ **Warteschlange vor der Antragstelle für Passierscheine in West-Berlin.**
Foto vom 19. Dezember 1963.
Mit dem Passierscheinabkommen zwischen Bundesrepublik und DDR vom 17. Dezember 1963 konnten erstmals nach dem Mauerbau über 1,2 Millionen West-Berliner ihre Verwandten in Ost-Berlin besuchen. Dieses erste Passierscheinabkommen war Ausgangspunkt einer neuen Deutschlandpolitik. Grundlegende Verbesserungen für Reisemöglichkeiten brachte allerdings erst das Berlin-Abkommen von 1971.

M3 Neue Ostpolitik und die Reaktion der DDR

In seiner Regierungserklärung vom 28. Oktober 1969 legt der neue Kanzler der sozialliberalen Koalition, Willy Brandt, seine deutschlandpolitischen Ziele dar:

Aufgabe der praktischen Politik in den jetzt vor uns liegenden Jahren ist es, die Einheit der Nation dadurch zu wahren, dass das Verhältnis zwischen den Teilen Deutschlands aus der gegenwärtigen Verkrampfung gelöst wird. Die Deutschen sind nicht nur durch ihre Sprache und ihre Geschichte – mit ihrem Glanz und ihrem Elend – verbunden; wir sind alle in Deutschland zu Haus. Wir haben auch noch gemeinsame Aufgaben und gemeinsame Verantwortung: für den Frieden unter uns und in Europa.
20 Jahre nach Gründung der Bundesrepublik Deutschland und der DDR müssen wir ein weiteres Auseinanderleben der deutschen Nation verhindern, also versuchen, über ein geregeltes Nebeneinander zu einem Miteinander zu kommen. Dies ist nicht nur ein deutsches Interesse, denn es hat seine Bedeutung auch für den Frieden in Europa und für das Ost-West-Verhältnis. [...]
Die Bundesregierung setzt die im Dezember 1966 durch Bundeskanzler Kiesinger und seine Regierung eingeleitete Politik fort und bietet dem Ministerrat der DDR erneut Verhandlungen beiderseits ohne Diskriminierung auf der Ebene der Regierungen an, die zu vertraglich vereinbarter Zusammenarbeit führen sollen. Eine völkerrechtliche Anerkennung der DDR durch die Bundesregierung kann nicht in Betracht kommen. Auch wenn zwei deutsche Staaten in Deutschland existieren, sind sie doch füreinander nicht Ausland; ihre Beziehungen zueinander können nur von besonderer Art sein.

SED-Parteichef Walter Ulbricht reagiert darauf in seiner Rede vor dem 12. Plenum des Zentralkomitees der SED am 12. Dezember 1969:

Der neue westdeutsche Bundeskanzler, Herr Brandt, hat [...] in seiner Regierungserklärung und in anderen öffentlichen Verlautbarungen von der Tatsache der staatlichen Existenz der DDR Kenntnis genommen. Über die 20-jährige Verspätung wollen wir hier nicht reden. Zur Genugtuung ist noch kein Anlass. Schließlich müssen wir noch die Taten abwarten. Dabei dürfte Klarheit darüber herrschen, dass der Verzicht auf jegliche Art von Alleinvertretungsanmaßung die Voraussetzung für die Normalisierung der Beziehungen Westdeutschlands zur DDR ist. Herr Brandt hat weiterhin Verhandlungen über vertraglich geregelte Beziehungen zwischen der westdeutschen Bundesrepublik und der DDR auf der Grundlage der Gleichberechtigung und unter Ausschluss jeglicher Diskriminierung angeboten. Er sprach von der Notwendigkeit eines Versuchs, über ein geregeltes Nebeneinander zu einem Miteinander zu kommen. Gleichzeitig erklärte er jedoch – ich zitiere aus der Regierungserklärung: „Eine völkerrechtliche Anerkennung der DDR durch die Bundesrepublik kann nicht in Betracht kommen. Auch wenn zwei Staaten in Deutschland existieren, sind sie doch füreinander nicht Ausland. Ihre Beziehungen zueinander können nur besonderer Art sein." Schade, wirklich sehr schade! Diese Sätze – sollten sie wirklich zur Regierungsdoktrin der neuen westdeutschen Koalitionsregierung werden – würden alles wieder kaputtmachen, was in dem vorher Gesagten an Positivem enthalten sein könnte. [...] Die Beziehungen zwischen den beiden deutschen Staaten und Verträge zwischen ihnen haben der Natur der Sache nach völkerrechtlichen Charakter. Bonn aber möchte als vollberechtigter Staat sozusagen mit einer minderberechtigten, unter seiner Vormundschaft stehenden und Bonn gegenüber zu besonderem Wohlverhalten verpflichteten DDR verhandeln. Mit dem Grundsatz der Gleichberechtigung und der Nichtdiskriminierung ist das absolut unvereinbar.

Erster Text zitiert nach: Bulletin des Presse- und Informationsamtes der Bundesregierung, Nr. 132, 29. Oktober 1969, S. 1121-1128
Zweiter Text zitiert nach: Archiv der Gegenwart, 27. Dezember 1969, S. 15160

1. *Untersuchen Sie, inwieweit Bundeskanzler Brandt Bahrs Position (M2) in praktische Politik ummünzen will.*
2. *Bewerten Sie Ulbrichts Antwort im Hinblick auf mögliche Verhandlungsspielräume.*

[1] Als Währung galt nicht die DM, sondern der innerdeutsche Handel wurde in „Verrechnungseinheiten" (VE) abgewickelt.

M4 Handel und Reiseverkehr zwischen Ost- und Westdeutschland

a) Entwicklung des innerdeutschen Handels 1950-1989:

Lieferungen und Bezüge der Bundesrepublik Deutschland				
Jahr	Lieferungen	Bezüge	Umsatz	Veränderung der Umsätze in % zum Vorjahr
	in Millionen VE[1]			
1950	329	342	671	
1960	960	1122	2082	
1970	2416	1996	4412	+ 12,3
1980	5293	5580	10873	+ 16,8
1985	7901	7636	15537	+ 9,8
1987	7367	6647	14014	+ 2,0
1989	8101	7205	15306	+ 9,1

b) Innerdeutscher Reiseverkehr:

	Reisen aus der DDR in die BRD (in 1000)		Reisen aus der BRD in die DDR und nach Ost-Berlin (in 1000)	
	Rentner	Personen unter dem Rentenalter	gesamt	davon West-Berliner
1957	2720	–	2700	–
1962	27	–	ca. 2000	–
1972	1079	11	6260	3320
1975	1370	40	7734	3210
1980	1594	40	6746	2600
1985	1666	66	5620	ca. 1900
1987	3800	1290	55006	ca. 1900
1988	6750	–	55529	1972

Nach: Dieter Grosser, Stephan Bierling und Beate Neuss (Hrsg.), Bundesrepublik und DDR 1969-1990, Stuttgart 1996, S. 282 f.

1. *Wandeln Sie die Tabellen jeweils in eine geeignete Diagrammform um.*
2. *Erläutern Sie, inwiefern sich in der Statistik wichtige Ereignisse in der DDR ablesen lassen.*

M5 Die Einheit Deutschlands im Widerstreit

1987 gelingt Erich Honecker, was die SED-Führung seit Ulbricht gefordert hat: in Bonn offiziell empfangen zu werden.

Anlässlich des Empfangs der DDR-Führung nimmt Bundeskanzler Kohl am 7. September zur Frage der deutschen Einheit Stellung:

Das Bewußtsein für die Einheit der Nation ist wach wie eh und je, und ungebrochen ist der Wille, sie zu bewahren. Diese Einheit findet Ausdruck in gemeinsamer Sprache, im gemeinsamen kulturellen Erbe, in einer langen, fortdauernden gemeinsamen Geschichte. [...] Unser Zusammentreffen in Bonn ist aber weder Schlußstrich noch Neubeginn. Es ist ein Schritt auf dem Weg einer schon lange währenden Entwicklung. Sie ist gekennzeichnet durch das Bemühen um ein geregeltes Miteinander.

Vor fast fünfzehn Jahren haben die Bundesrepublik Deutschland und die Deutsche Demokratische Republik den Vertrag über die Grundlagen ihrer Beziehungen unterzeichnet. Dieser Vertrag zeigt Grenzen und Möglichkeiten auf. Möglichkeiten eröffnen sich dort, wo praktische Fragen zum Wohle der Menschen in beiden Staaten gelöst werden können, damit es zu einem Verhältnis guter Nachbarschaft kommt. [...]

An den unterschiedlichen Auffassungen der beiden Staaten zu grundsätzlichen Fragen, darunter zur nationalen Frage, kann und wird dieser Besuch nichts ändern. [...]

Wir achten die bestehenden Grenzen, doch die Teilung wollen wir überwinden: auf dem Weg friedlicher Verständigung und in Freiheit. Die deutsche Frage bleibt offen, doch ihre Lösung steht zur Zeit nicht auf der Tagesordnung der Weltgeschichte, und wir werden dazu auch das Einverständnis unserer Nachbarn brauchen. [...]

Die Menschen in Deutschland leiden unter der Trennung. Sie leiden an einer Mauer, die ihnen buchstäblich im Wege steht und die sie abstößt. Wenn wir abbauen, was Menschen trennt, tragen wir dem unüberhörbaren Verlangen der Deutschen Rechnung: Sie wollen zueinander kommen können, weil sie zusammengehören.

Generalsekretär Honecker entgegnet in seiner Tischrede:

Die Entwicklung unserer Beziehungen, der Beziehungen zwischen der Deutschen Demokratischen Republik und der Bundesrepublik Deutschland, dessen sind wir bewusst, ist von den Realitäten dieser Welt gekennzeichnet, und sie bedeuten, dass Sozialismus und Kapitalismus sich ebenso wenig vereinigen lassen wie Feuer und Wasser.

Bei alledem gehen wir davon aus, dass beiden deutschen Staaten, fest eingefügt in die mächtigsten Militärkoalitionen dieser Zeit, die Verpflichtung zukommt, besonders aktiv zu Frieden, Abrüstung und Entspannung beizutragen. [...]

Angesichts der unverändert komplizierten internationalen Lage ist die Deutsche Demokratische Republik bestrebt, dazu beizutragen, dass Vernunft und guter Wille zu bestimmenden Faktoren der Weltpolitik werden, Kooperation an die Stelle von Konfrontation tritt und mehr Vertrauen in den internationalen Beziehungen geschaffen wird. [...]

Dabei messen wir den humanitären Fragen und den Menschenrechten, die in ihrer Gesamtheit von politischen, zivilen, ökonomischen und sozialen Rechten in der Deutschen Demokratischen Republik im praktischen Leben ihre tägliche Verwirklichung finden, keine geringe Bedeutung bei. [...]

Ausgangspunkt für eine konstruktive, nicht nur beiden Staaten nützliche Politik können nur die Realitäten sein, die Existenz von zwei voneinander unabhängigen souveränen deutschen Staaten mit unterschiedlicher sozialer Ordnung und Bündniszugehörigkeit.

Zitiert nach: Bundesministerium für innerdeutsche Beziehungen (Hrsg.), Texte zur Deutschlandpolitik, Reihe III/Bd. 5-1987, Coburg 1988, S. 194 ff. (Auszug)

▲ **Staatsbesuch Erich Honeckers in der Bundeshauptstadt Bonn.**
Foto vom 7. September 1987.
Mit Bundeskanzler Helmut Kohl schreitet Erich Honecker eine Ehrenformation der Bundeswehr ab. Honecker wurde wie ein ausländischer Staatsgast behandelt. Die DDR sah dies als weiteren Schritt zur vollständigen Anerkennung durch die Bundesrepublik.

1. *Stellen Sie dar, wie Honecker sich auf Kohls Ausführungen bezieht.*
2. *Entwerfen Sie den Bericht eines westdeutschen Journalisten über die beiden Reden. Arbeiten Sie insbesondere die Positionen zur deutschen Einheit heraus.*
3. *Beurteilen Sie beide Reden aus heutiger Sicht.*

▲ **„Ich kenne keine Produkte, ich kenne nur Produktion."**
Karikatur von Heinz Behling aus der DDR-Satirezeitschrift „Eulenspiegel" von 1978.
- *Analysieren Sie die Karikatur. Auf welche Probleme der DDR-Wirtschaft weist der Karikaturist hin?*

Wirtschaftlicher Niedergang und Aufstieg der Opposition in der DDR

Niedergang der DDR-Wirtschaft Gegen Ende der 1970er-Jahre brach die Konjunktur der DDR-Wirtschaft ein. Das entsprach zwar einer weltweiten Entwicklung, doch während sich die westlichen Industrieländer davon wieder erholten, gelang das der DDR und den übrigen Ostblockstaaten nicht. 1982 hatten Polen und Rumänien, zu deren Gläubigern die DDR gehörte, ihre Zahlungsunfähigkeit erklärt. Der DDR drohte der Staatsbankrott.

Die Krise der DDR-Wirtschaft war das Ergebnis kurz- und langfristiger Ursachen:

- *Rohstoffknappheit:* Die DDR war zur Produktion von Exportwaren (Treibstoffe, Heizmittel, Chemiefasern) auf Erdöl angewiesen, das vorwiegend aus der UdSSR stammte. Da die Sowjetunion die Ölzufuhr seit den Erdölkrisen der 1970er-Jahren drosselte, musste die DDR für den übrigen Energiebedarf auf die heimische Braunkohle ausweichen. Die Umstellung war kostspielig und belastete die Wirtschaft schwer. Als sich der Ölpreis Ende 1985 plötzlich halbierte, ging zudem der Absatz der Exportprodukte drastisch zurück.
- *Unzureichende Modernisierung:* In den Industriebetrieben mangelte es an Rationalisierung und Investitionen. Um Arbeitslosigkeit zu vermeiden, waren viele Stellen überbelegt, Arbeitskräfte wurden nicht sinnvoll eingesetzt und mussten veraltete Geräte bedienen. Für neue Ausstattungen fehlte das Kapital (▸ M1). Um 1989 waren weniger als die Hälfte aller Industrieanlagen jünger als zehn Jahre (in der Bundesrepublik betrug die Quote damals rund 70 Prozent). In Schlüsseltechnologien wie der Mikroelektronik verpasste die DDR den internationalen Anschluss (▸ M2).
- *Exportschwäche, Devisenmangel und Verschuldung:* Die zahlreichen Produkte, die auf dem Weltmarkt nicht konkurrenzfähig waren, mussten, um sie dennoch zu exportieren, mit enormen staatlichen Zuschüssen verbilligt werden. Denn ohne den Export fehlten die Devisen, mit denen Rohstoffe und Westwaren eingekauft werden konnten. Die DDR importierte weit mehr als sie ausführte, und nahm dafür immer höhere Kredite auf.
- *Krise des Binnenmarktes:* Die schlecht ausgerüsteten Wirtschaftsbetriebe konnten auch nicht den Bedarf an Konsumgütern im Inland (z. B. Kfz, Baumaterial) decken (▸ M3). Daher nahm der Verbrauch weiter ab, obwohl die Nettolöhne stiegen. Die Menschen sparten das Geld, das nicht mehr in die Wirtschaft zurückfloss.
- *Verlangsamter Strukturwandel:* Der Wandel der DDR-Wirtschaft verlor immer mehr an Tempo. Im Zeitraum von 1950 bis 1989 sank der Anteil der Land- und Forstwirtschaft von 26 auf elf Prozent. Industrie- und Handwerk waren bis Anfang der 1980er-Jahre von 40 auf 51,5 Prozent angewachsen, machten aber bis 1989 weiterhin 50 Prozent der Gesamtwirtschaft aus. Dagegen erreichte der Handels- und Dienstleistungssektor bis Ende der 1980er-Jahre nur einen Anteil von knapp 40 Prozent. Dieses Zahlenverhältnis entsprach der Situation in der Bundesrepublik von 1965.
- *Planwirtschaft und Einbindung in den RGW:* Die DDR hielt an der staatlichen zentralen Lenkung der Wirtschaft fest. Die Betriebe konnten ohne die Zustimmung der Staates nichts unternehmen und nicht unmittelbar auf die Bedarfslage reagieren. Die Versorgung der Bevölkerung mit Gebrauchsgütern verschlechterte sich deshalb

Lesetipp:
André Steiner, Von Plan zu Plan. Eine Wirtschaftsgeschichte der DDR, Berlin 2007

stetig. Ziel der Wirtschaft war die Erfüllung von langfristigen Plänen, nicht die flexible Orientierung an Angebot und Nachfrage. Hinzu kam die internationale Dimension der Planwirtschaft in Gestalt des *Rates für Gegenseitige Wirtschaftshilfe* (RGW)*. Dieses Gremium unter Leitung der UdSSR regelte, welches Mitgliedsland welche Produkte herstellte und wohin ausführte. Anstatt sich an den Weltmarkt anzupassen, blieb die DDR-Wirtschaft von den übrigen Volkswirtschaften des Ostblocks abhängig.

- *Personalmangel und Überalterung:* Seit Bestehen der DDR schrumpfte ihre Bevölkerung. Von 1946 bis 1964 nahm die Einwohnerzahl in Ostdeutschland von 18,4 auf 17 Millionen ab, sank bis 1981 auf 16,7 Millionen und fiel weiter. Vor allem in der jüngeren Generation war der Arbeits- und Fachkräftemangel dramatisch, da die DDR-Führung auch keine Fachkräfte aus dem Ausland anwarb.

1983 und 1984 gewährte die Bundesrepublik zinslose Milliardenkredite zur Stützung der DDR. Im Gegenzug wurden die Minenfelder und Selbstschussanlagen an der innerdeutschen Grenze entfernt, ließ die DDR politische Häftlinge frei und gewährte Reiseerleichterungen.* Aber diese Transferleistungen reichten ebenso wenig wie der **Mindestumtausch** aus, um die rasante Verschuldung der DDR aufzuhalten.

* **Rat für Gegenseitige Wirtschaftshilfe:** Siehe S. 325.

Mindestumtausch („Zwangsumtausch"): Besucher der DDR und Ost-Berlins mussten täglich einen bestimmten Betrag in DDR-Mark umtauschen. Dies trug der Regierung Devisen ein.

Propaganda statt Reformen Schon 1976 hatte sich die DDR mit umgerechnet 2,6 Milliarden Euro verschuldet, damals ein Staatsgeheimnis, das nur Honecker und einigen Vertrauten bekannt war. 1989 entsprach die Auslandsverschuldung von 25 Milliarden Euro bereits dem volkswirtschaftlichen Nettoprodukt eines Jahres. Der wirtschaftliche Zusammenbruch war absehbar.

Das Honecker-Regime war mit seiner „Einheit von Wirtschafts- und Sozialpolitik" gescheitert, änderte jedoch nichts an den viel zu hohen Ausgaben für den Sozialstaat. Die Regierung rührte weder an den subventionierten Mietpreisen noch an der Höhe der Löhne oder an den Arbeitsplätzen. Künstlich wurden damit Vollbeschäftigung und eine gute Versorgung aufrechterhalten. „Künstlich" bedeutete: „auf Pump" und unter Verschweigen der tatsächlichen Situation.

Die oberste Staats- und Parteispitze wiegte die breite Bevölkerung mit gefälschten Bilanzen und Durchhalteparolen in Sicherheit. So verkündete die SED-Führung im Oktober 1988 feierlich das Erreichen ihres Zieles, drei Millionen neue Wohnungen seit 1976 gebaut zu haben. Tatsächlich waren erst 1,9 Millionen Wohnungen fertiggestellt (mitgezählt wurden dabei auch Wohnheimplätze für Senioren und Studenten).

Die Propaganda übertönte jede Kritik, selbst innerhalb der SED. Sie wirkte nicht zuletzt im westlichen Ausland, wo man die Missstände kaum wahrnahm. Dabei halfen populäre Maßnahmen und Inszenierungen wie die Einweihung des modernen Sport- und Erholungszentrums in Ost-Berlin (1981) oder der Wiederaufbau der Semper-Oper in Dresden. Das Bild von der erfolgreichen DDR überlagerte damit die Wirklichkeit, vor allem in den Köpfen der Machthaber. Das DDR-Regime zeigte sich unfähig zu Reformen und wurde zum Opfer seiner eigenen Selbsttäuschung.

▲ **DDR-Subventionswirtschaft.**
Die Angaben in dem Schaubild stammen von 1989.
- *Erläutern Sie anhand eines konkreten Beispieles die Folgen der Wirtschaftspolitik für die Bürger und den Staat.*

* Siehe dazu auch S. 410 ff.

▲ **„Schwerter zu Pflugscharen."**
Foto vom Kirchentag in Wittemberg vom September 1983. Unter dem Motto „Schwerter zu Pflugscharen" forderte die christliche Friedensbewegung zur Abrüstung auf. Dabei konnte sie sich auch auf die Skulptur vor dem UN-Gebäude (siehe S. 488) beziehen. Die SED-Führung verbot jegliche Friedenssymbole und forderte die Bischöfe auf, die Friedensaktivisten zu bremsen.
- *Informieren Sie sich über das Motto „Schwerter zu Pflugscharen".*

Rainer Eppelmann (geb. 1943): evangelischer Pfarrer, 1989 Mitbegründer der Partei „Demokratischer Aufbruch" (DA), seit 1990 Mitglied der CDU, 1990 Minister für Verteidigung und Abrüstung in der letzten DDR-Regierung

Robert Havemann (1910-1982): kommunistischer Widerstandskämpfer gegen das „Dritte Reich", 1950-1964 Professor für Physikalische Chemie in Ost-Berlin. Er erhielt nach kritischen Äußerungen Berufsverbot und wurde bis zu seinem Tod überwacht.

Wachsende Kritik von Friedens- und Umweltgruppen in der DDR Die Krise der kommunistischen Herrschaft entzündete sich nicht nur am Versagen der Ökonomie. Den Boden für den Massenprotest des Jahres 1989 bereiteten oppositionelle Gruppierungen, die seit den frühen 1980er-Jahren mit wachsendem Selbstbewusstsein das Regime herausforderten, aber auch viele einzelne Bürger, die unter Berufung auf die von der DDR 1975 unterschriebene KSZE-Schlussakte* ihre Menschenrechte einforderten.

Anfangs waren es vor allem Friedens- und Umweltgruppen, die unter dem Schutz der Kirchen einen Freiraum von staatlicher Erziehung schufen und dort ihre Kritik veröffentlichten. Zunächst entstanden diese informellen Zusammenschlüsse von aufbegehrenden DDR-Bürgern aus der Empörung über konkrete Maßnahmen des SED-Staates. Der kritische Blick auf die Einführung des „Wehrunterrichts" an allen Schulen 1978, die staatlich verordnete Militarisierung der Gesellschaft sowie die Aufrüstung in Ost und West entwickelte sich in Richtung auf eine umfassendere Kritik. Eine wichtige Rolle spielte etwa der von Pfarrer **Rainer Eppelmann** und **Robert Havemann** gemeinsam formulierte „Berliner Appell – Frieden schaffen ohne Waffen" (1982). Die Forderungen nach Toleranz und Anerkennung des Rechts auf freie Meinungsäußerung unterschrieben innerhalb weniger Monate Tausende (▸ M4). In Friedensseminaren und Friedenswerkstätten fanden sich zumeist jugendliche Teilnehmer aus der ganzen DDR zusammen. Ihr gemeinsames Protestsymbol war ein Aufnäher mit der Aufschrift „Schwerter zu Pflugscharen".

Die Staatsmacht versuchte, die Friedensbewegung in ihrem Sinne zu vereinnahmen (▸ M5), reagierte aber auch mit Berufsverboten (▸ M6), Verhaftungen und Ausbürgerungen prominenter Oppositioneller und vor allem mit dem massiven Einsatz von Inoffiziellen Mitarbeitern der Staatssicherheit. Die beabsichtigte „Zersetzung" oppositioneller Gruppierungen ging so weit, dass manche Friedenskreise von Stasi-Spitzeln regelrecht unterwandert wurden.

Eine Bürgerrechtsbewegung entsteht 1985 gründeten mehrere Bürgerrechtler in Ost-Berlin die *Initiative Frieden und Menschenrechte* (IFM). Die stark christlich-pazifistisch ausgerichtete Protestbewegung gewann eine neue Qualität: Erstmals erhob sie Forderungen nach einer freiheitlichen Demokratie. Immer mehr Menschen solidarisierten sich mit jenen, die verhaftet, ausgebürgert oder auf andere Weise eingeschüchtert werden sollten. Zu den dauerhaft aktiven Regimegegnern zählten aber nur wenige hundert Personen, die jedoch viele tausend Sympathisanten gewinnen konnten. Allmählich entstand ein landesweites Netzwerk durch im Untergrund gedruckte Zeitschriften und Flugblätter, Treffen und Protestaktionen.

* Zur Konferenz über Sicherheit und Zusammenarbeit in Europa siehe S. 392, 339 und 343, M1.

◂ **„Osteuropäischer Geleitzug im Winter 1988/89."**
Karikatur von Karl-Heinz Schoenfeld aus der in West-Berlin erscheinenden Zeitung „Der Tagesspiegel" vom 29. Dezember 1988.

- *Interpretieren Sie die Karikatur. Berücksichtigen Sie dabei den Verfassertext unten sowie die Ausführungen auf S. 342 (einschließlich Schaubild).*

Reformen in Osteuropa Ermutigt wurde die Protestbewegung in der DDR auch von internationalen Vorbildern. In Polen hatte sich seit 1980 die Gewerkschaft *Solidarność* (dt. Solidarität) unter **Lech Walesa** gegen das Verbot durch die Staatsmacht behauptet und erreichte im Juni 1989 halbwegs freie Wahlen. In Ungarn leitete die kommunistische Regierung seit 1988 selbst Reformen ein. In der Tschechoslowakei hatten Regimekritiker wie **Václav Havel** 1977 eine Erklärung zugunsten der Menschenrechte unterzeichnet (*Charta 77*). Daraus ging eine Bewegung hervor, die die Regierung zu politischen Veränderungen aufrief. Entgegen den Vorgaben der Breschnew-Doktrin* verweigerte die wirtschaftlich stark angeschlagene Sowjetunion eine militärische Intervention, um die Protestbewegung zu zerschlagen. Besonders der Reformkurs in der Sowjetunion unter Michail Gorbatschow** machte Hoffnung auf mehr Freiheit und Gerechtigkeit. Unter den Schlagworten *Perestroika* (dt. Umgestaltung) und *Glasnost* (dt. Offenheit) ordnete er erstmals seit 1917 wieder freie Wahlen an und ermöglichte offene Regimekritik. Der wichtigste außenpolitische Schritt war die Anerkennung der nationalen Unabhängigkeit der Ostblockstaaten (▸ M7). Gorbatschows Reformen sollten den Sozialismus keineswegs abschaffen, sondern ihn menschlicher und leistungsfähiger machen. Das SED-Regime geriet damit in eine Zwangslage. Denn die DDR war kein Nationalstaat, und eine Öffnung gegenüber dem Westen warf auch die Frage nach der deutschen Einheit auf.

Lech Walesa (geb. 1943): polnischer Arbeiterführer und Bürgerrechtler, erhielt 1983 den Friedensnobelpreis, 1990-1995 Staatspräsident Polens

Václav Havel (1936-2011): tschechischer Schriftsteller und Bürgerrechtler, 1993-2003 Präsident der Tschechischen Republik

1. *Gorbatschow soll Honecker bei einem Treffen in Ost-Berlin 1989 gemahnt haben: „Wer zu spät kommt, den bestraft das Leben." Erläutern Sie eingehend, in welchen Bereichen die DDR „zu spät" kam.*

2. *Erörtern Sie die Reformfähigkeit der DDR von 1989.*

* Zur Breschnew-Doktrin siehe S. 333 und M2, S. 335.
** **Michail Gorbatschow**: Siehe S. 341.

M1 Bauindustrie

Im Mai 1988 verhandelt das Politbüro der SED über die Modernisierung der Bauindustrie. Den Vorschlägen liegen folgende Anlagen bei:

Das jährliche Investitionsvolumen für das Bauwesen verringerte sich in den 80er-Jahren auf etwa die Hälfte des im Zeitraum 1975/76 realisierten Umfangs, wobei vor allem 1981/83 rund [...] ein Jahresinvestitionsvolumen für Aufgaben der Energieumstellung [von Heizöl auf Braunkohlenstaub] eingesetzt worden sind. Demzufolge wurden Erweiterungsinvestitionen nur noch für solche Erzeugnisse vorgenommen, wo der Bedarf nicht gedeckt werden konnte. [...] Ein beträchtlicher Teil der Kapazitäten [etwa ein Drittel] des Rationalisierungsmittelbaus[1] des Bauwesens muss für die Eigenfertigung von Ersatzteilen und die Regenerierung von Verschleißteilen eingesetzt werden. [In] den vergangenen 7 Jahren [ist] die Bereitstellung neuer Baumaschinen und Fahrzeuge wesentlich reduziert worden. Damit stieg der Anteil von vollständig abgeschriebenen und nur noch bedingt reparaturfähigen Ausrüstungen erheblich an.

Maschinen	Bestand	nicht mehr modernisierungsfähig (in Prozent)		Auslastung (in Prozent)
	insgesamt	1979	1987	1987
Turmdrehkrane	907	35,2	36,0	105,9
Autodrehkrane	1980	39,8	92,3	106,2
Planierraupen	1349	41,0	90,5	105,6
LKW-Kipper	7280	30,0	65,1	107,1

Zitiert nach: Matthias Judt, Aufstieg und Niedergang der „Trabi-Wirtschaft", in: Ders., DDR-Geschichte in Dokumenten. Beschlüsse Berichte, interne Materialien und Alltagszeugnisse, Berlin 1997, S. 159

1. *Skizzieren Sie die Lage der Bauindustrie der DDR um 1987.*
2. *Begründen Sie den Anstieg nicht mehr modernisierungsfähiger Maschinen in der Baubranche.*
3. *Diskutieren Sie, welche wahrscheinlichen Folgen sich aus dem Zustand der Bauindustrie für die Bevölkerung der DDR ergaben.*

[1] **Rationalisierungsmittelbau**: Herstellung von (technischen) Geräten, die den Arbeitsprozess effizienter gestalten sollen

M2 Mikroelektronikprogramm

In den späten 1970er-Jahren entwickelt sich die Mikroelektronik zur weltweiten Schlüsseltechnologie. Die DDR investiert insbesondere währender 1980er-Jahre in diese Branche. Der Wirtschaftshistoriker André Steiner bewertet das Mikroelektronikprogramm der DDR:

Als man immer öfter Schwierigkeiten hatte, seine Exportprodukte auf den Weltmärkten abzusetzen, wurde nach einem Weg gesucht, die technologische Lücke zum Weltstand wieder zu verringern. [...] Daher wollte man mit einem Politbürobeschluss von 1977 die Kräfte auf die Entwicklung der Mikroelektronik konzentrieren, die sich international immer mehr als die neue Basisinnovation herauskristallisiert hatte. Das entsprechende Programm verschlang allein von 1986 bis 1989, als die Anstrengungen noch einmal vervielfacht wurden, rund 14 Milliarden Mark [...]. Dieses Programm war aber für die DDR unter den gegebenen Bedingungen gewissermaßen eine Notwendigkeit. Zum einen bezahlte man damit den Preis für die Fehlentscheidung am Anfang der Siebzigerjahre, die auf diesem Gebiet bis dahin geleisteten Entwicklungsarbeiten abzubrechen. Zum anderen erforderte ein leistungsfähiger und moderner Maschinenbau immer dringender mikroelektronische Bauelemente. [...] Dabei setzte man im hohen Maße darauf, [...] die westlichen Embargobestimmungen[1] zu unterlaufen und sich das notwendige Know-how sowie erforderliche Produktionsanlagen als Prototypen illegal aus dem Westen zu beschaffen und dann nachzubauen. Jedoch konnten auf diese Weise die grundsätzlichen Probleme des Technologietransfers nicht beseitigt werden.
Schon wegen seiner enormen Kosten, die der Bevölkerung nicht verborgen bleiben konnten, musste das Mikroelektronikprogramm propagandistisch zu einem Musterbeispiel vorausschauender Wirtschafts- und Strukturpolitik hochstilisiert werden. Allerdings war vorauszusehen, dass unter den DDR-Bedingungen der Aufwand in einem kolossalen Missverhältnis zum wirtschaftlichen Nutzen stehen würde. So betrugen die Kosten für die Produktion eines 256 Kbit Speicherschaltkreises 534 Mark, dagegen war das gleiche Bauelement auf dem Weltmarkt für vier bis fünf Valutamark[2] zu haben. Damit musste jeder Schaltkreis mit 517 Mark aus dem Staatshaushalt gestützt werden.[3] An ökonomischen Kriterien war diese Anstrengung nicht zu messen. So wurden immer wie-

[1] **Embargo**: Unterbindung der Ein- und Ausfuhr von Waren und Rohstoffen. Die Staaten des Westblocks wollten den Verkauf moderner Technologien in den Ostblock verhindern.
[2] **Valutamark**: Westmark
[3] Das Ziel war es, Speicherschaltkreise für max. 16 Mark auf dem Weltmarkt anzubieten.

der wissenschaftlich-technische Leistungen gefeiert, ohne dass diese bereits produktionswirksam werden konnten. [...] Um die erforderlichen Finanzmittel für derartige Schwerpunktprogramme bereit zu stellen, wurden allein in den Achtzigerjahren eigentlich der Erhaltung vorhandener Anlagen und Maschinen dienende Mittel in Höhe der durchschnittlichen Investitionsmittel eines Jahres auf derartige Großvorhaben umgeleitet. Dies war bei der bereits überstrapazierten Zahlungsbilanz die einzige Umverteilungsmöglichkeit, wenn die SED-Spitze nicht den Konsum einschränken wollte. Dazu konnte sie sich im Interesse der Erhaltung ihrer Macht nicht bereit finden.

André Steiner, Zwischen Konsumversprechen und Innovationszwang. Zum wirtschaftlichen Niedergang der DDR, in: Konrad H. Jarausch und Martin Sabrow (Hrsg.), Weg in den Untergang. Der innere Zerfall der DDR, Göttingen 1999, S. 153-192, hier S. 171-173

1. *Erläutern Sie die Entwicklung der Mikroelektronik in der DDR. Berücksichtigen Sie dabei den Zusammenhang von Propaganda und Produktion.*

2. *Erörtern Sie die Ursachen der schlechten wirtschaftlichen Situation der DDR in den 1980er-Jahren. Nutzen Sie dazu auch M1 sowie das Schaubild auf S. 399.*

▲ **Alltag in der Mangelwirtschaft.**
Foto aus Leipzig vom März 1989.
Die DDR-Bürger mussten immer improvisieren, besonders wenn sie Ersatzteile für die Wartungsarbeiten ihres Pkw brauchten wie dieser Leipziger Bürger.

M3 „Wenn man da nicht Leute kannte ...“

Ein Betroffener berichtet nach 1989 darüber, wie man sich mit der Versorgung in der DDR arrangiert hat:

Wenn man in einen Gemüseladen reinkommt und Schwein hat, dann liegen dort ein paar deutsche Zwiebeln. Die nimmt man raus aus der Steige, dann hat man schon die Pfoten voll Schmiere. Die Möhren sehen aus, wie man sie vom Acker runterholt. Die Radieschen auch. Die waren nicht gewaschen und nichts. Ich meine, das liegt auch ein bisschen an der Schlamperei der Leute. Wenn ich so einen Laden hätte, ich hätte sie wahrscheinlich in einem Eimer abgewaschen. Aber es ist nicht ihr Laden, es geht sie nichts an. Und da die Leute die Sachen brauchen, kaufen sie das eben. Also, das stimmt, Kraut gab es in den letzten Jahren in Hülle und Fülle. Anderes Gemüse aber nur zu der Jahreszeit. Und dann kriegt man das aber auch nicht jeden Tag. Da muss man Anfang der Woche Blumenkohl kaufen, wenn man den am Freitag essen will. Aber das ist nicht so schlimm. Der Blumenkohl hier hat doch schon meistens Flecken. Obst hat man kaum gesehen. Äpfel gab es, aber Kirschen oder Erdbeeren nur ganz selten. Wenn man da nicht Leute kannte, die einen Garten haben und verkauft haben, da hätte man so was nie gekriegt. [...] Einmal im Jahr, vor Weihnachten, gab es Apfelsinen. [...]

Manche Lebensmittel bekommt man nicht: Tomatenmark, Ketch-up, solches Zeug. Ganz Seltenes kriegt man nur durch Beziehungen. Man muss in der DDR Beziehungen haben. Man muss viele Leute kennen, dann kriegt man mal was. [...] Aber auf der anderen Seite wird das Geld zum Fenster rausgeschmissen. In den Neubaugebieten zum Beispiel, wo Fernheizung ist, die können das gar nicht regeln. Da ist kein Thermostat. Die machen die Fenster auf, damit die Wärme hinaus kann. Die rennen drinnen nur im Turnhemd rum. Die baden und versauen das Wasser. Die Kosten sind alle in der Miete enthalten. Die haben noch nicht einmal eine Wasseruhr. Es ist gleich, wie viel Wasser man verbraucht. [...]
Wer Grundeigentum hat, der darf nicht so ohne Weiteres drauf bauen. Da hat erst einmal der Staat das Vorrecht zum Bauen. Wenn jetzt auf den Dörfern oder auch hier in Saalfeld jemand bauen möchte, kriegt er in der Regel seine 500 Quadratmeter zugeteilt. Dann hat man so ein kleines bisschen Garten. Das Haus wird vorgeschrieben, der Typ, den man bauen darf. Aber das macht man erst seit den letzten Jahren. Das Haus wird Eigentum, aber der Grund und Boden nicht. [...] Wenn man so ein Haus baut, muss man sich eine Feierabendbrigade suchen, die einem das hochzieht. Das sind Bauarbeiter, die so was nach Feierabend machen oder im Urlaub oder auch sonnabends und sonntags. Es gibt auch keine Baufirmen. Hier baut man alles in Eigeninitiative. [...] Manches Material haben die auch nicht so gekriegt, wie die wollten. Oder sie mussten es irgendwie teuer bezahlen, weil

sie auf normalem Weg nicht drangekommen sind. Da gibt es manchmal nur ein Halbzoll-Rohr oder mal nur ein Viertelzoll-Rohr. Dann gibt es keine Winkel oder keinen Wasserhahn. Sie müssen da schon rennen.

Zitiert nach: Mike Dennis und Johannes-Dieter Steinert, Deutschland 1945-1990. Von der bedingungslosen Kapitulation zur Vereinigung, Schwalbach 2005, S. 213 f.

1. *Geben Sie die im Text dargelegten Probleme wieder.*
2. *Charakterisieren Sie die Haltung des Berichterstatters und weisen Sie seine Schreibabsicht anhand des Textes nach.*

M4 „Frieden schaffen ohne Waffen"

Am 25. Januar 1982 verfassen der kommunistische Dissident Robert Havemann und der evangelische Pfarrer Rainer Eppelmann den „Berliner Appell – Frieden schaffen ohne Waffen", der von westdeutschen Medien veröffentlicht und binnen weniger Monate von Tausenden unterschrieben wird. Erstmals erreicht eine oppositionelle Gruppe breite Bekanntheit:

1. Es kann in Europa nur noch einen Krieg geben, den Atomkrieg. Die in Ost und West angehäuften Waffen werden uns nicht schützen, sondern vernichten. [...]
2. Darum: Wenn wir leben wollen, fort mit den Waffen! [...] Ganz Europa muss zur atomwaffenfreien Zone werden. Wir schlagen vor: Verhandlungen zwischen den Regierungen der beiden deutschen Staaten über die Entfernung aller Atomwaffen aus Deutschland.
3. Das geteilte Deutschland ist zur Aufmarschbasis der beiden großen Atommächte geworden. Wir schlagen vor, diese lebensgefährliche Konfrontation zu beenden. Die Siegermächte des 2. Weltkrieges müssen endlich die Friedensverträge mit den deutschen Staaten schließen, wie es im Potsdamer Abkommen von 1945 beschlossen worden ist. Danach sollten die ehemaligen Alliierten ihre Besatzungstruppen aus Deutschland abziehen und Garantien über die Nichteinmischung in die inneren Angelegenheiten der beiden deutschen Staaten vereinbaren.
4. Wir schlagen vor, in einer Atmosphäre der Toleranz und der Anerkennung des Rechts auf freie Meinungsäußerung die große Aussprache über die Fragen des Friedens zu führen und jede spontane Bekundung des Friedenswillens in der Öffentlichkeit zu billigen und zu fördern. [...]

a) Sollten wir nicht auf Produktion, Verkauf und Einfuhr von sogenanntem Kriegsspielzeug verzichten?
b) Sollten wir nicht anstelle des Wehrkundeunterrichts an unseren Schulen einen Unterricht über Fragen des Friedens einführen?
c) Sollten wir nicht anstelle des jetzigen Wehrersatzdienstes für Kriegsdienstverweigerer auch einen sozialen Friedensdienst zulassen?
d) Sollten wir nicht auf alle Demonstrationen militärischer Machtmittel in der Öffentlichkeit verzichten und unsere staatlichen Feiern stattdessen dazu nutzen, den Friedenswillen des Volkes kundzutun?
e) Sollten wir nicht auf die Übungen zur sogenannten Zivil-Verteidigung verzichten? Da es im Atomkrieg keine Möglichkeit einer sinnvollen Zivil-Verteidigung gibt, wird durch diese Übungen nur der Atomkrieg verharmlost. Ist das nicht womöglich eine Art psychologischer Kriegsvorbereitung?

5. Frieden schaffen ohne Waffen – das bedeutet nicht nur: Sicherheit zu schaffen für unser eigenes Überleben. Es bedeutet auch das Ende der sinnlosen Verschwendung von Arbeitskraft und Reichtum unseres Volkes für die Produktion von Kriegswerkzeug und die Aufrüstung riesiger Armeen junger Menschen, die dadurch der produktiven Arbeit entzogen werden. Sollten wir nicht lieber den Hungernden in aller Welt helfen, statt fortzufahren, unseren Tod vorzubereiten?

Selig sind die Sanftmütigen, denn sie werden das Erdreich besitzen (Jesus von Nazareth in der Bergpredigt).

Das Gleichgewicht des Schreckens hat den Atomkrieg bisher nur dadurch verhindert, dass es ihn immer wieder auf morgen vertagt hat. Vor diesem herannahenden Morgen des Schreckens fürchten sich die Völker. Sie suchen nach neuen Wegen, dem Frieden eine bessere Grundlage zu geben. Auch der „Berliner Appell" ist ein Ausdruck dieses Suchens. Denkt über ihn nach, macht unseren Politikern Vorschläge und diskutiert überall die Frage: Was führt zum Frieden, was zum Kriege?

Bekräftigt Eure Zustimmung zum „Berliner Appell" durch Eure Unterschrift.

Zitiert nach: Berliner Appell vom 25. Januar 1982, in: www.bildungsserver.berlin-brandenburg.de/fileadmin/havemann/docs/material/1982_berliner_appell.pdf [Zugriff: 21. 05. 2015]

1. *Fassen Sie die Forderungen des „Berliner Appells" tabellarisch zusammen. Unterscheiden Sie zwischen Forderungen, die die internationale Politik, und anderen Forderungen, die die DDR-Gesellschaft betreffen.*
2. *Charakterisieren Sie die Sprache des Appells.*
3. *Begründen Sie die sofortige Unterdrückung dieses Appells durch die SED-Führung. Erläutern Sie dafür die Widersprüche des Appells zu den Grundüberzeugungen der SED-Führung.*

M5 Gegen NATO-Waffen – Frieden schaffen

Werbeplakat der FDJ, dem Jugendverband der SED, zum Pfingsttreffen 1982. Die Pfingsttreffen der FDJ sind mehrtägige Großveranstaltungen in Berlin, die unter wechselnden Themen stehen:

Beschreiben und interpretieren Sie das Plakat – auch im Zusammenhang mit dem „Berliner Appell" (M4).

M6 Berufsverbot

Im September 1978 wird „Wehrkundeunterricht" in der 9. und 10. Klasse als Pflichtfach eingeführt. Dadurch soll laut Lehrplan die Wehrbereitschaft und Wehrfähigkeit der Schüler gefördert werden. Daran wird bis zum Ende der DDR Kritik geübt. 1987 erreicht die Abteilung für Kirchenfragen der SED folgender Brief:

Wir haben uns aus Glaubensgründen entschlossen, unsere Tochter Michaela nicht am Wehrkundeunterricht teilnehmen zu lassen, was uns auch nach längeren Diskussionen genehmigt wurde. Nun stellte sich für uns die Frage einer Lehrstelle für Michaela und diese hatten wir auch, aber das Zustandekommen eines Lehrvertrags scheiterte an unserer Weigerung, an ZV[1] oder anderen Kursen Michaela teilnehmen zu lassen. Michaela möchte auch von sich aus nicht teilnehmen. Für uns steht das Gebot der Nächstenliebe im Vordergrund und wir wollen uns und unsere Kinder nicht teilnehmen lassen an irgendwelchen „Schulungen" zum Aufbau eines Feindbildes. Wir glaubten nur, Berufsverbote gebe es hier nicht, aber das ist nicht so. Andersdenkende werden behandelt, wie es ihnen zusteht, für Hilfsarbeiten ist uns unser Kind zu schade. Auch haben wir bereits 1984 die Ausreise beantragt, hier kann man ja nicht leben, und schon gar nicht als Christ. Wir fordern eine Lehrstelle für unsere Tochter oder endlich unsere Ausreise.

Zitiert nach: Saskia Handro, Alltagsgeschichte. Alltag, Arbeit, Politik und Kultur in SBZ und DDR, Schwalbach 2004, S. 267 (offensichtliche Rechtschreibfehler bereinigt)

1. *Untersuchen Sie den Brief im Hinblick auf die Argumentationsweise, mit der Michaelas Eltern ihre Meinung vertreten und ihr Ziel zu erreichen versuchen. Begründen Sie auch die Wahl des Begriffes „Berufsverbot".*
2. *Erläutern Sie den Zusammenhang von Religion und Opposition. Nutzen Sie hierzu auch M4.*

[1] **ZV**: Übungen zur Zivilverteidigung

M7 „Jedes sozialistische Land hat seine Spezifik"

Im Rahmen eines ČSSR-Besuches erklärt der Generalsekretär der KPdSU, Michail Gorbatschow, am 10. April 1987 auf einer Kundgebung in Prag:

Wir meinen nicht, dass wir die endgültigen Antworten auf alle Fragen gefunden haben, vor die uns das Leben gestellt hat. Wir sind auch weit davon entfernt, irgendjemand dazu aufzurufen zu wollen, uns zu kopieren. Jedes sozialistische Land hat seine Spezifik. Die Bruderparteien legen den politischen Kurs unter Berücksichtigung der nationalen Bedingungen fest. [...] Wir gehen vor allem davon aus, dass das gesamte System der politischen Beziehungen zwischen den Ländern des Sozialismus konsequent auf Gleichberechtigung und gegenseitiger Verantwortlichkeit beruhen kann und muss. Niemand hat das Recht, Anspruch auf eine Sonderstellung in der sozialistischen Welt zu erheben. Die Selbstständigkeit jeder Partei, ihre Verantwortung vor dem eigenen Volk und das Recht, souverän die Fragen der Entwicklungen des Landes zu lösen, sind für uns selbstverständliche Prinzipien.

Michail Gorbatschow, Ausgewählte Reden und Aufsätze, Bd. 4, Berlin 1988, S. 530 f. (übersetzt von Gudrun Klaas)

1. *Erläutern Sie die Bedeutung dieser Haltung für die Beziehungen zwischen der Sowjetunion und den verbündeten Blockstaaten. Stellen Sie dazu die Position Gorbatschows der Breschnews (M2, S. 335) gegenüber.*
2. *Diskutieren Sie, welche Konsequenzen diese Position für die Bürgerrechtsbewegungen in den sozialistischen Staaten hatte.*

Historische Spielfilme beurteilen

Historische Spielfilme legen für ihre Handlung historische Personen, Ereignisse oder Epochen zugrunde. Wie andere Spielfilme auch gehorchen sie den Regeln der Filmdramaturgie. Sie haben immer das Ziel, den Zuschauer zu unterhalten und Spannung zu erzeugen.
Im Gegensatz dazu erheben historische Dokumentationen nicht in erster Linie den Anspruch zu unterhalten. Sie wollen vielmehr den Zuschauern Wissen über die Vergangenheit vermitteln. Sie verwenden historische Quellen und versuchen, die Zusammenhänge herzustellen.

Historische Spielfilme beurteilen

Manche Spielfilme verwenden Historisches nur als Kulisse für ihre Erzählungen und berücksichtigen die historische Wahrheit nur wenig. Andere versuchen, die Geschichte mit filmischen Mitteln auf der Grundlage von Quellen möglichst exakt zu rekonstruieren. Bei Spielfilmen über historische Persönlichkeiten, den sogenannten „Biopics", bilden die gesicherten biografischen Erkenntnisse die Basis für den Film. Lücken in der Überlieferung werden in der Regel frei ergänzt, Dialoge oder Situationen erfunden, um durch die zusammenhängende Handlung die Person näher zu charakterisieren.
Als Informationsquelle für reale historische Ereignisse sind deshalb historische Spielfilme niemals uneingeschränkt zu nutzen. Die folgenden Hinweise ermöglichen die Analyse von historischen Spielfilmen wie dem gewählten Beispiel: „Das Leben der Anderen".

Formale Kennzeichen
- Wer hat den Film in Auftrag gegeben und produziert?
- Wo wurde der Film gezeigt?

Inhalt
- Was ist das Thema des Films?
- Welche Ereignisse und Personen werden dargestellt?
- Welche filmsprachlichen Mittel werden verwendet?

Historischer Hintergrund
- Welche Fakten über das thematisierte historische Geschehen lassen sich ermitteln?
- Wo stimmen historische Tatsachen und Film nicht überein?
- Wo fügt der Film den historischen Ereignissen etwas hinzu?
- Bei Spielfilmen, die sich nicht auf konkrete historische Personen und Ereignisse beziehen: Erfasst die Darstellung des vergangenen Geschehens das Wesentliche?

Intention und Wirkung
- Welches Bild von der dargestellten Zeit und von den Personen wird vermittelt?
- Welche Zielgruppen will der Film erreichen?
- Welche Denkanstöße vermittelt der Film?
- Welche Bedeutung hat die Musik?

Bewertung und Fazit
- Wie werden die historischen Ereignisse filmisch umgesetzt? Sind Tendenzen erkennbar?
- Wo müssten andere Informationen ergänzt werden? Wo müsste korrigiert werden?
- Welche Rezensionen zu dem Film gibt es?

Allgemeine Hinweise zur Filmanalyse

Struktureinheiten von Filmen
Die beiden wichtigsten filmischen Einheiten (Abschnitte) sind:

1. *Einstellung (shot)*: Bei ihr handelt es sich um die kleinste Einheit des Films. Sie umfasst den Zeitraum von der Aufblende bis zur Abblende der Kamera. Meist ist sie nur wenige Sekunden lang, sie kann aber auch einige Minuten dauern.
2. *Sequenz*: Sie besteht meist aus mehreren Einstellungen und bildet eine inhaltlich zusammenhängende Einheit des Filmes.

Kameraperspektiven
Unterschieden werden muss zwischen „Vogelperspektive" (Kamera von oben), „Froschperspektive" (Kamera von unten) oder „Normalsicht" (Kamera auf Augenhöhe).
Mit der „Froschperspektive" können Personen erhöht und bedrohlich dargestellt werden, die Vogelperspektive lässt die Zuschauer auf Personen herabblicken und vermindert sie in der Bedeutung.

Einstellungsgrößen
Je nach dem, was ins Bild gerückt ist, spricht man von „Panoramaeinstellung"/„Supertotale" (Landschaft, bei der Menschen nur klein zu erkennen sind), „Totale" (Personen werden in ihrer Umgebung gezeigt), „Naher Einstellung" (Personen vom Kopf bis zur Körpermitte), „Großaufnahme" (Kopf und Teile der Schultern) oder „Detail". Die Übergänge zwischen den Einstellungsgrößen sind dabei fließend.
Die Totale ordnet eine Person in ihr Umfeld ein, lässt sie unter Umständen verloren und „einsam" wirken, Großaufnahmen erhöhen die Bedeutung einer Person, betonen ihre Individualität.

Hell-Dunkel-Kontraste/Farben
Ein weiteres Gestaltungsmittel sind Farben. Sie haben auf den Betrachter unterschiedliche Wirkungen. So gelten blaue Farben in der Regel als kalt, rote und braune Töne hingegen als warm und emotional.

Das *Sequenzprotokoll* ist der Ausgangspunkt für jede Filmanalyse. In ihm werden die Dauer der einzelnen Abschnitte und Besonderheiten in der Filmsprache notiert.

Unter Besonderheiten können u. a. aufgeführt werden:
Wo gibt es auffällige Großaufnahmen und Kamerapositionen?
Wie bewegt sich die Kamera?
Wie ist das Verhältnis von kurzen und langen Einstellungen?
Wo gibt es auffällige „Schnittstellen"?

Welche Wirkung erzielen Geräusche bzw. Musik?
Wie sind die Dialoge ausgestaltet?
Wie spricht die Gedankenstimme?
Wie umfangreich ist der Kommentar?
Was sind die Kernsätze?

Muster für ein Sequenzprotokoll. ▸

Sequenz	Dauer (in min.)	Zahl der Einstellungen	Besonderheiten
S 4	00:16 bis 00:18	Grubitz fährt Wiesler nach Hause. Wiesler sieht in seiner Plattenbauwohnung fern. Wiesler beobachtet morgens, wie Dreymann mit Kindern Fußball spielt. Abends sieht er Christa-Maria aus einem Auto steigen.	Musik Musik

Inhalt

Die Handlung spielt in Ost-Berlin im Zeitraum vom November 1984 bis 1991. Der linientreue Stasi-Hauptmann Gerd Wiesler wird beauftragt, dem bekannten Bühnenautor Georg Dreymann Fehlverhalten nachzuweisen. Denn dessen Freundin, die Schauspielerin Christa-Maria Sieland, wird auch vom Kulturminister Bruno Hempf begehrt.
Dadurch erfährt Wiesler, dass Dreymann für ein westdeutsches Nachrichtenmagazin einen regimekritischen Artikel über die hohe Selbstmordrate in der DDR schreibt. Stasi-Offizier Wiesler entwickelt jedoch Sympathien für Dreymann und deckt ihn schließlich. Nach dem Ende der DDR verfasst Dreymann einen Roman, der diesem Stasi-Offizier unter seinem Decknamen gewidmet ist.

Beispielsequenzen

Handlung: Christa-Maria fühlt sich als Verräterin, stürmt auf die Straße und wirft sich vor einen herannahenden Transporter.
Bildsprache: Nahaufnahme, Überblendung. Die schnelle Bildfolge zeigt, wie Christa-Maria vom Fahrzeug erfasst und auf die Fahrbahn geschleudert wird.

Handlung: Dreymann und Wiesler eilen auf die Schwerverletzte zu. Wiesler trägt eine Polyesterjacke, wie sie von vielen hauptamtlichen Stasi-Mitarbeitern getragen wurde.
Bildsprache: Totale. Dreymann und Christa-Maria Sieland sind weiß gekleidet und heben sich deutlich von der tristen, regennassen Umgebung ab.

Handlung: Wiesler, der sich nach der Wiedervereinigung als Zeitungsausträger durchschlägt, passiert eine Buchhandlung.
Bildsprache: Totale. Eine Einblendung klärt die Zeit. Die Jacke, der stramme Schritt und der zielgerichtete Blick knüpfen an sein früheres Leben bei der Stasi an.

Formale Kennzeichen

Das Drehbuch von „Das Leben der Anderen" wurde von Florian Henckel von Donnersmarck geschrieben, der auch Regie führte. Der Film wurde 2005 mit Beteiligung des Bayerischen Rundfunks und des Fernsehsenders „arte" gedreht. Im Jahr 2006 kam er in die deutschen Kinos. 2007 wurde er als „bester ausländischer Film" mit einem Oscar ausgezeichnet. Die „Deutsche Film- und Medienbewertung", eine von den deutschen Bundesländern gegründete Institution, verlieh ihm das Prädikat „besonders wertvoll".

▲ **Filmplakat von „Das Leben der Anderen".**
Das Plakat zeigt den Schauspieler Ulrich Mühe (1953-2007) in der Rolle des Stasi-Hauptmanns Gerd Wiesler. „HGW XX/7" ist sein Aktenkürzel.
Die „Hauptabteilung XX" der Stasi war zuständig für die Überwachung von „Staatsapparat, Kultur, Kirche und Untergrund".

Historischer Hintergrund

1975 hatte die DDR durch die Unterzeichnung der KSZE-Schlussakte von Helsinki formal Meinungsfreiheit zugestanden. Um den Bruch des Vertrages zu verschleiern, unterdrückte das Ministerium für Staatssicherheit Kritik mit einem abgestuften System von Belohnung und Bestrafung. Diese reichte vom Ausschluss aus der Partei über psychischen Druck bis hin zur Ausbürgerung, wie im Fall Wolf Biermanns 1976. Nachdem sich das gesellschaftliche Klima in der DDR nicht geändert hatte, wuchs unter Künstlern und Intellektuellen die Unzufriedenheit. Die Staatssicherheit verstärkte die Überwachung gerade der Kulturszene. Die DDR, die von allen Staaten des Ostblocks nach Ungarn die höchste Selbstmordrate hatte, veröffentlichte nach 1977 dazu kein statistisches Material mehr.
Einige Handlungen in dem Film sind jedoch unwahrscheinlich oder widersprechen historischen Erkenntnissen. So wären beispielsweise Vereinbarungen, wie die zwischen Wiesler und seinem direkten Vorgesetzten, die den offiziellen Dienstweg umgehen, innerhalb der strikt gegliederten Staatssicherheit unwahrscheinlich. Auch wurde kein Fall bekannt, in dem ein Spitzel die Bespitzelten derart konsequent vor dem Zugriff des Staates geschützt hätte.

Intention und Wirkung

Der Film versucht, ein realistisches Bild der DDR zu vermitteln. Durch die Ausstattung (Kleidung, Inneneinrichtungen) wird das damalige Umfeld glaubwürdig nachgebildet. Der Film zeigt die Wechselwirkung zwischen Überwachenden und Überwachten und schildert Methoden der Stasi und ihre Folgen auf einer persönlichen Ebene. Dementsprechend sind Nahaufnahmen ein wichtiges filmisches Mittel. Bewusste Gestaltungsmittel unterstützen die Dramaturgie, z. B. optische Kontraste oder die Musik („Sonate vom guten Menschen").

Bewertung und Fazit

Der Film weckt nicht nur Abscheu gegenüber den Methoden der Staatssicherheit bzw. Mitleid mit den Opfern. Er verdeutlicht auch, wie schwierig und uneindeutig die moralische Bewertung von Mitarbeitern der Stasi und deren Zielpersonen sein konnte. So entziehen sich zumindest zwei Hauptfiguren einer eindeutigen moralischen Bewertung: Die psychisch labile Schauspielerin Sieland ist hin- und hergerissen zwischen der Liebe zu ihrem Lebensgefährten und der Leidenschaft für ihren Beruf. Im Falle des Stasi-Offiziers Wiesler bleibt offen, ob er die Personen, die er nach seiner inneren Kehrtwende eigentlich schützen will, durch seine Eingriffe nicht letztlich manipuliert.

„Wandel durch Annäherung" oder: Wurde die DDR durch die Entspannungspolitik stabilisiert?

„Wandel durch Annäherung" ■ Unter diesem Motto, das der SPD-Politiker *Egon Bahr* bei einem Vortrag in der Evangelischen Akademie in Tutzing 1963 verwendete, wurde der Inhalt der „Neuen Ostpolitik" der sozialliberalen Koalition zusammengefasst.* Kerngedanke der Entspannungspolitik war die schrittweise Anerkennung des deutsch-deutschen Zustandes – nicht die völkerrechtliche Anerkennung der DDR. Nur so hoffte man, kurzfristig konkrete Erleichterungen im Reise- und Grenzverkehr mit der DDR und langfristig die Wiedervereinigung zu erreichen.

Zu dieser Politik gehörten: das Bekenntnis zum westlichen Bündnissystem (NATO), die Aufgabe des außenpolitischen Anspruchs, auch für die DDR-Bürger sprechen zu dürfen (Alleinvertretungsanspruch), die Verträge mit Moskau (1970), Warschau (1970) und Prag (1973).

Wirtschaftlich bestanden zwischen den beiden deutschen Staaten schon vor dem Grundlagenvertrag von 1972** enge Beziehungen. Sie wurden danach intensiver und gipfelten in den – von dem damaligen bayerischen Ministerpräsidenten Franz Josef Strauß (CSU) vermittelten – Milliardenkrediten, die die Bundesregierung unter Helmut Kohl (CDU) der DDR 1983/84 gewährte.

Seitdem streiten sich Politiker, Publizisten und Historiker darüber, welchen Beitrag die Entspannungspolitik im Allgemeinen und die Strauß-Kredite im Besonderen zur Stabilisierung der DDR und Überwindung der Teilung*** hatten (▸ M1, M2).

* Siehe S. 394 f., M2.
** Siehe S. 391.
*** Siehe S. 412 ff.

M1 Hat die Bundesrepublik das SED-Regime stabilisiert?

Richard Schröder, ehemaliger Abgeordneter und Fraktionsvorsitzender der SPD in der 1990 frei gewählten Volkskammer der DDR sowie anschließend Mitglied des Deutschen Bundestages, geht der Frage nach, ob die Politik der Bundesrepublik das SED-Regime stabilisiert und vor einem früheren Zusammenbruch bewahrt hat; er schreibt 2007 dazu:

Es ist richtig, dass die DDR vom innerdeutschen Handel seit der Zeit der Besatzungszonen, von westlichen Milliardenkrediten und von den Deviseneinnahmen im Zusammenhang mit den deutsch-deutschen Verträgen enorm profitiert hat, von der Transitpauschale, dem westfinanzierten Ausbau der Transitstrecken, den Postausgleichszahlungen – es gingen ja viel mehr Westpakete in den Osten als umgekehrt –, aber auch vom Gefangenenfreikauf. Auch bei der Familienzusammenführung, die eine Einbahnstraße war, floss wohl Westgeld.
Hätte der Westen das alles unterlassen sollen, um das Ende der SED-Herrschaft zu beschleunigen?
Beim Gefangenenfreikauf und der Familienzusammenführung durfte das nicht nur eine Frage des politischen Kalküls sein, es musste zuerst eine humanitäre Frage sein, die die individuellen Schicksale obenan stellte. Selbst wenn es stimmt, dass die DDR-Justiz zur Ertragssteigerung zusätzliche Gefängnisstrafen verhängt hat, war es richtig, diesen Menschen zu helfen.
Dass eine Diktatur an überfüllten Gefängnissen zusammenbricht, dafür wüsste ich außerdem kein Beispiel zu nennen. Es ist nicht einmal ausgemacht, dass eine Diktatur unter ökonomischen Schwierigkeiten zusammenbricht. [...]
Mit jener These wird die Entspannungspolitik ins Zwielicht gesetzt, ganz zu Unrecht, wie ich finde.
Eine Diktatur kann gegen die eigene Bevölkerung umso rücksichtsloser vorgehen, je isolierter sie ist, je weniger sie sich also um ihren internationalen Ruf kümmern muss. China hatte nichts Nachteiliges zu befürchten, als es die Panzer auf den Platz des Himmlischen Friedens rollen ließ. Nordkorea hat völlig freie Hand im Umgang mit seiner Bevölkerung.
Mit der Entspannungspolitik wurde die SED abhängig von der öffentlichen Meinung des Westens. Sie musste guten Eindruck machen. Ohne diese Abhängigkeit hätte sie auch mit den ungeliebten Kirchen in der DDR ganz anders umspringen können. [...]
In Wahrheit hat die Entspannungspolitik langfristig zur Destabilisierung der SED-Herrschaft beigetragen, aber nicht auf subversive Art.

Honecker war der Auffassung, wenn die Aufsässigen und Querulanten das Land verlassen hätten, ließe sich mit den Verbliebenen der Sozialismus schön aufbauen. Er irrte sich. Jeder, der nach Westen ging, hinterließ Verwandte und Freunde, die sich fragten, ob das nicht auch für sie eine Option sei. Nach dem Mauerbau waren wir alternativlos zum Leben in der DDR verurteilt. Nun öffnete sich ein beschwerlicher, aber nicht mehr lebensgefährlicher Weg zum Weggehen. [...]

Der Entspannungspolitik hatten wir zu verdanken, dass westliche Journalisten aus der DDR via Westfernsehen über die DDR in die DDR hinein berichten konnten. Das (Des-)Informationsmonopol der SED war dadurch gebrochen. Ohne diesen Umweg hätte die DDR-Bevölkerung kaum etwas von den oppositionellen Gruppen, von den Fürbittgottesdiensten für Inhaftierte, von Kirchentagen und Synoden erfahren.

Und was die Deviseneinnahme betrifft: Die DDR wurde von Devisen abhängig wie ein Junkie von der Droge. Sie brauchte immer mehr, konnte sich aber nicht immer mehr davon beschaffen. Sie steuerte auf die Zahlungsunfähigkeit zu.

Einen anderen Staat von außen gezielt wirtschaftlich zu ruinieren, ist eine zweifelhafte Politik. Wenn eine Diktatur sich selbst ruiniert, darf man dabei fröhlich zusehen. Es ist ja das erfreulichste Ende, das eine Diktatur finden kann.

Richard Schröder, Irrtümer über die deutsche Einheit. Aktualisierte und erweiterte Ausgabe, Freiburg [2]2014, S. 118-120

M2 Wie die Milliardenkredite wirkten

Der Historiker Manfred Kittel schreibt in einem 2008 veröffentlichten Beitrag über die vom bayerischen Ministerpräsidenten und CSU-Vorsitzenden Franz Josef Strauß 1983 eingefädelten Milliardenkredite für die DDR:

Neben den Vorteilen, die der SED-Staat aus dem innerdeutschen Handel zog [...], sind in einer Bilanz der finanziellen Leistungen der Bundesrepublik für die 70er- und 80er-Jahre einige weitere große Posten zu berücksichtigen. Zum einen die Devisentransfers zu privaten Empfängern in der DDR (z. B. Geld- oder Warengeschenke von West nach Ost) in Höhe von schätzungsweise 30 bis 40 Milliarden DM (inklusive Bonner Pauschalzahlungen zur Deckung der Kosten für den Westpaketdienst) sowie weitere noch einmal gut zwei Milliarden DM für die Kirchen im östlichen Teil Deutschlands. Doch von diesem Posten profitierte nicht nur der Staat DDR, er kam zu einem guten Teil auch den Menschen zugute. Anders sah es bei den Visa- und Mindestumtauschgebühren aus, die auf fünf Milliarden DM geschätzt werden; sie nutzten ebenso direkt dem Regime wie die Transfers von Staat zu Staat: für Transitreisende in Höhe von über acht Milliarden DM, Häftlinge in Höhe von 3,2 Milliarden DM und für Investitionen in Verkehrsverbindungen in Höhe von knapp zweieinhalb Milliarden DM. Hinzu kommen schließlich die beiden Bankkredite von 1983 und 1984.

Alle diese Leistungen haben geholfen, die DDR mehr oder weniger stark zu stabilisieren; und für Strauß' Kredit gilt dies nicht minder. Umso mehr, als seine eigentliche Bedeutung über die eine Milliarde DM noch weit hinaus ging und er den internationalen Finanzmärkten das entscheidende Signal gab, die DDR weiterhin als verlässlichen Schuldner zu betrachten.

Obendrein wirkte der Milliardenkredit nicht nur ökonomisch stabilisierend [...], er wirkte gleichzeitig auf vertrackte Weise auch politisch destabilisierend. Oft genug konnte man bei DDR-Reisen drüben sinngemäß die Reaktion hören: Wie nah muss der SED-Staat am Abgrund stehen, wenn er sich jetzt sogar schon von einem jahrzehntelang so verteufelten Reaktionär wie Strauß helfen lassen muss. Insofern hat der Kredit, als Teil umfassender, von der Neuen Ostpolitik in Gang gesetzter innerdeutscher Entspannungsmechanismen, seinen Anteil daran, dass es so kam [...], dass [...] eine Revolution das alte Regime hinwegfegte [...]. Nur: Das sind alles Weisheiten post festum[1]. Keiner [...] konnte fest damit rechnen, dass gerade das Versprechen, die DDR nicht destabilisieren zu wollen, deren Führung soweit einlullen half, dass sie in den 80er-Jahren bereit war, für die Leistungen der Bundesrepublik den enorm hohen Preis der massiv verstärkten Kontakte zwischen den Menschen der beiden deutschen Staaten zu zahlen und so letztlich den „Wandel durch Auflehnung" mit herbeizuführen.

Manfred Kittel, 1983: Strauß' Milliardenkredit für die DDR. Leistung und Gegenleistung in den innerdeutschen Beziehungen, in: Udo Wengst und Hermann Wentker (Hrsg.), Das doppelte Deutschland. 40 Jahre Systemkonkurrenz, Berlin 2008, S. 307-332, hier S. 329 f.

1. *Vergleichen Sie die Argumentation von Richard Schröder (M1) mit der von Manfred Kittel (M2).*
2. *Bewerten Sie die Strategie, durch wirtschaftliche Annäherung politische Veränderung in anderen Staaten erreichen zu wollen.*

[1] **post festum**: hinterher, im Nachhinein

▲ **DDR-Flüchtlinge in der bundesdeutschen Botschaft in Prag, September/Oktober 1989.**
Im Sommer 1989 flohen 4 000 DDR-Bürger in die Prager Botschaft, um in die Bundesrepublik auszureisen. Doch die Verhandlungen des Außenministers Hans-Dietrich Genscher mit dem DDR-Regime zogen sich bis Ende September. Erst ab dem 1. Oktober durften die Flüchtlinge ausreisen, mussten aber mit dem Zug durch die DDR fahren.

Von der „friedlichen Revolution“ bis zur Wiedervereinigung

Flucht vor der Staatsmacht Immer mehr Bürger stellten einen Antrag auf Ausreise aus der DDR, obwohl sie in vielen Fällen deswegen jahrelang benachteiligt und schikaniert wurden. Im ersten Halbjahr 1989 gestattete die Regierung 46 343 Personen die Übersiedlung in die Bundesrepublik. Doch die Hoffnung der SED, auf diese Weise wieder Ruhe herstellen zu können, erfüllte sich nicht. Im Gegenteil: Im Sommer 1989 lagen bereits eine Viertelmillion weiterer Ausreiseanträge vor.

Am 10./11. September erlaubte die reformkommunistische Regierung Ungarns, die bereits seit Mai ihre Grenzsperren nach Österreich abbaute, fluchtwilligen Urlaubern aus der DDR die Ausreise. Über 25 000 Menschen nutzten das neue Schlupfloch im bislang undurchlässigen „Eisernen Vorhang“. Andere fanden Einlass in den diplomatischen Vertretungen der Bundesrepublik in Prag, Warschau und Ost-Berlin. Nach langwierigen Verhandlungen zwischen beiden deutschen Regierungen durften sie Anfang Oktober in den Westen übersiedeln.

Massenprotest und „friedliche Revolution“ In mehreren Städten der DDR beobachteten Bürgerrechtsgruppen die Auszählung der Stimmen zu den Kommunalwahlen vom 7. Mai 1989 und protestierten anschließend gegen die festgestellten Wahlfälschungen. Dadurch erhielten sie landesweite Aufmerksamkeit und Anerkennung. Da die Sowjetunion eine militärische Intervention verweigerte, verloren die Drohgebärden der Machthaber in der DDR nach und nach ihre Wirkung. Immerhin wagten es die Bürgerrechtler im August/September 1989, sich in vier erstmals öffentlich auftretenden Vereinigungen (*Neues Forum, Demokratie Jetzt, Demokratischer Aufbruch, Sozialdemokratische Partei*) zusammenzuschließen und eine Reform der DDR an Haupt und Gliedern zu fordern. Seit Anfang September 1989 demonstrierten in Leipzig an jedem Montag nach Friedensgebeten in der Nikolaikirche immer mehr Menschen für Reisefreiheit statt Massenflucht. Rief die Menge anfangs noch „Wir wollen raus!“, so hieß es bald „Wir bleiben hier!“. In Ost-Berlin, Leipzig und Potsdam hielten Bürgerrechtler Mahnwachen für politische Gefangene. Anfang Oktober spitzte sich die Situation zu. Die verschiedenen Bürgerrechtsgruppen fanden sich zusammen und erarbeiteten einen Minimalkonsens für die Zukunft (▸ M1). Während die Machthaber den 40. Jahrestag der DDR am 6. und 7. Oktober vor den Kameras des In- und Auslandes und im Beisein des sowjetischen Staats- und Parteichefs Gorbatschow mit Pomp, Militärparaden und Aufmärschen begingen, versuchten sie gleichzeitig, mit einem Riesenaufgebot bewaffneter Sicherheitskräfte die Demonstranten einzuschüchtern. Niemand wusste vorherzusagen, wie die SED auf die wachsende Unruhe im Land reagieren könnte.

Honecker und die Mehrheit des Politbüros weigerten sich, Reformen einzuleiten, zu denen Gorbatschow dringend geraten hatte. Die große Montagsdemonstration am 9. Oktober in Leipzig brachte den Umschwung. 70 000 Menschen demonstrierten friedlich, im klaren Bewusstsein, dass es dabei zu einem Blutbad kommen könnte (▸ M2). Ähnliches geschah in Ost-Berlin, wo am 4. November 1989 etwa 170 000 Men-

Tipps:
Informationen über die Bürgerrechtsgruppen in der DDR und ihre Programme finden Sie im Internet sowie in folgenden Büchern:
- *Ehrhardt Neubert, Geschichte der Opposition in der DDR 1949-1989, Berlin 1997*
- *Gerhard Rein (Hrsg.), Die Opposition in der DDR. Entwürfe für einen anderen Sozialismus, Berlin 1989*

schen für Meinungs-, Presse- und Versammlungsfreiheit demonstrierten. Obgleich die bewaffneten Kräfte in höchste Alarmbereitschaft versetzt waren, blieb der Befehl zur Zerschlagung der Demonstrationen aus. Honecker wurde am 18. Oktober 1989 von einer Gruppe im Politbüro um **Egon Krenz** abgesetzt. Krenz übernahm Honeckers Ämter. Die politische Führung versuchte jetzt, durch Gesprächsangebote an die Bevölkerung die Situation wieder in den Griff zu bekommen. Doch die Menschen wollten sich nicht mehr mit kleinen Korrekturen der bisherigen Politik zufriedengeben. „Wir sind das Volk!“, riefen sie selbstbewusst den Machthabern zu, und im November mischte sich darunter immer häufiger der Ruf „Wir sind *ein* Volk!“.

Egon Krenz (geb. 1937): deutscher Politiker, 1989 DDR-Staatsratsvorsitzender und Generalsekretär der SED; 1997 wegen Totschlags im Zusammenhang mit den Todesfällen an der innerdeutschen Grenze zu mehrjähriger Freiheitsstrafe verurteilt

Das Ende der SED-Diktatur Die anhaltende Massenflucht und der zunehmende Massenprotest im ganzen Land untergruben innerhalb weniger Wochen das brüchige Machtfundament der SED. Die Öffnung der Mauer und der Grenzübergänge nach West-Berlin und in die Bundesrepublik am 9. November 1989 beschleunigte das Ende ihrer Herrschaft. Die Annahme der SED-Führung, mit der von den Demonstranten geforderten Reisefreiheit das Regime noch in letzter Minute stabilisieren zu können, erwies sich als Illusion. Nach dem Fall der Mauer besuchten Millionen den anderen Teil Deutschlands und entschieden sich gegen die DDR.

Unter dem Druck der Bevölkerung gab die SED ihre Vormachtstellung schrittweise auf. Im Dezember 1989 wurde ihre „führende Rolle“ aus der Verfassung gestrichen, das Ministerium für Staatssicherheit aufgelöst, Politbüro und Zentralkomitee traten geschlossen zurück, Staats- und Parteichef Krenz legte seine Ämter nieder. Die „friedliche Revolution“ in der DDR hatte gesiegt, die SED-Diktatur war zusammengebrochen.

Seit Mitte November 1989 amtierte eine SED-Regierung unter Ministerpräsident **Hans Modrow**. Sie stand von Beginn an unter Erfolgszwang. Die Probleme der Wirtschaft, über die jetzt in aller Öffentlichkeit berichtet und diskutiert wurde, ließen sich von der DDR allein nicht mehr bewältigen. Zugleich hielt die Ausreisewelle an. Im November und Dezember 1989 kehrten 176 650 Menschen der DDR den Rücken. Anfang Dezember wurde ein *Runder Tisch* eingeführt, wie ihn vorher die Reformer in Polen durchgesetzt hatten. Die Vertreter der SED und die wichtigsten Bürgerrechtsgruppen traten zu diesem Gesprächsforum zusammen. Somit bekamen Oppositionsgruppierungen erstmals Einfluss auf die Regierungspolitik.

Hans Modrow (geb. 1928): SED-Politiker, 1989/90 Regierungschef der DDR (Vorsitzender des Ministerrates); 1990-1994 Abgeordneter der PDS im Bundestag; seit 2007 Mitglied der Partei „Die Linke“

Unter öffentlichem Druck stimmten die Regierung Modrow und die inzwischen neu formierte SED/PDS* den Forderungen des Runden Tisches nach baldigen Neuwahlen zu. Am 18. März 1990 fanden die ersten freien Wahlen zur DDR-Volkskammer statt. Während des Wahlkampfes war die Frage einer Vereinigung mit der Bundesrepublik eines der Hauptthemen. Bei den Wahlen wurde das Parteienbündnis „Allianz für Deutschland“ aus CDU (Ost), Demokratischem Aufbruch (DA) und der Deutschen Sozialen Union (DSU) eindeutiger Sieger. Eine Mehrheit

▸ **Umjubelter Grenzübertritt.**
Foto vom 9./10. November 1989.
In Berlin nutzten mehr als eine halbe Million Menschen die Grenzöffnung zu einem Kurzbesuch im Westteil der Stadt.

* **PDS**: Partei des Demokratischen Sozialismus, seit Dezember 1989 Rechtsnachfolgerin der SED; 2007 umbenannt in Die Linke

▸ **Wahlergebnis der Volkskammerwahl vom 18. März 1990.**
* Allianz für Deutschland (CDU, DSU und DA)
** ehemalige Blockparteien

Nach: Uwe Andersen und Wichard Woyke (Hrsg.), Handwörterbuch des politischen Systems der Bundesrepublik Deutschland, Berlin ²1995, S. 676

■ *Erläutern Sie das Wahlergebnis. Berücksichtigen Sie dabei besonders das Resultat der Bürgerrechtsgruppen.*

Wahlbeteiligung: 93,4 %		Stimmen (%)	Mandate
CDU*	Christlich-Demokratische Union**	40,82	163
SPD	Sozialdemokratische Partei Deutschlands	21,88	88
PDS	Partei des Demokratischen Sozialismus**	16,40	66
DSU*	Deutsche Soziale Union	6,31	25
BFD	Bund freier Demokraten: Deutsche Forumpartei, Liberaldemokratische Partei**, Freie Demokratische Partei	5,28	21
Bündnis 90	Neues Forum, Demokratie Jetzt, Initiative Freiheit und Menschenrechte	2,91	12
DBD	Demokratische Bauernpartei Deutschlands**	2,18	9
Grüne-UFV	Grüne Partei + Unabhängiger Frauenverband	1,97	8
DA*	Demokratischer Aufbruch – sozial + ökologisch	0,92	4
Sonstige		0,89	4

Lothar de Maizière (geb. 1940): Mitglied der CDU (Ost), von April bis Oktober 1990 letzter Regierungschef (ab August auch Außenminister) der DDR; trat kurz nach der Wiedervereinigung als Bundesminister wegen Stasi-Vorwürfen zurück

der Bürger hatte sich damit für eine schnelle deutsche Wiedervereinigung ausgesprochen. Am 12. April 1990 wählte die Volkskammer **Lothar de Maizière** (Ost-CDU) zum Ministerpräsidenten und bestätigte sein Kabinett der Großen Koalition aus CDU, SPD, Liberalen, DA und DSU.

Auf dem Weg zur Einheit ■ Bundeskanzler Helmut Kohl hatte Ende November 1989 mit einem „Zehn-Punkte-Programm zur Überwindung der Teilung Deutschlands und Europas" die Initiative ergriffen. Der Plan basierte auf der Überlegung, dass die Bundesregierung mit einer demokratisch legitimierten DDR-Regierung in einer „Vertragsgemeinschaft" behutsam die Vereinigung der beiden Staaten vorantreiben sollte, um den Menschen in der DDR eine Perspektive zu geben. Zwischen beiden Staaten sollten zunächst konföderative Strukturen geschaffen werden, mit dem Ziel einer gemeinsamen staatlichen Ordnung. Gleichzeitig sollte die deutsche Wiedervereinigung in die Europäische Gemeinschaft eingebettet sein. Einen Zeitplan gab es nicht, denn noch wusste niemand, wie die Sowjetunion auf den Zerfall des SED-Regimes reagieren würde.

Im Bundestag standen Kohls Programm alle Parteien mit Ausnahme der Grünen jedoch grundsätzlich positiv gegenüber. Kritisiert wurde der Bundeskanzler in den USA dafür, dass er sich nicht im Vorfeld mit den Bündnispartnern beraten hatte.

Internettipp:
Der Text des „Zehn-Punkte-Programms" befindet sich u. a. im „Webarchiv" des Deutschen Bundestages.

▸ **Geschichte In Clips:**
Zum Mauerfall und zur Wiedervereinigung siehe Clip-Code **4673-38**.

Der internationale Rahmen der Deutschen Einheit ■ Die politische und wirtschaftliche Situation der DDR setzte die Regierenden in Ost und West unter Zugzwang: Die Übersiedlerwelle der zumeist jungen und beruflich gut qualifizierten DDR-Bürger stieg im Januar 1990 auf 73 729 Personen an. Aber ohne die Zustimmung der vier Siegermächte des Zweiten Weltkrieges, die sich im Potsdamer Abkommen 1945 ihre Zuständigkeit für „Deutschland als Ganzes" vorbehalten hatten, konnte es keine Wiedervereinigung geben. Zwar begrüßte die Regierung der USA grundsätzlich eine Wiedervereinigung Deutschlands, da so der Niedergang des Ostblocks besiegelt wurde und der Einflussraum westlicher Bündnisse ausgebaut werden konnte. Allerdings sorgten sich viele europäische Staaten darum, dass ein vereinigtes Deutschland wirtschaftlich und militärisch zu stark sei und folglich die mühsam aufgebaute Stabilität nach dem Zweiten Weltkrieg gefährde. Die französische Regierung wollte deshalb ein wiedervereinigtes Deutschland in die Europäische Gemeinschaft integrieren und pochte auf die Anerkennung der Oder-Neiße-Linie als polnische Westgrenze. Dagegen forderte die britische Premierministerin einen langsameren Vereinigungsprozess (▸ M3). In Reaktion auf diese Positionen entwickelte die Bundesregierung eine Strategie, die fünf Ziele umfasste:

- Einhegung der wirtschaftlichen und politischen Macht Deutschlands – gewährleistet durch eine verstärkte europäische Integration mit einer Wirtschafts- und Währungsunion
- Beschränkung der deutschen Streitkräfte, nuklearwaffenfreier Status Deutschlands, besondere Zusicherungen an die Sowjetunion
- grundlegende Erneuerung des Verhältnisses zwischen Deutschland und der Sowjetunion
- endgültige Anerkennung der Oder-Neiße-Linie als Westgrenze Polens
- Mitwirkung bei der Schaffung von neuen Formen und Mechanismen einer gesamteuropäischen Zusammenarbeit

Der Bundesrepublik kam dabei das große Vertrauen zugute, das sie sich durch die jahrzehntelange Zusammenarbeit mit den USA, im westlichen Bündnissystem und in der Europäischen Gemeinschaft, aber auch im Verhältnis zu den östlichen Staaten erworben hatte.

▲ **„March of the Fourth Reich.“**
Karikatur von Bill Caldwell aus der britischen Zeitung „Daily Star“ vom Februar 1990.
▪ *Erläutern Sie, was mit der Zeichnung ausgesagt werden soll.*

Weil der wirtschaftliche Zusammenbruch der DDR offenkundig nicht mehr aufzuhalten war und gute Beziehungen zu Deutschland im sowjetischen Interesse lagen, bestätigte Michail Gorbatschow im Februar 1990, keine Einwände gegen die Wiedervereinigung Deutschlands zu haben (▸ M4). Daraufhin begannen die sogenannten *Zwei-plus-Vier-Gespräche*. Dabei verhandelten die Regierungen Frankreichs, Großbritanniens, der Sowjetunion, der USA sowie der DDR und der Bundesrepublik Deutschland über die endgültigen Grenzen, die Bündniszugehörigkeit Deutschlands, die Höchststärke einer gesamtdeutschen Armee und die deutsche Souveränität. Moskau gestand im Juni 1990 Gesamtdeutschland die Mitgliedschaft in der NATO zu. Dafür versprach der Bundeskanzler, Deutschland werde seine Streitkräfte reduzieren und auf ABC-Waffen* verzichten. Darüber hinaus sagte er der Sowjetunion umfangreiche wirtschaftliche Unterstützung zu.

Mit dem *Vertrag über die abschließende Regelung in Bezug auf Deutschland* vom 12. September 1990 (*Zwei-plus-Vier-Vertrag*), der die Funktion eines Friedensvertrages hatte, erhielt das wiedervereinigte Deutschland die volle staatliche Souveränität zuerkannt und damit auch das Recht, seine Bündniszugehörigkeit frei zu wählen (▸ M5). In einem weiteren Vertrag zwischen Deutschland und der Sowjetunion vom 9. November 1990 vereinbarten beide Staaten ihre umfassende Zusammenarbeit. Den Abschluss bildete der deutsch-polnische Grenzvertrag vom 14. November 1990, worin das wiedervereinigte Deutschland die Grenze zu Polen definitiv anerkannte. 45 Jahre nach dem Ende des Zweiten Weltkrieges war damit die „Nachkriegszeit“ für Deutschland und Europa abgeschlossen.

* **ABC-Waffen**: Sammelbezeichnung für atomare, biologische und chemische Waffen

▲ **Montagsdemonstration vom 12. Februar 1990 in Leipzig.**

- *Erläutern Sie die Parole der Demonstranten.*
- *Arbeiten Sie die politische Einstellung der Demonstranten zur DDR heraus.*

Wolfgang Schäuble (geb. 1942): deutscher Politiker, 1989-1991 sowie 2005-2009 Bundesminister des Innern, 1991-2000 Vorsitzender der CDU-Fraktion im Bundestag, 1998-2000 CDU-Parteichef, seit 2009 Bundesminister der Finanzen

Wirtschafts-, Währungs- und Sozialunion Um die Übersiedlerzahlen und den Einigungsprozess insgesamt unter Kontrolle zu bringen, beschloss die Bundesregierung schon im Februar 1990, die Wirtschafts- und Währungsunion so schnell wie möglich durchzuführen. Sie tat dies gegen die Empfehlung der meisten Wirtschaftsexperten und Politiker. So wurde, noch bevor die äußeren Voraussetzungen der staatlichen Vereinigung geklärt waren, durch die Einführung der D-Mark in der DDR die Einheit Deutschlands praktisch unumkehrbar. Um den Erwartungen der DDR-Bürger entgegenzukommen, einigte man sich auf für sie günstige Wechselkurse: Löhne, Renten und Mieten wurden im Verhältnis 1:1 umgestellt, ebenso Sparguthaben bis 6000 Mark, für Beträge darüber galt der Umtausch im Verhältnis 2:1.

Der *Staatsvertrag zur Wirtschafts-, Währungs- und Sozialunion* zwischen der Bundesrepublik und der DDR trat am 1. Juli 1990 in Kraft. Am Tag darauf wurde die D-Mark als offizielle Währung in der DDR eingeführt. Was die in der DDR lebenden Menschen seit Jahrzehnten ersehnt hatten, war Wirklichkeit geworden: Mit „richtigem" Geld konnten sie die begehrten Westwaren kaufen. Sozusagen über Nacht wurde aber auch die gesamte Wirtschaft der DDR dem internationalen Wettbewerb ausgesetzt, dem die meisten Betriebe nicht gewachsen waren. Ein gewaltiger Modernisierungsschock erfasste Wirtschaft und Gesellschaft.

Einigungsvertrag und Wiedervereinigung Anfang Juli 1990 begannen in Ost-Berlin die Verhandlungen der beiden deutschen Regierungen über den zweiten Staatsvertrag zur deutschen Einheit (*Einigungsvertrag*) unter der Leitung von Bundesinnenminister **Wolfgang Schäuble** und DDR-Staatssekretär *Günther Krause*.

Die Übernahme der bundesdeutschen Rechtsordnung in Ostdeutschland erforderte komplizierte Regelungen. Probleme bereiteten besonders die Fragen, wie die Einheit finanziert und wie die Rechtsansprüche all derer, die in der DDR enteignet worden waren (Grundsatz „Rückgabe vor Entschädigung"), geregelt werden sollten. Darüber hinaus musste geklärt werden, welche Verfassung im wiedervereinigten Deutschland gelten sollte. Denn das Grundgesetz sah zwei Wege vor: Artikel 23 ermöglichte den Beitritt „weiterer Teile Deutschlands" zum Geltungsbereich des Grundgesetzes. Nach der (ursprünglichen) Präambel sowie laut Artikel 146 sollten die politischen Vertreter Deutschlands eine neue Verfassung erarbeiten, sobald die „Einheit und Freiheit Deutschlands" vollendet seien.

In einer Sondersitzung der DDR-Volkskammer wurde am 23. August 1990 der Beitritt nach Artikel 23 des Grundgesetzes beschlossen. Über zwei Drittel der Abgeordneten stimmten dafür, die PDS als Nachfolgerin der SED sowie Bündnis 90 stimmten für die Ausarbeitung einer neuen Verfassung. Der Runde Tisch der DDR hatte sich noch am 12. März 1990 gegen einen Beitritt der DDR zum Grundgesetz ausgesprochen.

Am 31. August 1990 wurde der Einigungsvertrag in Ost-Berlin unterzeichnet und am 20. September von beiden Parlamenten, Volkskammer und Bundestag, mit großer Mehrheit verabschiedet. Mit dem Beitritt der fünf von der Volkskammer geschaffenen ostdeutschen Bundesländern am 3. Oktober 1990 zur Bundesrepublik wurde die Wiedervereinigung Deutschlands vollzogen. Der Einigungsvertrag von 1990 erklärte Berlin zur Hauptstadt. Er ließ jedoch offen, welche Stadt das politische Zentrum des neuen Deutschland sein sollte, ob Parlament und Regierung in Bonn blieben oder nach Berlin

◂ **Feier der Deutschen Einheit in Berlin.**
Foto vom 3. Oktober 1990. Der Einigungsvertrag zwischen der Bundesrepublik Deutschland und der Deutschen Demokratischen Republik legte fest, dass die neuen Länder Ostdeutschlands zum 3. Oktober dem Geltungsbereich des Grundgesetzes beitraten. Dieser Tag wird seither als nationaler Feiertag („Tag der Deutschen Einheit“) begangen (siehe S. 430).

zogen. Das Thema wurde in der Öffentlichkeit breit diskutiert. In einer leidenschaftlichen Debatte am 20. Juni 1991 entschied der Bundestag mit knapper Mehrheit, dass Berlin nicht nur Hauptstadt, sondern auch Regierungs- und Parlamentssitz werden sollte.

Wiedervereinigung und gesamtdeutsche Wahlen Die vielen historischen Ereignisse des Jahres 1989/90 mündeten am 3. Oktober 1990, um Mitternacht, in die Wiedervereinigung Deutschlands durch den Beitritt der fünf ostdeutschen Länder zur Bundesrepublik Deutschland. Die DDR-Bürgerrechtler hatten sich mit ihrer Forderung nach einem eigenständigen Weg der DDR nicht durchsetzen können. Sowohl die ersten Landtagswahlen in den neuen Bundesländern am 14. Oktober als auch die erste gesamtdeutsche Bundestagswahl am 2. Dezember bestätigten die regierenden Parteien CDU/CSU und FDP und wurden von Bundeskanzler Kohl als Volksabstimmung über seine Politik der Deutschen Einheit gewertet. In vier von fünf ostdeutschen Ländern stellte die CDU den Ministerpräsidenten, in Brandenburg die SPD. In der herrschenden Euphorie honorierten die Wähler, dass Kohl und Genscher die Chance zur schnellen Herstellung der Einheit genutzt hatten. Insbesondere Kohls Versprechen einer raschen Angleichung der Lebensverhältnisse im Osten an den Standard des Westens überzeugte die neuen Bundesbürger. Die Haltung der Sozialdemokraten zur Wiedervereinigung war gespalten: Während ein Teil der SPD um Willy Brandt die Einheit vorbehaltlos befürwortete, warnte der SPD-Kanzlerkandidat **Oskar Lafontaine** im Wahlkampf vor den Kosten und Problemen einer raschen Vereinigung.

Oskar Lafontaine (geb. 1943): 1985-1998 Ministerpräsident des Saarlandes, 1995-1999 Vorsitzender der SPD, 2007-2010 Vorsitzender der Linkspartei

1. *Fassen Sie die wichtigsten Etappen auf dem Weg zur Deutschen Einheit zusammen.*
2. *Entwerfen Sie eine Rede, in der Sie für oder gegen die Wiedervereinigung Stellung beziehen. Wählen Sie dazu die Perspektive eines CDU-Politikers oder eines Mitgliedes des Neuen Forums.*

M1 „Wie weiter DDR?"

Am 4. Oktober 1989 versammelt Pfarrer Rainer Eppelmann in Ost-Berlin Vertreter aller Bürgerrechtsgruppen. Zwei Tage später gehen sie mit folgender Gemeinsamen Erklärung an die Öffentlichkeit:

Am 4. Oktober 1989 haben sich Vertreter
der Bürgerbewegung *Demokratie Jetzt*,
des *Demokratischen Aufbruchs*,
der *Gruppe Demokratischer SozialistInnen*,
der *Initiative Frieden und Menschenrechte*,
der *Initiativgruppe Sozialdemokratische Partei in der DDR*,
des *Neuen Forums* sowie
Vertreter von Friedenskreisen
zusammengefunden, um Möglichkeiten gemeinsamen politischen Handelns zu besprechen.

Wir begrüßen die sich entwickelnde Vielfalt der Initiativen als Zeichen des Aufbruchs und des wachsenden Mutes, eigene politische Positionen öffentlich zu vertreten.

Uns verbindet der Wille, Staat und Gesellschaft demokratisch umzugestalten. Es kommt darauf an, einen Zustand zu beenden, in dem Bürgerinnen und Bürger dieser Gesellschaft nicht die Möglichkeit haben, ihre politischen Rechte so auszuüben, wie es die Menschenrechtskonventionen der Vereinten Nationen und die KSZE-Dokumente verlangen.

Wir erklären uns solidarisch mit allen, die wegen ihres Einsatzes für diese Ziele verfolgt werden. Wir setzen uns ein für die Freilassung der Inhaftierten, die Aufhebung ergangener Urteile und die Erschließung laufender Ermittlungsverfahren.

Wir halten es für vorrangig, in unserem Lande eine Diskussion darüber zu eröffnen, welche Mindestbedingungen für eine demokratische Wahl eingehalten werden müssen:

Sie muss unterschiedliche politische Entscheidungen ermöglichen. Sie muss geheim sein, das heißt, die Wähler sind verpflichtet, eine Wahlkabine zu benutzen. Sie muss frei sein, das heißt, niemand darf durch Druck zu einem bestimmten Wahlverhalten genötigt werden.

Die nächsten Wahlen sollten unter UNO-Kontrolle stattfinden. Wir wollen zusammenarbeiten und prüfen, in welchem Umfang wir ein Wahlbündnis mit gemeinsamen eigenen Kandidaten verwirklichen können. Um unser Land politisch zu verändern, bedarf es der Beteiligung und der Kritik aller. Wir rufen alle Bürgerinnen und Bürger der DDR auf, an der demokratischen Erneuerung mitzuwirken.

Zitiert nach: Gerhard Rein (Hrsg.), Die Opposition in der DDR. Entwürfe für einen anderen Sozialismus, Berlin 1989, S. 122 f.

▲ **Montagsdemonstration in Leipzig.**
Foto vom 9. Oktober 1989.
Etwa 70 000 Menschen zogen friedlich durch die Innenstadt.

1. *Fassen Sie die zentralen Ziele der Bürgerrechtsgruppen zusammen.*
2. *Diskutieren Sie, warum von der Einheit Deutschlands nicht die Rede war.*

M2 Am Rande eines Bürgerkrieges

Ein Augenzeuge berichtet über die Montagsdemonstration vom 9. Oktober 1989 in Leipzig:

In Betrieben wurde davor gewarnt, nach 16 Uhr die Innenstadt zu betreten; Mütter sollten ihre Kinder bis 15 Uhr aus den Krippen und Kindergärten des Zentrums abholen; Schülern und Studenten wurde mit Relegation[1] für den Fall der Beteiligung an „Aktionen" gedroht. Gerüchte schwirrten durch die Stadt. Man munkelte von MG-Nestern auf zentralen Gebäuden, befürchtete den Einsatz von Fallschirmjägern [...]. In Krankenhäusern wurden Notbetten aufgestellt und vor allem die chirurgischen und Intensivstationen verstärkt besetzt. Tausende von zusätzlichen Blutkonserven standen bereit. [...] Leipzig glich an diesem Tag einem Heerlager. Nach späteren Aussagen von Bereitschaftspolizisten war ihnen vormittags mitgeteilt worden, dass ein friedlicher Ausgang der Demonstration wenig wahrscheinlich sei und sie vorbereitet sein müssten, möglichen Gewalttätigkeiten zu begegnen. Dementsprechend trugen sie Kampfausrüstung [...]. Auf dem Hof

[1] **Relegation**: Verweis von der Schule bzw. Hochschule

der VP-Bezirksbehörde[2] standen „aufmunitionierte“ Schützenpanzerwagen bereit, die tonnenschweren Stahlkolosse ausgerüstet mit Räumschilden, die Fahrer mit MPi und je sechzig Schuss Munition. Die Polizeitruppe zählte insgesamt dreitausend Mann, davon zwölfhundert zur Verstärkung aus den Bezirken Halle und Neubrandenburg herbeibeordert. Hinzu kamen noch fünf Hundertschaften von Betriebskampfgruppen sowie eine sicher vierstellige Anzahl von Einsatzkräften des Ministeriums für Staatssicherheit, dessen Arsenale nicht nur Handfeuerwaffen bargen. [...]
In der Nikolaikirche und in drei weiteren Gotteshäusern wurde während der Friedensgebete ein von sechs Persönlichkeiten der Stadt getragener Aufruf zur Besonnenheit verlesen: „Unsere gemeinsame Sorge und Verantwortung haben uns heute zusammengeführt. Wir sind von der Entwicklung in unserer Stadt betroffen und suchen nach einer Lösung. Wir alle brauchen einen freien Meinungsaustausch über die Weiterführung des Sozialismus in unserem Land. Deshalb versprechen die Genannten heute allen Bürgern, ihre ganze Kraft und Autorität dafür einzusetzen, dass dieser Dialog nicht nur im Bezirk Leipzig, sondern auch mit unserer Regierung geführt wird. Wir bitten Sie dringend um Besonnenheit, damit der friedliche Dialog möglich wird.“
Dieser gemeinsame Appell des Kabarettisten Bernd-Lutz Lange, des Gewandhauskapellmeisters Kurt Masur und des Theologen Peter Zimmermann sowie der Sekretäre der SED-Bezirksleitung Kurt Meyer, Jochen Pommert und Roland Wötzel wurde um 18 Uhr auch vom Sender Leipzig und etwa eine Stunde später vom Stadtfunk ausgestrahlt. Die engagierte wie couragierte Wortmeldung hat unzweifelhaft beigetragen zum friedlichen Verlauf dieses Tages, ohne jedoch die voreilig bescheinigte entscheidende Rolle gespielt zu haben. Einzig die geballte Kraft der siebzigtausend angsterfüllten und dennoch nicht weichenden Menschen in der Innenstadt und auf dem Ring erzwang um 18:25 Uhr den endgültigen Rückzug der bewaffneten Einheiten. Jene Namenlosen meinte wohl Christoph Hein, als er vorschlug, Leipzig zur „Heldenstadt der DDR“ zu ernennen.

Zitiert nach: Wolfgang Schneider, Leipziger Demontagebuch, Leipzig 1990, S. 71 f.

1. *Analysieren Sie verschiedene Gefahrenmomente im Verlauf des Tages.*
2. *Weisen Sie nach, dass dieser Text kein Tagebucheintrag ist, und arbeiten Sie die Haltung des Verfassers heraus.*
3. *Vergleichen Sie die Situation am 9. Oktober 1989 in Leipzig mit der vom 17. Juni 1953 (siehe S. 380).*

[2] VP: Volkspolizei

M3 Einstellung der westlichen Siegermächte

Ohne die Zustimmung der vier Siegermächte des Zweiten Weltkrieges konnte die Deutsche Einheit nicht realisiert werden. Gleichzeitig hatten die drei westlichen Siegermächte verschiedene Positionen zur Wiedervereinigung.

a) Der französische Präsident François Mitterrand besucht vom 20. bis 22. Dezember 1989 als erster westlicher Staatschef die DDR nach dem Fall der Mauer. Von Gesprächen mit Leipziger Studenten berichtet er 1996 rückblickend:

Man sprach von Europa und ich bekräftigte noch einmal, dass das deutsche Volk am Vorabend, da es die Kontrolle über sein Schicksal zurückgewinnen würde, dem europäischen Gleichgewicht Rechnung tragen müsse, dass es sich nicht von dieser Realität abkehren dürfe [...] und dass es im Interesse aller liege, wenn die deutsche Einheit und die europäische Einheit in gleichem Schritt vorankommen würden.

Über die Pressekonferenz vom 22. Dezember in Berlin schreibt Mitterrand:

[G]efragt nach der Bedeutung des demokratischen Wegs, den ich als Bedingung der Möglichkeit der Einheit propagierte, fügte ich [...] hinzu: „[...] Ich gehöre nicht zu denen, die bremsen. Ich sage, dass der Wille des deutschen Volkes sich äußern und in Erfüllung gehen möge.“ [...]
Ließ man die Sowjetunion einmal beiseite, bedrohte die deutsche Einheit nicht den Frieden. Aber ich war besessen von den Beständigkeiten der Geschichte. An den äußeren Grenzen des wiedervereinigten Deutschlands zu rühren oder, einfacher, eine so gravierende Frage in diplomatischer Verschwommenheit zu belassen, hieß, die Zukunft Europas ernsthaft zu belasten. Deshalb mein fester Wille, dass die Deutschen für ihre Ostgrenze Garantien abgaben. Ich sagte es den Journalisten: „Sobald es sich um den Status Europas handelt, geht es uns an [...].“

b) Die damalige Premierministerin Großbritanniens, Margaret Thatcher, erläutert 1993 rückblickend ihre Haltung zur deutschen Wiedervereinigung:

Vielleicht sind [...] die ersten, die das „deutsche“ Problem erkennen, die aufgeschlossenen Deutschen selbst, von denen die große Mehrheit überzeugt ist, dass Deutschland keine Großmacht werden darf [...]. Wie ich bereits erklärt habe, ist das einer der Gründe, warum so viele Deutsche aufrichtig – und wie ich meine, irrigerweise – Deutschland in ein födera-

▲ **Abzug sowjetischer Truppen.**
Foto vom 31. August 1994, Berlin.
Mit der Zustimmung zur Wiedervereinigung und der völligen Souveränität Deutschlands willigte Gorbatschow auch in den Abzug aller sowjetischen Truppen aus dem Gebiet der DDR ein. Im Gegenzug verpflichtete sich die Bundesrepublik, die Gesamtstärke ihrer Streitkräfte auf 370 000 Mann zu begrenzen. Der Abzug der Sowjetarmee zog sich über Jahre hin und wurde am 31. August 1994 schließlich mit einer Parade feierlich verabschiedet.

tives Europa eingebettet wissen wollen. Es ist doch wahrscheinlich, dass Deutschland in einem solchen Gefüge die Führungsrolle einnehmen würde, denn ein wiedervereinigtes Deutschland ist schlichtweg viel zu groß und zu mächtig, als dass es nur einer von vielen Mitstreitern auf dem europäischen Spielfeld wäre. Überdies hat Deutschland sich immer auch nach Osten hin orientiert, nicht nur in Richtung Westen, obwohl die moderne Version solcher Tendenzen eher auf wirtschaftliche denn auf kriegerische territoriale Expansion abzielt. Daher ist Deutschland vom Wesen her eher eine destabilisierende als eine stabilisierende Kraft im europäischen Gefüge. Nur das militärische und politische Engagement der USA in Europa und die engen Beziehungen zwischen den beiden anderen starken, souveränen Staaten Europas, nämlich Großbritannien und Frankreich, können ein Gegengewicht zur Stärke der Deutschen bilden. In einem europäischen Superstaat wäre dergleichen niemals möglich.

c) Am 25. Oktober 1990 erörtert der damalige Präsident der USA, George Bush, seine Position zur Wiedervereinigung Deutschlands:

Ich teile die Sorge mancher europäischer Länder über ein wiedervereinigtes Deutschland nicht, weil ich glaube, dass Deutschlands Bindung an und Verständnis für die Wichtigkeit des [atlantischen] Bündnisses unerschütterlich ist. Und ich sehe nicht, was einige befürchten, dass Deutschland, um die Wiedervereinigung zu erlangen, einen neutralistischen Weg einschlägt, der es in Widerspruch oder potenziellen Widerspruch zu seinen NATO-Partnern bringt.

Erster Text: François Mitterrand, Über Deutschland, Frankfurt am Main 1996, S. 101-103
Zweiter Text: Margaret Thatcher, Downing Street No. 10. Die Erinnerungen, übersetzt von Heinz Tophinke, Düsseldorf ²1993, S. 1095 f.
Dritter Text zitiert nach: Manfred Görtemaker, Verhandlungen mit den Vier Mächten, in: Christine Hesse, Der Weg zu deutschen Einheit (Informationen zur politischen Bildung 250), Bonn 2009, S. 48

1. *Stellen Sie die Positionen der drei Staatschefs gegenüber und erläutern Sie deren Interessen.*
2. *Arbeiten Sie die Bedingungen für eine deutsche Wiedervereinigung aus den Positionen heraus.*

M4 Gorbatschow gibt grünes Licht

Bundeskanzler Helmut Kohl gibt am 10. Februar 1990 in Moskau eine Presseerklärung ab:

Meine Damen und Herren,
ich habe heute Abend an alle Deutschen eine einzige Botschaft zu übermitteln. Generalsekretär Gorbatschow und ich stimmen darin überein, daß es das alleinige Recht des deutschen Volkes ist, die Entscheidung zu treffen, ob es in einem Staat zusammenleben will. Generalsekretär Gorbatschow hat mir unmißverständlich zugesagt, daß die Sowjetunion die Entscheidung der Deutschen, in einem Staat zu leben, respektieren wird, und daß es Sache der Deutschen ist, den Zeitpunkt und den Weg der Einigung selbst zu bestimmen.
Generalsekretär Gorbatschow und ich waren uns ebenfalls einig, daß die deutsche Frage nur auf der Grundlage der Realitäten zu lösen ist: d. h. sie muß eingebettet sein in die gesamteuropäische Architektur und in den Gesamtprozeß der West-Ost-Beziehungen. Wir müssen die berechtigten Interessen unserer Nachbarn und unserer Freunde und Partner in Europa und in der Welt berücksichtigen. Es liegt jetzt an uns Deutschen in der Bundesrepublik und in der DDR, daß wir diesen gemeinsamen Weg mit Augenmaß und Entschlossenheit gehen.
Generalsekretär Gorbatschow und ich haben ausführlich darüber gesprochen, daß auf dem Wege zur deutschen Einheit die Fragen der Sicherheit in Europa herausragende Bedeutung haben. Wir wollen die Frage der unterschiedlichen Bündniszugehörigkeit in enger Abstimmung auch mit unseren Freunden in Washington, Paris und London sorgfältig beraten und gemeinsam eine Lösung finden. Ich danke Ge-

neralsekretär Gorbatschow, daß er dieses historische Ergebnis ermöglicht hat. Wir haben vereinbart, im engsten persönlichen Kontakt zu bleiben.
Meine Damen und Herren, dies ist ein guter Tag für Deutschland und ein glücklicher Tag für mich persönlich.

Zitiert nach: Deutsche Einheit. Sonderedition aus den Akten des Bundeskanzleramtes 1989/90. Dokumente zur Deutschlandpolitik, herausgegeben von Hanns Jürgen Küsters und Daniel Hofmann, München 1998, S. 812 f.

1. *Charakterisieren Sie die Presseerklärung. Ordnen Sie die Aussagen in konkret und unspezifisch.*

2. *Arbeiten Sie die Zugeständnisse heraus, die die deutsche Bundesregierung der UdSSR macht.*

M5 Der Zwei-plus-Vier-Vertrag

Am 12. September 1990 unterzeichnen die vier Siegermächte des Zweiten Weltkrieges und die beiden deutschen Staaten in Moskau den „Vertrag über die abschließende Regelung in Bezug auf Deutschland". Am 15. März 1991 trat er in Kraft:

Artikel 1

(1) Das vereinte Deutschland wird die Gebiete der Deutschen Demokratischen Republik, der Bundesrepublik Deutschland und ganz Berlins umfassen. Seine Außengrenzen werden die Grenzen der Deutschen Demokratischen Republik und der Bundesrepublik Deutschland sein und werden am Tage des Inkrafttretens dieses Vertrages endgültig sein. Die Bestätigung des endgültigen Charakters der Grenzen des vereinten Deutschlands ist ein wesentlicher Bestandteil der Friedensordnung in Europa.
(2) Das vereinte Deutschland und die Republik Polen bestätigen die zwischen ihnen bestehende Grenze in einem völkerrechtlich verbindlichen Vertrag.
(3) Das vereinte Deutschland hat keinerlei Gebietsansprüche gegen andere Staaten und wird solche auch nicht in Zukunft erheben. [...]

Artikel 3

(1) Die Regierungen der Bundesrepublik Deutschland und der Deutschen Demokratischen Republik bekräftigen ihren Verzicht auf Herstellung und Besitz von und auf Verfügungsgewalt über atomare, biologische und chemische Waffen. [...]
(2) Die Regierung der Bundesrepublik Deutschland hat in vollem Einvernehmen mit der Regierung der Deutschen Demokratischen Republik [...] folgende Erklärung abgegeben: „Die Regierung der Bundesrepublik Deutschland verpflichtet sich, die Streitkräfte des vereinten Deutschlands innerhalb von drei bis vier Jahren auf eine Personalstärke von 370 000 Mann (Land-, Luft- und Seestreitkräfte) zu reduzieren. [...] Im Rahmen dieser Gesamtobergrenze werden nicht mehr als 345 000 Mann den Land- und Luftstreitkräften angehören, die gemäß vereinbartem Mandat allein Gegenstand der Verhandlungen über konventionelle Streitkräfte in Europa sind." [...]

Artikel 5

(3) Nach dem Abschluss des Abzugs der sowjetischen Streitkräfte vom Gebiet der heutigen Deutschen Demokratischen Republik und Berlins[1] können in diesem Teil Deutschlands auch deutsche Streitkräfte stationiert werden, die in gleicher Weise militärischen Bündnisstrukturen zugeordnet sind wie diejenigen auf dem übrigen deutschen Hoheitsgebiet, allerdings ohne Kernwaffenträger. [...]
Ausländische Streitkräfte und Atomwaffen und deren Träger werden in diesem Teil Deutschlands weder stationiert noch dorthin verlegt. [...]

Artikel 7

(1) Die Französische Republik, die Union der Sozialistischen Sowjetrepubliken, das Vereinigte Königreich von Großbritannien und Nordirland und die Vereinigten Staaten von Amerika beenden hiermit ihre Rechte und Verantwortlichkeit in Bezug auf Berlin und Deutschland als Ganzes. [...]
(2) Das vereinte Deutschland hat demgemäß volle Souveränität über seine inneren und äußeren Angelegenheiten.

Zitiert nach: Presse- und Informationsamt der Bundesregierung (Hrsg.), Bulletin Nr. 109, 14. September 1990, S. 1154 ff.

1. *Fassen sie die Bestimmungen des Vertrages unter folgenden Kategorien zusammen: deutsche Souveränitätsrechte, deutsche Verpflichtungen, Garantien der Siegerstaaten.*

2. *Bewerten Sie den Einfluss der einzelnen Staaten auf den „Zwei-plus-Vier-Vertrag" (M3 und M4).*

3. *Bundesaußenminister Hans-Dietrich Genscher nannte den Vertrag den „wichtigsten und chancenreichsten [...], den Deutschland je geschlossen" habe. Erörtern Sie diese Wertung.*

[1] Die Bundesrepublik unterstützte die „Überleitung" der sowjetischen Truppen finanziell mit 6,9 Milliarden Euro. In der DDR waren 390 000 Sowjets und 140 000 Soldaten der Nationalen Volksarmee stationiert, in der Bundesrepublik standen 490 000 Bundeswehrsoldaten und 340 000 Soldaten der alliierten Streitkräfte ständig unter Waffen.

BRD – DDR: eine asymmetrisch verflochtene Parallelgeschichte?

▲ **„Und zugenäht."**
Zeichnung von Borislav Sajtinac, „Zeit-Magazin" vom 13. April 1990.

Eine getrennte und eine gemeinsame Geschichte? Mit dem Ende des Zweiten Weltkrieges beginnt für die deutsche Geschichte eine Phase der getrennten Wege. Die Aufteilung Deutschlands in vier Besatzungszonen sowie die Potsdamer Konferenz ließen separate Entwicklungen zu. Schnell wurde deutlich, dass die vier großen D's (Demokratisierung, Denazifizierung, Dezentralisierung, Demilitarisierung), die in Potsdam vereinbart worden waren, von den Westmächten grundlegend anders ausgelegt wurden als von der Sowjetunion.*

Spätestens mit der Gründung der beiden deutschen Staaten 1949 war die Trennung der deutschen Nation in zwei Staaten vollzogen. Die Einbindung in die jeweiligen militärischen und wirtschaftlichen Bündnisse vertiefte sie.** Aus einem Land in der Mitte Europas verwandelten sich Ost und West in „politische Glaubensgemeinschaften". Die Westdeutschen wurden Teil der demokratisch-kapitalistischen, die Ostdeutschen Teil der diktatorisch-sozialistischen Welt. „Die einen taten es willig, die anderen meist unwillig", so der Journalist und Historiker *Peter Bender*.

Distanz und Nähe Beide deutschen Staaten grenzten sich bewusst voneinander ab. Die SED-Führung distanzierte sich deutlich von der Bundesrepublik. Die DDR habe die Konsequenzen aus dem Nationalsozialismus (Faschismus), dem Zweiten Weltkrieg und dem Kapitalismus gezogen und sich für eine friedliche sozialistische Gesellschaftsordnung entschieden. Der Antifaschismus*** wurde zur Legitimation für den Aufbau eines Arbeiter- und Bauernstaates.

Auf der anderen Seite des „Eisernen Vorhangs" distanzierten sich die Regierungen der Bundesrepublik im Verlauf des Kalten Krieges von der sozialistischen DDR. Sie bekannten sich zur freiheitlich-demokratischen Grundordnung sowie zur Sozialen Marktwirtschaft und glaubten damit, die richtigen Konsequenzen aus den Erfahrungen der Weimarer Republik und des Nationalsozialismus gezogen zu haben. Zugleich hielten sie – im Verlauf der Trennung immer weniger deutlich – an dem Wiedervereinigungsgebot des Grundgesetzes fest. Trotz politischer, wirtschaftlicher und militärischer Abgrenzung reagierten die beiden deutschen Staaten immer wieder aufeinander. Zahlreiche Einstellungen, Handlungen und Entwicklungen wurden von der jeweils anderen Seite beeinflusst. Dabei zeigte sich im Verlauf der gesamten deutsch-deutschen Geschichte, dass für die DDR-Bevölkerung der Westen interessanter und wichtiger blieb als umgekehrt. Die faktische oder auch „allabendliche Flucht ostdeutscher Fernsehkonsumenten in die westdeutsche TV-Realität", so der Historiker *Thomas Großbölting*, fand im Wesentlichen nur in einer Richtung statt.

Wie also lässt sich das Verhältnis der beiden deutschen Staaten zwischen 1945 und 1990 historisch darstellen (▸ M1-M3)? Als „Beziehungsgeschichte" – abgegrenzt und doch verflochten? Oder verlaufen die innen- und außenpolitischen Entwicklungen der Bundesrepublik und der DDR doch weitestgehend selbstständig und nebeneinander her? Wachsen sie erst im Zuge der „friedlichen Revolution" 1989 und der Wiedervereinigung 1990 wieder zusammen? Überwiegt das Trennende das Verbindende? Oder sollte doch die ungleichgewichtige Verflechtung beider deutscher Staaten betont werden, um so die getrennte Vergangenheit als gemeinsame Geschichte begreifen zu können?

* Siehe dazu S. 320 f., S. 324 ff. und S. 356 ff.
** Siehe dazu S. 366 ff.
*** Zum Antifaschismus siehe S. 445 f.

M1 Die „asymmetrisch verflochtene Parallelgeschichte“

Das Konzept der „asymmetrisch verflochtenen Parallelgeschichte“ hat der Historiker Christoph Kleßmann in den 1990er-Jahren entwickelt; er schreibt darüber 2005:

In breiterem Umfang [...] ist die Einsicht erst nach 1989 gewachsen, dass neben den charakteristischen *Faktoren der Abgrenzung* auch direkte und indirekte *Formen der asymmetrischen Verflechtung* die deutsche Nachkriegsgeschichte in allen Phasen bestimmt und ihr ein besonderes Profil gegeben haben. Damit ist nicht eine gewissermaßen latente Nationalgeschichte gemeint, sondern eine Sondersituation im Nachkriegseuropa [...]. Dass die Entwicklung der DDR nicht ohne die der Bundesrepublik zu verstehen ist, lässt sich auf Schritt und Tritt aus den öffentlichen und jetzt vor allem aus den internen Quellen der SED-Diktatur ablesen. An zahllosen Beispielen ist dieser Zusammenhang zu illustrieren und zu analysieren. So ist das Grenzproblem für die SED ebenso wie für die Bevölkerung zu allen Zeiten in unterschiedlicher Form von zentraler Bedeutung. Ökonomisch bleibt die enge Verflechtung mit dem „Klassenfeind“ unauflösbar, da es keinen Ersatz für bestimmte westdeutsche Lieferungen gibt. In der Jugendpolitik kann die SED westliche Einflüsse nie völlig ausschalten und bemüht sich schließlich um Kompromissstrategien. Der plakative Antifaschismus als Legitimationsideologie bezieht seine Konturen wesentlich aus der Abgrenzung zur Vergangenheitspolitik der Bundesrepublik. [...] In der außenpolitischen Konkurrenz der beiden Staaten in der Dritten Welt sitzt die DDR in der Regel gegenüber der ökonomisch starken Bundesrepublik am kürzeren Hebel. Auf diesen und anderen Feldern sind zwar unterschiedliche generationelle, soziale und regionale Erfahrungen in beiden Teilen Deutschlands zu thematisieren, aber alle DDR-Bürger bleiben zu allen Zeiten von der Trennung vom Westen betroffen, auch wenn sich der Blick nach Westen verändert. Das Interesse verschwindet nie, ist jedoch zumindest bei der jüngeren Generation immer weniger an den Nationalstaat gebunden, sondern eher an Konsum, Information, Reisen. [...]

Schwieriger zu erfassen, aber deshalb nicht per se weniger wirksam ist der umgekehrte Einfluss der DDR auf die Bundesrepublik. Das betrifft in geringerem Maße die spektakulären und historiografisch z. T. überzogenen Formen der Infiltration durch die „Westarbeit“ von SED, Stasi und FDGB[1] als vielmehr die indirekten Wirkungsfaktoren. Die Existenz einer kommunistischen Diktatur auf deutschem Boden prägt die politische Kultur in der Bundesrepublik, erleichtert die Entscheidung für die Westintegration und bestimmte Formen der innenpolitischen Konsensfindung, diskreditiert aber auch gesellschaftliche Alternativkonzepte der Arbeiterbewegung vor allem in den Fünfzigerjahren, z. B. Sozialisierung und Planwirtschaft. 1976 führt die Union ihren Wahlkampf angesichts der Stärke des linken Flügels in der SPD mit dem Slogan „Freiheit statt Sozialismus“ bzw. „Freiheit oder Sozialismus“ (so der CSU-Slogan). Besonders gut erkennbar ist diese direkte und indirekte Art des Einflusses der SED in bestimmten Formen und Argumentationsmustern des Umgangs mit der NS-Vergangenheit.

Der beschleunigte Endspurt der Bundesrepublik auf dem „langen Weg nach Westen“ [Heinrich August Winkler] hängt zweifellos auch mit der unmittelbaren Nachbarschaft der DDR zusammen.“ [...]

Aber die reine Dichotomie[2] von freiheitlicher Demokratie und totalitärer Diktatur führt nicht weiter. Sie [...] ignoriert die beträchtlichen Veränderungen im Laufe einer 40-jährigen Entwicklung, vernachlässigt die zahllosen Beispiele von „aufrechtem Gang“ unter den erschwerten Bedingungen einer Diktatur und lenkt allzu selbstgerecht von Versäumnissen, strukturellen Defiziten und mühsamen Lernprozessen im

◂ **Buchcover von 2005.** *Die Zeichnung stammt von Ulrich Forchner, Leipzig.*

[1] **FDGB**: Freier Deutscher Gewerkschaftsbund, der von der SED instrumentalisierte Dachverband der Einzelgewerkschaften in der DDR. 98 Prozent aller Arbeiter und Angestellten waren 1986 im FDGB organisiert.

[2] **Dichotomie**: Zweiteilung; einander gegenüberstehende und einander ergänzende Teile

Westen ab. Das Wortungetüm von der „asymmetrisch verflochtenen Parallelgeschichte“ löst die Dichotomie nicht einfach auf. Aber die Charakterisierung wird dem sperrigen Gegenstand eher gerecht, indem sie sich zumindest bemüht, offenkundige Disproportionen[3] zu vermeiden, einem teleologischen[4] Denken nach dem Muster „die DDR war von Anfang bis Ende stalinistisch und dem Untergang geweiht“ zu entgehen, eine nationalstaatliche Verengung aufzulösen und die charakteristischen Formen der Verbindung und Abgrenzung zu betonen. Eine an einem solchen Interpretationsansatz orientierte Darstellung [...] kann am ehesten einen Beitrag leisten zur [...] notwenigen Behandlung der getrennten Vergangenheit als gemeinsame Geschichte.

Christoph Kleßmann, Spaltung und Verflechtung – Ein Konzept zur integrierten Nachkriegsgeschichte 1945 bis 1990, in: Ders. und Peter Lautzas (Hrsg.), Teilung und Integration. Die doppelte Nachkriegsgeschichte als wissenschaftliches und didaktisches Problem, Bonn 2005, S. 20-37, hier S. 30-34 (ohne Anmerkungen)

Erläutern Sie Kleßmanns Konzept der „asymmetrisch verflochtenen Parallelgeschichte“.

M2 „Das Trennende darf nicht verwischt werden“

Der Historiker Hermann Wentker sieht Kleßmanns Konzept zur „asymmetrisch verflochtenen Parallelgeschichte“ (M1) kritisch und schreibt dazu:

Mit der Wiedervereinigung von 1990 hat sich auch die Perspektive auf die deutsche Nachkriegsgeschichte grundlegend gewandelt. Denn die deutsche Frage war nicht, wie viele angenommen hatten, durch die Teilung endgültig beantwortet. [...]

Dieser Ansatz, den Christoph Kleßmann bereits 1993 propagiert hat, wird als „asymmetrisch verflochtene Parallelgeschichte“ bezeichnet. Es handelt sich indes um eine nicht ganz zutreffende Zusammenfassung seiner Darlegungen, weil dabei die Tatsache zu kurz kommt, dass das Trennende in der fünfundvierzigjährigen Geschichte der Teilung alles in allem überwog. Alle drei Aspekte der deutsch-deutschen Geschichte nach 1945 – Trennung und Abgrenzung, Parallelitäten, Beziehungen und Verflechtungen – müssen indes in einer Gesamtdarstellung in dem Maße zum Tragen kommen, wie es deren Verlauf auch angemessen ist. Des Weiteren sollte nicht übersehen werden, dass eine solche Perspektive nicht die einzig mögliche auf die deutsche Geschichte in dieser Zeit ist. [...]

1. Die wissenschaftliche Erforschung der deutschen Zweistaatlichkeit darf nicht unter Verweis auf (tages)politische Forderungen erfolgen. So ist es unzulässig, einen „neue[n] Anlauf zu einer integrierten Nachkriegsgeschichte“ deshalb für notwendig zu erklären, „weil von seinem Gelingen Fortschritte der inneren Einheit sowie Fähigkeiten zur Zusammenarbeit in Europa abhängen“. [...]
2. Die wissenschaftliche Forschung sollte sich davor hüten, im Lichte der Erfahrungen von 1989/90 in einen neuen Dogmatismus zu verfallen. Die deutsche Nachkriegsgeschichte kann auch weiterhin als Geschichte von zwei Staaten und Gesellschaften erzählt werden, die sich auf getrennten Wegen entwickelten. Diese waren zwar in vielfacher, aber sicher nicht in jeder Hinsicht aufeinander bezogen. Eigenentwicklungen der Bundesrepublik wie der DDR in den Blick zu nehmen, ist nicht nur legitim, sondern auch notwendig. Das gilt vor allem für die Zeit nach 1961, als die DDR sich hermetisch abriegelte und die wechselseitigen Einflüsse, vor allem jene in ost-westlicher Richtung, abnahmen. Mit Blick auf die Bundesrepublik ist in diesem Zusammenhang zu Recht hervorgehoben worden, dass ihre Geschichte, anders als die der DDR, 1989 / 90 eben nicht zu Ende ging. [...]
3. Neben der deutsch-deutschen Perspektive auf die Nachkriegsgeschichte bieten sich noch weitere Möglichkeiten an, diese Jahrzehnte deutscher Geschichte in übergeordnete Zusammenhänge einzuordnen. Ohne eine Berücksichtigung der internationalen Zusammenhänge bleibt die deutsche Teilung letztlich unverständlich. Bundesrepublik und DDR gehörten der westlichen beziehungsweise östlichen Hemisphäre an, was entsprechend unterschiedliche Auswirkungen auf Politik, Wirtschaft und Gesellschaft in beiden Staaten hatte. In engem Zusammenhang damit steht die im Zeichen der Osterweiterung der Europäischen Union viel beschworene europäische Zugangsweise. Dabei wird freilich gern übersehen, dass dieser Ansatz für die Bundesrepublik als eine der Signatarmächte aller westeuropäischen Zusammenschlüsse seit der Montanunion weitaus sinnvoller ist als für die DDR.

Hermann Wentker, Zwischen Abgrenzung und Verflechtung: deutsch-deutsche Geschichte nach 1945, in: Aus Politik und Zeitgeschichte, Heft 1-2/2005, S. 10-17, hier S. 10 f. (ohne Anmerkungen)

Nennen Sie die Kritikpunkte Wentkers an Kleßmanns Konzept und beurteilen Sie die angeführten Argumente (M1 und M2).

[3] **Disproportion**: Missverhältnis
[4] **teleologisch**: zielgerichtet, auf einen Zweck hin ausgerichtet

M3 Gemeinsamer Erfahrungs- und Handlungsraum?

Der Historiker Andreas Wirsching plädiert 2007 für eine pragmatische Geschichtsforschung:

Eine deutsche „Erfolgsgeschichte“ ohne die DDR? Auf den ersten Blick scheint es ohne Weiteres möglich zu sein, eine Geschichte der alten Bundesrepublik zu schreiben, in der die DDR nicht vorkommt. Zumindest gilt dies für die Zeit vom Ende der 1970er-Jahre bis zum Umbruch 1989/90. In der alten Bundesrepublik hatte sich eine Anschauung durchgesetzt, die den eigenen Staat nicht mehr als Provisorium betrachtete, sondern als Dauerlösung. Die Bundesrepublik hatte ihren Ort in der Geschichte gefunden und ihre Identität ausgebildet. Sie begriff sich als souveräner Teilstaat mit eigener Staatsräson[1], eigenen Traditionen und einer eigenen westdeutschen Geschichte. Letztere, der im Übrigen auch eine sehr eigene Form der „Vergangenheitsbewältigung“ entsprach, ließ sich in den 1980er-Jahren aufwändig gestaltet präsentieren und sogar im Museum ausstellen.
Überdies verfügte die alte Bundesrepublik über eine zwar teilstaatlich strukturierte, dafür aber zunehmend griffige „Meistererzählung“. Einprägsam von der „Erfolgsgeschichte“ des westdeutschen Teilstaates handelnd, stand sie im Mai 1989 im Mittelpunkt des öffentlichen Gedächtnisses und wirkte über die Zäsur 1989/90 fort. Das Narrativ[2] der bundesrepublikanischen Erfolgsgeschichte integriert auch gegensätzliche Traditionsbestände und widersprüchliche Potenziale mehr oder minder problemlos. Selbst schwerste historische Konflikte, an denen es der Geschichte der alten Bundesrepublik keineswegs mangelte, verwandeln sich im Rückblick in eine harmonische Gesamtschau. Die Geschichte der DDR spielt in dieser Meistererzählung keine eigenständige Rolle. Sie dient höchstens als Negativ- und Kontrastfolie für die eigene Identität und interessiert in erster Linie, um zu ergründen, „warum sie keine Zukunft hatte“.
Auch alltagsgeschichtlich hatte sich der größte Teil der westdeutschen Bevölkerung auf Dauer im Provisorium Bundesrepublik eingerichtet. Ende der 1980er-Jahre dominierte der Optimismus, den die Pluralisierung der massenkulturellen Möglichkeiten bewirkt hatte; vor allem in den Entfaltungsbereichen des Individuums, in Freizeit und Alltag, waren „unsere Wünsche und Hoffnungen fast gegen alle Erwartungen übertroffen“ worden. In solch einer komfortablen Situation der veralltäglichten Bequemlichkeit war die DDR, sofern nicht familiäre Bindungen bestanden, aus dem Gesichtskreis der Westdeutschen weitestgehend verschwunden. [...]
Für die Politik wie für die Alltagskultur waren Paris, London und Washington weitaus näher als Ost-Berlin, die italienische Riviera attraktiver und viel leichter erreichbar als Mecklenburg-Vorpommern.
Was bedeutet das für die Geschichtswissenschaft? Sie sollte dreierlei nicht tun. Erstens muss sie der Versuchung widerstehen, der Geschichte der Bundesrepublik (alt) ex post[3] einen wiedervereinigungsgeschichtlichen Subtext einzuschreiben. So sehr das Datum 1989/90 dazu verlockt, der Geschichte einen teleologischen[4] Verlauf zu unterstellen, so wenig hat es einen solchen Subtext gegeben. Die Wiedervereinigung kam überraschend, und sie wurde in vieler Hinsicht quer zur bundesdeutschen „Identität“ auf die politische Tagesordnung gesetzt.
Zweitens muss die Geschichtsschreibung der Versuchung widerstehen, die Meistererzählung von der „Erfolgsgeschichte“ fortzuschreiben. Allzu schnell würde die deutsche Geschichte nach 1945 zu einer „Whig interpretation of history“ mutieren, welche ihre Kriterien, Problemstellungen und Auswahlmechanismen der Perspektive des Jahres 1990 unterordnete. Eine solche Verkürzung trüge bald mythologischen Charakter. Die DDR würde historiografisch als ein von Beginn an dem Untergang geweihter Staat betrachtet und damit, im Sinne einer negativen Teleologie, aus der gemeinsamen Nachkriegsgeschichte ausgemeindet. [...]
Eine dritte Versuchung, der die deutsche Zeitgeschichte widerstehen sollte, liegt in dem Anspruch selbst begründet, eine gemeinsame deutsche Nachkriegsgeschichte zu entfalten. Denn eine solche Geschichte ist nicht ohne Weiteres verfügbar. [...]
Eine entteleologisierte deutsche Zeitgeschichte vermag daher nach weniger offenkundigen, aber vielleicht hoch wirksamen Kräften deutsch-deutscher Vergemeinschaftung zu fahnden. Ins Blickfeld sollte ein gemeinsamer Erfahrungs- und auch Handlungsraum rücken, der beide deutschen Staaten, Gesellschaften und Kulturen umfasst, die Chance bietet, den Panzer des Systemgegensatzes aufzubrechen, und sich nicht in einer bloßen Parallelgeschichte erschöpft.

Andreas Wirsching, Gemeinsame Nachkriegsgeschichte? Für eine pragmatische Geschichtsforschung, in: Aus Politik und Zeitgeschichte, Heft 3/2007, S. 13-18, hier S. 13-15

1. *Fassen Sie Wirschings Aussagen zusammen.*
2. *Stellen Sie Wirschings Argumente der Argumentation Kleßmanns (M1) gegenüber.*
3. *Überprüfen Sie die Aussagen Wirschings in der eigenen Familie. Führen Sie Interviews, inwiefern die DDR im Bewusstsein westdeutscher Bürger relevant war.*

[1] **Staatsräson**: Grundsatz, dass die Staatsinteressen im Zweifel vor allen anderen Interessen Vorrang haben
[2] **Narrativ**: Erzählung
[3] **ex post** (lat.): danach
[4] **teleologisch** = siehe M1, Anm. 4

Geschichte kontrovers

Die DDR – ein Unrechtsstaat?

Seit der deutschen Wiedervereinigung flammt immer wieder die Diskussion auf, ob die DDR eindeutig als Unrechtsstaat zu bezeichnen sei. Der Einigungsvertrag 1990 charakterisierte sie klar als „SED-Unrechts-Regime". Doch diese Auffassung wurde seitdem quer durch die Parteienlandschaft der Bundesrepublik und durch die politischen Grundeinstellungen von Juristen, Politikwissenschaftlern und Vertretern der Bundesregierung wie der politischen Opposition kontrovers diskutiert. Während die einen die zahlreichen Verstöße gegen die Menschenrechte betonen, argumentieren die anderen, dass alles, was in der der DDR im Namen des Rechts angeordnet wurde, nicht als Unrecht zu bezeichnen sei.

M1 „Moralischer Generalverdacht"

Gesine Schwan, Politikwissenschaftlerin und Präsidentin der Europa-Universität Viadrina in Frankfurt (Oder) von 1999 bis 2008, nimmt Stellung:

Wer die DDR einen „Unrechtsstaat" nennt, stellt ihre ehemaligen Bürger unter einen moralischen Generalverdacht. [...] Deshalb wende ich mich gegen eine monopolistische Deutung der DDR als „Unrechtsstaat". Dabei verstehe ich die Gründe, warum andere sie so bezeichnen, durchaus: fehlende Menschen- und Bürgerrechte, keine Gewaltenteilung, keine unabhängige Justiz, keine freien Wahlen. Ich habe das Regime der DDR selbst unzählige Male so oder ganz ähnlich kritisiert, die DDR als Diktatur bezeichnet und öffentlich hinzugefügt, dass deswegen zum Beispiel auch die „Errungenschaften" im Kindergarten- oder Schulsystem immer unter diesem fundamental einschränkenden Vorzeichen gesehen werden müssen.

Dabei folge ich der berühmten Analyse, die der Politikwissenschaftler Ernst Fraenkel aus eigener Erfahrung über den NS-Staat vorgelegt hat. Er unterscheidet in seinem Buch über den Doppelstaat zwischen dem „Normenstaat" und dem „Maßnahmenstaat", dessen Dualität das „Dritte Reich" geprägt hat. Während der „Normenstaat" um des möglichst reibungslosen Funktionierens von Wirtschaft und Gesellschaft willen in vielen Bereichen die rechtsstaatliche Tradition der Weimarer Republik fortsetzte, konnte die NSDAP im „Maßnahmenstaat" den „Normenstaat" jederzeit willkürlich außer Kraft setzen. Auch die SED konnte jederzeit die rechtsförmigen Verfahren aussetzen und hat das mit ihrer marxistisch-leninistisch „legitimierten" Avantgarderolle gerechtfertigt. Daher war und blieb die DDR nicht nur eine Diktatur, sondern auch ein Ort, an dem aus Mangel an Rechtsstaatlichkeit und Gewaltenteilung Willkür jederzeit praktiziert werden konnte und von der SED auch praktiziert wurde.

Wer nun über diese Qualifizierungen hinaus auf der totalisierenden Bezeichnung „Unrechtsstaat" besteht, muss mehr wollen und schließt de facto auch mehr ein. Denn das totalisierende Wort „Unrechtsstaat" verweist auf die Gestalt der gesamten ostdeutschen Lebenswirklichkeit. Während man sich der Mitgliedschaft in der herrschenden Einheitspartei SED, erst recht in der Stasi entziehen konnte, blieb der Staat der DDR das unvermeidbar umfassende politische Gehäuse aller Ostdeutschen. Der Staat ist keine separate Organisation innerhalb oder neben der Gesellschaft, sondern die Gesellschaft in ihrer politischen Verfasstheit. Wird der Staat pauschal zum „Unrechtsstaat" gemacht, folgen daraus auch Wertungen für die Lebenswirklichkeit der Menschen. [...] Es macht also einen Unterschied aus, ob man den Menschen in der DDR, die seit dem Mauerbau Gefangene dieses Staates waren, pauschal unterstellt, dass sie sich als Staatsbürger in ihrem beruflichen wie privaten Leben an diesem Unrecht beteiligt haben, weil sie unvermeidbar involviert waren, oder ob man ihnen innerhalb des Staates der DDR die Möglichkeit rechtlichen Handelns einräumt. Entweder der DDR-Staat hat als „Unrechtsstaat" 40 Jahre lang jede Schule, jeden Kindergarten, jedes Bauamt geprägt und die Menschen jederzeit in sein Unrecht gleichsam hineingezogen. Dann verliert die gegenwärtig gängige und „politisch korrekte" Unterscheidung zwischen den Menschen und dem politischen System, unter dem sie leben mussten, jeden Sinn. Denn dann mussten sich alle kompromittieren. Oder man konzediert, dass es analog zu Fraenkels „Normenstaat" Bereiche im Staat der DDR gab, in denen es trotz des Damoklesschwerts der SED-Willkür faktisch, wenn auch nie gesichert, auch rechtlich zuging. In denen die Menschen sich auch um Rechtlichkeit bemühten. Um diese Unterscheidung geht es mir in der Abwehr der totalisierenden Deutung des „Unrechtsstaates". [...]

Die Diktatur wurde den Ostdeutschen auferlegt. Der totalisierende „Unrechtsstaat" stellt sie flächendeckend moralisch unter Verdacht. In der rechtsstaatlichen Demokratie des vereinigten Deutschland gilt aber zunächst die Unschuldsvermutung für alle Bürger – nicht nur für die westdeutschen.

Gesine Schwan, In der Falle des Totalitarismus, in: DIE ZEIT, Nr. 27 vom 25. Juni 2009 (gekürzt)

M2 Der Staat als Räuber der Volksgewalt

Marianne Birthler, Bundesbeauftragte für die Unterlagen des Staatssicherheitsdienstes der ehemaligen DDR von 2000 bis 2011, die die Akten des Staatssicherheitsdienstes (Stasi) verwaltet und erforscht, meint 2009:

▲ **Protestzug vor der Ost-Berliner Sophienkirche.**
Foto vom 7. Juni 1989 (Ausschnitt).
Im Zusammenhang mit den gefälschten Wahlergebnissen der Kommunalwahlen vom 7. Mai 1989 in der DDR protestierten Bürgerrechtler seit dem 7. Juni 1989 an jedem 7. des Monats für die Offenlegung des Wahlbetruges.

Es wäre abwegig, Gesine Schwan vorzuwerfen, sie verharmlose die SED-Diktatur. Die streitbare Antikommunistin hat das politische System der DDR öffentlich und schonungslos bereits zu einer Zeit kritisiert, als dies vielen, auch in der SPD, noch sauer aufstieß. [...] So weit, so einig. Aber warum dann dieser Streit um den Begriff „Unrechtsstaat"? [...] Die DDR war eine Diktatur – und deren Wesen besteht ja gerade darin, dass die politische Macht des Staates nicht demokratisch durch das Volk legitimiert ist. Der Staat war allein das Instrument der Herrschaft der führenden Partei – ihr vollständig unterworfen. Das Volk hatte weder theoretisch noch praktisch die Möglichkeit, an diesem Machtverhältnis vorbei Einfluss auf staatliches Handeln zu nehmen. [...]

Doch nur dort, wo das Volk als Souverän seine Macht in freier Entscheidung und auf Zeit auf den Staat übertragen hat, ist es auch mitverantwortlich für staatliches Handeln. In der DDR war der Staat kein Treuhänder der Volksgewalt, sondern ihr Räuber. Er stand nicht für die Gesamtheit seiner Staatsbürger ein, sondern er fürchtete sie. Deswegen hat er für seine Sicherheit einen Apparat aufgebaut, dessen Dimension – gemessen an der Bevölkerungszahl – größer war als die jeder anderen Geheimpolizei. Der Daseinszweck des Ministeriums für Staatssicherheit bestand darin, den Staat vor den eigenen Bürgern zu schützen. Dass sich die Staatssicherheit stolz „Schild und Schwert der Partei" nannte, entlarvt die eigentlichen Verhältnisse: Statt der proklamierten Einheit von Volk und Staat gab es in Wahrheit nur die Einheit von Staat und SED. [...]

Doch die Rechtschaffenheit und die Selbstbehauptung vieler Menschen gegen SED und Staat, die wenigen Inseln der Angstfreiheit in den Kirchen, die immer stärker werdende Opposition – all das stellt nicht infrage, dass der Herrschaftsanspruch des SED-Staates totalitär war. Es beweist vielmehr, dass der Anspruch der SED, etwa ihr Ideal der „sozialistischen Persönlichkeit", nicht durchsetzbar war und durch den Eigen-Sinn der Menschen begrenzt wurde. [...]

Bleibt die Frage, was genau der Begriff Unrechtsstaat meint. Deutschland ist nicht deshalb ein Rechtsstaat, weil es hierzulande nur Recht und kein Unrecht gäbe, sondern weil die Existenz des Staates, weil Regierung und Gesetzgeber an verbindliche Werte und Rechtsnormen gebunden sind und diese Bindung durch unabhängige Gerichte gesichert wird. Analog dazu ist auch die Bezeichnung Unrechtsstaat nicht davon abhängig, dass nur Unrecht geschieht. Zum einen meint der Begriff, dass die Prinzipien des Rechtsstaates keine Geltung haben und staatliche Macht nicht rechtmäßig begründet ist. In diesem Sinne war die DDR zweifellos ein Nicht-Rechtsstaat, ein Un-Rechtsstaat. Sie war aber auch ein Unrechts-Staat. Ein Staat, dessen Existenz schon auf Unrecht und auf der Verletzung von Menschenrechten beruhte, der seine Bürger staatlicher Willkür unterwarf und ihrer Rechte beraubte, der allein festlegte, was falsch und richtig war, der Schulen, Universitäten, Medien und Gewerkschaften gleichschaltete, der Menschen mit abweichendem Verhalten zu Feinden erklärte und verfolgte, der das eigene Volk einmauerte und Menschen, die vor ihm flüchten wollten, erschoss – und all dies, um die Macht der SED zu sichern. Die DDR ist ein Unrechtsstaat, und zwar nach allen denkbaren Definitionen.

Marianne Birthler, Liebe Ossiversteher! Die DDR keinen Unrechtsstaat nennen zu dürfen beleidigt den wachen Verstand, in: DIE ZEIT, Nr. 28 vom 2. Juli 2009

1. *Untersuchen Sie anhand von M1 und M2 die Kontroverse.*
2. *Arbeiten Sie die Kriterien heraus, nach denen die Kontrahentinnen in M1 und M2 urteilen.*
3. *Die DDR – ein Unrechtsstaat? Nehmen Sie Stellung.*

Zweistaatlichkeit und Wiedervereinigung: Folgen für die Gegenwart

▲ **Von der Teilung zur Einheit.** *Karikatur des portugiesischen Zeichners António Calado da Maia vom 2. Oktober 1990.*

- *Analysieren Sie die Zeichnung. Vergleichen Sie sie mit den Abbildungen auf S. 422 und 423.*

Von der Euphorie ... Den Beitritt der DDR zur Bundesrepublik 1990 feierten die meisten Ostdeutschen euphorisch. In Westdeutschland gab man sich einige Zeit der Illusion hin, mit Milliardentransfers aus öffentlichen Kassen und privaten Investitionen die neuen Bundesländer in wenigen Jahren in „blühende Landschaften" (*Helmut Kohl*) verwandeln zu können. Nach der unerwarteten Überwindung der staatlichen Teilung Deutschlands freute man sich im Osten über die neu gewonnene Freiheit, die jedoch alsbald zur Selbstverständlichkeit wurde. Zugleich träumten viele von einem zweiten Wirtschaftswunder, dieses Mal in Ostdeutschland.

Doch der Systemwechsel von der zentralen Planwirtschaft zur Sozialen Marktwirtschaft erwies sich als kompliziert. Mit der Wirtschafts-, Währungs- und Sozialunion vom Juli 1990 erhielten die Ostdeutschen die sehnlich erwartete D-Mark einschließlich eines für die Bürger sehr günstigen Umtauschverhältnisses. So konnten sich die Menschen zwar die begehrten Artikel aus dem Westen kaufen, doch die eigenen Produkte verteuerten sich auf dem Weltmarkt erheblich und die Wirtschaftsbeziehungen zu den Ostblockstaaten brachen weg. Die meisten der ehemaligen Staatsbetriebe waren veraltet und unproduktiv, ihre Produkte international nicht konkurrenzfähig.

Lesetipp:
Dirk Laabs, Der deutsche Goldrausch. Die wahre Geschichte der Treuhand, München [4]2012

... zur Ernüchterung Im Auftrag der letzten Volkskammer der DDR übernahm die *Treuhandanstalt* im Sommer 1990 rund 8 500 Staatsunternehmen mit 45 000 Einzelbetrieben und 4,1 Millionen Beschäftigten, um sie nach marktwirtschaftlichen Gesichtspunkten zu sanieren, zu privatisieren oder stillzulegen. Durch die Übernahme der Altschulden der früheren DDR-Betriebe und Finanzhilfen aller Art für private Investoren hinterließ die Treuhandanstalt Ende 1994 140 Milliarden Euro Schulden, die den Bundeshaushalt seither jährlich mit etwa 8,7 Milliarden Euro belasten.

An direkten Aufbauhilfen stellte zunächst der *Fonds Deutsche Einheit* von 1990 bis 1994 umgerechnet rund 82 Milliarden Euro für die ostdeutschen Länder und Kommunen zur Verfügung. Der *Solidarpakt I* von 1995 sorgte für die Aufnahme der neuen Bundesländer in den regulären **Länderfinanzausgleich**. Weiter erhielten die neuen Länder von 1995 bis 2001 Sonderleistungen des Bundes über umgerechnet 105 Milliarden Euro. Der *Solidarpakt II* sieht bis 2019 nochmals Sonderzahlungen von 105 Milliarden Euro für Infrastruktur und Unternehmensförderung vor. Hinzu kommen 51 Milliarden Euro an Investitionshilfen des Bundes und der EU. Trotz aller Anstrengungen stieg die Arbeitslosigkeit dramatisch an – seit 1992 jeweils auf das Doppelte des westdeutschen Niveaus. Ernüchterung und Enttäuschung machten sich breit.

Die meisten Ostdeutschen mussten nicht nur ihr Alltagsleben neu ordnen und sich einer Fülle neuer gesetzlicher Regeln vom Kindergarten bis zur Altersvorsorge anpassen. Vielen fehlte mit einem Mal die lenkende Hand des Staates, sie mussten lernen, sich selbst um ihr Fortkommen zu bemühen, sie fühlten sich deklassiert und von den „Wessis" überrollt. Das änderte sich erst allmählich (▸ M1).

Länderfinanzausgleich: im Grundgesetz verankerte Regelung. Danach leisten Bundesländer mit höheren Steuereinnahmen (Geberländer) Ausgleichszahlungen an Länder mit geringerem Steueraufkommen (Nehmerländer).

Anstieg des Rechtsextremismus Ein großes Problem des wiedervereinigten Deutschland war der bald einsetzende Anstieg rechtsextremistisch und rassistisch motivierter Straftaten. Traurige „Höhepunkte“ waren die gewaltsamen Ausschreitungen von Hoyerswerda (September 1991) und Rostock-Lichtenhagen (August 1992), bei denen Rechtsradikale unter dem Applaus der Anwohner Asylbewerber und Arbeiter aus Mosambik, Vietnam und anderen Ländern angriffen. In Teilen Ostdeutschlands entstanden sogenannte „national befreite Zonen“, in denen Ausländer bis heute massiv bedroht werden.

In dieser Zeit wurde auch die terroristische, rechtsextreme Gruppe *Nationalsozialistischer Untergrund* (NSU) gegründet. Ihr werden mehrere Sprengstoffanschläge sowie die rassistisch motivierte Ermordung von neun Menschen zur Last gelegt. Bis zum Bekanntwerden dieser Gruppe am 4. November 2011 durch den Suizid zweier Mitglieder verdächtigte die Polizei Personen aus dem Umfeld der Opfer. Ermittlungen zum NSU seit 2011 weisen Verstrickungen zwischen dem Verfassungsschutz und der rechtsextremen Szene in Deutschland auf.

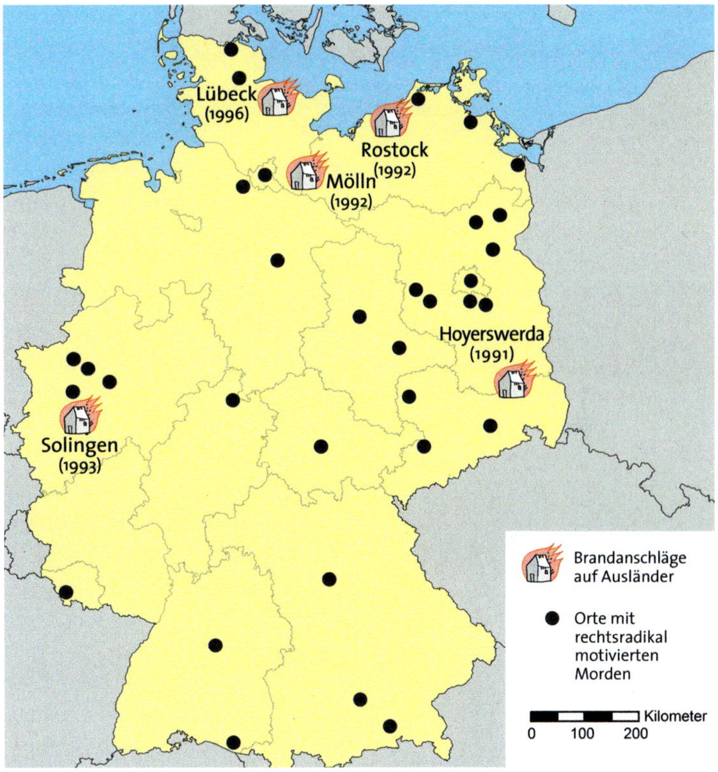

▲ **Orte rechtsradikaler Gewalttaten in Deutschland von 1990 bis 2012.**
Die Karte verzeichnet die Städte, in denen laut polizeilicher Statistik bis 2012 58 Menschen aus rechtsradikalen Motiven ermordet wurden.
Die nach dem ersten Todesopfer rechtsradikaler Gewalt seit 1990 benannte „Amadeu Antonio Stiftung“ zählt für den gleichen Zeitraum 184 Tode.

Die Ursachen der gestiegenen Gewalttaten werden kontrovers diskutiert: Einige Kommentatoren wollten darin eine bereits zu DDR-Zeiten vorhandene allgemeine Ausländerfeindlichkeit sehen. Diese sei wegen der wirtschaftlichen und sozialen Probleme, die die Menschen in den neuen Bundesländern zu tragen haben, und vor dem Hintergrund der Asyldebatte seit 1990 noch verstärkt worden. Im Dezember 1992 beschloss die Regierung aus CDU/CSU und FDP zusammen mit den Stimmen der SPD das Asylrecht einzuschränken. Tatsache ist aber, dass fremdenfeindliche Einstellungen nicht unmittelbar mit dem tatsächlichen Bevölkerungsanteil von Ausländern zusammenhängen: In Bundesländern mit sehr geringem Ausländeranteil (z. B. Sachsen-Anhalt und Mecklenburg-Vorpommern) kam es zwischen 1992 und 1994 viel häufiger zu fremdenfeindlichen Vergehen als etwa in Nordrhein-Westfalen, Baden-Württemberg oder Bayern, die den Großteil der damaligen Asylbewerber aufnahmen. Neuere Studien ergeben zudem, dass es keinen engen Zusammenhang zwischen Arbeitslosigkeit und rechtsextremer bzw. fremdenfeindlicher Gewalt gibt.

Der Rechtsextremismus ist kein ostdeutsches Phänomen. Jedoch trafen gerade hier rechtsextremistische und „völkische“ Einstellungen auf breite Zustimmung in der Bevölkerung. Öffentliche Proteste gab es nur vereinzelt. Bei vergleichbaren Anschlägen in den alten Bundesländern, z. B. im Mai 1993 in Solingen, als bei einem Brandanschlag auf das Haus einer türkischen Familie zwei Frauen und drei Mädchen ums Leben kamen, verurteilte eine große Mehrheit der Bevölkerung die Tat scharf. Beim Vergleich zwischen Ost und West muss auch berücksichtigt werden, dass rechtsextreme und gewaltbereite Vereinigungen in den neuen Bundesländern meist mit dem Personal und dem Geld der bestehenden westdeutschen Organisationen aufgebaut wurden.

▲ **Ende der DDR-Geschichtskultur.**
Foto von 1993.
Wenige Jahre nach der politischen „Wende" von 1989 wird im Osten Berlins ein Haus abgerissen, an dessen Fassade noch für das längst geschlossene Museum für deutsche Geschichte geworben wird.

Die Geschichtskultur des vereinigten Deutschland Mit dem Beitritt der DDR verschwanden auch deren Geschichtskultur und symbolische Repräsentationen. Die Staatsbezeichnung des vereinigten Deutschland, die Flagge und Hymne waren diejenigen der Bundesrepublik. Die materielle Folie der DDR-Geschichtskultur, d.h. die Namen der Straßen, Plätze und Institutionen, die Denkmäler und symbolträchtigen Gebäude, so beispielsweise der ehemalige „Palast der Republik", verschwanden, während sich Benennungen, die sich an der Geschichtskultur der alten Bundesländer orientieren, allmählich auch im Beitrittsgebiet verbreiteten.

Die Bundesrepublik wandte sich, anders als nach 1945, unverzüglich der Aufarbeitung der Vergangenheit zu. Die Verbrechen der DDR-Diktatur wurden öffentlich gemacht, den Opfern wurde materiell und symbolisch Genugtuung verschafft, die Täter wurden bestraft. Wenn in geschichtskulturell ausgerichteten Reden der Politik die DDR thematisiert wird, kommen fast ausschließlich die Facetten Repression und Mangel in der DDR zur Sprache. Dagegen führten Ohnmachtsgefühle und Anpassungsprobleme vieler Ostdeutscher während der ersten Jahre nach der Wiedervereinigung vielfach zu einer nostalgischen Verklärung des Sozialismus, der in der Zusammensetzung von „Osten" und „Nostalgie" teils humorvoll, teils kritisch „*Ostalgie*" genannt wird. Eine Mischung aus sentimentaler Rückbesinnung auf die DDR, Ablehnung westlicher Lebensart, Ausländerfeindlichkeit, Sehnsucht nach Gemeinschaft, Harmonie und Heimat machte es möglich, die DDR im Nachhinein positiv zu bewerten. Erinnerungen an die „Geborgenheit" im Kollektiv, die ruhige Gangart in den Betrieben, die solidarische Hilfe unter den Nachbarn und Freunden waren gegenwärtig und verwiesen auf einen aktuellen Verlust. Auch wenn solche und ähnliche Erinnerungen häufig nur teilweise mit der realen Vergangenheit übereinstimmten, bildeten sich doch die Maßstäbe für die Einschätzung der gegenwärtigen Lebenslagen.

Dennoch wollten nur wenige Bürger der neuen Bundesländer die DDR zurück haben. Allerdings nahmen die Skepsis gegenüber der Praxis der Demokratie und die Unzufriedenheit mit manchen Folgen der Marktwirtschaft und gesellschaftlichem Pluralismus im vereinigten Deutschland zu.

Lesetipp:
Richard Schröder, Irrtümer über die deutsche Einheit, Freiburg i. Br. ²2014

Der Staatsfeiertag des vereinigten Deutschland Dass der 3. Oktober Nationalfeiertag des vereinigten Deutschland werden solle, war nie Gegenstand einer eigenständigen Bundestagsdebatte und wurde nach vorheriger Absprache von Bundeskanzler *Helmut Kohl* mit den Ministerpräsidenten während der Aussprache zum Einigungsvertrag am 5. September 1990 als vollendete Tatsache präsentiert. Die Praxis, die zentrale Feier zum „*Tag der Deutschen Einheit*" jährlich in einer anderen Landeshauptstadt auszurichten, ging auf einen Vorschlag von Innenminister *Wolfgang Schäuble* zurück.

Formal knüpft die Ausrichtung der Feier an die antirituellen Traditionen der Bundesrepublik an (▸ M2). „In der Vergangenheit hat deutsches Nationalbewusstsein bei den benachbarten Völkern nicht nur Sympathie geweckt. Solange wir aber den ‚Tag der Deutschen Einheit' auch als einen symbolischen Tag der gesellschaftlichen Solidarität, einen Tag der Freiheit und der Völkerfreundschaft verstehen, werden wir ihn noch oft zusammen mit unseren ausländischen Nachbarn feiern können", äußerte der saarländische Ministerpräsident *Oskar Lafontaine* 1993 in seiner Festrede.*

* Zur Erinnerungs - und Geschichtspolitik siehe S. 538 ff.

Da der „Tag der Deutschen Einheit“ eine noch sehr junge Institution ist, scheinen immer noch Veränderungen möglich (▸ M3). Die meisten Kritiker des 3. Oktober sind unzufrieden, weil das Datum lediglich auf einen Verwaltungsakt verweist und sich nicht überhöhen lässt – anders als beispielsweise der 9. November, ein Datum, in dem sich wie in keinem anderen die deutsche Geschichte spiegelt. Als mehrere Politiker 1999 die Verlegung des „Tages der Deutschen Einheit“ auf dieses Datum vorschlugen, antwortete *Paul Spiegel*, Vorsitzender des Zentralrates der Juden, ihm sei „der Gedanke, sich zwischen Würstchenbuden und Volksfeststimmung an die Pogromnacht vom 9. November 1938 zu erinnern“, unvorstellbar.

▲ **Neuer Straßenname?**
Foto aus Berlin vom 12. November 1989.

Alles neu in der „Berliner Republik“? Im politischen Sprachgebrauch ist seit der Deutschen Einheit von der „Berliner Republik“ die Rede. Diese Bezeichnung bezieht sich nicht nur auf die neue, modernisierte Hauptstadt, sondern vielmehr auf ein verändertes deutsches Selbstverständnis im nationalen, europäischen und internationalen Kontext. Hat sich die deutsche Politik nach 1990 verändert? Dafür sprechen einige Indizien: Die Bundesrepublik beteiligte sich an internationalen militärischen Kriegseinsätzen im Rahmen der NATO und der UNO. Sie sprach sich vehement gegen den Kriegseinsatz im Irak 2003 und in Libyen 2011 aus. Sie richtet „Gipfelkonferenzen“ zur Klärung internationaler Konflikte aus. Und auch bei der Bewältigung der Euro- und Schuldenkrise seit dem Jahr 2008 spielt die Bundesrepublik eine dominierende Rolle.

Innenpolitisch wurde *Bündnis 90/Die Grünen* zu einer festen Größe der Parteienlandschaft. In einer Koalition mit der SPD stellten sie von 1998 bis 2005 die Bundesregierung unter Kanzler **Gerhard Schröder** (SPD). Während dieser Zeit entwickelte sich die Vorstellung Deutschlands als Einwanderungsland zum staatlichen Selbstverständnis. Außer in Einzelfällen definierte das Grundgesetz bis 1999 Staatsbürger nach dem „Abstammungsprinzip“. Nur wenn ein Elternteil die deutsche Staatsbürgerschaft besaß, konnten auch die Kinder sie erhalten. Seit einer Reform des Grundgesetzes gilt auch das Prinzip des Geburtsortes, nach dem Kinder von Zuwanderern, sofern sie in Deutschland geboren sind, die deutsche Staatsbürgerschaft erhalten.

Gerhard Schröder (geb. 1944): 1990-1998 Ministerpräsident von Niedersachsen, 1998-2005 Bundeskanzler, 1999-2004 Vorsitzender der SPD

Mit **Angela Merkel** wurde im Jahr 2005 erstmals eine Frau Kanzlerin der Bundesrepublik. Sie regierte in einer Großen Koalition aus CDU/CSU und SPD.

Angela Merkel (geb. 1954): 1990 Mitglied des DA, dann der CDU, 1991-1994 Bundesministerin für Frauen und Jugend, 1994-1998 Bundesumweltministerin, 1998-2000 Generalsekretärin der CDU, seit 2000 CDU-Vorsitzende, seit 2005 Bundeskanzlerin

Im Winter 2014/15 gingen mehrere Tausend Bürger für eine schärfere Regulierung der Asylverfahren und gegen eine angebliche Islamisierung Deutschlands auf die Straße. Auch viele Rechtsextreme demonstrierten mit. Da diese Demonstrationen nur in Dresden hohen Zulauf fanden, wurden sie von vielen Kommentatoren als Erbe der DDR bewertet. Von den Forderungen grenzten sich die etablierten Parteien ab. Zwar suchten einzelne Abgeordnete den Dialog mit den Demonstranten, doch anders als in den Jahren nach der Wiedervereinigung sprachen sich alle Parteien im Bundestag klar für ein tolerantes und weltoffenes Deutschland aus.

1. *Beschreiben Sie die positiven und negativen Auswirkungen der Wiedervereinigung für die ehemaligen DDR-Bürger.*
2. *Erläutern Sie die symbolische Bedeutung des Fotos auf dieser Seite. Berücksichtigen Sie auch die Siegessäule als Nationaldenkmal der Einigungskriege.*

M1 Rückblicke: 20 Jahre nach der „friedlichen Revolution“

Das Meinungsforschungsinstitut Emnid befragt im April 2009 Bürgerinnen und Bürger in allen Bundesländern (Auszug aus der Umfrage):

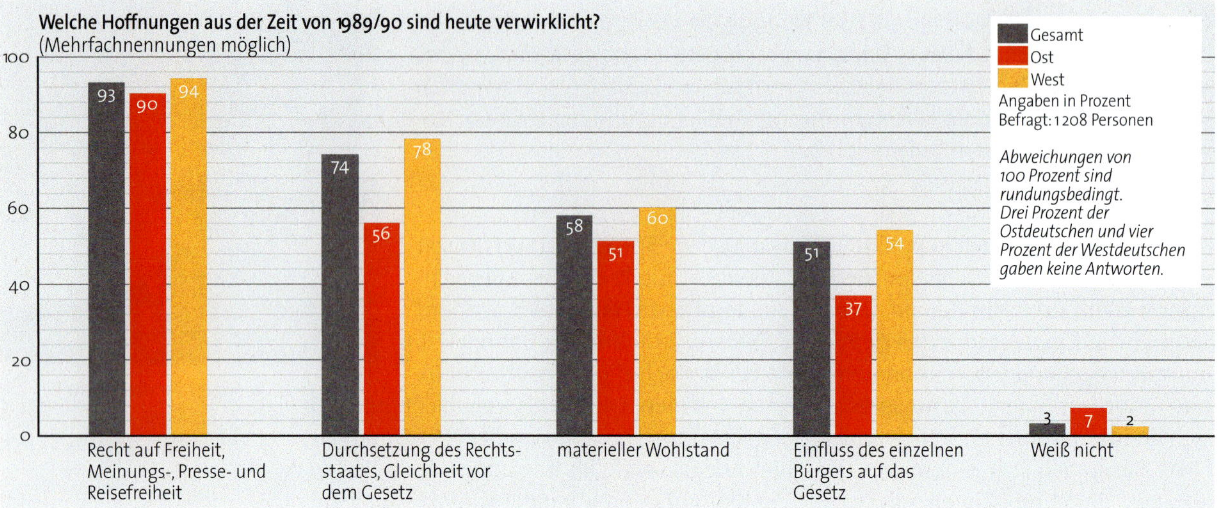

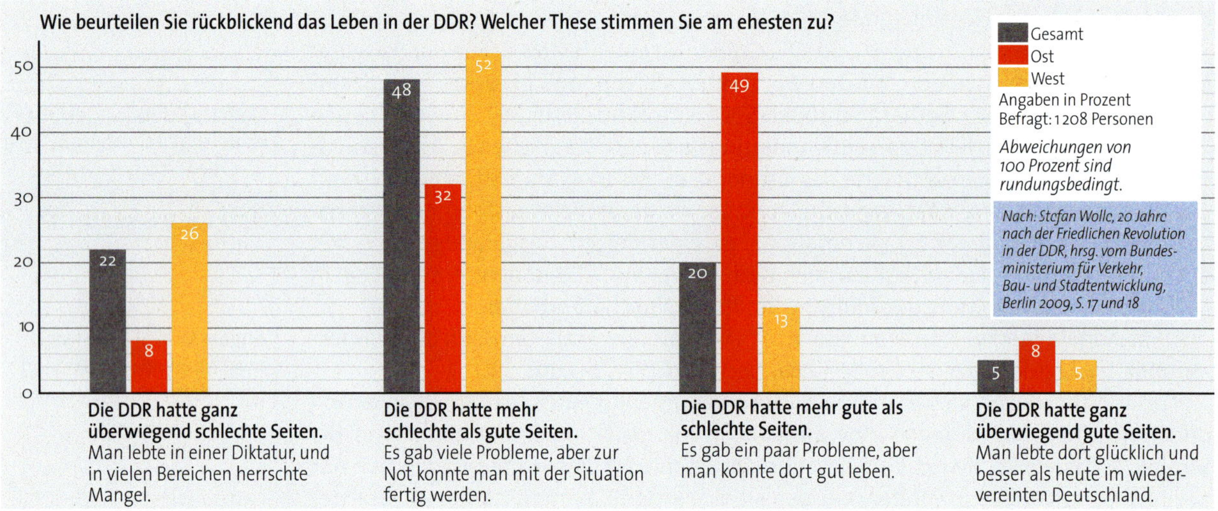

1. *Erläutern Sie die Ergebnisse der Umfrage. Berücksichtigen Sie dabei die Unterschiede zwischen Ost und West.*
2. *Erörtern Sie, welche politischen Konsequenzen aus den Umfrageergebnissen gezogen werden können.*

M2 „Zivil, locker und trotzdem festlich“

Die Historikerin Vera Caroline Simon äußert sich 2010 zum Stil der Einheitsfeiern im vereinigten Deutschland:

In Anbetracht der im In- und Ausland gezeichneten Renationalisierungsszenarien war es nicht verwunderlich, dass die symbolische Ausgestaltung des neuen Nationalfeiertages so unprovokativ, ja so zurückhaltend wie möglich ausfiel. [...] Die nichtmilitärische Ausgestaltung entsprach jedoch nicht allein der außenpolitischen Signalfunktion einer sich der internationalen Vorbehalte bewussten Bundesrepublik. Sie etablierte sich auch in dezidierter Abgrenzung zu den militärischen Zeremonien der DDR, die bereits zu Zeiten der Zweistaatlichkeit als Unterschied zwischen der säbelrasselnden, totalitären DDR und der demokratischen Bundesrepublik angeführt wurde. Bereits der Nationalfeiertag der alten Bundesrepublik, der 17. Juni, sollte [...] ein „geläutertes Nationalbewusstsein“ präsentieren. Die DDR hingegen, die auf einen antifaschistischen Gründungsmythos aufbaute und somit ein positives militärisches Erbe für sich reklamierte, schöpfte aus dem Erinnerungsarsenal des preußischen Militarismus und führte die Tradition großer, staatlich implementierter Feiern fort. [...]
Der neue Tag der Deutschen Einheit führte damit die als symbolische Abgrenzung von totalitären Inszenierungen verstandene nichtmilitärische Darstellung fort. Diese Signalfunktion wurde von ostdeutschen Beobachtern bestätigt: Der oppositionelle Schriftsteller Lutz Rathenow wies in seiner Festrede in einer Feier des Thüringischen Landtages am 3. Oktober 2001 auf die zeitliche Nähe des alten Tages der Republik und des Tages der Deutschen Einheit hin und verglich beide Tage. Rathenow erinnerte an den Lärm der Panzer, die ab dem 3. oder 4. Oktober für die Militärparade anlässlich des Tages der Republik probten: „Sie werden verstehen, dass es mir leicht fällt, fast jede musikalische Alternative zu diesem Ton als eine unbestritten bessere anzunehmen.“ Etwas salopper stimmte ihm auch Richard Schröder in einem Fernsehinterview anlässlich des Festakts zum zehnten Jahrestag der Einheit in der Dresdner Semperoper zu, der die Festatmosphäre auf dem Dresdner Theaterplatz mit den Worten lobte: „Auch die Stimmung ist 1a. Wie ich es mir so vorstelle: zivil, locker und trotzdem festlich.“

Vera Caroline Simon, Gefeierte Nation. Erinnerungskultur und Nationalfeiertag in Deutschland und Frankreich seit 1990, Frankfurt am Main u. a. 2010, S. 84 f.

Stellen Sie Begriffe – auch Adjektive –, die die Nationalfeiertage der DDR und der Bundesrepublik charakterisieren, einander gegenüber.

M3 „Wir Deutsche können Freiheit“

Bundespräsident Joachim Gauck auf dem Festakt zum 25. Jahrestag der Deutschen Einheit am 3. Oktober 2015:

Der Tag der Deutschen Einheit. Das ist für unser Land seit 25 Jahren ein Datum der starken Erinnerungen, ein Anlass für dankbaren Rückblick auf mutige Menschen. Auf Menschen, deren Freiheitswille Diktaturen ins Wanken brachte, in Danzig, Prag und Budapest. Auf Menschen auch in Leipzig, Plauen und so vielen anderen Orten der DDR, die mit der Friedlichen Revolution die Vereinigung beider deutscher Staaten überhaupt erst vorstellbar werden ließen. [...]
Am 3. Oktober denken viele von uns an den Klang der Freiheitsglocke, an die Freudentränen nicht nur vor dem Reichstag, an die Aufbruchsstimmung, die uns beherrschte, ja: an großes Glück. So mancher fragt: Warum zurückblicken? Hat die Bundesrepublik momentan nicht drängendere Probleme, drängendere Themen als dieses Jubiläum? Was können wir feiern in einer Zeit, in der hunderttausende Männer, Frauen und Kinder bei uns Zuflucht suchen? Einer Zeit, in der wir vor so immensen Aufgaben für unsere Gesellschaft stehen?
Meine Antwort darauf lautet, ganz einfach: Es gibt etwas zu feiern. Die Einheit ist aus der Friedlichen Revolution erwachsen. Damit haben die Ostdeutschen den Westdeutschen und der ganzen Nation ein großes Geschenk gemacht. Sie hatten ihre Ängste überwunden und in einer kraftvollen Volksbewegung ihre Unterdrücker besiegt. Sie hatten Freiheit errungen. Das erste Mal in der deutschen Nationalgeschichte war das Aufbegehren der Unterdrückten wirklich von Erfolg gekrönt. Die Friedliche Revolution zeigt: Wir Deutsche können Freiheit. [...]
Meine Damen und Herren, die innere Einheit Deutschlands konnte vor allem wachsen, weil wir uns als zusammengehörig empfanden und weil wir in Respekt vor denselben politischen Werten gemeinsam leben wollten. Doch nun, da viele Flüchtlinge angesichts von Kriegen, von autoritären Regimen und zerfallenden Staaten nach Europa, nach Deutschland getrieben werden, nun stellt sich doch die Aufgabe der inneren Einheit neu. Wir spüren: Wir müssen Zusammenhalt wahren zwischen denen, die hier sind, aber auch Zusammenhalt herstellen mit denen, die hinzukommen. Es gilt, wiederum und neu, die innere Einheit zu erringen.

Zitiert nach: www.bundespraesident.de/SharedDocs/Reden/DE/Joachim-Gauck/Reden/2015/10/151003-Festakt-Deutsche-Einheit.htm [Zugriff: 14. 04. 2016]

Der Bundespräsident blickt am „Tag der Deutschen Einheit“ zurück und nach vorn. Erläutern Sie seine Position.

Blick zurück nach vorn

1989 – Revolution, Zusammenbruch oder Wende?

1989 demonstrierten Hunderttausende Bürger in der DDR, die Wirtschaftskraft war aufgezehrt und die sowjetische Schutzmacht stützte das Regime nicht länger. Die gesamte Gesellschaft geriet in Bewegung, die Berliner Mauer fiel – und die Parteidiktatur in der DDR ebenfalls. Schließlich trat 1990 die DDR der Bundesrepublik bei. Warum scheiterte die DDR nach vierzig Jahren? Unter Historikern wird diese Frage kontrovers debattiert. Dabei wird über die richtige Gewichtung der verschiedenen Ursachen diskutiert, die zum Ende der DDR führten. Handelt es sich bei den historischen Prozessen von 1989 um eine Revolution, einen Zusammenbruch oder eine Wende?

M1 „Friedliche Revolution" oder Zusammenbruch?

Der Historiker Horst Möller (geb. 1943) äußert sich zur Kontroverse am 3. Mai 1994:

So erfreulich es für uns Deutsche ist, dass es diese breite Oppositionsbewegung, diese massenhafte Opposition am Ende der DDR gegeben hat und auch früher oppositionelle Ansätze existierten – der Machtverfall der DDR, ihre ökonomischen, politischen, ideologischen Probleme, ihr vollkommener Bankrott wäre durch die Massenopposition allein nicht herbeizuführen gewesen: Es ist zunächst einmal, so wichtig diese Massenopposition gewesen ist und so sehr wir ihr verpflichtet sind, eine Folge des Zusammenbruchs der Sowjetunion gewesen. Indem sozusagen der Anker all dieser Satellitenstaaten, gewissermaßen ihre ursprüngliche Verursachung wegfiel, sind alle anderen osteuropäischen Diktaturen und auch die DDR fragilisiert[1] worden, und zwar in einer Weise, dass ihr Ende absehbar war. Die oppositionelle Massenbewegung hat sicher dieses Ende beschleunigt, sie ist aber nie Ursache gewesen.

Zitiert nach: Materialien der Enquete-Kommission „Aufarbeitung von Geschichte und Folgen der SED-Diktatur in Deutschland" […], herausgegeben vom Deutschen Bundestag, Bd. IX: Formen und Ziele der Auseinandersetzung mit den beiden Diktaturen in Deutschland, Frankfurt am Main/Baden-Baden 1995, S. 588-597, hier S. 584 f.

M2 Was spricht gegen die Bezeichnung Revolution?

Ilko-Sascha Kowalczuk, wissenschaftlicher Mitarbeiter beim Bundesbeauftragten für die Unterlagen des Staatssicherheitsdienstes der ehemaligen DDR schreibt 2009:

Stellten die Ereignisse wirklich eine Revolution dar? […] Der […] Frage kann man sich auf zwei Wegen nähern. Einerseits befragt man zeitgenössische Dokumente von 1989/90. Dann wird man feststellen, dass die Bezeichnung „Revolution" für die Vorgänge fast selbstverständlich war. Sie konkurrierte zwar stets mit „Umbruch", „Wende", „Zusammenbruch", „Erosion", „Scheitern", „Implosion" oder „Untergang", aber 1989/90 schlossen sich diese Begriffe noch nicht gegenseitig aus. Das erscheint logisch, weil Revolutionen die anderen Prozesse, die diese Begriffe umschreiben, mit einschließen. Von einer Revolution sprachen die Menschen aus unterschiedlichen Gründen und mit sehr unterschiedlichen Erwartungen, aber dass es sich um eine solche handelte, war 1989/90 weithin unumstritten. […] Wenn sich nun zusammenfassen lässt: die alte Ordnung war handlungsunfähig, delegitimiert und moralisch kompromittiert; die von ihr vertretenen Werte und Überzeugungen zerschlissen; Bürger- und Massenbewegungen stellten sich ihr entgegen und forderten neue politische, gesellschaftliche, ökonomische und kulturelle Strukturen; eine neue Ordnung wurde errichtet; innerhalb weniger Monate beseitigte die Bewegung alte Strukturen, Werte, Ideen, Kulturen und Herrschaftseliten, fast nichts war im öffentlichen Raum mehr wie zuvor, was spricht dann gegen die Bezeichnung als Revolution? Eigentlich nichts […]. Es dominiert nämlich bei der Betrachtung von „1989" noch immer die Annahme, mit Gorbatschow habe alles begonnen und ihm sei alles zu verdanken. […]
Gorbatschows Machtübernahme war bereits das Ergebnis einer tiefen Krise einerseits und der gesellschaftlichen Widerstandsbewegung andererseits, die ihren Ausgang in Polen nahm. Die DDR kam erst spät dazu […]. Die DDR-Revolution ist ohne internationalen Zusammenhang nicht zu erklären, aber das schränkt auch wiederum, wie oft behauptet wird, die Möglichkeit, die Vorgänge als Revolution zu bezeichnen, nicht ein […].

Ilko-Sascha Kowalczuk, Endspiel. Die Revolution von 1989 in der DDR, München 2009, S. 537-545 (stark gekürzt)

[1] **fragil**: zerbrechlich

M3 Problematischer Revolutionsbegriff

Manfred Hettling, Professor für Neuere und Neueste Geschichte an Universität Halle-Wittenberg, schreibt 2009 dazu:

Die Frage nach der passenden Begrifflichkeit für 1989 ist inzwischen weit mehr eine der politischen Interpretation als der historischen Analyse. Denn unstrittig ist sich die Forschung über das Zusammenspiel ganz unterschiedlicher und heterogener Faktoren, die diesen anderen deutschen Herbst ermöglicht haben. [...] Für 1989 bleibt der Revolutionsbegriff letztlich genauso problematisch wie der Begriff „Zusammenbruch". Dem letzteren fehlt die subjektive Perspektive der vielen, die auf die Straße gingen oder sich in den Bürgerrechtsgruppen organisierten, kurz derer, die den Herbst als Aufbruch erlebten. Doch umgekehrt ist der moderne Revolutionsbegriff seit 1789 eindeutig besetzt mit zwei Bestandteilen: erstens Gewalt und zweitens einem langfristigen Strukturwandel von innen – ohne massive Beeinflussung von außen. Beides trifft für das ostdeutsche 1989 kaum zu, deshalb auch stützt sich mancher auf ungenügende Neuschöpfungen wie „friedliche Revolution". Auch wenn der Begriff „Wende" gerade für viele Ostdeutsche diskreditiert ist, weil ihn Egon Krenz geprägt hat, scheint er mir bisher am passendsten zu sein. Er transportiert keine unpassenden historischen Analogien, er enthält in weit stärkerem Maße als Revolution das Moment des nicht intendierten Verlaufs [...]. Dies macht sowohl den dynamischen Wandel von 1989/90 plausibel als auch das zähe und andauernde Vergangenheitsgerangel seither.

Manfred Hettling, Die Epochenzäsur 1989/90 – eine deutsche Revolution?, in: Patrick Bahners und Alexander Cammann (Hrsg.), Bundesrepublik und DDR. Die Debatte um Hans-Ulrich Wehlers „Deutsche Gesellschaftsgeschichte", München 2009, S. 279-280

M4 „Revolution ohne Revolutionäre"?

Martin Sabrow, seit 2004 Direktor des Zentrums für Zeithistorische Forschung in Potsdam, hält 2009 eine Rede dazu, ob die Ereignisse von 1989 als „Wende" oder „Revolution" begriffen werden sollten:

Das nüchterne Wort „Wende" trägt dem Charakter des schleichenden Machtwechsels zwischen Mai 1989 und März 1990 deutlicher Rechnung. Und es bewegt sich auf Augenhöhe der den ersten Akt – bis zum 9. November 1989 – beherrschenden Akteure, die selbst höchstens auf eine Fundamentalreform zielten, nicht auf einen revolutionären Umsturz. Auf der anderen Seite stellt die weltgeschichtliche Wende von 1989/90 in Deutschland im Ergebnis sehr wohl eine Revolution im Wortsinn dar, insofern sie nämlich das Ende einer Epoche herbeiführte und die Gültigkeit der bisherigen Ordnung der Dinge aufhob. [...] Nicht an die Gewalthaftigkeit des Umsturzes ist die Zuschreibung des Revolutionsbegriffs für den Herbst 1989 zu knüpfen, sondern nur an die radikale Schroffheit des Umbruches, und hier überragt die Revolution von 1989/90 die von 1848 und 1918/19 bei Weitem. Eben dies vermag aber natürlich auch der Wende-Begriff zu fassen. [...] Der Terminus „Wende" zielt auf den Erfahrungs- und Handlungshorizont der ostdeutschen Mehrheitsgesellschaft, die den Umbruch im Ganzen mehr passiv erlebte als aktiv herbeiführte; das Wort „Revolution" rückt den Willen zum Aufbegehren in das Zentrum der Umbruchsgeschichte. [...]

Pointiert formuliert, vollzog sich der Umbruch des Herbstes 1989 als eine Revolution ohne Revolutionäre. Der Untergang des SED-Staates folgte nicht so sehr aus der Niederlage gegen einen erstarkten Gegner, sondern besiegelte mehr noch eine innere Auflösung aus eigener Machtlähmung. Die einzelnen Gegenbewegungen der Bürgerrechtler und der Massendemonstrationen, des Ausreiserstroms und der parteiinternen Reformkräfte agierten bis in den Herbst 1989 weitgehend unabhängig voneinander und hätten weder allein noch gemeinsam das Repressionsregime ernsthaft vor die Machtfrage stellen können.

Martin Sabrow, Wende oder Revolution?, in: www.neues-deutschland.de/artikel/159604.wende-oder-revolution.html vom 21. November 2009 [Zugriff: 16. 01. 2015]

1. *Geben Sie die Positionen der vier Historiker wieder und skizzieren Sie deren Argumentation (M1 bis M4).* **(Analysekompetenz)**
2. *Arbeiten Sie aus den verschiedenen Positionen die wichtigen Kriterien der Begriffe „Revolution", „Zusammenbruch" und „Wende" heraus. Grenzen Sie dazu die Begriffe voneinander ab.* **(Analyse- und Urteilskompetenz)**
3. *Nehmen Sie begründet Stellung zur der Frage, ob die Entwicklungen von 1989 als „Revolution", „Zusammenbruch" oder „Wende" begriffen werden können. Gewichten Sie dazu folgende Faktoren: wirtschaftliche Situation der DDR; Zurückhaltung der UdSSR; Massenproteste in der DDR.* **(Orientierungskompetenz)**

Umgang mit der NS-Vergangenheit

▲ **„Bewältigte Vergangenheit."**
Die Collage auf dem Titelblatt des „Spiegels" vom 8. Mai 1995 zeigt in der Bildmitte einen Ausschnitt aus Caspar David Friedrichs Landschaftsgemälde „Der Wanderer über dem Nebelmeer" (um 1818).

- *Untersuchen Sie die Bildelemente und erläutern Sie, auf welche Themen und Probleme der deutschen Geschichte diese hinweisen. Deuten Sie die Aussage des Titelbildes.*

Orientierung Siebzig Jahre nach dem Ende des Zweiten Weltkrieges ist die Erinnerung an die nationalsozialistische Vergangenheit präsent wie kein anderer Abschnitt deutscher Geschichte. Gedenktage, Bücher, Filmprojekte und andere Formen des Erinnerns halten die öffentliche Auseinandersetzung über die NS-Diktatur lebendig.

Das war nicht immer so: In der unmittelbaren Nachkriegszeit herrschte der Wunsch nach Vergessen und Verdrängen vor. Während auf der einen Seite die Hauptschuldigen sowie die beteiligten nationalsozialistischen Organisationen 1946 vor dem internationalen Militärgerichtshof in Nürnberg angeklagt wurden, Nachfolgeprozesse sich anschlossen und die Alliierten in unterschiedlicher Weise Entnazifizierung und Re-Education betrieben, glaubten viele unmittelbar Betroffene, nach Tod, Krieg, Flüchtlings- und Vertriebenenelend sei es nun Zeit, die Vergangenheit zu vergessen oder durch den Verweis auf die Kriegsverbrechen anderer Nationen eigene Vergehen zu relativieren. So formierte sich in der Bundesrepublik in der zweiten Hälfte der Fünfzigerjahre eine kritische Minderheit, die sich mit der „unbewältigten Vergangenheit" auseinandersetzen wollte. Während in der DDR nach 1945 vor allem der Gegner des Faschismus gedacht wurde.

Seit Mitte der 80er-Jahre lässt sich eine weitere Zäsur im Umgang mit der NS-Zeit beobachten: Eine neue Form der Auseinandersetzung entwickelte sich, indem immer häufiger Zeitzeugen mit ihren individuellen Lebenserinnerungen zu Wort kamen. Dabei wurden jedoch nicht nur Opfer, sondern auch Täter und Mitläufer des NS-Regimes befragt. In ihren Geschichten trat deutlich zutage, dass ohne aktive Mittäterschaft oder zumindest Duldung einer großen Mehrheit und Mithilfe der beteiligten staatlichen und gesellschaftlichen Institutionen die nationalsozialistische Führungsgruppe die Macht weder erlangen noch erhalten hätte können.

8./9. Mai 1945
Die bedingungslose Kapitulation der deutschen Wehrmacht tritt in Kraft

17. Juli - 2. August 1945
Potsdamer Konferenz der Siegermächte

20.11.1945 - 1.10.1946
Nürnberger Prozess gegen die Hauptkriegsverbrecher vor dem Internationalen Militärgerichtshof

1945 - 1950
Die „Entnazifizierung" soll die Bevölkerung von den Einflüssen des Nationalsozialismus „säubern"

seit 1950
In der DDR ist der 8. Mai bis 1966 gesetzlicher Feiertag; in ganz Deutschland wird das Datum bis heute mit Gedenkveranstaltungen begangen

10.9.1952
Im „Luxemburger Abkommen" verpflichtet sich die Bundesregierung zu einer „Globalentschädigung" für Überlebende des Holocaust

1958
Gründung der Zentralen Stelle der Landesjustizverwaltungen zur Aufklärung nationalsozialistischer Verbrechen in Ludwigsburg

April - Dezember 1961
Prozess gegen den ehemaligen SS-Obersturmbannführer Adolf Eichmann in Jerusalem

1963 - 1965
In Frankfurt am Main findet der erste der drei Auschwitz-Prozesse statt

1968
„Kalte Amnestie" in der Bundesrepublik – Proze und Ermittlungsverfahı gegen NS-Täter werden eingestellt

1940 1945 1950 1955 1960 1965 1970 197

◂ Kniefall Brandts am Warschauer Denkmal des Ghettoaufstandes.
Foto von Sven Simon vom 7. Dezember 1970.
Mit dieser Geste gedachte Bundeskanzler Willy Brandt der polnischen Juden, die 1943 beim Aufstand im Warschauer Ghetto (siehe S. 310) von Deutschen ermordet worden waren. Am selben Tag unterzeichnete Brandt den Warschauer Vertrag, in dem die Bundesrepublik die Oder-Neiße-Linie als Westgrenze Polens anerkannte (siehe S. 339 und 391).
- *Brandts Geste löste in der Bundesrepublik heftige Reaktionen aus. Eine Zeitschrift fragte auf der Textseite: „Durfte Brandt knien?“ Nehmen Sie dazu Stellung.*

Die Gewichtung deutscher Schuld und Verantwortung blieb lange Zeit umstritten. Der Ruf, dieses Kapitel deutscher Geschichte „zu den Akten“ zu legen, kommt auch heute noch quer durch alle Gesellschaftsschichten auf. Zwar steht der Holocaust nach wie vor im Fokus publizistischer und wissenschaftlicher Debatten. Jedoch wurde in den letzten Jahren deutlich, dass sich das Interesse zunehmend auch auf die Deutschen als Opfer verlagert hat. Der Historiker Norbert Frei warnt, damit würden die Opfer des NS-Regimes zwangsläufig zurückgedrängt. Zudem bestehen die gegenwärtigen Chancen im Umgang mit der NS-Vergangenheit gerade in der zeitlichen Distanz und den immer neuen Fragen.

In diesem Kapitel werden folgende Fragen thematisiert:
- *Welche Maßnahmen ergriffen die Besatzungsmächte und die deutschen Behörden nach 1945 zur Aufarbeitung der Verbrechen des Nationalsozialismus?*
- *Welche Haltung nahmen Politik und Öffentlichkeit in der DDR und in der Bundesrepublik von 1949 bis 1989 zum Thema „Vergangenheitsbewältigung“ ein?*
- *Wie haben sich die historischen Formen der kollektiven Erinnerung an die NS-Herrschaft, den Holocaust sowie die Verfolgung und Vernichtung von Minderheiten und Andersdenkenden nach 1990 verändert, institutionalisiert und internationalisiert?*

Januar 1979
Ausstrahlung der vierteiligen US-Serie „Holocaust“ im westdeutschen Fernsehen

1986/87
In der deutschen Presse wird ein „Historikerstreit“ um die Bewertung des Holocaust geführt

3.1.1996
Der 27. Januar, der Tag der Befreiung von Auschwitz-Birkenau, wird zum nationalen Gedenktag erklärt; 2005 erhebt ihn die UNO zum Internationalen Holocaustgedenktag

2000
Gründung der Stiftung „Erinnerung, Verantwortung und Zukunft“, die bis 2007 ehemalige Zwangsarbeiter des NS-Regimes finanziell entschädigt

Mai 2005
In Berlin wird das „Denkmal für die ermordeten Juden Europas“ eröffnet

Oktober 2012
Eröffnung des „Denkmals für die im Nationalsozialismus ermordeten Sinti und Roma Europas“ in Berlin

980 1985 1990 1995 2000 2005 2010 2015

▲ **„Diese Schandtaten: Eure Schuld!“**
Foto aus Bad Mergentheim (Bayern), Juli 1945 (Ausschnitt).

Bergen-Belsen-Prozess: Als erster Prozess gegen jene, die die eigentliche „Tötungsarbeit“ in den KZ und Vernichtungslagern verrichtet hatten, wurde am 17. September 1945 in Lüneburg der „First Belsen Trial“ gegen den KZ-Kommandanten, 20 weitere SS-Männer, 16 Aufseherinnen des Lagers und elf Funktionshäftlinge von einem britischen Militärgericht eröffnet. Der Kommandant, weitere sieben Männer und drei Frauen wurden zum Tode verurteilt. 19 Personen, darunter acht Funktionshäftlinge, erhielten Haftstrafen, die übrigen Freisprüche.

Lesetipp:
Annette Weinke, Die Nürnberger Prozesse, München [2]2015

Besatzungszeit 1945-1949: „Umerziehung“ und „Entnazifizierung“

„Vergangenheitsbewältigung“ in der Besatzungszeit Nach dem Ende des „Dritten Reiches“ hätten sich Millionen Deutsche die bittere Frage stellen können, welchen Anteil sie selbst an der jüngsten Vergangenheit hatten. In den ersten Nachkriegsjahren schien sich in der deutschen Bevölkerung jedoch eine Verweigerungshaltung durchzusetzen. Nur eine Minderheit war dazu bereit, über die persönliche oder kollektive Mitverantwortung nachzudenken (▸ M1). Für Scham und Trauer über das schuldhafte Verhalten und die Massenverbrechen fehlte es vielfach an Einsicht, aber auch an Kraft. Nach Krieg, Flucht und Vertreibung waren die Menschen bemüht, das eigene Schicksal und den Alltag zu bewältigen. Zudem war der zeitliche Abstand für eine selbstkritische Betrachtung zu gering. Viele Menschen täuschten Unkenntnis vor. Sie hätten nichts von den Verbrechen in den Konzentrationslagern gewusst. Die meisten sahen sich selbst als Opfer der nationalsozialistischen Ideologie und der bis zuletzt funktionierenden Propaganda. Andererseits gab es aber auch einige Intellektuelle und Politiker, die ein Eingeständnis der Schuld und eine „Wiedergutmachung“ forderten. Im August und Oktober 1945 bekannten sich die beiden großen Kirchen in offenen Briefen zu ihrer Verantwortung (▸ M2).

Zu einem Großteil wurde die Auseinandersetzung mit der nationalsozialistischen Vergangenheit 1945 daher zunächst von den Alliierten angestoßen. Unmittelbar nach ihrem Einmarsch zwangen sie die Deutschen, die nationalsozialistischen Verbrechen wahrzunehmen. Das geschah beispielsweise im vormaligen Konzentrationslager Buchenwald oder in Lüneburg, wo die britische Besatzungsmacht die Bewohner der weiteren Umgebung nötigte, dem **Bergen-Belsen-Prozess** als Zuschauer beizuwohnen. In vielen Orten wurden die deutschen Verbrechen auch auf großen Foto-Schautafeln dokumentiert.

In dieser ersten „Phase der politischen Säuberung“ (*Norbert Frei*), wurden Kriegsverbrecher, frühere nationalsozialistische Funktionäre, aber auch Mitläufer zur Rechenschaft gezogen.

Der Nürnberger Prozess Die Alliierten hatten sich nicht zuletzt auf die Verfolgung und Verurteilung der deutschen Kriegsverbrecher geeinigt. Am 20. November 1945 eröffnete der *Internationale Militärgerichtshof*, zusammengesetzt aus Vertretern der Siegermächte, das Strafverfahren gegen die noch lebenden inhaftierten Vertreter der NS-Führung. Als Ort des Verfahrens wählte man Nürnberg, die Stadt der NS-Reichsparteitage.

Angeklagt waren insgesamt 22 Einzelpersonen, ferner die Organisationen NSDAP, Gestapo und SD, SS, SA, die Reichsregierung und das Oberkommando der Wehrmacht. Die vier Anklagepunkte lauteten:

1. *Verschwörung gegen den Frieden* (Vorbereitung eines Angriffskrieges),
2. *Verbrechen gegen den Frieden* (Führen eines Angriffskrieges),
3. *Kriegsverbrechen* (Verstoß gegen die Haager Landkriegsordnung von 1907 durch Tötung und Misshandlung von Kriegsgefangenen, Hinrichtung von Geiseln, Misshandlung der Zivilbevölkerung, Verschleppung zur Zwangsarbeit),
4. *Verbrechen gegen die Menschlichkeit* (Völkermord).

Nach einjähriger Verhandlung wurden zwölf Angeklagte zum Tode verurteilt, sieben erhielten lange Haftstrafen, drei wurden freigesprochen. Von den angeklagten Organisationen wurden die NSDAP, die SS, die Gestapo und der SD zu verbrecherischen Einrichtungen erklärt; die Strafverfolgung ihrer Mitglieder wurde jedoch von einer nachweislichen persönlichen Schuld abhängig gemacht.

Der Nürnberger Prozess war ein wichtiger Schritt zur Aufhellung der Geschichte des NS-Regimes. Ein nachträgliches Bemänteln und Beschönigen der nationalsozialistischen Verbrechen ist angesichts der Beweiskraft der vielen tausend Dokumente und Zeugenaussagen seitdem unmöglich. Dass der Einzelne für seine nachgewiesenen Straftaten haftet und sich nicht hinter seinem Amt oder seiner Funktion verstecken kann, ist eines der wichtigsten Ergebnisse dieses Prozesses. Allerdings diente der Nürnberger Prozess auch vielen Deutschen als Entlastung: Während die noch lebenden, vormals führenden Kräfte des NS-Regimes vor Gericht standen, glaubte sich die Bevölkerung von der Frage einer Mitverantwortung entbunden.

▲ **„Er hat mir's doch befohlen!“**
Karikatur von 1946.
- *Erörtern Sie die Aussage der Zeichnung.*

Nachfolgeprozesse In allen vier Besatzungszonen fanden zwischen 1945 und 1949 zahlreiche weitere Prozesse gegen mutmaßliche NS-Täter statt. Von besonderer Bedeutung waren die zwölf großen Verfahren vor amerikanischen Militärgerichten in Nürnberg gegen SS-Ärzte, Juristen, Leiter von Einsatzgruppen der Sicherheitspolizei, Industrielle, hohe Offiziere der Wehrmacht, SS-Führer, leitende Beamte des Auswärtigen Amtes und KZ-Wächter. Insgesamt verurteilten die westlichen Besatzungsmächte 5025 Angeklagte, 486 wurden hingerichtet.

Für die Bevölkerung waren die Nachkriegsprozesse dabei eine erste wichtige Informationsquelle. So gaben im November 1945 65 Prozent und im Sommer 1946 sogar 87 Prozent der befragten Deutschen an, dass sie durch die Berichterstattung über das Internationale Militärtribunal der Alliierten in Nürnberg etwas erfahren hatten, was ihnen bislang nicht bekannt gewesen sei. Ein weiteres Beispiel hierfür ist der *Dresdener Euthanasie-Prozess* von 1947, der durch eine umfangreiche Presseberichterstattung begleitet wurde und erstmals über die Dimensionen des nationalsozialistischen Krankenmordes informierte. Im Westen waren die Prozesse der Alliierten größtenteils und die der deutschen Gerichtsbarkeit immer öffentlich; sie trugen so zur Aufklärung und zur Aufarbeitung bei. Die **Sowjetischen Militärtribunale** in der Sowjetischen Besatzungszone hingegen tagten der stalinistischen Rechtspraxis folgend nicht öffentlich. Gegen Ende der Besatzungszeit wandelte sich die Bewertung der justiziellen Aufarbeitung in der Bevölkerung. 1949 hielt nur noch jeder dritte Deutsche die Nürnberger Prozesse für gerecht. Ein Großteil sah sich als „Opfer Hitlers“ und – nach Jahren der *Entnazifizierung* und Umerziehung – auch als „Opfer der Alliierten“ und ihrer „Siegerjustiz“. Von westdeutschen Gerichten wurden von 1948 bis 1951 weitere 5487 Personen wegen NS-Verbrechen verurteilt. Danach fanden nur noch wenige Prozesse gegen NS-Täter statt.*

Sowjetische Militärtribunale (SMT): Ihre Rechtsnorm war das sowjetische Kriegsrecht und die sowjetische Strafprozessordnung. Etwa 35000 deutsche Zivilisten wurden durch SMT verurteilt, ebenso viele Kriegsgefangene, hiervon 70 Prozent der Generäle, zehn Prozent der Offiziere sowie ein Prozent der Mannschaften.

Entnazifizierung Neben der Aburteilung der Kriegsverbrecher gehörte zum Entnazifizierungskonzept der Alliierten auch eine umfassende politische Säuberung im besetzten Deutschland. Anders als Briten und Franzosen betrieben die Amerikaner die Entnazifizierung mit großer Strenge und einem gewaltigen bürokratischen Aufwand. Von 18000 Volksschullehrern in Bayern verloren 10000 ihre Stellen. In Hessen wurde jeder zweite Beamte und jeder dritte Angestellte entlassen. Ausnahmen wurden jedoch immer gemacht, wenn es um Experten ging, die für den Wiederaufbau benötigt

Lesetipp:
Irmtrud Wojak, Entnazifizierung. Geschichte und Interessen, München 2015

* Zum Ausmaß der Verbrechen siehe nochmals S. 299 f.; zu den weiteren Prozessen siehe S. 450 f.

▲ **„Ohne Worte."**
Karikatur aus der Zeitschrift „Wespennest" von 1948.
■ *Erläutern Sie die Aussage der Zeichnung.*

„Persilschein": im Volksmund Bestätigung, wonach jemand Gegner oder zumindest nicht Anhänger des Nationalsozialismus war

wurden. In allen drei Westzonen wurden mehr als 170 000 NS-Aktivisten in *Internierungslager* gebracht („automatischer Arrest"), die meisten von ihnen aber bald wieder entlassen – die letzten 1948.

Im März 1946 übergaben die Amerikaner die Entnazifizierung in deutsche Hände. Jeder Deutsche über 18 Jahren musste einen Fragebogen mit 131 Fragen über seine berufliche und politische Vergangenheit ausfüllen. *Spruchkammern* stuften in einem prozessähnlichen Verfahren die erfassten Personen in fünf Kategorien – Hauptschuldige, Belastete, Minderbelastete, Mitläufer und Entlastete – ein und verhängten die vorgesehenen Strafen.

Bei mehr als 13 Millionen Fragebögen in der US-Zone fielen 3,4 Millionen Personen unter die Entnazifizierung, zehn Prozent von ihnen wurden verurteilt, aber nur knapp ein Prozent tatsächlich bestraft. Es war die Zeit der **„Persilscheine"**, die man sich wechselseitig ausstellte, aber auch der Denunziation und der Korruption. Viele empfanden es als ungerecht, dass die harmloseren Fälle zuerst und mit Strenge, die verantwortlichen Nazis aber erst später und dann oft milde behandelt wurden. Außerdem gelang es zahlreichen schwer belasteten NS-Tätern, durch Tarnung und geschickte Anpassung an die neuen Verhältnisse durch die Maschen der Justiz zu schlüpfen – eine Hypothek, die später noch schwer auf der jungen Bundesrepublik lasten sollte (▸ M3).

Die Sowjets führten die Entnazifizierung sehr viel konsequenter als die Westalliierten durch. Aber auch in der Sowjetischen Besatzungszone (SBZ) wurden bereits frühzeitig ehemalige NS-Parteigenossen von einer Bestrafung ausgenommen, um ihnen eine Brücke in den neuen sozialistischen Staat zu bauen.*

Mit Beginn des Kalten Krieges** wurde die Entnazifizierung 1948 in der SBZ und um 1950 in den westlichen Besatzungszonen schließlich eingestellt. „Die schwungvoll gestartete Entnazifizierung endet im Westen als Farce und im Osten als Selbstbeweihräucherung", urteilte die Journalistin Irmgard Hochreither im März 2005.

Viel nachhaltiger als die Entnazifizierung erwies sich die Umerziehung der Bevölkerung zu Rechtsstaat und Demokratie. Auch hier waren die US-Amerikaner vorbildlich. Sie gestalteten das Erziehungswesen, Lehrpläne, Presse und Rundfunk um, hielten politische Kurse ab und richteten Amerikahäuser als kulturelle Begegnungsstätten ein. Auch in der SBZ gab es Umerziehungsmaßnahmen. Sie dienten jedoch vorrangig der Verbreitung von Kenntnissen über die Sowjetunion.

1. *Beschreiben Sie die Intentionen der Besatzungsmächte bei ihrer Vorgehensweise gegen Nationalsozialisten und Kriegsverbrecher.*
2. *Erläutern Sie die Bedeutung der Nürnberger Prozesse sowie der Nachfolgeprozesse für die Auseinandersetzung mit dem Nationalsozialismus in der Bundesrepublik.*

* Vgl. dazu S. 443.
** Zum Beginn des Kalten Krieges siehe S. 324 ff.

M1 „Es ist zum Übelwerden"

Der Schriftsteller und Nobelpreisträger Hermann Hesse lebt seit 1919 in der Schweiz im Tessin. Während der Zeit des Nationalsozialismus ist sein Haus eine Anlaufstelle für etliche Emigranten aus Deutschland auf ihrem Weg ins Exil. Hesse schreibt einen „Offenen Brief" an die Schriftstellerin Luise Rinser, der am 26. April 1946 unter dem Titel „Ein Brief nach Deutschland" in der National-Zeitung (Basel) veröffentlicht wird. Darin heißt es:

◂ **Der Schriftsteller Hermann Hesse.** *Porträtfoto aus den 1950er-Jahren.*

Merkwürdig ist das mit den Briefen aus Ihrem Lande! Viele Monate bedeutete für mich ein Brief aus Deutschland ein überaus seltenes und beinahe immer ein freudiges Ereignis. [...]

Dann wurden die Briefe häufiger und länger und unter diesen Briefen waren schon viele, die mir keine Freude machten und die zu beantworten mir bald die Lust verging [...].

Ein Gefangener in Frankreich, kein Kind mehr, sondern ein Industrieller und Familienvater, mit Doktortitel und guter Bildung, stellte mir die Frage, was denn nach meiner Meinung ein gut gesinnter anständiger Deutscher in den Hitlerjahren hätte tun sollen? Nichts habe er verhindern, nichts gegen Hitler tun können, denn das wäre Wahnsinn gewesen, es hätte ihn Brot und Freiheit gekostet, und am Ende noch das Leben. [...]

Da sind nun zum Beispiel alle jene alten Bekannten, die mir früher jahrelang geschrieben, damit aber in dem Augenblick aufgehört haben, als sie merkten, daß man sich durch Briefwechsel mit mir, dem Wohlüberwachten, recht Unangenehmes zuziehen könne. Jetzt teilten sie mir mit, daß sie noch leben, daß sie stets warm an mich gedacht und mich um mein Glück, im Paradies der Schweiz zu leben, beneidet hätten, und daß sie, wie ich mir ja denken könne, niemals mit diesen verfluchten Nazis sympathisiert hätten. Es sind aber viele dieser Bekenner jahrelang Mitglieder der Partei gewesen. Jetzt erzählen sie ausführlich, daß sie in all diesen Jahren stets mit einem Fuß im Konzentrationslager gewesen seien, und ich muß ihnen antworten, daß ich nur jene Hitlergegner ganz ernst nehmen könne, die mit beiden Füßen in jenen Lagern waren, nicht mit dem einen im Lager, mit dem anderen in der Partei [...].

Dann gibt es treuherzige alte Wandervögel, die schreiben mir, sie seien damals, so etwa um 1934, nach schwerem inneren Ringen in die Partei eingetreten, einzig, um dort ein heilsames Gegengewicht gegen die allzu wilden und brutalen Elemente zu bilden und so weiter.

Andere wieder haben mehr private Komplexe und finden, während sie im tiefen Elend leben und von wichtigeren Sorgen umgeben sind, Papier und Tinte und Zeit und Temperament im Überfluß, um mir in sehr langen Briefen ihre tiefe Verachtung für Thomas Mann[1] auszusprechen und ihr Bedauern oder ihre Entrüstung darüber, daß ich mit einem solchen Mann befreundet sei.

Und wieder eine Gruppe bilden jene, die offen und eindeutig all die Jahre mit an Hitlers Triumphwagen gezogen haben, einige Kollegen und Freunde aus früheren Zeiten her. Sie schreiben mir jetzt rührende und freundliche Briefe, erzählen mir eingehend von ihrem Alltag, ihren Bombenschäden und häuslichen Sorgen, ihren Kindern und Enkeln, als wäre nichts gewesen, als wäre nichts zwischen uns, als hätten sie nicht mitgeholfen, die Angehörigen und Freunde meiner Frau, die Jüdin ist, umzubringen und mein Lebenswerk zu diskreditieren und schließlich zu vernichten. Nicht einer von ihnen schreibt, er bereue, er sehe die Dinge jetzt anders, er sei verblendet gewesen. Und auch nicht einer schreibt, er sei Nazi gewesen und werde es bleiben, er bereue nichts, er stehe zu seiner Sache. Wo wäre je ein Nazi zu seiner Sache gestanden, wenn diese Sache schief ging? Ach, es ist zum Übelwerden.

Zitiert nach: Christoph Kleßmann, Die doppelte Staatsgründung. Deutsche Geschichte 1945-1955, Bonn 1991, S. 443f.

1. *Beschreiben Sie, wie sich die Deutschen in ihren Briefen an Hermann Hesse darstellen.*
2. *Erläutern Sie, welche Gründe es für die Einstellung der Deutschen und ihren Umgang mit dem Nationalsozialismus geben könnte.*
3. *Erörtern Sie die Haltung Hesses, die hier zum Ausdruck kommt. Nehmen Sie selbst Stellung zu den Briefschreibern und verfassen Sie Antworten.*

[1] **Thomas Mann** (1875-1955): deutscher Schriftsteller und Nobelpreisträger, der 1933 in die Schweiz und 1938 in die USA emigrierte. Als Gegner der Nationalsozialisten wandte er sich regelmäßig in einer eigenen Radiosendung, gesendet von der BBC, an die deutsche Bevölkerung.

M2 Schuldbekenntnisse der Kirchen

Am 23. August 1945 veröffentlicht die Fuldaer Bischofskonferenz eine Erklärung, die über den deutschen Katholizismus im „Dritten Reich" Bilanz zieht. Dort heißt es:

Wir beklagen es zutiefst: Viele Deutsche, auch aus unseren Reihen, haben sich von den falschen Lehren des Nationalsozialismus betören lassen, sind bei den Verbrechen gegen die menschliche Freiheit und menschliche Würde gleichgültig geblieben; viele leisteten durch ihre Haltung dem Verbrechen Vorschub, viele sind selber Verbrecher geworden. Schwere Verantwortung trifft jene, die aufgrund ihrer Stellung wissen konnten, was hier bei uns vorging, die durch ihren Einfluss solche Verbrechen hätten verhindern können und es nicht getan haben, ja diese Verbrechen ermöglicht haben und sich dadurch mit den Verbrechern solidarisch erklärt haben. [...] Es ist eine Forderung der Gerechtigkeit, dass immer und überall die Schuld von Fall zu Fall geprüft wird, damit nicht Unschuldige mit den Schuldigen leiden müssen.

Die evangelische Kirche bekennt sich in der „Stuttgarter Erklärung" vom 19. Oktober 1945 mit folgenden Worten zu ihrer Verantwortung:

Durch uns ist unendliches Leid über viele Völker und Länder gebracht worden. Was wir unseren Gemeinden oft bezeugt haben, das sprechen wir jetzt im Namen der ganzen Kirche aus: Wohl haben wir lange Jahre hindurch im Namen Jesu Christi gegen den Geist gekämpft, der im nationalsozialistischen Gewaltregime seinen furchtbaren Ausdruck gefunden hat, aber wir klagen uns an, dass wir nicht mutiger bekannt, nicht treuer gebetet, nicht fröhlicher geglaubt und nicht brennender geliebt haben. Nun soll in unseren Kirchen ein neuer Anfang gemacht werden.

Erster und zweiter Text zitiert nach: Keesing's Archiv der Gegenwart XV. Jg. (1945), S. 114 und 487

1. *Nennen Sie Übereinstimmungen und Unterschiede der beiden Schuldbekenntnisse.*
2. *Erörtern Sie, ob der christliche Begriff von Schuld und Verantwortung noch über den juristischen hinausgeht.*

M3 Schwarz wird weiß

1946 erscheint im Münchener Satireblatt „Simplicissimus" die Karikatur „Schwarz wird weiß oder Mechanische Entnazifizierung" von Max Radler mit einem Gedicht von J. Menter:

Springt immer rein! Was kann euch schon passieren,
Ihr schwarzen Böcke aus dem braunen Haus!
Man wird euch schmerzlos rehabilitieren.
Als weiße Lämmer kommt ihr unten raus.

Zitiert nach: Jürgen Kniep, Wiederaufbau und Wirtschaftswunder, Augsburg 2009, S. 68

1. *Beschreiben Sie die einzelnen Bildelemente und erläutern Sie die Aussage der Karikatur. Gegen wen richtet sich die Kritik?*
2. *Stellen Sie dar, welche Haltung das Gedicht von J. Menter zur damaligen Entnazifizierung einnimmt.*

Antifaschismus und Antitotalitarismus als Integrationsideologien

Zwei Staaten – zwei Haltungen Mit der doppelten Staatsgründung im Jahr 1949 zeigten sich bereits grundsätzliche Unterschiede in der Auseinandersetzung der Bundesrepublik und der Deutschen Demokratischen Republik (DDR) mit der NS-Zeit.

Die Bundesrepublik Deutschland verstand sich als Gegenmodell zum nationalsozialistischen Regime. Die freiheitlich-demokratischen und rechtsstaatlichen Prinzipien des Grundgesetzes untermauerten dies. Andererseits sah sich der westdeutsche Teilstaat aber auch als Rechtsnachfolger des Deutschen Reiches, dessen Erblast er nun tragen musste.

Von Anfang an grenzte sich die DDR gegenüber der Bundesrepublik ab und begriff sich als der „bessere" der beiden deutschen Staaten. Die herrschende Staatspartei – die *Sozialistische Einheitspartei Deutschlands* (SED) – verstand die DDR als „antifaschistisches Bollwerk", als Friedensstaat und als sozialistischen Staat, der damit in besonderem Maße als Wohlfahrtsstaat den Menschen diente. Den gerade niedergeworfenen Faschismus verstand man als letztes Stadium in der finalen Krise des Kapitalismus. Der Sozialismus würde demnach den Kapitalismus und somit auch den Faschismus überwinden.

Amnestie und Integration Der Wunsch nach einem „Schlussstrich" blieb in beiden deutschen Staaten auch nach 1949 weit verbreitet. In der freien Presse der Bundesrepublik oder im Wahlkampf zum ersten Bundestag konnte das auch öffentlich gemacht werden. Schon vom ersten „Straffreiheitsgesetz" des Bundestages vom 31. Dezember 1949 profitierten Zehntausende von Nazi-Tätern. In dieser zweiten „Phase der Vergangenheitspolitik" (*Norbert Frei*) ermöglichten weitere Amnestie- und Integrationsangebote – wie beispielsweise die zum **Artikel 131 GG** – den Aufstieg der Eliten und Trägergruppen des „Dritten Reiches" in maßgebliche Positionen in Staat, Gesellschaft und Politik. Allerdings gab es auch Politiker, die gegen diesen Hang zur Schuldabwehr auftraten (▸ M1).

In der DDR rehabilitierte das am 9. November 1949 verabschiedete „Gleichberechtigungsgesetz" der Volkskammer alle, die einzig und allein wegen der Mitgliedschaft in der NSDAP ihre Beschäftigungsmöglichkeiten und ihre Rechte verloren hatten. 1952 wurden auch geringfügig Belastete integriert, der Bereich der Justiz und der Exekutive blieb ihnen jedoch weiter verschlossen. Mit dem Abschluss der „antifaschistisch-demokratischen Umwälzung" und der Gründung der DDR sah man die strukturellen und ideologischen Wurzeln des Nationalsozialismus „ein für alle Mal ausgerissen". Die Existenz sowjetischer Internierungslager stand dem symbolischen Abschluss der Entnazifizierung jedoch entgegen, was die SED-Führung seit 1949 zu ändern suchte. Schließlich wurden die Lager Anfang 1950 aufgelöst. 10 000 Internierte kamen frei, 10 500 bereits von den SMT Verurteilte wurden zur weiteren Strafverbüßung und weitere 3 400 „zur Feststellung der Schuld und zur Aburteilung" an die DDR übergeben, was in den **Waldheimer Prozessen** geschah. Danach wurde der „Abschluss der Entnazifizierung entsprechend der Potsdamer Beschlüsse" verkündet.

In der Bundesrepublik wurden die von der NATO* herangetragenen Erwartungen an einen westdeutschen „Wehrbeitrag" mit Forderungen nach Freilassung der „Kriegs-

* **NATO**: Siehe S. 326.

Artikel 131 GG: Das Gesetz zu diesem Artikel des Grundgesetzes vom 11. Mai 1951 erlegte dem öffentlichen Dienst auf, mindestens 20 Prozent des Besoldungsaufwandes für jene Beamten und Berufssoldaten zu verwenden, die derzeit noch „ausgeschieden sind und bisher nicht oder nicht ihrer früheren Stellung entsprechend verwendet werden". Aus diesem Grund stellten die Behörden schon aus Budget-Gründen bevorzugt wieder diese Belasteten (Juristen, Gestapo-Leute, Berufssoldaten und Schreibtischtäter) ein.

Waldheimer Prozesse: Von April bis Juni 1950 wurden in Waldheim (Sachsen) 3 324 Insassen ehemaliger sowjetischer Speziallager in der DDR in dreißigminütigen „Prozessen" zu Strafen von 15 bis 25 Jahren Haft verurteilt. Als Informationen zu den Geheimverfahren durchsickerten, eröffnete man gegen zehn offenkundige Nazi-Verbrecher Schauprozesse, in denen auch lebenslängliche Haftstrafen oder Todesurteile verhängt wurden. In den Medien suggerierte man danach, dass die vorangegangenen Verfahren ebenfalls öffentlich gewesen seien.

▶ **Kriegsverbrecher kommen frei.**
Karikatur aus der britischen Zeitung „Sunday Express" vom 4. Februar 1951.
Die Zeichnung ist eine Reaktion auf die am 31. Januar 1951 bekanntgegebene Amnestie der US-Besatzungsmacht für 89 in Landsberg (Bayern) inhaftierte Kriegsverbrecher.
In der Bildunterschrift meint der türöffnende US-Soldat: „Nun werden sie wohl Klage gegen uns einreichen wegen Freiheitsberaubung."
- *Ordnen Sie die Zeichnung in den politischen Zusammenhang der 1950er-Jahre ein.*

verurteilten" und der Rehabilitation der Waffenträger des „Dritten Reiches" beantwortet. Viele von den Alliierten verurteilte Kriegsverbrecher kamen frei. Auf Drängen der Deutschen erklärte NATO-Oberbefehlshaber *Dwight D. Eisenhower* am 22. Januar 1951: „Ich für meinen Teil glaube nicht, dass der deutsche Soldat seine Ehre verloren hat." Eine Ehrenerklärung von Bundeskanzler Konrad Adenauer* vor dem Bundestag gemäß der die Gruppe der Kriegsverbrecher „außerordentlich gering und außerordentlich klein" gewesen sei, folgte am 5. April 1951. Unter dem Eindruck des Kalten Krieges „konnte der Zweite Weltkrieg", resümiert der Historiker *Edgar Wolfrum* 2012 daher, „zuweilen sogar als deutscher Beitrag zu einer antikommunistisch-westeuropäischen Einigung interpretiert werden".

Antitotalitärer Basiskonsens in der Bundesrepublik Seit der Staatsgründung fühlten sich Politik und Bürger von „rechts", aber vor allem von „links" bedroht, vom Kommunismus der DDR und der Sowjetunion. Der Kalte Krieg verschaffte dem Antikommunismus immer neue Nahrung. Eine Neigung zur Schwarz-Weiß-Malerei in der bundesdeutschen Gesellschaft – hier die heile Welt des Westens, dort die böse kommunistische Welt des Ostens – war weit verbreitet. In der Bundesrepublik etablierte sich ein antitotalitärer Basiskonsens, in den frühere nationalsozialistische, antibolschewistische Kräfte integriert werden konnten. In der immer wieder verwendeten Formel von der „Verteidigung der Freiheit gegen den Bolschewismus" trafen sich Konservative, Liberale und Sozialdemokraten ungeachtet ihrer sonstigen parteipolitischen Gegensätze. So wurde der Antikommunismus zur tragfähigen Integrationsideologie für die noch ungefestigte Demokratie in Westdeutschland (▶ M2).

In der frühen Nachkriegszeit galt in Westdeutschland die Formel „Rechtsradikalismus = Linksradikalismus". Auf diese Weise konnte nicht nur die DDR-Diktatur mit der NS-Diktatur gleichgesetzt, sondern auch manche kritische Frage zur eigenen Geschichte abgewehrt werden. So blieben in der westdeutschen Öffentlichkeit lange

* **Konrad Adenauer**: Siehe S. 357.

Zeit die Verbrechen der Wehrmacht in Polen oder in der Sowjetunion ebenso unbeachtet wie das Schicksal der Millionen ausgebeuteten osteuropäischen Zwangs- oder Fremdarbeiter.

Erst knapp 50 Jahre später, in den Jahren 1995 bis 1999 und 2001 bis 2004, sollte es schließlich möglich sein, die Dimensionen des Vernichtungskrieges im Osten, den die – so die Vorstellung der bundesdeutschen Öffentlichkeit – im Wesentlichen „sauber gebliebene" Wehrmacht 1941 bis 1944 geführt hatte, in zwei kontrovers diskutierten Wechselausstellungen zu präsentieren und damit ein weiteres Kapitel deutscher Schuld zu beleuchten.

Internettipp:
Die Online-Ausstellung „Verbrechen der Wehrmacht" finden Sie unter Code ***4673-39***.

Antifaschismus als Integrationsideologie und Legitimationsquelle In der DDR war der Verweis auf die „Nazi- und Kriegsverbrechen" von Beginn an ein zentraler Pfeiler der Identitätspolitik. Da die Macht- und Kulturelite des Landes größtenteils aus einst Verfolgten und aus Kämpfern gegen den Nationalsozialismus bestand, konnte sie erstens der ostdeutschen Bevölkerung gegenüber mit einer gewissen moralischen Überlegenheit auftreten. Die von ihnen verordnete antifaschistische Geschichtsdeutung besagte, dass „der Aufbau des Sozialismus die einzig richtige Konsequenz aus dem Faschismus" sei, denn nur mit der Abschaffung des Kapitalismus sei auch die Grundlage für den Faschismus für immer beseitigt. Somit konnten sich alle, die sich mit dem Sozialismus identifizieren, auch als „Sieger der Geschichte" verstehen. Zweitens versuchte sich die DDR mit ihrer antifaschistischen Staatsdoktrin auch außenpolitisch zu legitimieren.

Beide Funktionen des Antifaschismus illustrierte der Staatsakt, mit dem 1958 gemeinsam mit Gästen und ehemaligen Häftlingen aus vielen Ländern die Gedenkstätte Buchenwald eingeweiht wurde (▸ M3). Drittens nutzte die DDR den Verweis auf die nationalsozialistische Vergangenheit aus, um den Konkurrenten im Westen, dessen Elite und Beamtenschaft eine kaum gebrochene personelle Kontinuität zum „Dritten Reich" aufwies, als „braunes System" darzustellen.

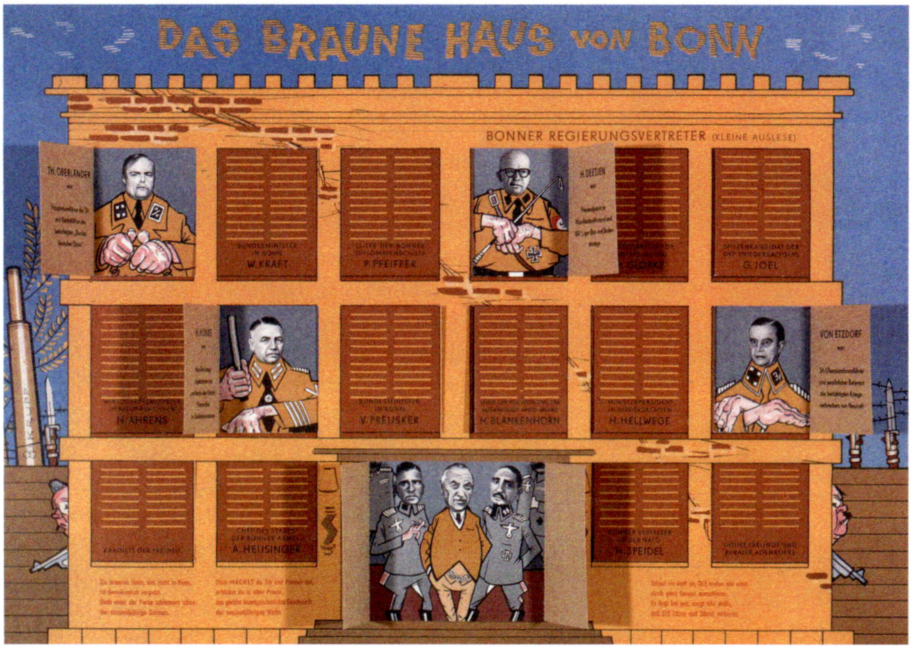

▲ **„Das Braune Haus von Bonn."**
Schautafel, herausgegeben von der SED-Abteilung Agitation, Presse, Rundfunk, Berlin-Ost, 1956.
Als „Braunes Haus" wurde die NS-Parteizentrale in München von 1930 bis 1945 bezeichnet. „Das Braune Haus von Bonn" zeigt führende Politiker der Bundesrepublik, die im NS-Regime aktiv waren. Dazu gehört etwa der spätere Bundeskanzler Kurt Georg Kiesinger (unten Mitte).
- *Erläutern Sie, warum die SED-Führung an der Aufdeckung der „braunen" Vergangenheit westdeutscher Politiker interessiert war.*
- *Informieren Sie sich zu Kurt Georg Kiesinger und nehmen Sie Stellung zu seiner politischen Karriere.*

Die aufwändigste und folgenreichste Kampagne hierzu startete am 23. Mai 1957 in Ost-Berlin. Während der internationalen Pressekonferenz „Gestern Hitlers Blutrichter – Heute Bonner Justizelite" wurden die früheren Positionen von 118 bundesdeutschen Richtern und Staatsanwälten enthüllt. Im Laufe der folgenden drei Jahre identifizierte die DDR ungefähr alle sechs Monate weitere 200 Juristen des „Dritten Reiches". Das erregte auch im Ausland Aufmerksamkeit – beispielsweise debattierten im Juli 1957 die britische Presse und das Unterhaus über die Zustände in der bundesdeutschen Justiz –, sodass die Politik unter Handlungsdruck geriet. Letztlich beschloss die Ende 1958 tagende Konferenz der Justizminister, die „Zentrale Stelle der Landesjustizverwaltungen zur Aufklärung nationalsozialistischer Verbrechen"* zu gründen.

▸ Leistungen der Bundesrepublik für Opfer des Nationalsozialismus.
- *Recherchieren Sie, wer Ansprüche nach dem Bundesentschädigungsgesetz hatte.*
- *Halten Sie es für gerechtfertigt, dass die Bundesrepublik heute noch Entschädigungsleistungen aufbringt? Diskutieren Sie.*

* **Jewish Claims Conference**: Zusammenschluss mehrerer jüdischer Organisationen, die seit ihrer Gründung 1951 die Entschädigungsansprüche jüdischer Überlebender und Opfer des Holocaust vertritt.

Leistungen der Bundesrepublik für NS-Opfer bis Ende 2010 (in Mrd. Euro)	
Bundesentschädigungsgesetz (BEG)	46,42
Weitere gesetzliche Regelungen	2,63
Härtefallregelungen	4,16
Leistungen an den Staat Israel	1,76
Globalverträge mit Staaten u. a. (z. B. Jewish Claims Conference*)	1,46
Rückerstattung geraubten Vermögens	2,02
Sonderfonds der Bundesländer außerhalb des BEG	1,72
Sonstige Leistungen	5,35
Stiftung „Erinnerung, Verantwortung und Zukunft"	2,56
Gesamt	*68,08*

Nach: Bundesministerium der Finanzen, August 2011

Entschädigung für NS-Opfer Als Rechtsnachfolger des Deutschen Reiches verpflichtete sich die Bundesrepublik zur Wiedergutmachung. Ende September 1951 bot die Bundesregierung dem 1948 in Palästina gegründeten Staat Israel Wiedergutmachungsverhandlungen an. Am 10. September 1952 wurde in Luxemburg mit Israel und jüdischen Organisationen ein Wiedergutmachungsabkommen geschlossen (*Luxemburger Abkommen*). Es stellte unter anderem drei Milliarden DM (1,53 Mrd. Euro) für die Eingliederung von etwa einer halben Million Holocaust-Überlebender in Aussicht. Im Bundestag konnte Adenauer die Ratifizierung des Vertrages nur mithilfe der Opposition durchsetzen, da er in den eigenen Reihen keine Mehrheit für das Abkommen fand.

Auch anderen NS-Opfern stellte die Bundesrepublik Entschädigungen in Aussicht. Über zwei Millionen Anträge zur Wiedergutmachung wurden anerkannt. Allerdings waren die Leistungen für den Einzelnen eher bescheiden: Für einen Monat KZ-Haft gab es einen einmaligen Betrag von 150 DM, für nachgewiesene Gesundheitsschäden waren Renten vorgesehen. Andere Opfergruppen gingen lange Zeit leer aus, etwa die Zwangsarbeiter aus Osteuropa, die erst ab dem Jahr 2000 durch die Stiftung „Erinnerung, Verantwortung und Zukunft" entschädigt wurden.

Vergleichbare Wiedergutmachungen leistete die DDR nicht. Entsprechende Forderungen Israels wies die SED-Führung rigoros zurück, zumal sie den jungen Staat Israel als Teil des kapitalistischen Weltsystems begriff.

1. *Erläutern Sie die Bedeutung von Antifaschismus und Antitotalitarismus für das jeweilige Selbstverständnis der beiden deutschen Staaten.*
2. *Verfassen Sie einen Essay zum Thema „Wiedergutmachung". Beachten Sie dabei den Methoden-Baustein auf S. 455.*

* Zur Zentralen Stelle siehe S. 450.

M1 „Schamreiche Jahre"

Auszüge aus der Rede von Bundespräsident Theodor Heuss (siehe S. 357) zur Einweihung der Gedenkstätte Bergen-Belsen am 30. November 1952:

Als ich gefragt wurde, ob ich heute, hier, aus diesem Anlass ein Wort zu sagen bereit sei, habe ich ohne lange Überlegung mit Ja geantwortet. Denn ein Nein der Ablehnung, der Ausrede, wäre mir als eine Feigheit erschienen, und wir Deutschen wollen, sollen und müssen, will mir scheinen, tapfer zu sein lernen gegenüber der Wahrheit, zumal auf einem Boden, der von den Exzessen menschlicher Feigheit gedüngt und verwüstet wurde. [...] Wer hier als Deutscher spricht, muss sich die innere Freiheit zutrauen, die volle Grausamkeit der Verbrechen, die hier von Deutschen begangen wurden, zu erkennen. Wer sie beschönigen oder bagatellisieren wollte oder gar mit der Berufung auf den irregegangenen Gebrauch der sogenannten „Staatsräson" begründen wollte, der würde nur frech sein. [...]
Dieses Belsen und dieses Mal [Mahnmal der Gedenkstätte] sind stellvertretend für ein Geschichtsschicksal. Es gilt den Söhnen und Töchtern fremder Nationen, es gilt den deutschen und ausländischen Juden, es gilt auch dem deutschen Volke und nicht bloß den Deutschen, die auch in diesem Boden verscharrt wurden.
Ich weiß, manche meinen: War dieses Mal notwendig? Wäre es nicht besser gewesen, wenn Ackerfurchen hier liefen und die Gnade der sich ewig verjüngenden Fruchtbarkeit der Erde verzeihe das Geschehene? Nach Jahrhunderten mag sich eine vage Legende vom unheimlichen Geschehen an diesen Ort heften, darüber mag man meditieren; und Argumente fehlen nicht, Argumente der Sorge, dass dieser Obelisk ein Stachel sein könne, der Wunden, die der Zeiten Lauf heilen solle, das Ziel der Genesung zu erreichen nicht gestatte.
Wir wollen davon in allem Freimut sprechen. Die Völker, die hier die Glieder ihres Volkes in Massengräbern wissen, gedenken ihrer, zumal die durch Hitler zu einem volkhaften Eigenbewusstsein schier gezwungenen Juden. Sie werden nie, sie können nie vergessen, was ihnen angetan wurde; die Deutschen dürfen nie vergessen, was von Menschen ihrer Volkszugehörigkeit in diesen schamreichen Jahren geschah.
Nun höre ich den Einwand: Und die anderen? Weißt du nichts von den Internierungslagern 1945/46 und ihren Rohheiten, ihrem Unrecht? Weißt du nichts von den Opfern in fremdem Gewahrsam, von dem Leid der formalistisch-grausamen Justiz, der heute noch deutsche Menschen unterworfen sind? Weißt du nichts von dem Fortbestehen der Lagermisshandlung, des Lagersterbens in der Sowjetzone, Waldheim, Torgau, Bautzen? Nur die Embleme haben sich dort gewandelt. Ich weiß davon und habe nie gezögert, davon zu sprechen. Aber Unrecht und Brutalität der anderen zu nennen, um sich darauf zu berufen, das ist das Verfahren der moralisch Anspruchslosen, die es in allen Völkern gibt [...].
Sicher ist das, was zwischen 1933 und 1945 geschah, das Furchtbarste, was die Juden der Geschichte gewordenen Diaspora erfuhren. Dabei war etwas Neues geschehen. [...] Judenverfolgungen kennt die Vergangenheit in mancherlei Art. Sie waren ehedem teils Kinder des religiösen Fanatismus, teils sozialökonomische Konkurrenzgefühle. Von religiösem Fanatismus konnte nach 1933 nicht die Rede sein. [...] Der Durchbruch des biologischen Naturalismus der Halbbildung führte zur Pedanterie des Mordens als schier automatischer Vorgang, ohne das bescheidene Bedürfnis nach einem bescheidenen quasi-moralischen Maß. Dies gerade ist die tiefste Verderbnis dieser Zeit. Und dies ist unsere Scham, dass sich solches im Raum der Volksgeschichte vollzog, aus der Lessing und Kant, Goethe und Schiller in das Weltbewusstsein traten. Diese Scham nimmt uns niemand, niemand ab. [...]
Der Mensch, die Menschheit ist eine abstrakte Annahme, eine statistische Feststellung, oft nur eine unverbindliche Phrase; aber die Menschlichkeit ist ein individuelles Sich-Verhalten, ein ganz einfaches Sich-Bewähren gegenüber dem anderen, welcher Religion, welcher Rasse, welchen Standes, welchen Berufes er auch sei. Das mag ein Trost sein.
Da steht der Obelisk, da steht die Wand mit den vielsprachigen Inschriften. Sie sind Stein, kalter Stein. Saxa loquuntur, Steine können sprechen. Es kommt auf den Einzelnen, es kommt auf dich an, dass du ihre Sprache, dass du diese ihre besondere Sprache verstehst, um deinetwillen, um unser aller willen!

Zitiert nach: Bulletin des Presse- und Informationsamtes der Bundesregierung, Nr. 189 vom 2. Dezember 1952, S. 1655 f.

1. *Arbeiten Sie zentrale Elemente der Rede heraus.*
2. *Analysieren Sie, mit welchen sprachlichen Mitteln und mit welcher damit verbundenen Intention Heuss Opfer und Täter sowie die Ursachen des Nationalsozialismus beschreibt.*
3. *Erörtern Sie den von Heuss verwendeten Begriff der „Scham".*
4. *Recherchieren Sie eine jüngere Rede eines Bundespräsidenten zum Thema „Aufarbeitung der nationalsozialistischen Vergangenheit" und untersuchen Sie, welche der zentralen Themen, die Heuss 1952 anspricht, auch in heutigen Gedenkreden zum Holocaust noch immer eine Rolle spielen.*

M2 Antikommunismus als Deckmantel?

Der Politikwissenschaftler Dietrich Thränhardt analysiert 1996 die Integration ehemaliger Nationalsozialisten in der Bundesrepublik folgendermaßen:

Als Übergangsideologie für die Bundesrepublik, die in die westliche Gesellschaft hineinwuchs, war der Antikommunismus hervorragend geeignet. In ihm konnte man sich mit den ehemaligen Kriegsgegnern, mit der Demokratie, den „westlichen Werten", dem Christentum, dem „Abendland" identifizieren, die als positives Gegenbild fungierten. Auch wenn man während des „Dritten Reiches" unterschiedlichen politischen Lagern angehört hatte, war auf dieser ideologischen Grundlage eine Versöhnung möglich. Die große Menge der ehemaligen Nationalsozialisten und die noch größere Zahl der ehemaligen Antidemokraten konnte auf diese Weise allmählich eine neue positive Identifikation gewinnen, die aber häufig sehr partiell blieb. Nach dem Urteil der Frankfurter Allgemeinen Zeitung war es 1954 bei Bewerbungen eher eine Empfehlung, „PG" [Parteigenosse, also Mitglied der NSDAP] gewesen zu sein.
Zur Stabilisierung nach innen trug diese neue Dichotomisierung[1] [...] zweifellos bei. Die politische Eingliederung breiter Schichten mit bisher nicht-demokratischer Orientierung gelang in bemerkenswertem Umfang. Die Eingliederung einer so großen Anzahl ehemaliger Nichtdemokraten, vorwiegend in bürgerlichen Kreisen und gesellschaftlich angesehenen Berufsgruppen (Ärzte, Lehrer, Verwaltungsbeamte, Richter), barg andererseits die Gefahr des Eindringens von undemokratischen Einflüssen. [...]
Als die neuen Bundesministerien aufgebaut wurden, waren die Überprüfungen durch die Alliierten aufgegeben worden. Sozialdemokraten wurden wegen der harten innenpolitischen Frontstellung kaum eingestellt. Andererseits erhielten aber alle ehemaligen Beamten des „Dritten Reiches", mit Ausnahme der schwer belasteten, einen Rechtsanspruch auf Beschäftigung (Ausführungsgesetz zu Art. 131 GG). Alle Behörden hatten 20 % der Stellen für diesen Zweck zu reservieren. Da die meisten früheren Spitzenbeamten von den Alliierten entlassen und sogar vorübergehend verhaftet worden waren, standen sie 1949/50 zur Verfügung. Innerhalb der Gruppe der Beamten hatten alte Verbindungen Bestand gehabt: Ein ehemaliger Beamter „zog" den anderen nach. Im Ergebnis kam es zur Wiederherstellung der alten Bürokratie, einschließlich ihrer NSDAP-Mitglieder. Im Auswärtigen Amt waren 1951 66 % der leitenden Beamten ehemalige NSDAP-Mitglieder. Kritik daran wies Adenauer mit dem Appell zurück, „jetzt mit der Naziriecherei Schluss zu machen". Für das Bundesjustizministerium ergab eine amerikanische Untersuchung noch höhere Werte. In anderen Ministerien, für die keine Unterlagen vorliegen, dürfte die Entwicklung ähnlich gewesen sein.
Immer wieder wurden diese Besetzungen mit dem Mangel an „Fachleuten" erklärt. Die Besetzung der Bundesministerien war dabei der spektakulärste und auch greifbarste Fall. Denn es bestand ein Unterschied zwischen einer allgemeinen beruflichen Wiedereingliederung ehemaliger Nationalsozialisten und der Besetzung zentraler Entscheidungspositionen. Insbesondere die Justiz, in der sich der Korpsgeist ihrer Angehörigen bemerkbar machte, wurde weithin restituiert. Erst seit Ende der Sechzigerjahre, als breite öffentliche Kritik einsetzte, wurde den schwer belasteten „Blutrichtern" die Möglichkeit gegeben, sich unter Wahrung ihrer Versorgungsansprüche pensionieren zu lassen. Bestraft wurde keiner.

Dietrich Thränhardt, Geschichte der Bundesrepublik Deutschland, Frankfurt am Main 1996, S. 112 ff.

[1] **Dichotomisierung**: Zerlegung einer Gesamtheit in zwei Teilgesamtheiten, die mithilfe eines Merkmals unterschieden werden (z. B. in der Statistik nach Geschlecht: männlich und weiblich)

1. *Fassen Sie Thränhardts Aussagen mit eigenen Worten zusammen.*
2. *Erläutern Sie, inwiefern der Antikommunismus als „Integrationsideologie" wirkte.*
3. *Erörtern Sie, ob es in unserer heutigen Gesellschaft auch „Integrationsideologien" gibt.*

M3 Zum Sieg über den „Hitlerfaschismus"

Otto Grotewohl, Ministerpräsident der DDR, spricht am 14. September 1958 zur Einweihung der „Nationalen Mahn- und Gedenkstätte Buchenwald":

Liebe Kameraden! Verehrte Gäste und Freunde! In Liebe und Verehrung verneigen wir uns vor den toten Helden des antifaschistischen Widerstandskampfes, vor den Millionen Opfern faschistischer Barbarei. Mutig haben sie ihr Leben eingesetzt gegen ein grauenvolles, menschenfeindliches Mordsystem, für den Frieden und für das Glück der Völker. Wir gedenken der tapferen Söhne und Töchter aus allen Ländern Europas, die sich dem Terror und der brutalen Gewalt nicht beugten, deren tapferes Sterben eine furchtbare Anklage gegenüber ihren Mördern und ein stummes Werben für die Freiheit und das Recht der Völker war. Standhaft kämpften sie, und standhaft sind sie gefallen. Man hat sie zerbrochen, vergast, erschlagen und zu Tode gequält, doch sie beugten sich nicht. Aufrecht und treu ihrer großen Idee ergeben gingen sie in den Tod. Aufrecht und mutig gingen sie ihren letzten Gang wie der Kommunist Thälmann, der Sozialdemokrat Breitscheid, der Pfarrer Schneider, die ungezählten sowjetischen Kriegsgefangenen, die gequälten Zwangsarbeiter aus allen Nationen und die namenlosen Tausende. [...] Der antifaschistische Widerstand war und ist ein Volkskampf. Er kann nur dort zu Ende geführt werden, wo sich die Völker entschlossen unter der Führung der Arbeiterklasse zum Kampf gegen die faschistische Reaktion erheben. Auch der Widerstandskampf gegen den Hitlerfaschismus wurde neu organisiert und geleitet von der Arbeiterklasse und ihren Parteien. Die faschistische Diktatur ist immer unmenschlich, grausam und verbrecherisch. Ihre Methoden der Völkerhetze, des Terrors und des organisierten Massenmordens sind Ausdruck eines untergehenden, sterbenden Systems. Die Naziherrschaft in Deutschland war eine faschistische Diktatur der reaktionärsten Kreise des deutschen Imperialismus. Ihr Ziel war die Errichtung der faschistischen Weltherrschaft unter deutscher Führung. Ihr Weg war zügelloser Terror und blutiges Massenmorden. [...] Mehr als 18 Millionen Menschen wurden in die Menschenvernichtungsfabriken, die Konzentrationslager, verschleppt. Davon wurden über elf Millionen auf bestialische Weise ermordet. Allein im Konzentrationslager Buchenwald, hier an dieser Stelle, fanden über 56 000 Menschen ihren Tod.

Den Sieg über dieses abscheuliche System danken wir in erster Linie der heldenhaften Sowjetunion, den tapferen Söhnen und Töchtern des Sozialismus und den Millionen namenlosen Helden der antifaschistischen Widerstandsbewegung aus vielen Ländern Europas. Sie haben ihr Blut und ihr Leben für die Zerschmetterung des Hitlerfaschismus eingesetzt. [...] Der Hitlerfaschismus wurde 1945 militärisch zerschlagen, aber er wurde nur in einem Teil Deutschlands, in der Deutschen Demokratischen Republik, mit der Wurzel ausgerottet. [...] In Westdeutschland wurde das Abkommen von Potsdam[1] über die Ausrottung des Faschismus verraten und zerstört. Die alten Verderber Deutschlands und Europas tauchten unter im Strom der Namenlosen, um beim ersten gedämpften Trommelklang wieder hervorzutreten und im alten faschistischen Geist weiterzumarschieren. [...]

▲ **Einweihung der KZ-Gedenkstätte Buchenwald.**
Foto vom 14. September 1958.

Wir müssen eine einheitliche gesamtdeutsche Volksbewegung gegen Atomkriegsvorbereitungen bilden [...]. Diese Volksbewegung würde auch die friedliche, demokratische Wiedervereinigung auf dem Wege einer Konföderation der beiden deutschen Staaten erleichtern. Damit würde zugleich der Hauptgefahrenherd eines Krieges in Europa beseitigt. Die Einheit der fortschrittlichen und friedliebenden Menschen in Deutschland und in der ganzen Welt ist die Garantie für eine friedliche und glückliche Zukunft der Menschen. Diesem Ziel dient auch unser Treffen zur Einweihung der Mahn- und Gedenkstätte. Es ist eine Demonstration gegen den Krieg, für Abrüstung und Atomwaffenverbot, für die Schaffung einer atomwaffenfreien Zone in Europa und für die Freundschaft und Verständigung zwischen allen Völkern.

Zitiert nach: Buchenwald mahnt, Weimar 1961, S. 7, 9 f., 12 und 15

1. *Analysieren Sie, wie Grotewohl das nationalsozialistische Regime und in Abgrenzung dazu den antifaschistischen Widerstand beschreibt.*
2. *Vergleichen Sie den Text mit der Rede von Heuss (M1) im Hinblick auf die Rolle, die Opfer und Täter im NS-Regime in den Augen der Autoren jeweils einnahmen.*
3. *Stellen Sie dar, welche Handlungsempfehlungen Heuss und Grotewohl ihren Zuhörern geben.*

[1] Zum Potsdamer Abkommen siehe S. 320 und M2, S. 322 f.

Umgang mit der NS-Zeit von den 1950er- bis 1970er-Jahren

▶ **Ortsbesichtigung im KZ Auschwitz.**
Foto vom 14. Dezember 1964. Die Mitglieder des Frankfurter Schwurgerichts und zahlreiche Journalisten passieren das Lagertor des Konzentrationslagers Auschwitz im Rahmen des Auschwitz-Prozesses. Am 20. Dezember 1963 wurde in Frankfurt am Main der Prozess gegen 22 ehemalige Bewacher des Lagers eröffnet.

Wandel in der Bundesrepublik Die dritte „Phase der Vergangenheitsbewältigung" (*Norbert Frei*), dauerte vom Ende der 1950er- bis zum Ende der 1970er-Jahre und setzte sich in der Bundesrepublik deutlich von den vorherigen Phasen ab. Langsam setzte ein Umdenken ein. Orte des NS-Terrors, etwa frühere Konzentrationslager wie Dachau, wurden zu Gedenkstätten, auch gewann der Nationalsozialismus in westdeutschen Lehrplänen, in der politischen Bildung, aber auch in der justiziellen Aufarbeitung zunehmend an Bedeutung. Die systematische Erforschung und Verfolgung von NS-Gewaltverbrechen begann erst seit 1958 mit der Gründung der **Zentralen Stelle der Landesjustizverwaltungen zur Aufklärung nationalsozialistischer Verbrechen** in Ludwigsburg (▶ M1). Eine breite Öffentlichkeit nahm Anteil an Großverfahren wie dem ersten *Auschwitz-Prozess* in Frankfurt am Main (1963-1965) und dem *Majdanek-Prozess** in Düsseldorf (1975-1981). Erst diese Prozesse machten den Deutschen das ganze Ausmaß des Holocaust deutlich.

Die Gerichtsverhandlungen der 1960er-Jahre stellten das in der westdeutschen Gesellschaft gängige Täterbild infrage und präzisierten die Vorstellungen von der Funktionsweise des nationalsozialistischen Regimes. Der *Eichmann-Prozess* 1961 in Jerusalem zeigte, dass nicht nur „eine kleine Clique um Hitler und Himmler" und einzelne brutale „Exzesstäter" oder „menschliche Randexistenzen" für den Massenmord an den Juden Europas verantwortlich waren, sondern auch ein Heer unscheinbarer Bürokraten in einem breit gefächerten Institutionennetz, welches Eichmann** koordinierte – ein „Verwalter, dessen Ressort das Morden" war, wie „Die Zeit" damals schrieb.

Während sich in der DDR der ritualisierte antifaschistische Bezug auf den Nationalsozialismus nur in Nuancen wandelte und öffentliche Kontroversen ohnehin nicht möglich waren, spitzte sich in der Bundesrepublik in den 1960er-Jahren die Auseinandersetzung um die Vergangenheit zu. Dem Verschwiegenheitskomplott einer Gesellschaft, deren tragende Stützen immer noch Sechzigjährige waren, welche häufig im Nationalsozialismus ihre Karriere begonnen hatten, trat eine neue Generation von Historikern, Journalisten, Juristen oder politisierter Bürger entgegen.

Zentrale Stelle der Landesjustizverwaltungen zur Aufklärung nationalsozialistischer Verbrechen: Sie nahm ihre Arbeit am 1. Dezember 1958 auf und ermittelte systematisch zu nationalsozialistischen Verbrechen, die jenseits der alten Reichsgrenzen an Zivilisten und in den KZ begangen wurden, da die bundesdeutschen Staatsanwaltschaften und Gerichte für in ihrem Bezirk begangene Straftaten oder dort lebende Täter zuständig waren. Ab 1964 wurde ihre Zuständigkeit auf das Bundesgebiet erweitert. Schon 1959 leitete die „Zentrale Stelle" den Staatsanwaltschaften 400 Vorermittlungen, teilweise mit hunderten Beschuldigten, zu.

Internettipp:
Informationen zum Frankfurter Auschwitz-Prozess finden Sie unter Code ***4673-40***.

* **Majdanek**: Vorort von Lublin (Polen), bei dem die Nationalsozialisten ein Vernichtungslager einrichteten. Es existierte von Herbst 1941 bis Juli 1944; etwa 200 000 Menschen kamen in Majdanek zu Tode, vgl. S. 300.

** **Adolf Eichmann**: Siehe S. 299. Zum Eichmann-Prozess siehe auch das OnLine-Kapitel „Der Holocaust-Gedenktag in Israel"; Code **4673-00**.

Im Mai 1968 wurden dem Bundestag einige wenig spektakulär wirkende Gesetzesvorlagen, die sich mit Ordnungswidrigkeiten befassten, zur Abstimmung zugeleitet. Zusätzlich ging es auch um die Neuformulierung des Paragrafen 50, Absatz 2 des Strafgesetzbuches. Für die Strafverfolgung nationalsozialistischer Verbrecher war die Novellierung des Beihilfe-Paragrafen ein Desaster: Da im bundesdeutschen Rechtsverständnis als Haupttäter immer Hitler, Himmler, Heydrich u. a. galten, wurde die Masse der Schreibtischtäter stets nur wegen Beihilfe zum Mord angeklagt.* Aufgrund der Novelle mussten viele Prozesse und Ermittlungsverfahren eingestellt werden – unter anderem auch die schon seit sechs Jahren andauernden Ermittlungen gegen etwa 300 Täter des Reichssicherheitshauptamtes. Was in der offiziellen Sprachregelung als „Panne des Gesetzgebers" galt, nannte die kritische Öffentlichkeit *„kalte Amnestie"*. Im gleichen Jahr wurde mit *Hans-Joachim Rehse* einer der am schwersten belasteten Richter des Volksgerichtshofes freigesprochen. Seine Todesurteile hätten damals der legitimen Selbstbehauptung des Staates gedient, so die Begründung des Freispruchs von 1968. Einen Sturm der Entrüstung entfachte der Hinweis des Gerichts, dass sich der Staat auch heute mit härteren Strafen gegen Demonstranten wehren müsse. Die gingen daraufhin wieder auf die Straße und verglichen den Freispruch mit der einjährigen Gefängnisstrafe, die **Beate Klarsfeld** bekommen hatte, nachdem sie Bundeskanzler Kurt Georg Kiesinger (CDU) aufgrund seiner früheren NSDAP-Mitgliedschaft mit den Rufen „Nazi, Nazi!" geohrfeigt hatte.

Die oft sehr persönlich geführte Auseinandersetzung der Jugend von 1968 mit der Vergangenheit ihrer Eltern, Lehrer und Professoren ging mit einem politisierten, abstrakten, inflationären Gebrauch des Faschismus-Vorwurfes einher. So wurde die NS-Vergangenheit auch für den Kampf gegen das „Establishment" instrumentalisiert, bisweilen prangerte man sogar Fahrscheinkontrollen als „tendenziell faschistisch" an.

* Erst seit 2011 bewertet die deutsche Justiz die Verbrechen in den Vernichtungslagern neu. Seitdem muss Angeklagten keine direkte Beteiligung an den Mordtaten mehr nachgewiesen werden, um sie zu verurteilen. Nun können auch Personen wegen Beihilfe zum Mord belangt werden, die als Wachmann, medizinisches Personal oder Buchhalter in den Lagern gearbeitet haben.

- *„Warum nicht schon früher?" Setzen Sie sich mit dieser Frage auseinander.*

Beate Klarsfeld: geb. 1939 in Berlin, lebt in Paris. Die Journalistin provozierte Skandale um etablierte Ex-Nazis und half, Massenmörder wie Kurt Lischka und Klaus Barby vor Gericht zu bringen.

Ritualisierung in der DDR In der DDR blieb eine solche auf den Nationalsozialismus zentrierte Auseinandersetzung der jungen Generation mit der älteren aus. Neben der diktatorischen Verfasstheit des Staates war das einerseits durch die „antifaschistische Herkunft" der Herrschenden bedingt. „Wir fühlten eine starke Hemmung, gegen Menschen Widerstand zu leisten, die in der Nazi-Zeit im KZ gesessen hatten", kommentierte die Schriftstellerin *Christa Wolf* rückblickend (▸ M2). Andere Widerstandsgruppen, etwa aus den Kirchen, dem Bürgertum oder dem Militär, fanden in der DDR ebenso wenig Beachtung wie die vielen Millionen Menschen, die der NS-Rassenideologie zum Opfer gefallen waren. Nicht Antisemitismus und Rassismus, sondern der Kampf gegen „die Arbeiterklasse" und gegen die Sowjetunion sei das wesentliche Element des „Hitler-Faschismus" gewesen, lautete die immer wieder propagierte Doktrin der SED-Führung (▸ M3). Die Antifaschismus-Ideologie verlieh den kommunistischen Widerstandskämpfern Heldenstatus, darunter vor allem dem ehemaligen KPD-Vorsitzenden *Ernst Thälmann*, den die Nationalsozialisten im KZ Buchenwald ermordet hatten.

Andererseits war in der DDR die Auseinandersetzung mit dem „Hitler-Faschismus" ein Dauerthema in Politik, Bildung und Medien. Seit Gründung des Landes war die Bevölkerung durch dutzende Romane, Fernseh- und Kinoproduktionen, die zum Teil auch zum zentral vorgegebenen Schulstoff gehörten, „antifaschistisch" beeinflusst.

▲ **„Die Bilder des Zeugen Schattmann."** *1972 strahlt das DDR-Fernsehen diese vierteilige Serie über die Verfolgung, KZ-Haft und Ermordung der Juden aus. Der Streifen ist die Verfilmung des drei Jahre zuvor erschienenen gleichnamigen autobiografischen Romans von Peter Edel.*

▸ **Gedenkrituale in der DDR.** *Foto aus Ost-Berlin vom 9. Mai 1987. Auch wenn ab 1967 der „Tag der Befreiung" als arbeitsfreier Tag abgeschafft worden war, fanden bis zum Ende der DDR überall im Lande am 8./9. Mai offizielle Gedenkveranstaltungen zum „Tag der Befreiung des deutschen Volkes vom Hitlerfaschismus" und zum „Tag des Sieges über das Deutsche Reich im Zweiten Weltkrieg" statt. Hier lassen „Junge Pioniere", die der einzigen staatlich anerkannten Jugendorganisation der DDR, der „Freien Deutschen Jugend", angehörten, am Ehrenmal für gefallene sowjetische Soldaten im Treptower Park Friedenstauben aufsteigen. In früheren Jahren fanden an dem Tag auch große Militärparaden statt.*

▴ **DDR-Briefmarke, die anlässlich des 25. Jahrestages der Befreiung vom Faschismus veröffentlicht wurde.** *Entwurf von Gerhard Stauf; Erstausgabetag: 5. Mai 1970.*

Geschichts- und Gedenkkultur Die große Bedeutung der geschichtskulturellen Beglaubigung im Staats- und Gesellschaftssystem der DDR zeigt sich auch in der „gründungsmythischen Dreieinigkeit" der DDR-Gedenk- und Feiertage: So wurde am 15. Januar der Ermordung von *Karl Liebknecht* und *Rosa Luxemburg* gedacht,* 1950 wurde der 8. Mai als arbeitsfreier Feiertag (*„Tag der Befreiung des deutschen Volkes vom Hitlerfaschismus"*, ab 1967 nicht mehr arbeitsfrei) und der 7. Oktober, der Gründungstag der DDR (*„Tag der Republik"*), als Staatsfeiertag eingeführt. Der 8. Mai galt auch als *„Tag des Dankes an die Sowjetunion"* und der 7. Oktober als *„Tag des Stolzes auf die eigene Leistung"*. Damit fügten sich die Feiertage zu einer Erzählung, in der auf den Kampf und die Opfer, die Erlösung und der Dank an die Befreier sowie schließlich die stolze Feier des Bestehenden folgte.

Völlig anders ging die Bundesrepublik mit ihrer symbolischen Repräsentation und geschichtskulturellen Selbstdeutung um. Hier herrschte nach 1945 in dieser Hinsicht eine große Verunsicherung. In erster Linie wollte sich die Bundesrepublik sowohl gegen das „Dritte Reich" als auch gegen die DDR abgrenzen. In der westdeutschen Bevölkerung fand der 8. Mai erst nach 1985 Eingang in die offizielle Gedenkkultur.**

1. *In der Bundesrepublik wurde 1953 der 17. Juni als „Tag der Deutschen Einheit" zum ersten und einzigen Staatsfeiertag erklärt. Das Datum bezog sich auf den ostdeutschen Volksaufstand von 1953. Dieser Aufstand habe laut der Bundesregierung bewiesen, „dass das deutsche Volk die innere Kraft aufbringe, sich gegen Diktatur und Willkür zur Wehr zu setzen". Erläutern Sie die mehrfache Bedeutung dieses Feiertages für die Bundesrepublik.*
2. *Erörtern Sie in Form eines Essays die Notwendigkeit von Gedenktagen für eine demokratische Gesellschaft.*

* **Rosa Luxemburg** und **Karl Liebknecht**: Siehe S. 191 und 192.
** Lesen Sie dazu auch S. 458 - 460.

M1 Die Ludwigsburger Zentralstelle

Adalbert Rückerl, seit 1961 als Staatsanwalt bei der Zentralen Stelle der Landesjustizverwaltungen zur Aufklärung nationalsozialistischer Verbrechen in Ludwigsburg tätig, die er von 1966 bis 1984 leitet, schreibt über die Anfänge der Behörde:

Der entscheidende Impuls für die Intensivierung und Konzentration der Strafverfolgung nationalsozialistischer Verbrechen ging [...] von einem Verfahren aus, das mehr oder weniger zufällig in Gang gekommen war. Ein ehemaliger SS-Oberführer, im Jahre 1941 Polizeidirektor in Memel, der nach dem Kriege unter falschem Namen ein Flüchtlingslager in der Nähe von Ulm geleitet hatte – aus dem Entnazifizierungsverfahren als „nicht betroffen" hervorgegangen – und nach Aufdeckung seiner Identität entlassen worden war, hatte gerichtlich auf Wiedereinstellung in den Staatsdienst geklagt. Als über diesen Prozess in der Presse berichtet wurde, erinnerte sich ein Leser daran, dass dieser Mann zu Beginn des Russland-Feldzuges im Juni 1941 in maßgebender Position an Massenerschießungen von Juden im deutsch-litauischen Grenzgebiet beteiligt gewesen war. Er wurde 1956 verhaftet.
Die in diesem Verfahren breit angelegten, mit Sorgfalt und großem Nachdruck betriebenen Ermittlungen, die dann zu dem sogenannten „Ulmer Einsatzkommando-Prozess" führten, brachten schließlich die Gewissheit, dass zahlreiche vor allem im Osten begangene schwerste NS-Verbrechen bis dahin gerichtlich nicht geahndet worden waren. [...]
Man erkannte, dass der Ahndung der bisher offensichtlich strafrechtlich nicht erfassten NS-Verbrechen Ermittlungen vorauszugehen hatten, die jedes bisher bekannte Ausmaß staatsanwaltschaftlicher Aufklärungsarbeit bei Weitem übersteigen musste. Auf Anregung des baden-württembergischen Justizministeriums [...] beschlossen Justizminister und Senatoren der deutschen Bundesländer einschließlich Berlin auf ihrer Konferenz am 3. Oktober 1958 in Bad Harzburg die Errichtung einer „Zentralen Stelle der Landesjustizverwaltungen zur Aufklärung nationalsozialistischer Verbrechen" (kurz: Zentrale Stelle). [...]
Die Aufgabenstellung der Zentralen Stelle bewirkte praktisch eine Umkehrung der bei der Strafverfolgung von NS-Verbrechen bis dahin geübten Verfahrensweise. Die Untersuchungen setzten nun nicht mehr erst auf eine Anzeige gegen einen Tatverdächtigen hin ein, wie es bisher die Regel war; vielmehr lösen wie auch immer geartete Hinweise auf eine strafrechtlich noch verfolgbare Tat die Ermittlungen nach den noch unbekannten oder noch nicht ausfindig gemachten Tatbeteiligten aus.
[...] Wohl wurde die Zentrale Stelle alsbald von einem Teil der Presse und gelegentlich auch von Politikern in einer der täglichen Arbeit und dem kollegialen Verhältnis zu den nach wie vor die Hauptlast tragenden Staatsanwaltschaften eher abträglichen Weise zu einer Art Aushängeschild der Justiz und zu einem Symbol des Rechtswillens der Bundesrepublik Deutschland hochstilisiert. Dies sollte jedoch nicht den Blick auf die Tatsache verstellen, dass die damals nach Ludwigsburg abgeordneten, von ihren Heimatbehörden in der Regel überdurchschnittlich gut beurteilten Kräfte ihre Aufgabe von Anfang an durchaus ernst nahmen.
Im Jahre 1959, praktisch im ersten vollen Jahr ihres Bestehens, leitete die Zentrale Stelle 400 Vorermittlungsverfahren ein. Die wichtigsten davon betrafen unter anderem die von den Einsatzgruppen und Einsatzkommandos der Sicherheitspolizei und des SD in der Sowjetunion, die von Sicherheits- und Ordnungspolizei sowie vom Volksdeutschen Selbstschutz in Polen und die in den Vernichtungslagern Auschwitz, Belzec, Sobibor, Treblinka und Chelmno begangenen Verbrechen.

Adalbert Rückerl, NS-Verbrechen vor Gericht. Versuch einer Vergangenheitsbewältigung, Heidelberg 1982, S. 140, 142, 145 und 147

1. *Geben Sie die Umstände wieder, die zum „Ulmer Einsatzkommando-Prozess" geführt haben. Welche Rückschlüsse lassen sich daraus auf die Praxis der Entnazifizierung ziehen?*
2. *Charakterisieren Sie Aufgaben und Ziele der Ludwigsburger Zentralstelle.*
3. *Erörtern Sie im historischen Kontext, warum die Zentralstelle auch als „Aushängeschild" angesehen wurde.*
4. *Überprüfen Sie in Lexika, Fachbüchern oder im Internet, wie die Arbeit der Ludwigsburger Zentralstelle heute rückblickend bewertet wird.*

M2 Schuldgefühle und Loyalität

Christa Wolf gehört zu den bekanntesten Schriftstellerinnen der DDR. Im Juni 1987 nennt sie folgende Gründe für den Erfolg der Antifaschismus-Ideologie:

Als wir fünfzehn, sechzehn waren, mußten wir uns unter dem niederschmetternden Eindruck der ganzen Wahrheit über den deutschen Faschismus von denen abstoßen, die in diesen zwölf Jahren nach unserer Meinung durch Dabeisein, Mitmachen, Schweigen schuldig geworden waren. Wir mußten diejenigen entdecken, die Opfer geworden waren, diejenigen, die Widerstand geleistet hatten. [...] Das heißt, als wir sechzehn waren, konnten wir uns mit niemandem identifizieren. Dies ist eine wesentliche Aussage für meine Generation. Es ist ein nachwirkendes Defizit für junge Menschen, wenn sie sich mit niemandem identifizieren können. Uns wurde dann ein verlockendes Angebot gemacht: Ihr könnt, hieß es, eure mögliche, noch nicht verwirklichte Teilhabe an dieser nationalen Schuld loswerden oder abtragen, indem ihr aktiv am Aufbau der neuen Gesellschaft teilnehmt, die das genaue Gegenteil, die einzig radikale Alternative zum verbrecherischen System des Nationalsozialismus darstellt. An die Stelle des monströsen Wahnsystems, mit dem man unser Denken vergiftet hatte, trat ein Denkmodell mit dem Anspruch, die Widersprüche der Realität nicht zu verleugnen und zu verzerren, sondern adäquat widerzuspiegeln. Dies waren aktivierende, auch verändernde Angebote. Die Auseinandersetzung, die unausweichlich war, hat uns tief aufgewühlt. Dazu kam, speziell bei mir, aber nicht nur bei mir, die enge Beziehung zu Kommunisten, Antifaschisten durch meine Arbeit damals im Schriftstellerverband [...]. Beeindruckendere Leute als sie konnte es für mich damals nicht geben [...]. Natürlich übernahmen sie eine Vorbildrolle, es bildete sich ein Lehrer-Schüler-Verhältnis heraus, sie waren die absolut und in jeder Hinsicht Vorbildlichen, wir diejenigen, die in jeder Hinsicht zu hören und zu lernen hatten. [...] Für mich ist ein Beweis dafür, daß dieser Zustand weitgehend aus der deutschen Geschichte erwächst, daß Angehörige der gleichen Generation in den anderen sozialistischen Ländern früher kritisch, kühner, weniger brav und zähmbar waren als bei uns. Es lastete nicht die Schuld aus der Zeit des Nationalsozialismus auf ihnen und die Hemmung, sich offen kritisch gegenüber denen zu äußern, die ihre Lehrer und Vorbilder gewesen waren.

Zitiert nach: Matthias Judt (Hrsg.), DDR-Geschichte in Dokumenten, Bonn 1998, S. 59 f.

1. *„Uns wurde dann ein verlockendes Angebot gemacht" (Zeile 11 f.). Erläutern Sie, was Christa Wolf damit meint.*

2. *Erörtern Sie, welche Auswirkungen dies auf ihre Generation und deren Selbstverständnis hatte.*

M3 Antifaschismus als Herrschaftstechnik?

Der Historiker Christoph Classen beschreibt 2004, wie der Antifaschismus in der DDR eingesetzt worden ist:

Dass „der Faschismus" und sein vermeintliches Gegenteil, „der Antifaschismus", oft in viel stärkerem Maße gegenwartsbezogene als historische Kategorien waren, zeigt schließlich der Fall eines Juden und Widerstandskämpfers, dem man – mangels Bereitschaft, Parteimitglied zu werden – den Status des Verfolgten des Naziregimes noch in den Siebzigerjahren verweigerte. Als er diese Ungerechtigkeit monierte, erklärte man ihm mit entwaffnender Offenheit: „Es kommt nicht darauf an, was du damals gemacht hast, sondern was du heute machst." Deutlicher lässt sich der Sieg des Gegenwartshorizontes über die Vergangenheit schwerlich zum Ausdruck bringen. [...]

Es läge also nahe, auch das Faschismus-Paradigma[1] in der DDR, das ja mit dem antifaschistischen Selbstverständnis untrennbar verbunden war, analog als vorwiegend taktisch motiviert zu beschreiben. Ohne Zweifel verschmolzen in dieser Kategorie zeitweise nahezu alle gesellschaftlichen Widerstände zu einem „kompakten" Feindbild, das eine Art Sündenbockfunktion für die anhaltenden Schwierigkeiten bei der Umsetzung des revolutionär-utopischen Projektes eines sozialistischen Deutschland bekam. Ob westliche Bündnis- und Sicherheitspolitik, innerparteiliche Opposition, landesweiter Protest gegen die Zumutungen revolutionär-bürokratischer Umgestaltungspolitik wie im Jahr 1953 oder die bis zum Mauerbau anhaltende Fluchtbewegung: Stets sah man „Faschisten" oder wenigstens ihre Verbündeten am Werk, stets schien die Apokalypse eines neuen, nun atomar geführten Weltkrieges nicht fern. Zugleich ließ sich gegen einen solchen Gegner angesichts der monströsen Verbrechen des Nationalsozialismus buchstäblich jedes Mittel rechtfertigen. Und doch verfehlt jede Interpretation, die [...] den Antifaschismus allein oder in erster Linie als Herrschaftstechnik deutet, einen wesentlichen Aspekt des Phänomens. [...] Der manichäische[2] Charakter solcher Feindbilder stieß offenkundig keineswegs durchgängig auf Ablehnung. Nur so ist zu erklären – was zumeist gleichzeitig unterstellt wird –, dass der DDR-Antifaschismus als Herrschaftslegitimation vergleichsweise erfolgreich gewesen sei. Wenn es sich lediglich um durchschaubare propagandistische Manöver der politischen Elite gehandelt hätte, wie ist es dann möglich gewesen, eine breite und relativ dauerhafte gesellschaftliche Resonanz dafür zu finden?

Christoph Classen, Feindbild Faschismus. Zum Doppelcharakter einer Gegnerkategorie in der frühen DDR, in: Silke Satjukow und Rainer Gries (Hrsg.), Unsere Feinde. Konstruktion des Anderen im Sozialismus, Leipzig 2004, S. 127-148, hier S. 129 f.

1. *Analysieren Sie Funktion und Zielsetzung des von Classen beschriebenen „Antifaschismus-Paradigmas".*

2. *Nehmen Sie Stellung zu Classens abschließender Frage. Ziehen Sie die Aussagen von Christa Wolf in M2 hinzu.*

[1] **Paradigma**: grundsätzliche Lehrmeinung, festgelegte Vorstellung
[2] **Manichäismus**: Religion der Spätantike und des frühen Mittelalters, die für die angestrebte Erlösung Askese und Reinheit verlangt; hier wohl eher: Schwarz-Weiß-Malerei

Wenn wir ein Thema knapp, kenntnisreich, kritisch, klar und sprachlich ausgefeilt auf wissenschaftlichem Niveau erörtern, ist uns ein Essay gelungen. Ein historischer Essay ist der Versuch, eine Antwort auf ein Problem oder eine zentrale Frage zu geben.
Anders als das systematisch angelegte Referat erhebt der Essay weder Anspruch auf eine ausgearbeitete Darstellung von Sachverhalten noch referiert er differenziert den aktuellen Forschungsstand. Ziel ist es, das Thema in einem größeren Zusammenhang aus verschiedenen Perspektiven verständlich zu diskutieren, eigene Positionen zu entwickeln und dem Leser zur weiteren Auseinandersetzung anregende Antworten zu geben.

Einen Essay verfassen

Einen Essay verfassen

Vorarbeit

- Grundlage ist zunächst eine Idee für ein Thema. Als Anregungen können aktuelle Ereignisse oder Anlässe wie Jubiläen sowie historische Jahrestage dienen, die in der Öffentlichkeit kontrovers diskutiert werden.
- Anschließend ist eine gründliche Recherche und intensive Auseinandersetzung mit dem Thema notwendig, um ein Konzept mit einer tragfähigen Leitfrage entwickeln zu können. Sammeln Sie Argumente für und gegen bestimmte Thesen und ordnen Sie diese Ihrem Konzept zu. Konzentrieren Sie sich auf wesentliche Aspekte.
- Entwerfen Sie einen Zeitplan für die Bearbeitungsschritte Recherche, Konzept, Schreiben und Überarbeitung.

Aufbau

- Ausgangspunkt ist ein Problem, eine offene Frage oder eine provokante These. Die Überschrift sollte bereits die Kernaussage wiedergeben und den Leser neugierig machen, etwa als Zitat, Metapher, Frage.
- Ein motivierender Einstieg („Aufhänger") führt anschaulich in das Thema ein und kann die Gründe für die Wahl des Themas sowie seine Relevanz erklären.
- Das Problem wird genannt, in den historischen Kontext eingeordnet und seine Bedeutung erläutert, indem etwa kontroverse Positionen argumentativ gegenübergestellt werden.
- Die These/Stellungnahme gibt die Argumentationslinie vor.
- Der Hauptteil enthält die Argumentation, die den eigenen Standpunkt plausibel erläutert, mit Beispielen, eigenen und fremden Thesen (Sekundärliteratur, Zeitungsartikel) oder Belegen (Statistiken, Daten, Fakten) untermauert und Gegenpositionen widerlegt. Der Essay ist frei von Quellennachweisen und Fußnoten, fremde Positionen und Zitate werden jedoch im Text kenntlich gemacht („Wie Autor A belegt ..." oder „Autor B meint dazu ...").
- Das Fazit fasst das Ergebnis der Erörterung knapp zusammen, spitzt sie auf eine abschließende Stellungnahme zu und nennt offene oder weiterführende Aspekte.

Überarbeitung

- Bevor Sie an die Überarbeitung gehen, sollten Sie den Essay einige Zeit ruhen lassen, um innere Distanz zu ihm zu gewinnen. Prüfen Sie dann die Argumentation noch einmal gründlich. Stimmt der Bezug zum Thema? Ist der Aufbau logisch? Weicht die Darstellung vom „roten Faden" ab? Wurden nur Fakten aneinandergereiht statt argumentiert? Ist das Fazit schlüssig?
- Feilen Sie abschließend an der Sprache, denn sprachliche und inhaltliche Klarheit sind nicht zu trennen. Formulieren Sie präzise, allgemeinverständlich und anschaulich.

Beispiel und Analyse

Antifaschismus und Antitotalitarismus

Der Historiker und Politikwissenschaftler Martin Sabrow (geb. 1954) vergleicht, wie nach 1945/49 in der Bundesrepublik und in der DDR „Vergangenheitspolitik" betrieben worden ist:

Ausgangspunkt: Frage, ob sich die Aufarbeitung der NS-Geschichte in beiden deutschen Staaten integrativ betrachten lässt

Der Kampf um und gegen die nationalsozialistische Vergangenheit zählt zu den großen Gemeinsamkeiten der im doppelten Sinne geteilten deutsch-deutschen Nachkriegsgeschichte. Dennoch stößt eine deutende Zusammenschau des ost-westlichen Umgangs mit der NS-Zeit zwischen 1945 und 1989/90 auf erhebliche Schwierigkeiten: Zu unterschiedlich erscheinen die beiderseitigen Anstrengungen, die nahe Vergangenheit des nationalsozialistischen Zivilisationsbruchs für die Gegenwart handhabbar zu machen [...]. [...]

Problem: Sehr unterschiedliche Verarbeitungsweisen der Verbrechen des Nationalsozialismus in der Bundesrepublik und in der DDR

These zur Aufarbeitung in der DDR: Heroisierung des kommunistischen Widerstandes und Verdrängung der breiten Zustimmung zum NS-System

Nach 1945 waren beide deutsche Nachfolgestaaten des „Dritten Reiches" vor die Aufgabe gestellt, eine Vergangenheit zu bewältigen, die der deutschen Gesellschaft nicht von außen oktroyiert[1] worden, sondern aus ihrer Mitte erwachsen war. Der ostdeutsche Staat reagierte mit einer bis zum Untergang des SED-Staates offiziösen Kultur der Heroisierung, die über dem aktiven Kampf gegen das NS-Regime das passive Leiden an ihm ebenso überging wie den Massenkonsens mit ihm. [...] Schon 1948 war das Schicksal von Verfolgten außerhalb des kommunistischen Widerstandes und besonders Opfer der nationalsozialistischen Rassenpolitik im Rundfunk der Sowjetischen Besatzungszone kein Thema mehr. [...]

These zur Aufarbeitung in der jungen Bundesrepublik: Verdrängung und Selbstviktimisierung

Grundsätzlich anders reagierten Staat und Gesellschaft in der Bundesrepublik. Hier herrschte über viele Jahre eine Verdrängungshaltung vor, die sich als „Selbstviktimisierung"[2] bezeichnen lässt und die die eigene Täterschaft hinter der Selbstwahrnehmung als Opfer brauner Verführung, angloamerikanischer Bombardierung und sowjetischer Siegerwillkür zurücktreten ließ. In den Westzonen und der frühen Bundesrepublik wurde die Abwehr der von den westlichen Besatzungsmächten in Gang gesetzten und schnell als oktroyiert empfundenen Reinigung zum Ausgangspunkt einer Vergangenheitsbewältigung, die die Monstrosität des nationalsozialistischen Regimes und seiner Verbrechen weitgehend verdrängte. [...]

Erste Schlussfolgerung: Unterschiedliche Verarbeitungs- und Verdrängungsweisen in der Bundesrepublik und der DDR

Argumentation: Integrative Betrachtungsweise der „Vergangenheitsbewältigung" in Ost und West ist dennoch möglich

Der Kontrast zwischen den beiden Geschichtskulturen in der Zeit der deutschen Teilung ist also denkbar grell. In Ost und West schied sich die Erinnerung an die „zwölf Jahre des Tausendjährigen Reiches" nach den Grenzlinien des Kalten Krieges und diente der wechselseitigen Systemintegration mithilfe der spiegelbildlichen geschichtspolitischen Interpretationsmuster, die einmal den kommunistischen Widerstand und zum anderen den nationalkonservativen und christlichen Widerstand akzentuierten, einmal die verhängnisvolle Macht des Monopolkapitals beschworen und zum anderen die Verführungskraft von Umsturzideologien. Doch selbst diese Polarität macht einen integrativen Blick auf die doppelte deutsche Vergangenheitsverarbeitung keineswegs sinnlos. [...]

Kernthese: Die Erinnerung an die NS-Geschichte diente in Ost und West als Integrationskonzept sowie zur Entlastung

Befördert durch die politischen Entwicklungen der Zeit [...] entwickelten beide Gesellschaften ein kohärentes[3] Konsensmodell der Vergangenheitsaneignung, das die Erinnerung an die NS-Geschichte in politischer Absicht nutzte und das in beiden Fällen als Integrationskonzept sehr erfolgreich war. Im Osten trat es als Antifaschismus, im Westen als Antitotalitarismus in Erscheinung und besaß auf beiden Seiten einerseits hohe politische Instrumentalität, trug andererseits starke tabuisierende Züge und konnte deswegen trotz seiner inhaltlichen Gegensätzlichkeit eine in West und Ost gleichermaßen ausgeprägte Entlastungsfunktion wahrnehmen.

Thesen: Wie funktionierte die Aufarbeitung in der DDR?

Der „Legitimationsantifaschismus" in der DDR trug politisch instrumentelle Züge, die ihn zu einem wirkungsmächtigen Mittel der kommunistischen Herrschaftsetablierung im Osten Deutschlands machten [...] und zu einem schlagkräftigen Argument im propagandistischen Kampf gegen die demokratische Ordnung im Westen Deutschlands. [...]

1 **oktroyieren**: jemandem etwas aufdrängen oder auferlegen
2 **Viktimisierung**: Inszenierung als „Opfer"
3 **kohärent**: zusammenhängend

Der ostdeutsche Antifaschismus war zugleich verordneter Antifaschismus, insofern er das parteioffizielle Geschichtsdenken gegen konkurrierende und zuwiderlaufende Deutungsmuster der Vergangenheitsmuster durchsetzte. [...]
Der ostdeutsche Legitimationsantifaschismus wies schließlich tabuisierende Züge auf, indem er wesentliche Aspekte des Nationalsozialismus aus dem kollektiven Gedächtnis wie aus der wissenschaftlichen Forschung verbannte, darunter so zentrale Fragen wie die Massenattraktivität des Hitler-Regimes und die Teilhabe der Bevölkerung an Verfolgung und Vernichtung. [...] Die erste Überblicksdarstellung der DDR-Geschichtswissenschaft zur NS-Zeit widmete der Shoa[4] kein Kapitel und keinen Unterabschnitt, sondern konzentrierte sich in den vier von 260 der „faschistische[n] Barbarei in den okkupierten Gebieten" gewidmeten Seiten auf die deutschen Gräueltaten in den besetzten Teilen der Sowjetunion. Juden wurden als Opfergruppe in diesem Zusammenhang nur ein einziges Mal und zwar als Teil der sowjetischen Bevölkerung erwähnt [...].

Ausführungen zur DDR: Konkretisierung und nähere Begründung (u. a. Ausblendung der Judenverfolgung; besondere Akzentuierung der sowjetischen Opfer)

Eine vergleichbare politische Instrumentalität und Tabuisierungskraft besaß auf der anderen Seite der Grenze der bundesdeutsche Antitotalitarismus. Sie zeigte sich im Umgang etwa mit dem kommunistischen Widerstand, der in der Bundesrepublik aus der symbolischen wie der materiellen Integration ausgeschlossen blieb. Sie zeigte sich ebenso in der Wiedergutmachungspolitik gegenüber den Opfern der nationalsozialistischen Gewaltherrschaft: Der zur westlichen Hemisphäre zählende Staat Israel erhielt Entschädigungsleistungen, osteuropäische Staaten erhielten sie bis 1989 nicht. [...] Seine tabuisierende Kraft bewies der bundesdeutsche Antitotalitarismus, indem er das Bild des christlichen und konservativen Widerstandes ebenso von unwillkommenen Zügen zu reinigen erlaubte, wie es der Antifaschismus in Bezug auf den kommunistischen Widerstand vermochte. Die antidemokratischen und teils sogar antisemitischen Grundüberzeugungen vieler Männer des 20. Juli 1944, die in den Anfangsjahren der NS-Herrschaft oft überzeugte Hitler-Anhänger gewesen waren, blieben ebenso im Verborgenen wie die erst jüngst näher beleuchtete Frage der Verstrickung des militärischen Widerstandsflügels in den nationalsozialistischen Genozid[5]. Diese [...] Haltung belastete die frühe Bundesrepublik mit einer unheilvollen und bis zum Anschein der Komplizenschaft reichenden Symbiose von Amnesie[6] und Amnestie, die aus heutiger Sicht als ein empörender „Triumph des ‚Beschweigens'" vor uns steht, sie erlaubte aber zugleich analog zur staatlich verfolgten und gesellschaftlich verlangten Wiedereingliederungspolitik die unzweideutige Verurteilung des NS-Systems, ohne seine ehemaligen Träger und Anhänger auszugrenzen. [...]

Thesen: Wie funktionierte die Aufarbeitung in der Bundesrepublik?

Konkretisierung der westdeutschen Deutung und deren politische Folgen in der Nachkriegspolitik

Beispiel: Ausklammerung des kommunistischen Widerstandes im Westen

Beispiel: Idealisierung konservativer Widerstandskämpfer, deren Nähe zum NS wird ausgeblendet – außerdem Vergleich zur entlastenden Funktion des Antifaschismus in der DDR

Wie sich gezeigt hat, sollten die inhaltlichen Kontraste im Umgang mit der Last der NS-Vergangenheit in der DDR und in der Bundesrepublik nicht über die wechselseitige Verflochtenheit der vergangenheitspolitischen Bewältigungsmuster [...] hinwegtäuschen. Ein nicht von der Hand zu weisendes Plädoyer für die Zusammenschau der deutschen Teilgeschichten liefert der Verlauf der Geschichte selbst, die mit der deutschen Vereinigung von 1990 dafür gesorgt hat, dass die mit wachsendem Abstand immer stärker von der Last des nationalsozialistischen Zivilisationsbruchs geprägte Geschichtskultur der Bundesrepublik sich heute aus den teils gemeinsamen, teils unterschiedlichen Traditionen einer vierzigjährigen Teilungszeit speist und in ihrer gegenwärtigen Entwicklung nur aus dieser Gemengelage heraus sich erklären lässt.

Fazit als knappe Zusammenfassung: „Wechselseitige Verflochtenheit" der Vergangenheitsbewältigung in Ost und West

Beleg: Geschichtskultur der heutigen Bundesrepublik ist vom Erbe des Antifaschismus und des Antitotalitarismus geprägt

Martin Sabrow, Die NS-Vergangenheit in der geteilten deutschen Geschichtskultur, in: Christoph Kleßmann und Peter Lautzas (Hrsg.), Teilung und Integration. Die doppelte deutsche Nachkriegsgeschichte als wissenschaftliches und didaktisches Problem, Bonn 2005, S. 132-151, hier S. 131 f., 134 f. und 140-145

[4] **Shoa**: Für eine Begriffserklärung zu „Shoa" (Holocaust) vgl. S. 300.
[5] **Völkermord (Genozid)**: Siehe S. 288.
[6] **Amnesie**: Störung des Gedächtnisses, hier: bewusste Verdrängung

Geschichte kontrovers

Der 8. Mai 1945: „Befreiung“ oder „Niederlage“?

Am 7. Mai 1945 unterschrieb der Chef des Wehrmachtsführungsstabes, Generaloberst *Alfred Jodl*, im Hauptquartier der alliierten Streitkräfte in Reims (Westfrankreich) die bedingungslose Kapitulation. Sie wurde einen Tag später durch den Chef des Oberkommandos der Wehrmacht, Generalfeldmarschall *Wilhelm Keitel*, im Beisein des sowjetischen Marschalls *Georgi K. Schukow* im sowjetischen Hauptquartier in Berlin-Karlshorst wiederholt und trat danach in Kraft. „Nun wehen die Flaggen der Freiheit über ganz Europa“, erklärte der damalige US-Präsident Harry S. Truman in seiner Rundfunkansprache am 8. Mai 1945 zur Kapitulation Deutschlands. Europa, ja die Welt, sei durch die Alliierten von der NS-Diktatur befreit worden.

In der Bundesrepublik Deutschland – anders als in der DDR – stritt man dagegen lange Zeit, ob der 8. Mai 1945 für die Deutschen ein „Tag der Befreiung“ oder ein „Tag der Niederlage“ gewesen sei.* Die Auseinandersetzung mit dieser Frage ist nicht nur historisch bedeutsam, sie zeigt auch die Normen auf, nach denen wir heute leben wollen.

* Zur Erinnerungskultur und Geschichtspolitik siehe auch S. 528 ff., 538 ff. und 552 ff.; eine weitere Rede zum 8. Mai siehe S. 563.

M1 „Befreiung des deutschen Volkes“

Der Präsident der Volkskammer der DDR, Horst Sindermann, äußert sich in einer Festrede am 8. Mai 1985 in Ost-Berlin zum „40. Jahrestag des Sieges über den Hitlerfaschismus und der Befreiung des deutschen Volkes“:

[Die] Würdigung des historischen Sieges über den Faschismus ist ein Ausdruck des Dankes an alle Völker, die sich der Vernichtungspolitik des deutschen Faschismus entgegenstemmten. In tiefer Ehrfurcht verneigt sich unser Volk vor den 50 Millionen Gefallenen und Ermordeten, den Opfern dieser furchtbarsten Tyrannei in der Geschichte der Menschheit. [...]
Vor allem hatten es die Faschisten auf die Vernichtung des Sozialismus abgesehen und fielen deshalb mit aller Grausamkeit und einer unbeschreiblichen Zerstörungswut über die Sowjetunion her.
Aber hier wurde allen Antikommunisten und berufsmäßigen Verleumdern des Sowjetstaates die historische Lehre erteilt, dass der Sozialismus nicht zu besiegen ist, weil er den geschichtlichen Fortschritt der Menschheit verkörpert, das Leben und die Zukunft der Völker ist. [...]
Die Erhaltung des Friedens ist zur Lebensfrage der Völker geworden, deren Lösung über die Gestaltung der Zukunft entscheidet. Mögen deswegen die Massen in Ost und West, in Nord und Süd geschlossen zum Kampf aufstehen für die Beseitigung der atomaren Waffenarsenale, die heute schon ausreichen, um den Erdball mehrfach zu vernichten. [...]
Wir treten als Repräsentanten des sozialistischen deutschen Staates vor die Völker mit dem Schwur, dass von deutschem Boden nie wieder Krieg ausgehen darf. Dieses Vermächtnis des antifaschistischen Kampfes ist heute, da es um die Verhinderung eines atomaren Infernos geht, aktueller denn je. [...]
40 Jahre nach dem Sieg über den Faschismus durch die Rote Armee und die anderen Armeen der Anti-Hitler-Koalition halten wir das Banner des Friedens fest in unseren Händen und schützen es mit der Kraft der Arbeiterklasse und den Waffen, die sie in ihren Händen trägt. [...] Die Deutsche Demokratische Republik wird stets ihre Verpflichtungen im Rahmen des Verteidigungsbündnisses erfüllen.

Horst Sindermann, Im Kampf für den Frieden als treuer Verbündeter an der Seite der Sowjetunion, in: Ders., Alles für das Volk – alles mit dem Volk! Ausgewählte Reden und Aufsätze, Berlin 1985, S. 421-435 (gekürzt)

M2 „Wir dürfen den 8. Mai 1945 nicht vom 30. Januar 1933 trennen“

Bundespräsident Richard von Weizsäcker (siehe S. 373) spricht am 8. Mai 1985 in einer Gedenkstunde im Plenarsaal des Deutschen Bundestages zum 40. Jahrestag der Beendigung des Krieges in Europa und der nationalsozialistischen Gewaltherrschaft:

Viele Völker gedenken heute des Tages, an dem der Zweite Weltkrieg in Europa zu Ende ging. Seinem Schicksal gemäß hat jedes Volk dabei seine eigenen Gefühle. Sieg oder Niederlage, Befreiung von Unrecht und Fremdherrschaft oder Übergang zu neuer Abhängigkeit, Teilung, neue Bündnisse, gewaltige Machtverschiebungen – der 8. Mai 1945 ist ein Datum von entscheidender historischer Bedeutung in Europa.
Wir Deutsche begehen den Tag unter uns, und das ist notwendig. Wir müssen die Maßstäbe allein finden. Schonung unserer Gefühle durch uns selbst oder durch andere hilft

nicht weiter. Wir brauchen und wir haben die Kraft, der Wahrheit, so gut wir es können, ins Auge zu sehen, ohne Beschönigung und ohne Einseitigkeit.

Der 8. Mai ist für uns vor allem ein Tag der Erinnerung an das, was Menschen erleiden mußten. Er ist zugleich ein Tag des Nachdenkens über den Gang unserer Geschichte. Je ehrlicher wir ihn begehen, desto freier sind wir, uns seinen Folgen verantwortlich zu stellen.

Der 8. Mai ist für uns Deutsche kein Tag zum Feiern. Die Menschen, die ihn bewußt erlebt haben, denken an ganz persönliche und damit ganz unterschiedliche Erfahrungen zurück. Der eine kehrte heim, der andere wurde heimatlos. Dieser wurde befreit, für jenen begann die Gefangenschaft. Viele waren einfach nur dafür dankbar, daß Bombennächte und Angst vorüber und sie mit dem Leben davongekommen waren. Andere empfanden Schmerz über die vollständige Niederlage des eigenen Vaterlandes. Verbittert standen Deutsche vor zerrissenen Illusionen, dankbar andere Deutsche für den geschenkten neuen Anfang.

Es war schwer, sich alsbald klar zu orientieren. Ungewißheit erfüllte das Land. Die militärische Kapitulation war bedingungslos. Unser Schicksal lag in der Hand der Feinde. Die Vergangenheit war furchtbar gewesen, zumal auch für viele dieser Feinde. Würden sie uns nun nicht vielfach entgelten lassen, was wir ihnen angetan hatten?

Die meisten Deutschen hatten geglaubt, für die gute Sache des eigenen Landes zu kämpfen und zu leiden. Und nun sollte sich herausstellen: Das alles war nicht nur vergeblich und sinnlos, sondern es hatte den unmenschlichen Zielen einer verbrecherischen Führung gedient. Erschöpfung, Ratlosigkeit und neue Sorgen kennzeichneten die Gefühle der meisten. Würde man noch eigene Angehörige finden? Hatte ein Neuaufbau in diesen Ruinen überhaupt Sinn?

Der Blick ging zurück in einen dunklen Abgrund der Vergangenheit und nach vorn in eine ungewisse, dunkle Zukunft. Und dennoch wurde von Tag zu Tag klarer, was es heute für uns alle gemeinsam zu sagen gilt: Der 8. Mai war ein Tag der Befreiung. Er hat uns alle befreit von dem menschenverachtenden System der nationalsozialistischen Gewaltherrschaft. Niemand wird um dieser Befreiung willen vergessen, welche schweren Leiden für viele Menschen mit dem 8. Mai erst begannen und danach folgten. Aber wir dürfen nicht im Ende des Krieges die Ursache für Flucht, Vertreibung und Unfreiheit sehen. Sie liegt vielmehr in seinem Anfang und im Beginn jener Gewaltherrschaft, die zum Krieg führte.

Wir dürfen den 8. Mai 1945 nicht vom 30. Januar 1933 trennen. Wir haben wahrlich keinen Grund, uns am heutigen Tag an Siegesfesten zu beteiligen. Aber wir haben allen Grund, den 8. Mai 1945 als das Ende eines Irrweges deutscher Geschichte zu erkennen, das den Keim der Hoffnung auf eine bessere Zukunft barg. [...]

▲ **Bundespräsident Richard von Weizsäcker im Bonner Bundestag.**
Foto vom 8. Mai 1985.

Wir leben seit vierzig Jahren in Frieden und Freiheit, und wir haben durch unsere Politik unter den freien Völkern des Atlantischen Bündnisses und der Europäischen Gemeinschaft dazu selbst einen großen Beitrag geleistet. [...]

Wir haben wahrlich keinen Grund zu Überheblichkeit und Selbstgerechtigkeit. Aber wir dürfen uns der Entwicklung dieser vierzig Jahre dankbar erinnern, wenn wir das eigene historische Gedächtnis als Leitlinie für unser Verhalten in der Gegenwart und für die ungelösten Aufgaben, die auf uns warten, nutzen.

- Wenn wir uns daran erinnern, daß Geisteskranke im Dritten Reich getötet wurden, werden wir die Zuwendung zu psychisch kranken Bürgern als unsere eigene Aufgabe verstehen.
- Wenn wir uns erinnern, wie rassisch, religiös und politisch Verfolgte, die vom sicheren Tod bedroht waren, oft vor geschlossenen Grenzen anderer Staaten standen, werden wir vor denen, die heute wirklich verfolgt sind und bei uns Schutz suchen, die Tür nicht verschließen.

- Wenn wir uns der Verfolgung des freien Geistes während der Diktatur besinnen, werden wir die Freiheit jedes Gedankens und jeder Kritik schützen, so sehr sie sich auch gegen uns selbst richten mag. [...]
- Wenn wir daran denken, was unsere östlichen Nachbarn im Kriege erleiden mußten, werden wir besser verstehen, daß der Ausgleich, die Entspannung und die friedliche Nachbarschaft mit diesen Ländern zentrale Aufgabe der deutschen Außenpolitik bleiben.

Presse- und Informationsamt der Bundesregierung, Bulletin Nr. 52 vom 9. Mai 1985, S. 441-448, hier S. 441f. Zitiert nach: www.bundespraesident.de/SharedDocs/Reden/DE/Richard-von-Weizsaecker/Reden/1985/05/19850508_Rede.html [Zugriff: 20.01.2015]

M3 „Der 8. Mai 1945 war und ist im Erleben unseres Volkes ... ein Tag der tiefsten Demütigung“

Der Bundestagsabgeordnete Lorenz Niegel von der CSU begründet seine Abwesenheit zur Gedenkfeier im Bundestag am 8. Mai 1985 folgendermaßen:

Der 8. Mai ist zweifellos der Tag, an dem der entsetzlichste Krieg zu Ende ging, den Deutschland je bestehen musste, der Tag auch, an dem ein Regime zu existieren aufhörte, das über unzählige unschuldige Mitmenschen Not und Tod gebracht hatte. Wir wissen aber auch, dass der 8. Mai 1945 der Ausgangspunkt neuen Unrechts war, das mit den Kriegsereignissen in keinerlei rechtlich oder moralisch vertretbarem Zusammenhang stand. Der Tag der bedingungslosen Kapitulation der Wehrmacht war für Millionen deutscher Menschen, die so unschuldig waren wie irgendeiner, der unter der nationalsozialistischen Herrschaft gelitten hatte, der Beginn von Gefangenschaft und Internierung, von Ausplünderung und Vergewaltigung, von Entrechtung und Vertreibung, von Hunger und Tod. Für Soldaten und Zivilisten, für Frauen und Kinder, für die überwältigende Mehrheit unseres Volkes konnte dieser Tag kein Tag der Befreiung sein. Der 8. Mai 1945 war und ist im Erleben unseres Volkes einer der traurigsten Tage, ein Tag der tiefsten Demütigung, zumal er dem persönlichen Elend unsere Ächtung als Nation und die Verweigerung unserer staatlichen Einheit hinzufügte. Der 8. Mai 1945 ist der traurige Jahrestag des Beginns der deutschen Spaltung und der weiteren Unterdrückung vieler deutscher Landsleute unter das kommunistische Regime. Der 8. Mai ist deshalb kein Grund für eine besondere Gedenkstunde.

Lorenz Niegel (Hrsg.), Der 8. Mai 1985 im Meinungsbild, o.O., o. J., Anlage 1

M4 „Verdeckung historischer Widersprüche“?

Egbert Jahn, Professor für Politikwissenschaft an der Universität Frankfurt, geht in einer Vorlesung 2013 auf das Thema wie folgt ein:

Die Rede von Weizsäckers hinterließ bei mir vor fünfundzwanzig Jahren einen unguten Beigeschmack trotz des gleichzeitigen Empfindens und der Anerkennung [...]. Wurden da nicht historische Widersprüche und Gegensätze lediglich mit wohltuenden Worten verdeckt? [...]
Diese Fragen werden an dieser Stelle aufgeworfen, weil die Befreiungsthese Richard von Weizsäckers zwar die wohltuende, befreiende und entlastende Wirkung für die Deutschen hat, sich auf die Seite der Opfer, der Verführten und Verstrickten, sowie der befreienden Siegermächte stellen zu können und die Täterschaft allein dem allmächtigen Verführer Adolf Hitler und seinen wenigen verbrecherischen Helfershelfern zuzumessen. Die Befreiungsthese verführt aber allzu leicht dazu, den fundamentalen Unterschied zwischen der Befreiung von unerwünschter, gefürchteter, verhasster und bekämpfter nationaler Fremdherrschaft und der Befreiung als langsame Ablösung von nationalsozialistischen Einstellungen zu verwischen. Es ist sinnvoll, von einer Befreiung Deutschlands vom Nationalsozialismus als Herrschaftssystem und als Denkweise zu sprechen, es ist aber zugleich erforderlich, den fundamentalen Unterschied zwischen beiden Arten der Befreiung deutlich zu machen.

Egbert Jahn, Politische Streitfragen in zeitgeschichtlicher Perspektive. Nochmals: Niederlage oder Befreiung am 8. Mai 1945, 6. Mai 2013, S. 2-17, hier S. 11 und 16. Zitiert nach: www.fb03.uni-frankfurt.de/.../ZSFraMoV15-NET-AchterMai-08.pdf [Zugriff: 04.08.2014]

1. *Geben Sie die Kernthesen der Texte M1 bis M4 wieder.*
2. *Stellen Sie die Kontroverse mit ihren jeweiligen Begründungen, aber auch Gemeinsamkeiten in der Einschätzung dar, indem Sie die Argumente der Autoren tabellarisch gegenüberstellen (M1 bis M3).*
3. *Erläutern Sie die Geschichtsbilder, die in den ersten drei Quellen zum Ausdruck kommen, und arbeiten Sie die Konsequenzen für Politik und Gesellschaft heraus.*
4. *Bewerten Sie die Positionen der Autoren zum Gedenken an den 8. Mai 1945. Beachten Sie bei der Beurteilung von Reden den Methoden-Baustein auf S. 336ff.*

Der Holocaust im Fokus der Aufmerksamkeit

Perspektivenwechsel in der Bundesrepublik ... Ende der 1970er-Jahre begann die *Phase der Vergangenheitsbewahrung*, in der sich die Beschäftigung mit dem Nationalsozialismus, vor allem aber auch mit dem Holocaust, auf wissenschaftlichem, publizistischem und politischem Gebiet deutlich intensivierte und in zahlreichen Diskussionen um Gedenktage, Gedenkreden oder Museen ihren Ausdruck fand.

Im Januar 1979 hatte die bundesdeutsche Öffentlichkeit die Ausstrahlung der vierteiligen US-Fernsehserie „Holocaust" erschüttert. Sie zeigte am Schicksal einer Berliner Arztfamilie die Ausgrenzung und schließlich die Ermordung der Juden, die Karriere eines Obersturmbannführers im Nationalsozialismus und illustrierte detailliert die verschiedenen Formen des Massenmordes. In der wissenschaftlichen Forschung, aber auch in der publizistischen Öffentlichkeit war bis zu diesem Zeitpunkt viel von einem „Selbstläufertum" der Institutionen die Rede gewesen, von einer seelenlosen Maschinerie des Tötens, die, einmal in Gang gesetzt, kaum noch zu stoppen gewesen sei. Dass für diese Maschinerie aber der bereitwillige Ausführende eine ebenso tragende Rolle spielte wie eine verbreitete Volksmentalität, in der sich seit dem 19. Jahrhundert ein aggressiver Antisemitismus kontinuierlich entwickeln konnte, drang erst nach und nach an die Oberfläche. Die Beschäftigung mit dem Holocaust war bis zu diesem Zeitpunkt sogar so weit zurückgegangen, dass der Historiker *Ulrich Herbert* rückblickend von einer „zweiten Verdrängung" spricht. Erst Mitte der Achtzigerjahre wandten sich Historiker dem Thema verstärkt zu. Neben den Juden kamen nun auch andere Opfergruppen in den Blick: „Zigeuner", Behinderte, „Asoziale", Homosexuelle, Kriegsgefangene, Zwangsarbeiter und Deserteure. Im Unterschied zu den 1960er-Jahren, als engagierte Wissenschaftler und Juristen im Rahmen von Strafprozessen die Verbrechenskontexte erhellten und damit zwangsläufig den Fokus auf die Nazi-Täter legten, kam nun viel stärker die Perspektive der Opfer und Überlebenden ins Bewusstsein der Öffentlichkeit. Kontroversen um die Vergangenheit und den Holocaust gab es nach wie vor. Einen der Höhepunkte stellte zweifelsohne der Mitte der 1980er-Jahre geführte **Historikerstreit** dar (▸ M1, M2). Wenige Jahre später löste dann die Rede von Bundestagspräsident *Philipp Jenninger* (CDU) einen Skandal aus, die er zum Gedenken an die „Reichspogromnacht" gehalten hatte. Wegen seiner missverständlichen Worte über die NS-Zeit erfuhr er heftige Kritik und trat von seinem Amt zurück. Das Thema der „Vergangenheitsbewältigung" blieb auch über 40 Jahre nach Kriegsende ein viel diskutiertes in der publizistischen Öffentlichkeit.*

... und später auch in der DDR In der DDR hatte das Thema Holocaust eine geringere Bedeutung; die jüdischen Verfolgten erfuhren daher auch keine besondere Anerkennung als Opfer. Erst Ende der 1980er-Jahre rückte die politische Führung der DDR den Holocaust und die Opfer des Antisemitismus stärker in den Fokus. Den Feierlichkeiten zum Gedenken an den 50. Jahrestag der „Reichspogromnacht" 1988 kam daher eine nie zuvor dagewesene Bedeutung zu. So stieg die DDR, wie der Journalist und Historiker *Peter Bender* 2007 resümiert, erst kurz vor ihrem Ende „vom hohen Ross des ‚Siegers der Geschichte' [herunter] und wurde, was die Bundesrepublik war: ein Nachfolgestaat des Nazi-Reiches".

„Vergangenheitsbewältigung" (S. 450-452) und „Vergangenheitsbewahrung". Erklären Sie, wodurch beide Phasen sich unterscheiden.

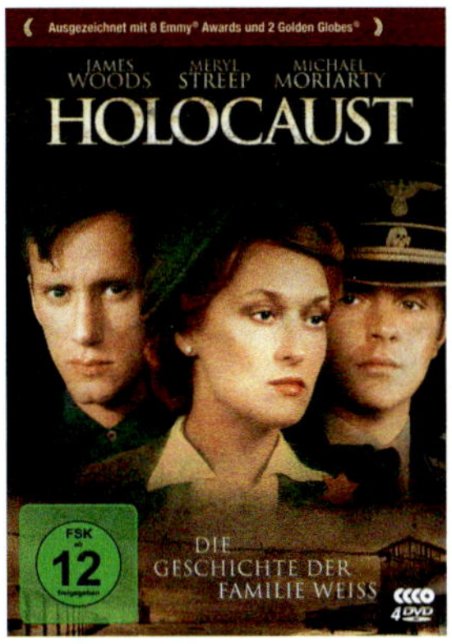

▲ **„Holocaust."**
DVD-Cover zur TV-Serie von 1979.

Lesetipp:
Martin Sabrow, Ralph Jessen und Klaus Große Kracht (Hrsg.), Zeitgeschichte als Streitgeschichte. Große Kontroversen seit 1945, München 2003

Historikerstreit: westdeutsche Debatte der Jahre 1986/87, in der Wissenschaftler die Frage nach der historischen Einzigartigkeit des Holocaust diskutierten sowie über die Funktion und Rolle der „Vergangenheitsbewältigung", d.h., wie in der Bundesrepublik künftig in Politik und Gesellschaft mit dem Nationalsozialismus umzugehen sei

* Zur Geschichts- und Erinnerungskultur siehe auch S. 552 ff.

M1 Schlussstrich?

In den Achtzigerjahren findet in der westdeutschen Geschichtswissenschaft und Presse eine heftige Debatte um die „Einmaligkeit" des nationalsozialistischen Judenmordes statt („Historikerstreit"). Dabei geht es auch um die Frage, wie „normal" die nationalsozialistische Zeit jemals in der deutschen Geschichte werden könne. Der Historiker Ernst Nolte bezieht in der „Frankfurter Allgemeinen Zeitung" vom 6. Juni 1986 dazu Stellung:

Mit der „Vergangenheit, die nicht vergehen will", kann nur die nationalsozialistische Vergangenheit der Deutschen oder Deutschlands gemeint sein. Das Thema impliziert die These, dass normalerweise jede Vergangenheit vergeht und dass es sich bei diesem Nicht-Vergehen um etwas ganz Exzeptionelles handelt. [...]

Gerade diejenigen, die am meisten und mit dem negativsten Akzent von „Interessen" sprechen, lassen die Frage nicht zu, ob bei jenem Nicht-Vergehen der Vergangenheit auch Interessen im Spiel waren oder sind, etwa die Interessen einer neuen Generation im uralten Kampf gegen „die Väter" oder auch die Interessen der Verfolgten und ihrer Nachfahren an einem permanenten Status des Herausgehoben- und Privilegiertseins.

Die Rede von der „Schuld der Deutschen" übersieht allzu geflissentlich die Ähnlichkeit mit der Rede von der „Schuld der Juden", die ein Hauptargument der Nationalsozialisten war. Alle Schuldvorwürfe gegen „die Deutschen", die von Deutschen kommen, sind unaufrichtig, da die Ankläger sich selbst oder die Gruppe, die sie vertreten, nicht einbeziehen und im Grunde bloß den alten Gegnern einen entscheidenden Schlag versetzen wollen. [...]

Es ist ein auffallender Mangel der Literatur über den Nationalsozialismus, dass sie nicht weiß oder nicht wahrhaben will, in welchem Ausmaß all dasjenige, was die Nationalsozialisten später taten, mit alleiniger Ausnahme des technischen Vorgangs der Vergasung, in einer umfangreichen Literatur der frühen Zwanzigerjahre bereits beschrieben war: Massendeportationen und -erschießungen, Folterungen, Todeslager, Ausrottungen ganzer Gruppen nach bloß objektiven Kriterien, öffentliche Forderungen nach Vernichtung von Millionen schuldloser, aber als „feindlich" erachteter Menschen. [...] Vollbrachten die Nationalsozialisten, vollbrachte Hitler eine „asiatische" Tat vielleicht nur deshalb, weil sie sich und ihresgleichen als potenzielle oder wirkliche Opfer einer „asiatischen" Tat betrachteten? War nicht der „Archipel GULag"[1] ursprünglicher als Auschwitz? War nicht der „Klassenmord" der Bolschewiki das logische und faktische Prius[2] des „Rassenmordes" der Nationalsozialisten? [...] Rührte Auschwitz vielleicht in seinen Ursprüngen aus einer Vergangenheit, die nicht vergehen wollte? [...]

Wenn sie [die Geschichte des „Dritten Reiches"] in all ihrer Dunkelheit und in all ihren Schrecknissen, aber auch in der verwirrenden Neuartigkeit, die man den Handelnden zugute halten muss, einen Sinn für die Nachfahren gehabt hat, dann muss er im Freiwerden von der Tyrannei des kollektivistischen Denkens bestehen. Das sollte zugleich die entschiedene Hinwendung zu allen Regeln einer freiheitlichen Ordnung bedeuten, einer Ordnung, welche die Kritik zulässt und ermutigt, soweit sie sich auf Handlungen, Denkweisen und Traditionen bezieht, also auch auf Regierungen und Organisationen aller Art, die aber die Kritik an Gegebenheiten mit dem Stigma des Unzulässigen versehen muss, von denen die Individuen sich nicht oder nur unter größten Anstrengungen lösen können, also die Kritik an „den" Juden, „den" Russen, „den" Deutschen oder „den" Kleinbürgern. Sofern die Auseinandersetzung mit dem Nationalsozialismus gerade von diesem kollektivistischen Denken geprägt ist, sollte endlich ein Schlussstrich gezogen werden. Es ist nicht zu leugnen, dass dann Gedankenlosigkeit und Selbstzufriedenheit um sich greifen könnten.

Aber das muss nicht so sein, und Wahrheit darf jedenfalls nicht von Nützlichkeit abhängig gemacht werden. Eine umfassendere Auseinandersetzung, die vor allem im Nachdenken über die Geschichte der letzten zwei Jahrhunderte bestehen müsste, würde die Vergangenheit, von der im Thema die Rede ist, zwar ebenso zum „Vergehen" bringen, wie es jeder Vergangenheit zukommt, aber sie würde sie sich gerade dadurch zu eigen machen.

Ernst Nolte, Vergangenheit, die nicht vergehen will, in: „Historikerstreit". Die Dokumentation der Kontroverse um die Einzigartigkeit der nationalsozialistischen Judenvernichtung, München 1987, S. 39 ff.

1. *Arbeiten Sie Noltes Kritik am Umgang mit der nationalsozialistischen Vergangenheit heraus.*
2. *Erläutern Sie, für welchen Umgang mit der Geschichte des „Dritten Reiches" Nolte plädiert.*

[1] **Archipel GULag**: Sammelbegriff für die sibirischen Zwangslager, in denen zwischen 1928 und 1952 ca. fünf Millionen Menschen zu Tode kamen; siehe auch S. 179

[2] **prius** (lat.): vorher

M2 Wie lange haften die Nachgeborenen?

Am 11. Juli 1986 greift der Philosoph Jürgen Habermas mit seinem in der Wochenzeitung „Die Zeit" veröffentlichten Essay führende Historiker der Bundesrepublik an, vor allem Ernst Nolte. Dieser hat die Ursachen des Holocaust in Zusammenhang mit den stalinistischen Terrorakten in der Sowjetunion gebracht (M1). Daraus entstand eine heftige Debatte um die „Einmaligkeit" des nationalsozialistischen Völkermordes („Historikerstreit"). Dazu schreibt Habermas:

Unsere Situation hat sich, im Vergleich zu der vor vierzig Jahren [...], gründlich verändert. Damals ging es um die Unterscheidung zwischen der persönlichen Schuld der Täter und der kollektiven Haftung derer, die es – aus wie immer verständlichen Gründen – unterlassen hatten, etwas zu tun. Diese Unterscheidung trifft nicht mehr das Problem von Nachgeborenen, denen das Unterlassungshandeln ihrer Eltern und Großeltern nicht zur Last gelegt werden kann. Gibt es für diese überhaupt noch ein Problem der Mithaftung? [...] Nach wie vor gibt es die einfache Tatsache, dass auch die Nachgeborenen in einer Lebensform aufgewachsen sind, in der das möglich war. Mit jenem Lebenszusammenhang, in dem Auschwitz möglich war, ist unser eigenes Leben [...] innerlich verknüpft. Unsere Lebensform ist mit der Lebensform unserer Eltern und Großeltern verbunden durch ein schwer entwirrbares Geflecht von familialen, örtlichen, politischen, auch intellektuellen Überlieferungen – durch ein geschichtliches Milieu also, das uns erst zu dem gemacht hat, was und wer wir heute sind. Niemand von uns kann sich aus diesem Milieu herausstehlen, weil mit ihm unsere Identität, sowohl als Individuen wie als Deutsche, unauflöslich verwoben ist. [...] Wir müssen also zu unseren Traditionen stehen, wenn wir uns nicht selber verleugnen wollen. [...] Aber was folgt aus dieser existenziellen Verknüpfung mit Traditionen und Lebensformen, die durch unaussprechliche Verbrechen vergiftet worden sind? [...] Überträgt sich etwas von dieser Haftung auch noch auf die nächste und die übernächste Generation? Aus zwei Gründen, denke ich, sollten wir die Frage bejahen.

Da ist zunächst die Verpflichtung, dass wir in Deutschland – selbst wenn es niemand sonst mehr auf sich nähme – unverstellt, und nicht nur mit dem Kopf, die Erinnerung an das Leiden der von deutschen Händen Hingemordeten wachhalten müssen. [...] Wenn wir uns über dieses Benjamin'sche Vermächtnis[1] hinwegsetzten, würden jüdische Mitbürger, würden überhaupt die Söhne, die Töchter und die Enkel der Ermordeten in unserem Lande nicht mehr atmen können. Das hat auch politische Implikationen. Jedenfalls sehe ich nicht, wie sich das Verhältnis der Bundesrepublik beispielsweise zu Israel auf absehbare Zeit „normalisieren" könnte. [...] Nach Auschwitz können wir nationales Selbstbewusstsein allein aus den besseren Traditionen unserer nicht unbesehen, sondern kritisch angeeigneten Geschichte schöpfen. Wir können einen nationalen Lebenszusammenhang, der einmal eine unvergleichliche Versehrung der Substanz menschlicher Zusammengehörigkeit zugelassen hat, einzig im Lichte von solchen Traditionen fortbilden, die einem durch die moralische Katastrophe belehrten, ja argwöhnischen Blick standhalten. Sonst können wir uns selbst nicht achten und von anderen nicht Achtung erwarten.

Diese Prämisse hat bisher das offizielle Selbstverständnis der Bundesrepublik getragen. Der Konsens wird heute von rechts aufgekündigt. Man fürchtet nämlich eine Konsequenz: Eine kritisch sichtende Traditionsaneignung fördert in der Tat nicht das naive Vertrauen in die Sittlichkeit bloß eingewöhnter Verhältnisse; sie verhilft nicht zur Identifikation mit ungeprüften Vorbildern.

Jürgen Habermas, Vom öffentlichen Gebrauch der Historie, in: „Historikerstreit", a. a. O., S. 246 ff.

1. *Erläutern Sie, was Habermas mit einer „kritisch angeeigneten Geschichte" (Zeile 43) meint.*
2. *Analysieren Sie, welche „Erkenntnisinteressen" in der Interpretation des „Dritten Reiches" Habermas bestimmten Gruppen von Zeitgenossen vorwirft.*
3. *Nehmen Sie Stellung zur Frage der „Mithaftung der Nachgeborenen" und des „richtigen Umgangs" mit der Geschichte des „Dritten Reiches". Wie wirkt sich dies auf das deutsche Selbstverständnis aus?*

[1] Der Literaturwissenschaftler **Walter Benjamin** (1892-1940) war jüdischer Herkunft und nahm sich auf der Flucht vor der Gestapo das Leben. In seinen Aufzeichnungen fand sich die dringende Mahnung, dass die immerwährende Erinnerung an die grausamen Verbrechen der Deutschen die einzig mögliche Sühne wäre.

Nach 1989: Ein neuer Typ von Geschichtskultur entsteht

▶ **„Denkmal für die ermordeten Juden Europas" in Berlin.**
Foto von 2012.
Seit Mai 2005 befindet sich das von dem amerikanischen Architekten Peter Eisenman entworfene Stelenfeld in der Mitte Berlins.

Recherchieren Sie die Entstehungsgeschichte dieses zentralen Erinnerungsortes und setzen Sie sich dabei auch mit der touristischen Nutzung des Mahnmals auseinander. Bearbeiten Sie dabei folgende Fragen: Ist das „gedankenlose Gedenken" der Menschen (u. a. der „Stelenspringer") mit der Würde des Ortes vereinbar? Oder zeigt sich in dem unbekümmerten Umgang vieler Besucher die erhoffte Offenheit der Erinnerungsarchitektur? Ist das „Holocaust-Mahnmal" also ein Ort, zu dem man, wie der damalige Bundeskanzler Gerhard Schröder (SPD) erklärte, „gern hingehen" sollte?

Umstrittenes Gedenken In der Bundesrepublik waren bürgergesellschaftliche Initiativen Ende der 1970er-Jahre zur Normalität geworden. Das beeinflusste auch die Geschichtskultur. Die (Um-)Benennung von Straßen, Plätzen, Institutionen und Kasernen, die Errichtung, Entfernung oder Umwidmung von Gedenkorten verstand man nun nicht mehr als alleinige Angelegenheit des Staates, sondern als Resultat eines bürgerlichen Engagements. Wie schwierig es jedoch sein kann, eine öffentliche Gedenkstätte zu gestalten, in der sich der Umgang mit der NS-Zeit angemessen ausdrückt, zeigen die Diskussionen um das *Denkmal für die ermordeten Juden Europas* im Zentrum Berlins. Schon 1988 gründeten die Journalistin und Publizistin *Lea Rosh* und der Historiker *Eberhard Jäckel* eine Bürgerinitiative zur Errichtung einer Gedenkstätte. Bei den heftigen, in der Öffentlichkeit ausgetragenen Diskussionen war die Konzeption des Mahnmals besonders umstritten (▶ M1). Nachdem ein erster Entwurf abgelehnt wurde, entschied sich eine Bundestagsmehrheit mehr als zehn Jahre später, im Juni 1999, für eine überarbeitete Fassung des amerikanischen Architekten *Peter Eisenman*.

Internettipp:
Informationen über rund 440 Gedenkstätten, Museen, Dokumentationszentren und Mahnmale, die an die Opfer des Nationalsozialismus erinnern, finden Sie unter Code ***4673-52***.

Lesetipps:
- *Leah Rosh (Hrsg.), „Die Juden, das sind doch die anderen". Der Streit um ein deutsches Denkmal, Berlin 1999*
- *Hans-Georg Stavginski, Das „Holocaust-Denkmal". Der Streit um das „Denkmal für die ermordeten Juden Europas" in Berlin 1988-1999, Paderborn/München 2002*

Eine neue „Gedenkkultur" In wenigen Jahren werden die letzten Zeitzeugen des NS-Regimes verstorben sein. Daher gewinnen Formen des öffentlichen Gedenkens immer mehr an Bedeutung, welche die individuelle durch eine gemeinsame Erinnerung – ein *kollektives Gedächtnis** – ersetzen (▶ M2).

Heute gibt es in Deutschland eine Vielzahl von Gedenkstätten für Opfer und Widerstandskämpfer aus der Zeit des Nationalsozialismus, die vom Bund, den Ländern, Kommunen oder von bürgergesellschaftlichen Akteuren errichtet wurden und betrieben werden. Das Spektrum reicht von den KZ-Gedenkstätten bis hin zu jüngeren Gedenkorten wie etwa das *Denkmal für die im Nationalsozialismus ermordeten Sinti und Roma Europas* in der Nähe des Reichstages in Berlin. Etwa seit dem Jahr 2000 hat das

* Siehe S. 468 und die Ausführungen zur Geschichts- und Erinnerungskultur; siehe S. 528 ff.

Thema Nationalsozialismus und Zweiter Weltkrieg auch in Kino- und TV-Produktionen Konjunktur. Eine neue Generation von Autoren und Regisseuren entwickelt hier eine eigene Sichtweise auf die Vergangenheit, welche in der Geschichtswissenschaft, aber auch in den Medien immer wieder kontrovers diskutiert wird.

Kritisch wird, vor allem auch im Ausland, die 1999 vom Bund der Vertriebenen initiierte Gründung eines *Zentrums gegen Vertreibungen* gesehen, das in Berlin entstehen sollte. Zu einer Einrichtung des Zentrums gegen Vertreibungen kam es nicht. Stattdessen entsteht unter der Leitung der „Stiftung Flucht, Vertreibung, Versöhnung" des Bundes in Berlin ein *Ausstellungs-, Dokumentations- und Informationszentrum zu Flucht und Vertreibung*, das an die Vertreibung von 60 bis 80 Millionen Menschen in der ersten Hälfte des 20. Jahrhunderts erinnern wird.

▲ **Denkmal für die im Nationalsozialismus ermordeten Sinti und Roma Europas.**
Foto von 2012.
Das Denkmal des Künstlers Dani Karavan wurde im Oktober 2012 eingeweiht, 20 Jahre nachdem die Bundesregierung die Errichtung beschlossen hatte. Es befindet sich im Zentrum Berlins – zwischen Brandenburger Tor und Reichstagsgebäude.

Transnationale Erinnerungskultur ■ Seit 1995 wurde mit der „Stolperstein"-Initiative des Künstlers *Gunter Demnig*, Jahrgang 1949, eine neue geschichtskulturelle Qualität erreicht. Die Aktion liefert den Rahmen für das Engagement bürgergesellschaftlicher Akteure, die in ihrem lokalen Umfeld an das Schicksal von Opfern des Nationalsozialismus erinnern wollen, indem sie die Patenschaft für die Verlegung eines „Stolpersteins" beantragen. Der „Stolperstein" wird vor dem letzten selbstgewählten Wohnsitz des Opfers ins Pflaster eingelassen und enthält knapp gehaltene Angaben zur Person. Bis Ende 2015 dienten rund 56 000 Steine in Deutschland und in 17 weiteren europäischen Ländern dazu, das Gedenken an die Opfer im lokalen Kontext wachzuhalten und die Beschäftigung mit dem Nationalsozialismus anzuregen. Gleichzeitig steht diese länderübergreifende Initiative exemplarisch für die zunehmend internationaler werdende Gedenk- und Erinnerungskultur an Nationalsozialismus und Holocaust, die sich heute vor allem in Museen wie dem *United States Holocaust Memorial Museum* in Washington, D.C., in der Gedenkstätte *Yad Vashem* in Jerusalem* oder im *Jüdischen Museum* in Berlin zeigt.

Auch die Entwicklung des 27. Januar (**„Tag der Befreiung"**) von einem nationalen Gedenktag der Deutschen zum „Internationalen Tag des Gedenkens an die Opfer des Holocaust" verweist auf die Tatsache, dass der Holocaust heute Teil einer *transnationalen Erinnerungskultur* geworden ist.

„Tag der Befreiung": Am 27. Januar wird alljährlich der Befreiung des Vernichtungslagers Auschwitz-Birkenau durch die Rote Armee 1945 gedacht. Seit 1996 ist der 27. Januar in Deutschland ein gesetzlicher Gedenktag („Tag des Gedenkens an die Opfer des Nationalsozialismus"). 2005 erklärten die Vereinten Nationen den 27. Januar zum „Internationalen Tag des Gedenkens an die Opfer des Holocaust".

■ *Die „Stolpersteine" (siehe Abb. auf S. 467) sehen mehrere jüdische Bürger kritisch. Auch die Holocaust-Überlebende und ehemalige Präsidentin des Zentralrates der Juden, Charlotte Knobloch, äußert in einem Interview für die Süddeutsche Zeitung eine „unbeirrbare Abwehrhaltung" gegen diese „Gedenkform auf dem Boden". Sie habe noch immer Bilder vor Augen „von den getretenen, gedemütigten, geschundenen Menschen und den am Boden kauernden Verletzten, Sterbenden oder bereits Toten".*
Nehmen Sie angesichts dieser Bedenken in Form eines Leserbriefes Stellung zu den zahlreichen „Stolpersteinen" in unseren Städten.

Internettipp:
Informationen zu den „Stolpersteinen" finden Sie unter Code ***4673-41***.

* Lesen Sie dazu das OnLine-Kapitel „Der Holocaust-Gedenktag in Israel"; siehe Code **4673-00**.

M1 „Wer darf vergessen werden?“

Der Historiker Reinhart Koselleck greift 1998 mit einem in der „Zeit“ veröffentlichten Artikel in die Überlegungen des Deutschen Bundestages für das Holocaust-Mahnmal ein:

Die erste Möglichkeit ist [...] ein Denkmal nur für die ermordeten Juden zu schaffen, unter striktem Ausschluss jeder anderen Opfergruppe [...]. Dann müssen wir räumlich, ikonografisch[1], zeitlich und finanziell die jüdischen Wünsche einlösen: ein Opfermal. Oder wir errichten ein Mahnmal beziehungsweise ein Schandmal, jedenfalls ein Denkmal, das primär an die Tat und die Täter erinnert, die die Juden erschlagen, erschossen, vergast, beseitigt und in Asche, Luft und Wasser aufgelöst haben. Also ein Täterdenkmal? Nur scheinbar sind diese beiden Projekte identisch. Errichten wir ein Mahnmal, das die unsäglichen Taten der Deutschen erinnert, dann können wir nicht haltmachen vor den Millionen Toten anderer Gruppen, die von uns als Täter ebenso ermordet worden sind wie die Juden. Oder sollen wir als Erben der Täter eine Grenze ziehen zwischen den mit Gas Ermordeten, zum Beispiel in Sonnenstein[2], und jenen mit Gas Umgebrachten in Chelmno oder Sobibor? Die Vernichtungskategorien wurden von den Rasseideologen der SS entwickelt, sortiert und exekutiert – der Tod war der gleiche, so einmalig und so verschieden die Menschen auch waren, die unschuldig in diese Mordmaschine eingeschleust wurden. [...]
Aus einem Denkmal nur für die Juden allein folgt zwingend, dass wir für alle anderen Opfergruppen entsprechende Denkmäler errichten müssen. Dies ist die zweite Möglichkeit, die verwirklicht zu werden fordert. Jede Lösung unterhalb dieser Vielfalt von Denkmälern wäre verlogen. Doch bisher ist es nur bei Lippenbekenntnissen zur Toleranz geblieben. Für keine der anderen Opfergruppen gibt es eine staatliche Initiative oder private Pressure-groups, als seien ihre Toten Tote minderen Ranges, die eher der Vergessenheit anheimgegeben werden dürfen. Es ist die makabre Ironie dieser zweiten Lösung, dass wir uns weiterhin an die Häftlingskategorien der SS halten, die in den Konzentrationslagern alle so oder so definierten Gruppen gegeneinander ausspielte. Akzeptieren wir einmal das Denkmal nur für die Juden, dann erhebt sich daraus unentrinnbar jene oft zitierte Denkmalshierarchie, die je nach Zahl der Ermordeten und je nach Einfluss der Überlebenden die nazistischen Tötungskategorien festschreibt und in unterschiedlichen Größenordnungen versteinert. Es stellt sich die Frage, ob wir als Nation der Täter diese Folgelasten gutheißen können. [...]
Weder moralisch noch politisch gibt es irgendeinen Grund, diese Millionen Toten, die demselben Terrorsystem zum Opfer gefallen sind wie die Juden, aus unserem Denkmal auszusparen. Daraus folgt die dritte Möglichkeit: dass wir nur ein einziges Denkmal errichten dürfen, ein Mal, das an alle Ermordeten und Beseitigten gemeinsam erinnert. Dann bleibt keiner der von uns ermordeten unschuldigen Menschen aus der mahnenden Erinnerung des Täter-Mals ausgeschlossen. Dies ist die wirkliche geschichtliche Folgelast, die wir als Deutsche auf uns zu nehmen haben.

Die Zeit, Nr. 13/1998, 19. März 1998. Zitiert nach: www.zeit.de/1998/13/holocaust.txt.19980319.xml [Zugriff: 10.01.2013]

[1] **Ikonografie**: Bestimmung, Beschreibung oder Erklärung von Bildinhalten

[2] In der Tötungsanstalt **Pirna-Sonnenstein** (Sachsen) brachten die Nationalsozialisten im Verlauf der „Euthanasie“-Aktion T4 (siehe S. 296) fast 14 000 Menschen um.

1. *Geben Sie Kosellecks Argumente wieder.*
2. *Erläutern Sie, was er unter „Opfer“ und „Täter“ versteht.*
3. *Entwickeln Sie eigene Vorstellungen, wie auf die „geschichtliche Folgelast“ reagiert werden sollte. Bearbeiten Sie die drei Aufgaben in Form einer Rezension von Kosellecks Aufsatz.*

M2 „Erinnerungskultur“ statt Geschichtsbewusstsein?

Der Historiker Norbert Frei schreibt 2005 über die moderne Gedenk- und Erinnerungskultur:

Im Wissen um die Mechanismen schnüren Film und Fernsehen, Magazine und Museen, aber natürlich auch Historiker und politische Bildungseinrichtungen seit Monaten, zum Teil sogar seit Jahren, am Gedenkpaket 1939 – 1949 – 1989. Selbstredend bedürfen dabei die Produktionen zum 70. Jahrestag des deutschen Überfalls auf Polen, zum 60. Geburtstag der Bundesrepublik und zur 20. Wiederkehr des Mauerfalls unterschiedlicher Intonation. In einer Hinsicht aber werden sich die meisten ähneln: im Rekurs auf den Zeitzeugen und das durch ihn verkörperte Authentizitätsversprechen.
Der Vorstellung, dass es die Stimme des Dabeigewesenen ist, die historisches Verstehen garantiert, ist kaum mehr wirkungsvoll entgegenzutreten in einer Gesellschaft, in der „Erinnerungskultur“ an die Stelle von Geschichtsbewusstsein getreten ist. [...]
Unter dem Tugendgebot der Erinnerung scheint weiten Teilen der politischen Klasse, freilich nicht allein in der Bundesrepublik, jeder Begriff von Geschichte und von den Vorzügen einer Geschichtsschreibung, die sich unabhängig von politischen Identitätsstiftungsversuchen und Nützlich-

▲ **„Stolpersteine" erinnern in Köln an deportierte jüdische Bewohner.**
Foto von 2008.

- *Begeben Sie sich in Ihrem Heimatort/Ihrem Landkreis auf Spurensuche und recherchieren Sie, ob auch dort „Stolpersteine" verlegt worden sind. Zeigen Sie anhand der von Ihnen gefundenen Exemplare auf, welche Verfolgungswege das Schicksal der deutschen Juden kennzeichnete.*

keitserwägungen entfaltet, abhanden gekommen zu sein. Wem als Politiker oder als Bürger jedoch daran liegt, dass nicht nur „gedacht und erinnert", sondern gewusst und verstanden wird, der kann sich nicht auf die Frage beschränken, wie viele seiner Zeitgenossen ein historisch gewordenes Ereignis noch erlebt oder nicht mehr erlebt haben. Und dem muss es am Ende nicht darum gehen, Vergangenheit „lebendig zu halten" – wohl aber um Chancen, sie sich begreifend anzueignen. [...]

Im Unterschied zur Zeitgenossenschaft, die nun ihren Abschluss findet, ist die „Arena der Erinnerungen" gerade erst eröffnet. Denn das „Zeitalter des Gedenkens", für dessen Entstehen „Auschwitz" die erste und entscheidende Ursache war, kommt nicht zu Ende, aber es geht nicht mehr in diesem Ursprung auf. In einer Welt vernetzter Gedächtnisse und globaler Imagologien[1] ist der Holocaust zu einer Metapher geworden, die für vieles stehen kann, und Hitler – auch – zur Gruselgröße einer multimedialen Populärkultur.

Eine angemessene – und das heißt nicht zuletzt: auf sich verändernde Fragen Auskunft gebende – Vergegenwärtigung der nationalsozialistischen Vergangenheit bleibt auch im 21. Jahrhundert politisch-moralisches Gebot und intellektuelle Herausforderung. Nötig allerdings ist dazu Wissen, nicht nur die Bereitschaft zur Erinnerung. Mit Blick auf eine Gegenwart, die kein persönliches Erinnern an die NS-Zeit mehr kennen wird, sind deshalb neue Anstrengungen gefragt. Das ist im Übrigen nicht allein eine Frage unseres kulturellen Selbstverständnisses, sondern von praktischem Sinn und politischem Nutzen: Denn nur dort, wo aufgeklärtes Geschichtsbewusstsein entsteht, wird der Abbau kollektiver Mythen möglich, die Europa auch sechs Jahrzehnte nach dem Ende des Zweiten Weltkrieges noch beschweren.

Norbert Frei, 1945 und wir. Das Dritte Reich im Bewusstsein der Deutschen. Erweiterte Taschenbuchausgabe, München 2009, S. 17 f. und 36 f.

[1] **Imagologie** (heute: interkulturelle Hermeneutik): vergleichende Wissenschaft, die sich mit dem „Bild vom anderen Land" in Bezug auf Sprache, Kultur, Ansichten und Werte beschäftigt

1. *Fassen Sie zusammen, wie Frei die moderne Gedenk- und Erinnerungskultur bewertet.*
2. *Erläutern Sie die Aussage, die Erinnerungskultur sei an die Stelle von Geschichtsbewusstsein getreten.*
3. *Entwickeln Sie Vorschläge, wie eine von Frei geforderte „angemessene Vergegenwärtigung der nationalsozialistischen Vergangenheit" aussehen könnte.*

Der 27. Januar als Gedenktag

▲ **Einladungskarte.**
Gedenkveranstaltung der internationalen Christlichen Botschaft Jerusalem – Deutscher Zweig e. V., Stuttgart, 2015.

Kulturelles/kommunikatives Gedächtnis: Theorie, die in den 1980er-Jahren von den Kulturwissenschaftlern Jan und Aleida Assmann weiterentwickelt wurde. Kulturelles und kommunikatives Gedächtnis sind Teil des kollektiven Gedächtnisses, das die Gedächtnisleistung einer Gruppe von Menschen beschreibt. Während das kommunikative Gedächtnis etwa 80 Jahre zurückreicht und durch mündliche Erzählung, Erfahrung und Hörensagen geprägt wird, reicht das kulturelle Gedächtnis weit in die Vergangenheit zurück. Das kulturelle Gedächtnis ist nicht an Zeitzeugen gebunden, sondern benötigt „Expertenwissen" – Lehrer, Priester, Schamanen usw. geben Mythen und Traditionen weiter, die als kultureller Besitz der Gemeinschaft verstanden werden. Siehe dazu auch S. 528 ff.

Vom nationalen Erinnern ... ■ Am 27. Januar 1945 wurden die Überlebenden des Konzentrationslagers Auschwitz durch Truppen der sowjetischen Armee befreit. Bis vor wenigen Jahren spielte der 27. Januar als „Tag der Befreiung" von Auschwitz im **kulturellen** und **kommunikativen Gedächtnis** der Deutschen keine nennenswerte Rolle. In den Nachkriegsjahrzehnten wurde das Datum in der Bundesrepublik hin und wieder mit öffentlichen Gedenkveranstaltungen, in der DDR im Zuge der alljährlichen Befreiungsfeierlichkeiten zum Ende des Zweiten Weltkrieges gewürdigt. Den Status eines nationalen Gedenk- und Feiertages erhielt der 27. Januar jedoch nicht. Durch die vielen offiziellen Gedenkveranstaltungen, die 1995 zum 50. Jahrestag des Kriegsendes in ganz Europa begangen wurden, stieß die Idee eines Gedenktages für die Opfer des NS-Regimes auf internationale Resonanz.
Das Ende des *Ost-West-Konfliktes* 1989/91 hatte die Voraussetzungen für eine gemeinsame europäische Erinnerung geschaffen. In Deutschland setzte sich besonders der Vorsitzende des Zentralrates der Juden, *Ignatz Bubis*, für die Einführung eines solchen Gedenktages ein und schlug das „europäische" Datum des 27. Januar vor.* So wie Auschwitz symbolhaft für die Massenvernichtung des europäischen Judentums steht, sollte der „Tag der Befreiung" dieses Lagers als Symbol für die nationalsozialistische Schreckensherrschaft über Europa gelten. Im Juni 1995 beschlossen die Bundestagsfraktionen, den 27. Januar zum nationalen Gedenktag, nicht aber zum arbeitsfreien Feiertag zu erheben. Am 3. Januar 1996 proklamierte Bundespräsident *Roman Herzog* den 27. Januar offiziell als Tag des Gedenkens an die Opfer des Nationalsozialismus (▸ M1). Das Gedenken bezog er ausdrücklich auf alle, die der nationalsozialistischen Ideologie und Rassepolitik zum Opfer gefallen sind. Alljährlich wird seither im Bundestag mit der Rede des Bundespräsidenten und eines prominenten Zeitzeugen, in den Landtagen mit Sondersitzungen und in vielen Städten mit Gedenkveranstaltungen an das historische Geschehen gedacht.

... zum globalen Gedenken ■ Mit der Holocaust-Konferenz in Stockholm, an der Vertreter von 47 Staaten teilnahmen, setzte im Jahr 2000 die internationale Karriere des 27. Januar ein. An die Forderung des Forums, einen jährlichen Gedenktag zur Erinnerung an den NS-Völkermord einzuführen, schloss sich wenig später das *Europäische Parlament* an. 2005 wurde der 27. Januar von der EU zum europäischen Gedenktag und im selben Jahr von den *Vereinten Nationen* zum globalen Gedenktag („International Day of Commemoration in Memory of the Victims of the Holocaust") erklärt. Bis 2008 wurde in 34 Staaten ein Holocaust-Gedenktag eingeführt, davon in 21 Staaten am 27. Januar. Auch wenn sich Status und Gedenkpraxis von Land zu Land unterscheiden, ist es der am weitesten verbreitete Gedenktag der Welt.
Die Geschichte des 27. Januar ist ein Beispiel für Geschichtspolitik „von oben". Einführung und globale Ausweitung sind nicht unumstritten, zumal die verordnete Erinnerung oft auch dazu dient, aktuelle politische Entscheidungen zu legitimieren. Daher wird über die Wahl des Datums und die Art der Einführung diskutiert, darüber, für was der Gedenktag steht, an wen erinnert werden soll, welche Funktion ihm zukommt, wie das Gedenken gestaltet und für die Zukunft bewahrt werden kann (▸ M2). Geschichts- und Erinnerungskultur hat deshalb stets gegenwärtige und künftige Interessen und politischen Ziele zu reflektieren.

* Zum „Holocaust-Gedenktag in Israel" lesen Sie bitte das OnLine-Kapitel; siehe Code **4673-00**.

M1 „Die Erinnerung darf nicht enden"

In einer Ansprache im Deutschen Bundestag vom 19. Januar 1996 führt Bundespräsident Roman Herzog aus:

Ich wünsche mir, dass der 27. Januar zu einem Gedenktag des deutschen Volkes, zu einem wirklichen Tag des Gedenkens, ja des Nachdenkens wird. Nur so vermeiden wir, dass er Alibi-Wirkungen entfaltet, um die es uns am allerwenigsten gehen darf. Eine Kollektivschuld des deutschen Volkes an den Verbrechen des Nationalsozialismus können wir [...] nicht anerkennen; ein solches Eingeständnis würde zumindest denen nicht gerecht, die Leben, Freiheit und Gesundheit im Kampf gegen den Nationalsozialismus und im Einsatz für seine Opfer aufs Spiel gesetzt haben und deren Vermächtnis der Staat ist, in dem wir heute leben.

Aber eine kollektive Verantwortung gibt es, und wir haben sie stets bejaht. Sie geht in zwei Richtungen:

- Zunächst darf das Erinnern nicht aufhören; denn ohne Erinnerung gibt es weder Überwindung des Bösen noch Lehren für die Zukunft.
- Und zum andern zielt die kollektive Verantwortung genau auf die Verwirklichung dieser Lehren, die immer wieder auf dasselbe hinauslaufen: Demokratie, Rechtsstaat, Menschenrechte, Würde des Menschen. [...]

Deshalb meine Mahnung zum Erinnern und zur Weitergabe der Erinnerung. Nicht nur am 27. Januar. Aber vielleicht kann dieser Gedenktag uns dabei helfen.

Ansprache von Bundespräsident Roman Herzog zum Gedenktag für die Opfer des Nationalsozialismus im Deutschen Bundestag am 19. Januar 1996, zitiert nach: www.bundespraesident.de/SharedDocs/Reden/DE/Roman-Herzog/Reden/1996/01/19960119_Rede.html [Zugriff: 15.05.2012]

Beurteilen Sie, ob die Ziele, die Herzog mit der Einführung des Gedenktages verfolgte, erreicht worden sind. Erklären Sie seine Absicht, damit „Alibi-Wirkungen" vermeiden zu wollen.

M2 „Schafft diesen Gedenktag wieder ab!"

Der Soziologe Y. Michal Bodemann verfasst am 26. Januar 1999 folgenden Kommentar in der Berliner Tageszeitung (taz):

Der 27. Januar, der Tag der Befreiung von Auschwitz, ist seit 1995 der offizielle deutsche Gedenktag. Und niemand merkt es. Es könnte alles so schön werden: erst ein ordentlicher Gedenktag für die Opfer, dazu das für den ausländischen Besucher eindrucksvolle Eisenman-Mahnmal[1]. [...] Er scheint als Gedenktag für alle Nazi-Opfer weniger kontrovers: Der 27. Januar erinnert an die Befreiung von Auschwitz durch die Rote Armee 1945. Doch zu diesem Zeitpunkt war das KZ nur noch ein Schatten. In den Wochen zuvor hatte sich die Mordmaschinerie verlangsamt, zehn Tage zuvor wurde Auschwitz evakuiert, über 130 000 Häftlinge wurden auf Transporte und Todesmärsche geschickt, und nur ein elendes Überbleibsel von knapp 8 000 Insassen wurde am 27. Januar befreit. [...] Der 27. Januar ist ein fernes, konstruiertes Datum, ohne deutsche Erinnerung, in einem anderen Land und ohne deutsche Akteure, denn selbst die SS-Wachmannschaften waren damals bereits verschwunden.

Für die Verfolgtenseite mag dieser Tag ein Symbol der Befreiung sein, es waren ihre Angehörigen, die nun das Ende dieses Schreckens vor sich sahen. In Deutschland stand hinter der Entscheidung für diesen Tag offenbar die wohlmeinende, doch naive und beschönigende Idee, in Solidarität mit der Opferseite an das Ende des Mordens zu erinnern. Dadurch, dass der Befreiung von Auschwitz statt seiner Errichtung gedacht wird, stellt sich Deutschland an die Seite der Opfer und der Siegermächte – ein Anspruch, der Deutschen nicht zusteht. Der 27. Januar suggeriert darüber hinaus ein „Ende gut, alles gut". Ein Tag der Erinnerung für Deutsche soll er sein, doch tatsächlich ist es ein Tag der Zubetonierung von Erinnerung, ein Tag, der den historischen Schlussstrich signalisiert.

Wir könnten nun pragmatisch argumentieren: Solange dieser Tag engagiert begangen wird, wäre es ja gut; zumindest besser als gar nichts. Doch der 27. Januar ist eben gerade nicht angenommen worden, er ist ein Tag ohne deutsche Erinnerung geblieben. Die obligatorischen Reden werden zwar gehalten, doch schon bei seiner Einführung 1996 wurden die Feiern im Bundestag um einige Tage vorverlegt, weil es den Abgeordneten so wegen der Urlaubszeit besser passte. Auch 1998 waren die Gedenkfeierlichkeiten Pflichtübungen, die in der Mahnmaldebatte untergingen: Über diesen Tag gab es wenig zu sagen, da kam die Mahnmaldebatte gerade recht.

Y. Michal Bodemann, 27. Januar: Schafft diesen Gedenktag wieder ab!, in: taz vom 26. Januar 1999

[1] Gemeint ist das von Peter Eisenman entworfene Denkmal für die ermordeten Juden Europas in Berlin; siehe S. 464.

1. *Geben Sie Bodemanns zentrale Aussagen mit eigenen Worten wieder.*
2. *Verfassen Sie eine Rede zum 27. Januar, in der Sie auch Stellung zu den im Text genannten Vorbehalten gegen diesen Gedenktag nehmen.*
3. *Der Politikwissenschaftler Harald Schmid bezeichnet die Etablierungsgeschichte des 27. Januar als ein Beispiel für etatistische, also vom Staat verordnete, Geschichtspolitik. Beurteilen Sie diese Aussage.*

Blick zurück nach vorn

Formen der „Vergangenheitsbewältigung“

Bundesrepublik Deutschland
- Die Mehrheit der Bevölkerung begreift sich als „Opfer“ und „Verführte“ eines dämonischen Führers und seiner Clique.
- Es besteht eine geringe Bereitschaft, die eigene Rolle im NS-Regime zu reflektieren.
- Forderung nach „Schlussstrich“; Ablehnung der „Siegerjustiz“
- Der Antikommunismus wird als Form des Antitotalitarismus und damit auch als Ablehnung des NS-Regimes gedeutet.
- Eine differenziertere Auseinandersetzung mit der NS-Herrschaft setzt erst spät ein.
- Die Verantwortung für den Holocaust rückt erst spät ins Bewusstsein der breiten Öffentlichkeit.

▲ **Flagge der Bundesrepublik Deutschland seit 1949.**

DDR
- Faschismus = Ausdruck von Interessen eines krisenhaften Finanzkapitalismus
- Angesichts des „verordneten Antifaschismus“ besteht keine Notwendigkeit, die eigene Rolle im NS-Regime zu reflektieren.
- Gegen den „milden“ westdeutschen Umgang mit NS-Tätern wird polemisiert.
- kein grundlegender Wandel in der Auseinandersetzung mit der NS-Zeit bis zum Ende der DDR
- Der Antifaschismus wird mit dem Zusammenbruch der DDR obsolet.
- Der Holocaust wird im Vergleich zur Bundesrepublik wenig thematisiert.

▲ **Flagge der DDR von 1959 - 1990.** *Ährenkranz, Hammer und Zirkel als Symbole des „Arbeiter und Bauernstaates“ wurden erst 1959 offiziell eingeführt. Bis dahin waren die Flaggen der Bundesrepublik und der DDR identisch.*

▲ **Parallelen und Differenzen bei der Schuldabwehr, Verdrängung und „Bewältigung“ der NS-Zeit.**

Stadtoldendorf, 3. November 1951
In Stadtoldendorf, Kreis Holzminden, wurden in Anwesenheit aller Ratsmitglieder die Entnazifizierungsakten im Ofen des städtischen Gaswerkes verbrannt. Der Bürgermeister verwies darauf, dass Stadtoldendorf als erste Stadt der Bundesrepublik einen Schlussstrich unter die gesamte Entnazifizierung ziehe. Er übergab dann eine dickleibige Akte mit den Fällen von etwa 400 Entnazifizierten den Flammen. Den Beschluss, die Akten zu verbrennen, hatte der Stadtrat auf einer Feier anlässlich des fünfzigjährigen Bestehens des städtischen Krankenhauses gefasst, bei der des Stifters Max Levy gedacht und auf dem jüdischen Friedhof ein Kranz niedergelegt wurde.

▲ **Meldung der Deutschen Presseagentur vom 3. November 1951.**
Diese Nachricht wurde in vielen bundesdeutschen Zeitungen veröffentlicht.
Zitiert nach: Regina Holler, 20. Juli 1944. Vermächtnis oder Alibi? Wie Historiker, Politiker und Journalisten mit dem deutschen Widerstand gegen den Nationalsozialismus umgehen. Eine Untersuchung der wissenschaftlichen Literatur, der offiziellen Reden und der Zeitungsberichterstattung in Nordrhein-Westfalen von 1945 - 1986 [...], München u. a. O. 1994, S. 63

M Wie ging man in beiden deutschen Staaten mit der „Erblast der NS-Zeit“ um?

Zur Einführung in einen Sammelband, der sich der komplexen Geschichte des Versuches widmet, mit der NS-Vergangenheit „umzugehen“, schreiben die Herausgeber 2009:

Auch die beiden deutschen Staaten, die nach der bedingungslosen Kapitulation der deutschen Wehrmacht entstanden und zunächst maßgeblich durch die Kriegsziele und Erfahrungen der Siegerstaaten geprägt wurden, sahen sich durch die Notwendigkeit herausgefordert, mit der NS-Diktatur umzugehen. Die Alliierten errichteten in Deutschland Besatzungszonen, in denen sie jeweils eine unterschiedliche Antwort auf die Frage nach den Ursachen des Nationalsozialismus gaben. Während sich die amerikanischen Besatzungsziele auf eine politisch-kulturelle „Re-education“ der Deutschen konzentrierten, strebte die französische Regierung eine Schwächung der deutschen Vormachtstellung in der Mitte Europas durch politische und administrative Dezentralisierung an. Die sowjetische Militäradministration setzte auf politische Säuberung, Enteignungen und die Zerstörung der angeblichen ökonomischen Basis des „Faschismus“. Die britische Besatzungsmacht sah in der nationalsozialistischen Politik vor allem das Wirken einer kriminellen Elite, die als Outlaws bezeichnet wurden.
Seit der ersten Stunde der Befreiung Deutschlands von der nationalsozialistischen Herrschaft war aber unstrittig, dass auch die Deutschen selbst an der Überwindung des Dritten Reiches mitwirken müssten. Auch wenn heute der Begriff „Re-education“ zumeist mit „Umerziehung“ übersetzt wird, so ist doch die wörtliche Übertragung „Wiedererziehung“ eigentlich zutreffender. Diese erstreckte sich über den Zeitraum vieler Jahrzehnte und auf viele Bereiche von Kultur, Verwaltung und Wirtschaft, hatte viele Widerstände zu überwinden und auch Rückschläge zu kompensieren. Die Umstände dieser langsamen Wandlung lassen sich nicht auf einen Begriff bringen, denn sie sind das Ergebnis vielfältiger Interventionen. Die Haltung und die Ziele der Alliierten spielten wegen ihrer Unterschiedlichkeit ebenso eine wichtige Rolle wie die Tatsache der deutschen Teilung. Denn die Konkurrenz der Systeme erstreckte sich auch auf die Deutung der Vergangenheit. War in der Bundesrepublik von „Vergangenheitsbewältigung“ und „Aufarbeitung der Vergangenheit“ die Rede, lautete in der DDR die stereotype Wendung, der „Faschismus“ sei „mit der Wurzel ausgerottet“ worden. Jede dieser Formeln steht für ein Konzept der Konfrontation mit der Zeitgeschichte und hat nicht nur ihre Zeit, sondern auch ihre spezifische Geschichte. [...]

Die Bundesrepublik musste ebenso wie die DDR auf je spezifische Weise zurückgewinnen, was das nationalsozialistische Deutschland zerstört und nicht zuletzt an Menschenrechten verspielt hatte: demokratische Rechtsstaatlichkeit, gesellschaftlichen Pluralismus, Ansehen in und Vertrauen aus der internationalen Staatenwelt, Vertrauen in die Normen des liberalen Verfassungsstaates mit Konfliktfähigkeit, Gewaltenteilung, Gewissens-, Meinungs- und Pressefreiheit. Die – natürlich nie unumstrittene – Bereitschaft, die Erblast zu übernehmen und für die moralischen und materiellen Folgen der Gewaltherrschaft und des Krieges einzustehen, war und blieb darin allerdings für die Bundesrepublik Deutschland in stärkerem Maße umschlossen als für die DDR, die die Verantwortung für die deutsche Geschichte in starkem Maße [...] „universalisierte“.
In der Tat hat sich der ostdeutsche Staat lange Zeit beharrlich geweigert, die bedrückende Erblast der NS-Zeit mitzutragen. Mochte er sich auch als „Mitglied einer antifaschistischen Allianz gegen den Kapitalismus“ ideologisch überlegen fühlen, es war anmaßend, geschichtsvergessen und mit neuem Unrecht verbunden, dass er die auch ihm aufgegebene Verpflichtung zur materiellen Wiedergutmachung größtenteils ausschlug, weil er seine politische Mitverantwortung für die Folgen der Hitler-Diktatur bestritt. Er bekannte sich zu einer Art deklamatorischem Antifaschismus und behauptete in seiner Verfassung von 1968 in Artikel 6, den „deutschen Militarismus und Nazismus ausgerottet“ zu haben. – Sehr spät, kurz vor Ende des Staates, hat die am 18. März 1990 gewählte, erste demokratisch legitimierte Volkskammer der DDR diese schwer erträgliche Schieflage wenigstens noch verbal korrigiert.

Peter Reichel, Harald Schmid und Peter Steinbach, Die „zweite Geschichte“ der Hitler-Diktatur. Zur Einführung, in: Dies. (Hrsg.), Der Nationalsozialismus – Die zweite Geschichte. Überwindung – Deutung – Erinnerung, München 2009, S. 7f. und 10

1. *Beschreiben Sie die unterschiedliche Weise, in der die Bundesrepublik und die DDR auf die Herausforderung „Vergangenheitsbewältigung“ reagierten. Berücksichtigen Sie dabei auch die Grafik sowie die einführende Pressemeldung.* **(Wahrnehmungs- und Analysekompetenz)**
2. *Erläutern Sie, welche Rolle die jeweiligen Siegermächte bei der unterschiedlichen „Vergangenheitsbewältigung“ spielten.* **(Urteilskompetenz)**
3. *Bewerten Sie die (politischen) Schlussfolgerungen, die die Bundesrepublik und die DDR aus ihrer Auseinandersetzung mit dem NS-Regime zogen.* **(Orientierungskompetenz)**

Weltpolitische Entwicklungen zwischen Bipolarität und Multipolarität

▲ **„Work in progress."**
Zweiteiliges Gemälde (200 x 400 cm) von Jörg Frank, 1995.

Orientierung ■ Eine Voraussetzung für die Wiedervereinigung der beiden deutschen Staaten war der von den USA in der Nachkriegszeit unterstützte westeuropäische Integrationsprozess. Er begann mit einer wirtschaftlichen Zusammenarbeit ehemals verfeindeter Staaten und führte zu einer engen Kooperation auf zahlreichen Gebieten. Dabei waren die Mitgliedstaaten bereit, einzelne Souveränitätsrechte an überstaatliche Institutionen abzugeben. Die Einigung machte Westeuropa zu einem Hort der Demokratie, des Wohlstandes und des Friedens. Nach der Auflösung des Sowjetimperiums 1990/91 entstanden dann nationale Konflikte, die die EU vor neue sicherheitspolitische Herausforderungen stellten.

Nach dem Scheitern des Völkerbundes wollten bereits die 1945 gegründeten Vereinten Nationen die Menschheit von der „Geißel des Krieges" befreien. Die Weltorganisation konnte das selbstgesteckte Ziel weder während des Kalten Krieges noch in der heute bestehenden multipolaren Welt erreichen. Ihre Struktur und die unterschiedlichen nationalen Interessen der souveränen Mitgliedstaaten verhinderten das bislang.

Ein Beispiel für die vergeblichen Bemühungen der Vereinten Nationen um Frieden ist der Nahost-Konflikt. Er geht zurück auf den Zerfall des Osmanischen Reiches nach dem Ersten Weltkrieg und den von den ehemaligen Kolonialmächten willkürlich gezogenen Grenzen im Nahen Osten. Die Probleme nahmen durch die Einwanderung verfolgter Juden nach Palästina zu, insbesondere während des „Dritten Reiches" kurz nach dem Krieg.

1897
Der Erste Zionisten-Weltkongress in Basel fordert die Gründung eines jüdischen Nationalstaates

1914-1918
Erster Weltkrieg

1917
Balfour-Deklaration: Die britische Regierung verspricht eine „nationale Heimstätte in Palästina für das jüdische Volk"

1933-1945
In der NS-Zeit wird Palästina zu einem Hauptziel jüdischer Emigration

1939-1945
Zweiter Weltkrieg

1945-1946
Gründung der Vereinten Nationen; der Völkerbund löst sich auf

1948-1949
Im ersten Arabisch-Israelischen Krieg kämpfen die arabischen Staaten gegen Israel

1948
Der Staat Israel wird proklamiert

194
Grü dun des Euro rate und NAT

1890 | 1900 | 1910 | 1920 | 1930 | 1940 | 195

◀ **Streit zwischen einem israelischen Grenzpolizisten und einem Palästinenser in Jerusalem.**
Foto vom 13. Oktober 2000.

▲ **„70 – Starke UNO. Bessere Welt."**
Mit diesem Logo feierten die Vereinten Nationen am 24. Oktober („Tag der Vereinten Nationen") 2015 ihren 70. Geburtstag; am 24. Oktober 1945 trat die UN-Charta in Kraft.

Im Fokus der internationalen Aufmerksamkeit stehen bis heute das Existenzrecht des 1948 gegründeten Staates Israel und die Konflikte um die von Israel besetzten palästinensischen Gebiete. Diese Konflikte sind aber nur Teil des Nahost-Konfliktes, in dem es auch um den Zugang von Wasser und Erdöl, um das Atomprogramm des Iran, um die Rolle des Islam in Staat und Gesellschaft sowie um den Einfluss der Großmächte auf die Region geht.*

Im Zentrum des Kapitels stehen folgende Fragen:

- *Wie entwickelte sich die europäische Integration und welchen Beitrag leistete der europäische Einigungsprozess für die Sicherheit Europas?*
- *Sind die Vereinten Nationen für die internationale Friedenssicherung notwendig?*
- *Welche historischen Ursachen haben der Nahost-Konflikt und die Gründung Israels?*
- *Ist ein Friede zwischen den Israelis und den Palästinensern möglich?*

* Ein weiteres Beispiel für die weltpolitisch bedeutsamen Veränderungen nach 1945 stellt die politische und ökonomische Entwicklung der kommunistischen Volksrepublik China von einem Entwicklungsland zur führenden Exportnation der Welt dar. Vgl. dazu die OnLine-Kapitel „Kommunistische Experimente in China" und „China nach Mao Zedong – der Weg zur Supermacht"; siehe Code **4673-00**.

ung des
hauer Paktes

ter Arabisch-
ischer Krieg
:-Krieg gegen
ten)

om werden die
:räge zur Gründung
EWG und EAG
atom) unterzeichnet
nische Verträge)

1964
Die Palästinensische Befreiungsorganisation (PLO) wird gegründet

1967
- Sechs-Tage-Krieg (5. bis 10. Juni): Israel besetzt weitere Gebiete
- Der Vertrag über die Europäischen Gemeinschaft (EG) tritt in Kraft

1979
Die erste allgemeine und unmittelbare Direktwahl zum Europäischen Parlament

1989 - 1990
Friedliche Revolutionen in Osteuropa; Ende des Kalten Krieges

1991
Die Sowjetunion und der Warschauer Pakt lösen sich auf

1992
Vertrag über die Europäische Union (EU)

1995 - 2013
Osterweiterung der EU

2009
Der Vertrag von Lissabon tritt in Kraft, der die Handlungsfähigkeit der EU stärkt

2016
Die Mehrheit der Wähler Großbritanniens stimmt für den Austritt aus der EU

1960 | 1970 | 1980 | 1990 | 2000 | 2010 | 2020

Der Weg zur europäischen Integration

▲ **„Coopération Intereuropéenne."**
Plakat, 1950.
Das Plakat (75 x 55 cm) warb für die „Innereuropäische Zusammenarbeit" und entstand um 1950 im Rahmen des Wettbewerbs des Marshall-Plans.

Europainitiativen in der Nachkriegszeit Schon unmittelbar vor und nach dem Ende des Zweiten Weltkrieges entstanden Initiativen für ein gemeinsames Europa. Sie knüpften an Vorstellungen der 1920er-Jahre an, gaben die Schuld an der Katastrophe den souveränen Nationalstaaten auf dem Kontinent und plädierten für eine europäische „Bundesordnung". Sie sei der „Schlüssel zum Frieden für die Welt" (▸ M1).

*Winston Churchill** zählte zu den bekanntesten Politikern, die kurz nach dem Krieg die „Vereinigten Staaten von Europa" forderten (▸ M2). Allerdings ging Churchill davon aus, dass Großbritannien nicht Mitglied, sondern eine Art Schutzmacht des Zusammenschlusses sein sollte.

Churchills Appell beflügelte die Europabewegung. Auf einem ersten Europakongress in Den Haag, der im Mai 1948 etwa tausend Delegierte aus Parlamenten, Verbänden und Kirchen aus 19 Staaten zusammenführte, wurde über die gemeinsame europäische Zukunft diskutiert.

Die Politik konnte die Forderungen nach einem gemeinsamen Europa nicht ignorieren und reagierte. Doch den Visionen wurden durch die Realität Grenzen gesetzt: Die Regierungen waren zunächst nicht bereit, auf nationale Rechte zu verzichten. Außerdem war Deutschland nicht souverän, sondern stand unter der Kontrolle der vier Siegermächte. Zudem waren die zentralen Herausforderungen der Nachkriegszeit: der Kampf gegen den Hunger, der wirtschaftliche Wiederaufbau sowie der beginnende Kalte Krieg.

Den wichtigsten Impuls für ein gemeinsames Europa gaben die Vereinigten Staaten 1948 mit dem *Marshall-Plan***. Die USA waren aus ökonomischen und politischen Gründen langfristig an stabilen Verhältnissen in Europa interessiert. Einerseits, um sich einen Absatzmarkt für ihre Produkte zu sichern, und andererseits, um verlässliche Verbündete zu bekommen. Die Verteilung des Konjunkturprogramms übernahmen die Europäer selbst. Dafür wurde 1948 die *Organisation für Europäische Wirtschaftliche Zusammenarbeit* (**OEEC**) gegründet.

OEEC (*Organization for European Economic Cooperation*): 1948 gegründete Organisation; Mitglieder waren 16 (später 18) Teilnehmerstaaten. Die OEEC koordinierte den Wiederaufbau und förderte die wirtschaftliche und politische Zusammenarbeit Europas.
Nachfolgeorganisation ist seit 1961 die OECD (*Organization for Economic Cooperation and Development*), die sich nicht mehr auf Europa beschränkt. Sie berät und informiert über Wirtschaftsfragen und Bildung (z. B. PISA).

Die historischen Grundlagen des Einigungsprozesses Was waren die Gründe, die zur westeuropäischen Integration führten? Ein Prozess der europäischen Einigung schien eine Reihe von Problemen lösen zu können. Folgende Faktoren bestimmten um 1950 den beginnenden Einigungsprozess:

1. Nach der Katastrophe des Zweiten Weltkrieges, die noch viel verheerender war als die nach dem Ersten Weltkrieg, herrschte überall der Wunsch vor, dieses Mal einen dauerhaften Frieden zu gestalten.
2. Daraus folgte, dass die europäischen Völker den Nationalismus eindämmen mussten, der zu zwei Weltkriegen geführt hatte. Besonders zwischen Deutschland und Frankreich sollte es zu einer Versöhnung kommen.

* **Winston Churchill**: Siehe S. 287.
** Zum Marshall-Plan siehe S. 359 f.

3. Das drängende Problem nach dem Krieg war die Beseitigung der wirtschaftlichen Not, des Hungers und der Wiederaufbau. Dies war ohne ein Zusammenwirken aller Kräfte nicht zu bewerkstelligen.
4. Darüber hinaus war unklar, ob und wie Deutschland in Zukunft in Europa zu integrieren sei, damit keine Gefahr mehr von ihm ausgehen könne.
5. Außerdem befürchteten westeuropäische Politiker eine weitere Ausdehnung des sowjetischen Machtbereiches und forderten deshalb eine gemeinsame Verteidigung.
6. Zudem wünschten sich einige Politiker langfristig ein vereintes Europa, das als „dritte Kraft" unabhängig von den USA und der Sowjetunion handeln könne.

Umstritten war aber, wie die Einigung hergestellt werden und aussehen sollte. Staaten, die wenige Souveränitätsrechte abgeben wollten, bevorzugten die Verständigung zwischen den nationalen Regierungen, die *intergouvernementale Zusammenarbeit*. Die Anhänger einer *supranationalen Einigung* jedoch wollten, dass die Einzelstaaten Hoheitsrechte an gemeinsame europäische Organe abgeben sollten, die dann für alle entschieden. Die Auseinandersetzung über den einzuschlagenden Weg sollte den europäischen Einigungsprozess immer wieder vor Schwierigkeiten stellen.

Lesetipps:
- *Dietmar Herz und Christian Jetzlsperger, Die Europäische Union, München ²2008*
- *Werner Weidenfeld, Die Europäische Union, München ³2013*

Erste Zusammenschlüsse Am 5. Mai 1949 gründeten Vertreter von zehn Staaten in London den **Europarat**. Er war die erste politische Organisation Europas mit Sitz in Straßburg. Die Parlamentarier und Regierungsvertreter des Europarates hatten zwar keine Entscheidungsbefugnisse, aber allein die Tatsache, dass ein solches Forum zum regelmäßigen Meinungsaustausch über die zwischenstaatliche Zusammenarbeit und europäische Fragen bestand, war ein großer Schritt vorwärts.

Auf dem Gebiet der Rechtspolitik wurde 1950 ein Meilenstein gesetzt, als die europäische *Konvention zum Schutz der Menschenrechte und Grundfreiheiten* beschlossen wurde. Seitdem können Bürgerinnen und Bürger vor dem *Europäischen Gerichtshof für Menschenrechte* die Einhaltung dieser Rechte einklagen.

Zum eigentlichen Motor der Integration wurde aber die wirtschaftliche Kooperation. Am 9. Mai 1950 veröffentlichte der französische Außenminister **Robert Schuman** den Plan seines Mitarbeiters **Jean Monnet**, die deutsche und französische Kohle- und Stahlproduktion – die damaligen Schlüsselindustrien dieser Staaten – einer unabhängigen **supranationalen Organisation** zu unterstellen (▸ M3). Diese Institution sollte offen sein für weitere europäische Länder. 1951 unterzeichneten Frankreich, Westdeutschland, Italien, die Niederlande, Belgien und Luxemburg den *Vertrag über die Gründung der Europäischen Gemeinschaft für Kohle und Stahl* (EGKS), auch **Montanunion** genannt.

Die Organe der EGKS hatten Vorbildcharakter für den gesamten Einigungsprozess: die *Hohe Behörde* (später: *Kommission*), den *Ministerrat* mit Vertretern der Mitgliedstaaten, einen *Gerichtshof* und eine *Parlamentarische Versammlung* (später: *Europäisches Parlament*).

Die Präambel des EGKS-Vertrages sprach aber nicht nur von Marktregulierungen, sondern von der Absicht, „durch die Errichtung einer wirtschaftlichen Gemeinschaft den ersten Grundstein für eine weitere und vertiefte Gemeinschaft unter Völkern zu legen, die lange Zeit durch blutige Auseinandersetzungen entzweit waren".

Weitere Bemühungen Die Frage des deutschen Verteidigungsbeitrages sollte durch eine europäische Armee gelöst werden. Im Jahre 1952 wurde zwar die *Europäische Verteidigungsgemeinschaft* (EVG) von den sechs Gründungsmitgliedern der EGKS

Europarat: 1949 als erste europäische Staatenorganisation gegründet. Er sieht seine Aufgabe vorwiegend in der Förderung der Demokratie und dem Schutz der Menschenrechte. Von den über 200 von ihm verabschiedeten Abkommen und Konventionen ist die bedeutendste die Europäische Menschenrechtskonvention (1950). Der Europarat zählt mittlerweile 47 Mitglieder. Er ist keine Institution der EU.

Robert Schuman (1886-1963): französischer Politiker; geboren in Elsass-Lothringen; besaß bis 1918 die deutsche Staatsbürgerschaft, danach die französische. Der Christdemokrat war 1948 bis 1952 französischer Außenminister und setzte sich früh für eine Aussöhnung mit Deutschland ein.

Jean Monnet (1888-1979): französischer Unternehmer; 1946-1950 Leiter des französischen Planungsamtes; enger Mitarbeiter des französischen Außenministers Schuman

Supranationale Organisation: Institution mehrerer Einzelstaaten, die Hoheitsrechte an gemeinsame Organe abgeben, die dann für alle entscheiden

Montanunion: Zusammenarbeit der Montanindustrie; zu Montanunternehmen siehe S. 87

▶ **Studenten zerstören eine Grenzschranke.**
Foto vom 7. August 1950. 300 Studenten aus acht europäischen Ländern trafen sich an der deutsch-französischen Grenze, zerbrachen die Grenzschranke zwischen Wissembourg (Weißenburg) und St. Germanshof und verbrannten sie demonstrativ. Zugleich forderten sie ein europäisches Parlament und eine europäische Regierung.

unterzeichnet, doch sie trat nicht in Kraft. Die französische Nationalversammlung lehnte sie ab, da die Mehrheit der Parlamentarier nicht bereit war, die Souveränität ihres Landes auf einem solch zentralen Gebiet aufzugeben. Eine parallel verhandelte *Politische Union* scheiterte damit ebenfalls.

Die Römischen Verträge und die Organe der Gemeinschaft Im Jahre 1957 erfolgte ein weiterer Schritt zur Integration Europas. Am 25. März 1957 wurden in Rom die Verträge über die Gründung der *Europäischen Wirtschaftsgemeinschaft* (EWG) und der *Europäischen Atomgemeinschaft* (*Euratom*) unterzeichnet. Die beiden Organisationen sollten einen gemeinsamen Markt schaffen und die Atomenergie zusammen nutzen. Die Umsetzung und Überwachung der Verträge wurde einer *Europäischen Kommission* mit Sitz in Brüssel übertragen. Diese neuen Gemeinschaften schufen einen einheitlichen Wirtschaftsraum für alle Waren, Dienstleistungen, Kapital sowie für Personen – ohne Einschränkungen durch Zölle und Restriktionen.

▲ **Bundeskanzler Konrad Adenauer und Staatspräsident Charles de Gaulle nach der Unterzeichnung des deutsch-französischen Freundschaftsvertrages im Elysée-Palast in Paris.**
Foto vom 22. Januar 1963.

Aussöhnung zwischen den Völkern Eine Bedingung für den erfolgreichen westeuropäischen Integrationsprozess war die Aussöhnung zwischen den europäischen Völkern. Der französische Staatspräsident **Charles de Gaulle** und der deutsche Bundeskanzler *Konrad Adenauer** trieben sie voran. Erster Höhepunkt der Beziehungen zwischen Frankreich und Deutschland war der am 22. Januar 1963 in Paris unterzeichnete deutsch-französische Freundschaftsvertrag (*Elysée-Vertrag*). Er sah nicht nur regelmäßige Beratungen der Staats- und Regierungschefs sowie von Ministern beider Länder vor, sondern auch die Zusammenarbeit in der Bildungs-, Kultur- und Jugendpolitik (▸ M4). Diese enge deutsch-französische Zusammenarbeit entwickelte sich zur „Lokomotive der europäischen Integration", wie der Historiker *Edgar Wolfrum* 2007 urteilte.

Charles de Gaulle (1890-1970): französischer General und Staatsmann; 1940 bis 1944 Chef des Widerstandes gegen die deutsche Besatzung, 1945 bis 1946 Ministerpräsident und vorläufiger Staatspräsident, 1958 bis 1969 Staatspräsident

1. *Ordnen Sie die sechs Faktoren des Einigungsprozesses (siehe S. 474 f.) bestimmten Kategorien zu (z. B. Wirtschaft, Außenpolitik ...).*

2. *Erläutern Sie die Sonderstellung der deutsch-französischen Beziehungen im Einigungsprozess.*

* **Konrad Adenauer**: Siehe S. 284.

M1 Für eine europäische Bundesordnung

Einige Widerstandskämpfer aus Italien, Frankreich, den Niederlanden, Norwegen, Dänemark, Polen und Jugoslawien sowie ein deutscher Nazigegner treffen sich in Paris und verkünden am 31. März 1944 folgendes Projekt:

Der Frieden in Europa stellt den Schlüssel zum Frieden in der Welt dar. Tatsächlich ist Europa im Zeitraum einer einzigen Generation das Auslösezentrum zweier Weltkriege geworden, wobei hierfür wesentlich maßgebend war, dass auf diesem Kontinent 30 souveräne Staaten existierten. Es ist unerlässlich, gegen diese Anarchie anzugehen, indem eine Bundesordnung für die europäischen Völker geschaffen wird.

Nur eine Bundesordnung wird die Teilnahme des deutschen Volkes am europäischen Leben gestatten, ohne dass es zur Gefahr für andere Völker würde.

Nur eine Bundesordnung wird es gestatten, die Probleme der Grenzziehung in Gebieten mit gemischter Bevölkerung zu lösen, sodass diese Gebiete aufhören, der Gegenstand irrer nationalistischer Begehrlichkeit zu sein, womit sie zu reinen Fragen der territorialen Abgrenzung, der Verwaltungshoheit werden.

Nur eine Bundesordnung wird die Erhaltung der demokratischen Institutionen in solcher Weise gestatten, dass die noch nicht politisch voll gereiften Völker die allgemeine Ordnung nicht gefährden können.

Nur eine Bundesordnung wird den wirtschaftlichen Wiederaufbau des Kontinents und die Ausschaltung der Monopole sowie der nationalen Autarkie gestatten. [...]

Es ist nicht möglich, schon jetzt die geografischen Grenzen einer Bundesordnung vorzusehen, die den europäischen Frieden gewährleisten soll. Jedoch ist es angebracht festzustellen, dass diese Bundesordnung von Anfang an stark und umfassend genug sein muss, um der Gefahr zu entgehen, nur die Einflusszone eines fremden Staates zu sein oder das Instrument für die Hegemonie-Politik eines Mitgliedes. Darüber hinaus muss sie von Anfang an allen Ländern offenstehen, deren Gebiet ganz oder teilweise in Europa liegt und die Mitglieder werden können und wollen.

Zitiert nach: Curt Gasteyger, Europa zwischen Spaltung und Einigung. Darstellung und Dokumentation 1945-2005, Bonn 2005, S. 44 f.

1. *Ordnen Sie diese Erklärung in die zeitgeschichtlichen Zusammenhänge ein. Berücksichtigen Sie die militärische und politische Lage.*
2. *Beurteilen Sie die aktuelle Relevanz des „Projektes".*

M2 Chancen für ein „Wiederaufleben Europas"

Winston Churchill, 1946 Oppositionsführer im britischen Unterhaus, am 19. September 1946 vor Studenten in der Universität Zürich:

Der erste Schritt bei der Neugründung der europäischen Familie muss eine Partnerschaft zwischen Frankreich und Deutschland sein. Nur auf diese Weise kann Frankreich die moralische Führung Europas wiedererlangen. Es gibt kein Wiederaufleben Europas ohne ein geistig großes Frankreich und ein geistig großes Deutschland. Die Struktur der Vereinigten Staaten von Europa, wenn sie gut und echt errichtet wird, muss so sein, dass die materielle Stärke eines einzelnen Staates von weniger großer Bedeutung ist. Kleine Nationen zahlen ebenso viel wie große und erwerben sich ihre Ehre durch ihren Beitrag zu der gemeinsamen Sache. Die alten Staaten und Fürstentümer Deutschlands, frei vereint aus Gründen gegenseitiger Zweckmäßigkeit in einem Bundessystem, können alle ihren individuellen Platz in den Vereinigten Staaten von Europa einnehmen.

Ich versuche nicht, ein ausführliches Programm zu entwerfen für Hunderte von Millionen Menschen, die glücklich und frei sein wollen, zufrieden und sicher, die die vier Freiheiten[1], von denen der große Präsident Roosevelt sprach, genießen und nach den in der Atlantik-Charta verankerten Grundsätzen[2] leben wollen. Ist dies ihr Wunsch, so müssen sie es nur sagen, und gewiss finden sich Mittel und Möglichkeiten, um diesen Wunsch Wirklichkeit werden zu lassen.

[...] Wenn es uns gelingen soll, die Vereinigten Staaten von Europa oder welchen Namen auch immer sie tragen werden zu errichten, müssen wir jetzt damit beginnen.

Zitiert nach: Curt Gasteyger, Europa zwischen Spaltung und Einigung, a. a. O., S. 47f.

1. *Skizzieren Sie, welche Struktur sich Churchill bezüglich der Vereinigten Staaten von Europa und welche er sich bezüglich Deutschland vorstellt.*
2. *Erläutern Sie Churchills These, dass nur in der Partnerschaft mit Deutschland Frankreich „die moralische Führung Europas wiedererlangen" kann.*
3. *Ordnen Sie Churchills Überlegungen in die Nachkriegssituation ein.*

[1] Freiheit der Meinung, Freiheit der Religion, Freiheit von Not und Freiheit von Furcht; siehe S. 292, M5

[2] Zur Atlantik-Charta siehe S. 292, M6 und S. 320.

M3 Der Schuman-Plan: Realpolitik und Vision

Der französische Außenminister Robert Schuman trägt am 9. Mai 1950 in einer Regierungserklärung den Plan aus der Feder seines Mitarbeiters Jean Monnet vor:

Europa lässt sich nicht mit einem Schlag herstellen und auch nicht durch eine einfache Zusammenfassung: Es wird durch konkrete Tatsachen entstehen, die zunächst eine Solidarität der Tat schaffen. Die Vereinigung der europäischen Nationen erfordert, dass der jahrhundertealte Gegensatz zwischen Frankreich und Deutschland ausgelöscht wird. Das begonnene Werk muss in erster Linie Deutschland und Frankreich umfassen. [...]

Die französische Regierung schlägt vor, die Gesamtheit der französisch-deutschen Kohlen- und Stahlproduktion unter eine gemeinsame Oberste Aufsichtsbehörde (*Haute Autorité*) zu stellen, in einer Organisation, die den anderen europäischen Ländern zum Beitritt offensteht. Die Zusammenlegung der Kohlen- und Stahlproduktion wird sofort die Schaffung gemeinsamer Grundlagen für die wirtschaftliche Entwicklung sichern – die erste Etappe der europäischen Föderation – und die Bestimmung jener Gebiete ändern, die lange Zeit der Herstellung von Waffen gewidmet waren, deren sicherste Opfer sie gewesen sind. Die Solidarität der Produktion, die so geschaffen wird, wird bekunden, dass jeder Krieg zwischen Frankreich und Deutschland nicht nur undenkbar, sondern materiell unmöglich ist. Die Schaffung dieser mächtigen Produktionsgemeinschaft, die allen Ländern offensteht, die daran teilnehmen wollen, mit dem Zweck, allen Ländern, die sie umfasst, die notwendigen Grundstoffe für ihre industrielle Produktion zu gleichen Bedingungen zu liefern, wird die realen Fundamente zu ihrer wirtschaftlichen Vereinigung legen. [...] Durch die Zusammenlegung der Grundindustrien und die Errichtung einer neuen Obersten Behörde, deren Entscheidungen für Frankreich, Deutschland und die anderen teilnehmenden Länder bindend sein werden, wird dieser Vorschlag den ersten Grundstein einer europäischen Föderation bilden, die zur Bewahrung des Friedens unerlässlich ist.

Zitiert nach: Klaus-Jörg Ruhl (Hrsg.), „Mein Gott, was soll aus Deutschland werden?" Die Adenauer-Ära 1949-1963, München 1985, S. 86 ff.

1. *Skizzieren Sie die Bedeutung der geplanten Montanunion und die wesentlichen Argumente, die aus französischer Sicht dafür sprechen.*
2. *Erläutern Sie am Beispiel der Europäischen Gemeinschaft für Kohle und Stahl das Integrationskonzept.*

M4 Deutschland und Frankreich

Am 22. Januar 1963 erklären der französische Staatspräsident Charles de Gaulle und Bundeskanzler Konrad Adenauer in Paris:

Der Bundeskanzler der Bundesrepublik Deutschland, Dr. Konrad Adenauer, und der Präsident der Französischen Republik, General de Gaulle, haben sich

- zum Abschluss der Konferenz vom 21. und 22. Januar 1963 in Paris, an der auf deutscher Seite der Bundesminister des Auswärtigen, der Bundesminister der Verteidigung und der Bundesminister für Familien- und Jugendfragen; auf französischer Seite der Premierminister, der Außenminister, der Armeeminister und der Erziehungsminister teilgenommen haben,
- in der Überzeugung, dass die Versöhnung zwischen dem deutschen und dem französischen Volk, die eine jahrhundertealte Rivalität beendet, ein geschichtliches Ereignis darstellt, das das Verhältnis der beiden Völker zueinander von Grund auf neu gestaltet,
- in dem Bewusstsein, dass eine enge Solidarität die beiden Völker sowohl hinsichtlich ihrer Sicherheit als auch hinsichtlich ihrer wirtschaftlichen und kulturellen Entwicklung miteinander verbindet,
- angesichts der Tatsache, dass insbesondere die Jugend sich dieser Solidarität bewusst geworden ist, und dass ihr eine entscheidende Rolle bei der Festigung der deutsch-französischen Freundschaft zukommt,
- in der Erkenntnis, dass die Verstärkung der Zusammenarbeit zwischen den beiden Ländern einen unerlässlichen Schritt auf dem Wege zu dem vereinigten Europa bedeutet, welches das Ziel beider Völker ist, mit der Organisation und den Grundsätzen der Zusammenarbeit zwischen den beiden Staaten, wie sie in dem heute unterzeichneten Vertrag niedergelegt sind, einverstanden erklärt.

Zitiert nach: www.1000dokumente.de [Zugriff: 20.05.2015]

1. *Nennen Sie die Grundprinzipien der deutsch-französischen Beziehungen.*
2. *Erläutern Sie die besondere Bedeutung der Jugendarbeit für zwischenstaatliche Beziehungen.*

Die Europäische Union: Erweiterungen und Herausforderungen

▲ **Europafahne.**
Der Europarat führte diese Flagge 1955 ein. 1986 übernahm die Europäische Gemeinschaft diese Fahne auch als ihr Symbol.
Der blaue Hintergrund steht für den Himmel. Der Kreis aus zwölf goldenen fünfstrahligen Sternen hat nichts mit den Mitgliedstaaten zu tun, sondern ist ein altes Sinnbild für die Vollkommenheit (Beispiele: das Jahr hat zwölf Monate, es gibt zwölf Tierkreiszeichen und zwölf Apostel).

▲ **Entwicklung der Europäischen Union.**
(Stand: Juli 2016)

Europäischer Rat: unter dieser Bezeichnung 1974 vereinbarte regelmäßige Konferenz der Staats- und Regierungschefs der EG und späteren EU. Sie fand alle drei bis sechs Monate statt. Der Vorsitz wechselt bis heute, jedes halbe Jahr übernimmt ein anderer Mitgliedstaat den Vorsitz.
Der Rat wurde 1986 in die Einheitliche Europäische Akte der EG aufgenommen. Diese bestätigte seine Aufgabe, die gemeinsame Politik zu steuern.

Nationale kontra supranationale Interessen Die Staaten taten und tun sich schwer, nationale Souveränitätsrechte an supranationale Organe abzugeben. Die wirtschaftlichen Erfolge machten die Europäische Gemeinschaft aber attraktiv. 1973 fand die erste Erweiterung statt: Dänemark, Großbritannien und Irland traten ihr bei. Ein Jahr später wurde die Zusammenarbeit mit dem **Europäischen Rat** vertieft. Die Staats- und Regierungschefs trafen sich fortan regelmäßig, um über allgemeine politische Zielvorstellungen und wichtige Initiativen zu entscheiden. 1979 fanden die ersten Direktwahlen zum Europäischen Parlament statt. Dennoch blieb die Gemeinschaft politisch oft gelähmt, da es ihr wegen der unterschiedlichen nationalen Interessen nicht gelang, die geforderten einstimmigen Entscheidungen bei wichtigen Fragen zu finden.

Integration als Voraussetzung für die deutsche Einheit Als nach dem Fall der Mauer die Wiedervereinigung Deutschlands anstand, befürchteten Politiker in Frankreich, Großbritannien, Polen und anderen Staaten, dass das wiedervereinigte Deutschland eine Vormachtstellung in Europa anstreben könnte. Sie und die USA machten ihr Einverständnis zur Wiedervereinigung abhängig von der festen Einbindung Deutschlands in die europäischen Institutionen und die NATO. Die Bundesregierung bekannte sich eindeutig zur europäischen Integration und ihren Bündnisverpflichtungen. Dies war auch eine wichtige Voraussetzung für den „Zwei-plus-Vier-Vertrag“ von 1990. Erst mit diesem „Friedensvertrag“, der als das Ergebnis eines Integrationsprozesses gesehen werden kann, sicherten die vier Siegermächte den Deutschen nach 45 Jahren das Recht der uneingeschränkten Selbstbestimmung wieder zu (▸ M1).*

Der Integrationsprozess geht weiter Schon bald danach wurde mit dem *Vertrag von Maastricht*, der 1993 in Kraft trat, der bedeutendste Schritt zur europäischen Integration seit den Römischen Verträgen von 1957 unternommen. Die drei Gemeinschaften (EGKS, EWG und Euratom) wurden unter dem Dach der *Europäischen Union* zusammengefasst. Darüber hinaus einigten sich die damaligen zwölf Staats- und Regierungschefs auf einen noch engeren Zusammenschluss in der Wirtschafts-, Innen-, Außen- und Sicherheitspolitik (▸ M2, M3).

Seit 1999 gibt es eine *Währungsunion*, in der ab 2002 der Euro auch als Bargeld gültig ist. Der Währungsunion gehören inzwischen 19 EU-Staaten an (Stand: Januar 2015).

Als bisheriger Endpunkt des Integrationsprozesses ist der *Vertrag von Lissabon* zu sehen, der 2009 in Kraft trat. Er machte die Entscheidungsverfahren der EU demokratischer und effizienter. Für die Außenpolitik bedeutsam wurde das neue Amt eines Hohen Vertreters bzw. einer Hohen Vertreterin der Union für Außen- und Sicherheitspolitik.

	Bevölkerung (in Mio.) und Anteil an der Weltbevölkerung	Export (in Mrd. US-Dollar) und Anteil am Welthandel	Bruttoinlandsprodukt (in Mio. US-Dollar)	Militärausgaben (in Mrd. US-Dollar) und Anteil am Bruttoinlandsproduktes
EU 27	501 (7,3 %)	2133 (14,9 %)	17545,9	270,6 (1,5 %)
China	1341 (19,4 %)	1898 (13,2 %)	7062,8	143,0 (2,0 %)
Indien	1225 (17,8 %)	305 (2,1 %)	1944,1	48,9 (2,6 %)
USA	310 (4,5 %)	1480 (10,3 %)	15120,7	711,0 (4,7 %)
Russland	143 (2,1 %)	522 (3,6 %)	1841,1	71,9 (3,9 %)
Japan	127 (1,8 %)	823 (4,5 %)	5832,2	59,3 (1,0 %)

▲ **Das weltpolitische Potenzial der Europäischen Union (2010/11).**
Nach: Werner Weidenfeld, Die Europäische Union, München ³2013, S. 205

▪ *Erläutern Sie das weltpolitische Potenzial der Europäischen Union.*

Die Gemeinsame Sicherheits- und Außenpolitik Die wirtschaftlichen und gesellschaftlichen Umbrüche nach dem Zusammenbruch des Ostblocks trugen in den 1990er-Jahren zu einem Wiederaufleben des militanten Nationalismus bei, so zum Beispiel in der zerfallenen Bundesrepublik Jugoslawien. Dies führte 1994 zum ersten bewaffneten Einsatz der NATO seit ihrer Gründung. Ein Jahr später konnte dann mit internationaler Unterstützung ein Friede zwischen den Parteien in Bosnien durchgesetzt werden. Als sich das Kosovo aus dem von Serben dominierten restlichen Staatsverband von Serbien und Montenegro lösen wollte, kann es 1998 erneut zu einem Krieg auf dem Balkan. Obwohl Russland und die Volksrepublik China sich im Sicherheitsrat der Vereinten Nationen gegen eine militärische Lösung des Konfliktes ausgesprochen

* Siehe S. 414 f.

▲ **EUPOL.**
Foto vom 28. März 2010.
In Afghanistan unterstützt die EU den Aufbau einer Polizei. Das Bild zeigt einen Ausbildungsleiter aus Schleswig-Holstein (rechts).

hatten, griffen NATO-Truppen – darunter auch deutsche Soldaten – die Bundesrepublik Jugoslawien an, um Angriffe der Serben auf die Kosovo-Albaner zu verhindern und die zunehmende Zahl der Kriegsflüchtlinge zu stoppen.

Die Europäische Union musste befürchten, dass der Konflikt auf dem Balkan sich auf Griechenland, die Türkei und den Mittleren Osten ausweiten könnte. Um ihre Sicherheit zu erhöhen und weniger abhängig von den USA zu werden, verstärkte die EU ihre eigenen außen- und sicherheitspolitischen Bemühungen. Das schon 1970 eingerichtete Verfahren der *Europäischen Politischen Zusammenarbeit* (EPZ) wurde ab 1999 durch eine *Gemeinsame Sicherheits- und Verteidigungspolitik* (GSVP) intensiviert.

Als Reaktion auf die Terroranschläge vom 11. September 2001 und die folgenden internationalen Konflikte entwickelte der Europarat 2003 eine *Europäische Sicherheitsstrategie*, um den neuen weltpolitischen Herausforderungen gerecht werden zu können (▸ M4). Diese Strategie nennt als Hauptbedrohungen Europas den internationalen Terrorismus, die Verbreitung von Massenvernichtungswaffen, den Zerfall von Staaten, regionale Konflikte sowie die organisierte Kriminalität – und rechtfertigt damit den Einsatz von zivilen und militärischen Mitteln außerhalb der EU. Seitdem führt die EU internationale Missionen zur Friedenssicherung, Konfliktverhütung und Stärkung der internationalen Sicherheit entsprechend den Grundsätzen der UN-Charta* durch, vorrangig auf dem Balkan, in Afghanistan und Afrika.

Inzwischen ist mit dem Vertrag von Lissabon (2009) aus der GSVP die *Gemeinsame Außen- und Sicherheitspolitik* (GASP) geworden. Die EU tut sich trotzdem schwer, eine eigenständige Sicherheitspolitik zu entwickeln. Das zeigte sich zum Beispiel 2011 in Libyen, wo das diktatorische Regime brutal gegen Proteste vorging. Während sich Frankreich und Großbritannien für militärische Einsätze aussprachen, hielt sich Deutschland aus nationalen Interessen zurück. Es leistete auch keinen nennenswerten Beitrag zu der von den Vereinten Nationen legitimierten Intervention. Gleichwohl beteiligen sich deutsche Soldaten an den militärischen Einsätzen und zivilen Missionen der EU auf der ganzen Welt (▸ M5).

2012 erhielt die EU für den „erfolgreichen Kampf für Frieden und Versöhnung und für Demokratie sowie die Menschenrechte“ und für „die stabilisierende Rolle der EU bei der Verwandlung Europas von einem Kontinent der Kriege zu einem Kontinent des Friedens“ den Friedensnobelpreis.**

Die Bedeutung der EU in der multipolaren Welt hat zugenommen. Ihre Zukunft hängt davon ab, welche weiteren nationalen Souveränitätsreche ihre Mitgliedstaaten bereit sind, an die gemeinsamen Institutionen abzugeben, und ob ihre Mitglieder kompromissfähig genug sind, zentrale Herausforderungen trotz des Prinzips der Einstimmigkeit gemeinsam zu lösen.

Jahr	Angriffe* Horn von Afrika	Angriffe* Golf von Aden
2009	80	117
2010	139	53
2011	160	37
2012	49	13
2013	7	6
1. Hälfte 2014	3	4

* Der Verband Deutscher Reeder schätzte die Kosten für Lösegelder, Schutzausrüstungen, Versicherungen und Ausweichrouten zwischen 2008 und 2011 auf etwa 5,3 Milliarden Euro jährlich.

▲ **Piratenangriffe vor der Küste Somalias.**
Zitiert nach: Christina Elmer und Claus Hecking, Was wurde eigentlich aus ... den Piraten von Somalia? Zitiert nach: www.spiegel.de/panorama/justiz/horn-von-afrika-was-wurde-aus-den-piraten-von-somalia-a-985982.html [Zugriff: 29.06.2015]

■ *Skizzieren Sie den Verlauf der Piratenangriffe vor Somalias Küsten.*

■ *Gestalten Sie die Etappen der europäischen Integration in einer Grafik. Verwenden Sie ggf. eine Treppe als Grundmetapher.*

* Zur Charta der UNO siehe S. 490, M1.
** Siehe dazu S. 486 f.

M1 Ein Integrationsfrieden und die Wiedervereinigung Deutschlands

Im Zusammenhang mit der deutschen Wiedervereinigung von 1990 schreibt der Politikwissenschaftler Hanns Jürgen Küsters über den „Zwei-plus-Vier-Vertrag" von 1990 (siehe hier S. 421) und die Art des Friedensvertrages:

Die internationalen Beziehungen kannten bis zum Zweiten Weltkrieg zwei Arten des Friedensschlusses: den „Karthago"-Frieden – grausam, hart, inflexibel, unbarmherzig –, wobei der Frieden mit militärischer Gewalt für lange Zeit aufrechterhalten bleiben muss, weil er keine inneren Widerstände der Besiegten duldet, und den Verhandlungsfrieden – weise, moderat, tolerant, nachsichtig –, der den Besiegten noch als Verhandlungspartner akzeptiert. Dieser Friede beruht im Wesentlichen auf der Annahme, dass die menschliche Kreatur zur Regeneration fähig ist, Verfehlungen einsieht und im Laufe der Zeit ihr Verhalten bessert. Diese Friedensart impliziert Großmütigkeit und setzt darauf, dass der Sieger jederzeit seine Überlegenheit ausspielen kann, um den Frieden zu garantieren. [...]
Die eigentlichen Schwierigkeiten, zu einem Friedensvertrag über Deutschland zu kommen, bestanden nicht zwischen Siegern und Besiegten, sondern unter den Siegern, sich über die Interessen und Prinzipien zu verständigen. Somit hatten die alliierten Siegermächte aus den negativen Erfahrungen der Versailler Konferenz nicht gelernt. 1919 wollten die Siegermächte absolute Sicherheit und totale Gerechtigkeit erreichen und heraus kam ein zerbrechlicher Waffenstillstand. Der Diktatfrieden mit harten Strafmaßnahmen implizierte den Anreiz für revisionistische Forderungen und zerstörte das eigene Vertragswerk. 1945 suchte man zunächst die Institution zu stärken und den förmlichen Friedensschluss so lange wie möglich hinauszuzögern, weil man sich über die Strafmaßnahmen nicht einig war und kein Konzept für Besiegte hatte, sie wieder in die Staatengemeinschaft zu integrieren. Die Angst vor dem Frieden hatte seine Wurzeln in der Angst vor einem erneuten Revisionismus. [...]
Nach dem Zweiten Weltkrieg wäre ein Diktatfriede möglich gewesen, schien aber angesichts der Erfahrungen mit Versailles nicht opportun. Ein Verhandlungsfriede kam nicht in Betracht. Die Weisheit, die internationalen Beziehungen zu stabilisieren und zum Verlierer wieder normale Verhältnisse herzustellen, lag wohl in der Entscheidung für den Integrationsfrieden. [...]
Integrationsfriede bedeutet, der Sieger unterwirft nicht den Besiegten, sondern gibt ihm im Rahmen eines internationalen Verbundsystems die Möglichkeit zur Rückkehr in die internationale Staatengemeinschaft in fester politischer, wirtschaftlicher und militärischer Bindung an eine Staatengruppierung, jedoch unter Wahrung seiner legitimen Rechte als Staat. [...]
Integrationsfriede bezeichnet einen vorausschauenden Frieden, der den Gegner nicht zerschmettert, sondern ihm die Möglichkeit zugesteht, unter Kontrolle eines Allianzsystems, das ein gewisses Machtgleichgewicht herzustellen vermag, seine Verteidigungsfähigkeit wiederzuerlangen. [...]
Elementare Voraussetzung für die positive Wirkung des Integrationsfriedens ist die politische und vor allem die Adaption der gesellschaftlichen Werteordnung des Siegers durch den Besiegten unter Beibehaltung des Zustandes der sicherheitspolitischen und wirtschaftlichen Bindungen. Dabei sind die Herstellung der Nichtangriffsfähigkeit des Besiegten und der Verzicht auf Dominanz des Siegers Garantien für den Erhalt der bestehenden Friedensordnung.

Hanns Jürgen Küsters, Der Integrationsfriede. Viermächte-Verhandlungen über die Friedensregelung mit Deutschland 1945-1990, München 2000, S. 13 und 894-898 (Anm. gestrichen)

1. *Diktatfriede – Verhandlungsfriede – Integrationsfriede. Skizzieren Sie Voraussetzungen, Prinzipien und Folgen dieser drei Friedensformen. Verwenden Sie eine Tabelle für eine Gegenüberstellung.*
2. *Entwickeln Sie Vorstellungen von einem „möglichen" Diktatfrieden (Zeile 32) nach dem Zweiten Weltkrieg.*
3. *Nehmen Sie zu Küsters' Aussagen zur „Entscheidung für den Integrationsfrieden" Stellung (vgl. Zeile 32 bis 38).*

M2 Die Ziele der EU im Maastrichter Vertrag

Im Artikel B des Vertrages über die Europäische Union vom 7. Februar 1992 werden die allgemeinen Ziele und Prinzipien der Abmachungen genannt:

Die Union setzt sich folgende Ziele:
- Die Förderung eines ausgewogenen und dauerhaften wirtschaftlichen und sozialen Fortschritts, insbesondere durch Schaffung eines Raumes ohne Binnengrenzen, durch Stärkung des wirtschaftlichen und sozialen Zusammenhalts und durch Errichtung einer Wirtschafts- und Währungsunion, die auf längere Sicht auch eine einheitliche Währung nach Maßgabe dieses Vertrages umfasst;
- die Behauptung ihrer Identität auf internationaler Ebene, insbesondere durch eine gemeinsame Außen- und Sicherheitspolitik, wozu auf längere Sicht auch die Festlegung einer gemeinsamen Verteidigungspolitik gehört, die zu gegebener Zeit zu einer gemeinsamen Verteidigung führen könnte;

- die Stärkung des Schutzes der Rechte und Interessen der Angehörigen ihrer Mitgliedstaaten durch Einführung einer Unionsbürgerschaft;
- die Entwicklung einer engen Zusammenarbeit in den Bereichen Justiz und Inneres;
- die volle Wahrung des gemeinschaftlichen Besitzstandes und seine Weiterentwicklung, wobei [...] geprüft wird, inwieweit die durch diesen Vertrag eingeführten Politiken und Formen der Zusammenarbeit mit dem Ziel zu revidieren sind, die Wirksamkeit der Mechanismen und Organe der Gemeinschaften sicherzustellen.

Die Ziele der Union werden nach Maßgabe dieses Vertrages entsprechend den darin enthaltenen Bedingungen und der darin vorgesehenen Zeitfolge unter Beachtung des Subsidiaritätsprinzips[1], wie es in Artikel 3b des Vertrages zur Gründung der Europäischen Gemeinschaft bestimmt ist, verwirklicht.

Zitiert nach: Presse- und Informationsamt der Bundesregierung (Hrsg.), Bulletin Nr. 16, 12. Februar 1992, S. 114

1. *Untersuchen Sie, welche Ziele neu sind und welche bestehende Zielsetzungen weiterführen. Die Beantwortung schließt ein Sowohl-als-auch ein.*

2. *Nehmen Sie Stellung dazu, inwiefern die genannten Ziele die Umsetzung von moralischen Vorstellungen widerspiegeln.*

M3 Mitterrand über die Bedeutung Europas für Frankreich

Nach der Unterzeichnung des Maastrichter Vertrages hält der französische Staatspräsident François Mitterrand am 5. Juni 1992 vor Studierenden und Lehrenden des Institut d'Études Politiques in Paris eine Rede. Anlass ist das anstehende französische Referendum über den Vertrag:

Von einer Generation zur nächsten haben wir gelernt, dass Frankreich Erbfeinde hatte; es waren allerdings nie dieselben! Frankreich hatte ungefähr ganz Europa zum Erbfeind. Die Zeit Englands ist wohlbekannt, aber die Spaniens ist auch noch nicht so lange her, und das österreichisch-ungarische Reich, Preußen, die Sowjetunion und Deutschland, oder sagen wir das Reich, das macht eine Menge Erbfeinde, und sogar ein paar zu viele, wenn man sich darin zurechtfinden will. Ich erinnere mich, sie gezählt zu haben: In Wirklichkeit gibt es in Europa nur ein einziges Land, mit dem wir nie im Krieg waren. Das einzige Land, mit dem wir niemals Krieg geführt haben – es ist angelegen, daran zu erinnern, aber wir werden es nicht tun – das ist Dänemark. Kurz, Frankreich war die meiste Zeit ein unangenehmer Nachbar. [...]

Schließlich die letzte Alternative, diejenige, die ohne Zweifel die Debatte der nächsten Monate beherrschen wird: das Vaterland oder Europa? Handelt es sich um gegensätzliche Begriffe? Ist derjenige, der sich als Gemeinschaftseuropäer versteht, ein schlechter Patriot? Gibt derjenige sein Vaterland auf, der aus Patriotismus Frankreich, und nur Frankreich wählt – ohne die Nützlichkeit bestimmter Abkommen zu leugnen, aber ohne ein strukturell entscheidendes Abkommen, wie das von Maastricht, zu unterstützen? Ist er deshalb ein schlechter Europäer? Ich werde mich nicht auf diese Art von Diskussion einlassen. Ich habe einmal versucht, dies auszudrücken, indem ich sagte: „Frankreich ist unsere Heimat, aber Europa ist unsere Zukunft."

Zitiert nach: www.europa.clio-online.de/quelle/id/artikel-3496, übersetzt von Stefan Seidendorf [Zugriff: 23.11.2016]

1. *Nennen Sie die Aspekte, die sich aus dem Spannungsfeld zwischen nationalstaatlicher und europäischer Identität ergeben.*

2. *Verfassen Sie eine Rede zum Thema „Deutschland ist unsere Heimat, aber Europa ist unsere Zukunft". Notieren Sie die Passagen aus Mitterrands Rede, die übernommen werden können. Entscheiden Sie dann, was Ihrer Meinung nach ergänzt bzw. anders akzentuiert werden muss.*

M4 Die weltpolitische Herausforderung der EU

Der Politikwissenschaftler Herfried Münkler erläutert 2005 in seinem Buch über „Imperien" auch die weltpolitische Lage Europas:

Europa ist durch die veränderten Konstellationen nach dem Ende des Ost-West-Gegensatzes und dem Zusammenbruch der Sowjetunion erheblich stärker herausgefordert, als man sich dies Anfang der 1990er-Jahre vorstellen konnte und wollte. Zunächst wurde das Ende des weltpolitischen Gegensatzes als Chance begriffen, die Teilung des Kontinents in zwei konträre politische Lager zu überwinden und den in Westeuropa begonnenen Prozess einer die Nationalstaaten übergreifenden wirtschaftlichen und politischen Integration schrittweise auf Mittel- und Osteuropa auszudehnen. Rückblickend zeigt sich, dass man den befürchteten Widerstand Russlands überschätzt, während man die dabei auftretenden

[1] Auf die EU bezogen bedeutet das **Subsidiaritätsprinzip**, dass die EU nur tätig wird, wenn ein Ziel auf europäischer Ebene besser erreicht werden kann als auf der Ebene der einzelnen Mitgliedstaaten.

wirtschaftlichen und sozialen Probleme unterschätzt hat. Dass sich mit der „Wiedervereinigung Europas“ auch dessen politisches Gewicht verändern und es weltpolitisch eine gewichtigere Rolle spielen werde, ist von einigen Beobachtern vorausgesagt worden, wobei die Erwartungen bezüglich der Rolle, die den Europäern dabei zufallen werde, in der Regel weit überzogen waren. [...]
Tatsächlich bestand und besteht die Herausforderung der Europäischen Union darin, dass sie auf der einen Seite mit einem postimperialen Raum konfrontiert war, in dem sich mit großer Geschwindigkeit alle die Konflikte und Instabilitäten entwickelten, die für postimperiale Räume typisch sind, während sich auf der anderen Seite die bislang als wohlwollender Hegemon[1] agierende westliche Führungsmacht zunehmend in einen imperialen Akteur verwandelte, der auf die Wünsche und Vorstellungen seiner Verbündeten kaum noch Rücksicht nahm. Die meisten europäischen Politiker sind von diesen Entwicklungen auch deswegen überrascht worden, weil sie die Handlungslogik eines Imperiums nicht auf ihrer Rechnung hatten: Sie dachten in der politischen Recheneinheit Staat – und wurden mit postimperialen Räumen auf der einen und einem imperialen Akteur auf der anderen Seite konfrontiert. Die Irritationen begannen bei der Frage, welche Reaktion auf die jugoslawischen Zerfallskriege angemessen sei, und steigerten sich bis zu den politischen Zerwürfnissen im Vorfeld des Irak-Krieges. Hat nun, wie einige meinen, Europa an Bedeutung und Einfluss gewonnen? Oder hat es, wie andere dagegenhalten, an beidem verloren?

Herfried Münkler, Imperien. Die Logik der Weltherrschaft – vom Alten Rom bis zu den Vereinigten Staaten, Berlin 2005, S. 245f.

1. *Erläutern Sie die „Wiedervereinigung Europas“ durch die EU. Was ist mit „postimperialem Raum“ gemeint?*
2. *Analysieren Sie das politische Verhalten der EU-Staaten im Rahmen der Jugoslawien-Kriege und des Irak-Krieges, die Münkler nennt.*
3. *Überprüfen Sie, welche Antwort auf die beiden Schlussfragen Münklers angemessen ist. Ist Europa seit 1990 in der Welt wichtiger geworden?*

[1] **Hegemon** (griech.): Vorherrscher, Vormacht; hier also die USA

M5 Piratenabwehr vor Somalia

Seit 2008 sind etwa 1200 Soldaten der EU vor der Küste Somalias im Einsatz, um Piraten abzuwehren. Ende 2011 debattiert die EU über eine Ausweitung des militärischen Einsatzes. Dazu schreibt der Journalist Hauke Friederichs am 2. Januar 2012 in „Zeit online“:

Seit mehr als drei Jahren versuchen Kriegsschiffe im Auftrag der Europäischen Union die Piraterie vor Somalia einzudämmen, doch selbst moderne Waffensysteme schrecken die Seeräuber nicht ab. Die Flotten Europas bieten vor Somalia alles auf, was sie haben: Seefernaufklärer, Speedboote, Bordhubschrauber, Fregatten und Korvetten suchen nach Piraten, eskortieren Frachter des Welternährungsprogramms und Handelsschiffe durch den Golf von Aden und setzen nicht selten Raubboote fest. [...]
Die Piraten haben ihr Jagdgebiet ausgedehnt, sie schlagen längst nicht mehr nur vor der somalischen Küste zu, auch auf dem Indischen Ozean gehen sie auf Beutefang. 199 Seeleute mussten laut EU als Gefangene der Piraten den Jahreswechsel verbringen. [...] Deshalb will die EU nun die Anti-Piraterie-Mission Atalanta ausweiten. Die beteiligten Kriegsschiffe sollen künftig auch gegen Ziele an Land vorgehen dürfen, etwa Boote der Piraten am Strand zerstören – oder ihre Einrichtungen. [...]
Somalia gilt als hoffnungsloser Fall der internationalen Politik. Der Staat existiert nur noch auf dem Papier, einzelne Regionen wie Somaliland oder Puntland handeln längst autonom. [...]
Durch Einsätze an Land könnten die europäischen Soldaten in innersomalische Konflikte verwickelt werden, befürchtet Rainer Arnold, verteidigungspolitischer Sprecher der SPD. [...] Und noch eine Gefahr besteht bei der Ausweitung des Einsatzes: Das Zerstören von Booten und Lagerhallen an Land könnte wie so oft die Falschen treffen. Deutsche Soldaten berichten schon heute, wie schwer es bei Einsätzen auf dem Wasser ist, zwischen Fischern und Piraten zu entscheiden. Am Strand dürfte das kaum anders sein.

Zitiert nach: Hauke Friederichs, Die riskante Anti-Piraten-Strategie der EU, in: www.zeit.de/politik/ausland/2012-01/piraten-somalia-europa [Zugriff: 29.06.2015]

1. *Im März 2012 beschließt die EU die Ausweitung des militärischen Einsatzes. Arbeiten Sie die Motive heraus, in dieser Region vorzugehen. Beachten Sie dazu auch die Tabelle auf S. 482.*
2. *Überprüfen Sie, inwiefern der Einsatz ein von Münkler (M4) erläutertes Szenario darstellt.*

Geschichte kontrovers

Die Europäische Union – eine Erfolgsgeschichte?

Aus zwei Weltkriegen ging Europa zerstört, geteilt und geschwächt hervor. Frieden in Sicherheit und Freiheit wurde zur zentralen Forderung der Nachkriegszeit. Die Hauptgegner der Vergangenheit, Deutschland und Frankreich, begannen, sie umzusetzen. Ab 1951 entstanden in Westeuropa zunächst ein ökonomischer (EGKS und EWG) und dann ein politischer Zusammenschluss (EG, EU).

2012 erhielt die EU den Friedensnobelpreis für ihre Verdienste bei der Umwandlung Europas von einem Kontinent der Kriege zu einem Kontinent des Friedens. Dieses Projekt mit möglichem Vorbildcharakter hatte und hat auch seine Schattenseiten, seine ungeklärten Probleme. Eine wichtige Frage stellt sich daher: Ist die EU-Geschichte eine Erfolgsgeschichte?

M1 „Kein Gespenst von vorgestern ..."

Paul Nolte lehrt Geschichte mit Schwerpunkt Zeitgeschichte an der Freien Universität Berlin. In einem am 3. März 2012 in der Boulevard-Zeitung „Bild" veröffentlichten Interview hält er fest:

Europa, das war nach dem Zweiten Weltkrieg eine Geschichte von Frieden und Wohlstand. Deutschland und Frankreich, die alten Feinde, reichten sich die Hand. Nach der Nazi-Diktatur fand die Bundesrepublik auf der europäischen Straße in die Völkergemeinschaft zurück. Überall, wo in Europa Diktaturen stürzten und die Menschen Freiheit erlangten, strebten sie nach Europa: in Spanien, Portugal und Griechenland seit den 70er-Jahren, und nach dem Fall des Kommunismus in ganz Mittel- und Osteuropa. Jetzt, inmitten der Krise, will Serbien Mitglied der Europäischen Union werden. Das europäische Erfolgsmodell ist kein Gespenst von vorgestern, sondern Realität von heute – und Auftrag für morgen. [...] Meine Vision heißt deshalb: Europa muss wieder ein politisches Projekt werden. Als Geldverteilungsmaschine, als Löcherstopf-Apparat hat es keine Zukunft. Die Politiker müssen besser erklären, wofür Europa gut ist. Mit dem Hinweis auf den Zweiten Weltkrieg ist es nicht mehr getan. Denn selbst die meisten Großeltern können ihren Enkeln davon nicht mehr berichten. Aber sie können erklären, dass die Zugehörigkeit zu Europa viel mehr ist als ein unverständlicher Rettungsschirm. Es ist der Schutz von Freiheit und Menschenrechten. Es ist die Bewegungsfreiheit über Grenzen, die erst zwei Jahrzehnte offen stehen. Es ist, gerade in Deutschland, Grundlage unseres Wohlergehens, auch im privaten Leben, vom Arbeitsplatz bis zu Reisen und Konsum.

Zitiert nach: www.bild.de/politik/inland/europaeische-union/historiker-paul-nolte-beurteilt-euro-krise-22945040.bild.html [Zugriff: 07.06.2015]

M2 „Kein Friedensprojekt"

Peter Strutynski ist Lehrbeauftragter für Politikwissenschaft an der Universität Kassel und Bundessprecher der Initiative „Friedensratschlag". In einem Beitrag für das „Neue Deutschland" kommentiert er am 8. Dezember 2012 die Vergabe des Nobelpreises an die EU:

Nach Alfred Nobels letztem Willen sollten den Preis Menschen oder Organisationen erhalten, die „am meisten oder am besten auf die Verbrüderung der Völker und die Abschaffung oder Verminderung stehender Heere sowie das Abhalten oder die Förderung von Friedenskongressen hingewirkt" haben. Drei frühere Nobelpreisträger [...] haben beim Nobelpreis-Komitee gegen die Verleihung Protest eingelegt, indem sie darauf hinwiesen, dass die EU „eindeutig kein Vorkämpfer für den Frieden" sei. [...]

Mit dem Lissabon-Vertrag 2009 verpasste sich die EU ein ansehnliches Instrumentarium militärischer Rüstungs- und Interventionsfähigkeit. Zu nennen sind etwa:

- eine Aufrüstungsverpflichtung („Verbesserung der militärischen Fähigkeiten"),
- die Aufstellung von Krisenreaktionskräften (Battlegroups),
- die Schaffung der „Europäischen Verteidigungsagentur" und
- eine allgemeine Beistandsverpflichtung, die der EU endgültig den Charakter eines Militärpaktes verleiht.

Über all dies schweigt sich das Nobelpreis-Komitee aus. [...] Die Verleihung des Friedensnobelpreises an die EU ist ein Tiefpunkt in der über 100-jährigen Geschichte dieser weltweit bedeutendsten Auszeichnung.

Zitiert nach: www.ag-friedensforschung.de/themen/Friedenspreise/nobel2012a.html [Zugriff: 07.06.2015]

M3 Wider den antieuropäischen „Shitstorm"

Der Journalist Ludwig Greven kommentiert am 12. Oktober 2012 in der Wochenzeitung „Die Zeit" die Reaktionen auf die Entscheidung, der EU den Friedensnobelpreis zu verleihen:

Kaum war am Morgen bekannt geworden, dass die EU in diesem Jahr den Friedensnobelpreis erhält, begann im Netz ein wahrer Shitstorm der Empörung. [...] Europa ist, zumindest wenn es nach der überwiegenden Zahl derer geht, die sich im Netz und auch sonst zu Wort melden, als Friedensprojekt und überhaupt gescheitert. Es mag heute im Internet, auf der Straße, in der Politik, auch in Redaktionen selbst führender deutscher Blätter angesagt sein, sich über „Eurokraten" und Anhänger einer angeblich veralteten proeuropäischen Ideologie lustig zu machen, die immer noch die „alte Erzählung" vom geeinten Europa als Bollwerk gegen Krieg und Not verbreiten. Und natürlich gibt die reale EU, insbesondere deren Verwaltung in Brüssel, reichlich Anlass zur Kritik, wie viele Institutionen und Regierungen. Aber die tiefe Verachtung, die der europäischen Idee heute entgegengebracht wird, ist völlig unangebracht. [...]

Auch wenn der alte Kontinent [...] als Inbegriff verfehlter, veralteter Politik abgetan wird, gilt die europäische Einigung vielen Menschen nicht nur in Europa bis heute als einzigartiges Beispiel, wie aus früheren, jahrhundertelangen Feinden Freunde und Partner wurden. Es ist gerade mal 70 Jahre her, zwei Generationen, dass sich der Kontinent im von Deutschland ausgelösten Zweiten Weltkrieg zerfleischte, mit 60 Millionen Toten. Und es ist auch gerade einmal gut 20 Jahre her, dass der Kalte Krieg endete, der Europa in der Mitte teilte und 40 Jahre lang jederzeit zum „heißen Krieg" hätte werden können. Vor allem in Osteuropa ist das nicht vergessen. Auf einer Tagung junger Europäer aus Polen, Ungarn, Tschechien, Weißrussland, Frankreich und Deutschland im Frühjahr [...] waren es vor allem die Osteuropäer, die von Europa als Garanten des Friedens sprachen. [...]

▲ **„... zum Beispiel ..."**
Karikatur von Thomas Plaßmann von 2005 (Baaske Cartoons).
- *Beschreiben Sie die Karikatur.*
- *Analysieren Sie die Aussage der Zeichnung.*

Das geeinte Europa ist aber noch weit mehr als ein Schutzwall gegen die Schatten der Vergangenheit. Es schützt ganz konkret die Freiheit seiner Bürger: [...] Es ist nicht zuletzt auch die EU, die Rechtsstaatlichkeit in den einzelnen Mitgliedstaaten garantiert. [...] Europa ist eine Insel der Seligen, des Friedens, der Freiheit, der Demokratie und des Wohlstands in der Welt.

Zitiert nach: www.zeit.de/politik/ausland/2012-10/eu-friedensnobelpreis-internet/komplettansicht [Zugriff: 08.06.2015]

1. *Geben Sie anhand von M1 bis M3 die kontroversen Positionen mit ihren jeweiligen Begründungen wieder.*
2. *Überprüfen Sie die Stellungnahmen M1 bis M3 anhand der Informationen im Darstellungstext (siehe S. 480 ff.).*
3. *Die EU – eine Erfolgsgeschichte? Nehmen sie dazu Stellung.*

Die Vereinten Nationen – ein kollektives Sicherheitssystem für die ganze Welt

▲ **„Schwerter zu Pflugscharen."**
Foto, um 2000. Skulptur von dem Bildhauer Jewgeni W. Wutschetitsch. Sie ist ein Geschenk der Sowjetunion an die Vereinten Nationen und steht seit 1959 vor dem UN-Gebäude in New York.

Vom Völkerbund zur UNO Noch vor dem Eintritt der Vereinigten Staaten in den Krieg gegen das Deutsche Reich und seine Verbündeten verständigten sich der britische Premierminister *Winston Churchill* und US-Präsident *Franklin D. Roosevelt* im Oktober 1941 in der Atlantik-Charta* über eine zukünftige Weltfriedensordnung. Drei Monate später, am 1. Januar 1942, verpflichteten sich 26 weitere Staaten, diese neue Friedensordnung gemeinsam anzustreben. Die Grundlagen der Ordnung wurden zwei Jahre später auf der *Konferenz von Dumbarton-Oaks* (Washington, D.C.) erarbeitet. Am 16. Juni 1945 – in Japan dauerte der Krieg noch an – beschlossen dann 50 Staaten in San Francisco (Kalifornien) einstimmig die Charta der *Vereinten Nationen* (UN = *United Nations;* auch UNO = *United Nations Organization*). Die Satzung trat am 24. Oktober 1945 feierlich in Kraft und der Genfer Völkerbund** löste sich kurze Zeit später auf.

Ziele und Prinzipien Das zentrale Ziel der neuen Organisation ist die Bewahrung der Menschen vor der „Geisel des Krieges". Über die Sicherung des Weltfriedens hinaus stehen im Fokus der UNO die freundschaftliche Zusammenarbeit ihrer Mitglieder, der Schutz der Menschenrechte und die Verbesserung der Lebensbedingungen aller Menschen.

Die Mitgliedstaaten verpflichten sich, Konflikten entgegenzuwirken und auf Gewaltanwendung in internationalen Beziehungen zu verzichten. Sie bekennen sich zu den Grundsätzen der Gleichheit und Souveränität ihrer Mitglieder.

Die Einbindung der Staaten in dieses neue kollektive Sicherheitssystem schien der UNO – anders als dem Völkerbund – zu gelingen, zumal die Großmächte USA und UdSSR ihr von Anfang an angehörten und die Zahl der Mitglieder stetig wuchs.

Da soziale, wirtschaftliche, ökologische und humanitäre Probleme zu den Kriegsursachen zählen, entwickelte die UNO Aktivitäten auf vielen Gebieten. Sie bekämpft Armut, Hunger, Kinderarbeit und das Elend von Flüchtlingen, Verfolgten und Vertriebenen. Weltweit setzt sie sich für Wirtschafts- und Bildungsprogramme, für den Klimaschutz sowie die Erhaltung von Kulturgütern ein.

1945	51*
1960	99
1970	127
1980	154
1990	159
2015	193

* Polen unterzeichnete die UN-Charta erst später, zählt aber zu den 51 Gründungsmitgliedern.

▲ **Mitgliedstaaten der Vereinten Nationen.**
Nach: Klaus Dieter Wolf, Die UNO. Geschichte, Aufgaben, Perspektiven, München [3]2016, S. 15

Die Friedenssicherung durch die UNO Alle Mitgliedstaaten verpflichten sich zur friedlichen Beilegung von Konflikten. Laut Charta ist die Androhung und Anwendung von Gewalt verboten. Weiterhin gilt für alle Mitglieder die Beistandsverpflichtung für UN-Maßnahmen. Bei einer Bedrohung des Friedens können aber nur die fünf ständigen Mitglieder des *Sicherheitsrates* Zwangsmaßnahmen in Form von Sanktionen oder Militäraktionen beschließen. Die ständigen Mitglieder sind die Volksrepublik China (seit 1971; zuvor Taiwan), Frankreich, Großbritannien, Russland (seit 1991; zuvor Sowjetunion) und die USA. Grundsätzlich wird zwischen friedlichen Mitteln zur Konfliktlösung („weiches Mandat") und dem Einsatz von Waffengewalt („robustes Mandat") unterschieden (▸ M1).

* Zur Atlantik-Charta siehe S. 289, 292 (M6) und 320.
** Zum Völkerbund siehe S. 186, 203 und 250 ff.

Die Zusammensetzung des Sicherheitsrates spiegelt die weltpolitische Lage am Ende des Zweiten Weltkrieges wider. Sie entspricht nicht mehr den Anforderungen der Welt des 21. Jahrhunderts. Mithilfe des Veto-Rechts der Mitglieder wird seine Handlungsfähigkeit immer wieder zugunsten nationaler oder ideologischer Interessen eingeschränkt. Das zeigte sich schon im Kalten Krieg.* Auch danach änderte sich dies nicht grundsätzlich. Die Anzahl der Friedensbemühungen nahm zwar zu, doch zugleich wurden die Grenzen des bestehenden kollektiven Sicherheitssystems immer deutlicher.

Probleme und Aussichten Der Einsatz von Friedenstruppen erfolgt heute nicht nur in zwischenstaatlichen Konflikten, sondern auch bei innerstaatlichen Auseinandersetzungen. Insbesondere bei der Verletzungen von Menschenrechten versucht die UNO seit Beginn der 1990er-Jahre autoritären und totalitären Staaten entgegenzutreten. Im Rahmen des zweiten Golfkrieges wurde mit der Resolution 688 vom 5. April 1991 die Einrichtung von Schutzzonen für die kurdische Bevölkerung im Nordirak bewirkt. Das war ein direkter Eingriff in die Souveränitätsrechte des Irak. Dieses Vorgehen galt manchen Mitgliedern als unvereinbar mit der UN-Charta.

In seiner „Agenda für den Frieden" legte UN-Generalsekretär *Boutros Boutros-Ghali* 1992 eine neue Konzeption der UN-Friedenssicherung vor. Sie enthielt folgende Schritte: präventive Diplomatie, Friedensschaffung, Friedenssicherung und Friedenskonsolidierung. Trotzdem blieb die UNO oft handlungsunfähig. Zahlreiche Resolutionen (z.B. zum Nahost-Konflikt) konnten nicht konsequent umgesetzt und die Völkermorde in Ruanda oder in Bosnien (Massaker von Srebrenica) sowie der Zerfall Somalias nicht verhindert werden. Das Scheitern der UNO in all diesen Fällen ist strukturell bedingt und bedarf umfassender Reformen.

Das wirtschaftliche und politische Machtgefälle zwischen den Staaten sowie die grundsätzliche Anerkennung der Souveränität aller Mitglieder macht die Entscheidungsfindung und -umsetzung langwierig und oft unmöglich. Darüber hinaus können Verpflichtungen nicht übernommenen werden, weil einzelne Mitglieder aus nationalen Erwägungen Beiträge und Leistungen verweigern.

Ökonomische Interessen der Industriestaaten verhindern Konfliktlösungen in Entwicklungsländern. Zwischenstaatliche Konflikte, der Zerfall von Staaten und daraus resultierende Bürgerkriege werden von anderen Mächten benutzt, um ihre Einflussbereiche zu vergrößern. Hinzu kommen globale Herausforderungen wie der internationale Terrorismus, der Klimawandel und der Rohstoffmangel. Sie sind nur international zu lösen. Damit erweist sich das strikte Verbot der Einmischung in innere Angelegenheiten der Mitgliedstaaten als ein Problem. Weitere Reformen der UNO sind erforderlich, wenn das kollektive Sicherheitssystem funktionieren und einen wirksamen Beitrag zum Weltfrieden leisten soll (▸ M2, M3).

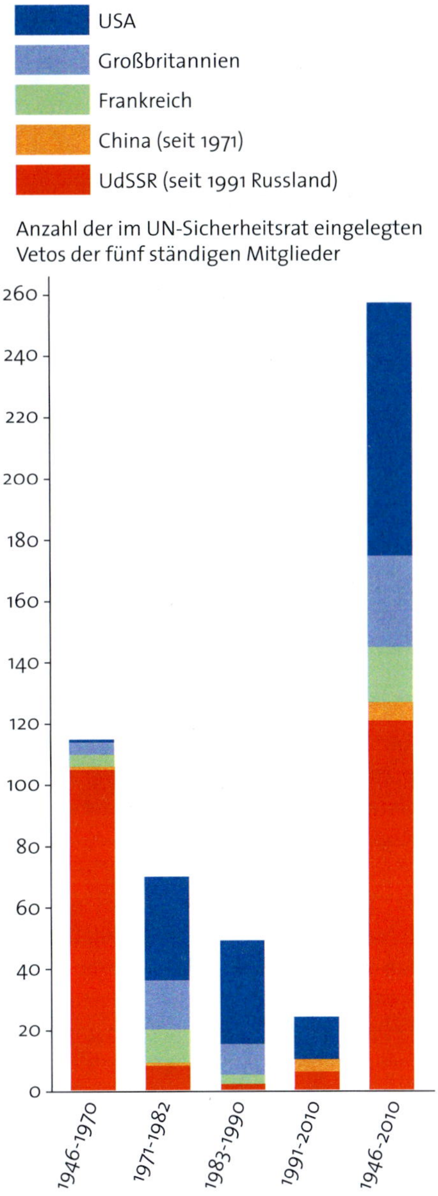

▲ **Wie die großen Fünf ihr Vetorecht nutzten.**
Nach: Manuela Scheuermann, Die Vereinten Nationen. Eine Einführung, Wiesbaden 2014, S. 75

- *Charakterisieren Sie das Verhalten der ständigen Mitglieder des Sicherheitsrates vor und nach dem Ost-West-Konflikt.*

Skizzieren Sie die Grenzen der Handlungsmöglichkeiten der Vereinten Nationen.

* Zum Kalten Krieg siehe S. 331 ff.

▲ Symbol der Vereinten Nationen.

M1 Aus der Charta der UNO

Die UN-Charta (Grundgesetz) tritt am 24. Oktober 1945 in Kraft, nachdem die fünf Großmächte China, Frankreich, Großbritannien, UdSSR und USA sowie die Mehrheit der übrigen Unterzeichnerstaaten die Ratifikationsurkunden bei der US-Regierung hinterlegt haben.

Art. 1: Die Vereinten Nationen setzen sich folgende Ziele: (1.) den Weltfrieden und die internationale Sicherheit zu wahren und zu diesem Zweck wirksame Kollektivmaßnahmen zu treffen, um Bedrohungen des Friedens zu verhüten und zu beseitigen, Angriffshandlungen und andere Friedensbrüche zu unterdrücken und internationale Streitigkeiten oder Situationen, die zu einem Friedensbruch führen könnten, durch friedliche Mittel nach den Grundsätzen der Gerechtigkeit und des Völkerrechts zu bereinigen oder beizulegen; (2.) freundschaftliche, auf der Achtung vor dem Grundsatz der Gleichberechtigung und Selbstbestimmung der Völker beruhende Beziehungen zwischen den Nationen zu entwickeln und andere geeignete Maßnahmen zur Festigung des Weltfriedens zu treffen; (3.) eine internationale Zusammenarbeit herbeizuführen, um internationale Probleme wirtschaftlicher, sozialer, kultureller und humanitärer Art zu lösen und die Achtung vor den Menschenrechten und Grundfreiheiten für alle ohne Unterschied der Rasse, des Geschlechts, der Sprache oder der Religion zu fördern und zu festigen.

Art. 2: [...] (3.) Alle Mitglieder legen ihre internationalen Streitigkeiten durch friedliche Mittel so bei, dass der Weltfriede, die internationale Sicherheit und die Gerechtigkeit nicht gefährdet werden. [...] (7.) Aus dieser Charta kann eine Befugnis der Vereinten Nationen zum Eingreifen in Angelegenheiten, die ihrem Wesen nach zur inneren Zuständigkeit eines Staates gehören, [...] nicht abgeleitet werden [...].

Art. 41: Der Sicherheitsrat kann [...] die vollständige oder teilweise Unterbrechung der Wirtschaftsbeziehungen [...] und den Abbruch der diplomatischen Beziehungen beschließen.

Art. 42: Ist der Sicherheitsrat der Auffassung, dass die in Artikel 41 vorgesehenen Maßnahmen unzulänglich sein würden oder sich als unzulänglich erwiesen haben, so kann er mit Luft-, See- oder Landstreitkräften die zur Wahrung oder Wiederherstellung des Weltfriedens und der internationalen Sicherheit erforderlichen Maßnahmen durchführen. Sie können Demonstrationen, Blockaden und sonstige Einsätze der Luft-, See- oder Landstreitkräfte von Mitgliedern der Vereinten Nationen einschließen.

Art. 43: (1.) Alle Mitglieder der Vereinten Nationen verpflichten sich, zur Wahrung des Weltfriedens und der internationalen Sicherheit dadurch beizutragen, dass sie nach Maßgabe eines oder mehrerer Sonderabkommen dem Sicherheitsrat auf sein Ersuchen Streitkräfte zur Verfügung stellen, Beistand leisten und Erleichterungen einschließlich des Durchmarschrechts gewähren, soweit dies zur Wahrung des Weltfriedens und der internationalen Sicherheit erforderlich ist.

Zitiert nach: Peter J. Opitz und Volker Rittberger (Hrsg.), Forum der Welt. 40 Jahre Vereinte Nationen, Bonn 1986, S. 318 ff.

1. *Die UN-Charta wurde vom Scheitern des Völkerbundes und dem Verlauf des Zweiten Weltkrieges beeinflusst. Arbeiten Sie die Bestimmungen heraus, die dies deutlich machen.*
2. *Untersuchen Sie die UN-Charta daraufhin, an welchen Wertvorstellungen sich die UNO orientiert.*
3. *„Mächtige Nationen sind selten gute Mitglieder eines internationalen Clubs, der dafür eingerichtet ist, die Ausübung nationaler Macht einzugrenzen." Diskutieren Sie diese Aussage des britischen Historikers Paul Kennedy, die er in Bezug auf die Organisation der Vereinten Nationen gemacht hat.*

Lesetipp:
Klaus Dieter Wolf, Die UNO. Geschichte, Aufgaben, Perspektiven, München ³2016

M2 Der Friede gehört der Gemeinschaft

2001 geht der Friedensnobelpreis zu gleichen Teilen an die UNO und ihren Generalsekretär Kofi Annan. In seiner Dankesrede sagt Kofi Annn am 10. Dezember 2001:

Während der letzten fünf Jahre habe ich immer wieder daran erinnert, dass die Charta der Vereinten Nationen mit den Worten: „Wir, die“ Völker ...“ beginnt. Nicht immer wird verstanden, dass „wir, die Völker“ aus Individuen bestehen, deren Anspruch auf fundamentalste Menschenrechte viel zu oft den angeblichen Interessen eines Staates oder einer Nation geopfert wurde. Ein Völkermord beginnt mit der Tötung eines Menschen, nicht wegen etwas, was er getan hätte, sondern was er ist. Eine „ethnische Säuberungskampagne“ beginnt mit einem Nachbarn, der sich gegen einen anderen wendet. Armut beginnt, wenn auch nur einem einzigen Kind das Grundrecht auf Bildung verwehrt wird. Was mit dem mangelnden Schutz der Würde eines einzelnen Menschenlebens beginnt, endet nur allzu oft im Unglück ganzer Nationen. In diesem neuen Jahrhundert müssen wir von der Erkenntnis ausgehen, dass der Friede nicht nur Staaten und Völkern, sondern jedem einzelnen Mitglied dieser Gemeinschaft gehört. Die Souveränität der Staaten darf nicht länger als Schutzschild für schwere Menschenrechtsverletzungen missbraucht werden. Der Friede muss in der täglichen Existenz jedes Menschen in Not real und greifbar werden. Um den Frieden muss man sich vor allem deshalb bemühen, weil er für jedes Mitglied der Menschheitsfamilie die Voraussetzung für ein Leben in Würde und Sicherheit ist.

Zitiert nach: www.unric.org/de/frieden-und-sicherheit-pressemitteilungen/4065 [Zugriff: 15.06.2016]

1. *Erläutern Sie das Spannungsverhältnis zwischen staatlicher Souveränität und dem Schutz der Menschenrechte an einem aktuellen Beispiel.*
2. *Entwickeln Sie zu Kofi Annans Forderungen konkrete Empfehlungen für ein friedliches Miteinander in unserer Gesellschaft.*

M3 Perspektiven der Weltorganisation im 21. Jahrhundert

Sven Bernhard Gareis lehrt Politikwissenschaft an der Westfälischen Wilhelms-Universität in Münster. In einem Beitrag vom 21. Juli 2011 erörtert er die Perspektiven der UNO:

Bislang dominiert beim Blick auf die Vereinten Nationen [...] das Spannungsverhältnis zwischen den Zielen und Grundsätzen der Charta auf der einen und der politischen Realität auf der anderen Seite. Die wesentlichen Forderungen der Charta nach multilateraler Kooperation und kollektiven Mechanismen basieren auf Regeln, die in der Praxis der internationalen Politik immer wieder relativiert, verändert oder auch systematisch missachtet werden. Der Gleichheit aller Mitgliedstaaten steht ein ausgeprägtes Machtgefälle gegenüber, die Pflicht zur friedlichen Streiterledigung wird oft durchbrochen, und trotz des allgemeinen Gewaltverbots nehmen sich Staaten immer wieder das Recht zur unilateralen Gewaltanwendung.

Aus dieser Erfahrung könnte sich die – eher pessimistische – Schlussfolgerung ergeben, dass die VN in den Händen ihrer Mitgliedstaaten bleiben und diese weiterhin eine schwache Weltorganisation der Aufgabe nationaler Souveränitätsrechte vorziehen werden. Als Beleg dafür können die geringen Reformschritte auf der Basis kleinster gemeinsamer Nenner gelten, die der Weltgipfel des Jahres 2005 hervorgebracht hat. Die Aussichten der Vereinten Nationen, als gestaltender Akteur von Global Governance-Prozessen aufzutreten, erscheinen vor diesem Hintergrund als eher gering.

Nichtsdestoweniger aber bleiben die VN unverzichtbar für die Gestaltung internationaler Politik. Nur sie bieten die Arena, in der sich die Staaten hinsichtlich ihrer freiwillig eingegangenen Verpflichtungen gegenseitig kontrollieren und deren Einhaltung anmahnen können. Wer nicht die Rückkehr des Faustrechts in die internationale Politik will, wer nicht weltweite Anarchie und Instabilität anstrebt und wer nicht Neuauflagen regionaler oder globaler Rüstungsspiralen riskieren möchte, muss für Steuerungsmechanismen sorgen, welche die Willkür einzelner oder Gruppen von Staaten sowie ihre Gewaltanwendung zumindest reduzieren. Den VN wird daher auch weiterhin die Aufgabe zukommen, die internationale Staatengemeinschaft zur Akzeptanz und Befolgung ihrer in der Charta niedergelegten Ziele und Grundsätze anzuhalten.

Sven Gareis, Reform und Perspektiven der Weltorganisation, in: Vereinte Nationen. Informationen zur politischen Bildung Nr. 310 vom Mai 2011; zitiert nach: www.bpb.de/izpb/7476/reform-und-perspektiven-der-weltorganisation?p=all [Zugriff: 16.05.2016]

1. *Erörtern Sie die kritischen Vorschläge von Bernd Gareis und diskutieren Sie mögliche Konsequenzen.*
2. *Entwickeln Sie mögliche Szenarien zur Zukunft einer friedenssichernden Weltordnung.*

Die historische Dimension des Nahost-Konfliktes

▸ **Drei Hauptvertreter des Zionismus.**
Glanz- oder Schmuckbild von 1906.
Max Nordau (links) und Theodor Herzl (Mitte) waren Gründer der „Zionistischen Weltorganisation" (ZWO). Max Emmanuel Mandelstamm war mit Herzl befreundet und ein einflussreicher russisch-jüdischer Zionist. Um 1900 gab es etwa 200 000 Zionisten, davon etwa 20 000 im Deutschen Reich.
- *Erläutern Sie die zionistischen Ziele, die auf dem Bild symbolisiert werden.*

Grundfragen und Parteien des Nahost-Konfliktes Die Frage, wer im Nahen Osten rechtmäßig herrscht und wem Palästina „gehört", wurde um die Wende zum 20. Jahrhundert und mit dem Niedergang des Osmanischen Reiches im Ersten Weltkrieg von den Großmächten intensiv diskutiert. Damit verbunden war das Problem, ob Palästina für sich allein ein selbstständiges Staatsgebiet darstelle oder Teil eines größeren Gebildes sei und zum Beispiel zu Syrien gehöre. Letztlich ging es immer um die Bestimmung der Grenzen, also um die Frage, wie groß Palästina denn eigentlich sein solle. Ansprüche stellten vor allem drei Seiten: die jüdisch-zionistische, die britische und die arabische.

Lesetipps:
- *Muriel Asseburg und Jan Busse, Der Nahost-Konflikt. Geschichte, Positionen, Perspektiven, München 2016*
- *Rolf Steininger, Der Nahost-Konflikt, Frankfurt am Main ²2012*

Pogrom (von russ. *gromit*: demolieren, gewaltsam zerstören): Ausschreitung gegen Juden, mit Zerstörung von Eigentum oder Mord einhergehend, oft von der Obrigkeit gefördert und geduldet

Theodor Herzl (1860-1904): aus Budapest gebürtiger österreichisch-jüdischer Schriftsteller, Publizist und Journalist. Unter dem Eindruck von Antisemitismus und Diskriminierung verfasste er die Schrift „Der Judenstaat" (1896), mit der er den politischen Zionismus initiierte und die Gründung eines jüdischen Staates anstrebte. 1949 wurde Herzls Leichnam nach Jerusalem überführt und auf dem nach ihm benannten Herzlberg beigesetzt.

Eine Antwort auf den Antisemitismus: der Zionismus Im Laufe des 19. Jahrhunderts hatte die Emanzipation der Juden in Europa große Fortschritte gemacht. Ende des Jahrhunderts verschlechterte sich ihre Lage wieder.* Das Versprechen des Liberalismus von Gleichheit und Toleranz erwies sich angesichts des Nationalismus als Illusion. Ein rassistischer Antisemitismus bekam Auftrieb. Er zielte gegen fromme, getaufte und assimilierte Juden. Sie sollten ausgegrenzt und vertrieben werden.

Besonders deutlich zeigte sich der Antisemitismus im Russischen Reich. Juden durften nur in bestimmten Gebieten wohnen, waren Sondersteuern und Berufsverboten ausgesetzt. Einige Gruppen genossen als „nützliche Juden" gewisse Freiheiten, die Masse der einfachen Juden wurde jedoch als „nutzlos" klassifiziert. Ziel der Politik war die zwangsweise Assimilation der Juden in die russische Gesellschaft und die Beraubung ihrer kulturellen und religiösen Eigenheit. Als Zar *Alexander II.* 1881 einem Attentat zum Opfer fiel, wurden die Juden dafür verantwortlich gemacht. Eine Welle von **Pogromen** fand statt, die von der Regierung geduldet, wenn nicht gar gefördert wurde. In der Folge kam es zu Massenauswanderungen von Juden nach Mittel- und Westeuropa sowie in die USA. In Frankreich sorgte die *Dreyfus-Affäre* für Aufsehen.**

Der wachsende Antisemitismus ließ Persönlichkeiten dafür werben, ins „Land der Väter" und nach „Zion" zurückzukehren. Seine Ausprägung zur politischen Nationalbewegung erfuhr der danach benannte „Zionismus" durch den Wiener **Theodor Herzl**. In seiner Broschüre „Der Judenstaat – Versuch einer modernen Lösung der Judenfrage"

* Siehe dazu S. 42 ff. und S. 48 ff.
** Lesen Sie dazu das OnLine-Kapitel „Frankreich: Staat und Gesellschaft im Umbruch"; siehe Code **4673-00**.

von 1896 stellte er fest, dass die bisherige rechtliche Gleichstellung der Juden den Antisemitismus nicht überwunden hätte, und schlug vor, einen jüdischen Nationalstaat zu gründen. Dort sollten die Juden ihre eigene Identität ohne Furcht wahren können (▸ M1). Seine Vorstellungen waren innerhalb des Judentums umstritten. Nicht in der Auswanderung, sondern in einer besseren Integration sahen viele Juden weiterhin die Lösung der Probleme.

Um seine Ideen weltweit bekannt zu machen, forderte Herzl eine internationale zionistische Konferenz. 1897 fand der erste Zionistische Weltkongress in Basel statt und Herzl wurde zum Präsidenten der von ihm initiierten *Zionistischen Weltorganisation* (ZWO) gewählt. Ziel der Zionisten war es, allen auf der Welt verstreut lebenden Juden eine Heimat zu geben (▸ M2). Man einigte sich auf Palästina und auf den folgenden Kongressen wurde die Auswanderung propagiert. Zahlreiche Vereine und Veröffentlichungen warben in der Folgezeit für die Ansiedlung von Juden in „Eretz Israel", dem Land Israel der Bibel, um dort eine Heimat für alle Juden zu schaffen.

Die arabische Position Das Osmanische Reich, das zu seiner Blütezeit nahezu alle Muslime Europas unter türkischer Herrschaft in einem Staat vereint hatte, befand sich Ende des 19. Jahrhunderts im Niedergang. Nach und nach waren Teile des Reiches an die christlichen Mächte Frankreich, Großbritannien und Italien gefallen. Für den politischen Niedergang machten einige Muslime die Politik der Türken verantwortlich. Sie wurden beschuldigt, den Islam und das muslimische Heimatland an die Christen und den Westen verraten zu haben.

Parallel zum Zionismus entwickelte sich ein arabischer Nationalismus (**Panarabismus**). Obwohl die Idee immer häufiger vorgetragen wurde, hatte sie kaum Einfluss auf die Politik im späten Osmanischen Reich.

Aufteilungspläne Der Erste Weltkrieg änderte die Herrschaftsverhältnisse im Nahen Osten und schuf die Voraussetzungen für die Gründung neuer Staaten. Nachdem das Osmanische Reich sich mit dem Deutschen Reich verbündet hatte, wurde auch der Nahe Osten Kriegsgebiet. Diese Region grenzte im Süden an den Kernbereich des britischen Imperiums zwischen Ägypten und Indien, im Norden des Osmanischen Reiches gab es Interessenkonflikte mit Russland, und Frankreich spekulierte auf Syrien. Die Alliierten berieten ihre Kriegsziele und trafen Absprachen für eine Aufteilung des Osmanischen Reiches. Beispielhaft war das nach den Verhandlungspartnern benannte *Sykes-Picot-Abkommen* vom 16. Mai 1916, das den Nahen Osten in weiten Teilen als britisch-französisch-arabisches Gebiet vorsah (▸ M3).

Unklare britische Position Die Ziele Großbritanniens waren nicht eindeutig. Einerseits versprach man dem arabischen Scherifen (*Scherif*: religiöser Titel für die Nachfolger des Propheten Mohammed) *Hussein von Mekka* die Gründung eines arabischen Staates und unterstützte seinen Sohn, Emir *Faisal I.* 1916 mit Geld und Militärberatern bei seinem Aufstand gegen den osmanischen Sultan. Andererseits war die britische Regierung grundsätzlich bereit, die Zionisten zu unterstützen. 1917 veröffentlichte der

▸ **Geschichte In Clips:**
Zur Geschichte Palästinas von einer osmanischen Provinz bis zum britischen Mandat siehe Clip-Code **4673-42**.

▲ **Die Sieger des Ersten Weltkrieges verhandeln in Paris.**
Foto von 1919.
Bei den Verhandlungen ging es um die Einwanderungsbedingungen von Juden nach Palästina sowie um die Rechte der arabischen Bevölkerung. Hinter dem Emir (Fürst) Faisal I. (Mitte), der 1920 König von Syrien wurde und von 1921 bis 1933 irakischer König war, steht der Vertreter Frankreichs, Captain Rosario Pisani, rechts neben ihm (mit Kopftuch) der Brite Thomas Edward Lawrence („Lawrence von Arabien").

- *Informieren Sie sich über die Rolle, die „Lawrence von Arabien" am Ende des Ersten Weltkrieges im Nahen Osten spielte. Erstellen Sie darüber eine Präsentation.*

Panarabismus (griech. *pan*: alles, ganz, völlig): arabischer Nationalismus, der die Vereinigung aller Menschen arabischer Sprache und Kultur in einem Nationalstaat anstrebt britische Außenminister Lord *Arthur James Balfour* eine vage Sympathieerklärung seiner Regierung für die „Errichtung einer nationalen Heimstätte für das jüdische Volk in Palästina" (▸ M4).

Nach dem Ersten Weltkrieg ordneten die Siegermächte den Nahen Osten nach ihren Interessen neu. Das Gebiet wurde vom Völkerbund als **Mandat** an Frankreich und Großbritannien übertragen. Der Auftrag an die Briten enthielt die Aufforderung, die jüdische Ansiedlung und Staatsbürgerschaft in Palästina zu erleichtern und die *Balfour-Deklaration* umzusetzen. Dies waren Weichenstellungen für einen jüdischen Staat.

Mandat (lat. *mandare*: beauftragen, befehlen): allg.: Auftrag der Völkergemeinschaft an einen Staat, fremdes Territorium zu verwalten; hier: „Mandat des Völkerbundes für Palästina" bzw. „Mandat des Völkerbundes für Syrien und Libanon", erteilt 1920 an Großbritannien bzw. Frankreich. *Zum Völkerbund siehe S. 250 f.*

▸ **Geschichte In Clips:** Zum Mandat Palästinas bis zum Ausbruch des Zweiten Weltkrieges siehe Clip-Code **4673-43**.

Die arabische Haltung gegenüber den Juden Von einer staatlichen Souveränität waren die Bewohner Palästinas am Ende des Ersten Weltkrieges weit entfernt. Viele Araber sahen sich von den Mandatsmächten um ihren Nationalstaat betrogen. Ein Sohn des Scherifen von Mekka wurde von der britischen Mandatsmacht zum Emir im Irak eingesetzt. Ein anderer Sohn erhielt den östlichen Teil des Mandatsgebietes Palästina als Emirat „Transjordanien". Palästinenser, die einen souveränen Staat forderten, lehnten diese Teilstaaten ab. Unter den Arabern wuchs nicht nur die Feindschaft gegenüber den Mandatsmächten, sondern auch gegen die wachsende Zahl der jüdischen Siedler und gegen alle Ansätze eines jüdischen Nationalstaates.

Bereits im ersten Jahrzehnt nach dem Ersten Weltkrieg gab es in Palästina über 360 Tote bei Auseinandersetzungen zwischen Arabern und Juden, die überwiegend von arabischen Palästinensern ausgingen. Ein Grund für die Konflikte waren kulturelle Unterschiede zwischen den nomadischen Beduinen und den jüdischen Neuankömmlingen, die moderne Landwirtschaft betrieben und erste Kollektivsiedlungen (**Kibbuzim**) gegründet hatten. Ein weiterer war die Art des Landerwerbs durch zionistische Organisationen: Sie kauften von arabischen Großgrundbesitzern auch Land, das Kleinbauern gepachtet hatten und die es nun gegen Entschädigungszahlungen verlassen mussten. Die Spannungen führten dazu, dass immer mehr Juden die gemischten Gebiete verließen.

Kibbuz (Pl. Kibbuzim): hebräisch „Vereinigung"; genossenschaftliche Siedlung mit besonderer Gesellschaftsform und Ideologie; zuerst in Palästina zur Zeit des britischen Mandats, dann im Staat Israel

Die britische Mandatsmacht rückte immer mehr von der ursprünglich zugesicherten Förderung der jüdischen Einwanderung ab und bemühte sich, die angespannte Lage durch wechselnde Zugeständnisse an beide Seiten unter Kontrolle zu halten.

◂ **Arabischer Aufruhr am Jaffator in Jerusalem.** *Foto, um 1921.*
Seit 1921 kam es in Palästina immer häufiger zu antijüdischen und antibritischen Unruhen der in Palästina lebenden Araber. Den Briten gelang es immer weniger, die unterschiedlichen Interessen der arabischen Einwohner und der Zionisten auszugleichen.

M1 „Der Judenstaat"

Das 1896 in Wien erschienene Buch „Der Judenstaat. Versuch einer modernen Lösung der Judenfrage" von Theodor Herzl erscheint aus heutiger Sicht als Wegbereiter des Zionismus. Herzl stammt aus Budapest, lebt aber seit 1878 in Wien und Paris, wo er als Auslandskorrespondent arbeitet. Herzl ist als liberaler Jude aufgewachsen, d.h. in seiner Familie werden zwar die jüdischen Bräuche und Festtage geachtet, jedoch zugleich ein bürgerliches Leben geführt. Seit den 1880er-Jahren nimmt der Antisemitismus in Wien zu, nicht zuletzt durch den Zustrom von Ostjuden, die nach den Pogromen von 1881 aus Russland geflohen sind. Herzl denkt darüber nach, wie das Problem des Antisemitismus gelöst werden könnte:

Ich glaube den Antisemitismus, der eine vielfach komplizierte Bewegung ist, zu verstehen. Ich betrachte diese Bewegung als Jude, aber ohne Hass und Furcht. Ich glaube zu erkennen, was im Antisemitismus roher Scherz, gemeiner Brotneid, angeerbtes Vorurteil, religiöse Unduldsamkeit – aber auch, was darin vermeintliche Notwehr ist. Ich halte die Judenfrage weder für eine soziale noch für eine religiöse, wenn sie sich auch noch so und anders färbt. Sie ist eine nationale Frage, und um sie zu lösen, müssen wir sie vor allem zu einer politischen Weltfrage machen, die im Rate der Kulturvölker zu regeln sein wird.
Wir sind ein Volk, *ein* Volk.
Wir haben überall ehrlich versucht, in der uns umgebenden Volksgemeinschaft unterzugehen und nur den Glauben unserer Väter zu bewahren. Man lässt es nicht zu. Vergebens sind wir treue und an manchen Orten sogar überschwängliche Patrioten, vergebens bringen wir dieselben Opfer an Gut und Blut wie unsere Mitbürger, vergebens bemühen wir uns, den Ruhm unserer Vaterländer in Künsten und Wissenschaften, ihren Reichtum durch Handel und Verkehr zu erhöhen. In unseren Vaterländern, in denen wir ja auch schon seit Jahrhunderten wohnen, werden wir als Fremdlinge ausgeschrien; oft von solchen, deren Geschlechter noch nicht im Lande waren, als unsere Väter da schon seufzten. Wer der Fremde im Lande ist, das kann die Mehrheit entscheiden; es ist eine Machtfrage, wie alles im Völkerverkehre.
Niemand ist stark oder reich genug, um ein Volk von einem Wohnort nach einem anderen zu versetzen. Das vermag nur eine Idee. Die Staatsidee hat wohl eine solche Gewalt. Die Juden haben die ganze Nacht ihrer Geschichte hindurch nicht aufgehört, diesen königlichen Traum zu träumen: „Übers Jahr in Jerusalem!" ist unser altes Wort. Nun handelt es sich darum zu zeigen, dass aus dem Traum tagheller Gedanke werden kann.

[...] So werden dumpfe Gehirne zunächst meinen, dass die Wanderung aus der Kultur hinaus in die Wüste gehen müsse. Nicht wahr! Die Wanderung vollzieht sich mitten in der Kultur. Man kehrt nicht auf eine niedrigere Stufe zurück, sondern ersteigt eine höhere. Man bezieht keine Lehmhütten, sondern schönere, modernere Häuser, die man sich neu baut und ungefährdet besitzen darf. Man verliert nicht sein erworbenes Gut, sondern verwertet es. Man gibt sein gutes Recht nur auf gegen ein besseres. Man trennt sich nicht von seinen lieben Gewohnheiten, sondern findet sie wieder. Man verlässt das alte Haus nicht, bevor das neue fertig ist. Es ziehen immer nur diejenigen, die sicher sind, ihre Lage dadurch zu verbessern. Erst die Verzweifelten, dann die Armen, dann die Wohlhabenden, dann die Reichen. Die Vorangegangenen erheben sich in die höhere Schicht, bis diese zuletzt ihre Angehörigen nachschickt. Die Wanderung ist zugleich eine aufsteigende Klassenbewegung.
Und hinter den abziehenden Juden entstehen keine wirtschaftlichen Störungen, keine Krisen und Verfolgungen, sondern es beginnt eine Periode der Wohlfahrt für die verlassenen Länder. Es tritt eine innere Wanderung der christlichen Staatsbürger in die aufgegebenen Positionen der Juden ein. Der Abfluss ist ein allmählicher, ohne jede Erschütterung, und schon sein Beginn ist das Ende des Antisemitismus. Die Juden scheiden als geachtete Freunde, und wenn einzelne dann zurückkommen, wird man sie in den zivilisierten Ländern genauso wohlwollend aufnehmen und behandeln wie andere fremde Staatsangehörige. Diese Wanderung ist auch keine Flucht, sondern ein geordneter Zug unter der Kontrolle der öffentlichen Meinung. Die Bewegung ist nicht nur mit vollkommen gesetzlichen Mitteln einzuleiten, sie kann überhaupt nur durchgeführt werden unter freundlicher Mitwirkung der beteiligten Regierungen, die davon wesentliche Vorteile haben.

Theodor Herzl, Der Judenstaat. Text und Materialien von 1896 bis heute, hrsg. von Ernst Piper, Berlin/Wien 2004, S. 16 f. und 22 f.

1. *Nennen Sie die Motive, die Herzl für seine Idee eines jüdischen Nationalstaates anführt.*
2. *Erklären Sie den Titel „Der Judenstaat. Versuch einer modernen Lösung der Judenfrage".*
3. *Beurteilen Sie, wie sich der Ton Herzls erklären lässt und welche Adressaten er im Sinn hatte.*
4. *Die Parole „Wir sind ein Volk" spielte auch in der deutschen Revolution von 1989 eine Rolle. Vergleichen Sie den Gebrauch der Losung.*
5. *Nehmen Sie Stellung zu der Auffassung, es sei eine Frage der Macht und Mehrheit, wie Bevölkerungsgruppen leben können.*

M2 Das „Baseler Programm"

Auf dem ersten zionistischen Kongress in Basel 1897 wird das folgende Programm verabschiedet:

Der Zionismus erstrebt für das jüdische Volk die Schaffung einer rechtlich gesicherten Heimstätte in Palästina.
Zur Errichtung dieses Zieles nimmt der Kongress folgende Mittel in Aussicht:

1. Die zweckdienliche Förderung der Besiedlung Palästinas mit jüdischen Ackerbauern, Handwerkern und Gewerbetreibenden.
2. Die Gliederung und Zusammenfassung der gesamten Judenheit durch geeignete örtliche und allgemeine Veranstaltungen nach den Landesgesetzen.
3. Die Stärkung des jüdischen Volkes und Volksbewusstseins.
4. Vorbereitende Schritte zur Erlangung der Regierungszustimmung [der Großmächte], die nötig sind, um das Ziel des Zionismus zu erreichen.

Zitiert nach: Elmar Krautkrämer, Krieg ohne Ende? Israel und die Palästinenser – Geschichte eines Konflikts, Darmstadt 2003, S. 160

Der Historiker Julius H. Schoeps schreibt um 1995 über die Wortwahl des „Baseler Programms":

Das sogenannte „Baseler Programm" [...] war verschwommen formuliert. Um keine völkerrechtlichen Verwicklungen zu riskieren, war man nicht so weit gegangen, die Errichtung eines souveränen jüdischen Staates zu fordern, sondern sprach von der Errichtung einer „öffentlich-rechtlich gesicherten Heimstätte". Den Delegierten war klar, was mit dieser unbestimmten Formel gemeint war. Herzl tat absichtlich nichts dazu, sie zu interpretieren. Jacob de Haas, Herzls Vertrauensmann in London und späterer Biograf, berichtet, er habe Herzl darauf aufmerksam gemacht, dass sich die gewählte Formulierung schwer ins Englische übersetzen lasse. Herzls Antwort, so meinte er, habe die Stimmung der Kongressteilnehmer ausgedrückt: „No need to worry. The people will read it as ‚Jewish State' anyhow."

Julius H. Schoeps, Theodor Herzl 1860-1904, Neu-Isenburg 2004, S. 124

1. *Erläutern Sie die Ziele des „Baseler Programms".*
2. *Überprüfen Sie Schoeps' Urteil und nehmen Sie Stellung.*
3. *Erörtern Sie, wegen welcher befürchteten „völkerrechtlichen Verwicklungen" das Ziel eines jüdischen Nationalstaates nicht offen formuliert wurde.*

▲ **„Der Zug durchs rote Meer."**
Karikatur aus dem satirischen jüdischen Journal „Schlemiel", um 1900.
Die Karikatur zeigt Theodor Herzl und seinen späteren engen Mitarbeiter Max Nordau. Die Schilder tragen die Aufschrift „Chowewe Zion" (wörtlich: Zionsfreunde), den Namen eines Vereins zur Besiedlung Palästinas, und den Schriftzug „Jerusalem". Die Bildunterschrift lautet: „Halt! – Das Wasser steht noch nicht wie eine Mauer!"
■ *Analysieren Sie die Aussage der Karikatur.*

M3 Alliierte Kriegsziele im Orient

1915 beginnen Großbritannien und Frankreich mit geheimen Verhandlungen über ihre Interessen im Nahen Osten. Bis Mai 1916 einigt man sich über die Verteilung von Territorien nach einem Sieg über das Osmanische Reich. Später treten auch Russland, Italien und Griechenland dem Abkommen bei.

1. *Analysieren Sie die konkreten Ziele der Großmächte.*
2. *Erläutern Sie, warum weder Araber noch Juden mit dem Sykes-Picot-Abkommen zufrieden sein konnten.*
3. *Vergleichen Sie diese Pläne mit den Zusagen der britischen Regierung an Araber und Juden (M4).*

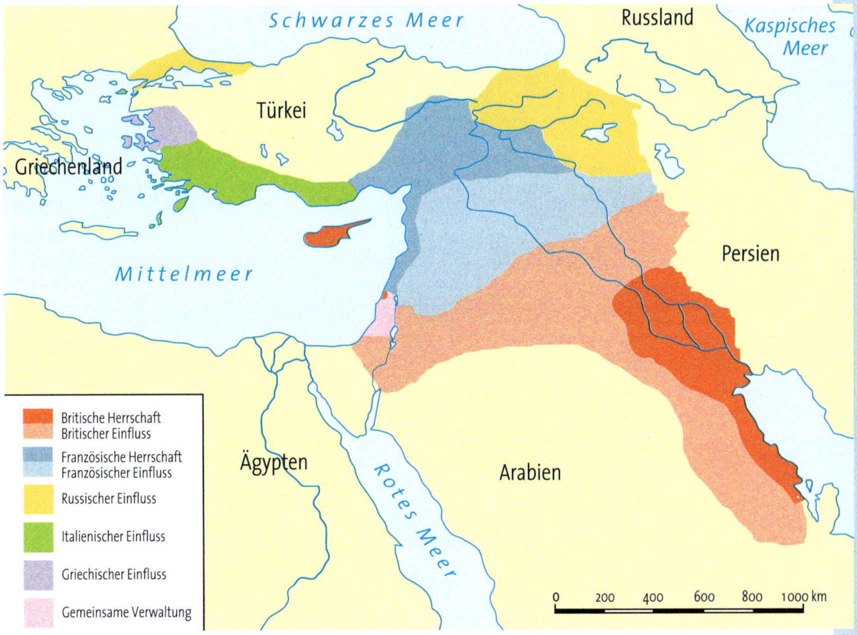

▲ **Aufteilung des Nahen Ostens in Interessengebiete nach dem geheimen Sykes-Picot-Abkommen von 1915/16.**

M4 Die britische Haltung

Aus der Vereinbarung vom 24. Oktober 1915 zwischen dem britischen Hochkommissar in Ägypten (Sir Henry McMahon) und dem Scherifen von Mekka (Hussein ibn Ali), auf der arabischen Halbinsel bis nach Palästina, Syrien und dem heutigen Libanon ein arabisches Reich entstehen zu lassen:

Abgesehen von den genannten Änderungsvorschlägen ist Großbritannien bereit, die Unabhängigkeit der Araber in allen vom Scherifen von Mekka geforderten Gebieten anzuerkennen und zu unterstützen. Ich bin davon überzeugt, dass diese Erklärung Sie zweifellos von der Sympathie überzeugt, die Großbritannien ihren arabischen Freunden entgegenbringt. Sie wird eine feste und dauerhafte Allianz begründen, deren sofortiges Ergebnis die Vertreibung der Türken aus arabischen Ländern und die Befreiung der arabischen Völker vom türkischen Joch sein wird, das so lange auf ihnen lastete.

Der britische Außenminister Arthur James Balfour übermittelt Lord Walter Rothschild, Vizepräsident der britischen Vereinigung jüdischer Gemeinden, am 2. November 1917 folgende Erklärung, die als „Balfour-Deklaration" bekannt geworden ist:

Mein lieber Lord Rothschild, zu meiner großen Genugtuung übermittle ich Ihnen namens S. M. Regierung folgende Sympathie-Erklärung für die jüdischnationalen Bestrebungen, die vom Kabinett geprüft und gebilligt worden sind. Seiner Majestät Regierung betrachtet die Schaffung einer nationalen Heimstätte in Palästina für das jüdische Volk [*wörtlich: a national home for the Jewish people*] mit Wohlwollen und wird die größten Anstrengungen machen, um die Erreichung dieses Ziels zu erleichtern, wobei klar verstanden wird, dass nichts getan werden soll, was die bürgerlichen und religiösen Rechte bestehender nichtjüdischer Gemeinschaften in Palästina oder die Rechte und die politische Stellung der Juden in irgendeinem anderen Lande beeinträchtigen könnte. Ich bitte Sie, diese Erklärung zur Kenntnis der zionistischen Föderation zu bringen.

Erster Text zitiert nach: Friedrich Schreiber und Michael Wolffsohn, Nahost. Geschichte und Struktur des Konflikts, Opladen [4]1990, S. 22
Zweiter Text zitiert nach: Georg Heuberger (Hrsg.), Die Rothschilds. Beiträge zur Geschichte einer europäischen Familie, Frankfurt am Main 1994, S. 167

1. *Arbeiten Sie die zentrale Aussage der Balfour-Deklaration heraus (zweiter Text).*
2. *Untersuchen Sie den Zusammenhang zwischen der Balfour-Deklaration und dem zionistischen Grundsatzprogramm (M1 auf S. 495).*
3. *Vergleichen Sie die Zusagen an Scherif Hussein von 1915 mit dem Inhalt der Balfour-Deklaration.*
4. *Beurteilen Sie die britische Haltung, die aus dem Wortlaut der beiden Briefe und ihrem inhaltlichen Verhältnis spricht. Wie musste McMahons Brief ankommen?*

Die Gründung des Staates Israel

▲ **Die „Exodus 47" im Hafen von Haifa.**
Foto vom 18. Juli 1947.
Die zionistische Untergrundorganisation „Haganah" (dt.: Verteidigung) unterlief die britischen Einwanderungsbestimmungen nach Palästina. Als die „Exodus 47" am 18. Juli 1947 mit etwa 4400 Holocaust-Überlebenden in Haifa ankam, versperrten britische Soldaten den Passagieren den Weg an Land und schickten sie zurück in den französischen Ausgangshafen. Als sich die Flüchtlinge weigerten, in Frankreich von Bord zu gehen, fuhren die Schiffe weiter nach Hamburg. Von dort brachten britische Soldaten sie in Lager bei Lübeck. Der Fall „Exodus" trug dazu bei, dass die UNO der Gründung Israels im Mai 1948 zustimmte und die Betroffenen nach Israel ausreisen konnten.

Das Entscheidungsjahr 1947/48 Eine britische Kommission bereiste 1936 das Land, um die Ursachen der Unruhen gegen die britische Mandatsmacht und zionistischen Siedler zu untersuchen. Sie kam zu dem Ergebnis, der Konflikt sei nur durch die Teilung des Gebietes in zwei Staaten beizulegen (▸ M1). Die jüdische Seite stimmte diesem Plan mehrheitlich zu, die arabische lehnte ihn ab.

Die arabische wie die jüdische Bevölkerung Palästinas wollte keinen gemeinsamen föderalen Staat, sondern strebte nach nationaler Souveränität. Während auf arabischer Seite noch ungeklärt war, ob diese eine Ausrichtung nach Syrien, Transjordanien oder womöglich Ägypten bedeutete, erwarb die jüdische Seite mithilfe der **Jewish Agency for Palestine** weiter Land, besiedelte es und legte staatliche Einrichtungen an. Sie schaffte damit Fakten, die sie bei Bedarf mithilfe von Selbstverteidigungseinheiten sicherte.

Während des Zweiten Weltkrieges hatte Großbritannien die Einwanderung von Juden nach Palästina eingeschränkt, obwohl zahlreiche jüdische Soldaten die britische Armee im Kampf gegen das NS-Regime unterstützt hatten. Nach Kriegsende revidierte es diese Politik erst auf Druck der USA und erlaubte vor allem die Einwanderung von Überlebenden der Konzentrationslager.

Zur selben Zeit begannen die Palästinenser – unterstützt von den arabischen Staaten – ihre Angriffe auf die Juden zu verstärken. Da ein friedlicher Ausgleich nicht gelang, baten die Briten die Vereinten Nationen (UNO) um Prüfung des Problems. Die Weltorganisation verabschiedete am 29. November 1947 eine Resolution, die das Ende der Mandatszeit, eine Teilung Palästinas in einen jüdischen und einen arabischen Staat und einen Sonderstatus Jerusalems vorsah. Während Israel zögernd zustimmte, lehnten die Palästinenser – wie alle arabischen Staaten – den Plan ab und begannen sofort mit dem bewaffneten Widerstand.

Da Großbritannien den Rückzug seiner Truppen für den 15. Mai 1948 angekündigt hatte, entschloss sich die jüdische Seite zum Alleingang: Am 14. Mai rief **David Ben-Gurion**, der den Unabhängigkeitskampf angeführt hatte, den Staat Israel aus (▸ M2). Das Mandat war zu Ende und der neue Staat wurde sofort von den USA und der Sowjetunion anerkannt.

Jewish Agency for Palestine: 1929 gegründete Organisation zur Vertretung jüdischer Interessen bei der britischen Mandatsmacht. Sie förderte jüdische Einwanderung und organisierte den Landerwerb.

David Ben-Gurion, gebürtig David Grün (1886-1973): 1906 Auswanderung von Polen nach Palästina, 1947 Leiter des israelischen Unabhängigkeitskampfes, Gründer der sozialdemokratischen Arbeitspartei Israels, 1948-1953 und 1955-1963 israelischer Ministerpräsident

Die Shoa und der unabhängige jüdische Staat Vor dem deutschen Völkermord an den Juden waren vor allem zwei Begründungen für einen jüdischen Nationalstaat angeführt worden: das Gedenken an das biblische „Land der Väter" und der wiederkehrende Antisemitismus. Nach 1945 legitimierte vor allem die Shoa das Existenzrecht des Staates Israel. Ein souveräner Staat erschien vielen Überlebenden als Notwendigkeit. Die zionistischen Organisationen vertraten diese Auffassung offensiv. So richtete die *Haganah* (dt.: Verteidigung), die Vorläufereinrichtung der israelischen Armee, nach 1945 in alliierten Sammellagern in Deutschland geheime Ausbildungsstätten ein, in denen sie Holocaust-Überlebende zu militärischen Führungskräften für einen kommenden

Krieg in Palästina ausbildete. Aus Sicht der damaligen zionistischen Führungskräfte ließ sich so die Orientierungs- und Heimatlosigkeit der Holocaust-Überlebenden mit den Anliegen in Palästina verknüpfen.

Insgesamt rund 22 300 Holocaust-Überlebende – annähernd ein Drittel der anfänglichen Armee – kämpften 1948 für die Unabhängigkeit des Staates Israel. Ben-Gurion würdigte deren Einsatz bereits im Wortlaut der Unabhängigkeitserklärung: Gerade der versuchte Völkermord habe aufs Neue bewiesen, „dass das Problem der jüdischen Heimatlosigkeit durch die Wiederherstellung des jüdischen Staates im Lande Israel gelöst" werden müsse.

Auch die durch das „Gesetz zur Erinnerung an Holocaust und Heldentum" 1953 ins Leben gerufene Gedenkstätte *Yad Vashem* in Jerusalem betont bis heute die Legitimation Israels als Land der Rehabilitierung der Verfolgten der Shoa, deren Erinnerung in das kollektive israelische Gedächtnis eingegangen sei.*

Arabische Reaktionen Die Legitimation Israels durch den Holocaust und die Teilung Palästinas zugunsten eines jüdischen Teilstaates wurden in der arabischen Welt abgelehnt. Syrien, Transjordanien, Irak, Saudi-Arabien, der Libanon, Ägypten und der Jemen, die sich 1945 zur *Arabischen Liga* zusammengeschlossen hatten, behaupteten, Israel habe kein Recht zu existieren. Die autokratisch regierenden Herrscher der islamisch geprägten Arabischen Liga lehnten Israel nicht nur ab, weil es auf palästinensischem Boden errichtet worden war, sondern auch wegen der jüdischen Religion und der demokratischen Staatsform des Landes. Darüber hinaus erkannte die arabische Bevölkerung in Palästina den jüdischen Staat nicht an, weil in ihren Augen der UN-Teilungsplan fruchtbares Land und Felsland ungerecht verteilt hatte.

▸ **Geschichte In Clips:** Zur Entwicklung Palästinas vom britischen Mandat bis zum Staat Israel siehe Clip-Code **4673-44**.

Der bereits nach der Verkündung des UN-Teilungsplans 1947 entstandene bürgerkriegsähnliche Kampf zwischen palästinensischen Gruppen und Kämpfern der Arabischen Liga auf der einen und jüdischen Selbstverteidigungseinheiten und Untergrundorganisationen auf der anderen Seite ging mit dem Einmarsch verbündeter Truppen aus Ägypten, Transjordanien, Syrien, dem Libanon und dem Irak nach Israel ab dem 15. Mai 1948 in den *Arabisch-Israelischen Krieg* über (▸ M3).

Dabei ergaben sich für die arabische und palästinensische Seite zwei prägende Erfahrungen: zum einen eine große Führungsschwäche und Uneinheitlichkeit in der Zielsetzung, zum anderen eine große Zahl von Opfern. So ging die militärische und politische Führung des palästinensischen Widerstandes gegen die Teilung und Errichtung des israelischen Staates rasch auf die Führungen der umliegenden arabischen Staaten über. Da diese aber ihrerseits um eine Vorherrschaft in Palästina konkurrierten, schwächten sie sich gegenseitig.

Zugleich reagierten jüdische Untergrundorganisationen sowie später die israelische Armee mit Gegenoffensiven. Sie sollten Gebietserweiterungen bzw. Sicherheitszonen erbringen. Dabei schreckten die Untergrundorganisationen nicht vor Terroranschlägen zurück. Die Folge war Flucht und Vertreibung von über 700 000 Arabern aus Palästina. In den Nachbarländern wurden Flüchtlingslager errichtet, die noch heute bestehen. Der Verlust der Heimat ist die traumatische historische Erfahrung der Palästinenser, die sie *al-Naqba* (dt.: Katastrophe) nennen.

Jahr	jüdische Bevölkerung	arabische Bevölkerung	Gesamtzahl der Bewohner
1882	ca. 24 000	ca. 426 000	ca. 450 000
1914	ca. 85 000	ca. 600 000	ca. 685 000
1918	ca. 56 000	ca. 600 000	ca. 656 000
1922	84 000	668 000	752 000
1931	175 000	859 000	1 033 000
1935	355 000	953 000	1 308 000
1940	464 000	1 081 000	1 545 000
1945	554 000	1 256 000	1 810 000

▲ **Anteil der jüdischen und arabischen Bevölkerung Palästinas 1882-1945.**
Nach: Michael Wolffsohn, Israel. Geschichte, Politik, Gesellschaft, Wirtschaft, Wiesbaden [7]2007, S. 260

- *Untersuchen Sie, wann die jüdische Einwanderung nach Palästina am stärksten war. Erläutern Sie die historischen Ursachen.*

* Lesen Sie dazu das **OnLine**-Kapitel „Der Holocaust-Gedenktag in Israel"; siehe Code **4673-00**.

▲ **Palästinenser auf der Flucht.**
Foto um 1948/49.
Viele Palästinenser flohen nach der Gründung des Staates Israel aus ihrer Heimat in die Nachbarstaaten.

Auch die Israelis hatten viele Opfer zu beklagen. Dank US-amerikanischer und europäischer Waffenlieferungen konnte Israel aber sein Territorium am Ende sogar erweitern. Seine Soldaten eroberten das seither international als Staatsgebiet Israels anerkannte Gebiet. Jordanien behielt die Kontrolle über das Westjordanland einschließlich Ost-Jerusalem. Ägypten besetzte den Gazastreifen und stellte ihn unter ägyptische Verwaltung. Syrien machte einige Geländegewinne an der Golanfront. In der Folgezeit wurde das Leben für Juden in islamischen Ländern härter. Bis 1951 flohen 300 000 von ihnen, viele gingen nach Israel. Bis 1972 kamen weitere 400 000 („jüdische Nakba").

1949 schlossen Israel und seine Nachbarstaaten unter Vermittlung der UNO bilaterale Waffenstillstandsabkommen, die das militärische Ergebnis im Prinzip bestätigten. Ein Friedensschluss erfolgte nicht, da die arabischen Staaten direkte Verhandlungen mit Israel ablehnten.

Das israelische Parlament, die *Knesset* (hebr. Versammlung), erklärte am 23. Januar 1950 Jerusalem zur „Ewigen Hauptstadt Israels". Obwohl Frankreich, Großbritannien und die USA die neuen Grenzen im Nahen Osten garantierten, verweigerten die arabischen Staaten Israel das Existenzrecht.

Weiteres Konfliktpotenzial Die Teilung Palästinas, die Gründung und Selbstbehauptung des Staates Israel sowie die hohe Zahl von Flüchtlingen in die arabischen Nachbarstaaten verstärkten die Wasserproblematik: Seit 1947 grenzen der Libanon, Syrien, Jordanien, das Westjordanland und der Staat Israel an den Jordan und sind damit Konkurrenten, aber auch gegenseitig Abhängige in der Nutzung des Stroms.

Insgesamt zeigte bereits die Situation im Frühsommer 1948, dass mit der Proklamation des Staates Israel zwar die Frage nach einem jüdischen Staat in Palästina, nicht aber die Palästina-Frage als solche gelöst war. Sie hatte weder alte Gegensätze beseitigt, noch konnte sie die Entstehung neuer Konflikte verhindern.

1. *Skizzieren Sie die Ereignisse, die zur Gründung des Staates Israel führten.*
2. *Vergleichen Sie die Begründungen für einen jüdischen Nationalstaat sowie die arabischen Argumente dagegen.*
3. *Verfassen Sie einen Essay zum Thema „Die Gründung des Staates Israel – Probleme und Chancen für den Nahen Osten". Beachten Sie dazu den Methoden-Baustein auf S. 455.*

M1 „Möglichkeit einer dauerhaften Lösung“?

Die britische Regierung sendet nach Ausbruch des arabischen Aufstandes 1936 die Untersuchungsgruppe „Palestine Royal Commission“ unter der Leitung von Lord William Robert Peel nach Palästina. Sie erstattet 1937 ihren umfangreichen Bericht. Er enthält im abschließenden dritten Teil Vorschläge zur „Möglichkeit einer dauerhaften Lösung“: Die Teilung Palästinas in einen südlichen arabischen und einen nördlichen jüdischen Abschnitt sowie eine internationale Zone, die von Jerusalem bis zur Mittelmeerküste reichen soll. In dem Report heißt es:

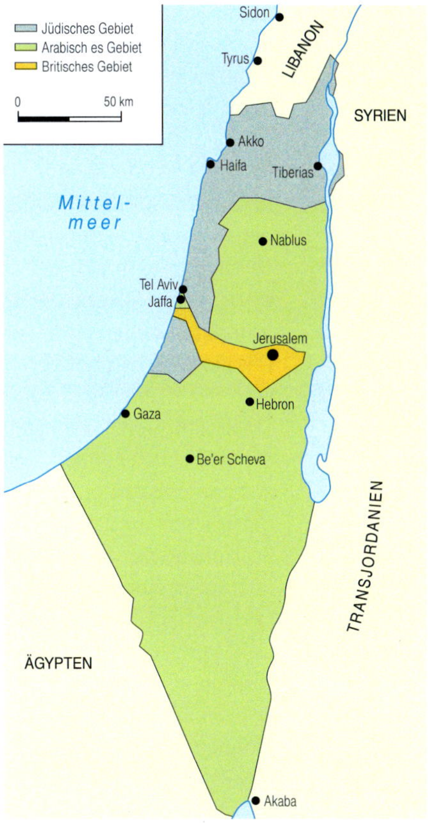

▲ Teilungsplan der Peel-Kommission, Juli 1937.

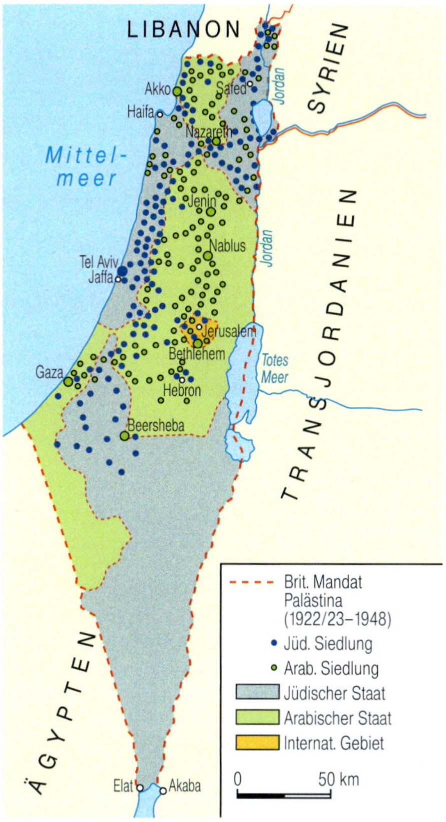

▲ Israel nach dem UN-Teilungsplan von 1947.

Ein unüberwindlicher Konflikt hat sich zwischen den beiden nationalen Gemeinschaften innerhalb der engen Grenzen eines kleinen Landes erhoben. Ungefähr eine Million Araber stehen in offenem oder latentem Kampf mit 400 000 Juden. Es gibt keine gemeinsame Grundlage zwischen ihnen. Die arabische Gemeinschaft ist vorwiegend asiatischen, die jüdische vorwiegend europäischen Charakters. Sie unterscheiden sich in Religion und Sprache. Ihr kulturelles und soziales Leben, ihre Denkweise und Lebensführung sind ebenso unvereinbar wie ihre nationalen Bestrebungen. Die letztgenannten sind das größte Hindernis für den Frieden. Araber und Juden könnten möglicherweise lernen, zusammen in Palästina zu leben und zu arbeiten, wenn sie eine echte Anstrengung machen wollten, ihre nationalen Ideale miteinander zu versöhnen und zu verbinden und so mit der Zeit ein gemeinsames zweigestaltiges Staatsvolkstum aufzubauen. Aber hierzu sind sie nicht imstande. Der Krieg und seine Folgen haben alle Araber mit der Hoffnung erfüllt, in einer freien und geeinten arabischen Welt die Traditionen des arabischen goldenen Zeitalters wiederzubeleben. In gleicher Weise sind die Juden von ihrer historischen Vergangenheit erfüllt. Sie wollen zeigen, was die jüdische Nation leisten kann, wenn sie wieder in das Land ihrer Väter zurückversetzt ist. Daher ist eine nationale Angleichung zwischen Juden und Arabern ausgeschlossen. Nach arabischer Vorstellung dürften die Juden nur den Platz beanspruchen, den sie im arabischen Ägypten oder Spanien einst innehatten. Die Araber hinwieder würden in der jüdischen Vorstellung so abseits stehen wie einst die Kanaaniter im alten Land Israel. Das Nationalheim kann, wie zuvor gesagt, nicht halbnational sein. [...] Weder Araber noch Juden haben irgendein Gefühl für einen einheitlichen Staat.

Bericht über Palästina. Erstattet durch die britische königliche Palästina-Kommission unter dem Vorsitz von Earl Peel, Berlin 1937, S. 422 f.

1. *Erläutern Sie die Einschätzung der Kommission.*
2. *Vergleichen Sie den Plan der Peel-Kommission, dem die Juden überwiegend zustimmten, während die Araber ihn ablehnten, mit dem UN-Teilungsplan von 1947.*

◂ **Emblem des Staates Israel von 1949.**

▪ *Erläutern Sie die Symbolik des siebenarmigen Leuchters („Menora") und der Ölzweige im offiziellen, aber relativ unbekannten Emblem des Staates Israel von 1949. Ziehen Sie dazu ein Nachschlagewerk heran.*

M2 Israel wird proklamiert

David Ben-Gurion ruft am 14. Mai 1948 den Staat Israel mit folgenden Worten aus:

Im Lande Israel trat das jüdische Volk ins Leben, hier wurde sein geistiges, religiöses und politisches Antlitz geformt; hier führte es sein Leben in staatlicher Selbstständigkeit [...].
Mit Gewalt aus seinem Lande vertrieben, hielt es ihm allenthalben in der Zerstreuung die Treue und hörte niemals auf, die Rückkehr in sein Land und die Wiederherstellung seiner politischen Freiheit in ihm zu erflehen und zu erhoffen.
In historischer und überlieferter Verbundenheit erstrebten die Juden aller Zeiten die Wiedergewinnung ihrer alten Heimat; in Scharen kehrten Pioniere, Wagemutige und Helden der letzten Generation heim in ihr Land. Sie brachten die Wüste zu neuem Leben, bauten Städte und Dörfer, schufen ein im Wachstum begriffenes Siedlungswerk mit eigener Wirtschaft und Kultur, friedliebend und wehrfähig, das allen Bewohnern des Landes die Segnungen des Fortschritts bringt und sich nach staatlicher Selbstständigkeit sehnt.
Im Jahre 1897 trat, dem Rufe Theodor Herzls, des Künders der Nationalstaatsidee, folgend, der Zionistenkongress zusammen und proklamierte das Recht des jüdischen Volkes auf nationale Wiedergeburt in seinem Heimatlande.
Dieses Recht wurde in der Balfour-Declaration vom 2. November 1917 anerkannt und im Völkerbundmandat, das der historischen Verbundenheit des jüdischen Volkes mit dem Lande Israel und dem Anspruch des jüdischen Volkes auf die Wiedererrichtung seines Nationalheimes internationale Geltung verschaffte.
Die Katastrophe, die in unseren Tagen über das jüdische Volk hereinbrach und der Millionen Juden in Europa zum Opfer fielen, bewies erneut und eindringlich, dass es unerlässlich ist, die Frage des heimat- und staatenlosen jüdischen Volkes durch Wiedererrichtung des jüdischen Staates im Lande Israel zu lösen, der seine Tore jedem Juden weit öffnen und dem jüdischen Volk die Stellung einer gleichberechtigten Nation unter den Völkern verleihen wird. [...]
Im Zweiten Weltkrieg leistete die jüdische Bevölkerung des Landes im Kampf der freiheits- und friedliebenden Nationen gegen die Kräfte der nationalsozialistischen Verbrecher ihr Teil und erwarb sich mit dem Blute ihrer Kämpfer den Anspruch, den Völkern, die den Bund der Vereinten Nationen gründeten, zugerechnet zu werden.
Das jüdische Volk hat gleich allen anderen Völkern das natürliche Recht, ein selbstständiges Leben in einem souveränen Staat zu führen. Daher sind wir [...] heute, am Tage, an dem das britische Mandat über das Land Israel zu Ende geht, zusammengetreten und proklamieren hiermit kraft unseres natürlichen und historischen Rechts und aufgrund des Beschlusses der Vollversammlung der Vereinten Nationen die Errichtung eines jüdischen Staates im Lande Israel, des Staates Israel. [...]
Der Staat Israel wird für die jüdische Einwanderung und die Sammlung der zerstreuten Volksglieder geöffnet sein; er wird sich die Entwicklung des Landes zum Wohle aller seiner Bewohner angelegen sein lassen. Er wird im Geiste der Visionen des Propheten Israels auf den Grundlagen der Freiheit, der Gleichheit und des Friedens gegründet sein; er wird allen seinen Bürgern volle soziale und politische Gleichberechtigung ohne Unterschied der Religion, der Rasse und des Geschlechts gewähren; er wird Glaubens- und Gewissensfreiheit sowie Freiheit der Sprache, der Erziehung und Kultur garantieren. Er wird die heiligen Stätten aller Religionen beschützen und den Grundsätzen der Charta der Vereinten Nationen Treue bewahren. [...]
Wir bieten allen Nachbarstaaten und ihren Völkern die Hand zum Frieden und zu guter Nachbarschaft und rufen sie zur Zusammenarbeit mit dem jüdischen Volke, das in seinem Lande die Selbstständigkeit erlangte, und zu gegenseitiger Hilfe auf. Der Staat Israel ist bereit, seinen Beitrag zu den gemeinsamen Bemühungen für den Fortschritt des gesamten Mittleren Ostens zu leisten.

Zitiert nach: Elmar Krautkrämer, Krieg ohne Ende? Israel und die Palästinenser – Geschichte eines Konflikts, Darmstadt 2003, S. 160 f.

1. *Fassen Sie die Argumente zusammen, mit denen das Existenzrecht des Staates Israel begründet wird.*
2. *Analysieren Sie Ben-Gurions Darstellung des jüdischen Volkes sowie die Ziele und das Selbstverständnis des Staates Israel. Beachten Sie dabei auch den Methoden-Baustein auf S. 336.*

M3 Auseinandersetzungen um die Gründung des Staates Israel

Dir Jassin (auch Deir Jassin oder Dair Yasin) ist der Name eines ehemaligen arabischen Dorfes nordwestlich von Jerusalem und im palästinensischen Geschichtsbewusstsein beinahe zum Synonym für Heimatverlust und Ohnmacht gegenüber der israelischen Macht geworden. Am 9. April 1948 verüben dort zionistische Untergrundorganisationen ein Massaker, dem über 250 Araber zum Opfer fallen. Zentrale Aspekte der Ereignisse um Dir Jassin lassen sich durch jüdische und arabische Zeitzeugenberichte erarbeiten:

Erinnerung Yoseph Avidars, ehemaliger General des Haganah-Kommandos[1]:

Wir waren gegen den Angriff auf Dir Jassin. Wir hatten andere Dinge zu tun, als Dir Jassin anzugreifen, das uns nicht angriff. Uns beschäftigten die arabischen Dörfer, die die Straße nach Jerusalem bedrohten. Wir waren insbesondere gegen das Massaker, das dort veranstaltet wurde. Das war nicht die Art und Weise, wie wir von der Haganah kämpften.

Erinnerung Menachem Begins, damals Oberkommandierender der Untergrundeinheit Etzel[2]:

Am 9. April eroberten unsere Männer zusammen mit einer Lechi-Einheit[3] das Dorf Dir Jassin ... Unsere Männer waren gezwungen, um jedes Haus zu kämpfen. Um den Feind zu überwinden, benutzten viele Handgranaten. Und die Zivilisten, die unsere Warnungen missachtet hatten, erlitten unvermeidliche Verluste.

Erinnerung Meir Peils, eines Haganah-Offiziers, der erst nach Ende der Kämpfe zu seiner Einheit gestoßen ist:

Dir Jassin lag überhaupt nicht an der Straße nach Jerusalem. Seit Dezember 1947 gab es ein Friedensabkommen zwischen Dir Jassin und der jüdischen Nachbarsiedlung Givat Schaul. Dort wurde nicht geschossen. Dort passierte nichts.
Sie griffen in der Morgendämmerung ohne Vorwarnung an. Nach ein oder zwei Stunden stellten sie fest, dass sie das ganze Dorf nicht erobern konnten, nur den Ostteil. Im Westteil schossen etwa zwölf bis 15 Araber – nur mit Gewehren, nicht mit automatischen Waffen. Ungefähr um zehn Uhr vormittags griff ein Palmach-Trupp[4], der von einem Lechi um Hilfe gebeten wurde, Dir Jassin an und eroberte innerhalb von fünf Minuten den Westteil des Dorfes.
Nachdem der Palmach-Trupp Dir Jassin wieder verlassen hatte, gingen die Etzel- und Lechi-Leute von Haus zu Haus und schossen wahllos auf Frauen, Männer und Kinder. Wir haben das fotografiert. Ich versuchte, den Kommandeur zu überzeugen, das heißblütige Massaker zu beenden.
Das dauerte ungefähr drei oder vier Stunden. Es hörte erst auf, als einige Hundert [jüdische] Bürger von Givat Schaul[5] nach Dir Jassin kamen und gegen dieses Massaker von Etzel und Lechi protestierten. Sie beschimpften sie als Mörder. Etzel und Lechi verließen das Dorf. Junge Haganah-Leute, noch Schüler, haben die Opfer gezählt und beerdigt. Es waren 254 arabische Leichen, die meisten Frauen und Kinder, nur wenige alte Männer.

Erinnerung der damals achtjährigen Überlebenden von Dir Jassin, Mijam Akel:

Die Juden kamen um vier Uhr früh. Meine Mutter hob mich und meine Schwester aus dem Fenster. Dann flohen wir zu meiner Tante nach Ein Karem. Meine Mutter, mein Vater, meine zwei Brüder, mein Großvater und mein Onkel starben alle. Von unserer Familie starben 45 Personen. Das ist alles, was ich weiß.
Wir kamen nicht wieder in den Ort. Wir konnten nicht sehen, was sie mit den Leichen taten, ob sie sie in den Brunnen warfen, sie verbrannten oder Gräben aushuben und sie beerdigten. Allah weiß es.

Zitiert nach: Friedrich Schreiber und Michael Wolffsohn, Nahost. Geschichte und Struktur des Konflikts, Opladen [4]1996, S. 156 f.

1. *Arbeiten Sie aus den Zeitzeugenberichten die Ereignisse um Dir Jassin heraus. Ordnen Sie das Geschehen in den zeitlichen Kontext ein.*
2. *Charakterisieren Sie die Strategien der Angehörigen der israelischen Untergrundorganisationen.*
3. *Im arabischen Gedächtnis ist vor allem der Angriff auf Dir Jassin und weniger das Ende der Kämpfe geblieben. Diskutieren Sie die Gründe.*

[1] **Haganah**: zionistische Untergrundorganisation in Palästina, die später in der israelischen Armee aufging
[2] **Etzel**: Abkürzung für „Irgun Zvai Leumi“ (IZL, dt.: Nationale Militäorganisation); zionistische Untergrundorganisation
[3] **Lechi**: Abkürzung für „Lohame Cherut Israel“ (dt.: Kämpfer für die Freiheit Israels); zionistische Untergrundorganisation
[4] **Palmach**: Eliteeinheit der Untergrundorganisation Haganah
[5] **Givat Schaul**: Siedlung in Jerusalem

Der jüdische Staat behauptet sich im Kalten Krieg

▲ **Betende Männer an der Klagemauer.**
Foto von 2010.
Seit dem Sechstagekrieg ist es den Juden wieder möglich, ungehindert an der Klagemauer in Jerusalem zu beten.

Im Sog des Kalten Krieges Schrittweise gerieten der Konflikt zwischen Israel, den Palästinensern und der arabischen Welt in den Sog des Kalten Krieges, den die (demokratischen) Westmächte unter Führung der USA und die (kommunistischen) Staaten des Ostblocks unter Führung der UdSSR von 1945 bis 1990 führten.

Bis Mitte der 1950er-Jahre hatten ägyptische, syrische und jordanische Führer noch versucht, mit der israelischen Regierung ins Gespräch zu kommen. Die Bemühungen waren aus innenpolitischen Gründen geheim geblieben. Die Regime fürchteten den Widerstand der arabischen Eliten, die jede Anerkennung Israels ablehnten. Die israelische Regierung lehnte angesichts der instabilen politischen Verhältnisse im Nahen Osten ab. Darüber hinaus wollte sie die Entschädigung oder Rückkehr palästinensischer Flüchtlinge sowie eine Festlegung der Grenzen Israels verhindern.

Während Israel den Rückhalt der Westmächte suchte, näherte sich Ägypten unter Präsident **Gamal Abdel Nasser** der Sowjetunion an. Beide Staaten wurden massiv aufgerüstet. Zugleich nahmen von Ägypten aus Angriffe palästinensischer Flüchtlinge auf Israel zu. Als Nasser 1956 den Suez-Kanal verstaatlichte und den Golf von Akaba – Israels einzigen Zugang zum Roten Meer – für israelische Schiffe sperrte, besetzten israelische, britische und französische Truppen den Kanal und den Sinai. Der Feldzug verfehlte seine Ziele: Auf Druck der USA, die eine atomare Ausweitung des Konfliktes befürchteten, wurden Großbritannien, Frankreich und Israel gezwungen, ihre Truppen wieder abzuziehen. Nasser triumphierte und stieg zur Führungsfigur in der arabischen Welt auf.

Gamal Abdel Nasser (1918 - 1970): ägyptischer Offizier und Politiker; Gründer einer Gruppe von Militärs, die 1952 König Faruk stürzte; 1954 - 1970 Staatspräsident; Vertreter des Panarabismus

Der Sechstagekrieg Anfang der 1960er-Jahre häuften sich arabische Anschläge gegen Israel und die israelischen Rückzugsräume in Jordanien, Syrien oder im Gazastreifen. Eine heftige Auseinandersetzung entzündete sich, als Israel 1964 einen Teil des Jordanwassers für Bewässerungsprojekte abzuleiten begann und die arabischen Politiker die Zerstörung Israels forderten.

Im Frühjahr 1967 verlegte Nasser ägyptische Truppen in den Sinai und sperrte erneut den Golf von Akaba. Er wollte damit den Vorwurf der arabischen Führer entkräften, sein Land bliebe Israel gegenüber untätig. Für Israel war die Blockade nicht hinnehmbar. Trotz der allgemeinen Kriegsstimmung waren Ägypten, Syrien und Jordanien völlig überrascht, als die israelische Armee am 5. Juni angriff und in sechs Tagen den Gazastreifen und den Sinai, die syrischen Golanhöhen sowie die Westbank mit Ost-Jerusalem besetzte.

Der Sechstagekrieg markierte gravierende Veränderungen: Israel wurde zur Besatzungsmacht und kontrollierte nun ein Gebiet, das mehr als dreimal so groß war wie sein bisheriges Territorium. Zudem waren damit etwa 800 000 Palästinenser im Westjordanland, im Gazastreifen und in Ost-Jerusalem unter israelische Herrschaft gelangt.* Viele Orte, die in der jüdischen Tradition eine große Rolle spielten – wie zum Beispiel die Klagemauer in Jerusalem –, waren unter israelische Kontrolle gelangt und die Grenzen des kleinen Staates schienen sicherer geworden zu sein (▸ M1). Vor allem für die religiösen Kreise begann mit der Expansion ein neues („messianisches“) Zeitalter Israels.

* Siehe die mittlere Karte auf S. 509.

Kein Friede – keine Anerkennung – keine Verhandlungen Die arabischen Staatschefs sprachen über die Kriegsfolgen im September 1967 auf einer Gipfelkonferenz im sudanesischen Khartum. Dort erklärten sie, es werde „keinen Frieden mit Israel, keine Anerkennung Israels, keine Verhandlungen mit Israel" geben. Neben diesen „drei Neins" beschrieben sie aber auch eine neue Grundlage für ihre Politik: Sie wollten auf internationaler Ebene politisch darauf hinwirken, den „Abzug der israelischen Streitkräfte aus den im Juni-Krieg eroberten arabischen Gebieten sicherzustellen". In der offiziellen Politik Ägyptens, Jordaniens, mit einiger Verzögerung auch Syriens ging es künftig um die Wiedergewinnung der 1967 besetzten Gebiete, nicht mehr um die „Vernichtung Israels".

Die Weigerung der arabischen Staaten, mit Israel zu verhandeln, bestärkte Israel darin, die besetzten Gebiete fest in ihr Staatsgebiet zu integrieren. Schon 1968 begann eine religiöse Siedlungsbewegung damit, im Westjordanland neue, rein jüdische Orte zu gründen. Realpolitiker wie Ben-Gurion sahen darin eine Bedrohung für zukünftige Bemühungen um Frieden mit den arabischen Nachbarn. Noch 1967 verabschiedete der Weltsicherheitsrat die **UN-Resolution 242**. Sie stellte erstmals das Prinzip „Land gegen Frieden" auf: Rückgabe der besetzten Gebiete gegen die Anerkennung Israels in sicheren Grenzen. Die Resolution blieb erfolglos.

UN-Resolution 242 vom 22. November 1967 (Auszug)
Um einen gerechten und dauerhaften Frieden in Nahost herzustellen, sind folgende Grundsätze anzuwenden:
(I) Rückzug der israelischen Streitkräfte aus den Gebieten, die während des jüngsten Konfliktes besetzt wurden;
(II) Einstellung aller Behauptungen oder Formen eines Kriegszustandes sowie die Beachtung und Anerkennung der Souveränität, der territorialen Unversehrtheit und der politischen Unabhängigkeit eines jeden Staates in diesem Gebiet und die seines Rechts, innerhalb sicherer und anerkannter Grenzen frei von Drohungen und Akten der Gewalt in Frieden zu leben.

Zitiert nach: Elmar Krautkrämer, Krieg ohne Ende? Israel und die Palästinenser – Geschichte eines Konflikts, Darmstadt 2003, S. 165 f.

Jom-Kippur-Krieg – Ramadan-Krieg Ägypten war nach dem Sechstagekrieg mehr als andere Staaten in der Region an einer Konfliktlösung mit Israel interessiert. Nur ein israelischer Rückzug konnte die ägyptischen Ölfelder auf dem Sinai zurückbringen und eine Wiedereröffnung des Suez-Kanals ermöglichen. Nachdem Ägyptens Präsident **Anwar as-Sadat**, Nachfolger Nassers, die Hoffnungen auf internationale Vermittlung aufgegeben hatte, bereitete er gemeinsam mit Syrien einen begrenzten Krieg vor. Am 6. Oktober 1973, dem höchsten jüdischen Feiertag Jom Kippur, überquerten ägyptische Truppen den Suez-Kanal. Syrien griff auf dem Golan an und erzielte rasch territoriale Gewinne.

Auch wenn die israelische Armee das Blatt schnell wendete, die Syrer vom Golan vertrieb und beim Ende der Kämpfe 30 Kilometer vor Damaskus und am Suez-Kanal stand, demonstrierte der Krieg, dass Israel militärisch nicht unbesiegbar war. Während die Israelis fortan vom erfolgreichen *Jom-Kippur-Krieg* sprachen, bezeichneten die Araber den militärischen Konflikt, der in den islamischen Fastenmonat fiel, als *Ramadan-Krieg*.

Anwar as-Sadat (1918-1981): Staatspräsident Ägyptens 1970-1981; nach dem Friedensabkommen von Camp David, für das er gemeinsam mit Menachem Begin den Friedensnobelpreis erhielt, von extremistischen Gegnern seiner Politik ermordet

Der Friedensvertrag von 1979 Die Ägypter hatten im Ramadan-Krieg die „arabische Ehre" wiederhergestellt und Israel fühlte sich seit dem Jom-Kippur-Krieg nicht mehr unbesiegbar. Diese Konsequenzen des Krieges machten einen ersten Friedensprozess möglich. 1974 erhielten Syrien und Ägypten unter US-amerikanischer Vermittlung Teile des 1967 besetzten Territoriums zurück. Gleichzeitig wurden an beiden Fronten Sicherheitsabkommen geschlossen. Sie galten ausdrücklich als Schritt zu einem späteren „gerechten und dauerhaften Frieden".

Der ägyptische Staatspräsident Sadat brachte im November 1977 mit einer spektakulären Reise nach Jerusalem und einer Rede vor der Knesset erneut Bewegung in die Situation (▸ M2). Ein Jahr später verhandelten Sadat und **Menachem Begin** unter aktiver Beteiligung des US-Präsidenten *Jimmy Carter* auf dessen Landsitz in Camp David über einen Frieden. Die USA förderten die Verhandlungen. Sie versprachen Israel weitere Wirtschafts- und Militärhilfen und Ägypten umfangreiche Finanzhilfen.

Menachem Begin (1913-1992): Ministerpräsident Israels 1977-1983; erhielt 1978 gemeinsam mit Anwar as-Sadat den Friedensnobelpreis für die Aussöhnung mit Ägypten

▲ **Treffen von Camp David.** *Foto vom September 1978. Mit Handschlag besiegelten der ägyptische Präsident Anwar as-Sadat (rechts) und der israelische Ministerpräsident Menachem Begin (links) die Friedensvereinbarungen auf dem Landsitz Jimmy Carters, der von 1977 bis 1980 US-Präsident war.*

■ *Analysieren Sie die Bildsprache. Vergleichen Sie dabei das Foto mit motivgleichen Fotos, etwa zur deutsch-französischen Aussöhnung.*

Im März 1979 wurde dann der ägyptisch-israelische Friedensvertrag in Washington unterzeichnet – der erste Friedensvertrag zwischen Israel und einem arabischen Staat. Das Abkommen löste erstmals den Grundsatz „Land gegen Frieden" ein: Israel gab den Sinai auf und gewann dafür Frieden mit seinem größten Nachbarn.

Die meisten arabischen Staaten lehnten den „Separatfrieden" ab und schlossen Ägypten sogar für zehn Jahre aus der „Arabischen Liga" aus. Dennoch beendete das *Camp-David-Abkommen* die Phase der staatlichen Kriege gegen Israel. Israel konnte die Hegemonie in der Region behaupten und seine militärischen Kräfte nun im Osten und Norden konzentrieren.

Bilateraler Friede – kein Friede für die Region ■ Der Friedensschluss zwischen Israel und Ägypten war nur eine von zwei in Camp David ausgehandelten Rahmenvereinbarungen. Die andere, „A Framework for Peace in the Middle East", war ungleich schwieriger umzusetzen, da sie das Problem der Palästinenser betraf. An seiner Lösung haben neben Israel und Ägypten auch die Staaten Jordanien, Libanon und Syrien sowie die verschiedenen Organisationen der Palästinenser selbst Anteil, die jedoch in Camp David nicht mit am Verhandlungstisch saßen. Es wurde vereinbart, dass Israel das Westjordanland und den Gazastreifen räumt, nachdem die Palästinenser eine selbstverwaltete Behörde gewählt haben, die die israelische Militärverwaltung ablösen soll. Die Bestimmungen waren sehr allgemein gehalten und der Status Jerusalems blieb ausgeklammert.

Um die Vereinbarungen umzusetzen, legten Israel und Ägypten unter US-Vermittlung im Januar 1980 zwei Autonomie-Modelle vor. Doch angesichts der Isolation Ägyptens und grundsätzlicher Differenzen brach der Friedensprozess ab. Eine dauerhafte Lösung des israelisch-arabischen Konfliktes gelang nicht (▸ M3, M4).

Friedenshindernisse ■ Fortschritte bei der Lösung der Palästinenserfrage scheiterten an folgenden Faktoren:

- Jerusalem-Gesetz: Israel erklärte 1980 ganz Jerusalem zur Hauptstadt. Dies kam einer Annexion Ost-Jerusalems gleich.
- Golanhöhen: Auch die 1967 eroberte Hochebene wurde dem Staat eingegliedert.
- Siedlungsbau: Die Regierung Begin förderte den Bau jüdischer Siedlungen im besetzten Gebiet, um deren jüdischen Bevölkerungsanteil zu erhöhen.
- Radikalisierung des arabischen Lagers: Radikale anti-israelische Kräfte, vor allem aus Syrien, gewannen an Stärke. Präsident Sadat wurde 1981 von solchen Fanatikern ermordet.
- Sturz des Schahs von Persien: Islamische Geistliche errichteten 1979 im Iran einen Gottesstaat und betrieben eine extrem israelfeindliche Rhetorik.
- Libanon-Invasion: Zur Abwehr palästinensischer Raketenangriffe marschierte Israel im Juni 1982 in den Libanon ein, besetzte den Süden des Landes als „Sicherheitszone" und belagerte palästinensische Flüchtlingslager.

M1 Die israelische Einnahme Jerusalems: Segen oder Fluch?

Der israelische Journalist Gil Yaron schreibt 2007 über die Einnahme Jerusalems durch das israelische Militär 1967:

Spielte die Klagemauer vor dem Sechstagekrieg im israelischen Alltag nur eine Nebenrolle, erfolgte 1967 ein tiefer Wandel. Am 7.6.1967 eroberten israelische Truppen Ost-Jerusalem. Der Verteidigungsminister Mosche Dajan ging mit den anderen Siegern [...] zur Klagemauer und erklärte feierlich: „Jerusalem ist befreit. Wir haben Jerusalem, die geteilte Hauptstadt Israels, vereint. Wir sind an unsere heiligen Plätze zurückgekehrt, um uns niemals wieder von ihnen zu trennen." In Israel brach eine begeisterte Stimmung aus. Die Dauer des Krieges wurde der biblischen Erschaffung der Welt gleichgestellt. Gläubige Juden sahen in dem erfolgreichen Feldzug ein Zeichen Gottes.
Nicht alle Israelis labten sich an dem berauschenden Sieg. Eine Anekdote besagt, dass der israelische Premier Levy Eschkol kurz nach der Eroberung Ost-Jerusalems von seinen Beratern zur Klagemauer gebracht wurde. Euphorisch betrat er die Altstadt. Doch auf seinem Weg zum jüdischen Heiligtum verdüsterte sich sein Gesichtsausdruck. Hunderte schweigende Araber säumten seinen Weg und betrachteten die israelischen Eroberer mit einer Mischung aus Angst und Hass. An der Klagemauer angekommen, begrüßten ihn die Israelis mit stürmischem Beifall.
Eschkol erhob seine linke Hand und machte mit zwei Fingern das „V"-Zeichen. Sein Berater fragte ihn: „Ist das ein V für ‚victory'?" „Nein", flüsterte Eschkol in Jiddisch zurück: „Das ist für: ‚Wie kriechen wir hier wieder raus?'" So hatte Eschkol, der wie fast alle Akteure des Sechstagekrieges gegen seinen Willen aufgrund einer Reihe von Fehlern in den Krieg hineingezogen worden war, schon kurz danach trotz der hysterischen Euphorie um ihn herum den militärischen Sieg als politische Niederlage erkannt. Mit den eroberten Gebieten hatte Israel das Palästinenserproblem „geschluckt": Anstatt an ihren Grenzen befanden sich die Araber nun inmitten des jüdischen Staates. [...] Doch die Mehrheit reagierte ekstatisch auf die „Befreiung" ganz Jerusalems. Schon wenige Stunden nach der Eroberung ließ der neu gewählte Bürgermeister Teddy Kollek das Mughrabi-Viertel vor der Klagemauer planieren. Insgesamt 135 arabische Häuser wurden dem Erdboden gleichgemacht, 650 Palästinenser zwangsweise umgesiedelt. Vor der Klagemauer entstand der große Platz, an dem sich heute Tausende zum Gebet einfinden können.

Gil Yaron, Jerusalem. Ein historisch-politischer Stadtführer, München 2007, S. 160 f.

1. *Der Sechstagekrieg von 1967 wird aus israelischer Sicht oft als nationaler Triumph angesehen. Nennen Sie Aspekte dieses „Triumphes".*
2. *Nehmen Sie Stellung, ob Geschichte und Religion instrumentalisiert wurden.*
3. *Untersuchen Sie, worin die Doppeldeutigkeit des israelischen Sieges von 1967 liegt.*
4. *Diskutieren Sie, welche Alternativen es von israelischer Seite im Umgang mit der Klagemauer gegeben hätte.*
5. *Erörtern Sie am Beispiel der Klagemauer die Ansicht, dass Jerusalem der Schlüsselfaktor des Nahost-Konfliktes sei.*
6. *Entwerfen Sie Handlungsstrategien der palästinensischen Seite nach dem Krieg von 1967 sowohl gegenüber den arabischen Ländern als auch gegenüber Israel.*

M2 Die Haupthindernisse zum Frieden

Aus der Rede des ägyptischen Präsidenten Anwar as-Sadat vor dem israelischen Parlament am 20. November 1977:

Die Antwort auf die Kardinalfrage über den Frieden ist weder schwierig noch unmöglich, trotz der vielen Jahre, die von Feindseligkeit und Hass geprägt worden sind. Die Beantwortung dieser Frage ist einfach, wenn wir einer geraden Linie der Wahrheit und des Glaubens folgen. Sie wollen mit uns in diesem Gebiet zusammenleben. Dazu sage ich ganz ehrlich: Wir heißen Sie willkommen. Alleine dies ist das Anzeichen eines historischen Wandels. Wir haben Sie in der Vergangenheit abgelehnt. Dazu hatten wir unsere Gründe und Argumente. [...] Heute sage ich Ihnen und der ganzen Welt aber, dass wir es akzeptieren, mit Ihnen in einem Zustand des gerechten und dauerhaften Friedens zusammenzuleben. [...]
Der Friede wird nicht gut fundiert sein, wenn er nicht auf Gerechtigkeit beruht, sondern auf der Besetzung von Gebieten anderer. Es darf nicht erlaubt sein, dass Sie etwas verlangen, was Sie anderen verweigern. Ich sage ganz offen, Sie müssen die Träume von morgen aufgeben wie auch die Überzeugung, dass die Gewalt das beste Mittel ist für Ihr Verhalten den Arabern gegenüber. Im Sinne unserer Begegnung müssen Sie begreifen, dass Ihnen die Expansion nichts nützt. Unser Land ist kein Gegenstand von Kompromissen und Diskussionen. Unser nationales Territorium ist heilig. [...] Keiner von uns kann oder will auf nur einen Fußbreit dieses Territoriums verzichten. [...]
Ich sage Ja zu der Logik, derzufolge Israel in diesem Gebiet in Frieden und Sicherheit leben kann. Dass es innerhalb seiner Grenzen vor jeder Aggression geschützt wird, auch hierzu sage ich Ja. Ich sage auch Ja zu der Forderung, dass Israel alle

Garantien erhält, welche ihm die Verwirklichung dieser beiden Ziele ermöglichen, nämlich Frieden und Sicherheit. Wir erklären, dass wir alle internationalen Garantien, die Sie fordern, akzeptieren, von welcher Seite auch immer. [...]
Um zu diesem Ziel zu gelangen, müssen wir gewissen Realitäten offen und mutig begegnen. Es gibt arabische Territorien, die von Israel mit Waffengewalt besetzt gehalten werden. Wir beharren auf dem vollen Rückzug aus diesen Territorien, das schließt das arabische Jerusalem mit ein. [...]
Der volle Rückzug aus den im Jahre 1967 besetzten Gebieten ist eine selbstverständliche Sache. Hierzu nehmen wir keine Argumente hin. Ohne diesen Schritt wären Gespräche über den dauerhaften und gerechten Frieden sinnlos. Ohne diesen Schritt wäre eine Absicherung unseres Zusammenlebens in Sicherheit und Frieden völlig sinnlos. [...] Was die palästinensische Frage anbelangt, so gibt es niemanden, der bestreitet, dass diese Frage der Kern des ganzen Problems ist. Niemand in der Welt kann heute die in Israel demonstrierten Slogans akzeptieren, mit denen die Existenz des palästinensischen Volkes ignoriert und gefragt wurde, wo es zu finden sei. Die Sache der Palästinenser und deren legitime Rechte können von niemandem mehr geleugnet oder ignoriert werden. [...] Solange dieses Problem ungelöst bleibt, verschärft sich der Streit und nimmt neue Dimensionen an. Ich sage Ihnen ganz ehrlich, dass ohne die Palästinenser der Friede unrealisierbar ist.

Zitiert nach: Rolf Tophoven (Hrsg.), Der israelisch-arabische Konflikt, Bonn [4]1990, S. 106 f.

1. *Arbeiten Sie heraus, mit welchen Argumenten Sadat 1977 für einen Frieden wirbt. Beurteilen Sie seine Rede im Hinblick auf die Chancen eines Friedensvertrages mit Israel.*
2. *Nehmen Sie Stellung zu dem Vorwurf der arabischen Regierung, Sadat habe in seiner Rede die Idee einer gesamtarabischen Nation aufgegeben.*
3. *Diskutieren Sie, ob die „palästinensische Frage" der Kern des israelisch-arabischen Konfliktes ist.*

M3 Vorschläge zur Lösung der Palästinenserfrage

Im Abkommen von Camp David stimmen Israel und Ägypten überein, „den Bewohnern des Westjordanlandes und des Gazastreifens volle Autonomie zu gewähren". Beide Seiten erarbeiten dazu anschließend getrennte Vorschläge:

Das israelische Autonomie-Modell, 16.1.1980 (Auszüge):
Autonomie-Modell für die palästinensisch-arabischen Bewohner von Judäa, Samaria und dem Gazastreifen.

1. Der Verwaltungsrat soll aus einem Vorsitzenden und zehn weiteren Mitgliedern bestehen.
2. Der Verwaltungsrat wird folgende Vollmachten erhalten:
- Verordnungen zu erlassen
- den Haushalt und die Finanzierung des Verwaltungsrates zu beschließen
- Werkverträge zu schließen
- zu klagen und beklagt zu werden an örtlichen Gerichten
- Personal zu beschäftigen

Folgende Unterabteilungen sind als Verwaltungseinheiten vorgesehen: Landwirtschaft, Gesundheit, Religiöse Fragen, Arbeit und Soziales, Industrie und Handel, Finanzen, Verkehr, Erziehung, Recht, Kommunalpolitik.

Das ägyptische Autonomie-Modell, 29.1.1980 (Auszüge):
Die Autonomie-Körperschaft im Westjordanland und in Gaza ist sowohl für die Bewohner als auch für das Gebiet gleichermaßen zuständig.
Die israelischen Siedlungen im Westjordanland und in Gaza sind illegal und sind aufzugeben.
Die Autonomie-Körperschaft wird folgende Vollmachten erhalten:
- Verkündung von Gesetzen und Verordnungen
- Bestimmung, Durchführung und Überwachung politischer Entscheidungen
- Vorbereitung und Verabschiedung eines Haushaltes
- Steuerbeschließungs- und -erhebungsrechte
- Ausgabe von Ausweisen und Reisedokumenten
- Kontrolle des Ein- und Ausgangs von Personen und Gütern in die und aus der Region

Die Körperschaft soll aus 80 bis 100 Mitgliedern bestehen, die vom palästinensischen Volk im Westjordanland und in Gaza frei gewählt werden.
Die Körperschaft soll aus einem Parlament und einer Exekutive bestehen.

Zitiert nach: Michael Wolffsohn, Israel. Geschichte, Politik, Gesellschaft, Wirtschaft, Wiesbaden [7]2007, S. 266

1. *Vergleichen Sie beide Modelle in Hinblick auf die Kompetenzen und den Status der Autonomiebehörde.*
2. *In der Knesset sagte Regierungschef Begin im Dezember 1979: „Für die Schaffung von Frieden werden wir die Einführung einer Verwaltungsautonomie für die arabischen Bewohner Judäas, Samarias und des Gazastreifens vorschlagen." Erörtern Sie, inwieweit diese Aussage das israelische Autonomie-Modell präzisiert.*
3. *Beurteilen Sie die Erfolgsaussichten beider Pläne.*

M4 Die Entwicklung des israelisch-arabischen Konfliktes von 1948 bis 1995

Im Zentrum des Nahost-Konfliktes stehen seit 1948 die Auseinandersetzungen um den Staat Israel. Die arabische Seite kämpft zunächst dafür, anstelle Israels für das gesamte Palästina eine arabische Herrschaft einzurichten. Dafür würden Ägypten wie auch Jordanien und Syrien als Vormacht bereit stehen. Erst 1974 akzeptiert die palästinensische Seite unter Jassir Arafat erstmals die Zwei-Staaten-Lösung und tritt fortan für einen palästinensischen Teilstaat ein. 1978 folgt die Anerkennung Israels durch Ägypten. Von entscheidender Bedeutung für die territoriale Entwicklung sind bis 1990 der UN-Teilungsplan von 1947, die Waffenstillstandsvereinbarung von 1949, die Waffenstillstandsvereinbarungen nach dem Sechstagekrieg 1967, die Neugliederungen des Sinai nach dem Friedensvertrag zwischen Israel und Ägypten 1978 sowie die Entstehung der palästinensischen Autonomiegebiete im Kontext der in Oslo geführten israelisch-palästinensischen Verhandlungen mit dem Gaza-Jericho-Abkommen (Oslo I) 1994 und dem Vertrag von Taba (Oslo II) über das Westjordanland im Jahr 1995.

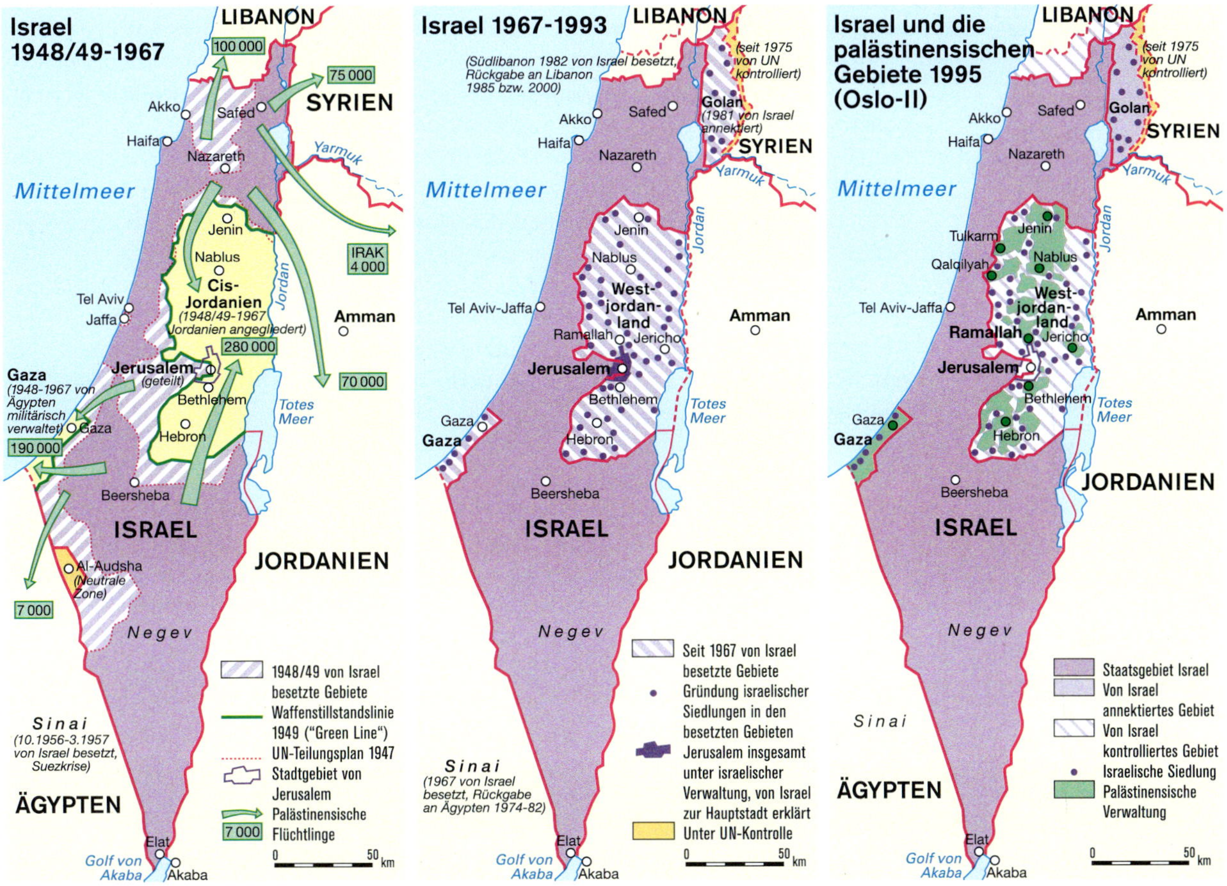

Ingenieurbüro für Kartographie Dr. H.-J. Kämmer, Berlin

1. *Erläutern Sie, inwieweit die Lage in Palästina eine gleiche Ausgangsposition für eine Vereinnahmung durch die Supermächte bot, wie dies in Vietnam, Korea oder Deutschland der Fall war. Ziehen Sie dazu die Darstellung auf S. 331ff. heran.*
2. *Arbeiten Sie anhand der Karten die Gebietsentwicklungen von 1948 bis 1995 a) aus israelischer, b) aus arabischer und c) aus palästinensischer Sicht für das gesamte Konfliktgebiet sowie für Jerusalem heraus. Ziehen Sie die Darstellung hinzu. Bewerten Sie die Ergebnisse.*
3. *Arbeiten Sie die außenpolitischen Grundsätze Israels heraus. Lassen sich Möglichkeiten für eine palästinensische Friedenslösung erkennen? Ziehen Sie die Karte auf S. 518 hinzu.*

Palästinenser, Intifada und der Friedensprozess

▲ **Palästinensische Anhänger der Fatah während der Feier zum 45-jährigen Jubiläum der Bewegung.**
Foto aus Dura (Westjordanland) vom Januar 2010. Links ein Bild des 2004 verstorbenen Fatah-Führers Jassir Arafat. Er trägt ein von palästinensischen Männern zum Schutz gegen die Sonne getragenes weißes Baumwolltuch mit schwarzem Muster. Die sogenannte Kefije oder Kuffiye wurde zum Zeichen der Anhänger Arafats bzw. der Palästinenser.

Situation der Palästinenser ■ Die Zahl der palästinensischen Flüchtlinge belief sich um 1980 auf etwa zwei Millionen, sie hat sich bis 2014 mehr als verdoppelt. Die meisten Palästinenser waren vor der Flucht Kleinbauern. Sie hatten ihre Heimat ohne jede Habe verlassen. Zum Überleben waren sie von fremder Hilfe abhängig. Die Vereinten Nationen gründeten 1949 ein Hilfswerk für Palästina-Flüchtlinge im Nahen Osten. Es unterhält bis heute 58 Flüchtlingslager im Libanon, in Jordanien und Syrien sowie im israelisch besetzten Gazastreifen und im Westjordanland. Ursprünglich waren dies Zeltsiedlungen und Hüttendörfer. Heute leben fast alle Flüchtlinge in festen Häusern, aus den ehemaligen Lagern sind Orte mit meist 5000 bis 40000 Einwohnern geworden. Doch ihr Leben ist von Normalität weit entfernt: Die Infrastruktur ist mangelhaft, es fehlen Betriebe und die Arbeitslosigkeit ist hoch.

Die Flüchtlinge werden zu 90 Prozent von arabischen Staaten finanziert, zehn Prozent machen die Hilfen der Vereinten Nationen aus, die vor allem in Bildung und Gesundheit fließen. Israel verweigert den Flüchtlingen die Rückkehr und zahlt keine Entschädigungen.

Das Elend der Palästinenser geht auch auf Maßnahmen der arabischen Gastländer zurück: Fast alle Staaten weigern sich, die Flüchtlinge in ihre Gesellschaft zu integrieren. Sie genießen keinen rechtlichen Schutz und keine Freizügigkeit, haben stark eingeschränkten Zugang zum Arbeitsmarkt und partizipieren nicht am Gesundheits- und Bildungssystem der Gastländer.

Jassir Arafat (1929-2004): palästinensischer Freiheitskämpfer und Politiker; Mitbegründer und Führer der Fatah, ab 1969 auch Vorsitzender der PLO, seit den späten 1980er-Jahren Abkehr vom Terrorismus und Anerkennung Israels; 1994 erhielt Arafat gemeinsam mit dem israelischen Außenminister Peres (siehe S. 515, Anm. 2) und dem israelischen Ministerpräsidenten Rabin (siehe S. 511) den Friedensnobelpreis; 1996-2004 Präsident der „Palästinensischen Autonomiegebiete"

Politische Organisation der Palästinenser ■ Den palästinensischen Widerstand organisierten vor allem zwei Gruppen: die von **Jassir Arafat** 1959 gegründete *Fatah* (arab. Eroberung, Sieg; Abkürzung für *Bewegung zur nationalen Befreiung Palästinas*) und die 1967 entstandene *Volksfront zur Befreiung Palästinas*. Beide Organisationen begingen Sabotage- und Terroranschläge gegen Israel.

Auf Initiative der „Arabischen Liga" wurde 1964 die PLO (*Palestine Liberation Organization*) gegründet. Sie sollte die offizielle Vertretung aller Palästinenser sein und entwickelte sich zu einer Dachorganisation palästinensischer Gruppen. 1968 legte sie Ziele und Mittel in ihrer „Nationalcharta" dar: Ein unabhängiger palästinensischer Staat könne nur durch bewaffneten Kampf gegen Israel geschaffen werden.

Um der palästinensischen Sache Aufmerksamkeit zu sichern und Druck auf die Verbündeten Israels auszuüben, verübten Aktivisten der PLO Terroranschläge auch im Ausland und bildeten Terroristen in ihren „Camps" aus, die den Terror in alle Welt tragen sollten.*

Im Jahr 1974 erreichte die PLO unter Arafat, der seit 1969 ihre Leitung übernommen hatte, einen ersten politischen Erfolg: Sie erhielt als einzige nichtstaatliche Organisation bei den Vereinten Nationen einen „Beobachterstatus". Danach erlaubten über 100 Staaten der PLO die Einrichtung offizieller Vertretungen in ihren Hauptstädten. Trotzdem lehnten Israel und die PLO weiterhin Verhandlungen ab.

* Beispiele hierfür sind das Attentat auf die israelische Mannschaft während der Olympischen Spiele in München 1972 oder die Entführung eines Flugzeugs der Lufthansa 1977, mit der die Freilassung von Terroristen der „Roten Armee Fraktion" in der Bundesrepublik Deutschland erpresst werden sollte.

Beim Einmarsch der israelischen Armee in den Libanon 1982 wurde die PLO aus ihrem Hauptquartier in Beirut vertrieben. Erst nach dieser Niederlage zeigte sich Arafat bereit, unter bestimmten Bedingungen das Existenzrecht Israels anzuerkennen. Daraufhin kündigten die *Volksfront zur Befreiung Palästinas* und die radikale libanesische Organisation *Hisbollah* (arab. „Partei Gottes") Arafat die Gefolgschaft auf. Die PLO spaltete sich in einen gemäßigten und einen radikalen Flügel.

1987 wurde in Gaza die palästinensische Terrororganisation *Hamas* (arab. „religiöser Eifer"; Abkürzung für „Bewegung des Islamischen Widerstandes") gegen die israelische Besatzung gegründet. Sie wurde zum unversöhnlichen Rivalen der PLO.

„Krieg der Steine" – die erste Intifada Ein eigener Staat war in weite Ferne gerückt, aber die Palästinenser gaben ihren Widerstand nicht auf. Im Dezember 1987 begann im Gazastreifen und im Westjordanland eine Erhebung: die erste *Intifada* (wörtlich übersetzt: abschütteln). Der Aufstand war getragen von jungen Palästinensern, die nichts anderes erfahren hatten als Besatzung und Unterdrückung. Sie boykottierten israelische Waren, verweigerten Abgaben, streikten und zeigten die verbotene palästinensische Flagge. Darüber hinaus griffen sie israelische Einrichtungen mit Steinen und Brandsätzen an. Die Hamas schürte die Wut und reizte zu weiteren Anschlägen gegen israelische Soldaten. Israel reagierte mit voller Härte – und auf beiden Seiten starben viele Menschen. Immer deutlicher wurde, dass eine rein militärische Lösung des Konfliktes nicht möglich war (▸ M1).

Der Friedensprozess von Oslo Das Ende des Kalten Krieges beeinflusste auch den Nahost-Konflikt. Die Ost-West-Auseinandersetzungen um Einflusszonen im Nahen Osten schienen beendet zu sein.

1992 wurde **Jitzchak Rabin** Ministerpräsident. Seine Regierung verbot den jüdischen Siedlungsbau in den Palästinensergebieten. Ein Jahr später erklärte die PLO, in Zukunft auf Terrorakte zu verzichten. Daraufhin trafen sich israelische Regierungsmitarbeiter heimlich mit PLO-Vertretern in Oslo. Nach zähen Verhandlungen kamen beide Seiten zu einem Kompromiss nach der Devise „Land gegen Frieden": Israel würde sich etappenweise aus den 1967 besetzten Gebieten zurückziehen. Eine *Palästinensische Autonomiebehörde* (PA) würde dann die Gebiete verwalten. Nach dem Austausch von klärenden Briefen unterzeichneten Rabin und Arafat 1993 in Washington das *Oslo-I-Abkommen* (▸ M2). Dieses leitete die schrittweise Rückgabe von Territorium und Zuständigkeiten an die Palästinensische Autonomiebehörde ein.

Im September 1995 wurde im *Oslo-II-Abkommen* das Westjordanland in drei Gebiete mit unterschiedlicher Kompetenz Israels und der PA unterteilt.* Zugleich begann der Rückzug der israelischen Armee aus den meisten Städten in den besetzten Gebieten.Viele wichtige Fragen waren ausgeklammert worden und erst später sollten strittige Probleme wie die Zukunft der jüdischen Siedlungen, der Grenzverlauf zwischen beiden Staaten und der Status Jerusalems gelöst werden.

Auf israelischer Seite protestierten konservative Politiker und Siedler gegen die Vereinbarungen. Sie konnten sich nicht vorstellen, den Palästinensern einen eigenen Staat zu gewähren. Radikale religiös-orthodoxe Juden verübten Attentate auf Muslime. Opfer eines Attentates wurde auch Ministerpräsident Rabin. Ein jüdischer Fundamentalist und Rechtsextremist erschoss ihn am 4. November 1995 während einer Friedenskundgebung in Tel Aviv.

* Siehe dazu die rechte Karte auf S. 509.

Jitzchak Rabin (1922-1995): israelischer Offizier und Politiker (Arbeiterpartei); Generalstabchef 1964-1968, Ministerpräsident 1974-1977, Verteidigungsminister 1984-1990, seit 1992 erneut Ministerpräsident. Er machte entscheidende Schritte auf die Palästinenser zu. 1994 erhielt Rabin gemeinsam mit seinem damaligen Außenminister Peres (siehe S. 515, Anm 2.) und dem damaligen Chef der Palästinensischen Autonomiebehörde Arafat (siehe S. 510) den Friedensnobelpreis. Im November 1995 wurde er von einem jüdischen Nationalisten erschossen.

Benjamin Netanjahu (geb. 1949): israelischer Politiker des konservativen Likud-Blocks, Ministerpräsident 1996-1999 und seit 2009; Gegner eines unabhängigen Palästinenserstaates

Der „Friedensprozess" nach Rabin Die Wahlen im Jahr nach Rabins Ermordung standen unter dem Eindruck des Terrors. Der konservative Likud-Block gewann sie mit der Parole „Einen sicheren Frieden schaffen". Der neue Ministerpräsident **Benjamin Netanjahu** hatte Rabins Friedenspolitik scharf angegriffen. Unter ihm wurde nun der Ausbau der jüdischen Siedlungen in den Palästinensergebieten wieder aufgenommen. Er stellte sich damit hinter die zunehmende Zahl religiös-orthodoxer Kräfte, die so viel Land wie möglich in Besitz nehmen wollen. Von 1993 bis 2000 verdoppelte sich die Zahl der Siedler auf 200 000.

Netanjahus Parole erwies sich als ebenso falsch wie Arafats Versprechen, den radikalen Palästinensergruppen Einhalt zu gebieten. Die Selbstmordattentate nahmen kein Ende. 1999 entzogen die israelischen Wähler der Likud-Regierung das Vertrauen. Aber auch der folgenden Regierung gelang es nicht, die religiös-orthodoxen und säkularen Kräfte Israels zu versöhnen und den Friedensprozess wieder aufzunehmen.

▸ **Bei einem Selbstmordattentat gesprengter Bus in Jerusalem.**
Foto von Juni 2002. Selbstmordattentate radikaler palästinensischer Organisationen gab es bereits in den 1990er-Jahren. Nie zuvor kam es jedoch zu so vielen Anschlägen wie während der zweiten Intifada.

Die zweite Intifada Die Lage der Palästinenser hatte sich nach Abschluss der Oslo-Abkommen weiter verschlechtert, fast jeder zweite war arbeitslos. Die von Arafats Anhängern dominierte Autonomiebehörde wurde großzügig durch ausländische Mittel finanziert. In der Bevölkerung verlor sie dagegen immer mehr Rückhalt, seit die Korruption vieler ihrer Vertreter bekannt wurde.

Ansehen gewann dagegen die Hamas. Sie hatte ein soziales Netzwerk errichtet und half den Menschen praktisch. Zugleich radikalisierte sie die Gesellschaft durch ihren unerbittlichen Hass auf Israel. Im September 2000 besuchte Oppositionsführer **Ariel Scharon**, der sich für die religiös-orthodoxe Siedlerbewegung einsetzte, den Tempelberg in der Jerusalemer Altstadt. Obwohl die Palästinenserbehörde den Besuch zuvor gebilligt hatte, verstanden die Palästinenser dies als Machtanspruch Israels auf ihr Heiligtum. In der Folge brachen zahlreiche Aufstände aus.

Ariel Scharon (1918-2014): israelischer General und Politiker; von 2001 bis 2006 Ministerpräsident. Er setzte den Abzug des israelischen Militärs aus dem Gazastreifen durch.

Anders als bei der ersten Intifada verübten die radikalen Kräfte nun auch Raketenangriffe, Entführungen von Soldaten und Zivilisten sowie Lynchmorde. Israel ging hart gegen Aufständische vor, zerstörte Häuser von Verdächtigen und griff palästinensische Einrichtungen militärisch an. Bis zum Ende der zweiten Intifada 2005 gab es mehrere Tausend Tote auf beiden Seiten – die meisten davon Zivilisten.

▲ **Israelische Sperrmauer bei Jerusalem.**
Foto von Jim Hollander, Juli 2004.
Zum Schutz vor Heckenschützen und Selbstmordattentaten baut Israel seit 2002 an einem fast 760 Kilometer langen „Anti-Terror-Zaun". Er trennt Israel vom palästinensischen Westjordanland. Die Anlage besteht zum größten Teil aus einem elektronisch gesicherten Zaun mit einem Graben. In besiedelten Gebieten und an belebten Kreuzungen wurde eine bis zu neun Meter hohe Betonmauer errichtet. Die Sperranlage verläuft zum Teil durch palästinensisches Siedlungsgebiet und behindert Hunderttausende auf dem Weg zu Arbeitsplätzen, Feldern, Krankenhäusern und Schulen. Im Juli 2004 erklärte der Internationale Gerichtshof in Den Haag die Sperranlage für völkerrechtswidrig, da sie auf palästinensischem Gebiet errichtet worden war. Unabhängig davon: Der palästinensische Terror ließ nach der Errichtung der Grenzanlage nach.

„Roadmap" ins Ungewisse Im Jahr 2002 schlossen sich die USA, Russland, die Europäische Union und die Vereinten Nationen zu einem *Nahost-Quartett* zusammen. Sie entwarfen eine friedliche Lösung der Palästinenserfrage in Form einer *Roadmap*. Das Dokument ging wie der UN-Teilungsplan 1947 von einer Zwei-Staaten-Lösung aus. Es sah vor, dass sich Israel und die Palästinenser bis 2003 in zwei Phasen aufeinander zu bewegen sollten, um bis 2005 in einer dritten Phase feste Grenzen zu vereinbaren und einen Friedensvertrag zu schließen. Die Palästinenser wurden aufgefordert, für innere Ordnung und Sicherheit zu sorgen, Anschläge auf Israel zu verhindern, die Bevölkerung zu entwaffnen und eine Verfassung zu erarbeiten. Israel sollte sich verpflichten, seit 2001 auf Palästinensergebiet errichtete Siedlungen abzureißen, keine weiteren zu bauen und seine Truppen abzuziehen, sobald es die Sicherheitslage erlaubt. Während Israel dem Plan nach langem Zögern zustimmte, stieß er bei den Palästinensern auf Ablehnung (▸ M3).

Unter Ministerpräsident Scharon zog Israel 2005 überraschend sein Militär aus dem Gazastreifen zurück und ließ die 21 dortigen jüdischen Siedlungen räumen. Trotzdem blieb es dort unruhig. 2007 vertrieb die Hamas, die zuvor Wahlen gewonnen hatte, die gemäßigte Fatah aus dem Gebiet. Es wird seitdem durch die Hamas regiert, während im Westjordanland die Fatah herrscht. Weitere Raketenangriffe der Hamas auf israelisches Gebiet verschärften die Lage erneut.

Der 2009 wieder zum Ministerpräsidenten gewählte Netanjahu setzte den Bau von Siedlungen östlich von Jerusalem fort und kündigte weitere Siedlungen an. Erneute Konflikte waren die Folge. Als 2014 Israel vom Gazastreifen aus mit Raketen angegriffen wurde, marschierten israelische Truppen in das Autonomiegebiet der Palästinenser. Seitdem ist die Zwei-Staaten-Lösung gefährdet und es scheint auf eine Ein-Staat-Lösung, die die religiös-orthodoxen Israelis wollen, hinauszulaufen.

Voraussetzungen für einen Frieden Ein dauerhafter Friede zwischen den etwa acht Millionen Israelis (davon 20 Prozent israelische Araber) und den über vier Millionen Palästinensern hängt davon ab, ob die USA, Russland und die EU gemeinsam eine für beide Seiten annehmbare Lösungsstrategie entwickeln kann und genug Einfluss hat, sie durchzusetzen. Dabei wird es darauf ankommen, dass

- alle Palästinenser und alle Staaten im Nahen Osten das Existenzrecht Israels anerkennen,
- mehr religiöse Toleranz sowohl zwischen den orthodoxen und säkularen Israelis als auch zwischen den Muslimen, Juden und Christen herrscht,
- Israel die Siedlungspolitik beendet und sich aus den seit 1967 besetzten Gebieten zurückzieht,
- die Konflikte zwischen den Palästinensern beigelegt, der Terror als Mittel der Politik geächtet, die Flüchtlingsfrage gelöst wird,
- Israelis und Palästinenser miteinander verhandeln, in bestimmten Bereichen kooperieren und
- die wirtschaftlichen und sozialen Probleme der Region beseitigt werden.

- *Diskutieren Sie Lösungsstrategien des Konfliktes. Wäre ein „Wandel durch Annäherung" eine Option?*

▲ **Steinewerfer bei einer Demonstration in Sawiya bei Nablus im Westjordanland.**
Foto vom 25. Februar 1988.

M1 Ein Jahr Intifada – Verluste und Chancen

Ein Jahr nach Ausbruch der Intifada zieht im Dezember 1988 ein Korrespondent des Nachrichtenmagazins „Der Spiegel" Zwischenbilanz:

Eine stark motivierte palästinensische Jugend erobert Führungsfunktionen in den besetzten Gebieten. Die „Kinder der Steine", Jugendliche unter 20 Jahren, machen fast die Hälfte der 1,5 Millionen Palästinenser auf dem Jordan-Westufer und im Gazastreifen aus. Sie proben eine autonome Verwaltung, um Israels Joch abzuschütteln. [...] Mindestens ein Dutzend Palästinenser, die als Kollaborateure der Israelis galten, wurden von Aktivisten erschossen, erdrosselt oder erstochen.
Die Leiter des Aufruhrs sind in kleinen Ortszellen organisiert. Alle zwei, drei Wochen treffen sie sich insgeheim, stimmen ihre Beschlüsse mit der PLO in Tunis ab. Von dort kommt regelmäßig die Anweisung: Keine scharfen Waffen einsetzen. Kampfslogans prangen überall: In schwarzer Farbe fordert die Fatah „Befreiung sofort". In grüner Farbe verlangen islamische Fundamentalisten: „Haifa und Jaffa vor Jerusalem", in Rot propagiert die radikale PFLP[1] [...] „Israels Ende". Aus 200 Moscheen in Gaza [...] ertönt die Parole: „Mit Feuer und Blut werden wir Palästina erlösen." [...]
Der bescheidene Wohlstand der Palästinenser von einst ist dahin. Viele arabische Beamte, darunter die meisten Polizisten, haben ihren Dienst quittiert. Wochenlang fiel jeder Schulunterricht aus. Erst vergangene Woche kehrten 200 000 palästinensische Kinder in 612 Schulen im Westjordanland zurück. Ausgehverbote beeinträchtigen das Leben der zwangsverwalteten Bevölkerung. Tausende wagen nicht, zur Arbeit in den jüdischen Kernstaat zu fahren. Allnächtlich finden Razzien und Hausdurchsuchungen statt. Strom, Telefon, ja sogar die Wasserversorgung werden von den Israelis regelmäßig abgeschnitten. [...]
Gekauft wird nur noch das Lebensnotwendige. Elektrische Geräte, Spielzeuge, Luxuswaren finden kaum Absatz. Wer plötzlich einen neuen Anzug trägt, gilt als verdächtig. [...]
Die Israelis beziffern die Schäden, die ihnen durch den Aufstand zugefügt wurden, auf 1,5 Milliarden Schekel[2] [...]. Besonders betroffen wurden die Textilindustrie und die Lebensmittelbranche, ihr Absatz ging um ein Drittel zurück. Wenn möglich meiden die Palästinenser israelische Waren. [...] Die verringerten Exporte bedeuteten „25 000 verlorene Arbeitsplätze", sagt Dan Proper vom Industriellenverband. 14 000 Gastarbeiter wurden [...] geholt, um streikende arabische Arbeiter zu ersetzen. Die Kosten der Intifada würden das diesjährige Wirtschaftswachstum auffressen [...]. Wie lange kann Israels Wirtschaft diesen Aderlass noch aushalten? [...]
Bei vielen Israelis setzt sich allmählich die Einsicht durch, dass die besetzten Gebiete mit Gewalt auf Dauer nicht zu halten sind. Auch wenn Wut und Trotz noch überwiegen, so wächst doch [...] die Bereitschaft, nach einem politischen Arrangement zu suchen. [...] Umgekehrt begreifen auch viele Palästinenser, dass sie den Israelis die Gebiete nicht mit Gewalt entreißen können.

„Feuer und Blut", in: Der Spiegel 50/1988, S. 147

1. *Arbeiten Sie die Auswirkungen der Intifada auf Wirtschaft, Gesellschaft und Politik in Israel und in den Palästinensergebieten heraus.*
2. *Vergleichen Sie Anlass, Verlauf und Ergebnis von erster und zweiter Intifada.*

[1] **PFLP**: Volksfront zur Befreiung Palästinas; siehe S. 510
[2] etwas mehr als 600 Millionen Euro

M2 Anerkennung und Friedensversprechen

In einem Briefwechsel zwischen Jassir Arafat und Jitzchak Rabin werden Probleme ausgeräumt, die der „Prinzipienerklärung über die vorübergehende Selbstverwaltung" („Oslo I") zwischen Israel und der PLO im Wege stehen.

Brief Jassir Arafats an Jitzchak Rabin vom 9.9.1993:
Herr Premierminister, die Unterzeichnung der Prinzipienerklärung markiert eine neue Ära in der Geschichte des Nahen Ostens. Davon fest überzeugt, möchte ich die folgenden Verpflichtungen der PLO bekräftigen:
Die PLO anerkennt das Recht des Staates Israel, in Frieden und Sicherheit zu existieren. [...]
Die PLO ist dem Nahost-Friedensprozess und einer friedlichen Lösung des Konfliktes zwischen den beiden Seiten verpflichtet und erklärt, dass alle weiteren Fragen [...] durch Verhandlungen gelöst werden.
Die PLO [...] lehnt Terrorismus und andere Gewaltakte ab und wird die Verantwortung über alle Gruppen und das Personal der PLO übernehmen, um deren Zustimmung sicherzustellen, Gewalttätigkeiten zu verhindern und diejenigen zu disziplinieren, die Vereinbarungen brechen.
Mit Blick auf die Verheißung einer neuen Ära und die Unterzeichnung der Prinzipienerklärung [...] bekräftigt die PLO, dass jene Artikel der Palästinensischen Charta, die das Existenzrecht Israels bestreiten, und jene Klauseln der Charta, die nicht mit den Verpflichtungen dieses Briefes übereinstimmen, jetzt unwirksam und nicht länger gültig sind. Als Konsequenz daraus verpflichtet sich die PLO, dem Palästinensischen Nationalrat die notwendigen Änderungen mit Blick auf die Palästinensische Charta zur Zustimmung zu unterbreiten.

Brief von Jitzchak Rabin an Jassir Arafat vom 9.9.1993:
Herr Vorsitzender, in Beantwortung Ihres Briefes vom 9. September 1993 möchte ich Ihnen bestätigen, dass im Lichte der in Ihrem Brief enthaltenen Verpflichtungen der PLO die Regierung Israels beschlossen hat, die PLO als Repräsentantin des palästinensischen Volkes anzuerkennen und Verhandlungen mit der PLO im Rahmen des Nahost-Friedensprozesses aufzunehmen.

Dokumente zum Friedensprozess im Nahen Osten, in: Blätter für deutsche und internationale Politik, Heft 10, 1993, S. 1280-1285

1. *Arbeiten Sie die Zugeständnisse heraus, die beide Seiten vor dem Abkommen machen. Beurteilen Sie, ob sie gleichwertig sind.*
2. *Erörtern Sie, warum beide Verhandlungsführer zur Klärung der Probleme die Form des Briefwechsels wählten.*
3. *Verfassen Sie mögliche Argumente der Friedensgegner in beiden Lagern. Bewerten Sie deren Berechtigung.*

M3 Die „Roadmap" von 2002: Von Beginn an zum Scheitern verurteilt?

Die gewalttätigen Auseinandersetzungen im Nahost-Konflikt führen 2002 erneut zu internationalen Vermittlungsversuchen, bei denen sich die USA, Russland, die EU sowie die UNO zu einem „Führungsquartett" zusammenschließen. Ihre Hoffnung gründen sie auf einen „Fahrplan" („Roadmap"), der in verbindlichen Zeitintervallen erfüllt werden und bis zum Jahr 2005 zu einem dauerhaften Frieden führen soll. Bereits am 18. September 2002, unmittelbar nach der Vorstellung der „Roadmap", äußern sich sowohl die palästinensische als auch die israelische Seite über ihre Inhalte. Der langjährige Nahost-Korrespondent Jörg Bremer berichtet am 19. September 2002 in der Frankfurter Allgemeinen Zeitung:

JERUSALEM, 18. September. Die Palästinenser haben am Mittwoch enttäuscht auf den Friedensplan reagiert, der in New York vom „Quartett" vorgestellt wurde, in dem in regelmäßiger Folge die Vereinigten Staaten, Russland, die Europäische Union und die Vereinten Nationen über den Nahen Osten beraten. Zurückhaltende Äußerungen kamen auch aus dem Amt des israelischen Ministerpräsidenten Scharon[1]. Unterdessen hat es am Nachmittag in der Nähe der Stadt Umm el Fahm im Norden Israels den ersten Selbstmordanschlag seit sechs Wochen gegeben. Bei dem Attentat an einer Bushaltestelle kamen der Terrorist und eine weitere Person ums Leben, drei Personen wurden zum Teil schwer verletzt. Auch in anderen Orten im Krisengebiet kam es zu neuer Gewalt.
Ministerpräsident Scharon forderte auf einer Kabinettssitzung noch vor dem Anschlag: „Für einen Fortschritt (zum Frieden) muss es ein absolutes Ende von Terror und Gewalt geben." Ein Sprecher des Außenministeriums sagte, wenn es dazu komme, könne gemeinsam eine neue Zukunft zum Besten beider Völker gebaut werden. In der Umgebung des israelischen Ministerpräsidenten gilt der beschlossene Drei-Phasen-Plan, mit dem bis 2005 ein Ende des Konfliktes erreicht und ein Staat Palästina ausgerufen sein soll, als unrealistisch. Außenminister Peres[2], der wie die palästinensischen Minister Schaath und Erekat[3] an dem Treffen in New York teilnahm, äußerte sich aber zufrieden. Er lehnte aber ein palästinensisches Angebot für eine teilweise Waffenruhe ab. In einer ersten Phase sollte danach die Gewalt gegen

[1] **Ariel Scharon**: Siehe S. 512.
[2] **Schimon Peres** (1923-2016): von 2001-2002 israelischer Außenminister; er erhielt gemeinsam mit Rabin (siehe S. 511) und Arafat (siehe S. 510) 1994 den Friedensnobelpreis; 2007 bis 2014 Staatspräsident Israels
[3] **Nabil Schaath** (geb. 1934): Außenminister;
Saeb Erekat (geb. 1955): Chefunterhändler

Zivilisten enden und erst in der zweiten Phase ein völliger Waffenstillstand vereinbart werden. Das sei für die erste Phase „eine Lizenz zum Töten", sagte Peres.

Die Palästinenser kritisieren vor allem, dass sich das Quartett nicht für einen sofortigen Abzug der israelischen Truppen einsetze. Die Erklärung „bringt gar nichts", sagte Erekat. Die Palästinenser erwarteten ein Ende der „israelischen Aggression". Diese Position vertrat auch der Vorsitzende der palästinensischen Autonomiebehörde, Jassir Arafat. In Ramallah sagte er, der Abzug israelischer Truppen sei unerlässlich für die Verwirklichung von Reformen und für Schritte auf dem Weg zum Frieden. Er hoffe auf einen schnellen und sofortigen Abzug der israelischen Armee, damit die Palästinenser ihre Reformen beginnen könnten. Arafat hat für Januar Wahlen zum Autonomierat und zum Vorsitz der Autonomiebehörde angesetzt.

Nach dem Drei-Phasen-Plan des Quartetts sollen Israel und die Palästinenser noch vor den für Januar vorgesehenen Wahlen in den autonomen Gebieten Sicherheitsvereinbarungen treffen. Israel wird aufgefordert, seine Truppen auf die Positionen zurückzuziehen, von denen aus sie gegen die zweite „Intifada" seit Ende September 2000 vorgerückt sind. Die Palästinenser sollen mit ihrem reformierten Polizeisystem selbst für Sicherheit sorgen. Die Bewegungsfreiheit soll wiederhergestellt werden.

In der zweiten Phase sollen 2003 die Grenzen für den künftigen Staat festgelegt und eine palästinensische Verfassung geschrieben werden. Zur dritten Phase gehören Verhandlungen über den Endstatus auf der Grundlage der Grenzlinie, die vor dem Sechstagekrieg 1967 bestand. Ein strenges Kontrollsystem soll die Einhaltung der Abkommen gewährleisten. Der Plan beruht auf der vor Kurzem in der Krisenregion vorgestellten Initiative des dänischen Außenministers Möller, der derzeit EU-Ratsvorsitzender ist.

Am Treffen des Quartetts in New York nahmen zeitweise auch die Außenminister von Ägypten, Jordanien, Libanon, Syrien und Saudi-Arabien teil. UN-Generalsekretär Kofi Annan sprach nach den Beratungen von einem historischen Treffen, warnte aber vor zu großer Euphorie angesichts des seit über einem halben Jahrhundert andauernden Konfliktes zwischen Israel und seinen arabischen Nachbarn.

Derweilen kam es wieder zu Gewalt im Krisengebiet. Am Rande von El Azarijeh, dem biblischen Bethanien, wurde am Morgen der Körper eines Israelis gefunden, der offenbar zuvor von Palästinensern ermordet worden war. Der Israeli aus der Siedlung Maale Adumim war mit seinen palästinensischen Arbeitern in ihren Heimatort mitgegangen. Was dann geschah, ist unklar. Jüdische Extremisten wollten offenbar unter arabischen Grundschülern in einem Dorf bei Hebron ein Blutbad anrichten. Nach Zeitungsberichten explodierte eine Bombe unter einem Trinkwasserbrunnen auf dem Schulhof, verletzte aber zum Glück nur fünf Kinder. Das Militär vermutet wie bei einigen anderen Fällen extremistische Israelis als Täter. Bei Dschenin im Norden des Westjordanlandes erschossen Soldaten ein 23 Jahre altes Mitglied der al-Aqsa-Brigaden, des militanten Arms von Arafats Fatah-Bewegung. Nach Angaben der Armee eröffneten der Mann und sein Begleiter das Feuer auf die Soldaten, als diese ihren Wagen anhalten wollten. Das Oberste Gericht in Jerusalem wies die Berufung von Angehörigen zweier palästinensischer Attentäter aus Ost-Jerusalem zurück, die gegen die geplante Zerstörung ihrer Wohnhäuser geklagt hatten. In der Nähe von Ramallah im Westjordanland zerstörte die Armee zudem 34 Sozialwohnungen, die illegal errichtet worden seien. Nach palästinensischen Angaben erteilt Israel zu selten Baugenehmigungen.

Frankfurter Allgemeine Zeitung vom 19. September 2002, S. 1f.

1. *Geben Sie die Vorsätze der „Roadmap" wieder. Klären Sie, inwieweit in ihr bereits konkrete Inhalte festgehalten wurden.*
2. *Arbeiten Sie die Positionen der beiden Konfliktparteien zur „Roadmap" heraus. Beurteilen Sie die Erwartungen der Parteien.*
3. *Untersuchen Sie die aus dem Bericht deutlich werdende Situation im Krisengebiet. Schätzen Sie die Aussichten des Friedensplans ein.*
4. *Im Gegensatz zur israelischen und palästinensischen Seite fand die „Roadmap" etwa innerhalb der EU Anerkennung. Erläutern Sie mögliche Gründe für die unterschiedlichen Reaktionen.*
5. *Diskutieren Sie alternative Möglichkeiten für einen Friedensplan, der den geschichtlichen Hintergrund sowie die Grundpositionen der Konfliktparteien berücksichtigt. Halten Sie Ihre Ergebnisse in einer Mindmap fest.*

Mit Karten arbeiten

Karten ermöglichen eine Orientierung in Raum und Zeit. Sie können neben der geografischen auch die zeitliche Dimension von Ereignissen, Entwicklungen und Zusammenhängen veranschaulichen. Wir unterscheiden historische Karten und Geschichtskarten. Historische Karten wurden in einer vergangenen Epoche erstellt und zeigen Verhältnisse entsprechend dem damaligen Verständnis und Kenntnisstand. Demgegenüber vermitteln Geschichtskarten den gegenwärtigen Wissensstand. Sie werfen einen Blick aus heutiger Sicht auf bestimmte Phänomene der Geschichte. Beide Kartentypen können zur Gruppe der thematischen Karten gehören, die bestimmte Informationen topografisch abbilden, etwa Verkehr, Wetter, Sprachen, Religionen, Ethnien und Wahlergebnisse.

Mit Karten arbeiten

Karten sind keine „neutralen" oder „objektiven" Medien. Ganz im Gegenteil: Seit es Karten gibt, stellen sie interpretierende Deutungen der Welt dar, denn sie reflektieren das Wissen und Denken ihrer Entstehungszeit. So rücken etwa mittelalterliche Weltkarten des Abendlandes ganz selbstverständlich Jerusalem als Zentrum des Christentums in den Kartenmittelpunkt. Karten können Gleichzeitiges wie Ungleichzeitiges zeigen und damit Entwicklungen veranschaulichen. Als maßstäblich verkleinerte, auf das für das Thema jeweils Wesentliche reduzierte und durch vielfältige Symbole kodierte „Raummodelle" stellen sie Sachverhalte aus Politik, Wirtschaft, Kultur oder Gesellschaft zu einer bestimmten Zeit in einem ausgewählten Raum dar. Karten können bestimmte Darstellungsabsichten verfolgen, z. B. Ausdruck von Handels- oder Gewerbeinteressen sein, bestimmte kulturelle oder politische Wertschätzungen zum Ausdruck bringen und Herrschaftsansprüche darstellen oder legitimieren, indem sie strittige Grenzverläufe fixieren oder durch Ausklammerung einem Volk oder Staat das Existenzrecht bestreiten. Damit beeinflussen Karten das Geschichtsbild oder die aktuelle Weltsicht des Betrachters oft deutlich mit. Für die Arbeit mit Karten ist deshalb die Kenntnis des historischen und thematischen Hintergrundes genauso wichtig, wie die „Übersetzung" der Legende und der Symbole.

Formale Kennzeichen

- Um welchen Kartentyp handelt es sich?
- Wer hat die Karte entworfen oder in Auftrag gegeben?
- Wann und wo ist die Karte entstanden oder publiziert worden?

Karteninhalt

- Auf welchen Raum, welche Zeit und welches Thema bezieht sich die Karte?
- Welche Bedeutung haben die Farbflächen (Länder, Glaubensrichtungen etc.), welche die Symbole (Orte, Bodenschätze, Güter, ihre Menge, Handelswege oder Ereignisse)?
- Lässt sich durch den Vergleich mit anderen Karten/weiteren Quellen feststellen, ob bestimmte Gegebenheiten oder Entwicklungen hervorgehoben oder ausgeklammert werden?

Historischer/aktueller Kontext

- In welchen historischen/politischen Zusammenhang lässt sich die Karte einordnen?
- Welche Ursachen, Entwicklungen und Folgen lassen sich aus der Karte ablesen?

Intention und Bewertung

- An welche Adressaten wendet sich die Karte?
- Welche Aussageabsicht verfolgt sie?
- Auf welche wissenschaftliche oder politische Diskussion geht sie ein?
- Ist eine bestimmte Sichtweise, eine politisch-ideologische Zielsetzung erkennbar?
- Welche Fragen kann die Karte beantworten, welche nicht?

Beispiel und Analyse

Palästina – ein schrumpfendes Land

Le Monde diplomatique (Hrsg.), Atlas der Globalisierung. Die neuen Daten und Fakten zur Lage der Welt, Berlin 2007, S. 153; erstellt nach Karten von Mai 2002, August 2004 und September 2005 der Organisation B'Tselem (The Israeli Information Center for Rights in the Occupied Territories)

Formale Kennzeichen Bei der Karte handelt es sich um eine Geschichts- bzw. politische Karte. Sie wurde aus Karten von Mai 2002, August 2004 und September 2005 der Organisation B'Tselem entwickelt und 2006 in der französischen Ausgabe des „Atlas der Globalisierung" erstmals publiziert. Der Atlas stellt in Texten, Statistiken und Karten u. a. politisch, ökonomisch und kulturell folgenreiche wie ungelöste Konflikte in der gegenwärtigen Welt dar. Die Lebenswirklichkeit der Völker und Staaten soll erfasst und beurteilt werden können.

Karteninhalt Die Karte bezieht sich auf das Westjordanland im Jahr 2006, ein Gebiet im Nahen Osten mit einer Fläche von knapp 6 000 km², in dem etwa 2,3 Millionen Palästinenser und über 250 000 Israelis leben. Sie thematisiert unter dem Titel „Palästina – ein schrumpfendes Land" den ungelösten Konflikt zwischen Israel und Palästina. Mit farbigen Flächen zeigt die Karte, welche Territorien von Israel vollständig beherrscht oder von israelischen Siedlungen durchdrungen werden und wo sich palästinensische Städte, Dörfer und Flüchtlingslager sowie die Territorien befinden, in denen die Palästinenser über eine relative Autonomie verfügen. Durch deutlich unterscheidbare Farben wird dem Betrachter die Verteilung der Bevölkerung im Westjordanland veranschaulicht. Als schwarze oder blaue Linie ist die teilweise bereits fertig gestellte bzw. im Bau befindliche Trennmauer dargestellt, die die von Israel beherrschten Territorien von palästinensischen abschirmt. Die militärischen Stützpunkte Israels sind als rote Quadrate verzeichnet; rot-orange sind die Straßen markiert, die von Palästinensern nicht oder nur unter strengen Auflagen genutzt werden dürfen.
Die Karte erfasst nicht die historisch-politische und militärische Entwicklung der Region; sie veranschaulicht nicht den Teilungsplan der UNO von 1947 sowie die danach von Israel durch militärische Aktionen zu seinem Gunsten erreichten Gebietsveränderungen. Eine grüne Linie zeigt zwar die Grenze des 1967 von Israel eroberten Westjordanlandes, nicht aber den Gazastreifen mit seinen etwa 1,5 Millionen Palästinensern oder die Entwicklung der seitdem fortschreitenden israelischen Besiedlung. Auch erfasst die Karte nicht die politischen Verhandlungen und Lösungsansätze des Konfliktes (u. a. Oslo-Verträge 1993/95, Camp-David 2000, Beschlüsse der UNO und des Internationalen Gerichtshofes 2004, der den Abriss der für illegal erklärten Sperrmauer verfügte).

Historischer/aktueller Kontext Die Karte demonstriert die nach 2000 völlig verfahrene Lage im Nahost-Konflikt, das israelische Sicherheitsbedürfnis sowie ansatzweise die Lebensbedingungen der Palästinenser in einem Land, in dem sie nicht Herr im Hause sind. Gemessen an früheren Teilungsplänen der UNO und des sogenannten Nahost-Quartetts (UNO, USA, EU, Russland) ist das Siedlungsgebiet der Palästinenser stark geschrumpft und das ursprünglich von ihnen bewohnte Westjordanland zu zahlreichen voneinander getrennten kleinen „Inseln" geworden. Die Situation bietet kaum Möglichkeiten für eine produktive ökonomische und politische Entwicklung in einem künftigen Staat Palästina. Sie erschwert auch die von einigen Gruppen in Israel und Palästina favorisierte Zwei-Staaten-Lösung, zumal die beiden Länder noch weit von einer Lösung des Problems des (palästinensischen) Ost-Jerusalem und der in Israel lebenden arabischen Minderheiten entfernt sind.

Intention und Bewertung Die von israelischen Menschenrechtsgruppen entwickelte Karte will offenbar auf eine von ihnen als Unrecht wahrgenommene Situation hinweisen. Bestimmte politische Kräfte in Israel dringen auf eine nicht-militärische, sondern politische Lösung des Palästinenserproblems, zumal erhebliche Teile der Weltöffentlichkeit und insbesondere einige Verbündete Israels – trotz grundsätzlicher Akzeptanz der Existenz des Staates Israel und seiner elementaren und legitimen Sicherheitsinteressen – der israelischen Siedlungs- und Besatzungspolitik im Westjordanland kritisch gegenüberstehen.

Deutschland, Israel und der Nahost-Konflikt: Trägt Deutschland eine besondere Verantwortung?

▲ **Logo der Deutsch-Israelischen Gesellschaft.**
Die Gesellschaft fördert die Beziehungen zwischen den Bürgern Israels und der Bundesrepublik. Sie wurde 1966 in Bonn gegründet und geht zurück auf deutsch-israelische Studiengruppen, die seit 1957 gegründet worden waren.

Einzigartig, freundschaftlich und intensiv Die Beziehungen zwischen Israel und der Bundesrepublik Deutschland gelten als einzigartig. Seit dem Wiedergutmachungsabkommen von 1952 und nach der Aufnahme diplomatischer Beziehungen zwischen den beiden Staaten im Jahre 1965 sind sie intensiver und freundschaftlicher geworden. Heute ist die Bundesrepublik nach der Volksrepublik China und den USA mit einem Handelsvolumen von über sieben Milliarden US-Dollar (Stand: 2014) der bedeutendste wirtschaftliche Partner Israels.

Alle deutschen Regierungen unterstützen seit Langem die Arbeit von „Kulturmittlerorganisationen“ wie dem Goethe-Institut oder dem Deutschen Akademischen Austauschdienst. Darüber hinaus engagieren sich seit Jahrzehnten Parteien, Kirchen, Gewerkschaften, der Deutsche Sportbund und der Deutsche Fußballbund in Israel. Gemeinsam organisieren sie Austauschprogramme für Schüler, Studenten, Lehrlinge, Lehrer, Wissenschaftler, Künstler und Sportler. Einen weiteren Beitrag zu den freundschaftlichen Beziehungen zwischen den beiden Staaten liefern die über 80 Städtepartnerschaften sowie die vielen Touristen, die das jeweils andere Land jährlich besuchen.

Angesichts der nicht enden wollenden Konflikte zwischen Israelis und den Palästinensern stellen sich inzwischen zwei zentrale Fragen:

- Welche gemeinsamen Ziele verfolgen Deutschland und Israel im Nahost-Konflikt?
- Wie viel Kritik verträgt die deutsch-israelische Beziehung?

Die politische Zusammenarbeit Für die Bundesrepublik, die sich offen zur historischen Verantwortung für die Shoa bekennt, war und ist die Sicherheit und das Existenzrecht Israels ein fester Bestandteil ihrer Außenpolitik. Alle deutschen Regierungen waren und sind bemüht, zwischen den Konfliktparteien zu vermitteln und den Friedensprozess am Leben zu erhalten. Dabei setzen sie auf Ausgleich und Unterstützung, ohne die besonderen Sicherheitsbedürfnisse Israels zu vernachlässigen. Ihre Grundpositionen zum Nahost-Konflikt stimmen die deutschen Regierungen, wie die „Berliner Erklärung“ von 1999 zeigt, inzwischen mit den Mitgliedern der Europäischen Union ab (▸ M1). Unabhängig davon bestehen enge bilaterale Beziehungen, die mit der Einführung deutsch-israelischer Regierungskonsultationen seit 2008 noch verstärkt wurden.

Internettipp:
Zum Nahost-Konflikt siehe Code ***4673-45***.

Waffenlieferungen Die Existenz des 1948 gegründeten Staates Israel ist im Nahen Osten bis heute gefährdet. Um das israelische Sicherheitsbedürfnis zu unterstützen, wurden seit den 1950er-Jahren auch von deutscher Seite regelmäßig Rüstungsgüter an Israel geliefert. Die deutschen Regierungen setzten sich damit über den Grundsatz hinweg, keine Waffen in Spannungsgebiete zu liefern. Zu israelischen Protesten kam es erstmals 1981, als die Bundesrepublik auch Waffenlieferungen nach Saudi-Arabien genehmigte. Skeptisch reagierte man in Israel ebenfalls auf die Einrichtung einer Ständigen Vertretung der Bundesrepublik in den Palästinensischen Autonomiegebieten 1994 sowie auf die umfangreichen Wirtschaftshilfen aus Berlin.

Seit 2010 hält sich die Bundesregierung mit Genehmigungen von Waffenlieferungen in den Nahen Osten stärker zurück. Sie versucht vor allem, Ausfuhren von Waffen zu verhindern, die gegen die Palästinenser eingesetzt werden können, um so die weitere Eskalation des Konfliktes nicht einseitig zu forcieren. Angesichts des iranischen Atomprogramms wurden jedoch nach 2005 weitere U-Boote an Israel geliefert, die auch mit atomwaffenfähigen Marschflugkörpern bestückt werden können.

„Verbindende Vergangenheit – trennende Gegenwart“ Das deutsche Bekenntnis zur besonderen Verantwortung gegenüber Israel bleibt bestehen (▸ M2), gerade weil die Probleme in der gesamten Region größer geworden sind. Zugleich belegen aber aktuelle Studien und Umfragen, dass gerade die jüngere Generation eine zunehmend kritische Haltung gegenüber Israel einnimmt. Als Gründe werden die historische Distanz zur Shoa, ein anhaltender Antisemitismus (nach Meinungsumfragen lassen sich antisemitische Einstellungen bei 15 bis 20 Prozent der deutschen Gesamtbevölkerung feststellen) sowie die Kritik an dem Vorgehen der israelischen Regierung gegenüber den Palästinensern genannt (▸ M3, M4).

„Die deutsch-israelischen Beziehungen – moralische Verpflichtung oder realpolitisches Anliegen? Erörtern Sie diese These.

M1 Die „Berliner Erklärung“ – eine Grundposition im Nahost-Konflikt

Die europäischen Staaten bemühen sich seit den 1990er-Jahren um eine engere Abstimmung ihrer Positionen im Nahost-Konflikt. Unter dem Vorsitz der deutschen Bundesregierung unter Bundeskanzler Gerhard Schröder (SPD) und Außenminister Joschka Fischer (Grüne) tagen im März 1999 in Berlin die Staats- und Regierungschefs der Europäischen Union. Sie legen folgende Grundposition zum Nahost-Friedensprozess fest:

1. Die Staats- und Regierungschefs der Europäischen Union bekräftigen erneut ihre Unterstützung für eine Verhandlungslösung im Nahen Osten, mit der die Grundsätze von „Land für Frieden“ widergespiegelt und sowohl die kollektive als auch die individuelle Sicherheit des israelischen und des palästinensischen Volkes gewährleistet werden. [...]

3. Die Europäische Union fordert insbesondere eine baldige Wiederaufnahme der Verhandlungen über den endgültigen Status, die in den kommenden Monaten beschleunigt betrieben, zu einem zügigen Abschluss gebracht und nicht endlos verlängert werden sollen. [...]

4. Die Europäische Union ruft beide Parteien nachdrücklich dazu auf, alle Handlungen zu unterlassen, die dem Ergebnis der Verhandlungen über den endgültigen Status vorgreifen, und jede Handlung zu unterlassen, die gegen das Völkerrecht verstößt einschließlich jeder Siedlungstätigkeit, sowie gegen Aufwiegelung und Gewalt vorzugehen.

5. Die Europäische Union bekräftigt das dauerhafte und uneingeschränkte Recht der Palästinenser auf Selbstbestimmung einschließlich der Option für einen Staat und sieht einer baldigen Verwirklichung dieses Rechts erwartungsvoll entgegen. Sie ersucht beide Parteien, sich aufrichtig und unbeschadet dieses Rechts, das keinem Veto unterliegt, um eine Verhandlungslösung auf der Grundlage der bestehenden Vereinbarungen zu bemühen. Die Europäische Union ist der Überzeugung, dass die Schaffung eines demokratischen, existenzfähigen und friedlichen souveränen palästinensischen Staates auf der Grundlage bestehender Vereinbarungen und auf dem Verhandlungsweg die beste Garantie für die Sicherheit Israels und für seine Anerkennung als gleichwertiger Partner in der Region ist. Die Europäische Union erklärt sich bereit, die Anerkennung eines palästinensischen Staates im Einklang mit den oben genannten Grundsätzen zu gegebener Zeit in Erwägung zu ziehen.

Muriel Asseburg, Materialsammlung zum Friedensprozess im Nahen Osten. Anlageband zur Studie „Die EU und der Friedensprozess im Nahen Osten“, Berlin 2003; zitiert nach: www.swp-berlin.org/fileadmin/contents/products/studien/S2003_28_ass_anlage.pdf [Zugriff: 05.06.2016]

Erläutern Sie die zentralen Aussagen dieser Grundposition.

▲ **Die Bundeskanzlerin Angela Merkel vor dem israelischen Parlament in Jerusalem.**
Foto vom 18. März 2008.

M2 Die besondere Verantwortung Deutschlands

Nachdem Johannes Rau (SPD) im Februar 2000 als erster deutscher Bundespräsident vor den Abgeordneten des israelischen Parlaments (Knesset) sprechen durfte – was damals noch zu Protesten in Israel geführt hat –, bekommt Angela Merkel (CDU) anlässlich des 60. Jahrestages des Staatsgründung Israels am 18. März 2008 die Gelegenheit, vor den israelischen Abgeordneten der Knesset zu reden; dabei betont sie:

Der Zivilisationsbruch durch die Shoa ist beispiellos. Er hat bis heute Wunden hinterlassen. Er schien Beziehungen zwischen Israel und Deutschland zunächst geradezu unmöglich zu machen. [...]
Ich bin zutiefst davon überzeugt: Nur wenn sich Deutschland zu seiner immerwährenden Verantwortung für die moralische Katastrophe in der deutschen Geschichte bekennt, können wir die Zukunft menschlich gestalten. Oder anders gesagt: Menschlichkeit erwächst aus der Verantwortung für die Vergangenheit.
Wir sagen oft: Deutschland und Israel verbinden besondere, einzigartige Beziehungen. Was aber ist damit genau gemeint – einzigartige Beziehungen? Ist sich gerade mein Land dieser Worte bewusst – und zwar nicht nur in Reden und Festveranstaltungen, sondern dann, wenn es darauf ankommt? Wie gehen wir zum Beispiel ganz konkret damit um, wenn die Gräueltaten des Nationalsozialismus relativiert werden? Hierauf kann es nur eine Antwort geben: Jedem Versuch dazu muss im Ansatz entgegengetreten werden. [...]
Oder wie gehen wir damit um, wenn in Umfragen eine deutliche Mehrheit der Befragten in Europa sagt, die größere Bedrohung für die Welt gehe von Israel aus und nicht etwa vom Iran? Schrecken wir Politiker in Europa dann aus Furcht vor dieser öffentlichen Meinung davor zurück, den Iran mit weiteren und schärferen Sanktionen zum Stopp seines Nuklearprogramms zu bewegen? Nein, wie unbequem es auch sein mag, genau das dürfen wir nicht. Denn täten wir das, dann hätten wir weder unsere historische Verantwortung verstanden noch ein Bewusstsein für die Herausforderungen unserer Zeit entwickelt. Beides wäre fatal. [...]
Gerade an dieser Stelle sage ich ausdrücklich: Jede Bundesregierung und jeder Bundeskanzler vor mir waren der besonderen historischen Verantwortung Deutschlands für die Sicherheit Israels verpflichtet. Diese historische Verantwortung Deutschlands ist Teil der Staatsräson meines Landes. Das heißt, die Sicherheit Israels ist für mich als deutsche Bundeskanzlerin niemals verhandelbar. Und wenn das so ist, dann dürfen das in der Stunde der Bewährung keine leeren Worte bleiben.

Angela Merkel, Verantwortung – Vertrauen – Solidarität. Rede von Bundeskanzlerin Angela Merkel am 18. März 2008 vor der Knesset in Jerusalem; zitiert nach: www.bundesregierung.de/Content/DE/Bulletin/2008/03/26-1-bk-knesset.html [Zugriff: 06.06.2016]

1. *Fassen Sie die Kernaussagen des Redeauszuges zusammen.*
2. *Entwickeln und erläutern Sie mögliche Szenarien für eine „Stunde der Bewährung“. Beziehen Sie auch folgende Aussage von Bundeskanzler Gerhard Schröder (SPD) im Bundestag vom 25. April 2002 mit ein: „Ich will ganz unmissverständlich sagen: Israel bekommt das, was es für die Aufrechterhaltung seiner Sicherheit braucht, und es bekommt es dann, wenn es gebraucht wird.“*

M3 Die gegenseitige Wahrnehmung ändert sich

Der Historiker und ehemalige Botschafter Israels in der Bundesrepublik, Shimon Stein, analysiert anlässlich des 60. Jahrestages der deutsch-israelischen Beziehungen am 28. März 2008 den damaligen Stand der gegenseitigen Wahrnehmung:

Es ist vielleicht kein Zufall, dass der negative Trend [der Wahrnehmung Israels in der deutschen Öffentlichkeit] mit einem Prozess in der deutschen Gesellschaft zusammenfiel, der als „die neue Normalität“ bezeichnet werden kann. Dieser Prozess hat unter anderem mit dem wachsenden zeitlichen Abstand zum Zweiten Weltkrieg zu tun, mit dem Abschied der Opfer und Täter bzw. mit dem Generationswechsel, mit dem Ende des Kalten Krieges und mit der sich verändernden Wahrnehmung und der Bereitschaft, unbefangener mit der eigenen Geschichte umzugehen.

Aus diesem Grund ist es kein Wunder, dass in einer Meinungsumfrage, die während des Besuches der Kanzlerin in Israel durchgeführt wurde, die Mehrheit der Befragten (52 Prozent) der Auffassung war, dass Deutschland sechzig Jahre nach der Staatsgründung Israels und 63 Jahre nach der Shoa keine besondere Verantwortung mehr gegenüber dem Staat Israel hätte. In diesem Zusammenhang, sollte man den aus meiner Sicht negativen Einfluss der Medien auf die öffentliche Meinung nicht unterschätzen. In vielen Fällen haben die Medien in unprofessioneller und unkorrekter Weise negativ über Israel Bericht erstattet.

Anhand der Meinungsumfragen in Israel ist festzustellen, dass die Wahrnehmung Deutschlands in der israelischen Öffentlichkeit differenzierter ist. Die Mehrheit der Israelis assoziiert Deutschland einerseits mit der Shoa, andererseits aber auch mit Tourismus, Fußball und Autos. Darüber hinaus betrachtet die Mehrheit der Israelis Deutschland als einen Freund.

Vor diesem Hintergrund stellt sich die Frage, wie sich die bilateralen Beziehungen in den kommenden Jahren entwickeln werden. Klar ist, dass die Säule der Erinnerung bzw. der Shoa nicht ausreichen wird, um die Besonderheit oder die – wie ich meine – Einzigartigkeit der Beziehungen aufrechtzuerhalten, geschweige denn, sie weiter auszubauen. Auch wenn die Shoa auch weiterhin Bestandteil der deutschen Identität bleiben wird.

Shimon Stein, Die israelische Perspektive; zitiert nach: www.bpb.de/internationales/asien/israel/45010/die-israelische-perspektive?p=all [Zugriff: 19.05.2016]

Vergleichen Sie Steins Aussagen mit denen der Bundeskanzlerin (M2).

M4 Freibrief für Israel? – Schuld und Sühne

Der Politikwissenschaftler Michael Lüders ist Präsident der deutsch-arabischen Gesellschaft und als Berater für das Auswärtige Amt tätig. Er bewertet 2015 die Haltung der Bundesregierung wie folgt:

Die einseitige Parteinahme für Israel hat Folgen. Sie entwertet Begriffe wir Demokratie und Menschenrechte im Orient, die als Synonyme gelten für Heuchelei und Doppelmoral. [...] Wir mögen den seit Jahrzehnten gewährten Freibrief für Israel in Ordnung finden, andere tun das nicht. In Deutschland sind Begriffe wie „Staatsräson" oder „besondere historische Verantwortung" prägend, um die unkritische Haltung Berlins gegenüber Israel zu begründen. Eine öffentliche Debatte darüber, was mit solchen Wendungen konkret gemeint sein könnte, findet nicht statt, hat es auch nie gegeben. Sie wirken eher wie ein Mantra. Das Schuldgefühl aufgrund des von Deutschen zu verantwortenden Massenmordes an sechs Millionen Juden hat offenbar einen Mainstream geprägt, dem eine Glaubensgewissheit zugrunde liegt: Die richtige Lehre aus der jüngeren deutschen Geschichte ziehe, wer gegenüber Israel Nibelungentreue beweist. Wo dennoch verhaltene Kritik geübt wird, in der Politik wie auch in der Publizistik, bleibt sie meist an der Oberfläche oder flüchtet sich ins Menschlich-Tragische. Dann ist etwa die Rede vom „unversöhnlichen Hass" auf beiden Seiten, der israelischen wie der palästinensischen, oder einem „unlösbaren Konflikt", sofern er nicht gleich als „biblisch" gehandelt wird. Der eigentliche Kern bleibt in der Regel ungenannt. [...]

In der Tat drängt sich eine naheliegende Frage auf: Warum eigentlich sollte es nicht möglich sein, sich sowohl zur deutschen Verantwortung gegenüber der eigenen Geschichte und deren Opfern zu bekennen, als auch israelische Politik dort, wo die wissentlich und vorsätzlich rechtsstaatliche Grundsätze oder internationale Rechtsnormen missachtet, klar und deutlich anzuprangern? Ein wahrer Freund Israels, der dem Judentum mit Respekt und Sympathie begegnet, hat doch gar keine andere Wahl, als den ebenso zerstörerischen wie auch selbstzerstörerischen Weg, den die israelische Gesellschaft geht, beim Namen zu nennen. Auch Vertreter von Nichtregierungsorganisationen in Israel und der kaum noch vorhandenen Friedensbewegung verlangen gerade von Deutschland, sich einzumischen. Israels Weg führt in die Ethnokratie, die Zwangsherrschaft einer jüdischen Minderheit über eine nichtjüdische Mehrheit zwischen Mittelmeer und Jordanfluss, und er verlagert den nationalen Konflikt zwischen Israelis und Palästinensern zunehmend auf die Ebene eines Religionskrieges, einer Auseinandersetzung zwischen Juden und Muslimen. Es gibt viele Methoden, Selbstmord zu begehen. Dieser Weg ist eine davon.

Michael Lüders, Wer den Wind sät. Was westliche Politik im Orient anrichtet, München [2]2015, S. 143 ff.

1. *Fassen Sie die Position des Autors thesenartig zusammen. Setzen Sie sie mit M1 und M2 in Beziehung.*
2. *Erörtern Sie folgenden Fragekomplex, den Michael Lüders aufgeworfen hat: Darf man Israel überhaupt kritisieren? Als Deutscher zumal? Oder ist „Israelkritik" nur eine Neuauflage des Antisemitismus, unter anderen Vorzeichen?*
3. *Werten Sie abschließend noch einmal M1 bis M4 im Hinblick auf die Leitfragen (siehe S. 520) aus und nehmen Sie begründet Stellung.*

Blick zurück nach vorn

Kein Einfühlungsvermögen für die andere Seite: der Nahost-Konflikt

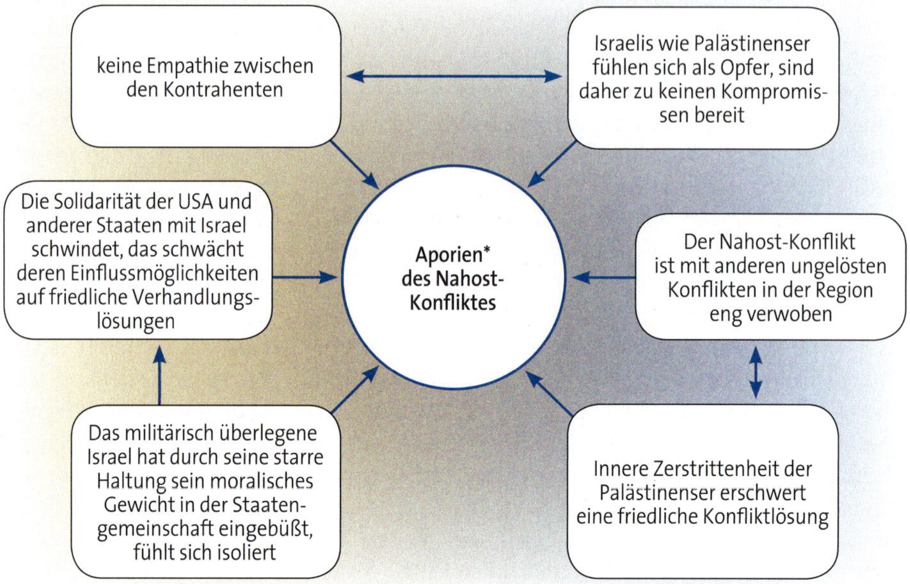

▲ **Aporien des Nahost-Konfliktes.**

* **Aporie**: unlösbares Problem

▲ **Tony Judt.**
Foto von 2006.
Der britische Historiker Tony Judt (1948 - 2010) war Jude. Er leitete seit 1995 das von ihm gegründete Remarque-Institut an der New York University und forschte vor allem über Europa seit dem Ende des 19. Jahrhunderts.

M Das Kernproblem

Im Juni 2007 interviewt Thomas Seifert von der überregionalen österreichischen Tageszeitung „Die Presse" den Historiker Tony Judt zum Thema „Naher Osten":

Die Presse: Eines der Kernprobleme im Nahen Osten ist das völlige Fehlen von Empathie[1] für die jeweils andere Seite. Beide fühlen sich als Opfer: Israel ist das Land der Holocaust-Überlebenden und deren Nachkommen. Die Palästinenser fühlen sich aber auch als Opfer: Ihre historische Erfahrung ist al-Naqba, die Vertreibung.
Judt: Die jüdische Opfer-Erfahrung liegt in einer anderen Zeit, an einem anderen Ort. Für die Palästinenser sieht es so aus, als hätte die Tragödie der Juden nichts mit ihnen zu tun: Sie spielt in Wien, Polen, Deutschland in den 30er- und 40er-Jahren. Während die palästinensische Opfer-Erfahrung in der Gegenwart und in der Region spielt.
Die Presse: Machen es sich viele Palästinenser nicht zu bequem, wenn sie sagen, an allem Übel sei Israel schuld? Ist es Israels Schuld, dass Fatah und Hamas in Gaza jetzt aufeinander schießen?

[1] **Empathie**: Bereitschaft und Fähigkeit, sich in die Gedanken und Emotionen anderer Menschen einzufühlen

<u>Judt:</u> Auch jetzt verhalten sich die Palästinenser als Opfer. Weil sie gegen das starke Israel keine Chance haben, bekämpfen Sie einander. Araber müssen Verantwortung für arabisches Verhalten übernehmen. Aber Israels Umgang mit den Palästinensern und der Umgang der Palästinenser untereinander haben miteinander zu tun.

<u>Die Presse:</u> Ex-US-Präsident Jimmy Carter hat in seinem jüngsten Buch Israels Besatzung der Palästinensergebiete als Apartheid bezeichnet. Halten Sie den Vergleich für gerechtfertigt?

<u>Judt:</u> Einiges von dem, was die Israelis tun, erinnert tatsächlich daran, was in Südafrika passiert ist. Das beste Land wird von Juden kontrolliert, der Großteil der Wasser-Reserven, es gibt eigene Straßen für die Siedler, eigene Übergänge in die Westbank. Aber es gibt einen sehr wichtigen Unterschied: Israel ist eine Demokratie mit einer starken Zivilgesellschaft, die Kritik an den herrschenden Zuständen übt.

Aber in den vergangenen Jahren hat sich die Situation in Richtung Apartheid verändert. Das ist eine Tragödie für die Araber, für Israel ist es aber noch schlimmer. Denn es hat das moralische Gewicht in der Internationalen Staatengemeinschaft verloren. Dieses Gewicht zurückzuerlangen, wird sehr schwer werden.

<u>Die Presse:</u> Sie kritisieren den Einfluss der Israel-Lobby in den USA.

<u>Judt:</u> [...] Es gibt freilich nicht nur die Israel-Lobby in Washington. Die Öl-Lobby ist nicht wirklich mit der Israel-Lobby kompatibel, denn diese Lobby ist an guten Beziehungen mit der arabischen Welt interessiert. Es gibt die Neokonservativen, die klassischen Realisten und andere. Die US-Politik wird sich aber stärker als bisher von Israel distanzieren. Das wird für Israel schmerzhaft, vor allem, weil das Land auf diese Entwicklung nicht vorbereitet ist.

<u>Die Presse:</u> Sie sind Jude. Und Sie sprechen über Apartheid und den überproportionalen Einfluss der Israel-Lobby. Sind sie ein Nestbeschmutzer?

<u>Judt:</u> Welches Nest? Das Nest der Juden? Ich bin Jude, aber das heißt noch lange nicht, dass ich zu Israels Untaten schweigen muss. Meine jüdische Identität bedeutet nicht, dass ich besondere Loyalitäten verspüren würde. Ich bleibe ein freier Mensch.

<u>Die Presse:</u> Es ist eine Sache, sich in New York oder Tel Aviv zu Wort zu melden. Aber Wien ist die Stadt von Theodor Herzl und Adolf Hitler, hier stehen die Dinge in einem ganz bestimmten Kontext.

<u>Judt:</u> Stimmt. Als ich die Einladung bekommen habe, in Wien zu diesem Thema zu sprechen, war mir zunächst unwohl. Wien war eines der Zentren des schlimmsten Antisemitismus in der Geschichte. Diese Geschichte darf nie in Vergessenheit geraten. Wenn aber nun Israel diese Geschichte benützt, um Kritiker Israels mundtot zu machen, dann gefährdet das die gesamte Erinnerungskultur.

<u>Die Presse:</u> Ist nicht Eretz Israel[2] ein Fluchtpunkt in Zeiten der Verfolgung? Schuldet man als Jude nicht Israel eine gewisse Loyalität? Wohin würden Sie flüchten, wenn Sie in Europa oder den USA nicht mehr leben könnten?

<u>Judt:</u> Nach Neuseeland. Ich glaube nicht, dass das heutige Israel ein Ort wäre, an dem ich mich wohlfühlen könnte. Ich fühle mich mit der herrschenden Kultur in Israel nicht besonders verbunden, auch nicht mit der Einstellung der Regierung. Irgendwie scheint Israel mir heute wie eine kleine Kolonie Amerikas. Darüber hinaus: Wenn man schon den Teufel an die Wand malen möchte, dann werden in Europa Muslime mehr von Verfolgung betroffen sein als Juden.

<u>Die Presse:</u> Worin sehen Sie Israels Zukunft?

<u>Judt:</u> Ich habe lange Zeit an die Zwei-Staaten-Lösung geglaubt: Israel hier, ein palästinensischer Staat dort. Die meisten moderaten Kräfte glauben daran. Aber es gibt nur einen Staat mit begrenzten Ressourcen. Wenn es zwei Staaten gäbe, wäre Palästina schlicht eine kleine Kolonie Israels.

Ich denke, in der Realität gibt es zwei mögliche Resultate: Eines wäre eine Art „freiwillige ethnische Säuberung". Israel macht es den Palästinensern so schwer, ein normales Leben in der Westbank zu leben. Also emigrieren die Palästinenser. Dann haben wir einen netten Judenstaat, „araberrein", sozusagen. Oder es wird in Israel zwei Entitäten[3] geben. Eine Zwei-Staaten-Lösung wäre besser gewesen. Aber ich fürchte, wir haben diesen Zeitpunkt verpasst.

Thomas Seifert, „Israel erscheint mir wie eine kleine Kolonie Amerikas", in: Die Presse vom 14. Juni 2007; zitiert nach: http://diepresse.com/home/politik/aussenpolitik/310321/Israel-scheint-mir-wie-eine-kleine-Kolonie-Amerikas [Zugriff: 03.06.2016]

1. *Erläutern Sie die Kritik, die Tony Judt an der israelischen und palästinensischen Politik übt.* **(Analyse- und Wahrnehmungskompetenz)**
2. *Nehmen Sie begründet Stellung zu Judts Aussagen zum Nahost-Konflikt.* **(Urteils- und Orientierungskompetenz)**
3. *Vergleichen Sie die Erinnerungskulturen der jüdischen Israelis mit denen der arabischen Palästinenser.* **(Orientierungskompetenz)**
4. *Beurteilen Sie Judts Aussage, dass „in Europa Muslime mehr von Verfolgung betroffen sein als Juden".* **(Orientierungskompetenz)**

[2] **Eretz Israel**: traditionelle jüdische Bezeichnung für das Land Israel
[3] **Entitäten**: philosophischer Begriff für etwas, was konkret und abstrakt existiert. Zum Beispiel bestanden zwischen 1949 und 1990 zwei deutsche Staaten, aber nur eine deutsche Nation.

Geschichtskultur, Erinnerungskultur und Geschichtspolitik

Öffentlicher Umgang mit Geschichte in der Gegenwart

▲ **Umbenennung des Platzes vor dem Brandenburger Tor in Berlin.**
Foto vom 19. Juni 2000.
Angeregt von der Bürgerinitiative „Aktion 18. März“ wurde die Umbenennung nach jahrelangen Debatten schließlich von den Bürgermeistern des Bezirks Mitte, Joachim Zeller (CDU, re.), und des Bezirks Tiergarten, Jörn Jensen (Bündnis 90/Die Grünen) vorgenommen. Siehe dazu auch das Kapitel „Aktion 18. März“, S. 38 f.

▲ **„Held oder Hering?“**
Titelblatt der Monatszeitschrift „Cicero“ vom April 2015.
Zum 200. Geburtstag Otto von Bismarcks, dem 1. April 2015, debattierten die Medien über die Leistungen und Fehlleistungen des ersten deutschen Reichskanzlers.

◀ **Luther als „Tourismus-Botschafter“.**
Die Deutsche Zentrale für Tourismus und die Stadt Nürnberg haben im Februar 2015 die Spielfigur als Werbebotschafter für Reisen nach Deutschland der Öffentlichkeit vorgestellt.

Geschichte ist allgegenwärtig. Sie begegnet uns auf Schritt und Tritt: in Form von Straßen-, Platz- und Brückennamen, in Denkmälern, als Argument in politischen Debatten und Talk-Shows, auf Mittelaltermärkten, in historischen Romanen, Theaterstücken und Opern, in Historienfilmen und Dokudramen sowie in Gemälden, Comics, Graphic Novels, Computerspielen, Songs, Spielzeug usw.
Wo immer Geschichtswissen benutzt wird und wirksam ist, prägt dies unser Geschichtsbewusstsein. Insofern trägt die Geschichts- und Erinnerungskultur zur Vermittlung nationaler, politischer und soziokultureller Identitäten bei.

◂ **Holocaust-Denkmal in Budapest.**
Foto von 2008.
Dieses Mahnmal wurde 2005 errichtet. Es stammt von den Künstlern Gyula Pauer und Can Togay. 60 Paar Schuhe aus Metall stehen am Donaukai und erinnern daran, dass an dem Ort 1944/45 ungarische Faschisten jüdische Ungarn erschossen haben.

▴ **Die Bodenmarkierung des Mauerverlaufs vor der Checkpoint Gallery in Berlin.**
Foto von 2011.

In diesem Kapitel erwerben Sie u. a. folgende Kompetenzen:

▸ **Wahrnehmungskompetenz**
- Sie können kontroverse Positionen zur Erinnerung an den 20. Juli wahrnehmen und diese beschreiben. (W5)

▸ **Urteilskompetenz**
- Sie können den Mythos der Trümmerfrauen als historisches Konstrukt begreifen und in der deutschen Erinnerungskultur einordnen. (U4, U11)

▸ **Orientierungskompetenz**
- Sie können die historische Dimension des Phänomens „Migration" differenziert erörtern und mit gegenwärtigen Konflikten vergleichen, um zu einer reflektierten Haltung zu gegenwärtigen Problemen zu gelangen. (O3, O4, O8)
- Sie können mediale Konstruktionen der deutschen Vergangenheit kritisch überprüfen und eine eigene Position dazu einnehmen. (O5, O6)

Nationale Geschichts- und Erinnerungskultur

Einführung

Geschichte und Gegenwartsinteressen Geschichts- und Erinnerungskultur wird besonders von einigen Personengruppen geprägt, u. a. von Politikern, Lehrern, Journalisten, Filmemachern, Künstlern, Architekten, ferner von Interessengruppen wie Parteien, Gewerkschaften, Vertriebenenverbänden oder Organisationen, die Minderheiten- oder Opferinteressen vertreten.

Zur Geschichts- und Erinnerungskultur zählt vor allem die von der Politik und interessierten sozialen Gruppen inszenierte Gedenkkultur. Sie findet ihren Niederschlag in nationalen Gedenktagen und lokalen Erinnerungsfeiern, in Mahnmalen, Gedenkstätten oder „Stolpersteinen".*

Geschichte und Medien Fernseh- und Kinofilme sowie Beiträge im Feuilleton der großen Tageszeitungen oder Features im Rundfunk prägen die Geschichts- und Erinnerungskultur. Sie können sehr plakativ, aber auch intellektuell oder ästhetisch sehr ambitioniert oder lustvoll kreativ sein, sonst würden sie nicht rezipiert werden.

Manche Genres wie etwa Fantasy-Filme oder -Romane spielen bisweilen völlig unbekümmert mit der Geschichte und mixen verschiedene historische Epochen miteinander. Sie bedienen sich verbreiteter Klischees oder ironisieren diese. Durch dieses (postmoderne) Spiel mit Geschichte können vertraute Bilder und Vorstellungen bestätigt oder in Bewegung gebracht werden. Solche geschichtskulturellen Inszenierungen können den Experten provozieren, denn den Künstlern geht es oft nicht um reflektierte historische Einsichten oder Botschaften, sondern um raffinierte und ästhetisch ansprechende Unterhaltung.

Die geschichtswissenschaftliche Forschung beeinflusst nur einen Bruchteil der öffentlichen Geschichts- und Erinnerungskultur. Insgesamt hat sie darauf nur wenig Einfluss – und sie tut sich schwer damit, die wirkungsmächtige (aber bisweilen triviale) Geschichts- und Erinnerungskultur als Forschungsfeld aufzugreifen.

Funktionen von Geschichts- und Erinnerungskultur Geschichtskulturelle Elemente dienen der Erinnerung, der Information und Belehrung – und dem Kommerz. Damit sind die politischen, kulturellen und ökonomischen Funktionen der Geschichts- und Erinnerungskultur keineswegs erschöpft. Vorrangig dient sie aber ...

- in politischen Debatten als Argument, ja als „Waffe", um bestimmten Werthaltungen und politischen wie sozialkulturellen Interessen ein besonderes Gewicht, eine herausragende Legitimität zu vermitteln,
- in der Erinnerungs- und Geschichtspolitik der (kritischen) eigenen und nationalen Selbstvergewisserung und Reflexion,
- im Falle von Mythen und Legenden vor allem der Legitimierung und Durchsetzung spezifischer politischer und sozialökonomischer Interessen sowie
- der Reflexion des eigenen politischen Denkens und Handelns.

* Lesen Sie dazu auch S. 464 ff., 539 ff. und 552 ff.

▲ **Die Kulturwissenschaftler Aleida und Jan Assmann.**
Foto von 2012.

Definitionen und Konzepte „Erinnerungskultur beruht", so die Kulturwissenschaftler *Aleida* und *Jan Assmann*, „auf Formen des Bezugs auf die Vergangenheit" (▸ M1). Sie ist Teil unserer Geschichtskultur, die der Historiker *Wolfgang Hardtwig* als „Gesamtheit der Formen" versteht, „in denen Geschichtswissen in einer Gesellschaft vorhanden und wirksam ist". Geschichtskultur fragt u.a. danach, in welcher Weise eine Gesellschaft Rechenschaft über ihre Vergangenheit ablegt. Dabei wird zwischen Erinnerung und Gedächtnis unterschieden. Erinnerung meint den Austausch und das Nachdenken über persönliche Erfahrungen. Unter Gedächtnis versteht man ein Programm, Vergangenes für eine größere Wir-Gruppe zu bewahren, die sich ihrer Geschichte durch Erzählungen, Denkmäler, Rituale, Feste oder Mythen lebendig erhält.

Auf der Basis von Forschungen des französischen Philosophen und Soziologen *Maurice Halbwachs* (1877-1945) unterscheiden Aleida und Jan Assmann zwischen dem kollektiven, dem kommunikativen und dem kulturellen Gedächtnis (▸ M2). Die beiden grundlegenden Formen der Erinnerung sind für sie die Erzählungen der Zeitgenossen und die Forschungen der Historiker; sie fließen in das kollektive Gedächtnis einer Gesellschaft ein. Das kollektive Gedächtnis verändert sich aus drei Gründen ständig:

1. Die Gesellschaft entscheidet stets aufs Neue, was noch erinnerungswürdig ist.
2. Menschen, die noch aus eigenem Erleben zu den ältesten Erinnerungen sprechen können, sterben aus.
3. Die Erforschung der Quellen aus vergangenen Zeiten schreitet stetig voran und setzt in jeder Generation neue Akzente.

M1 Was ist Erinnerungskultur?

Der Kulturwissenschaftler Jan Assmann erläutert erstmals 1992, was er und seine Frau Aleida unter Erinnerungskultur verstehen:

Erinnerungskultur beruht weitgehend, wenn auch keineswegs ausschließlich, auf Formen des Bezugs auf die Vergangenheit. Die Vergangenheit nun, das ist unsere These, entsteht überhaupt erst dadurch, dass man sich auf sie bezieht. Ein solcher Satz muss zunächst befremden. Nichts erscheint natürlicher als das Entstehen von Vergangenheit: Sie entsteht dadurch, dass Zeit vergeht. So kommt es, dass das Heute morgen „der Vergangenheit angehört". Es ist zum Gestern geworden. Zu diesem natürlichen Vorgang können sich aber Gesellschaften auf ganz verschiedene Weise verhalten. [...]

In der Erinnerung wird Vergangenheit rekonstruiert. In diesem Sinne ist die These gemeint, dass Vergangenheit dadurch entsteht, dass man sich auf sie bezieht.

Jan Assmann, Das kulturelle Gedächtnis, München 2002, S. 31f.

Nehmen Sie an einem Beispiel Stellung zu der These, dass Vergangenheit erst dadurch entsteht, wenn man sich auf sie bezieht.

M2 Gegenüberstellung von kommunikativem und kulturellem Gedächtnis

	Kollektives Gedächtnis - erzeugt und reproduziert ausgewählte identitätsstiftende und gemeinschaftsbildende Erinnerungen einer Gruppe - schafft Mythen und Legenden mit Überzeugungskraft für spätere Zeiten - bleibt bestehen, bis etwas Neues an seine Stelle tritt - ist stets auf einen bestimmten Personenkreis begrenzt (Familie, Stamm, Nation, Klasse, Religion, Schicksalsgemeinschaft etc.)	
	kommunikatives Gedächtnis	*kulturelles Gedächtnis*
Inhalt	alltagsnah, Geschichtserfahrungen im Rahmen individueller Biografien	alltagsfern, mythische Urgeschichte
Formen	informell, wenig geformt, naturwüchsig, entstehend durch Interaktion, Alltag	gestiftet, hoher Grad an Geformtheit, zeremonielle Kommunikation, Fest
Medien der Kommunikation	mündliche Erzählung, Erfahrungen und Hörensagen	Schriften, Objekte, Feiertage, Denkmäler, Musik, Sammlungen und Museen, Rituale/Inszenierung in Wort, Bild, Tanz usw.
Reichweite	reicht etwa 80 Jahre zurück	reicht weit in die Vergangenheit zurück
Dauer	mitwandernder Zeithorizont von 3-4 Generationen, Gedächtnis stirbt mit seinen Trägern, danach setzt „strukturelle Amnesie" ein	absolute Vergangenheit einer mythischen Urzeit, lebt als kultureller Besitz der Gemeinschaft weiter
Träger	unspezifisch, Zeitzeugen einer Erinnerungsgemeinschaft, gebunden an die drei gemeinsam lebenden Generationen	spezialisierte Traditionsträger, nicht an Zeitzeugen gebunden, benötigt „Expertenwissen" (Lehrer, Priester, Schamanen, Künstler etc.)
Erschließung	Methode der „oral history"	traditionelle historische Quellenarbeit

Erstellt auf der Grundlage von: Jan Assmann, Das kulturelle Gedächtnis. Schrift Erinnerung und politische Identität in frühen Hochkulturen, München 1999, S. 56

1. *Charakterisieren Sie die Theorien des kommunikativen und kulturellen Gedächtnisses anhand von Beispielen.*
2. *Nehmen Sie Stellung zu der Frage, welches dieser beiden Gedächtnisse – das kommunikative oder das kulturelle – im Leben jedes Einzelnen mehr Bedeutung besitzt.*

Öffentliche Debatten über die Vergangenheit als Selbstverständnis der Gesellschaft

Einführung

Formen der Streitkultur Öffentliche Kontroversen oder gar breit ausgetragene Debatten zu historischen Themen sind Ausdruck einer lebendigen demokratischen Kultur. Solche Auseinandersetzungen befassen sich auch mittelbar mit Fragen, welche Rechte die Bürger haben sollten und wie die gegenwärtige politische und soziale Ordnung gestaltet werden sollte. In Diktaturen oder autoritären Regimen finden daher solche Auseinandersetzungen nicht statt oder werden massiv staatlich behindert.

Debattenthemen der jüngeren Vergangenheit waren u.a. die Kriegsschuldfrage nach dem Ersten Weltkrieg, die Bedeutung des Versailler Vertrages für das Scheitern der Weimarer Republik, die Rolle der „Volksgemeinschaft" während des NS-Regimes, die Mitverantwortung der Wehrmacht für den NS-Vernichtungskrieg sowie die Einschätzung des 8. Mai 1945 als Niederlage oder Befreiung oder die Diskussion über die Frage, ob die DDR ein Unrechtsstaat war.*

Historische Debatten Historische Kontroversen kreisen in der Regel nur vordergründig um (vergangene) „akademische" Themen, tatsächlich werden in solchen Auseinandersetzungen auch wichtige Gegenwartsfragen verhandelt, in denen „die Geschichte" zum Argument in aktuellen Streitfragen oder Konflikten wird (▸ M). So geht es z.B. bei der Kriegsschulddebatte zum Ersten Weltkrieg letztlich auch um die Rolle, die Deutschland heute in Europa und in der Weltpolitik spielen soll.

Wer erfolgreich Einfluss auf die öffentlichen Medien und Debatten hat, kann Begriffe und Themen besetzen und politische Prozesse und Entscheidungen maßgeblich mitbestimmen.

▲ **„Zeitgeschichte als Streitgeschichte. Große Kontroversen seit 1945."**
Buchcover von 2003.

* Zu den genannten Themen siehe z.B. die „Kontroversen" auf S. 160f., 214f., 248f., 458f. und 426f.

M Fachwissenschaftliche Kontroversen versus öffentliche Debatten

Der Historiker Klaus Große Kracht schreibt 2009 über Historiker im öffentlichen Meinungsstreit:

Zeitgeschichte ist Streitgeschichte. Dass sich Fachhistoriker untereinander streiten und zum Teil heftige und polemische Kontroversen austragen, ist an sich nicht der Rede wert. Kritik ist immer noch das beste Mittel der Wahrheitsfindung und insofern Teil des wissenschaftlichen Alltagsgeschäftes. [...]
In der Bundesrepublik Deutschland hat die zeithistorische Forschung daher immer wieder Anlass zu großen öffentlichen Debatten gegeben, in denen die „Mitlebenden" und die Historiker um die jeweils angemessene Deutung ihrer gemeinsamen Vergangenheit rangen. [...]
Die bislang letzte gesellschaftliche Großdebatte im Umgang mit der NS-Geschichte erlebte die deutsche Öffentlichkeit Mitte bis Ende der 1990er-Jahre, als der junge US-amerikanische Politologe Daniel Goldhagen in seinem Buch *Hitlers willige Vollstrecker* von 1996 die These vertrat, die Täter des Holocaust seien „ganz gewöhnliche Deutsche" und der „eliminatorische Antisemitismus" der Nationalsozialisten zutiefst in der deutschen Mentalität verwurzelt gewesen. Im Vergleich mit den vorausgegangenen Kontroversen um die Deutung der jüngeren deutschen Geschichte war die Goldhagen-Debatte von besonderer Qualität. Denn während zuvor die wissenschaftlichen Experten – wenn auch vor großem Publikum – letztlich unter sich gestritten hatten, war der Streit um Goldhagen über weite Strecken ein regelrechter Kampf zwischen der etablierten Geschichtswissenschaft auf der einen Seite, die den Thesen Goldhagens im Großen und Ganzen ablehnend gegenüberstand, und dem zumeist jüngeren Publikum auf der anderen Seite, das sich mehrheitlich auf die Seite des medial aufgebauten *newcomers* geschlagen hatte. [...]
Folgt man diesem Beispiel, dann können *Kontroversen* als wissenschaftliche Streitfälle verstanden werden, die sich – bei aller Polemik der Beteiligten gegeneinander – letzten Endes doch immer um die wissenschaftliche Geltungsprüfung von *empirischen* Hypothesen und *theoretischen* Annahmen bewegen. Von Kontroversen in diesem Sinne ließen sich dann – als eine weitere Form des wissenschaftlichen Streits – breitere öffentliche *Debatten* abgrenzen, in denen es weniger um die empirische Geltung geschichtswissenschaftlicher Aussagen geht als vielmehr um die *moralische* und *politische* Bewertung eines zumindest in den Grundzügen unstrittigen historischen Sachverhalts. Während die Teilnahme am öffentlichen Disput im Falle der *Kontroversen* also die Kompetenz zur wissenschaftlichen Betrachtung der historischen Gegebenheiten voraussetzt, tritt diese im Falle der Debatten hinter Fragen der normativen Bewertung zurück. Der Kreis der an der Diskussion Beteiligten wird damit größer, die Chancen zur Klärung der strittigen Frage hingegen geringer. Während *Kontroversen* also vor allem in den engen Grenzen der Fachöffentlichkeit und ihrer Periodika verhandelt werden, finden *Debatten* eher im Rahmen moderner Massenkommunikation statt. Sowohl die Goldhagen-Debatte als auch die Debatte um die „Wehrmachtsausstellung" sind dafür hervorragende Beispiele: So stritten in beiden Fällen nicht nur Gruppen von Experten untereinander, sondern ein unüberschaubares Feld von Diskussionsteilnehmern öffnete sich, die auf unterschiedlich hohem sachlichen Niveau zum Streitgegenstand Stellung nahmen: Wissenschaftler unterschiedlicher Disziplinen und Fachrichtungen, Journalisten, Redakteure, Publizisten, Politiker, Leserbriefschreiber und Zeitzeugen. [...]
Historikerinnen und Historiker, die dieses nicht als fachfremde Zumutung empfinden und bereit sind, den Kontakt mit den Massenmedien zu suchen, begeben sich damit freilich auf dünnes Eis, und nicht wenige sind zur Schadenfreude ihrer Kollegen darauf eingebrochen. In der praktischen Erfahrung im Umgang mit den Medien werden sie dabei wohl oder übel von einer lieben Denkgewohnheit Abschied nehmen müssen, die das Selbstverständnis von Historikern über Generationen hinweg geprägt hat: die lang gehegte Selbstgefälligkeit, als Geschichtsschreiber zugleich die Lehrmeister der Nation zu sein. Denn die Deutungsmodelle, die Historiker für die historischen Selbstverständigungsdebatten ihrer jeweiligen Gesellschaft bereitstellen, sind heute nur noch ein Angebot neben vielen anderen in einer sich immer mehr selbstregulierenden Geschichtskultur, in der Ausstellungsmacher, Filmproduzenten, *Histotainment-Anbieter,* Feuilleton-Redaktionen und Universitätshistoriker um Aufmerksamkeitsanteile einer diffusen Leser-, Hörer- und Zuschauerschaft untereinander konkurrieren.

Klaus Große Kracht, Kontroverse Zeitgeschichte. Historiker im öffentlichen Meinungsstreit, in: Sabine Horn und Michael Sauer (Hrsg.), Geschichte und Öffentlichkeit. Orte – Medien – Institutionen, Göttingen 2009, S. 15-23, hier S. 15 f., 18 f. und 22 (ohne Anmerkungen)

Vergleichen Sie: Was unterscheidet Kontroversen von öffentlichen Debatten?

Die Debatte über Flucht und Vertreibung in Geschichte und Gegenwart

◂ **Opfer von Flucht und Vertreibung.**
Von links nach rechts: Vertreibungsopfer aus Westpolen in einem westdeutschen Lager (Foto von 1948), Flüchtlingskind aus Afghanistan in einem Lager in Mytelene auf der griechischen Insel Lesbos (Foto von 2015) und Flüchtlingskind aus Syrien an der deutsch-österreichischen Grenze (Foto von 2015).

Asylrecht und Flüchtlingspolitik Im Artikel 16 des Grundgesetzes heißt es kurz und bündig: „Politisch Verfolgte genießen Asylrecht." Diese Formulierung war eine Reaktion auf das bedrückende Schicksal, das zahlreiche Deutsche in der Zeit des Nationalsozialismus erlitten hatten. Viele Länder hatten damals u.a. dem antisemitischen Terror tatenlos zugesehen oder gar bewusst weggesehen. Sie hatten Flüchtlinge aus Deutschland abgewiesen und sind mitschuldig geworden an deren Verfolgung, Deportation und Ermordung. Das am 23. Mai 1949 verkündete Grundgesetz kannte daher keine Einschränkung des Asylrechts.

Als in den 1990er-Jahren vermehrt Flüchtlinge und Migranten aus Krisengebieten nach Europa kamen, wurde das Asylrecht auf nationaler und europäischer Ebene geändert. Dabei versuchte man, zwischen Flüchtlingen und Migranten im Allgemeinen und Asylbewerbern im Besonderen zu unterscheiden – was nicht eindeutig möglich ist. So bürdete das Dublin-Abkommen den Staaten an den Grenzen der Europäischen Union (z. B. Italien, Griechenland oder Spanien) das Flüchtlingsproblem auf und entlastete die Staaten, die nicht an den südlichen Außengrenzen der EU liegen.

2014/15 verschärfte sich die Flüchtlingsfrage angesichts der Massenflucht aus von Kriegen und Krisen betroffenen Staaten. Auf dem Höhepunkt der „Flüchtlingskrise" zeichnete sich Deutschland durch eine „Willkommenskultur" engagierter Bürger aus. Die Bundeskanzlerin Angela Merkel (CDU) zeigte sich zunächst auch optimistisch und erklärte im September 2015 öffentlich: „Wir schaffen das!" Ihren Kritikern hielt sie vor: „Wenn wir uns jetzt noch entschuldigen müssen dafür, dass wir in Notsituationen ein freundliches Gesicht zeigen, dann ist das nicht mein Land." Ihre humanitäre Haltung wich indes angesichts der wachsenden Opposition in den eigenen Reihen, der schrillen ausländerfeindlichen Rhetorik auf Demonstrationen und zahlreichen Gewalthandlungen gegen Flüchtlinge und deren Notunterkünfte einer „realpolitischen" Haltung, die eindeutig auf die „Eindämmung des Flüchtlingsstroms" abzielte. Eine von der Bundesrepublik und anderen Staaten geforderte solidarische Lösung innerhalb der Europäischen Union wurde nicht gefunden (▸ M1, M2).

Dublin-Abkommen: völkerrechtlicher Vertrag über die Bestimmung des zuständigen Staates für die Prüfung eines in einem Mitgliedstaat der Europäischen Gemeinschaft gestellten Asylantrages von 1990, der 1997 in Kraft trat. Die wichtigste Regelung lautet: Der Staat, in den der Asylbewerber nachweislich zuerst eingereist ist, muss das Asylverfahren durchführen.

Ausgewählte Fakten

- Ende 2015 waren 65,3 Millionen Menschen weltweit auf der Flucht. Im Vergleich dazu waren es vor zehn Jahren 37,5 Millionen Menschen.
- 50 Prozent der Flüchtlinge weltweit sind Kinder.
- 2015 konnten nur 201 400 Flüchtlinge in ihre Heimat zurückkehren.
- Neun von zehn Flüchtlingen leben in Entwicklungsländern.
- Die Türkei ist das Land, das weltweit die meisten Flüchtlinge (2,5 Millionen – Ende 2015) aufgenommen hat.

Nach: www.uno-fluechtlingshilfe.de/fluechtlinge/zahlen-fakten.html [Zugriff: 12.01.2016]

▼ Aufnahmeländer.
Mehr als die Hälfte aller Flüchtlinge wird, so Amnesty International am 4. Oktober 2016, von folgenden Ländern aufgenommen:

(in Millionen)	
Jordanien	2,7
Türkei	2,5
Pakistan	1,6
Libanon	1,5
Iran	0,98
Äthiopien	0,74
Kenia	0,55
Uganda	0,48
Dem. Rep. Kongo	0,38
Tschad	0,37

Nach: www.amnesty.org/en/documents/pol40/4905/2016/en/ [Zugriff: 04.10.2016]

- *Nehmen Sie aus Sicht Europas Stellung zur Verteilung der Flüchtlinge.*

Aus innenpolitisch motivierten Gründen fand daraufhin eine politische Verschiebung des Problems statt: Flüchtlinge, die vor Not und Verfolgung flüchten, wurden zu Ursachen von innenpolitischen Problemen erklärt. Auf vermeintliche oder tatsächliche Bedrohungen und soziale Verwerfungen durch Flüchtlinge, die in den breiten Debatten immer schriller artikuliert wurden, reagierte die Bundesregierung mit einer noch restriktiveren Flüchtlingspolitik.

Die gegenwärtigen Debatten um die Flüchtlingspolitik schwanken zwischen unvereinbaren normativen Postulaten, die einerseits das humanitäre universelle Asylrecht verteidigen und andererseits „pragmatische" Kosten-Nutzen-Aspekte einer Flüchtlingspolitik ins Feld führen. Kommen in dieser Debatte auch nationalistische und rassistische Ressentiments zur Geltung, die die nationale Geschichte als Argument bemühen? Und welche Rolle spielt dabei die Erinnerung an das Flüchtlingselend, das Millionen Deutsche nach 1945 erlitten hatten und bei dem auch zahlreiche Menschen ums Leben kamen?

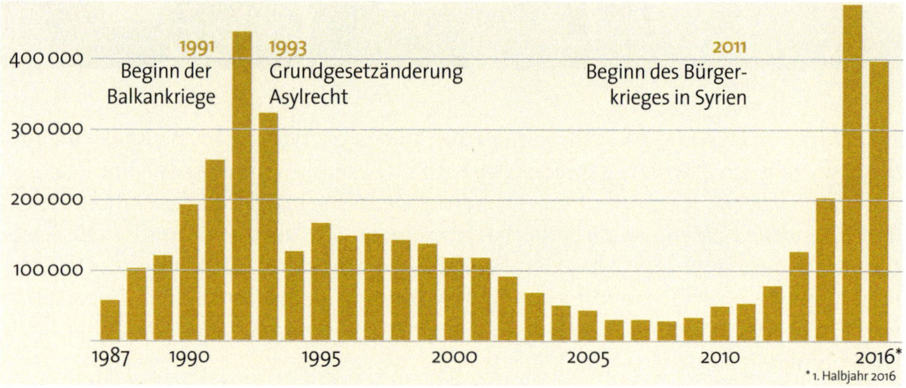

▲ Entwicklung der Asylantragszahlen seit 1987.
Am 31. Dezember 2015 lebten laut Ausländerzentralregister ungefähr 950 000 Flüchtlinge in Deutschland, also Menschen, die ein Asylverfahren durchlaufen haben, es durchlaufen oder vorhaben es zu durchlaufen. Laut Schätzungen des Statistischen Bundesamtes lebten am gleichen Tag insgesamt 81,9 Millionen Menschen in der Bundesrepublik. Das entspricht 86,21 Deutsche auf einen Flüchtling.
Quelle: Bundesamt für Migration und Flüchtlinge; nach Süddeutsche Zeitung vom 20./21. August 2016, S. 6

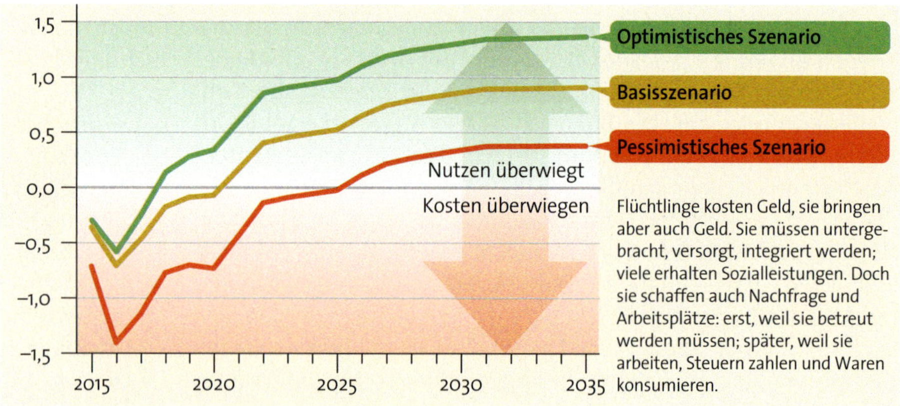

▲ Nutzen die Flüchtlinge der deutschen Wirtschaft?
Saldo in Prozent der Wirtschaftsleistung.
Quelle: Berechnungen des Deutschen Instituts für Wirtschaftsforschung; nach: Süddeutsche Zeitung vom 20./21. August 2016, S. 6

Lesetipps:
- *Stefan Luft, Die Flüchtlingskrise. Ursachen, Konflikte, Folgen, München 2016*
- *Karl-Heinz Meier-Braun, Die 101 wichtigsten Fragen – Einwanderung und Asyl, München ²2015*

Tipp:
Zur „Flüchtlingsfrage" in Deutschland nach 1945 und heute siehe Code ***4673-46****.*

M1 Gibt es eine Parallele zwischen der Vertreibung nach 1945 und der aktuellen Flüchtlingsproblematik?

Unter der Überschrift „Mit der Akzeptanz Fremder gibt es immer Probleme" druckt die überregionale Tageszeitung „Die Welt" am 27. April 2015 folgendes Interview mit dem Historiker Andreas Kossert zur aktuellen Flüchtlingsproblematik ab, in dem er dieser Frage nachgeht.

Die Welt: Finden Sie es als Historiker legitim, wenn man versucht, aus den Vertreibungs-, Flucht- und Neuanfangserfahrungen von 14 Millionen Deutschen nach dem Zweiten Weltkrieg etwas für die Situation von Flüchtlingen aus Syrien, Afghanistan oder Afrika zu lernen?

Kossert: Vor zu schnellen Vergleichen sollte man sich natürlich immer hüten. Erfahrungen von Vertreibungen gehören zu den ältesten Bildern der überlieferten Menschheitsgeschichte, aber die Zwangsmigrationen in der Mitte des 20. Jahrhundert und mit ihnen die Vertreibung der Deutschen aus dem östlichen Europa waren ein außerordentlicher Fall von ethnisch motivierter „Säuberung". Deutschland hat unter schwierigsten Bedingungen nach dem Zweiten Weltkrieg bis zu 14 Millionen Vertriebene aufgenommen, aber die konkreten Ausmaße scheinen in unserem Land – obwohl so oft wiederholt – kaum mehr präsent.

Die Welt: Im Augenblick sind wir entsetzt über die Fremdenfeindlichkeit, die bei Brandanschlägen auf Asylbewerberheime oder in Teilen der Pegida[1]-Rhetorik zum Ausdruck kommt. Aber die Ostflüchtlinge, obwohl Deutsche, wurden ja auch nicht mit offenen Armen empfangen?

Kossert: Fremdheit und das Fremde haben Mehrheitsgesellschaften stets eingeschüchtert und verängstigt. Das ist nichts Neues und zunächst einmal auch nachvollziehbar: Fast alle Menschen haben Angst vor Veränderung. Von einem Tag auf den anderen standen bis zu 14 Millionen Deutsche vor den Türen der Einheimischen und begehrten Einlass. Die Freude hielt sich in Grenzen. Man wusste, dass die Vertriebenen dauerhaft und unumkehrbar bleiben würden. Ihre Ankunft hat Deutschland kräftig durcheinandergebracht, vieles infrage gestellt und das Land wesentlich modernisiert.

Die Welt: Welche Formen von Diskriminierung und Hetze gab es denn?

Kossert: Insbesondere in den traditionellen Gemeinschaften des ländlichen Raumes gab es schlimme Konflikte. „Polacken", „Zigeuner" – das waren häufig verwendete Schimpfworte. Im Emsland hielt sich noch lange nach dem Krieg die Redensart, die drei großen Übel seien Wildschweine, Kartoffelkäfer und Flüchtlinge gewesen. Es gab vielfache Diskriminierungen, etwa bei der Wohnraumvergabe, in den Klassenzimmern – bessere Noten bekamen Kinder, die dem Lehrer eine Mettwurst mitbringen konnten –, bei der Zuteilung von schlechtem Bauland.
Dorfgemeinschaften verweigerten den Flüchtlingen die Aufnahme in die inneren Kreise ihrer traditionellen Gemeinschaft, in Kirche, Ortsräte, ins Vereinswesen. Dort hatten Vertriebene es viele Jahre lang schwer, als vollwertige Mitglieder Aufnahme zu finden. Viele fühlten sich lange Zeit nur geduldet. Die Vertriebenen „aus dem Osten" trafen auch auf ältere Vorurteile über die östlichen Landschaften und Mentalitäten, die in der antislawischen NS-Propaganda verstärkt wurden. Am 8. Mai 1945 hat die Mehrheit der Deutschen ihre Einstellungen und mentalen Prägungen nicht schlagartig geändert.

Die Welt: Warum war die Solidarität mit den eigenen Landsleuten nicht größer?

Kossert: [...] Für viele Westdeutsche war der Krieg erledigt, man wollte nach vorne schauen und vor allem nach Westen. Die bloße Präsenz der Vertriebenen „aus dem Osten", die ja zum Teil über Jahre und Jahrzehnte einquartiert blieben, war für viele die unbequeme Erinnerung an einen gemeinsam verlorenen Krieg, quasi die physische Mahnung an die eigene Mitverantwortung für den Nationalsozialismus.

Die Welt: Die Millionen Flüchtlinge und Vertriebenen wurden auf alle vier Besatzungszonen verteilt. In der sowjetischen, wo sie neutraler „Umsiedler" genannt wurden, stellten sie fast ein Viertel der Gesamtbevölkerung. Zu welchen Maßnahmen mussten die Vertreter der Besatzungsmächte und die Reste der deutschen Verwaltung greifen, um die Flüchtlinge unterzubringen?

Kossert: Die Behörden standen vor immensen Herausforderungen. In einem zerstörten, besetzten und nachhaltig verkleinerten Land fanden sich neben den Evakuierten aus den deutschen Großstädten auf einmal Millionen Heimatlose, die ein Obdach suchten. Deshalb musste insbesondere auf dem Land Wohnraum erfasst und systematisch nach einem Schlüssel verteilt werden. Flüchtlinge und Vertriebene wurden in einheimische Häuser eingewiesen. Das geschah fast nie freiwillig, sondern unter Zwang, manchmal – gerade bei der Ankunft ganzer Vertriebenentransporte – nur unter Hilfe der britischen oder amerikanischen Besatzungskräfte, die Maschinenpistole im Anschlag.

Die Welt: Welche Traumata brachten die Geflüchteten schon mit, welche neuen Verletzungen wurden ihnen durch die widerstrebende Aufnahme zugefügt?

Kossert: Die Vertriebenen hatten schreckliche Erfahrungen gemacht. Gewalt, Verlust der Heimat, Verlust von Familien-

[1] **PEDIGA**: Abkürzung für „Patriotische Europäer gegen die Islamisierung des Abendlandes"; rechtspopulistischer Verein mit rassistischen Vorstellungen, der im Dezember 2014 in Dresden gegründet wurde

angehörigen. Sie kannten nur ein Ziel: den rettenden Westen. Für viele war es dann ein zusätzlicher Schock, als sie merkten, dass sie nach den Entbehrungen und dem Verlust allen Besitzes nicht mit offenen Armen willkommen geheißen wurden. Das führte zum Teil zu Überanpassung, zum Teil zu einem permanenten Gefühl des Bedrohtseins. Ältere Bauern, die Hof und Scholle verlassen hatten, fanden aufgrund ihrer Traumatisierung oft nicht die Kraft für einen Neuanfang – und die Einheimischen deuteten das als Faulheit.

Die Welt: Stellten Ostflüchtlinge auch deshalb später einen maßgeblichen Teil der bundesrepublikanischen Eliten, weil Bildung ihr einziger Weg in die Mitte der Gesellschaft war?

Kossert: Bildung ist für Bevölkerungsteile, die einen materiellen Verlust erlitten haben, alternativlos. Die einzige Möglichkeit, Fuß zu fassen. Für Flüchtlinge galt: Besser als erben ist Bildung erwerben. Vertriebene haben in ihrem kollektiven Erfahrungsschatz mitgebracht, dass alles Irdische, jeglicher materielle Besitz binnen Stunden aufhören kann zu existieren. Das ist konstitutiver Bestandteil von Flüchtlings- und Vertriebenenbiografien, überall auf der Welt und immer, ob 1945 oder heute.

Die Welt: Die Klagen der damals mit der Unterbringung betrauten Behörden, der Bürgermeister und Landräte, klingen ganz ähnlich wie die der zuständigen Stellen heute. Die höheren Ebenen der Politik hätten keine Ahnung, wie es vor Ort aussähe, sagten viele.

Kossert: Weil es immer Probleme mit der Akzeptanz von Fremden, in diesem Fall von Flüchtlingen, gibt. Schnell heißt es „Das Boot ist voll", weil Überfremdungsängste um sich greifen, die irrational, aber manchmal auch Ausdruck von Überforderung sind, wenn nicht für einen breiten zivilgesellschaftlichen Konsens gesorgt wird. Das ist und bleibt eine Herausforderung, aber das historische Beispiel zeigt: Es kann gelingen. Und übrigens: Die Vertriebenen von 1945 waren auch keine besseren Menschen. Als Jahre später sogenannte Spätaussiedler aus Russland oder Polen nach Deutschland kamen, waren sie auch nicht frei von Vorurteilen gegenüber den neuen Fremden.

Die Welt: Flüchtlinge, darauf wiesen Sie schon hin, waren ein erheblicher Modernisierungsfaktor für westdeutsche Gemeinden. Wie ist das zu verstehen?

Kossert: Millionen standen materiell und sozial vor dem Nichts. Deshalb führte der einzige Weg aus dem Elend über Bildung und Arbeit. Da die Vertriebenen nicht in den tradierten Ordnungen eines Dorfes verankert waren, brachen sie ständig verkrustete Strukturen auf, hinterfragten soziale, religiöse und mentale Muster – die sonntägliche Ratssitzung im Wirtshaus, die stets einstimmige Postenvergabe bei Wahlen, solche Dinge. Damit sprengten sie überkommene ländliche Ordnungen und wurden zu stillen Revolutionären der deutschen Nachkriegsgesellschaft.

Zitiert nach: www.welt.de/politik/deutschland/article140165511/Mit-der-Akzeptanz-Fremder-gibt-es-immer-Probleme.html [Zugriff: 06.06.2016]

Analysieren Sie Kosserts Aussagen. Inwiefern nutzt er „Geschichte als Argument"?

M2 „Die Grenzen schließen, sofort"

Unter dieser Überschrift veröffentlicht die „Stuttgarter Zeitung" am 28. Oktober 2015 ein Interview mit der CDU-Politikerin Erika Steinbach, der ehemaligen Präsidentin des Bundes der Vertriebenen.

Stuttg. Z.: Frau Steinbach, wie viele Flüchtlinge verkraftet Deutschland noch?

Steinbach: Wir haben schon jetzt mehr Migranten neu im Lande aufgenommen als menschenrechtskonform versorgt werden können. Das zeigen die aktuellen Bilder von Menschen, die teils sogar auf dem Fußboden in Hallen übernachten müssen mit nur einer dünnen Decke anstelle einer Matratze – das ist nicht menschenwürdig. Es kommen täglich ja mehrere Tausende hinzu. Vor diesem Hintergrund muss ich feststellen: Wir haben die Grenze bereits überschritten.

Stuttg. Z.: Die alte Bundesrepublik hat zwölf Millionen Vertriebene verkraftet. Was lehrt uns das?

Steinbach: Das sind zwei sehr unterschiedliche Sachverhalte. Ich selbst habe gemeinsam mit meiner Mutter und meiner Schwester von 1945 bis 1952 in Notunterkünften gelebt. Ich weiß also, was das bedeutet. Eines meiner ersten Erinnerungsfragmente ist unser Zimmer mit zwei Betten. Wir hatten als Toilette einen Eimer im Zimmer, keine Heizung, keinen Herd. Das war auch fünf Jahre nach Kriegsende noch so. Obwohl damals Deutsche zu Deutschen kamen. Die damaligen Flüchtlinge wurden mit roher Gewalt in Viehwaggons oder auf Todesmärschen aus ihrer Heimat ausgetrieben, in der sie trotz aller Bedrängnis zumeist gerne geblieben wären. Die Vertriebenen flohen auch nicht in ein reiches, „gelobtes Land", um dort besser leben zu können. Sie wurden rausgezwungen, in einen ebenfalls verwüsteten, verarmten Teil ihres eigenen Landes, zu Menschen der eigenen Volksgruppe. Trotzdem gab es viele Aversionen gegenüber den eigenen vertriebenen Landsleuten. Damals musste es zwangsläufig Solidarität geben, weil es um die eigenen Landsleute ging, die nicht mehr oder weniger Schuld am NS-Regime hatten, aber einer Kollektivstrafe ausgesetzt waren.

Stuttg. Z.: Welche historischen Parallelen gibt es?

Steinbach: Natürlich erleben auch Flüchtlinge von heute einen schmerzlichen Heimatverlust. Und die Bilder, die wir sehen, sind erschütternd. Aber die meisten Migranten werden nicht gegen ihren Willen nach Deutschland geschafft, sondern zahlen in aller Regel viel Geld, um gerade nach Deutschland zu kommen. Ein Großteil der Menschen kommt deshalb freiwillig zu uns, weil hier eine bessere Zukunft erhofft wird, nicht, weil Leib und Leben akut bedroht waren. Das ist schon ein signifikanter Unterschied. Ich habe in meinen Reden immer wieder deutlich gemacht: Wir müssen die Flüchtlingsursachen vor Ort bekämpfen. Es war lange absehbar, dass sich im Nahen Osten etwas zusammenbraut. Aber zu viele haben weggeschaut. Auch die Europäische Union hat eklatant versagt. [...]

Stuttg. Z.: Sie erwarten von der Kanzlerin ein Signal zum Schließen der deutschen Grenzen, ist auf Ihrer Facebook-Seite zu lesen. Haben Sie die Hoffnung inzwischen aufgegeben?

Steinbach: Wenn uns unser eigenes Land am Herzen liegt, müssen wir darauf drängen, dass dieser Zustrom gestoppt wird. Und zwar so schnell wie möglich, damit wir wenigstens die Menschen, die bereits da sind, human versorgen und soweit sie bleiben dürfen auch zu integrieren vermögen. Es kann ja nicht dabei bleiben, dass die Leipziger Messehalle als Unterkunft dient und überall Turnhallen, Gemeindezentren oder Bundeswehrkasernen mit Flüchtlingen belegt sind. Wie soll das denn weitergehen? Viele Migranten haben zudem auch sehr hohe Erwartungen und falsche Vorstellungen von Deutschland. Es gibt durchaus unverhohlene Enttäuschung über die Unterbringung in Massenunterkünften. Was für mich nicht nachvollziehbar ist, ist die freudige Begleitmusik der deutschen Wirtschaft zu dieser Massenzuwanderung, weil man sich erhofft, personelle Engpässe zu beheben. Es gibt in der Europäischen Union zwanzig Millionen arbeitslose Menschen, der größte Teil davon sind Jugendliche unter 25 Jahre. Unsere primäre Verantwortung innerhalb der Europäischen Union muss doch zuerst den eigenen Arbeitslosen gelten. Die seit Jahren steigenden Arbeitslosenzahlen in unseren europäischen Nachbarländern sind alarmierend. Es ist also innerhalb unseres eigenen Kulturkreises ein riesiges Arbeitskräftereservoir vorhanden, das seitens der deutschen Wirtschaft offenkundig ignoriert wird.

Stuttg. Z.: Die Umfragewerte der Union rutschen mehr und mehr in den Keller. Wo verläuft für Sie da die Schmerzgrenze?

Steinbach: So bitter es ist, dass die Umfragewerte derart sinken, so vorhersehbar war es. Ich höre kaum jemanden, der den seitens Deutschlands eingeschlagenen Weg noch für richtig hält. Die Flüchtlingspolitik wird von den meisten Menschen für verkehrt, ja für bedrohlich gehalten – selbst von solchen, die Angel Merkel mögen. Ich gehöre ja auch dazu. Diese Politik zerstört zudem das Vertrauen in unseren Rechtsstaat und in die Rechtsgemeinschaft der Europäischen Union. Es hält sich ja kaum noch ein Land an die gemeinsam beschlossenen einschlägigen Regeln. Weder an die Dublin-Vereinbarung noch das Schengen-Abkommen.[1] Deutschland ist schon aus Selbstschutzinteresse in der Pflicht, die vereinbarten Verträge und Regeln einzuhalten und der Europäischen Union damit wieder zur Stabilität zu verhelfen. Deutschland nimmt seine humanitäre Verantwortung sehr ernst, das begrüße ich. Dabei dürfen wir aber doch nicht willkürlich Recht und Regeln aushebeln und dramatisch falsche Signale zulasten des eigenen Landes setzen.

Stuttg. Z.: Wenn Sie ein Sofortprogramm schreiben dürften. Was würde da drin stehen?

Steinbach: Es ist erforderlich, die Grenzen zu schließen, sofort. Anders wacht die Europäische Union nicht auf. So lange Deutschland bereitwillig das Auffangbecken des allergrößten Teils der Flüchtlinge bleibt, wird sich in absehbarer Zeit nichts wirklich verändern. Mit dramatischen Auswirkungen auf unser Land. Die Welt steht auf dem Kopf in Europa. Das merken natürlich auch weniger politische Menschen im Lande. Damit können viele nicht mehr umgehen. Wenn wir unserer Demokratie nicht massiven Schaden zufügen wollen, muss dieses absurde europäische Drama durch deutsche Initiative jetzt beendet werden. Das bedeutet: Wir brauchen ein konsequentes Grenzregime. Nichts anderes hilft!

Zitiert nach: www.stuttgarter-zeitung.de/inhalt.interview-mit-erika-steinbach-zur-fluechtlingspolitik-die-grenzen-schliessen-sofort.889dc961-2a6c-480b-b5aa-6577fa78ed8a.html [Zugriff: 06.06.2016]

1. *Untersuchen Sie die Argumentation von Erika Steinbach. Wie begründet sie ein „konsequentes Grenzregime"?*

2. *Vergleichen Sie Steinbachs Deutung der Flüchtlingspolitik mit der von Kossert (M1).*

3. *Beurteilen Sie die historischen Bezüge und Argumentationen, die Steinbach entwickelt.*

4. *„Debatten – nicht nur ein intellektuelles Spiel!": Erörtern Sie mögliche Wirkungen von öffentlichen Auseinandersetzungen. Welche Funktion übernehmen dabei historische Vergleiche?*

[1] Zur **Dublin-Vereinbarung** siehe S. 533. Das **Schengen-Abkommen** geht auf eine Vereinbarung von 1985 zurück. Damals legten fünf EU-Mitgliedstaaten (Belgien, Bundesrepublik Deutschland, Frankreich, Luxemburg und Niederlande) den Abbau der Personenkontrollen an ihren Binnengrenzen fest. Inzwischen zählen 26 europäische Staaten zum Schengen-Raum (Stand: 2013). Zur Umsetzung des Abkommens folgten Durchführungsbestimmungen, die 1995 in Kraft traten. Sie legten u. a. fest, dass bei schwerwiegenden Bedrohungen der öffentlichen Ordnung oder der inneren Sicherheit die Kontrollen an den Binnengrenzen vorübergehend wieder eingeführt werden können.

Internettipp:
Informationen über die nationalen Gedenk- und Feiertage; siehe Code ***4673-47***.

Erinnerungs- und Geschichtspolitik – Akteure und Interessen

▲ **Gelöbnis vor dem Reichstag.**
Foto vom 20. Juli 2013.
Am 69. Jahrestag des gescheiterten Attentates gegen Hitler geloben junge Soldaten vor dem Sitz des Deutschen Bundestages, „der Bundesrepublik Deutschland treu zu dienen und das Recht und die Freiheit des deutschen Volkes tapfer zu verteidigen“.

Einführung

Geschichte begegnet uns regelmäßig in der Politik. Entweder beiläufig und demonstrativ als historisches Argument in Parlamentsbeiträgen oder feierlich und pathetisch an Gedenktagen wie dem 20. Juli, dem 8. Mai oder dem 3. Oktober (▸ M1). Darüber hinaus liefern historische Ereignisse nach 10, 50, 100 oder 500 Jahren den Stoff für Jubiläumsbeiträge über die Reformation (1517-2017), die Französische Revolution (1789-1989) oder den Ausbruch des Ersten Weltkrieges (1914-2014). Außerdem werden besondere Jahrestage von historischen Persönlichkeiten regelmäßig öffentlich thematisiert. Dabei dient die Geschichte nicht einfach der Belehrung und Unterhaltung. Politiker nutzen dann – je nach Standort – gezielt ihr historisches Wissen,

- um Einfluss und Macht zu erhalten,
- um bestehende Verhältnisse oder aktuelle Entscheidungen zu rechtfertigen,
- um innere oder äußere Feinde zu verunglimpfen oder auszugrenzen oder
- um nationale, religiöse oder andere Gruppen in einen Staat bzw. übernationale Gemeinschaften wie die Europäische Union zu integrieren.

Dies gilt es zu bedenken, wenn Politiker an historische Ereignisse und Personen erinnern und dabei Geschichte als Argument verwenden (▸ M2).

▲ **„8. Mai 1945 – 8. Mai 1951. Tag der Befreiung – Tag des Friedenskampfes.“**
DDR-Plakat von 1951.

▲ **Bürgerfest zum Tag der Deutschen Einheit in Frankfurt am Main.**
Foto vom 3. Oktober 2015.
Die offiziellen Feiern zum Tag der Deutschen Einheit werden als Bürgerfeste organisiert. Sie wechseln jährlich das Bundesland und finden in der Regel in den Landeshauptstädten statt. In Hessen fanden 2015 die Hauptfeierlichkeiten nicht in Wiesbaden, sondern in Frankfurt statt. Dort feierten rund 1,4 Millionen Menschen drei Tage lang friedlich und fröhlich 25 Jahre Deutsche Einheit. Zum Foto: Ein Paar im Biedermeier-Look erinnert an das Hambacher Fest von 1832 und die Nachbildung des Brandenburger Tores an den 9. November 1989.

M1 Nationale Gedenk- und Feiertage (Auswahl)

Deutsches Kaiserreich

18. Januar	„Reichsgründungstag" (1871), gefeiert bis etwa 1935
27. Januar	„Kaisers Geburtstag"
2. September	„Sedantag" (Sieg über Frankreich 1870)

Weimarer Republik

27. Februar	„Volkstrauertag"; Gedenktag für die gefallenen Soldaten des Ersten Weltkrieges (seit 1926 immer am fünften Sonntag vor Ostern)
11. August	„Verfassungstag" (1921-1932)

„Drittes Reich"

30. Januar	„Tag der nationalen Erhebung"; Ernennung Hitlers zum Reichskanzler 1933
16. März	„Heldengedenktag" (16. März, wenn Sonntag, sonst Sonntag vor dem 16. März)
1. Mai	„Tag der Nationalen Arbeit"; seit 1934: „Nationalfeiertag des Deutschen Volkes"
9. November	„Gedenktag für die Gefallenen der Bewegung" (Hitler-Putsch 1923); ab 1939

Bundesrepublik Deutschland

27. Januar	„Tag des Gedenkens an die Opfer des Nationalsozialismus"; seit 1996
1. Mai	„Tag der Arbeit" (unterschiedliche Namen je nach Bundesland)
23. Mai	Jahrestag der Verkündung des Grundgesetzes; seit 1949
17. Juni	„Tag der Deutschen Einheit"; nationaler Gedenktag an den Volksaufstand von 1953 in der DDR (1954-1990)
20. Juli	Nationaler Gedenktag an den Widerstand gegen die nationalsozialistische Gewaltherrschaft (Attentatsversuch vom 20. Juli 1944 auf Hitler); seit 1952
3. Oktober	„Tag der Deutschen Einheit" (Beitritt der DDR zum Geltungsbereich des Grundgesetzes); seit 1990
15. November	„Volkstrauertag"; er wird seit 1952 zwei Sonntage vor dem ersten Adventssonntag begangen und erinnert an die Kriegstoten und Opfer der Gewaltherrschaft aller Nationen. Der Gedenktag wurde 1919 vom Volksbund Deutsche Kriegsgräberfürsorge vorgeschlagen, 1922 fand die erste Gedenkstunde im Reichstag statt. 1926 wurde entschieden, den Volkstrauertag regelmäßig am fünften Sonntag vor Ostern zu begehen. 1934 nannten die Nationalsozialisten den Volkstrauertag in „Heldengedenktag" um. 1946 führte man den Volkstrauertag wieder in den drei westlichen Besatzungszonen ein.

DDR

1. Mai	„Internationaler Kampf- und Feiertag der Werktätigen für Frieden und Sozialismus" (im gesamten Ostblock begangen)
8. Mai	„Tag der Befreiung des deutschen Volkes vom Hitlerfaschismus"; von 1950 bis 1966
7. Oktober	„Tag der Republik" (Gründungstag der DDR); von 1950 bis 1989

Nationalfeiertage anderer Staaten

▲ Militärparade auf den Champs-Elysées in Paris am Nationalfeiertag.
Foto vom 14. Juli 2012.

5. Ijjar	*Israel*: Jom haAtzmaut (Unabhängigkeitstag); Proklamation des Staates Israel am 14. Mai 1948
11. November	*Polen*: Nationaler Unabhängigkeitstag; Anlass ist die Unabhängigkeit des Staates 1918 nach 123 Jahren der Teilung durch Preußen, Österreich-Ungarn und Russland; 1937 fanden die Feierlichkeiten zum ersten Mal statt
4. Juli	*USA*: „Independence Day"; Erinnerung an die Unabhängigkeitserklärung von 1776
14. Juli	*Frankreich*: „Fête Nationale" bzw. „14 juillet"; Erinnerung an den Sturm auf die Bastille von 1789 und das Föderationsfest („Fête de la Fédération") von 1790

Erläutern Sie, inwiefern nationale Gedenk- und Feiertage das Geschichtsbewusstsein der jeweiligen Bevölkerung prägen.

M2 Geschichte als politisches Argument

Der Historiker Dieter Langewiesche äußert sich in einem erstmals 1992 publizierten Beitrag zum öffentlichen Streit über Geschichtsbilder sowie zur politischen Instrumentalisierung von Geschichte wie folgt:

Wer über die Geschichte verfügt, gebietet auch über Zukunftserwartungen – daran zweifelte im 19. Jahrhundert kaum jemand, und das ist bis heute so geblieben. Politische Umbrüche zogen auch im 20. Jahrhundert stets historische Umwertungsversuche nach sich. Ein kurzer Blick auf die deutsche Geschichte genügt, um das zu erkennen. Dass es der Weimarer Republik nicht gelang, als ein legitimes Geschöpf der deutschen Geschichte anerkannt zu werden, war ein untrügliches Zeichen für die Distanz, in der viele Menschen zu dieser ersten deutschen Demokratie verharrten. Als die Nationalsozialisten sie zerstörten, riefen sie auch die Geschichte als eine Entscheidungsinstanz an: Liberalistisch, marxistisch, jüdisch – so lautete die ständig bemühte Denunziationsformel, mit der die „Systemzeit", wie die Nationalsozialisten die kurze demokratische Ära nannten, als undeutscher Fremdkörper in der deutschen Geschichte diffamiert wurde.

Nach dem Zweiten Weltkrieg führte schließlich die staatliche Teilung Deutschlands auch zu einer Teilung der deutschen Geschichte. Die DDR mit ihrer verbindlichen Weltanschauung schuf sich eine Geschichtswissenschaft nach ihrem Bilde. Wohl keinem anderen Wissenschaftsfach wurde eine so hohe politische Verantwortung aufgebürdet wie ihr. Weil dieser Staat sich der offenen Befragung seiner Bürger nicht aussetzen konnte, suchte er die Zustimmung der Geschichte: Geschichte als Ersatz für die fehlende politische Legitimation durch die Bürger. Die DDR-Historiker hatten durchaus beträchtliche Interpretationsspielräume, die je nach Fachgebiet unterschiedlich waren, von den Einzelnen unterschiedlich genutzt wurden und auch bedeutende Leistungen hervorbrachten. Pauschale Abwertungen sind unangebracht. Doch die Geschichtswissenschaft insgesamt erhielt die Aufgabe zugewiesen, aus dem Gesamterbe der deutschen Geschichte die positiven Traditionen herauszuschälen, als deren vorläufiges Ziel die DDR vorgegeben wurde. Weil die DDR und ihre Zukunftserwartungen aus der Geschichte legitimiert wurden, konnte die Geschichtsdeutung nicht freigegeben werden. Indem man das weltanschaulich verordnete Ziel aus der Geschichte ableitete, musste die Geschichte selber an dieses Ziel gekettet werden. Eine Konkurrenz von Geschichtsbildern hätte die Verbindlichkeit des Zieles und damit die Letztbegründung des Staates und seiner Weltanschauung gefährdet – eine Letztbegründung, die der individuellen politischen Zustimmung seiner Bürger nicht bedurfte, weil sie sich in der Zukunft und in der Geschichte verankert wähnte. Wer die Richtmarken der Vergangenheit und der Zukunft verbindlich vorgibt, entmündigt die Gegenwart, indem er ihr das Recht abspricht, nach alternativen Deutungen und Handlungsmöglichkeiten zu suchen.

In der Bundesrepublik erlaubte und förderte die Entstehung einer pluralistischen Demokratie den offenen Diskurs über Geschichte. Natürlich gab und gibt es immer wieder Versuche der historischen Konsensstiftung, aber ein einheitliches, zielgerichtetes, staatlich beglaubigtes Geschichtsbild vorzugeben, gelang nie. Die Konkurrenzdemokratie verträgt und fordert konkurrierende Geschichtsdeutungen. Ohne historische Rückversicherung kommt aber auch sie nicht aus. Das lehren nicht nur die mitunter erbitterten öffentlichen Kontroversen über die Bewertung der nationalen Geschichte. Als Stichworte seien nur die Fischer-Kontroverse über die Ursachen des Ersten Weltkrieges und der sogenannte Historikerstreit um den Ort der nationalsozialistischen Diktatur in der Geschichte des 20. Jahrhunderts genannt.[1] [...]

Der öffentliche Gebrauch von Geschichte, um aus ihr für die Zukunft zu lernen, sei es, um Bestehendes zu bewahren oder Gegenwärtiges zu verändern, läuft immer Gefahr, der Geschichte ihre Eigenheit zu nehmen und sie dadurch zum bloßen politischen Argument zu entwerten.

Dieter Langewiesche, Vergangenheitsbilder als Gegenwartskritik und Zukunftsprognose: Die Reden der deutschen Bundespräsidenten, in: Ders., Zeitwende. Geschichtsdenken heute, hrsg. von Nikolaus Buschmann und Ute Planert, Göttingen ²2009, S. 114-134, hier S. 116-118

■ *Die Auseinandersetzung mit der Geschichts- und Erinnerungspolitik hat eine große politische Bedeutung für die Gegenwart. Begründen Sie diese Aussage unter Bezug auf die Überlegungen von Dieter Langewiesche.*

[1] Zur Kontroverse über die Ursachen des Ersten Weltkrieges siehe S. 160 f. und zum „Historikerstreit" S. 461-463.

Der 20. Juli in der Geschichtspolitik in Ost und West

Kampf um die Deutung des 20. Juli Unmittelbar nach dem gescheiterten Attentat vom 20. Juli 1944 klagten die Nationalsozialisten die „gewissenlosen, unpatriotischen Verräter" an. Diese Lesart wurde nach dem Krieg Gegenstand öffentlicher Kontroversen über den militärischen Widerstand. Wie sollten das Attentat und die Attentäter gewertet werden?

Es entstand ein Kampf um die Erinnerung, um die Deutung des 20. Juli (▸ M1, M2). Er war eng verknüpft mit der Auseinandersetzung um das politische Selbstverständnis der beiden deutschen Staaten. In der unter sowjetischem Einfluss stehenden DDR glaubte die politische Elite, dass das Attentat den Gründungsmythos von der antifaschistischen Selbstbefreiung infrage stellt. Sie konnte das Attentat der Offiziere nicht ignorieren, aber doch zumindest zugunsten des kommunistischen Widerstandes relativieren (▸ M3). Das „neue Deutschland" wandte sich somit von den reaktionären und imperialistischen Kräften der Vergangenheit ab, um einen gnädigen Frieden zu erreichen. Unabhängig davon griff man 1956 beim Aufbau der Nationalen Volksarmee auf führende Wehrmachtsangehörige zurück.

Auch in Westdeutschland und in der jungen Bundesrepublik war die Bewertung des Widerstandes eine heikle Angelegenheit. Bereits 1945 begann die Journalistin und spätere Herausgeberin der einflussreichen Wochenzeitung „Die Zeit", Marion Gräfin Dönhoff (1909-2002), an den 20. Juli zu erinnern. Dabei hob sie die Bedeutung des Widerstandes als „Sühne für Vergangenes und als Saat für die Zukunft" hervor.* Ihrer Meinung schlossen sich viele westdeutsche Politiker der Nachkriegszeit an.

Mit Beginn des Kalten Krieges drängte die Adenauer-Regierung rasch und unmissverständlich auf eine Wiederbewaffnung der Bundesrepublik. Dabei benötigte man auch die Soldaten und Offiziere der ehemaligen Wehrmacht, die jedoch in ihrer übergroßen Mehrheit die Tat der Offiziere vom 20. Juli 1944 als „Vaterlandsverrat" ablehnten. Nur etwa 40 Prozent der befragten Bundesbürger bewertete Anfang 1951 das Attentat positiv, ein Drittel stand ihm unsicher gegenüber und ein weiteres Drittel sah in dem Stauffenberg-Unternehmen eine Form von Vaterlandsverrat.

Die führenden Repräsentanten der Republik und die Justiz mussten also einen Spagat leisten: Man durfte die Mitläufer und Mittäter in der Bevölkerung und bei der Wehrmacht nicht allzu sehr verprellen, man musste andererseits – auch mit Blick auf die Westalliierten – den deutschen Widerstand im Militär ebenfalls gebührend würdigen.

Zur Erinnerungspolitik an den Tag des gescheiterten Attentates zählen die Reden, sie seit 1952 regelmäßig um den 20. Juli auf offiziellen Gedenkfeiern von Politikern, überlebenden Widerstandskämpfern oder deren Angehörigen gehalten wurden, und bildungspolitische Empfehlungen (▸ M4, M5). Darüber hinaus tragen inzwischen 23 Kasernen der Bundeswehr Namen von Gegnern des Nazi-Regimes und seit 1999 wird das feierliche „Gelöbnis" der Soldaten demonstrativ immer am 20. Juli vor dem Reichstag abgelegt.

▲ **Ehrenmal für die Opfer des 20. Juli 1944.**
Foto von 1953.
Die Bronzefigur hat der Bildhauer Richard Scheibe 1953 geschaffen.
Die Denkmaleinweihung fand am 20. Juli 1953 – einen Monat nach dem Arbeiteraufstand in der DDR – im Bendlerblock statt. Das Gebäude war während der NS-Zeit Sitz des Allgemeinen Heeresamtes und des Befehlshabers des Ersatzheeres im Oberkommando des Heeres. Dort befand sich auch das Zentrum der Widerstandsgruppe des Attentates vom 20. Juli 1944. In dem Hof, wo heute das Ehrenmal (ohne Sockel) steht, wurden Claus Schenk Graf von Stauffenberg und vier weitere Teilnehmer des Attentates hingerichtet. In den ehemaligen Diensträumen befindet sich inzwischen die Dauerausstellung der Gedenkstätte Deutscher Widerstand.

* Marion Gräfin Dönhoff, In memoriam 20. Juli. Den Freunden zum Gedächtnis, Hamburg 1945. Die Schrift wurde in nur 300 Exemplaren gedruckt.

Internettipps:
*Siehe Angaben unter Code **4673-48**.*

M1 Waren die Männer des 20. Juli Hoch- und Landesverräter?

Bei den Landtagswahlen in Niedersachsen vom Mai 1951 bekommt die rechtsradikale „Sozialistische Reichspartei" (SRP) elf Prozent der Wählerstimmen. Wählermagnet der reorganisierten Nationalsozialisten ist Generalmajor a. D. Otto Ernst Remer (1912-1997), der 1944 an der Niederschlagung des Umsturzversuches maßgeblich beteiligt gewesen ist. Er verleumdet die Widerstandskämpfer als „Landesverräter, die vom Ausland bezahlt wurden". Auf einer Wahlkampfveranstaltung von 1951 erklärt er:

Wenn man schon bereit ist, Hochverrat zu begehen, dann bleibt die Frage offen, ob nicht in sehr vielen Fällen dieser Hochverrat gleich Landesverrat ist. Diese Verschwörer sind zum Teil in starkem Maße Landesverräter gewesen, die vom Auslande bezahlt wurden. Sie können Gift darauf nehmen, diese Landesverräter werden eines Tages vor einem deutschen Gericht sich zu verantworten haben.

Der Erfolg der SRP verunsichert den Bundeskanzler Konrad Adenauer. Nachdem er von John McCloy, dem US-amerikanischen Präsidentenberater, unter Druck gesetzt wird, fordert die Bundesregierung das Verbot der SRP (und der KPD). Remer wird auf Betreiben des Bundesinnenministers Robert Lehr (CDU) in Braunschweig vor Gericht gestellt. Generalstaatsanwalt Fritz Bauer, Jude, Sozialdemokrat, KZ-Häftling und Emigrant, übernimmt am 7. März 1952 die Anklage. Das Gericht schließt sich seiner Argumentation an und verurteilt Remer zu einer dreimonatigen Gefängnisstrafe. Mit dem Urteil, das große Resonanz in den Medien findet, beginnt „die Wende in der Bewertung des 20. Juli" (Fritz Bauer). In seinem Abschlussplädoyer führt Bauer aus:

Meine Herren Richter! Es ist nicht die Absicht der Staatsanwaltschaft, dem seinerzeitigen Major Remer deswegen den Prozess zu machen, weil er sich am 20. Juli 1944 dem Widerstandskampf versagt hat. Zur Aburteilung steht, dass das Vorstandsmitglied der SRP Remer die Widerstandskämpfer des 20. Juli verleumdet und beschimpfte, indem er sie Hoch- und Landesverräter hieß.

Was am 20. Juli 1944 vielen noch dunkel vorgekommen sein mag, ist heute durchschaubar, was damals verständlicher Irrtum gewesen sein mag, ist heute unbelehrbarer Trotz, böser Wille und bewusste Sabotage unserer Demokratie.

Das Ziel dieses Prozesses ist nicht, Zwietracht zu säen, sondern Brücken zu schlagen und zu versöhnen, freilich nicht durch einen faulen Kompromiss, sondern durch die Klärung der Frage „Waren die Männer des 20. Juli Hoch- und Landesverräter?" durch ein demokratisches, unabhängiges Gericht. Die Bundesrepublik und das Land Niedersachsen bringen dieser Strafkammer in Braunschweig das Vertrauen entgegen, unabhängig und gerecht die Frage zu entscheiden. [...]

Es ist Aufgabe der Staatsanwaltschaft, Aufgabe der Richter des demokratischen Rechtsstaates, die Helden des 20. Juli ohne Vorbehalt und ohne Einschränkung zu rehabilitieren, aufgrund der Tatsachen, die uns heute bekannt sind [...].

Die Staatsanwaltschaft beantragt, den Angeklagten zu verurteilen, wegen eines Vergehens der üblen Nachrede und wegen eines Vergehens der Verunglimpfung des Andenkens Verstorbener im Sinne der §§ 186 und 189 des Strafgesetzbuches.

Nach Auffassung der Staatsanwaltschaft hat diese Verhandlung den klaren Beweis erbracht, dass die Behauptung, die Widerstandskämpfer seien Hoch- und Landesverräter gewesen, unwahr ist. [...]

Ich beginne mit der Frage des Landesverrates: [...] Im Jahre 1944 stand im Strafgesetzbuch über Landesverrat Folgendes: § 88: „Verrat im Sinne der Vorschriften dieses Abschnittes begeht, wer mit dem Vorsatz, das Wohl des Reiches zu gefährden, das Staatsgeheimnis an einen anderen gelangen lässt."

Meine Herren Richter, nicht wer ein Staatsgeheimnis an einen anderen gelangen lässt, ist schon Landesverräter, Landesverräter ist nur, wer mit dem Vorsatz handelt, das Wohl des Reiches zu gefährden.

Im § 91 hieß es: „Wer im Inland oder als Deutscher im Ausland es unternimmt, während eines Krieges gegen das Reich der feindlichen Macht Vorschub zu leisten oder der Kriegsmacht des Reiches einen Nachteil zuzufügen, wird mit dem Tode bestraft." Auch nach diesem Paragrafen kommt es darauf an, ob jemand es unternimmt, dem Deutschen Reich einen Nachteil zuzufügen.

Meine Richter, Sie haben eine Reihe von Zeugen gehört. Ich glaube, es gibt niemanden in diesem Saal, der den Mut hätte zu sagen, einer der Widerstandskämpfer hätte nicht mit der heiligen Absicht gehandelt, seinem deutschen Vaterlande zu dienen. [...]

Ich gehe zum nächsten Thema über. Haben unsere Widerstandskämpfer Hochverrat begangen?

Jeder Jurist weiß, Hochverrat ist nur dann strafbar, wenn der Hochverrat keinen Erfolg hat. War dieser „Hochverrat" vom 20. Juli erfolgreich? Sicher, am 20. Juli 1944 ist der Angriff der Widerstandskämpfer zurückgeschlagen worden, aber der Widerstand des 20. Juli 1944 war nur ein Ausschnitt aus dem Gesamtwiderstand des deutschen Volkes, der einige Jahre später zur Errichtung einer freiheitlichen Demokratie in Deutschland geführt hat. Entscheidend ist, wer die letzte Schlacht gewinnt. Die letzte Schlacht wurde ein Jahr nach dem 20. Juli von der deutschen Demokratie gewonnen und hat damit dem 20. Juli auch seinen staatsrechtlichen Sinn gegeben. Man wird vielleicht einwenden, das, was ein Jahr später geschehen sei, sei Sache der Alliierten gewesen. Ich will den Sachverhalt in einem Bilde wiedergeben. Die Menschen in den Konzentrationslagern und Menschen außerhalb der Konzentrationslager haben den Samen der neuen Demokratie gesät. Die Alliierten haben den Stein entfernt, der verhinderte, dass dieser Samen zum Lichte emporkam. Als aber die Alliierten den Stein entfernten, da wuchs dieser Samen. Dieser Samen war nicht gesät von Alliierten, dieser Samen war von den deutschen Widerstandskämpfern gesät. Deshalb war der „Hochverrat" des 20. Juli 1944 erfolgreich; deswegen ist er in juristischem Sinne nicht Hochverrat.

Erster Text zitiert nach: Norbert Frei, Vergangenheitspolitik. Die Anfänge der Bundesrepublik und die NS-Vergangenheit, München [2]1997, S. 347
Zweiter Text: Fritz Bauer, Eine Grenze hat Tyrannenmacht, in: Geist und Tat. Monatsschrift für Recht, Freiheit und Kultur, Jg. 7 (1952), H. 7, S. 194-200, hier S. 194f. und 197

Diskutieren Sie die geschichtspolitische Bedeutung des Remer-Prozesses.

M2 Über die Verantwortung vor der Geschichte

Der erste Bundespräsident, Theodor Heuss (siehe S. 357), würdigt am 19. Juli 1954 in einer Feierstunde zur 10. Wiederkehr des 20. Juli 1944 im Auditorium Maximum der Freien Universität Berlin den deutschen Widerstand mit folgenden Worten:

Der Sinn dieser Stunde kann nicht sein, ein Geschichtsbild jener Vorgänge zu entwerfen, die zu dem 20. Juli 1944 führten, und dabei den Beitrag, die Haltung der einzelnen Männer zu charakterisieren. Es geht auch nicht um Klage und Anklage, so stark wir empfinden, wie die Erinnerung an den Gatten oder Sohn, den Vater oder Bruder gerade heute alten Schmerz aufwühlt. Dies beides aber bewegt unsere Seele: bekennen zu dürfen und danken zu können.
Das Bekenntnis gilt nicht nur den inneren Motiven, sondern es umfasst auch das geschichtliche Recht zu ihrem Denken und Handeln. Der Dank aber weiß darum, dass die Erfolglosigkeit ihres Unternehmens dem Symbolcharakter des Opferganges nichts von seiner Würde raubt. [...]
Der 20. Juli steht in einer anderen Atmosphäre als sie das Schicksal anderer Opfer umgibt, der vielen Tausende, die ihre Ablehnung des Hitlertums zu den Misshandlungen in den Konzentrationslagern führte, in den Tod, jener Zahllosen, die, in der inneren Emigration, im wechselseitigen Vertrauen sich stärkend, durch das wüste Denunziantentum, eine Frucht jeder Diktatur, stets bedroht blieben und ihr Opfer wurden; jener hilflosen Menschen, die durch nichts anderes als durch

▲ Gedenkfeier zum 10. Jahrestag des 20. Juli 1944.
Foto vom 20. Juli 1954.
Bundespräsident Theodor Heuss und Bundeskanzler Konrad Adenauer bei der Kranzniederlegung im Hof des ehemaligen Bendlerblocks.

ihre jüdische Herkunft Freiwild für Verleumdung, Verfolgung, Vernichtung geworden. [...]
Als ich kürzlich mit einem früheren Berufsoffizier zusammen war, ich kannte ihn vorher nicht, meinte er, ich möge aber doch in der Gedenkrede nicht die anklagen, die nach dem 20. Juli, die bis zur Schlusskatastrophe weiterkämpften. Ich konnte ihn nur bitten, mich nicht für so töricht und ungerecht zu halten. Ich müsste dann ja Freunde und geliebte Verwandte anklagen, die Hitler, die den Nationalsozialismus hassten, aber als sie starben, glauben mochten, glauben durften, dass ihr Kämpfen Deutschland vor dem Äußersten vielleicht doch rette. Und der gute Truppenoffizier dachte an seine Leute!
Die Begriffe treten an: Widerstandsrecht – kann es zur Widerstandspflicht werden? [...] In den Betrachtungen und Polemiken dieser Jahre kommt öfters der Begriff vor: „Offiziersehre". Man erlaube mir zu sagen: Es gibt, vom Ethischen her, keinen Tarif der „Ehre", der etwa die Verantwortung für sittliches Handeln und deren Beurteilung von den Sternen auf den Achselstücken abhängig sein lässt. [...]
Die Verantwortung vor der Geschichte wird bei den Soldaten, die einen Führerrang bekleiden, größer und tiefer sein, aber auch die innere Selbstprüfung stärker oder doch geschichtsträchtiger als bei einem Leutnant, bei einem Schützen oder Kanonier, der sich einfach in den paragrafierten Pflichtenkodex des Instruktionsbuches eingebunden, vielleicht auch in ihm gesichert fühlt. Die seelische Situation von Hunderttausenden, von Millionen Soldaten war furchtbar, denn es zogen doch nicht bloß fanatisierte Nationalsozialisten ins Feld, sondern deutsche Menschen, darunter zahllose, die durch diesen Krieg hindurch, in dem sie sich durch ihre Tapferkeit auszeichneten, von einem dauernden inneren Konflikt begleitet waren. [...]

Wir werden nicht verhindern können, dass in Hinterstuben diese oder diese Schmährede das Gedächtnis der Männer aufsucht, wir wissen auch, dass die Problematik, die immer und überall in der Geschichte, bei allen Völkern vorhanden ist, Staatsräson und menschliche Freiheit – ich habe das vorhin die „Grenzsituation" genannt – mit diesem Vorgang nicht in eine Norm eingegangen ist.
Das öffentliche Leben sucht und bedarf der Normen, damit es im Recht geordnet werden könne, aber die Geschichte mag diese immer wieder infrage stellen, ihre Überprüfung fordern, ja erzwingen. [...]
Die Scham, in die Hitler uns Deutsche gezwungen hatte, wurde durch ihr Blut vom besudelten deutschen Namen wieder weggewischt. Das Vermächtnis ist noch in Wirksamkeit, die Verpflichtung noch nicht eingelöst.

Zitiert nach: www.20-juli-44.de/uploads/tx_redenj2044/pdf/1954_heuss.pdf [Zugriff: 17.05.2016]

Nach einer Meinungsumfrage vom Juni 1951 lehnten fast 60 Prozent der ehemaligen Berufssoldaten das Attentat vom 20. Juli ab. Untersuchen Sie, wie der Bundespräsident in seiner Rede darauf eingeht. Bewerten Sie seine Ausführungen.

M3 Was ignoriert die westdeutsche Geschichtsschreibung?

Für Karl Schirdewan, der später zu den führenden Funktionären der SED in der DDR zählt, gehören die Attentäter des 20. Juli zu den „reaktionären Kreisen", die sich erst in der „Endphase der Katastrophe" Hitlers Führung entledigen und die „Herrschaft des Monopolkapitals" retten wollen. Tendenziell ist man dieser Interpretation treu geblieben. In dem 1969 von einem Autorenkollektiv der Deutschen Akademie der Wissenschaften in Ost-Berlin veröffentlichten „Lehrbuch der Deutschen Geschichte" heißt es:

Die Verschwörung vom 20. Juli scheiterte, weil die antinationale Konzeption der Goerdeler-Gruppe gegen die Interessen des Volkes gerichtet war und weil diese Gruppe alles getan hatte, um die Arbeiterklasse und die KPD auszuschalten.[1] Der Putsch misslang, weil er dilettantisch und ohne Verbindung mit der antifaschistischen Widerstandsbewegung vorbereitet war. Statt einer Volksrevolution hatten die reaktionären Verschwörer auf eine Palastrevolution gedrängt. Sie wollten „nicht Deutschland und das deutsche Volk, sondern den deutschen Imperialismus retten"[2]. Deshalb blieben die Verschwörer isoliert. Darin bestand die entscheidende Ursache für das Misslingen ihrer Pläne. In der westdeutschen Geschichtsschreibung werden diese Zusammenhänge bewusst ignoriert, um den antifaschistischen Widerstandskampf unter Führung der Kommunisten zu verleumden: Dieser Kampf, so heroisch er gewesen sein möge, wäre zur Wirkungslosigkeit verurteilt gewesen, denn die Chance, Hitler zu stürzen, hätten nur Kräfte gehabt, die in Schlüsselpositionen gesessen hätten. Damit wird nicht nur die Notwendigkeit und Wirksamkeit des antifaschistischen Widerstandskampfes überhaupt infrage gestellt, sondern gleichzeitig werden die reaktionären Ziele der Goerdeler-Gruppe und ihre Staatsstreichpläne als allein mögliche Alternative für das deutsche Volk erklärt. Auf diese Weise wird versucht, die Politik der imperialistischen und militärischen Kräfte in Westdeutschland, die sich als Erben Goerdelers fühlen, historisch zu rechtfertigen.
Im Unterschied zu den reaktionären Zielen der Kräfte um Goerdeler steht das patriotische Streben der Kräfte um Stauffenberg. Das Attentat Stauffenbergs war eine antinazistische Tat. Die Tragik der Kräfte um Stauffenberg bestand darin, dass sie sich nicht völlig von der reaktionären Mehrheit der Verschwörung zu lösen vermochten und nicht rechtzeitig den Weg zur Bewegung „Freies Deutschland!" fanden und ihn daher nicht zu Ende gehen konnten. Während Stauffenbergs letzte Wort dem freien Deutschland galten, mahnte Goerdeler nach seiner Verhaftung: „Jeder Deutsche in der Reihe der Umsturzbewegung ist nunmehr verpflichtet, hinter den von Gott geretteten Führer zu treten." Das Schicksal der Verschwörung beweist, dass die Bourgeoisie[3] in der Periode des Imperialismus außerstande ist, die nationalen Grundprobleme zu lösen. Sie beweist aber auch schlüssig den am Schicksal des deutschen Volkes ehrlich interessierten Kräften, dass sie ihre Ideale und Ziele nur im Bündnis mit und unter der Führung der Arbeiterklasse und ihrer revolutionären Partei verwirklichen können. Das Streben und die Taten der Stauffenberg-Gruppe gehören zu den fortschrittlichen Traditionen unseres Volkes. Was diese Kräfte – auch wenn sie manche Inkonsequenzen noch nicht überwunden hatten – letztlich erstrebten, war im Nationalkomitee „Freies Deutschland" bereits politische Realität geworden.

Zitiert nach: Wolfgang Bleyer u.a. (Bearb.), Deutschland von 1939 bis 1945 (Deutschland während des zweiten Weltkrieges), Berlin 1969, S. 365 f.

Vergleichen Sie die westdeutsche Einschätzung des Attentates (M1 und M2) mit der DDR-Position.

[1] Siehe hier S. 309.
[2] Walter Ulbricht, Zur Geschichte der neuesten Zeit, Bd. 1, 1. Halbband, Berlin 1955, S. 46
[3] **Bourgeoisie**: Siehe Glossar.

M4 Eid und Entscheidung

Bundespräsidenten Gustav Heinemann erinnert am 19. Juli 1969 in der Gedenkstätte Plötzensee (Berlin) an den Widerstand gegen den Nationalsozialismus im Allgemeinen und das missglückte Attentat vom 20. Juli im Besonderen; er sagt:

Wir sind hier zusammengekommen, um derer zu gedenken, die an diesem Ort hingerichtet wurden, weil sie vor 25 Jahren unser Land von Hitler und seinem System durch den Anschlag auf das Leben des Tyrannen zu befreien versuchten. [...]

Welchen Sinn hat es, in Sonderheit des missglückten Anschlages von 1944 und derer zu gedenken, die ihn unternahmen? Solches Gedenken ist, zumal an dieser Stelle, schon oft geschehen. Aber es darf nicht leere Form werden. Tradition heißt nach einem Wort des 1914 ermordeten Kriegsgegners, des Franzosen Jean Jaurés, nicht Asche verwahren, sondern eine Flamme am Brennen halten. Um dieses Wachhalten geht es.

Der 20. Juli 1944 war ein gesamtdeutscher Tag und muss es bleiben, wenn das Wort Nation trotz der Spaltung Deutschlands für uns einen Sinn behalten soll. In diesem Datum verzahnen sich die schlechtesten und die besten Überlieferungen unserer Geschichte in ihren vollen Gewichten miteinander. Sie rufen uns immer wieder auf, ihre dramatische Verknotung zu lösen.

Wie war es möglich – so müssen wir uns auch heute wiederum fragen –, dass Menschen unseres Volkes sich im sogenannten Dritten Reich in Selbstüberhebung, in Rassenwahn und Eroberungssucht verloren? Wie war es möglich, dass bürgerliche Freiheit, Menschenwürde und Selbstbestimmung so barbarisch missachtet werden konnten? Aus dieser Frage dürfen wir uns nicht davonstehlen, wenn wir mit uns selber zurechtkommen wollen. Eine Antwort auf diese Frage muss tief in die allgemeine Geschichte Europas und in die besondere deutsche Geschichte zurückgreifen.

Auch viele andere Völker stehen vor einer solchen Aufgabe. [...]

Der 20. Juli 1944 steht aber auch für unseren Anteil an den besten abendländischen Überlieferungen und an den großen europäischen Zeugnissen des Ringens um Menschenrecht und Menschenwürde. Zwar können wir nicht wie die Engländer auf eine Magna Charta Libertatis schon des 13. Jahrhunderts zurückgreifen oder auf Proklamationen der Menschen- und Bürgerrechte, wie sie die amerikanische Unabhängigkeit oder die französische Revolution erfüllt haben. Die Bauernkriege zur Zeit Luthers und die Paulskirche 1848/49 nahmen Anläufe in solcher Richtung. Aber das alles wurde niedergeschlagen.

Wir müssen zugeben, dass wir nicht aus eigener Kraft zu einer freiheitlichen Demokratie durchgebrochen sind. Zweimal haben fremde Siegesmächte sie uns nach verlorenen Kriegen ins Land gebracht. Die Weimarer Republik ging nach einem kurzen Bestand wieder unter. Werden wir die freiheitliche Demokratie jetzt bewahren, zur sozialen Demokratie weiterentwickeln und zu unserem Lebenselement machen? Das ist eine der Fragen, die uns der 20. Juli 1944 stellt.

Die Widerstandskämpfer der Hitlerzeit waren freilich von unterschiedlichen politischen und sozialen Zielsetzungen erfüllt. Einig aber waren sie darin, dass Unfreiheit und Krieg ein Ende haben sollten.

Die äußere Erfolglosigkeit ihrer Tat kann den hohen Rang ihres Vorbildes in keiner Weise schmälern. Sie alle wussten um die besondere Schwere ihres Handelns und wagten es dennoch. Sie alle mussten Zwiespalt und Zweifel durchstehen, ob es recht und ob es richtig sei, ihre Hand gegen den Mann zu erheben, dem so viele aus unserem Volke zujubelten.

Zitiert nach: www.20-juli-44.de/uploads/tx_redenj2044/pdf/1969_heinemann.pdf [Zugriff: 18.03.2016]

Informieren Sie sich über Gustav Heinemann und interpretieren Sie seine Aussagen. Inwiefern setzt er andere Akzente als Heuss (M3)?

M5 Empfehlung der westdeutschen Kultusminister von 1980

Die Kultusministerkonferenz der Bundesländer veröffentlicht 1980 folgende Empfehlung:

Die Behandlung des Widerstandes gegen die nationalsozialistische Gewaltherrschaft in Schule und politischer Bildung hat das Ziel, Erinnerung wachzuhalten, geschichtliche Grundkenntnisse zu vermitteln und das politische Urteil zu schärfen. Dadurch soll sie bei jungen Menschen demokratische Werthaltungen befestigen und entsprechende Verhaltensweisen aufbauen. [...] In den Kräften des Widerstandes, so verschieden sie waren, zeigt sich ein gemeinsamer Wille zur moralischen Selbstbehauptung auch in einer aussichtslosen politischen Lage. In der Vergegenwärtigung des Widerstandes im Unterricht und politischer Bildung liegt daher ein Schlüssel für die Zukunft unserer demokratischen Ordnung.

Zitiert nach: Hans-Jochen Markmann, Der 20. Juli 1944 und der deutsche Widerstand gegen den Nationalsozialismus in den Schulbüchern beider deutscher Staaten, in: Gerd R. Ueberschär (Hrsg.), Der 20. Juli. Das „andere Deutschland" in der Vergangenheitspolitik, Berlin 1998, S. 179-195, hier S. 184

Beurteilen Sie die Begründung dieser Empfehlung. Inwiefern wäre sie für die DDR indiskutabel gewesen?

Welche Funktion haben Mythen und Legenden?

Einführung

Was wissen wir wirklich? Gemeinhin unterscheiden wir zwischen Realem und Fiktivem. Über das eine wissen wir genau Bescheid, das andere bilden wir uns vielleicht ganz fantasievoll ein oder stellen es uns nur vor. Bei unserem „Wissen" über Geschichte ist das etwas komplizierter, hier mischen sich die beiden Ebenen. Unser scheinbar „gesichertes" Wissen ist auch geprägt von Bildern, Wünschen und Vorstellungen – aber auch von Mythen und Legenden (▸ M).

Mythen zu definieren ist nicht ganz leicht. Hier werden nicht die (oft religiösen) Großerzählungen wie etwa im Alten Testament oder Götter- und Heldensagen gemeint, die geglaubt oder nicht geglaubt werden, die aber wichtige Botschaften vermitteln, wenn man ihre Kernaussagen ermittelt. Unter Mythen sollen hier Vorstellungswelten verstanden werden, die von vielen Menschen für „richtig" erachtet werden, obgleich sie nur unverbürgte, aber weithin „geglaubte" Erzählungen sind. Die meisten dieser Mythen, die im alltäglichen Geschichtsbewusstsein herumspuken, sind harmlos. Ein Beispiel: Viele Menschen meinen, dass im Mittelalter die Menschen sehr früh geheiratet hätten, etwa mit 13 oder 16 Jahren. Das ist allerdings schlicht falsch, das gilt nur für wenige Adlige, die aus dynastischen Erwägungen früh verheiratet wurden. Die allermeisten Bauern oder Bäuerinnen und Bürger heirateten erst in einem Alter von vielleicht 28 bis 32 Jahren, also kaum früher als heute. Solche „schiefen" Vorstellungen über die Geschichte sind weit verbreitet und werden von den Medien gern bedient, auch wenn sie falsch sind.

Zu solchen „falschen" Vorstellungen bzw. „Halbwahrheiten" zählen auch langlebige identitätsstiftende Mythen wie die gemeinsame Erinnerung der Amerikaner an die Unabhängigkeitserklärung der dreizehn britischen Kolonien von Großbritannien am 4. Juli 1776 oder der „Sturm auf die Bastille" vom 14. Juli 1789 in Frankreich. Sie bleiben konstitutiv für eine Nation, auch wenn ihre Bedeutung durch die Geschichtswissenschaft relativiert werden konnte.

Mythen sind auch ein Mittel, um vergangene und gegenwärtige soziale, politische, wirtschaftliche und kulturelle Interessen zu rechtfertigen oder zu verschleiern. Insofern sind sie Themen der historischen Forschung. Sie kann uns über die Ursprünge von Mythen und Legenden, ihre Bedeutungen sowie ihre Verwendungen aufklären. Sie macht sie als Gegenstand des Geschichtsunterrichts wichtig und interessant.

◂ **„Mythen der Nationen. 1945 – Arena der Erinnerungen."**
Cover der Begleitbände zu der Ausstellung des Deutschen Historischen Museums, Berlin 2005.

M Unsterbliche Mythen

Der Historiker Volker Reinhardt hat viel über die italienische Renaissance geforscht. Zum Verhältnis von Mythen zur Geschichte schreibt er:

Ein Mythos ist überdosierte Geschichte. So wie aus einer simplen chemischen Verbindung durch kunstvolle Hinzufügung weiterer Moleküle eine nicht mehr geheure Kombination mit unberechenbaren Eigenschaften entsteht, ist der Mythos Geschichte plus X. Dabei kann X klein sein oder gegen Unendlich tendieren. Mit anderen Worten: Die Zutat, die aus simplen historischen Fakten Mythen aufkeimen lässt, kann eine geringe Zutat oder ein machtvolles Ferment ausmachen. Letzteres ist z. B. bei Wilhelm Tell der Fall. Dass der Tyrannenmörder keine historische Persönlichkeit war, mussten schon vaterländisch gesinnte Schweizer Historiker des 18. Jahrhunderts zu ihrem Leidwesen feststellen – um sich ob dieser unpatriotischen Entdeckung dann auch noch strafrechtlicher Verfolgung ausgesetzt zu sehen.
Der genialste Dekodierer von Mythen, der neapolitanische Geschichtsphilosoph Giambattista Vico, wies in seinen 1744 in dritter Auflage erschienenen „Prinzipien einer neuen Wissenschaft" den Mythen eine zentrale Funktion für das Selbstverständnis des Menschen in der Geschichte zu. Ja, für Vico machen Mythen Geschichte, auch wenn sie – wie in den älteren Zeitaltern der Menschheit ganz überwiegend der Fall – nicht auf historisch verbürgte Persönlichkeiten zurückgehen. So ist der tugendhafte und tatkräftige Halbgott Herakles ohne unmittelbare geschichtliche Vorlage und hat dennoch als Matrix und Muster aristokratische Gesellschaften der Antike wie der Neuzeit stärker geformt als jeder von den Annalen sicher verbürgte Fürst. [...] Mythen in diesem Verständnis sind, um die Eingangsformel abzuwandeln, überlebensgroße Figuren, die zum mentalen Andocken locken. Sie kommen durch Weglassung oder Überhöhung zustande, sie verdichten Menschliches zum allgemeingültig Ewigmenschlichen. Mythen schlagen Schneisen durch die unwegsamen Wälder der Historie, in denen man sich ohne sie verläuft. Mythen geben somit vor, Wege zu weisen, die immer ans Ziel führen. Mythen leugnen per definitionem Wandel, ja sie schreiben die immerwährende Wiederholung der Historie oder zumindest die regelmäßige Wiederkehr des Ähnlichen in der Geschichte fest. Wer glaubt, dass sich Geschichte wiederholt und dass man daher aus ihr lernen kann, wird wie Machiavelli[1] zum Mythenbildner. Wer Geschichte als Aufbruch ins Unbekannte abbildet wie sein großer Widerpart Guicciardini[2], betätigt sich als unerbittlicher Mythenzerstörer. Das gilt bis heute.
Mythen sind also, um es ironisch auszudrücken, die falschen Freunde der Geschichte. Sie beanspruchen, Ursprung, Entwicklung, Ausgang und Ende zu kennen. Mythen zersetzen Geschichte, sie zerstören ihr kompliziertes Gewebe, implantieren hier, transplantieren dort – und schaffen eine virtuelle Vergangenheit, die doch die ultimativ wahre zu sein vorgibt. Mythen reduzieren Geschichte auf leichtfassliche, eingängige, einleuchtende Denkfiguren. Deshalb sind Mythen zäh; wie bestimmte heimtückische Erreger werden sie schnell resistent gegen faktengestützte Widerlegungsversuche. Sie überleben gemeinhin die wissenschaftlich auftretende Geschichte, viele Mythen sind sogar unsterblich. Und noch eine Analogie zum Reich der Anophelesmücken und der von ihnen verbreiteten Viren: Mythen besitzen die unheimliche Fähigkeit, gleichzubleiben und sich dennoch zu verwandeln. Will sagen: Die Kernbestandteile des Mythos bleiben dieselben, doch die Botschaft, die Quintessenz verändert sich. Man kann darin eine Anpassungsleistung der Mythen an ihr Biotop, die Geschichte, sehen. Da sich diese – zumindest an der Oberfläche der Institutionen, Gesellschaftsformen und Staatsmechanismen – ändert, müssen sich die Mythen den neuen Sachverhalten angleichen, ja geradezu anschmiegen, um zu überleben. Da die Mentalitäten der Menschen sich jedoch viel langsamer wandeln als die historischen „hard facts" wie Regierungsformen und Verfassungen, geschieht der Wandel der Mythen eher gleitend.

Volker Reinhardt, Gift in marmornen Särgen? Die Borgia und ihr Mythos, in: Christine Stobl und Michael Neumann (Hrsg.), Mythen Europas. Schlüsselfiguren der Imagination. Renaissance, Regensburg 2006, S. 115 f.

Erläutern Sie Reinhardts These, dass Mythen „überlebensgroße Figuren" sind, die „zum mentalen Andocken locken".

[1] **Niccoló Machiavelli** (1469-1527): Politiker, Diplomat und Schriftsteller aus Florenz; er verfasste einflussreiche politische Schriften. Sein Menschenbild war pessimistisch. Machiavelli verwarf die christlichen Tugenden als Maßstab für die Politik und betonte die Macht als konstituierendes Element der Politik.

[2] **Francesco Guicciardini** (1483-1540): Politiker und Geschichtsschreiber aus Florenz

„Trümmerfrauen" – ein gesamtdeutscher Gründungsmythos

▲ **„Trümmerfrauen" bergen Ziegelsteine im Berliner Stadtbezirk Prenzlauer Berg.**
Foto vom April 1945.

▲ **Denkmal zu Ehren der Trümmerfrauen in Dresden.**
Foto vom 16. Oktober 1952.
Das 3,15 m hohe Denkmal schuf der Bildhauer Walter Reinhold. Das Denkmal wurde am 16. Oktober 1952 in Anwesenheit zahlreicher „Trümmerfrauen" durch den Dresdener Oberbürgermeister enthüllt. Es war das erste dieser Art in der DDR.

Filmtipp:
Geschichte im Ersten, Akte D: Mythos Trümmerfrau, 2016

Ein Gründungsmythos unserer Nachkriegsgesellschaft Die „Trümmerfrauen" gehören „ganz selbstverständlich" zum Gründungsmythos unserer Gesellschaft. Sie hätten selbstlos und engagiert unsere im Zweiten Weltkrieg zerstörten Städte maßgeblich wieder aufgebaut, indem sie gewaltige Berge von Trümmern beseitigten. Diese Vorstellung wurde noch vor Kurzem bei der Begründung von Rentenansprüchen von Frauen herangezogen.

Viele Fotografien scheinen diese Vorstellung zu bestätigen; diese Bilder gehören zu unserem kollektiven Gedächtnis. Die historische Wirklichkeit stellt sich allerdings etwas komplexer dar, wie neuere Forschungen belegen können. Denn die „Trümmerfrauen" wurden bereits von den Nationalsozialisten „erfunden", um nationale Reserven im verzweifelten (und bereits völlig sinnlosen) Abwehrkampf im Vernichtungskrieg zu mobilisieren. Blickt man geschichtswissenschaftlich genauer auf die „Trümmerfrauen", erscheinen sie in einem ganz anderen Licht, und der verbreitete und beliebte Mythos wird dekonstruiert (▸ M1 - M3). Solche „Gründungsmythen" gibt es in allen Nationen in großer Zahl – sie kritisch zu befragen, dient der gesellschaftlichen Aufklärung.

M1 Der Mythos „Trümmerfrau" als gemeinsamer „Erinnerungsort"

Die Historikern Leonie Treber schreibt 2015 über „Trümmerfrauen" in der deutsch-deutschen Erinnerung:

Die „Trümmerfrau" stellt als Symbol für die deutsche Nachkriegszeit heute nicht nur einen konstitutiven Baustein im kollektiven Gedächtnis der Deutschen dar, sie ist [...] auch auf das Engste mit dem Gründungsmythos der Bundesrepublik Deutschland verbunden. Seit den 1980er-Jahren sei sie in die Trias der gründungsmythischen Erzählung – Währungsreform, „Wirtschaftswunder" und „Wunder von Bern" – eingepasst worden: „Die Frauen, die nach dem Krieg die zerstörten Städte ‚enttrümmert' hatten, avancierten zu Vorbereiterinnen des Wirtschaftswunders, das auf diese Weise gewissermaßen in die Zeit vor 1948 verlängert wurde."

Dieses Narrativ funktioniert jedoch nicht nur für die alte, sondern auch für die neue, wiedervereinigte Bundesrepublik. [...]

Diese Transferleistung ist bemerkenswert. Denn Forschungen zum nationalen Gedächtnis belegen, dass „die Umbrüche des Jahres 1989 das kollektive Gedächtnis der betroffenen Länder in große Unruhe versetzt haben". Insofern sind folgende Fragen zu stellen:

Überdauerte die Trümmerfrau als Teil des Gründungsmythos der alten Bundesrepublik schlichtweg die Vereinigung, auch wenn sie mit den in der DDR geprägten Erinnerungen vielleicht nicht in Einklang gebracht werden konnte, wie dies zumindest für die Erinnerungen an die Währungsreform mit der „harten D-Mark" und das „Wirtschaftswunder" mit dem VW-Käfer gelten muss? Oder waren die Erinnerungsbilder an die Trümmerfrau in der Bundesrepublik und DDR im Gegenteil dazu möglicherweise so kompatibel, dass sie ohne Probleme in einen gemeinsamen Erinnerungsort münden konnten? [...]

Vorbedingung: Geschichte der Trümmerräumung

Bevor der Blick auf die Erinnerungsgeschichte der Trümmerfrau gelenkt werden kann, ist es zunächst notwendig, die Geschichte der Enttrümmerung zu skizzieren, die bislang ein Forschungsdesiderat darstellte. Dies hatte wiederum zur Folge, dass anerkannte Historiker in geschichtswissenschaftlichen Gesamtüberblicken die gängigen Klischees über die Trümmerfrauen eher kolportieren, als sie infrage zu stellen. So schrieb etwa Eckart Conze 2009: „Vor allem die ‚Trümmerfrauen' haben ihren Platz im kollektiven Gedächtnis der Deutschen gefunden. Da die Männer erst allmählich aus der Kriegsgefangenschaft zurückkehrten, viele erst nach Jahren, war es Frauen, Kindern und Alten überlassen, die Trümmer zu beseitigen." Diese Darstellungen nehmen jedoch bei einer etwas genaueren Betrachtung kuriose Züge an. Denn in Deutschland lagen immerhin 400 Millionen Kubikmeter Trümmer und Schutt, sodass sich geradezu die Frage aufdrängt: Waren die Frauen mit ihren Eimerketten dazu imstande, diese Trümmermassen zu räumen?

Axel Schildt gibt darauf in seinem Überblickswerk zur Sozialgeschichte der Bundesrepublik eine deutlich negative Antwort, indem er betont, dass die Trümmerräumung entgegen symbolträchtiger Legenden maschinell mit schwerem Gerät bewältigt worden sei. Außerdem weist er darauf hin, dass die Trümmerbeseitigung ebenfalls entgegen heutiger Vorstellungen nicht erst nach dem Ende des Krieges begann, sondern ihren Ursprung bereits während des Luftkrieges hatte. Dieser Einwand ist nur allzu plausibel, schließlich mussten die durch die Luftangriffe verursachten Schäden zeitnah beseitigt werden, um das Leben während des Krieges aufrechtzuerhalten. Und so muss Schildts treffender, aber eher beiläufig formulierter These hinzugefügt werden: Bereits vor Beginn des Luftkrieges etablierten die Nationalsozialisten zentral gelenkte Maßnahmen zur Trümmerräumung, die mit der verstärkten Bombardierung durch die Alliierten beständig ausgeweitet wurden. Zum Einsatz kamen neben Bauhandwerkern und Mitgliedern unter anderem der Luftschutzpolizei, des Reichsarbeitsdienstes, der Hitler-Jugend und der Wehrmacht vor allem Zivilarbeiter, Kriegsgefangene und KZ-Häftlinge. Der massive Einsatz von Zwangsarbeitern konnotierte die Trümmerräumung deutlich als Strafarbeit. Diese Idee wurde in der Nachkriegszeit von den alliierten Militärregierungen und deutschen Stadtverwaltungen weiter fortgesetzt, denn nun wurden zuallererst ehemalige NSDAP-Mitglieder und deutsche Kriegsgefangene als Sühnemaßnahme zur Trümmerräumung eingesetzt. Davon abgesehen waren in der Nachkriegszeit in erster Linie professionelle Firmen und Gesellschaften – wie beispielsweise die Frankfurter Trümmerverwertungsgesellschaft – mit schwerem Gerät und Fachkräften die Träger der Enttrümmerung. Über die Initiierung von Bürgereinsätzen und Dienstverpflichtungen von Arbeitslosen wurde der Arbeitskräftemangel ausgeglichen.

Während in der amerikanisch und in der französisch besetzen Zone die Heranziehung von Frauen zur Trümmerräumung dezidiert abgelehnt wurde, wurde in der britisch besetzten Zone zwischen 1945 und 1947 eine sehr geringe Zahl von Frauen hierfür eingesetzt. Lediglich für Berlin und die Städte der Sowjetischen Besatzungszone (SBZ) lässt sich der Einsatz von vor allem arbeitslosen Frauen zur Enttrümmerung in einem größeren Umfang nachweisen. [...]

Insgesamt ist demnach festzuhalten, dass Frauen bei der Trümmerräumung eine deutlich nachgeordnete Rolle zukam. Dennoch stellen die in Berlin und der SBZ eingesetzten Bauhilfsarbeiterinnen den Kern dar, von dem aus sich der Mythos der Trümmerfrauen entspinnen lässt. Denn zeitgleich mit der Zulassung von Tageszeitungen und Frauenzeitschriften in Berlin und der SBZ 1945 beziehungsweise 1946 avancierte die enttrümmernde Frau dort zum Medienschlager. Vor allem die Berliner Berichterstattung zeichnete das Bild von den heldenhaften Berliner Frauen, die selbstlos damit begannen, die Stadt aufzuräumen. Und so waren es auch diese Zeitungsartikel, die den Begriff der „Trümmerfrau" aus der Taufe hoben und ihn mit vielen der noch heute gängigen Stereotypen aufluden: „Frauen sahen bei ihren täglichen Gängen dieses Chaos. Aber nicht lange, denn in ihnen regte sich der Wille zur Abhilfe und zum Aufräumen. Und der Wille wuchs zur Tat – ohne Auftrag von oben [...]." Gerade die Freiwilligkeit, mit der die Frauen angeblich ans Werk gingen, wurde beständig wiederholt.

Leonie Treber, Mythos „Trümmerfrau": deutsch-deutsche Erinnerungen, in: Aus Politik und Zeitgeschichte, Heft 16-17/2015; zitiert nach: www.bpb.de/apuz/204282/mythos-truemmerfrau?p=all [Zugriff: 02.05.2016] (ohne Anmerkungen)

M2 „Trümmerfrauen" im Bild

Die Historikerin Marita Krauss setzt sich in einem Beitrag von 2009 mit der Bedeutung der Fotografien von „Trümmerfrauen" aus den ersten Nachkriegsjahren auseinander:

Die Bilder von Trümmerstädten, oft im Geiste ästhetisierender Ruinenromantik inszeniert, liefern ein großes Panorama des deutschen Leidens aufgrund des Bombenkrieges der Alliierten. [...] Sie sind die Gegenerzählung zu den Bildern aus den Konzentrationslagern, die das Schreckliche thematisieren, das die Deutschen anderen zufügten.

In diesem Spektrum nehmen die Bilder der Trümmerfrauen einen besonderen Platz ein. Sie sind Teil einer Hoffnungsikonografie[1]. Die Fotos bilden keine düstere Trümmersituation ab, sie stehen vielmehr für den Neuanfang. [...] Zeitlich liegt der Schwerpunkt der Bilder im Sommer 1945 und 1946 und geografisch in Berlin. Dieser geografische Schwerpunkt ist kein Zufall: Trümmerfrauen im engeren Sinn gab es vor allem in Berlin: Hier mussten sich die Frauen ab dem 1.6.1945 beim Arbeitsamt melden, sie wurden registriert und als „Hilfsarbeiterinnen im Baugewerbe" dienstverpflichtet. [...]

In den meisten westdeutschen Städten wurde die Trümmerräumung jedoch von Anfang an anders organisiert: Sie lag in den Händen professioneller Baufirmen, die überwiegend Männer beschäftigten. Gut belegt ist dies beispielsweise für München oder für Heilbronn. Wenn es Zwangsverpflichtungen gab, dann von ehemaligen NS-Parteigenossen und von deutschen oder ungarischen Kriegsgefangenen, die unter alliierter Aufsicht standen. [...] Es sollten, so die übereinstimmende Haltung der Stadtverwaltungen und der Militärregierungen, diejenigen den Schutt wegräumen, die für den Krieg verantwortlich waren. NS-belastete Frauen waren dabei mit zu erfassen, hatten sie doch auch, so eine Münchener Stadträtin, während der vergangenen Jahre Zeit gehabt, „herumzulaufen und Geld einzusammeln [...], sie müssen heute auch in der Lage sein, hier mitzuarbeiten". [...]

Warum, so ist zu fragen, war es wichtig, dass die Rolle der Frauen bei der Trümmerräumung so betont wurde? Warum verschwanden vor allem die räumenden Männer in der Ikonografie des Trümmerfotos? Diese Betonung scheint nicht primär zeitgenössisch zu sein: In München wurde jedenfalls in dem Aufbaubericht *Aus Trümmern wächst das neue Leben* von 1949 korrekt die Rolle der amerikanischen Besatzer, der deutschen und ungarischen Kriegsgefangenen, der NS-Belasteten und dann auch der Baufirmen genannt. Keine Trümmerfrau weit und breit. Doch ein Blick in die Frauenzeitschriften dieser Jahre mit den sprechenden Namen *Der Regenbogen* und *Der Silberstreifen* zeigt: Viele Frauen sahen sich selbst in der Rolle, die ihnen dann nachträglich zugewiesen wurde. [...] Frauen, so suggerieren diese Texte, waren nicht an der „Verwahrlosung" während der NS-Zeit beteiligt, sie sind „anständig" und „gerecht" geblieben und bieten sich daher als Wegweiserinnen in die Nachkriegszeit an. Damit wird die aktive Rolle der Frauen während der NS-Zeit verleugnet, deren Dimensionen inzwischen immer deutlicher zutage treten. [...]

Ein Zweites kommt hinzu: Als die neue Frauenbewegung der 1970er-Jahre auf die Suche nach den Frauen in der Geschichte ging, war es naheliegend, den eigenen Müttern ein Denkmal zu setzen. In den Blick kamen damit die „starken Frauen" der Nachkriegszeit, die in einer vaterlosen Gesellschaft die Kinder alleine großzogen, für Essen und das alltägliche Überleben sorgten. Da diese Alltagsarbeit, tatsächlich das millionenfache Schicksal der Nachkriegsfrauen, nicht spektakulär genug schien, trat die „Trümmerfrau" im engeren Sinne in den Mittelpunkt, die mit schwerer Arbeit den Karren aus dem Dreck zog und „wie ein Mann" anpackte. Es ist daher nicht verwunderlich, dass manche Trümmerfrauen-Bilder eigentlich „Trümmerspechte" zeigen, also Frauen, die Holz für den heimischen Ofen aus den Ruinen holen.

Marita Krauss, Trümmerfrauen. Visuelles Konstrukt und Realität, in: Gerhard Paul (Hrsg.), Das Jahrhundert der Bilder, Bd. I: 1900 bis 1949, Göttingen 2009, S. 740 f. und 743 f.

[1] **Ikonografie**: Geschichte der Bilder; Bildikonen sind Bilder, die symbolisch für historische Ereignisse stehen und in das kollektive Gedächtnis einer Gesellschaft eingegangen sind, vgl. dazu auch den Methoden-Baustein auf S. 387 ff.

M3 „Trümmerfrauen" im Film

Das Erste Deutsche Fernsehen strahlt am 25. April 2016 um 23:45 Uhr die Dokumentation „Mythos Trümmerfrau" aus. Der Journalist René Martens geht einen Tag später in einem Zeitungsartikel auf die filmische Dekonstruktion des Mythos ein und schreibt:

Lobte man die Dokumentation „Mythos Trümmerfrau" dafür, dass sie ein weit verbreitetes Bild korrigiert, wäre das berechtigt. Es wäre aber auch untertrieben. Denn die Dokumentation von Judith Voelker und Julia Meyer, die die ARD heute zum Abschluss der zweiten Staffel der Geschichts-TV-Reihe „Akte D" ausstrahlt, leistet mehr. Sie zeigt nicht nur, wie in der Öffentlichkeit ein Bild der Nachkriegszeit entstanden ist, das mit der historischen Realität wenig zu tun hat, sondern auch, wie dieses Bild in den letzten rund 70 Jahren immer wieder anders inszeniert und instrumentalisiert wurde.

Die heldenhafte, opferbereite Frau, die, bestenfalls mit Eimern und Schaufeln ausgestattet, Trümmer beseitigt – die Basis für dieses Bild schufen noch die Nationalsozialisten. Sie verbreiteten Fotos und Filmaufnahmen von schick gekleideten und trotz harter Arbeit heiter wirkenden Frauen. Dabei handelte es sich aber um Schauspielerinnen. Entfernt vergleichbare Inszenierungen gab es auch nach dem Krieg: Der deutsch-amerikanische Oscar-Preisträger William Wyler drehte 1945 Filme mit Trümmerfrauen. Auf den Bildern, die die ARD-Autorinnen zeigen, sind Frauen zu sehen, die genervt sind von Regieanweisungen.

Im Kern macht „Mythos Trümmerfrau" deutlich: Die Aufräumungsarbeiten erledigten – und es ist erstaunlich, dass man es betonen muss – in erster Linie Baufirmen mit ihren Maschinen. Zumindest im Westen Deutschlands war nur ein Bruchteil der weiblichen Bevölkerung an der Schutträumung beteiligt – und das auch nur wenige Monate lang. Vor allem aber machte das niemand freiwillig. Judith Voelker und Julia Meyer erinnern daran, dass die Nazis während der Krieges Zwangsarbeiter dazu verpflichteten, einen großen Teil des durch Bombenangriffe entstandenen Schutts zu beseitigen. In der Nachkriegszeit waren es dann die Alliierten, die deutsche Kriegsgefangene und NS-belastete Frauen mit Trümmerarbeit bestraften. Andere Frauen schufteten in den Ruinen, um bessere Essensrationen zu bekommen.

Faszinierend ist, dass sich das Bild im Westen und im Osten Deutschlands unterschiedlich entwickelte. In Westdeutschland [...] etablierte sich die Sichtweise, die Schutträumerinnen seien vor allem Opfer des Krieges. In der sowjetisch besetzten Zone erwies sich die Trümmerfrau dagegen als „die Idealbesetzung für den Prototyp sozialistische Frau", wie es Gunilla Budde, Geschichtsprofessorin an der Uni Oldenburg,

▲ **„Trümmerfrauen" in Berlin.**
Foto vom April 1946.

im Film formuliert. Bezeichnend, so Budde, seien die Unterschiede zwischen den Trümmerfrauen-Denkmälern in Ost und West. Während in DDR-Städten welche entstanden, die Optimismus ausstrahlen, zeigt etwa ein Denkmal im alten West-Berlin eine traurige Frau.

Mitte der 1980er-Jahre dann eine überraschende Wende. Als Reaktion auf eine Rentenreform, die Mütter der Geburtsjahrgänge vor 1921 benachteiligte, definierte die Seniorenbewegung den Begriff „Trümmerfrau" nun um zu einer Bewunderung ausdrückenden Sammelbezeichnung für sämtliche Frauen der Wiederaufbaugeneration. Rechtzeitig zur Wiedervereinigung näherten sich die in Ost und West verbreiteten Bilder also wieder an.

Hervorzuheben ist an dieser Dokumentation auch die exzellente Auswahl der InterviewpartnerInnen. Jeder O-Ton der beteiligten Historikerinnen und Historiker [...] hat Substanz. Nicht zuletzt ist „Mythos Trümmerfrau" eine implizite Kritik an jenen vielen Geschichtsfernsehmachern, die kaum hinterfragen, wie die von ihnen verwendeten Bilder entstanden sind.

Réne Martens, Alles für die Heimat. Doku über Trümmerfrauen, in: taz: die tageszeitung vom 25. April 2016, S. 17

1. *Diskutieren Sie, warum sich die „Trümmerfrau" als „deutsche Identifikationsfigur" anbot (M1 bis M3).*
2. *Arbeiten Sie heraus, warum gerade Fotografien von „Trümmerfrauen" in das kollektive Gedächtnis der Deutschen eingingen (M3).*
3. *Stellen Sie dar, welche historischen Tatsachen über die Betonung der Aufbauarbeit der „Trümmerfrauen" in Vergessenheit gerieten (M2 und M3).*
4. *Erörtern Sie abschließend, welche Funktionen Mythen für eine Gesellschaft übernehmen können.*

Wie wird an Verbrechen erinnert?

▲ **„Mutter mit totem Sohn."**
Foto vom 10. November 1993. 1993 vergrößerter Bronzeguss einer Skulptur von Käthe Kollwitz, 1937-1939. Die Figur befindet sich in der Neuen Wache in Berlin, die 1993 auf Beschluss der Bundesregierung zur „Zentralen Gedenkstätte für die Opfer von Krieg und Gewaltherrschaft" ernannt worden ist. Bundeskanzler Helmut Kohl hatte sich für die Aufstellung der Kollwitz-Skulptur eingesetzt. Das wurde von vielen Intellektuellen kritisiert. Der Historiker Reinhart Koselleck gab z. B. zu bedenken, dass die Figur für einen Kriegsfreiwilligen des Ersten Weltkrieges geplant war und die christliche Symbolik der Plastik – sie erinnert an eine trauernde Muttergottes (Pietà) – den ermordeten Juden (Holocaust) und den vielen zivilen Opfern des Zweiten Weltkrieges nicht gerecht würde.

Einführung

Ein Jahrhundert der Völkermorde Das 20. Jahrhundert war ein Jahrhundert der Gewalt, der Vertreibungen und Völkermorde. Ohne Anspruch auf Vollständigkeit sind in chronologischer Reihenfolge zu nennen:

- der deutsche Völkermord an den Herero (1904-1908)
- der türkische Genozid an den Armeniern (1915-1916)
- die Auslöschung von Millionen ukrainischer Bauern durch Hungertod unter dem stalinistischen Regime (1932-1933)
- die Vernichtung der Bevölkerung von Nanking und Umgebung durch die japanischen Besatzer (1937-1938)
- der von den Nazis verübte Massenmord an der jüdischen Bevölkerung Europas sowie an den Sinti und Roma (1941-1945)
- die Millionen Opfer des „Großen Sprungs nach vorne" und der „Kulturrevolution" (1950-1960) in der Volksrepublik China
- die Liquidierung der Tutsi durch das Hutu-Regime in Ruanda (1994)*

Demokratie und Erinnerung Alle diese Verbrechen wurden von Regierungen organisiert, die in den jeweiligen Staaten an der Macht waren – und keines in demokratisch regierten Ländern. Demokratie, so scheint es, ist die einzig wirksame Hemmschwelle gegen „Verbrechen gegen die Menschlichkeit".

Demokratisch verfasste Staaten, so lässt sich daraus folgern, sind in der Lage, an die in ihrer Geschichte begangenen Verbrechen öffentlich zu erinnern, um sie dadurch für die Zukunft unmöglich zu machen. In welcher Form das geschieht, bestimmen in demokratischen Gesellschaften nicht allein die Regierenden. Daran beteiligt sind auch Wissenschaftler, Künstler und Journalisten sowie Opferverbände, historische Vereine, Geschichtswerkstätten und sonstige unabhängige Initiativen.

Aber auch in autoritären Staaten gibt es Initiativen, die – wie die russische Menschenrechtsorganisation *Memorial* – an die Verbrechen der Vergangenheit erinnern.**

Informieren Sie sich in Gruppenarbeit über die genannten Verbrechen. Versuchen Sie auch zu ermitteln, wie heute an die Opfer und Täter erinnert wird. Tragen Sie die Ergebnisse ihrer Recherchen im Kurs vor.

* Hinweise zum Völkermord an den Herero finden Sie auf S. 128 und 133, M2. Zum Holocaust siehe bes. S. 299 f.; zum Umgang in der Bundesrepublik mit diesem Völkermord lesen Sie bitte das Kapitel „Umgang mit der NS-Vergangenheit" auf S. 436 ff. Zu den Opfern der Gewalt in der Volksrepublik China siehe z. B. die OnLine-Kapitel „Kommunistische Experimente in China" und „China nach Mao Zedong – der Weg zur Supermacht"; siehe Code **4673-00**.

** Siehe das folgende Kapitel.

Erinnern an den Stalinismus – zwischen Tabuisierung und Auseinandersetzung

Verdrängt und unterdrückt In dem 1990 wiederentstandenen Russland wurden bislang die zahlreichen internen Nationalitätenkonflikte aus der Zeit des Zarenreiches („Vielvölkergefängnis") und der Sowjetunion nicht öffentlich aufgearbeitet. Vielmehr versucht die Politik, sie zu verdrängen oder zu unterdrücken. Die Folgen dieser Nichtbearbeitung von historischen Konfliktkonstellationen erlebt daher Russland gegenwärtig an den Rändern seines Vielvölkerreiches auf schmerzliche Weise in Gestalt zahlreicher blutiger Kriege, u. a. mit den Tschetschenen, Kirgisen, Usbeken, in Moldawien, der Ukraine usw. Russland hat sich bis heute einer differenzierten Aufarbeitung versagt. Die Regierenden ignorieren oder unterdrücken Gruppen, die sich mit derartigen Fragen kritisch befassen, wie etwa die 1988 in Russland gegründete Menschenrechtsorganisation *Memorial* (▸ M1).

▲ **„GULAG. Spuren und Zeugnisse 1929 - 1956."** *Umschlag eines Ausstellungskataloges, der von Volkhard Knigge und Irina Scherbakowa (siehe M3) im Auftrag der Menschenrechtsorganisation „Memorial" (Moskau) und der Stiftung Gedenkstätten Buchenwald und Mittelbau-Dora 2012 herausgegeben wurde.*

Nur der Sieg über den Faschismus zählt In Russland erinnere man sich eher an den Sieg über den Faschismus als an den Sieg über den Kommunismus, so die Historikerin *Jutta Scherrer* in einem Essay zur Vergangenheitspolitik in der ehemaligen UdSSR: Der 9. Mai 1945 sei der einzige große Feiertag, der aus der sowjetischen Vergangenheit übrig geblieben ist. Jeder sei davon überzeugt, dass sich das Schicksal des Zweiten Weltkrieges auf russischem Boden entschieden habe. „Emotional und moralisch bedient die Erinnerung den Stolz auf eine ruhmreiche Vergangenheit, die in die weniger glorreiche Gegenwart reicht." Noch immer sei in den Familien das Gedenken an die Opfer wach. Noch immer würden sich junge Paare am Tag ihrer Eheschließung zum Grab des Unbekannten Soldaten begeben. Freiwillige Jugendgruppen würden seit Jahren in den Sommerferien die Schlachtfelder nach Überresten der Gefallenen absuchen, um diese endlich würdig zu bestatten zu können (▸ M2).

Dagegen wird an die Verbrechen unter Stalins Herrschaft kaum erinnert.* Stattdessen erlebt der Diktator in Russland eine merkwürdige Wiedergeburt, was auch an den wohlwollenden Veröffentlichungen über ihn ablesbar ist. Eine Mehrheit der Russen rückt ihn in die Ahnengalerie der wichtigsten Staatsmänner der Welt. Ihr Staatspräsident *Waldimir Putin*** betreibt offenbar unterschwellig eine Rehabilitierung Stalins, um seine eigene autoritäre Politik zu legitimieren; und auch die russisch-orthodoxe Kirche beteiligt sich an diesem Unternehmen (▸ M3).

DVD-Tipp:
Die letzten Zeugen des Gulag; Regie: Dean Cáceres und Lars Henze, 2012 - 2014

* Siehe dazu S. 177 ff.
** **Wladimir Putin** (geb. 1952) begann seine Karriere 1975 beim Geheimdienst. Er war von 2000 bis 2008 Staatspräsident Russlands. In dieses Amt wurde er 2012 wiedergewählt.

M1 „Archäologen des Verbrechens“

Johannes Voswinkel, der Leiter des Büros der Heinrich-Böll-Stiftung in Moskau, schreibt 2003 über die Arbeit von „Memorial“:

Irina Fliege gehört als Vorsitzende der privaten Organisation Memorial in St. Petersburg zu der winzigen Minderheit, die seit mehr als einem Jahrzehnt an dem Schutzwall aus Verdrängung, Gleichgültigkeit und Ablehnung kratzt, den die russische Gesellschaft um sich errichtet hat. In einem Land, in dem das *Schwarzbuch des Kommunismus*[1] selbst als Ramschexemplar kaum Käufer fand, kann Memorial nur dank des Geldes ausländischer Stiftungen überleben. Grauhaarige Exdissidenten und jugendliche Aktivisten mühen sich hier, mit der Publikation von Erschießungslisten und Gedenkbüchern den Opfern ihren Namen zurückzugeben. Womöglich finden sie in den zumeist fensterlosen Räumen der Organisation auch ein wenig Erlösung von der Leugnungs- und Beschönigungskultur, die draußen herrscht. Nur: „Ohne die notwendige Selbsterkenntnis kann es in Russland keine demokratische Entwicklung geben“, klagt Irina Fliege. Deshalb gräbt sie weiter nach der historischen Wahrheit, notfalls mit Georadar und Spaten. [...]

Im Sommer vergangenen Jahres stieß die Memorial-Suchgruppe auf einem Truppenübungsplatz bei Toksowo nördlich von St. Petersburg auf menschliche Überreste. Bisher war in der Stadt der Oktoberrevolution nur der Friedhof von Lewaschowo als Gebeinstätte für die Opfer des stalinistischen Terrors bekannt. Noch 1989 bewachten Schergen und Bluthunde des KGB hinter einem mannshohen Zaun die verscharrten Leichen der Verhafteten, die zwischen 1937 und 1964 in den Kellern der Geheimdienstzentrale „Großes Haus“ starben. Etwa 24 000 Tote wurden nach Lewaschowo gekarrt, doch allein der „Säuberung“ 1937 und 1938 fielen im damaligen Leningrad und in der Umgebung 40 000 Menschen zum Opfer. Grund genug, die Existenz eines weiteren Massengrabes zu vermuten. Die Suche dauerte fünf Jahre. [...]

Die Arbeit von Memorial stört viele im heutigen Russland. Breites Interesse an der eigenen Geschichte schien nur zum Ende der Perestroika auf. Unter Staatschef Michail Gorbatschow[2] öffneten sich damals die Kellertüren der Staatsarchive und gaben einen sensationellen Blick auf die Leichen des Sowjetregimes frei. Doch die Protagonisten der alten und der neuen Politikerschar wichen jeder aufrichtigen Beschäftigung mit den kommunistischen Verbrechen aus. Forderungen aus der Bevölkerung nach einer Wahrheitskommission und einem „Nürnberger Prozess“[3] für Moskaus Unrechtstaten verstummten vor der Springflut der freigegebenen Preise und der Angst ums Überleben. Im Chaos des Zerfalls wollte sich kaum jemand den vermeintlichen Glanz der Vergangenheit blind reden lassen. Die Archive, die den Historikern ein paar Knochen freigegeben hatten, reglementierten wieder den Zugang zum Gesamtskelett.

Was Wunder: Die Deutungshoheit über die Geschichte ist schließlich eine Machtfrage. Die Enthüllungen über sowjetische Verbrechen dienten den Antikommunisten zur Diskreditierung der ehemaligen Staatspartei. Zehn Jahre später begründete der frühere KGB-Oberstleutnant Wladimir Putin einen retrospektiven Staatsmythos, der die Kontinuität zwischen dem neuen Russland und der alten Sowjetunion wiederherstellt.[4] Putin enthüllte eine Gedenktafel für den KGB-Chef Jurij Andropow[5], rehabilitierte die Stalin'sche Staatshymne und gab der Armee ihr Wahrzeichen zurück, den roten Stern. Die patriotische Verklärung des alten Großreiches findet ihre Gipfelpunkte im Sieg über Hitler und in der Eroberung des Kosmos. Das Gedenken an die kollektiven Helden und Opfer befreit von der lästigen Frage nach den individuellen Henkerstaten. Die Namen derer, die Erschießungsbefehle unterschrieben, sind wieder Staatsgeheimnis. [...]

Die offiziöse Geschichtsschreibung Russlands bleibt die des Staates, der den Menschen bis in den Tod in Besitz hält. Das Ausbleiben der Vergangenheitsbewältigung nährt das Unwissen und alte Stereotype. In Meinungsumfragen sehen mehr als die Hälfte der Russen Stalin ambivalent oder positiv.

Johannes Voswinkel, „Archäologen des Verbrechens“, in: Die Zeit Nr. 10 vom 27. Februar 2003

Erläutern Sie, warum die Arbeit der Gruppe „Memorial“ in Russland auf staatliche Widerstände und gesellschaftliches Desinteresse stößt. Berücksichtigen Sie auch M3, S. 556 f.

[1] **„Schwarzbuch des Kommunismus“**: Titel einer 1997 zuerst in Frankreich von dem Historiker Stéphane Courtois und anderen Autoren veröffentlichte Aufsatzsammlung, in der die Verbrechen kommunistischer Staaten, Regierungen und Organisationen dargestellt werden

[2] **Michail Gorbatschow**: Siehe S. 341.

[3] Zum Nürnberger Prozess siehe S. 438 f.

[4] Siehe dazu auch M3, S. 556 f.

[5] **Juri W. Andropow** (1914-1984): Von 1967 bis 1981 leitete er den Kommunistischen Geheimdienst (KGB), 1982 bis zu seinem Tod war er Chef der KPdSU und Vorsitzender des Präsidiums des Obersten Sowjets der UdSSR.

M2 Mythos „Großer Vaterländischer Krieg“

Die Osteuropa-Historikerin Jutta Scherrer schreibt 2005 über die russische Erinnerungspolitik:

Sowjetischer Tradition gemäß wird weiterhin vom „Großen Vaterländischen Krieg“ gesprochen. Das Attribut vaterländisch, vom Parteiblatt Prawda bereits am 23. Juni 1941 lanciert, appelliert an den ersten „Vaterländischen Krieg“, in dem Russland über Napoleon siegte. „Die Kriegstraditionen unseres Landes geben sich nicht einfach von Generation zu Generation weiter, sie sind im Blut“, bekräftigte Putin[1] am „Tag des Verteidigers des Vaterlandes“. Putin will zum 60. Gedenktag entschieden mehr Patriotismus mobilisieren als Jelzin[2] zum 50. Ein eigens bestelltes Organisationskomitee Sieg soll das Gedenken für die „Wiedergeburt und Stärkung des Patriotismus“ und die „Erhöhung des internationalen Prestiges des russischen Staates“ nutzen. Die Veteranen aller „Kampfhandlungen“, in Afghanistan wie in Tschetschenien, ja sogar Veteranen des KGB[3] sollen dazu mobilisiert werden.
Die „Wahrheit des Krieges“, die in den staatlichen Verlautbarungen beschworen wird, soll nicht die Kriegsmythen ersetzen, sondern die Jugend zum Stolz auf die Heimat erziehen. Aus der Geschichte lernen, heißt die Devise. Ihre Hauptlektion – der „Triumph unseres Landes“ – dient auch zur Legitimation der Gewalt über Tschetschenien[4]. Dieser offizielle Diskurs, dem auch die Kirche folgt, zieht eine ausdrückliche Parallele zwischen dem Sieg über den Faschismus und dem Sieg über den internationalen Terrorismus. Die Russen haben die Faschisten besiegt, folglich werden sie auch die Terroristen (sprich Tschetschenen) besiegen. So hatte sich Putin nach dem Terroranschlag auf Beslan geäußert, und so ließ er sich zum 60. Gedenktag an die Befreiung von Auschwitz durch die Rote Armee vernehmen. Den Mut der (von ihm selbst geschaffenen) Spezialeinheiten [...] verglich er unmittelbar nach Beslan mit dem Mut der sowjetischen Soldaten im Zweiten Weltkrieg. [...]
Nach außen sind imposante Erinnerungsakte geplant, darunter eine neue Kriegsgeschichte, ein neuer Sender *Radio Sieg*, ein Zug von Moskau nach Berlin mit abschließenden Feierlichkeiten am Treptower Ehrenmal. Der „Große Vaterländische Krieg“ steht im Zentrum russischer Geschichtspolitik. Hatte die Oktoberrevolution den sowjetischen Staat legitimiert, so legitimiert der Sieg 1945 den postsowjetischen Staat. Schon 2001 hatte Putin die Historiker aufgefordert, die Kriegsverdienste Russlands und vor allem seiner Generäle stärker hervorzuheben. Irritiert von der Vielzahl der Lehrbücher, die der russische Markt inzwischen bietet, plädierte Putin für ein Einheitsgeschichtsbuch. Nach seinen Vorstellungen hat Geschichtsschreibung die Gesellschaft zu konsolidieren und nicht verschiedene Meinungen zu repräsentieren. [...] Einige Lehrbücher drucken, allerdings unkommentiert, das Zusatzprotokoll zum deutsch-sowjetischen Nichtangriffspakt ab, dessen Existenz die sowjetische Geschichtsschreibung bis 1989 leugnete.[5] Über Katyn[6] ist längst nicht in allen Lehrbüchern zu lesen.Dasselbe gilt für den Warschauer Aufstand[7], den die Rote Armee, ohne einzugreifen, aus der Nähe verfolgte. Der Holocaust ist nicht in die russischen Schulbücher und das kollektive Gedächtnis gelangt. Unter Stalin durfte der Mord an den Juden das Leid des sowjetischen Volks nicht in den Schatten stellen. Dabei ist es mehr oder weniger bis heute geblieben. Seit Gorbatschow[8] liegt die offizielle Zahl der Kriegstoten bei 27 Millionen (unter Stalin durften es aus Gründen des „großen Siegs“ nur sieben Millionen sein). Aber die Geschichte von unten, das Leben des einfachen Soldaten und der Bevölkerung im Hinterland, bleibt nahezu unbeachtet.

Jutta Scherrer, Geschichte? Aber bitte nur eine!, in: Die Zeit Nr. 19 vom 4. Mai 2005

Beurteilen Sie, wie der „Große Vaterländische Krieg“ bewertet werden soll. In welche historische Dimension wird er gerückt?

1 **Wladimir W. Putin**: Siehe Anm., S. 553.
2 **Boris N. Jelzin** (1931 - 2007): von 1991 bis 1999 erster demokratisch gewählter Staatspräsident Russlands
3 **KGB**: Komitee für Staatssicherheit, der sowjetische In- und Auslandsgeheimdienst
4 **Tschetschenien** ist eine im Nordkaukasus gelegene autonome Republik der Russischen Föderation. Nachdem das Land 1991 seine Unabhängigkeit erklärt hat, kam es zu zwei russisch-tschetschenische Kriegen (1994 - 1996 und 1999 - 2009), in deren Verlauf tschetschenische Extremisten auch Terroranschläge in Russland verübten.
5 Zum deutsch-sowjetischen Nichtangriffspakt von 1939 („Hitler-Stalin-Pakt“) siehe S. 285.
6 **Katyn**: Im September 1938 fielen rund 200 000 polnische Soldaten in die Hände der Roten Armee. Rund 10 000 von ihnen wurden im Frühjahr 1940 erschossen. Die Leichen wurden von der deutschen Wehrmacht in der Nähe von Katyn entdeckt, nachdem sie Weißrussland erobert hatte. Deutschland benutzte diesen Fund zur Propaganda gegen die Sowjetunion, die aber bestritt ihre Verantwortung und behauptete stattdessen, die Polen seien von den Deutschen ermordet worden. Nach dem Krieg musste das mit der Sowjetunion verbündete Polen diese Version offiziell vertreten.
7 Zum Aufstand im Warschauer Ghetto siehe S. 310.
8 **Michail Gorbatschow**: Siehe S. 341.

M3 „Stalin ist eine Projektionsfläche"

Die Historikerin Irina Scherbakowa, geboren 1949, stammt aus einer jüdischen Familie und lehrt Zeitgeschichte in Moskau. In einem Interview mit der „taz" erinnert sie im August 2012 an die Verbrechen des Stalinismus und nimmt Stellung zum aktuellen sowjetischen Führerkult.

taz: Frau Scherbakowa, gibt es in der russischen Gesellschaft eine Stalin-Renaissance?

Scherbakowa: Nicht generell. Die russische Gesellschaft ist in sich ja tief gespalten. Das zeigt sich auch in den scharfen Kontroversen um Stalin. Ein Teil der Gesellschaft verehrt Stalin wieder als Symbol für die Sowjetunion, für einen starken Staat.

taz: Was fasziniert 2012 denn an Stalin?

Scherbakowa: Man muss die Stalin-Verehrung historisch betrachten. Es gab sie schon in der Breschnew-Zeit[1], als Stalin als vitales Gegenbild zu dem senilen Politbüro entworfen wurde. Ein ähnlicher Effekt war in den 90er-Jahren in der Jelzin-Ära[2] zu beobachten, als der Staat schwach war und viele die Privatisierungswelle als Katastrophe erlebten. Ab Mitte der 90er wurde Stalin wieder zur Projektionsfläche für die Wünsche nach dem starken Mann. Das kann man auch als Nostalgieschub betrachten.

taz: Wie sieht das Stalin-Bild unter Putin aus?

Scherbakowa: Putin inszenierte sich ja selbst von Anfang an als starken Führer. Demokratie und Pressefreiheit spielen keine Rolle, dafür werden Patriotismus und das Bild eines mächtigen Russland hochgehalten. Das wurde in der Putin-Zeit mehr und mehr zum Geschichtsbild: Schluss mit der Schwarzmalerei unserer Vergangenheit. Wir sollen das Positive in der Historie sehen, das hat Putin so formuliert. Eine Schlüsselrolle spielt daher der Sieg 1945, der Große Vaterländische Krieg. Und damit Stalin als angeblicher Autor dieses Sieges.

taz: Deshalb rücken die Verbrechen des Stalinismus in den Hintergrund?

Scherbakowa: Nicht nur in den Hintergrund. Sie werden verdrängt oder bis zur Unkenntlichkeit relativiert. Aber der Stalin-Mythos speist sich heute auch aus anderen Gründen – aus Unzufriedenheit mit der Gegenwart. Viele empfinden es so: Die heutigen Machthaber tun nur so, als wären sie stark und patriotisch. In Wirklichkeit sind sie korrupt, haben ihr Geld im Ausland und schicken ihre Kinder auf Schulen in England. Stalin ist in dieser Fantasie das Gegenbild zu dieser Elite: ein wahrer, schlichter, bescheidener Volksführer.

taz: Deshalb ist es so schwierig, die Verbrechen des Stalinismus anzuerkennen?

Scherbakowa: Der Hauptgrund ist: Es gibt bis jetzt kein Narrativ[3] für den Stalinismus, jedenfalls kein einfaches. Täter und Opfer sind im Stalinismus nicht leicht zu unterscheiden. Täter wurden später oft selbst Opfer, und es kennzeichnet das System, dass wirklich jeder und jede Opfer werden konnte. Alle waren in gewisser Weise Teil des Systems. Es gibt Opfer, die im Gulag[4] waren und gläubige Anhänger dieses System blieben.

taz: Es gibt also, anders als bei Verbrechen wie Genoziden, keine kollektive Identität der Opfer.

Scherbakowa: Ja, genau. Nehmen sie zum Beispiel den berühmten Marshall Tuchatschewski. Er schlug 1921 äußerst brutal Bauernaufstände und die Revolte in Kronstadt nieder, wurde zur Nummer eins in der Roten Armee. 1937 ließ ihn Stalin im Großen Terror hinrichten. Ist Tuchatschewski Opfer oder Täter? Beides. Was ist mit den NKWD-Männern[5], die mordeten und folterten, ehe sie selbst ermordet wurden? Ihre Familien, ihre Kinder und Enkel empfinden sie als Opfer. In gewissem Sinn sind sie das auch – dass sie auch brutale Täter waren, wird bis heute oft ausgeblendet. Es gab Hunderttausende, die in den Versammlungen der Arbeitskollektive den Großen Terror bejahten und den Tod sogenannter Volksfeinde forderten. Aus Angst, Anpassung, Überzeugung.

taz: Es war ein System, das fast alle zu Unterstützern und potenziellen Opfern machte?

Scherbakowa: Ja, sehr, sehr abgeschwächt gab es diese Konstellation auch in der DDR. Auch dort fühlten sich viele gleichzeitig als Opfer des Systems, obwohl sie teils aus Selbstschutz auch Beteiligte waren. Diese Diffusität[6] wurde im Stalinismus enorm durch die Heuchelei gesteigert, die es vielleicht so im Nationalsozialismus nicht gab. Im NS-System gab es auch Lügen. Goebbels[7] ist zum Symbol dieser propagandistischen Lügen geworden. Aber jeder, der es wissen wollte, wusste, was die Rassendoktrin der Nazis war.

In der Sowjetunion war der Terror hingegen von der monströsen Heuchlerei verdeckt. Denn man huldigte ja der Solida-

[1] **Breschnew-Zeit**: Zeit, in der Leonid I. Breschnew (1906-1982) verantwortlich für die sowjetische Politik zeichnete. Er war ab 1964 Generalsekretär der KPdSU und ab 1977 bis zu seinem Tode Vorsitzender des Obersten Sowjets; siehe S. 333.

[2] **Boris Jelzin**: Siehe M2, Anm. 2.

[3] **Narrativ**: Äußerung, die sich auf etwas Vergangenes bezieht; Geschichtserzählung, -schreibung

[4] **Gulag**: Abkürzung für russ. Glawnoje Uprawlenije Lagerei: Staatliche Lagerverwaltung. Sie war verantwortlich dafür, dass Millionen Menschen in zahlreichen Lagern systematisch gequält und erniedrigt oder ermordet wurden; siehe S. 179.

[5] **NKWD**: Innenministerium der Sowjetunion. Es war verantwortlich für den Gulag; siehe S. 178 f.

[6] **Diffusität**: Verschwommenheit

[7] **Joseph Goebbels**: Siehe S. 261.

rität, der Befreiung aller Menschen, dem Internationalismus. Dieser Zwiespalt zwischen dem offiziellen Ideal und dem nackten Terror findet sich ins Absurde gesteigert in den Aussagen in den Moskauer Schauprozessen der 30er-Jahre, in denen die Opfer ihre eigene Vernichtung rechtfertigten.

taz: Es existieren nur wenige Bilder von den stalinistischen Verbrechen. Was bedeutet das für die kollektive Erinnerung?

Scherbakowa: Das ist ein schwieriges Problem. Wir haben uns heute daran gewöhnt, alles zu visualisieren. Vor allem die Jüngeren brauchen Bilder, mehr als früher. Das Literarische, mit dem ich groß geworden bin, hat an Bedeutung verloren. Bücher haben für uns eine enorme Rolle gespielt. Ich habe 1974 Solschenyzins „Archipel Gulag"[8] gelesen oder vielmehr verschlungen. Hinzu kommt: In meiner Generation kannten viele Zeitzeugen oder Kinder von Ermordeten oder Häftlingen. Diese direkte familiäre Erinnerung verschwindet nach und nach. Allerdings gibt es ein interessantes Moment, das man in Westeuropa wenig begreift ...

taz: Nämlich?

Scherbakowa: Es gibt in der familiären Erinnerungskultur in Russland eine mythisch verformte Erinnerung an den Terror der Stalin-Zeit. Denn der Unterschied zwischen dem Gulag und dem „normalen" Leben war oft nicht so riesig. Hunger, Kälte, Armut, Baracken waren auch typisch für das Leben in vielen russischen Dörfern. Die Erinnerung an diese extreme Armut ist ein fester Bestandteil der familiären Erinnerungskultur in Russland. In gewisser Weise ist die Erinnerung an den Gulag darin aufgehoben. Sie schimmert, in mythischer Form, in diesen Erinnerungen durch.

Typisch ist zum Beispiel die Erinnerung an einen Urgroßvater, der ein wohlhabender Bauer war, und dann enteignet und verhaftet wurde. Oder man erinnert sich an ein hartes, entbehrungsreiches Leben, an Unterdrückung und Gewalt – und gleichzeitig sagt man, dass Stalin ein guter, weiser Führer war. Das sind die Paradoxien des gespaltenen russischen und oft patriarchalen historischen Bewusstseins.

taz: Darin spiegelt sich die Täter-Opfer-Ambivalenz des Stalinismus wider.

Scherbakowa: Das ist der Schlüssel, auf den man immer wieder stößt. Nehmen sie zum Beispiel Boris Jelzin. Dessen Vater wurde entkulakisiert, also enteignet, verhaftet und in den Gulag gebracht. Jelzin machte trotzdem – oder sogar umso hartnäckiger – eine Parteikarriere. Bei Gorbatschow war es ähnlich. Dort wurde der Großvater inhaftiert.

taz: Ist der Stalin-Kult 2012 durchweg ernst gemeint? Oder ist das auch Pop?

Scherbakowa: Ich würde nicht von Stalin-Kult reden. Laut Umfragen halten 30 Prozent Stalin für eine große Figur der Geschichte. Aber nur ganz wenige, drei Prozent, würden gerne in dieser Zeit leben. Ja, das mediale Bild Stalins ist auch Pop. Stalinismus assoziiert für viele das Blutige und Gruselige, Action und das Böse. Dagegen erscheint ein ziviles, normales Leben doch ziemlich fade. Davon lebt massiv das russische Fernsehen. Es gibt unzählige russische TV-Serien, die in den 30ern spielen. Diese Serien sind nicht unbedingt prostalinistisch, aber sie verkitschen und trivialisieren die Vergangenheit.

Man sagt in Deutschland ja oft, dass die Dokumentationen von Guido Knopp die NS-Zeit banalisieren. Stellen Sie sich also Guido Knopp im Quadrat und als Fiktion vor – dann wissen Sie, wie die russischen Stalin-Serien aussehen. Allerdings scheint heute im TV eine Art Stalin-Müdigkeit zu herrschen. Der Reiz, ein Tabu zu brechen, ist verflogen.

taz: Gibt es im Moskauer Stadtbild sichtbare Zeichen der Erinnerung an Stalin-Opfer?

Scherbakowa: Sehr wenige. [...] Wir, die Organisation Memorial, haben lange dafür gekämpft, das Haus des Militärkollegiums des Obersten Gerichts, wo mehr als 30 000 im Schnellverfahren zum Tode verurteilt wurden, zum Museum zu machen. Man wollte daraus ein Einkaufszentrum machen. Es ist uns gelungen, das Haus unter Denkmalschutz zu stellen. Doch einen Erinnerungsort wie Topographie des Terrors in Berlin gibt es nicht. Der Widerstand gegen alles, was an den Stalin-Terror erinnert, an Museen, Mahnmale, Gedenksteine, ist massiv. Die Lubjanka[9], wo Tausende gefoltert und ermordet wurden, ist nach wie vor Sitz des russischen Geheimdienstes FSB[10].

„Stalin ist eine Projektionsfläche". Interview von Stefan Reinecke mit Irina Scherbekowa, in: taz: die tageszeitung vom 16. August 2012; zitiert nach: www.taz.de/!5086303/ [Zugriff: 10.05.2016]

1. *Erläutern Sie, weshalb die in M3 erwähnten Aspekte der sowjetischen Geschichte ausgeblendet werden.*
2. *Begründen Sie, inwiefern die Geschichtspolitik einem autoritären Staatsverständnis dient (M1 bis M3).*
3. *Erörtern Sie, was die russische Geschichtspolitik für die Erinnerungskultur bedeutet (M1 bis M3).*

[8] **„Der Archipel Gulag"**: historisch-literarisches Werk des russischen Schriftstellers und Trägers des Nobelpreises für Literatur Alexander I. Solschenizyn (1918-2008). Es erschien 1973.

[9] **Lubjanka**: Hauptquartier, zentrales Gefängnis und Archiv des sowjetischen Geheimdienstes in Moskau

[10] **FSB**: der russische Inlandsgeheimdienst („Föderaler Dienst für Sicherheit der Russischen Föderation")

Wie wird Vergangenheit medial (re)konstruiert?

Einführung

▲ **„Fridericus Rex."**
Plakatentwurf von 1922 für den vierteiligen Historienfilm „Fridericus Rex". Zwischen 1920 und 1942 erschienen fünfzehn Fridericus-Rex-Filme, davon sieben nach 1933.

Historienfilme – Zeugnisse der Rezeption Historienfilme können (und wollen) den Betrachter für die Dauer von anderthalb oder zwei Stunden in ihren Bann ziehen und geradezu „überwältigen". Sie sprechen – mit allen Mitteln der Filmkunst – seine emotionalen und intellektuellen Fähigkeiten an und prägen dadurch sogar seine Weltdeutung. Vermutlich beeinflusst kein Medium die Vorstellungen von Geschichte so eindringlich wie der historische Spielfilm.

Spielfilme zu historischen Themen sind nicht etwa wertvolle Quellen über die dargestellten Zeiten und Epochen. Die Drehbuchmacher bedienen sich vielmehr recht selektiv aus der verfügbaren Literatur, und nicht immer ist sicher, ob sie historische Sachverhalte auch vollständig verstanden haben. Sehr wohl stellen Geschichtsfilme jedoch wichtige Zeugnisse für das zur Herstellungszeit vorherrschende Bild der dargestellten Ereignisse dar, also für die zeitgenössische „Geschichtskultur". Daher sind Filme wichtige Zeugnisse für die Rezeption von Geschichte.

So war etwa in der Weimarer Republik und im Nationalsozialismus eine Reihe von *Fridericus-Rex-Filmen* außerordentlich beliebt und kommerziell erfolgreich. Nach der Niederlage von 1918 konnte das deutsche Publikum auf der Leinwand nacherleben, wie deutsche Soldaten eben doch „große Kriege" gewannen, und im nationalsozialistischen Deutschland konnte der Zuschauer die Parallele zwischen der „großen Zeit" und seiner Gegenwart ziehen.

In den 1950er-Jahren war das deutsche Kino von Heimatfilmen dominiert, die wir heute ehr als „kitschig" empfinden. Die *Sissi-Trilogie* (1955-1957) wurde von 20 bis 25 Millionen Zuschauern gesehen. Auch hier erfahren wir wenig Zuverlässiges über die gesellschaftlichen Verhältnisse in der Doppelmonarchie Österreich-Ungarn zwischen 1853 und 1861, aber sehr viel über die Befindlichkeit des deutschen Kinopublikums der Fünfzigerjahre.

In Spielfilmen werden – für den Betrachter oft gar nicht ohne Weiteres erkennbar – im Gewand historischer Themen auch Gegenwartsbedürfnisse und aktuelle Fragen erörtert. So enthält z. B. der Film *Troja* des Hollywood-Regisseurs Wolfgang Petersen von 2004 eine ganz und gar US-amerikanische Deutung von Kämpfen, Kriegen und Weltpolitik. Bei genauer Analyse dieses Films erfährt man also viel mehr über die gegenwärtige Weltsicht der Amerikaner als über die Welt des griechischen Dichters Homer. Der Film Troja differenziert – ganz im Gegensatz zum griechischen Selbstverständnis – zwischen barbarischer griechischer und zivilisierter trojanischer Welt. Die US-Amerikaner führen ihr Imperium letztlich auf Troja zurück: Der trojanische Held Aeneas konnte nach den Kämpfen aus dem brennenden Troja flüchten, seine Nachkommen Romulus und Remus gründeten später die Stadt Rom, und in deren republikanische (und auch imperiale) Tradition stellen sich die USA noch heute.

Keine getreulichen „Abbildungen" Es wäre also naiv und abwegig, Historienfilme als getreuliche „Abbildungen" historischer Realität zu begreifen, und seien sie im historischen Detail und in der Berücksichtigung wichtiger historischer Fakten auch noch so genau. Die Leinwand bietet, entgegen allen Versprechungen des Mediums Film, eben kein „Fenster" für einen Blick in die Vergangenheit. Wie ein historischer Roman präsentiert ein Historienfilm einen Anfang, eine verwickelte Filmhandlung und schließlich ein Ende, also entweder ein Happy End oder eine Katastrophe. Die Erzählform des Films entspricht insofern dem Drama, das ebenfalls eine moralische Botschaft vermitteln will und dazu das dargestellte Geschehen in „Gut“ und „Böse“ unterteilen muss.

Personalisierung Hiermit ist fast zwangsläufig eine Personalisierung historischer Prozesse verknüpft. Probleme einer Gesellschaft, etwa mit der Verteilung von Herrschaft, der Gewährung von Freiheit, der sozialen Gerechtigkeit oder der Einhaltung von moralischen Standards, können im Film am besten anhand des persönlichen Schicksals von Akteuren beschrieben werden. Auf diese Weise werden historische Sachprobleme personalisiert und emotionalisiert. Durch Personalisierung werden komplexe historische Prozesse auf das Denken und Handeln bedeutender Einzelpersönlichkeiten zurückgeführt oder anhand ihrer Biografie gedeutet: „Bismarck hat das Deutsche Reich geeint“, „Caesar hat Gallien erobert“ etc. Diese Personalisierung diente im früheren Geschichtsunterricht der Herrschaftslegitimation, etwa von regierenden Herrschern oder bestimmten gesellschaftlichen Eliten. Durch eine Personalisierung wird den wichtigen Prinzipien der Multikausalität und Multiperspektivität nicht Rechnung getragen. Dadurch wird letztlich ein „autoritäres“ Geschichtsverständnis gefördert.

▲ **„Good Bye, Lenin!“**
Filmplakat des Spielfilms von Wolfgang Becker, der 2003 in die Kinos kam und Auskunft über die Befindlichkeiten der ostdeutschen Bevölkerung nach der Wiedervereinigung gibt.

Konstrukte Historienfilme sind – genau wie Romane über historische Themen oder Epochen und wissenschaftliche historische Sachdarstellungen – grundsätzlich Konstrukte. Sie können niemals „die“ Geschichte endgültig wiedergeben, sondern stellen gewissermaßen eine „Erfindung“ von Geschichte dar. Dies liegt an mehreren Faktoren:

Erstens müssen im Film zahlreiche Stellen, die nicht durch Quellen abgedeckt werden können, durch freie Erfindungen gefüllt werden – die Leinwand darf nun einmal nicht „leer“ bleiben.

Zweitens fließen in jede Sachdarstellung – selbst die des „objektivsten“ Autors – immer auch seine Werthaltungen und Deutungen ein.

Drittens schließlich wird jede historische Darstellung durch ein bestimmtes Erkenntnisinteresse geprägt. Jeder Autor bearbeitet „sein“ Thema unter einem ganz bestimmten Blickwinkel. Er muss bestimmen, welche Fragen er stellt, welche Quellen er berücksichtigt und welche er unberücksichtigt lässt und ausblendet. Eine „Totalgeschichte“ kann niemals geschrieben werden, weder in Form umfangreicher wissenschaftlicher Bücher noch in Form von langen Spielfilmen.

Tipp:
Lesen Sie auch den Methoden-Baustein „Historische Spielfilme beurteilen“; siehe *S. 406-409*

Zeitgebundenheit Historienfilme verraten oder enthüllen häufig mehr über die Zeit, in der sie gedreht wurden, als über die Zeit, die sie filmisch darstellen. Insofern sind sie selbst historische Quellen, die etwas über politische oder private Sehnsüchte, gesellschaftliche Vorstellungen, wissenschaftliche Moden (Paradigmen), Motive, Interessen usw. der Entstehungszeit preisgeben.

Stellen Sie dem Kurs einen Historienfilm Ihrer Wahl vor. Versuchen Sie herauszufinden, inwiefern sich Entstehungszeit und -ort in der Auswahl und Gestaltung des historischen Stoffes niederschlagen.

Geschichte im Fernsehen: „Unsere Mütter, unsere Väter“

▶ **„Unsere Mütter, unsere Väter“ – die Hauptpersonen.**
Standbild aus der ersten Folge. Foto ZDF, 2013.
Die Freunde Wilhelm, Friedhelm, Greta, Charlotte und Viktor machen 1941, bevor der Krieg sie trennt, ein Abschiedsfoto. Jeder von ihnen wird den Krieg aus völlig verschiedenen Perspektiven erleben.

„Unsere Mütter, unsere Väter“ „Das Fernsehen“, so der Historiker Dieter Langewiesche, „ist zum Geschichtslehrer der Deutschen“ geworden. Aufgrund dieser Bedeutung finden Fernsehproduktionen besondere Aufmerksamkeit – sowohl bei den Zuschauern als auch bei den Historikern und Medienwissenschaftlern. Grund genug, ein Beispiel einmal vorzustellen.

Im März 2013 sahen 7,6 Millionen Zuschauer die vom ZDF unter der Regie von Philipp Kadelbach produzierte dreiteilige Serie „Unsere Mütter, unsere Väter“. Der Film thematisiert den Zweiten Weltkrieg aus der Sicht von fünf Freunden aus Berlin. Die von dem Drehbuchautor Stefan Kolditz erfundenen Figuren sind auf unterschiedliche Weise in das Kriegsgeschehen verstrickt: Die Brüder Wilhelm und Friedhelm Winter gehen als Soldaten an die Ostfront. Der Jude Viktor Goldstein wird in ein Vernichtungslager deportiert, kann unterwegs entkommen und schließt sich polnischen Partisanen an. Greta, Viktors Freundin, lässt sich zu dessen Rettung mit einem SS-Offizier ein, hat dabei aber auch ihre Karriere als Sängerin im Sinn. Charlotte ist Wilhelms Freundin und erlebt den Krieg als Krankenschwester hinter der Ostfront. Von den fünf Freunden überleben nur drei den Krieg.

Der Film bemüht sich um historische Genauigkeit, doch die Handlung gilt als problematisch, da sie die zeitgenössischen Reaktionen auf die Verbrechen des NS-Staates nicht angemessen wiedergibt (▶ M).

▲ **„Vergeltungsmaßnahme“ nach einem Überfall von „Partisanen“.**
Standbild aus der dritten Folge. Foto ZDF, 2013.

M „Nazis sind immer die anderen"

Ulrich Herbert, Professor für Neuere Geschichte, schreibt im März 2013 in der Tageszeitung „taz" über den Film:

Nein, ein schlechter Film ist das nicht. Man merkt ihm durchgehend das Bemühen um Authentizität an. [...]
Es gibt Szenen, die man so in einem deutschen Film nie sah. Ein russischer Sumpf voller Blut von den hunderten und tausenden Juden, die hier zuvor erschossen wurden. Eine Bauernfamilie, die wegen des Verdachts, es mit den Partisanen zu halten, erschossen wird – von Wehrmachtssoldaten! Vor ein paar Jahren ist die Ausstellung „Verbrechen der Wehrmacht" wegen solcher Bilder erst gestürmt, dann geschlossen worden.
Man sieht Güterzüge, in denen Juden nach Auschwitz gebracht werden; eine öffentliche Hinrichtung, bei der Soldaten voyeuristisch ihre Kamera zücken; das monatelange Warten einer wegen Wehrkraftzersetzung zum Tode Verurteilten, die schließlich kurz vor Kriegsende hingerichtet wird.
Es gibt eine Fülle solcher Szenen, die man nicht vergisst. Auch merkt man das stete, wenn auch nicht immer gelungene Bestreben, Menschen und Situationen nicht statisch zu zeichnen, sondern widersprüchlich und sich verändernd. Polnische Partisanen etwa, mit denen der Zuschauer mitfiebert (auch das ein Novum), deren Antisemitismus aber so deutlich hervortritt, dass der Zuschauer die doppelte Ausweglosigkeit der Juden spürt.
Dennoch ist der Film gescheitert – aber nicht wegen mangelnder Detailgenauigkeit oder weil er etwa die NS-Verbrechen beschönigte. Das Problem des Films ist die Perspektive, der Blick auf die Geschichte, die allgemeine wie die individuelle. Fünf junge Leute, die sich auf das Leben freuen – dann aber holt sie der Krieg, und er befördert das Schlechteste in ihnen. Vorher waren sie eher unpolitisch, etwas patriotisch vielleicht, aber keine Nazis. Diese fünf Menschen, so macht der Film klar, stehen stellvertretend für unsere Mütter und unsere Väter oder für unsere Großeltern. Menschen, die eigentlich nur leben wollten, bis der Krieg alles zerstörte.
Nun sind die fünf Protagonisten um 1920 herum geboren und gehören einer Generation an, die alle Sozialisationsinstanzen des NS-Staates durchlaufen hat und in der der Anteil der NS-Begeisterten besonders groß war. Der Jubel über den Anschluss Österreichs, über die großen Siege, der Stolz auf das Neue Deutschland: Das alles finden wir hier nicht. Wie in allen NS-Verfilmungen, so kann auch in diesem die Zustimmung zum NS-Staat, die Begeisterung für Hitler, der radikale Nationalismus, die nationalsozialistische Überzeugung selbst und die heiße Hoffnung, „wir" mögen den Krieg gewinnen, nicht oder nur in einer schalen Karikatur gezeigt werden.
Die fünf Protagonisten sind wie aus der Zeit gefallen. Als der Film einsetzt, im Frühjahr 1941, hatte die Begeisterung für Hitler, den Nationalsozialismus und den Krieg nach dem Sieg über Frankreich gerade ihren Höhepunkt erreicht. Zu dieser Zeit, da sind sich alle Historiker einig, wurde das Regime von der großen Mehrheit der Deutschen unterstützt.
Davon sieht man hier nichts. Nichts von dem Vertrauen und der Liebe, die Hitler gerade aus der Jugend entgegenschlug. Nichts von der festen Überzeugung, dass Europa von Deutschland beherrscht werden müsse. Und dass es besser wäre, die Juden wären weg. Nicht, dass sie umgebracht werden sollten – aber weg sollten sie sein. Und ganz normale Deutsche, wie hier beschrieben, waren die Juden selbst in den Augen derjenigen Deutschen nicht, die den Nazis eher reserviert gegenüberstanden.
Es ist offenbar nach wie vor nicht möglich, jemanden darzustellen, der mit hellem Sinn und fester Überzeugung – und ohne dabei abnorm zu wirken – für den Nationalsozialismus eintritt. Die fünf Protagonisten sind am Ende alle Opfer oder sie stellen sich gegen den Nazi-Staat [...]. So wären die Deutschen gerne gewesen.
Die Nazis sind hingegen die üblichen Charaktermasken. Ein geiler Gestapo-Mann aus dem Reichssicherheitshauptamt, der ein Verhältnis mit der Geliebten eines Juden hat und sie schließlich ins Gefängnis bringt. Der Nazi-Offizier ist ein Säufer und übler Schleifer. Der SD-Mann[1], der ein jüdisches Kind erschießt und später Partisanen jagt, ist der Inbegriff eines mordgierigen Satans.
SD-Offiziere waren in der Regel gebildete und kultivierte Leute, die davon überzeugt waren, dass es richtig war, diesen Krieg zu führen und die Juden zu verfolgen und umzubringen. [...] Die Vorstellung, dass der SD-Offizier ein Kind erschießt, weil er eben ein asozialer Sadist ist, gehört eher zu den Lebenslügen unserer Geschichte. Die Nazis, das sind in diesem Film nicht unsere Mütter und Väter, sondern die anderen. [...]
Unsere Väter und unsere Mütter waren eben nicht nur junge Leute, die einfach nur leben wollten, es wegen des Krieges aber nicht konnten, wie es der Film suggeriert. Es handelte sich um eine [...] Generation, die den Sieg des nationalsozialistischen Deutschland wollte, weil sie ihn für richtig hielt.

Ulrich Herbert, Nazis sind immer die anderen , in: taz: die tageszeitung vom 21. März 2013; zitiert nach: www.taz.de/!5070893 [Zugriff: 05.09.2016]

1. *Erläutern Sie Herberts Haupteinwände gegen den Film.*
2. *Entwerfen Sie auf der Grundlage der Kritik alternative Personenbeschreibungen und Handlungsabläufe.*

[1] **SD-Mann**: Angehöriger des Sicherheitsdienstes, einer Eliteabteilung der Schutzstaffel (SS); siehe S. 268

Abi-Training: Übungsklausur mit Lösungsvorschlägen

Hinweise zur Bearbeitung der Probeklausur

Die Anforderungen und Erwartungen in Geschichtsklausuren liegen nicht in der bloßen Wiedergabe von Erlerntem ohne genauen Fragenbezug, sondern überwiegend im souveränen Anwenden gelernter Inhalte auf andere Sachverhalte und im angemessenen, eigenständigen Beschreiben und Beurteilen komplexer Problembereiche.*

1. Lesen Sie die Aufgabenstellung langsam und sorgfältig durch.
2. Beachten Sie die jeweiligen Anforderungsbereiche. Diese können Sie an den „Operatoren" erkennen (siehe dazu auch die Übersicht vorne im Buch). Je schwieriger die Aufgaben sind, desto stärker werden sie bei der Bewertung gewichtet – unabhängig davon, wie umfangreich die Ausarbeitung ist.
   Insgesamt gibt es drei Anforderungsbereiche:
   Im **Anforderungsbereich I** (Reproduktion) wird von Ihnen bei der Bearbeitung das Wiedergeben von Sachverhalten und Zusammenhängen aus einem abgegrenzten Gebiet sowie das Anwenden und Beschreiben bereits geübter Arbeitstechniken erwartet.
   Der **Anforderungsbereich II** (Reorganisation und Transfer) verlangt von Ihnen das selbstständige Erklären, Bearbeiten, Darstellen, Ordnen und Anwenden schon bekannter Inhalte auf neue Zusammenhänge und Sachverhalte.
   Im **Anforderungsbereich III** (Reflexion und Problemlösung) wird von Ihnen der genau durchdachte Umgang mit komplexen Sachverhalten sowie selbstständig ausgewählten Methoden erwartet. Ziel Ihrer Arbeit ist es, zu eigenen Deutungen, Folgerungen, Verallgemeinerungen, Begründungen und Wertungen zu gelangen.
3. Erschließen Sie die Intention der Aufgabenstellungen mit zentralen Fragen. (z. B. Was verlangt die Aufgabe von mir? Welche Schlüsselbegriffe sind enthalten und welche Schwerpunkte muss ich deswegen bei der Beantwortung setzen?)
4. Halten Sie die Reihenfolge der Aufgaben möglichst ein. Nehmen Sie den Einsatz an Arbeit und damit den Zeitaufwand entsprechend der erreichbaren Punktezahl vor.
5. Hinweise zur Vorbereitung von Analyse und Interpretation einer Textquelle:
   a) Lesen Sie den Text sorgfältig durch, wenn nötig auch mehrfach, gliedern Sie den Text in Sinnabschnitte und markieren Sie wesentliche Gedanken und Schlüsselbegriffe, soweit sie zur Aufgabenstellung gehören. Arbeiten Sie mit farbigen Stiften.
   b) Arbeiten Sie zu den gestellten Aufgaben aus der Quelle stichpunktartig, aber bereits grob strukturiert, wichtige inhaltliche Aussagen heraus und belegen Sie sie mit treffenden Zitaten (Zeilenbelege!) und eigenen Argumenten.
   c) Verwenden Sie, soweit möglich und für das Textverständnis nötig, Angaben zum Autor (z. B. politischer Standort, Intentionen) und zur Quelle selbst (Entstehungszeit, historischer Kontext, Adressaten).
6. Schreiben Sie ganze, nicht zu lange Sätze und benutzen Sie die notwendigen Fachbegriffe. Die Wortwahl sollte klar und sachlich sein.
7. Trennen Sie klar zwischen Textwiedergabe, eigenen Erläuterungen und eigener Stellungnahme.
8. Achten Sie beim abschließenden Durchlesen in erster Linie auf den Inhalt, aber auch auf Rechtschreibung, Grammatik und Satzbau.

* Weitere Tipps zur Bearbeitung von Klausuren finden Sie auf S. 567.

M „Kein Schlussstrich"

Der Deutsche Bundestag und der Bundesrat erinnern am 8. Mai 2015 in einer öffentlichen Gedenkstunde im Berliner Reichstagsgebäude an das Ende des Zweiten Weltkrieges. Als Gastredner spricht der Historiker Heinrich August Winkler (geb. 1938):

In der deutschen Geschichte gibt es keine tiefere Zäsur als den Tag, dessen 70. Wiederkehr wir heute gedenken: den 8. Mai 1945. Er markiert das Ende des Zweiten Weltkrieges in Europa, den Zusammenbruch des nationalsozialistischen Regimes, das diesen Krieg entfesselt hatte, und den Untergang des ein Dreivierteljahrhundert zuvor von Bismarck gegründeten Deutschen Reiches. Zwölf Jahre lang hatten die Nationalsozialisten frenetisch die nationale Einheit der Deutschen beschworen. Als ihre Herrschaft in einem Inferno ohnegleichen unterging, war ungewiss, ob die Deutschen jemals wieder in einem einheitlichen Staat zusammenleben würden.

In seiner historischen Rede zum 40. Jahrestag der bedingungslosen Kapitulation des Deutschen Reiches hat der damalige Bundespräsident Richard von Weizsäcker die Deutschen gemahnt, den 8. Mai 1945 nicht vom 30. Januar 1933 zu trennen – dem Tag, an dem Reichspräsident von Hindenburg Hitler zum Reichskanzler ernannte. Den 8. Mai 1945 aber gelte es, als das Ende eines Irrweges deutscher Geschichte zu erkennen, das den Keim der Hoffnung auf eine bessere Zukunft barg. Der Irrweg, von dem Weizsäcker sprach, hatte nicht erst 1933 begonnen. [...] Die Wahlerfolge der Nationalsozialisten in der Endphase der Weimarer Republik sind ohne die lange Vorgeschichte der deutschen Vorbehalte gegenüber der westlichen Demokratie nicht zu erklären. Dasselbe gilt für die rasch wachsende Popularität, derer Hitler sich nach seiner sogenannten „Machtergreifung" erfreute. [...]

Die zweite, diesmal totale Niederlage Deutschlands im 20. Jahrhundert erschütterte das Selbstbewusstsein der Deutschen ungleich stärker als die Niederlage von 1918. Es war nicht so, dass die überwältigende Mehrheit der Deutschen den Sieg der Alliierten im Mai 1945 als Befreiung erlebt hätte. Anders als die Völker, denen dieser Sieg die Befreiung von deutscher Fremd- und Gewaltherrschaft brachte, bedeutete der „Zusammenbruch" des nationalsozialistischen Regimes für viele Deutsche zugleich den Zusammenbruch ihres Glaubens an den „Führer" und ihrer Hoffnungen auf einen deutschen „Endsieg". Als Befreiung erlebten die bedingungslose Kapitulation zunächst nur die Deutschen, denen der verbrecherische Charakter von Hitlers Herrschaft schon vorher bewusst geworden oder von jeher bewusst gewesen war. [...]

Es sollten Jahrzehnte vergehen, bis sich in Deutschland [...] die Einsicht durchsetzte, dass der Holocaust die Zentraltatsache der deutschen Geschichte des 20. Jahrhunderts ist. Gleichzeitig wuchs eine andere Erkenntnis: Der von den alliierten Soldaten, nicht zuletzt denen der Roten Armee, unter schwersten Opfern erkämpfte Sieg über Deutschland hatte die Deutschen in gewisser Weise von sich selbst befreit – befreit im Sinne der Chance, sich von politischen Verblendungen und von Traditionen zu lösen, die Deutschland von den westlichen Demokratien trennten. [...] Seine Einheit erlangte Deutschland 1990 nur wieder, weil es glaubwürdig mit jenen Teilen seiner politischen Tradition gebrochen hatte, die der Entwicklung einer freiheitlichen Demokratie westlicher Prägung entgegenstanden. [...]

Abgeschlossen ist die deutsche Auseinandersetzung mit der eigenen Vergangenheit nicht, und sie wird es auch niemals sein. Jede Generation wird ihren Zugang zum Verständnis einer so widerspruchsvollen Geschichte wie der deutschen suchen. Es gibt vieles Gelungene in dieser Geschichte, nicht zuletzt in der Zeit nach 1945, über das sich die Bürgerinnen und Bürger der Bundesrepublik Deutschland freuen und worauf sie stolz sein können. Aber die Aneignung dieser Geschichte muss auch die Bereitschaft einschließen, sich den dunklen Seiten der Vergangenheit zu stellen. Niemand erwartet von den Nachgeborenen, dass sie sich schuldig fühlen angesichts von Taten, die lange vor ihrer Geburt von Deutschen im Namen Deutschlands begangen wurden. Zur Verantwortung für das eigene Land gehört aber immer auch der Wille, sich der Geschichte dieses Landes im Ganzen bewusst zu werden. [...]

Würden die Deutschen der bequemen Versuchung nachgeben, sich nicht mehr an das erinnern zu wollen, was Deutsche nach 1933 und vor allem im Zweiten Weltkrieg an Schuld auf sich geladen haben, sie würden doch immer wieder damit konfrontiert werden, dass die Nachfahren der Opfer diese Geschichte so leicht nicht vergessen können. [...] Unter eine solche Geschichte lässt sich kein Schlussstrich ziehen. [...]

Neben dem Vergessen gibt es freilich auch noch eine andere Gefahr im Umgang mit dem dunkelsten Kapitel der deutschen Geschichte: eine forcierte Aktualisierung zu politischen Zwecken. Wenn Deutschland sich an Versuchen der Völkergemeinschaft beteiligt, einen drohenden Völkermord oder andere Verbrechen gegen die Menschlichkeit zu verhindern, bedarf es nicht der Berufung auf Auschwitz. [...] Jede tagespolitisch motivierte Instrumentalisierung der Ermordung der europäischen Juden läuft auf die Banalisierung dieses Verbrechens hinaus.

Ein verantwortlicher Umgang mit der Geschichte zielt darauf ab, verantwortliches Handeln in der Gegenwart möglich zu machen.

Zitiert nach: www.bundestag.de/dokumente/textarchiv/2015/kw19_gedenkstunde_wkii_rede_winkler/373858
[Zugriff: 06.07.2015] (stark gekürzte Fassung)

Aufgabenstellung und Leistungserwartungen

1. Aufgabenstellung

Analyse von Sekundärliteratur und kritische Auseinandersetzung mit ihr.

1. *Stellen Sie den Text vor und analysieren Sie ihn.*
2. *Erläutern Sie Winklers Auffassung von der deutschen Geschichte des 19. und 20. Jahrhunderts, indem Sie zentrale Aspekte des deutschen Weges zu einem demokratischen Staat miteinbeziehen.*
3. *Verfassen Sie unter Bezugnahme auf Winklers Überlegungen eine eigene Stellungnahme hinsichtlich der Verantwortung der Nachgeborenen.*

2. Zugelassene Hilfsmittel:

Wörterbuch zur deutschen Rechtschreibung

3. Inhaltsbezogene Kenntnisse und methodische Kompetenzen

Fachliche Kompetenzen

Europa und die Welt im 19. Jahrhundert
- Politik, Gesellschaft und Kultur im Kaiserreich

Die Welt zwischen Demokratie und Diktatur
- Internationaler und nationaler Wandel
- Die nationalsozialistische Herrschaft in Deutschland und Europa

Die Welt nach 1945: Ost-West-Konflikt – postkoloniale Welt – Globalisierung
- Umgang mit der NS-Vergangenheit
- Deutschland – von der Teilung zur Einheit
- Weltpolitische Entwicklungen zwischen Bipolarität und Multipolarität

Geschichtskultur, Erinnerungskultur und Geschichtspolitik
- Nationale Geschichts- und Erinnerungskultur

Wahrnehmungskompetenz

W3: Sie können von der Rede ausgehend Fragen bezüglich des deutschen „Irrweges“ und der Verantwortung der Nachgeborenen stellen.

W5: Sie können in der Rede eine geschichtskulturelle Manifestation der Kontroverse um den deutschen Sonderweg erkennen und Winklers Position einordnen.

Analysekompetenz

A4: Sie können bei der Wiedergabe der Hauptaussagen und Argumentationsstruktur der Rede die relevanten Informationen auswählen.

A6: Sie können wesentliche politische Dimensionen der Rede aufzeigen.

Urteilskompetenz

U3: Sie können den Weg zur deutschen Nation multiperspektivisch und problemorientiert darstellen.

U8: Sie können Winklers Wirkungsabsicht beschreiben.

U11: Sie können Zusammenhänge zwischen der Erinnerungskultur und der Verantwortung der Bundesrepublik Deutschland herstellen.

Orientierungskompetenz

O1: Sie können Ihre eigene Einstellung zur deutschen Geschichte im Hinblick auf ihre ethischen und politischen Grundlagen überprüfen.

O5: Sie können das eigene Selbstverständnis und Handeln in Bezug auf die Verantwortung der Nachgeborenen für die Verbrechen des Nationalsozialismus reflektieren.

Methodische Kompetenzen

- Erkennen von Verstehensproblemen und ihre Klärung
- Aufgabenorientierte Anwendung von Schritten der Interpretation von Textquellen

4. Erwartungshorizont

a) Inhaltliche Leistung

Teilaufgabe 1

Der Schüler / die Schülerin stellt die Rede vor, indem er / sie ...

den Redner und seine Adressaten benennt:

- Heinrich August Winkler (Historiker)
- Bundestag, Bundesrat, Öffentlichkeit

die Quellengattung und den Anlass der Rede nennt:

- (politische) Gedenkrede
- Gedenktag zum 70. Jahrestag des Kriegsendes

das Thema und die Kernthese der Rede aufzeigt:

- kritische Auseinandersetzung mit der Bedeutung des 8. Mai in der deutschen Geschichte
- Aufforderung zu einem angemessenen Umgang mit der Vergangenheit durch „verantwortliches Handeln in der Gegenwart"

Der Schüler / die Schülerin analysiert die Rede, indem er / sie ...

die Gedanken und Hauptaussagen herausarbeitet und akzentuiert:

- Der 8. Mai 1945 als „Zäsur" (Zeile 1) = „Ende eines Irrweges" (Zeile 19)
- Definition des „Irrweges" als „Vorbehalt" gegenüber der westlichen Demokratie = Voraussetzung für den Sieg des Nationalsozialismus (Zeile 24 - 27)
- Erst langsame Erkenntnis eines deutschen „Irrweges" in der deutschen Gesellschaft (Zeile 28 - 51)
- Bruch mit dieser Tradition = Voraussetzung der Wiedervereinigung (Zeile 51 - 55)
- Verantwortung der „Nachgeborenen" zum Erinnern an die Verbrechen während der NS-Herrschaft (Zeile 56 - 78)
- Gefahr der Instrumentalisierung des Erinnerns für tagespolitische Zwecke (Zeile 79 - 91)

die Argumentationsstruktur erläutert:

- Winkler knüpft an die Rede des Bundespräsidenten zum 40. Jahrestag des Kriegsendes und den Begriff „Irrweg" an.
- Er erweitert die Definition des „Irrweges" zu einer langen Vorgeschichte des Nationalsozialismus und erklärt so die „Popularität" Hitlers sowie die problematische Vergangenheitsbewältigung in der Nachkriegszeit (antidemokratische Tradition).
- Winkler bestimmt indirekt den „Holocaust" als „Zentraltatsache" (Zeile 43 f.) der deutschen Geschichte des 19. und 20. Jahrhunderts.
- Winkler benennt die Abkehr vom „Irrweg" der antidemokratischen Tradition als Voraussetzung der Wiedervereinigung.
- Er bestimmt Vergessen und Instrumentalisieren des Holocaust als Problemfälle.
- In der historischen Verantwortung für Holocaust und Vernichtungskrieg begründet Winkler die Aufforderung zum „verantwortlichen Handeln in der Gegenwart".
- Das Ende der Rede ist als (politischer) Appell zu verstehen.

Teilaufgabe 2

Der Schüler/die Schülerin erläutert die historischen Bezüger Winklers, indem er/sie ...
auf folgende Entwicklungen und Aspekte verweist:

- die „nationale Frage" im 19. Jahrhundert: Kulturnation / Deutscher Bund / Verhältnis von liberalen und nationalen Forderungen / überwiegend ablehnende Einstellung der Monarchen zur nationalen Frage
- Kaiserreich: Reichsgründung 1871 „von oben" (Einheit vor Freiheit) und durch drei Kriege / Nationalismus als „politische Religion" / Tradition des Antisemitismus und der Ausgrenzung von Minderheiten (z. B. Germanisierungspolitik)
- Weimarer Republik: Belastung durch ein konservativ geprägtes Bürgertum / latente Republikfeindlichkeit / politische Krisen / Ablehnung des Versailler Vertrages als „Schandfriede" / ökonomische Krisen / Präsidialkabinette
- Nationalsozialismus: nationalsozialistische Ideologie / Holocaust / Vernichtungskrieg / Widerstand / Kapitulation 1945
- Vergangenheitspolitik: demokratische „Umerziehung" und Entnazifizierung / verspätete Aufarbeitung der NS-Zeit (z. B. anhand der Feiern zum 8. Mai und zum 27. Januar)
- Friedensordnung nach 1945: Kalter Krieg / Blockbildung / Westintegration / Mauerfall / Wiedervereinigung / europäische Einigung
- die Orientierung am demokratisch-parlamentarischen System als wesentlich herausstellt

Teilaufgabe 3

Der Schüler/die Schülerin verfasst unter Bezugnahme auf Winklers Überlegungen eine Stellungnahme hinsichtlich der Verantwortung der Nachgeborenen.
Dabei können mehrere Aspekte angesprochen werden.
außenpolitische Verantwortung:

- verantwortungsvolle Rolle Deutschlands in der Welt
- Mitglied der NATO, Teil der EU
- Verpflichtung zu Frieden und Friedenserhalt
- besondere Verantwortung gegenüber den Opfern der NS-Verbrechen sowie deren Nachkommen
- Verantwortung gegenüber den Staaten, die während des Zweiten Weltkrieges unter der NS-Herrschaft litten

innenpolitische, gesellschaftliche Verantwortung:

- Verpflichtung zum Einhalten und Fördern der Menschenrechte
- hilfsbereiter Umgang mit Flüchtlingen
- keine Ausgrenzung von Minderheiten
- Erinnerungskultur

b) Darstellungsleistung

Der Schüler/die Schülerin leistet eine formal gute Darstellung, indem er/sie ...

- den Bezug zur Aufgabenstellung wahrt und den Text schlüssig, stringent und klar strukturiert.
- die Aussagen schlüssig beschreibt, deutet, wertet und aufeinander bezieht.
- die Ausführungen am Text belegt.
- die Aussagen unter Beachtung der Fachsprache präzise und begrifflich differenziert formuliert.
- sprachlich korrekt sowie syntaktisch und stilistisch sicher schreibt.

Hinweise zur Bearbeitung von Klausuren

Ziel

In Klausuren sollen Sie zeigen, dass Sie fachspezifisches Material anhand von Aufgaben angemessen bearbeiten können. Dabei sollen Sie Ihr Wissen mit neuen Sachverhalten problembewusst verknüpfen und begründet Stellung nehmen. *Klausuren*

Anforderung

Im Anforderungsbereich I beschreiben Sie geordnet und gerafft historische Zustände oder Entwicklungen. *Reproduktion*

Im Anforderungsbereich II bearbeiten Sie Materialien problem- und methodenbewusst zu einem aus dem Unterricht bekannten Thema. *Reorganisation und Transfer*

Der Anforderungsbereich III verlangt gründliches Nachdenken und eine Lösung. Sie müssen auf Grundlage Ihrer Materialienanalyse ein Problem untersuchen und bewerten. Ihre Stellungnahme kann eine abwägende Diskussion gegensätzlicher Standpunkte erfordern. Abschließend müssen Sie dazu selbst Position beziehen. *Reflexion und Problemlösung*

Die Operatoren der Anforderungsbereiche I bis III finden Sie vorne im Buch erklärt. *Tipp*

Vorgehen

- ☑ Lesen Sie die Aufgaben sorgfältig durch; unterstreichen Sie den Operator. Versuchen Sie, den Auftrag genau zu erfassen. Machen Sie sich ihn bei Bedarf in eigenen Worten klar. Finden Sie Schlüsselbegriffe und klären Sie kurz ihre Bedeutung. *Aufgaben erfassen*
- ☑ Erledigen Sie die Aufgaben streng anhand der Operatoren. Sie zeigen Ihnen, zu welchen Anforderungsbereichen Sie jeweils arbeiten sollen. *Operatoren beachten*
- ☑ Lesen Sie den Text zunächst als Ganzes, um Thema und Hauptaussagen im Zusammenhang zu begreifen. Im zweiten Durchgang ermitteln Sie aufgabenbezogen die wesentlichen Aussagen. Unterstreichen Sie dabei Wörter statt Sätze; so fällt es Ihnen leichter, eigene Formulierungen zu finden und sich von der Vorlage zu lösen. *Kernaussagen ermitteln*
- ☑ Stellen Sie zunächst den Autor und die Quelle (Entstehungszeit, historischer Kontext, Adressaten) vor, wiederholen Sie aber nicht die wissenschaftliche Fundstelle des Textes. *Aussagen strukturieren*
- ☑ Gliedern Sie Ihren Text folgerichtig. Setzen Sie Schwerpunkte in Inhalt und Umfang Ihres Textes. Achten Sie bei Ihrem Zeit- und Arbeitsaufwand auf die Gewichtung der Aufgaben. *Text gliedern*
- ☑ Geben Sie die Hauptgedanken eigenständig in indirekter Rede im Konjunktiv wieder.
- ☑ Direkte Zitate empfehlen sich, wenn der Operator intensive Textarbeit verlangt und sie einen Kernaspekt in auffälligen Worten ausdrücken. Eine Erläuterung in eigenen Worten muss folgen. *Aussagen belegen*
- ☑ Halten Sie die Reihenfolge der Aufgaben ein. Vermeiden Sie Überschneidungen.
- ☑ Schreiben Sie kurze, verständliche Hauptsätze oder Satzgefüge. Drücken Sie sich sachlich aus und benutzen Sie Fachbegriffe. *Stil*
- ☑ Planen Sie Zeit für die Durchsicht ein. Lesen Sie Ihre Klausur zunächst nur unter inhaltlichen Gesichtspunkten; erst in einem zweiten Durchgang achten Sie auf Rechtschreibung, Grammatik und Satzbau. Achten Sie auf die Zeitenfolge (Präsens mit Perfekt; Präteritum mit Plusquamperfekt). Nutzen Sie zulässige Wörterbücher. *letzte Kontrolle*

Formulierungshilfen

Einleitung

Der Verfasser/die Verfasserin (kurze Vorstellung) beschäftigt sich (Zeit/Kontext) mit .../ untersucht/setzt sich mit der Frage auseinander/behandelt das Problem .../thematisiert ...
Beispiel: Der Historiker Sven Beckert setzt sich 2015 in einem Zeitungsbeitrag mit den Folgen des Baumwollanbaus seit dem 18. Jahrhundert auseinander (*vgl. S. 118 f., M*).

Einordnung in den historischen Kontext

Der Autor/die Autorin (Name) hat den Brief/Aufsatz/etc. verfasst/die Rede gehalten, als ... Die Quelle lässt sich vor dem Hintergrund von ... einordnen.
Beispiel: Nach den festgestellten Wahlfälschungen vom 7. Mai 1989 wurde der Protest gegen die SED und die DDR-Regierung immer stärker. Drei Tage vor dem 40. Jahrestag der DDR, der mit Militärparaden und Aufmärschen gefeiert werden sollte, trafen sich Vertreter der Bürgerrechtsgruppen in Ost-Berlin und erklären ... (*vgl. S. 418, M1*).

Textwiedergabe „Kernthese“

Er/sie behauptet/ist der Meinung, dass ...
Beispiel: Im Zusammenhang mit der Entspannungspolitik erläutert der SPD-Politiker Egon Bahr, ein enger Mitarbeiter von Bundeskanzler Willy Brandt (SPD), am 15. Juli 1963 seine These vom „Wandel durch Annäherung“ (*vgl. S. 394 f., M2*).

Textwiedergabe „Argumentation“

Der Verfasser/die Verfasserin begründet dies, indem er/sie .../belegt dies mit .../erklärt dies mit /hebt hervor/betont/kritisiert ...
Beispiel: Die Bundesbeauftragte für die Unterlagen des Staatssicherheitsdienstes der ehemaligen DDR, Marianne Birthler, hält in einem Zeitungsartikel vom 2. Juli 2009 fest, dass die DDR eine Diktatur war, da die politische Macht des Staates „nicht durch das Volk legitimiert“ war (*vgl. S. 427, M2*).

Zusammenfassung

Der Autor/die Autorin fasst seine/ihre Haltung/Sichtweise zusammen, indem er/sie .../ sagt abschließend .../kommt zu dem Schluss, dass ...
Beispiel: Der Historiker Hagen Schulze kommt 1982 zu dem Schluss, dass die wichtigsten Gründe für das Scheitern Weimars auf dem „Feld der Mentalitäten, der Einstellungen und des Denkens“ der Bevölkerungsmehrheit liegen. Sie war nicht bereit, das politische System von Weimar zu akzeptieren (*vgl. S. 248, M1*).

Vergleich

Ebenso wie (ein anderer Autor/eine andere Autorin)/anders als (die Meinung/Argumentation/Position von) ...
Beispiel: Die Historiker Hermann Wentker und Andreas Wirsching nehmen 2005 bzw. 2007 unterschiedliche Standpunkte in Bezug auf die These von der „asymmetrisch verflochtenen Parallelgeschichte“ Deutschlands ein (*vgl. S. 424 f., M2 und M3*).

Absicht

Er/sie will darauf hinweisen/erreichen/verdeutlichen/appelliert/zielt auf ...
Beispiel: Bundespräsident Richard von Weizsäcker (CDU) hat in seiner Rede vom 8. Mai 1985 darauf hingewiesen, dass wir „den 8. Mai 1945 nicht vom 30. Januar 1933“ trennen dürfen (*vgl. S. 458-460, M2*).

Stellungnahme

Die Argumentation überzeugt (nicht)/ist widersprüchlich/schlüssig/(nicht) einleuchtend/ zutreffend, weil ... Ich stimme dem Autor/der Autorin zu/teile (nicht) die Haltung des Verfassers/der Verfasserin/schließe mich (nicht) der Argumentation an, weil ...
Beispiel: Die am 29. Oktober 2015 in einem Interview geäußerte Vorstellung der CDU-Politikerin Erika Steinbach, der ehemaligen Präsidentin des Bundes der Vertriebenen, die Grenzen für die Flüchtlinge sofort zu schließen, überzeugt aus folgenden Gründen nicht: ...
(*vgl. S. 536 f., M2*).

Methoden wissenschaftlichen Arbeitens

Fachliteratur finden und nachweisen

- ☑ Um sich für ein Referat einen Überblick über ein Thema zu verschaffen oder es einzugrenzen, eignen sich Lexika und Nachschlagewerke als erste Informationsquellen. Für die gründliche Erarbeitung eines Themas benötigen Sie Fachliteratur.
- ☑ Angaben zu Fachbüchern spezieller Themen finden sich im Literaturverzeichnis von Handbüchern und Überblicksdarstellungen, im Internet und im Katalog der Bibliothek.

Recherchieren und Ausleihen in der Bibliothek

- ☑ In der Bibliothek sind Bücher alphabetisch in einem Verfasser- und in einem Sachkatalog aufgelistet und über eine Signatur, eine Folge von Zahlen und Buchstaben, im Karteikarten- oder Computersystem der Bibliothek für ein leichtes Auffinden genau verzeichnet.
- ☑ Bücher, die nicht in der örtlichen Bibliothek vorrätig sind, können über die Fernleihe aus anderen Bibliotheken entliehen werden. Über die Online-Kataloge können Titel nach Schlagworten oder dem Namen des Autors gesucht und direkt an die Ausgabestelle der Bibliothek bestellt werden.

Literatur auswerten und belegen

- ☑ Finden Sie zu einem Thema mehr Bücher, als Sie auswerten können, müssen Sie eine Auswahl treffen. Prüfen Sie anhand des Inhaltsverzeichnisses, der Einführung und/oder der Zusammenfassung sowie des Registers, ob das Buch ergiebig sein könnte. Benutzen Sie im Zweifel die neueste Ausgabe.
- ☑ Weisen Sie jedes Buch, das Sie für Ihr Referat benutzt haben, am Schluss des Textes nach. Notieren Sie sich daher bei der Vorarbeit die Titel der Bücher. Aussagen, die Sie wörtlich oder indirekt zitieren, belegen Sie zusätzlich mit Seitenangaben. So kann jeder Leser nachlesen und überprüfen, woher und von wem die Aussagen stammen.
  Beispiel für eine korrekte Literaturangabe:

Edgar Wolfrum und Stefan Westermann, Die 101 wichtigsten Personen der deutschen Geschichte, München 2015, S. 10

Vornamen und Namen der Autoren – Titel – Verlagsort und Jahr der Veröffentlichung – bei Zitat zusätzlich Seitenangabe

Karola Fings, Der Völkermord an den Sinti und Roma im Nationalsozialismus, in: Oliver von Mengersen (Hrsg.), Sinti und Roma. Eine deutsche Minderheit zwischen Diskriminierung und Emanzipation, Bonn 2015, S. 101-123, hier S. 103

Vorname und Name des Autors – Titel – Vorname und Name des Herausgebers des Sammelbandes – Titel des Sammelbandes – Verlagsort und Jahr der Veröffentlichung – Seitenangabe des Beitrages – bei Zitat genaue Seitenangabe

Quellenarbeit in Archiven

- ☑ Für die Recherche zu regional- und lokalgeschichtlichen Themen bieten sich Archive an. Dort werden Urkunden, Pläne, Karten, Zeitungen, Briefe, Tagebücher, Fotos sowie Akten mit anderen Unterlagen von Behörden, Firmen, Vereinen und Privatleuten aufbewahrt.

Vorbereitung und Recherche

- ☑ Vor der Arbeit im Archiv sollten Sie sich genau über das Thema informieren, die zu erarbeitenden Aspekte festlegen und Fragen formulieren.
- ☑ Inzwischen werden viele Archivstücke elektronisch erfasst und in Datenbanken archiviert. Auf den Internetseiten der Archive können Sie sich über den Bestand informieren, digital vorliegende Dokumente einsehen oder die Signatur der Akten heraussuchen.

Material erfassen, ordnen und auswerten

- ☑ Haben Sie geeignetes Material gefunden, notieren Sie sich die genaue Fundstelle. Eine Ausleihe ist nicht üblich. Erfassen Sie das Material sicherheitshalber vor Ort (handschriftlich, per Laptop oder Scanner).
- ☑ Nach der Rückkehr aus dem Archiv müssen Sie das gesammelte Material sichten und ordnen, bevor Sie es zu einer Darstellung verarbeiten können.

Im Internet recherchieren

- ☑ Zuverlässige Angaben bieten die Websites von Bibliotheken, Museen, Universitäten und Gedenkstätten.

Umgang mit Suchmaschinen

- ☑ Wenn Sie über Suchmaschinen recherchieren, sollten Sie das Thema eng eingrenzen. Empfehlenswert ist die kombinierte Suche, indem Sie mehrere durch (+) oder (and) verbundene Schlagworte eines Themas in das Suchfeld eingeben (Beispiel: Industrialisierung+Hessen). Optimieren Sie die Recherche mit der „Erweiterten Suche".
- ☑ Mit der Eingabe „Linkliste+THEMA" (THEMA = Suchbegriff) finden Sie Internetseiten zu speziellen Themen.
- ☑ Einen Überblick über die Angebote eines speziellen Themenfeldes geben Cluster-Suchmaschinen. Sie suchen übergeordnete Begriffe auf Websites als Schlagworte und bieten dafür Unterverzeichnisse an.

Kritischer Umgang mit Websites

- ☑ Testen Sie die Zuverlässigkeit der Website sorgfältig nach folgenden Kriterien:
  - Wer sind die Autoren, wer hat die Seite ins Netz gestellt (E-Mail-Adresse)?
  - Wie aktuell sind die Informationen? Wann war das letzte Update?
  - Gibt es Literatur- oder Quellennachweise?
  - Finden sich direkte Verknüpfungen (Links) zu anderen Websites desselben Themas?
- ☑ Internetangebote lassen sich letztlich nur durch kritisches Vergleichen beurteilen. Kontrollieren Sie wichtige Aussagen mit Lexika und Fachbüchern.

Zitieren von Internetseiten

- ☑ Websites müssen Sie wie Zitate aus Büchern nachweisen. Angegeben werden die Adressen, die am Ende einer ausgedruckten Seite stehen, sowie das Datum des letzten Seitenaufrufes. Beispiel für einen korrekten Internetnachweis: www.dhm.de/lemo/home.html [Zugriff: 10.02.2014]

Zeitzeugen/Experten befragen

Kontaktaufnahme

- ☑ Recherchieren Sie geeignete Zeitzeugen/Experten zu einem Thema über
  - persönliche Kontakte oder
  - Anfragen an bestimmte Organisationen.

Vorbereitung des Interviews

- ☑ Sammeln Sie vorab Informationen über das Thema und den Befragten und legen Sie den genauen Gesprächsgegenstand fest. Führen Sie mit Ihrem Interviewpartner ein (telefonisches) Vorgespräch. Klären Sie Termin, Ort und Ablauf der Befragung.
- ☑ Formulieren Sie vorab Fragen. Offene, kurze Fragen eignen sich besser für ein Gespräch als geschlossene Fragen (Ja-Nein-Fragen), die schnell zu Suggestiv-Fragen werden, die die Antwort des Befragten beeinflussen.

Befragung durchführen

- ☑ Machen Sie sich während des Gesprächs Notizen (handschriftlich oder per Laptop) und halten Sie es zusätzlich mit einem Aufnahmegerät fest.
- ☑ Lassen Sie dem Befragten Zeit zu antworten. Vertiefen Sie wichtige Aspekte durch Nachfragen.

Gespräch auswerten

- ☑ Welche Informationen haben Sie erhalten? Gibt es neue Erkenntnisse?
- ☑ Worüber wurde nicht gesprochen und warum? Bleiben Informationslücken und können diese auf andere Weise geschlossen werden?
- ☑ War der eingeladene Zeitzeuge/Experte eventuell politisch, weltanschaulich oder religiös gebunden (aktiv oder passiv an einem Geschehen beteiligt, Opfer oder Täter)?

Präsentation der Ergebnisse

- ☑ Für eine schriftliche Dokumentation muss das Interview übertragen werden. In der Regel wird der Rohtext bearbeitet, um ihn gut verständlich zu präsentieren.
- ☑ Vor einer Veröffentlichung muss der Interviewpartner den Text einsehen und freigeben.

Glossar

Absolutismus (lat. *legibus absolutus*: von den Gesetzen losgelöst): monarchische Herrschaftsform (▸ *Monarchie*) des 17. bis 19. Jh., in der Fürsten ihre Stellung von Gott und ihrer Herkunft (▸ *Dynastie*) ableiteten und versuchten, „losgelöst" von den Gesetzen und den Ständen (Geistlichkeit, Adel und Bürgertum) zu regieren. Die absolutistischen Fürsten fühlten sich nur Gott und ihrem Gewissen verantwortlich. Zu ihren wichtigsten Machtmitteln gehörte das stehende Heer.

68er-Bewegung: Angeregt durch die amerikanische Bürgerrechtsbewegung protestierten in der Bundesrepublik Deutschland seit Mitte der 1960er-Jahre Schüler und Studenten gegen die bestehenden politischen und wirtschaftlichen Verhältnisse, gegen überlieferte Vorstellungen in Elternhaus, Schule und Universität sowie gegen den Krieg der USA in Vietnam und die ▸ *Notstandsgesetze*. Die „kapitalistischen" Verhältnisse (▸ *Kapitalismus*) sollten durch „sozialistische" (▸ *Sozialismus*) ersetzt werden. Höhepunkte der 68er-Bewegung entstanden nach der Ermordung des friedlichen Demonstranten Benno Ohnesorg im Juni 1967 und nach dem Attentat auf den Studentenführer Rudi Dutschke im April 1968. Die „68er" stärkten das politische Interesse der Bevölkerung, förderten die Frauen- und Bürgerrechtsbewegungen, änderten Erziehungsstile und probierten neue Formen des Zusammenlebens aus.

Aktiengesellschaft: Da für den Bau von Fabriken, Eisenbahnen oder Zechen enorme Kapitalmengen nötig waren, organisierten sich die meisten Unternehmen in Form von Aktiengesellschaften, bei denen sich Aktionäre über den Ankauf von Anteilen am Gründungskapital – den Aktien – am Gewinn und Verlust des Unternehmens beteiligten. Auch ausländische Kapitalgeber konnten auf diese Weise Eigentum an deutschen Firmen erwerben. 1907 waren vier Fünftel der 100 größten deutschen Industrieunternehmen Aktiengesellschaften. Rund zwei Drittel des gesamten Kapitals befanden sich in ihren Händen.

„Aktion T4": nach dem Verwaltungssitz der Vernichtungsaktion in der Tiergartenstraße 4 in Berlin bezeichneter Code (▸ *„Euthanasie"*).

Alldeutscher Verband: 1891 gegründet, setzte sich die nationalistische Organisation (▸ *Nationalismus*) für eine Stärkung und Verbreitung des Deutschtums ein und befürwortete eine imperialistische Politik (▸ *Imperialismus*).

Anti-Hitler-Koalition: die von 1941 bis 1945 verbündeten Gegner des nationalsozialistischen Deutschland (▸ *Nationalsozialismus*) mit den USA, Großbritannien und der Sowjetunion an der Spitze. Die „Großen Drei" legten auf der Konferenz von Casablanca Anfang 1943 die ▸ *bedingungslose Kapitulation* Deutschlands, Japans und Italiens als Kriegsziel fest.

Antisemitismus: wörtlich „Semitenfeindschaft" (Semiten: Angehörige einer verwandten Gruppe von Völkern in Vorderasien und Nordafrika); der Begriff bezieht sich aber nur auf Juden. Die um 1880 in Deutschland entstandene Bezeichnung meint die seit dem 1. Jh. n. Chr. bestehende Ablehnung oder Bekämpfung von Juden aus religiösen oder sozialen Gründen sowie die in der 2. Hälfte des 19. Jh. beginnende rassisch (biologisch) begründete Judenfeindschaft (▸ *Rassenideologie*). Der ▸ *Nationalsozialismus* stellte den Antisemitismus ins Zentrum seiner „Weltanschauung" und Politik. Seine Anhänger rechtfertigten damit die ▸ *„Nürnberger Gesetze"* und die ▸ *„Arisierung"* jüdischen Eigentums ebenso wie die systematische Vernichtung der Juden (▸ *Holocaust*).

Appeasement (Beruhigung, Beschwichtigung): die auf Friedenswahrung bedachte britische Außenpolitik gegenüber der auf Expansion angelegten nationalsozialistischen Außenpolitik (▸ *Nationalsozialismus*). Um die angespannte außenpolitische Lage zu beruhigen, akzeptierten die Regierungschefs von Großbritannien, Frankreich und Italien auf der Konferenz von München 1938 die Abtretung der überwiegend von Deutschen bewohnten Grenzgebiete Böhmens (Sudetenland) von der Tschechoslowakei („Münchener Abkommen"). Die Appeasement-Politik blieb erfolglos; im März 1939 ließ Hitler ganz Böhmen und Mähren besetzen, kurz darauf begann der ▸ *Zweite Weltkrieg*.

Arbeiterräte: Nach dem Ende des ▸ *Ersten Weltkrieges* bildeten sich in vielen europäischen Staaten Arbeiter- und Soldatenräte. Vorbild waren die Räte (russ. Sowjets), die in Russland 1917 entstanden. Aufgabe der Räte war die Lösung akuter Probleme (Nahrungsmittelversorgung, Demobilisierung der Soldaten etc.), aber auch die Schaffung von Instanzen, die den Übergang zu einer demokratischen Gesellschaftsordnung regeln konnten.

„Arier": im ethnologisch-sprachwissenschaftlichen Sinne Völker der indogermanischen Sprachfamilie. Im 19. Jh. wurde der Begriff in eine Überlegenheit der „weißen", dann der „germanischen Rasse" umgedeutet. In der ▸ *Rassenideologie* der Nationalsozialisten (▸ *Nationalsozialismus*) bezeichnete „Arier" die überlegene „Herrenrasse".

„Arisierung": Bezeichnung für die Vernichtung der wirtschaftlichen Existenz der deutschen Juden nach 1933. Ihr Eigentum wurde selten freiwillig und meistens erzwungen und unter Wert an „arische" Erwerber (▸ *„Arier"*) verkauft. Nach den ▸ *Novemberpogromen* gab es eine gesetzlich geregelte Zwangsarisierung jüdischer Unternehmen.

Artikel 131 GG: Das Gesetz zu diesem Artikel des Grundgesetzes vom 11. Mai 1951 erlegte dem öffentlichen Dienst auf, mindestens 20 Prozent des Besoldungsaufwandes für jene Beamten und Berufssoldaten zu verwenden, die derzeit noch „ausgeschieden sind und bisher nicht oder nicht ihrer früheren Stellung entsprechend verwendet werden". Aus diesem Grund stellten die Behörden schon aus Budget-Gründen bevorzugt wieder diese NS-Belasteten (Juristen, Gestapo-Leute, Berufssoldaten und Schreibtischtäter) ein.

„Asoziale": im ▸ *„Dritten Reich"* als minderwertig geltende, „arbeitsscheue" oder unangepasst lebende Menschen wie Bettler, Landstreicher, Prostituierte, Fürsorgeempfänger oder Alkoholiker.

Atomwaffensperrvertrag (engl. *Treaty on Non-Proliferation of Nuclear Weapons*): Der Vertrag wurde von den USA, der Sowjetunion und Großbritannien zwischen 1965 und 1968 ausgehandelt und trat 1970 in Kraft. Inzwischen haben ihn 191 Staaten (Stand: 2015) angenommen. Nicht unterzeichnet haben bislang Indien, Israel, Pakistan und Südsudan. Nordkorea trat im Januar 2003 aus dem Vertrag aus. Er akzeptiert die friedliche Nutzung der Kernenergie, verbietet aber die Verbreitung von Kernwaffen und verpflichtet die Mitglieder zur Abrüstung von Kernwaffen.

Aufklärung: Epoche der Wissenschafts- und Geistesgeschichte, die sich im 17. und 18. Jh. entfaltete. Die Aufklärer verließen sich bei ihrer Suche nach der Wahrheit auf Vernunft (lat. *ratio*), Experimente und Erfahrungen (griech. *empeiria*). Sie setzten sich für eine bessere Schulbildung der Menschen ein. Der bedeutendste deutsche Aufklärer war der Königsberger Philosoph Immanuel Kant.

Auschwitz: Das Lager Auschwitz wurde nah der polnischen Stadt Oświęcim im Jahr 1939 für politische Häftlinge aus Polen eingerichtet. Ab September 1941 begann der Ausbau zum größten ▸ *Vernichtungslager* im deutschen Machtbereich. Dort wurden ab Mai 1942 vornehmlich jüdische Häftlinge systematisch ermordet (▸ *Holocaust*). Außerdem entstanden mehrere große Industriebetriebe (z. B. IG Farben in Monowitz), für die die Häftlinge Zwangsarbeit leisten mussten. Bis zur Befreiung von Auschwitz am 27. Januar 1945 (▸ *Tag der Befreiung*) starben dort etwa eine Million Menschen.

Balance of power (Gleichgewicht der Macht): Grundprinzip der englischen Außenpolitik vom 17. bis 20. Jh. Ziel war es, das machtpolitische Gleichgewicht zwischen den europäischen Staaten zu wahren bzw. die ▸ *Hegemonie* einer Macht (oder eines Mächtebündnisses) zu verhindern.

Baltische Staaten: Estland, Lettland und Litauen, seit 1918 unabhängig, 1940 von der Sowjetunion annektiert. 1991 erklärten sie ihre Unabhängigkeit und traten aus dem Staatsverband der UdSSR aus.

Bedingungslose Kapitulation (engl. *unconditional surrender*): Forderung der Vereinigten Staaten und Großbritanniens von 1943 gegenüber Deutschland, Italien und Japan. Die für den ▸ *Zweiten Weltkrieg* verantwortlichen Staaten sollten sich ohne Verhandlungen und Forderungen ergeben und anschließend von den Siegermächten politisch neu geordnet werden.

Bergen-Belsen-Prozess: Als erster Prozess gegen jene, die die „Tötungsarbeit“ in den ▸ *Konzentrations-* und ▸ *Vernichtungslagern* verrichtet hatten, wurde am 17. September 1945 in Lüneburg der „First Belsen Trial“ gegen den KZ-Kommandanten, 20 weitere SS-Männer, 16 Aufseherinnen des Lagers und elf Funktionshäftlinge von einem britischen Militärgericht eröffnet. Der Kommandant, weitere sieben Männer und drei Frauen wurden zum Tode verurteilt. 19 Personen, darunter acht Funktionshäftlinge, erhielten Haftstrafen, die übrigen Freisprüche.

Blut-und-Boden-Ideologie: basierte auf der Vorstellung, „dass ein gesunder Staat im eigenen Volk (Blut) und im eigenen Boden seinen Schwerpunkt haben muss“ (Meyers Lexikon von 1936). Dabei sollte das Bauerntum (die germanisch-nordische Rasse) für die Lebensgrundlagen des Volkes sorgen und einen Gegenpol zur urbanen Moderne und zum „Nomadentum“ der Juden bilden (▸ *Rassenideologie*).

Bourgeoisie: Darunter wird nach Friedrich Engels die Klasse der modernen Kapitalisten verstanden, die Besitzer der gesellschaftlichen Produktionsmittel sind und Lohnarbeit ausnutzen.

Breschnew-Doktrin: Benannt nach dem sowjetischen Parteichef Leonid Breschnew (1907-1982). Demnach sei die UdSSR bzw. der ▸ *Warschauer Pakt* berechtigt, Abweichungen vom „Weg des ▸ *Sozialismus*“ auch mit militärischer Gewalt zu verhindern. Breschnew veröffentlichte die Doktrin, nachdem die Demokratisierungspolitik der tschechoslowakischen Regierung 1968 von der Sowjetunion gewaltsam zerschlagen wurde.

CARE: Abkürzung für *Cooperative for American Remittances to Europe* (später *to Everywhere*); in den USA gegründete Organisation für Hilfssendungen.

Chauvinismus ▸ *Nationalismus*

Demokratie (griech. *demos*: Volk; *kratéin*: Herrschaft): Herrschaft des Volkes über sich selbst. In Athen konnten sich seit Mitte des 5. Jh. v. Chr. alle einheimischen und wehrfähigen Bürger an der Regierung und Rechtsprechung beteiligen; bei Wahlen und Abstimmungen entschied die Mehrheit der Stimmen. Die amerikanische Unabhängigkeitserklärung (1776) und die ▸ *Französische Revolution* (1789-1799) gaben dem Wunsch nach ▸ *Volkssouveränität* und demokratisch gewählten Regierungen eine neue Bedeutung. Im Deutschen Kaiserreich (1871-1918) wurde zwar der Reichstag demokratisch gewählt, doch die Regierung wurde vom Kaiser bestimmt. Verfassungsreformen von Oktober 1918 bildeten die Grundlage für die ▸ *parlamentarische Demokratie* in Deutschland, die 1919 in der ▸ *Weimarer Verfassung* und 1949 im Grundgesetz der Bundesrepublik Deutschland festgeschrieben wurde.

Deportation: Zwangsverschickung bzw. Verbannung von Menschen aus ihrer Heimat. Für die Zeit des ▸ *„Dritten Reiches“* und des ▸ *Zweiten Weltkrieges* bezieht sich der Begriff auf die durch das nationalsozialistische Regime millionenfach verschleppten Menschen, die in die ▸ *Konzentrations-* und ▸ *Vernichtungslager* oder zur Zwangsarbeit deportiert wurden.

Deutsche Frage: Frage nach der Einheit Deutschlands, insbesondere zwischen 1949 und 1990. Nach dem Scheitern der Viermächte-Verwaltung Deutschlands 1948 und der Gründung der Bundesrepublik Deutschland und der DDR 1949 war es Ziel der westdeutschen Politik, die Einheit Deutschlands durch das Selbstbestimmungsrecht des deutschen Volkes wiederherzustellen (▸ *Selbstbestimmungsrecht der Völker*). Auch die DDR bekannte sich zunächst zur Deutschen Einheit, gab diese Position dann aber auf. Im ▸ *Grundlagenvertrag* von 1972 erkannten sich die beiden deutschen Staaten an; die Bundesrepublik mit dem Vorbehalt, dass die Deutschen ihre Einheit „in freier Selbstbestimmung“ anstreben würden. Das Ende des ▸ *Kalten Krieges* ermöglichte am 3. Oktober 1990 die friedliche Wiedervereinigung.

Deutscher Bund: nach dem Zerfall des ▸ *Heiligen Römischen Reiches Deutscher Nation* auf dem ▸ *Wiener Kongress* 1815 gegründeter Zusammenschluss von anfangs 34 unabhängigen (souveränen) Fürsten und vier freien Städten (Lübeck, Hamburg, Bremen und Frankfurt am Main). Ziel des Deutschen Bundes war, die innere und äußere Sicherheit der Mitgliedstaaten zu gewährleisten. Sitz der Bundesversammlung (Bundestag) war Frankfurt am Main. Der Deutsche Bund blieb bis zur Gründung des Norddeutschen Bundes 1866 bestehen.

Diktatur: Herrschaft einer Person, Gruppe oder Partei, die die Macht im Staat weitgehend unbeschränkt ausübt und die ▸ *Menschen- und Bürgerrechte* nicht beachtet. Beispiele sind das ▸ *„Dritte Reich“*, die Sowjetunion, die DDR und die Volksrepublik China.

Diplomaten: Zwischen den Herrschern (Regierungen) verschiedener Gemeinwesen (Staaten) verhandeln Diplomaten (Gesandte, Botschafter). Sie haben die Interessen ihrer Auftraggeber wahrzunehmen, deren Ansehen zu vergrößern, Informationen zu beschaffen und Streitigkeiten zu schlichten. Etwa seit Mitte des 17. Jh. besitzen sie in den gastgebenden Staaten bestimmte Vorrechte wie die Unverletzlichkeit ihrer Person.

„Dolchstoßlegende“: nach 1918 von rechtsradikalen Zeitungen verbreitete und seit 1919 von Hindenburg vertretene Behauptung, die deutsche Armee sei im ▸ *Ersten Weltkrieg* nicht an der Front besiegt, sondern durch fehlende Unterstützung aus der Heimat „von hinten erdolcht“ und zur Kapitulation gezwungen worden. Diese Geschichtsfälschung verschweigt, dass führende Militärs Ende September 1918 die Niederlage gegen die übermächtige Allianz der Gegner eingestanden hatten.

Dreiklassenwahlrecht: Wahlsystem, bei dem die wenigen Großsteuerzahler der ersten Klasse (etwa fünf Prozent der Wahlberechtigten) ebenso viele Abgeordnete wählen konnten wie die Masse der Bevölkerung (rund 80 Prozent). Dieses Wahlsystem galt in Preußen von 1850 bis 1918.

„Drittes Reich“: Nach dem Zusammenbruch von 1918 tauchte unter national denkenden Politikern (▸ *Nationalismus*) die Forderung auf, nach den beiden deutschen Kaiserreichen (962-1806 und 1871-1918) ein „Drittes Reich“ entstehen zu lassen. Mit der ▸ *„Machtergreifung“* der ▸ *Nationalsozialisten* von 1933 wurde es üblich, vom „Dritten Reich“ zu sprechen.

„Dritte Welt“: Bezeichnung für die Staaten, die während des ▸ Kalten Krieges einen „dritten Weg“ zwischen den kapitalistischen („Erste Welt“) und den sozialistischen Staaten („Zweite Welt) suchten. Ihre Interessen artikulierten sie erstmals auf der ▸ *Konferenz von Bandung*. Nach dem Zerfall des ▸ *Kommunismus* und dem Ende des ▸ *Kalten Krieges* ist der Begriff eigentlich nicht mehr verwendbar, er wird jedoch trotzdem bis heute zur Kennzeichnung von Entwicklungsländern benutzt.

Dynastie (griech. *dynastes*: Herrscher): Abfolge von miteinander verwandten Herrschern, denen es gelang, die Herrscherwürde in ihrer Familie zu behalten.

Einsatzgruppen: Sondereinheiten, die nach dem Einmarsch in besetzte und eroberte Gebiete, so etwa in Polen und in der Sowjetunion, die „Bekämpfung der Reichsfeinde“ übernehmen sollten (▸ *Zweiter Weltkrieg*). Bereits in Polen sowie dann vor allem in der Sowjetunion geschah dies hauptsächlich durch Erschießungen. Auf sowjetischem Gebiet ermordeten die Einsatzgruppen, die mit der Wehrmacht ins Land kamen, vermutlich über eine Million Menschen, vor allem jüdische Männer, Frauen und Kinder (▸ *Holocaust*).

Entente (frz. Bündnis, Eintracht): Im ▸ *Ersten Weltkrieg* kämpfte die Entente (Frankreich, Großbritannien und Irland, Russland und Verbündete wie USA) gegen die ▸ *Mittelmächte*.

Entspannungspolitik: Nach der Kuba-Krise von 1962 bemühten sich die westlichen Regierungen unter Führung der USA gegenüber der Sowjetunion und anderen kommunistischen Staaten (▸ *Kommunismus*) um eine andere Politik. Bessere politische, wirtschaftliche und kulturelle Beziehungen sowie Vereinbarungen über Rüstungskontrolle und Gewaltverzicht sollten helfen, den Ost-West-Gegensatz (▸ *Kalter Krieg*) zu überwinden. Die von Bundeskanzler Willy Brandt (SPD) betriebene ▸ *Neue Ostpolitik* war Teil der Entspannungspolitik.

Entstalinisierung: Abkehr der sowjetischen Führung von der Politik Stalins seit dessen Tod 1953. Unter dem neuen Parteichef Chruschtschow distanzierte sich die UdSSR von der Person Stalins, seiner Alleinherrschaft und seiner Wirtschaftspolitik (▸ *Stalinismus*). Kritiker kamen zu Wort, die Gefangenenlager (GULag) wurden aufgelöst, die Bevormundung der Ostblockstaaten ließ nach („Tauwetter“). Die Verbrechen der Stalin-Ära (1927-1953) durften erwähnt werden, wurden aber nicht aufgearbeitet.

„Ermächtigungsgesetz“: das vom Reichstag am 23. März 1933 beschlossene Gesetz, das der Regierung des Reichskanzlers Hitler erlaubte, Gesetze ohne das Parlament zu beschließen. Gegen das zunächst befristete Gesetz, das die ▸ *„Gleichschaltung“* beförderte und die nationalsozialistische ▸ *Diktatur* (▸ *Nationalsozialismus*) festigte, stimmten nur die anwesenden Abgeordneten der SPD. Die Abgeordneten der KPD waren gar nicht erst eingeladen worden; sie war entweder bereits geflohen oder untergetaucht oder verhaftet worden.

Erster Weltkrieg: der von 1914 bis 1918 dauernde Krieg, dessen Ursachen in den machtpolitischen Gegensätzen, dem Rüstungswettlauf und der imperialistischen Politik (▸ *Imperialismus*) der europäischen Großmächte lagen. Vordergründiger Anlass der „Urkatastrophe des 20. Jahrhunderts“ – so der US-Diplomat George F. Kennan 1979 – war die Ermordung des österreichischen Thronfolgerehepaares in Sarajewo am 28. Juni 1914. Die Versenkung amerikanischer Schiffe durch deutsche U-Boote sowie das sich andeutende Ende des russischen Zarenreiches trugen zum Kriegseintritt der USA am 6. April 1917 auf der Seite der ▸ *Entente* gegen die ▸ *Mittelmächte* bei. Etwa zehn Millionen Soldaten starben in dem mit modernen Waffen wie Panzer, U-Booten, Flugzeugen und Giftgas geführten Krieg.

Europäische Einigung: Am Anfang des Einigungsprozesses nach dem ▸ *Zweiten Weltkrieg* stand die Zusammenarbeit der westeuropäischen Staaten im 1949 gegründeten ▸ *Europarat* und in der 1951 entstandenen Europäischen Gemeinschaft für Kohle und Stahl (EGKS, ▸ *Montanunion*). Der Erfolg führte 1957 zur Gründung der ▸ *Europäischen Wirtschaftsgemeinschaft* (EWG) und der Europäischen Atomgemeinschaft (EURATOM). EGKS, EURATOM und EWG wurden 1967 zur Europäischen Gemeinschaft (EG) zusammengefasst. Sie erhielten gemeinsame Organe (Kommission, Ministerrat, Parlament und Gerichtshof). Ihre Mitglieder vereinbarten eine intensive wirtschaftliche, außenpolitische, soziale, ökologische und kulturelle Zusammenarbeit. Der Vertrag von Maastricht erweiterte 1992 die Zuständigkeit der EG. Er machte den Weg für die Wirtschafts- und Währungsunion frei und erklärte das Staatenbündnis zur Europäischen Union (EU). Die wichtigsten Veränderungen waren die engere Zusammenarbeit in der Außen- und Wirtschaftspolitik und die gemeinsame Währung „Euro“ (1999/2002). Nach der Auflösung des sowjetischen Machtbereiches nahm die EU zwölf weitere Mitglieder auf, davon zehn ehemalige Ostblockstaaten. Seit 2013 zählt die EU 28 Mitgliedstaaten.

Europäische Wirtschaftsgemeinschaft (EWG): Im März 1957 vereinbarten die Mitglieder der ▸ *Montanunion* (Belgien,

Frankreich, Italien, Luxemburg, die Niederlande und die Bundesrepublik Deutschland) in den „Römischen Verträgen" eine gemeinsame Wirtschafts- und Handelspolitik. Der Anfang 1958 in Kraft getretene Vertrag war Grundlage der ▸ *europäischen Einigung*.

Europäischer Rat: unter dieser Bezeichnung 1974 vereinbarte regelmäßige Konferenz der Staats- und Regierungschefs der EG und späteren EU. Sie findet alle drei bis sechs Monate statt. Der Vorsitz wechselt bis heute, jedes halbe Jahr übernimmt ein anderer Mitgliedstaat den Vorsitz. Der Rat wurde 1986 in die Einheitliche Europäische Akte der EG aufgenommen. Diese bestätigte seine Aufgabe, die gemeinsame Politik zu steuern.

Europarat: 1949 als erste europäische Staatenorganisation gegründet. Er sieht seine Aufgabe vorwiegend in der Förderung der ▸ *Demokratie* und dem Schutz der ▸ *Menschenrechte*. Von den über 200 von ihm verabschiedeten Abkommen und Konventionen ist die bedeutendste die Europäische Menschenrechtskonvention (1950). Der Europarat zählt 47 Mitglieder (Stand: 2015).

Europäische Union ▸ *Europäische Einigung*

„Euthanasie": Sterbehilfe, abgeleitet von griech. „guter" oder „leichter Tod". Der verharmlosende Ausdruck steht für die systematischen Morde an körperlich und geistig beeinträchtigten Menschen während der NS-Zeit (▸ *Nationalsozialismus*).

Falange: Die faschistische Bewegung der Falange (von griech. *Phalanx*: Schlachtenreihe) kämpfte während des Spanischen Bürgerkrieges aufseiten des Generals Francisco Franco. Aus dieser Bewegung bildete sich gegen Ende der Dreißigerjahre eine Partei, die Falange Española Tradicionalista, die während des Franco-Regimes zur einzig zugelassenen Staatspartei werden sollte.

Faschismus: eine antidemokratische und antikommunistische sowie extrem nationalistische Weltanschauung (▸ *Nationalismus*) und Bewegung, die nach dem ▸ *Ersten Weltkrieg* in Italien entstand und in fast allen europäischen Ländern Anhänger fand. Im Deutschen Reich vertraten die Nationalsozialisten (▸ *Nationalsozialismus*) faschistische Vorstellungen.

Flucht und Vertreibung: Gemeint ist sowohl die am Ende des ▸ *Zweiten Weltkrieges* einsetzende Flucht von Deutschen aus ihren Heimatgebieten vor der sowjetischen Armee und ihren osteuropäischen Verbündeten als auch die erzwungene Vertreibung, Umsiedlung oder Ausweisung der in den deutschen Ostgebieten und den deutschen Siedlungsgebieten im Ausland lebenden Deutschen nach 1945; ihre Zahl wird auf etwa zwölf bis 14 Millionen (1950) geschätzt.

Französische Revolution: Während der Französischen ▸ *Revolution* entstanden zwischen 1789 und 1799 verschiedene Staatsformen. 1791 wurde Frankreich ▸ *konstitutionelle Monarchie*, 1792 demokratische Republik (▸ *Demokratie*) und unter Napoleon ein diktatorisches Kaiserreich (▸ *Diktatur*). Die ▸ *Menschen- und Bürgerrechte* zählen ebenso zum Erbe der Französischen Revolution wie die Schreckensherrschaft der Jakobiner.

Freikorps: extrem antirepublikanische und antikommunistische paramilitärische Verbände. Sie gehörten nicht zu den regulären Truppen und bestanden aus ehemaligen Berufssoldaten, Abenteurern, Studenten oder Schülern, meist Männer, die nach dem ▸ *Ersten Weltkrieg* kein Zuhause und keine Arbeit hatten und nicht in ein ziviles Leben zurückgefunden hatten.

Friedensvertrag von Brest-Litowsk: Vertrag zwischen den ▸ *Mittelmächten* und Sowjetrussland vom 3. März 1918. Mit diesem Vertrag schied Russland aus dem ▸ *Ersten Weltkrieg* aus. Es musste in diesem „Diktatfrieden" auf Polen, Litauen und andere Gebiete verzichten sowie die Ukraine und Finnland als selbstständige Staaten anerkennen. Russland verlor etwa 30 Prozent der Bevölkerung und rund 75 Prozent der Eisen- und Stahlindustrie. Der Vertrag wurde nach der Niederlage der Mittelmächte im November 1918 von der Sowjetregierung für ungültig erklärt.

Genossenschaft: Zusammenschluss von selbstständigen Personen zu einem Geschäftsbetrieb. Damit können verschiedene Bereiche wie Einkauf, Lagerung oder Maschinenhaltung gemeinsam („genossenschaftlich") betrieben und die Kosten verteilt werden.

Genozid ▸ *Völkermord*

Gewaltenteilung: eine während der ▸ *Aufklärung* entwickelte Lehre, die sich gegen die absolutistische Regierungsweise (▸ *Absolutismus*) richtete. Demnach sind die Hauptaufgaben eines Staates von drei getrennten Einrichtungen zu erfüllen, die sich gegenseitig kontrollieren: Das Parlament (Legislative) beschließt Gesetze, die Regierung (Exekutive) führt sie aus und die unabhängigen Gerichte (Judikative) sprechen Recht.

Ghetto: primär in Polen und den besetzten Gebieten der Sowjetunion während des ▸ *Zweiten Weltkrieges* von Deutschen eingerichtete abgesperrte Wohnbezirke, in denen die jüdische Bevölkerung unter unmenschlichen Bedingungen zusammengepfercht und häufig sich selbst überlassen wurde. Die Konzentrierung der Juden wurde gleichzeitig für die Ausbeutung ihrer Arbeitskraft genutzt. Katastrophale hygienische Verhältnisse, Unterversorgung und Epidemien führten zum Tod vieler Zehntausend Menschen. Nach Auflösung der Ghettos wurde die jüdische Bevölkerung fast ausnahmslos in ▸ *Vernichtungslager* deportiert (▸ *Deportation*, ▸ *Holocaust*).

Glasnost und Perestroika: Die Begriffe „Glasnost" (Offenheit, Durchsichtigkeit) und „Perestroika" (Umbau, Umgestaltung) stehen für Gorbatschows Reformpolitik in der Sowjetunion von 1985 bis 1991. Sie sollte die kommunistische Herrschaft (▸ *Kommunismus*) stabilisieren, erreichte aber das Gegenteil.

Gleichgewichtspolitik ▸ *Balance of power*

„Gleichschaltung": So nannten die Nationalsozialisten (▸ *Nationalsozialismus*) ihre Maßnahmen, Staat, Gesellschaft und Kultur mit ihrer Partei personell und ideologisch zu durchdringen und damit zu beherrschen. Nach der Ernennung Hitlers zum Reichskanzler (30. Januar 1933) begann die „Gleichschaltung". Die einen Tag nach dem Reichstagsbrand erlassene Verordnung „Zum Schutz von Volk und Staat" vom 28. Februar und das ▸ *„Ermächtigungsgesetz"* vom 23. März 1933 beschleunigten diese Entwicklung. Die Nationalsozialisten nahmen den Ländern ihre Eigenständigkeit, führten eine Einparteienherrschaft ein, kontrollierten die Medien, lösten alle Gewerkschaften sowie sonstige Verbände auf und integrierten sie in ihre Organisationen (▸ *„Machtergreifung“*).

Globalisierung: Der Begriff charakterisiert vor allem die rapiden wirtschaftlichen Wandlungsprozesse seit den 1990er-Jahren. Allgemein kann unter Globalisierung ein Prozess verstanden werden, in dem sich Wirtschafts- und Gesellschaftssysteme über die Grenzen der Nationalstaaten hinaus in ökonomischer, aber auch sozialer und kultureller Hinsicht immer stärker miteinander vernetzen.

Grundlagenvertrag: In dem 1972 unterschriebenen Dokument erkannten die Bundesrepublik Deutschland und die DDR sich als gleichberechtigte Staaten an und verpflichteten sich zu „gutnachbarschaftlichen Beziehungen“ (▸ *Neue Ostpolitik*). Die Bundesrepublik Deutschland hielt an dem Recht des deutschen Volkes fest, seine Einheit „in freier Selbstbestimmung“ anzustreben. Der Bundestag billigte den Vertrag im Mai 1973.

Grundrechte ▸ *Menschen- und Bürgerrechte*

Hallstein-Doktrin: benannt nach dem Staatssekretär im Auswärtigen Amt Walter Hallstein (1951-1957). Sie besagte, dass die Aufnahme diplomatischer Beziehungen (▸ *Diplomatie*) zur DDR durch Drittstaaten als „unfreundlicher Akt“ der Bundesrepublik gegenüber betrachtet werden müsse. Ziel war es, die DDR außenpolitisch zu isolieren. Die sozialliberale Koalition gab die Hallstein-Doktrin im Rahmen der ▸ *Neuen Ostpolitik* auf.

Hegemonie (griech. *hegemonia*: Oberbefehl): Bemühungen eines Herrschers oder eines Staates um die Vorherrschaft in einem Bündnis oder einem Gebiet. Seit dem 17. Jh. bemühte sich beispielsweise Frankreich um eine Vorherrschaft auf dem Kontinent. England setzte dagegen in Europa auf ein „Gleichgewicht der Macht“ (▸ *Balance of power*), um seine Vorherrschaft auf den Weltmeeren zu sichern. Im Zeitalter des ▸ *Imperialismus* strebten die wirtschaftlich-industriellen Mächte Europas, die USA und Japan eine Hegemonie über unterlegene Regionen an.

Heilige Allianz: Bündnis, um die monarchische Staatsordnung (▸ *Monarchie*) zu sichern. Nach dem ▸ *Wiener Kongress* verpflichteten sich 1815 die Herrscher Russlands, Preußens und Österreichs, gemeinsam gegen nationale und liberale Bewegungen (▸ *Liberalismus*, ▸ *Nationalismus*, ▸ *Restauration*) vorzugehen. Der Heiligen Allianz traten fast alle europäischen Herrscher bei; sie zerfiel Mitte des 19. Jh.

Heiliges Römisches Reich Deutscher Nation: seit 1512 gebräuchliche Gesamtformel für den Herrschaftsbereich des von den Kurfürsten (seit 1356 sieben, ab 1648 acht) gewählten römisch-deutschen Kaisers und der in ihm verbundenen Reichsterritorien. Das „Heilige Römische Reich“ wurde trotz Kaiser nie zentral regiert. Nach Gründung des ▸ *Rheinbundes* 1806 zerfiel es unter dem Druck Napoleons.

Historikerstreit: westdeutsche Debatte der Jahre 1986/87, in der über die historische Einzigartigkeit des ▸ *Holocaust* sowie über die zukünftige Auseinandersetzung mit dem ▸ *Nationalsozialismus* kontrovers diskutiert wurde.

Hitler-Putsch: misslungener Versuch Hitlers, des Vorsitzenden der republikfeindlichen und antisemitischen (▸ *Antisemitismus*) Nationalsozialistischen Deutschen Arbeiterpartei (NSDAP), am 8./9. November 1923 in Bayern die Macht gewaltsam an sich zu reißen und mit einem „Marsch auf Berlin“ die Reichsregierung in Berlin zu stürzen. Während des ▸ *„Dritten Reiches“* wurde der 9. November als „Tag der nationalen Erhebung“ gefeiert.

Hitler-Stalin-Pakt: deutsch-sowjetischer Nichtangriffsvertrag von 1939. Er sicherte das Deutsche Reich vor einer militärischen Auseinandersetzung mit der Sowjetunion; zugleich ermöglichte er sowohl dem Deutschen Reich als auch der Sowjetunion, gegen Polen vorzugehen. Ein geheimes Zusatzprotokoll legte die Aufteilung Polens fest (▸ *Zweiter Weltkrieg*).

Holocaust (griech. *holócaustos*: völlig verbrannt bzw. Brandopfer): wurde zunächst als Lehnwort ins Englische übernommen, gilt heute weltweit als Synonym für die systematische Ermordung von mindestens sechs Millionen europäischen Juden und anderen Opfergruppen. In der jüdischen Tradition wird für diesen ▸ *Völkermord* (Genozid) der Begriff „Shoa“ (hebr.: Großes Unheil, Katastrophe) verwendet, der sich ausschließlich auf die Judenvernichtung bezieht.

Hoover-Moratorium: Das nach dem US-Präsidenten Herbert Hoover benannte Moratorium stundete 1931 alle Kriegsschulden der europäischen Länder sowie die deutschen Reparationsleistungen (▸ *Reparationen*) für ein Jahr.

Imperialismus (lat. *imperium*: Herrschaft): „Großreichspolitik“ in allen Epochen. Im engeren Sinne die direkte oder indirekte Herrschaft wirtschaftlich-industriell entwickelter Mächte Europas, der USA und Japans über unterlegene Regionen von ungefähr 1880 bis zum Ende des ▸ *Ersten Weltkrieges*. Aus kommunistischer Sicht (▸ *Kommunismus*) ist der Imperialismus das höchste Stadium des ▸ *Kapitalismus*.

Industrialisierung (lat. *industria*: Fleiß, Betriebsamkeit): Technische Erfindungen, der Einsatz neuer Maschinen, die Ausweitung der Arbeitsteilung, die Errichtung von Fabriken, verbesserte Verkehrs- und Transportmittel sowie ein intensivierter Handel bewirkten zwischen Mitte des 18. Jh. und Anfang des 20. Jh. in vielen Regionen Europas eine umfassende und tief greifende Veränderung der Lebens- und Arbeitswelt. Im Verlauf dieser Entwicklung wurden aus Agrargesellschaften, in der die Mehrheit der Erwerbstätigen in der Landwirtschaft lebte, Industriegesellschaften, in der die Mehrheit der arbeitenden Bevölkerung in Fabriken tätig war. Der Prozess dieser Industrialisierung wurde begleitet von einem raschen Bevölkerungsanstieg und einer Verstädterung (Urbanisierung) sowie neuen politischen und sozialen Herausforderungen.

Inflation (lat. *inflatio*: Anschwellen): anhaltende Geldentwertung durch Ansteigen des allgemeinen Preisniveaus und Abwertung der Kaufkraft der Währung aufgrund einer massiven Vermehrung des Geldes. Opfer der Inflation sind vor allem Menschen, die von Ersparnissen leben. Zu besonders starken Inflationen kam es nach dem ▸ *Ersten Weltkrieg* in fast allen kriegführenden Staaten und nach dem ▸ *Zweiten Weltkrieg*. Zu den Ursachen zählte die enorme Staatsverschuldung wegen hoher Rüstungsausgaben vor und während der Kriege. Die Währungsreformen von 1923 und 1948 beendeten sie.

INF-Vertrag (*Intermediate range Nuclear Forces*): Abkommen der Supermächte über die Beseitigung aller Mittelstreckenraketen mit einer Reichweite zwischen 500 und 5500 km.

Innere Emigration: Viele Künstler, Dichter und Gelehrte, die nach 1933 ins benachbarte Ausland oder später nach Übersee flohen, mussten Deutschland verlassen, weil ihr Leben gefährdet war oder um Verhaftungen zu entgehen; Einzelne verließen ihr Heimatland auch aus Protest gegen das neue Regime. Wer zurückblieb, da er nicht unmittelbar gefährdet war, musste mit Publikations- und Ausstellungsverbot rechnen. Einige Schriftsteller hüllten ihre Vorbehalte gegenüber dem Regime in historische Beispielgeschichten, die nicht ohne Weiteres aufzuschlüsseln waren, oder sie schrieben für die Zeit nach dem erhofften Zusammenbruch des ▸ *„Dritten Reiches"*. Um diese Autoren zu charakterisieren, sprach man in den Nachkriegsjahren von der „Inneren Emigration". Dieser Begriff soll ausdrücken, dass nicht alle, die nicht zur „Äußeren Emigration" gezwungen worden waren, automatisch auf der Seite des nationalsozialistischen Regimes (▸ *Nationalsozialismus*) gestanden haben.

Kalter Krieg: Bezeichnung für den politischen, wirtschaftlichen und militärischen Konkurrenzkampf zwischen den Großmächten USA und UdSSR und ihren Bündnissen (▸ *NATO* und ▸ *Warschauer Pakt*). Erstes Zeichen des Kalten Krieges war die ▸ *Truman-Doktrin* von 1947. Frühe Höhepunkte waren die Blockade West-Berlins von 1948 und der Korea-Krieg (1950-1953). Die amerikanische „Politik der Stärke und des Dialoges" und Gorbatschows Reformen in der Sowjetunion (▸ *Glasnost und Perestroika*) beendeten 1989/90 den Kalten Krieg. Die USA wurden einzige Weltmacht.

Kapitalismus: Im 15. Jh. entstand eine Wirtschaftsform, in der es für Unternehmer nicht mehr wie zuvor darum ging, allein ein zum Leben ausreichendes Auskommen zu erwirtschaften, sondern möglichst hohe Gewinne zu erzielen. Im Kapitalismus herrschen im Gegensatz zum ▸ *Kommunismus* die Interessen der Unternehmer vor, die Eigentümer von Besitz und Kapital sind.

Koalitionsrecht: erlaubt den Zusammenschluss zu Vereinen, Parteien und Gewerkschaften.

Kollektivschuldthese: Unmittelbar nach 1945 unterstellten Opfer und Befreier allen Deutschen eine Mitschuld an den NS-Verbrechen (▸ *Nationalsozialismus*, ▸ *Holocaust*). Bei der Entnazifizierung wurde in den westlichen Besatzungszonen schuldhaftes Verhalten einzelner Personen, nicht einer Gruppe (Kollektiv) untersucht und bestraft. In der Sowjetischen Besatzungszone reichte oft die Zugehörigkeit zu einer Gruppe wie Gutsbesitzer, Unternehmer oder Bankiers, um kollektiv verurteilt und enteignet zu werden.

Kommunismus (lat. *communis*: allgemein, allen gemeinsam): eine politische, soziale und wirtschaftliche Weltanschauung, die von einem gemeinsamen Eigentum an den Produktionsmitteln ausgeht, in der es keine Ausbeutung mehr gibt und Frieden und Gerechtigkeit herrschen. Gegenteil des Kommunismus ist der ▸ *Kapitalismus*. Nach Marx und Engels ist der Kommunismus das anzustrebende Endstadium der gesellschaftlichen Entwicklung; ihre Gesellschaftstheorie wurde durch Lenin weiterentwickelt (▸ *Marxismus-Leninismus*).

Kommunistische Internationale: 1864 schlossen sich Arbeiterparteien und -verbände aus verschiedenen Ländern zur „Internationale" zusammen. Diese löste sich zwar 1876 auf, konnte aber zwischen 1889 und 1914 als „Zweite Internationale" erneut gebildet werden. Nach der ▸ *Oktoberrevolution* in Russland bildeten die kommunistischen Parteien (▸ *Kommunismus*) 1919 unter der Führung Moskaus die „Kommunistische Internationale".

Konferenz über Sicherheit und Zusammenarbeit in Europa (KSZE): Die erste KSZE-Konferenz wurde 1973 eröffnet. Es nahmen die Regierungschefs von 35 Staaten (Mitglieder der ▸ *NATO*, des ▸ *Warschauer Paktes* sowie neutrale und ungebundene europäische Staaten) teil. Sie verpflichteten ihre Länder am Konferenzende 1975 in der Schlussakte von Helsinki zu Gewaltverzicht, zur Unverletzlichkeit der bestehenden Staatsgrenzen, zur Wahrung der ▸ *Menschen- und Bürgerrechte* und zum ständigen Dialog. Mit dem Ende des ▸ *Kalten Krieges* und der Auflösung des Warschauer Paktes änderten sich die Aufgaben der Konferenz. Seit 1995 heißt sie Organisation für Sicherheit und Zusammenarbeit in Europa (OSZE). Sie zählt 57 Mitglieder (Stand: 2015) und hat ihren Sitz in Wien.

Konferenz von Bandung: Vertreter von 23 asiatischen und sechs afrikanischen Staaten trafen sich 1955 in Bandung. Sie verstanden sich als Mitglieder der ▸ *Dritten Welt* und grenzten sich bewusst von der Ersten (Westblock) und Zweiten Welt (Ostblock) ab. Gemeinsam wollten sie gegen die Rassendiskriminierung und wirtschaftliche Benachteiligung ihrer Länder vorgehen und den Kolonialismus beenden. 1961 wurde in Belgrad (Jugoslawien) die Organisation der Blockfreien gegründet. Die Blockfreien-Bewegung zählt 120 Mitglieder (Stand: 2012).

Konkordat: völkerrechtlicher Vertrag zwischen der katholischen Kirche und einer weltlichen Regierung.

Konstitutionelle Monarchie: Regierungsform, in der die absolute Macht des Monarchen (▸ *Absolutismus*, ▸ *Monarchie*) durch eine Verfassung (lat. *constitutio*) gesetzlich begrenzt wird. Ein König steht zwar weiterhin an der Spitze des Staates, an der Gesetzgebung aber wirkt ein Parlament mit.

Konzentrationslager: Anfang des 20. Jh. erstmals für Kriegsgefangene eingerichtete Lager. In Deutschland wurde mit der Verordnung des Reichspräsidenten „Zum Schutz von Volk und Staat" von 1933 die „Rechtsgrundlage" für die Konzentrationslager geschaffen. In ihnen wurden politische Gegner und unerwünschte Minderheiten gefangen gehalten, misshandelt und zur Arbeit gezwungen. Zu den zahllosen Konzentrationslagern entstanden in den von den Deutschen im Osten besetzen Gebieten ▸ *Vernichtungslager*.

Kulturelles/kommunikatives Gedächtnis: Theorie, die in den 1980er-Jahren von den Kulturwissenschaftlern Jan und Aleida Assmann weiterentwickelt wurde. Kulturelles und kommunikatives Gedächtnis sind Teil des kollektiven Gedächtnisses, das die Erinnerungsleistung einer Gruppe von Menschen beschreibt. Während das kommunikative Gedächtnis etwa 80 Jahre zurückreicht und durch mündliche Erzählung, Erfahrung und Hörensagen geprägt wird, reicht das kulturelle Gedächtnis weit in die Vergangenheit zurück. Das kulturelle Gedächtnis ist nicht an Zeitzeugen gebunden, sondern benötigt „Expertenwissen" – Lehrer, Priester, Schamanen usw. geben Mythen und Traditionen weiter, die als kultureller Besitz der Gemeinschaft verstanden werden.

Länderfinanzausgleich: eine im Grundgesetz verankerte Regelung, nach der die Bundesländer der Bundesrepublik Deutschland mit höheren Steuereinnahmen (Geberländer) Ausgleichszahlungen an Länder mit geringerem Steueraufkommen (Nehmerländer) leisten.

Landwehr: Bestandteil des preußischen Heeres. Die Landwehr umfasste alle Männer bis zum 40. Lebensjahr, die nicht dem stehenden Heer angehörten.

Liberalismus (lat. *liberalis*: freiheitlich, eines freien Menschen würdig): Staats-, Gesellschafts- und Wirtschaftslehre, die von der ▸ *Aufklärung* geprägt war und sich von freier Entfaltung des Einzelnen einen Fortschritt in Kultur, Recht, Wirtschaft und Gesellschaft erhoffte. Liberale forderten die Gründung einer ▸ *Nation* sowie Verfassungen, ▸ *Menschen- und Bürgerrechte* und eine freie Wirtschaft.

„Machtergreifung": Bezeichnung für die Übernahme der Regierung durch Hitler am 30. Januar 1933, der die Weimarer Republik (▸ *Weimarer Verfassung*) in einen totalitären Staat (▸ *Nationalsozialismus*, ▸ *Totalitarismus*, ▸ *„Drittes Reich"*) umwandelte. Die nach dem Reichstagsbrand erlassene Verordnung „Zum Schutz von Volk und Staat" vom 28. Februar und das ▸ *„Ermächtigungsgesetz"* vom 23. März 1933 beschleunigten die ▸ *„Gleichschaltung"* von Staat, Gesellschaft und Kultur.

Marshall-Plan: US-Außenminister George C. Marshall kündigte am 5. Juni 1947 ein „Europäisches Wiederaufbauprogramm" (ERP: *European Recovery Program*) für alle europäischen Staaten an. An den Verhandlungen über das Programm und an der Gründung der für die Verteilung der Mittel vorgesehenen Organisation für Europäische Wirtschaftliche Zusammenarbeit (▸ *OEEC*) beteiligten sich aber 1948 nur westeuropäische Staaten. Die amerikanische Hilfe sollte den wirtschaftlichen Wiederaufbau fördern und zur politischen Stabilisierung des Westens beitragen.

Marxismus-Leninismus: Gesellschaftstheorie nach den Lehren von Karl Marx und Wladimir I. Lenin. Ihr zufolge soll eine revolutionäre Partei die fortschrittlichen Kräfte eines Landes vereinen und der Arbeiterklasse zur Herrschaft verhelfen, notfalls mit Gewalt (▸ *Kommunismus*, ▸ *Oktoberrevolution*).

Mediatisierung (lat. *im-mediatus*: un-mittelbar): Unterstellung bisher reichsunmittelbarer Stände wie Ritter und Reichsstädte unter die Landeshoheit eines anderen (mächtigeren) weltlichen Landesherrn. Sie wurde auf Napoleons Wunsch durch den Reichsdeputationshauptschluss von 1803 umgesetzt (▸ *Rheinbund*).

Menschen- und Bürgerrechte: im engeren Sinne die unantastbaren und unveränderlichen Freiheiten und Rechte aller Menschen, die ihnen von Natur aus, d. h. mit ihrer Geburt, zustehen – unabhängig von ihrer Stellung in Staat, Gesellschaft, Beruf und Religion (Naturrecht). Dazu zählen das Recht auf Leben, die Unverletzlichkeit der Person, Freiheit, Eigentum, aber auch die Gleichheit vor dem Gesetz, das Recht auf Meinungs- und Glaubensfreiheit sowie auf Widerstand gegen Unterdrückung. Die Magna Charta libertatum (1215), die Bill of Rights (1689), die Virginia Bill of Rights und die amerikanische Unabhängigkeitserklärung von 1776 sowie die französische Verfassung von 1791 (▸ *Französische Revolution*) und die Erklärung der Grundrechte der Frankfurter ▸ *Nationalversammlung* von 1848 sind Zeugnisse der Menschenrechtsentwicklung. Die 1948 von den ▸ *Vereinten Nationen* verkündete Allgemeine Erklärung der Menschenrechte sowie die 1950 verabschiedete Konvention zum Schutze der Menschenrechte und Grundfreiheiten des ▸ *Europarates* stehen in der Tradition dieser Veröffentlichungen.
Die Begriffe „Menschenrechte" und „Grundrechte" unterscheiden sich im Wesentlichen durch den von ihnen beanspruchten Geltungsbereich: Während die Menschenrechte sich auf alle Menschen beziehen, gelten die Grundrechte nur für die Bürger und Bürgerinnen eines Staates, der sie ihnen verfassungsrechtlich garantiert.

Mindestumtausch („Zwangsumtausch"): Besucher der DDR und Ost-Berlins mussten täglich einen bestimmten Betrag in DDR-Mark umtauschen. Dies trug der Regierung Devisen ein.

Mittelmächte: Im ▸ *Ersten Weltkrieg* kämpften die Mittelmächte (Österreich-Ungarn, Osmanisches Reich und Bulgarien) gegen die ▸ *Entente*.

Monarchie (griech. *mon-archia*: Allein-Herrschaft): Herrschaft eines Fürsten. Monarch wurde man in der Regel durch Erbfolge oder Wahl. Im Zeitalter des ▸ *Absolutismus* erreichte die monarchische Regierungsform ihre größte Verbreitung in Europa. Mit der ▸ *Aufklärung* setzte sich die Forderung nach einer ▸ *konstitutionellen Monarchie* zunächst in England und dann auf dem europäischen Kontinent durch. Die Novemberrevolution von 1918 (▸ *Revolution*) führte zum Ende der Monarchien im Deutschen Reich.

Montanunion: die 1951 gegründete Europäische Gemeinschaft für Kohle und Stahl (EGKS). Sie förderte die Zusammenarbeit in der Montanindustrie (montan: Bergbau und Hüttenwesen betreffend). Ihr Erfolg leitete die Gründung der ▸ *EWG* ein (▸ *Europäische Einigung*).

Nation (lat. *natio*: Herkunft, Abstammung): Als Nation wird seit dem 18. Jh. eine große Gruppe von Menschen mit gleicher Abstammung, Geschichte, Sprache und Kultur oder mit gemeinsamer Regierung und Staatsordnung (Verfassung) in einem Staat bezeichnet. Nationen sind insofern keine natürlichen Gebilde. Sie sind einerseits Konstruktionen der Politik und leben andererseits davon, dass sich Menschen zu ihr bekennen.

Nationalismus: weltanschauliches Bekenntnis (Ideologie) zur eigenen ▸ *Nation* und dem Staat, dem man angehört. Auf der einen Seite stand die Überzeugung, dass alle Völker einen Anspruch auf nationale Selbstbestimmung haben, auf der anderen die Hochschätzung des eigenen Volkes. Die Abwertung anderer Nationen trug von Anfang an zu einem übersteigerten Nationalbewusstsein (Chauvinismus) bei, einem Kennzeichen des ▸ *Imperialismus* und des ▸ *Nationalsozialismus*.

Nationalsozialismus: Von 1933 bis 1945 übte die republikfeindliche und antisemitische (▸ *Antisemitismus*) Nationalsozialistische Deutsche Arbeiterpartei (NSDAP) die Herrschaft im Deutschen Reich aus. Nach der ▸ *„Machtergreifung"* führten ▸ *„Ermächtigungsgesetz"* und ▸ *„Gleichschaltung"* zum Ende der ▸ *parlamentarischen Demokratie* und des Rechtsstaates. Die NS-Politik war verantwortlich für den Terror des ▸ *SS-Staates*, die ▸ *„Euthanasie"*, den ▸ *Zweiten Weltkrieg* und den ▸ *Holocaust*.

Nationalversammlung: 1789 erklärten sich die gewählten und ernannten Vertreter der Stände zur Nationalversammlung (▶ *Französische Revolution*). 1848 trafen sich die von der Bevölkerung gewählten Abgeordneten in der Frankfurter Paulskirche, um einen Nationalstaat zu gründen und eine Verfassung für diesen auszuarbeiten.

NATO (*North Atlantic Treaty Organization*): ein im ▶ *Kalten Krieg* gegründetes Militärbündnis mit Sitz in Brüssel. Die NATO wurde 1949 zur gemeinsamen Verteidigung und zur Sicherung von Frieden und Freiheit von zehn westeuropäischen Staaten, den USA und Kanada gegründet. Die Bundesrepublik Deutschland trat ihr 1955 bei. Nach dem Zerfall des ▶ *Warschauer Paktes* 1991 schlossen sich zum Missfallen Russlands zahlreiche ost- und mitteleuropäische Staaten der NATO an. Seit 2009 gehören der NATO 28 Staaten an.

Neoabsolutismus: Regierungsform ohne Verfassung und Parlament, die sich am ▶ *Absolutismus* des 18. Jh. orientiert und liberale Bestrebungen (▶ *Liberalismus*) des Bürgertums sowie Anliegen nationaler Minderheiten unterdrückt.

Neue Ostpolitik: die von der SPD/FDP-Koalition unter Bundeskanzler Willy Brandt (SPD) ab 1969 praktizierte ▶ *Entspannungspolitik*. Sie führte zu Verträgen mit der Sowjetunion, Polen, der Tschechoslowakei und zu dem 1973 in Kraft getretenen ▶ *Grundlagenvertrag* mit der DDR. Die Bundesrepublik Deutschland bestätigte darin die nach 1945 entstandenen Grenzen, hielt aber fest, dass sie „auf einen Zustand des Friedens in Europa" hinarbeiten wolle, „in dem das deutsche Volk in freier Selbstbestimmung seine Einheit wiedererlangen" könne.

Notstandsgesetze: Sie sollen im Falle eines inneren und äußeren Notstandes die Handlungsfähigkeit der Regierung sichern, indem sie die Einschränkung von ▶ *Grundrechten* erlauben, darunter das Brief-, Post- und Fernmeldegeheimnis sowie die Unverletzbarkeit der Wohnung. Die 1968 eingeleitete Gesetzgebung wurde in der Bundesrepublik von einem breiten Protest begleitet (▶ *68er-Bewegung*).

Novemberpogrome: Bezeichnung für die im ▶ *SS-Staat* angeordnete Gewalt gegen Juden und die Zerstörung jüdischer Einrichtungen und Geschäfte am 9./10. November 1938 (▶ *Pogrom*). Ziel war es, die Juden aus Wirtschaft und Gesellschaft auszuschließen und aus dem Deutschen Reich zu vertreiben (▶ *„Arisierung"*, ▶ *Antisemitismus*).

„Nürnberger Gesetze": Bezeichnung für die am 15. September 1935 von den Nationalsozialisten (▶ *Nationalsozialismus*) auf dem „Reichsparteitag der Freiheit" in Nürnberg verabschiedeten antisemitischen Rassegesetze (▶ *Antisemitismus*, ▶ *Rassenideologie*). Juden verloren das Wahlrecht und durften keine öffentlichen Ämter mehr übernehmen. Eheschließungen zwischen Juden und Nichtjuden wurden verboten. Verstöße konnten mit Gefängnis bestraft werden.

OEEC (*Organization for European Economic Cooperation*): 1948 gegründete Organisation; Mitglieder waren 16 (später 18) Teilnehmerstaaten. Die OEEC koordinierte den Wiederaufbau und förderte die wirtschaftliche und politische Zusammenarbeit Europas. Nachfolgeorganisation ist seit 1961 die OECD (*Organization for Economic Cooperation and Development*), die sich nicht mehr auf Europa beschränkt. Sie berät und informiert über Wirtschafts- und Bildungsfragen (z. B. PISA).

Oktoberedikt: Das Gesetz vom 9. Oktober 1807 leitete das Ende der Ständeordnung in Preußen ein. Es hob die Erbuntertänigkeit der Bauern auf, die somit persönlich frei wurden. Eigentümer des von ihnen bearbeiteten Landes konnten sie aber nur gegen eine Entschädigung an den Grundherrn (Regulierungsedikt vom 14. November 1811) werden, was nicht vielen gelang.

Oktoberrevolution: Sturz der Provisorischen Regierung in Russland am 6./7. November (24./25. Oktober nach russischem Kalender) 1917. Danach erfolgte der gewaltsame Aufbau einer kommunistischen Gesellschafts- und Wirtschaftsordnung (▶ *Kommunismus*, ▶ *Marxismus-Leninismus*, ▶ *Revolution*).

Parlamentarische Demokratie: Staatsform, in der die gesetzgebende Gewalt bei den vom Volk frei gewählten Abgeordneten des Parlaments liegt (▶ *Demokratie*). Die ausführende Gewalt (Regierung) wird vom Staatspräsidenten ernannt, ist aber von Mehrheiten im Parlament abhängig (▶ *Gewaltenteilung*). Die nach der Novemberrevolution von 1918 erarbeitete ▶ *Weimarer Verfassung* war Grundlage der ersten parlamentarischen Demokratie in Deutschland.

Partisanen: bewaffnete Widerstandskämpfer im Hinterland.

Perestroika ▶ *Glasnost und Perestroika*

Personalunion: Ein Monarch (▶ *Monarchie*) herrscht gleichzeitig über verschiedene Staaten.

Planwirtschaft: Wirtschaftsordnung, in der die Produktion von Gütern sowie deren Verteilung anders als in einer ▶ *Sozialen Marktwirtschaft* nach staatlich festgelegten Plänen (z. B. Fünfjahrespläne) vorgenommen wird. Sie kennzeichnete die Wirtschaftspolitik der UdSSR und der von ihr abhängigen Staaten wie der DDR.

Pogrom (von russ. *gromit*: demolieren, gewaltsam zerstören): Ausschreitung gegen Juden, mit Zerstörung von Eigentum oder Mord einhergehend. Pogrome waren Ausdruck des seit Ende des 19. Jh. wieder zunehmenden ▶ *Antisemitismus*. Sie wurden vor allem im Russischen Reich und während der NS-Zeit von der Obrigkeit geduldet (▶ *Novemberpogrome*, ▶ *Holocaust*).

Polnische Teilungen: Preußen unter Friedrich II. (dem Großen), Österreich unter Maria Theresia und Russland unter Katharina II. teilten Polen 1772, 1793 und 1795 schrittweise unter sich auf, bis kein polnischer Staat mehr bestand. Sie veränderten damit das Gleichgewicht der Macht (▶ *Balance of power*) in Europa erheblich.

Polykratie (von griech. *poly*: viel und *kratéin*: Macht): Vielzahl konkurrierender Herrschaftsansprüche und Zuständigkeiten; Kennzeichen der Herrschaft im ▶ *„Dritten Reich"*.

Potsdamer Konferenz: die letzte große Kriegs- und erste Nachkriegskonferenz in Europa vom 17. Juli bis 2. August 1945 (▶ *Zweiter Weltkrieg*). Teilnehmer waren die Regierungschefs der Vereinigten Staaten, Großbritanniens und der Sowjetunion. Verhandelt wurden die Zukunft Deutschlands und das Ende des Krieges in Fernost.

Präsidialkabinett: Von 1930 bis 1933 hatten die Regierungen im Deutschen Reich keine Mehrheit im Reichstag (Parlament). Sie waren auf das Vertrauen des Reichspräsidenten Hindenburg angewiesen, der nach der ▸ *Weimarer Verfassung* ohne parlamentarische Zustimmung Verordnungen mit Gesetzeskraft (Notverordnungen) erlassen durfte, wenn „die öffentliche Sicherheit und Ordnung erheblich gestört oder gefährdet" war (Artikel 48). Von der im Gesetz vorgesehenen Möglichkeit, die Notverordnungen „auf Verlangen des Reichstages außer Kraft zu setzen", wurde mangels fehlender Mehrheiten kein Gebrauch gemacht.

Proletariat: Darunter wird nach Friedrich Engels die Klasse der modernen Lohnarbeiter verstanden. Die Proletarier besitzen keine Produktionsmittel und sind darauf angewiesen, ihre Arbeitskraft zu verkaufen, um leben zu können.

Rassenideologie: Rasse ist ein Begriff der Biologie (Zoologie) und bezeichnet eine größere Gruppe von Einzelwesen mit einheitlichen Erbmerkmalen. Erst im 19. Jh. wurde der Begriff auf Menschen angewandt und zur weltanschaulichen Frage. Rassistisches Denken geht davon aus, dass die eigene Rasse einer fremden überlegen ist (▸ *Sozialdarwinismus*). Kennzeichen von Rassismus sind: Benachteiligung, Ausgrenzung und Unterdrückung von Menschen wegen ihrer Herkunft, Hautfarbe oder Religion. Rassismus fand immer dort Anhänger, wo andere Bevölkerungsgruppen unterdrückt und entrechtet wurden, um eigene Machtpositionen zu behaupten oder zu erlangen. Der ▸ *Antisemitismus* während des ▸ *Nationalsozialismus* war Ausdruck von Rassismus; er endete im ▸ *Holocaust*.

Rat für Gegenseitige Wirtschaftshilfe (RGW, engl. COMECON): 1949 gegründete Organisation der sozialistischen Staaten (▸ *Sozialismus*) unter Führung der Sowjetunion. Sie war eine Antwort der Sowjetunion auf den ▸ *Marshall-Plan* und sollte einheitliche Wirtschaftsbedingungen im gesamten Ostblock schaffen. Der RGW wurde infolge der politischen Umwälzungen 1991 aufgelöst.

Räterepublik: Herrschaftsform, die eine direkte ▸ *Demokratie* mithilfe von Räten verwirklichen will. Die Räte werden auf verschiedenen Ebenen gewählt bis hin zum Zentralrat. Sie sind an die Weisungen der Wähler gebunden und vereinen gesetzgebende, ausführende und rechtsprechende Gewalt auf sich.

Reichsstände: reichsunmittelbare, d. h. dem Kaiser des ▸ *Heiligen Römischen Reiches Deutscher Nation* direkt unterstellte geistliche und weltliche Herrscher, die über eigene Territorien verfügten, sowie die Freien Reichsstädte. Die Reichsstände hatten Sitz und Stimme im Reichstag und tagten in drei Kollegien (Kurien): dem Kurfürstenrat, dem Reichsfürstenrat und dem Rat der Reichsstädte.

Reparationen: Wiedergutmachungsleistungen für Kriegsfolgen, die die Siegermächte von den Verlierern eines Krieges verlangen. Bei der Festlegung von Reparationen geht es – wie die Bestimmungen des ▸ *Versailler Vertrages* nach dem ▸ *Ersten Weltkrieg* belegen – nicht nur um Wiedergutmachung, sondern auch um die wirtschaftliche und militärische Schwächung eines Gegners. Auch nach dem ▸ *Zweiten Weltkrieg* wurden von den Siegermächten Reparationen erhoben.

Restauration (lat. *restaurare*: wiederherstellen): Wiederherstellung der politischen, rechtlichen und sozialen Zustände einer früheren Epoche nach einer ▸ *Revolution*. Nach 1815 (▸ *Wiener Kongress*) machten die europäischen Herrscher unter Führung Metternichs die politischen Veränderungen der Revolutionszeit und Napoleons rückgängig und unterdrückten nationale und liberale Ideen (▸ *Nationalismus*, ▸ *Liberalismus*), um eine neue Revolution zu verhindern.

Revolution (lat. *revolutio*: Umwälzung): grundlegende und tief greifende Veränderungen; in der Politik wird von Revolutionen gesprochen, wenn der Zugang zur Macht in einem Staat in kurzer Zeit grundlegend verändert wird (▸ *Französische Revolution*, ▸ *Oktoberrevolution*). Revolutionen sind das Gegenteil von Reformen und mit weitreichenden kulturellen, sozialen, wirtschaftlichen und rechtlichen Veränderungen sowie in der Regel mit Anwendung von Gewalt verbunden.

Revolutionskriege: Gemeint sind die Koalitionskriege Frankreichs gegen andere europäische Großmächte, die von 1792 bis 1815 andauerten. In der Völkerschlacht bei Leipzig fiel das Bündnis der Rheinbundstaaten (▸ *Rheinbund*) 1813 auseinander. Napoleon musste 1814 abdanken. Im März 1815, während die Fürsten noch auf dem ▸ *Wiener Kongress* über die Neuordnung Europas berieten, konnte Napoleon seine Macht in Frankreich für 100 Tage wiedergewinnen. In der Schlacht von Waterloo im Juni 1815 verlor er sie endgültig.

Rheinbund (*Confédération du Rhin*): 1806 schloss sich eine Reihe von deutschen Mittelstaaten auf Initiative von Napoleon zu einer Konföderation deutscher Staaten zusammen und sorgte damit für das Ende des ▸ *Heiligen Römischen Reiches Deutscher Nation*. Napoleon belohnte seine neuen Verbündeten durch Rangerhöhungen. Zugleich führten die Rheinbundstaaten zahlreiche Reformen nach französischem Vorbild durch. Die Bevölkerung der Rheinbundstaaten musste für die Napoleonischen Kriege (▸ *Revolutionskriege*) Truppen stellen bzw. durchziehende Soldaten versorgen. Nach der Völkerschlacht bei Leipzig löste sich der Rheinbund 1813 auf.

Rote Armee Fraktion (RAF): Die RAF verstand sich als bewaffneter Arm einer sozialistischen Bewegung (▸ *Sozialismus*), die im „Städtekampf" die Abschaffung des ▸ *Kapitalismus* vorantreiben wollte. Die Terrorgruppe verübte eine Serie von bewaffneten Banküberfällen und politischen Attentaten, bei denen zahlreiche Menschen ums Leben kamen.

Säkularisation (lat. *saecularis*: weltlich): Nach 1803 wurden im ▸ *Heiligen Römischen Reich Deutscher Nation* die geistlichen Kurfürstentümer, viele Bistümer und Abteien des Reiches aufgelöst. Ihre Gebiete und ihren Besitz zogen weltliche Landesherren ein. Dieser Vorgang trug zur stärkeren Trennung von Kirche und Staat bei. Die Säkularisation wurde von der ▸ *Aufklärung*, der ▸ *Französischen Revolution* und den Napoleonischen Reformen beeinflusst.

SALT (*Strategic Arms Limitation Talks*): 1969 begannen Gespräche zwischen den beiden Supermächten USA und UdSSR über die Beschränkung von offensiven Langstreckenraketen und Raketenabwehrsystemen (▸ *Entspannungspolitik*); sie führten 1972 zum SALT-I-Vertrag.

Schlieffen-Plan: Er ist benannt nach dem ehemaligen Chef des deutschen Generalstabs, Alfred Graf von Schlieffen. Der bereits 1905 von ihm für einen Zweifrontenkrieg entwickelte Plan sah vor, dass die deutsche Armee mithilfe moderner Transportmittel durch die neutralen Staaten

Belgien und Luxemburg vorstößt. Nach einem schnellen Sieg über Frankreich sollten die Armeen dann gegen Russland im Osten marschieren. Der Plan, zu dem keine Alternative vorbereitet worden war, scheiterte im ▶ *Ersten Weltkrieg*.

Schutzstaffel (SS): 1925 gegründete Parteiformation zum persönlichen Schutz Hitlers, ab 1934 „selbstständige Organisation" der NSDAP mit polizeilicher Machtbefugnis (▶ *SS-Staat*).

Selbstbestimmungsrecht der Völker: Grundsatz, der auf den Ideen der Amerikanischen und ▶ *Französischen Revolution* fußt (▶ *Volkssouveränität*). In der ▶ *Oktoberrevolution* verkündete Lenin 1917 diese Forderung, um das russische Vielvölkerreich zu zerschlagen. US-Präsident Wilson griff diese Idee am Ende des ▶ *Ersten Weltkrieges* auf, um für liberale und demokratische Staaten zu werben. Während der Pariser Friedensverhandlungen stand vor allem das Streben einzelner Völker nach Eigenstaatlichkeit und, verbunden damit, nach Autonomie in politischen, wirtschaftlichen, sozialen und kulturellen Fragen im Fokus (▶ *Versailler Vertrag*).

Shoa ▶ *Holocaust*

Sicherheitsdienst (SD): 1931 als Geheimdienst der ▶ *Schutzstaffel* (SS) zur Überwachung politischer Gegner und Parteimitglieder eingerichtet, ab 1934 parteiinterner Nachrichtendienst der NSDAP (▶ *Nationalsozialismus*).

Sowjetische Militärtribunale (SMT): Ihre Rechtsnorm war das sowjetische Kriegsrecht und die sowjetische Strafprozessordnung. Im ▶ *Zweiten Weltkrieg* verurteilten SMT fast 160 000 Angehörige der Roten Armee zum Tode. Zwischen 1945 und 1955 wurden etwa 35 000 deutsche Zivilisten und ebenso viele Kriegsgefangene durch SMT verurteilt.

Sozialdarwinismus: Hierbei wird die Evolutionstheorie des englischen Naturforschers Charles Darwin über die „Entstehung der Arten" in stark vereinfachter und damit verfälschter Weise auf menschliche Gesellschaften übertragen: Im „Kampf ums Dasein" könnten sich demnach nur die weiter entwickelten und daher überlegenen Völker und Staaten durchsetzen (▶ *Rassenideologie*).

Soziale Marktwirtschaft: Wirtschaftsordnung der Bundesrepublik Deutschland, in der, anders als in der ▶ *Planwirtschaft*, der Markt die Produktion und Verteilung von Gütern regelt. Angebot und Nachfrage regulieren weitgehend die Preise. Der Staat garantiert die Vertragsfreiheit, den Wettbewerb und ein funktionierendes Geldwesen. Die Soziale Marktwirtschaft bemüht sich im Vergleich zur freien Marktwirtschaft durch gesetzliche Rahmenbedingungen um einen möglichst gerechten Ausgleich zwischen wirtschaftlich stärkeren und schwächeren Gruppen der Gesellschaft.

Sozialismus (lat. *socius*: Genosse): eine Wirtschafts- und Gesellschaftsordnung, die auf gesellschaftlichen oder staatlichen Besitz der Produktionsmittel zielt und eine gerechte Verteilung der Güter an alle Mitglieder der Gemeinschaft anstrebt. Während des Deutschen Kaiserreiches verfolgten die Sozialdemokraten sozialistische Ziele und wurden deshalb verfolgt („Sozialistengesetz"). In Russland sollte nach der ▶ *Oktoberrevolution* von 1917 der Sozialismus die kommunistische Gesellschaftsordnung (▶ *Kommunismus*, ▶ *Marxismus-Leninismus*) vorbereiten. Seit der Novemberrevolution von 1918 (▶ *Revolution*) vertrat die KPD sozialistische Positionen nach sowjetischem Vorbild, lehnte die ▶ *parlamentarische Demokratie* ab und setzte sich für eine ▶ *Räterepublik* ein.

Spartakus-Aufstand: initiiert vom Spartakusbund, einer Gruppe radikaler Sozialisten (▶ *Sozialismus*), die den Kern der Ende Dezember 1918 gegründeten KPD bildete. Der Aufstand wurde von ▶ *Freikorps* und Regierungstruppen niedergeschlagen. Die Wortführer Rosa Luxemburg und Karl Liebknecht wurden nach ihrer Verhaftung von Offizieren ermordet.

SS-Staat: Bezeichnung für den verbrecherischen Staat der Nationalsozialisten (▶ *Nationalsozialismus*). Nach der ▶ *„Machtergreifung"*, dem ▶ *„Ermächtigungsgesetz"* und der ▶ *„Gleichschaltung"* beherrschte die 1925 gegründete SS (▶ *Schutzstaffel*) der NSDAP die gesamte Polizei. Sie wurde zum Hauptträger des NS-Terrors, der mit der Ausschaltung von politischen Gegnern begann und mit dem ▶ *Holocaust* endete. Der Begriff „SS-Staat" darf nicht darüber hinwegtäuschen, dass auch andere Institutionen wie SA (▶ *Sturmabteilung*) und Wehrmacht für Verbrechen im NS-Staat mitverantwortlich waren.

Stalinismus: Bezeichnung für das Gesellschafts- und Herrschaftssystem, das unter Stalin entstand. Seine Kennzeichen waren eine undemokratische und totalitäre Herrschaft (▶ *Demokratie*, ▶ *Totalitarismus*), in der sich alle dem Führungsanspruch der kommunistischen Partei (▶ *Kommunismus*) unterordnen mussten, ein Personenkult der Parteiführer sowie Terror und Zwang bei der Umsetzung politischer, wirtschaftlicher und weltanschaulicher Ziele.

Stellvertreterkrieg: Staaten führen einen militärischen Konflikt nicht direkt gegeneinander, sondern tragen ihn auf externem Gebiet oder gegen eine dritte Macht aus. Während des ▶ *Kalten Krieges* führten die USA und die Sowjetunion z. B. in Korea und Vietnam Stellvertreterkriege.

Sturmabteilung (SA): 1920 gebildete, militärisch organisierte und uniformierte Saalschutz- und Kampftruppe der NSDAP (▶ *Nationalsozialismus*).

Supranationale Organisation: Institution mehrerer Einzelstaaten, die Hoheitsrechte an gemeinsame Organe abgeben, die dann für alle entscheiden (▶ *Europäische Einigung*).

Syllabus errorum: 1864 listete Papst Pius IX. 80 „Irrtümer" auf. Sie betrafen vor allem die anderen christlichen Konfessionen sowie liberale Grundsätze wie die Trennung von Kirche und Staat.

Tag der Befreiung: Am 27. Januar wird alljährlich der Befreiung des ▶ *Vernichtungslagers*, ▶ *Auschwitz-Birkenau* durch die Rote Armee 1945 gedacht. Seit 1996 ist der 27. Januar in Deutschland ein gesetzlicher Gedenktag („Tag des Gedenkens an die Opfer des ▶ *Nationalsozialismus*"). 2005 erklärten die ▶ *Vereinten Nationen* den 27. Januar zum „Internationalen Tag des Gedenkens an die Opfer des ▶ *Holocaust*".

Titularnation (von lat. *titulus*: Titel): Begriff, der die staatstragende Bevölkerung einer ▶ *Nation* bezeichnet (Russen, Deutsche, US-Amerikaner usw.). Davon leitet sich gleichzeitig die Bezeichnung des Staates sowie die Bezeichnung der Staatsangehörigkeit ab (gilt demzufolge auch für ethnische Minderheiten).

Totalitarismus (lat. *totus*: ganz, völlig): undemokratische und diktatorische Herrschaftsform (▸ *Demokratie*, ▸ *Diktatur*), in der keine Freiheit herrscht, keine freien Wahlen erlaubt sind und in der die Menschen mit allem, was sie sind, in den Dienst des Systems gestellt werden. Der ▸ *Stalinismus* in der Sowjetunion, der ▸ *Faschismus* in Italien und die Herrschaft der Nationalsozialisten (▸ *Nationalsozialismus*) sind Beispiele totalitärer Herrschaft.

Truman-Doktrin: US-Präsident Harry S. Truman versprach 1947 jeder Nation, die sich für die demokratische Lebensweise (▸ *Demokratie*) entscheidet, Militär- und Wirtschaftshilfe (▸ *Marshall-Plan*). Er reagierte damit auf den wachsenden Einfluss der Sowjetunion auf Griechenland und die Türkei. Die Truman-Doktrin ist ein Ausdruck des beginnenden ▸ *Kalten Krieges*.

UN(O) ▸ *Vereinte Nationen*

Unfehlbarkeitsdogma: Das erste Vatikanische Konzil legte 1870 fest, dass der Papst in Fragen der Glaubens- und Sittenlehre unfehlbar sei.

Vereinte Nationen (UN, *United Nations*): Die Weltorganisation wurde 1945 als Nachfolgerin des ▸ *Völkerbundes* gegründet; ihr Hauptsitz ist in New York. Den UN gehören inzwischen fast alle Staaten an. Ihre Hauptziele sind die Erhaltung des Friedens, Abrüstung und Garantie der ▸ *Menschen- und Bürgerrechte*. 2001 erhielten sie den Friedensnobelpreis.

Vernichtungslager: Ab 1941 entstanden in den von den Deutschen besetzten polnischen und weißrussischen Gebieten Vernichtungslager. In den „Tötungsanstalten" ▸ *Auschwitz-Birkenau*, Belzec, Chelmno (Kulmhof), Majdanek, Sobibor und Treblinka wurden Juden millionenfach ermordet (▸ *Holocaust*).

Versailler Vertrag: Ergebnis der Pariser Friedenskonferenz von 1919, an der das Deutsche Reich und Sowjetrussland nicht teilnehmen durften. Der Vertrag wurde am 28. Juni 1919 im Schloss von Versailles unterzeichnet, trat am 10. Januar 1920 in Kraft, beendete mit weiteren Verträgen den ▸ *Ersten Weltkrieg* und war Grundlage für den ▸ *Völkerbund*. Er machte das Deutsche Reich und seine Verbündeten für den Kriegsausbruch verantwortlich (Art. 231) und legte umfangreiche Gebietsabtretungen sowie Wiedergutmachungsleistungen (▸ *Reparationen*) fest. Die Siegermächte bestanden auf einer vorbehaltlosen Anerkennung des Vertrages. Das „Versailler Diktat" führte vor und nach der Unterzeichnung zu innenpolitischen Auseinandersetzungen in der nach der Novemberrevolution von 1918 entstandenen Weimarer Republik („Erfüllungspolitik").

Vertrag über Freundschaft, Zusammenarbeit und gegenseitigen Beistand ▸ *Warschauer Pakt*

Vichy-Regime: Nach dem Einmarsch deutscher Truppen in Frankreich im Mai 1940 wurde am 22. Juni 1940 ein deutsch-französischer Waffenstillstand geschlossen. In der Folge übertrug das französische Parlament Marschall Philippe Pétain, dem Nationalhelden des ▸ *Ersten Weltkrieges* (Schlacht von Verdun), umfassende Befugnisse. Pétain nutzte diese, um einen autoritären Staat aufzubauen.

Vietcong: Untergrundorganisation aus verschiedenen politischen Gruppen, die um 1960 den bewaffneten Kampf gegen die Regierung Südvietnams aufnahm.

Völkerbund: nach dem ▸ *Ersten Weltkrieg* im Zusammenhang mit dem ▸ *Versailler Vertrag* 1920 von 32 Staaten gegründete internationale Organisation zur Wahrung des Friedens und zur Zusammenarbeit aller Völker mit Sitz in Genf. 1926 wurde Deutschland, 1934 auch die Sowjetunion aufgenommen. Unter Hitler verließ Deutschland 1933 die Organisation, 1939 wurde die Sowjetunion ausgeschlossen. Von Anfang an litt der Völkerbund darunter, dass die USA ihm nicht beitraten. Die 1945 gegründeten ▸ *Vereinten Nationen* sind Nachfolgerin des Völkerbundes.

Völkermord (Genozid): Auslöschung willkürlich definierter Gruppen von Menschen unter zumeist extrem brutalen Begleitumständen. Der englische Begriff für Völkermord, *genocide*, geht auf Raffael Lemkin, einen Juristen polnisch-jüdischer Herkunft, zurück, der ihn im Jahr 1944 prägte. Das Wort „Genozid" setzt sich aus dem griechischen *genos* (Stamm, Rasse, Volk) und dem lateinischen *caedere* (töten) und dem Suffix *-cide* zusammen. Beispiele für Genozide in der Geschichte sind die Völkermorde an den Herero in Deutsch-Südwestafrika (Namibia) 1904 und den Armeniern während des ▸ *Ersten Weltkrieges* sowie vor allem der ▸ *Holocaust*. 1948 definierten die ▸ *Vereinten Nationen* Völkermord als eine Handlung, die „in der Absicht begangen wird, eine nationale, ethnische, rassische oder religiöse Gruppe als solche ganz oder teilweise zu zerstören".

Volkseigener Betrieb (VEB): Industrie- oder Dienstleistungsbetrieb, der aus Enteignung oder Verstaatlichung hervorging und formal im Besitz des Volkes war. VEBs wurden im Rahmen der ▸ *Planwirtschaft* von der Staats- und Parteiführung zentral gesteuert.

Volksfront: Regierungskoalition von Sozialisten (▸ *Sozialismus*), linksbürgerlichen Radikalen und Kommunisten (▸ *Kommunismus*).

Volkskongresse 1947/48 sollten ein „gesamtdeutsches Vorparlament" sein. Auf Einladung der SED nahmen ausgewählte gesellschaftliche Vertreter aller Besatzungszonen teil. Aus dem Zweiten Volkskongress ging 1948 der „Deutsche Volksrat" hervor.

Volkssouveränität (frz. *souveraineté*): der während der ▸ *Aufklärung* am Ende des 18. Jh. entwickelte Grundsatz, wonach das Volk Inhaber aller Staatsgewalt sei. Herrschaftsgrundlage sollten Wahlen und Abstimmungen sein. Sie bilden eine Grundvoraussetzung für jede demokratische Ordnung (▸ *Demokratie*).

Waldheimer Prozesse: Von April bis Juni 1950 wurden in Waldheim (Sachsen) 3324 Insassen ehemaliger sowjetischer Speziallager in der DDR in dreißigminütigen „Prozessen" zu Strafen von 15 bis 25 Jahren Haft verurteilt. Als Informationen zu den Geheimverfahren durchsickerten, eröffnete man gegen zehn offenkundige Nazi-Verbrecher Schauprozesse, in denen auch lebenslängliche Haftstrafen oder Todesurteile verhängt wurden. In den Medien suggerierte man danach, dass die vorangegangenen Verfahren ebenfalls öffentlich gewesen seien.

Warschauer Pakt (Warschauer Vertragsorganisation): Die 1955 gegründete Organisation fasste unter Führung der Sowjetunion alle militärischen Kräfte Osteuropas einschließlich der DDR zusammen. Der Pakt ergänzte die zwischenstaatlichen Verträge der Sowjetunion mit den von ihr abhängigen Staaten und war das Gegenstück zur 1949 gegründeten ▸ *NATO*. Nach dem Ende des ▸ *Kalten Krieges* und der Sowjetunion zerfiel das Bündnis 1991. Einige ehemalige Mitglieder schlossen sich danach gegen den Willen Russlands der NATO an.

Weimarer Verfassung: die 1919 von der in Weimar tagenden Nationalversammlung erarbeitete Verfassung. Sie trat am 11. August 1919 in Kraft und machte das Deutsche Kaiserreich zur parlamentarischen Republik (▸ *parlamentarische Demokratie*). Die Verfassung enthielt umfangreiche Grundrechte (▸ *Menschen- und Bürgerrechte*) und wies dem Reichstag (Parlament) eine zentrale Rolle im Gesetzgebungsverfahren zu. Trotzdem war der Reichspräsident das mächtigste Verfassungsorgan, da der Reichskanzler sein Vertrauen benötigte, er den Reichstag auflösen konnte und das Recht hatte, Notverordnungen nach Art. 48 mit Gesetzeskraft zu erlassen. Dieses Nebeneinander von Präsidentenmacht und Parlamentsdemokratie führte am Ende der Weimarer Republik zu Problemen.

Westfälischer Friede: Der in Münster und Osnabrück geschlossene Friede beendete 1648 den Dreißigjährigen Krieg. Durch ihn verlagerte sich das politische Schwergewicht vom ▸ *Heiligen Römischen Reich Deutscher Nation* auf die souveränen Territorialstaaten, gleichzeitig gewannen durch den Friedensschluss andere europäische Mächte mehr Einfluss auf die deutsche Politik.

Wiener Kongress: 1814/15 versammelten sich die europäischen Mächte in Wien, um in einer neuen Friedensordnung das Gleichgewicht der Mächte (▸ *Balance of power*) auf dem Kontinent wiederherzustellen und revolutionäre Bestrebungen (▸ *Revolution*) zu verhindern (▸ *Restauration*).

Young-Plan: unter dem Vorsitz des amerikanischen Finanzmanagers Owen D. Young ausgehandelte Neuregelung der deutschen Reparationsverpflichtungen (▸ *Reparationen*) von 1929, bei der erstmals die Gesamtsumme auf 112 Milliarden Goldmark über einen Zeitraum von 59 Jahren festgelegt wurde.

Zentrale Stelle der Landesjustizverwaltungen zur Aufklärung nationalsozialistischer Verbrechen: Sie nahm ihre Arbeit am 1. Dezember 1958 auf und ermittelte systematisch zu nationalsozialistischen Verbrechen (▸ *Nationalsozialismus*), die jenseits der alten Reichsgrenzen an Zivilisten und in den ▸ *Konzentrations-* und ▸ *Vernichtungslagern* begangen wurden, da die bundesdeutschen Staatsanwaltschaften und Gerichte für in ihrem Bezirk begangene Straftaten oder dort lebende Täter zuständig waren. Ab 1964 wurde ihre Zuständigkeit auf das Bundesgebiet erweitert.

Zweiter Weltkrieg: Er begann am 1. September 1939 mit dem Überfall des Deutschen Reiches auf Polen. Im Westen begannen die Kämpfe 1940 mit der Besetzung aller Anliegerstaaten. Im Sommer 1941 marschierten deutsche Truppen in die Sowjetunion ein. Gegen Deutschland und seine Verbündeten schlossen sich die USA, Großbritannien und die Sowjetunion zur ▸ *Anti-Hitler-Koalition* zusammen, um eine ▸ *bedingungslose Kapitulation* Deutschlands, Italiens und Japans zu erreichen. Am 8. Mai 1945 trat die Kapitulation der Wehrmacht in Kraft. In Fernost fand der Krieg erst nach dem Abwurf zweier amerikanischer Atombomben auf die japanischen Industriestädte Hiroshima und Nagasaki sein Ende. Über 55 Millionen Menschen verloren im Zweiten Weltkrieg ihr Leben.

Personenregister

Die hervorgehobenen Seitenzahlen verweisen auf die Erläuterungen zu Begriffen und Personen in den Marginalspalten und im Glossar.

Adenauer, Konrad 346, **357**, 362, 366, 368 f., 374, 390, 394, 444, 446, 477, 479, 541-543
Alexander II. 492
Andropow, Juri W. 554
Anielewicz, Mordechai 310
Annan, Kofi 491, 516
Arafat, Jassir 509, **510**-512, 515 f.
Arkwright, Richard 86
Assmann, Aleida und Jan 529 f.

Bahr, Egon 394 f., 410
Balfour, Arthur James 494, 497
Bauer, Gustav 208
Bebel, August 54-56, 67, **109**, 142
Beck, Ludwig 309
Begin, Menachem 503, **505** f.
Bell, Graham 93
Ben-Gurion, David **498** f., 502, 505
Benjamin, Walter 463
Benz, Carl 93
Berbuer, Karl 364 f.
Bethmann Hollweg, Theobald von 145, 148, 160
Biermann, Wolf 383, 409
Birthler, Marianne 427
Bismarck, Otto von 48, 60, **62**-66, 69-72, 109, 111, 113, 138 f., 266, 526
Böckel, Otto 49
Bodenheimer, Max 49
Böll, Heinrich 340
Boutros-Ghali, Boutros 489
Brandt, Willy 339, 351, **368**, 370 f., 391-396, 417, 437
Braun, Otto 248
Brecht, Bertolt 220 f.
Breschnew, Leonid **333**, 335, 556
Briand, Aristide **217** f., 251, 253
Broz, Josip → *Tito*
Brüning, Heinrich **236** f., 238, 248, 254 f.
Bubis, Ignatz 468
Bülow, Bernhard von 139, 141
Bush, George H. W. 344 f., 350 f., 420
Byrnes, James F. 359, 364

Carter, Jimmy 349, 505 f., 525
Cartwright, Edmond 86
Castro, Fidel **331** f., 334
Che Guevara 369
Chiang Kai-shek 313
Chruschtschow, Nikita **326**, 331 f., 334, 349, 381 f.
Churchill, Winston 252, **287**, 289 f., 292, 307, 320, 322, 347, 474, 478, 488
Clark, Christopher 160 f.
Clemenceau, Georges **203**, 212 f., 250
Coudenhove-Kalergi, Richard 251-253

Dahlmann, Friedrich Christoph 31
Daimler, Gottlieb 93
Darwin, Charles 124, 228
Dawes, Charles 217
Delp, Alfred 309
Demnig, Gunter 465
Dietrich, Marlene 265
Dimitroff, Georgi 286
Dohm, Christian Wilhelm von 40
Dohm, Hedwig **52** f., 56 f.
Dönhoff, Marion Gräfin 541
Dreyfus, Alfred 49
Dubček, Alexander 333
Duisberg, Carl 96
Duncker, Franz 110

Ebert, Friedrich **191** f., 194 f., 197, 199, 255
Edison, Thomas A. 92
Eichmann, Adolf **299**, 315, 450
Einstein, Albert 272
Eisenhower, Dwight D. 322, 444
Eisenman, Peter 464, 469
Eisner, Kurt 207
Elser, Georg 307
Engels, Friedrich 89, **108**, 114 f., 175
Eppelmann, Rainer **400** f., 418
Erekat, Saeb 515 f.
Erhard, Ludwig **360**, 366 f., 369, 390
Ernst August von Hannover 22
Erzberger, Matthias 205, 230
Eschkol, Levy 507

Faisal I. 493
Falkenhayn, Erich von 150
Fechter, Peter 388 f.
Fischer, Fritz 160
Fischer, Joschka 521
Ford, Henry **101**
Franco, Francisco 284
Frank, Anne 310
Frank, Hans 273
Franz Joseph I. 147 f.
Freisler, Roland 268
Friedrich II. von Preußen 266
Friedrich Wilhelm III. von Preußen 45
Friedrich Wilhelm IV. von Preußen 12, **27** f., 32, 34
Frings, Josef 356

Gagarin, Juri 338
Galen, Clemens August Graf von 307, 312
Gauck, Joachim 433
Gaulle, Charles de 292, 310, 348, **477**, 479
Geiger, Abraham 43
Geisenheimer, Siegmund 42
Genscher, Hans-Dietrich 412, 417, 421
Goebbels, Joseph **261**, 265, 270, 275, 288, 556
Goerdeler, Carl Friedrich 309, 544
Goldhagen, Daniel Jonah 295, 303, 532
González, Felipe 351
Gorbatschow, Michail **341** f., 344, 350 f., 401, 405, 412, 415, 420 f., 434, 554 f., 557
Göring, Hermann 244, **260**
Graf, Willi 308
Greiser, Arthur 299
Grimm, Jacob und Wilhelm 22
Groener, Wilhelm **192**, 195
Gropius, Walter 220
Grotewohl, Otto 358, 362, 365, 448 f.
Grynszpan, Herschel 270
Guicciardini, Francesco 547

Halbwachs, Maurice 529
Hallstein, Walter 390
Hammerstein, Kurt Freiherr von 314
Hardenberg, Karl August von 45
Hargreaves, James 86
Harkort, Friedrich 108
Harnack, Arvid 307
Havel, Václav **401**
Havemann, Robert **400** f.
Hay, John 134
Hecker, Friedrich Karl 26
Heinemann, Gustav 545
Herzl, Theodor 49, **492** f., 495 f., 502, 525
Herzog, Roman 468 f.
Hesse, Hermann 441
Heuss, Theodor **357**, 362, 447, 543 f.
Heydrich, Reinhard **297**, 299, 451
Himmler, Heinrich **269** f., 297, 300, 302, 309, 315, 450 f.
Hindenburg, Paul von **151**, 154, 167, 190, 204, 208 f., 236-239, 244, 248 f., 254-256, 258 f., 263, 267
Hirsch, Max 110
Hitler, Adolf 165, 167, 197, **207**, 226, 228-232, 235, 237-239, 243 f., 248 f., 256, 258 f., 261, 263 f., 266-269, 276 f., 279-287, 290, 294, 297, 299, 303, 306-309, 311, 313 f., 450 f., 460, 462, 525, 539, 544 f., 563
Ho Chi Minh 369
Honecker, Erich 318, **382**, 393, 397, 399, 411-413
Huber, Kurt 308
Hugenberg, Alfred **220**, 242
Humboldt, Wilhelm von 45
Hussein von Mekka 493

Jäckel, Eberhard 464
Jäger, Karl 301-303
Jelzin, Boris 345, 556 f.
Jenninger, Philipp 461
Jodl, Alfred 289, 458
Johnson, Lyndon B. 333
Jünger, Ernst 224 f.

Kapp, Wolfgang 206
Karl IX. 21
Keitel, Wilhelm 289, 458
Kellogg, Frank B. 251, 253
Kennan, George F. 328
Kennedy, John F. **331** f., 334 f., 337 f., 348 f., 394
Kerenskij, Alexander F. **170** f., 174
Ketteler, Wilhelm von 110
Kiesinger, Kurt Georg **369**, 395, 445, 451
Klarsfeld, Beate **451**
Kohl, Helmut 344, 349 f., **371**, 393, 397, 410, 414, 417, 420 f., 428, 430, 552
Kollek, Teddy 507
Kollwitz, Käthe 552
Kolping, Adolph 110
Kotzebue, Karl August von 21
Krause, Günther 416
Krenz, Egon **413**, 435
Krupp, Alfred 108, 112
Kühn, Heinz 371

Lafontaine, Oskar **417**, 430
Lange, Helene **52** f.
Lassalle, Ferdinand **109**
Lavater, Johann Caspar 42

Leber, Julius 309
Legien, Carl 192
Lenin, Wladimir I. 153 f., 166, **170** f., 173.177, 179-182, 216, 369, 379
Leo XIII. 110
Leopold von Hohenzollern-Sigmaringen 64
Lessing, Gotthold Ephraim 42, 51, 447
Ley, Robert 280
Liebig, Justus von 92
Liebknecht, Karl **191** f., 452
Liebknecht, Wilhelm 109
Liebmann, Curt 314
Lincoln, Abraham 185
List, Friedrich **90**, 95
Lloyd George, David **203**, 212 f., 250
Löbe, Paul 242, 253
Louis Philippe **21**
Lubbe, Marinus van der 258
Ludendorff, Erich **151**, 154, 158, 190, 204, 206 f.
Ludwig II. von Bayern 65, 106
Lüttwitz, Walther von 206
Luxemburg, Rosa **192**, 195, 369, 452
Lwow, Georgij J. **170**, 173

Machiavelli, Niccolò 547
Maherero, Samuel 133
Maizière, Lothar de **414**
Mandelstamm, Max Emmanuel 492
Mann, Thomas 272, 307, 441
Mao Zedong **325**
Marr, Wilhelm 48
Marshall, George C. **325**, 360
Marx, Karl **108** f., 114, 174 f., 379
Marx, Wilhelm 235
Max von Baden **154**, 191, 194
Maybach, Wilhelm 93
McMahon, Sir Henry 497
Mendelssohn, Moses 40, 42
Mengele, Josef 305
Merkel, Angela **431**, 522 f., 533, 537
Metternich, Klemens von 16, 18, 21, 24
Mitterrand, François 344, 419, 484
Modrow, Hans **413**
Mohl, Moritz 46
Molotow, Wjatscheslaw M. 286, 360
Moltke, Helmuth James Graf von 309, 313
Moltke, Helmuth von 60, 142, 150, 160
Monnet, Jean **475**, 479
Morse, Samuel 93
Müller, Hermann **235** f.
Mussolini, Benito 207, **284**, 313
Mutsuhito 130, 135

Nadig, Friederike 361
Napoleon I. Bonaparte 12, **15** f., 18, 63, 72, 555
Nasser, Gamal Abdel 327, **504** f.
Naumann, Friedrich 76
Nehru, Jawaharlal 327
Netanjahu, Benjamin **512** f.
Niemöller, Martin 308
Nikolaus II. **168**-170
Nixon, Richard **338**
Nobel, Alfred 486
Nolte, Ernst 462 f.
Nordau, Max 492, 496

Ollenhauer, Erich 374
Orlando, Vittorio 203, 212 f.
Otto, Nikolaus August 93
Otto-Peters, Louise **52**, 55

Papen, Franz von **238** f., 242, 244, 248 f.
Peel, Lord William Robert 501
Peres, Schimon 511, 515
Pieck, Wilhelm 358, **362**
Piscator, Erwin 221
Pius XI. 308
Plenzdorf, Ulrich 383, 385
Pohl, Oswald 302
Poincaré, Raymond 217
Popow, Alexander 180
Preuß, Hugo **199**
Princip, Gavrilo 160
Putin, Wladimir 553-556

Rabin, Jitzchak **511** f., 515
Raiffeisen, Friedrich Wilhelm 108
Rath, Ernst vom 270, 275
Rathenau, Walther **205**, 216, 230
Rau, Johannes 522
Reagan, Ronald **340** f., 343, 349, 351
Rehse, Hans-Joachim 451
Reis, Philipp 93
Remer, Ernst 542
Renan, Ernest 48
Ribbentrop, Joachim von 244, 286
Riesser, Gabriel 43, 46 f., 50
Röhm, Ernst **268**
Romanow (Haus) 168
Roon, Albrecht von **62**
Roosevelt, Franklin D. **186**, 189, 284, 289, 292, 320, 337, 347, 478, 488
Roosevelt, Theodore 134 f., 184
Rosenberg, Alfred 230
Rosh, Lea 464
Rothschild, Lord Walter 497
Rückerl, Adalbert 453

Sadat, Anwar as- **505**-508
Sand, Karl Ludwig 21
Schaath, Nabil 515
Scharon, Ariel **512** f., 515
Schäuble, Wolfgang **416**, 430
Schdanow, Andrei 329
Scheel, Walter 391 f.
Scheidemann, Philipp **191**, 204, 208, 230
Schiller, Friedrich 63, 447
Schirdewan, Karl 544
Schlageter, Albert Leo 267
Schleicher, Kurt von **236**, 239, 243 f., 248
Schlieffen, Alfred Graf von 133, 140, 150
Schmidt, Helmut 318, 340, 349, **371** f., 393
Schmorell, Alexander 308
Scholl, Hans und Sophie 308
Scholtz-Klink, Gertrud 262
Schreiber, Georg 223 f.
Schröder, Gerhard **431**, 521
Schröder, Richard 410 f., 433
Schukow, Georgi K. 458
Schulze-Boysen, Harro 307
Schulze-Delitzsch, Hermann 108
Schumacher, Kurt 362, 365
Schuman, Robert **475**, 479
Schwan, Gesine 426 f.
Seeckt, Hans von 206, 219
Selbert, Elisabeth 361
Siebenpfeiffer, Philipp Jacob 23
Siemens, Werner von 50, 92 f.
Sindermann, Horst 458
Smith, Adam 85, 114
Solschenizyn, Alexander I. 557
Spengler, Oswald 209
Spiegel, Paul 431
Stalin, Josef W. 166, **177**-179, 182, 285-287, 289, 307, 320 f., 325 f., 329, 346 f., 349, 352 f., 360, 362, 366, 382, 553-556
Stauffenberg, Claus Schenk Graf von 309, 313, 541, 544
Steinbach, Erika 536 f.
Steinschneider, Moritz 48
Steinthal, Heymann 48
Sternberger, Dolf 373, 377
Stinnes, Hugo 192
Stolypin, Pjotr A. **168**
Straßer, Gregor 225
Strauß, Franz Josef 392, 410 f.
Streicher, Julius **230**
Stresemann, Gustav **205**, 217-219, 236
Struve, Gustav 26
Stücklen, Daniel 210

Taft, William H. 134
Taylor, Frederick W. **102**
Thaer, Albrecht von 158
Thälmann, Ernst 451
Thatcher, Margaret 419 f.
Thyssen, Fritz 281
Tirpitz, Alfred von **139**, 143
Tito 309 f., 327, 348
Treitschke, Heinrich von 19, 48, 50
Tresckow, Henning von 313
Trotha, Lothar von 128, 133
Trott zu Solz, Adam von 309
Trotzkij, Leo D. **170** f., 175, 177, 233
Truman, Harry S. **289**, 322, 325, 329, 347, 349, 458

Ulbricht, Walter **358**, 379-382, 390, 395-397

Walesa, Lech **401**
Washington, George 184 f.
Watt, James **86**
Weber, Helene 361
Weber, Max 163, 168, 249, 255
Wehner, Herbert **368**
Weizsäcker, Richard von 373, 458-460, 563
Wessel, Helene 361
Weygand, Maxime 290
Whitehead, Gustav 93
Wichern, Johann Hinrich 110
Wilhelm I. 60, **62**-64, 78 f.
Wilhelm II. **139**, 144-148, 191, 227
Wilson, Woodrow 153 f., 157 f., **184**-187, 203 f., 212 f., 250
Wirth, Joseph 216
Wolf, Christa 451, 453 f.
Wright, Wilbur und Orville 93

Yorck von Wartenburg, Peter Graf 309
Young, Owen D. 217

Zeigner, Erich 207
Zeppelin, Ferdinand Graf von 93
Zetkin, Clara **53**

Sachregister

Die hervorgehobenen Seitenzahlen verweisen auf die Erläuterungen zu Begriffen und Personen in den Marginalspalten und im Glossar.

27. Januar 299, 465, 468 f., 539
8. Mai 317, 320, 354, 362, 436, 452, 458-460, 531, 535, 538 f., 563
17. Juni 39, 326, 354, 380, 433, 452, 539
20. Juli 257, 306, 308 f., 313, 457, 538 f., 541-545
11. September 2001 387, 482
3. Oktober 342, 355, 416 f., 430 f., 433, 538 f.
9. November 39, 191, 194, 197, 207, 275, 355, 411, 415, 431, 435, 443

ABC-Waffen 366, 415, 421
Absolutismus, absolute Monarchie 12, 15, 40, 58 f., 62, **571**
Achse Berlin-Rom(-Tokio) 284
68er-Bewegung 369 f., 451, **571**
Agenda für den Frieden 489
Agrarverfassung 84
Akkordarbeit 102, 370
Aktien, Aktiengesellschaft 87, **91**, 188, 234, 288, **571**
Aktion T4 **296**, **571**
Alldeutscher Verband 73, **227**, **571**
Alleinvertretungsanspruch 354, 390 f., 394 f., 410
Allgemeine Deutsche Arbeiterverbrüderung 109
Allgemeiner Deutscher Arbeiterverein (ADAV) 109
Allgemeiner Deutscher Frauenverein (ADF) 52
Allianz für Deutschland 413
Alliierter Kontrollrat 322 f., 357
Allrussischer Rätekongress 171, 180 f.
Al-Naqba 499 f., 524
Alters- und Invaliditätsversicherung 111
Amerikanische Revolution 81, 115
Amnestie 268, 443 f., 451, 457
„Anschluss" Österreichs 284
Antifaschismus 378, 384, 422 f., 443, 445, 448-451, 453 f., 456 f., 470 f., 544
Anti-Hitler-Koalition 287, **289**, 320, 324, 346, 357, 458, **571**
Antikomintern-Pakt 284
Antikommunismus 347 f., 444, 448, 456-458, 470
Antisemitismus **48**-51, 61, 72, 206, 226, 228, 230-233, 237, 256, 270-272, 294 f., 303, 314 f., 451, 457, 461, 492 f., 495, 521, 525, 532 f., 561, **571**
Anwerbestopp 371
Appeasement-Politik 284, **571**
Aprilthesen 170, 173
Arabische Liga 499, 506, 510
Arabisch-Israelischer Krieg 499 f.
Arbeiterbewegung 26, 58, 71, 109, 111, 197, 199, 257, 276, 307, 335, 384, 423
Arbeitsbeschaffungsmaßnahmen 277, 280
Arbeitslosenversicherung 235 f., 277
Arbeitslosigkeit 91, 102, 123, 167, 186, 188 f., 193, 222, 226, 234-236, 240, 247, 277 f., 280, 369, 398, 428 f., 510, 512, 537, 549
Arbeitsteilung 85-87, 96, 101
Arbeitszeiten 54, 102, 106, 109, 170, 172, 192, 278, 368, 382
„Arier" **228**, 230, 232, 261, 264, 270 f., 274, **571**
Arierparagraf 270
Arisierung 271, 314, **571**
Armut 55, 88, 102, 115, 118 f., 136, 163, 172, 181, 488, 491, 557
Artikel 23 GG 416
Artikel 48 198 f., 207, 236, 242, 254 f., 263
Artikel 131 GG **443**, 448, **571**
Artikel 146 GG 416
„Asoziale" 271, 277, **296** f., 315, 461, **571**
Assimilierung, Assimilation 61, 72, 127, 492
Asyl, -recht, -politik 371, 429, 431, 533 f.
Atlantik-Charta 289, 292, 318, 320, 478, 488
Atomares Patt 317, 319, 326, 337-339, 404
Atomteststoppabkommen 339
Atomwaffen, -bomben, -krieg 131, 164 f., 289, 317, 319 f., 325 f., 331 f., 334 f., 337-341, 345-347, 349, 353, 372, 404, 415, 421, 449, 458, 473, 521 f.
Atomwaffensperrvertrag **339**, **571**
Attentate 145, 147, 167, 205, 257, 270, 275, 306 f., 308-310, 313, 492, 511-513, 515 f., 538, 541-545
Attentat vom 20. Juli 1944 257, 306, 308 f., 313, 457, 538, 541-545
Attentat von Sarajewo 145, 147
Aufklärung 15, 40, 42 f., 81, **572**
Aufstand im Warschauer Ghetto 310, 437, 555
Ausbürgerung 379, 383, 400, 409
Auschwitz **299** f., 304 f., 310, 315, 450, 453, 462 f., 467-469, 555, 561, **572**
Auschwitz-Prozess 450
Ausländergesetz 371
Außerparlamentarische Opposition (APO) 369 f.
Ausstellung „Verbrechen der Wehrmacht" 445
Autarkie 279, 312, 478
Autobahnbau 278, 281
Autokratie 59, 153, **168**, 187
Automobile 92 f., 101, 277-279, 374

Bagdad-Bahn 139 f., 144
Balance of power **572** → *Gleichgewicht der Großmächte*
Balfour-Deklaration 494, 497, 502
Balkan-Kriege 144 f., 147, 481 f., 485
Banken, Bankwesen 85, 87, 91, 101, 108, 116, 177, 186, 206, 234, 276, 279, 288, 367
Bankrott 142, 288, 398, 434
Barrikadenkämpfe 26, 38 f.
Baruch-Plan 347
Baseler Programm 496
Basisdemokratie 197, 372
Bastille 539, 546
Bauernbefreiung 22, 37
Bausoldaten 382
Bedingungslose Kapitulation 154, 289, 317, **320**, 354, 356, 458-460, 471, 563, **572**
Befreiungskriege 52, 63, 72
Beihilfe-Paragraf 451
Bekennende Kirche 308
Belzec 299 f., 453
Bergen-Belsen 438, 447
Bergen-Belsen-Prozess **438**, **572**
Berliner Antisemitismusstreit 48
Berliner Appell – „Frieden schaffen ohne Waffen" 400, 404
Berliner Erklärung 520 f.
Berliner Kongress **138**
Berliner Mauer 331, 338, 348 f., 355, 381 f., 388 f., 390, 395, 397, 411, 413, 419, 426, 434, 454, 480, 527
Berliner Vertrag 216
Berlin-Krisen 326, 331, 339, 349, 352, 360 f., 381 f.
Berufsverbot 271, 379, 400, 405, 492
Besatzungszonen 289, 321 f., 323, 357-359, 422, 439 f., 471, 535
Beschwichtigungspolitik → *Appeasement-Politik*
Bevölkerungswachstum 22, 43, 84, 86, 88, 100, 103, 108, 116, 124 f.
Bewegungskrieg 150 f., 155
Bizone 359
Blankoscheck 145, 148, 160 f.
Blitzkrieg 287
Block der Heimatvertriebenen und Entrechteten (BHE) 367
Blockade West-Berlins 326, 349, 352, 360 f.
Blockbildung 326
Blockfreie 327, 330
Blut-und-Boden-Ideologie **228**, 256, **572**
Bodenreform 331, 358 f., 378
Bolschewiki, Bolschewismus 153, 164-166, **169**-171, 173-176, 182 f., 195, 216, 226, 233, 246, 285, 290, 352 f., 444, 462
Börsenkrise 91, 167, 186, 188
Bourgeoisie 55, 109, 173, 181, 286, 384, 544, **572**
Boxeraufstand **130** f.
Boykott 270 f., 340, 511
Braunes Haus 445
Breschnew-Doktrin 333, 335, 341, 401, **572**
Briand-Kellogg-Pakt 218, 251, 253
Britisches Weltreich 120, 122, 127
Buchenwald 271, 297, 438, 445, 448 f., 451
Bücherverbrennungen 261 f.
Bund Deutscher Frauenvereine (BDF) 52
Bund Deutscher Mädel (BDM) 225, 259, 262
Bundesordnung 474, 478
Bundesversammlung **362**
Bündnis 90 414, 416, 431
Burenkrieg 128
Bürgerkrieg 175 f., 185, 284, 325, 349, 499
Bürgerliches Gesetzbuch (BGB) 54, 57, 69, 199
Bürgerrechte 15, 45, 60, 115, 176, 426, 545, **577**
Bürgerrechtler, Bürgerrechtsbewegung 339, 342, 355, 400, 412 f., 417 f., 427, 435
Burgfrieden 146
Bürokratie 101, 178, 206, 237, 248, 255, 260, 271, 282, 301, 315, 378, 439, 448, 450, 454
Burschenschaften 21
BVP 205, 235, 241

Camp-David-Abkommen 505 f., 508, 519
CARE **356**, **572**
CDU 357, 362, 368 f., 371, 413 f., 417, 429, 431

Centralverein deutscher Staatsbürger jüdischen Glaubens 49
Charta 77 401
Charta der Vereinten Nationen → *UN-Charta*
Charta von Paris für ein neues Europa 341, 344
Chauvinismus 71
Checkpoint Charlie 388 f.
Chelmno 299 f., 453, 466
Chemie, chemische Industrie 82, 92, 96, 279
Chinesische Revolution 130
Christliche Gewerkschaften 110, 239, 276
Containment-Politik → *Eindämmungspolitik*
CSU 362, 368 f., 371, 417, 423, 429, 431

Dachau 269, 271, 297, 450
Dadaismus 223
Dampfmaschine 86 f., 89, 103
DAP 207
Dawes-Plan 217
DDP 192 f., 205, 213, 226, 235, 241, 247
Deflation **206**
Dekolonisation → *Entkolonialisierung*
Demokratie 16, 27, 36, 38 f., 59, 69, 80, 165-167, 170 f., 185, 187, 191, 195, 197-199, 237 f., 248 f., 306, 320 f., 324 f., 329, 333, 342-345, 350 f., 354, 361, 373, 400, 422, 430, 440, 469, 472, 482, 487, 523, 540, 545, 556, 563, **572**
Demokratie Jetzt 412, 414, 418
Demokratischer Aufbruch (DA) 412-414, 418
Demokratisierung 191, 197, 249, 333, 342, 357, 365, 369, 422
Demontagen 357 f., 379
Denkmal für die ermordeten Juden Europas 464, 466, 469
Denkmal für die im Nationalsozialismus ermordeten Sinti und Roma Europas 464 f.
Deportationen 128, 271, 273, **296**-301, 304 f., 314 f., 533, 560, **572**
Deutsch-Dänischer Krieg 63 f.
Deutsch-Deutscher Krieg, Deutscher Bruderkrieg 64, 66
Deutsche Arbeitsfront (DAF) 259, 269, 276 f., 280
Deutsche Bundesbank 367
Deutsche Christen 308
Deutsche Frage 354, 362, 374, 391, 397, 401, 422, 424, **572**
Deutsche Kolonialgesellschaft 73
Deutsche Partei (DP) 362
Deutsche Soziale Union (DSU) 413 f.
Deutscher Bund zur Bekämpfung der Frauenemanzipation 54
Deutscher Flottenverein 73
Deutscher Volksrat 362
Deutscher Zollverein 22, 64, 90, 95
Deutsches Frauenwerk (DFW) 262
Deutsches Rotes Kreuz 262
Deutsch-französischer Freundschaftsvertrag → *Elysée-Vertrag*
Deutsch-Französischer Krieg 64 f., 71, 79, 90
Deutschlandvertrag 366
Deutschvölkischer Schutz- und Trutzbund 230

Devisen 279, 288, 398, 410 f.
Dezentralisierung 320, 323, 357, 422
Die Grünen 372 f., 414, 431
Diktatur 80, 165, 171, 176, 179, 193, 238, 282, 284 f., 294 f., 306, 317, 332, 342, 349, 364, 380, 410 f., 413, 422 f., 426 f., 430, 449, 460, 471, 486, 531, **572**
Diplomatie 31, 127, 131, 134, 137, 142, 143, 145, 161, 216, 252, 270, 285, 332, 364, 390 f., 412, 419, 489 f., 520, **573**
Diskriminierung 61, 72, 108, 128, 162, 185, 215, 270 f., 395 f., 535
Displaced Persons (DPs) 356
DNVP 193, 204-206, 220, 226, 230, 235, 237, 241, 243, 247, 258
„Dolchstoßlegende" 204 f., 208 f., 225, 246 f., **573**
Dominions 122 f.
Domino-Theorie 333
Dreibund 138 f.
Dreikaiserabkommen 138
Dreiklassenwahlrecht 53, **69**, 108, **573**
Dreißigjähriger Krieg 324
Dresdener Euthanasie-Prozess 439
Dreyfus-Affäre 49, 492
„Dritte Welt" 124, **327**, 390, **573**
Dublin-Abkommen **533**, 537
Duma 168-170
DVP 69, 193, 205, 235 f., 241, 247
Dynamomaschine 92
Dynastie 28, 79, 135, 168, 187, 546, **573**

Ebert-Groener-Abkommen 192, 195
Ehrenkreuz der Deutschen Mutter 262
Eichmann-Prozess 450
Eindämmungspolitik 325, 347 f.
Einheitsliste 379
Einigungskriege 63 f., 81
Einigungsvertrag 416 f., 426
Einparteienstaat 176, 179, 256, 259, 264, 333
Einsatzgruppen **288**, 297, 299 f., 303, 453, **573**
Einwanderung, Einwanderungsland 370 f., 375 f., 431
Eisen 85, 90 f., 95, 220
Eisenbahn(bau) 86 f., 90 f., 95, 103, 116, 123
„Eiserner Vorhang" 320, 322, 326, 346, 348 f., 412, 422
Elektroindustrie 82, 92 f.
Elysée-Vertrag 477, 479
Emanzipation 20, 40-59, 83, 162, 224, 262, 492
Embargo 118, 331, 402
Emser Depesche 64 f.
„Entartete Kunst" 221, 261
Enteignungen 128, 171, 175 f., 195, 201, 216, 271, 277, 295, 308, 358, 378, 416, 471, 557
Entente (cordiale) 140, 142, **146**, 148, 150-154, 166, 184, 208, **573**
Entkolonialisierung 137, 327
Entmilitarisierung 218, 284, 320 f., 323, 357, 364 f., 422
Entnazifizierung 320, 323, 354, 357, 364 f., 422, 436, 438 f., 442 f., 453, 470
Entschädigung → *Wiedergutmachung*
Entspannungspolitik 339 f., 341, 350, 352, 354, 391, 410 f., **573**
Entstalinisierung **382**, **573**
Entwicklungsländer 137, 327, 473, 489, 533

Enzyklika „Mit brennender Sorge" 308
Episches Theater 221
„Erbfeindschaft" 80, 484
Erfindungen 86, 88, 92 f.
„Erfüllungspolitik" 204
Erinnerungskultur 436, 452, 464-469, 525-530, 538 f., 552-557
Erklärung der Menschen- und Bürgerrechte 45
„Ermächtigungsgesetz" 258 f., 263, **573**
Erster Weltkrieg 61, 73, 80, 93, 120, 131, 144, 146, 150-163, 165 f., 169, 184-187, 190-193, 197, 246 f., 249 f., 288, 474, 492-494, 531, 538, **573**
Euro- und Schuldenkrise 431
Euro-Bargeld 481
Europäische Atomgemeinschaft (Euratom) 476, 481
Europäische Einigung 474-487, **573**
Europäische Gemeinschaft (EG) 414 f., 459, 486
Europäische Gemeinschaft für Kohle und Stahl (EGKS) → *Montanunion*
Europäische Kommission 476
Europäische Politische Zusammenarbeit (EPZ) 482
Europäische Sicherheitsstrategie 482
Europäische Union (EU) 424, 468, 472, 480-487, 513, 515, 519-521, 533, 537 f.
Europäische Verteidigungsgemeinschaft (EVG) 475
Europäische Wirtschaftsgemeinschaft (EWG) 367, 476, 481, 486, **573** f.
Europäischer Gerichtshof für Menschenrechte 475
Europäischer Rat **480**, **574**
Europäisches Parlament 468
Europarat **475**, 480, 482, **574**
European Recovery Program (ERP) → *Marshall-Plan*
Euthanasie-Programm **296**, 303, 308, 459, 466, **574**
Export 85 f., 125 f., 137, 234, 367, 398, 402, 481
Expressionismus 220, 223

Fabriken 86-90, 101-103, 106
Faschismus 165 f., 227, 284, 286, 298, 329, 422, 436, 443-445, 448 f., 451, 454, 458, 470 f., 555, **574**
Fatah 510, 513 f., 524
FDP 357, 362, 368-371, 414, 417, 429
Februarrevolution 42, 153, 169-171
Festsetzungserlasse 297
Finanzimperialismus 129
Fließbandarbeit 101 f.
Flottenabkommen 284
Flottenbauprogramm 139 f., 143
Flucht, Flüchtlinge 272, 297, 307, 354, 356, 358, 367, 380 f., 413, 433, 436, 438, 454, 459, 465, 482, 488, 499 f., 504, 506, 510, 513, 533-537, **574**
Flüchtlingspolitik 533-537
Föderalismus 19 f., 27 f., 248, 259, 264, 312
Fonds Deutsche Einheit 428
Formelle Herrschaft 127
Fortschrittspartei 62 f., 191
Frankfurter Paulskirche 27, 29, 31, 38, 62, 199, 545
Französische Revolution 11 f., 15, 43, 52, 59, 81, 115, 165, 538, 545, **574**

Frauen 40f., 52-59, 102, 108, 111, 113, 176, 197-200, 202, 222, 224, 227, 255, 262, 301, 306, 361, 369f., 383, 548-551
Frauenarbeit 54, 102, 111, 113, 222, 224
Frauenbewegung 41, 52-57, 199, 262, 369, 550
Frauenwahlrecht 41, 53f., 56f., 108, 197-200, 202, 255
Freie Deutsche Jugend (FDJ) 405, 452
Freie Gewerkschaften 110, 192, 276
Freie Wahlen 329, 332, 342-344, 350, 379f., 401, 413, 418, 426
Freier Deutscher Gewerkschaftsbund (FDGB) 379, 423
Freihandelspolitik 91, 94, 116f.
Freiheitlich-demokratische Grundordnung 373, 377, 422, 443
Freikorps **192**, 205, 207, 216, **574**
„Fremdarbeiter" 283, 289, 291, 445
Frieden von Brest-Litowsk 154, **175**, **574**
Frieden von Prag 64
Frieden von Tilsit 43
Frieden von Wien 63
Friedensbewegung 340, 372, 378, 400, 404, 418, 523
Friedensnobelpreis 184, 217, 325, 341, 368, 401, 482, 486f., 491, 505, 510f., 515
„Friedliche Koexistenz" 326, 328
„Friedliche Revolution" 355, 412f., 418f., 422, 432-435
Führererlasse 259
Führerkult, -prinzip 229, 256, 263f., 282, 556
Fünfjahrespläne 177f., 379

„Gastarbeiter" 370f., 375f., 514
Gaza-Jericho-Abkommen 509
Gedankenfreiheit 343, 460
Gedenkkultur → *Erinnerungskultur*
Geheimpolizei, -dienst 176, 178, 262, 268f., 273, 380, 427, 555, 557
Geldentwertung → *Inflation*
Gemeinsame Außen- und Sicherheitspolitik (GASP) 482f.
Gemeinsame Sicherheits- und Verteidigungspolitik (GSVP) 482
Generalgouvernement 273, 297, 299
Generalmobilmachung 145f.
Generalplan Ost 297
Generalstreik 169, 194, 206, 380
Genossenschaften **108**, **574**
Genozid → *Völkermord*
Gentry 84
Germania 12, 29, 78f., 141, 212f.
Germanisierungspolitik 61, 72, 75, 297f., 314
Geschichtskultur 430, 452, 456f., 464, 468, 526-530, 558-561
Geschichtspolitik 423, 443, 456f., 468, 526, 528, 538-545, 552-557
Gesetz gegen die Überfüllung der deutschen Schulen und Hochschulen 270
Gesetz über Maßnahmen der Staatsnotwehr 268
Gesetz zur Behebung der Not von Volk und Reich → *„Ermächtigungsgesetz"*
Gesetz zur Erinnerung an Holocaust und Heldentum 499
Gesetz zur Verhütung erbkranken Nachwuchses 271, 296
Gesetz zur Wiederherstellung des Berufsbeamtentums 259, 268, 270
Gestapo 262, 268f., 273, 288, 291, 299, 307, 309, 312, 438f., 561
Gewaltenteilung 15f., 20, 256, 259, 426, 471, **574**
Gewerbeordnungen 103
Gewerkschaften 58f., 110, 126, 168, 176, 192, 206, 227, 264, 276f., 280, 366, 369, 401
Gewissensfreiheit 27, 43, 172, 199f., 343, 471, 502
Ghettos 273, **297**, 310, 314, 437, **574**
Giftgas 152, 156
Glasnost 341, 351, 401, **574**
Glaubensfreiheit → *Religionsfreiheit*
Gleichberechtigungsgesetz 443
Gleichgewicht der Großmächte 18f., 143, 149
Gleichgewicht des Schreckens → *atomares Patt*
„Gleichschaltung" 256, **259**-263, 268, 276, 308, **574**f.
Gleichstellung der Geschlechter 176, 199f., 224, 361, 369f., 383
Globalisierung 116f., **123**-125, 316, **575**
Godesberger Programm 368
„Goldene Zwanziger" 220-224, 276
Goldstandard 116
Golfkriege 489
Gothaer Programm 109, 112f.
Gottesgnadentum 20, 28, 32, 59
„Göttinger Sieben" 22, 31
Große Depression 91, 112, 117, 186, 188, 234
Große Koalition 235f., 248, 369f., 414, 431
Gründerkrise 91, 94, 117
Grundgesetz 38, 359, 361f., 373, 377, 391f., 416, 422, 431, 443, 533, 539
Grundlagenvertrag 391f., 397, 410, **575**
Grundrechte, -freiheiten 13, 27, 29, 37f., 43, 46, 68, 165, 185, 199f., 229, 258, 263, 306, 339, 343f., 361, 370, 490
Gruppe Befreiung der Arbeit **168**
Guerillakrieg 331f.
GULag 179, 382, 462, 553, 556f.

Haganah 498, 503
Hallstein-Doktrin **390**, **575**
Hamas 511-513, 524
Hambacher Fest 10, 21, 23f., 538
Haskala **42**
Heeresreform 62f.
Hegemonie 19, 140, 143, 149, 169, 219, 348, 478, 485, 506, **575**
Heidelberger Programm 368
Heimatfront 152f., 157
Heißer Draht 339
Heldengedenktag 539
Herero-Aufstand 128, 133, 552
Hiroshima 131, 164f., 289, 320, 325
Hirsch-Duncker'sche Gewerkvereine 110
Hisbollah 511
Historikerstreit **461**-463, 540, **575**
Hitler-Jugend (HJ) 225, 259, 269, 307, 549
Hitler-Putsch 207, 539, **575**
Hitler-Stalin-Pakt 284-287, 555, **575**
Hochimperialismus 122, 128
Hochverrat 210, 268, 542f.
Holocaust 165, 256, 293-295, 296-299, **300**-305, 314f., 317, 437, 446, 450, 457, 461-470, 498f., 502, 520-524, 527, 532, 552, 555, 563, **575**
Homosexuelle 262, 269, 273, 296, 461
Honoratiorenpartei **69**
Hunger 25, 151, 153, 157, 169, 171, 177f., 181, 193, 288, 298, 300, 353, 356, 475, 488
Hygiene 100, 103, 107f.

Imperialismus 49, 120-143, 306, 312, 329, 347, 352f., 378, 384, 544, **575**
Indemnitätsfrage **63**
Industrialisierung 22, 26, 41, 44, 52f., 58, 81-83, **84**-119, 123, 130, 136f., 178, 197, 221, 353, **575**
Industrielle Revolution 82, 84, 87f., 114f., 118f., 123, 165
Inflation 152, 167, **176**, 193, 206, 217, 222, 226, 279, 360, 369, **575**
Informelle Herrschaft 127, 129, 132
Infrastruktur 85, 116, 366, 376, 428, 510
INF-Vertrag **341**, **575**
Initiative Frieden und Menschenrechte (IFM) 400, 414, 418
Innere Emigration **262**, 272, **576**
Innere Mission 110
Inoffizielle Mitarbeiter (IM) 380, 392, 400
Integrationsfriede 483
Interkontinentalraketen 332, 340
Internationaler Frauentag 54
Internationaler Militärgerichtshof 436, 438f.
Internierungslager 440, 443, 447
Intifada 510-514, 516
Irak-Krieg 485
Islam 144, 431, 473, 493, 499, 506, 511, 514, 523, 525
Islamismus 349
Isolationismus 159, 166, 184, 186

Jerusalem 49, 450, 465, 473, 494, 498, 500f., 504, 506-508, 511-513, 519
Jewish Agency for Palestine **498**
Jewish Claims Conference 446
Jom-Kippur-Krieg 505
Juden 40-51, 58, 60, 72f., 165, 184, 207, 228, 230-233, 256f., 261f., 264, 269-279, 283, 290, 294-305, 310, 314f., 446f., 450, 453f., 457, 461f., 464-467, 492-507, 516, 523-525, 552, 560f.
Judenedikt 43, 45f.
Jüdisches Museum 465
Jugend, Jugendliche 200f., 222, 224f., 227, 259, 372, 383, 385, 405, 477, 479, 514
Jugendbewegung, -organisationen 222, 224f., 259, 452
Jugendkriminalität, -strafrecht 222
Jugoslawien-Kriege 481f., 485
Julikrise 142, 145, 148, 160f., 169
Jungdeutscher Orden 225
Junge Pioniere 452
Junges Deutschland 22

Kabinett der Barone 238, 244
Kaiserproklamation 60, 65
Kalte Amnestie 451
Kalter Krieg 166, 316-353, 362, 390, 400, 404f., 422, 440, 444, 456, 458, 468, 472, 474, 484, 487, 489, 504-509, 511, 522, **576**

Kanalisationssysteme 103, 107
„Kanzelparagraf“ 70
Kapitalismus 108 f., 118 f., 123, 136-138, 165, 178, 181 f., 226, 286, 382, 397, 422, 443, 445, **576**
Kapp-Lüttwitz-Putsch 206 f.
Karlsbader Beschlüsse 21
Kartelle 91, 96, 323
Katholische Volkspartei 70
Kesselschlachten 288
Kibbuzim **494**
Kinderarbeit 102, 106, 109, 111, 113, 488
Kino 220
Klagemauer 504, 507
Klassenkampf 229, 306, 353, 368
Klimaschutz, -wandel 488, 489
Knesset 500, 522
Koalitionsrecht **109** f., 113, **576**
Kohle 85, 87, 89 f., 95, 100, 103, 217, 398, 475, 479
Kolchosen 178
Kollaboration 128, 283, 298, 514
Kollektives Gedächtnis 39, 457, 464, 468, 499, 529 f., 548 f., 555
Kollektivierung **178**, 182, 325, 359, 381
Kollektivschuldthese 294 f., 469, **576**
Kolonialismus **122**-143, 162 f.
Kolonien 85, 87, 95, 116, 120-143, 152, 162 f., 203, 231, 325, 327, 330
Kolpingvereine 110
Kominform 325
Komintern 175
Kommunikation 37, 86, 93, 116, 123, 182, 339, 374, 392, 530, 532
Kommunikatives Gedächtnis **468**, 529 f., **576**
Kommunismus 71, 74, 108-110, 165 f., 174-183, 193, 207, 246 f., 258, 263, 284-286, 299, 306 f., 311, 324 f., 328, 331-333, 335, 339, 342, 346-349, 351 f., 382, 384, 400, 444, 451, 456 f., 544, **576**
Kommunistische Allunion-Partei 176
Kompradore 129
Konferenz über Sicherheit und Zusammenarbeit in Europa (KSZE) 318 f., **339**, 341, 343 f., 351, 392, 400, 409, 418, **576**
Konferenz von Bandung **327**, 330, **576**
Konferenz von Dumbarton-Oaks 488
Konferenz von Evian-les-Bains 272
Konferenz von Jalta 289, 320, 322, 325, 329
Konferenz von London 217
Konferenz von München → *Münchener Abkommen*
Konferenz von Potsdam 318, 320-323, 354, 356 f., 364 f., 384, 404, 414, 422, 443, 449, **578**
Konkordat **308**, **576**
Konkurs 91, 186, 234 f.
Konstitutionelle Monarchie 22, 26 f., 37, **576**
Konsumgesellschaft 186, 221, 368, 374 f.
Konsumvereine 108
Konterrevolution 176
Konvention zum Schutz der Menschenrechte und Grundfreiheiten 475
Konzentrationslager (KZ) 128, 256, 262, 269-271, 283, 291, 297, 299 f., 304 f., 308, 310, 312, 314 f., 356, 388 f., 438 f., 446-451, 464, 466, 468 f., 498, 543, 550, **576**
Konzentrationsprozesse 91 f., 96
Korea-Krieg 319, 331, 366 f.
KPD 167, 205, 209, 226, 237 f., 241, 247, 258 f., 269, 307, 349, 357 f., 363, 544
KPdSU 325, 341, 379, 382
„Kraft durch Freude“ (KdF) 265, 277
Krankenversicherung 102, 111
Kreisauer Kreis 309
Kriegsgefangene 152, 288-290, 298-300, 310, 356, 438, 449, 461, 549-551
Kriegsgerichtsbarkeitserlass 298
Kriegskommunismus 177
Kriegsschuldartikel 204, 228
Kriegsschulddebatte 160 f., 531, 540
Krim-Krieg 169
Kuba-Krise 311 f., 334 f., 338 f., 349, 352, 391
Kulaken 178, 183, 557
Kulmhof → *Chelmno*
Kulturelles Gedächtnis **468**, 529 f., **576**
„Kulturkampf“ 70 f.
Kulturnation 15, 17, 27, 61
Kunstdünger 92

„Land gegen Frieden“ 506, 511, 521
Länderfinanzausgleich **428**, **577**
Landesverrat 268, 542
Landflucht 100
Landwehr **62**, **577**
Landwirtschaft 82, 84 f., 90, 92, 178, 325, 353
Landwirtschaftliche Produktionsgenossenschaften (LPG) 359, 378, 380 f.
Lastenausgleich 367
LDPD 379, 414
Lebenshaltungskosten 98 f., 102, 107 f.
Lebensmittelkarten 271, 296
Lebensraumideologie 227 f., 231 f., 256, 276, 279, 287, 295, 297, 314
Leningrad 288, 298
Leninismus 177 → *Marxismus-Leninismus*
Liberalismus 20-24, 36, 43, 46, 48, 63, 66 f., 70, 111, 199, 229, 306, 492, **577**
Likud-Block 512
Londoner Abkommen → *Konferenz von London*
Londoner Empfehlungen 359
Lublin-Majdanek 300, 450
Lückentheorie 63
„Luftbrücke“ 360 f.
Lusitania 157, 184
Luxemburger Abkommen 446

„Machtergreifung“ 80, **258** f., 263 f., 266-268, 270, 276 f., 282, 315, 563, **577**
Madagaskar-Plan 299
Magnettheorie 390
Majdanek-Prozess 450
Maly Trostinez 300
Mandat **494**, 498, 502
Manufakturen **86** f.
Marktwirtschaft 177, 324, 346, 350 f., 360, 366, 368, 386, 422, 428, 430
Marokko-Krisen 140, 142
Marshall-Plan 325, 349, 359 f., 474, **577**
Marxismus 109, 229 f., 244, 261, 314, 348, 351
Marxismus-Leninismus 175, 324, **379**, 384, 426, **577**
Märzrevolution, -forderungen 26 f., 30, 36, 38 f., 526
Maschinenbau 82, 91
Materialismus 108
Materialschlachten 150
Matrosenaufstand in Kronstadt 176
Mauerbau, Mauerfall → *Berliner Mauer*
Mechanisierung 86, 101
Mediatisierung 18, **577**
Mefo-Wechsel 279
Mehrheitswahlrecht 69
Meiji-Ära 130 f., 135
Meinungsfreiheit 27, 113, 176, 185, 199 f., 261, 263, 343 f., 373, 400, 404, 413, 471
Memorial 552-554
Menschenrechte, Menschenrechtsverletzungen 15, 20, 45, 165, 306, 330, 339, 343-345, 351, 373, 397, 400 f., 418, 426 f., 469, 482, 486, 488-491, 523, 545, 552 f., **577**
Menschewiki **169**-171, 176
Merkantilismus **85**
Mietskasernen 100, 104 f.
Migration 116 f., 370-372, 533-537
Mikroelektronik 398, 402 f.
Milieupartei 205
Militarismus 61 f., 72 f., 76, 126, 193, 227, 246 f., 323, 433
Minderheiten 14, 17, 72, 144, 168, 170, 179, 216, 228, 262, 276, 283, 297, 329, 345, 519, 523, 528
Mindestumtausch 392, **399**, 411, **577**
Ministerium für Staatssicherheit (MfS) 380, 384 f., 392, 400, 408 f., 413, 419, 423, 427
Misstrauensvotum 198, 238, 248, 361
Mitbestimmung 20, 26, 108, 277, 370, 531
Mittelmächte **146**, 150 f., 154, 166, 169, 175, 184 f., **577**
Mittelstreckenraketen 332, 334, 340, 349
Modernisierung 130, 186, 224, 249, 276, 398, 416, 536
Molotow-Plan 360
Montagsdemonstrationen 412 f., 416, 418 f.
Montanunion 424, **475**, 479, 481, 486, **577**
Montanunternehmen **87**, 91
Moskauer Vertrag 339, 391, 410
Münchener Abkommen 285
Muslime → *Islam*
Mythen 171, 174, 221, 228, 278, 282, 288, 338, 425, 433, 452, 467, 528 f., 530, 541, 546-551, 554-557

Nachkriegsprozesse 438 f., 450
Nagasaki 131, 164 f., 289, 320, 325
Nahost-Konflikt 472 f., 489, 492-525
Nahost-Quartett 513, 515 f., 519
Narodniki **168**
Nation 11, 14 f., 20, 71, 76, 80 f., 120, 372 f., 377, **577**
Nationalbewegung 11-39, 49, 62 f., 327, 492
Nationale Volksarmee (NVA) 541
Nationalfeiertag 38 f., 417, 430 f., 433, 452, 539
Nationalismus 49, **71**-73, 79-81, 120, 124, 138, 185, 216 f., 221, 226 f., 237, 247, 306, 372 f., 474, 478, 481, 492 f., 534, **577**
Nationalliberale Partei 63, 69
Nationalsozialismus 80, 165, 179, 214, 226-233, 237-239, 243 f., 248 f., 255-317, 354, 360, 378, 422, 436-471, 478, 498, 502, 522, 532 f., 535, 539, 541-545, 549, 560 f., 563, **577**

Nationalsozialistische Volkswohlfahrt (NSV) 277
Nationalverein 63
Nationalversammlung 12 f., 27 f., 31 f., 37-39, 43, 45 f., 60, 191 f., 195, 197, 199, 204, 208, **578**
NATO 326, 332, 335, 340 f., 346, 348 f., 351 f., 366, 374, 405, 415, 420, 431, 443, 481 f., **578**
NATO-Doppelbeschluss 340, 349, 372
Neo-Orthodoxie 43
Neue Linke 369
Neue Ökonomische Politik (NEP) 177, 181 f.
Neue Ostpolitik 339, 391 f., 395, 410 f., 437, **578**
Neue Sachlichkeit 220, 224
Neues Forum 412, 414, 418
Neutralitätsabkommen 64, 138, 216, 284-286
New Deal **186**
New Frontier 337 f.
Nichtangriffspakt 284-287, 555
Nischengesellschaft 382
Normandie 289
Notstandsgesetze **370**, **578**
Notverordnungen 167, 199, 236 f., 254 f., 258
Novemberpogrome 270-272, 274 f., 279, 431, 461, **578**
NPD 369
NSDAP 164, 167, 205-207, 225-233, 235, 237-239, 241, 243, 247, 255 f., 258-262, 264, 267, 269, 276, 306, 315, 438 f., 443, 448, 451, 549
NS-Frauenschaft 259, 262
NS-Lehrerbund, -Ärztebund, -Studentenbund 259
NSU 429
Nuklearwaffen → *Atomwaffen*
„Nürnberger Gesetze" 270 f., 274, 314, **578**
Nürnberger Prozess 436, 438 f., 554

Oberste Heeresleitung (OHL) 151, 154, 158, 185, 190, 192, 195, 206, 209, 214, 247
Oder-Neiße-Linie 320, 323, 415, 437
OECD 474
OEEC 360, **474**, **578**
OGPU 178
Oktoberedikt **578**
Oktobermanifest 168
Oktoberrevolution 154, 165, 168, 170 f., 174 f., 193, 207, 216, 233, 324, 347, 554 f., **578**
Ölkrisen 371 f., 398
Olympische Spiele 261, 340
Open Door Policy 134 f., 186
Opiumkrieg 129
Oranienburg 269, 364
Organisation Consul 205, 230
Organisierte Kriminalität 482
Orthodoxe Kirche **168**
Oslo-I/II-Abkommen 509, 511 f., 515, 519
„Ostalgie" 430
Ostverträge → *Neue Ostpolitik*
Ost-West-Konflikt → *Kalter Krieg*

Pacht- und Leihvertrag 349
Palästinensische Autonomiebehörde (PA) 511 f., 516, 520
Panarabismus **493**
Paneuropa-Idee 251-253
Panslawismus 140, 169
„Panthersprung nach Agadir" 142
Panzer 151, 287, 380
Paradigmen 454, 559
Paramilitärische Verbände 225 f., 268
Pariser Frieden 169
Pariser Verträge 366, 374
Parlamentarischer Rat 359, 361 f.
Parteien 27, 69-71, 109, 168, 191-193, 205 f., 209, 235-237, 241, 258, 264, 268, 357, 362, 368 f., 372 f., 413 f., 417, 431
Partisanen 290, **309** f., 560 f., **578**
Passierscheinabkommen 395
Patriotismus 23, 40, 47, 52, 63, 159, 162, 282, 373, 377, 484, 495, 544, 554-556
Pazifismus 184, 261, 314, 400
PDS 413 f., 416
Pearl Harbor 165, 289
Peel-Kommission 501
Peers 85
Pegida 535
Perestroika 341, 401, 554, **574**
„Persilscheine" **440**
Personalunion 27, 63 f., 69, **578**
Personenkult 179, 557
Pfadfinderverbände 222
Piraten 482, 485
Planwirtschaft **177** f., 342, 351, 378, 381-383, 398 f., 403 f., 423, 428, **578**
Plebiszite **198**, 200
PLO 510 f., 514 f.
Pogrome **49**, 184, 270 f., 274 f., 279, 461, **492**, 495, **578**
Politbüro 176, 402, 412 f.
Politik der Offenen Tür → *Open Door Policy*
Politik der Stärke (und des Dialogs) 319, 338, 340, 343
Politische Union 476
Polnische Westgrenze 320 f., 323, 415, 421, 437
Polykratie **260**, **578**
Potsdamer Konferenz → *Konferenz von Potsdam*
„Prager Frühling" 333, 349
Präsidialkabinette 227, 236-238, 243 f., 254 f., 258, **578** f.
Pressefreiheit 21 f., 24, 27, 30, 62, 170, 172, 185, 261, 263, 413, 471, 556
„Preußenschlag" 238
Preußische Reformen 15, 43, 45 f.
Privateigentum 108 f., 170, 175, 278, 378, 380
Progressive Movement 184
Proletariat **26**, 49, **108** f., 173, 180 f., 195, 209, 278, 306, **579**
Proletarische Hunderschaften 207
Propaganda 159, 163, 185, 205, 222, 225 f., 229 f., 233, 258, 261, 265, 277 f., 283, 285, 333, 379, 399, 438, 456
Prosperity 186
Protektionismus → *Schutzzollpolitik*
Protektorat Böhmen und Mähren 285
Provisorische Volkskammer 362
Putsch, Putschversuche 167, 171, 178, 206 f., 268

Radio → *Rundfunk*
Ramandan-Krieg 505
Rassenhygienische Forschungsstelle 271
Rassentrennung 185
Rassismus, Rassenideologie 51, 124, 185, 227-233, 256, 264, 270, 277, 296 f., 308, 314 f., 429, 451, 456, 466, 468, 534, **579**
Rat der Volksbeauftragten 191 f., 195, 197, 199, 235
Rat der Volkskommissare 171, 173, 175
Rat für Gegenseitige Wirtschaftshilfe (RGW) **325**, 342, 360, 398 f., **579**
Räterepublik **191** f., 207, **579**
Rätesystem 171, 180 f., 191 f., 197, 205, 207
Rationalisierung 91, 101 f., 106, 398, 402
Rauhes Haus 110
Ravensbrück 271, 297
Reaktion 29, 37, 62
Rechtsradikale, -extreme 166, 204-207, 429, 431, 444, 511, 542
Rechtsstaat, Rechtsstaatlichkeit 29, 256, 259, 264, 268, 344, 369, 426 f., 440, 443, 469, 471, 487
Redefreiheit 172, 292, 329
Re-education → *Umerziehung*
Reformation 81, 538
Reformpädagogik 222
Reichsarbeitsdienst 259, 549
Reichsbanner Schwarz-Rot-Gold 225, **226**
Reichsjugendwohlfahrtsgesetz 222
Reichskommissariat Ostland 297
Reichskongress der Arbeiter- und Soldatenräte 191 f.
Reichskriminalpolizeiamt 271
Reichskristallnacht, Reichspogromnacht → *Novemberpogrome*
Reichskulturkammer **261**
Reichsluftschutzbund 262
Reichsparteitage 164, 261, 438
Reichssicherheitshauptamt (RSHA) 291, 297, 299, 451, 561
Reichsstatthalter 259, 291
Reichstagsauflösung 200, 236, 238, 243, 248, 254 f., 258
Reichstagsbrand 258, 263
Reichsverfassungskampagne 28, 34 f.
Religionsfreiheit 30, 43, 170, 172, 181, 199 f., 292, 329, 343, 502, 523
Rentenversicherung 111
Reparationen 167, 193, 204, 206, 213, 215-217, 236, 321, 347, 358, 379 f., **579**
Republikschutzgesetz 207
Résistance 310
Restauration 18, **22**, **579**
Rettungsschirm 486
Revision 216-219, 284, 483
Revolution von 1848/49 11-13, 21, 26-39, 43, 52, 60, 62, 80 f., 109, 199, 435, 526, 545
Revolution von 1918/19 54, 80, 167, 190-197
Revolutionskriege 15, **579**
Rezession 184, 347, 372
Rheinisch-Westfälisches Kohlesyndikat 92
Roadmap 513, 515 f.
Röhm-Putsch 268
Römische Verträge 476, 481
Rosenstraße 301, 306
Rote Armee Fraktion (RAF) **370**, 510, **579**
Rote Kapelle 307
Roter Frontkämpferbund 225-227
„Ruhrkampf" 206, 217
Runder Tisch 413, 416
Rundfunk 220, 261, 265
Russische Revolution von 1905 168, 172
Rüstungswettlauf 120-122, 140, 143, 145, 147, 319, 335, 337-341, 350, 372, 400

Sabotage 179 f., 206, 291, 306, 310, 542
Sachsenhausen 271, 297, 364

Säkularisation 18, **579**
SALT-Abkommen **339, 579**
SAPD 109, 112 f.
„Säuberungen" 178, 259, 357 f., 380, 438, 471, 491, 525, 535, 554
„Schauprozesse" 178, 325, 379, 557
Scheinkonstitutionalismus 168
Schengen-Abkommen 537
Schlacht am Waterberg 128
Schlacht bei den Masurischen Seen 151
Schlacht von Sedan 65, 71, 539
Schlacht von Tannenberg 151
Schlacht von Verdun 150
Schlafgängerwesen 100, 104
Schlieffen-Plan 140, 146, **150**, **579** f.
Schlussakte von Helsinki → *KSZE*
„Schlussstrich" 321, 397, 443, 462, 469 f., 563
Schrittmacherindustrie 82, **86** f., 90, 92
Schuldbekenntnisse der Kirchen 438, 442
Schulen 70, 72, 75, 102, 113, 176, 270 f., 400, 404 f., 514
Schulpflicht 102, 113
Schuman-Plan 479
„Schutzhaft" **268** f., 276, 311
Schutzstaffel (SS) **226**, 262, 268 f., 276, 288, 299, 301 f., 311, 313, 438 f., 466, 469, **580**
Schutzverträge 128
Schutzzollpolitik 69, 91, 94, 116
„Schwarzer Donnerstag" 186
Schwarzmarkt 356
Schwerindustrie 82, 86, 90 f., 100, 177 f., 249, 279, 367, 378
SDAP 109
Sechstagekrieg 504 f., 507, 509, 516
SED 355, 358, 362 f., 378-386, 390-393, 395, 399-403, 405, 410-414, 416, 422 f., 426 f., 435, 443, 451, 456
Sedanfeiern, -tag 71, 539
Seeblockaden 150, 151, 157, 332, 334 f., 349
Seeschlacht im Skagerrak 151
Selbstbestimmungsrecht der Völker 76, 231, 285, 292, 320, 324, 327, 373, 490, 521, **580**
Selbstmordattentate 512 f., 515
Selbstschussanlagen 399
Selektionen 304 f.
Sendungsbewusstsein 15, 124, 337
Shoa → *Holocaust*
Sicherheitsdienst (SD) 268, 288, 297, 313, 315, 438 f., 453, 561, **580**
Sicherheitsrat 481, 488-490
Siedlungsbau, -bewegung 505 f., 511-513, 518 f., 521
Siedlungskolonien 122
Sinti und Roma 165, 228, 271, 296 f., 299 f., 552
Sklaven 40, 58 f., 117-119, 136 f.
Smog 103
Sobibor 299, 310, 453, 466
Solidarność 401
Solidarpakt I und II 428
Sonderkommandos 310
Sonderwegsthese 80 f.
Souveränitätsrechte 145, 472, 475 f., 480, 482, 491
Sowchosen 178
Sowjetische Militäradministration (SMAD) 358, 471
Sowjetische Militärtribunale (SMT) **439**, 443, **580**
Sozialdarwinismus **124**, 228, **580**
Sozialdemokratie **69**, 71, 74, 109-113, 197, 199, 204, 246 f., 258, 306 f., 325, 351, 412, 448
Soziale Frage 58, 99, 108-113
Soziale Marktwirtschaft **360**, 366, 368, 386, 422, 428, **580**
Sozialenzyklika „Rerum Novarum" **110**
Sozialgesetzgebung 109, 111, 113, 235
Sozialimperialismus 124
Sozialismus 22, 53, 59, 71, 74, 126, 153, 169, 176-183, 191, 195, 226, 286, 294, 306, 312, 324, 328, 335, 341, 351, 358, 381 f., 384, 390, 392, 397, 401, 405, 411, 422 f., 430, 443-445, 458, **580**
Sozialistengesetz 71, 74, 109-111
Sozialistische Frauen-Internationale 54
Sozialrevolutionäre **169**-171, 176
Sozialstaat 235, 369 f., 386, 399
Spanischer Erbfolgekrieg 64
Spartakisten, Spartakusbund **191** f., 195, 209
Spartakus-Aufstand 192, **580**
SPD 54, 69, 71, 109, 191-193, 205, 213, 226, 235-239, 241 f., 246 f., 259, 269, 276, 280, 307, 349, 357, 362 f., 368-370, 373, 414, 417, 423, 429, 431
Spionage 86, 89, 179, 307, 310 f.
Sprachnation 15, 17
Spruchkammern 440
Sputnik-Schock 326, 337 f.
SS-Staat 269, **580**
Staatliches Bauhaus 220
Staatsnation 15, 17
Staatsverschuldung 206, 217, 278 f., 393, 398 f., 411, 428
Stahl 85 f., 90, 217, 220, 475, 479
Stahlhelm 225, **226**, 235
Stalingrad 288
Stalinismus 165, 179, 424, 463, 552 f., 556 f., **580**
Stalin-Noten 366
Ständegesellschaft 14 f., 20, 27, 40
Star Wars 340
START-Verträge **341**
Stasi → *Ministerium für Staatssicherheit*
Steckrübenwinter 151, 153
Stehendes Heer 113, 486
Stellungskrieg 150-152, 155 f.
Stellvertreterkriege 317, 319, **331** f., **580**
Stiftung „Erinnerung, Verantwortung und Zukunft" 446
Stinnes-Legien-Abkommen 192
Stolpersteine 465, 467, 528
Stolypin'sche Agrarreformen 169
Straffreiheitsgesetz 443
Strafgesetzbuch 451, 542
Straßenkämpfe 192, 226, 260
Streik 110, 112, 153, 157, 169, 190, 192, 194, 197, 199, 204, 206, 217, 276, 288, 306, 380 f., 514
Strukturwandel 100, 114, 375, 398
Sturm auf den Winterpalast 171
Sturmabteilung (SA) 225, **226** f., 238, 246 f., 266, 268-270, 276, 283, 438, **580**
Stuttgarter Erklärung 442
Subsidiaritätsprinzip 484
Subventionen 249, 279, 382, 399
Suez-Kanal 327, 504 f.
Suez-Krise 327
Suffragetten-Bewegung 54
Supranationale Organisationen **475**, 480, **580**
Sykes-Picot-Abkommen 493, 497
Syllabus errorum **70**, **580**
Syndikate 91 f., 96, 323

Tag der Befreiung 452, 458-460, **465**, 468 f., 531, **580**
Tag der Deutschen Einheit 417, 430 f., 433, 452, 538 f.
Tag der Republik 452
Tag von Potsdam 258
Tarifautonomie 276, 366
Taylorismus 102
Telefon, Telegraf 93, 116, 123
Terrorismus, Terroranschläge 345, 349, 370, 429, 482, 489, 499, 510-516, 555
Textilindustrie 82, 86, 89, 92, 100, 106, 118 f., 279, 514
Theresienstadt 297
Tigerstaaten 137
Tirpitz-Plan 143
Titularnation **580**
Todesmärsche 300, 469, 536
Todesstrafe, -urteile 170, 268, 307-309, 380, 438 f., 443
„Totaler Krieg" 288
Totalitarismus 179, 260, 329, 427, 433, **581**
Transitabkommen 392
Treblinka 299 f., 310, 453
Treuhandanstalt 428
Tripelentente 140, 148
Trizone 359, 364 f.
Truman-Doktrin 325, 329, 347, 349, **581**
„Trümmerfrauen" 548-551
Tscheka 176, 178
Two-Power-Standard 139

Ulmer Einsatzkommando-Prozess 453
Umerziehung 269, 436, 438, 471
Umweltschutz, -belastungen, -bewegung 82, 103, 107, 345, 372, 375 f., 400, 488
Unabhängigkeitsbestrebungen, -kriege 17, 26, 144, 170, 193, 325, 327, 341 f., 498 f.
Unabhängigkeitserklärung 40, 185, 545 f.
UN-Charta 318, 330, 344, 473, 482, 488-491, 502
Uneingeschränkter U-Boot-Krieg 151, 153, **184**, 287
Unfallversicherung 102, 111, 113
Unfehlbarkeitsdogma **70**, **581**
Ungarische Revolution 17
Ungleiche Verträge 130 f.
Unionsbürgerschaft 484
United States Holocaust Memorial Museum 465
Universitäten 41, 53
UNO → *Vereinte Nationen*
„Unrechtsstaat" 426 f., 531
UN-Resolution 242 **505**
UN-Teilungsplan 499, 501, 509, 513, 519
Untergrundorganisationen 332, 498 f., 503
„Unternehmen Barbarossa" 287
Unterseeboote 151, 153, 184, 287, 521
Untertanengesellschaft 73, 76
Urbanisierung 52 f., 83 f., 100, 103 f.
USPD **191**-193, 205, 241

Vereinigte Staaten von Europa 478
Vereinigungsparteitag 358, 363
Vereinte Nationen (UNO) 251 f., 318, 320, 327, 330, 335, 341, 344, 392, 418, 431, 468, 472 f., 481 f., 488-491, 498, 500, 502, 505, 510, 513, 515 f., 519, **581**
Verfassungen 12 f., 16, 20-22, 27 f., 32, 37, 45, 60, 62-64, 66-69, 131, 135, 168, 180 f., 198-202, 373, 377, 382, 390, 392, 413, 416, 513
Verfassungskonflikt 62-64
Verfassungspatriotismus 373, 377
Verfassungsschutz 429
Verfassungsstaat 29, 59, 166, 229, 373, 379, 471
„Vergangenheitsbewältigung“ 425, 436, 438, 450, 456, 461, 470 f.
Vergangenheitspolitik → *Geschichtspolitik*
Verhältniswahlrecht 198, 200, 254 f.
Verkehrswesen 86, 93, 116
Vernichtungslager 256, 271, **296** f., 299 f., 304 f., 310, 314 f., 453, 466, 468 f., 560, **581**
Verordnung zum Schutz von Volk und Staat 258, 263, 268
Verordnung zur Ausschaltung der Juden aus dem deutschen Wirtschaftsleben 271
Versailler Vertrag 167, 186, 193, 203-206, 208, 212-219, 226, 228, 231, 248, 250 f., 256, 267, 284, 483, 531, **581**
Versammlungsfreiheit 22, 27, 170, 172, 176, 200, 263, 413
Verstaatlichungen 176, 180, 231, 331, 504
Verstädterung → *Urbanisierung*
Vertrag über die abschließende Regelung in Bezug auf Deutschland → *Zwei-plus-Vier-Vertrag*
Vertrag über Freundschaft, Zusammenarbeit und gegenseitigen Beistand → *Warschauer Pakt*
Vertrag über konventionelle Streitkräfte in Europa 341
Vertrag von Lissabon 481 f., 486
Verträge von Locarno 217 f., 251
Vertrag von Maastricht 481, 483 f.
Vertrag von Nanjing 129
Vertrag von Rapallo 179, 216, 219
Vertrag von Taba 509
Vertrag von Versailles → *Versailler Vertrag*
Vertreibung, Vertriebene 256, 270 f., 297 f., 315, 354, 356, 363, 367, 373, 436, 438, 459, 465, 488, 499, 524, 533, 535 f., **574**
Vetorecht 168, 198, 318, 489
Vielvölkerstaaten 14, 17, 27, 144, 168 f., 347, 553
Vier-Freiheiten-Rede 292, 337, 478
Viermächte-Abkommen 339, 391
Vierzehn-Punkte-Programm (Wilson) 153 f., 157 f., 186, 204, 250
Vietcong **332** f., **581**
Vietnam-Krieg 319, 332 f., 338, 349, 369
Völkerbund 186, 203, 214 f., 218 f., 250-253, 284, 472, 488, 494, 502, **581**
Völkermord **128**, 133, **288**, 294-305, 314 f., 438, 457, 462 f., 468, 489, 491, 498 f., 552, **581**
Völkerrecht 19, 146, 184, 290, 308 f., 343 f., 355, 391, 395 f., 410, 421, 490, 496, 513, 521, 533
Völkerschlacht bei Leipzig 15
Volksabstimmungen 203, 216, 278, 284, 358 f., 366
Volksaufstand in der DDR am 17. Juni 1953 326, 354, 380, 454, 539
Volksaufstand in Polen 326
Volksaufstand in Ungarn 326
Volksbegehren 198, 200, 235 f.
Volksbund Deutsche Kriegsgräberfürsorge 539
Volksdemokratie 174, 324
Volkseigene Betriebe (VEB) 358, **378**, **581**
Volkseigene Güter 358
„Volksempfänger“ 261, 265
Volksentscheid 198, 200, 235
Volksfront zur Befreiung Palästinas (PFLP) 510 f., 514
„Volksgemeinschaft“ 225, 228-230, 256, 273, 277 f., 281-283, 294 f., 312, 531
Volksgerichtshof 268, 307, 451
Volkskommissariat für Innere Angelegenheiten (NKWD) 178 f., 556
Volkskongresse **362**, **581**
Volksparteien 368
Volkssouveränität 15, 71, **581**
Volkstrauertag 539
Volkswagen 265, 277
Vollbeschäftigung 278, 369, 399
Vormärz 21, 26

Waffenstillstand(sverhandlungen) 154, 158, 185, 190, 192, 195, 204, 331, 333, 483, 500, 509, 515 f.
Wahlfälschungen 329, 412, 427
Wahlrecht 21 f., 26, 41, 46, 52-54, 56-58, 68 f., 80, 108 f., 112, 135, 169 f., 181, 197-200, 249, 254 f., 271, 371 f., 379
Währungsreformen 206, 226, 360, 549
Währungsunion 481, 483
Waldheimer Prozesse **443**, **581**
„Wandel durch Annäherung“ 391, 394 f., 410
Wandervogelbewegung 222, 441
Wannsee-Konferenz 299
Warschauer Pakt, Warschauer Vertragsorganisation (WVO) **326**, 333, 335, 341 f., **581** f.
Warschauer Vertrag 339, 410, 437
Wartburgfest 21
Warthegau 297, 299
Wasserproblematik 500, 504, 525
Weberaufstand in Schlesien 22, 24 f.
Wehrkundeunterricht 400, 404 f.
Wehrpflicht 185, 203, 284, 382
Weimarer Verfassung 198-202, 229, 254 f., **582**
„Weiße Rose“ 257, 307 f., 311 f.
Welthandel → *Globalisierung*
Weltrevolution 109, 175, 179, 181, 306, 347, 352 f.
Weltwirtschaftskrise 165, 167, 186, 188, 206, 222, 226, 234 f., 256, 277, 284
Werkswohnungen 108
Westfälischer Friede 214, **582**
Westintegration 360, 366, 390, 423, 472, 475
Wettrüsten → *Rüstungswettlauf*
Widerstand 257, 298, 306-313, 448 f., 451, 453 f., 456 f., 464, 478, 541-545
Wiederbewaffnung 284, 366, 541
Wiedergutmachung 320 f., 438, 446, 457, 471, 520
Wiedervereinigung 317, 321, 342, 355, 359, 362, 364, 366, 373 f., 390-394, 410, 412, 414-417, 419-421, 424-426, 428-433, 449, 472, 480, 483, 538
Wiedervereinigungsgebot 391 f., 422
Wiener Kongress 12, 16, 18 f., 324, **582**
Windthorstbünde 225
Winterhilfswerk des Deutschen Volkes (WHW) 277
Wirtschafts-, Währungs- und Sozialunion 416, 428
Wirtschaftsliberalismus 85, 94
Wirtschaftssektoren **87**
Wirtschaftswachstum 86-88, 90, 94, 123 f., 130, 185 f., 514
Wirtschaftswunder 278, 354, 366-369, 372, 374 f., 549
Wochenschau 261, 265
Wohlfahrtsstaat 378, 443
Wohnungen, Wohnsituation 100, 104 f., 108, 114 f., 367, 399
Würde des Menschen 45, 469, 545

Yad Vashem 465, 499
Young-Plan 217, **235**, **582**

Zarentum 168, 170, 172, 185
Zehn-Punkte-Programm (Kohl) 414
Zeitungen 220, 231, 268, 310
Zensur 21 f., 29, 165, 200, 231, 261, 268
Zentrale Stelle der Landesjustizverwaltungen zur Aufklärung nationalsozialistischer Verbrechen 446, **450**, 453, **582**
Zentralkomitee 176, 413
Zentralrat der Juden 431, 468
Zentrum gegen Vertreibungen 465
Zentrum(spartei) 69, 191-193, 205, 213, 226, 235, 237, 241
Zeugen Jehovas 269, 296
Zionismus **49**, 492-496, 498 f., 503
Zionistische Vereinigung für Deutschland 49
Zionistische Weltorganisation (ZWO) 493
Zionistischer Weltkongress 493, 496, 502
Zivilehe 44, 70, 176
Zölle 94, 116, 129, 134, 476
Zunftschranken 20, 44
Zwangsarbeit 128, 152, 289, 291, 298-300, 356, 438, 445 f., 449, 461, 549, 551
Zwangsarisierung 271, 314
Zweibund 138, 140, 145
Zweifrontenkrieg 140, 145, 150
Zwei-Lager-Theorie 326, 329, 346
Zwei-plus-Vier-Vertrag 321, 415, 421, 481, 483
Zwei-Staaten-Lösung 498, 501, 509, 513, 519, 525
Zweite Industrielle Revolution 82, 92
Zweiter Weltkrieg 80, 131, 162 f., 165, 214, 251, 256 f., 287-292, 296 f., 306, 318, 320, 353 f., 356, 364, 414 f., 419, 421 f., 436, 444, 452, 458-460, 465, 468, 474, 483, 486 f., 498, 502, 522, 535, 548-551, 560 f., 563, **582**
Zyklon B 300

Bildnachweis

Akademie der Künste, Berlin – S. 239; akg-images, Berlin – S. 12, 20, 42, 56, 62, 84, 85, 88, 103, 104, 109, 111, 115, 129, 144, 159, 164, 166, 177, 180, 183, 225, 234, 240, 249, 258, 272, 276, 277, 313, 316, 378, 552, 558; - / AP – S. 418, 514; - / Ladislav Bielik – S. 333; - / Bildarchiv Monheim – S. 86; - / Erik Bohr – S. 93; - / Werner Forman – S. 127; - / Erich Lessing – S. 193; - / Sputnik – S. 171; - / Jean-Pierre Verney – S. 185, 187; - / visioars – S. 15; Aktion 18. März, Berlin – S. 38; Alamy Stock Photo / Patti McConville – S. 488; Alimdi.net / Thomas Müller, Deisenhofen – S. 413; Archiv der sozialen Demokratie der Friedrich-Ebert-Stiftung, Bonn – S. 41; Artothek / Peter Willi, Weilheim – S. 222; Aleida und Jan Assmann, Konstanz – S. 529; Baaske Cartoons / Thomas Plassmann, Müllheim – S. 487; Bahlsen-Museum, Hannover – S. 101; Bayer Archiv, Leverkusen – S. 82, 92; Bayerisches Staatsarchiv, München – S. 132, 238; Berlinische Galerie, Berlin – S. 223; bpk-Bildagentur, Berlin – S. 65, 72, 110, 190, 198, 205, 265, 279; 442; - / Archiv Mehrl – S. 62; - / Georg Buxenstein Co – S. 106; - / Herbert Hensky – S. 548; - / Max Ittenbach – S. 383; - / Dietmar Katz – S. 210, 218, 319; - / Kunstbibliothek / SMB / Gebrüder Häckel – S. 54; - / Alfredo Dagli Orti – S. 186; - / Staatsbibliothek zu Berlin – S. 66; - / Zentralarchiv / SMB – S. 89; Buena Vista International GmbH, München – S. 408 (3x), 409; Bundesarchiv / Sign. Bild 183-16826-0002 / Bestand Bild 183 / Allg. dt. Nachrichtendienst / Zentralbild, Koblenz – S. 548; - / Sign. Plakat: 002-037-029 / Grafiker: Karl Geiss – S. 246; - / Sign. Bild: 183-G0218-0040-001 / Fotograf: Hubert Link – S. 369; - / Sign. Bild: 146-1990-009-13 / Sammlung von Repro Negativen – S. 318; - / Sign. 183-2003-0703-500 / Allg. dt. Nachrichtendienst Zentralbild – S. 533; Bundesarchiv Bundesbildstelle / Sign. Bild 183-S51620 – S. 151; Bundesausgleichsamt, Berlin – S. 367; Bundesbildstelle Presse- und Informationsamt der Bundesregierung / B145, Berlin – S. 354; Bündnis 90 / Die Grünen / Bundesgeschäftsstelle, Berlin – S. 372; Central Zionist Archives, Jerusalem – S. 496; Cartooncommerz.de / Heinz Behling, Zeesen – S. 398; Centre Pompidou, Paris – S. 316; Charite: Berliner Medizinhistorisches Museum / Humboldt-Universität: HZK, Habel, Berlin – S. 154; Cicero 04/2015 / Titelkünstler: Olaf Hajek, Berlin – S. 526; Daily Star / Bill Cotdwell – S. 415; DaimlerChrysler Konzernarchiv, Stuttgart – S. 93; ddp-images / Maja Hitij, Hamburg – S. 538; Der Spiegel, Hamburg – S. 37, 256, 436; Deutsches Historisches Museum, Berlin – S. 26, 146, 151, 164 (2x), 216, 217, 220, 236, 237, 250, 265 (2x), 278, 346 (2x), 358, 366, 379, 445, 449, 474; - / Gestaltung Dorén + Köster – S. 546; Deutsches Museum, München – S. 87; Deutsche Post – S. 10, 309; Die Bilder des Zeugen Schattmann / DDR TV-Archiv – S. 451; DIZ / Süddeutsche Zeitung Photo / Presse- und Informationsamt, München - S. 371; DIZ / Süddeutscher Verlag / Bilderdienst, München – S. 269, 272, 283, 476; - / dpa Picture-Alliance – S. 340; - / G. Pfeiffer, München – S. 375; - / Scherl – S. 206; - / SZ Photo – S. 356; Ray Douglas / the great nations – S. 141; dpa Picture-Alliance, Frankfurt – S. 236, 339, 399, 450; - / akg-images – S. 78, 139, 235, 261, 284, 357, 368 (2x), 382, 412; - / AP-images – S. 477; - / Wolfgang Bera – S. 388; - / Berliner Verlag / Uli Pschewoschny – S. 526; - / Elke Bruhn-Hoffmann – S. 371; - / CSU Archives / Everett Collection – S. 287; - / epa – S. 431; - / epa / Abed Al Hashlamoun – S. 510; - / epa / Jim Hollander – S. 513; - / epa / Victor Lerena – S. 524; - / HIP / the National Archives – S. 320; - / Ilmago – S. 237; - / Judaica / Sammlung Richter – S. 269; - / Daniel Karmann – S. 526; - / Peter Kneffel – S. 533; - / Wolfgang Krumm – S. 417; - / Mary Evans Picture Library – S. 215, 559; - / Can Merey – S. 482; - / Heinrich Sanden – S. 459; - / The Print Collector / Heritage-I / Art Media – S. 331; - / Ullstein – S. 73; - / United Archives / 91050TopFoto – S. 299; - / UPI – S. 391; - / Wolfgang Weihs – S. 416; - / ZB – S. 380; - / ZB / Klaus Frank – S. 417; - / ZB / Bernd Settnik – S. 430; - / ZB / Wolfgang Weihs / Waltraud Grubitzs – S. 403; Elektro-Museum der Hastra, Hannover – S. 92; epd-Bild / Hans-Jürgen Röder, Frankfurt – S. 427; Doreen Eschinger, Berlin – S. 306, 465, 527; Express Syndication Ltd., London – S. 444; Harald Focke, Bassum – S. 123; Forschungs- und Gedenkstätte Normannenstraße / ASTAK e. V., Berlin – S. 400; Gartenlaube – S. 55; Gedenkstätte Deutscher Widerstand, Berlin – S. 308; Germanisches Nationalmuseum, Nürnberg – S. 29, 52; Getty-images / AFP, München – S. 362; - / AFP / Bertrand Guay / Staff – S. 539; - / Corbis / Reuters – S. 473; - / Sean Gallup – S. 413; - / Gamma-Keystone – S. 170; - / General Photographic Agency – S. 151; - / Hulton Archive – S. 189, 358, 494; - / Hulton Royals Collection – S. 493; - / Alexander Koerner – S. 533; - / Thomas Lohnes – S. 538; - / Mondadori Portfolio / Kontributor – S. 441; - / Photothek / Thomas Imo – S. 416; - / Popperfoto – S. 297; - / Popperfoto / Kontributor – S. 357; - / David Silverman – S. 512; - / Time Life Pictures – S. 341; - / Time Life Pictures / Howard Sochürek – S. 504; - / Universal Images Group / Kontributor – S. 325; Grosvenor Park Productions / Kobal Collection – S. 310; Gulag. Spuren und Zeugnisse 1929-1956". Herausgegeben im Auftrag der Gesellschaft „Memorial" Moskau und der Stiftung Gedenkstätten Buchenwald und Mittelbau-Dora, Sammlung Gedenkstätte Buchenwald – S. 553; Horst Haitzinger, München – S. 344, 352; Haus der Geschichte Bundesrepublik Deutschland, Bonn – S. 428, 538; - / Bestand Erna Wagner-Hehmke – S. 361; Historisches Museum, Frankfurt – S. 275; Historisches Museum, Hanau – S. 301; Historisches Museum, Ratingen – S. 90; ICEJ-Foto, Stuttgart / International Christian Embassy Jerusalem – S. 468; Ilan Rot Collection / Herzliya – S. 492; Imperial War Museum, London – S. 156, 184; - / Nicholls Horoce – S. 152; Institut für Zeitgeschichte, München – S. 262; Interfoto / Alba, München – S. 551; Margret Jäger-Wunderer – S. 527; Jüdisches Museum, Frankfurt – S. 48; - / Uwe Dettmar – S. 40; Kevin Kallaugher – S. 345; Ch. Kleßmann u. a. Teilung und Integration, Bundeszentrale für politische Bildung, Bonn 2005 – S. 423; Kommunalarchiv Herford / Fotosammlung Georg Hesse – S. 271; Konrad-Adenauer-Stiftung / KAS / ACDP / 10-001: 664 / CCBY-SA 3.0, St. Augustin – S. 367; Kunsthistorisches Institut der Freien Universität, Berlin – S. 101; Kunstmuseum im Ehrenhof, Düsseldorf – S. 34; KZ Gedenkstätte Neuengamme, Hamburg – S. 291;

Landesarchiv Berlin / F. Rep. 290 / Foto Bert Sass – S. 543; - / F. Rep. 290 / Foto Host Siegmann – S. 541; Peter Leibig, Hamburg – S. 381; Liorpt / dreamstime – S. 504; Metropolitan Museum of Art, New York – S. 131; Luis Murschetz, München – S. 351; National Archives and Records Administration, Washington D. C. – S. 506; Nationalarchiv Namibia, Windhoek – S. 128; New School for social Research, New York – S. 164; Österreichisches Staatsarchiv, Wien – S. 23; Prophila, Gießen – S. 22; Rheinisches Industriemuseum, Oberhausen – S. 154; Martin Sabrow u. a., Zeitgeschichte als Streitgeschichte / Beck Verlag, München 2003 – S. 531; Borislav Sajtinac, Paris – S. 422; Sammlung Karl Stehle, München – S. 57, 100, 258; Masha Schaichet – S. 363; Karl-Heinz Schoenfeld, Potsdam – S. 401; Wilhelm Schubert-Hellerau – S. 359; SVEN SIMON Fotoagentur, Mülheim an der Ruhr – S. 437; Staatsbibliothek, Bamberg – S. 215; Staatsgalerie, Stuttgart – S. 221; Stadtarchiv, Wiesbaden – S. 266; Stadtgeschichtliches Museum, Leipzig – S. 405; Stadtmuseum, München – S. 207, 227, 228, 230; Thinkstock / iStock / Santirf – S. 10; Ullstein-Bild, Berlin – S. 105, 199; - / Walter G. Allgöwer – S. 467; - / AP – S. 390, 395; - / Haeckel Archiv – S. 105; - / Heritage-images / Keystone Archives – S. 327; - / Histopics – S. 21; - / Imagno – S. 94; - / Klöppel – S. 397; - / Andreas Muhs – Cover, S. 464, 522; - / Reuters – S. 498; - / The Granger Collection – S. 134; - / Roger Viollet – Cover, S. 10; United Nations, New York – S. 490; United States Holocaust Museum, Washington – S. 303; Universitätsbibliothek, München – S. 147; US-National Archives, Washington – S. 229, 261; VG Bild-Kunst, Bonn 2017 – S. 132, 144, 147, 171, 193, 205, 208, 215, 221, 222, 223, 240, 272, 277, 316 (2), 386, 422, 472, 164, 166; VG Bild-Kunst, Bonn 2017 / Estate of George Grosz, Princeton, N. J. – S. 249; VG Bild-Kunst, Bonn 2017 / Olaf Gulbransson – S. 250; VG Bild-Kunst, Bonn 2017 / Succession Picasso – S. 331; VG Bild-Kunst, Bonn 2017 / T. H. Benton and R. P. Benton Te stamentary Trusts – S. 164; VG Bild-Kunst, Bonn 2017 / The Heartfield Community of Heirs – S. 239, 279; Wilhelm-Busch-Gesellschaft e. V., Hannover – S. 394; www.eastblockworld.com – S. 452; www.polyband.de / Holocaust / die Geschichte der Familie Weiß / DVD erhältlich im Handel – S. 461; www.wikimedia.org – S. 14, 60, 108, 109, 371; www.wikimedia.org / deutsch-israelische Gesellschaft e. V., Berlin – S. 520; www.wikimedia.org / Will Dyson – S. 212; www.wikimedia.org / Library of Congress – S. 159, 289; www.wikimedia.org / David Liuzzo – S. 16; www.wikimedia.org / PD-USGov – S. 338; www.wikimedia.org / Henrik Plötz / CC BY-SA 3.0 – S. 414; www.wikimedia.org / Edward Linley Sambourune - S. 122; www.wikimedia.org / USGOV_PD / 79602-050-AA3DoC14 – S. 360; www.wikimedia.org / www.flickr.com – S. 511; www.wikipedia.com – S. 512; ZDF / Foto David Slama, Mainz – S. 560.

Auf einen Blick: OnLine-Themen

OnLine: Polen – Nation ohne Staat

OnLine: Taten statt Worte: die Suffragetten-Bewegung in Großbritannien

OnLine: Sklavenfrage und -emanzipation in den USA

OnLine: Frankreich – Staat und Gesellschaft im Umbruch

OnLine: Wirtschaftstheoretische Überlegungen von Adam Smith und Karl Marx

OnLine: Die Krise der Demokratie in Frankreich und Großbritannien

OnLine: Faschismus und autoritäre Regime in Europa: die Beispiele Italien, Spanien, Polen und Ungarn

OnLine: Geschichte kontrovers: Italienischer Faschismus und deutscher Nationalsozialismus im Vergleich

OnLine: Kollaboration und Widerstand in Frankreich

OnLine: Stalinismus und Nationalsozialismus: Chancen, Probleme und Grenzen eines Vergleiches

OnLine: Der Holocaust-Gedenktag in Israel

OnLine: Kommunistische Experimente in China

OnLine: China nach Mao Zedong – der Weg zur Supermacht

OnLine: Unabhängigkeitsbewegung und Dekolonisation Indiens

So funktioniert der OnLine-Code: Geben Sie einfach in das Suchfeld unserer Homepage www.ccbuchner.de (siehe Suchleiste oben rechts) den Code 4673-00 ein. Eine Übersicht führt Sie dann zu den entsprechenden Kapiteln.